U0645524

控制区：
兵棋推演透视
ZONES OF CONTROL
Perspectives on Wargaming

[美]帕特·哈里根　马修·G. 基申鲍姆　**著**

孙盛智　盛碧琦　周　伟　**译**

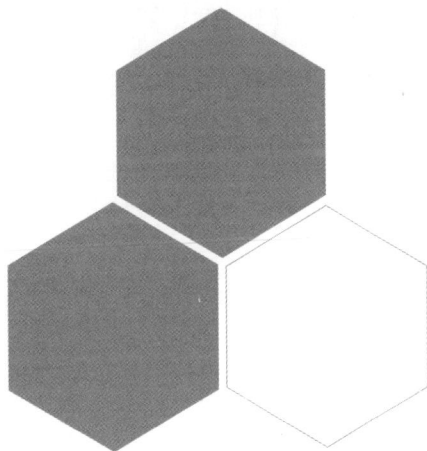

哈尔滨工程大学出版社
Harbin Engineering University Press

黑版贸登字 08-2023-059 号

First published in English under the title ZONES OF CONTROL: Perspectives on Wargaming by Pat Harrigan, Matthew G. Kirschenbaum.
ISBN: 9780262033992

图书在版编目(CIP)数据

控制区:兵棋推演透视 /(美)帕特·哈里根
(Pat Harrigan),(美)马修·G.基申鲍姆
(Matthew G. Kirschenbaum) 著;孙盛智,盛碧琦,周
伟译 . — 哈尔滨:哈尔滨工程大学出版社,2023.8 (2025.3 重印)
书名原文:ZONES OF CONTROL: Perspectives on
Wargaming
ISBN 978 -7 -5661 - 4100 - 2

Ⅰ.①控⋯ Ⅱ.①帕⋯ ②马⋯ ③孙⋯ ④盛⋯ ⑤周
⋯ Ⅲ.①图上作业 Ⅳ.①E13

中国国家版本馆 CIP 数据核字(2023)第 204360 号

控制区:兵棋推演透视
KONGZHIQU:BINGQI TUIYAN TOUSHI

选题策划 史大伟
责任编辑 张 彦 曹篮心
封面设计 李海波

出版发行 哈尔滨工程大学出版社
社 址 哈尔滨市南岗区南通大街 145 号
邮政编码 150001
发行电话 0451-82519328
传 真 0451-82519699
印 刷 哈尔滨午阳印刷有限公司
开 本 787 mm × 1 092 mm 1/16
印 张 48
字 数 1 003 千字
版 次 2023 年 8 月第 1 版
印 次 2025 年 3 月第 2 次印刷
书 号 ISBN 978-7-5661-4100-2
定 价 160.00 元
http://www.hrbeupress.com
E-mail:heupress@hrbeu.edu.cn

编译委员会

译 者 序

纵观世界近现代史,战争始终贯穿着人类发展进程。以至于有人认为,正是战争促进了人类文明发展和社会进步,同时也正是因为战争带来的巨大创伤,让人们深刻地意识到战争的残酷性,从而更加珍惜来之不易的和平环境和安宁生活。既然战争必然与流血和牺牲紧密地联系在一起,那么大战开始前的军事模拟势必成为交战各方必做的功课,在军事领域,这种战争模拟通常以兵棋推演的形式呈现出来。兵棋推演历史相当悠久,据史书记载,早在中国古代春秋战国时期,墨子就曾与鲁班在郢都开展了一场著名的“兵棋推演”,双方在桌面上模拟了一场严谨的回合制攻防交战,并预演激烈的交战过程,从而打消进攻方的作战决心,避免了一场血腥的战争。

现代意义上的兵棋推演大约起源于公元17世纪,当时欧洲大陆先后出现一批在国际象棋基础上加入大量军事细节的战争游戏。比如1664年由克里斯多夫·魏克曼发明的“国王的游戏”、1797年乔治·范图里尼在长达60页的《军用新式兵棋规则》里首次引入比例尺概念,用棋盘模拟法想象一个真实的边境交战区,并且在其中添加桥梁、仓库、炮兵、支援兵种,以及后勤补给等要素。这些战争游戏经过漫长的传承和演变,到19世纪初发生了质的飞跃。1811年,普鲁士宫廷顾问冯·莱布维茨(老莱布维茨)通过整合前人的战争游戏,创造出一种新式兵棋——“kriegspel”(德语:战争游戏)。

通过引入新的规则,老莱布维茨的这款兵棋发生了脱胎换骨的变化。他用一张地图、一套代表军队的木头方块、一本详细的规则说明书、一张概率表和一个骰子组成了一套简易的兵棋,得以逼真地模拟战场的实际作战活动。纵观此时的兵棋推演依然只具备最简单的雏形,既需要规则上的完善,比如推演过程中只能裁决部队机动,对交战结果缺少明确规定;也需要完整的初始条件和精密计算。此时,兵棋推演只能算是宫廷之中小范围流传的一个娱乐项目。

1819年,老莱布维茨儿子(小莱布维茨)在朋友的协助下开始对他父亲发明的兵棋进行改进。直到1824年,小莱布维茨出版了名为《使用兵棋器械进行军事对抗指南》的规则书,引入等高线、士兵血量值、伤害变量和详细裁决规定等设定,从此兵棋作为军官训练和计划作战的一种新手段在普鲁士步入正轨。1860年,兵棋推演竞赛在普鲁士军队之中广泛开展,随后兵棋推演规则也在不断成熟和完善下变得更加简单易懂,并加入诸如铁路、电报、大炮等模拟现实战争的道具,以及用于计算复杂情况的骰子。在1870年震惊世界的普法战争中,普鲁士王国正是通过详尽的兵棋推演才得以在战争预测上始终不落下风,并最终取得胜利。普鲁士胜利后,多个国家纷纷效仿,开始设计具有自己国家特色的兵棋。

时至今日,兵棋推演依然是军事专业的必修课程。在现代战争当中,战场更加复杂,武器、地形模拟要更加真实和详尽,甚至一些战争开始之前,双方就已经能够准确预测出战损多少,以及交战的最终结果。但正如战略家利德尔·哈特所说的那样:突然性才是战争的本质,兵棋推演虽然看起来只是"纸上谈兵",但恰恰因为其能够预测更多战争发展中的不可预测性,所以经常被用于战略和策略训练,并以此培育出更多拥有优秀决策能力的指挥官。兵棋是强大且有效的训练工具,通过将真实人员置于对抗力量决策角色中,模拟了实际作战过程。在兵棋推演中,事件进程通常是动态且不可预测的,这与真实人类事务非常接近。兵棋推演最大的挑战是准确推测对手的行动、政治目标,以及军事风格。

兵棋推演通过想定提高了各级指挥人员及参谋人员的训练水平,是一种切实可行且低成本的手段。这种模拟以不引人注意的方式检验和实践了特定战术、技术、武器系统和其他装备的使用。兵棋推演能够充当激发人们创新思维的工具。人们可以通过兵棋推演获得经验教训,得出科学合理的军事见解,这种方法要优于其他不涉及大规模军事演练或实际战争的分析。尽管兵棋推演中的行动不涉及实际军事力量,但是其能够对战争进行模拟,影响对阵人员的决策。兵棋推演往往具有随机性,也就是说对阵人员制定的决策结果,不仅取决于决策本身,而且受骰子投掷(计算机中抽取算法随机数)的影响,这就增加了现实性。因为与投骰子相比,战争结果更不容易重复。

进入21世纪以来,随着信息技术的进步,基于计算机系统的现代兵棋成为各国争先关注并重点发展的方向。将现代战争中一系列复杂因素逐一量化,转换成参数输入计算机数据库,运用仿真系统模拟实战环境和作战进程,从而实现对重大战备议题的模拟推演。兵棋推演作为一种研究和预判战争局势的手段,可以有效塑造指挥员的战略战术意识、评估当前作战形势、预测战场发展趋势,对战争的结局可起到重大影响。随着时代的发展和技术进步,当今战争所涉及的领域愈加广泛,涉及的兵种、武器装备亦愈加复杂。计算机在数据分析统计、规则判定反馈等方面展现出强大的便捷性能,可以在节省大量人力、物力的同时,进一步深化战争模拟的广度和深度。但是,我们应该清楚,在计算机兵棋高速发展的同时,人工兵棋亦不能舍弃。与计算机兵棋相比,手工(桌面)兵棋在探索新兴领域、创新方式方法、研究规则制定等方面作用巨大,唯有将二者结合起来,才能在构建合理运行规则中冲破固有思维,完成对作战实践的预先指导。

若想实现对某种现实特性的深度复刻,现代兵棋在构建过程中必然要引入更多相关变量因素,这些因素在某种规则下又必然互相影响,产生更为复杂的逻辑关系。但是,我们应当清醒地认识到,兵棋推演作为一种战争模拟及预测手段,很难做到"面面俱到",也不可能实现战争全景化完全复制,如果过度追求细节的极致吻合,必然导致整个兵棋规则过度复杂与臃肿。过度追求"面面俱到"不仅不利于兵棋的传播推广,也会极大地限制兵棋的应用。这就要求在构建兵棋的过程中必须适当取舍,在追求特定方面复杂的同时,更要注意整体简化。我们要通过深入剖析战争机理,实现规则合理具现,达成现实与构想的统一。

《控制区:兵棋推演透视》中文版的推出,是希望中国学术界、产业界、军方等各领域人士能够更多地关注兵棋推演,深化对兵棋推演应用的认识,并激发读者更多地参与讨论和争鸣。该书是兵棋领域不可多得的鸿篇巨著,其试图通过一个主题兼顾兵棋理论的广度和深度。诸多兵棋领域的顶级专家从不同角度阐述了兵棋理论及应用实践。译者衷心地希望本书的翻译出版能够有助于国内读者了解国外兵棋推演的最新动态,进一步学习和掌握兵棋推演的前沿技术,从而能够有助于提升我军各级指挥员及参谋人员的指挥决策能力,助力提升我军的实战化训练水平,进而间接获得战斗经验,弥补我军缺乏实战经验的不足,真正打造一支训练有素、严阵以待、战无不胜的威武之师。

本书的编译委员会主任为武警海警学院孙盛智副教授,副主任为武警海警学院盛碧琦副教授和哈尔滨工程大学周伟副教授,委员有武警海警学院王海平教授、刘玉讲师、刘祥东助教、刘鑫宇助教、罗云讲师、罗沛杰助教、周生华讲师、郑卫娟副教授、高赞助教、常会振副教授和中国海警局李杨工程师。其中孙盛智副教授统筹全书编译工作并负责完成第一、二部分翻译初稿,李杨工程师负责完成第一、二部分校对工作;盛碧琦副教授负责完成第三部分翻译初稿,刘祥东助教负责完成第三部分校对工作;王海平教授负责完成第四部分翻译初稿,刘鑫宇助教负责完成第四部分校对工作;周生华讲师负责完成第五部分翻译初稿,罗沛杰助教负责完成第五部分校对工作;罗云和刘玉讲师负责完成第六部分翻译初稿,同时刘玉讲师负责完成第六部分校对工作;郑卫娟副教授负责完成第七部分翻译初稿,高赞助教负责完成第七部分校对工作;常会振副教授负责完成第八部分翻译初稿,李杨工程师负责完成第八部分校对工作;哈尔滨工程大学周伟副教授负责完成第九部分翻译初稿,刘鑫宇助教负责完成第九部分校对工作。全书由孙盛智和周伟副教授完成翻译校正、文字编辑和全文统稿等工作。

最后,衷心感谢武警海警学院各级领导、哈尔滨工程大学出版社,以及该书作者和译者的鼎力支撑。同时,由于译者精力与水平有限,书中难免存在错误,敬请广大读者谅解。

孙盛智

2023年5月

编 者 的 话

（威廉将军）威斯特摩兰的战略一直是试图让美国军队作为越南政府的"后盾"以便插手组建政府。指挥官从未完全接受战争是在某个地点而不是沿着某条路线进行的观点。

在民众的支持下，甚至在多数人持中立态度的情况下，敌军可以分散成小股部队，绕过"自由区"的前哨前往某国家的任何地方。威斯特摩兰试图在敌人下围棋时下象棋。

——弗朗西斯·菲茨杰拉德，《湖中之火》

1961年查尔斯·S.罗伯茨（Charles S. Roberts）和阿瓦隆山公司（Avalon Hill）推出了4款以历史军事题材为主题的棋盘兵棋。阿瓦隆山公司是罗伯茨1954年在马里兰州巴尔的摩市创办的。事实上，4款兵棋中有3款是关于美国内战题材的，这是由于1961年正值美国内战100周年（另一款兵棋是《诺曼底登陆》）。这几款兵棋都带有一张纸板算子，这些算子大部分为半英寸（1英寸=2.54厘米）见方，标有两种不同颜色，分别代表在特定战役中的作战部队。这几款兵棋都附带一张战役结果表，可以根据掷骰结果在概率范围内判断单场战斗的结果①。这4款兵棋还都包含一张地图棋盘，描绘了现实世界中的某个地方。地图取材范围广泛，涵盖从美国大陆的东部到法国，从宾夕法尼亚州葛底斯堡的山脊和公路，再到弗吉尼亚州塞勒维尔（Chancellorsville）周围的树林。兵棋《大富翁》（Monopoly）中的游戏板与大西洋城的街道规划毫无相似之处，但在这些游戏中你一眼就能分辨出巴黎与加莱的不同。比如《葛底斯堡》（Gettysburg）的小圆顶建筑坐落在城镇外某个十字路口的田野和农场中间。最后，所有的地图上都覆盖着六角格，这将成为兵棋中最为经典、持久的视觉图标。尽管每款兵棋的主题和涉猎范围各不相同，但每款兵棋都利用六角格地图建立了一个名为控制区的概念。

从字面意义来看，控制区可以解释为：一支战斗部队在任何一张六角格地图中的存在足以对紧邻它的六个角施加某种影响。也许一支敌方部队必须花费更多的移动点才能进入和离开一个控制区（这反映了现代战争中小规模巡逻时的摩擦），或许该部队必须立即停止巡逻并投入战斗（这反映了在美国内战中当北方军队的一个团与南方联邦的一个团在开阔地上发现彼此时会发生什么）。

然而，同样重要的是，控制区也是在研究"兵棋"战争中固有的抽象产物。毕竟，战争不是真正在六角格地图上进行，部队不总是以一成不变的方式或队形进行部署,敌方战场指挥官也不会照本宣科地排兵布阵。兵棋推演最基本的功能,就是无论采用何种媒介、何种动机或波及范围,都试图通过一组启发式、公式、惯例,以及物理方法或可编程组件来模拟武装冲突的残酷现实。作为一种军事力量在一定范围以及历史时期的投射方法,《控制区:兵棋推演透视》是实现游戏性和模拟性、抽象性和现实性之间的一种折中手段。

　　然而,对我们来说,控制区的概念也暗示了更多的内涵。这是一个非常有力的措辞,我们认为可以有效地使用控制区这一术语来编辑一本包含关于多种媒介、形式和玩家群体相关内容的兵棋书籍。为什么要编辑这样一本书呢?正如乔恩·彼得森(Jon Peterson)在开篇章节中提醒我们的那样,大多数读者都已经知道军事主题的游戏可以追溯到古代,然而,尽管兵棋有着精彩的历史,它仍然没有获得学术界和行业文献对兵棋游戏和兵棋游戏历史的充分支持。许多受欢迎的作家似乎不再热衷对国际象棋、围棋或恰图兰卡(Chaturanga)(印度象棋)进行象征性承认,转而支持一种第一人称射击游戏(first-person shooter)。必须指出的是,某些历史时期,兵棋是以一种草率的方式被对待的,但最好不要将兵棋与诸如研究魔法或(桌游的人形指示物)米宝(meeples)等更具诱惑力(和更少好战性)的游戏相关联。有时,会提到更细微的研究谱系援引普鲁士军棋游戏或 H.G.威尔斯(H.G. Wells)的《微型战争》(Little Wars)(1913),也许还会提到阿瓦隆山公司或模拟出版公司,然后才得出通过数字给定的假定结局。相比之下,《控制区:兵棋推演透视》一书试图为兵棋的过去、现在和未来提供更丰富、更细致的,尤其是与西方背景相关的视角。

　　我们心目中的"兵棋"通常是那些涵盖特定历史冲突,其中囊括各种战争、战役,以及基于可识别的现实世界中存在的地缘政治背景的战略类游戏(在很大程度上,尽管并非完全如此,本书不包含以奇幻或科幻小说为背景的兵棋)。我们所指的兵棋是娱乐或商业兵棋,以及专业军队和政策制定者所使用的兵棋推演;我们所指的兵棋是试图解释和理解过去发生的冲突的兵棋,以及那些寻求建模和预测未来潜在冲突的兵棋推演;我们所指的兵棋也是在桌面和屏幕上玩的兵棋,也是所谓的模拟媒介和数字媒介的兵棋游戏。这里所提到的分类和谱系是复杂的,我们无法仅仅依靠媒介和方法,甚至是一个特定的游戏系统来消除歧义。例如,位于罗得岛州纽波特的美国海军战争学院(Naval War College)的兵棋历史上就有涉及计算机模拟、角色扮演和讨论的游戏方式,在推演时,军官们会用尺子和量角器测量微型船只在地板上的移动距离。关于海战兵棋或业余兵棋游戏也多以这些形式出版。正如20世纪早期,弗雷德·简(Fred Jane)制定的微型模型规则和如今的《鱼叉》(Harpoon)系列兵棋那样,人们有时会使用相同的规则集或游戏机制来玩兵棋。我们也遵循彼得·佩拉(Peter Perla)在《兵棋推演的艺术》(The Art of Wargaming)(1990)一书中坚持的原则。他坚持使用合成词"兵棋推演"而非"战争游戏"来表现形式对主题模拟和滑稽游戏特征的综合描述。

兵棋推演,顾名思义,以军事题材为主题。然而,从其完整的历史和多样性角度来看,兵棋推演并不是天生就为军国主义服务的,这至少应该是我们的主导信念,读者应该根据本书的内容自己作出判断。兵棋推演对游戏研究和游戏史的意义也比单纯的主题游戏更深刻。也就是说,它的相关性或重要性不能简单地以人们对兵棋感兴趣的程度来评价。专业人士通常将兵棋推演定义为溯因推理的工具。这是查尔斯·桑德斯·皮尔斯(Charles Sanders Pierce)首次引入的用于检验假设的术语。正如投稿人雷克斯·布莱恩(Rex Brynen)此前所言,"兵棋推演比大多数其他类游戏更注重政策和规划。它在设计、验证、裁决、仪器、报告和分析方面也有着更为严格的传统[2]。"莎朗·加马里·达布里西(Sharon Ghamari-Tabrizi)在其所著章节中主张将兵棋理解为铭文系统,而非仅仅是主题玩物。起源于兵棋推演的建模技术和启发式工具在其他学科领域也得到了越来越广泛的应用。马克·赫尔曼(Mark Herman)曾在2009年写过关于在企业战略规划中使用兵棋的文章。在本书中,布莱恩(Brynen)、玛丽·弗拉纳根(Mary Flanagan)和詹姆斯·沃克曼(James Walkman)都探究了兵棋与其他不同类型的"严肃"游戏之间的联系,其中也包括布莱恩称之为建设和平的"和平游戏"。

此外,正如彼得森(Peterson)所言,兵棋虽然是关于历史的游戏,但同时也是游戏史的一部分。因此,在本书的章节中,斯科特·格兰西(Scott Glancy)研究了桌面角色扮演游戏系统中描述物理冲突的方法;亨利·洛伍德(Henry Lowood)探讨了计算机游戏引擎(如id Software公司推出的《毁灭战士》)的出现与先前的系统创新和棋盘游戏场景驱动设计之间的重要联系。兵棋也与艺术自由互动,有时还会以令人惊讶的方式呈现出来;大卫·莱文塔尔(David Levinthal)和布莱恩·康利(Brian Conley)对兵棋的突出贡献是记录了兵棋与个人艺术实践的关系,而埃丝特·麦克卡勒姆·斯图尔特(Esther MacCallum-Stewart)则调查了兵棋在各种习语中的文学表现。

毫无疑问,兵棋将是有史以来以纸质或数字形式出现过的最复杂的游戏。兵棋系统的程序可以自行记录,所有的工作部件都在打开盒子并开始检查那些通常以复杂著称的规则、图表和组件时展露出来[3](本书中我们将看到,吉姆·邓尼根(Jim Dunnigan)将兵棋称之为纸片时间机器)。这可能是值得我们关注和探究的资源。事实上,兵棋爱好者经常会收集数百,甚至数千款兵棋,有时会收集多达十几款,甚至更多的热门主题兵棋,比如《葛底斯堡》《诺曼底登陆》或《突出部战役》等。对于其中更具批判精神的人来说,目标不是寻找单一的、确定的模拟——事实上,仅仅机械地复制每次游戏历史结果的模拟将会被视为失败,应该要比较不同兵棋设计的技术和解释。这就如同一位历史学家阅读多份记述和资料后得出自己对事件的综合观点一样。

这值得进一步评论。虽然兵棋有许多共同点，但它们的使用目的和设计却有着很大的不同。业余兵棋爱好者的目标和专业推演人员的目标截然不同，尽管这两者可能使用非常相似的游戏系统。反之，即使是表面涵盖同一主题的兵棋，它们也可能以截然不同的方式呈现。以下两个例子就足以说明问题。

前面提到的查尔斯·S.罗伯茨的兵棋作品《葛底斯堡》(1961)为各个联盟和邦联部队分配了不同的战斗值和移动值(例如，犹巴·厄雷的评分为4-2，其在战斗中比乔治·皮克特的3-2评分能力更强悍)。这种确定的评估部队能力的方式在兵棋设计中几乎和六角格地图本身设计一样普遍，但即使这样，它也不是通用的。相比之下，雷切尔·西蒙斯(Rachel Simmons)最近设计的兵棋作品《葛底斯堡的枪声》(*The Guns of Gettysburg*)(2013)则完全摈弃了战斗等级的概念。除了以强硬著称的联盟"铁旅"外，其他部队战斗力是通过位置、地形和以往战斗伤亡的组合评定方式来确定的。这一设计决策绝非武断，而是反映了一种特定形式的历史理解。它更重视战场上的偶然因素，并淡化了战斗人员相对"素质"的重要性。

令人敬仰的阿瓦隆山公司推出的兵棋作品《造王者》(*Kingmaker*)(1974)是一款多人模拟"玫瑰战争"的游戏，最多可支持七名玩家上线游戏。玩家不扮演交战的约克家族和兰开斯特家族的角色，而是扮演不固定的贵族联盟家族集团，他们的军队在英格兰地图上移动以控制局势。有时偶尔会扮演如亨利六世(Henry VI)、理查德(Richard)、约克公爵(Duke of York)等约克家族和兰开斯特家族的人物。相比之下，哥伦比亚游戏公司(Columbia Games)出品的兵棋作品《理查德三世：玫瑰战争》(*Richard Ⅲ: The Wars of the Roses*)(2009)是一款关于同一主题较新的游戏。它是专为两位扮演约克和兰开斯特家族预期角色的玩家而设计的。兵棋作品《理查德三世》的首席设计师杰里·泰勒(Jerry Taylor)解释说，兵棋作品《创王者》表达的关于玫瑰战争的多功能观点是20世纪70年代"历史学家的主流观点"，但现代学术界再次倾向于传统观点，即冲突主要发生在约克家族和兰开斯特家族之间。因此，泰勒没有将《理查德三世》设计成一款多人游戏，坚持"不能对历史进行大规模篡改"的观点。他承认设计三人游戏的模拟是合理的，第三位玩家代表理查德内维尔(Richard Neville)，即沃里克伯爵(Earl of Warwick)的部队，但是"我还没有找到来制作一个令人满意的三人游戏"的方法(Grant, 2012)。

因此，兵棋设计过程将有关历史事件(或当代现实世界情况)的假设编写到游戏本身的机制中。在这一点上，兵棋与其他任何呈现系统都没有区别，因为模型的本质是简化世界的复杂性，但正如邓尼根和其他人经常指出的那样，桌面兵棋提供了这一过程最透明的演示。所有人都可以看到兵棋规则和程序。

正是由于这个原因，如果说本书有一个重心，读者会发现本书主要关注手工兵棋。如标志性兵棋《摇杆士兵：军事游戏中的政治》(*Joystick Soldiers: The Politics of Play in Military Video Games*)(2010)所体现的那样，这一决定颠覆了以往调查或收藏中计算机游戏的主导地位。我们为 AAA 射击游戏提供空间,令其与更广泛的设计实践和游戏框架进行对话。这些设计实践和框架跨越桌面游戏和数字平台,一方面包括商业(业余爱好)游戏,另一方面也包括专业国防和国家安全兵棋。

就其本质而言,手工兵棋占了战争游戏合集记录中的大部分。同样,我们深切地感受到,这些游戏,尤其是查尔斯·S.罗伯茨的商业化身,代表了游戏学和游戏研究尚未开发的领域。20 世纪 60 年代到 20 世纪 80 年代,手工兵棋一直是游戏设计师磨砺自己手艺最重要的领域;正如格雷格·科斯·蒂坎(Greg Cos-tikyan)所指出的,"游戏设计师"一词实际上起源于模拟出版公司,与此同时还伴随着游戏制作和市场研究方面的关键领域的创新④。棋盘上的兵棋推演与当时方兴未艾的计算机游戏行业(例如阿瓦隆山公司和马里兰州亨特谷工作室)之间存在密切关系,这使许多兵棋推演和计算机游戏行业的领军人物从一个行业跳到另一个行业。此外,手工兵棋设计传统一直延续至今,在一年中,数十家出版商发布了数百款新的手工兵棋游戏,使其服务于全球爱好者。除了向有影响力的游戏系统致敬外,我们还试图展示一些正在进行的创新设计。曾几何时,一款兵棋游戏会售出几万份、十几万份,甚至更多。而如今,没有任何一款兵棋能够占据这样一个市场份额,但正如最近的新闻报道所显示的(Albert,2014;Roeder,2014),有迹象表明,手工兵棋可能正在卷土重来——这是因为它们在报道大型数字工作室不会触及的内容时,具有话题的持续性和灵活性,而且最近出现了简化设计的趋势,这颠覆了过去几十年大量的规则设置和以周或月为单位的游戏发行时间⑤。

手工兵棋在教育和国家安全领域也具有影响力。在这些领域,材料可供性的优势得到认可,并经常与基于计算机的模拟一起被加以利用。正如菲利普·萨宾(Philip Sabin)所言,手工兵棋是可访问、可教授、可定制的,这是大多数计算机游戏所不具备的特点,特别是对于非程序员的新手来说,这些特点尤为重要。因此,棋盘兵棋可以轻松地教会我们所谓的程序素养。这不仅在课堂上占有优势,同时也在智库和实地演练上占有优势。一个不能有效分解、分析和解释的游戏,就是一个无用的游戏(这也是成本效益、快速定型和快速开发的优点所在)。换言之,兵棋是一个设计空间。在这个空间里,有一种浓烈的手工风格,这种风格被提炼并坚持至今,尽管军事射击游戏在某种程度上声名狼藉,西方国防机构也在高端虚拟仿真环境中投入了大量资金,但我们认为,如果不对模拟基本原理给予充分关注,就无法对兵棋推演进行充分研究。

我们还相信,现在是一个可以广泛地融合《控制区:兵棋推演透视》素材的恰当时机。在很长一段时间里,关于兵棋的主题只有少数重要但时间久远的文献,这些文献大多是由兵棋分析师(弗朗西斯·J.麦克休和彼得·佩拉)、记者(安德鲁·

威尔逊和托马斯·艾伦)和兵棋业余爱好者(詹姆斯·F.邓尼根和尼古拉斯·帕尔默)所撰写的⑥。现在这些基础研究从更广泛的角度又添加了一批新的书籍。例如以色列军事历史学家马丁·范·克瑞福德(Martin Van Creveld)在其著作《兵棋推演》(2013)一书中对在西方背景下的兵棋进行了全面调查,其中不仅包括桌面兵棋游戏和数字游戏,还包括角斗士比赛、奇瓦里克巡回赛和战场复盘。乔恩·彼得森的作品《玩转世界》(*Playing at the World*)(2012)为读者提供了关于《龙与地下城》(*Dungeons & Dragons*)错综复杂的谱系的权威性描述,并明确了桌面角色扮演游戏对微缩模型和棋盘游戏的影响。在《兵棋推演》(2012)一书中,斯图尔特·伍兹(Stewart Woods)在桌面"业余爱好游戏"这一更广泛的传统说法中正确地突出了兵棋推演这一概念。菲利普·萨宾(Philip Sabin)撰写了两篇重要研究报告,分别是《败仗》(*Lost Battles*)(2007)和《模拟战争》(*Simulating War*)(2012),其内容是关于历史学家和教育家在学术和课堂环境中使用兵棋推演的情况;菲利普·冯·希尔格斯(Philipp von Hilgers)的《战争游戏》(*War Games*)(2012)以媒体和文化研究为主题,将媒体考古学的论述和传播的重要性与军事游戏的早期现代历史联系起来;帕特里克·克罗根(Patrick Crogan)的《游戏模式》(*Gameplay Mode*)(2011)是第一部完整的游戏研究著作,为数字军事模拟提供了一个关键框架。与此同时,政治理论家理查德·巴布鲁克(Richard Barbrook)在棋盘游戏中发现了一种前卫的街头战术谱系渊源,他在《克拉斯兵棋推演》(*Class Wargames*)(2014)中揭示了这一历史。上述作者并非都是《控制区:兵棋推演透视》一书的贡献者,但其中许多人都为本书撰稿。我们衷心地希望能够通过这本书为这些作者与其他主要思想家彼此首次的密切接触做出贡献。

我们非常清楚,不同的读者会带着不同的期望来阅读本书。幸运的是,书籍的力量之一就是通过在一个共同封面下的共享空间将不同的声音和批评性观点传递到有形的接触之中(应该说,读者在这里也会发现各种各样的政治姿态)。虽然这里的每一篇文章不一定都能够吸引每一位读者,但本书提供了一个浏览、探索或聆听他人(在区域内)对话的机会。对于业余兵棋爱好者来说,《控制区:兵棋推演透视》不仅收集了许多著名设计师和名人的扩展论述,同时也提供了设计师笔记或业余期刊中通常不会提到的历史性和批判性观点。对于专业的国家安全兵棋推演设计师或军人而言,这本书提供了一条通往相似领域的途径,其与"联系会议(connection)"的方式非常相似。"联系会议"是自1993年以来,每年都会举行一次的小型但至关重要的兵棋推演从业者集会⑦。与此同时,国防机构也重新强调兵棋推演的重要性,特别是在2015年美国国防部副部长罗伯特·沃克(Robert Work)发布的一份有影响力的备忘录中,他呼吁在兵棋推演中推行"创新"⑧。兵棋还展示了人文主义和历史观点可以为专业人士所带来的东西,这些专业人士有时会持有过于现实或实证主义的目的,而这些专业人士大多是在批判性和知识性传统之外接受专业培训的。

对于学术读者,我们建议将其中一些材料视为来自不同实践群体的主要来源文件,特别是在较长章节的贡献方面,我们也尝试将内容与其他一些学术领域和专业相结合。

我们已经试图阐明,兵棋推演在游戏研究或游戏学方面的重要性。对于媒体研究和媒体考古学,兵棋推演提供了一个扩展的案例研究集合,涉及谈判的媒介形式,特别是纸张和其他模拟组件,以及与数字谈判有关——在抽象和表达方面进行的协商,以及以我们讨论的方式,表示(一个)"真实"的过程和概率的实质性实例化。对于流行文化和粉丝的研究,《控制区:兵棋推演透视》提供了一个易被忽视的社会视角。对于军事史和战争研究而言,本书是一个在这些领域再次进行将反思游戏作为教育和研究工具的机会,这是由罗伯特·M.西蒂诺(Robert M. Citino)、丽莎·法登(Lisa Faden)、罗伯·麦克道格尔(Rob MacDougall),以及菲利普·萨宾(Philip Sabin)反馈的信息⑨。最后,对于数字人文和数字历史而言,兵棋推演为其提供了许多模型,并试图根据历史记录的基本事实,将生活(实际上是四面楚歌)体验的复杂性降低到程序和算法系统的维度中去⑩。

简而言之,尽管兵棋涉及战争,但并不意味着它应该被游戏学或某个进步的学术机构回避,也不应该为了西方军国主义的元叙事而同质化其实践设计和批评性视角的多样性。我们也没有回避安德鲁·J.巴切维奇(Andrew J. Bacevich)(2005)所称的新美国军国主义对兵棋推演的影响。因此,读者可以在米格尔·西卡特(Miguel Sicart)和索拉亚·默里(Soraya Murray)等人的文章中找到关于兵棋伦理和道德的讨论内容,也可以在"11点位工作室"(11 bit studio)推出的《我的战争》(This War of Mine)(2014)中找到被广泛认为是某个时期最进步的兵棋设计的描述,这部分内容由资深作家和兵棋开发者卡佩尔·奎特科夫斯基(Kacper Kwiatkowski)撰稿。与此同时,帕特里克·克罗根(Patrick Crogan)、卢克·考德威尔(Luke Caldwell)和蒂姆·莱诺尔(Tim Lenoir)利用在媒体和文化理论前沿的工具箱,在其各自的文章中对兵棋进行了严格的审视。他们的批判性观点与其他许多作者细致入微的历史叙述以及个别玩家和设计师的热情之间实现了重要的平衡。尤其是克罗根对"控制区"的理解与他对支撑当代自主战争的中间作战空间的描述表达完全一致。正如考德威尔和莱诺尔明确得出的结论那样:"如果兵棋推演无法想象和平,那么我们对未来的军队还会有何期望呢?"

在所有的军事历史中,我们必须记住,战争不只是一张标有红蓝箭头和长方形的地图,还是一个会让人感到疲倦、口渴、脚痛、肩膀酸痛、不知自己身在何方的人命关天的问题。

——乔治·麦克唐纳·弗雷泽,《安全地驻扎在这里》

就像约翰·基根(John Keegan)在其开创性的著作《战斗的面貌》(The Face of

Battle)（1976）一书中对战争所表达的感情那样，我们既没有参加过战斗，也没有穿过军装。我们是对性别一视同仁的美国男性，都是在美国义务兵役不普及的时代，于城市或郊区的中产阶级环境下成长的。战争给人带来一种发自内心的恐惧，这种恐惧在无数电影中都有体现，比如1983年出品的《后天》和《战争游戏》。相比之下，在一些常规战争中，其鲜明的图像是晚间网络新闻的主要内容，但这些地方在地理位置上是遥远又独立的。《大地震》(The Big One)中演绎的由苏联领导的华约与西欧的战争，虽然只是一个假设，但这在当时的无数专业和业余的兵棋推演中是一个预期的前景。汤姆·克兰西(Tom Clancy)和拉里·邦德(Larry Bond)的畅销小说《红色风暴崛起》(Red Storm Rising)内容灵感来源正是他们玩过的扮演邦德的海军兵棋游戏《鱼叉》。对基尔申·鲍姆(Kirschen-baum)来说，这种就像在当地业余兵棋商店的货架上发现盒装兵棋游戏，就如同在玩角色扮演游戏一样。玩阿瓦隆山公司、GDW公司、模拟出版公司出品的兵棋是他青春期的一部分。这些兵棋游戏与《拉什》专辑、《龙与地下城》(Dungeons & Dragons)、汤姆·克兰西的小说和苹果Ⅱ计算机共存。像《班长》(Squad Leader)（1977）或《惠灵顿的胜利》(Wellington's Victory)（1976）这样复杂的兵棋，似乎与其他游戏没有实质性的不同。相比之下，用罗伯托·博拉诺(Roberto Bolano)在《第三帝国》(The Third Reich)（1989）中的叙述者的尖刻语气来说，哈尔·里根(Har-rigan)是"对角色扮演游戏甚至计算机游戏的痴迷远远超出六边形棋盘游戏的青少年之一"。兵棋非常复杂、少有人玩，而且在智力上对人有更高的要求，几年后哈尔·里根才开始定期深入地研究兵棋的奥秘。

我们之所以提供这些传记中的细节是因为作为本书的编辑，我们是主导推崇业余兵棋和娱乐性兵棋的典型人群，这在很大程度上也是与国家安全有关的兵棋推演。作为在社会中占据结构性优势地位的主体，我们对下文的内容施加了自己的控制区。这具体表现在无论是在编辑角色上，还是在更微妙的处理方式上。先抛开战争，我们与兵棋推演的关系是性别化的；不仅如此，兵棋推演还以种族、阶级、性别和国家地位的特权为标志。我们注意到小威廉·布罗伊尔斯(William Broyles Jr.)在其被广为传阅的文章《为什么男人爱战争》("Why Men Love War")（1984）中说道，男人的魅力实际上是他们参与残酷战争的能力，(他的话)植根于对战争作为游戏幻想的早期和普通的灌输。在一个魔法圈内的安全空间，死者被击倒后可以重新站起来。像我们在这里所谈论的兵棋，不管它们是什么，不可否认的，经常是男性幻想的一部分。

因此，我们很高兴有一些主要的女性声音参与关于性别问题的讨论，特别鸣谢玛丽·弗拉纳根(Mary Flanagan)、伊丽莎白·洛什(Elizabeth Losh)、索拉娅·默里(Soraya Murray)和珍妮·汤普森(Jenny Thompson)等女性作者的贡献。尽管如此，在《控制区：兵棋推演透视》一书收录的文章中，大多数作者是男性。最好的解释是,这真实反映了兵棋的总体人数统计数据⑪。尽管有一些人,其中包括凯詹森(Kai Jensen),她对约翰·弗利(John Foley)所描述的战斗指挥官系统做出了重大贡献,但在业余爱好游戏桌上,女性兵棋游戏玩家和兵棋游戏设计师仍然凤毛麟角。20世纪70年代,琳达·莫斯卡(Linda Mosca)为模拟出版公司(SPI)设计了几款兵棋游戏。海伦娜·盖尔·鲁宾斯坦(Helena Gail Rubinstein)是一位独特的人物,她推出的兵棋游戏《杀手天使》(Killer Angels)是对葛底斯堡战役的严格模拟,1984年由西区游戏公司出品,其设计灵感来源于她在巴纳德学院发表的毕业论文。萨宾注意到,他在英国伦敦国王学院讲授的兵棋推演课程上,女性报名人数不断增加。女性设计师和分析人士在当代国家安全兵棋领域取得的进展或许略大一些,如伊丽莎白·M.巴特尔(Elizabeth M. Bartels)、王玉娜(Yuna Huh Wong)和伊丽莎白·洛什所展现的成就,但她们仍然是少数的声音,还未能占据一席之地。此外,尽管迄今为止,棋盘游戏和国家安全兵棋都避免让我们在商业视频游戏玩家文化中看到围绕着女性声音崛起的公开行径,但它们仍有自己的内部挑战需要解决⑫。

我们承认,该书很少包含非英美国家的观点,这种缺陷尤为严重。除英国外,在欧洲其他地方,特别是法国(我们很高兴劳伦特·克洛西尔(Laurent Closier)所做的贡献)、斯堪的纳维亚半岛和波兰,以及俄罗斯和亚洲,特别是中国和日本(我们很高兴中村铁也所做的贡献)都有兵棋游戏群体。然而,中东地区或南半球几乎没有兵棋出品,也很少有兵棋设计师。与此相关的是,虽然性别在各个章节中会作为一个明确的主题出现,但没有涉及种族问题。关于兵棋游戏中的种族和国籍,我们可以,也应该写很多东西,但是这个业余爱好受到英美传统所占分量的限制,到目前为止已经极大地限制了这一点。正是因为意识到本书存在的不足,所以我们希望这本书至少能帮助促进这些领域的进一步写作⑬。

我们也意识到,从纯粹的时事立场来看,本书的确存在纰漏。我们本可以用一些章节专门介绍关于战争(风险、轴心国和盟国)的高知名度桌面游戏或视频游戏专营权(红色交响乐团、战斗任务、坦克世界、库马战争);我们本可以囊括更多关于实时和基于回合的战略专营权(全面战争、文明、装甲总司令部)或大量微型游戏规则集或飞行模拟器的资料;这些章节可以通过赛博会和附庸等引擎体现于在线"棋盘"游戏上,也可以通过会议和比赛场景、赛后报告、播客、游戏博客、论坛社区等粉丝活动加以表述。同样,20世纪80年代,阿瓦隆山公司、模拟出版公司和其他公司都致力于将桌面游戏和棋子游戏转移到个人计算机上的努力,以及当前的平板兵棋推演和虚拟桌面上的革命,今后在此基础上肯定还有更多的工作要做。本书中没有一章是严格地从游戏收藏家、档案管理员或保护主义者的角度撰写的,也没有一章包含关于游戏产业中兵棋推演的经济学,以及其他诸如此类内容。我们希望《控制区:兵棋推演透视》这本书能给兵棋业余爱好者、学者、兵棋设计师和分析师以及其他支持者带来更多阅读、思考和享受的机会。但本书很多内容仍需被完善，如果本书提出了一些可供随后的评论和历史检验的被忽视的话题，我们将感到十分欣慰。

说什么士兵游戏！

——口头流传

《控制区：兵棋推演透视》一书共由九个部分组成（或者也可以称作九个"区域"），每部分都由一个专业或学术权威的长篇论文锚定。在这些篇章之后是来自不同作者贡献的短篇文章。一些文章来自著名兵棋设计师或兵棋爱好者以及行业名人，一些来自权威的评论家或记者。一些较短的章节是分析性的，而另一些则是反思性和轶事性的，用于记录特定游戏或项目的历史。这些章节有的提出了挑战，有的是简明的案例研究。我们无法在本书中完全收录这些专业的短文，但我们想尽量选取特定群体或选取处理兵棋推演实践方式的代表①。

继詹姆斯·邓尼根的介绍之后，开篇部分"纸上谈兵"展示了手工兵棋设计的历史和实践。本部分的第一章由乔恩·彼得森撰写，他探讨了手工兵棋从诞生到现在的发展历史。对于一个刚入门的新人来说，这是一个极好的研究方向。本部分中较短的章节记录了约翰·柯里的历史兵棋项目，该项目有助于保存该领域的历史；中村铁也（Tetsuya Nakamura）、杰克·格林（Jack Greene）和李·布里姆米孔贝·伍德（Lee Brimmicombe-Wood）分别就陆地、海洋和空中的主题提供了手工兵棋设计的案例研究；马克·马哈菲（Mark Mahaffey）关于兵棋游戏制图的章节强调了游戏地图的独特重要性，而游戏地图是许多桌面战争游戏的实际材料基础；最后，A.斯科特·格兰西（A. Scott Glancy）探讨了桌面角色扮演游戏中兵棋和作战系统之间的联系。正如彼得森在2012年指出的那样，这部分内容是一个重要的历史传承。第二部分"战争引擎"将探讨通用战争模拟器系统的历史，这些系统可用于模拟多种场景、冲突和冲突模式，这是兵棋推演作为设计实践最独特的成就之一。该部分的第一章是由亨利·洛伍德（Henry Lowood）撰写，他调查和分析了兵棋设计空间的历史。小马修·B.卡弗雷（Matthew B. Caffrey Jr.）将洛伍德的讨论扩展到国防和国家安全兵棋推演。本部分中简短的章节则讨论特定的游戏引擎或游戏系统，尤其是《高级班长》(Advanced Squad Leader)和《战斗指挥官》(Combat Commander)（在这一过程中，J.R.特蕾西和约翰·弗利还巧妙地说明了同一主题上的两个游戏系统是多么的不同）；而马克·赫尔曼（Mark Herman）和泰德·雷瑟（Ted Raicer）则为"卡牌驱动"兵棋游戏系统的重要创新提供了类似的补充分析。最后，特洛伊·古德费罗（John Foley）介绍了一个使用计算机游戏引擎进行基于粉丝的场景设计的案例研究。"作战"部分将我们的注意力转向作战模拟系统的数学和理论基础，特别是作战研究、精算表、统计学、随机性、概率、兰切斯特方程、蒙特卡罗建模和相关概念等。本部分第一章由彼得·佩拉撰写，他在其经典著作

《兵棋推演的艺术》(1990)的基础上进行了扩展,深化了包括运筹学历史在内的兵棋的历史讨论。布莱恩·米勒(Brien Miller)和雷切尔·西蒙斯(Rachel Simmons)随后介绍了从潜艇战的统计模型到重现拿破仑战场等他们自己设计实践中的案例研究。唐·吉尔曼(Don Gilman)、约翰·蒂勒(John Tiller)和凯瑟琳·卡瓦格纳罗(Catherine Cavagnaro)随后进行了案例研究,重建了包括里程碑式的《鱼叉》系列兵棋在内的计算机兵棋游戏系统的设计。这部分的最后两章将我们带到专业的兵棋推演:诺贝尔奖得主托马斯·谢林(Thomas Schelling)阐述了他个人对博弈论和国家安全博弈的贡献,而拉塞尔·范恩(Russell Vane)则为我们带来了一个战争博弈设计的纯博弈论模型。

如果本书的前1/3致力于奠定兵棋的历史和理论基础,那么中间部分将探讨更具时代性的话题。因此,《前沿》("The Bleeding Edge")聚焦当前和潜在的冲突,特别关注数字的艺术状态。由卢克·考德威尔(Luke Caldwell)和蒂姆·莱诺尔(Tim Lenoir)撰写的第一章试图解开AAA空间军事游戏与所谓军事革命(RMA)之间的紧密联系网,后者引发了国防体系的巨大动荡;对考德威尔和莱诺尔来说,流行的娱乐兵棋游戏是一种"预调解"(理查德·格鲁辛的术语)军队和默许公众冲突不可避免的方式。在此之后,拉里·邦德(Larry Bond)和劳伦特·克洛西耶(Laurent Closier)分别提供了专业的案例研究,一个假设空袭,另一个以广为人知的2004年第二次费卢杰战役的研究《幻影狂怒行动》(Operation Phantom Fury)为案例。与此同时,安德鲁·瓦克弗斯(Andrew Wackerfuss)和马库斯·舒尔兹克(Marcus Schulzke)通过以第一次世界大战为背景的塔防游戏《玩具士兵》(Toy Soldiers)(2010)阐述了兵棋不可避免地传播战争表现的方式,而舒尔兹克则重温了仍然具有巨大影响力的《美国陆军》(America's Army)(2002)兵棋。本部分最后两个重要章节以考德威尔和莱诺尔以米格尔·西卡特(Miguel Sicart)的《现代战争》(Modern Warfare)系列和索拉亚·默里(Soraya Murray)的《特殊行动:一线生机》(Spec Ops: The Line)(2012)为例,仔细讨论了同一AAA空间中兵棋游戏的伦理和社会政治。在接下来"系统和情况"一节中进一步强化了这一优势,特别关注包括非标准关键游戏的例子在内的对抗性或反文化背景下的兵棋。本部分的第一章由莎朗·加马里·达布里奇(Sharon Ghamari-Tabrizi)撰写,她将兵棋推演解读为写作系统,即铭文技术,这是她在兰德公司研究基础上的进一步发展。通过原始档案研究,伊丽莎白·洛什扩展了加马里·达布里奇的见解,既与兰德公司有关,也与南加州独特的公司化和军事化景观相关,同时强调了女性游戏设计师在这些环境中的处境。亚历山大·加洛韦(Alexander Galloway)和理查德·巴布鲁克(Richard Barbrook)揭示了兵棋游戏在各种形式的左派政治实践的令人惊讶的中心地位,加洛韦则关注居伊·德波(Guy Debord)曾经几乎被遗忘的战争游戏(Becker-Ho and Debord, 2006)以及巴布鲁克通过伦敦《克拉斯兵棋》小组进行的相关当代活动。最后，大卫·莱文（David Levin）有关摄影的章节和布莱恩·康利（Brian Conley）关于桌面装置的章节记录了两位著名的艺术家采用兵棋游戏作为媒介的案例。接下来的"作战室"部分审视了历史研究、战争研究和国防兵棋推演的功效。

本部分的第一章由菲利普·萨宾撰写，他在前面提到的几本书中阐述了将兵棋作为理解历史的工具的观点。本部分较短的章节收录了罗伯特·M.西蒂诺（Robert M. Citino）、罗布·麦克杜格尔（Rob MacDougall）和丽莎·法登（Lisa Faden）的文章，这些文章进一步发展和扩展了这种潜力。查尔斯·瓦西（Charles Vasey）代表了设计师在权衡其工艺中固有的权衡观点，而杰里米·安特利（Jeremy Antley）则以近期记忆中最受欢迎的魔兽兵棋游戏《晨昏对峙》（*Twilight Struggle*）（2005）为例⑤，探讨了游戏本身如何成为他们试图塑造的历史产物。最后，亚历山大·H.李维斯（Alexander H. Levis）和罗伯特·J.埃尔德（Robert J. Elder）在讨论国家安全背景下的兵棋推演设计和评估中，让读者一睹职业军事博弈的神秘世界。

本书最后1/3进一步扩大了研究范围，同时也预测了近期兵棋发展的未来。"违规行为"包括反叛乱模拟和涉及非政府组织、非战斗人员和其他非军事团体游戏在内的非武力对战游戏。本节的第一章由雷克斯·布莱恩（Rex Brynen）撰写，他探索模拟武装部队采取的政治、经济和社会行动，将其统称为"非动态"。本部分中较短的章节包括模拟非战斗人员和"人类地形系统"的其他元素，讨论了几款桌面反叛乱模拟兵棋。此外，在国家安全游戏（Elizabeth M. Bartels and Yuna Huh Wong）和兵棋嗜好（Brian Train and Volko Ruhnke）中也讨论了同一话题；与此同时，设计师艾德·比奇（Ed Beach）提醒我们，非动力因素的历史要长得多，他还探索了早期现代游戏中对非动力因素的处理方式；最后，詹姆斯·沃克曼（James Walkman）开辟了"文化游戏"的空间，展示了起源于兵棋推演的设计理念如何应用于其他各种主题和环境。在此之后，"其他战场"部分讨论了文学和电影中的兵棋，同时也探讨了微型兵棋、科幻小说兵棋和实际历史重演。本部分的第一章由埃丝特·麦克卡勒姆·斯图尔特（Esther MacCallum-Stewart）撰写，她调查了兵棋游戏在许多媒体形式中的表现，重点研究了伊恩·M.班克斯（Iain M. Banks）的小说《游戏玩家》（*The Player of Games*）（1988）和奥森·斯科特·卡德（Orson Scott Card）的小说《安德的游戏》（*Ender's Game*）（1985）。比尔·麦克唐纳（Bill McDonald）讨论了劳伦斯·斯特恩（Laurence Sterne）的《项狄传》（*Tristram Shandy*）（1759），其中首次提到了英国文学中的微型兵棋推演；阿瓦隆山公司出品的游戏《第三帝国》（*Third Reich*）（1974）的设计师约翰·普拉多斯（John Prados）对罗伯托·波拉尼奥（Roberto Bolano）的同名小说发表了他的第一篇扩展评论，认为游戏是小说的中心结构。然后，我们转向其他场景中的"兵棋推演"，斯蒂芬·科尔讲述了长期运行的科幻兵棋推演系列的设计历史，《星际舰队之战》（*Star Fleet*

Battles)(1979—1999),伊恩·斯图罗克(Ian Sturrock)和詹姆斯·沃利斯(James Wallis)研究了游戏车间(Games Workshop)公司的《战锤40K》(*Warhammer 40, 000*)(1983—2014)系列微型兵棋的历史和游戏性;拉里·布罗姆(Larry Brom)在对他描绘殖民战争的历史缩影规则的反思中补充了这一点。詹妮·汤普森(Jenny Thompson)考虑了现实生活中第一次世界大战和第二次世界大战重演中"兵棋推演"的含义。"未来战争"章节通过预测兵棋推演的未来得出了各种结论。本部分的第一章由帕特里克·克罗根(Patrick Crogan)撰写,他对全球地图作为当代无人机战争背景下的统一(和中间)模拟空间表达了新的观点。在该部分中,"游戏"和全球网格被整合在一起。记者兼游戏玩家迈克尔·佩克(Michael Peck)探讨了当前和未来的兵棋推演市场;高产的兵棋设计师约瑟夫·米兰达(Joseph Miranda)描述了对网络战和网络中心战建模的方法;卡佩尔·奎特科夫斯基(Kacper Kwiatkowski)让我们得以一窥《我的战争》的设计过程,这可能是我们在相当长的一段时间内看到的第一种真正新型的兵棋。最后,格雷格·科斯蒂基恩(Greg Costikyan)对当前设计局限性的评估和对新方向的建议,玛丽·弗拉纳根(Mary Flanagan)在她撰写的章节中进一步扩展和强化了这一呼吁,这是我们可以看到的对整本书的有力总结。

在《为什么男人喜欢战争》("Why Men Love War")一文中,布罗伊尔斯(Broyles)写道,"除了是一个相当快乐走运的食肉动物外,我对血没有欲望,也不喜欢杀死鱼,甚至昆虫等动物。"我们中的任何一个人都可以说出同样的话。爱德华时代和平主义的伟大元老乔治·威尔斯也许仍然是最常被引用的虔诚支持者,即兵棋推演是一种救赎,因为兵棋教会了我们真正的战争是多么"愚蠢的事情"。也许,当今的专业游戏设计师和分析师同样坚持兵棋推演可以挽救生命的观点。但我们也要承认布罗伊斯的另一观点,他在论文中吐露,"在我所研究过的内容中,没有什么比越南的小队战术更复杂或更具创造性"。任何一个清晨徘徊在游戏纸板或在虚拟F-16战机上优化装载的玩家都会明白这意味着什么。兵棋推演提供了准确探索这类复杂性的手段,同时还提供了以替代方式进行探索的特权。

换言之,兵棋推演正是控制区有序和合理化的空间——在这些空间中,由算法步骤和概率曲线塑造的规则和程序占据主导地位。这是其最大的吸引力,也是其最大的责任。它们对想象力发挥了重要的控制作用,并且经常影响国家政策和军事实践。编辑这本书对我们来说是一个巨大的个人满足感源泉,我们希望《控制区:兵棋推演透视》的读者能够理解这种非凡的、持续引人注目的游戏形式。

关于作者

帕特里克·哈里根（Patrick Harrigan）与诺亚·沃德里普·弗鲁因（Noah Wardrip-Fruin）共同主编了麻省理工学院出版的系列丛书：《第三人称：创作和探索宏大叙事》（*Third Person: Authoring and Exploring Vast Narratives*）（2009）、《第二人称：游戏和可玩媒体中的角色扮演和故事》（*Second Person: Role-Playing and Story in Games and Playable Media*）（2007）、《第一人称：故事、表演和游戏中的新媒体》（*First Person: New Media as Story, Performance, and Game*）（2004）。帕特里克·哈里根曾担任幻想飞行游戏公司的营销总监和创意开发者，并与布赖恩·伍德（Brian Wood）共同编撰了幻想小说集团出品的《H.P.洛夫克拉夫斯的艺术——克苏鲁神话》（*The Art of H.P. Lovecraffs Cthulhu Mythos*）（2006）。他的作品已由混沌元素公司、帕甘出版社、赖特游戏公司、ETC出版社以及卡姆登出版社出版。他还撰写了一部名为《失落的集群》（*Lost Clusters*）（2005）的小说和短篇小说集《淡淡的时光和贫瘠的地方》（*Thin Times and Thin Places*）（2012）。他的个人网站是 www.patharrigan.com。

马修·G.基申鲍姆（Matthew G. Kirschenbaum）是马里兰大学英语系副教授，马里兰人文科学技术研究所副所长（MITH，该研究所又称为：数字人文应用智库）。他的第一本书《机制：新媒体与法医想象》（*Mechanisms: New Media and the Forensic Imagination*）于2008年由麻省理工学院出版社出版，并获得包括现代语言协会（MLA）的首部著作奖在内的多项奖项。基申鲍姆经常就数字人文学科和新媒体的话题发表演讲和作品，他的作品在《纽约时报》《卫报》《国家公共广播电台》《有线电视》和《高等教育纪事》等媒体上被广泛报道。马修·G.基申鲍姆于2011年被授予古根海姆学者头衔，但在这之前，他被认为是个怪人。

注释

①当时（美国）兰德公司（RAND Corporation）在其正在进行的保密兵棋中使用了几乎相同的技术。

②参见 https://paxsims.wordpress.com/2011/08/05/connections-2011-aar。

③根据商业兵棋游戏的定义，这种文档在政策游戏中并不常见，因为在政策游戏中，设计师的注释经常是可变的、不一致的或根本不存在的；这就是为什么这样的博弈经常被当作一种严格的分析方法而被忽视的原因之一。我们希望本书将展示对这类游戏而言更强大的文档和分析的价值。

④他将该术语归功于模拟出版公司（SPI）的艺术总监雷蒙德·西蒙森（Redmond Simonsen）。

⑤兵棋游戏设计者面临的经典难题是平衡好模拟和可玩性之间的紧张关系。对细节的忠实度的提高通常意味着游戏时间的增加，并且有无数的例子表明，如果游戏过于复杂和耗时，那么除了最专注的爱好者之外，其他人都无法玩。然而，近年来的趋势是降低游戏的复杂性，通常是使用新的规则系统使玩家的负担最小化（在这方面值得注意的是马克·赫尔曼开发的卡驱动系统；参见本书中关于赫尔曼、特德·雷瑟、艾德·比奇和杰里米·安特利的章节；也可参见2011年的《哈里根与战争》）。但是，一个简化的游戏系统在什么时候开始失去它作为历史模拟的价值呢？我们从达纳·伦巴第的游戏"怪物"《斯大林格勒的街道》(Streets of Stalingrad)(2003)中学到的东西要比从中村铁也的《斯大林格勒风暴》(Storm over Stalingrad)(2006)中学到的东西要少得多吗？该游戏以历史上准确、完整的冲突战斗顺序著称（另参见 Sabin 2012, 51–52）这些问题是这本书的核心。我们如何塑造一个冲突驱动的世界，为什么这么做？

⑥其中许多早已绝版的游戏，最近通过约翰·库里(John Curry)的努力得以回归，他的历史兵棋项目对此有所描述。

⑦参见 http://connections-wargaming.com。

⑧工作备忘录的副本可在以下网址获得：http://news.usni.org/2015/03/18/document-memo-to-pentagon-leadership-on-wargaming（给五角大楼领导层的关于兵棋推演的备忘录）。另一个值得注意的是彼得·佩拉的回复，"从事兵棋推演"：https://wargamingcommunity. wordpress. com/2015/05/14/peter - perla - on - work - ing - wargaming/。综上所述，这两份文件是本书出版时对美国专业防务和国家安全作战状态的一个初步了解。

⑨非常棒的博客群"Play The Past"http://www.playthepast.org，以及两个最近命名相似但没有关联的收藏，Play The Past(2008)和Pastplay(2014)提出了类似的问题，并强调了"游戏"无论是军事方面还是其他方面，再次成为历史理解的标尺。

⑩另参见国家人文学科捐赠基金(National Endowment for the Humanities，NEH)赞助的"军事历史数字方法"研讨会：http://www. Northeastern.edu/nulab/dmmh。

⑪一直以来，H.G.威尔斯(H.G.Wells)隆重地将他的书和兵棋游戏《微型战争》(Little Wars)推荐给"从12岁到150岁的男性，以及喜欢男生游戏和男生书籍的聪明女孩"。

⑫2014年，PaxSims博客召开了一次在线讨论活动，专门讨论这个话题。参见 https://paxsims.wordpress.com/2014/10/15/women-and-proffessional-wargaming。

⑬例如，在《慕克吉》(Mukherjee)(2010)以及亚历山大·加洛韦的《特种部队》(Special Force)和《在阿什手下》(Under Ash)作品中，两名第一人称射手从巴勒斯坦民众的角度进行了体验(Galloway 2006,78–84)。

⑭一些投稿人也发现自己在讨论保密游戏或其领域发展方面的能力有限,但我们很高兴他们能够分享其对拜占庭时代国防游戏机构的见解。

⑮有些人认为,由于其典型性,《暮光之城》不是"真正的"兵棋,但我们会将这种区别留给留言板。

系 列 前 言

兵棋的历史会告诉我们什么？它不仅会告诉我们关于兵棋本身的历史，还有关于玩兵棋和设计兵棋游戏的人的历史。我们认为关于这个问题最有趣的答案有两个特点。首先，阐述兵棋历史的作者会问一些问题，例如，兵棋的玩法和设计是如何变化的？社会、文化和其他因素会以何种方式影响这种变化？当游戏从一种文化或历史背景转移到另一种文化或历史背景时，游戏会发生怎样的变化等。这类问题与游戏研究的其他领域，以及历史、文化研究和技术研究建立了联系。

在"改变游戏规则"的历史中，我们寻求的第二个特征是多样性、包容性和讽刺性等术语部分描述的各种特质的广泛混合。具有这些品质的历史传递了意图、用户、技术、材料、地点和市场的相互作用信息。我们认为，提出重大问题并以创造性和机敏的方式回答这些问题是实现以下目标的最佳途径：它不是一部孤立的、一般的游戏史，而是一部将游戏研究与广泛领域的学术联系起来的游戏史。当然，首先要创造这些历史。

历史兵棋是一部系列丛书，我们希望这些书能为参与者日益增长的国际研究界提供一个母港，或者说是一个平台，因为学者们对游戏历史的兴趣超过了对出版丛书情节和语言描述的兴趣。总之，本系列丛书的目的是帮助实现对兵棋批判性的历史研究。本系列丛书将对史学和历史方法学给予高度关注，而该系列作为一个整体将包含我们认为对历史游戏研究的相关性至关重要的广泛主题。我们设想推出一个活跃系列，其输出将重塑人们对电子游戏和其他类型游戏的理解、教学和研究方式，并提升游戏在计算史、科学技术史、设计史、设计文化、材料文化研究、文化和社会史、媒体史、新媒体研究和科学技术研究等相关领域的吸引力。

历史兵棋系列将欢迎且不限于以下领域的投稿：

•游戏历史研究的多学科方法论和理论方法；

•兵棋游戏、人物、场所和游戏机构的社会和文化历史；

•对影响和形成游戏和游戏历史的重要时期的划时代背景研究；

•兵棋游戏设计、开发、技术和产业中关键角色的历史传记；

•兵棋游戏和法律史；

•全球政治经济和兵棋游戏产业（包括独立游戏）；

•与兵棋游戏研究相关的技术历史；

•兵棋游戏与其他媒体交叉的历史，包括游戏艺术、游戏与电影、游戏与文学等主题；

•兵棋游戏保存、展览和文档，包括博物馆、图书馆和收藏家在准备游戏历史时的位置；

•兵棋游戏文物和效用的材料历史。

美国斯坦福大学，亨利·洛伍德（Henry Lowood）

美国石溪大学，雷福德·吉尼斯（Raiford Guins）

前言：从纸片时间机器走向电子

——詹姆斯·F.邓尼根

兵棋有着悠久的历史。许多古代指挥官认为,提前制订作战计划是获得优势的一种合乎逻辑的方式。这个想法显然被重复了很多次。甚至在预测分析等现代统计工具出现之前,以现实的方式探索未来的概念就具有了本能的吸引力。在20世纪70年代,商业兵棋设计师将手工兵棋称为"纸片时间机器",到了20世纪70年代末,他们将这些设备转移到新出现的个人计算机上。虽然准确的预测是这些设备的目标,但我们如何从古代的洞察过渡到现代的故事解读,其中还有很多东西需要学习。

国际象棋是一种旨在训练学徒指挥官在战场作战的更精细的古老兵棋游戏,就像其在火器出现之前存在的那样。到了18至19世纪,国际象棋已经发展成更为复杂的兵棋推演,今天的大多数推演者将其视为微型或手工(棋盘)兵棋。在19世纪初,这种新形式的军事兵棋推演结合了最近开发的统计工具,很快被认为在军事方面有价值,并且从那时起一直到第二次世界大战,这种新形式的军事兵棋推演作为一种训练和规划工具变得相当流行、有效并运用广泛。

19世纪末,新军事兵棋推演的简化版本开始出现在民用场合。其中最经久不衰的是19世纪80年代末由弗雷德·简(Fred Jane)(《简氏战舰年鉴》等)开发的海军兵棋。1913年,当英国著名作家H.G.威尔斯出版了一款名为《微型战争》(*Little Wars*)的兵棋时,这些商业兵棋游戏在很大程度上得到了普及,我们现在所称的微型兵棋游戏也开始流行起来。所有这些诞生于19世纪和第二次世界大战前的兵棋都非常相似,都使用了微型人物(有时是地图、木制或纸板标记)和复杂的规则。随着工业革命(1760—1840年的欧洲和北美)的到来,民众的识字率和高等教育普及率巨增,一些兵棋在商业上受到了欢迎。对于新产生的教育阶层成员来说,将兵棋作为一种爱好成了一种时尚。这在很大程度上是因为德国和英国在政策上一直非常积极努力为广大读者撰写军事书籍,而这些狂热者更热衷于利用这些新的兵棋游戏来获得进一步的见解。军事专业人员使用更复杂的兵棋推演进行指挥和训练参谋,以及规划未来,但也有人选择花费时间和精力更少的商业兵棋。在欧洲,自19世纪以来庞大的新预备役部队拥有大量的预备役军官,他们作为平民将兵棋游戏视为商业和娱乐的结合。

两次世界大战扼杀了人们对大多数商业兵棋游戏的热情。这些战争造成的大量伤亡和巨大破坏给欧洲受过教育的阶层带来了创伤。直到第二次世界大战结束时,商业兵棋游戏在美国仍然很活跃。20世纪50年代末,更简单的、基于地图的历史兵棋游戏出现并吸引了比微缩模型更多的民间实践者。新的棋盘游戏价格更低、更容易学习也更容易上手,但它们的规则仍然很复杂,只有很少的人能够掌握。这就是我在20世纪60年代初在军队服役时所见到的兵棋的境遇。我注意到,在我所服务的野战炮兵导弹营中,大约1/10的士兵定期接触兵棋,或者能够很快掌握这些历史兵棋游戏的规则和概念,并偶尔参加到游戏中去。

与此同时,兵棋推演在第二次世界大战后走进了死胡同。在大约20年里,国际象棋与历史的兵棋推演在美国不受欢迎(海军除外)。第二次世界大战爆发的原因是多方面的,最重要的原因是运筹学(OR)技术成功地支持了第二次世界大战期间的军事行动。运筹学是一种新的工具,直到20世纪30年代才开始应用,并与新兴的计算机技术一起被用于第二次世界大战后的兵棋推演。另一个原因是与德国人进行的基于历史的手工兵棋的甄别。德国人在第二次世界大战期间经常使用兵棋进行推演来为战争服务。

因此,认为兵棋推演者是战争贩子的看法是疯狂且糟糕的。由于关于兵棋的一些不良名声仍然存在,许多潜在用户感到气馁,于是放弃使用历史研究来制定未来的计划和政策(特别是陆军和空军),结果是一个巨大的错误。但对于拥有核武器和装备齐全的国家来说,历史在某种程度上并没有那么重要,比如俄罗斯仍在严格保密的状态下进行兵棋推演。

传统的、基于历史的手工兵棋推演被计算机驱动的当代和未来事件模拟所取代,其设计使用的是或更多使用的是数学而非常识,这导致了一些不幸的结果。首先,运筹学无法准确地模拟战斗中发生的所有突发事件。直到20世纪70年代,人们才认识到这是一个严重的问题,并通过回归源自国际象棋的古老历史兵棋寻找解决办法。

冷战时期,美国和苏联营造了一种氛围,使得其对友军和敌军进行冷静的分析变得困难,而且出于政治原因,这通常是不可能的。例如,在美国,当时人们根深蒂固地认为苏联人是敌人,只有当苏联人被描绘成可怕的威胁时,美国巨大的国防开支才是合理的。基于历史,兵棋推演将显示出苏联的局限性,这在政治上是不可接受的。尽管现实已经如此,公布结果却可能是致命的。冷战结束后,苏联高级军事人员可以畅所欲言。人们发现,自己对兵棋推演的敌意过于认真,在苏联,部分兵棋推演人员也是职业杀手,而这些现实研究的结果一直被封存到20世纪90年代。

如果不把军事历史作为一种工具,就不可能抓住新的、基于作战研究的战争模型中的错误。基于作战研究的兵棋推演创造了一个人工世界，其中可能的结果符合高级军事和政府领导人的先入之见，而不是已知的现实。运用历史的方法，当兵棋无法再现历史结果时，我们可以进行现实查证。20世纪70年代后，基于运筹学的兵棋推演逐渐失去了美国军方以及大部分文职领导层的信任。也许基于运筹学的兵棋在最具破坏性的方面是兵棋推演最初的目的，即为作战指挥目的而进行的军官培训被废弃了。相反，"模型和模拟"被赋予了找出未来战争在武器弹药方面需求的任务。换言之，"兵棋推演"被简化为后勤保障职能。这些基于大型计算机系统的"兵棋推演"也被用来证明大多数新武器系统的合理性。运筹学方法已经变成了弗兰肯斯坦怪兽（Frankenstein monster）。

在第一次使用计算机驱动的兵棋推演时，人们忘记了一句古老的军事谚语："这不是谁更好的问题，而是谁更坏的问题。"胜利属于拥有更多优势的一方，而在一场不精准的兵棋推演中，战争的机动性和不确定性往往会给推演者带来优势。许多专业军事人员在20世纪60年代看到这些棋盘兵棋时就认识到了这一点。到了20世纪70年代，五角大楼的高层也开始意识到这一点。正如一位五角大楼官员指出的那样，商业兵棋可以准确地模拟许多近期的战争，而当时的美国国防部的作战模型却无法做到这一点。这一观察结果最终导致美国军方在开发和使用兵棋的方式上发生了重大变化。

开发兵棋的历史方法还有其他优势。这是因为这一过程要求对正在转变为兵棋的局势进行公正的分析。兵棋推演是对军事形势的一种非常有组织的观察，因为兵棋推演必须有精确的规则和准确的信息，才能以任何高度的准确性描绘军事事态。现实中的兵棋推演，无论是在过去的战斗中还是在未来的潜在战斗中，都会给用户呈现一个关于战斗轮廓的暗示，这无疑提供了一个至关重要的优势。

兵棋推演的许多军事用户并不知道他们实际上是在使用运筹学技术（尽管通常是如地形、武器和人力的概率和统计分析等简单的技术）来创建和使用基于历史的兵棋。许多作战研究专业人士都意识到了这一点，这就是为什么作战研究领域的许多人，特别是那些有军事经验的人，在20世纪六七十年代迅速意识到基于历史兵棋的价值所在。在第二次世界大战期间和战后不久，作战研究专业人士习惯从非常狭隘的角度审视军事事件。基于历史的兵棋推演在20世纪60年代迅速流行，他们能够在更广阔的背景下审视战斗情况。兵棋推演需要分析地形、兵力（战斗顺序）、损失和许多其他因素。那些使用过历史兵棋的人也会熟悉将真实事件与兵棋中描述的相同事件联系起来的技术，并且正如许多人承认的那样，他们通过推演对军事形势有了更深入的了解。

20世纪70年代，商业兵棋游戏开始对专业（军事）兵棋推演的设计和使用产生影响。起初，士兵们购买和玩兵棋游戏时，业余游戏会产生间接影响，这种影响微妙而持久。兵棋游戏的军事用户发现,玩一段时间兵棋游戏可以学到知识和技能,这使他们能够设计自己的兵棋游戏。进入21世纪,这种情况变得越来越有利。军事用户还发现,与20世纪90年代之前一直流行的高度复杂和高度计算机化的工作相比,商业兵棋推演使用的更简单的技术在模拟战争方面更有效。20世纪70年代,针对专业兵棋推演的一个常见批评是其对历史现实的关注不够,事实证明,这是验证军事模拟和模型是否准确并因此成为有用工具的唯一途径。随着1991年冷战的结束,精确的兵棋推演受到的政治阻力越来越小。

商业兵棋的影响在1977年的利斯堡兵棋会议上可以清楚地被看到。这是(美国)国防部资助的兵棋推演所有主要参与者的首次聚会。其后在1985年和1991年举行了另外两次会议。我有幸被邀请参加了这三次会议,但第一次受邀请时恰逢事情正在发生最明显的变化。显然我是个局外人。当时专业兵棋推演的主角——美国国防部长办公室(OSD)的高级官员安德鲁·马歇尔(Andrew Marshall)站在利斯堡观众面前直言不讳地说:“你们从来没有给过我任何有用的东西。”

轮到我发言时,我指出,现在需要的是一场兵棋推演,指挥官可以坐下来亲自动手推演,最好不要让其他人在场。让兵棋推演的最终用户实际操作兵棋推演将节省大量时间、获得更好的结果并尽可能减少混乱局面。这还将使指挥官能够通过其工作人员尝试他本不愿意尝试的选项。这是因为尤其是在和平时期,将军们不应该犯错误。最后一点很重要,因为高级指挥的社会学使得指挥官,尤其是在下属面前很难表现出对任何事情一无所知或有能力却做傻事的倾向。但学习和培育最有效的战略和战术必然会经历犯错误的过程。到了20世纪80年代末,这项技术终于来临,使我设想的“指挥官的游戏”成为可能。到了20世纪90年代,我们看到商业计算机兵棋中“指挥官的游戏”被视为理所当然。不用说,很多指挥官都在悄悄地自己购买和玩这些游戏。

军事兵棋的一个主要缺陷是商业兵棋推手称之为“界面”的问题。创建一种商业兵棋,无论是纸质的还是基于计算机项目,都需要投入多达一半或更多的精力(和预算)用于游戏的外观(“赏心悦目”)和游戏的易用性设计。如果一款游戏的“界面”看起来很丑,大家就不太愿意玩;更重要的是,很少有人会买它。然而,由于缺乏商业压力,军事兵棋通常缺乏玩家友好式界面。此外,其主要用户就是制作军事兵棋的人,或者是习惯于神秘界面的计算机专业人员。军事兵棋设计师从来没有强大的动机去开发高质量的界面,所以就只能依靠指挥官自己去修补这些游戏了。

20世纪70年代另一个有趣的发展是,军事院校有越来越多的新生开始学习商业兵棋知识。这些精通兵棋的军官需要10年或更长的时间才能晋升到高级职位,并可能使现实和可验证的兵棋推演成为培训和规划工具。果不其然,到1990

年,兵棋推演已广泛地被人们接受,并按预期定期投入使用。事实上,关于伊拉克与科威特交战的第一次兵棋推演的分析是在伊拉克来到科威特后的第二天通过使用商业兵棋《海湾袭击》(Gulf Strike)进行的。本次推演的结果确定了实际实施的作战计划。在1990—1991年海湾战争期间,这些基于历史的兵棋被广泛使用。

我提出的另一个观点是,使用手工兵棋需要比大多数人接受更多的工作,而且对大多数不精通数学和不懂详细军事历史的人来说,这可能是一种威胁。在20世纪七八十年代,当被问及如何使用兵棋进行训练时,我向军事组织的成员们多次讲述这一观察结果。显而易见的解决办法是使用微型计算机。20世纪70年代末,我谈论的是未来。但到了20世纪90年代,未来已经到来,基于个人计算机的兵棋(用于战斗和非战斗任务)开始推广。自20世纪80年代以来,军队越来越多地使用基于微型计算机的兵棋推演,并且越来越成功。

1975年后,军队中的许多兵棋推演都是越南战争创伤后进行自我反省和重组的结果。商业兵棋——纸片时间机器,出现于20世纪50年代末,并在越南战争即将结束时迅速流行起来。虽然有关战争的政治言论是煽动性的而非知情性的,但兵棋推演是冷静的分析工具。基于越战的兵棋推演清楚地表明,我们可以从过去的战争中学到很多东西。即使是军队中的非推演者也意识到,研究过去并尊重所发现的教训可以更好地应对诸如越南等局势。这是我在几本书中,特别是在《正确处理》(Getting It Right)(1993)和《越战中肮脏的小秘密》(Dirty Little Secrets of the Vietnam War)(1990)谈到的一个大主题。对于20世纪70年代的美国陆军来说,这意味着更多地使用兵棋推演,尊重过去行之有效的事物(以及建立CALL:陆军经验教训中心)。这种态度是军队接受结束征兵制并创建一支与越南战争和早期战争截然不同的军队的原因之一。

直到1991年,当美国空军和陆军对伊拉克武装部队进行了彻底的打击,大多数人才意识到美国武装部队在过去的16年中进行了多么彻底的变革。这一转变的主要原因之一是兵棋推演,特别是在20世纪五六十年代作为商业产品重新发明的基于历史的兵棋推演。1975年以后,这些兵棋推演受到美国军方的欢迎。后越战时代的部分想法是,如果新事物有效,就应该广泛采用。这就是兵棋推演的情况。

1990—1991年的海湾战争与日益强大的个人计算机硬件的快速发展同时发生,这使得兵棋游戏在大众市场的日益流行成为可能。这里的关键创新包括第一人称射击(FPS)实时游戏。虽然这些游戏在军事用途上有太多的不准确之处,但军方知道他们可以授权这些游戏,并进行必要的更改,从而最终推出具有训练价值的FPS游戏。军事航空界发现,消费级飞行模拟器软件已经变得足够精确,可以胜任教授飞行基础知识工作,甚至允许有经验的飞行员使用"足够精确"的计算机模拟器进行实验和练习。

自第二次世界大战以来，军队经历了许多变化，兵棋推演就是其中之一。兵棋推演作为一种训练工具的实用性导致兵棋出现在出乎预料的地方。嵌入式仿真就是典型的例证。由于众多的部队使用某种计算机作为其武器和装备的接口，因此添加一个模拟选项以及多种类型的诊断和其他形式的辅助软件相当便捷，这些软件可以在从步枪瞄准器到作战车辆、飞机和舰艇上的许多系统的各个方面找到蛛丝马迹。这与"战斗时训练，训练时战斗"的古老格言相吻合。在智能手机上运行的模拟软件补充了嵌入式的设计，你可以看到它的发展方向，因为新技术为下一步必须模拟的东西提供了路线图。

在过去的半个世纪里，军队对商业兵棋的影响比大多数兵棋玩家意识到的要大。即使在手工兵棋全盛时期的20世纪70年代，人们也注意到"军队和政府"人员在兵棋推手市场中所占比例过高（占总人数的20%，以及占总人口的3%）。随着兵棋在20世纪八九十年代向计算机过渡，这种情况仍在继续。手工兵棋现在已成为一种业余爱好，但军事和政府人员使用的比例仍然很高，因为手工兵棋仍然是计算机模拟的原型工具，也是培训兵棋设计师和军事思想家的极佳工具。美国军方还率先开发了"非战斗作战兵棋推演"，这大大提高了所有未参战部队的战斗力。90%以上的非军事人员从事后勤工作，其中大多数与平民执行的任务相似。这些模拟被称为"严肃的游戏"，展示了兵棋推演的基本概念，以及如何应用于工作和生活的各个领域。这类游戏或"模拟"正在变得越来越普遍，并且通常被一代人视为一种预期发展，他们是在个人计算机、游戏机或智能手机应用程序上的模拟游戏中成长起来的。纸片时间机器现在撒下了更大的网。

关于作者

詹姆斯·F.邓尼根是100多款兵棋的设计师，其作品包括经典的《中世纪帝国》(*Empires of the Middle Ages*)、《装甲闪电战》(*Panzer Blitz*)和《日德兰》(*Jutland*)。他通过其旗下模拟出版公司(SPI)出版了500多款兵棋。他还出版了《完全兵棋推演手册》(*The Complete Wargames Handbook*)等20多部著作。邓尼根曾任《战略与战术》(*Strategy and Tactics*)期刊编辑；他还是战略网页 www.strategypage.com 的联合创始人和主编。自20世纪70年代以来，邓尼根一直是美国国防顾问、专家和批评家。他撰写军事、科技和历史方面的书籍、自己装计算机，并将风险管理视为一项精彩的休闲活动。邓尼根经营软件开发，可以在任何事物上进行模拟，并将解决问题视为自己最喜爱的室内运动。

目　　录

第一部分　纸上战争 ·· 1

　第一章　一款不同凡响的游戏：业余爱好如何迷你化战争 ·········· 3

　第二章　历史兵棋项目 ··· 33

　第三章　桌面模拟与"真相"之间的根本差距 ······················ 42

　第四章　《海军上将》：追踪兵棋设计演变中的一个要素 ·········· 47

　第五章　远方的野蓝色：在兵棋中体现空战 ······················· 54

　第六章　制图中的历史美学 ··· 62

　第七章　团队中的"我"：桌面角色扮演游戏中的战争和战斗 ······ 68

第二部分　战争引擎 ·· 79

　第八章　战争引擎：从桌面到计算机的兵棋系统 ··················· 81

　第九章　兵棋的引擎 ··· 105

　第十章　效果设计：《高级班长》设计的"共同语言" ············ 110

　第十一章　《作战指挥官》：是时候放弃你的计划了 ············· 116

　第十二章　《太阳帝国》：卡牌驱动游戏引擎的下一次演变 ······ 126

　第十三章　通向游戏桌的荣耀之路 ································· 132

　第十四章　一种新的历史：兵棋场景设计群体文化 ··············· 138

第三部分　行动 ··· 147

　第十五章　运筹学、系统分析和兵棋推演：驾驭研究周期 ·········· 149

　第十六章　统计和取证验证在兵棋推演建模中的应用 ············· 172

　第十七章　目标驱动设计与《拿破仑的胜利》 ···················· 188

　第十八章　《鱼叉》：一款原创的严肃游戏 ······················ 194

　第十九章　《现代空中力量》实时作战仿真系统的开发与应用 ······ 205

　第二十章　红蓝对抗 ··· 211

　第二十一章　超游戏 ··· 220

第四部分　失败边缘 ···229

第二十二章　兵棋推演的未来：新战争方式的归化 ···············231
第二十三章　制作《波斯入侵》 ·······························256
第二十四章　费卢杰第二次战役建模 ·························262
第二十五章　《玩具士兵》：第一次世界大战视频游戏的真实性和元游戏 ···267
第二十六章　《美国陆军》 ···································274
第二十七章　《使命召唤》——《现代战争》中的玩家共谋和道德游戏玩法 ···279
第二十八章　在《特殊行动：一线生机》中颠覆军事化的阳刚之气 ···289

第五部分　系统与形势 ···299

第二十九章　作为书写系统的兵棋 ···························301
第三十章　防御游戏：性别、正义战争和兵棋设计 ···············323
第三十一章　德波的怀旧算法 ·······························337
第三十二章　卢迪卡科学俱乐部与《穿越别列津纳河》 ···········356
第三十三章　战争游戏 ·····································362
第三十四章　令人烦恼的魔力圈：《迷你伊拉克战争》 ···········369

第六部分　作战室 ···377

第三十五章　作为学术工具的兵棋 ···························379
第三十六章　六边形的教训：兵棋推演与军事历史学家 ···········396
第三十七章　模拟素养：历史课堂中的兵棋案例 ···············404
第三十八章　业余设计师：为了乐趣和收益 ···················412
第三十九章　深度游戏中的挣扎：用《晨昏对峙》进行历史探究 ·····419
第四十章　模型驱动的军事兵棋推演设计和评估 ···············426

第七部分　违规行为 ···437

第四十一章　非动态性博弈 ·································439
第四十二章　有人居住的模型和非常规战争游戏：美国国防部进行教育性和分析性兵棋的一种方法 ·····························454
第四十三章　国际象棋、围棋，以及越南：现代博弈 ············462

第四十四章　非常规战争：兵棋世界的小林丸号　················· 474

第四十五章　上帝乃我坚固保障：当军事行动遇上宗教　················· 481

第四十六章　文化类兵棋：通过兵棋进行跨文化交流　················· 487

第八部分　其他战场　················· 495

第四十七章　兵棋文学　················· 497

第四十八章　《项狄传》：致比昂·特里姆的兵棋和保龄球场　················· 516

第四十九章　（兵棋）《第三帝国》与（小说）《第三帝国》　················· 529

第五十章　《星际舰队大战》是如何创作的　················· 534

第五十一章　全球统治：游戏车间和《战锤40K》　················· 543

第五十二章　鼓声响起　················· 562

第五十三章　战争重演：20世纪战争重演者和私人事件　················· 568

第九部分　为未来而战　················· 577

第五十四章　战争、数学和模拟：无人机与（失去）对战场空间的控制

················· 579

第五十五章　如何向非兵棋推演者推销兵棋　················· 602

第五十六章　兵棋推演网络前沿　················· 605

第五十七章　计算机兵棋未兑现的承诺　················· 613

第五十八章　平民伤亡：《我的战争》中的视角转变　················· 622

第五十九章　实践新的兵棋　················· 633

致谢及许可　················· 639

参考文献　················· 641

第一部分　纸上战争

第一章 一款不同凡响的游戏：业余爱好如何迷你化战争

—— 乔恩·彼得森

如同模拟需要设定参数一样，兵棋的历史也必须从设定其参数开始。本章中所讲述的兵棋并非部队演习，而是一种近似于体验战时指挥的智力战，其中玩家控制代表战斗部队的游戏元素①。兵棋的规则或"系统"决定了玩家可以尝试的动作以及与敌方战斗的结果。兵棋是具有预测性的、思考性的实验，推演可能发生在过去、现在或未来的真实场景中，也可能发生在虚拟的场景中，由虚构的战斗人员实施。

模拟冲突这一传统始于18世纪末，当时德语国家开始把兵棋作为训练军队指挥官的一种手段。在将近40年的快速创新期间，兵棋充分利用了军事科学的进步，模拟了前所未有的与实践相似的指挥。兵棋的第二次发明浪潮出现在19世纪末，主要是在英国，因为业余爱好者重新调整了兵棋的用途，强调兵棋的娱乐性而非教育性。直到20世纪中叶，一个崭新的行业才开始围绕兵棋逐渐形成。这一行业主要以美国为基地，专注于预先包装的棋盘战争游戏、微型人物、骰子、规则和相关工具的商业销售。兵棋游戏工具的现成性及可用性使广大玩家逐步熟悉了模拟的原理，这反过来又引发了巨大的创造力浪潮，最终激发并影响了诸如角色扮演、卡牌收集等许多新类别的游戏，其中最重要的是计算机兵棋游戏。由于这些都在21世纪早期的文化中占据重要地位，我们将兵棋研究作为探索游戏演变的一种方式。

为了欣赏建立在兵棋推演传统基础上的最新创新，我们首先必须理解兵棋本身。兵棋推演为我们提供了一个独特的视角，它让我们解读人类如何进行战争，这是人类最复杂、最不可预测的活动之一，因此它也是我们努力管理现实的一种方式。兵棋起源于近代早期并非巧合，因为这预示着包括军事科学在内的所有科学都可以简化为如牛顿力学那样清晰和稳定的系统。如果能够收集足够的数据并进行适当的组织，那么通过兵棋推演就可以确定战争的结局：战争将成为可以建模、预测、调节和控制的事物。从军队各部在不同地形上的行动，到每种型号的枪支的准确性和枪手的专业素质，再到先进的数字技术赋予部队的优势，一切都必须加以衡量和量化。

军事科学家们创造了一种战争模型，指挥官们利用这种模型指挥战役。该模型是在一个非正式的装置上实现的，该装置使用地图、图表和标记跟踪、记录部队的行动，随着命令的发出和现场报告的接收，指挥官们会进行相应的调整。一旦将实际指挥的经验简化为在该装置上的操作，就可以在战时之外通过将装置作为一种训练形式来增加近似的指挥经验。我们将看到游戏装置如何不断地变得更加全面：地图显示范围更广，颗粒度更细，关注重点从军队转移到个别士兵，他们的活动模式规定的时间间隔越来越短。实际上，这种装置将战争本身的近似值缩小到了在一张桌面上。因为模拟毕竟只是一个近似值，它永远不会驯服战争，永远不会控制战争，但它成为一个理想的指挥工具，H.G.威尔斯将其称之为"一场不成比例的游戏"。

一、模拟的诞生

棋盘是一种将空间划分为可移动部件可能占据单元的表面，它的历史可以追溯到史前时代。在各种形状和配置中，棋盘上演了种族游戏或战斗游戏、多个棋子或只有一个棋子可以同时占据一个格子的游戏，以及通过创造机会或完全依靠技能来变强的游戏（关于早期游戏，参见Parlett，1999）。

国际象棋是战斗游戏中最悠久的例子之一，在这种游戏中，两份势均力敌的对立力量在一块棋盘上相遇。任何一位玩家都无法隐藏任何信息，唯一惊喜的机会来自每一步的意外结果。历史学家认为，起源于印度大陆上的国际象棋祖先查图拉加（Chaturanga）模拟了其诞生地的战争（Murray，1913）。然而，据我所知，国际象棋只是一种抽象的策略游戏：国际象棋的"车"和"皇后"并没有模仿任何特定军事部队的能力，棋盘本身也不代表任何真实或假想的地点。

虽然人们熟悉的国际象棋规则在16世纪中期就固定下来了，但国际象棋仍然有不断创新和变化的主题。在现代早期，国际象棋成为一个实验室，发明家们在这里试验新的游戏系统、扩展棋盘，并引入以新颖方式移动的奇异棋子。许多征服者越来越倾向于将国际象棋定位为学习现实世界战略甚至治国方略的手段：在德语世界，赛琳娜（Selenus）的著作《达斯·沙乔德·科尼格·斯皮尔》（*Das Schachoder Konig-Spiel*）（1616）很早就阐明了这一点，该书将国际象棋定义为"国王的游戏"——这能使统治者更好地理解如何控制战争结果和指挥臣民。但国际象棋中的军队与文艺复兴时期的军队几乎没有任何相似之处。

17世纪末，哲学家G.W.莱布尼茨（G. W. Leibniz）假设"一个人可以用某些棋子来代表某些战斗和小规模冲突，也可以根据自己的判断和历史因素来代表武器的位置和地形的分布"，在一个可能由"上校和上尉"玩的游戏中"练习下棋而不是在棋盘进行模拟"[②]。他们不断尝试"现代化"国际象棋，使其描绘的战斗更加逼真,游戏中的决策更类似于当代战场上的指挥官做出的决策 。

二、赫尔维格

第一次真正背离国际象棋规则的是约翰·克里斯蒂安·路德维希·赫尔维格(Johann Christian Ludwig Hellwig)。他在《国际象棋规则》一书中写道,"尝试玩基于两个或更多人的国际象棋的战术游戏"(1780年,他们试图在国际象棋的基础上建立一种两人或两人以上可以玩的战术游戏)。在这本书中,赫尔维格用军棋游戏(kriegsspiel)或"兵棋"这一术语来描述他的发明,这是赫尔维格在作品中首次提到兵棋术语。赫尔维格是一名学者而不是一名士兵,尽管他的目标是"为研究战争的学生服务"和"为那些不需要指导的人提供娱乐"(Hellwig,1803.2)。赫尔维格的发明将服务于这两个目的,并在随后的几十年中被大量地翻译和模仿。

正如标题所示,赫尔维格的游戏建立在国际象棋的基础上,但他完全重新诠释了游戏的体系。他保留了国际象棋的棋子,但将它们重新分类为现代军事步兵和骑兵,并添加了新的棋子来代表炮兵。赫尔维格将棋盘扩展到远远超出先前国际象棋的范围,使部队能够在广阔的地形中机动。按照国际象棋的标准,每一方开局时都拥有一股巨大的力量——104颗棋子。但在赫尔维格推荐的配置中,棋盘被设计为49行33列,共计1 617个方格,因此在对弈开始时,棋子只占棋盘的1/8左右(在国际象棋中,棋子占棋盘一半大小)。赫尔维格并不反对使用更大的棋盘,他个人曾经出售了一个2 000平方米的模型,而且在如此宽敞的棋盘上,没有必要根据比赛场地的大小精确地调整军队的数量。

此外,赫尔维格设计的棋盘形状并不像空旷的、没有差别的广阔的国际象棋。也许他最有影响力的创新是为每个正方形指定地形类型,以便它们可以代表山川、河流或森林。因此,赫尔维格为他的游戏以及其后的军棋游戏带来了国际象棋以前所缺乏的品质——背景。像国际象棋这样的抽象战略游戏无法在任何特定的地方发生,但赫尔维格可以用他的装备模拟特定的战场。至关重要的是,他并没有规定任何特定战斗的固定地形,而只是提供了工具,允许玩家设计与任何历史、当代,甚至想象空间相匹配的地形,以打造自己的场景。不久之后,兵棋的玩家就开始重现这样的历史场景。1782年,赫尔维格非常高兴地获知,在克雷菲尔德战役(Battle of Krefeld)中,他的可配置装备被用于重建地形和部队位置。

然而,赫尔维格敏锐地意识到,他的游戏并没有以完全现实的方式描绘军事行动。例如,在其著作的前言中,他承认"游戏表现的是步兵一天行进的距离(携带大炮)与大炮射程的比例大约为4:3。此处,大炮射程设置得太远了"(Hellwig 1780,xiii-xiv)。

也就是说，射程是不现实的。他那个时代的火炮射程无法达到步兵一天行军距离的75%。赫尔维格无法在不造成游戏其他地方扭曲的情况下修复这一缺陷，因此他虽然注意到了游戏与现实的背离，但将这种设置保留了下来。此时正值兵棋发展的黎明时期，赫尔维格进行了现实主义和可玩性之间的权衡，历史证明这是兵棋设计中最基本的选择之一。

在18世纪的最后几年，格奥尔格·文图里尼（Georg Venturini）最早着手对赫尔维格的发明进行了改造。文图里尼认识到困扰赫尔维格的现实主义问题，并试图通过在模型中加入更多的细节来纠正这些问题。当赫尔维格在采用一块彩色方块表示地形类型的棋盘上发动战争时，文图里尼则更进一步，用网格覆盖的地图取代了棋盘。这听起来可能只是一个表面上的改变，但在18世纪末，具有足够粒度来描述战术情况的地图是一种新技术，它诞生于测量领域的最新进展，这对试图建模和控制战争的军事科学来说是一个巨大的福音。游戏的关键区别在于地图有一个具体的比例尺，即图上显示的长度与其所代表的相应地形长度之间的比例：文图里尼为他的游戏棋盘设置的比例尺是1∶2 000。一旦将比例尺引入游戏，关于移动距离和射程的问题突然就变成了关于现实世界的问题，而不是关于游戏设计的问题。这将游戏系统限制在现实世界的环境中：我们认为比例尺是一种将系统与设置绑定在一起的工具。这是从抽象的棋盘游戏走向更丰富的战斗模式的关键一步。

三、赖斯威茨

尽管赫尔维格和他的追随者们极大地改造了国际象棋，但却使赖斯威茨（Reisswitz）家族的游戏完全摒弃了国际象棋的传统系统，创造了一些值得模拟的东西。今天，我们主要通过两个现存的文本来了解赖斯威茨家族所做出的贡献：格奥尔格·利奥波德·冯·赖斯威茨（Georg Leopold von Reisswitz）发明了战术板球游戏（或机械装置上）的指令，以感官方式显示战术动作（战术兵棋推演，或者称作显示真实战术机动的机械设备说明）（1812）；乔治·海因里希·鲁道夫·约翰·冯·赖斯威茨（Georg Heinrich Rudolf Johann von Reisswitz）发明了使用战争演习设备显示军事演习的说明（Instructions for showing military maneuvers with the *kriegsspiel* apparatus，1824）[③]。

要想理解赖斯威茨军棋游戏的起源，必须了解当时德国的政治局势。1806年，被拿破仑打败后，普鲁士人民饱受屈辱，忍受了长达八年的法国统治。在此期间，普鲁士国王的权力有限，普鲁士军队的活动受到严重限制——上层贵族统治者眼看着自己的军事指挥权被剥夺。这促使普鲁士军队进入了一段自省时期，开始认真考虑军事科学中的激进思想。

在这种环境下，普鲁士国王两个年幼儿子的家庭教师注意到一项教授军事战术的新发明。这就是老赖斯威茨(乔治·利奥波德·冯·赖斯威茨)的创举。赖斯威茨从小就是玩赫尔维格的兵棋长大的，尽管伤病使他被迫中断军旅生涯；当他去上大学时，他又为同学们重新设计了兵棋游戏。1809 年，赖斯威茨读到了一篇关于赫尔维格兵棋颇受争议的评论：赫尔维格将空间划分为正方形，每个正方形只能被一个棋子占据，这使得游戏变得不切实际④。此前，兵棋世界从来没有被分割成一个分遣队可以控制的空白区域。因此，老赖斯威茨抛弃了前人的网格地图而使用沙盘，沙盘上的地形可以被塑造成精确模拟真实或想象的战场所需的任何轮廓和地形。他的系统所代表区域的比例尺比文图里尼设计的地图比例尺小 30 倍。

随着地形尺度的日益细化，图形尺度和时间尺度的处理也变得越来越具体。老赖斯威茨将赫尔维格从国际象棋中借来的代表士兵的雕像一扫而光，取而代之的是木头方块。选择这些方块是为了占据部队编队在老赖斯威茨选择的地形上的确切尺寸。因此，每个方块代表特定数量的部队，对于规模较小的分组，玩家将部署较小的区块。这些区块在沙盘上可以以任意方式移动，纵队中的部队可以接近或远离其他部队，而不用考虑任何人工网格。老赖斯威茨进一步将每一回合的时间长度从赫尔维格设计的一天缩短到一分钟。部队运动和大炮射程是利用尺子测量，而不是通过计算棋盘上消失的方格来确定。几乎没有任何棋盘类游戏的痕迹被保留下来。

老赖斯威茨为了获得普鲁士王子的青睐向其展示了他的游戏设计，普鲁士王子的推荐进而引起了国王的关注。老赖斯威茨在普鲁士皇家指挥部成功演示后，他将自己的发明正式出版，1812 年为该玩法印制了《说明书》，并用一个精致的木箱取代沙盘，以容纳雕刻的地形组件，玩家可以将其组合起来，以模拟理想的战场⑤。该游戏迅速成为王室成员的最爱，因此成为时尚关注的主题。桌面战争游戏除了具有作为训练工具的价值外，还是王室成员可以掌控的，在普鲁士无法参战的情形下，桌面战争游戏是获得指挥甚至胜利经验的源泉。普鲁士国王命人将老赖斯威茨发明的游戏装置搬到了无忧宫(Sanssouci Palace)，在一年中较冷时期的夜晚进行游戏，通常在王室成员离开后，游戏还会持续很长时间。

1813 年，普鲁士人民奋起反抗，从法国统治中解放出来，而兵棋也退居战争事务的次要地位。拿破仑战败后，老赖斯威茨将注意力转向了其他方面，并将改进这款家族游戏的任务交给了他的儿子小赖斯威茨(乔治·海因里希·鲁道夫·冯·约翰·赖斯威茨)。小赖斯威茨曾在贝弗林斯克里格(Befreiungskrieg)担任炮兵军官，精通军事科学。正是小赖斯威茨将兵棋推演对战争的模拟提升到前所未有的水平。

在《安莱东》(Anleitung)(1824)这款兵棋游戏中，小赖斯威茨在他父亲设计的基础上通过增加概率和统计方法加以改进。尽管赫尔维格在创造军棋游戏时规定，兵棋游戏中"没有什么是靠运气的"，但小赖斯威茨从自身在炮兵靶场的经验和他对最新军事文献的研究中了解到，运气必然在战争中发挥作用。在拿破仑占领期间，普鲁士统计学家收集了大量关于不同火器射程有效性的数据，并将这些数据制作成概率表。例如，如果十名合格的士兵向两百码外的目标开枪，那按概率来说，可能会击中六个目标。小赖斯威茨有一个关键的发现，即这些概率可以用来决定游戏中的虚构战斗，并有机会实现。可以通过滚动骰子，如果结果在概率表规定的范围内，则算作命中，否则，就将视为未命中。这使得他的兵棋游戏中的战斗能够包含真实事件的不确定性，而不会造成任意结果。他承认游戏不是偶然，而是模拟。

但这只是小赖斯威茨实现其最终目标所运用的一种技巧：向玩家们传授一种接近指挥经验的技巧。当兵棋与概率相加，骰子与概率一起使用时，可以让棋手以一种国际象棋棋手从未体验过的方式对结果一无所知：国际象棋中，骑士不能试图夺取王位。但在战场上，两军冲突的结果永远无法完全确定。正如小赖斯威茨所说，"只有当玩家对游戏结果的不确定性与其在战场上的不确定性一致时，我们才对兵棋游戏将会对战场上的机动提供有益的洞察有信心"（Reisswitz 1824，Leeson 译）。为了创造必要的对环境的未知性，小赖斯威茨需要再去掉一个过去棋盘游戏的遗留设定——玩家的全知视角。战场上没有一个指挥官能像兵棋棋手那样清楚地洞察其所有部队的确切位置，更不用说知晓敌人的位置了。但在小赖斯威茨那个时代，没有任何实用的技术可以确保竞争对手在没有第三方参与的情况下保持相互未知。

因此，小赖斯威茨的游戏需要包括一名有广泛权力的中立裁判。首先也是最重要的是，裁判有权定义包括地形选择、对方部队的规模和组成，以及玩家们将进行比赛的场景。裁判是系统的最终仲裁者，并评估是否满足获胜条件。此外，裁判还负责管理玩家们看不到的诸如部队在地图上的位置等机密信息。玩家们必须独自追踪自己的部队，必要时可在自己的地图上标出可疑或发现敌人的位置。小赖斯威茨建议在普鲁士总参谋部当时使用的莱曼地形图上，而非他父亲喜欢的三维地形图上进行兵棋游戏。更重要的或许是玩家无须移动自己的棋子。相反，他们向裁判下达命令，裁判解释这些命令，然后移动棋子、更新游戏状态以体现他们做出的决定。另一个关键的方面是玩家的经验接近于战场上的指挥：他们以普鲁士军官在战时所采用的方式来编写命令和接收事件报告。他们可以指挥军队，但无法完全控制军队。裁判的解释可能与玩家所期望的指令不符。

小赖斯威茨的游戏只被当时的普鲁士军队短暂采用，但在1861年威廉一世即位后，它又重新流行起来。威廉一世是半个世纪前在家庭游戏中学习老赖斯威茨兵棋游戏的两位年轻王子之一。在这几年中，不同的设计者对游戏进行了修改和扩充。因为这些游戏的存在是为了培训军官做出指挥决策，所以它们需要保持更新。19世纪军事科学的快速发展不断威胁着现有战争模式的时效性。其中一些技术进步关系到部队的行军及战斗力。例如，铁路在意大利统一战争中被证明是必不可少的，膛线孔从根本上提高了单兵枪支和野战枪炮的准确性。另一些人则改变了军官发布命令的方式，比如发明了电报进行远距离即时书面通信。如果模型能够真正捕捉战争状态，兵棋必须跟上这些创新的步伐。

文图里尼（Venturini，1797）的作品和赖斯威茨（Reisswitz，1824）的作品见图1.1。

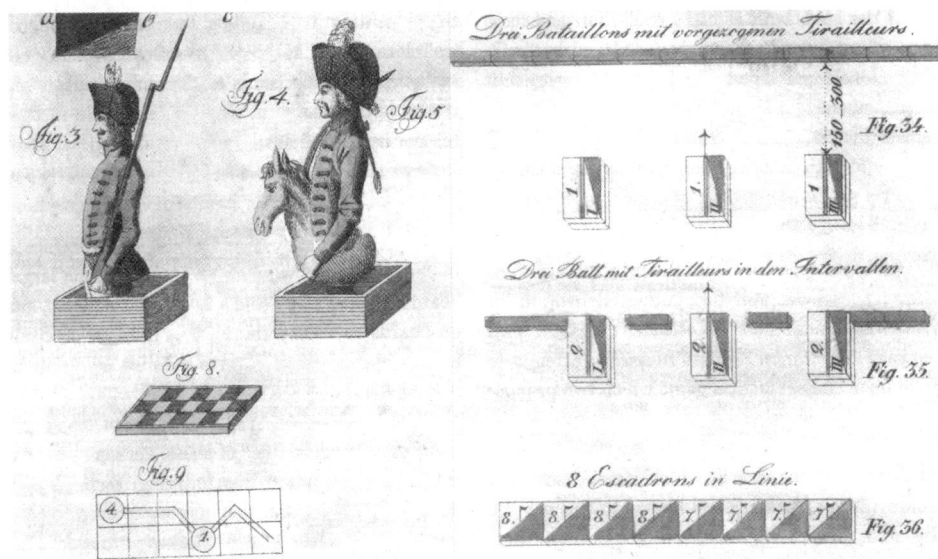

图1.1 文图里尼（Venturini，1797）（左）和
赖斯威茨（Reisswitz，1824）的作品（右）。

四、兴趣实验

对一些德国士兵来说，兵棋游戏不仅仅是必须的训练，它还是一种激情。这些粉丝极其崇拜小赖斯威茨，有些人甚至称他为"军事浮士德"（military Faust）（Leeson 1988，19）。在19世纪20年代末之前，我们了解到普鲁士有一个专门研究兵棋的俱乐部——柏林军棋游戏协会（the Berliner Kriegsspiel-Verein）。一位早期的崇拜者在马格德堡（Magdeburg）经营着一家俱乐部，他就是赫尔穆思·冯·莫尔特克（Helmuth von Moltke），后来成了著名的陆军元帅，但在当时他只是一位致力于研究普鲁士战争模型发展的地形学家。

不可避免地,军事教育模拟战争的追求将与平民玩以战争为主题游戏的兴趣相融合。这里必须区分选择战争作为装饰主题的简单棋盘游戏和模拟命令的游戏(Lewin,2012)。到19世纪中叶,中产阶级识字率的提高、闲暇时间和可支配收入的增加为将微型战争游戏引入家庭提供了一个广阔的市场。

品牌棋盘类游戏在跳棋或国际象棋游戏上"改进"卖点成为主流商业产品。虽然他们的一些设计师知道德国的军棋游戏传统,但它对流行游戏几乎没有影响。直到19世纪70年代,普鲁士在威廉一世的领导下取得了长达10年对外战争的胜利,普鲁士军事科学突然成为国际社会密切关注的主题。当时的军棋游戏,如捷克斯洛伐克的作品,出现在为专业士兵提供的英文翻译中,甚至大众媒体也探索兵棋推演的实践⑥。

在英国,兵棋游戏的兴趣蔓延到了平民百姓之中,他们中的一些人开始以娱乐的方式追求这项游戏的刺激。到了1873年,牛津建立了一个由学生和教师组成的兵棋游戏俱乐部,他们根据最初德国制定的规则进行比赛。一旦兵棋游戏的核心原则成为共识,新一代的狂热追随者就开始重新创造兵棋,牺牲了兵棋游戏的精确性和细节以获得更大的娱乐价值。但除了简单的娱乐之外,兵棋游戏还将战争重塑为平民可以管理和控制的事物,在一个动荡的世界里,战争往往直接强加到平民的生活中。

五、史蒂文森

在这些早期实验者中最重要的当属作家罗伯特·路易斯·史蒂文森(Robert Louis Stevenson),他于1881年在达沃斯(Davos)过冬时引领了一场兵棋比赛。尽管史蒂文森从未发表过他的兵棋规则,但他确实写过关于兵棋战斗的新闻报道,其继子在19世纪末编辑出版了这些报道(Osbourne,1898)。我们只能通过回顾这些报道了解他的游戏,但他的系统是如此直观,几乎不需要解释:史蒂文森玩玩具士兵;而在炮兵方面,他依靠的是一把爆弹枪(popgun),爆弹枪可以发射实弹来攻打敌人。

这些铅制(玩具)士兵直到最近才成为大众市场上人们负担得起的商品,而且大多数都是德国制造的。到了19世纪80年代,几乎所有拥有男孩的英国中产阶级家庭都会拥有一定数量的玩具士兵,因此这种游戏玩具成了一种便捷的兵棋推演工具。但是史蒂文森并没有在无组织的游戏中浪费力量。他利用大约600个玩具士兵,将他们部署在阁楼地板用粉笔画的地形图上,每名玩具士兵代表100名士兵参加比赛。排兵布阵的推演持续了一天,就像赫尔维格的设计一样,军队的移动是由推演者来决定的。每一轮交锋中,大炮都以一种非常文学化的方式轰炸敌方军队——在家用打字机打印铅字字母"m"。

因此，决定史蒂文森开火效率的是使用爆破枪的技巧，而非源自火炮射程测量的概率表。在实战中，指挥的经验通常不会延伸到战场上的瞄准和每一门大炮的发射，因此史蒂文森的游戏在一定程度上与赖斯威茨的游戏有所不同。史蒂文森从一个严格的模拟游戏转向了一个既能娱乐年轻人又能娱乐老年人的游戏，使战争变得像儿童游戏一样无害。

在19至20世纪之交，史蒂文森的方法引起英国公众的注意后，许多已出版的兵棋系统提出了新的方法，重新利用现有的微型玩具士兵及玩具收藏进行类似的竞争性战争。自史蒂文森的鼎盛时期以来，一家名为大不列颠（Britains）的英国本土微型士兵玩具企业占领了英国玩具市场的大部分份额。这些身材高大、结实、价格低廉的玩具士兵在全英国各地的幼儿园随处可见，自然使其有机会在兵棋游戏中大显身手。在一本名为《老少皆宜的战争游戏》（*The Great War Game for Young and Old*）（1908）的小册子中，有一则为大不列颠公司做的不加掩饰的广告解释了如何利用这些玩具士兵进行一场竞争性游戏。尽管游戏规则有许多漏洞和瑕疵，但在当时仍然风靡一时。

六、威尔斯

五年后，与史蒂文森职业相同的另一位流行小说作者兼兵棋设计师H.G.威尔斯为玩具士兵出版了兵棋游戏规则——《微型战争》（*Little Wars*）（1913）与史蒂文森在成名前就已经玩兵棋不同的是，在出版《微型战争》时，威尔斯已经成为一名小说家和社会思想家。在名义上，《微型战争》描述的是一场游戏，但它具有与辩论一样的效力。威尔斯接触兵棋游戏的目的与设计军棋游戏的先驱们几乎相反：他希望阻止战争，而不是帮助发起战争。然而，与兵棋游戏的创作者们一样，威尔斯的游戏试图控制战争、遏制战争，并以自己的方式解释战争。

威尔斯理解的战争不是现代意义上的战争，但是《微型战争》的内容却十分前卫，好像这本书是在其真正出版时间的一个世纪后发行的，这对一个未来主义者来说是不寻常的。在赫尔维格试图使国际象棋现代化不同，威尔斯试图将兵棋游戏发展到一个更文明的时代，大致上是以马和火枪为主的拿破仑时代。在撰写《微型战争》的时候，威尔斯已经在他的小说《大地铁甲》（*The Land Ironclads*）中预言了坦克的出现。他曾乘飞机飞行，并预见了飞机在战争中的适用性。他无疑已经策划了他即将出版的小说《世界解放》（*The World Set Free*）（1914）的故事，而这部小说居然预言了原子战。在《微型战争》一书中也有不合时宜的描述之处，如威尔斯向我们展示了一场相对无害的、仅限于古董武器的战争。

尽管如此，威尔斯的《微型战争》仍凸显了战争的徒劳性和任意性。炸弹像雨点一样落在一群无助的英国人身上，这些笨重的人很可能会在倒下时把他们的同伴也拽倒。更糟糕的是，当双方部队相遇时，他们以同等的数量相互残杀；只有孤立的部队才能幸免被俘。士兵们无权在射程内开火，这就如同他们只能跟对方拼刺刀一样。威尔斯曾这样写道，"你只需要玩三到四次《微型战争》，就可以意识到战争是多么的愚蠢！"（Wells 1913,100）。他设计的模拟指挥，试图教育玩家们在享受游戏过程的同时要厌恶和避免战争。

威尔斯的《微型战争》和大不列颠公司出版的军事微型图，见图1.2。

图1.2　威尔斯的《微型战争》和大不列颠公司出版的军事微型图

但是，威尔斯未能预见到他的设计会出现在一个不合时宜的时期。《微型战争》问世后的第二年，英国加入了第一次世界大战，在战壕中出现了一场悲惨的局面，饥饿的年轻人被囚禁在铁丝网、毒气、炮弹和机枪营地的世界里。威尔斯的告诫被忽视了，许多他希望能享受游戏的年轻人却在英吉利海峡的对岸丧生。

在两次世界大战期间，史蒂文森和威尔斯开创的兵棋游戏只吸引了一小部分追随者。英国兵棋玩家主要源于微型人物收藏家俱乐部，尤其是1935年成立的英国模范士兵协会（British Model Soldier Society）。在该俱乐部中，J.C.萨克斯（J. C. Sachs）更新了威尔斯的规则，并举办了一年一度的"战术杯挑战赛"（Tactical Cup Challenge）作为兵棋玩家的锦标赛。在该协会的时事通信、公报以及许多关于军服和透视图正确构造的文章中，偶尔可以找到关于兵棋游戏的报道。但在大多数模型收藏家的要求下，兵棋被降级为二等公民的地位。

美国1941年成立了一个类似致力于推动玩具士兵游戏的组织——美国微型人像收藏家协会(the Miniature Figure Collectors of America)。甚至在此之前，曼哈顿岛上的一些勇敢的先驱者们已经尝试了他们自己的游戏。工业设计师兼和平主义者诺曼·贝尔·格迪斯(Norman Bel Geddes)在他的公寓里进行了一场漫长的兵棋推演，其棋盘是一幅大型地形图，并有多个玩家指挥不同的军队以及计算战斗结果的机械装置(Peterson 2012, 276)。科幻小说家弗莱彻·普拉特(Fletcher Prat)还主持了一场由他自己发明的海军兵棋，游戏中每个玩家都各自指挥一艘战舰。虽然贝尔·格迪斯从未出版过兵棋系统的书籍，但普拉特确实在1943年出版了一本薄薄的小册子，描述了他的游戏规则。在书中，普拉特表达了一种与前辈威尔斯非常相似的情绪，"如果希特勒先生和斯大林先生有这样的游戏，他们可能不会为了阅读通讯信息而谋杀数万人，并扰乱数百万人的生活"。但是，尽管和平主义者有这样的愿望，却没有任何兵棋游戏能够控制战争，更不用说结束战争了。虽然贝尔·格迪斯的游戏在今天已鲜为人知，但一个充满活力的兵棋爱好者群体于战后出现，普拉特的游戏变得非常有影响力。

七、军事外交

对于德国兵棋游戏的复杂模拟并非只有业余爱好者望而却步。大约在19世纪末英国牛津兵棋游戏俱乐部成立的同一时间，德国最高军事阶层强烈反对当时兵棋中详述的过于复杂的突发事件。

最强烈的反对声音来自尤利乌斯·冯·韦尔迪·迪韦尔努瓦(Julius von Verdy du Vernois)，他是普鲁士总参谋部的成员，因此在德国军队中是一位非常有影响力的人物。迪韦尔努瓦认为基于地图的兵棋游戏规则过于中规中矩，烦琐的表格和骰子对推演者的启发作用不大。记住，这些骰子名义上是由裁判秘密进行操作的，然后裁判根据需要向推演者报告结果。迪韦尔努瓦也赞成放弃书面命令，而由推演者和裁判直接进行对话。用对话代替书面命令也反映了当时技术的变化，因为那是电话(很快就发展成为无线电)的前身，是口头命令可以在远距离实时传达的时代的开始。该模型必须改变其装备，以适应军事技术的不断进步。从游戏玩家的角度来看，这些变化直接影响了玩家和裁判之间的互动——在战争中，必须迅速做出决定。

迪韦尔努瓦在他的《军棋游戏的贡献》(*Beitrag Zum Kriegsspiel*)(1876)一书中规定了这些原则。从那时起，这种战争游戏风格影响了后来的许多作品。法兰德·赛尔(Farrand Sayre)在《地图演习》(*Map Maneuvers*)(1908)中描述了一个"导演"和玩家之间对话的例子,这是一份有影响力的美国兵棋记述。该书还详细说明了裁判如何管理一场只有一名玩家的"单边"兵棋推演。其间,裁判将有效地控制玩家将要面对的力量。正如我们将要看到的那样,这两项创新后来将激发一个全新的游戏类别。

正如第一次世界大战展示了威尔斯试图用一个简单游戏控制战争的局限性一样,该兵棋设计也展示了用复杂的普鲁士模型控制战争的徒劳性。尽管施列芬计划(Schlieffen plan)背后有大量的建模和仿真,但其实施表明,纸面战争的顺利进行并不能保证现实世界的成功。德国最高统帅部预计几周内将取得决定性胜利,但在不可避免的失败之前,他们在泥潭中苦苦挣扎了数年。任何认为利用普鲁士模型便能使其军队无懈可击的幻想都破灭了。

在20世纪的军队中,战术兵棋仍然很受欢迎,尽管这些模拟对指挥职责的适用性随着时间的推移变得越来越弱。模拟作战体验意味着越来越多地在最先进的军事设施中重建可用的复杂界面。电子设备和早期的计算机成为这些模型中的元素,这些工具的模拟成本不亚于认真实地部署⑦。虽然最初裁判操作这些工具,但最终计算机承担了越来越多的执行系统和管理其状态的责任。直到后来,随着个人计算机价格下降,业余兵棋游戏才开始接近并影响这一现代战争机器。

此外,由于战争的性质在第二次世界大战结束时发生了变化,军队用来模拟战争的工具也必须进行改变。现在,全面战争将使用核武器——当核弹瞄准人口中心而不是军队时,任何坦克或士兵的部署对防御者都是不利的。探索原子时代的战争需要一种新的兵棋,这超出了任何现有的控制理论。现在,明确承诺使用核武器将推动外交演习,而不是地图演习。与兰德公司有关联的博弈论专家赫尔曼·卡恩(Herman Kahn)等思想家的激进理论在战争时期重新获得了指挥权。卡恩的模拟与其说是在围绕军队下达命令,不如说是在玩没完没了的核边缘政策和确保相互毁灭的游戏,是彻头彻尾的政治建构(Ghamari-Tabrizi,2005)。

到了20世纪50年代,运筹学界开始将政治正式化为策略与外交、经济学和社会科学相结合的游戏。赫伯特·戈德哈默(Herbert Goldhamer)的《走向冷战游戏》(*Toward a Cold War Game*)(1954)将迪韦尔努瓦的对话驱动的兵棋游戏与联盟建立游戏中的博弈论新科学相结合。在像大学、联合国这样的组织结构中,学者们很快就采用了这些方法,有许多独立的学生主角,而不是冲突的两个僵硬对立面。20世纪50年代,在斯坦福大学和麻省理工学院等机构进行的政治博弈实验引导了1957—1958年(美国)西北大学的"国家间模拟"(Guetzkow,1963)。这场政治游戏模拟了多个拥有核武器国家在危机时期的行为。这些模拟教会学生们外交政策和决策对国家安全的直接后果⑧。类似地,作为外交官和军事指挥官的演习游戏也展示了冲突的某些方面如何无法量化,因为它们反映了深不可测的人际关系。

八、商业兵棋

为军队服务的兵棋推演最终将比商业兵棋的观众少很多。随着20世纪40年代的战争让位给20世纪50年代的繁荣，兵棋开始从消遣娱乐转向产业发展，这主要归功于以下三大关键创新者的贡献：查尔斯·S.罗伯茨（Charles S. Roberts）、杰克·斯克鲁比（Jack Scruby），以及艾伦·卡哈默（Alan Calhamer）。这三人都在没有成熟市场的情况下自行出版了兵棋相关作品。

1961年《葛底斯堡》中的六边形棋盘见图1.3。

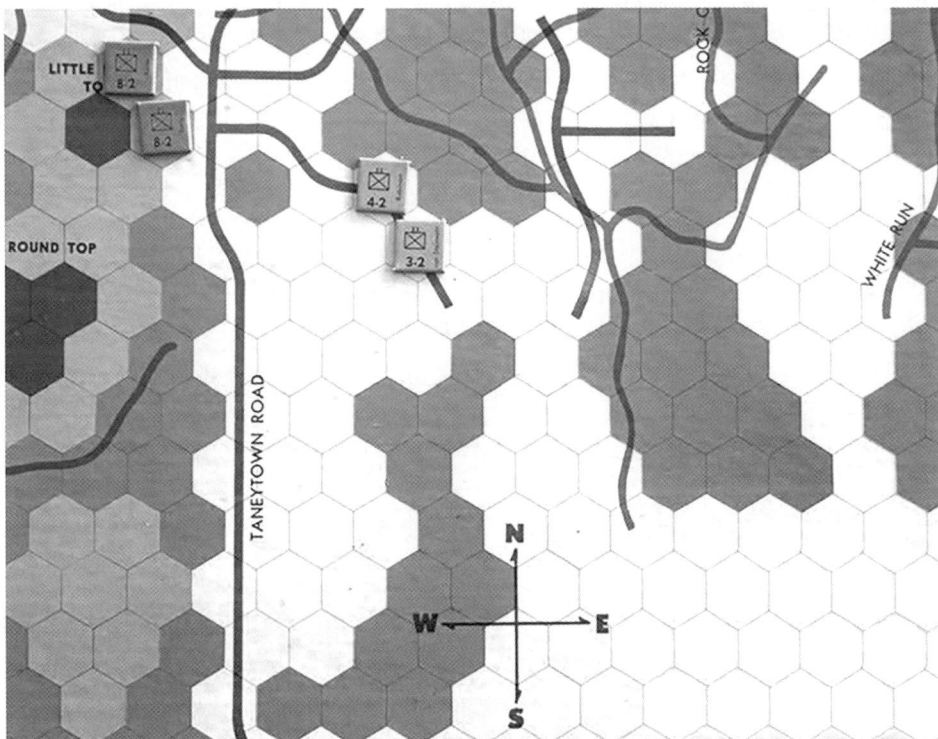

图1.3　1961年《葛底斯堡》中的六边形棋盘

查尔斯·S.罗伯茨设计了一款名为《战术》（*Tactics*）（1954）的兵棋，这是一种新型棋盘兵棋的雏形，且被广泛模仿。它装在一个盒子里，盒子上写着"全新的、逼真的陆军战争游戏"和"一场有专业水准的战争游戏"。罗伯茨将他最初的棋盘设计成一个巨大的格子，这是赫尔维格或文图里尼熟悉的格子，但罗伯茨使用的是彩色纸板而非象棋的棋子来代表战斗人员。10年后，罗伯茨成立了阿瓦隆山公司,该公司修改了《战术》,并出版了第一部历史模拟兵棋作品《葛底斯堡》(*Gettysburg*)(1958)。正是由于《葛底斯堡》,兵棋才有了迄今为止最广泛的受众。这要归功于即将到来的百年庆典,1961年的《葛底斯堡》修订版赋予了兵棋标志性的六边形上衬,而不是古老的棋盘网格。阿瓦隆山公司的出版物设定了20世纪六七十年代兵棋游戏行业的初始参数。

杰克·斯克鲁比(Jack Scruby)在隶属于英国模型士兵协会的加利福尼亚团体中铸造金属微缩士兵并进行兵棋游戏。斯克鲁比因《社会公报》(*Society's Bulletin*)中关于兵棋游戏的内容而受挫,他转而选择出版自己的季刊《战争游戏文摘》(*War Games Digest*)。《战争游戏文摘》于1957年1月首次发刊,它创造了一个平台,兵棋玩家可以在这里发布规则、军事历史和最近桌面战争的报告,并与同行讨论上述所有问题。当这个项目的发展超出了一位经理就能应对的情形时,斯克鲁比招募了大西洋彼岸的兵棋推手托尼·巴斯(Tony Bath)和他的助手唐·费瑟斯通(Don Featherstone),他们负责刊物一半内容的编辑工作。斯克鲁比还出版了诸如《微型兵棋游戏规则》在内的一些最早的独立小册子。他自己的微型模型也成为标志性象征。

最后,艾伦·卡哈默(Alan Calhamer)制作了《外交风云》(*Diplomacy*)(1959),这是一款探索第一次世界大战前权力平衡的历史题材兵棋。《外交风云》将一个简单、直观的冲突系统与运筹学界钟爱的联盟建设激励融合在一起。为了准确反映历史情况,七名玩家将分别控制一个大国。因此,这场游戏不是两党之间的简单对立,而是一场松散的合作游戏,玩家通过联盟和背叛追求霸权。它最显著的特点是每回合之间有15分钟的外交斡旋时间,玩家之间进行非正式互动,做出实现目标所需的任何承诺或威胁。谈判阶段的开放性鼓励参与者扮演外交官的角色,有时其个性和身份会与参与者本身截然不同。

兵棋的大多数定义特征都可以在这些最早的游戏范例中找到⑨。在战术上,玩家可以选择每回合调动全部、部分部队或按兵不动。就如同赫尔维格1780年的兵棋游戏一样,兵棋游戏的目标是占领敌人的堡垒。在方格战术中,当部队移动并靠近敌人时,战斗就会发生,因为每个部队"总共控制9个方格,形成一个正方形……它所在的正方形和任何方向每侧的正方形"。虽然这个术语没有出现在最初《战术》的规则中,但在4年后《葛底斯堡》问世后,这9个方格的区域将被称为"控制区"。当部队发生冲突时,《战术》根据战斗结果表(CRT),通过掷骰来确定结果。战斗结果表采用了先前兵棋游戏英语改编版本中出现的赖斯威茨概率图。

斯克鲁比的《战争游戏文摘》第1期见图1.4。

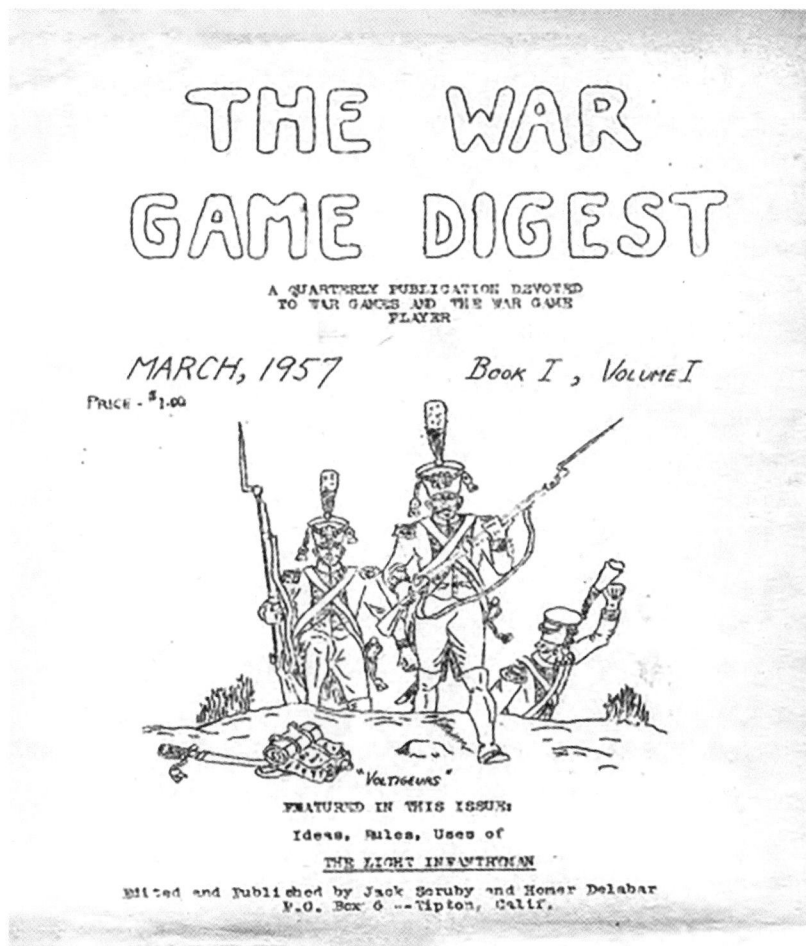

图1.4 斯克鲁比的《战争游戏文摘》第1期

兵棋游戏产业起点很低。阿瓦隆山公司前期最成功的一款游戏《葛底斯堡》的销售额占该公司总销售额的1/5，总计售出约14万份，这个数字虽然比帕克兄弟公司(Parker Brothers)每年出售的一款大型棋盘游戏《大富翁》(*Monopoly*)要低一个数量级，但对于那些热衷于向婴儿潮一代及其父母推销棋盘游戏的美国玩具公司来说，战争主题仍然是一个敏感的话题，但新兴的兵棋游戏社区证明了这些游戏是有市场的。帕克兄弟和米尔顿·布拉德利(Milton Bradley)谨慎地探索了这一领域，他们的游戏并不渴望模拟指挥体验，因此没有达到我们对兵棋的预期深度，但他们确实融入了基本的军事战略。

例如,1957年法国米罗公司(Miro)的一位高管来到帕克兄弟公司洽谈成立一家合资企业。他带来了他们的兵棋——《征服世界》(*La Conquete du Monde*)(1957)的副本,这是一个由法国电影导演阿尔伯特·拉莫利斯(Albert Lamorisse)设计的棋盘式兵棋游戏。玩家部署了19世纪的军队(步兵、骑兵和炮兵),展开了一场无休止的战斗,以征服一个被划分为42个区域领土的世界。帕克兄弟立即买下了该兵棋的版权,经过2年的开发,他们制作了自己的兵棋版本——《风险》(*Risk*)(1959)。尽管该兵棋的价格很高,但是它由大号棋盘和众多木质组件组成,该兵棋仍受到玩家的追捧。仅在1959年,这款兵棋游戏就为帕克兄弟带来了100万美元的收入(Orbanes 2004,135-36)。

密尔顿·布雷德利公司(Milton Bradley)也在这个时候从欧洲引进了一款起源于20世纪初的军事游戏。第一次世界大战前,法国的一款捕获旗帜类游戏《拉塔基亚》(*L,Attaque*)就在欧洲销售,该游戏由10个人在一块9×10的正方形棋盘上博弈。《拉塔基亚》以其单面站立的棋子而闻名,就像扑克牌一样,通过仅向对手展示制服背面来保存秘密信息,而玩家可以看到自己的代表旗帜、埋设的地雷、间谍或不同级别的士兵。密尔顿·布拉德利也设计了一种早期的变体游戏——《震惊》(*Le Choc*)(1919)。英国的H.P.吉布森(H. P. Gibson)早在1924年就获得了《拉塔基亚》的版权,并于1957年生产了一套新的盒装游戏,并配有更新的图像。此后不久,密尔顿·布雷德利公司自己的游戏《策略》(1961)也随之问世。

随着大型玩具制造商将棋盘游戏推向年轻观众,这就让位给了新兴的兵棋游戏行业——更复杂、模拟程度更高的"成人"游戏。帕克兄弟公司和密尔顿·布雷德利公司在20世纪60年代为兵棋游戏群体带来了持续的创新。例如,当密尔顿·布拉德利将一个古老的纸笔标题重新命名为标志性的塑料公文包游戏《战舰》(*Battleship*)(1967)时,他们进一步普及了秘密信息,将其作为竞技游戏的基础。较小的兵棋游戏发行商受益于这些游戏在年轻人中激发的对战斗模拟的兴趣,但目前尚不清楚,如果没有某种突破,他们中的任何一家是否能够与密尔顿·布雷德利公司等大公司进行竞争。

九、爱好传统

当许多美国年轻人理想化地拒绝战争的时候,战争玩家们通过沉浸在战争的安全模拟来对抗反文化、接受战争。这些兵棋游戏以19世纪和20世纪的战争为主题,势不可挡,很少有人在第二次世界大战胜利后探究其背景。对于那些在征兵或核毁灭的威胁下长大的年轻人来说,过去那场不合时宜的战争看起来十分怪异,而且完全可以被控制。据兵棋推演显示,士兵们仍在战场或战舰上进行有序的冲突;战争前几天的冲突可能会让世界上所有的城市,包括平民在内,在一群冷酷的按钮推动者的突发奇想下悉数被焚毁。尽管大众媒体将兵棋描绘成天生支持战争的游戏，但兵棋游戏玩家却包罗万象：一些人是士兵或将成为士兵，但另一些人坚持威尔斯的哲学，即"微型战争"可以鼓励和平主义。

棋盘兵棋游戏玩家很少，但由于兵棋游戏至少需要2名玩家，因此急需一个支持网络。此时，微型兵棋游戏群体规模依然很小。斯克鲁比的《战争游戏文摘》(War Game Digest)从第40期开始接受订阅，尽管它的许多订阅者都是著名的游戏设计师，但其销量从未超过200份。20世纪60年代早期，多亏了唐·费瑟斯通(Don Feather-stone)在英国写的《战争游戏》(War Games)(1962)，以及美国作家乔·穆尔乔瑟(Joe Morschauser)写的《如何玩微型战争游戏》(How to Play War Games in Miniature)(1962)，《战争游戏文摘》才得以维持。这种微型化的爱好尽管赢得了许多爱好者，但无论阅读多少书都无法找到兵棋游戏的对手。

这种爱好通过期刊、俱乐部、会议和信件四种主要机制联系在一起。《战争游戏文摘》是这些粉丝制作的期刊(或称为《粉丝期刊》)中的第一本，虽然在1963年之后最终未能幸存下来，但它有很多继承者：费瑟斯通创办了自己的《战争玩家通信》(Wargamer's Newsletter)，这本期刊成了未来10年微型兵棋游戏群体的旗舰级月刊。阿瓦隆山公司自己的期刊《将军》(The General)以刊登联系兵棋玩家的"通缉对手"专栏而闻名。兵棋俱乐部也出版了许多期刊。一些俱乐部只是地方性的，影响甚微；而另一些，比如1967年成立的国际兵棋联合会(IFW)则有更大的雄心。国际兵棋联合会最初赞助了20世纪60年代召开的最著名的年会——日内瓦湖兵棋年会(别称"将军")(the Lake Geneva Wargames Convention, or Gen Con)，该年会由加里·吉加克斯(Gary Gygax)于1968年在其家乡威斯康星州举办。

一旦游戏迷们通过俱乐部或大会见面、认识，个人通信就可以在遥远的对手之间通过邮件传递游戏行动，从而缓解玩家分布稀疏的劣势。没有哪种游戏比《外交风云》兵棋更适合通过邮件方式玩。在桌面版本的《外交风云》游戏中，每名玩家秘密地将他们的行动写在纸上，然后在回合结束时，所有玩家同时展示他们的行动。这就意味着每个人都知道哪些承诺得到了兑现，哪些仅仅是一个骗局。其中一个有名的场景是这样的，当"刺杀"发生时，它打破了《外交风云》中力量的平衡，当你希望加入联盟以驱逐敌人的军队转向其他地方时，你自认为是盟友的玩家却变成了叛徒。当你以邮寄方式玩游戏时，这些书面说明可以邮寄给游戏中心管理机构或"玩家管理员"，后者负责跟踪游戏状态并分享游戏结果。与此类似，《外交风云》的谈判阶段可以采取私人信件或以称为《外交风云》"宣传"的形式向所有人发出公开声明。从邮寄版本《外交风云》游戏的问世起，《粉丝期刊》发布的游戏《格拉斯塔克》(Graustark)(1963)和《鲁里塔尼亚》(Ruritania)(1964)公开了兵棋游戏中一直潜藏的故事情节，并使游戏中玩家扮演的角色与指挥的军队一样多。

尽管这个爱好可能受众很小，但聚集在大众和粉丝中精力充沛、富有创造力的人组成了一个无形的社会群体，提出并评估着兵棋游戏的改进。《外交风云》游戏平台表现出了非凡的多功能性；游戏迷们把游戏的背景从20世纪初转移到了中世纪的欧洲、苏格兰的氏族，甚至中东世界。有抱负的设计师们还扩展了阿瓦隆山公司的作品，探索历史战争的新方面或转向相邻的行动。尽管利润不高，但业余兵棋设计成了人们爱好的一大组成部分。国内俱乐部甚至会向会员分发有前景的业余兵棋设计。不过除了体面外，业余兵棋设计的回报甚微。

在20世纪60年代的这一波创新浪潮中，我们看到越来越多的人关注微型兵棋游戏中的小规模战斗。微型兵棋游戏将模拟的范围从军队缩小到士兵，而且从一个回合代表几天改为一个回合仅仅代表一瞬间。这方面的早期作品是迈克尔·J.科尔斯（Michael J.Korns）的《现代战争缩影》（Modern War in Miniature）（1966）。该款兵棋将1名玩家定位为1名士兵，直接向裁判说明一个回合中的行动，用时仅有两秒。这一趋势反映了美国士兵作战经验的变化，在这种情况下，指挥权屈从于自由裁量权。不再有成群结队的美国军队冲上诺曼底海滩对抗敌军这样的场面。如今，在越南看不到任何敌对军队，排建制的部队努力寻找零散敌军进行小规模战斗。

特别是充满活力的业余兵棋设计群体，棋盘游戏的范围出现了类似的缩小。例如，迈克·卡尔（Mike Carr）开创性的《天空之战》（Fight in the Skies）（1968），将空战模式简化为第一次世界大战期间单架飞机和飞行员的行动，其灵感来自《红男爵》（The Red Baron）和电影《蓝色麦克斯》（The Blue Max）（1966）。无独有偶，詹姆斯·邓尼根通过波尔特隆出版社（Poultron Press）出版的《战术游戏3》（Tactical Game 3）（1969）描述了第二次世界大战中小型坦克分队在战术层面上的战斗。随着《战略与战术》（Strategy & Tactics）的发行，该期刊受到了广大读者的欢迎，这是邓尼根公司新收购的一本广受读者欢迎的兵棋期刊。不过邓尼根很快就创立了模拟出版公司。模拟出版公司是阿瓦隆山公司在20世纪70年代的主要竞争对手。尽管如此，阿瓦隆山公司还是定期发布模拟出版公司的设计：一款经过修订的《战术游戏3》被冠以《装甲闪电战》（PanzerBlitz）（1970）之名发行，并成为公司最成功的游戏之一。截至1983年，《装甲闪电战》成为阿瓦隆山公司唯一一款销量超过20万份的兵棋游戏。

在更具实验性的微型兵棋群体中，爱好者们甚至敢于模拟拿破仑之前的时代。甚至在《战争游戏文摘》（War Game Digest）创刊之前，托尼·巴斯（Tony Bath）就在《英国模型士兵协会公报》上发表了关于中世纪微型兵棋游戏的规则。他以各种虚拟的国家为基础展开了大规模的战役，甚至借用了罗伯特·E.霍华德（Robert E. Howard）的《海伯里时代》（Hyborian Age）中的元素，造就了他笔下著名柯南故事的背景，尽管这其中没有超自然的元素，却形成了一个以古代为背景的兵棋。巴斯自己出版的古代规则和中世纪规则成了这个时代的标准。

中世纪微型兵棋游戏见图1.5。

图1.5 中世纪微型兵棋游戏

加里·吉加克斯(Gary Gygax)对中世纪时期背景游戏也有类似的兴趣，这促使他在1970年成立了一个名为城堡与十字军东征协会(the Castle & Crusade Society)的兵棋游戏俱乐部，并成为国际兵棋联合会的一个分支机构。它的时事通讯《末日审判书》(*Domesday Book*)发布了从大规模战斗(借由巴斯的系统)到格斗以及其他类型的单一战斗等各种形式的中世纪战争规则。人对人的战斗规则将模拟降低到个人层面，模拟中世纪武器击中受不同程度盔甲保护目标的可能性，或从皮革到链甲，再到板甲等"盔甲等级"。武器也多样化，从熟悉的弓、剑，扩展到像戟和晨星(又称钉头锤)这样具有异国情调的装备。玩家查阅战斗表，使用指定武器来对抗指定盔甲(武士)，尝试让骰子滚动到目标数字之上，以命中敌方。

吉加克斯在《链甲》(*Chainmail*)(1971)里集中了他的各种中世纪规则思想，这是美国出版的最早的独立微型规则手册之一。然而，他在书的结尾添加了一个附录，以迎合其另一个兴趣——幻想。20世纪60年代末，J.R.R.托尔金(J.R.R.

Tolkien）的《指环王》(*Lord of the Rings*）大受欢迎，围绕奇幻文学形成了一个庞大的粉丝群体，而《链甲》则成为第一款商业款兵棋游戏，为巫师、龙、兽人、精灵和类似的奇幻元素提供建模规则。这些规则包括剑术系统和巫术系统；当敌人的法术以一支友方部队为目标时，防御玩家在骰子图上掷一个"救命骰子"，可以避免其死亡。为了模拟像阿拉贡（Aragorn）或柯南（Conan）这样坚韧的角色，《链甲》中的英雄最多可以承受4次武器攻击，超级英雄最多可以承受8次攻击。

《链甲》使兵棋游戏社区两极分化。虽然许多人认为幻想是幼稚的，坚持认为兵棋是探索历史或提高指挥官技能的工具。但其他人认识到，通过模拟虚幻世界玩家可以做的不仅仅是阅读奇妙的冒险故事，他们还可以体验故事，从而产生了各种可能性。将兵棋游戏从越南战争等现代冲突主题转移，对于一个厌倦了日常媒体所显示的模棱两可和残酷暴行的国家来说具有一定的吸引力。兽人等怪物本质上是邪恶的，玩家可以在没有道德压力的情况下大开杀戒。

吉加克斯很快了解到，一位名为戴维·阿纳森（Dave Arneson）的《双城计》(*Twin Cities*）游戏玩家，同时也是城堡与十字军东征协会的成员，将《链甲》规则应用到了一场名为"黑色荒野"的区域性战役中。其中包括一个充满怪物的地牢，一小群冒险家可以试图打败这些怪物。1972年底，在阿纳森向吉加克斯展示了这项设计后，两人开始合作开发一款基于这些原则的全新游戏。

十、模拟虚幻

吉加克斯为了出版与阿纳森的新合作成果，他们将这款兵棋命名为《龙与地下城》(*Dungeons & Dragons*）。为了进一步完善兵棋游戏设计，吉加克斯于1973年秋天成立了一家名为战术研究规则(TSR)的游戏公司，公司的名称源自位于当地的兵棋游戏俱乐部——日内瓦湖战术研究协会。

《龙与地下城》最初声称其是一款兵棋游戏。1974年，原版盒子上的副标题将内容描述为"神奇的中世纪兵棋游戏规则，用纸、铅笔和微型人物模型进行游戏。"我们可以将《龙与地下城》理解为一种兵棋推演。在该款游戏中，一群冒险家在战略环境中探索地下城地图，当他们遇到以怪物形式出现的对手时，就在房间或走廊中进行一场简短的战术兵棋推演。如果角色在推演中幸存下来，他们将返回到战略地图上进行分析。《龙与地下城》的最早版本建议使用《链甲》中的规则来解决这些战术战斗。

早期玩家在《龙与地下城》中发现了一个充满创新元素的有趣系统，而该游戏大多将现有的兵棋游戏系统重新打包并组合成一个新颖而成功的模式。《龙与地下城》依靠的是一个基于裁判的系统，《双城计》的游戏玩家模仿19世纪末赖斯威茨（Reisswitz）的英语版本游戏中重新发现了这个系统①。在后续的版本中，裁判被称为"地下城主"——他创造了一个玩家将要了解的游戏世界。玩家可以口头向裁判提议行动，角色"任何事情都可以尝试"：也就是说，玩家可以建议他们的角色采取在任何情况下可能合理尝试的行动。比如一名玩家可能会说，"我试图放火烧客栈"，然后裁判必须了解比赛情况，并报告这次尝试的结果。裁判对地下城探索也是必不可少的，因为在设计地下城和在玩家探索时对其保密都需要第三方介入。

因为在《龙与地下城》的兵棋游戏中实际上没有竞争者，所以这是一个由裁判操作的"单边"兵棋游戏。

《链甲》已经提供了一个模拟战斗的系统，可以模拟到单个士兵的水平，但是《龙与地下城》鼓励玩家和角色之间进行一对一的通信，在游戏世界中，角色扮演玩家的代理[12]。这暗示了《龙与地下城》从传统兵棋游戏转变为新游戏类型的最基本方面。它不再模拟指挥的体验，而是模拟一个人除了指挥外还可以做很多事情的体验。在《龙与地下城》的世界里，玩家只能控制自己的角色，只能通过角色扮演(让人想起《外交风云》中的手段)或裁判的判断力影响他人。

在棋盘兵棋游戏中，通常在游戏之间没有单支部队的持久存在，而《龙与地下城》借用了微型兵棋游戏中的战役隐喻，允许玩家无限期地保留相同的角色。角色在游戏中的体验感也会增强，评论家们一直认为这是《龙与地下城》中最引人注目、最令人上瘾的特色之一。通过打败怪物和积累宝藏，角色可以积累经验点，玩家等级也能相应提高，从而使角色更加强大。

为了增加玩家的投入以及认同度，《龙与地下城》系统提供了许多"生命支持"功能来维持角色的生命。这些机制中最负盛名的是"生命点"机制，其具体是指该角色在死亡前可以承受的伤害数量的定量模型，这映射了《链甲》的设计理念，即英雄可以承受4次打击。随着角色等级的提高，他们拥有的生命值相应增加，使得角色更难以被杀死。因此，这也就意味着玩家在角色上投入的时间越多，就越不易被击败。即使是生命值降低到零并被杀死的角色也可以通过魔法来复活。因此，《龙与地下城》的角色可以永远延续下去。这个游戏除了能增加角色的力量和财富外，其主要目的是模拟梦幻般的英雄主义：不朽的、不断提高的优越感。与兵棋游戏明显不同的是，《龙与地下城》中元素的普及成了未来兵棋游戏系统的必要补充。

《龙与地下城》在两种亚文化——兵棋游戏迷和幻想迷中迅速传播。战术研究规则(TSR)公司首先在发布其他兵棋游戏时，为《龙与地下城》做广告，但精明的评论家很快意识到这并不是兵棋游戏。吉加克斯自己通过印刷受"地下城"冒险启发的虚构故事来宣传《龙与地下城》，并且该游戏作为产生和体验幻想故事的一种手段很快获得了极高的声誉(Kirschenbaum，2009)。与之前海尔维格、赖斯维茨和罗伯茨等人的许多开创性游戏一样，《龙与地下城》游戏激发了无数模仿者和竞争者的灵感：其后出现的最著名、传播最迅速的游戏是《隧道与巨魔》（*Tunnels & Trolls*）（1975）。直到一些基于《龙与地下城》规则的游戏上市后，评论家才开始将"角色扮演游戏"的标签应用到这一新类别中。

幻想背景的成功为许多新的兵棋游戏场景打开了大门，它放松了历史对兵棋游戏的束缚。兵棋游戏玩家能够坦然地接受以幻想和科幻作为背景的兵棋游戏，一丝奇特的幻想很快就可以成为游戏的一个卖点。20世纪70年代末的坦克兵棋游戏不再需要忠实地再现第二次世界大战的核战前战术。1977年，史蒂夫·杰克逊发布了他经典的棋盘兵棋游戏力作——《食人魔》（*OGRE*），该游戏模拟了遥远未来的战斗，不同的军事力量合作击毁一辆单体的、貌似不太可能被打败的超级坦克。随着对历史现实主义的脱离，人们对挑战传统兵棋游戏参数的新系统也产生了兴趣。像埃翁游戏公司（Eon Games）出品的《宇宙遭遇》（*Cosmic Encounter*）（1977）等游戏都包含了《外交风云》的某些元素，但将它们与未来分派角色扮演、创新的基于卡牌的战斗和滑稽的元规则结合在一起，这些元规则可以在飞行中改变系统，允许有时出现欺骗行为。

《龙与地下城》发行后，虚拟环境将侵入大部分兵棋游戏市场，其中一些源自新贵出版商。《红月》（*Red Moon*）（1975）是一款由混沌元素公司（*Chaosium*）设计的奇幻棋盘兵棋游戏，该游戏第一次介绍了后来的《符咒探险》（*RuneQuest*）（1978）角色扮演游戏的设置。阿瓦隆山公司和模拟出版公司等行业巨头也加入了这场竞争，不过后者动作更为敏捷，以《巫师》（*Sorcerer*）（1975）、《剑与魔法》（*Swords & Sorcery*）（1978）等作品率先进入市场竞争。在1977年的年中，当模拟出版公司宣布它的中土（Middle-earth）游戏《魔戒之战》（*War of the Ring*）发行时，仅凭预购单的数量，该款兵棋在同年7月就成了公司最畅销的产品。尽管后来它周期性地下降到第2名，但从1979年4月起，它仍然是该公司的畅销品牌。虽然阿瓦隆山公司曾多次涉足幻想背景游戏，但大多只在收购和外部合同方面取得了成功。例如，阿瓦隆山公司雇佣了《宇宙遭遇》（*Cosmic Encounter*）的创作者制作了《沙丘》（*Dune*）（1979），购买了戈尔冈斯塔（Gorgonstar）的奇幻类棋盘兵棋游戏《泰坦》（*Titan*）（1980），而且长远起见，他们甚至从混沌元素公司那里获得了《符咒探险》（*RuneQuest*）的版权。

20世纪70年代，市场对幻想游戏的喜爱并没有完全破坏它对历史模拟的胃口。这一时期的传统兵棋游戏在深度和广度上也都有所增长，但在同一产品中并非同时增长。《战术游戏3》中描述的小部队行动激励了许多小规模兵棋的追随者，包括模拟出版公司的《狙击手！》（*Sniper!*）（1973），之后是阿瓦隆山公司的《装甲队长》（*Panzer Leader*）（1974）和《班长》（*Squad Leader*）（1977），其中都有许多扩展和相应的场景。同时，其他兵棋试图捕捉主要战区的战役级活动。从GDW公司的《东进》（*Drang Nach Osten*）（1973）开始，就出现了许多所谓的"怪物类游戏"，如马歇尔公司(Marshall Enterprises)推出的《1 400号重卡》(*1,400-counter*)、《莫斯科巴塔勒酒店》(*La Bataille de la Moscowa*)(1975)和模拟出版公司的《欧洲扩张战争》(*Sprawling War in Europe*)(1976)。无论是从微观方面还是宏观方面，这些游戏都尝试了实际可以在物理设备上建模的极限。

十一、数字时代

20世纪60年代玩兵棋游戏长大的年轻人在接下来的10年里进入了大学或军队，在那里他们接触到了早期的计算机。20世纪70年代初，计算机仍然是由大型机构运营的昂贵公共资源，而个人计算机更是闻所未闻。早在1967年，我们就在阿瓦隆山公司的时事通讯《将军》中见证到佐治亚州本宁堡士兵使用计算机的证据，他们招募志愿者参观基地并进行"计算机化兵棋推演"，当然是占用了为军事目的保留的系统，而非商业冒险。大约在1970年底，里克·卢米斯(Rick Loomis)在《将军》期刊中以一翻大胆的表述翻开了历史新的一页，开创了"计算机兵棋时代"(Loomis, 1970)。

卢米斯是"飞水牛"游戏公司(Flying Buffalo)的创始人，他经营了从《核毁灭》(*Nuclear Destruction*)(1970)到最著名的《星际网》(*Starweb*)(1976)等一系列以营利为目的、由计算机控制的"邮件游戏"版本的兵棋游戏。玩家将以一种特殊的格式在纸上填写并邮寄他们的订单，公司将其输入雷神704(计算机)，雷神704随后将打印出各自的结果，发送给每位玩家。卢米斯强调计算机是如何"公平和公正的"，而实际上，计算机成了他的裁判。模拟是复杂的，随着"怪物"类兵棋游戏的流行，模拟也变得越来越复杂。计算机能做的第一件事就是用一种更简单的方法来管理，诸如部队位置和力量、地形类型等许多冲突事件中的参数。最复杂的棋盘兵棋游戏能够跟踪如此多的棋子，以及如此多的意外事件，以至于人类很难在不犯错误的情况下进行游戏。兵棋游戏正在变得难以控制。

向计算机操作员发送纸质邮件与坐在终端前可以实时与其他人对抗相去甚远——在20世纪70年代，这样的体验是为那些有幸在校际柏拉图网络(PLATO network)等系统上的学生保留的，在网上他们可以玩自制的，包括《星际迷航》(*Star Trek*)、《帝国》(*Empire*)等图形游戏[13]。到20世纪中叶，随着街机视频游戏在市场上的成熟，我们开始看到具体的建议，要求计算机接管竞争类兵棋游戏的实时管理。这是特别有吸引力的，因为计算机可以使玩家对敌人在一场兵棋推演中的位置毫无察觉，从而不需要人工裁判。但在1976年秋天，这看起来仍然是一个遥不可及的目标：麻省理工学院的一名兵棋玩家预测"为微缩模型装甲战斗涂上生动的颜色需要一段时间"，而在他看来，这可能需要4年时间(Swanson, 1976)。

  然而仅仅一年后，第一批面向消费者的个人微型计算机，如苹果Ⅱ、坦迪TRS-80和科摩多尔PET等型号计算机就陆续进入了市场。随着微型计算机的到来，运行计算机兵棋游戏的希望自然也随之而来。由于计算机适应了未来的环境设计，因而许多早期的游戏都是太空作战游戏。1978年，自动模拟公司（Automated Simulations）发布了首个战略兵棋游戏《星际舰队猎户座》（*Starfleet Orion*），这是一款双人版太空兵棋游戏。第二年，在一部名为《入侵猎户座》（*Invasion Orion*）的续集中，他们略微调整了设计，以解决一个在兵棋游戏中存在很久的缺少对手的问题。正如自动模拟公司的营销宣传所声称，"你的对手正在游戏中"。也就是说，一个基本的人工智能作为对手，开创性地允许了单人进行兵棋游戏。计算机现在不仅模拟战争机器，甚至可以模拟玩家共享指挥经验。

  由于最早的个人计算机内存很小，只能描绘简单的动作，因而许多针对兵棋玩家的产品充其量只是以战争为主题的战略游戏。在个人计算机史上，首个真正兵棋游戏的一个绝佳的候选产品是由首次亮相的战略模拟公司（Strategic Simulation）制作的游戏《计算机俾斯麦》（*Computer Bismarck*）（1980），该游戏是阿瓦隆山公司的棋盘游戏《俾斯麦》（*Bismarck*）的忠实译本，但如此原汁原味的模仿引发了一些法律问题（Wilson，1991）。桌游版本的《俾斯麦》是一个有限的信息游戏，在这个游戏中，英国舰队试图找到并击沉一艘巨大的德国战舰，这一场景将发挥计算机的优势。同年，阿瓦隆山公司通过其附属的微型计算机游戏公司（Microcomputer Games）雄心勃勃地进入了数字市场。仅在1980年，该公司就发行了五款游戏。除了存储代码的磁带外，这些早期游戏的设计中完全没有图形，但它们实际上还附带了棋盘和计数器：例如，阿瓦隆山公司的《坦克动画》（*Tanktics*）（1981），该款游戏可以计算战斗结果和部队位置，指示玩家在棋盘上做出相应的调整。兵棋游戏不会轻易地放弃六边形棋盘。

  虽然这些早期的计算机游戏遵循了棋盘游戏和微型兵棋游戏的回合制，但在人们的计算能力不断降低的情况下，设计师们逐渐将兵棋游戏重新考虑为计算机所固有的游戏。这为完全不需要轮换的游戏铺平了道路，使得实时兵棋游戏更像是街机游戏，或者更像实战，因为人和计算机不断同时移动游戏中的元素。这类的开创性兵棋包括《石头人》（*Stonkers*）（1983）和《古代战争艺术》（*The Ancient Art of War*）（1984）。

  随着消费类计算机游戏越来越复杂，实战也相应地更加依赖计算机。计算机兵棋和战争的交错同样引起了人们的焦虑和幻想，两者都是因为人们相信战争机器可以登上计算机游戏界面。弗雷德·萨伯哈根（Fred Saberhagen）的小说《八角形》（*Octagon*）（1981）为人们提供了一个早期的范例。在这个例子中，一台军用计算机加载了一个"邮件游戏"版本的多人兵棋游戏（基于里克·卢米斯的《星际网》），并发现最优策略是派遣一个机器人在现实生活中暗杀其他玩家。

早期计算机兵棋《计算机俾斯麦》见图1.6。

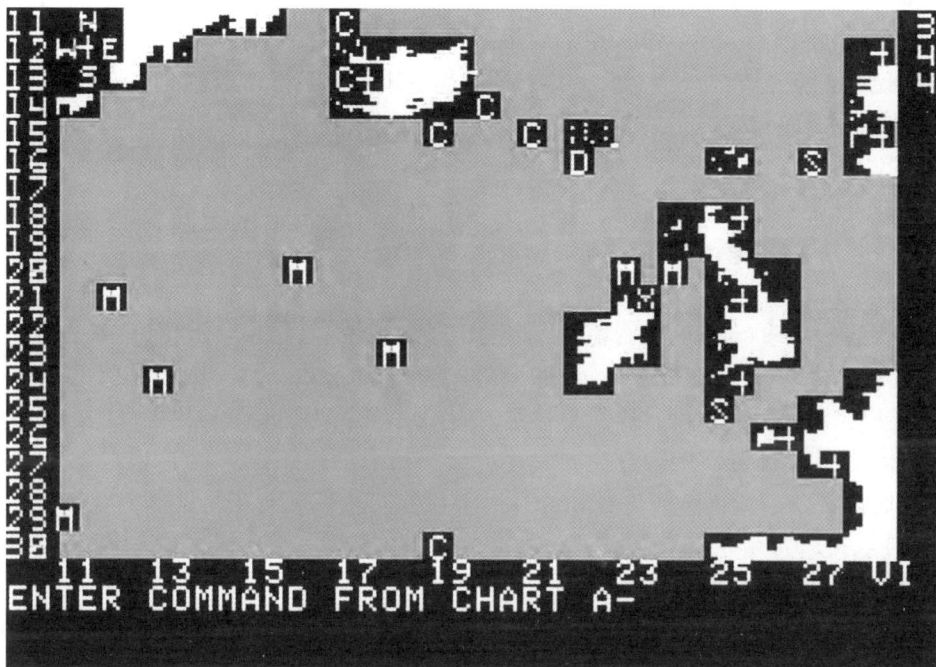

图1.6　早期计算机兵棋《计算机俾斯麦》

电影《战争游戏》（*WarGames*）（1983）讲述了一位年轻的兵棋爱好者无意中侵入了一个军事模拟系统，并指导主角玩一款名为《全球热核战争》（*Global Thermonuclear War*）的游戏，这个游戏可以使计算机发射真正的导弹。黑客主角一开始无法区分发动战争和进行游戏体验的区别，但更具威胁性的是计算机系统的混乱。当主角问及"这是一场游戏……还是真实事件？"时，计算机机械地回答："有什么区别吗？"最终，计算机从自己的模拟中吸取了威尔斯70年前希望兵棋游戏能够传授的教训：战争是"多么愚蠢的事情啊"。2年后，这种焦虑在奥森·斯科特·卡德（Orson Scott Card）的故事《安德的游戏》（*Ender's Game*）（1985）中得到了扭转。在故事中，一位才华横溢的年轻玩家认为自己在玩模拟游戏，而事实上，他正在指挥着一支真正的军队走向胜利。在这个故事中，模拟真的不仅可以涵盖战争，而且能控制战争。

尽管战争技术还没有按照这些小说所预期的方式发展，但是随着军队越来越计算机化，士兵和指挥官必然通过计算机接口履行相应的责任。模拟可以用来训练士兵作战，但进行实战的手段也转向了模拟设备。最终，流行的计算机兵棋训练年轻人与模拟冲突打交道，而今天的军队忽视这种方式的行为是愚蠢的。

正如蒂姆·莱诺尔(Tim Lenoir)和亨利·洛伍德(Henry Lowood)所言,"娱乐业既是创新(军事)理念和技术的主要来源,也是所谓后人类战争的训练场"(Lenoir and Lowood 2003,42)。虽然今天萨伯哈根的《八角形》中的杀手机器人可能不会自动刺杀毫无戒心的游戏玩家,但士兵们可以通过用户界面操作致命的飞行机器人,这种用户界面与模拟系统无法区分真实与模拟游戏。这种战争真是一场不合情理的游戏。

十二、超越计算的兵棋

有能力保护玩家的秘密信息、准确无误地计算战斗结果、在没有玩家的情况下提供对手,甚至可以无须轮流地管理公平机制的游戏,计算机怎么能不取代传统兵棋游戏的棋盘和桌面呢? 20世纪70年代被公认为是业余兵棋游戏的巅峰时期,因为当时致力于兵棋游戏的设计师们的精力消耗殆尽。到了20世纪80年代,他们转向了角色扮演游戏和计算机游戏方向。该行业在此过程中经历了一系列重大整合。例如,在模拟出版公司陷入困境后,战术研究规则游戏公司(TSR)于1982年初兼并了模拟出版公司。

尽管如此,传统兵棋无论是在其有影响力的创新层面还是在商业领域上,都依然是游戏设计中的一支重要力量。尽管模拟出版公司的旗舰级期刊《战略与战术》在战术研究规则游戏公司的管理下表现不佳,但自1991年以来,该期刊在《决策游戏》的影响下,虽然没有充斥整个市场,但继续发行了40多年。

始于20世纪70年代的兵棋游戏期刊《火与运动》(*Fire & Movement*)也在《决策游戏》家族中继续存在,尽管出版业的最新变化导致这两家公司都强调数字战略而不是纸媒印刷。

兵棋游戏在商业方面最伟大的商业成功发生在20世纪70年代的全盛期之后。一位曾为模拟出版公司自由撰稿的设计师,同时身兼一家名为诺瓦游戏(Nova Games)的独立设计公司的创始人约瑟夫·安戈利洛(Joseph Angiolillo)脱颖而出。1980年,诺瓦游戏公司凭借一款基于游戏手册的原始系统的空中格斗类兵棋《王中王》(*Ace of Aces*)获得了兵棋游戏行业的广泛认可。诺瓦游戏公司曾于1981年夏季发布了一款模拟第二次世界大战的游戏,但玩家的反响并不是很强烈。在一次大会上,一位观看过预演的评论家评论说,"游戏与战争的实际历史之间的关系充其量只是一种抽象的关系"(Bomba,1981)。这款游戏的名称是《轴心国与同盟国》(*Axis & Allies*),与其前身《冒险》(*Risk*)一样,它的游戏背景区域横跨全球,拥有包括各种各样的船只、飞机,甚至是原子弹等众多军事装备。虽然老练的兵棋玩家可能认为其过于简单,不令人信服,但它并不缺少崇拜者。1983年末,米尔顿·布拉德利(Milton Bradley)收购了这款游戏,甚至聘请了设计师劳伦斯·H.哈里斯(Lawrence H. Harris)来帮助它向大众市场过渡(其中包括移除其中的核武器设置和一些其他的改变)。从1984年起,米尔顿·布拉德利的《轴心国与同盟国》经过众多的扩展和修订,包含了几个计算机版本,逐渐将兵棋游戏的规则呈现给了越来越多的受众。

角色扮演类游戏在20世纪80年代早期的业余爱好市场上占据了主导地位,当战术研究规则游戏公司以《黎明巡逻》(Dawn Patrol)(1982)为主题重新发行迈克·卡尔(Mike Carr)的经典第一次世界大战空战兵棋《冲上云霄》(Fight in the Skies)时,包装盒子上将其称为"第一次世界大战空战角色扮演游戏",但正如《不同世界》期刊所讽刺的那样,"这是一款战术空战游戏,在活页中有四页的角色扮演规则,标明买家责任自负"(D'Arn,1982)。第二年,英国出现了一款游戏,该游戏在包装盒上标明"大规模战斗幻想类角色扮演游戏"。具有讽刺意味的是,《龙与地下城》将自己标榜为"中世纪精彩兵棋游戏战役",现在兵棋游戏却需要将自己伪装成角色扮演游戏,甚至将"兵棋游戏"一词从封面上抹去。这款新的兵棋游戏名为《战锤》(Warhammer),它开始为英国游戏公司——游戏车间(Games Workshop)提供利润丰厚的特许经营权。从1975年低调的起步开始,游戏车间公司一直稳步成长为英国角色扮演游戏的分销商,并凭借其签名期刊《白矮人期刊》(White Dwarf)的实力,最终成为内部游戏的出版商。后来,游戏车间公司的附属公司——城堡缩影公司(Citadel Miniatures)制作了梦幻雕像,以配合其兵棋游戏。《战锤》是目前游戏车间公司仍在其众多零售商店展览并出售的游戏。凭借《战锤》和《战锤40K》(War-hammer 40,000)(1987)的特许经营权,游戏车间公司成为未来几十年微型兵棋游戏的标杆。

到了20世纪90年代,计算机已经从新奇的、带有异国情调的商品转变为日常生活用品,计算机游戏市场使兵棋游戏行业相形见绌。许多购买计算机战略游戏的玩家对桌面兵棋游戏设计一无所知。许多人在1991年开始广受欢迎的MicroProse软件公司推出《文明》计算机系列游戏时购买了游戏,可有多少人知道它实际起源于对阿瓦隆山公司的棋盘游戏《文明》(1980)的一次收购呢?许多计算机游戏已经授权并改编了《战锤》,甚至凭借《魔兽争霸》(Warcraft)(1994)系列取得了巨大成功。暴雪公司(Blizzard)在最初的开发过程中,几乎将《战锤》作为其全部背景(Craddock,2013)。

兵棋游戏开创的模拟工具不断地渗透到新的类型中。1993年,出现了一个创新的游戏类别:集换式卡牌游戏。此类首款游戏名为《万智牌》(Magic:The Gathering),由战术研究规则游戏公司出品。《万智牌》是一款竞争性游戏,通常是两名玩家进行比赛。每位玩家从自己预选的一副包含各种生物、咒语和土地的牌中抽牌。虽然游戏中有无数的策略,但玩家通常会使用生物和法术来打败对手:当一名玩家耗尽生命值(以生命值为模型的数量)时,他们将输掉比赛。因此，即使是《万智牌》也能模拟指挥、部署和管理在战术环境中相互对抗的生物部队的经验。其系统反映了《链甲》中许多幻想类兵棋游戏的先例，而也许其中最重要的是战术研究规则游戏公司的兵棋游戏《奇才之战》（*War of Wizards*）（1975）。由于《万智牌》的特许经营权利润丰厚，游戏出版商海岸奇才（Wizards of the Coast）于1997年收购了战术研究规则游戏公司。

《万智牌》之所以如此引人注目，很大程度上是由于收集制作一副强大的牌组所需的工作量惊人。卡牌本身是不言自明的，玩游戏所需的大部分信息都写在它们的牌面上，因此在玩游戏时很少需要查阅规则手册。这些创新从《万智牌》回归到了微型兵棋游戏。威兹基德（WizKid）公司于2000年推出的《魔法师骑士》（*Mage Knight*）系列将可收藏微缩模型游戏引入了一个新的转折点，微缩模型的旋转底座能够显示人物在战斗中承受伤害时的生命值、移动速度等信息，省去了翻开规则手册查阅的环节。《魔法师骑士》的战斗刻度盘（又称"Clix"）系统传播到了其他游戏中，并使得手工兵棋游戏得到了进一步改进。

制作精美的、可上漆的"战锤"小雕像，以及与魔法和魔法师骑士特许经营权相关的收藏品有助于让兵棋的一只"脚"牢牢地立足于现实世界，而非虚拟世界。在计算机时代，桌面上的骰子、部队和地形战斗继续为我们提供独特而引人注目的体验。虽然兵棋游戏行业没有经历过其他类型游戏所带来的快速而持久的扩张，但它仍然为爱好者们提供服务。除此之外，我们还能如何解释在《文明》之后发生的奇怪的变化呢？《文明》起源于一款棋盘游戏，它启发了一款计算机游戏，然后计算机游戏将其改编成希德·梅尔（Sid Meier）所创的《文明：棋盘游戏》（*Civilization: the Board Game*）的多次迭代。甚至像暴雪公司的标志性游戏《星际争霸》（1998）这样的本地实时兵棋游戏也催生了棋盘游戏版本。这些类别之间的区别越来越模糊：新的游戏项目，如海伯雷计划工作室（Hairbrained Schemes）开发的《傀儡阿卡纳》（*Golem Arcana*），将在棋盘上玩的物理模型与管理系统，以及决定战斗结果的计算机平面结合起来。游戏玩家也没有因为虚拟娱乐而放弃桌面游戏：20世纪70年代中期，在兵棋游戏繁荣的鼎盛时期，《将军》桌面游戏年会的出席人数约为1 000人。2014年，《将军》年会的出席人数超过56 000人，比2009年的出席人数增加了一倍多。该年会总是能够提供一些无法通过屏幕来计算的东西。

今天，市场上的许多兵棋游戏都由世界上某个大型公司提供支持。如同一位雄心勃勃的征服者一样，玩具集团孩之宝（Hasbro）收购了米尔顿·布拉德利（1984）、帕克兄弟（1991）、阿瓦隆山公司（1998），最后收购了海岸奇才（2003），最终将这段历史中讨论的众多商业作品都聚在了一个屋檐下。但小型出版商仍在积极创新。GMT游戏公司（GMT Games）和Multi-Man出版公司等继承了阿瓦隆山公司和模拟出版公司的传统，以探索历史和当代国际冲突的名义接近指挥经验。像GMT公司的游戏《迷宫：反恐战争，2001—?》(*Labyrinth: The War on Terror, 2001-?*)(2010)就展示了兵棋游戏仍在试图努力掌控战争，使其小型化到桌面。这表明，只要人类社会依然存在战争，兵棋就会一直存在。

关于作者

乔恩·彼得森(Jon Peterson)是《玩转世界》(*Playing at the World*)一书的作者。

注释

① 对兵棋游戏，包括与冲突有关的其他游戏形式，以及体育赛事、角斗士战斗、武力威胁，甚至非致命的动物竞赛类游戏有更广泛的思考及兴趣的读者，参见范·克雷维德(Van Creveld，2013)。

② 为了找到这一引人瞩目的引用，我们感谢菲利普·冯·希尔格斯(Philipp von Hilgers)。更多信息，参见范·希尔格斯(2012，28)。

③ 尽管老赖斯威茨于1812年的作品尚未有译本，小赖斯威茨于1824年的作品可以参见利森的译作《赖斯威茨》(*Reisswitz*)(1989)。请注意，在最初的德语作品中，姓氏拼写不一致：塔克蒂斯·克里格斯·斯皮尔(Taktisches Kriegspiel)将作者（父亲）的名字写作Reiswitz，而儿子则被写作Reifswitz，但通常英语都写作Reisswitz。

④ 有关赖斯威茨游戏的演变和系统的更多信息，参见彼得森(2012，第三章)。

⑤ 这些古董地貌是赫尔维格出售的几种棋盘类型中的一种，"可以更改为63种不同的方式"。

⑥ 巴林1871年翻译的捷克斯洛伐克的《军棋游戏指南》(*Anleitung zum Kriegsspiel*)是后来许多英国军事比赛的出发点。这一传统在美国的第一次重大改编是由托顿(Totten)于1880年进行的。

⑦ 参见佩拉(1990)中的例子，如20世纪50年代为兵棋推演开发的海军电子战模拟器(NEWS)。

⑧ 有关兵棋游戏教育用途的更多信息，参见萨宾(2012)。

⑨ 这些游戏的最佳纪录，尤其是它们发行的年代，参见皮默(Pimper)的《1953—1977年世界所有兵棋》(*All the World's Wargames 1953-1977*)及附录。后续三次再版，分别记录了1978—1982年、1983—1989年和1990—1995年的更新纪录。

⑩ 关于《拉塔基亚》的最早版本，包括1908年的法国专利，参见勒温(2012，113-4)。关于《震惊》，参见勒温(2012，157)。

⑪《双城计》游戏玩家的基石文本基于《战略》(*Strategos*)(1880)。当地游戏玩家戴夫·韦斯利将其归纳为一组简短的拿破仑规则，称为《战略N》(1970)。

⑫菲利斯(Phillies)(1975)指出,一些兵棋游戏玩家确实以特定角色指挥,他将其称之为"隆美尔综合症"(Rommel syndrome)。

⑬关于《帝国》的当代通告很少,但1974年有一篇关于柏拉图式游戏的文章中包括有关《帝国》的内容,参见尼尔森(1974,27)。

第二章　历史兵棋项目

——约翰·库里

历史兵棋项目(HWP)旨在记录兵棋爱好的历史和职业兵棋推演的发展。该项目目前已出版了60多本书,涵盖从兵棋的起源到唐纳德·费瑟斯通(Donald Featherstone)的经典业余兵棋,再到目前的军事职业兵棋推演。

兵棋有着悠久而丰富的历史,但其记录却并不详细,众多重要的资料也遗失了。许多书籍已经绝版,一些重要作品在电子交易网站上的售价可能超过100英镑。最近,唐纳德·费瑟斯通关于单人兵棋游戏的著作以115英镑的价格出售,帕迪·格里菲斯(Paddy Griffith)关于拿破仑式兵棋的著作以200多英镑的价格出售。这是因为这些有趣而重要的书籍很难被发现,而且大多数兵棋玩家根本买不到。许多军事兵棋推演的记录经常丢失,出于安全考虑限制访问权限造成了军官们不断探索实践,而机构记录却被遗忘的尴尬局面。历史兵棋项目的职责之一就是整理并公开这些信息[①]。

但是历史兵棋项目(HWP)有着更广泛的意义,它不仅仅是简单地"复活"人们感兴趣的旧书,而且更是出于对兵棋的特殊爱好。现在公开的一些职业兵棋推演中有大量简明的分析数据,这对研究历史冲突的学生来说是非常珍贵的资料。反映战争时期的美国兵棋游戏《塔斯皮尔》(*Tacspiel*),作为一款没有裁判和分析师团队的游戏,实际上是不具备可玩性的,但如果你想了解战争中作战和战术战斗的量化现实,它便是一个宝贵的信息来源(Curry,2011a)。《塔斯皮尔》是美国军队在当时如何看待战争的历史陈述。

截至2014年,英国、美国和其他一些国家的部队军官重新提起了对专业兵棋推演的兴趣,通过兵棋推演以达到练习技能、演练作战和培养解决问题能力的目的。历史兵棋项目是一个图书馆,在这里,与此类问题相关的人员能够获得以前的范例,并作为未来发展的基础。

长期以来,作战分析一直是武器采购、作战和战术发展以及战争规划的重要组成部分。历史兵棋项目已设法使该领域的一些工作与作战模拟密切相关。迄今为止的主要出版物是彼得·佩拉的《兵棋推演的艺术》的第二版,出版佩拉的这部作品有助于推进业余爱好与职业军事兵棋推演之间的关系。

一、历史兵棋项目的起源

历史兵棋项目的灵感来自帕迪·格里菲斯（Paddy Griffith），他在20世纪80年代初成立了兵棋开发公司（WD）作为开发更好、更具文化效力的业余和专业军事用途兵棋的工具。帕迪·格里菲斯和大卫·钱德勒（David Chandler）等人在英国桑德赫斯特皇家军事学院工作期间，将兵棋作为一种学术技巧传授，以加深对军事历史的理解[②]。帕迪·格里菲斯在英国年度兵棋推演者大会（COW）（参见 http://www.wargamedevelopments.org/）上提议召开一次会议，讨论关于"为什么应该有一家兵棋图书馆，为什么到现在还没有？"的问题，但这一提议从未付诸实践。

读到关于这次会议的建议，我开始从兵棋历史的垃圾堆中收集（并使用）一些早期的兵棋规则。多年来，我积累了越来越多的资料，其中包括一些从未出版的专业兵棋。2007年，我在英国兵棋推演者年度大会上与约翰·巴塞特·奥贝（John Basset OBE）（RUSI副研究员）和托尼·霍金斯（Tony Hawkins）进行了一次非正式对话，讨论启动历史兵棋项目的事项。在他们的鼓励下，我写了一本关于早期兵棋的书。

这本新书涵盖20世纪初弗雷德·简（Fred Jane）的经典海军兵棋（Curry，2008a）[③]。根据唐纳德·费瑟斯通1965年在海军兵棋中的总结，一些兵棋玩家对弗雷德·简的兵棋很熟悉，但很少有人了解过任何原始版本的规则，甚至很少有人尝试对由这位"海军兵棋之父"制作的兵棋进行再创造。我的第一本书涵盖了历史兵棋项目的内容，其中包括1906年版的规则，这是鲍勃·科德利（Bob Cordery，WD的另一名成员）所制定规则的简约版本。其中涵盖了关于如何重新创建游戏中用作射击前锋的"桨叶"（paddles）的建议，以及一些设计轮廓和与兵棋相关的其他信息。

这本书还包含了（英国）皇家海军用于作战分析和训练的一系列专业军事规则。与弗雷德·简的兵棋不同，1921年的（英国）皇家海军兵棋依靠玩家随机击打纸质目标来表示射击。它使用了一个射击表，以说明在平均条件下不同射程的平均命中数。弗雷德·简在游戏中的随机命中和专业兵棋推演中确定性射击（特定范围内预设命中数）之间的差异是业余兵棋和专业兵棋之间的关键区别。在进行桌面推演时，舰长可能会操作不当，但攻击仍然成功，因为敌人的炮击是基于偶然的，变幻莫测。玩家可能会把从弗雷德·简的兵棋中吸取的教训带入现实生活中，并可能因此带来灾难性的后果。因此，（英国）皇家海军认为，使用确定的作战系统更有可能传授正确的训练经验。正是由于这套简短的专业兵棋推演规则，很多专业军事类兵棋推演者得以互相沟通，许多人询问其他的专业兵棋规则将于何时发布。

20世纪初在朴茨茅斯举行的弗雷德·简海军兵棋时期推演游戏的简图,见图2.1。

图2.1 20世纪初在朴茨茅斯举行的弗雷德·简海军兵棋时期推演游戏的简图
(注:摘自《海军兵棋及其玩法》,安格斯·夏洛克创作,收录于《斯特兰德》期刊第27卷。)

作为编辑,我曾预计弗雷德·简这部著作在6个月内最多能卖出10本,其中6位购买者可能是作者认识的人。然而,令人惊讶的是,仅在出版后的几天内,该书就售出了11本,而我却不认识任何一位买家。第二本书是威尔第(Verdy)的《自由军棋游戏》(*"Free" Kriegspiel*)(Curry,2008b),不久就出版了。电子邮件和信件纷至沓来,表达了读者们对该书的极大兴趣,并请求在"该系列"的下一本书即将出版时通知他们。兵棋市场预测前两本书将是新兵棋出版项目的重头戏。

尽管已年近80,唐纳德·费瑟斯通(Donald Featherstone)最终还是联系了编辑。他是现代兵棋的十几位创始人之一,正是在他的帮助下,兵棋从默默无闻的消遣娱乐变成了一种国际性爱好,并成为作战分析和训练的有用工具。费瑟斯通热情洋溢地说,他听说了关于历史兵棋的新系列书籍,并询问书中是否有可能收录他的作品[④]。该消息在20世纪60年代和20世纪70年代早期兵棋推演的参与者网络中传播开来。在费瑟斯通参与的12个月内,许多兵棋领域的主要作者都联系了我。查理·维森克拉夫特(Charlie Wesencraft)、菲尔·邓恩(Phil Dunn)、彼得·佩拉(Peter Perla)和特里·怀斯(Terry Wise)等人都渴望将他们的研究成果纳入这一新的兵棋"档案"中⑤。

二、弗莱彻·普拉特的海军兵棋

2012年出版的《弗莱彻·普拉特的海军兵棋》(*Fletcher Pratt's Naval Wargame*)可能是有史以来最畅销的海军兵棋书籍(Curry, 2012a)。规则简述见图2.2。出人意料的是,这本书对读者的吸引力远远超出了海军兵棋的范畴;其市场份额部分是因为有一些人对著名幻想作家和军事历史学家弗莱彻·普拉特的广泛涉猎十分感兴趣。

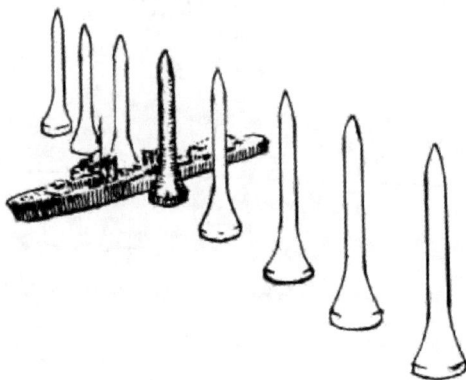

图2.2 规则简述

(注:白色高尔夫球座表示未命中,红色表示命中。1940年,弗莱彻·普拉特(Fletcher Pratt)的妻子英加·普拉特(Inga Pratt)在其规则中的简述。)

唐纳德·费瑟斯通的著作使这款兵棋重新吸引了兵棋玩家的注意。费瑟斯通在他1965年出版的关于海军兵棋的书中概括了这些规则,其中还包含1939—1945年在纽约舞厅举行的活动,200名玩家参加了这些大型兵棋活动,十分引人注目。参加地面微缩船战的演员包括艾萨克·阿西莫夫(Isaac Asimov)、L.罗恩·哈伯德(L.Ron Hubbard)、作家杰克·科金斯(Jake Coggins)、特雷弗·杜普(Trevor Dupuy,也就是后来因量化判断模型成名的杜普上校)、美国火箭计划的"医生"克拉克(Clarke)、某位后来成为好莱坞明星的百老汇女演员,以及其他众多知名人士。

普拉特兵棋核心机制的一个主要特征是根据估计射程(以英寸为单位)来判断射击距离。使用确定性损伤模型计算攻击的影响(即一定口径的大炮攻击总是会造成相同的损伤),船舶性能在多次攻击后会逐渐降低。然而,一次击中炮塔机会就可以使一门独立的火炮失效。这款兵棋的设置不时会遭到嘲笑,而詹姆斯·邓尼根为其量身打造了诸多测试(1976)。普拉特兵棋因使用确定性损伤模型而备受批评,该模型使玩家对海军行动有了完美的态势感知,但却不包含任何战役游戏,也没有空中力量。具有讽刺意味的是普拉特兵棋的玩家包括现役海军军官,而美国海军战争学院显然认为它作为一种海战模式具有一定的价值。那些卷入世界大战的人错了,但那些未来几十年后回顾的人就一定是正确的吗?

当我第一次阅读1965年费瑟斯通对兵棋的描述时,我注意到这些规则之间明显的不连续性,这些规则以及随附关于在第二次世界大战期间运行的游戏叙述,看起来像是编写于1933年。我怀疑普拉特兵棋玩家不会根据当时的现实世界事件更新游戏。为了筹措历史兵棋项目的资源和资金,我开始寻找真正的弗莱彻·普拉特兵棋。1956年弗莱彻·普拉特去世后,他的妻子(兵棋的积极参与者之一)嫁给了普拉特的首席裁判,但不久后她也去世了。后来,当这位裁判正要与一位著名的美国古董书商结婚时,裁判也去世了,所以资料版权归书商所有。通过工作人员的努力,我联系上了目前的版权所有人,电话联系后,我获知有两个文件箱,里面装满了关于该兵棋的未发布资料。最终,我们于2012年出版了一本书,其中包括之前未出版的1943年版的普拉特兵棋。该书以有限情报规则为特色,并附有场景示例、战役游戏、空中规则和可选规则,所有这些都是普拉特及其杰出贡献者撰写的。本书还通过采访美国海军指挥官约翰·博思韦尔(John Bothwell)进行了补充,博思韦尔是第二次世界大战最后一位参与兵棋推演的幸存者,他的加入对研究者加深兵棋的理解起到了不可估量的作用。

三、美国陆军的冷战战术兵棋

历史兵棋必须包括一系列具有里程碑意义的规则。是否能够列入这一名单的关键标准将是这些兵棋规则能否激励其他人去复制和修改,以创建一系列新的兵棋游戏。例如,莱昂内尔·塔尔(Lionel Tarr)的"现代兵棋规则"("现代",意思是指第二次世界大战)和由菲尔·巴克(Phil Barker)、鲍勃·奥布赖恩(Bob O'Brian)以及埃德·史密斯(Ed Smith)编写的《兵棋研究组》(WRG)的第6版《古代人》(Sixth Edition Ancients)就是典型的范例。另一个符合条件的兵棋游戏规则是美国陆军的邓恩—肯普夫战术兵棋(1977—1997)。

邓恩—肯普夫兵棋游戏的智力灵感来源于菲尔·巴克等人的工作以及1950—1985年《兵棋研究组》(WRG)的装甲战兵棋游戏规则。《兵棋研究组》规则有点复杂,使用1:300比例尺的车辆在桌面上进行竞争性的双边游戏来表现假设的冷战战争。希尔顿·邓恩(Hilton Dunn)上尉和史蒂夫·肯普夫(Steve Kemp)上尉用机密军事数据取代了作战表格,并修改了民用《兵棋研究组》规则,以表现陆军对战争的理解,并且为了使普通军官或高级士官更容易理解这些规则,还对这些规则进行了大量修改。

邓恩和肯普夫在1975年开发了这款兵棋游戏,当时他们还是堪萨斯州利文沃思堡美国陆军司令部和参谋学院的学生。他们希望"帮助小型部队指挥官解决对抗性及侵略性对手的看似合理而又复杂的战术麻烦"。该款兵棋设计得非常成功,在经过广泛的测试后,利文沃思堡的联合武器中心将游戏规则打包成了盒装兵棋游戏,其中包括GHQ"微型装甲"坦克、地形图、地图和其他游戏配件。500套盒装邓恩—肯普夫兵棋被分发给美军在世界各地的陆军司令部。

最初的盒装邓恩—肯普夫兵棋套装包括1支经典的美国"蓝军"部队,其拥有17辆M60A1主战坦克、1支机械化步兵连、15辆M113A1装甲输送车、3辆81毫米履带式火炮、2辆M113A1运输车、9个步枪班、6支M60机枪小队和12支"龙"小队。根据使用模型的部队不同,玩家还可拥有额外的战斗力。例如,1支装甲部队可能额外拥有4辆拖车式装甲运兵车、4辆装有4.2英寸口径迫击炮的运输车、1个红眼(Redeye)地空导弹小组、10辆谢里丹(Sheridan)M551轻型坦克等,而且鼓励部队使用从非总部供应商(GHQ)购买谢里丹坦克所需的补充装备。

该规则获得成功的秘诀之一是规则的定制水平高。地形图的制作始终与部队部署的区域式地图相似。例如,加利福尼亚州欧文堡的比赛,采用了一个美国国家训练中心(NTC)的地形模型。该项目收到了在德国服役士兵的电子邮件,告知其发现先使用地形图进行演练,然后再在模型上显示的真实地形上进行演习效果非常明显。

另一个重要的方面是,这些规则在激励不同的部队修改它们,以满足自己的实际需求。在保留基础规则集的同时,部队扩展了与他们最相关的部分。位于本宁堡的美国陆军步兵学校(USAIS)改变了兵棋游戏涉及的范围,更多地关注步兵班/坦克排级别,以满足其需求。第三军团模拟中心使用了"重型装甲变体",为第一骑兵师和第二装甲师(以及其他第二军团部队)提供服务——这种变体对绝大部分美国装甲部队都产生了影响。这一变体也被位于奥斯汀公路上的第49装甲师(德克萨斯州国民警卫队)所采用。

除了美国陆军的各个部队采用邓恩—肯普夫兵棋外,这些规则还产生了重大的国际影响。加拿大人为了满足自己的需要,制作了一种兵棋变体,并扩展出了一个呼叫炮兵和空中支援的系统。邓恩—肯普夫兵棋在澳大利亚也被用于模拟和训练,英国军队也在检验这些规则。有趣的是,甚至连俄罗斯人也会玩这款兵棋游戏(Curry,2008c),尽管有人可能会猜测,华约组织玩这款兵棋是为了更好地解读美国对战争的看法,而不仅仅是作为训练工具。最后一次提到该兵棋用于军事训练是在1997年的美国装甲会议上。

邓恩—肯普夫兵棋非常重要。作为职业发展的一部分,一代美国军官亲身体验了该款兵棋游戏。但该兵棋的故事几乎被人们完全遗忘,直到历史兵棋项目的出现,这些才得以重见天日。

四、现在写下决定性的兵棋历史还为时过早

在我看来,兵棋的最终历史尚未被书写。2012年,乔恩·彼得森的巨著《玩转世界》充分记录了幻想类角色扮演游戏的早期发展,但在其他兵棋中还没有见到相关内容。

嵌入战术建议见图2.3。

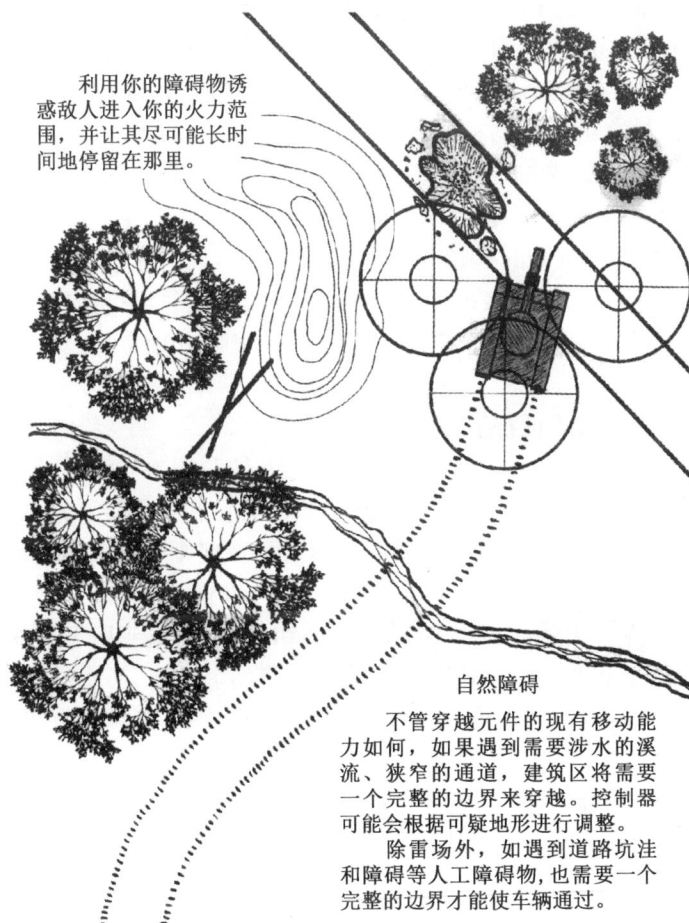

利用你的障碍物诱惑敌人进入你的火力范围,并让其尽可能长时间地停留在那里。

自然障碍

不管穿越元件的现有移动能力如何,如果遇到需要涉水的溪流、狭窄的通道、建筑区将需要一个完整的边界来穿越。控制器可能会根据可疑地形进行调整。

除雷场外,如遇到道路坑洼和障碍等人工障碍物,也需要一个完整的边界才能使车辆通过。

图2.3 嵌入战术建议

(注:嵌入战术建议是加拿大陆军衍生的邓恩—肯普夫规则。此示例来自原始规则手册,由让·米肖绘制。)

如果没有历史兵棋项目，就不会有《邓恩—肯普夫兵棋》或完整的《弗莱彻·普拉特海军兵棋》的出版，它们的重要性就会被忽视。直到2011年，《早期兵棋第一卷》(*Early Wargames Vol.1*)的出版才证明赫伯特·乔治·威尔斯的《微型战争》(*Little Wars*)和唐纳德·费瑟斯通的《战争游戏》(*War Games*)实际上是一系列早期兵棋游戏的一部分，而不是孤立的灵感闪现。例如，费瑟斯通关于兵棋的经典著作是建立在《假战争》(*Sham Battles*)(1929)、《利德尔·哈特兵棋》(*Liddell Hart Wargame*)(1935)和《萨克斯上尉战争游戏》(*Captain Sachs War Game*)(1940)的基础上的(Curry,2011b)。

2014年，该项目出版了一本关于早期海军兵棋的新书，该书将弗雷德·简1898年的《海军兵棋》第一版置于正确的历史背景下。该兵棋是基于英国皇家海军军官卡斯尔(Castle)中尉制作的《海军战术兵棋》(*The Game of Naval Tactics*)(1873)、哥伦布(Colomb)上尉的《决斗》(*The Duel*)(1880)和张伯伦(Chamberlain)中尉的《海军封锁兵棋》(*Game of Naval Blockade*)(1888)等海军兵棋游戏演变而来的。之前的兵棋以及随后在伦敦皇家联合军种研究所的讨论是帮助世界各国海军接受桌面作战概念的关键(Curry,2014)。

帕迪·格里菲斯(Paddy Griffith)即将发表的遗作将讨论兵棋在结束冷战中的重要作用。兵棋界的老前辈唐纳德·费瑟斯通与专业兵棋推演之间的角色尚未进行探索。在接下来的几年里，这些书籍将填补文献中的重大空缺。

五、历史兵棋项目的未来

截至2014年，历史兵棋项目已出版60多部著作和规则集。这些书有些是原著的再版，附有新的前言和评论等补充材料。另一些则是全新的作品，其基础是在只能称之为"兵棋考古学"的作品中发现的兵棋材料。例如，唐纳德·费瑟斯通、查理·韦森克拉夫特(Charlie Wesencraft)和帕迪·格里菲斯等人的遗失著作，以及从未出版过的专业兵棋规则。在图书销售的资助下，历史兵棋项目有了资金去寻找缺失的资料，甚至可以将那些对兵棋历史很重要但只有少数人感兴趣的资料印刷出来。

该项目不仅仅关注历史，它还试图记录一些对当前兵棋的创新，如兵棋委员会(研讨会)，还有涉及令人不快主题的"黑色"兵棋，如反恐兵棋，或包括大规模杀伤性武器的兵棋(Curry,2012b)。历史兵棋项目的另一个分支是为现代专业兵棋推演创造工具。例如，在网络领域(Curry and Price,2013)应用矩阵游戏方法协助下进行国际危机教育(Curry and Price,2014)。

历史兵棋项目最令人兴奋的一个方面是隐藏的宝藏出人意料地出现了，或者说这是一场为期一年的全球狩猎的结果。最近，我意外地收获了一款以前不为人所知的、1913年的海军兵棋游戏的第一部分。想象一下,就在我坐下来写这一章的前两天,一位经验丰富的兵棋推演者将托尼·巴斯(Tony Bath)的《海博里亚兵棋推演者指南》(*A Wargamer's Guide to Hyboria*)的褪色打印本送到我手里,而这本书一直被认为早已绝版了。托尼·巴斯是古代兵棋(以及古代协会)的创始人。他举办了一场许多主要早期兵棋玩家(推手)参加的兵棋比赛。虽然历史兵棋项目出版了一本托尼·巴斯关于建立一场以兵棋推演模拟战役的想法和战役大纲的书,但据最初推测,托尼·巴斯的《海博里亚兵棋推演者指南》这一幻想大陆不存在任何副本。然而突然之间,一个意外惊喜加入了历史兵棋项目。

关于作者

约翰·库里是英国巴斯学院应用计算理学学士课程的负责人。作为《历史兵棋项目》(参见 www.wargaming.com)的编辑,他在国际上享有盛誉。他编辑并撰写了60多本关于兵棋推演方面的书籍,其中包括彼得·佩拉的《兵棋推演艺术:爱好者和专业人士指南》(*Art of Wargaming: A Guide for Hobbyists and Professionals*)和《黑暗客:网络战争训练游戏》(*Dark Guest: Training Games for Cyber Warfare*)。约翰·库里曾与英国皇家联合军种研究院(RUSI)、英国国防学院合作,他还是克兰菲尔德大学的研究员和维基斯特拉特咨询集团的分析员。

注释

① 关于这方面的一个很好的例子发生在2014年,当时桑赫斯特皇家军事学院的图书馆联系了历史兵棋项目,以获取20世纪70年代桑赫斯特和参谋学院进行的一些重要兵棋推演的详细信息。

② WD(论坛)与许多关键的早期英国兵棋推手都有关联,这是一个成功的论坛,诸如,DBA、矩阵游戏、历史委员会游戏(在美国称为研讨会游戏)等许多兵棋游戏的创新都由此诞生。隐藏场景和大型游戏等规则和想法最初也是在COW或WD的期刊《掘金》上展开探索的("金块"是帕迪·格里菲斯对骰子的称呼)。

③ 弗雷德·简是简氏信息集团的创始人,他极有想法,但性格古怪。他最初出版了简氏的《世界战舰》(*All the World's Fighting Ships*),作为其海军兵棋(Jane,1898)的补充,使之成为有史以来的第一本关于兵棋规则的补充。

④ 尽管唐纳德·费瑟斯通地位显赫,但他认为,他所著的书籍并非因其知名而被收录。

⑤ 事实上,编辑有几次联系作者请求允许收录他们的作品,却因进展缓慢而受到谴责。

第三章　桌面模拟与"真相"之间的根本差距

——中村铁也

　　自从模拟出版公司成立之日起,许多桌面兵棋设计师一直在通过创建越来越详细的游戏系统来追求更精确的模拟。例如,兵棋行动系统被分割成越来越小的时间单位:比如《法国 1940》(*France 1940*)和《俄罗斯战役》(*The Russian Campaign*)的双重冲动系统;《老虎在燃烧》(*The Tigers Are Burning*)的超支系统和泰·邦巴的兵棋《第五兵团》(*Fifth Corps*)的摩擦点系统,以及《中央前线》系列游戏《白死神》(*White Death*)的脉冲系统等。但这些努力无一成功,我认为这些努力之所以失败,是因为模拟和"真相"之间存在根本性的差距。根据我的经验,许多兵棋推演者和兵棋设计师认为这种差距是一个抽象的和"事后诸葛亮"的问题。

　　由于信息容量的限制,抽象造成了一个缺口。我们不能在游戏中捕捉所有可能的信息。例如,我们不能获取所有士兵、武器、食品和燃料供应、疲劳程度等信息。因此,在大多数游戏中,我们必须简化和抽象(尤其是在只包含两个单位缩减步骤的情况下),以聚焦重要信息,并使不合理之处被圆满处理。

　　后见之明的差距之所以出现,是因为生活在真实历史中的人们不知道他们所作所为的结果,但桌面模拟游戏中的玩家能先知先觉这些结果。例如,法国军队认为坦克部队无法通过阿登森林,但德国装甲部队在 1940 年确实做到了这一点。另一个例子是 1942 年日本海军在中途岛遭到了美国海军的伏击,那是因为他们认为那里不可能有美军的航空母舰。但在桌面模拟兵棋游戏中,我们已经知晓德国装甲部队可以穿越阿登森林进行攻击,而且知道中途岛有隐藏的航空母舰,因此玩家永远不会成为这种突然袭击的牺牲品。

　　然而,即使抽象和"事后诸葛亮"的问题能以某种方式得以解决,这是否能完全弥合桌面模拟与"真相"之间的鸿沟呢? 例如,一款战术作战模拟兵棋游戏应该比一款规模更大的兵棋游戏更能避免"事后诸葛亮"的问题,因为关于小规模交战的已知信息量很少。但这就留下了抽象问题,即,我不相信仅仅提高战术细节的水准就能完全解决这个问题。在我看来,即使抽象和"事后诸葛亮"的问题都解决了,我们也不会更接近真相。

一、标签的误导性

许多兵棋通过标记历史元素来追求精确模拟的目标。例如在纸牌类兵棋游戏中,纸牌标题的取名情况就是一个典型的例子。这些标题通常取自一些历史事件,但也出现在规则手册("chrome")中。我称这种设计风格为"标签"。特定卡片上的规则将被玩家理解为对卡片标题的具体阐述。同样,规则手册(例如,分区整合、炮兵支援或空中力量、指挥和控制)被理解为包含在规则中,以反映特定的历史情况。这样做的结果是玩家会认为标记规则提供了对真相更准确的模拟。

但果真如此吗?有时,这样的规则甚至可能会破坏游戏。例如,在我设计的以1941—1945年的太平洋战争为背景的战略模拟兵棋《天火燎原》(*Fire in the Sky*)(2005)中,我没有设置雷达、VT引信、日本长矛鱼雷、神风战机和其他元素的规则,因为这些规则会破坏游戏平衡。这些规则不能包含在《天火燎原》中,是因为与真实历史情况相比,日本变强盛得太早,而同盟国变强盛得太晚。因此《天火燎原》的游戏系统在没有附加此类规则的情况下运行得更流畅。

再举一个有些不同的例子。我经常因为兵棋《东城遗恨》(*A Victory Lost*)(2006)中总部部队和激活系统的设计而遭到批评。在这个游戏中,当总部部队从一杯激活卡中抽取卡片时,总部部队会被激活。激活的总部部队随后可以激活其指挥范围内的其他作战部队,例如,一个师可以在一个游戏回合中被不同的总部激活多次。批评家们声称,这并不能准确地模拟历史事件,但这是因为它们受到某些常见兵棋概念的约束。例如,某一特定部队类型在任何给定的时间范围内只能执行预定数量的行动。

我认为这种批评来自对物质因素的过度自信以及在《东城遗恨》中的"标签"问题。总部部队和激活系统的标记方式仅仅是为了呈现一个动量系统,该系统不仅包括总部的指挥,还包括其他指挥、补给状态、天气状况、士兵士气和其他非物质因素和不确定的综合网络。因为在这个系统中,一个战斗部队的激活概率也受到一段时间内激活卡的总量控制。当然,我可以使用"总部部队"和"激活信息"以外的术语,但很难用一两个词来表示所有必要的内容。困难在于提出各种概念的综合观点,而不仅仅是提出一个特定的术语。因此我认为,无论标签调整得多么好,它都无法保证正确的模拟。对标签的过度自信仍然会引发玩家们空洞的争论,因为它促进了玩家对游戏系统的肤浅理解,而不是对本质的充分理解。我相信准确的模拟不需要标签,但这仅仅是一位玩家的期望。

二、时空的扩张和收缩

大多数兵棋推演者和游戏设计者理所当然地认为，精确划分时间和空间是正确模拟的一种方法。所以在大多数兵棋中，每个回合都有相同的时间单位。类似地，大多数兵棋中的六边形网格代表等量的空间。但这是游戏设计的唯一可行方式吗？

在我的设计中，我经常调整时间和空间的比例。例如，在《最危险的时刻》(*A Most Dangerous Time*)(2009)中，虽然每个空间表示的距离在游戏地图的外围较大，但在中心处较小(《最危险的时刻》兵棋地图见图3.1)。在《激烈的战斗！斯大林格勒闪电战》(*Fierce Fight! Stalingrad Blitzkrieg*)(2013)中，游戏开始时，游戏每回合所代表的时间长度很短，但随着游戏的进行，游戏每回合代表的时间会变长。这种设计方法不是我独创的，在阿瓦隆山公司的《太平洋上的胜利》(*Victory in the Pacific*)(1977)中，1943年兵棋回合的时间长度要比其他回合更长。

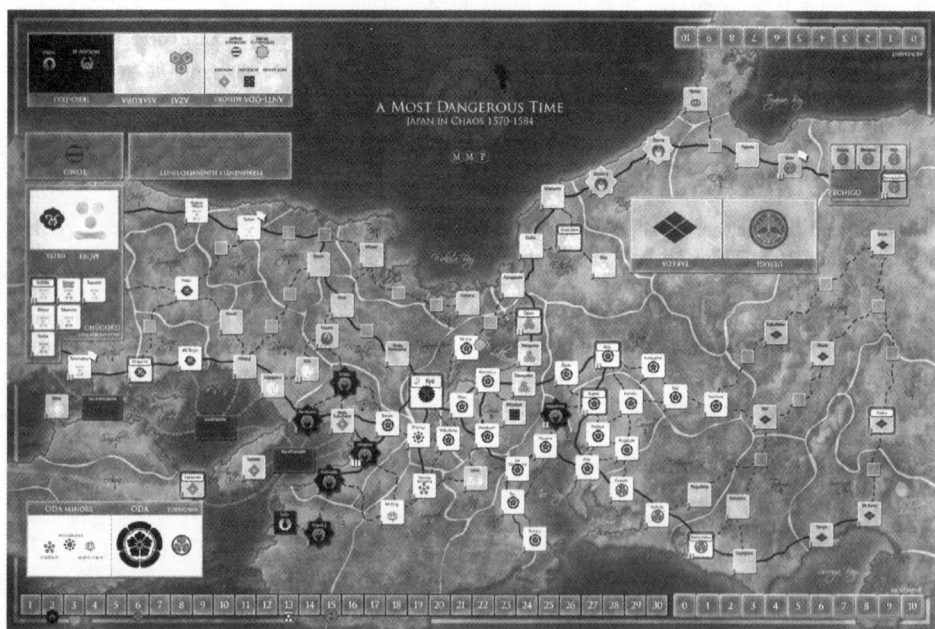

图3.1 《最危险的时间》兵棋地图

因此，在兵棋中，时间和空间框架可以扩展或收缩。这是否会降低其作为模拟的逼真度呢？我并不这么认为。我们通过对熟悉的历史的描述来理解历史。例如，当我们读到"斯大林格勒战役"时，故事可能是从"蓝色行动"开始的，而高潮则无疑是德国第六集团军正在接近这座城市。一本关于斯大林格勒战役的书籍前几章节,在寥寥几页的页面中涵盖了一个广袤的地理区域和一个相对较长的历史时期,但随着我们继续阅读,其规模将不断扩大,直到斯大林格勒战役接近尾声时,在诸多书页上读到的仅是一小块地理区域,历史时期也越来越短。无独有偶,在一份关于拿破仑百日统治(Napoleon's Hundred Days)的叙述中,时间和地图的比例在开始阶段跨度很广,但在滑铁卢战役(the Battle of Waterloo)临近时,时间和地图的比例逐渐缩小。

在这些情况下,作者会有意识地扩展或收缩时间和空间,因为他们希望读者关注斯大林格勒或滑铁卢的战场状况。如果这在历史叙述中可以实现,为什么不能在游戏中实现呢?难道原因是历史写作不是一门科学,但历史模拟设计是一门科学吗?即使在科学世界里,时间和空间实际上也可以扩张或收缩。相对论表明,时间和空间可以通过观察者的视角而改变!即使在科学思维中,时间和空间也会扩张和收缩,所以这为什么不可以发生在游戏中呢?我认为可以,因为正确的模拟总是取决于玩家对被模拟对象的印象。

三、形象引导的真理

我认为无论是详细的还是精确的模拟,都不会引导出正确的模拟。我认为玩家的形象是棋盘模拟游戏中的控制概念。也许有不少兵棋推演者通过阅读战争纪事已经建立了自己的历史形象。例如,想到保罗·卡雷尔(Paul Carell)的历史叙事或曼斯坦(Manstein)的《失去的胜利》(Verlorene Siege)(1983),它们都描述了第二次世界大战期间德国装甲部队的战斗。在这些资料中,我们了解到德国装甲师在刚开始时是占上风的,但最终被盟军的数量优势击溃了。关于这一主题的大多数兵棋推演都呈现了这种情况,但事实的确如此吗?

保罗·卡雷尔的历史叙事有别于历史事实的真相。但是,如果某款兵棋模拟了保罗·卡雷尔的故事,那么将其称之为模拟游戏难道不正确吗?如果这样的游戏不是模拟游戏,那么所有虚构的模拟游戏(如科幻模拟等虚拟战争)都必须被称为不正确的模拟,但我拒绝这样的结论。

我认为如果这些虚构的模拟游戏呈现的是一个合理的虚拟世界形象,那么它们就可以被视为正确的模拟游戏。用一种相当极端的方式来表述,我想说,模拟棋盘游戏中的真相是每个人对历史印象的产物。每个人对历史的印象都是主观的、不同的。因此,这些不同的印象创造了不同的历史真相。一件事对某个人来说是真的,但对另一个人来说却是假的,这并非不可能。

根据我在兵棋设计方面的经验,即使抽象和"事后诸葛亮"造成的差距可以彻底解决,模拟游戏和真实事态之间的差距也永远无法解决。这一根本差距是由每个人对历史印象的主观性造成的。与另一款游戏相比,任何一款特定的游戏都可能是更好或更差的模拟,但这两款游戏都很难称为更真实的模拟。

关于作者

中村铁也(Tetsuya Nakamura),1963年出生于日本京都,1977年开始玩阿瓦隆山公司的《战术Ⅱ》兵棋游戏。他于1990年获得历史学硕士学位,自2001年起开始担任《游戏期刊》(*Game Journal*)(参见网址 www.gamejournal. net)的主编。他设计的兵棋《东城遗恨》获得了2006年查尔斯·S.罗伯茨奖(Charles S.Roberts Award)的最佳第二次世界大战题材棋盘类兵棋奖和2006年历史模拟类国际玩家奖。他设计的兵棋《最危险的时刻》(*A Most Dangerous Time*)赢得了2009年查尔斯·S.罗伯茨奖最佳古代至拿破仑时代题材棋盘类兵棋奖。他的兵棋作品还包括《天火燎原》(*Fire in the Sky*)、《斯大林格勒风暴》(*Storm over Stalingrad*)、《亚瑟港风暴》(*Storm over Port Arthur*)、《曼斯坦的最后一场战斗》(*Manstein's Last Battle*)和《荣耀的代价》(*What Price Glory*)。

第四章　《海军上将》：追踪兵棋设计演变中的一个要素

——杰克·格瑞尼

当德国舰队出海时，斯卡帕湾是我的去处。

——口头流传

我的大多数兵棋设计都涉及海军主题①，《海军上将》(*Fleet Admiral*)(1987)也不例外。作为一款往往有两张以上地图、通常是多人游戏的"怪物"兵棋，《海军上将》是一款关于1912至1922年进行的战术海战兵棋游戏，其中最好的历史实例是1916年发生在英国大舰队和德国公海舰队之间的日德兰海战(Jutland)。1988年，我出版了大约135份《海军上将》的业余版兵棋游戏，很快就销售一空，它们也因此成为昂贵的收藏品。有人说，这是我最好的兵棋设计。

《海军上将》最初是遵循经典的詹姆斯·邓尼根公式设计的：通过大炮、炮弹的质量和射速，你会得到一个枪炮系数(GF)。例如，英国"皇家无畏号"战舰有8门12英寸口径的大炮，它能够从船的侧面开火。所以用850磅(1磅=0.907斤)的炮弹，乘以8，给它设定每轮2发的射击速度，就得到了13 600这个原始数字。然后，设计师会取一个任意的数字(比如1 000)，用原始数字再除以它，得到枪炮系数为13或14。

接下来，取战舰的排水量，除以一个商定的数字，就得到船体系数。这是一种行之有效的方法，但大多数兵棋设计师(包括我自己)过于频繁地使用这种方法——过于依赖英语资源。这是一项困难的工作，但要完全理解另一个国家的海军条令，你必须同时使用该国的语言以及英语。

对于新版《海军上将》，我原本想在2010年通过罗盘社游戏公司(Compass Games)发布，但实际上我还没有准备好，我还没有在兵棋设计思想上进行必要的革新。但我在2012年退休后不久，开始重读收藏的有关第一次世界大战的文学图书，从我一直以来最喜欢的亚瑟·J.马德尔(Arthur J. Marder)的五卷本《从无畏号到斯卡帕湾》(*From the Dreadnought to Scapa Flow*)(1961)开始。马德尔出色地描绘了"皇家无畏号"的缔造者——第一海务大臣、海军上将约翰·费舍尔(John Fisher)的形象。第一海务大臣是海军的政治领袖(他一直担任该职至1910年)，同时也是海军的专业领袖。费舍尔贯穿于我的兵棋设计所涵盖的整个历史时期。

此外，我还阅读了大量自1988年以来出现的新文学作品。这些新资料大多涉及一些深奥的话题，如诺曼·弗里德曼(Norman Friedman)的《第一次世界大战海军武器》(*Naval Weapons of World War One*)(2011)中提到的第一次世界大战军备，或乔恩·苏米达(Jon Sumida)的《捍卫海军优势》(*In Defense of Naval Supremacy*)(1993)和约翰·布鲁克斯(John Brooks)的《无畏号炮兵与日德兰之战》(*Dreadnought Gunnery and the Battle of Jutland*)(2006)②中提到的重型舰炮远程火力控制方法。

《日德兰:海军上将Ⅱ》就是从这一全新理解中诞生的。因此，它是一个比最初的《海军上将》更复杂的游戏，但在其中，我重点关注了两者中许多较小的游戏动作;最终我认为这个游戏是中等复杂程度的。浩大的日德兰海战确实需要1名游戏大师或裁判，以及4~8名玩家(熟悉《龙与地下城》的玩家也会熟悉游戏大师的概念)，而如果是2名熟悉游戏的、经验丰富的玩家在几场比赛中就能用将近200艘战舰重新点燃日德兰战役。这一时期，《日德兰:海军上将Ⅱ》主要关注德国和英国海军，设计了更多"步枪射击"游戏，而不是猎枪游戏。在游戏场景方面，玩家可以进行诸如科罗内尔战役或福克兰群岛战役等一些小型战役游戏，战火可以一直蔓延到多格河岸和日德兰岛。1914年至1915年德国轰炸雅茅斯(Yarmouth)或斯卡伯勒(Scarborough)后，游戏里还出现了其他假想舰队的主要行动场景。

像陆军坦克兵棋一样，海军兵棋经常使用取自《简氏战舰年鉴》的舰船与之进行比较。他们不会"窥视窗帘背后"。例如，在雪崩游戏公司(the Avalanche Games)的《海上大战》(*Great War At Sea*)系列中，俄罗斯的"波罗底诺号"(战舰)和日本的"米卡萨号"(战舰)都因其12英寸主(炮)武器而获得"3"个点。这在很大程度上源于"射速+炮弹质量=枪炮系数"的谬论。这种方法未免太简单了! 我们还必须考虑距离测定、人员和枪炮质量，以及总体技术。让我通过研究我设计的枪炮系数和射击规则的演变来说明我对这段海军历史的进一步理解。

海军上将莱因霍尔德·谢尔是日德兰海战时期德国公海舰队的指挥官。他的对手是约翰·杰利科爵士(Sir John Jellicoe)。通过阅读《杰利科日记》(*The Jellicoe Papers*)(1966)，我可以回顾杰利科海军上将的大舰队作战命令，了解军舰之间的距离和火炮开火的射程。这些是兵棋设计师必须在游戏棋盘上阐释的基本概念。

1914年，特鲁布里奇海军上将(Admiral Troubridge)于1914年8月德国战列巡洋舰"戈本号"在地中海逃跑后的调查法庭上评论说，他的旗舰舰长福塞特·威伊(Fawcet Wray)是一位射击专家。福塞特·威伊告诉他，德国人"克虏伯大炮要比我们的舰炮射击精准得多"。特鲁布里奇接着说，"德国人的射击技术和我们的一样好，不仅如此，我还认为他们的大炮肯定更好"(Lumbry 1970, 154-65)。事实证明，在1914年以及1915年1月的多格海岸的战役中，或1916年5月的日德兰海战中，大炮所发射出的极端射程根本就在计划之外。我相应地修改了《日德兰：海军上将Ⅱ》中战舰两侧舰炮的射速和射程，并修改了数据以反映1914至1916年部分重建的战舰的状况，以便在更远的射程下开火(此外，英军的炮弹质量很差，这一情况直到日德兰海战后才得以改善)。我有一本个人的战斗名册——它是一个特定场景中涉及的战舰清单，它们的特征反映了所有变化。例如，由于在冬季进行了改进，德国战列舰"科尼格号"在日德兰海战中的射程比1914年更远。

1910年8月22日(第一次世界大战爆发前4年)，费舍尔海军上将在给第一海军大臣雷金纳德·麦肯纳(Reginald McKenna)的信中写道："大家都清楚，'狮子号'(战列巡洋舰)比'无畏号'性能优越，而即将服役的机动战舰(伊丽莎白女王级)，要比'狮子号'(战列巡洋舰)更强大，就像'狮子号'比'无畏号'战舰更强一样！"(Marder 1956, 337)。费舍尔认为"无畏号"可以在船舷部署8门12英寸口径大炮，每门大炮可发射每枚约850磅重的炮弹。相比之下，其火力是旧式的18节航速的前无畏级战舰"米卡萨号""康涅狄格号"或"波罗底诺号"(火力)的4倍。此外，在费舍尔狂热的想法中，"无畏号"的3节速度优势使其在战术上优于旧式的前"无畏级"战舰的设计——因为"无畏号"可以选择射程。这也意味着战线的长度被一点点地缩短了。在远程主炮数量相同的情况下，战线的长度缩短了将近1/2。

"狮子号"战舰船舷可以部署8门大炮。但这些是发射1 250磅炮弹的13.5英寸口径火炮(后来同样口径的火炮可用来发射1 400磅的炮弹)。此外，它的速度几乎可以达到28节。船舶设计的高速发展意味着舰船很快就落伍了。这就是为什么发起"无畏革命"的"无畏号"战舰在日德兰战役前夕被列为次要角色的原因，因为它实在太旧了，已经无法成为战场上的主角。即使在《日德兰：海军上将Ⅱ》的1914—1915年的场景中，"无畏号"也显然不再是一艘主力战舰。

海军战斗中这一革命性变化的关键是测距技术的发展和远程射击技术的出现。"测距仪"是一种传统的火控装置，在第一次世界大战前夕，它在"海军技术的温室"中迅速发展，利用它可以进行精确的远程射击。战斗范围可达2万码以上。我在游戏中加入了最先进的测距仪，这使得英国和德国海军从其他大多数国家海军中脱颖而出。1905—1916年，这两个国家的远程精确射击能力不断在提高。"在桅杆的顶端或其他暴露位置，测距员比其他任何人都能更清楚地观察到战斗"(Baudry 1914, 27)。该位置通常位于主舰桅杆或舰桥上方的装甲阵地。所有海军(战舰)都携带测距设备，但测距设备有4~5级的精密度。就测距而言，每一个级别的精度都会逐步提高。一个新的改进级别不可能简单地大规模生产并改装到旧战舰上，这就如同越来越多地在类似于旧建筑改造工作中希望使用最新的电气设备一样,但由于整个旧建筑都需要升级,因此这一愿望便无法实现。通常,数量有限的最新装备被配置在最新的战舰上,这就提高了一艘较新战舰的战斗力,而不是使一艘较旧且不太先进的战舰变得更强。所以,正如我们过去所做的那样,只计算火炮数量、发射炮弹的质量和射速根本无法满足需求。

德国海军的测距系统和设备(早期由意大利、奥地利和美国海军使用)优于英军的测距系统。德国的主要系统显然是在1913年安装的,并随着战争的发展而持续更新。基本上,德国人可以在2万码外使用测距仪,而英国人则要等到距离1.6万码才能使用该设备。但也有一个例外,就是英军新列装的15英寸口径舰炮战舰,舰上改进了英制测距仪(顺便说一句,如果目标很难看到,德国的测距仪效果会更好:北海每年有很多天能见度很差,烟雾也会影响能见度,因此舰队行动经常在煤烟环境中进行)。

根据当时的射击实践,目标一旦被发现即被跨坐(炮弹落在目标的两侧),炮手就开始快速射击。"德夫林格号"战舰上的乔治·冯·哈斯(Georg von Hase)后来写道,"现在我已经发现了目标……发射台发出了'齐射'的命令,每20秒重炮射击一次……在射击过程中,无法做出任何观察……这种猛烈的快速射击自然只能维持一小段时间……不久我们(发现)齐射落空了,因为敌人改变了航向……每一次齐射都需要重新指挥,一直持续到目标再次转移。然后像这样魔鬼式的火力齐射又以'又好又快'的节奏开始了"(von Hase 1921,148–49)。

为了减少骰子滚动的次数,我将所有这些因素都纳入了射击表中,以使其移动更加平稳。这意味着玩家无须因扮演射击官的角色,而需要确定射程、移动速度等,这只需简单地依据射击表操作即可。

下面是枪炮系数修改过程的一个示例。英式12英寸火炮在建造技术上不如13.5英寸火炮好,这是其中一个考虑因素。海军上将培根(Bacon)在担任海军军械总监时这样描述12英寸火炮:"但事实是,在实验中验证该炮的射击效果是不准确的"(Bacon 1940,162)。我可以从我的资料中发现战舰上何时安装了何种射击测距仪;例如,英式12英寸口径舰炮战列巡洋舰使用的是一种较旧的系统。1916年5月,与英国战列巡洋舰舰队合作的"南安普敦号"轻型巡洋舰上的军官们得出的集体结论是,"战列巡洋舰的火炮射击太糟糕了"(Gordon 1996,46)。同样,以"无敌号"为例,在1914年的福克兰群岛战役中,舰上徒有射击测距仪,但却没有安装。这些因素很容易整合。在福克兰群岛战役之后和日德兰战役之前,可以发现其他因素变化并不大。然后,我有了一个惊喜的发现,比如说武士级装甲巡洋舰是最稳定的火炮平台之一,于是我提高了枪炮系数。我试着把这些"发现"记在设计师的笔记里,这样未来具备更多知识的玩家就可以进入并改进我的游戏,从而提升游戏。

另一个因素是,英国9.2英寸和12英寸舰炮的齐射覆盖面优于13.5英寸舰炮,而英式15英寸火炮在1.2万码(1码=0.9144米)处的齐射覆盖面最小,仅为200码。日德兰战役结束后,德国人评估了15英寸口径舰炮战列舰的密集部署。经过多格海岸战役之后,在给杰利科(Jellicoe)的一封信中,贝亚蒂(Beatty)写道,"我们('狮子号')有2处受到重击,损伤处位于吃水线下约1英尺(1英尺=0.3048米)处的装甲板。我认为,每处损伤都是由2枚德夫林格12英寸舰炮炮弹造成的,他们几乎同时将2枚炮弹击中同一位置"(Patterson 1966,131)。

　　这就是为什么战斗结果表(战斗结果表见表4.1)的部分排列方式是:命中时,你可以快速射击,在目标脱离射程之前可能会有几次命中。没有谁会长时间停留在原地不动。因此,我取消了游戏中规定的把"获得目标"作为不必要的额外步骤。你应该假设一个训练有素的船员做了其该做的事。战斗结果表考虑到了这一点,并将其添加到其中。此外,射击表上的"命中"不一定代表单个射击命中;它们可能代表几种武器,特别是一些次要武器的共同命中。

表4.1　战斗结果表

掷骰	1914—1915	命中
2	G	—
3	G	BC
4	B	B
5	B	B
6	—	—
7	—	—
8	—	—
9	—	G
10	—	B
11	G B	
12	G	B

(注：一个原型表, 用于确定在多格河岸战役后, 由于对战役后的弹药处理不当, 是否会将致命的命中转化为战舰的灾难性损失; G.德国; B.英国; BC.英国战列巡洋舰。)

　　此外,当德国主力舰发现两艘英国军舰进入射程时,他们向每艘敌舰发射了3枚炮弹。这就是为什么在多格海岸战役之后,英国战列巡洋舰和一些战列舰增加了炮塔和起重机中炮弹的数量以提高装弹速度(这将导致日德兰战役中两艘战列巡洋舰的灾难,因为不稳定的弹药与储存在炮塔内或炮塔附近的过量"准备就绪"弹药混在一起,导致了灾难)。

在英、德两国海军中,由于前无畏级战舰和装甲巡洋舰(装甲巡洋舰"SMS布鲁彻号"除外)缺乏现代火控设备,因而它们的有效射程大大"缩水"。因此,由于火炮和装备的限制,德国战列巡洋舰"莫尔特克号"或"戈本号"可能在1.4万码处有效开火,而英国装甲巡洋舰的防御系统在8千码以上的距离开火时,可能会失效。将这些信息无缝地融入游戏中是游戏设计师面临的挑战;因为你不想让游戏玩家因为不必要的耗时(和令人感到麻木的)"记录工作"而感到困扰。

副炮对敌方主力战舰并不会造成致命伤害,不过"连续开炮"的想法依然存在。问题是,这需要一场铺天盖地的炮弹轰炸。在福克兰群岛战役中,德国装甲巡洋舰无数次地命中敌舰,但几乎没起什么作用。特别是在日德兰战役的巡洋舰行动中,德军5.9英寸火炮的命中率相当高,双方都被小型驱逐舰的炮火击中,但这对战斗巡洋舰或战列舰几乎没有影响。

请注意,德国的前无畏级战列舰上有许多6.7英寸口径的大炮,这是他们所独有的。老式战舰和所有的德国无畏级战舰都携带5.9英寸口径的火炮作为其副炮。6.7英寸口径的大炮用于袭击敌方更大的驱逐舰,不过,它们的质量限制了可以携带的火炮和弹药的数量。我只是简单地修改了炮击伤害表,因为炮弹更重,所以稍微增加了一点游戏值,而不是为此制定一些复杂的规则(Nottelman,2014)。

根据坎贝尔(Campbell)的说法,只有1枚英军炮弹穿透了德国战舰的主装甲板。它是15英寸大炮的炮弹,但未能穿透最厚的装甲,因而无法将其击沉。任何一艘被20发大口径舰炮炮弹击中的主力舰,即使没有立即沉没,也基本丧失行动能力了。战舰会缓慢进水、火势蔓延、船员受伤、航速减缓,而且所有恶劣状况会相互叠加。请注意,在较近射程内,口径较小且威力较小的火炮肯定会发挥更大的作用。

劣质火药和火药处理不当等问题也同时存在。例如,在多格海岸战役之后,德国人解决了很多问题;"狮子号"做得也很好,但没有将一些问题的处理通报给战列巡洋舰部队的其他战舰。结果,德军军舰开火速度显然比英军更快,而英军战列巡洋舰的装弹方式是将弹药从弹药库向上输送到升降台和炮塔,一旦遭到打击,情况会变得十分危险。《日德兰:海军上将Ⅱ》反映了上述情况。在战斗结果表上,你还会发现德国战舰会不时损失一两个MF(枪炮系数);这是因为他们在日德兰战役之后保留了鱼雷网,即锚定部署的吊杆。一旦损坏,它们可能会成为缠绕物,而英国人早就解决了这些问题。

《海军上将Ⅱ》中反映的火炮因素在很大程度上取决于人们的实际行为。我并没有只计算射速、火炮数量和炮弹质量,而是指定了一个修改后的参数,这就是枪炮系数。作为一名兵棋设计师,我的目标是向玩家准确评估杰利科和谢尔上将必须面对的问题,并使这款兵棋游戏成为一款有趣且可玩的游戏。

关于作者

　　杰克·格瑞尼(Jack Greene)毕业于惠特曼学院,获得历史学学士学位。他出生于加利福尼亚州,曾为十多种期刊撰写过海军、军事和兵棋游戏等广泛主题的文章,其主要供稿的期刊包括《国际军舰》《水手之镜》《战略与战术》和《司令部》。他曾与阿瓦隆山公司和拜特兰出版社合作,他还是《纸上战争》(Paper Wars)的合作伙伴,并创建了四分卫游戏室(Quarterdeck Games)。格瑞尼一共设计了12款兵棋游戏。他设计的兵棋《铁底之声》(Iron-bottom Sound)在1982年获得了查尔斯·S.罗伯茨奖。他与亚历山德罗·马西尼亚尼(Alessandro Massignani)合著了5本书。1990年,格瑞尼入选了查尔斯·S.罗伯茨名人堂,并在兵棋大会、地方俱乐部和地方电台,包括一个长期播出的广播节目等场合就军事、政治和环境问题发表演讲。

注释

①题词的歌词也被渲染为:"当你被鱼雷驱逐舰(T.B.D.)追赶时,斯卡帕湾是适合我的地方"。T.B.D.也就是鱼雷驱逐舰,我们今天称之为驱逐舰。德国海军拥有一支非常精干的驱逐舰部队。

②布鲁克斯的书是对文学的一个很好的补充,他有很强的计算机知识专业背景,这十分有用。他写这本书的部分原因是为了回应乔恩·苏米达(Jon Sumida)在《捍卫海军霸权》(Naval Supremacy)(1993)一书中的出色表现。这两本书都很有价值。

第五章　远方的野蓝色：在兵棋中体现空战

—— 李·布里米康贝·伍德

空战类兵棋的特点在于以装备条件为中心，这点和海战类兵棋类似，并且空战类兵棋还给设计者带来了独特的挑战。设计背景基于空战时代的兵棋特点是常常将空中力量作为陆地和海上作战行动的支援性力量。然而，也有一类兵棋只关注脱离地面作战行动的空中战斗。这类兵棋让人联想起空军与陆、海军将领之间由来已久的分歧。空军崇尚自身独立遂行作战任务，而陆军和海军将领则寻求将空中力量融入他们的作战计划当中。

一、空军主导的理念

回顾历史，人们对空军控制权的认识有两种不同的看法。一种认为空中力量从属于陆地与海上作战力量；而另一种则认为对敌军遂行轰炸任务、迫敌投降，运用空军是能够独立行动并赢得战争的。后一种观点受到比利·米切尔（Billy Mitchell）和特伦查德（Lord Trenchard）勋爵等"空中先知"的赞同，这成为第二次世界大战战略轰炸战役的基础。

战略轰炸这一方式没有赢得任何独立于地面行动的战争（Pape,1996）。然而，正如美国空军基本理论所阐述的那样，"空中意识"的概念仍然存在。该理论指出，飞行员拥有一种地面战士缺乏的视角。受到这种"沙文主义"的鼓舞，独立空中力量的拥护者持续不断地对诸如全球精确打击（Global Precision Attack）条令（USAF,2011）等现行条令、法规提出异议。

这些关于空中力量的观点在兵棋中有所体现，这些观点认为空中力量要么作为从属行动参与陆地或海上战争，要么基本脱离陆地或海洋环境遂行独立作战行动。

二、天空—海洋—陆地

从陆军和海军的角度来看，空中力量的功能是支持其作战。空军能够执行

的任务数量很多,主要包括以下几种:

- 侦察监视;
- 航空轰炸;
- 为地面部队提供支援;
- 封锁陆地或海上行动;
- 与敌空军力量作战;
- 空运。

主题聚焦于空中力量大发展时代的战争兵棋多数都加入了航空兵的设计,然而它们的设计千差万别。

比如在《高级班长》这样的战术级兵棋游戏中,空军主要执行近距离火力支援(CAS),并通常被描述为与炮兵同属一类的力量。从历史的角度来看,近距离火力支援特点在于它具有优于野战炮兵的轰炸能力,并能对敌军进行更长时间的压制(Gooderson,1998),只需小股空军力量即可使敌军处于被压制状态。而在现代平叛防暴行动中,空军战机通常也会被安排低空掠过以施加空中威慑。在一些如,"以暴制暴"的战术规则当中,就包含利用非杀伤性行动以替代轰炸行动的表述。

战术级陆战兵棋游戏就空军与陆、海军力量相互协调的方法和手段上给出了解释:空中作战行动发生在一个截然不同的范围内。一架战机的转弯半径长达数英里(1英里=1.61千米),这显然难以与为步枪射击所设计的地图相匹配。在空中作战行动中,指挥员必须在数秒内做出决策,而那些地面作战行动决策可能需要几分钟。这些在空间和时间尺度上的差异,导致设计者在陆战兵棋游戏的战术级地图上表示空战行动将毫无意义。

在战术级海战兵棋游戏中,空间距离上存在的问题要小于陆战兵棋,这是因为舰艇通常会分布在数千米之外。在此种情况下,用舰艇的作战半径来描述战机的飞行路线是可行的。然而,由于战机的速度比舰艇快,这就导致在舰艇尚未进行有效移动时,飞机可能已经出现,并快速飞离相关区域了。

巡航的飞机可以在每个游戏回合中都充当威慑的角色。其中,武器弹药装载有限的飞机,在它们完成对目标的突击后将会在回合中迅速消失。不论怎样,空中力量在战术级兵棋游戏中的亮相通常是短暂的,并不持久。

诸如侦察、防空等空中力量功能很少等特点在战术级兵棋游戏中有所体现。就像我们现在所做的那样,这些功能通常被运用于如陆军的军级或营级,或是海军舰队级作战行动等更广的范围。

具有一定作战规模的兵棋游戏《现代战争:四场当代冲突》(*Modern Battles: Four Contemporary Conflicts*)(1975)向我们介绍了进行空战的最基本的方法之一。空军被抽象为"地面支援点",这常应用于前线关键区域以增强其火力资源。

　　将空军作为支援力量的兵棋游戏并没有像上述兵棋游戏中模拟的空中行动。空军在三维空间的行动简化为对敌军前沿或纵深进行火力打击的能力。这种处理方式集成了所有类型的空中力量，但却未考虑到作战飞机、行动表现和作战任务之间的区别。这种将空中力量集成化的处理方式，意味着空中力量支援行动相比于历史战例而言，以一种低粒度的方式在兵棋游戏中表现出来。

　　然而，战术级兵棋游戏能够区别出不同作战飞机在战争中所扮演的角色。战区级兵棋游戏《驻德苏军集群》(*Group of Soviet Forces Germany*)(2003)就空军对于陆军的战术级支援以及针对远程目标的纵深攻击进行了区分。在该款兵棋游戏中，玩家能够运用战略轰炸以及相关专业力量以压制敌军防空力量。

　　兵棋游戏《空军与装甲师级作战》(*Air & Armor*)(1986)进一步区分了战机类型，以显示不同系统对战斗的影响。兵棋游戏《战术空军》(*Tac Air*)(1987)淋漓尽致地表现出了这种趋势。在该款兵棋游戏中，玩家不仅能够指挥地面力量，也能指挥防空炮兵(ADA)，而且战机在机动中必须规避受防空炮兵威胁的空域。然而，几乎所有的兵棋都忽视了防空炮兵，并将其抽象为陆地或海上大规模部队的防御能力。

　　在战役层面，由于天气会影响空中作战行动，因而玩家也必须将天气因素考虑在内。在以"突出部战役"(the Battle of the Bulge)为题材的兵棋中经常出现此类情况，即在战斗中，由于受到下雪或阴天等天气影响，一些战机会被禁飞。

　　在战略层面、战场层面或更高层面中，空中作战力量可能被完全抽象化了。兵棋游戏《希特勒的战争》(*Hitler's War*)(1981)将空中行动抽象为实施战略轰炸，以及破坏敌方生产线的决策。在这个层面上，空军只是对于炸弹运载能力稍好的空中作战力量的描述。然而在这种描述中，空中作战力量的整个武器系统已被忽略。

　　与陆战不同，海上作战将空中力量推向舞台的中心。以太平洋战争为题材的兵棋，主要围绕着基于陆地或航空母舰做出的决策，发现敌军后从空中对其进行打击。在太平洋地区，由于空中系统之间的巨大差异，特别是在有效载荷和射程方面的差异，玩家使用通用"空中点数"似乎不合适。因此许多此类兵棋对空军的各类作战能力进行了区分，例如在兵棋游戏《太平洋战争》(*Pacific War*)(1984)中，设计者就将一半的游戏属性分配给了空军。

　　总而言之：从战术、作战和战略的角度来看，空中力量作为额外的游戏过程，位于地面战争机制框架之上。空军具有举足轻重且不容忽视的影响力，其原因在于它在以往战例中扮演了重要角色，但在海上作战中，空军不是作战主角。游戏中很可能"抽象"出空中系统，同时详细描述坦克或战舰等水面武器系统。无论如何，此类兵棋在设计之初的基本理念就不具备"空军主导的理念"。

三、独立的空军力量

在了解了以上将空中力量描述为支援力量的兵棋游戏后,我们来讨论一下将空军作为战争主角的兵棋。从更广的范围来看,这些兵棋删去了陆地和海上战役行动以突出空军的地位。空战兵棋的一个主要特点是描绘飞机系统,设计师很少把飞机抽象出来,而是把它们描绘成表演的明星。

最典型的例子就是空中格斗类兵棋,这类兵棋描述发生在战斗机和轰炸机之间的战斗。这就是最纯粹的空战类兵棋,只专注于战机间的格斗。除非是执行防空火力射击之时,否则陆地或海上战斗很少发生短兵相接的情况。战机空战类兵棋描述的是"原子级别"的空战,在此类空战中,各作战部队里的各架战机只在很小的空域内进行格斗。

空中格斗类兵棋对设计层面提出了挑战。首先此类兵棋模拟游戏的战斗空间是三维的,然而兵棋本身是在平整的桌面上进行的,这就导致手工兵棋游戏在描述实际海拔时存在难题。通常来说,算子或计数器会被赋予一个海拔数值,即笛卡尔坐标系中的 Z 值。推演者需要自行想象战机的飞行高度。

兵棋游戏《飞行领袖》见图5.1。

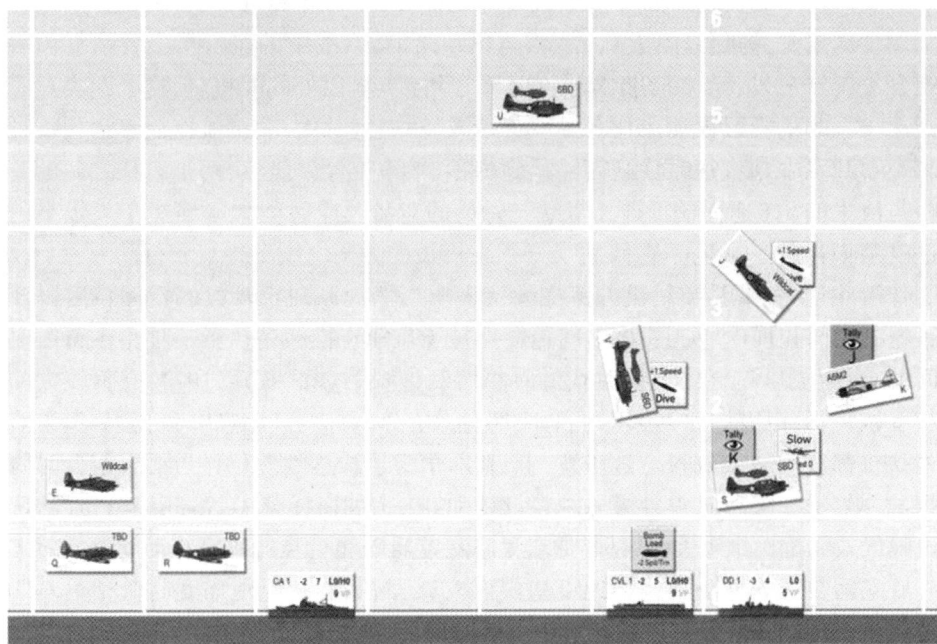

图5.1　兵棋游戏《飞行领袖》

(注：此款兵棋游戏从图中角度对空战进行描述。该图体现了俯冲攻击方式。)

由于在视觉上无法令人满意，因此设计者们只能寻找其他方式以表述三维坐标。一种方法是描述小规模战斗的兵棋为将空军算子搬上推演桌面而运用复杂的标准体系。另一种方法是换个角度审视战斗。在迈克·斯派克（Mike Spike）描述小规模战斗的兵棋游戏规则中，二维战斗仅设有高度和长度两个维度，虽然缺少了宽度，但依然展现了所有重要的维度（Spike, 1978）。

除了飞行高度外，作战飞机的飞行方向也很重要，因为它们只会按照被指定的方向飞行。如在《呼啸死亡》（Whistling Death）（2003）等"战斗之翼"（Fighting Wings）系列兵棋中，以12点模拟攻击，以6点模拟移动。《天堂猎鹰》（Birds of Prey）（又名《猛禽小队》）（2008）兵棋系统则运用塑料制楔形工具将长方体形状的作战飞行算子翻向正确的角度。

以上做法虽然看起来复杂，但相比于描述飞机作战表现的挑战来说，还是小巫见大巫了。飞行是动态的，而且飞机的机动动作会受到如动力、质量，以及机翼面积等许多因素的影响。作战表现深刻影响着作战规模。在第一次世界大战中，速度最快的"细绳袋"轰炸机（英国剑鱼式轰炸机，英国的海军航空兵将其戏称为"细绳袋"——译者注）可以以每小时130英里的速度飞行，并在一分钟内爬升数百英尺。而现代喷气式飞机一分钟内能够飞行数十英里，并且能够爬升数万英尺。

战机在作战表现方面有了令人震惊的提升，而与此同时，飞行员视野等一些基础性因素却并未发生改变。在雷达出现之前，空战中的飞行员主要依靠肉眼观察敌人。一名战斗机飞行员或许能够看到5英里以外的战机，但这个距离对于高速飞行的战机而言实在是太短了。"细绳袋"战机时代，战机航速能够达到每秒300英尺，而在超音速时代则能够达到每秒3 000英尺。显然，两个时代之间的差距是巨大的。在超音速时代，留给飞行员的对敌反应时间大幅缩短了。极高的速度意味着在一场空战中，飞行员必须在极短的时间内做出决策和行动。

因此，空中格斗类兵棋的范围设定理所当然地倾向于较大的空间粒度以及较小的时间粒度（事实上，该时间跨度远短于玩家在推演中执行一项指令所需时间）。主题冠以喷气式飞机时代的兵棋游戏《空战》（Air War）（1977）有着较大的粒度，如六角格边长为200米，而每个回合只有2.5秒。在喷气式飞机类兵棋游戏《空中优势》（Air Superiority）（1987）中，其六角格边长达到1/3英里，而每回合时间为12～15秒。后一种设计灵感源自设计师J.D.韦伯斯特（J. D. Webster）曾经的快速喷气式飞机操作经验，其基本原理是它更能反映飞行员的决策行动周期。

空间粒度的大小不仅与速度快慢有关，还与武器系统密集度高低相关。20世纪50年代，所有的战斗都发生在飞机航炮能精确射击的范围内，只有数百米。但随着空对空导弹的推广使用，交战距离拓展到了数万米，随后由于雷达及红外线制导装置的使用，交战距离达到了数十万米。现代空战兵棋必须在100英里范围内模拟超视距交战。

设计师面临的另一个挑战是飞行中的运动是连续的。陆战类兵棋在时间粒度上的延展性较强，这是因为陆上战斗时断时续，并伴随有相对平静的阶段。空战中或许也存在相对平静的阶段，但飞机却始终处于运动状态。同样是战术级别，空战类兵棋时间粒度的灵活性不如陆地或海上作战类兵棋高。

空中格斗类兵棋的一个主要劣势在于玩家对战场形势感知的表现，即能否知道敌人在哪儿。纵观历史，大部分被击落的飞行员都没有意识到敌机的攻击，要么是因为他们没有看到袭击者，要么是因为他们把注意力集中在另一方敌人身上。由于飞机能够迅速地出入视距，因而高速度使战场形势感知问题更为恶化。老兵们谈起空战时都觉得它是突然结束的，与此同时每名飞行员都会发现自己似乎置身于空旷的天空中。高速飞行导致了跟踪飞行的脆弱性，即飞行员很容易跟丢敌人并与之脱离。

这种情况很难在桌面兵棋游戏中再现，因为兵棋提供给玩家的是上帝视角。玩家可以对其控制的飞机重新定位并继续与视距以外的敌人战斗。兵棋设计者们围绕这个问题也尝试了许多努力，如下盲棋等，但整个过程繁重而笨拙。因此，许多空战类兵棋并没有体现战斗编队被打散的情况，也很少有关于被看不见的敌人击落时所造成影响的描述。

情景感知问题在夜间会进一步恶化。在黑暗中进行的战斗当中，战机运用雷达追踪无战机护航的轰炸机，而这种行动经常演变为单方的猫捉老鼠的游戏。尽管兵棋游戏《黑夜战机》(*Nightfighter*)(2011)对该问题进行了修正，但这根本算不上是一种推演模式。

空中格斗类兵棋游戏的关注点在于单机。为模拟大规模空袭，设计者需要设计一套不同的兵棋粒度。拥有空袭级别粒度的兵棋游戏能够将单机聚合为编队。

突袭类兵棋游戏避开了空中格斗过程，旨在描述穿越敌方领空对其目标进行往返空袭的过程。该类兵棋表现了空袭行动与集传感器、指挥所、拦截机、陆基防空武器于一体的防空系统之间的对抗。最早的一款空袭类兵棋游戏是阿瓦隆山公司推出的《德国空军》(*Luftwaffe*)(1971)，该款兵棋突出表现了空袭方与防卫方之间的不对称。其中一名玩家的任务是控制空袭编队穿过对方的防空体系以攻击相关目标，而另一名玩家必须部署相关力量对空袭编队进行打击以阻止其达成目标。

空袭类兵棋游戏的设计让玩家能够同时充当不同的角色。玩家既可以是编队指挥员，也可以是空袭行动的策划者。他的飞行距离可达数十或数百英里，而每回合的时间粒度则介于1~30分钟。

空袭类兵棋游戏的一个优势在于其体现了作战飞机体系化融合相比于其他

兵棋游戏是多么的不同。在兵棋游戏《城市黑帮》(*Downtown*)(2004)中,轰炸机编队不仅有战斗机护航,还有具备雷达干扰与压制地面防空系统功能的各类空中作战平台随伴飞行,而其对手必须层次化部署战机、高射机枪与导弹在内的防空体系。但在当时的背景下,被轰炸方的战斗机并未被纳入地面防空体系。

这类兵棋游戏在某种程度上还体现了战争迷雾的特征。在兵棋游戏《城市黑帮》中,除非导弹平台开始发射导弹,防空导弹部署的确切位置始终是未知的。这些规则揭示了空中力量的另一个特点:它能够欺骗对手,阻止对手集结防御力量。

虽然天空通常被认为是空旷的空间,但突袭类兵棋并非没有地形设计。空袭首先必须从陆上或海上基地发起。敌人的地面防御可能形成"威胁圈",除非必须从圈中突围才能发动攻击,否则明智的做法是绕飞该圈。而此时随时发生变化的天气因素也将对空袭造成影响。

不同于空战类兵棋,空袭类兵棋与陆地或海上作战相互关联。袭击的目的可以是单纯的空中袭击,或是为了寻找更重要的目标而执行打击或侦察任务。在此类兵棋中,选择目标以及给作战飞机分配任务过程的优先级常常高于作战指挥。为了顺利进行目标选择,设计者必须将粒度扩展至战役或战略级,而在此级别上,很难将空中作战行动从陆地或海上战争中剥离出来。

如前所述,空中行动对陆地或海上战役行动进行了补充。然而,任意一款具有目标选择与任务赋予环节的兵棋游戏都会安排空中作战行动以支援陆地或海上战争指挥员的需求。

当我们讨论海上战役行动时,就会发现一个有趣的现象,即空军与海军舰艇参与的战役行动紧密联系在一起,并且这两股力量非常难以分开。像《运输舰》(*Carrier*)(1990)这样的兵棋游戏是真正的"联合"类兵棋游戏,因为其聚焦空军和海军。玩家在推演中同时扮演了海军将领以及舰载机群指挥员。

在战役级空战中,关注点在于态势而非空袭行动。其中包括:
- 基地建设与维护;
- 战机队伍基地化部署;
- 空中作战编组;
- 锁定待攻击的敌方中心目标;
- 基于目标的作战分队及任务分配。

初看之下,这更像是关于作战资源管理的演练而非作战演习。空袭行动是战役行动的结果而非焦点,因此空袭行动常置于此类兵棋推演过程之中。

正是由于这个关键性问题,纯粹的战役级空战兵棋游戏的销量不尽人意。除此以外,很少有相关主题能够支撑设计师们的设计观点。毫无疑问,诸如《不列颠之战》(*Battle Over Britain*)(1983)等许多战役级空战兵棋更倾向于关注战役行动,以及独立于陆地或海上战争之外的多国联合行动(combined bomber offensive)。另外,当提到如《不列颠之战》和《英国皇家空军》(*RAF*)(1986)等兵棋游戏时,我们发现它们并非只聚焦于战役行动,而是将战役行动与空袭行动相结合。设计者们认为将作战规模相互叠加对于维持兵棋游戏对玩家的吸引力十分重要。

可以理解的是,兵棋设计者对于空战与陆战、海战之间的桥接十分关注。设计一款以空战为主、陆海战为辅的兵棋,存在着本末倒置的风险。我们很容易倾向于选择另外一类兵棋游戏,即在游戏中空军对于陆军、海军的战役行动起到支援作用而非统领作用。

那么能否在展现陆战、海战与注重空军力量运用之间找到平衡呢? 以"作战兵棋系列"(the operational combat series)为例,例如《达喀尔》(*DAK*)(1997)和《下一场战争》(*The Next War*)(1978),它们在这条路上已经通过展现不同的空战系统走了很远。然而,如果这类兵棋游戏在设计过程中会遇到大量程序性的障碍,就需要设计者们从战区级别对空战进行细节化统筹。否则的话,设计出的兵棋游戏在推演时会让人感觉像是在操控一只难以控制的怪兽。

设计一款战役级空战兵棋所带来的挑战体现了将空战元素从陆战、海战中分割开来时会遇到的巨大困难。"空军主导理念"在兵棋推演中存在的意义在于冒着被批驳的风险将一种辅助型的军种提升为主导型军种。我们必须承认,在狭义的空战和空袭的定义之外,空军只能被认为是其他作战行动的辅助性力量。

关于作者

李·布里米康贝·伍德是英国插画作家、兵棋设计师以及作家。他在计算机游戏行业有着多年的经验,拥有包括《孤岛惊魂3》(*Far Cry 3*)和《杀手地带:雇佣兵》(*Killzone: Mercenary*)等众多著名作品。他也设计棋盘类兵棋,最初聚焦于空战主题,其作品包括《城市黑帮:河内上空的空战》(*Downtown: The Air War Over Hanoi*)、《燃烧的蓝色》(*The Burning Blue*),以及《轰炸机司令部》(*Bomber Command*)。李·布里米康贝·伍德与妻子、儿子住在英国剑桥郡伊利小镇。

第六章 制图中的历史美学

—— 马克·马哈菲

我想说我是因为兵棋地图而迷上了兵棋并不是什么奇怪的事情。第一次倾听查理·基布勒(Charlie Kibler)为《斯通沃尔·杰克逊之路》(*Stonewall Jackson's Way*)(1992)创作的歌曲时,我想象力的闸门就打开了。灵感在同一时间和地点以一种全新的方式突然涌现。这是伟大的兵棋地图所无法形容的品质,这也是让我在20年后的今天仍保持这一爱好的原因。

这种提升到一个明确的审美地点和时间的体验只有纸制兵棋才可以做得到,它或许优于任何其他媒介的游戏。这一切都是从地图开始的——弗朗西斯·特雷舍姆(Francis Tresham)的《文明》(*Civilization*)(1982)、马克·赫尔曼迷宫般的山脉景观《伯罗奔尼撒战争》(*Peloponnesian War*)(1991)、有着丰富色彩脉络的《文艺复兴》(*Age of Renaissance*)(1996),这些兵棋游戏都蕴含着光明的前景。

宏伟巨制的地图不仅能传递数据,还能与人类对话,引发内省、同理心和好奇心。在计算机生成的线条和地理位置完美的地图时代,我们试图控制自然,将有机物进一步限制在一个狭隘的算法中。随着地图持续倾向于科学的精确性而非其代表性(甚至是说教性)的历史形式,审美的可能性会受到影响。地图让我们沉浸、参与和投入到兵棋中的能力通常是有限的。现代地图绘制者有可能沦落为一名纯粹的技术人员,甚至连工匠都算不上,当然更不可能成为艺术家了。

然而,考虑到兵棋地图的非导航性质,它可以在不牺牲其技术精度的前提下,十分容易地满足这些美学考虑。虽然地图本质上是抽象的,但如何将抽象应用于特定的历史情境,会对游戏体验和游戏主题的感知产生重大影响。

我们将研究三个日益复杂的案例:将这种简单的抽象应用于美学本身;将对世界的特定心理感知抽象为地图的美学;将摄影现实尽可能忠实地抽象为兵棋美学的需要,并在此过程中获得两个世界的最佳效果。

一、抽象美学:日本战国时代的简单写照

要完全解读(本京族地图),读者必须具备亚洲水墨画和书法艺术的背景知

识。这种背景知识使人们能够对这种形式有一种象征性的理解,这种理解与基于西方科学、精确测量和地理逼真性的理解一样有效。

——约瑟夫·罗

1600年10月关原之战前后的几年是日本历史上具有开创性的时刻,这段时间日本结束了战国时代,为德川幕府的统治打下基础。马特·卡尔金斯(Matt Calkins)的战役兵棋《关原之战》(*Sekigahara*)(2011),使用创新和简单的机制来解决这种情况,以良好的亚洲简约主义传统代表本州岛。

设计伊始,我创建了只有三个元素的第一张草图:一幅柔和的岛屿背景画(周围的水域没有蓝色色调);一个由相互连接的游戏点组成(没有偶数的位置名称)的简单棋盘格;以及一个十二点的日本罗盘。

虽然历史和实际的游戏性考虑确实会在已发布的地图上添加标签和其他材料,但核心美学仍然存在,并有助于玩家沉浸在该时间和地点。一旦上手这款兵棋,游戏甚至可以在早期设计完全抽象的基础上进行。

二、抽象地理学:菲律宾人对伊丽莎白时代世界的看法

尽管1576年马丁·弗罗比舍(Martin Frobisher)首次探索西北航道的补给清单显示,1569年墨卡托(Mercator)地图的副本是以1英镑6先令6便士的价格购买的,但大多数航海家近一个世纪以来完全忽视了墨卡托。然后正如当年的水手们一样,他们一瞬间明白了。

——约翰·诺尔·威尔福德

由于世界上大部分地区都在缩小,全球范围内的障碍也在减少,流行的地图概念不具前瞻性。我们对能够完美导航地图的渴望已经基本得到满足,但大约450年后,墨卡托仍然定义了我们对地图应该持有什么期望的现代概念。我们心目中的世界景观仍然是沿着等角线航行在大西洋上的,这是一项我们很少看到的任务。然而,在地图上呈现,哪怕是细微的感知偏差都会让人对这一爱好产生令人惊讶的焦虑。

艾德·比奇(Ed Beach)正在制作其早期作品《教改风云》(*Here I Stand*)(2006)的续集,并命名为《童贞女王:宗教战争 1559—1598》(*Virgin Queen: Wars of Religion 1559–1598*)(2012)。伊丽莎白的统治时期包括文艺复兴晚期的许多重大事件:从法国和荷兰等国的宗教改革全面政治化,到莱潘托和奥斯曼帝国统治地位的终结(西班牙也伴随着无敌舰队的沉没而衰落),再加上在新大陆(北美大陆)定居人数的持续增长和西方贸易帝国向地球边缘的扩张。由于要覆盖如此广泛和多事之秋的历史,许多行动中心需要兵棋以不同的细节描绘不同的地理区域。

比奇最初的试玩地图只是对《教改风云》的简单修改,使用三个插图添加了在新大陆、荷兰和印度洋/太平洋的活动。然而,在《教改风云》中,荷兰只占4格游戏空间,而在《童贞女王：宗教战争1559—1598》中,这个数字上升到了整整21格空间,以涵盖规模宏大的荷兰改革。

我们需要一张新的地图——能够放大荷兰的领土面积,以更好地反映这一时期这些地区的重要性的地图。这张地图同时应包括印度洋和太平洋地区,甚至是澳大利亚。我很快建议使用一张统计地图,让游戏在一张连续的地图中以不同的地理比例呈现。由此产生的扭曲被比奇恰当地描述为"菲利普二世头脑中的世界"。

此地图实际上是在抽象出菲利普二世对世界的看法：什么是重要的,什么是相互关联的,以及联系到什么程度。地图对历史的解释是一种抽象的幻想,而不是我们所期望看到的世界。

在这里,添加到地图中的最终游戏元素增加了兵棋棋盘的复杂性,但地图的核心美学仍然在挑战玩家的认知,使玩家看到的世界有所不同。

三、抽象的准确性：现实的阿卡迪亚诺曼底

法国诗歌的传统——田野、果园、葡萄园和树林呈现一片和谐的景象。它们既描述了地理,也描述了历史,彼此之间甜蜜和谐。一个典型的井然有序的地方。河流在这里发源。

——西蒙·沙马(Simon Schama)

战争的巨大悲剧在田园风光的衬托下显得更加鲜明,没有比诺曼底更可爱的田园风光了。这些井井有条的果园和树篱构成了法国的乡村。自战争以来,法国的这一地区几乎没发生什么变化,很可能在很久以前也是一如既往。奇怪的是,在这里精确的地理图像是其美学的核心。

幸运的是,马克·莫克斯齐基(Mark Mokszycki)的《无畏行动》(*Operation Dauntless*)(2015)在绘制地图时,出现了一种罕见的情况：在战斗伊始,战场的图像就显得十分真实。当然,人类历史上的绝大多数战争都发生在航空摄影出现之前,而此后的许多战争照片仍然属于机密或难以获取。但英国皇家空军曾在诺曼底的大片地区执行侦察任务时留下了一些影像记录,苏格兰皇家档案馆保存着地图所覆盖的整个地区的图像,我们因此能够将这些图像组合成一幅完整的图片(《无畏行动》的3个细节见图6.1)。

图6.1 《无畏行动》的3个细节

这以其最纯粹的形式呈现了将现实抽象成兵棋地图的长期冲突。我们可以利用相当精确的卫星图像,记录下从单棵树木到地面上的弹坑。微型兵棋游戏的玩家有时会使用此类复杂的地形，但在棋盘兵棋游戏中，不加区分地应用这种精度将更容易混淆游戏性，而不是增强游戏性，因为六角格地图要求游戏中每个同样大小的六边形都反映同一种地形。当时的挑战是结合战场的细节美学，充分利用现有出色的原始图像，同时为游戏本身保留了一张可玩的六角格地图。

《无畏行动》的兵棋游戏棋盘见图6.2。

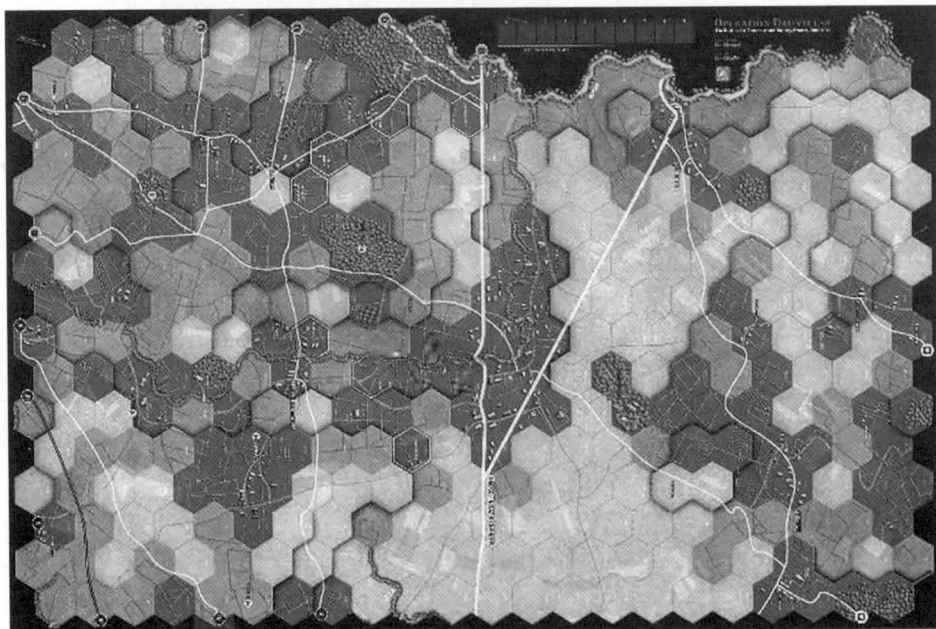

图6.2 《无畏行动》的兵棋游戏棋盘

这又一次演变成了具有相对规模的演练。河流、道路、桥梁、建筑、斜坡和森林等关键游戏性元素以夸张的比例被强调（并允许略微变形以适应六角格地图），而美学元素（个别树木、果园、树篱和田地）则精确地显示出它们所出现的位置。

这张地图的另一个特点就是六角格本身。它没有刻意追求完美的网格几何，而是遵循地形的高程等高线、六边弯曲，在整个地图上创造出微妙的维度，并强调地形的起伏。因此，这张地图的整体美学意欲反映一种理想化的现实主义，以加深我们对法国乡村魅力的概念。

将该地区的现代卫星图像与1944年的照片进行比较可以发现，偶尔会有私人森林被砍伐或村庄扩大的现象，但农田和田地的基本结构仍然存在。有一个引人注目的地方，在这几十年中，虽然有一堵石墙被拆除了，但它的轮廓仍然微妙地铭刻在地球上，这从太空中仍然清晰可见——就像战争将诺曼底登陆印象铭刻在我们的脑海中一样,这给那些树篱增添了战争的地狱感。

四、结论

全球思维只能是统计性的……只能像空间卫星对地球所做的那样:减少它,制造它的装饰品……在地面上行走。步行时,你会发现地球仍然大得令人满意,到处都是迷人的角落和缝隙。

——温德尔·贝瑞

在历史长河的大部分时间里,地图绘制者的任务是关联空间和意识形态信息,而不是纯粹地反映地理精确性。随着地图越来越以实用为导向,甚至现在基于计算机的地图在艺术方面也经常受到影响。鉴于兵棋游戏地图的主要目标是唤起玩家对一段历史时期的印象并令其沉浸在一种体验中,它们提供了一个解决特定地点和时间的基本美学问题的有效机会,从而代表了少数几条尚存的商业途径,在这些商业途径中,更广泛的地图制作传统能够得以继续生存和发展。

五、进一步阅读建议

彼得·巴伯(Peter Barber)(编辑),《地图册》(*The Map Book*),2005.

温德尔·贝瑞(Wendell Berry),《时空一隅》(*A Place in Time*),2012.

约翰·麦克菲(John McPhee),《控制自然》(*The Control of Nature*),1989.

西蒙·沙马(Simon Schama),《风景与记忆》(*Landscape and Memory*),1995.

约翰·诺布尔·威尔福德(John Noble Wilford),《地图制作者》(*The Mapmakers*)修订版,2000.

关于作者

马克·马哈菲(Mark Mahaffey)是一名全职自由艺术家,专门从事模拟历史类兵棋游戏地图的制作。在过去10年里,他为世界各地的客户制作了几十款此类棋盘兵棋,他还担任了《与命运抗争:历史与模拟期刊》(*Against the Odds: A Journal of History and Simulation*)的艺术总监。马克·马哈菲拥有哥伦比亚国际大学圣经学位和传播学学位。他的第一个主要兵棋游戏设计《最深处的海》(*The Inmost Sea*)(对莱潘托战役的详细研究)仍在进行中。

第七章 团队中的 "我"：桌面角色扮演游戏中的战争和战斗

——亚当·斯科特·格兰西

在从兵棋游戏到角色扮演游戏的演变过程中,有一部分是将玩家从其对战场的一般视角拉下来,令其在激烈的战斗中扮演单一角色。从兵棋游戏到角色扮演游戏的转变不仅仅是改变视角和个性化。角色扮演意游戏味着它会为玩家提供战斗之外的挑战以及决定这些成功和失败结局的规则。尽管如此,战斗仍然几乎是所有角色扮演游戏机制的核心。

角色扮演游戏设计和游戏的两个理论与战斗机制的设计有关——密切相关的三重模型 GDS 理论(游戏、戏剧与模拟,game,drama and simulation,GDS)和 GNS(游戏、叙事与模拟,game,narrative and simulation,GNS)理论(有关这些模型和其他模型的简要概述,参见 Kim,2008)。两者都是从玩家如何表现比赛风格的理论开始的。这两种理论都假设角色扮演游戏参与者(玩家和游戏大师)做出的任何决定都将服务于:游戏、戏剧(或叙事)和模拟三个主要目标,因此会涉及 GDS 理论和 GNS 理论。后来,GDS 和 GNS 理论都被用来分析游戏设计师是如何在兼顾这三个相同目标的同时创造角色扮演游戏的。

"游戏"(有时是"游戏玩家"或"游戏学家")的设计目标包括以平衡和公平的方式挑战玩家,并确保有可测量的方法来判断玩家是否在某个场景甚至整个游戏中"获胜"。另一个"游戏"设计目标是实现"游戏平衡"。游戏平衡确保没有任何武器、角色等级、属性或技能对游戏机制来说过于强大或过于重要,以至于产生不必要的优势。游戏平衡还可以确保没有任何遭遇超出角色获得胜利的手段。以玩家目标为设计目标的角色扮演游戏通常有明确的方法来改善玩家角色,从而使玩家在游戏机制方面变得更加强大。例如,积累经验点、提高技能或获得知识或材料使玩家角色获得优势。

"叙事"设计目标确保在这些挑战中有一个故事,因此角色扮演游戏不仅仅是一系列能够产生游戏内成就的战斗。叙事目标不是强迫玩家参与预设的故事,而是确保有精心策划的意义以支持事件,提供参与动机而不仅仅是胜利和进步的游戏元素。

最后一个目标,"模拟"并不一定意味着创建任务解决(或作战)的真实模拟。

模拟的目标是在游戏过程中创造足够的内部一致性，从而帮助玩家沉浸在虚构的体验中，并减少他们的疑虑。通常情况下，模拟不是用游戏机制来模拟现实，而是模拟游戏所基于的虚构。显然，像电影《硬汉》(Hard Boiled)(1992)这样的虚构场景的战斗将不同于电影《红色黎明》(Red Dawn)(1984)中同样是虚构场景的战斗。有时，在战斗中使用阿金博手枪(handguns akimbo)是恰当的，有时，在战斗中使用小队火力是适宜的。

作战系统在为游戏、叙事和模拟三大目标服务时，在复杂度的滑动范围内来回漂移。至少最简单的是抽象机制，最复杂的是显性机制。更复杂并不一定意味着战斗更逼真，但逼真的战斗很少是非常抽象的。截至2014年，目前引领角色扮演游戏(RPG)市场趋势的游戏趋向于具有抽象的复杂性。

1977年，战术研究规则公司(TSR)的《龙与地下城》基础套装发布时，抽象战斗是角色扮演游戏中最先进的技术。设计用于模拟包括使用魔法的中世纪和幻想类型的战斗。《龙与地下城》将战斗分成战斗回合，投掷一个二十面骰子来决定战斗回合中攻击的成败。每一轮战斗基本上代表了游戏中一分钟的时间，而在这一轮战斗中的每一次攻击，掷骰子并不代表一次攻击，而是在这一轮战斗中发生的所有战斗的净效果。这种时间抽象往往与更明确的细节，甚至连生命点的损失都是抽象的，因为损失并不代表诸如骨折或动脉断裂等实际的伤害，而是角色持续战斗能力的大幅降低，尽管角色已经只剩余最后一个生命点，但是战斗仍然可以持续下去。

在《龙与地下城》中，战斗力最不现实的方面可能是由角色身份和等级控制的，而不是由角色技能控制的——这一概念还没有被引入角色扮演游戏中。角色由其身份定义，例如：战士、魔法使用者、牧师、小偷。某些职业被禁止使用特定的武器或盔甲，最明显的是魔法使用者，他不能使用比匕首更强的武器，也不能穿戴任何盔甲。此外，同一级别的角色仍然会根据其角色身份拥有不同的战斗能力。一个六级的战士总是比任何其他同等级的角色身份有更多的机会"击中零级装甲"(THAC0等级)。当然，所有这些都是为了满足游戏玩家的角色平衡设计目标，以确保没有特定的角色身份主宰游戏。叙事和模拟目标占次要地位。

直到20世纪70年代末，玩家的目标仍然是作战系统的指导原则。战术研究规则公司(TSR)在1978年出品的游戏《伽马世界》(Gamma World)(一个复古射线枪和突变后的浩劫幻想游戏)的作战规则与《龙与地下城》非常相似，几乎没什么区别。《龙与地下城》向《高级龙与地下城》(Advanced Dungeons & Dragons)的演变并没有大大降低其作战系统的抽象性，反而使它实变得更加复杂，包括根据使用的具体武器类型修改每个零级盔甲目标编号的表格。虽然这可能是朝着更"真实"的方向模拟战斗迈出的一步，但由于某些类型的中世纪武器被设计为更有效地对抗特定类型的盔甲，这并没有使战斗更加具体。角色身份、生命值、盔甲等级和角色等级使战斗异常抽象。

游戏设计师工作（Game Designer's Workshop）室1977年发布的科幻类角色扮演游戏《旅行者》（*Traveller*）也使用了高度抽象的作战系统，但有许多模拟主义者倾向于更明确和真实的作战。战斗是否成功由两个六面骰子决定，技能、盔甲和条件（如照明、射程或掩护）用于改变战斗成功的概率。在《旅行者》这款游戏中，角色不是由等级或角色身份来定义的，而是由他们的技能清单来定义的。战斗成功不受人物背景或职业的影响，只取决于他们的技能。使用商人背景生成的角色可能比前帝国海军陆战队背景的角色拥有更高级的高斯步枪（Gauss rifle）操控技能。

飞行水牛公司（Flying Buffalo）1975年出品的《隧道与巨魔》（*Tunnels & Trolls*）放弃了简单的回合制战斗。以前的大多数系统，战斗通常是一方先进攻，攻击成功并产生伤害，然后轮到另一方进攻，直到其中一方的生命值降为零。然而，《隧道和巨魔》的剑术和魔法战斗是一场可以同时进行的技能竞赛。对手拥有包含大量骰子的骰子池，这由角色拥有的武器决定，并根据角色的属性调整奖励或惩罚。战斗双方在骰子池同时掷骰子，然后结果相加。该数字进一步被目标的护甲抵消（这会减少伤害，而不是像《龙与地下城》中那样使角色更难击中），并且结果作为对角色构成属性的伤害。多名参战者可以集中攻击，而大规模战斗可以通过一个巨大的骰子池对抗另一个骰子池。虽然仍处于抽象状态，但该系统更为现实，因为近战不是为了吸收大量的物理伤害。这是一场关于使用技巧来战胜技巧的斗争。

在《龙与地下城》获得突破之后，一些初出茅庐的游戏设计师和公司有意转向更加明确的战斗系统。20世纪80年代的游戏的特点是作战中的"现实主义"是一个首要目标，这也许是反对《龙与地下城》中抽象概念的一种体现，而作战机制朝着表达非常明确目的的极其复杂的方式发展。

像铁冠工业公司（Iron Crown industries）的《角色扮演者》（*RoleMaster*）（1980）和混沌元素公司的《符咒探险》（*RuneQuest*）（1978）这样的游戏都试图为中世纪的幻想类型带来更真实、更明确的战斗系统。《符咒探险》使用了这样一套机制，并最终简化为混沌元素公司所谓的基本角色扮演（BRP）系统。在《符咒探险》中，技能用百分比来表示，目标是在角色技能下的百分位骰子上掷一个数字以获得成功。在战斗中，这种方法同样有效，对手可以掷骰子躲闪或招架对方的攻击。命中位置表决定了伤害程度，这将对战斗产生直接影响：结果可能使对手在多个战斗回合中晕眩，以解除他们的武装，或者永久性地降低他们成功攻击的几率。

《角色扮演者》的战斗与之类似，但它把伤害分辨率提高了一个层级，许多人认为它过于明确和模拟，同时也牺牲了游戏的易玩性。在《角色扮演者》中，每一件武器都有自己的整版伤害表。《武器规则》（*Arms Law*）（1980）和《攻击法则》

(*Claw Law*)(1982)等这些全部出版的补充资料致力于增加、扩展和修订这些伤害表。对有争议的战斗掷骰子结果与表格进行核对,以确定根据中世纪武器的具体类型会造成什么样的伤害,一个表格用于核验剑类武器造成的伤害,另一个表格用于核验狼牙棒以及其他武器造成的伤害。大多数伤害结果都有一个小的震荡点伤害分量,基本上代表了对手在没有任何永久伤害的情况下的损耗。严重的破坏结果会对战斗产生直接的、几乎是灾难性的影响。例如,晕眩效果可能会使防御者在若干战斗回合内无法招架;这不会立即造成任何伤害,但会使战斗人员极易受到后续攻击。根据武器类型和成功程度的不同,这些伤害效果包括有明确说明的骨折、断指和动脉穿刺。结果会削弱对手的自卫能力,直至最后给予致命一击。掷骰子给这些明显的伤害提供了一定程度的真实感,但这是以牺牲游戏时间为代价的。

战术研究规则公司(TSR)甚至也在1980年发布的《绝密》(*Top Secret*)中试图创建一个更明确、更真实的作战系统——该游戏模拟的是间谍类型系统。游戏表现出强烈的游戏主义倾向,包括使用经验点来提高等级,以增加游戏内角色的能力。虽然《绝密》中的角色拥有所谓的"知识领域",这预示着在后来的角色扮演游戏中出现技能的使用,但角色的能力仍然由广泛的角色身份来定义,试图通过强制专业化在玩家之间创造游戏平衡。尽管如此,《绝密》的战斗规则仍采用了非常模拟主义的方法,即对远程武器战斗和命中位置表进行了修改,但伤害系统仍然让玩家角色能够承受不现实的弹道惩罚。也许《绝密》中最有趣的战斗系统是它的肉搏战规则。在这里,两名对手玩家会选择一个攻击动作和一个防御动作,并同时展示它们,然后对照表格检查战斗结果。这是一个高级版本的石头剪刀布,几乎就像真正的肉搏战一样,理解对手的意图变得像角色的技能一样重要。

1981年,混沌元素公司(Chaosium)发布《邪神呼唤》(*Call of Cthulhu*),这是一款以H.P.洛夫克拉夫特(H. P. Lovecraft)名声狼藉的克苏鲁神话(Cthulhu Mythos)恐怖故事为原型的角色扮演游戏,游戏以20世纪二三十年代为背景,其中现代武器和火器战斗占据了整个系统的主导地位。这些机制是以技能为基础的,并使用百分位骰子来决定成功与否。今天,这些机制被几款混沌元素公司出品的游戏所使用,而这被他们称之为基本角色扮演(BRP)系统。

《邪神呼唤》的战斗之所以引人注目有几个原因。首先,无论玩家角色有多少经验、有何背景,他们仍然像第一次被创建时一样脆弱,容易受到身体伤害。一名大学教授的生命值可能与"海豹突击队六组"成员的生命值一样多。角色背景并不影响成功参与战斗的能力,只影响角色在特定武器类别中的技能。技能可以提高,但必须通过使用它们才可实现。所以战斗技能只有通过让角色暴露在极端危险的战斗中才能提高。玩家角色使用与非玩家角色相同的机制构造,这使得玩家与不可扮演角色之间相比没有机制优势。游戏机制允许大多数火器（和许多其他武器）在一次成功的攻击中杀死玩家角色。这使战斗变得极为无情。在游戏中，伤口状况并没有立即恶化，但伤口愈合的慢速度可能会使角色在其他时刻极易受伤害。《邪神呼唤》的机制鼓励玩家只在紧急情况和不可避免的情况下进行战斗。

《邪神呼唤》能在角色扮演游戏中真正脱颖而出的地方在于它考虑了参与战斗可能带来的精神伤害。这款游戏使用了一个叫作"精神点"（sanity point）的系统来跟踪玩家角色的心理健康状况。精神点点数会被扣除，直到角色将其用完并陷入永久疯狂状态后，精神点会脱离玩家的控制。这个机制主要是为了展示与超自然接触造成的极端和不合理的恐怖对人造成的精神伤害，但正如所展示的那样，它也涵盖了战斗造成的精神损失。这些情况包括看到朋友和亲密伙伴死亡、发现死尸，甚至遭受酷刑或极度痛苦所造成的精神创伤伤害。作为一种奇幻力量机制，《邪神呼唤》缺乏《龙与地下城》那样的吸引力，但作为一款恐怖类游戏，它成功地做到让玩家害怕每一次掷骰子。

由于相当明显的历史原因，20世纪80年代的游戏经常使用浩劫后的游戏背景。在这里，现代武器将出现在一个中世纪社会里，玩家可以进行军事风格的战斗，而没有任何军事指挥结构妨碍玩家代理。这引领了诸如时间轴（TimeLine, Ltd.）有限公司的《明日计划》（The Morrow Project）和幻想游戏（Fantasy Games）公司的《无限后果！》（Unlimited Aftermath!）这样的游戏。这两款游戏都发行于1981年，随后在1984年，游戏设计师工作室（GDW）又出版了经典款浩劫后背景游戏《暮光之城：2000》（Twilight: 2000）。这三款游戏都采用了非常复杂和明确的作战系统。《无限后果！》拥有一份两页的作战流程图，用于跟踪作战回合中解决单一攻击的所有微小变量，其中还包括站立目标和坐立目标的命中位置表。《明日计划》的作战系统非常困难：弹道损伤是用一个"效率系数"来确定的，这个"效率系数"是由弹丸的直径乘以其初速度再除以50得到的。然后将这一效率系数与装甲和掩体进行比较，装甲和掩体的防护效果以厘米为单位进行了测量，从而混合了英制和公制测量，以产生游戏中的战斗结果。其他的奇怪之处还包括在生成命中位置之前能确定伤害值等。

《暮光之城：2000》的第一版包含了一些这样的机制，似乎它们是该游戏的兵棋版本起源的产物。一方面，游戏明确表明玩家可以使用的各种军事硬件和军械。事实上，9毫米口径的巴拉贝鲁姆（Parabellum）手枪弹药不能与9毫米口径马卡洛夫（Makarov）、9毫米口径长式勃朗宁（Browning Long）、9毫米口径利森蒂（Glisenti）或9毫米口径拉戈（Largo）的弹药通用，并且在计算角色负担时这些武器都有不同的权重。但在战斗中，个别子弹被抽象的"射击"概念所取代。一次射击代表三发子弹，因此柯尔特1911手枪弹匣被评定为可进行两次射击，M2巴雷特可以拥有五次射击机会，M16A2突击步枪每个弹匣能进行十次射击。对于一个关注如此多的枪支及其各种弹药的实际质量和口径的系统来说，这种抽象似乎非常引人注目。虽然这似乎是为了简化游戏中的全自动射击而设计的，但当涉及操作手动单发狙击步枪时，它的设计有点令人困惑。玩家们希望有"一次射击完成一次击杀"的狙击行动，而游戏机制强迫玩家们用三轮压制火力开火。这种对弹药的抽象似乎是我期望在如《高级班长》（*Advanced Squad Leader*）（1985）的班级别的兵棋游戏中看到的东西。《高级班长》的模拟涉及数百名战斗人员的连级和营级规模的交战，但角色扮演战斗只涉及总共十几人，这其中还包括玩家和非玩家角色。在角色扮演游戏级别的战斗复杂性下，跟踪个人携带的弹药似乎不需要这样的抽象来保持记录的可管理性。

《暮光之城：2000》的伤害值系统是抽象的，但却是现实的。它有一个命中位置表，有十种可能的结果，但只有轻伤、重伤、垂死和死亡四种类型的伤口。这些伤口对角色的战斗能力有直接影响，严重的伤口如果不及时治疗会导致快速死亡，这具体取决于命中位置表的结果。《暮光之城：2000》中的愈合速度显得尤其缓慢，受伤会持续困扰角色数周甚至数月。战斗系统被认为是残酷无情，然而它实际上是鼓励玩家避免战斗。也许这就是游戏最现实的一面。

《暮光之城：2000》的战斗机制中真正突出的一个方面是人物在火力下的冷静值（CUF）等级的设计。战斗回合分为五个部分。角色的冷静值越低，在战斗中犹豫或浪费时间的次数就越少；冷静值越高，在战斗回合中损失的分值就越多。损失的时间内可能会发生任何状况，从重新装填武器时的摸索到改变目标，或是犹豫着躲起来。这是一个根据角色的表现而非武器的表现来模拟现代战斗的系统。可悲的是，与《邪神呼唤》不同，《暮光之城：2000》没有因战斗压力而降低角色冷静值等级的机制。在《暮光之城：2000》中，角色的冷静值只会变得更高，而不是更低。

《暮光之城：2000》在其车辆作战规则的场景中特别容易陷入困境。攻击车辆的子弹会穿过装甲和内部组件，每个组件都会承受伤害点，直到所有攻击能量消耗殆尽。然而，这要求车辆统计数据，包括每辆车的特殊内部布局的明确数据。这种对"现实主义"的强调导致了战斗进展缓慢。

也许"现实"和明确的作战系统相融合最糟糕的作品是《凤凰城司令部》（*Phoenix Command*），这是1986年由前沿游戏公司（Leading Edge Games）发布的一款游戏。每回合战斗代表了几分之一秒。每一颗子弹的因素都要考虑，枪管上升、后坐力、撞击角度等因素也都要考虑进去。每一颗子弹都必须通过五个以上的结果表进行跟踪评定，然后才能生成对四肢、器官或骨骼造成损害效果的明确描述。命中位置表使用三个十面骰子模拟生成了人体会出现的1 000个可能的命中位置。伤害程度由倒计时而非由生命值来决定。根据角色所受伤害的类型,有一个时间限制,规定在角色死亡前多久必须要接受的特定类型的医疗救助。超短战斗回合规则的使用是基于武器的性能,而不是人类角色使用武器的能力——即使AK-47步枪可以在1/10秒内做出反应,人类也不能做出反应。后来还发布了高级伤害表(带有前面提到的d 1 000命中位置表)、肉搏战系统手册和多种武器数据手册等许多规则手册。游戏对武器而非人物的关注体现了一种痴迷于弹道学的设计理念,它抛弃了游戏主义和叙事目标。它不是在模拟事实类型,而是在模拟物理。

1986年,史蒂夫·杰克逊游戏公司(Steve Jackson Games)开始发行通用角色扮演系统(Universal RolePlaying System,GURPS)。从那时起,通用角色扮演系统就被用来模拟剧情类型游戏体验,比如重新制作的英国广播公司风靡一时的电视剧《囚犯》(*The Prisoner*)(1967—1968),以及复活游戏设计师工作室(GDW)的《旅行者》(*Traveller*)等已不存在的游戏系统。通用角色扮演系统的角色生成系统效仿了1981年英雄游戏公司(Hero Games)出品的超级英雄类角色扮演游戏《冠军》(*Champions*)的做法,玩家使用积分池购买角色属性、技能和个人优势,从而完全控制角色创建。通用角色扮演系统的战斗系统虽然可玩性很强,但并没有特别的创新性,其标准配置还依然是生命值和战斗回合设置。对我而言,《冠军》最突出的一个特点,至少就小说而非物理建模来说是这样一个事实:当超级英雄们在战斗时,发表独白或讽刺性的俏皮话根本就不需要时间。不管一个超级恶棍的讲话要多长时间,你都不能当面给他一拳打断他。人们不得不怀疑,这一规则是否应该改变,因为在2012年的《复仇者联盟》(*The Avengers*)中,绿巨人(the Hulk)在洛基(Loki)独白时打了他。

如果说20世纪80年代都是游戏设计师以削弱游戏性的方式对物理进行建模,那么20世纪90年代显然又回到了不太明确的规则设定和促进叙事的方向。这一领域最早的竞争者之一是1991年由噬菌体出版社(Phage Press)出版的《琥珀无骰》(*Amber Diceless*)角色扮演游戏。战斗(以及所有对抗的比赛)是通过比较角色属性来决定的,除非有作弊行为,根据得分高低来宣布胜利者。即使不能完全作弊,平分比较可以通过改变冲突类型或增加优势,比如毒杀一个人的优势来改变。即便如此,这种将战斗与叙事联系起来的尝试最终还是被归纳到了"通用规则",即一个人的意见——裁判的意见,决定了任何特殊情况的结果。

像白狼工作室(White Wolf)1991年出品的《吸血鬼:化装舞会》(*Vampire: The Masquerade*)将现代武器抽象化,并将角色本身作为游戏最重要的特征。其中的"黑暗世界"场景将角色塑造成从吸血鬼到狼人、鬼魂、仙灵和巫师等各种神话中的生物。角色的动机、驱动力和超自然能力成为故事和战斗的核心。技能、属性和特殊能力比20世纪80年代的同类游戏更抽象,但白狼工作室推出的游戏机制本质上是骰子池,所有角色和对手都具有通用属性和技能。更多抽象的产品仍在创作中。

阿特拉斯游戏公司（Atlas Games）于 1992 年发布的《飞越边缘》（*Over the Edge*）灵感源自威廉·S.巴勒斯（William S.Burroughs）的作品，它推出了超现实的阴谋世界，使其回归抽象。角色由玩家可以选择的四个模糊特征（三个优点和一个缺点）来定义，而不是从列表中进行选择。玩家们可以创造出这些特质，他们可以是任何人。这与有限的骰子池是控制战斗的唯一因素异曲同工，意味着战斗是高度抽象的，游戏主义者和模拟主义者的目标因为强调叙事而被搁置一旁。

代达罗斯娱乐公司（Daedalus Entertainment）于 1996 年发行的游戏《风水》（*Feng Shui*）创造了一个基于香港动作电影的游戏世界，并引入了一种前所未见的电影战斗模式。由于武侠电影战斗的残酷性，玩家会根据他们所完成动作的过度描述而获得战斗鉴定的奖励。战斗越是离谱和越有巴洛克风格，其成功的可能性就越大。

阿特拉斯游戏公司还在 1998 年制作了一款名为《未知军队》（*Unknown Armies*）的神秘阴谋类游戏。就像之前的《邪神呼唤》一样，《未知军队》同样拥有追踪角色精神值的机制。在面对超自然的恐怖时保持清醒是《未知军队》的重要组成部分，该游戏追踪了心理健康的五个方面，但只使用了四个属性来定义角色的其余能力。也许他们的战斗系统中最有趣的转折点是，玩家从未被告知损失了多少生命值。裁判只是向他们描述了受伤的情况。如果他们具有医疗或急救技能将获得更多的关于伤口严重程度的信息，但没有人告诉他们失去了多少生命值，或者还剩下多少生命值。结果当然是一个不太明确的系统，同时也更为现实。战斗中造成的伤口成了未知数，作为未知因素，玩家们更害怕受伤。

自 21 世纪之交以来，角色扮演游戏玩家的目标一直是强调确保游戏的易玩性，与此同时，抽象的机制和简单的规则主宰着这个领域。叙事目标侧重于玩家和裁判一起讲故事，其中更多的是玩家代理，并有更多玩家参与创造和指导情节。模拟主义者的目标是模拟游戏所基于的事实类型的引喻。让玩家对角色创造拥有最大控制权的系统现已成为标准。任务的解决由骰子池进行策略主导，这其中通常包括"情节点"或"风格点"的积累和使用，玩家可以用来改变掷骰子结果。这使得玩家可以控制行动的结果，而不是让很少涉及叙事的骰子来控制故事的进行。有些游戏甚至允许由玩家（而不是规则）来定义自己在战斗中失败的影响，这增加了游戏复杂性，却并未减少伤害。玩家可能会选择使武器出故障，而不是让角色受伤。或者，他们可能会选择遭受特定的伤害，比如右臂受伤，而不是腿部受伤，因为腿部受伤可能会影响他们逃跑和生存的能力。战斗不是故事的中断，而是故事的一个组成部分。像《野蛮世界》（*Savage Worlds*）（2003）、《命运》（*Fate*）（2003）和《皮质》（*Cortex*）（2005）这些兵棋中的游戏系统设计就是这种设计理论的例证。

近年来最抽象的游戏是天字第一号讲坛游戏(Bully Pulpit Games)公司于2009年制作的、备受赞誉的游戏《惨败》(*Fiasco*)。《惨败》被称为是"一场野心强大、冲动控制能力差的游戏"，其目的是创造一些一次性场景，其中会随机产生抢劫、犯罪和一些最终都会以惊人的失败而告终的情节，该游戏的设计大量借鉴了新黑色电影《血迷宫》(*Blood Simple*)(1984)、《冰血暴》(*Fargo*)(1996)和《绝地计划》(*A Simple Plan*)(1998)的手法。《惨败》甚至没有战斗系统或游戏大师。在这个合作类故事叙述游戏中，玩家通过掷骰子来使故事变得复杂，直到每个人都以悲惨的结局告终。

角色扮演游戏中一贯的作风是其非常个性化的战斗。预计战斗将在相对较小的群体之间进行，游戏主义者、叙事者和模拟者的设计和游戏目标都支持这一点。大规模战斗会降低游戏进行的速度，而轻松快速的战斗机制是游戏主义者强烈追求的一个目标。作为一台巨大的战争机器上的一个微小齿轮，它把重点从玩家角色转移到非个人事件上，这将破坏玩家创造自己故事的叙事主义者的目标。如果模拟的范围扩大到包含玩家角色感知能力之外的事件和动作，那么模拟主义者的目标就会变得更难实现。

但有一家游戏公司确实找到了一种解决方法，它将角色扮演游戏中激烈的个人战斗与类似兵棋推演中的大规模战斗联系起来。在20世纪八九十年代，游戏设计师工作室(GDW)曾出版过传统的历史类兵棋游戏，以及科幻类和幻想类角色扮演游戏。在许多情况下，他们制作了由角色扮演游戏属性开发出的合作类兵棋游戏。他们发行的《旅行者》《暮光之城：2000》《太空：1889》和《旅行者：2300》等角色扮演系列游戏都在其虚构的游戏宇宙中设置了合作类兵棋游戏机制。这些合作类兵棋游戏通常具有双重功能，其既可以作为独立的兵棋游戏，也可以作为产生它们的角色扮演游戏的集体战斗规则。由于他们简化的大规模战斗规则允许玩家沉浸在史诗般的战斗当中，但仍能保持动作的流畅性。玩家可以从角色扮演的角度体验战斗的酣畅与血腥，也可以从兵棋推演的角度体验战斗的跌宕起伏。

例如，游戏设计师工作室于1989年发行的《最后一场战斗》(*Last Battle*)是一款以小队为基础，以《暮光之城：2000》为背景的六角格地图式兵棋游戏，其规则实际上是角色扮演游戏战斗规则的精简版。特别是其车辆作战的规则更容易让人掌握。许多玩家在玩《暮光之城：2000》这款角色扮演游戏时使用了《最后一场战斗》(*Last Battle*)的游戏规则来模拟其中的大规模战斗。

游戏设计师工作室的角色扮演游戏《旅行者》和《第三帝国》(*Third Imperium*)中的空间战场场景促生了大量新的兵棋游戏。《前锋》(*Striker*)就是其缩影，其适用于高技术战争的作战规则。《快照》(*Snapshot*)是其发行的飞船行动类游戏，在该游戏里，玩家可以在各星际飞船房间内进行战斗，该设计理念并最终扩展到了

《阿尚蒂闪电》(*Azhanti High Lightning*)(1980)游戏中。该游戏中,玩家们会在一艘巨大的星际飞船上进行战斗,其上有几十层甲板可供战斗。《求救信号》(*Mayday*)(1978)是其小型化的战舰战斗类兵棋游戏,而《万亿信贷中队》(*Trillion Credit Squadron*)(1981)则是一款关于主力战舰之间的大型舰队行动的兵棋游戏。游戏设计师工作室还制作了更多的抽象兵棋游戏,这些都是基于其虚构的《旅行者》背景中的历史,在这些游戏中可以进行星际战争,这些游戏包括《帝国》(*Imperium*)(1977)、《黑暗星云》(*Dark Nebula*)(1980)、《入侵:地球》(*Invasion: Earth*)(1981)和《第五次边境战争》(*Fifth Frontier War*)(1981)等。

值得注意的是,基于弗兰克·查德威克(Frank Chadwick)的超越时空的角色扮演游戏《太空:1889》(*Space: 1889*)(1988),是以维多利亚时代科幻小说的交替历史为背景的,这是该类兵棋游戏中最成功的一款。虽然《太空:1889》这款角色扮演游戏并不受角色扮演游戏玩家的青睐,但相关的微缩模型和兵棋游戏(尽管这些游戏现在早已绝版)——如《火星的天空加伦》(*Sky Galleons of Mars*)(1988)、《云船和炮艇》(*Cloudships & Gunboats*)(1989)以及《铁甲和以太飞行》(*Ironclads and Ether Flyers*)(1990)中的游戏规则仍然深受兵棋玩家的欢迎。与《太空:1889》相关的兵棋游戏的持续流行有助保持市场对该场景的认识,直到蒸汽朋克流派的最新流行导致其游戏发行许可证首先由日光仪游戏公司(Heliograph Games)获得,其许可证最近才被一家叫钟表书籍(Uhrwerk Verlag)的德国游戏公司获得。

在几乎所有这类兵棋游戏中,最突出的一点是它们都想将战斗表现得"有趣"和"娱乐"。角色扮演游戏其本质上是逃避现实的"胡言乱语"。很少有游戏将战斗视为是一种需要让玩家感到恐惧和尽量避免的事物,当然,这里指的是除了冷酷无情的《暮光之城:2000》和臭名昭著的《邪神呼唤》之外的作品。角色扮演游戏的设计师和玩家几乎从不考虑战斗中具有压倒性力量优势的精神压力因素。游戏机制几乎从不控制士气,大多数比赛都交由玩家决定是否进攻或者撤退。奇幻的英雄主义几乎总是比深陷血腥与泥潭中人类的坚韧不拔的执着精神更具游戏性。除了《邪神呼唤》外,即使是强调叙事目标的系统也很少关注创伤后应激障碍对角色的影响。该影响,即精神损害至少也应被认为与身体损害同等重要。也许这款有着30年历史的游戏作品是对的。关于如何在游戏中描述战斗和暴力,最重要的一点也许是要在玩家的头脑中灌输一种想法,一种尽可能地避免战斗和暴力的想法。

当然,这何乐之有呢?

关于作者

1998年,亚当·斯科特·格兰西(Adam Scott Glancy)放弃了颇具前途的律师职业生涯，转而加入了角色扮演游戏出版商帕甘出版社(Pagan Publishing)，人们觉得这个书呆子几乎是以逃跑的速度加入了外国军团。如今，他是帕甘出版社的负责人(从某种意义上讲，可以说是最后一个幸存的军团士兵指挥着辛德尔霍夫堡)，而帕甘出版社继续将最优秀的洛夫克拉夫特式恐怖带到世界各地的游戏桌上。格兰西是屡获殊荣的德尔塔·格林系列《邪神呼唤》角色扮演游戏的特约撰稿人，并在包括最近出版的《邪神呼唤Ⅱ》和《猎枪与邪神》(*Shotguns v. Cthulh*)等多个短篇小说集中出版了克苏鲁神话小说。

第二部分　战争引擎

第八章　战争引擎：从桌面到计算机的兵棋系统

——亨利·洛伍德

本章内容将是对一个冗长但不完整问题的回答，"我们可以从兵棋的历史中学到有关兵棋系统的什么内容？"我将重点介绍美国商业或业余兵棋的历史，主要是从20世纪50年代初到20世纪70年代制作的棋盘（桌面）兵棋游戏，以及一些计算机兵棋游戏。兵棋推演有时也被称为历史模拟、冲突模拟或军事模拟，通常强调主题而非机制，强调模拟而非游戏性。兵棋主题可以是历史性的，也可以是推测性的。它们涉及已经存在、可能已经存在、实际上确实存在或可能存在于未来或发生于另一个世界的部队之间发生的军事冲突。兵棋推演的主题重点与更抽象的战略游戏形式，如"欧洲游戏"（Woods，2012；Costikyan，2011）形成了对比。人们可能会从对冲突模拟的特别强调中得出结论，游戏设计一般对兵棋的影响相对较小，但它们在20世纪70年代，尤其是在美国推动了现代棋盘兵棋游戏设计的发展。查尔斯·S.罗伯茨和詹姆斯·邓尼根等业余兵棋设计师在美国引领了游戏设计创意的浪潮，他们的作品在20世纪六七十年代引发了关于兵棋开发的争论。除角色扮演游戏之外，兵棋游戏在20世纪80年代从物理游戏过渡到基于计算机的游戏过程中，以及从20世纪90年代起军队越来越多地使用模拟技术方面都发挥了重要作用[1]。

一、阿瓦隆山模式

您在七月专栏报告提到正六边形镶嵌对"蜜蜂和浴室使用者是如此熟悉"。也许您不知道这种镶嵌的另一个常见用途，即划分游戏地图，特别是对所谓的兵棋或军事模拟。

——约翰·E.孔茨（John E. Koontz）致马丁·加德纳（Martin Gardner）（Gardner Papers, Box 33, folder 8）

查尔斯·S.罗伯茨于1952年结束了在陆军的4年服役之后重返马里兰州国民警卫队。当他在等待一个从未接到的任命时，他思考着作为平民应如何为自己的职业生涯做好准备。罗伯茨得出的结论是，通过设计兵棋，他将"为研究战争原理获得一些更为普遍的应用"(Vanore,1988;Roberts,1983)。大多数关于美国商业兵棋历史的描述都是从兵棋《战术》开始的。

因此,罗伯茨关于兵棋的想法填补了一个空白,而非延续传统。这也许令人惊讶,但并没有证据表明罗伯茨在1952年设计兵棋《战术》时已经留意到了诸如普鲁士军棋游戏的早期兵棋历史。他只是简单地推理说,兵棋在某种程度上是有用的,而书籍却并非完全如此,因为"对士兵而言,熟悉战争原则就像牧师应该熟悉圣经一样天经地义"。不过,读书很容易,而"打仗却很难"。但是,"因为没有这样的兵棋,所以我不得不自己设计"(Roberts,1983)。然而,罗伯茨并不认为兵棋是出于训练目的的模拟,他强调原则而非经验。在《战术》出版之后的几十年里,他仍然相信"体验指挥一个步枪排时,一切皆水到渠成,没有一款兵棋会告诉你它是如何做到的。你无法在游戏中获得那种感受"(Vanore,1988)。考虑到有其他人可能会对他的兵棋感兴趣,罗伯茨于1954年开始通过邮购的方式销售《战术》。他共计售出了大约2 000份,大致收支平衡(Roberts,1983)。在这些销量的鼓舞下,他成立了阿瓦隆游戏公司(Avalon Game Company),后来该公司于1958年更名为阿瓦隆山游戏公司。

在公司成立的第一年,罗伯茨出版了标有阿瓦隆山公司印记的3款兵棋:《战术Ⅱ》(*Tactics* Ⅱ)、《葛底斯堡》(*Gettysburg*)(阿瓦隆山公司出品的《葛底斯堡》见图8.1)和《调度员》(*Dispatcher*)。他还创作了名为《游戏/训练》(*Game/ Train*)的第四款兵棋游戏,但该款兵棋游戏未出版。阿瓦隆山公司将继续出版各种"成人"或家庭兵棋游戏以及商业兵棋游戏。《调度员》只是阿瓦隆山公司铁路模拟游戏中的第一款,它十分接近罗伯茨作为一名历史学家的内心想法(Rasmussen,2010)。罗伯茨曾在广告行业工作,因此他能制作出巧妙而又能吸引人的包装和营销策略。《战术Ⅱ》的插页就是一个典型的例子:"玩阿瓦隆山公司出版的游戏总是一个令人振奋的挑战……给一个微妙的赞美"。以今天的印刷版棋盘类游戏的标准来看,这些组件很普通,甚至是粗糙的,但该公司的印刷广告将这些游戏描述得复杂而精致。罗伯茨不仅是兵棋业的第一位企业家,将兵棋游戏搬到了许多美国家庭的桌子上,同时他也是第一位兵棋游戏设计师,至少在现代看来是这样的,而且他的作品十分丰富。从1958年到1963年底,他为阿瓦隆山公司制作了多款兵棋游戏,但后来由于财务原因他卖掉了公司。算上《战术》和《非洲军团》(*Afrika Korps*)(1964),他设计的12款游戏中有10款是兵棋游戏。这些兵棋游戏定义了组件集、游戏机制和结构等这类兵棋游戏的基本元素。

这些游戏有什么新鲜的呢?《战术》/《战术Ⅱ》的外观表明游戏包括一个游戏盘、计数器、骰子、打印的游戏辅助工具和规则手册,并没有什么特别之处。自19世纪中期以来,美国就已经出版了视觉效果上配置相似的棋盘类兵棋。帕克兄弟(公司)于1935年首次出版的《大富翁》(*Monopoly*)就采用了类似的组件②。但罗伯茨与众不同的天赋是通过规则与图表、表格和地图叠加的交互方式来发明游戏程序。这些组合定义了兵棋游戏。与罗伯茨的游戏密切相关的两项创新是战斗结果表(CRT)和六边形地图网格，后者用于部署部队的移动。罗伯茨在1952年的《战术》中首次引入了战斗结果表。表中的每一列都表示一个赔率计算，对应于攻击者的实力除以相邻防御部队的实力；每行对应"掷出的立方体上的数字"，即六面骰子的点数。在计算完错误、掷完骰子并查阅表格后，应用行和列的交点确定结果，结果通常是一位或两位玩家在战斗中损失部队，或是将部队撤离。战斗结果表集成了军事模拟和游戏程序。在阿瓦隆山公司出版的《战术Ⅱ》规则手册中，罗伯茨建议玩家"必须阅读战斗结果表。由于本游戏力求尽可能真实，而战斗结果表反映了一个事实，即攻击者必须具备实力上的优势才能合理地确保成功……请仔细阅读该表"(*Tactics* Ⅱ, 10)。罗伯茨战斗决断系统的某些功能未能被理解(例如，用赔率因子表示受结果影响的一方，而不是指定"攻击者"或"防御者")；尽管如此，他的战斗决断机制和赔率表的使用对结果进行随机化依然成了兵棋游戏的主要特征。战斗结果表中诸如经验法则等原则也一直在被使用，即进攻部队必须达到3:1的战斗力比例，以确保取得积极成果。

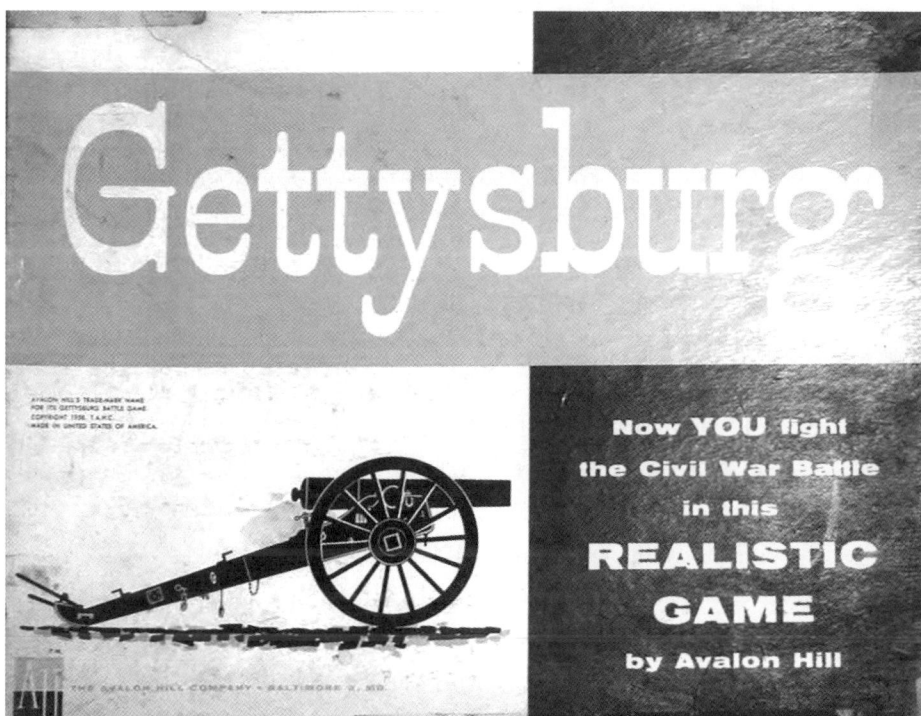

图8.1 阿瓦隆山公司出品的《葛底斯堡》

　　罗伯茨战斗结果表的"发明"间接地激发了他的第二大设计理念，即在1961年版的《葛底斯堡》中引入的六边形地图网格。这项发明还阐明了罗伯茨与"专业"兵棋创作者之间，特别是与美国兰德公司智库之间的联系，兰德公司是一个博弈论和基于博弈研究的居于领先地位的研究中心。邓尼根教导我们，存在着"大多数兵棋游戏所共有的机制元素驱动着具体的'战术'"；"而其中最主要的是六边形网格本身"（Dunnigan，2000a；Brewer and Shubik，1979；Allen，1987）。1961年之前，《战术》《战术Ⅱ》、第一版《葛底斯堡》（1958）和《U型艇》（U-Boat）（1959）的游戏板都由地图组成，在地图上绘制有地形特征以符合正方形网格覆盖。正如罗伯茨在《战术Ⅱ》规则中所解释的那样，"地图版图以二分之一英寸的正方形标出。每个代表一个师或总部的棋子都占据一个正方形，所有棋子的移动都是基于这些方格。作战部队可以沿着垂直、水平或对角线移动"（Tactics Ⅱ，7）。该方案中明显的问题是对角线方向上的移动。用于表示地形和移动的六边形地图网格是阿瓦隆山公司在其于1961年发行的《诺曼底登陆》（D-Day）、《钱斯勒斯维尔》（Chancellorsville）和《内战》（Civil War）以及新版《葛底斯堡》（Gettysburg）中引入的聪明解决方案。

　　有关罗伯茨与兰德公司兵棋推演者之间短暂接触的文件证据表明，业余玩家和职业兵棋之间的联系很微弱。卢·佐奇（Lou Zocchi）与阿瓦隆山公司之间的交往始于1959年，他回忆说，1960年，罗伯茨受邀访问兰德公司，因为那里的研究人员"对《葛底斯堡》印象深刻"[③]。而在罗伯茨告诉他们他构思出了战斗结果表的设计之后拒绝了兰德公司智库的职位邀请。在参观兰德公司时，他"注意到他们在地图上使用了一种六角格地图式的叠加，这减少了对角线运动的失真"，因此，他在阿瓦隆山公司1961年推出的新游戏上悄悄地采用了相同的叠加式方案（Zocchi，2007）。据斯蒂芬·帕特里克（Stephen Patrick）所言，与兰德公司正在使用的"更复杂的策略"相似的《战术》战斗结果表已经引起了"20世纪50年代初"智库的恐慌。据帕特里克称，罗伯茨告诉兰德公司的研究人员，他只花了15分钟就提出了这个概念，但他们的调查激发了他对其工作的兴趣。几年后，当他注意到描述有关兰德公司游戏的照片时，他在游戏地图上看到了六边形网格，他立即意识到这也将是在他的游戏中所采用的调节棋子移动的方式（Patrick，1983；Perla，1990）。这两种描述之间的差异是显著的，但两者都将兰德公司与罗伯茨的战斗结果表联系起来，并由此与他发现的六边形网格地图叠加联系起来。然而，几乎没有独立的证据表明，骰子驱动的结果表在20世纪50年代的任何兰德公司的游戏中发挥了重要作用。罗伯茨的战斗结果表似乎不太可能引起太多的恐慌。虽然罗伯茨可能是从另一款兵棋游戏（如历史上的各种兵棋游戏（Peterson 2012，289）版本，甚至是兰德公司的游戏版本）中获得了关于结果表的总体想法，但人们不禁要问，如果是这样，为什么他朴素的战斗结果表中的细节如此独特，以至于像六边形网格地图这样棘手的问题都很容易被解决。帕特里克提到的这张照片可能是伦纳德·麦克科姆（Leonard MacCombe）在 1959 年 5 月发表在《生活》（*Life*）期刊中的一篇摄影文章中的照片。标题"玩战争游戏"上方的一张照片描绘了兰德公司的两个研究小组正在玩一场空战兵棋游戏④，游戏桌上的地图展示了清晰可见的六边形网格式地图叠加。很难想象罗伯茨会全神贯注地盯着任何一张有这样的图像和说明的照片，然后就产生这样天马行空的想法。在任何情况下，阿瓦隆山公司的关键设计创新似乎都不是源自与兰德公司的数学家和社会科学家所代表的专业模拟群体的任何个人合作。

罗伯茨提供了兵棋游戏的核心组件（一款经典的兵棋——《高级班长》的组件见图8.2）。当邓尼根在他的兵棋设计手册中规定了设计师的首要任务时，他的清单可能是《战术Ⅱ》的清单："当进行兵棋游戏设计时，考虑的通常是地图、兵棋棋子上的值（战斗力和允许的移动数值）、地形效果图和战斗结果表"（Dunnigan 1980，34-35）。换句话说，罗伯茨的定义集合了兵棋游戏的领域和机制。阿瓦隆山公司还以两种不直接涉及设计的重要方式来推广兵棋游戏。首先，它开创了兵棋游戏产业，并建立了一个玩家社区来推广其产品。在阿瓦隆山公司之前，美国缺乏棋盘类游戏的爱好者，这与职业军人偶尔把玩兵棋游戏或许多军事微型模型爱好者形成了鲜明对比——玩军事微型模型是一种以英国为中心推广开来的业余游戏爱好。阿瓦隆山公司通过开发生产、分销和销售的商业实践填补了这一空缺。1963 年，罗伯茨离开公司后，在汤姆·肖（Tom Shaw）的领导下，阿瓦隆山公司在兵棋游戏设计、兵棋游戏研究、实体游戏印刷和销售等领域雇用并培训员工，并与玩家和自由设计师进行了密切的合作⑤。到 20 世纪 60 年代末，阿瓦隆山公司现有的设计师队伍仍然不够壮大，但它已经扩展到拥有了肖（Shaw）、劳伦斯·平斯基（Lawrence Pinsky）、希德·萨克森（Sid Sackson）、林德斯利·舒茨（Lindsley Schutz），以及我们接下来将要看到的詹姆斯·邓尼根等大师的规模。至于玩家用户，阿瓦隆山公司通过 1964 年 5 月首次发行的内部出版物《阿瓦隆山将军》（以下简称《将军》）与业界人士进行沟通。《将军》期刊让玩家之间可以相互了解。其地区通讯员负责报道赛事和俱乐部活动，读者可以通过问答专栏、公司新闻以及即将到来的比赛预告等得到"通缉对手"的通知和服务，比如卢·佐奇（Lou Zocchi，西南地区编辑）、杰里·波内尔（Jerry Pournelle）、阿尔·诺菲（Al Nofi）、乔治·菲利斯（George Phillies）、詹姆斯·邓尼根、戴夫·阿纳森（Dave Arneson）和加里·吉加克斯（Gary Gygax）等一些出现在其早期期刊上的作者和通讯员后来在游戏行业或相关领域中也获得了显赫的地位。几年后，兵棋设计师格雷格·科斯蒂基（Greg Costiky）得出结论，"正如科幻小说论坛上的书信专栏有助于催生科幻迷一样，《将军》期刊中的分类广告对人们产生兵棋游戏嗜好至关重要"（Costikyan 1996）。通过商业实践和出版物，阿瓦隆山公司向游戏客户介绍了兵棋设计中的新兴实践。

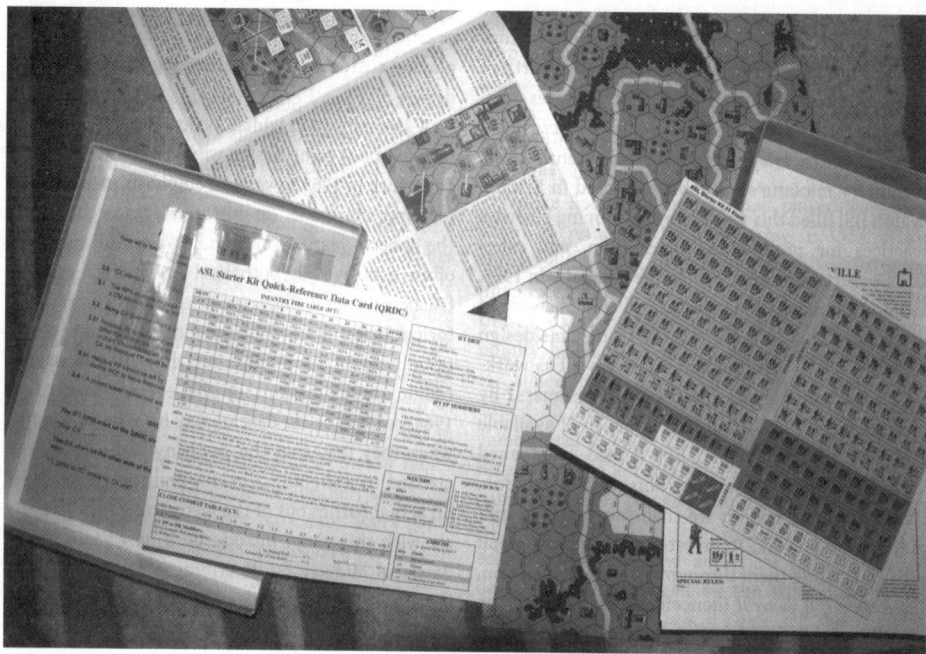

图8.2　一款经典的兵棋——《高级班长》的组件

　　阿瓦隆山公司塑造人们对兵棋设计期望的第二种方式是，在罗伯茨1963年离开公司后，其营销策略和期刊开始强调历史研究。在罗伯茨时代及其后的岁月里，阿瓦隆山公司的兵棋游戏（《战术》《战术Ⅱ》《闪电战》《军棋游戏》《尼乌切斯》）中经常会描绘假想或抽象的冲突。《葛底斯堡》和《诺曼底登陆》等历史题材类著名的兵棋游戏在其系列阵容中地位总是很突出，但它们充其量只能粗略地描述发生过的事件。1964年，当《将军》的读者读到该公司一直"专注于根据历史上的实战设计所有技巧、逼真的游戏"时，他们可能会对此产生怀疑。这篇文章是介绍一款新的关于中途岛战役的兵棋游戏，它描述了一个研究过程，其中包括"花费数百个小时对从国会图书馆、国家档案馆和其他图书馆收集的数据的精力倾注"。设计师们寻求退役海军少将C.韦德·麦克罗斯基（C. Wade McClusky）的帮助，因为他不但功勋卓越，而且曾在战斗中扮演了重要角色。他对"设计人员回归真实性的忠实"印象深刻，并同意为同年晚些时候即将发布的《中途岛》（Midway）提供技术建议。他还加入了该公司新的技术顾问委员会，随后安东尼·C.麦考利夫（Anthony C. McAuliffe）将军也于1965年初加入了技术顾问委员会。麦考利夫将军在阿瓦隆山公司发行的《突出部战役》（Battle of the Bulge）（1965）的开发过程中接受相关咨询。据《将军》期刊报道，麦考利夫将军"检查了所有的兵棋组件"，甚至发现游戏中的战斗顺序有错误，这非常"令我们尴尬"。这并非说明草率的游戏开发者是罪魁祸首，而是历史真实性在阿瓦隆山公司对游戏质量控制方面占有突出地位的有力证据（Avalon Hill 1964,1-2；1965,1-2）。

二、从专题到战争引擎

> 邓尼根在1969年以《战术游戏3》/《装甲闪电战》开始了这一切……
> ——罗杰·麦克戈万，"《班长》发行的10年后和20年后"

阿瓦隆山公司在20世纪60年代中期的作品都是专题兵棋系列。《牛津英语词典》将专题定义为"对单个专业主题的详细书面研究"。专题并不是一部"将主题作为更广泛主题的一部分进行处理"的一般性著作。无论阿瓦隆山公司制作的兵棋是对军事行动（如《战术》）的抽象研究，还是对历史冲突（如《葛底斯堡》或《滑铁卢》）的研究，其每一场兵棋都是独立的，用定制的系统、组件和规则覆盖单一的冲突局势。他们都专注于一个主题。当然，规则和组件偶尔会在另一款兵棋游戏中被重新使用。然而，即使特定规则或表格可以从一款兵棋游戏过渡到另一款兵棋游戏，例如，从《诺曼底登陆》到《非洲军团》（Martin 2001,230），但每款兵棋游戏都有自己的系统。阿瓦隆山公司早期的兵棋在其范围内是可操作的，或具有战略性眼光的，这可能是其专题性质的必然结果，因为主题通常是连贯的战斗或历史战役。这种连贯性符合阿瓦隆山公司对可玩性系统的强调，以及对基于档案文件和专家批准的历史研究新发现的尊重。1970年，随着詹姆斯·邓尼根设计的阿瓦隆山第一款战术兵棋游戏《装甲闪电战》（*PanzerBlitz*）的出版，出现了一种基于模块化和核心组件可重复性的游戏系统替代模型，以生成各种场景，并可采用更具分析性的历史模拟方法。

与罗伯茨不同的是，邓尼根在1964年从军队服役时就曾玩过兵棋游戏。在韩国驻扎期间，炮兵营里的士兵向邓尼根介绍了阿瓦隆山公司出版的兵棋游戏。回到美国后，他加入了兵棋游戏社区。他阅读并为《将军》撰稿，同时也为一本名为《战略与战术》（*Strategy & Tactics*）的新期刊撰稿，并编辑了属于自己的历史类期刊《奋斗》（*Kampf*）。邓尼根研究兵棋，阅读战略文章，分析军事历史。与罗伯茨不同，邓尼根虽然设计兵棋，但他很少玩兵棋，邓尼根会把自己体验过的兵棋拆解开来，去学习如何设计自己的兵棋。他对设计的不拘一格、怀疑和分析的态度可以用他在《战术游戏3》中的设计师笔记中的标题来概括："游戏就是游戏"。

1966年，邓尼根会见了当时阿瓦隆山公司的负责人汤姆·肖。肖注意到了邓尼根给《将军》的一篇投稿，在这篇文章中，他对1965年发行的《突出部战役》兵棋的评论是"脱离了任何对历史准确性的自命不凡"。肖很快要求邓尼根为阿瓦隆山公司制作一款兵棋。这款兵棋就是《日德兰》(*Jutland*)，这是邓尼根的第一部兵棋作品，出版于1967年。改款兵棋把游戏专题又向前推进了一步;《日德兰》是一篇以游戏形式出现的学术论文。邓尼根对历史模拟的承诺胜过了简单的游戏性。他抛弃了诸如兵棋棋盘和纸板计数器等传统的兵棋组件，取而代之的是，他使用地图和微型模型(如印刷的舰船纸板)两种方式模拟历史战役，一种用于舰船探测，另一种用于战斗。《将军》的编辑们对这个陌生的系统进行了"雪崩式的询问"，因为他们认为这"比任何其他游戏都更强调重现历史的准确性"(Avalon Hill,1967b)。邓尼根补充说，当他1966年被要求设计一款兵棋时，"我从未想过要设计兵棋。我一直只对历史感兴趣。"事实上，他的作品延迟推出也正是由于其狂热的历史研究。为了配合阿瓦隆山公司对此类研究的营销重点，邓尼根开玩笑说，为了完成兵棋设计，他是被从哥伦比亚大学校园的巴特勒图书馆中拖出来的。在字里行间，这个故事揭示了邓尼根与阿瓦隆山公司兵棋制作方式之间的紧张关系："我必须向阿瓦隆山公司证明一点，延迟交付兵棋设计是因为我研究了所有可能来源的历史数据，并一遍又一遍地交叉索引这些信息。"在一次关于兵棋的采访中，邓尼根在对历史准确性的承诺上纠缠不清。之后，邓尼根在阿瓦隆山公司扭转了局面，是因为他敦促其对话者(也许是肖)去重申公司的一贯理念："从此开始，阿瓦隆山公司的兵棋哲学将把历史准确性放在未来兵棋设计的首位"(Avalon Hill,1967a)。在兵棋爱好者的主要论坛中，玩家们对《日德兰》设计原则的讨论加倍强调了阿瓦隆山公司即将致力于将研究作为冲突模拟的基础。

邓尼根和阿瓦隆山公司之间的关系将继续维持在合作、分歧以及最终竞争的混合状态。他在20世纪60年代后期为该公司继续创作兵棋。他第二部尝试的作品是《1914》，阿瓦隆山公司后来将其描述为一次"成功的销售"，但这是一个"糟糕的兵棋"和"极佳的模拟"而不是"有趣的兵棋"(Avalon Hill 1980,9)。1980年，当这些言论发表时，邓尼根的模拟出版公司(Simulations Publications Inc)已经成了阿瓦隆山公司的主要竞争对手。当兵棋《1914》于1968年发行时，邓尼根是阿瓦隆山公司极有前途的设计人才，他为公司开发了仅有的兵棋《瓜达尔卡纳尔》(*Guadalcanal*)(1966)和《安齐奥》(*Anzio*)(1969)。对于邓尼根来说，为阿瓦隆山公司设计的这两款兵棋对他很有启发性。他"仔细"观察了他们的设计过程，并得出了结论:必须要有一种"更有效的方式来发行兵棋"(Dunnigan 2000a,2994)。然后，在1969年，邓尼根决定全身心投入兵棋行业。他召集了一群曾与他合作过各种项目的兵棋推手和作家。这一群体包括与他志同道合的兵棋推手、历史学家阿尔·诺菲(Al Nofi)和"平面设计王牌"雷德蒙·A.西蒙森(Redmond A. Simonsen)，雷德蒙·A.西蒙森规划了模拟出版公司的兵棋生产和物理组件设计系统。同时他还创造了"兵棋开发者"一词，以将他自己的角色与兵棋设计区分开来(Dunnigan,2000a;Simonsen,1973)。1969年7月,邓尼根从其创始人克里斯托弗·瓦格纳(Christopher Wagner)手中收购了《战略与战术》期刊(期刊中的兵棋：《战略与战术》见图8.3)。邓尼根、诺菲、西蒙森和模拟出版公司圈内的其他人都为瓦格纳的《战略与战术》期刊做出了贡献。有了这些资源后,邓尼根开始研究模拟出版公司背后的两个"基本理念"：

(1)支持"由玩家发行的兵棋",他们控制"所有的兵棋开发、生产和营销决策";

(2)"发行更多的兵棋"。

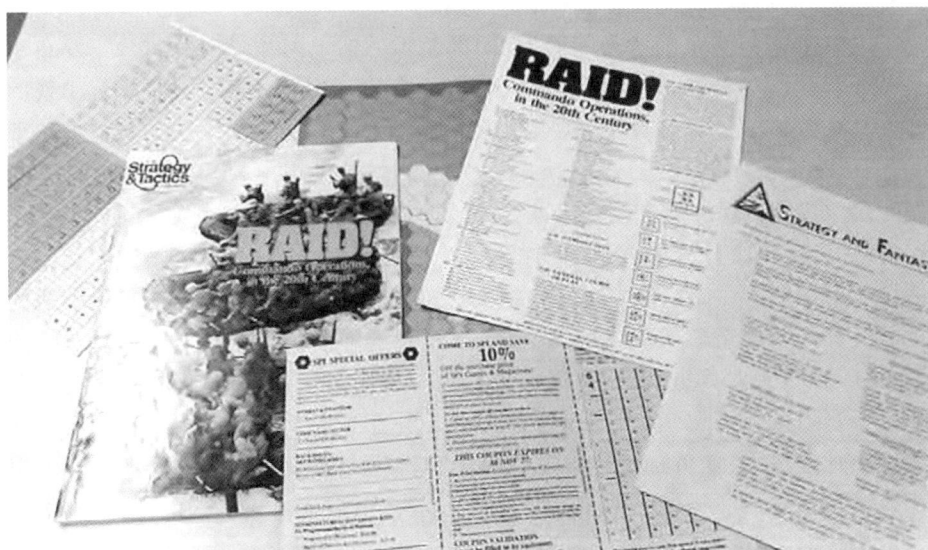

图8.3　期刊中的兵棋：《战略与战术》

瓦格纳的第17期《战略与战术》期刊为《将军》提供了另一种选择。它一方面可以称得上是一本"美国兵棋期刊",另一方面可以说是一本粉丝期刊,有时还夹杂着对阿瓦隆山公司兵棋定价的批评。然而,瓦格纳聘请邓尼根作为撰稿人是因为其对编辑《日德兰》这款阿瓦隆山公司出品的兵棋的热情(Wagner n.d.;Dunnigan n.d.)。作为《战略与战术》的出版商,邓尼根克服了他和阿瓦隆山公司设计理念之间日益加深的隔阂⑥。他后来声称,"自从1967年为阿瓦隆山公司开发了《1914》之后,他们对我的作品失去了兴趣。"邓尼根的兵棋被认为"太复杂了"。直到1969年,邓尼根得出结论,自罗伯茨离开以来,阿瓦隆山公司一直在"荒野中徘徊"。接手《战略与战术》期刊并着手创建模拟出版公司的决定为邓尼根提供了一个平台,令他能够实现由兵棋"推手"制作更多兵棋的想法。他的团队需要更有效地制作"高质量的、可玩的、现实性的和真实的兵棋"。1969年9月,邓尼根接手后的首期《战略与战术》期刊，也就是总第18期出版了。该期包括一款完整的"迷你兵棋"——《克里特岛》(Crete)；这是一个关于第二次世界大战中德国空降该岛的故事。提供"期刊中的兵棋"成了《战略与战术》的特色⑦。这意味着该期刊的出版时间表将给邓尼根和他的团队带来巨大的压力，这要求他们以前所未有的速度来创作兵棋。读者"厌倦了'一年发行一款兵棋'的惯例"，《战略与战术》期刊这一期中的一则广告提出了每年发行至少十款新兵棋的承诺，主题涵盖从阿瓦隆山公司兵棋的修订版到古代战争等新主题兵棋，以及最初在19世纪末出版的美国版本兵棋游戏的翻版。罗杰·麦克戈万(Rodger MacGowan)后来在兵棋期刊出版业和兵棋制作界上留下了自己浓墨重彩的印记，多年后他还记得这个承诺："这是前所未闻的，我们都已经习惯了阿瓦隆山公司每年发布一个新版本和偶尔出现的'独立'兵棋……这个广告标志着大规模兵棋游戏出现的开始"(MacGowan 1987, 34)。相比之下，阿瓦隆山公司在1966—1969年只推出了四款兵棋，而其中两款还是由邓尼根开发的。如果模拟出版公司要兑现其生产如此多新兵棋游戏的承诺，那么兵棋设计的效率就成为它的一个关键目标。

从1969年12月开始，《战略与战术》开始发行双月刊的副刊，以作为其读者论坛。第一期的一则广告揭示了模拟出版公司用于填充正在开发的扩展游戏传输的方法之一：测试系列兵棋。它以一个具有挑衅性的问题作为开场白，"厌倦了'一年发行一款兵棋'的惯例吗？现在你不必只依赖阿瓦隆山公司了，我们有了一个新想法，为什么不大幅削减成本，然后用于发行兵棋呢？"测试系列的概念结合了邮购分发、组件标准化以及兵棋名称选择和开发中的用户反馈等几大模式。该系列的招股说明书中承诺每年"至少"推出六款新兵棋，并描述了有十三款正在开发中，该系列之外还有另外四款在筹备中。其中一些兵棋已经作为《战略与战术》第18期中的广告所代表的对阿瓦隆山公司的第一次宣战的一部分允许玩家们进行了预览。它们出现在《战略与战术》副刊中，以代表邓尼根对批量制作游戏这一问题的"解决方案"("Test Series Games")。有趣的是，我们注意到了这其中与先前出版或即将出版的阿瓦隆山公司相关的游戏数量。两家公司之间的批评、竞争与合作可以共存。例如《1918》《坦能堡》(Tannenberg)、《诺曼底》(Normandy)，以及一款名为《1914修订版》(1914 Revision)的兵棋等大多数测试系列兵棋都是战斗或战役研究类的兵棋，这是邓尼根以阿瓦隆山公司之名发行兵棋的"收官之作"；这些兵棋都坚持专题类的兵棋设计。《战术游戏3》《部署》(Deployment)和《战略Ⅰ》(Strategy Ⅰ)三款测试系列的兵棋都作为专题模式的例外脱颖而出。这些兵棋是由组件和规则组成的系统，它们并不是专题研究系列的兵棋。例如，《部署》是"兵棋中独一无二的新尝试"。它将提供一个"可广泛选择的计数器"，以"整合不同类型"的军事力量，这些军事力量来自18世纪和19世纪初的各种战争场景。它的描述体现了"无限的变化"。同样，测试系列的招股说明书将《战略Ⅰ》描述为一个"基于规则和组件的'模块'系统"。它是为"寻求多样性或由希望设计自己的"兵棋玩家们设计的。虽然没有使用这个术语，但这些兵棋却也引入了通用模拟器的概念，用于激发创造从古代到任何时期的冲突游戏。它们是用于探索巨大冲突模拟可能性空间的工具。邓尼根的设计师会提供一些场景，但后续该系统会邀请玩家们自己动手进行设计。

原始的测试系列清单中的第三款兵棋《战术兵棋3》在1970年由阿瓦隆山公司发布为《装甲闪电战》（*PanzerBlitz*）时将对兵棋设计产生最大的影响。《战略与战术》副刊声称"《战术兵棋3》（1944）是兵棋游戏的新起点。它是一款连、排级别的兵棋，其最初的主要目的是比较不同的武器和战术系统。从中诞生了一款爱好者都会喜欢把玩的微型模型和棋盘兵棋。"在介绍了历史背景和武器的一些细节之后，强调了其"对历史兵棋的激进新方法"，并且声明它将是"一系列类似兵棋中的第一款"。《战术兵棋3》与专题兵棋完全不同，但它到底是什么呢？它没有描绘一场历史性的战斗或战役，而是让玩家能够比较武器和系统。它是战术性的而非操作性或战略性的，这是"第一款营级以下规模的兵棋。"这并非一款专题兵棋，而是一个多游戏系列制作系统（Dunnigan 1970, XS3）。

测试系列清单中的《战术兵棋3》几乎可以肯定是只分发给少数测试人员的游戏测试工具包。此前，邓尼根的兵棋项目《61号公路》（*Highway 61*）和《69号州农场》（*State Farm 69*），这两款战术兵棋的灵感来源于微型模型规则，并基于他对第二次世界大战期间东线运动战的历史研究。新的兵棋反映了他对将历史研究扩展到更具实验性的"分析"形式的兴趣。对于邓尼根来说，"分析历史不同于更常见的叙述历史，因为它和游戏一样，采用了更加面向数字和'系统'的方法"（Dunnigan, 2000a; Dunnigan, 1970）。实验的想法使他从微型模型系统中借用规则来模拟他的棋盘兵棋，但是在他的实验中没有"微型模型兵棋中经常需要的复杂和乏味的程序"⑧《战术兵棋3》的第一个版本由许多规则组成，该游戏区域的粗略地图与《90号州农场》类似，它还有两张纸质的部队计数器，其中一些还带有手绘的车辆轮廓。它们提供了游戏场景所需的必要信息，因此这种游戏也常被称之为"迷你游戏"。《战术兵棋3》接近完成的版本首次出现在1970年7月的《战略与战术》第22期上⑨。开发过程即将完成，因此这基本上就是《装甲闪电战》的预览，这款兵棋将于几个月后作为当年阿瓦隆山公司的秋季兵棋发布。邓尼根把《步兵的复兴》（*The Renaissance of Infantry*）作为其期刊特色兵棋的一个同款进行出版。《战略与战术》版本和阿瓦隆山公司的版本之间存在着些许差异，例如分配给特定部队计数器的游戏顺序和战斗值不同。邓尼根在其设计师笔记中提到了这些变化，以及史蒂夫·李斯特关于游戏测试期间的设计、反馈和修订过程的分析文章中也有提及，之所以说明这些是便于读者了解开发过程（List, 1970; Dunnigan, 1970）。这个版本的兵棋不包含《装甲闪电战》中的所有组件，也没有一幅完整的地图,但它可以容纳新的游戏系统,研究计数器的选择,并可通过一款迷你游戏进行操作。或许是在不经意间,期刊上的《战术兵棋3》的大致介绍和临时性强调了该系统的开放性(Dunnigan,1970;Arvold;Dorosh,2008;Avalon Hill,1970)。

邓尼根在总结《战术兵棋3》的设计师笔记时表示,他希望"《装甲》(即《装甲闪电战》)将在设计和展示历史兵棋方面开创一个高质量的新时代"(Dunnigan,1970)。他这样写道——质量和数量。不同于专题兵棋,《装甲闪电战》引入了游戏系统作为其中多款迷你游戏的发生器。兵棋玩家将这些迷你游戏称之为"场景",这可能是借用兰德公司的冷战游戏玩家所常使用的术语来描述想象或假设的政治危机或军事局势的概要(Kahn,1964)。从今以后,我将把这种系统+场景的组合称为"战争引擎"。

基于这一设计理念的兵棋,从《装甲闪电战》到《高级班长》,20世纪七八十年代加快了兵棋研发的步伐。在《装甲闪电战》的规则中,"给以前阿瓦隆公司出品的战役游戏的'老手'玩家的提示"警告说,它可能看起来像其他的兵棋,但"游戏中的许多概念、技术和游戏细节与其他阿瓦隆山公司的游戏完全不同。"在这些差异中,人们可能已经注意到了邓尼根、西蒙森和《战略与战术》员工所进行的兵棋设计、图形设计和游戏测试。更重要的一点是在其中包含了十几张情境卡,每张卡都描述了一个"场景",其具体包括三张"地貌"地图的特定安排、双方使用的部队计数器、胜利条件、回合数以及将模拟的历史情况。

这也可以叫作"情境13",作者叫作"创造你自己的情境"。它为玩家提供了如何利用历史研究来组合他们自己的场景的建议,并指出"在设计新场景时,你必须在与《装甲闪电战》的设计者们相同的限制条件下工作"。玩家使用《装甲闪电战》的引擎机制来制作自己兵棋的建议源自邓尼根关于游戏和分析历史的观点。在《战术兵棋3》的设计师笔记中,邓尼根挑衅性地断言,"这听起来怎么样?'大多数兵棋玩家都想成为兵棋设计师'。这是我在过去几年中一直有的一个想法,'游戏'本身并不是人们真正感兴趣的,至少从长远来看不是这样的"(Dunnigan,1970)。历史兵棋的重点是测试替代方案,试验可能产生不同结果的变量;它是一种互动媒介。邓尼根认为"这种能力也意味着游戏本身是可以改变的"——因此他的《战术兵棋3》设计师笔记的标题是:"游戏就是游戏"。他的战争引擎以其灵活性和可访问性特点将场景的生成与玩家授权联系起来。玩家们接受了挑战。一份关于《装甲闪电战》文章的参考书目列出了大约275篇已发表的文章、信件、兵棋变体和重制版本的清单,这些所涉及的参考书目的时间跨度很长,它们在大约30年的时间里出现在20多家期刊和其他媒体上。《装甲闪电战》也将成为20世纪最畅销的兵棋,它在1971—1998年售出了超过320份(Arvold;Dunnigan,1980)。

虽然《装甲闪电战》是阿瓦隆山公司出品的一款兵棋的名称，但战争引擎也将这款兵棋发布到模拟出版公司的名录当中。西蒙森关于将游戏作为交流媒介的想法定义了艺术品和物理组件的角色，并为之制定了规则展示的标准格式（Lowood，2009）。相对一致的呈现方式，尤其是期刊类游戏，帮助玩家应对不断增加的游戏流量。他们学会去期待一系列规则、程序和案例，然后是特定的细节（邓尼根将其称之为"chrome"），例如有可选的规则、设计说明和场景，在这其中通常还有他们自己的特殊规则。模拟出版公司将游戏定义为系统和系统设计过程（Simonsen，1973；Simonsen，1977；Patrick，1977）。该公司通常将其产品描述为"冲突模拟"；相应地，这些场景为分析邓尼根的历史学家提供了使用模拟出版公司的系统规则作为模拟引擎进行研究的案例。因此，《掷弹兵》(Grenadier)(1971)简介中描述为"18世纪的欧洲战争和拿破仑战争中连队/中队/连级战斗的历史模拟"，而不是一个战斗专题兵棋。然后，玩家"通过场景"重新创建特定的约定，每个场景"本身就是一次完整的游戏模拟，并使用游戏设备来模拟现实"。这些场景涵盖了历史上从布伦海姆战役(1704)到帕洛阿尔托战役(1846—1848)，但很少需要大量特殊规则文字描述来补充《掷弹兵》的核心规则、兵棋组件和通用地图系统。

战争引擎的影响是双重的。首先，它是专题游戏的替代品。其次，模拟出版公司对其流程的透明性突出了其创新设计实践，并因此鼓励了不同类型游戏和模拟以及其中许多兵棋的出版。《战略与战术》在1970年发行了1 000~1 500份，1980年的发行量则达到了37 000份的高峰。据邓尼根估计，1969年出售的兵棋不到10万份，在这其中主要还是由阿瓦隆山公司售出的；而到了1980年，兵棋销量则达到了220万份(Dunnigan，1980)。模拟出版公司强调系统和场景的另一个含义是，它为从单个系统生成多个游戏开辟了另一种新的途径——邀请玩家来进行设计。以《战术兵棋3》或《装甲闪电战》为例的战争引擎引入了更加灵活、模块化的兵棋设计方法。邓尼根得出结论，到了20世纪70年代末，玩家已经失去了他们对兵棋设计师和出版商的"敬畏"。许多人决定"自己动手"，这导致兵棋数量以及发行兵棋的公司数量激增。为了了解模拟出版公司游戏系统的这种影响，我们把战争引擎的"系统+场景"兵棋设计模板与修订的阿瓦隆山公司的专题游戏的可用选项进行比较将会很有帮助⑩。

模拟出版公司几款最初的测试系列中兵棋的修改、扩展或应用都借鉴了先前由阿瓦隆山公司发布的兵棋设计。《安齐奥滩头阵地》(Anzio Beachhead)就是一个例子，它发表在1970年的第20期《战略与战术》期刊上。设计师戴夫·威廉姆斯设计了一款关于第二次世界大战期间安齐奥登陆的小游戏，它可以作为阿瓦隆山公司上一年发行的《安齐奥》游戏的补充。更为雄心勃勃的是，通过闪电战模块系统，邓尼根的兵棋设计系统迎头赶上了阿瓦隆山公司的专题游戏，兵棋游戏《安齐奥滩头阵地》于1969年11月作为《战略与战术》第19期的奖励游戏出版。与罗伯茨的《战术》与《战术II》一样，阿瓦隆山公司的《闪电战》(*Blitzkrieg*)(1965)也是一部关于现代战争的抽象虚构兵棋游戏。这是一款由劳伦斯·平斯基设计的大型、复杂的兵棋游戏；除了一些可选的规则和模式之外，还有诸如快速播放的"锦标赛版本"游戏模式，这也是一款完成了全部设计的兵棋游戏。玩家对游戏中前所未有的军事选项感兴趣，他们注意到了实验的潜力，以及后来在《将军》期刊中出现了一些提出可选规则和其他变体有关的文章，此外还有其他数十篇战略文章。模拟出版公司的模块系统重新回到《闪电战》的设计中不是为了改进阿瓦隆山公司的游戏，而是为了将其改造成一个不同的开放系统。邓尼根和西蒙森将其描述为"替代设计"或"起点"。(在这方面，这可能是对《战略I》的一次游戏测试——这是一款测试系列兵棋。)在模块系统中整合了18个模块："它们涵盖了游戏的方方面面，如果它们全部都被使用，将会创建出一款全新的兵棋游戏"(Dunnigan and Simonsen 1969,17)。这些模块的构建是为了让玩家可以使用其中的部分或全部，玩家还可以从《闪电战》或《战略与战术》中提供的其他组件中挑选和选择物理组件。它们不是场景，而是规则集，其名称分别为"流体冲动"(或"刚性冲动")、"铁路""空军"和"天气"。因此，玩家可以访问引擎本身，并将规则与他们所选的原始游戏规则任意组合。正如其标题名称所展示的那样，"闪电战模块系统"测试了游戏系统是否可以分解成多个部分、是否可以重复使用和重新组合。一位评论者称赞模拟出版公司的模块化《闪电战》是一次相对于原作的"重大改进"的游戏设计。他认同其灵活性，因为它允许玩家通过向规则的"基本骨架"添加模块来模拟他们"感兴趣的领域"。自然地，这位评论者还建议对这些模块进行修改，玩家们也会继续讨论对模块系统和《战略I》的后续更新修改(Reddoch, 1970; Bauer, 1970a; Bauer, 1970b)。邓尼根后来将这些贡献解释为"mushware"(蘑菇)的一个自然特征，他将其定义为"人们在没有计算机的情况下，通过大脑中的复杂程序运行所能做出的事情"。手工兵棋玩家很高兴地跳过了这个理解复杂规则系统及其与场景语句和物理组件交互而引起的智力障碍的阶段。然后他们考虑如何修改模块。该评论家的结论是，"无论是否愿意，接触过手工兵棋的玩家都会成为兵棋设计师"(Dunnigan, 2000a)。

　　《装甲闪电战》是由阿瓦隆山公司发布的，因此玩家可能已经将其模块化作为一种范本，不仅是为了制作新的场景，而且也是为了像"《闪电战》模块系统"那样去修改阿瓦隆山公司所发行的其他兵棋。尽管，专题兵棋并不特别适合扩展或修订。然而，自实行的第一年以来，玩家们就向《将军》期刊提出了，比如从新的部队和地图板的建议到规则修订(Perica, 1964; Madeja, 1965)等各种变体和修改的建议。一位记者敏锐地指出，罗伯茨的《战术》是一个很有吸引力的变革目标，因为它提出了一个抽象的主题："它很灵活，你不必担心历史准确性"(Shimer,

1965)。这些对《将军》期刊的贡献记录了玩家们改进和设计兵棋的潜力。邓尼根认识到了这种潜力并激活了它。毫不奇怪，邓尼根对兵棋系统模块化的透明所做的努力将会继续鼓励玩家们制作新的兵棋游戏或将其灵感添加到原有的游戏中去。模拟出版公司的设计团队向他们展示了公司的内部项目——测试系列中《1914修订版》或《战略与战术》中教他们如何修改阿瓦隆山公司的"闪电战模块系统"。

尽管有这种鼓励，但事实上仍然并非所有兵棋都是模块化系统。如何修改已出版的专题兵棋呢？约翰·爱德华兹的《俄罗斯战役》(*The Russian Campaign*)就是一个最成功的案例。爱德华兹是一名澳大利亚人，1968年到访美国时，他参加了几场阿瓦隆山公司组织的兵棋比赛，后来成为一名狂热的兵棋游戏玩家。作为一名新玩家，起初，他这样理解这些兵棋的专题性质："当时改变规则似乎类似于亵渎神灵……做梦也想不到自己会对其做出修改。"但是最终，他以批判的眼光转向了这些兵棋的历史准确性和可玩性，并开始研究规则、战斗命令和战斗因素。"虽然进展缓慢，但可以肯定的是，我正在开发属于我自己版本"的阿瓦隆山公司出品的《斯大林格勒》(*Stalingrad*)兵棋游戏(Edwards, 1978; Avalon Hill 1980, 12)。爱德华兹与阿瓦隆山公司就他的项目进行了沟通，但公司决定不发行这款基于他自己想法的新兵棋。相反，爱德华兹在模拟出版公司的《战略与战术》副刊中，以《斯大林格勒：澳大利亚风格》的题目形式表达了他对兵棋《斯大林格勒》的"建议"。事实证明，要想更新一款专题兵棋，其最佳方式是制作一款新兵棋。爱德华兹在文章中赞扬阿瓦隆山公司兵棋的同时，指出"许多兵棋玩家"提出了改进游戏的方法，并且他自己也提出了一些改进的方法(Edwards, 1970)。与此同时，他与阿瓦隆山公司的接触还促成了一项独家代理协议，即在澳大利亚进口和分销兵棋。这种商业安排让爱德华兹认识到，他可以通过在国内自行发行兵棋的方式来降低成本，而不是去经常处理一些进口关税之类的问题。继而，爱德华兹成立了一家名为杰德科(Jedko)的兵棋设计公司。该公司的第一款兵棋是《非洲战役》(*The African Campaign*)(1973)，其设计灵感来自阿瓦隆山公司的《非洲军团》。爱德华兹的《斯大林格勒》续集——《俄罗斯战役》(*The Russian Campaign*)于1974年发行。

和多年后的计算机游戏开发者一样，阿瓦隆山公司认为与玩家合作比与其对抗更有意义。在对爱德华兹旧专题兵棋所涵盖主题进行改进处理后，它"向热情的美国观众介绍了这些强调可玩性的兵棋"。从1976年《俄罗斯战役》开始，阿瓦隆山公司出版了在美国很难买到的，如《海上战争》(*War at Sea*)和《欧罗巴要塞》(*Fortress Europa*)等杰德科公司出品的兵棋。正如《将军》期刊中所承认的那样，阿瓦隆山公司的开发人员发现，虽然《俄罗斯战役》与阿瓦隆山公司的《斯大林格勒》兵棋"涵盖的领域大致相同"，但杰德科公司的兵棋"太好了，不容忽视"。阿瓦隆山公司改进了游戏的图形显示、清理了规则,并添加了一些"场景"和玩家辅助工具;结果产生的是一场可能与《斯大林格勒》"覆盖相同的领域"的比赛,但其却是"一款全新的兵棋"(Avalon Hill,1976)。在爱德华兹的领导下,阿瓦隆山公司用一套新的专题兵棋取代了旧专题。多年来,这款新兵棋经历了各种修订并有了许多新版本,继而产生了一系列剧情连续的兵棋,从《斯大林格勒》(1963)到杰德科的《俄罗斯战役》(1974),再到杰德科兵棋的阿瓦隆山版本(1976、1977、1978 和重印版),然后是爱德华兹为杰德科更新的《俄罗斯战役Ⅱ》(1986),以及由 L2 设计集团(L2 Design Group)出版的《俄罗斯战役》第 4 版兵棋,再随后是同样由 L2 设计集团出版的《南方扩张计划》。在 1980 年公开的公司"时间表"中,阿瓦隆山公司承认《俄罗斯战役》迫使《斯大林格勒》"从货架上"退出,同时也提醒读者,阿瓦隆山公司的开发商理查德·汉布伦(Richard Hamblen)编辑了第 3 版规则,并进行了"有意义的修改"。与杰德科合作的经历让阿瓦隆山公司认识到了拥有外部开发人员的好处。但这也会增加其开支。《将军》的编辑解释说,当《俄罗斯战役》是"另一家公司的初始创业产品"时,与阿瓦隆山公司收购游戏研究公司、《外交风云》的出版商,以及即将结束收购的一家不同系列游戏的制造商——3M 游戏公司的谈判相比,该产品就是"小菜一碟"。次年,阿瓦隆山完成了对 3M 游戏和体育画报的游戏作品的收购(Avalon Hill,1980)。阿瓦隆山公司因此将 1977 年称为公司的"收购年"。 阿瓦隆山公司的这些商业举措将超过 25 款新兵棋纳入了公司的兵棋目录,使其产品内容大幅多样化。

《俄罗斯战役》作为阿瓦隆山公司修订专题兵棋模型的例子与模拟出版公司引入的模块化系统的影响形成了鲜明对比。20 世纪 70 年代初,专题兵棋和战争引擎走上两条截然不同的发展道路。在《装甲闪电战》发布 6 年后,作者对其地图进行了详尽的"逐格"分析,但阿瓦隆山公司并没有为其兵棋系统发布新的地图板,这让他感到困惑。这种对游戏场景可能性明显扩展的疏忽是一个机会的错失,因为"《装甲闪电战》本可以像在芭比娃娃玩具中出售超小号的比基尼那样出售地图板"(McAneny 1976,3)。虽然在其内部出版物中发表了批评性评论,尽管该公司已经发布最具影响力的兵棋,但种种迹象表明阿瓦隆山公司还没有准备好加入战争引擎计划。事实上,令人感到困惑的《装甲闪电战》的专家评论与其出现在了同一期中,评论说阿瓦隆山在该期中宣布其收购战略是增加产品线的主要方法。阿瓦隆山公司直到 20 世纪 70 年代中期才建立起自己的战争引擎,之后便发布了《道布拉克》(Tobruk)(1975)、《班长》(1977)和《高级班长》(1985)等战术系统以完善其"完整的游戏系统"。《将军》期刊的一则广告将其称之为公司 30 年历史中的"最高成就"(Avalon Hill,1988)。

运行中的战争引擎:《高级班长》见图 8.4。

图8.4 运行中的战争引擎：《高级班长》

邓尼根将玩家视为设计师或至少是规则提琴手的概念与模拟出版公司的各种设计项目和创新的启动始终存在联系。这些项目通过表明游戏可以是可配置和可扩展的系统，从而证明了邓尼根的观点是对的。他们这样做是为了提高兵棋游戏设计的效率，以便发布更多的兵棋游戏。设计效率和生产力之间的相互转换是一方面因素，游戏灵活性和模块化之间的相互转换是另一方面因素，这些造就了兵棋游戏设计的战争引擎模式。将游戏构建为系统和场景的组合使得模拟出版公司等出版商能够制作系列游戏，同时也鼓励玩家在相同的规则和物理组件系统之上添加属于其自己的游戏场景。然而，我并不是要讲述一个关于模拟出版公司的战争引擎是如何取代阿瓦隆山公司的专题兵棋模式的"辉格党故事"。到20世纪70年代中期，两家公司都在生产这两种类型的兵棋。邓尼根的公司还制作了专题作战研究，并找到了其他有效设计的方法。模拟出版公司制作了类似于拿破仑最后一次战役的"四方游戏"，其每个套装都包含四款游戏或"对开本"，它们都基于同一套核心规则，并通过一场历史战役在主题上联系在一起。邓尼根的公司还通过在新兵棋中使用广受欢迎的规则概念来推广这些概念。例如，邓尼根的《古德里安装甲集团》（*Panzergruppe Guderian*）最初是在《战略与战术》上出版的，然后由阿瓦隆山公司将其作为盒装兵棋出版。该兵棋模拟了1941年的斯摩棱斯克战役。它在轮换顺序和规则中引入了装甲部队的附加移动阶段和将战斗力量随机分配给未经测试的苏联部队的机制等几方面新的尝试。随后的几款兵棋都将这些设计理念应用到了主题涵盖第二次世界大战的其他战役的兵棋中，以至于有人说"古德里安系统"是这些兵棋的特征之一。这些从系统（甚至从特定设计概念）生成一系列兵棋的方法，为模拟出版公司提供了更多的工具，用以实现邓尼根对效率和生产力的追求。竞争对手也注意到了这一点。正如我们所看到的，阿瓦隆山公司获得了出版权，其中包括许多模拟出版公司出品兵棋的版权（《古德里安装甲集团》《腓特烈大帝》以及其他兵棋），并最终开始生产属于自己的战争引擎。一些新公司可能会围绕单个引擎来建立一个完整的品牌或产品线。成立于1973年的游戏设计师工作室（Game Designer's Workshop）正是通过欧罗巴（the Europa）系列做到了这一点。欧罗巴系列是一个庞大的项目，旨在设计一个地理范围内的一系列兵棋，并使其受统一规则集的管理。假设这个项目能够完成，游戏设计师工作室提出的将多款兵棋游戏结合起来以完成整个第二次世界大战系列兵棋游戏的可能将得以实现，但前提是人们能够找到一张足够大的桌子来放置兵棋地图。回顾兵棋行业前期，令邓尼根感到满意的是他的设计和制作模式帮助催生出了许多游戏公司，"每家公司在某种程度上都在遵循模拟出版公司的系统模式"（Dunnigan，2000a）。

三、从纸片游戏到计算机游戏

大多数玩家起初并不知晓，仅仅玩手工兵棋就能使自己成为兵棋设计师。随着时间的推移，他们中的大多数人意识到了这一点。

——詹姆斯·邓尼根，《兵棋推演手册》

世界上最优秀的设计师所生产的产品与相当多的优秀玩家所生产的产品之间并没有太大区别。

——约翰·卡马克（John Carmack）

最近关于兵棋推演历史的许多工作都集中在军事模拟方面，尤其是在所谓的军事娱乐综合体的兴起和影响的背景之下（Lenoir and Lowood，2005；Stahl，2010a；Crogan，2011）。本章关注的是另一种兵棋。在20世纪60年代末和20世纪70年代初，无论是兰德公司还是军事实验室等研发智库、专业模拟团体都很少与查尔斯·罗伯茨或模拟出版公司有直接接触。尽管如此，与军事模拟一样，计算机不可避免地会对他们所建立的行业产生影响。邓尼根将20世纪80年代描述为兵棋的"转换时代"，他的意思是指能量和思想从手工兵棋向计算机兵棋的普遍转变。具体的兵棋设计理念甚至兵棋游戏载体也转移到了计算机上面。正如邓尼根所说，"到20世纪80年代中期，许多手工（纸质）兵棋已经直接转移到了计算机上。"在早期的转换中，改编手工兵棋在本质上"意味着在计算机屏幕上显示一幅六角格地图"(Dunnigan, 2000a)。朝着这个方向迈出的第一步是融合游戏，其中软件成了手工兵棋的一个竞争对手。克里斯·克劳福德通过一款最初名为《温暖的我》(*Wargy I*)的兵棋引入了这种方法，该兵棋最初是用FORTRAN软件为IBM 1130计算机编程的，然后在1978年又为Commodore PET微型计算机发布了一款更名为《坦克动画》(*Tanktics*)的游戏版本。克劳福德记得"当我首次发布时，它是唯一的一款商业兵棋。"阿瓦隆山公司于1982年发布了一个针对多系统的修订版，该版本推出了一系列计算机兵棋游戏。大卫·迈尔斯观察到，"《坦克动画》以及当时大多数计算机兵棋的主要吸引力在于，其无须征集其他(人类)玩家即可进行游戏。"当阿瓦隆山公司摘得销量桂冠时，克劳福德已经通过为阿塔丽400/800系列的八位家用计算机编程《东部前线》(*Eastern Front*)(1941)(克里斯·克劳福德的第1版《东部前线》见图8.5)。这款兵棋基于先前因对兵棋缺乏兴趣而被阿塔丽拒绝的项目，该项目后来通过阿塔丽程序交换(此后简称为APX)发布，这可能是在这些机器上运行的最畅销软件的名称了(Crawford 1982a, 35; Myers 1990, 20)。

图8.5 克里斯·克劳福德的第1版《东部前线》

克劳福德的兵棋遵循一条类似于由模拟出版公司倡导的从专题兵棋到战争引擎的发展道路。他从专题兵棋设计开始。《坦克动画》是对单一的一场战斗的研究,而阿塔丽程序的第一个交换版本《东部前线》(1941)是对一场战役的专题研究。然而,第二个盒装版本的《东部前线》通过提供一个单独出售的"场景编辑器"来使其接近战争引擎的概念。1983年秋季的阿塔丽程序交换目录敦促玩家使用该场景编辑器来"为《东部前线》中的战斗建立自己的标准"。它使玩家能够"控制十几个可能改变游戏结果的因素"。本目录中出售的其他条目加强了该工具的实用性。其中包括由泰德·法默尔为游戏设计的三组"挑战性新场景",该设计旨在将战争延续到1941年战役之后,以及斯蒂芬·霍尔的《地图制作工具》(MAPMAKER)和"非常受欢迎的"《东部前线》,玩家都特别感兴趣。"地图制作工具"被描述为克劳福德用来为他的游戏创建滚动地图的软件;阿塔丽程序交换使任何"想创造一个战略游戏"的人都可以使用它(APX 1983,24)。总之,场景编辑器和地图制作实用程序无疑鼓励了雄心勃勃的玩家们去创建新场景。然而,在模拟出版公司早期的手工项目(如《闪电战》模块系统,甚至是《装甲闪电战》)上,该系统不是模块化的,是不可扩展的,因为规则系统(程序代码)不能以同样的方式进行访问。手工兵棋不仅仅是物理游戏,它们也是兵棋规则手册,玩家可以阅读和学习。支持玩家生成的场景是一回事,但如果不提供对底层游戏系统的访问路径,玩家就无法分析游戏是如何运行的。从这个意义上说,《东部前线》是邓尼根批评"计算机兵棋游戏使游戏的内部运作陷入黑暗"的例证(Dunnigan,2000a)。20世纪80年代的计算机兵棋也存在这种局限性,这些兵棋提供场景生成器或构建涵盖不同历史时期的"通用"模拟器。值得注意的作品包括战略研究小组(SSG)的《前线系列》(Battlefront series)(1986—)、战略模拟公司(SSI)的《兵棋构建集》(Wargame Construction Set)(1986)、雨鸟公司的《通用军事模拟器》(Universal Military Simulator)(1987—)版本以及模拟公司的《攻击点2》(Point of Attack 2)(2004)等更新的场景生成类兵棋,该款兵棋同时发行了军用版和"民用版"两个游戏版本。

20世纪80年代中期,战略研究小组、战略模拟公司和雨鸟公司开发的计算机战争引擎探索并试图扩展兵棋游戏的系统+场景公式。他们这样做是在暗中追随克劳福德的预测,即"个人计算机上的兵棋游戏将不会发展成棋盘游戏那样。"他对"计算机兵棋游戏的未来"的愿景是,游戏设计师将努力优化"计算机的优势"并避免其弱点(Crawford 1981,3)。例如,克劳福德的作品《东部战线》最初的设计工作就曾陷入过停滞。在意识到阿塔丽(Atari)家用计算机上可用的滚动地图图形可提供"怪物游戏——一个拥有一切的游戏"的潜力后,他重新启动了该项目(Crawford 1982b,102)。《兵棋构造集》(WCS)和《UMS:通用军事模拟器》的设计者也关注作为一个提供潜在的巨大模拟空间计算机在规模方面,以及在灵活性方面的表现。源于图灵的万能机器的计算思维方式的影响在这个版本的战争引擎中产生了共鸣，这在火鸟（公司）的游戏标题中隐约可见。《兵棋构造集》的游戏手册计算机游戏也有体现。它承诺玩家可以"在游戏中探索军事历史、幻想和科幻小说中广泛存在的冲突情况"。《通用军事模拟器》的买家在其盒盖上可以读到"从古典历史的古代战争到最血腥的科幻幻想，《通用军事模拟器》让你用其独特的3D图形系统来重新创造它们。"设计师们考虑计算机作为一个"无所不能"的兵棋游戏平台如何使其超越纸板计数器、物理地图和游戏手册的限制。

虽然"无所不能"的战争引擎的可能性似乎承诺了无限的场景生成能力，但将该过程描述为"编辑"的标准实践暗示了其中的一些限制，如阿塔丽交换程序为《东部前线》设计的"场景编辑器"所遇到的限制。《兵棋构造集》同样为玩家提供了游戏"编辑器"的访问权限，这使得地图和部队编辑成为可能。评论家兼作者奥森·斯科特·卡德认为《兵棋构造集》是20世纪80年代早期一系列计算机"构造"游戏的一部分，在此系列中还包括《夺宝奇兵》(Lode Runner)、《弹珠台》(Pinball Construction Set)和《冒险构造集》(Adventure Construction Set)。卡德将模拟出版公司的产品描述为"简单、优雅、充满无限变化"，并在他的简短评论中重点介绍了"构造"为游戏设计提供了什么，而不是这款游戏是如何玩的(Card, 1989)。卡德的评论强调了场景编辑器和构造集所开创的无限模拟的雄心勃勃的愿景。通过比较《装甲闪电战》和《兵棋构造集》，可以说明数据库编辑作为场景生成所施加的约束。在手工兵棋中，玩家创建的第一组重要场景出现在1974年的《将军》期刊中，其名称为"超越情境13"(Harmon, 1974)。在这些场景中，作者将其称之为"场景13变体"——以编号为14到25的《装甲闪电战》场景卡的形式出现在《将军》期刊上。每一个场景都包括一份历史描述，"地图配置"用于安排游戏的地形地图、苏联和德国军队的部队清单设置说明，以及一条转弯路线。值得注意的是，它们还包括特定场景的规则和"胜利条件"。例如，在名为"俄罗斯联合进攻：俄罗斯某地(1944)"的情境18中包括这样一条规则，即"苏联军队不得从一个棋盘跨越到另一个棋盘上（例如，从棋盘1到棋盘2等）。但是，他们可以从一个棋盘向另一个棋盘开火"(Harmon 1974, 9)。游戏组件会由原始游戏所固定，但规则不同。场景设计者使用情景卡提供有关如何部署现有组件的说明，但也可以选择通过以自由文本形式编写规则来扩展甚至修改规则。这不仅仅是编辑，场景设计者（可选）编写新规则。在计算机兵棋中，创建场景的过程包括使用编辑器通过选择和放置"地形图标"来创建地图，编辑地图颜色，设置场景中的部队数量和类型，并根据友军的火力和移动速度定义军事部队的特征，玩家控制的部队选择"等级"供游戏软件控制。编辑功能通过关于数据库元素的决策组合提供了灵活性和可变性。通过选择、放置和分配颜色值到地图区块或为部队提供1~99的数字"火力"等级等操作来表达。开发《兵棋构造集》的罗杰·达蒙在游戏附带的说明书中告诉玩家，"这个构造集的核心概念是首先定义变量，然后使它们尽可能容易地操作。设计师的重点可以转向从可用数据中抽取游戏"（《兵棋构造集》，23）。《兵棋构造集》的场景设计者编辑了一个数据库，但是其中没有编写新规则的选项。

第二种是与兵棋系统相关的技术，它将我们引入另一种用于计算机的军事游戏技术：游戏引擎。讲述游戏引擎技术和第一人称射击类型的历史发展会让我们走得更远，我已经在其他地方有过论述（Lowood，2014）。我将简要陈述的问题是，战争引擎是基于系统和场景的模块化系统构建的，但它是否应该被视为对游戏引擎概念的影响，即它是否是一个将引擎与内容区分开来的软件体系结构，这两个系统分别由模拟出版公司和爱迪软件（id Software）的令人生畏的生产计划驱动开展进行。两者都支持通过使用新的创造性资产（如场景卡或游戏地图）的方式来重新使用其核心系统。这些确实是有意义的相似之处。模拟出版公司和爱迪软件并没有使用相同的技术，但他们正在解决相关的问题：生产效率、设计创新和玩家创造力。当然，追踪战争引擎和游戏引擎中反复出现的游戏设计形式是很有诱惑力的。然而，这种解释策略可能是一种延伸。的确，当模拟出版公司和爱迪软件生成可以重新使用的系统并与主题数据组合以生成不同的游戏体验（如场景或模型）时，他们都考虑到了设计的效率。然而，邓尼根在他的《兵棋推演手册》（*Wargames Handbook*）中坚持认为，手工兵棋和计算机兵棋在本质上是不同的："在棋盘兵棋中，你不能忽视游戏的细节。而在计算机兵棋中，你却可以忽视游戏细节，而且乐此不疲"（Dunnigan，2000a）。在邓尼根看来，像爱迪软件推出的《厄运》（*DOOM*）这样的游戏之所以成功，就是因为它拥有先进的技术。如游戏中引人注目的图形和第一人称视角这项技术都是引擎的产品，但是其秘密被封锁起来了。作为设计者，在战争引擎的术语中，他们留给玩家去创造的是场景编辑部分，而不是模拟设计部分。这正是邓尼根将棋盘兵棋的销量下降视为坏消息的原因。撇开邓尼根和约翰·卡马克对游戏引擎兼容的愿景不谈，从手工兵棋到计算机兵棋的过渡使引擎的使用变得复杂，进而缩小了玩家对新设计内容的使用范围。

计算机兵棋的设计者们很容易走模拟出版公司的老路——越来越远离兵棋，但无论是像《东部前线》这样的战争引擎，还是像《厄运》这样的游戏引擎，玩家作为设计师的角色都因一个重要特征而改变：除了公司的程序员外，没有人可以直接访问系统或引擎[①]。尽管如此，将棋盘类兵棋和计算机兵棋设计纳入相同对话（关于兵棋游戏系统和玩家创建场景）仍然是一次值得的尝试。这样做有助于我们理解设计游戏系统的持续性挑战，以及"手工"进行数码游戏兵棋设计的相关性。前模拟出版公司的游戏开发商格雷格·科斯蒂基恩在介绍一本关于"模拟游戏设计"的论文集时坚称"数码游戏和非数码游戏在其本质上没有区别。"作为一名历史学家，这一说法鼓励我更多地关注桌面游戏，这不仅仅是为了它们本身，而是为了让其作为数字游戏历史的一部分。代码中还存在一个证据"（Costikyan 2011,13-14）。我试着向科斯蒂基恩展示："正如许多游戏研究所发现的那样，兵棋引擎是一个重要的应用程序，并且使用程序已经发现桌面游戏是游戏系统设计中的一个重要概念。如果是这样的话，它会在游戏设计的研究中特别有用，因为在其系统上重新审视游戏历史的是玩家，而不是隐藏的桌面。

关于作者

亨利·洛伍德（Henry Lowood）是斯坦福大学科技史收藏馆和电影与媒体收藏馆的馆长。他还是斯坦福大学新思维课程（Thinking Matters Program）、科学和技术研究课程、科学历史和哲学课程，以及圣何塞州立大学图书馆和信息科学学院的讲师。自2000年以来，洛伍德还牵头了"他们是如何进行游戏的"项目，这是一个致力于数字游戏和模拟历史研究和档案保存的项目。该项目包含斯坦福大学在数字保存游戏和虚拟世界以及其他互动媒体方面的努力。洛伍德最新的一部著作是与迈克尔·尼采（Michael Nitsche）合编的《机器阅读器》（*The Machinima Reader*），该书由麻省理工学院出版社出版。他目前正在与雷福德·吉尼斯（Raiford Guins）一起为麻省理工学院出版社编著《调试游戏历史：关键游戏历史编纂词典》（*Debugging Game History: A Lexicon for Critical Game Historiography*）一书。

注释

①关于军事模拟及其与商业兵棋和娱乐业的联系，参见彼得·P.佩拉（Peter P. Perla）和蒂姆·莱诺尔（Tim Lenoir）的相关章节。詹姆斯·邓尼根观察到，20世纪50年代，美军已经"基本上放弃"了兵棋推演；商业兵棋"在20世纪70年代初吸引了美军的注意力，并引发了军事兵棋的复兴"（Dunnigan，2000a）。

②有关19世纪80年代的更多示例，参见霍弗的著作（Hofer，2003）。

③他是阿瓦隆山公司的早期游戏测试员之一，并于1964年成为该公司时事通讯《将军》在美国西南部的第一位"编辑"。

④这张照片见本书伊丽莎白·洛什章节中的图30.1所示。

⑤重要的是要注意该公司与其出版商——君主出版社的密切关系，在罗伯茨离职后，君主出版社（Monarch）的所有者最终收购了阿瓦隆山公司。

⑥邓尼根的业务往来以几个不同的组织名称开展，但模拟出版公司是其最终的兵棋出版母公司。这其中包括无限公司、用于期刊出版的波尔特隆出版社和用于游戏设计的运营设计公司。

⑦截至2014年，《战略与战术》已经在一系列出版商旗下发布了近300款兵棋。

⑧随着《T-34》的发布，《战略与战术》第23期重新获得人们的好感。《T-34》由阿诺德·亨德里克斯设计，是一款微型模型版本的《战术兵棋3》。

⑨几年后，模拟出版公司发布了游戏测试套件的重制版，也许是为了迎合收藏家的品味，它还改进了棋子艺术设计。

⑩和大多数游戏公司一样，模拟出版公司也制作了一些专题兵棋。

⑪当然，开放源代码软件可以说是让引擎处于最佳状态，但实际上，它只适用于理解自己所看到内容的熟练程序员。手工兵棋的"引擎"（即手册本身）是开放给所有人阅读的。

第九章　兵棋的引擎

——小马修·B.卡弗雷

在兵棋术语中，引擎是指一个支持兵棋的程序。通常，蓝方和红方决定他们的下一步行动，并将这些决定输入"引擎"。然后，该软件估计测算双方行为的净效果。但实际上，所有兵棋的引擎都需要估算双方行动的结果，或者更准确地说是需求，引擎不仅是兵棋发明之母，也是兵棋推演中许多进步的动力源泉。这种需求的深度和广度是过去和现在兵棋发展深度和广度的源泉。了解需求如何在过去催生了新的兵棋应用可能有助于我们预测未来兵棋的应用。

这种需求深入到了文明的曙光。兵棋最初是为了培养国王和皇室子女思维而产生的工具，其最初目的是让皇室子女能够胜过邻国统治者的子女。现代模拟兵棋推演始于一套用于教育普鲁士皇室子女的工具。从今天兵棋的广泛使用中可以看出，竞争依然存在，玩家仍然想要超越对手。兵棋也应用于民主、自由市场和经济领域。无论是总司令还是火力小队长都应学会使用兵棋。兵棋的发展和演变源于许多国家的多种需求。在本章中，我将讨论最近美国军事历史上的一些例子。

一场战争的失败就是巨大的动力。普鲁士人发明现代兵棋的原因之一就是他们在战场上败给了拿破仑。德国在第一次世界大战中的失败推动了两次世界大战期间德国兵棋在深度和广度上的发展。不过，有时候做得不好也能提供足够的动力。在越南战争期间，美国空军和美国海军都非常关注他们在空战中对抗敌机的损失率。美国曾在朝鲜战场上认为自己在空战中占据巨大优势，但如果在越南战争中损失的飞机数量与北越差不多，美国与装备更先进的苏联红军空军作战可能发生什么呢？

首先，美国军方试图弄清楚自朝鲜战争以来出现的问题。一项名为"红色男爵"的研究表明，大多数失败都是在飞行员最初的8~10项任务中发生的。美国的规划者得出结论，我们的军队正在训练飞行员如何飞行，而不是如何战斗。当时的空战训练是以驾驶同一类型飞机、使用相同战术的美国人作为假想敌进行的。

美国海军首先采取行动，在其战斗机武器学院内举行了一场兵棋推演，该项目更广为人知的名字是"壮志凌云"（Top Gun）。教官驾驶飞机的大小和性能与苏联飞机相似，他们甚至还使用了苏联的战术。这一举措的影响很快就显现出来：

海军在越南的空对空损失率大幅降低,而空军的损失率则基本没有变化。

海军的成功促使美国空军采取行动。美国空军建立了一所战斗机武器学院,并训练飞行员驾驶性能和尺寸与当时苏联军队相似的飞机。空军还做了更多的工作,在内利斯靶场上建立了一个模拟敌军,配备了敌方雷达、模拟防空系统和受过苏联战术训练的地面控制拦截操作员。然后,美国空军推出了"红旗"(军演),将来自世界各地的空军、海军和盟军或友军飞行员聚集到内华达州的内利斯空军基地,参加所谓的"终极战争推演"。通过"红旗"军演,美国空军确保其所有作战飞行员能够定期接受针对现实威胁的训练。在此之后,美国空军与敌对空军交战时——在第一次海湾战争中,损失率大约为1:11,这对美国极为有利。

这种由美国海军首创、美国空军推进的实战兵棋推演方式已经推广到以美国陆军国家训练中心为代表的陆军,以及加拿大、以色列和印度等其他国家的空军中。

兵棋推演不仅能够鉴别需求,有时它们可以帮助预测如何满足需求。这方面的一个早期例子是,美国海军在两次大战期间利用兵棋推演来确定未来对日战争中是否需要前沿基地。这是因为建设这些前沿基地所需驻扎的岛屿位于日本控制的地区。而兵棋推演表明,美国需要发展两栖攻击能力才能攻占这些岛屿。尽管当时人们普遍认为现代武器已经使两栖攻击能力过时了,但美国海军陆战队通过兵棋推演以及其他几种方法完善了其两栖作战理论。

在苏联与其他国家开战之后,一个更为近期的两级兵棋推演应用的例子出现了。自20世纪50年代末以来,美国政府一直在使用一种"政治—军事"形式的兵棋推演来思考冷战中的战略选择。美国军队进行了多次政治—军事兵棋推演,以检验苏联可能采取的各种行动的影响。其中假设推演苏联军队远征的一个选择是苏联军队从阿富汗向南穿过伊朗东部,到达霍尔木兹海峡的北岸。第一次探讨苏联这一行动的可行性和可能影响的政治—军事兵棋推演得出的结论是:这一行动是可行的,并且在军事、经济、外交和政治方面具有很大影响。由于这样的兵棋推演是第一次由相对初级的参与者来进行的,因此还要由资深的参与者来重复进行推演。如果说这其间有什么区别的话,第二级兵棋推演表明后果将比最初所估计的结果更加可怕。因此,美国军方被指示编制一项应急计划,以便能在苏联发动进攻时保卫霍尔木兹海峡北岸。

美国的理论认为,在时间允许的情况下编制计划时,应进行两次兵棋推演。第一次推演是帮助预测多种可行的行动方案(通常是三个)的优缺点,第二次推演是在规划即将完成时,帮助确定计划中的任何问题并确定改进方案。虽然第一次兵棋推演往往只涉及少数成员对每个行动方案进行几个小时的兵棋推演,但第二次兵棋推演往往规模相当大,涉及下属总部。如果该计划付诸实施,下属总部将负责指挥部分行动。许多推演的规模都如此之大,以至于它们被冠以"演习"之名,并被媒体报道。

在计划削弱苏联在霍尔木兹海峡进攻效果的情况下,每次(通常为)两年计划周期结束时的兵棋推演被命名为"英勇骑士"(Gallant Knight)。早期的英勇骑士推演表明,苏联军队能够比美国军队更快地到达霍尔木兹海峡北岸,并拥有更强的战斗力,预测的结果是美国军队将被逐步击溃。然而,每次英勇骑士推演的计划周期都将总结经验教训,以及制定与部队、补给或基础设施相关的综合优先列表(IPL)。如果购买相关物件,可能会提高美国获胜的概率。"英勇骑士85"推演表明,美国军队需要更多的停机坪空间来停放飞机,预先部署相对较重、廉价的补给(如炸弹),以便利用美国有限的军力运输资源让更多部队更迅速地进入战场,并通过管线从海岸向内陆山区坚守的美国军队防御者供应天然气(1997年,作为一名年轻的上尉,我在"英勇骑士87"推演中担任裁判。直到几十年后,我才知道"英勇骑士87"推演是美国军队第一次被评为没有超支的兵棋推演)。

英勇骑士系列兵棋推演具有相当直接和长期的影响。经由英勇骑士推演验证的准备工作奠定了联军在第一次伊拉克战争期间取得胜利的基础。抵达目的地的美军飞机有足够的空间停放,由于预先部署了有限的空运,美军能够更快地让更多的军事人员进入战场。为帮助在空中或地面反攻之前推动部队向西转移提供油料补给甚至使用了输油管道。

不过,英勇骑士推演的最大影响可能是长期的。它的有效性促使所有的美国司令部更加严格地进行兵棋推演。长期以来,美国的原则是在规划周期中加入严格的兵棋推演。然而,在实践中,一些计划被"铅笔划掉",只有两年计划的日期被更新了。我们不太可能确定"铅笔划掉"的普遍程度,但在20世纪80年代中期,我无意中看到了一项计划,该计划将一架六年前已经被改装的飞机列入基地。其作用充其量是在一个规划周期内,检查总体规划的时间分段部署计划(TPDP)中是否存在停用的部队,并在必要时进行更新。英勇骑士推演向我们展示了严格的兵棋推演是多么有用!即使它们设定了错误的红色,从错误的方向发起进攻,但其作用依然不可忽视。在欧洲和韩国其他兵棋推演成功案例的帮助下,英勇骑士兵棋推演提高了美国对通过大型严格的兵棋推演改进计划和准备工作的重视程度。

有时兵棋推演满足了展示相关性的需要。在两次世界大战期间,美国陆军飞行员抱怨说陆军设计作战兵棋推演是为了尽量减少空中力量的影响。后来,通过1979年开始的一系列兵棋推演,美国海军开始使用兵棋推演来展示海权的持续相关性。

20世纪70年代末,由于对越南的不满情绪减少、"空心部队"的新闻报道、对苏联威胁(尤其是中欧)的日益重视以及经济有所增强等因素的共同作用下,美国国防预算增长了。一系列的兵棋推演表明,欧洲战争的最初几天和几周将是多么绝望,以及增加对军队的资助将会有多么大的帮助!这些兵棋推演表明,海军与"中央战线"的战斗几乎没有关系。因此,它根本不需要任何的追加资金用于防御。然而,美国海军中的许多人,特别是美国海军战争学院的教员,认为美国司令部专注于太小的区域和太有限时间的行为实在是太危险了。如果是与苏联开战,那将是一场全球性的战争,这场战争的结果不是在几天或几周内决定的,而将是在几个月或几年内。这些海军领导人需要找到一种方法,让国防部领导人和国会相信他们所看到的显而易见的事实。

1979年,美国海军战争学院利用学生毕业后的一段悠闲的时间举办了第一次"全球"兵棋推演。此次兵棋推演预算几乎为零,其中许多参与者都是尚未开始下一个任务的学生。然而,即使是这样的一次全球兵棋推演也表明了海军力量对与苏联战争总体进程的影响。

在接下来的10年中,全球兵棋推演在规模、预算、成熟度和影响力方面稳步增长。越来越多的国会议员和国会工作人员为了国防事务牺牲了自己的时间,他们7月在罗德岛的纽波特驻扎了2周。实际上,海军在20世纪80年代只进行过两次与苏联战争有关的兵棋推演。每年7月,美国海军战争学院将进行为期2周的兵棋推演,也许还会将推演时间提前几周至几个月不等。在为期5年的系列推演结束时,海军对冲突进行了总推演,涵盖从敌对行动之前一直到与战争结束所有相关的问题。两次为期5年的推演都表明了一件事:苏联难以赢得一场短期战争,而在一场长期战争中,他们将被自由世界经济的巨大产能所深深影响。

全球兵棋推演也有近期及长期的影响。许多人将海军在国防预算中获得的巨大份额归功于或归咎于全球兵棋推演。另一些人则声称,全球兵棋推演所产生的深刻见解让美国领导人在应对华约解体,以及之后的苏联解体的问题时增强了信心。长期而言,全球兵棋推演展示了兵棋推演对所有美军部门的价值,并使美国军队全面审视了他们如何才能最好地履行美国法典第10条中所规定的组织、训练和装备部队的职责。这种价值引发每个美军部门在20世纪90年代都开始履行法定义务、开展兵棋推演。这些兵棋推演仍然是预测未来所需兵力的极具影响力的工具。

最后,有时一个部门最大的需求不是洞察力或者是金钱,而只是征兵。自内战以来,美国通常通过征兵来满足此类需求。然而,从越南战争开始,便无法从政治上建立一个满足此类需求的机制了。因此,在20世纪90年代末,随着个人财富的增长速度超过以往任何时候,失业率降低、预算盈余预示着经济持续繁荣,美国军队发现招募士兵越来越困难。在20世纪70年代,美国军队降低了征兵标准以吸引更多新兵入伍,但这在首次实施时效果并不好,因为现在的战争变得更加高科技化。军队能够从国会获得越来越多的资金用于电视广告征兵,但增加的资金投入与新兵人数不成比例。其中一个问题是,陆军试图招募的这一代人越来越不喜欢看电视,而是喜欢网络和电子游戏。

姑且做一回"事后诸葛亮",解决办法似乎显而易见:通过网络和游戏征兵。美国陆军可以只花费用于电视广告预算资金的百分之一,改编一款商业计算机兵棋,以展示军人的使命和价值观,并将这款兵棋称之为《美国陆军》(America's Army)(2002—)。如果《美国陆军》在网上允许免费下载,会非常受欢迎。更重要的是,从军队的角度来看,该兵棋在征兵网站上的点击率是电视广告效果的一百倍(尽管新闻报道总体上是有利的,但有一些批评人士断言,使用兵棋游戏招募新兵是不道德、不体面的。这些批评者通常对足球比赛期间播放电视广告的不道德或不当之处保持沉默)。

《美国陆军》这款兵棋的短期和长期影响是什么还很难说。从短期来看,"9·11"事件后,由于美国经济下滑和爱国主义情绪高涨,发行《美国陆军》会使军队更容易招募新兵。从长期来看,《美国陆军》这款兵棋至少证明以极低的成本去改造现有的商业兵棋游戏的模式是可行的。这种经过改编的兵棋游戏保留了用户友好的界面,这使其首先获得了商业上的成功。黎巴嫩真主党、俄罗斯和中国已经制作或宣布将制作商业兵棋的改编版。

在不到两百年的时间里,需求引擎推动了现代兵棋从一个用于皇室子女教育的工具发展成为世界各国政府和军队使用的工具。但这种发展传播并不稳定。有时,无知或担心不被重视——因为兵棋常被视为儿童游戏,妨碍了需求的满足。不过,在未来两百年内,兵棋似乎将变得更加普遍。今天的年轻人花在计算机游戏上的钱远远多于花在电影上的钱。他们认为不是所有的游戏都是幼稚的。虽然商业兵棋游戏只占庞大且快速增长的娱乐软件行业的一小部分,但它们将受益于整个行业的硬件和软件的进步。我们有充分的理由相信,需求将继续推动未来兵棋行业的发展。国王们可能不再为土地而战,但竞争已经持续并将继续下去,因此需要利用兵棋来获得优势。

关于作者

小马修·B.卡弗雷是美国空军材料司令部(AFMC)下属的美国空军研究实验室(AFRL)兵棋推演项目的集成商。作为一名空军预备役的退役上校,他是空军指挥与参谋学院兵棋推演和战役规划课程教授。他经常在美国战争学院和五角大楼发表关于兵棋推演的演讲。作为《海湾战争实况》(Gulf War Fact Book)的合著者,他为该书撰写了多个章节和多篇文章;他的著作《关于兵棋推演》(On Wargaming)将由(美国)海军战争学院出版社出版。

第十章　效果设计：《高级班长》设计的"共同语言"

——J.R.特蕾西

《高级班长》(*ASL*)(1985)在兵棋爱好者中占有独特的地位。尽管已经发行将近30年,但它仍然很强大,同时拥有庞大而热情的粉丝群体以及规模较小但同样热情的诽谤群体。与其说《高级班长》是一款兵棋,不如说它是一个兵棋系统。因为它代表了兵棋推演中最好和最坏的方面,所以它既受到尊重,也遭受了辱骂。《高级班长》本身被认为是复杂性和全面性的基准,而它的玩家拥有近乎狂热的献身精神。尽管它的根基牢固地植根于"为效果而设计"的理念,但它被许多人视为第二次世界大战战术战斗中现实主义的典范。《高级班长》本质上更像是兵棋游戏而不是模拟,但它是一款回报丰厚的游戏,提供戏剧性的电影叙事和激烈的竞争体验。

兵棋《班长》(*SL*)由阿瓦隆山于1977年出版。《班长》的设计师约翰·希尔(John Hill)最初的灵感源自创造一个微型模型设计,事实上《班长》与希尔的《约翰尼·雷布》(*Johnny Reb*)在结构上有一些相似之处,它的微型模型是美国内战中战术战斗的规则。希尔根据他对目击者描述和回忆的理解,力求对战斗进行印象派的描绘(参见Greenwood,1978)。对于希尔来说,"现实主义体现在应对小型部队作战的压力和快速决策中"(Hill,2010)。因此,《班长》的特点是交错的比赛顺序,攻击者和防守者在同一个玩家回合内行动和响应。

一名玩家回合开始于集结阶段,因为两名玩家都使用领队来试图激励破碎的队伍,以及修复故障武器和执行各种管理任务。进攻方随后投入预备兵力开火,这是一个削弱对手的机会。然而,射击部队放弃了移动,所以过度开火会让玩家没有很多机动选择。回合的核心是移动阶段:攻击者出发,穿过六边形网格,防御者有机使用符合条件的部队火力阻拦。进攻方谨慎地来回佯攻,转移注意力,以吸引对方火力,这标志着其进攻水平很高。移动后,防御方有一个最后的防御火力阶段。尽管效率会降低,但移动的部队可能会在推进阶段开火。本回合早期被摧毁的部队在随后的溃败阶段后撤,这反过来导致了新一轮的前进。在这里,大多数攻击部队(即使是较早开火的部队)都能再移动一个格,通常会移动到敌人的位置,在最后的近战阶段用手榴弹和刺刀解决问题。然后重复这个过程,玩家交换角色,完成一个完整的游戏回合。

《班长》引入了德国和苏联的作战命令,但进一步的扩展模块调整了装甲部队战斗的规则,并将英国人、法国人、波兰人、比利时人和美国人添加到系统中。随着新国籍军队的出现,相应增加了规则,希尔最初设想的"一款基本上很简单,可以很快'上手'的游戏"(Hill,1977)在不断增加的元素下变得臃肿。

随着GI游戏公司《胜利的铁砧》(*Anvil of Victory*)的出版,《班长》成为一个深受欢迎的游戏系统,其规则集分布在4个独立的游戏和模块中。阿瓦隆山的首席游戏开发者兼游戏设计师唐·格林伍德(Don Greenwood)发现了一个机会,可以将杂乱无章的《班长》规则整合并为一本书,以"使其更具可玩性"和"填补所有漏洞",从而"培育一个包罗万象的游戏系统"(Greenwood,1986)。其结果是1985年出版的《高级班长规则手册》(*ASLRB*),以及该系列的第一个模块《超越英勇》(*Beyond Valor*)(1985),该模块以东线德国军队对阵苏联军队为特色。

《高级班长》(*ASL*)共计发布了18个模块,包括80多张地图、数千个游戏片段和数百个场景,该兵棋的覆盖广度令人震惊。其细节的深度包括对海上进攻、伞降、自行车部队、滑雪部队、下水道突击和攀登悬崖等细节的处理。在一个典型的游戏回合过程中,玩家可能会进行检查风向、呼叫大炮、释放烟幕、跳出坦克、冲过街道、搜索建筑物、发射火箭、创造英雄、收集俘房、伏击敌人、进行肉搏等活动。如果玩家在书中读到或在电影中看到大草原、沙漠、岛屿或丛林等景象,那么很有可能会在《高级班长》(*ASL*)中亲身体验。这种综合性强烈地吸引着游戏迷;如果投入时间和精力学习该系统,玩家将获得几乎无限的能力,重新创造第二次世界大战地面作战的全谱。"在一个游戏系统中提供足够的细节,使致力于该游戏系统的玩家能够使用一种通用语言"和"在使用同一游戏系统的情况下,玩家能够玩涵盖所有类型情况的数千个游戏"(Greenwood,1986)是格林伍德的明确目标。这种奉献是以时间和金钱为代价的。玩家学习并最终掌握游戏需要花费时间学习和实践,抛弃其他游戏,整个系统的成本高达数百美元。因此,《高级班长》被誉为"生活方式游戏",鼓舞人心的评论如"非常像高尔夫! 如果你开始游戏,你的生活将永远不会是原地踏步";"有史以来最伟大的游戏"和"一个伟大的游戏,基本上是我10多年来唯一玩过的游戏。"对其他人来说,这种沉浸感因素把他们排斥在外:"你要么全身心玩这个游戏,要么根本不玩这个游戏"和"有点像法学院,在彩虹尽头没有六位数的薪水等待"(Various 2001‐,boardgamegeek.com)。

鉴于广泛的《高级班长》(*ASL*)规则手册和《高级班长》领域的广度和深度,该兵棋将如何作为第二次世界大战战术战斗的模型呢? 有人认为它很棒:"超详细的战术模拟""这是一个非常真实的第二次世界大战战斗模拟""这是第二次世界大战战术模拟"。然而,粗略的检查揭示了作为模拟的几个缺点。与《第二次世界大战指挥官》对手相比，玩家享有巨大的信息优势，在大多数情况下完全掌握敌人的组成和目标，并准确了解自己部队的位置和战备状态。指挥和控制的许多要素要么是抽象的，要么是完全缺失的；例如，离散步兵小队的士气状态各不相同，但整体队伍的凝聚力几乎不受损失的影响。步兵可能会在敌人的火力下停止战斗，甚至溃逃，但坦克会毫不犹豫地向前移动，坦克内的乘员会毫不动摇地投入战斗，直到他们的车辆瘫痪或被摧毁。非车载火炮代表支援炮群，程序设计既烦琐又复杂（即使按照游戏的标准）。这些缺点给我们留下了什么启示？如果《高级班长》(ASL)作为一个完整的模拟失败了，它是否至少实现了约翰·希尔最初为《班长》设想的现实主义目标了呢？

正如希尔在《班长》中所设想的那样，《高级班长》游戏充满了在压力下做出的快速决定。防御者必须选择要么与接近的敌人交战，要么保持火力以应对更大的威胁。攻击者必须在其攻击部队造成伤亡或取得意外突破时做出反应和调整。在更高的层面上，成功要求这些仓促的决策服务于当前情景背景下的总体计划。完美的指挥和控制产生了一个不完美的模型，但不同元素的有效协调验证了历史上的联合兵种思想。例如，场景"无风日"（来自1997年的《高级班长》行动包场景1）(ASL Action Pack #1)描述了1945年初，德国在"北风行动"(Operation Nordwind)中的一次袭击（《高级班长》，"无风日"：猎人变成被猎杀者见图10.1；《高级班长》，"无风日"：侦察雷区见图10.2；《高级班长》，"无风日"：冲向出口见图10.3）。德国军队的步兵和车辆数量与防守的美国军队数量比例为2∶1，但他们必须占领一个城镇，用一半以上的兵力远离地图上标注的区域，这是一项非常艰巨的任务。然而，他们有允许这种行动的工具。首先，步兵搜索地雷。德国超重型坦克攻击战车(JgPzVI)的正面装甲不受美国武器库中任何火力的影响，直接攻击美国坦克。德国的重装甲喷火坦克(FlammHetzer)，依次驱赶美国火箭炮部队。这为轻装甲的突击炮扫清了道路，使其能够炮轰敌军步兵，直到最后装甲掷弹兵向前移动并占领地面阵地。

然而，缺陷也有很多：德军猎豹坦克(JagdPanzers)机械性能不可靠，喷火坦克可能消耗掉所有的火焰喷射器燃料，德国步兵脆弱，整个装甲部队没有炮塔。所有这些因素都反映在规则中，有些无关紧要，有些则略带开销。德军车辆的无炮塔设计缺陷暴露无疑，因为美国谢尔曼(Shermans)坦克非常擅长在行进中射击：美国坦克冲入德军侧翼射击，然后再次快速撤退，而笨拙的豹式坦克则需要努力调整方向以应对威胁。美国装甲部队不需要在这种情况下生存，它只需要让德军装甲部队远离美军大兵足够长的时间，让他们在镇上站稳脚跟，专心对付装甲掷弹兵。

图10.1 《高级班长》，"无风日"：猎人变成被猎杀者

图10.2 《高级班长》，"无风日"：侦察雷区

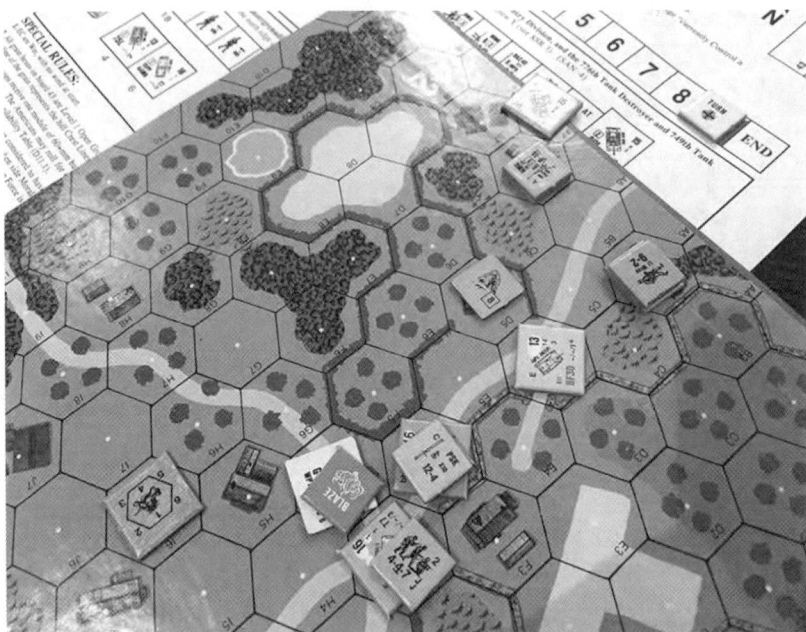

图10.3 《高级班长》,"无风日":冲向出口

　　所有这些加起来就是一个极具互动性的组合武器难题。虽然《高级班长》的通信、指挥、控制和情报系统（Communication, Command, Control and Intelligence systems, C3I）基本没有指挥自动化技术系统,但基本都按照它们应有的方式组合在一起,如果没有各个部分的相互协调,它们很快就会分解。

　　灵活性和即兴发挥的技巧至关重要;战斗是通过掷骰子来解决的,虽然可能会有一个给定的结果,但并不确定。偶尔的极端掷骰子通常会突出叙述,但不需要根据玩家的反应和适应性来定义成功或失败。逆境提供了压力,而竞争对手是否能在这种压力下苦壮成长决定了其结果是胜利还是屈服。

　　唐·格林伍德的《高级班长》"共同语言"巡回赛帮助创建了一个跨越世界的社区,它建立在偶然的本地集会基础之上,但以更正式的比赛为特色。最近一年,各大洲共发生了四十多起重大事件[①]。巡回赛的流行反过来又产生了一种高度发达和竞争性的比赛风格,这对一些玩家来说并不合适。鉴于《高级班长》规则集的复杂性,其存在奇怪的边缘情况和异常也就不足为奇了。如果出现这类情况,可以加以利用。例如,假设你在一栋关键建筑里部署一挺机关枪,但没有反坦克武器支援;我可能会在你家门口停一辆坦克,当我的步兵突击而过时,吸引你方射手的注意[②]。这样的情况不会主导游戏,但成为受害者可能会让玩家有苦难言,一些人因此退出游戏:"在我看来,竞争游戏削弱了游戏……巡回赛玩家利用规则赢得比赛"(Various 2001﹣,boardgamegeek.com)。

　　早在1986年,格林伍德就曾经断言:"游戏过剩已经使市场饱和,没有人再玩同样的游戏了。"(Greenwood,1986)。28年后,每年出版的游戏数量并未减少,但格林伍德根据约翰·希尔的原始想法推断出《高级班长》(ASL)会继续蓬勃发展,将谎言归咎于格林伍德自己的悲叹！ 自1999年阿瓦隆山公司倒闭以来,MultiMan出版公司一直是《高级班长》产品的特许经销商,定期出售其与《高级班长》相关的印刷品,新材料的流动仍在继续③。在一个因庆祝"崇拜新事物"而声名狼藉的分散游戏市场中,《高级班长》近30年来一直是蓬勃发展的追随者群体的关注焦点。有些人玩这款游戏是因为历史,有些人玩它是因为其作为游戏的品质,有些人是为了在竞争舞台上挑战自己,但所有的利益都是为一套连贯的规则服务的。掌握这项游戏令人望而生畏,但回报是巨大的:这是重建第二次世界大战战术战斗几乎所有方面的手段。

关于作者

　　1987年,J. R.特蕾西毕业于麻省理工学院。他在金融业的职业生涯使其成为跑遍世界各地的交易员、银行家和基金经理。1972年,当他看到《男孩的生活》期刊的背面为《战略与战术》期刊做广告时,他就开始玩兵棋了。除了《高级班长》外,他还玩其他各类游戏。他热爱游戏生活,还为几家游戏公司进行游戏测试和校对。他为《高级班长》撰写了几篇战略文章,发表在《概述》《高级班长》年刊和《高级班长》期刊上。特蕾西因为无情地在互联网上大肆吹嘘自己每周的游戏团队,并因此而引发的任何一场游戏狂购而备受责备。

注释

①参见http://aslladder.com/asltournaments.html网站。

②臭名昭著的"VBM SLAZE-Freeze",这里用类似的标注:http://www.ths85.net/zekeaslparadise/sleaze.html。

③基于作者与MultiMan出版社负责人佩里·科克(Perry Cocke)和布莱恩·尤斯(Brian Youse)以及与《高级班长》(ASL)产品首席开发员查斯·阿金特(Chas Argent)的对话。

第十一章 《作战指挥官》：是时候放弃你的计划了

—— 约翰·A. 弗利

如果说兵棋推演是为了"反思"，就像视频游戏是为了"反应"，那么很显然，典型的、有效的反思媒介仍然是纸质工具，而不是计算机工具。虽然计算机平台可以用于基于回合的模拟，但桌面兵棋的简单材料和大型地图似乎更有效地满足了游戏目的。对于设计师来说，纸上模拟冲突（使用地图、计数器、骰子和卡片）实现反思性参与并非难事；难点是如何以可信和有洞察力的方式处理时间和决策问题。

战术兵棋来自两种不同的模拟：一是"玩具士兵和大炮"游戏世界，其重点是环境、部队和装备的艺术和工艺建模；二是"参谋军棋游戏世界"，其重点是情境评估、双盲发布命令和裁判结果。从20世纪60年代开始，战术兵棋设计开始在纸质地图上使用六角格地图和标准化地形，弥补了微型模型规则变化的缺点。随着开创性设计《班长》（1977）的出现，战术设计出现了一个重大飞跃：一个结构化的、交互式的回合序列与概率决策模型高度集成。在纸质地图上进行推演，玩家可以从更加细微的角度观察局势，也可以通过大量的未知因素来调整互动因素，这样就能够获得关于命令、控制，以及无序的多重体验。

《班长》及其主要继承者《高级班长》（1985），成为战术作战模拟的基准，一直延续至今。该设计带来了时间的关键定义（对手之间时间接触的叙述）和决策（游戏结构中的指挥体验模型）。几乎在同一时间，考特尼·艾伦（Courtney Allen）创建了一个类似的战术系统，即《前线》（Up Front），它使用一副牌来探索同一领域。玩家不是在地图上玩兵棋，而是在他们的小部队编队发现或到达特定地形时放置地形卡。另一个区别是，《前线》系统的时间不是通过设定的圈数，而是通过管理卡牌组中的一定数量的通道来衡量的。与《班长》不同，《前线》将空间和时间体验置于玩家的头脑中，从而导致玩家在场上指挥的冲动体验。另一个系统"伏击"（Ambush!）强调了单人纸牌游戏的引导式叙述方法，采用地图和计数器以及优雅的机制。通过这种机制，军队进入每个六角格地图都需要玩家在大量编号段落的小册子中查找，以便得知后续会发生什么。这样做的缺点是，一旦"故事"完成，玩家通常不会再次返回游戏体验该情景。

在这些里程碑式的设计20年后，查德詹森(Chad Jensen)利用他对这些以前设计的热爱，为第二次世界大战中非常小的步兵行动创建了作战指挥官系统，找到了一种创造独特融合的方法：一种新的卡牌驱动时间和决策体验——可以使用六边形网格上的计数器。目前，作战指挥官负责四个大型战区模块(欧洲、地中海、太平洋和抵抗组织)；六个称为"战斗包"的扩展提供了新的场景、地图和计数器；以及在行业期刊上发表的各种场景。

一、时间

对于一名兵棋玩家来说，时间的定义是游戏体验的核心，因为玩家在其头脑中不断地拥有实时的想法，而不是对游戏的纸质时间模型的体验。对于设计师和玩家来说，一个共同的目标是能够阐述游戏中刚刚发生的事情与某本书或其他参考作品中讲述的那一刻的叙述相符。当玩家在游戏期间和之后的复述中体验到这些类型的比赛时，这代表了玩家不断追寻的：游戏和主题的一致性(因此是令人愉快的，并且很有教育意义)。

战斗序列中的时间可以分为三个重要的时间层面：实际时间、建模时间和设计时间。所谓实际时间，指的是按时间顺序排列的实际时间。所谓建模时间是指设计师为时间尺度选择的指定时间单位：根据游戏的不同，完整的游戏回合可能代表2分钟、一天、一周、3个月等不同的时间单位。所谓设计时间指的是建模时间的离散子阶段，玩家按顺序移动。每一项都是相互关联的，但它们在实践中的表现将直接影响玩家的体验(乐趣因素和洞察力因素)。此处将不讨论时间的最后一个要素——游戏本身的时间(游戏时间)，但出于实际原因，它确实会影响设计思维。

从历史的角度来看，当我们试图了解过去的事件时，我们面临的挑战是观察战斗中的实际时间，这些事件有一些照片(静止)证据和书面证据(主要和次要材料)，但对特定战斗事件的实时记录却很少。解决这个问题的方法是基于记录的度量和速率构建一个时间模型。《班长》和《高级班长》坚持"两个战术分钟"的概念，认为这是一个主要的时间结构，在这个时间结构内，通常能够发生最小、必要和足够的战斗要素。2分钟和2分钟内发生的事情概念非常强大，它充当了游戏机制和战斗现实之间的桥梁。它成为构建体验叙事(游戏体验和想象中的战斗体验)的镜头。值得注意的是，在《班长》和《高级班长》中，6个回合模拟了12分钟，但战斗开始前的时间或战斗结束后的时间等"实际时间"的某些元素可能会被忽略。因此，这12分钟的模拟时间可能代表半小时的实际时间。在任何情况下，《高级班长》设计都以正式的单位对此进行建模，名义上每个单位代表2分钟。

再举一个例子，让我们从1942—1945年太平洋战区的战术步兵行动这个主题开始,我对这个主题非常感兴趣,为此我为《作战指挥官》(*Combat Commander*)设计了大量场景。我设计的一个场景"Totsugeki!"代表了埃德森山脊战役的一部分,这是一场日本军队在瓜达尔卡纳尔岛机场附近的夜间进攻战斗(我的主要文献来源,但不是唯一的来源是理查德·弗兰克1990年的作品《瓜达尔卡纳尔》)。战术系统场景的任何设计者都面临着同样的问题:选择战争的哪一部分模拟(在地理和单位方面)以及选择什么时间框架,从历史角度和游戏设计角度都代表了感兴趣的时刻。无论是我为《战斗指挥官》还是《高级班长》设计步兵行动,这些问题基本是相同的。出于实际目的,这些系统的场景通常涉及一定数量的游戏回合,这是必要的建模时间,应使玩家能够通过规则相互参与,以达到示范性和令人满意的结果。严格地说,在战术系统中表示的建模时间量只映射到实际总时间的一部分;在攻击线上表演的时间、行动中明显的停顿以及战斗的结果通常不值得花时间来模拟。在这个特定场景中,10~20分钟的建模时间代表了30~60分钟的实际时间,预计游戏时间为3~4小时。

设计时间——设计师如何通过设计的中心时间单位(建模时间)表达和分割通道,特别是在反射式纸质模型中,依赖于经典的简化,我们称之为"Igo-Ugo"机制。首先我要尽我所能,然后你要尽你所能(同时我们都试图不相信这反映了真实事件的同时性有多差)。兵棋《班长》的标志性创新是想象如何使用比仅仅细分游戏活动更深的东西来交替表现两名玩家的动作。游戏的顺序体现了一种战场原则的表现,一种在模拟时间的"两个战术分钟"中,先发生什么、后发生什么、然后再发生什么的理想化。我们进入称之为设计时间的领域:系统引导玩家通过建模时间单位子阶段的机制。

兵棋《班长》设计使用从集结阶段到准备射击阶段,再到近距离战斗阶段等八个独特的交叉阶段来表达模型。第一步是检查以前被击溃的部队是否能够重新恢复到全部战斗力的状态。下一步是让攻击者决定哪些部队有机会对防御者进行全效射击抑或是预备射击,它决定了这些部队在该回合采取进一步行动的能力(但代表整个时间段内持续压制射击)。下一步,考虑到这一回合的火力已经开始(发生),攻击者决定哪些部队将试图向前移动;防御者可以选择部队对试图移动的敌军部队进行还击:防御火力。回合的剩余部分,双方交替进行各种进攻和防守。关键是攻击者和防御者进行结构化的对阵:双方尝试集结,然后掩护火力小组的火力,移动部队的尝试,防御反应,以及攻击者在此之前的最后一次射击尝试,直至最后的冲锋和随后的近战。双方都执行这一结构化的阶段序列(设计时间),以完成在建模时间2分钟内发生的事情。

查德·詹森对此的贡献始于他对分解战术2分钟结构化叙述可能性的好奇。即,使军事野战条令建议先压制火力小组的火力,然后再压制行动小组的行动,但在第一次交战点之后,实际作战时间已基本混乱,甚至包括令人惊讶的空周期和突然压缩的在周期内的步兵行动实际上都各自为战。

《作战指挥官》没有使用游戏顺序作为叙事结构，而是提供了一副卡牌，主要代表标准结构的碎片，就像用剪刀一样剪开，玩家随机抽取卡牌到手中。这些部分（序列）使一个或多个部队能够完成标准结构的一个部分。例如，射击命令不同于移动命令，如果部队在相同的六角格相遇，会即刻爆发近战，而无须等待特定的阶段。

让我们看看"Totsugeki！"场景中日本攻击者的典型卡牌。每张牌的顶部文字栏定义了玩家可以向领队支持的一支部队或一组部队发出何种命令：卡牌由两个射击命令、一个移动命令、一个前进命令、一个复活命令和一个冲锋命令组成。玩家回合持有包括从零张到多张卡牌不等，领队向每个激活的部队或小组发出并完成一个单次命令，然后根据命令类型允许的可能性选择玩手上额外的牌（用以加强命令）。后手玩家可以同时使用卡牌开展行动（与命令不同，这只能在先手玩家的回合中执行）。

一个回合结束时（先手玩家的行动结束时），先手玩家抓牌，保证手中卡牌数量，后手玩家便成为先手玩家。通过这种方式，日本玩家选择定义"这个时刻"是什么；例如，他可能决定保留开火卡，使用他的移动卡，或者使用一张开火卡和一张高级卡。设计时间预定义为较大的规则重复结构；这是一个可能活动的时刻。因此，游戏的顺序就变成了每个玩家选择用手中可用的牌来进行推演。这种设计时间选择的一个重要副作用是玩家可能会发现自己在等待关键的牌，而由于手中没有这些牌，因此无法在游戏中采取自己想要完成的动作或者是应该完成的动作。仅仅依靠一手牌最受赞扬（也最令人厌恶）的副产品之一是玩家有时会发现自己无法完成任何事情（日本攻击卡牌见图11.1）。

从表面上看，玩家不能命令其部队发挥其能力以适应形势，这是不合理的。但历史战术战斗叙事充满了对这种犹豫不决的描述。在对埃德森山脊的袭击行动中，虽然人们想起了日军持续协调袭击的固有形象。但通常情况下，分散的部队无法沟通，他们无法在没有任何协调的情况下做出反应（等待、移动或攻击），这导致了袭击的失败。至于美国军队防守者，从通信角度看，他们的装备要好得多，但要指挥抗击武力袭击，还需要强大的领导者，这样部队才能够在强大火力下坚守阵地。在一个值得注意的案例中，一名部队指挥官因"沉默无能"而被解职，这似乎是一种平和的方式，可以说他无法保持足够的冷静来指挥（并采取适当的行动）。

查德·詹森在卡牌游戏中引入的另一个关键设计元素是"触发器"（triggers）的使用，一些卡牌底部被标记了时间和狙击手触发器。如果一个命令或动作需要随机决断，而不是掷两个骰子（游戏中没有物理骰子），先手玩家从其牌组顶部抽出一张牌，并参考"掷"（每张牌上的骰子描述）。如果这些触发器描述之一位于骰子描述旁边,则必须在解决循序或操作之前解决该触发器。从理论上讲,通过牌组的整个过程定义了《作战指挥官》系统的建模时间(类似于2名玩家在《高级班长》中进行游戏回合的全部八个阶段)。但在使用时间触发器的情况下,其解决命令或动作突然结束了游戏回合(或系统的模拟时间)。触发时间的玩家在时间轨道上向前推进时间标记,取下他的牌组和弃牌,将它们混合在一起形成一个新的牌组,然后根据需要的原始顺序或动作掷骰子。双方玩家都能以这种方式触发时间推进。以这种方式,你可能不仅无法在任何特定的时刻完成你需要做的事情,而且游戏中所耗费的时间也可能超出你的控制。

图11.1　日本攻击卡牌

作为设计的最终控制元素,仅仅因为场景达到了其名义上指定的终极(例如"Totsukegi!"场景指定了8个游戏回合)并不意味着游戏结束。事实上,游戏会在此点之后继续无限期向前推行,由每个时间触发器的随机骰子检查确定。

这是《作战指挥官》兵棋玩家在整个游戏中因为时间而烦恼的标准体验。从形式上讲，《作战指挥官》模拟时间比《班长》模型更具弹性，有时向前跳跃，有时无限拖延。

二、设计

设计时间的结构化叙述，例如在《班长》中，通过建模时间调用了一种理论风格的进度：活动按编排的顺序发生。相比之下，设计时间叙事的分解（如在《作战指挥官》中），任何卡牌定义的活动都可以在序列中发生，给建模时间带来了混乱的即时性。两者都是电影化的，因为它们产生了强烈的、想象的、合作的体验。这反映在这两个系统的玩家多年来的事后报告中，这些报告特别指出了游戏动作是如何像电影一样进行的。这两种游戏都很刺激，但它们的侧重点有很大的不同。这就是两种设计的决策在不同方向上发生根本性转变的地方。在这两种设计中，玩家都需要一个计划，但在其中一种设计中，不仅你的计划要受到严格的测试，而且通常你很快就会发现，你不得不放弃计划。对于《班长》而言，玩家可以依靠在预定时间发生的事情。对于《作战指挥官》来说，你不能依赖任何东西。《作战指挥官》情景卡，包括情景特殊规则（SSR），见图11.2。

在玩家选择了一个特定的战术场景，研究了作战顺序和任何适用的特殊能力或场景规则，并对胜利条件进行了反思后，他们要制订进攻或防御计划，并考虑突发事件。因为所有战术场景都有一个时间限制（特定情况下的比赛时间有多长），所以计划需要考虑这些限制。因此，玩家如何理解时间（游戏顺序）直接关系到：使用什么部队和战力，以及什么顺序可以有效地利用自己的优势和对手的弱点等决策。

在玩家选择了一个特定的战术场景，研究了作战顺序和任何适用的特殊能力或场景规则，并对胜利条件进行了反思后，他们要制订进攻或防御计划，并考虑突发事件。因为所有战术场景都有一个时间限制（特定情况下的比赛时间有多长），所以计划需要考虑这些限制。因此，玩家如何理解时间（游戏顺序）直接关系到：使用什么部队和战力，以及什么顺序可以有效地利用自己的优势和对手的弱点等决策。

《高级班长》规则手册以内容广泛、全面而著称。原因很简单：你可能尝试的所有内容都被它非常详细地进行了阐述。你必须决定是否尝试一个设定的动作、能力或序列，如果你这样决定的话，你通常会先测试自己是否能真正完成所选择的动作，然后再看它是否能成功。这种两步的概率方法是标准的：你决定想做什么，掷骰子看看你是否能真正做到，然后掷骰子看看你的行动有多大成效。因为你知道结构化的时间叙事是如何运作的，你可以预测何时会尝试某些动作或序列；它们成了一个游戏水平的最佳实践。这种游戏技巧让人怀疑是对有效性的不断测试。这种设计中，玩家对未知事物的兴奋感源自两个六面骰子结果分布中固有的惊喜。

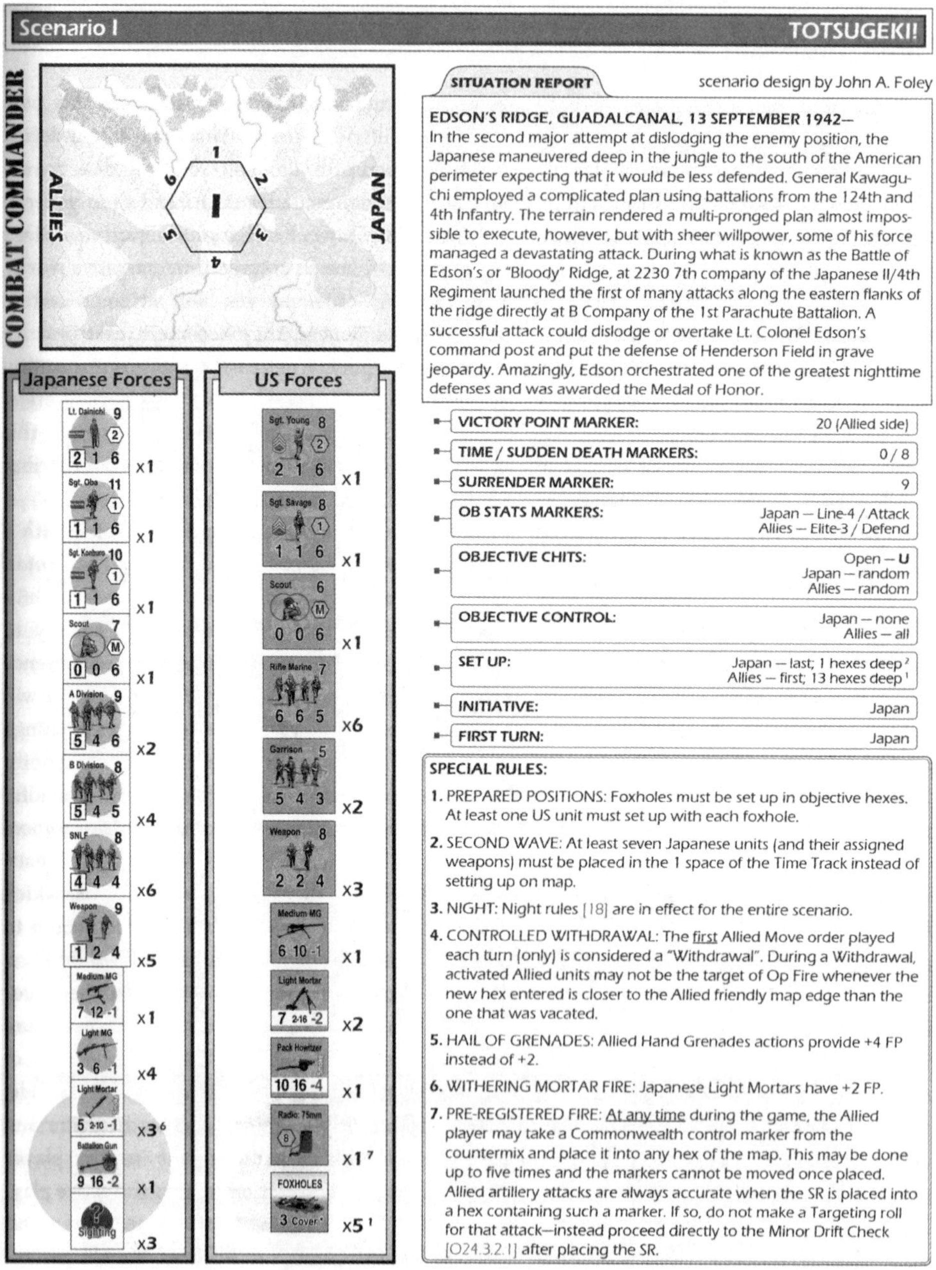
Scenario I TOTSUGEKI!

COMBAT COMMANDER

ALLIES JAPAN

Japanese Forces

Lt. Dainichi 9 2 1 6 x1
Sgt. Oba 11 1 1 6 x1
Sgt. Konburo 10 1 1 6 x1
Scout 7 0 0 6 x1
A Division 9 5 4 6 x2
B Division 8 5 4 5 x4
SNLF 8 4 4 4 x6
Weapon 9 1 2 4 x5
Medium MG 7 12 -1 x1
Light MG 3 6 -1 x4
Light Mortar 5 2-10 -1 x3[6]
Battalion Gun 9 16 -2 x1
Sighting x3

US Forces

Sgt. Young 8 2 1 6 x1
Sgt. Savage 8 1 1 6 x1
Scout 6 0 0 6 x1
Rifle Marine 7 6 6 5 x6
Garrison 5 5 4 3 x2
Weapon 8 2 2 4 x3
Medium MG 6 10 -1 x1
Light Mortar 7 2-16 -2 x2
Pack Howitzer 10 16 -4 x1
Radio: 75mm 8 x1[7]
FOXHOLES 3 Cover x5[1]

SITUATION REPORT scenario design by John A. Foley

EDSON'S RIDGE, GUADALCANAL, 13 SEPTEMBER 1942—
In the second major attempt at dislodging the enemy position, the Japanese maneuvered deep in the jungle to the south of the American perimeter expecting that it would be less defended. General Kawaguchi employed a complicated plan using battalions from the 124th and 4th Infantry. The terrain rendered a multi-pronged plan almost impossible to execute, however, but with sheer willpower, some of his force managed a devastating attack. During what is known as the Battle of Edson's or "Bloody" Ridge, at 2230 7th company of the Japanese II/4th Regiment launched the first of many attacks along the eastern flanks of the ridge directly at B Company of the 1st Parachute Battalion. A successful attack could dislodge or overtake Lt. Colonel Edson's command post and put the defense of Henderson Field in grave jeopardy. Amazingly, Edson orchestrated one of the greatest nighttime defenses and was awarded the Medal of Honor.

VICTORY POINT MARKER:	20 (Allied side)
TIME / SUDDEN DEATH MARKERS:	0 / 8
SURRENDER MARKER:	9
OB STATS MARKERS:	Japan – Line-4 / Attack Allies – Elite-3 / Defend
OBJECTIVE CHITS:	Open – U Japan – random Allies – random
OBJECTIVE CONTROL:	Japan – none Allies – all
SET UP:	Japan – last; 1 hexes deep[2] Allies – first; 13 hexes deep[1]
INITIATIVE:	Japan
FIRST TURN:	Japan

SPECIAL RULES:

1. PREPARED POSITIONS: Foxholes must be set up in objective hexes. At least one US unit must set up with each foxhole.
2. SECOND WAVE: At least seven Japanese units (and their assigned weapons) must be placed in the 1 space of the Time Track instead of setting up on map.
3. NIGHT: Night rules [18] are in effect for the entire scenario.
4. CONTROLLED WITHDRAWAL: The first Allied Move order played each turn (only) is considered a "Withdrawal". During a Withdrawal, activated Allied units may not be the target of Op Fire whenever the new hex entered is closer to the Allied friendly map edge than the one that was vacated.
5. HAIL OF GRENADES: Allied Hand Grenades actions provide +4 FP instead of +2.
6. WITHERING MORTAR FIRE: Japanese Light Mortars have +2 FP.
7. PRE-REGISTERED FIRE: At any time during the game, the Allied player may take a Commonwealth control marker from the countermix and place it into any hex of the map. This may be done up to five times and the markers cannot be moved once placed. Allied artillery attacks are always accurate when the SR is placed into a hex containing such a marker. If so, do not make a Targeting roll for that attack—instead proceed directly to the Minor Drift Check [O24.3.2.1] after placing the SR.

图11.2 《作战指挥官》情景卡，包括情景特殊规则(SSR)

《作战指挥官》最初的口号是"90%的效果加上10%的规则权重"（《高级班长》）。因此，兵棋手册和系统设计并未试图说明所有陆军类型、能力、经验水平、装备等。与《高级班长》将一页又一页的规则用于非常广泛的非常规射击选项不同，《作战指挥官》的射击能力范围仅限于通过卡牌上的特殊情况（称为"行动"）增强的一些基本规则。这种设计将特殊规则和情况转移到卡牌上，这意味着如果你手中有牌并选择出牌，你就可以体验这种动作或能力。

让我们回顾一下图11.1中日本玩家手上的牌，并查看与动作相关的文本：两名轻伤人员、每人一颗手榴弹、交叉火力、没有营房、没有纵深炮火支援。虽然先手玩家可以在回合中执行命令和行动，但后手玩家只能在先手的回合中采取行动反击。与其写一份关于交叉火力的规则，试图解释所有情况（假设在一个回合序列中有不同的阶段），该设计提供的动作取决于一个简单的先决条件——"向移动目标开火时"，只有后手玩家才能使用。以这种方式，玩家不必查阅或记住可能响应的百科全书式的列表就能知道应该在何时以及如何采取行动；玩家要么掌握全局，要么大势已去。这是设计中最受赞赏（也最不受欢迎）的特征之一，因为选择在事先已经受到高度限制。

设计去除特殊规则和情况的另一种情况是在特殊场景规则（SSR）中。在"Totsugeki！"案例中，埃德森山脊袭击的描述提供了大量《战斗指挥官》规则中没有的细节。在这种情况下，场景设计的艺术在于选择能说明问题的一小部份细节，并将其浓缩到寥寥数语。

图11.2所示的特殊规则反映了对攻击和防御的突出戏剧性因素的判断。例如，埃德森上校最伟大的领导行为之一是他通过卓越的领导能力维持对山脊上士兵的控制，其结果士兵们并未因为山脊阵地被突破而溃逃，而是有序地撤退。因此，特殊规则4打破了《作战指挥官》标准规则，提供了一种特殊机制，美国玩家可以通过这种机制安全地完成撤退。但如果没有第1条特殊规则，即迫使美国部队处于比谨慎的玩家希望的更靠前的位置（就像那天晚上的位置一样），特殊规则4就没有机会被使用或被感觉恰到好处。

这次历史性袭击的另一个关键因素是日本人在山脊附近的丛林中十分喧闹。美军把手榴弹沿着山坡滚到丛林里，效果很好。请注意，特殊规则5并不强制此类行为发生，但当你遇到（作为日军）要么需要穿越漫长的裸露地形到达美国阵地，要么可以尝试穿过丛林更直接地到达美国阵地的情况时，这一特殊规则很可能会像历史上那样被使用。

特殊规则第6条和第7条共同涉及在这次袭击中能够携带多少轻型迫击炮，以及远距离105毫米火炮阵地对美军防御的破坏性有多大等问题。考虑到这是一个夜间场景（特殊规则第3条），这个特殊场景只添加了最简单的额外规则，以便在为期两天的事件中描绘出这一时刻可怕的画面。请注意，从历史上看，这次袭击最终演变成了一次自杀式的袭击,拥有其可怕的一面和结果。《作战指挥官》有一张事件卡,可以将一次标准攻击转换为一次自杀式冲锋,这在我玩这个场景的时候发生过。但从标准进攻开始的设计会选择将更多的牌放在进攻玩家手中,并更严密地反映了历史中的有力进攻。

让我们展示一下这是如何联系在一起的,并将你对手中牌的了解与你对时间快速流动和跳跃的了解结合起来。在《作战指挥官》中,如果你手中的牌无法提供一个特定的选项,这时你有两个选择:要么继续使用手中的牌;要么放弃手中的牌,闷闷不乐地等待对手行动,以期待下次能抽到你所需要的牌。你对何时可以尝试你需要尝试的东西(与《班长》或《高级班长》相比)的了解要有限得多。事实上,根据你所代表的国家做出合理的决策(什么时候比赛、什么时候举行、什么时候放弃)不仅是一门艺术,而且还是一种理论因素(Foley,2007)。然而,你面临的首要问题是:面对如此多的不确定性,你能否保持镇定?

回到"Totsugeki!"的例子,让我们简单地看一下日本玩家在场景中面临的问题。玩家在攻击点有更多的兵力,但无法立即在地图上开始所有的攻击。特殊规则2将攻击分成波次,这就是当晚发生的情况,并且有一项艰巨的任务,就是要在开阔地形上取得进展。夜间移动规则限制了移动、可见性和手脚的灵活性,但玩家能够发射照明弹进行照明。如果玩家选择穿过较低的丛林,将消耗大量的游戏时间,并将兵力过度集中到沟壑中。如果玩家选择顽强地突进到开阔地(从而移动得更快),他的部队将被击溃并更快地被消灭。

持牌时间过长和坚持既定方法时间过长的玩家有时会感到沮丧,认为自己根本无法掌握系统。调整后的玩家发现他们必须果断地放弃他们的卡牌和计划(因为实际上,系统是为了打乱你的计划而设计的),他们会更频繁地获得获胜能力的奖励,如果玩得好,甚至可能是凭借最后一张牌获胜,这是该系统中的常见结果。我一再发现日本玩家大多会机会主义地尝试任何事情和一切状况,以期待实现照明和渗透的正确结合,让一支完整的部队突然出现在美军阵地中间。这个场景是我最喜欢的用来解释玩家在《作战指挥官》中所面临的尴尬困境的一个:你必须通过在限制("我没有合适的牌")和混乱("10分钟内触发3次")中不断地、创造性地努力来度过彻底失败的时刻。

这种设计中,玩家对未知事物的兴奋感源自在任何时候只能持有72张牌中的几张牌所带来的固有惊喜。因为你不知道叙事流程将会怎样开展,你可能会更直接地面对混乱;你与其他玩家竞争的重点不是理论模型,而是保持自己的士气。多年的研究结果表明,那些效率极高的玩家经常能够无情地抛弃最初的计划,凭直觉找到一条穿越混沌的捷径。当你需要使用转移命令但手头没有时,也许你仍然应该使用更有限、但特殊的预先命令,而不是仅仅等待……又或者你必须等。

有时，在该游戏的场景中，2名玩家都可能手气极差，抽到一手烂牌。请注意，这时就要"保持士气"了。在正常游戏过程既定的时间内，玩家可能没有什么好牌，不过也并非无事可做，只不过要等待一会儿。从简单的意义上讲，设计杠杆会不断踢开你的立足点。随着计划落空，你必须重新灵活地制订计划，正如所有《作战指挥官》的粉丝们所知（所说）的那样，永远不要放弃。事情会以戏剧性的方式变化，这也许是该游戏设计中最受欢迎的一方面。

关于作者

约翰·A.弗雷（John A. Foley）目前在阿尔卡特朗讯公司担任运营科学经理（流程可视化、分析和改进）。此前他在朗讯科技和贝尔电话实验室做过产品管理、程序管理、软件工程和架构、软件技术研究、人因工程和技术写作等工作。自1965年起，他就是一名兵棋推演者了。弗雷是20世纪90年代最早为《高级班长》系统提供支持材料的人员之一。自从那时起，他一直是里克·杨（Rick Young）、查德·詹森（Chad Jensen）和约翰·巴特费尔德（John Butterfield）出版的兵棋设计和兵棋系列的开发者。弗雷为查德·詹森的《作战指挥官》系统设计了作战包，并在GMT的《指挥自动化技术系统》期刊上发表了文章。

第十二章　《太阳帝国》：卡牌驱动游戏引擎的下一次演变

——马克·赫尔曼

兵棋起源于历史视角和聚焦国际的象棋机制。国际象棋向历史模拟的这种转变留下了一份遗产，即为玩家提供关于对手位置和能力的近乎完美的信息。兵棋的这一特点与军事领导人在追求目标的同时管理信息不完善风险的经验是成正比的。

作为一名兵棋设计师，我一直致力于开发系统，让玩家在看似合理的历史叙述中竞争，从而减少不信任感，观察一个时期的动态。追溯到20世纪90年代，我在试图设计一款关于美国革命的兵棋时正是与这些挑战搏斗。在这个过程中的某个时刻，我突然想到了使用卡牌充当军队行动、政治活动和单一重大事件的激活机制的概念。简而言之，卡牌是允许玩家在游戏中展开行动的机制。其结果是1994年，阿瓦隆山公司出版了《我们合众国人民》(We the People)，它创造了一种新的游戏类型，即卡牌驱动游戏(CDG)。

在我最初的概念中，一手卡牌会为玩家提供包括使用行动来调动军队或争夺民众的忠诚度，以及定期通过事件让重要人物为他们的事业权衡等一系列选择。关键的卡牌驱动游戏(CDG)概念为玩家提供了军事和政治活动之间的决策交易空间。卡牌驱动游戏概念中的首要因素是，假设这一交易空间受到移动、支持和攻击你所在军队的动力学的限制，所有其他政治影响都视为自由商品。现实是任何高级决策机构只能处理有限数量的优先问题；卡牌驱动游戏概念承认高级决策者能力的限制，以及在任何给定时间都可以实现的有限数量问题。即使是在一个军事人员众多的时代，人们也只需重新审视数月来的会议、计划和所需的努力就可以将美国军队"快速部署"，从而看到这一概念的真实性[①]。这种玩家决策空间围绕着使用一张牌或使用历史事件来进行活动已经成为卡牌驱动游戏的普遍定义。

一、为20世纪战争发展卡牌驱动游戏

虽然游戏系统可以说是不受版权保护的(这在过去曾经引起了诉讼)，但游

戏方法可以获得专利[②]。我在早期的一个决定是允许这项知识产权成为公共资产,通过另辟途径来打开爱好的设计光圈。许多卡牌驱动游戏设计遵循《我们合众国人民2》的外观和感觉,使用点对点移动系统,并使用卡牌激活指定的领导者(我在20世纪以前的设计中经常选择点对点地图,因为它们在描绘与地理位置紧密相连的陆地部队的移动和补给方面具有优势。当我们考虑到20世纪的形势和空中力量的出现时,这种地图技术就不那么适宜了,而且经常出错)。

在1998年出版卡牌驱动游戏《为了人民》》(*For the People*)(战略级美国内战游戏)后,我专注于设计《1985太平洋战争》(*1985 Pacific War*)的续集,该游戏由维多利亚游戏公司(Victory Games)出版。由此产生的《太阳帝国》(*Empire of the Sun*)(GMT游戏公司2005年出品)设计将早期的太平洋战争概念引入到了战略层面。

在进行任何设计时,重要的是通过回答几个规范性问题来定义其特征。这个问题列表根据设计和环境而变化,因此下面的列表并不意味着详尽无遗,而只是代表了我的一般思考过程。

•角色:玩家代表谁? 他们是特定的个体吗? 他们代表的是一个领导团队及其下属在某一级别的战争(例如战略、作战或战术),还是几个级别的混合?

•决策空间:根据玩家所代表的人,我希望他们在游戏中面对的决策和挑战是什么?

•情报:玩家可以获得哪些类型的信息来进行决策?

•玩家目标:如何界定胜利? 玩家如何获胜?

•物理模拟:游戏设计将如何处理时间和空间因素? 玩家的资源将如何与地图和敌对势力动态互动?

•作战命令:模拟的粒度是多少? 换句话说,兵棋中最小的力量因子是什么? 所代表的是什么类型的力量,以及它们在模拟中的详细程度如何?

•冲突解决:战斗中的动力和心理因素是如何表现的? 如何在模拟中捕捉战争的情况?

•后勤:后勤将如何影响玩家决策和部队能力? 物流将以何种详细程度建模?

•历史叙事:在一个没有剧本的环境中,设计元素如何结合在一起,提供历史上合理的叙述?

•游戏时间:游戏平均需要多长时间?

为了使用这种类型的结构,我开始设计一款战略级别的关于第二次世界大战的兵棋。接下来讲述的是我如何将这些问题结合在一起,设计出了这款兵棋。

二、游戏引擎

我希望玩家成为太平洋地区重要的战区指挥官。具体来说,我希望玩家代表尼米兹(Nimitz)、麦克·阿瑟(Mac Arthur)、山本(Yamamoto)、蒙巴顿(Mountbatten),以及其下属。我不希望玩家局限在华盛顿、伦敦和东京做出的决定,而是根据分配给太平洋战场的指令和资源做出回应。我还想通过避免战术细节,将这种设计与航母战斗的编排分开,因为这不是战场指挥官的决策空间。我希望将重点放在军事行动上,而不是战斗上。

因此,当我们考虑在游戏中的战争期间做出的各种决定时,很明显,幕僚们一直在平衡情报、地理、兵力部署、后勤和敌人反应等因素来实施战略。虽然我还没有明确决定在这个设计中使用我的卡牌驱动游戏(CDG)引擎,但它很快就清楚地表明,它是无缝集成这些因素的理想机制。不同之处在于我使用单张卡牌来描绘一组玩家选择的方式。

在《太阳帝国》中,一张卡牌的价值代表可移动的时间量,它与后勤支持的部队数量和类型相结合(军事事件示例见图12.1)。

图12.1 军事事件示例

(注:左上角的值是卡牌的操作值;这是一种时间度量,1表示最短,3表示最长。该值确定所有部队在地图上移动的时间量。操作值旁边的字母和数字(例如OC:5、EC:7)表示智能值;这意味着以有限或全面的方式使用该卡(即作为操作或事件);卡上的情报值越高,敌人就越有可能穿透信息安全系统进行攻击活动。这模拟了各种情报系统,如无线电通信分析,在战争期间用于判断敌人意图。下图和标题下方是用于叙述和历史灵感的事件信息,该信息设定了进攻的参数,包括指挥安排、后勤保障,以及历史事件产生的其他条件和奖金。)

在设计过程的早期,由于空中力量的重要性以及轻松计算飞机航程的需要,我不再使用区域或点对点的地理描述。通过使用具有战场等面积地图投影的传统六边形地图,飞机和海军舰艇航程计算变得既准确又直观。这种方法允许进行简单的时间和空间计算,并将其转换为兵力运动,同时强调特鲁克(Truk)等关键空军基地和港口的历史重要性。

在这场冲突中,无线电通信量分析和代码破坏是推动决策的重要因素。我选择通过相同的卡牌机制,通过将情报安全性与卡牌价值相关联来整合这一重要功能。大规模的远程攻势更难躲避敌方情报刺探,因此玩家被敌军发现并做出反应的几率更高。这是因为更大规模的行动需要更多的协调和无线电使用,而这些都是可以被敌方情报系统检测到的。即使用于传输信息的密码保持不变,无线电通信量的显著变化通常足以向敌人提供情报,这样会使敌人注意到发生了情况,并促使他们将空中侦察资源集中在一个较小的地理区域,从而提高他们在接近目标时发现我军的概率。通过这种方式,单张卡牌可以将战役目标、情报行动、后勤,以及时间和空间因素结合起来。

三、海空战役中的动力学因素

在战区指挥官层面,双方的太平洋战争战略是由支持陆基的空中力量和机动舰队作战的需要驱动的。《太阳帝国》玩家经常考虑的关键决策之一是如何利用军事基础设施(机场和港口)来支持其利用空军和海军基础设施产生战斗力的能力。

部署决策的重要组成部分是感知对手的力量是如何影响这些决策的。该游戏通过各种系统捕捉陆基空中力量的影响,最显著的是空中部队如何建立在代表侦察的影响区(ZOI),以及其对行动和情报的影响。空军至上的必然结果是在何处部署各自的机队以支持这些行动。更加难以描述的是空中力量对军事行动的二阶效应。捕捉空军的机动能力(例如,炸弹结果)很容易,但在兵棋设计中,如果不是完全省略的话,显示空军对敌人决策的非动能影响的能力往往难以捉摸。在第二次世界大战期间,敌方机场打击一定范围内运营港口的能力在资产损失方面代价高昂,同时对作战节奏产生了深远影响。

这一现象一个很好的例证是一次围困行动。在战役中,盟军选择承担保卫岛屿免受空中围攻的损失,但在这样做的同时,被围困方对敌人行动的反应能力受到严重削弱。轴心国的物资与盟军在被围困方运营的空军和海军资产的状况成反比。数据显示,当被围困方遭受轴心国的猛烈空袭时,该岛(部署的战机)无法干扰轴心国的补给舰队。在此期间,轴心国部队收到了更多供其使用的物资。当其他行动导致轴心国降低对被围困方的压力时,轴心国补给舰队中有很大一部分会在运输途中被击沉。

这款兵棋设计的精妙之处在于如何捕捉敌人空中力量对特定基地的影响，玩家可以选择抵御空中围困，或者决定将资产重新部署到受损半径之外。其他国家面临着关于拉包尔（Rabaul）和特鲁克（Truk）作为舰队基地可行性的一系列类似决定。随着盟军推进，其前沿部署的空军部队迫使对方海军将如何以及从何处支持其防御周边战略。《太阳帝国》通过运用六角格地图概念描述了盟军空中力量对对方这一决定的影响：被攻击的部队必须留下来战斗，防止其参与另一场同时发生的战斗。这使得进攻性玩家可以使用其空中力量有效地压制敌人基地在特定作战过程中产生战斗力的能力，同时允许基地在其资产保持可行的情况下继续产生进攻性战斗力。这种对空中部署的公开而微妙的描绘反映了战争期间的战区战略。

四、构建卡牌

考虑到海空战役将如何描绘玩家的决定，最后的主要部分要讲述的是如何构建一副卡牌以将所有这些因素结合在一起。卡牌构建是一门艺术，但它确实遵循了人们熟知的概率原理。虽然可以猜测正确的牌数和类型，但卡牌组合的数量如此之多，仅计算可能的卡牌分布是有意义的（84张牌组有54.29亿张独特的七手牌；《太阳帝国》有两个独立的84张牌组）。

在《太阳帝国》中，伊格维埃奇（Igaveeach）使用自己的无脚本套牌，这意味着所有卡牌都可以在开局时使用。使用时间隔离的套牌（例如，早期或后期战争）会降低可重玩性，并为玩家提供比对手更多的信息。我喜欢没有脚本的套牌，但它们更难构建，因为你必须考虑更多的卡牌分布。在《太阳帝国》中，每名玩家的牌组都有各种功能，每回合都必须始终如一地随机交付给玩家。例如，每手牌都有一定数量的军事进攻和反应卡牌，允许所需的操作节奏、玩家互动和历史机会是很重要的。虽然每一张卡牌都可以用于物流的运营价值，但活动类别提供了将熟练玩家与不熟练玩家区分开来的物流效率。重要的类别包括：军事进攻、政治事件和有计划的反攻，以及独特的资源和能力。牌组构建的目标是确保在一年的游戏冲突（即一场完整的游戏）期间，玩家将获得这些不同类别卡牌的预期分布。

五、胜利

游戏中的最后一个关键挑战是如处理胜利条件。在这款游戏中，一旦德国战败，日本可能会受影响。游戏设计的挑战是如何定义胜利，既能保证对历史事件的忠诚,同时仍然提供具有挑战性的玩家体验。也许有部分日本人认为,如果他们能够让美国为不可避免的反攻付出高昂的代价,他们就可以迫使盟国通过谈判达成解决方案,让日本将其一些关键征服"合法化"。尽管这个概念看起来有些不切实际,但它也许是这个设计问题的最终解决方案。我的研究还令我思考,尽管美国可能解决根据核理论制造原子武器所需的设计和工程问题,但这并非是会发生在历史时间进程上的必然结论。更重要的历史因素是曼哈顿计划的高度机密,这使得军事规划者可能毫不知晓它的存在。因此,盟军玩家必须以历史思维来进行推演,他们可能不得不采取某些军事行动以结束战争。这确保了硫磺岛和冲绳的后期战斗活动的基本原理在没有特殊规则的情况下有机地发生。

六、结语

在某种程度上,这一章就像是骑着摩托车穿越艺术画廊——走马观花。但它传达出我为《太阳帝国》或我的任何游戏设计的一些想法。我之所以喜欢 CDG(卡牌驱动游戏),在于它能够引入有趣的历史细节,而不会用不必要的游戏系统阻碍设计。对我来说,《太阳帝国》是在午后重温卡牌驱动游戏风格,并且是"参加太平洋战争"的一个良机。

关于作者

马克·赫尔曼(Mark Herman)设计了 60 多款商业兵棋,主题涵盖从伯罗奔尼撒战争到古代战术战争、美国独立战争、美国内战、第一次世界大战、第二次世界大战、现代战争和科幻小说等。他是博彩业名人堂的成员,并因其设计和文章赢得了众多国内外奖项。他是《领导者兵棋推演》(Wargaming for Leaders)、众多文选章节以及即将出版的游戏设计书籍的合著者。

注释

①后来的卡牌驱动游戏(CDG)设计将这一交易空间的特许经营权从一手牌扩展到了每一张牌,尽管有时我认为这一功能已经变得教条化,有时甚至被误用。历史中,在普鲁士总参谋部制度发明之前,高级领导人的权限甚至可能比今天更受限制。许多 CDG 没有认识到这一点,只是死记硬背地应用了该方法,而没有考虑支持此类决策的历史官僚结构。

②参见海岸奇才有限责任公司诉讼、Cryptogian 娱乐有限公司(Cryptogian Entertainment LLC)等资源,以及美国海岸奇才有限责任公司关于交易卡牌游戏的第 5662332 号专利。

第十三章　通向游戏桌的荣耀之路

——泰德·S.雷瑟

公元 2014 年是第一次世界大战爆发 100 周年(直到 1939 年才被称为"大战")。如今,公众对这一战役知之甚少,但历史学家普遍认为第一次世界大战奠定了现代世界的基础。即使是第一次世界大战的部分后果也足以令人震惊,这包括:俄国革命和共产主义的兴起;第二次世界大战、冷战、欧洲庞大殖民体系的衰落等重大事件。

尽管关于第一次世界大战题材的兵棋在历史上具有重要意义,但在兵棋发展的第一个黄金时期(20 世纪七八十年代),它被归入商业兵棋爱好的边缘。除了模拟出版公司的大卫·伊斯比(David Isby)外,没有专门从事大战兵棋的设计师。尽管第一次世界大战绝大多数战斗是陆战,但关于第一次世界大战的许多兵棋都涉及空战或海战。到了 20 世纪 70 年代中期,即使没有发行数千款兵棋,少说也有上百种,你仍然可以仅用手指就数出有关第一次世界大战陆战兵棋的数量。这种情况在 20 世纪 90 年代也没有改变,但当时我的设计帮助激发了人们对这一主题新的兴趣(很难说是兴趣的"复兴")。

第一次世界大战题材的兵棋在 20 世纪 90 年代不受欢迎的原因很简单,就是因为大多数设计(伊斯比的除外)都不是很好(当我试图向他们出售我的第一款兵棋设计时,阿瓦隆山公司告诉我:"第一次世界大战题材的兵棋销路不好"。对此,我想回答,"好吧,无论如何,不是你们出品的那些兵棋")。但游戏公众缺乏兴趣的根本原因是,第一次世界大战是战壕中静态斗争的神话,它将巨大的地理范围和军事多样性的冲突浓缩到 1915—1917 年的僵局。从 1992 年起,我在《指挥》(*Command*)期刊上发表的五款第一次世界大战题材的兵棋,帮助打破了玩家们的这种刻板印象,到 20 世纪 90 年代结束时,战争题材即便不是兵棋推演的热门话题,也至少是一个抢手的话题。

然而,那 10 年我最后一款兵棋设计的流行让包括我在内的所有人都感到惊讶。由 GMT 游戏公司于 1999 年出版的《荣耀之路:第一次世界大战,1914—1918》(*Paths of Glory: The First World War, 1914–1918*)(大多数玩家简称 *PoG*)一炮走红,囊括了所有的兵棋业余爱好奖,并已再版三次(第四次再版正在制作中)。

它已经出版了法语、德语、西班牙语和中文版本,并有一个专门的波兰语网站。如今,它甚至被链接到大多数网站上,这些网站都在谈论斯坦利·库布里克(Stanley Kubrick)的经典电影《荣耀之路》。兵棋爱好者形容它是兵棋爱好小池塘里的一条大怪鱼。这是为什么呢?

首先要归功于游戏设计师马克·赫尔曼(Mark Herman),他让我从他的游戏《我们合众国人民》(1994)中借用了一个卡牌驱动的战争游戏(现在业余爱好中称为CDG)的概念,这是一个关于革命战争和革命性设计的游戏。这款游戏赋予了英国和美国玩家一手随机抽取的牌。其中一些用于在点对点地图板上进行军事或政治行动,而另一些则包含如独立宣言的发表等影响战争进程的历史事件。卡牌驱动系统以简单、优雅的方式实现了多个设计目标。正如在任何卡牌游戏中一样,拥有一手牌可以进行一定程度的事先计划,而缺乏对手牌的了解则引入了战争迷雾的元素,以及克劳塞维茨的随机性"摩擦"("战争中一切都很简单,但简单的事情都很困难")。在对阵中使用卡牌可以让兵棋涵盖广泛的政治、经济、外交和其他因素,这些因素通常被完全抽象出来,而制定规则开销最小。

我对这个惊人设计的最初反应是,它非常适合美国内战题材兵棋,但结果马克已经有了同样的想法,所以作为一个已经了解第一次世界大战兵棋的人,我决定考虑是否可以为第一次世界大战调整卡牌驱动系统。

挑战是巨大的:《我们合众国人民》是为两个国家之间的战争而设计的(在第三方的帮助下),使用小型军队进行非线性战役,你在地图上的全部力量可能集中在几个空间,行动围绕着是否从(比如)纽约转移到费城或波士顿。第一次世界大战一开始只有部分国家参与,后来也有其他国家加入。在美国独立战争中,数以百万计的人员被调动起来,人数是殖民地全部人口的数倍,而开始的战役则是一支支军队在数百英里的战线上齐头并进。直接采用马克的系统显然是行不通的,但我决定尽可能多地使用该系统,如果仅仅因为一场大战卡牌驱动承诺是一个硬推销,那么《我们合众国人民》系统则是一个明显的卖点的话(当时我认为《我们合众国人民》是阿瓦隆山公司的大热门,因为我非常喜欢它;现在我不再确定是否真的如此)。

因此,对于初学者来说,除了使用卡牌之外,点对点地图为《我们合众国人民》玩家提供了一个熟悉的《荣耀之路:第一次世界大战,1914—1918》切入点。任何兵棋推演的基础都是其对军事编队和地形的描绘。兵棋地图本质上是抽象的:地图就是你的游戏板,就像国际象棋中的8×8方格一样,一旦你在地图上放置任何类型的网格来调节你对军队的移动,你就会面临涉及抽象地理现实的选择。你正在决定哪种地形在你选择的比例下具有重要的军事意义,以及如何在你设计规则的背景下描绘它。但毫无疑问,点对点系统比传统的六角格更加抽象且涉及更多设计者的选择。

我希望将部分东部战场包括在内，并覆盖一些欧洲战场，所有这些都将呈现在一张"34×24"的标准地图上，这使情况变得复杂。这将需要扩大欧洲战场的规模，以呈现数量非常有限的空间，或者以不同的比例绘制近东地图。我选择后者是因为我想用足够的细节模拟法国和俄罗斯的行动，以了解联盟在1914年尝试的近乎拿破仑式的演习。部分战场有限的后勤能力使我能够缩短行动线，以便精心选择几个瓶颈地区就可以阻止敌人前进，从而弥补了规模越大意味着部队在实际上移动时行进的距离越远这一事实。

由于点对点系统固有的抽象性，《荣耀之路：第一次世界大战，1914—1918》的地图实际上包含了：沼泽、山脉、森林、沙漠和人造防御工事等众多细节。每个空间都有名字，但因为每个空间所覆盖的面积比单个城市或城镇大得多，所以选择特定的名称是为了历史韵味，而非精确性。设定地图空间的精确布局在很大程度上是一个试图在战略层面上模拟战争主要战役的问题。例如，为了重建1914年德国第一集团军的行动，我必须绘制地图连接，使其能够摧毁部分建筑，迫使英国从比利时撤退，然后穿过坎布雷和亚眠。此时，为了与德军防线的其余部分保持联系，第一集团军向东南转向马恩河，然后当盟军在9月进行反击时，它撤退到了坎布雷，在那里建立了防御工事。在战争后期，从多地发起攻击坎布雷的能力可以鼓励盟军进攻索姆河，就像当年凡尔登类似的脆弱性使其成为德国可能攻击的目标一样。所有这些都需要通过游戏测试进行大量的尝试和试错。

《荣耀之路：第一次世界大战，1914—1918》不是我设计的第一款第一次世界大战战略兵棋。我之前已经在《指挥》期刊上发表了《欧洲大战》和《近东大战》，这两款兵棋可以合并成一场战役，覆盖与《太平洋战争》相同的战区。但与传统六角格地图的规模非常不同：在这两款兵棋中使用三张而非一张地图，兵力规模是师级而不是军级和军团。这些早期的兵棋使用随机抽签系统将各种历史事件引入游戏中，我将其中的许多事件改编为《荣耀之路：第一次世界大战，1914—1918》卡牌中的事件。出于实际成本考虑，我将卡牌限制在一副110张卡牌的范围内，很明显，如果我遵循人们将允许操作的卡牌与提供活动的卡牌分开的想法，我不可能使其涵盖我想要的所有活动。在第一次世界大战的线性战役中，如果玩家被多张事件卡困住并且无法在敌人动手破坏他的前线时做出反应，这也是致命的。一旦我决定使用两用卡，其中每一张卡都允许在地图上或某一事件上进行操作（但不能同时在同一场比赛中进行），我很快就决定更进一步，并为单张卡牌比赛添加了战略移动和替换两个附加选项。前者允许玩家通过铁路或海上长途调动部队，后者允许玩家根据需要"召集"部队以弥补损失。

因为每一张牌通常只能用于一个目的，所以每一张牌（或"回合"）玩家必须不断地排定优先级。决定是否在地图上执行行动或使用毒气等来增援或提供特殊战术优势、是否利用铁路将部队调动到前线，或者为你精疲力竭的军队召集替代者。通过让大多数事件的游戏将该卡从游戏中剔除,以及让最有用的事件提供最高级别的操作、战略移动和替换,这种紧张关系加剧了持续不断的取舍,而且选择的数量之多,紧张情绪加剧到了令一些玩家感到头疼的程度!

在《我们合众国人民》(以及随后的CDG)中,马克·赫尔曼偏爱单副牌。这有一些优势,特别是在惊喜元素、减少卡牌计数和卡牌管理方面,但也有增加随机性的缺陷——缺乏叙述连贯性。战争中的事件彼此之间缺少关联,形成了一种游戏叙事,其中典型冲突的不同时期模糊在一起。相反,在《荣耀之路:第一次世界大战,1914—1918》(以及随后的CDG)中,我选择发给中央大国和盟军各自牌组,然后将其分为动员、有限战争和全面战争三个阶段。这防止了德国军队在战争初期随意发展1917—1918年的突击队战术(Stosstruppen),因为这些卡牌都在全部战争牌组中。

之后,我将玩家后来使用的有限战争卡和全面战争卡与他战争状态的增加联系在一起,战争状态本身是由某些事件引发的。例如,盟军动员甲板封锁卡牌不仅每年为盟军提供一个胜利点,而且还提高了盟军在战争中的地位。而双方的联合作战地位,标志着战争的日益激烈,这与美国介入战争以及俄国革命在一定程度上也有关。

现在游戏的卡牌驱动游戏引擎已经启动,但如何将其与第一次世界大战陆地战役的多样性和变化性结合起来呢?在《我们合众国人民》中,操作点(OPS)用来激活棋盘上的领导者(将军)以及与他们叠加的力量。领导越优秀,需要的行动点数就越少。鉴于第一次世界大战中庞大的军队、漫长的战线,以及平庸的将军,这样的系统将是不合适的。相反,每个行动点将被允许激活一个空格,因此根据所玩的牌,可以激活一到五个空格。这将允许具有历史水平的活动和协调,同时确保玩家永远不会同时做所有事情。

多年来,我一直坚持认为第一次世界大战不仅仅是西方记忆中的战壕僵局,因此,为了将行动速度降低到适合第一次世界大战而不是第二次世界大战闪电战的水平,我将运动和战斗划分为不同的活动类型。当你通过行动点激活一个空间时,你将其标记为移动或战斗,而不是两者兼顾。攻击者现在只能攻击他在上一回合中移动到附近的目标空间,这给了对方一个可能来临的打击警告,因此有机会加强防守或先行撤退。除此之外,我还增加了允许建造战壕的卡牌,这让防御者可以选择忽略因战斗中的撤退而牺牲额外的兵力损失。但我把巩固某一特定空间视为死路一条,让其他国家更有能力挖掘战壕,再加上部分国家较短的前线,使战壕僵局在西方比东方更有可能出现。

接下来我必须处理补给问题。在战略层面上,增援事件卡牌和替换卡牌的使用解决了各大国组建和维持军队的能力问题。战场补给则是另一回事。传统的"通过友好的六边形(空间)追踪到补给源"的方法很好,但也提出了一个问题,如果一支军队的补给不足,将会受到什么样的惩罚? 有争议的是,我确实决定让惩罚变得严厉:玩家无法执行操作,如果在游戏回合结束时仍然没有完成补给,则永久淘汰。这一严厉的惩罚产生了预期的效果:与历史上的对手一样,玩家对侧翼防守空缺和防线断裂格外重视,并将关闭所有其他活动以保护他们的补给线。这使得游戏无法产生一系列的包围战和袖珍战,1939—1941 年包围战和袖珍战比 1914—1918 年更为激烈。有经验的玩家,每轮先检查补给成了他们的第二天性,实际上很少会出现因为补给消耗而损失部队的情况。

最后,我面临一个问题:是何原因导致第一次世界大战的胜利? 从战争初期开始,两个联盟都有一些野心,直到最终要求彻底击败对手才能实现目标。但除了进军部分地区外,没有人知道如何能够迫使敌人投降。相反,战争是为了确保地面安全而进行的,这是出于战术、作战或战略原因,或者因为吞并领土是一个国家战争目标的一部分。因此,我决定采用一种胜利点数机制,它基于对某些空间的控制,但受到某些卡牌活动的影响,这会提高或降低一个国家的士气,从而影响其愿意接受的"胜利"。

由于卡牌驱动游戏(CDG)引擎对这些设计元素的组合使用了一组相对简单的规则,产生了极其复杂的效果。尽管经过数月的测试,每回合每方有六种选择,并且需要平衡战事、战争状态、替换和实际竞选活动,但一旦《荣耀之路:第一次世界大战,1914—1918》被释放到数千名玩家手中,它完全有可能崩溃。尽管存在问题(例如,一些规则必须修改,以将盟军的机会降低到更具历史意义的水平),但游戏仍然有效,并成为我最成功的设计。

在当今的市场上,每年都会发布几十款兵棋,一些玩家长期钻研此道,发展出远远超过设计师的专业技能,这是《荣耀之路:第一次世界大战,1914—1918》成功的标志。事实上,多年来,这些《荣耀之路:第一次世界大战,1914—1918》鲨鱼"强迫我对他们的游戏做出回应,因为他们制定了相当非历史性的获胜策略,其中最主要的是将德国军队撤回莱茵河,并将他们的战役重心转移。虽然这在理论上并非不可能,但实际上很难操作,我在游戏中引入了一个"历史变体",我相信它解决了大部分问题。"鲨鱼们"走得很远,多年来设计和完善了巡回赛版本。许多玩家虽然经验不多,也许还很残酷,仍然偏爱原始的、更开放的游戏版本。作为一名设计师,你必须牢记,游戏必须适合更多的休闲玩家,而不仅仅只是那些"鲨鱼"[①]。

《荣耀之路:第一次世界大战,1914—1918》出版后,人们对第一次世界大战兵棋的兴趣持续增长。我出版了几部关于第一次世界大战的设计作品,并与其他设计师合作,制作了一系列超大和超复杂度的兵棋,以及可在一两个小时内玩的袖珍游戏。第一次世界大战可能永远不会像第二次世界大战那样成为一个受欢迎的游戏主题,但它不再是兵棋爱好中被忽视的一个角落。《荣耀之路:第一次世界大战，1914—1918》帮助人们认识到，大战不仅仅是战壕中的僵局，而且在许多情况下，它引导玩家更深入地探索游戏背后的历史。通过这种方式，《荣耀之路：第一次世界大战，1914—1918》在百年来对这场冲突日益增加的兴趣中至少扮演了一个小角色。"荣耀之路只通向坟墓"，或者有时直接通向游戏桌。

关于作者

泰德·S.雷瑟(Ted S. Raicer)出生于1958年，父母曾在第二次世界大战中服役。泰德·雷瑟在新泽西州拉威长大，早期由于研究美国内战对军事历史产生了兴趣，后来他对英国文学的热爱使得他对欧洲历史，特别是两次世界大战历史产生了浓厚的兴趣。他的父亲在1969年给他买了第一款兵棋(阿瓦隆山公司出品的《1914》)，到了20世纪70年代中期，泰德·雷瑟成了一名忠实的兵棋业余爱好者。1991年，他为《指挥》期刊出版了他的第一款兵棋《1918：西部风暴》。在泰德·雷瑟最著名的设计《荣耀之路：第一次世界大战，1914—1918》于1999年由GMT游戏公司出版之前，他一系列屡获殊荣的第一次世界大战指挥兵棋相继问世。众所周知，《荣耀之路：第一次世界大战，1914—1918》已经完成了三次增补发行，第四次印刷正在进行中，并以法文、德文、西班牙文和中文版本出版。

注释

①如果对《荣耀之路：第一次世界大战，1914—1918》巡回赛感兴趣，参见 http://www.boardgamers.org/yearbook/pogpge.htm。

第十四章 一种新的历史：兵棋场景设计群体文化

——特洛伊·古德费罗

在历史的大部分时间里，计算机兵棋与其棋盘和计数器表兄弟大致相同[①]。游戏方式的区别因素通常不是设计、设置或观众，而是速度[②]。计算机可以计算出战斗结果、跟踪天气影响，并以一致和准确的方式裁判规则。这种速度意味着即使是加里·格里格斯比（Gary Grigsby）的《太平洋战争》（2004）这样的超级兵棋，其完成速度也比类似的棋盘游戏快数百倍。再加上其使用计算机对手替代人类对手的能力，游戏的速度会改变玩家完成和理解新兵棋的规律和难易程度。

这种速度会产生重大后果。由于游戏现在可以更快、更频繁地完成，玩家可以更容易地发现缺陷、利用游戏人工智能（AI）或核心规则集的方法。经常接触相同的环境和相同的地图意味着如果一个设计师想要提高销量，他们通常不能简单地制作一款关于一场战斗的游戏；多个场景或战役模式（无论是链式场景还是定位球遭遇战）对于除了最大规模的兵棋游戏之外的所有游戏都至关重要。因此，计算机兵棋变得更加精巧（或更加复杂），并且有更多种类的战斗和战术谜题。

虽然我们可以在今天的一些棋盘兵棋中看到诸如命令和颜色系列游戏是模块化的编辑和玩家驱动场景设计的影响，但在大多数情况下，棋盘兵棋受到固定地图和有限军队选择的限制。由于大多数棋盘兵棋（尤其是大型棋盘兵棋）玩者寥寥，但这对大多数人来说都不是问题。他们对棋盘兵棋的享受不太可能因为看到太多的动作而耗尽热情。

这种速度差异意味着，自从计算机兵棋诞生以来，设计师们就一直在寻求通过编辑工具延长游戏的寿命。游戏将与内含的工具包一起出售，玩家可以制作自己的战斗、自己的军队，有时还可以制作自己的地图[③]。

经典的早期兵棋《古代战争艺术》（*Ancient Art of War*）（1984）是一个抽象的事件，避免了真实的历史，但它具有准历史背景和广泛的人工智能将军，每个将军都有不同的游戏风格。玩家可以创建自己的战斗、设计地图、设置堡垒位置，并决定敌军的组成（当然仅限于弓箭手、骑士和野蛮人）。罗伯特·史密斯（Robert Smith）的《战争百科全书：古代战争》（1988）中有几十种不同的历史军队，但只有四场战争,任何超出这一点的乐趣都来自随机生成的战斗或自己在编辑器中设计的战斗。没有普拉泰亚之战吗?使用斯巴达军队和波斯军队,拿起你的袖珍希罗多德,自己动手制作(《第三次世界大战作战艺术》见图14.1)。

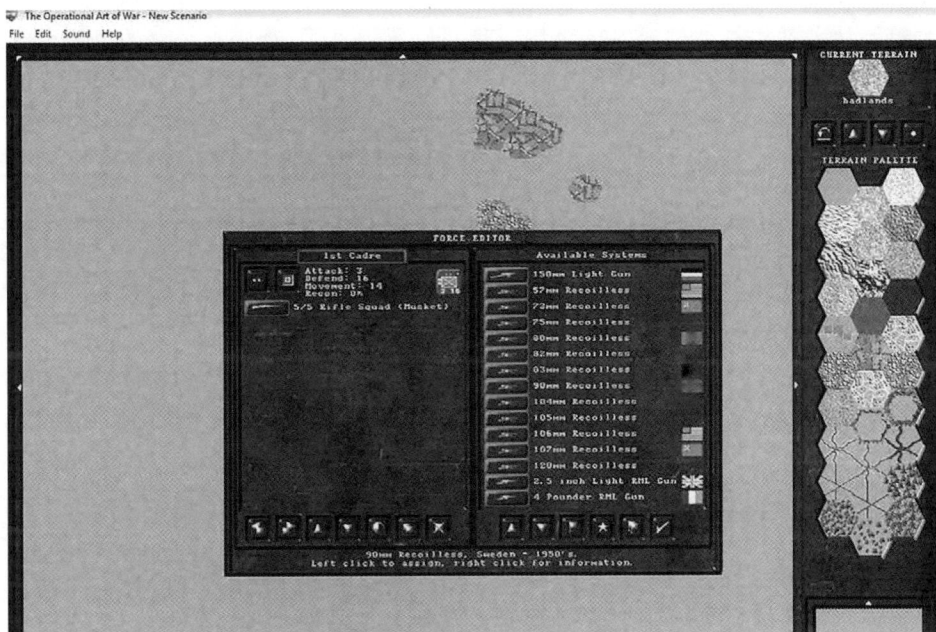

图14.1 《第三次世界大战作战艺术》

(注:凭借耐心和良好的战斗秩序,一些编辑,如《第三次世界大战作战艺术》中的编辑,承诺会有无限的创造力。)

埃兹拉·西德兰(Ezra Sidran)1987年及以后的早期通用军事模拟游戏既不是通用的,也不是模拟器,并且遗漏了"军事"的一些重要部分,但它们旨在让玩家可以在历史上任何时期进行任何战斗,同时包括历史上不同时期的少量战斗,大概只是为了炫耀设计的灵活性。

从今天的角度来看,很容易得出这样的结论:这些编辑器的加入是为了让玩家可以交换新的场景或军队配置,从而通过与其他人合作来增加他们自己的努力。但重要的是,要记住,在构思这些兵棋时,并没有可靠的文件共享,没有互联网,公告牌系统通常是局部的、有限的和特殊的;尽管这些游戏中有很多都包括热坐式多人游戏(即,在与你相同的物理空间中与对手进行游戏),但即使是在计算机兵棋的黄金时期,当这种类型的粉丝在个人计算机早期使用者中所占比例过高时,肯定也不能保证你会在附近找到一个活跃的对手。

因此,编辑的加入主要不是为了促进思想和场景的共享,而是为了延长兵棋的使用时间。分享当然没有受到阻碍，即使是这样，设计师和玩家之间的沟通渠道充其量也只是零星的。

但这种缺乏可靠沟通的情况往往意味着对编辑工具的质量几乎没有反馈。即使在今天，兵棋游戏的编辑们也常常大惊小怪。数据输入、部队布置、地形修改等等从来都不是一件容易的事情。除非你感到气馁，否则一个好的场景可能是研究和重新尝试的乏味混合物[④]。对于早期的兵棋，缺乏可靠的由玩家驱动的对话意味着无法轻松分享技巧和建议。用户十年来创造的兵棋游戏场景已经消失，就像那个时代的电子星历一样，这对我们造成了极大的损害。

用户场景设计的黄金时代可以在：《鱼叉》(Harpoon)(1989)和《作战艺术》(Operational Art of War)(1998)两款兵棋中发现。在这些兵棋中，玩家对尝试历史或假设情景的兴趣将爆炸式增长，大学计算网络的兴起和家庭互联网的可用性赋予了这种新趋势以动力。

当然，《鱼叉》早在互联网之前就已经存在了(关于这场具有开创性意义的海军兵棋的详细历史，请参见本书中的唐·R.吉尔曼一章)。就我们眼前的目的而言，第一个计算机版本兵棋是在1989年发布的，当时冷战本身正在逐渐成为历史，而哈彭关于红色海军与尼米兹航母群决一死战的猜测也随之消失。

1997年，兵棋《鱼叉》重新发行，获得新生。它的扩展包(大部分是替换的时间情节，像复活的俄国君主制，以及中东和印度洋中可能的闪点)以及它的剧本编辑器都重新进行了设计。突然间，互联网上充斥着用户创建的内容，这些内容要么书写了新的历史，要么模拟了最近的历史海空对抗。然而，尽管可能存在各种各样的情况，但大多数情况往往意味着大场景。考虑到新玩具和展示他们所知的新方式，为《鱼叉》设计的原型玩家场景里有数百架飞机、诸多航母群，如果可能的话，还有一艘装满弹道导弹的核潜艇。

在这段历史时期，海洋的相对平静是对场景设计者的一个基本的缺失约束。一些国家可能会在鳕鱼争夺战中动用军舰，或者在波斯湾的美国舰艇可能会受到小型船只的骚扰。但现代或近期的军舰和飞机意味着大多数场景设计师仅局限于他们的想象力，对现代海战的具体情况几乎没有什么具体想法。正如我们在最近为指挥而设计的《现代空中/海上作战》(2013)和《作战艺术》中所看到的，一旦从当前时代的主题、新闻标题和来自外交事务的假设确定游戏主题，或者你已经成为产生新场景的火花，就开始着手设计游戏场景。

最受欢迎的场景是在北大西洋的多载波决斗，或者是《鱼叉Ⅰ》的结束场景——冰岛的防御或攻击变体。即使是如印度洋等那些最不可能有大型舰队出没的地区，也可能会为部分国家出兵提供借口。

诺姆·科格(Norm Koger)的《战争艺术》[⑤]是从他的《兵棋构造集》演变而来的[⑥]，试图对从20世纪30年代到今天的所有战争进行建模。这是一项雄心勃勃的事业,但事实证明,业余场景设计师非常喜欢这项工作。与关注当前事件的游戏不同,玩家将整个20世纪作为他们的游乐场;虽然游戏中包含的战斗始于1930年,但编辑器中提供的许多装备都是为装备过时武器的军队而设计的,这些武器更适合第一次世界大战或阿比西尼亚战争等更早的战争。

同样,流行的用户创建场景往往是大型地图的扩展版,部队规模被调整以适应更大的地理范围或填充整条战线。当你可以像1942年那样在整条非洲前线作战时,为什么还要制作一个更好的阿拉曼版本呢？如果你能修改增援和替换计划,那么像巴巴罗萨或1914年德国与法国那样的长期战役几乎是可行的。游戏的操作层面被推到了战略层面,战略决策是在舞台下做出的,或者取决于地图对玩家行动的回应[7]。

在《战争艺术Ⅲ》游戏最新版本中的许多场景中都可以看到这种趋势,即更大的场景会推动模拟的极限和科格(Koger)模型的假设。2006年新版本包括130个"过去五年最佳场景设计",这可能是零售产品首次将用户创建的内容作为主要卖点[8]。

费罗·法洛蒂(Fiero Falloti)的《1914—1918年大战》自诩为"怪物场景",但哈里斯·里里斯(Haris Riris)(专为通过电子邮件播放而设计)的《全球冲突1988》(Global Conflict 1988)最能代表怪物场景的精神。它有2万米长的六边形棋盘,覆盖整个欧洲和中东地区,一直延伸至伊朗。欧洲大部分地区都散布着一些小城市,每一个城市在赢取胜利点数方面都具有一定价值,这使得游戏的规模更具威胁性,因为你在城市战斗中的输赢会取决于一种奇怪的算法。

虽然最终零售版本中的选择当然倾向于能否反映出更为温和的目标,但场景的在线存储表明玩家愿意尽可能地推动战争游戏系统。《欧洲战场》(European Theater of Operations)、《欧洲1939》(Europe 1939)、《苏联1941》(Soviet Union 1941)、《第二次世界大战》(World War 2)的兵棋都表明许多场景设计师对师级作战感兴趣,尽管科格的基于装备的战争结果建模往往在更高的指挥级别上失效。总结一支小队拥有的坦克和机枪的数量是一回事,但越是沿着更宽的战线向前延伸,场景设计者就越是要被迫对补给、前沿和间距做出更多的假设,否则就完全忽略了这些问题,将模拟的想法抛到了窗外。

许多玩家手中的编辑不仅仅是填补场景列表的空白。考虑到可以选择设计一个关于一小块正面的场景,或者制作一个完整战场的游戏,许多玩家都选择了做到最好。编辑为玩家提供了成为游戏设计师的机会,在有限的意义上,他们是在使用别人的规则来设计自己一直想要的游戏。

在其他游戏中,许多玩家倾向于使用编辑和设计工具来扩展而不是细化设计。席德·迈尔(Sid Meier)的《文明四》(2005)的设计师索伦·约翰逊(Soren Johnson)将试图做出太多"双倍愉悦"修改的玩家戏称为"改装"。因为这些玩家认为，如果某个游戏更大，那么它一定会更令人满意。

随着通用修改的技能和工具变得越来越普遍，最熟练的业余设计师被吸引到场景修改而非场景设计中。快速浏览一下最近创意工坊 Steam Work-shop® 任何一场全战游戏的新增内容，都会显示出对更真实、更好的人工智能(AI)或更多迷彩制服的极大关注，但创意组装公司(Creative Assembly)用于销售特许经营权的战术战争游戏没有新的历史战争场景。玩家的注意力被吸引到战略层面；在战略层面上，所有发生的战斗都是玩家决策的结果。尽管电视节目中早已使用了全面战争游戏来再现或说明历史战争，但历史场景是事后才想到的。

部分原因是创造性的组装使编辑远离大多数人。你需要在可执行文件中添加一行，或使用其他解决方法进入此模式。"自定义战斗"可以生成，但这只是在通用战场上放在一起的两个军队列表。尽管如此，用户创建的内容几乎自《全面战争》系列诞生以来就蓬勃发展；只是用户已经超越了制作精确版本的高加米拉会战(Gaugamela)，他们想要"完全真实"的游戏模组(MOD)，以改变军队的发展和招募方式(《全面战争：罗马Ⅱ》见图14.2)。

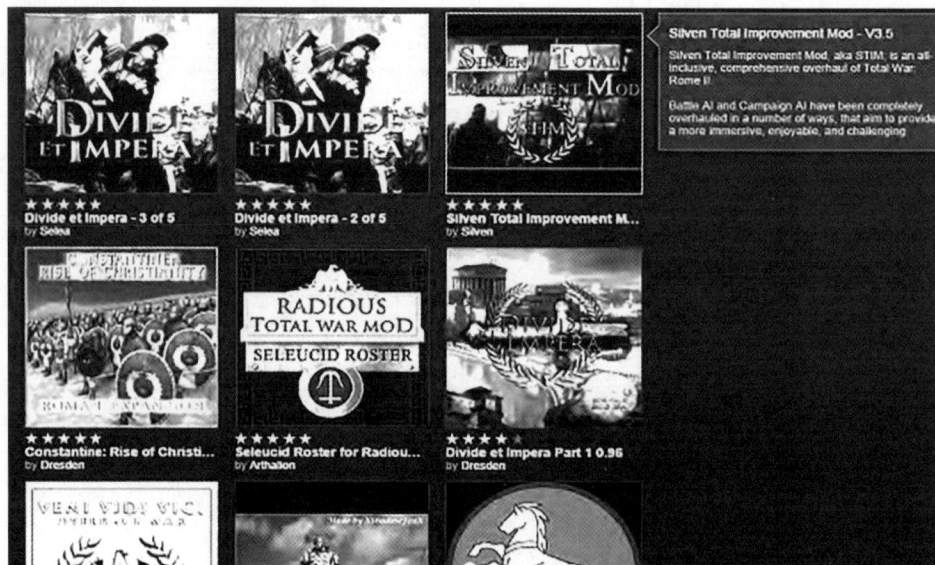

图14.2　《全面战争：罗马Ⅱ》

(注：此款兵棋一直深受玩家欢迎。)

自定义场景中一个特别有趣的趋势是玩家倾向于不设计其他人制作的战斗。尽管专业设计师认为能够让玩家重游葛底斯堡或坦能堡，但设计师们给出彼此之间的距离很宽广。例如，步枪时代场景中最大的仓库(wargamer.com

Games depot）只有一个版本的弗雷德里克斯堡、一个版本的喀土穆和一个版本的阿拉莫，但每个版本都来自不同的场景设计师⑩。古代或中世纪微型兵棋游戏《荣耀之地》（2009）的官方论坛"Slitherine"几乎没有卡纳或班诺克伯恩的竞争版本。大多数设计师似乎回避提供或捍卫不同的解释。

当然，专业兵棋设计师和场景设计师之间的核心区别在于，场景设计师都在同一个系统中工作，而不是设计竞争对手。然而，考虑到基于时间、资源或对行动和军队能力解释的可能变体数量的问题，令人失望的是业余设计师没有更好地运用场景，他们中的许多人拥有丰富的历史知识，本可以探讨我们对历史本身的理解⑪。

相反，在互联网上分享和评论的文化导致了论坛或评论中对这类辩论的讨论。如果对如何构建一场战斗存在严重争议，场景构建者将在几周内迭代他们的设计。例如，在《统一指挥》（*Unity of Command*）（2011）的官方论坛上，场景通常标有版本号或用更新的方式区别于对历史遭遇的早期解释，这是软件开发术语如何渗透到用户创建内容中的一个实例。

为兵棋编辑和创建场景永远是小众市场。尽管如此，它已经成为这一类型的一部分，几乎每位兵棋开发者论坛都支持或欢迎用户创建战斗链接。

关于作者

特洛伊·古德费罗（Troy Goodfellow）是一位资深的战略游戏评论家，曾在许多主流的视频游戏期刊和网站上发表文章。他的博客"钢铁的闪光"（Flash of Steel）10年来一直连载长篇散文和评论，他在2009年创建了以战略为重点的播客"前进三步"（Three Moves Ahead）。特洛伊现在效力于一家名为Paradox Interactive的瑞典电子游戏开发及发行公司。

注释

① 在这里，我仅讨论"兵棋"，而不是一般战略游戏的正确理解。尽管像《文明 Ⅴ》（*Civilization* Ⅴ）（2012）和《欧陆风云 Ⅳ》（*Europa Universalis* Ⅳ）（2013），以及类似的大战略游戏很有趣，但它们有不同的问题。我所说的"兵棋"是指具有历史或准历史背景的游戏，非常强调战斗中的战术部署和移动，鲜有玩家控制额外部队的产生或外交政策。有些游戏，如创意组装（Creative Assembly）公司出品的《全面战争》（*Total War*）系列，在战略层和历史战斗元素中都有兵棋的元素。

② 一般来说，计算机兵棋仍然是轮流或分阶段推进的（尽管有主要的实时和WEGO游戏），仍然使用基于16进制或瓦片的系统，即计算机可以跟踪真实的地理和间距，并且专门针对具有军事和历史背景的、受过教育的老年男性设计

与销售。与所有的概括一样，明显的例外也是有的，这些趋势在这一流派的历史中时起时落。但在过去5年中，加里·格里格斯比（Gary Grigsby）的《东部战争》（*War in the East*）（2010）和《统一指挥》（*Unity of Command*）（2011）这两款最著名的描述东部前线的游戏仍然坚持着传统的表现和理念。

③我在区分编辑和修改"Mod"这个术语最适合用来描述玩家驱动的对游戏核心方面的改变，通过向游戏引入新元素（魔法、授权宇宙）或新规则，从根本上改变其性质。在游戏中，改变统一指挥以与罗马尼亚交战是一个编辑问题（设备已经在那里）；将其更改为与霍斯交战是一个修改问题（必须创建新的部队、规则和地图，这意味着更改一些编程代码）。

④我在《罗马帕拉西亚战役：全面战争》（2004）中自娱自乐。这是一个相对影响较小的兵棋，但在那次经历之后，我从未冒险进行另一场战斗。优秀的场景设计师都有我无法比拟的耐心。

⑤《战争艺术Ⅰ:1935—1955》（1998）、《战争艺术Ⅱ:1956—2000现代战争》（1999）和《战争艺术Ⅱ:闪点科索沃》（1999）是由泰龙公司（Talonsoft）出版和开发的，整个系列于2000年作为《战争世纪》（*Century of Warfare*）发行。该游戏自2006年起由矩阵游戏公司（Matrix Games）发布、分发和更新。

⑥诺姆·科格设计的第一个兵棋游戏系列简称为《兵棋构造集》（*WCS*）（1986），在设计和意图上与通用军事模拟游戏相似。玩家得到工具和一些战斗作为模型，这样他们就可以设计和测试自己的遭遇战。《兵棋构造集》中的第二款兵棋《坦克》（*Tanks*）专注于装甲战。三部曲《步枪时代：1846—1905》中的最后一款游戏确立了作战艺术的核心理念，假设你只需了解部队可用装备的能力，就可以成功地模拟作战游戏。玩家可获得的丰富信息，以及《步枪时代：1846—1905》所涵盖的富饶时期，使其在场景设计师中格外受欢迎。它还有一个相对简单的界面，因为考虑到训练和经验，一支部队的战场实力是部队规模和武器装备的相乘之积。

⑦《战争艺术》允许根据日期、胜利点的状态等触发事件。事实证明，这对于大型场景构建器来说是一项非常受欢迎的创新。

⑧同样值得注意的是，该游戏最受欢迎的完全改装版是一套19世纪的部队和武器集合，其设计主要是为了让人们能够体验美国内战的战斗，或者通常是整个美国内战本身，按照科格的模式使用一些暴力，但对装备非常忠实。

⑨创意工坊（Steam Work-shop）是视频游戏店面（Valve's video game storefront Steam）的一部分，其中充满了对创意工坊工具开放的游戏的玩家添加、修改和定制。自2012年推出以来，它已经成为一个一站式的商店，可以对各种战争和战略游戏进行更改和定制。

⑩这不一定是设计师在覆盖同一领域时保持沉默的证据，也可能是网络规模和

公共性的证据。

⑪参见菲利普·萨宾（Philip Sabin）的《失败的战斗：重建古代世界的巨大冲突》（*Lost Battles: Reconstructing the Great Clashes of the Ancient World*）（2007），了解游戏和场景设计如何界定或解决对来源和军事理论的冲突解释。

第三部分　行　　动

第十五章　运筹学、系统分析和兵棋推演：驾驭研究周期

——彼得·P.佩拉

真正的战争是一件非常混乱的事情,乱得一团糟。

——詹姆斯·T.柯克船长,《星际迷航》

让我给你讲个故事,尽管这不是个完整的故事,它有部分是关于我们今天所说的防御分析是如何形成的。事实上,整个故事可能超出了我们可怜的叙述或理解能力。这个故事是由我们所说的作战研究、系统分析和兵棋推演三条主线编织而成的(然而,本文中,我使用"兵棋推演"一词来指代军事和国防分析的"重要"用途,而不是本书前面描述的业余爱好用途)。每一条线索,在某个时候,都被决策者作为理解战争的关键工具,用来预测未来战争的方向,从而使今天的决策能够带来明天的成功。

故事的其余部分如下:战争太复杂、太关键,我们不能把未来全部押在这些工具的使用过程或产品生产上,我们所能做的最好的事情就是以一种综合的方式使用我们所有的工具,以便了解过去、调查现在,并为未来做好准备。决策者需要学会如何应对不确定和不可预测的未来,掌握如何理解其复杂性。尽管存在复杂性、不确定性和不可预测性,我们仍然要学习如何在今天和未来做出正确的决策。要做到这一点,研究人员、分析师和专业兵棋推演者必须学会使用作战研究、系统分析和兵棋推演,并辅之以对历史和当前经验的深刻理解,在一个连续的研究周期中培育、建议和支持决策者。

一、运筹学：量化经验以规划行动

然而,弗雷德里克·W.兰切斯特(Frederick W. Lanchester)先生提出了两种理论,我可以放心地提醒大家注意。第一个他称之为N平方定律,在我看来,这是对战争艺术最有价值的贡献。这是一个真理的科学陈述,虽然被模糊地感知到,但被许多伟大的海军和军事将领熟练地使用,但现在它第一次以数字形式陈述并得到逻辑证明。

——少将:大卫·亨德森爵士,KCB(高级巴思勋爵士),《战争中的飞机》

物理科学与军事艺术的实践有着长期而曲折的关系。阿基米德在保卫锡拉丘兹(Syracuse)抵抗罗马战争机器的过程中扮演的神话角色，以及最终阿基米德死于一名士兵之手是最早的故事之一。由于军事力量是物理和化学的高度提炼应用，利用科学知识和工程专业知识来创造、生产和应用更好、更具破坏性的武器可能从史前时代就开始发挥作用。科学技术在更高层次的战争、作战和战略中的应用在约米尼(Jomini)分析拿破仑《游击队的艺术》(1838)的几何方法中迈出了第一步。尽管这项工作遭到了批评和极大的诋毁，将科学和定量推理应用于军事行动问题的诱惑被证明是有效的。

在第一次世界大战期间索姆河战役的高潮时期，现代战争科学分析的传奇性基础作品之一出现了。英国工程师在兰切斯特《战机：第四分队的黎明》(*Aircraft in Warfare: The Dawn of the Fourth Arm*)(1916)一书中提出了一些简单的战斗数学模型，其形式为两组联合方程组，即众所周知的线性和平方定律。

兰切斯特将线性定律描述为古代战斗的代表。在古代战斗中，战斗可以被认为是一系列单独的决斗。这种情况无法充分利用数字优势，因为多名战士难以同时与单独的敌人交战。在这种情况下，一方在其单兵技能方面具有质量优势，可以抵消敌人的数量优势。这在线性定律的基本方程中表现得最为明显。这是一个线性方程，描述了战斗状态，即双方在战斗中任何时候的损失数量，以及双方击败对手的有效性。状态方程的形式为

(蓝军有效性)×(蓝军损失)=(红军有效性)×(红军损失)。

如果双方都战斗到最后，那么蓝军将获胜(也就是说，红军被消灭时蓝军至少有一名幸存者)，只要

(蓝军有效性)×(蓝军初始规模)>(红军有效性)×(红军初始规模)。

另一方面，兰切斯特将他的平方定律描述为现代战争的代表。在现代战争中，有效的远程火器可以让几名士兵集中火力攻击少数敌人。在这种情况下，与上述类似的相关状态方程采用以下方程形式

(蓝军有效性)×[(蓝军初始强度)²−(蓝军当前强度)²]=
(红军有效性)×[(红军初始强度)²−(红军当前强度)²]。

在这种情况下，如果

(蓝军有效性)×(蓝军初始强度)²>(红军有效性)×(红军初始强度)²，则蓝军将最终赢得战斗胜利。

在这种情况下，军队的规模在决定胜利者方面起着不成比例的作用，因为它的影响是平方的，而个人战斗力的影响不是平方的。这里的数量本身就包含质量。

兰切斯特对集中原则和N平方定律的讨论，看起来很像后来在第二次世界大战的作战研究中常见的数学方程。兰切斯特通过对霍雷肖·纳尔逊勋爵(Lord

Horatio Nelson)的特拉法加战役计划和实际过程的深刻分析来支持他的"定律"，兰切斯特的分析基本上是属于先验型的；也就是说，他从演绎推理中推导出数学关系，而不是基于对实战结果数据的归纳分析。

在兰切斯特之前，对战争科学支持的重点在于创造新武器。兰切斯特的工作之所以具有开创性，是因为他的"定律"指出了如何在战斗中更好地使用技术。兰切斯特的方程式认为，如果战斗中的一方能够集中其杀伤力对付一小部分敌军，那么它将取得比分散作战——同时与所有敌军交战更好的效果。事实上，兰切斯特专注于飞机，他著作的核心主题，从平方定律的基础上论证了数字在空中作战中的根本重要性，无论是针对空中还是地面目标。在后一种情况下，他辩称，攻击者应迫使敌人的防空防御系统将火力分散在大量同时攻击的飞机上，而不是派遣少量飞机进行连续攻击，这将使防御者能够集中火力攻击这些数量较少的飞机。这一原则仍然是当今空战和导弹战的核心战术理念，即防御饱和攻击。

二、科学家参战

第二次世界大战开始后不久，被广泛认为是"运筹学之父"的P.M.S.布莱克特（P. M. S. Blackett）开始有组织地应用科学的研究原理来支持军事行动（McCloskey 1987，454）。布莱克特是曼彻斯特大学物理学教授，他主张更直接地支持战争。布莱克特组织了几个科学家小组进行所谓的"运筹学研究"，他最早为陆军工作，支持在1940年德国轰炸机闪电战下改善伦敦防空系统的紧迫任务。后来，他调到英国皇家空军海岸司令部和海军部负责处理包括针对U型潜艇威胁的大西洋战役等一系列军事问题。

布莱克特在1941年撰写了两份重要的基础性报告，随后对其进行了更新，并将其纳入了1962年出版的《战争研究》（Studies of War）一书中。他建议派科学家支持作战军事人员，为操作员提供"关于服务技术机构未处理问题的科学建议"（Blackett 1962，171）。科学家们通过使用基本方法——"变分法"，支持其分析的数据，包括向此类人员提供天气、行动报告和类似的管理信息的常规报告。

这些方法是生物学和经济学等学科领域的常用工具，其特点是仅基于有限数量的相关定量数据研究复杂现象。他将这种情况与物理学中的情况进行了对比，"在物理学中，大量的数值数据可以确定相对简单的现象。"因此，布莱克特认为运筹学研究的目标是帮助运营者找到"提高正在进行或未来计划的战争行动效率的方法"，这是一个非常实用的目标。为了做到这一点，研究过去的操作以确定事实，阐述理论来解释事实。最后，事实和理论被用来预测未来的行动。

除了布莱克特外，第一代运筹学研究人员还包括了如：E.A.阿普尔顿（E. A.

Appleton）、A.H.赫胥黎（A. H. Huxley）、J.C.肯德鲁（J. C. Kendrew）和C.H.沃丁顿（C. H. Waddington）等其他几位未来的诺贝尔奖得主。他们运用真正科学家的思想来支持实际作战行动。他们作为专业人士的科学观是以从经验中学习为中心的。但是这种经验是通过适度而严格的"观察、实验和推理（演绎和归纳）的结合"来组织和编纂的。

1941年底，美国科学家也参与了战争，并很快向英国先辈学习与合作。菲利普·莫尔斯（Philip Morse）和乔治·金博尔（George Kimball）后来在另一部经典的运筹学文献《运筹学方法》（*Methods of Operations Research*）中记录了美国提出的一些原则和技术（Morse and Kimball, 1946）。在最初的版本中，莫尔斯和金博尔定义了运筹学（OR），正如美国人所说的那样，准确地使用了布莱克特之前引用的话语。

另一位杰出的美国科学家是查尔斯·基特尔（Charles Kittel）博士。基特尔被认为提出了该领域流传最广泛的定义："运筹学是一种科学方法，为执行部门的决策提供定量依据。其目的是通过分析过去的行动，找到改进执行未来行动的方法"（Kittel 1947, 150）。

莫尔斯和金博尔详细阐述了该技术的一些基本思想，他们解释说"几乎每项操作的某些方面都可以测量，并与其他操作的类似方面进行定量比较。正是这些方面可以进行科学研究"（Morse and Kimball 1951, 1）。因为即使是最小的军事行动在执行过程中也异常复杂，因此分析过程的第一步就是"无情地去除细节"，以确定"非常近似的'行动常数'"，并探索这些常数在不同的行动中如何变化。莫尔斯和金博尔提出的关键点是，这些常数"即使非常近似也很有用：因为它们非常近似，所以几乎可以说它们更有价值"（Morse and Kimball 1946, 3）。

他们将实际效用和理论精确性之间的这种重要区别称为"半贝尔思维"（hemibel thinking）。一贝尔表示对数标度中的10倍，半贝尔表示10的平方根，或约为3的倍数。莫尔斯和金博尔认为，操作数据和常数的某些理论"实际"值的3倍以内就足够了。他们认为，之所以如此是因为任何操作的理论最优值与其实际结果之间通常存在巨大差异。

如果实际值在理论值的半贝尔范围内（即，在3倍范围内），则操作细节的任何改进都不太可能导致结果显著改进。然而，在通常情况下，实际结果与理论结果之间存在很大差距。在这些情况下，通常可以通过对作战数据进行粗略分类，以了解人员、设备或战术的变化是否会导致常数发生重大变化，从而获得关于可能改进方法的提示。在许多情况下，对常数最佳值的理论研究将表明改进的可能性（Morse and Kimball 1946, 38）。

莫尔斯和金博尔提供了一些有关商船巡逻时监测潜艇的数据作为例证支持这一观点。他们提供的数据——按潜艇分列的商船联系方式见表15.1（Morse and Kimball,1956）。

表15.1 按潜艇分列的商船联系方式

地区	B	D	E
面积，平方英里（1英里=1609.344米），A区	80 000	250 000	400 000
平均出现船只数量，N区	20	20	25
每日通过该区域船舶流量，F区	6	3	4
区域内潜艇出现天数，T区	800	250	700
联系，C区	400	140	200
扫描速率（Q_{op}）	2 000	7 000	4 500
潜艇观测到的船舶流量的小数，C/FT区	0.08	0.2	0.07
潜艇日观察次数	0.5	0.6	0.3

他们将所有的数字四舍五入为1~2个有效数字，"因为对该地区船舶数量的估算是不确定的,因此没有必要对其他数字进行更准确的计算。"此处列出的操作扫描速率（Q_{op}）为计算得出的数字,包括扫描力的效率。因为B区域和E区域之间操作扫描速率的差小于半贝尔,所以无关紧要。但B区和D区之间的差异大于半贝尔,这就需要进一步的研究。这项调查"表明B区的反潜活动比D区有效得多,因而,B区的潜艇不得不在水下呆更多的时间,那么其进行探测的时间就会相应减少。"因此,分析表明,将潜艇从B区转移到D区是有依据的(假设这样做不受任何限制)。此外,将操作扫描率与其理论最大值相比较的附加计算表明,"并未出现由于警卫人员训练不到位或探测设备失灵而遗漏重要船只的问题……该区域的潜艇每五分钟就能够监测到一艘经过D区的船只,这进一步表明这些潜艇在各区域巡逻的效率极高"（Morse and Kimball 1956,2165）。

因此,运筹学的核心在于其非常强调从经验中学习。这种科学观使得运筹学研究瑕瑜互见。科学家们自己也只能获得有限的一手战争经验,尤其是针对混战的一手经验。在很大程度上,他们只能依赖军方的二手报告。因此,运筹学研究者的科学经验必须与军事指挥官和参谋的实际经验相结合。幸运的是,实战的严酷教训以及科学家和操作员之间的现实关系有助于防止过于机械和科学化的作战观主导实战决策。运筹学业界开创者察觉到了军事指挥的特权问题,也意识到了其支持作用。最终,他们在自己和指挥者的职责之间划分出了一条严明的分界线。双方都认识到,运筹分析的结果只是执行规划和决策基础的一部分。运筹学研究人员有责任推荐其通过科学和定量分析得出的最佳行动方案

（如果确实存在的话）。但执行人员的工作是将该建议与其他不同来源的建议结合起来，特别是与自己的知识和经验等定性建议相结合以做出最终决定。

布莱克特（Blackett）提醒运筹学分析师，在根据其分析结论做出行动建议时应避免过分吹毛求疵："尽管研究人员不应该拥有执行权，但如果他们可以像拥有执行权一样按照自己的分析结论行事，他们肯定会取得更大的成功。我的意思是，如果运筹学工作者要得出一些影响执行行动的结论，只有在他将自己当作执行者，并确信自己会采取该行动的情况下，才应该向执行人员建议采取该行动。用一份罗列出所有可行的行动方案，但结论却是无法在其中做出选择的学术报告来打扰一位忙碌的执行人员是毫无用处的。此处沉默胜过学术上的怀疑"（Blackett 1962，203）。

此处存在一种平衡感，这一点至关重要。因为与大多数最初的实践者所熟悉的物理科学不同，战争的进程往往受到人类及其创造物混乱和不可预测行为的影响。此外，这里也播下了危险的种子，随后会产生影响。因为战后分析人士倾向于相信这些提供了最佳（如果不是唯一的）行动基础的分析将会导致他们遗漏对半贝尔的考量。

然而，在战争中，尽管科学家和战士之间的关系十分微妙，有时还很紧张，但最初的运筹学研究人员凭借其绝对的智力素质，以及他们在第二次世界大战军事机构中机敏的工作能力，最终也获得了广泛的支持和具有实效的结果。此处详述运筹学对盟军战争努力所做出的贡献不太合适，但列举几个例子可以大致说明这些努力的成果。

比斯开湾的反潜艇行动就是一个很好的例子。在前面提到的《如何猎取潜艇》（"How to Hunt a Submarine"）一文中，莫尔斯和金博尔就对其进行了描述（Morse and Kimball，1956），执业运筹学分析师布莱恩·麦丘（Brian McCue）博士在其著作中也对此进行了更详细的讨论（2008）。在这次战争的大部分时间里，在大西洋作业的绝大多数德国 U 型潜艇在进出法国基地时都必须穿过比斯开湾。盟军的远程轰炸机对这些潜艇展开了反潜作战（ASW）。运筹学分析员开发的一个关键有效性度量（MOE）是盟军飞机发现潜艇的目击次数。通过监测次数随时间的变化，盟军科学家能够探测到德国的反制措施，即雷达警报接收器何时开始生效。这反过来又会促使盟军为其飞机配备不同型号的、不易探测的雷达。运筹学分析师开发和监控的有效性度量会跟踪和支持搜索设备和潜艇之间的较量。

另一个例子则说明，分析员主动对常见操作实践提出质疑，并且采用一些基本算法来处理精心收集的操作数据，可能会做出重大贡献。1942年初，塞西尔·戈登（Cecil Gordon）在海岸司令部的工作就是如此（Budiansky 2013，203-206）。运营一支飞机机队需要谨慎考虑飞机在：实际飞行任务、可用（准备飞行）但不飞行、在保养和维修车间接受维修、待检修四种可能状态中所要花费的时间。英国皇家空军的普遍做法是确保至少75%的飞机可以随时准备行动（飞行中或可用状态）。

戈登研究了这项政策后认为其对机组飞行时间造成了不必要的限制。经过多次辩论（时任首相丘吉尔也亲自参与其中），戈登被授权调配一个作战中队来检验他的想法。他演示了一个更好的策略，即"能飞尽飞，以确保维修车间能够得到充分利用"。换句话说，要想获得更多的飞行时间，就必须提高故障率。这意味着在给定时间中需要维修更多的飞机，而维修车间的总容纳量也将会增加（Budiansky 2013, 203）。事实上，戈登试验中队的飞行时间几乎增加了一倍。此外，数据分析还显示，对工作系统的例行检查"大多会使故障情况增多，这显然是因为一直工作良好的组件受到了干扰"（Budiansky 2013, 206）。其结果就是科学家们提出的新飞行政策在整个海岸司令部得以实施。

这些以及其他战时取得的成功使得科学家、文职行政人员和军事机构相信运筹学这一新兴科学应该发扬光大，以解决变化无常的和平时期中日益复杂的问题（更不用说我在这里不会提到的运筹学在非军事领域的应用）。

在战争胜利的余晖中，莫尔斯和金博尔认为，第二次世界大战机械化程度的提高为运筹学创造了条件，使其得以崭露头角，也为其在机械化日益普遍的未来蓬勃发展创造了可能。

科学方法逐渐应用于战术和战略的另一个原因在于战争机械化程度的日益提高。人们常常带着轻蔑的口吻说，人与机器的协作表现得更像是机器而不是人。尽管大多数军事和政府管理人员尚未意识到其全部影响，但这一说法在某种意义上是正确的。因为这意味着人机协同操作可以像机器操作一样用已知的科学技术进行统计研究、实验、分析和预测。强调这些可能性在战争、政府和经济组织运作中的重要性无论怎样强调都不为过（Morse and Kimball 1946, 2）。

但这一点的确被过分强调了。战时的权宜之计到了和平时期演变成了国防机构中的持久性状态，这与以往见到的任何情况都不一样。过去，平民科学家被要求供职于理事会（General Board）等委员会以在和平时期向陆军和海军部队提供建议，但是如今的平民科学家（未来会以"分析师"的称谓为人所熟知），将成为新兴军工复合体不可分割的一部分。随着与苏联的冷战进入高潮，1961年约翰·F.肯尼迪（John F. Kennedy）就任总统，一股新生力量，即"神童"（whiz kid）现身在这一领域。神童们带来了一个新的想法，即系统分析。

三、系统分析：运用经济学建立共识

分析的作用十分显著，以至于军官们强烈主张在和平时期继续沿用这一方法。但与此相矛盾的是国防分析的经验基础在很大程度上被剥夺。由于没有证据证明他们的假设是错误的,分析师常常会随意提出假设并当作真理。

——摘自《国防辩论和分析的作用》(*The Defense Debate and the Role of Analysis*),美国海军分析中心1984年。

肯尼迪政府的新任国防部长罗伯特·S.麦克纳马拉(Robert S. McNamara)为国防部带来了全新的面孔和想法。查尔斯·J.希奇(Charles J. Hitch)就是其中一员。20世纪50年代,希奇在兰德公司(RAND Corporation)工作时,就提出了将经济学概念应用于国防事务的新想法。1961—1965年他担任助理国防部长(审计官)时发现在这个位置上很多想法都能够得以实施。希奇和他的同事兼合作者罗兰·麦肯(Roland McKean)在1960年出版的《核时代国防经济学》(*The Economics of Defense for the Nuclear Age*)中阐述了系统分析这一新领域的基础。他们将系统分析描述为"在有效分配和使用资源的过程中审视军事问题的一种方式……"(Hitch and McKean 1960,v)。

他们认为:经济性和效率是审视一项军事行动同一特征的两种方式。如果制造商或军事指挥官有固定预算(或其他固定资源),并试图最大限度地提高其产出或实现其目标,我们就认为他的问题在于资源的有效利用。但是,如果他的生产目标或其他目标是固定的,那么他的问题就在于节约资源,即成本最小化。这些问题听起来似乎是不同的,但事实上,它们在逻辑上是等价的。对于任一级别的预算或目标,无论是最大限度实现既定预算目标还是最小化目标实现成本,其本质都是相同的(Hitch and McKean 1960,2)。

1.系统分析范式

希奇和麦肯认为,从经济角度思考国防问题的方式是整合所有观点的唯一的、最佳的方式,这样就可以在共同的条款下达成讨论和协议——这简直就是国防决策的通用语言。一旦如国防资源等投入某些一般性决策达成(主要是国会预算决策),系统分析就成为国防计划在细节上达成共识的手段。该观点认为,军事问题选择合理化的目标将转变为有关效率的决策问题。此外,希奇和麦肯认为只有三种"相互关联和相互依赖"的方法才能实现目标效率:一是完善政府内部的制度安排来提高效率;二是尽可能多地靠系统定量分析来确定最有效的替代分配方法;三是进一步认识到无论军事决策是否涉及具体预算拨款,其始终是经济决策的重要一环。如果不能提出正确的问题,选择合适的替代方案进行比较,并根据经济标准来选择最有效的方案,那么军事力量和国家安全将会受到影响(Hitch and McKean 1960,106)。

因此,上述第三点所体现的系统分析理念在本质上并不依赖于第二项所说的定量技术。相反,该方法只需要五个关键要素就共同构成了所谓的系统分析范式：一是要完成一个或多个目标；二是实现这些目标的备选方案；三是用于每种备选方案的资源成本；四是模型，其定义是"对现实的抽象表征，帮助我们感知现实世界中的重要关系，从而对其进行操纵，进而对其他关系进行预测……系统分析需要某种类型的模型来跟踪每个待比较系统的输入和输出、资源和目标之间的关系，以便我们能够对选择任何系统的相关后果做出预测"；五是决策标准，这"通常是系统分析设计的核心问题"（Hitch and McKean 1960, 106-107）。

希奇和麦肯认为，系统分析"是一种看待问题的方式，且并不一定依赖于任何分析工具或计算设备"。这一工具"在分析复杂的军事问题时可能极为有用，但在许多军事问题中，它们并非特别有用。尽管如此，部署替代方案并从目标和成本角度考虑其影响还是大有裨益的。"无论如何，这种定量分析"决不是良好判断力的替代品或竞争对手，而是对其的补充和完善。在设计分析系统、选择要比较的备选方案和标准时，判断力自始至终都至关重要"（Hitch and McKean 1960, 118-120）。

关于麦克纳马拉打算如何将系统分析应用于国防决策，最早可以明显地体现在他1963年所做的决定中，他否决了海军提出的新航空母舰（本可能是CV-67）采用核动力的建议。麦克纳马拉最初是因为其"信息不足"而否决了这项提议，他进而要求"对核动力问题进行全面研究"（Murdock 1974, 80-81）。海军方面的回复"只是列出了核动力的优势和建议采用的方式。麦克纳马拉再一次否决了该分析，并列举出了该研究的失败之处，尤其是"未能对增加的成本和效果进行权衡"。海军方面本指望海军分析中心（CNA）向部长提出一个可能被接受的分析性论述，但海军分析中心的研究未能支持海军的观点又让他们感到失望。因此，海军方面自己进行了一项内部研究，即尝试进行成本控制，但结果仍不理想。海军方面进行的新研究"列出了决定效能的诸多要素，根据每个要素对两种推动力进行了排序，并对其进行了加权（例如，包括'技术改革'在内的'其他的要素'占总效能的80%，核动力航空母舰在这些'其他要素'的作用下效能提高了1.25倍），最终得出结论——核动力相较常规动力会使效能提高1.21倍，而成本仅增加3%"。但是麦克纳马拉却仍然不为所动。他"小心翼翼地摧毁了海军为证明核动力的合理性所做的最后努力。他总结说，由于当前信息不足以决定核动力的未来，权宜之计决定了目前常规动力的选择"。

这一事件表明：麦克纳马拉坚持成本控制，以及最初不愿意让军方提供分析的做法得到了明确的证明。海军方面的无能（他们质疑分析却无法提供期望目标的合理论据更加强了这一点）使得麦克纳马拉否决了军方的一致判断。这个例子表明了麦克纳马拉做出"理性"决策的决心，这样的决策导致了军方对系统分析部门更深的依赖。而作用更强大的安全事务处（Office of Security Affairs）是否会在决策过程中提供更多的分析又是另一个问题（Murdock 1974, 81）。

2.备受攻击之下的系统分析

尽管系统分析理论家强调定量技术的判断和视角,但系统分析师不久就开始频繁应用传统运筹学从业者所厌恶的那种先验数学建模和分析方法。早在1943年,布莱克特就警告过系统分析从业者们不要使用这种方法:尝试为某些随意简化的问题找到一般性的解决方案。在无法获得关于战争行动的最新数据的和平时期,这可能是唯一可行的方法。这一程序是从战争实际操作的众多变量中选择某些特别适合定量处理的重要变量,而不去考虑其余变量。随后形成微分方程并求解。

使用这种方法得到的一些结果十分有趣,比如兰切斯特的平方定律。但是通常很难确定这一"定律"是否适用于某种特定情况。因此,即使这种先验分析具有理论意义,但通常也不可能从这种先验分析中得出任何实际结论(Blackett 1962,179)。

大约30年后,J.A.斯托克菲仕(J. A. Stockfish)于1973年在其著作《铸犁为剑:管理美国国防机构》(*Plowshares into Swords: Managing the American Defense Establishment*)中回应了布莱克特的观点。斯托克菲仕认为,用于处理战斗和评估现有武器系统(尤其是概念武器系统)的建模经常在官僚环境中被使用,或更准确地说是被滥用。这种滥用的发生是因为模型与建模往往等同于科学方法本身。但科学工作也需要经过模型(或理论)的确认,这就需要诉诸经验方法。这是该科学方法的后半部分,而它在现有的军事研究和评价体系中很大程度上是缺失的(Stockfish 1973,190)。

困扰未来假设系统和作战分析的一个基本问题是缺乏真实作战数据,也就无法形成未来作战先验模型基本原理的基础。更重要的是,从科学的角度来看,我们无法反驳模型中的理论和结论。毫不奇怪,问题的候选解决方案都会强调这两个问题中的其中一个。斯托克菲仕(Stockfish)指出了他所说的"结构主义者"和经验主义者之间的"基本哲学差异",前者寻求极为详细的微观"现实主义",以克服其模型的结构性缺陷;后者则认为"现实主义理论"是矛盾的。理论的目的是从构成"现实"的大量数据中提取相关的事实和变量。评价理论的标准是相关性,而相关性的标志是预测价值。假如没有独立的证据来支持从理论中得出的判断,那么最为复杂的理论(或模型)仍将根据常识进行评判(Stockfish 1973,199-200)。

似乎有一种狂妄自大的情绪刺激着许多战后乃至当代的系统分析师(我称他们为真正的信徒①)。这些分析师已经开始相信,他们的先验模型(已经在愈渐强大的计算机上生效,但事实上几乎没有任何真实数据可供校准和测试)可以解决,比如军事行动问题、人类动机问题,以及文化影响(另参见 Alt,2009)等更为复杂的问题。希奇和麦肯最初描述他们的想法时表现得十分谨慎，但并不是所有的系统分析师在谈论、运用及最终得出结果时都会这样。到了20世纪80年代，"神童"和他们的哲学魅力已经黯然失色。

即使是像前海军副部长、后来担任中央情报局局长的R.詹姆斯·伍尔西（R. James Woolsey）这样的官员也认为，该方法已经不再适用。1980年，伍尔西离开了国防部，同年在其著作中，他把矛头指向了系统分析师。在他看来，系统分析师似乎已经陷入了一种无意识的计算模式，即为了引发关于计算的辩论而进行计算，并就某些不准确之处建立了一种共识，以此作为继续推进的基础，不管它们与事物（哪怕是模糊的真实）之间的关系如何。

在过去的20年里，军事力量规划，特别是海军规划，有些人认为它们已经演变为编造世界特定地理区域的复杂场景问题。这些场景受到无数假设的限制，军力规划选项被创建出来，并在不同场景中通过复杂的计算机模拟，即战役分析等方法进行测试……关于大多数以场景为基础的海军部队规划，有趣的问题不是"为什么我们不稍微改变一下？"而是"为什么我们要这样做！"（Woolsey 1980, 5-8）。

伍尔西怀疑整个过程更多考虑的是管理者的利益，而不是真正的实质性问题。有时候他甚至发现这样做是适得其反的，"它培养了这样的观念：即使我们不想成为未来冲突的始作俑者，我们也可以预测未来冲突的场景和性质，以及在就此类情景和分析达成协议之前，我们不该继续进行武器计划"（Woolsey 1980, 5-8）。他认为，系统分析的根本存在理由——帮助定义未来的国防部计划，可能是（或者早就是）臆想的。作为一种规划军事力量的工具，边际分析工具通常用途相当小……武器设计和生产的研发周期远远超过我们的预测能力，如战争可能发生在哪里、哪些国家（如伊朗）会与我们组成统一战线、哪些国家会与我们对立等（Woolsey 1980,5-8）。

伍尔西的论述表明，关于防御分析的作用与实践的争论日益激烈。几乎在伍尔西的著作出版的同一时间，美国政府问责局也发布了一份关于美国国防分析的报告，即《模型、数据和战争：评国防分析基础》（"Models, Data, and War: A Critique of the Foundation for Defense Analysis"）（GAO, 1980）。在该报告的附函中，美国总审计长写道："本报告对公共政策问题分析中量化方法的管理和使用提出了批评，报告聚焦于该方法（被用作国防决策工具）的内在局限性，以及人类判断在此类分析中的重要作用。"

3.运筹学的反击

在伍尔西、美国政府问责局及其他组织机构提出反驳的4年后，海军分析中心（前身是第二次世界大战时期美国的第一个运筹学组织）正式加入辩论之中。

海军分析中心（CNA）在1984年和1986年的年度报告中通过两篇文章提出了对系统分析主导地位的运筹学的反击。这两篇文章是：《防御辩论与分析之用》（"The Defense Debate and the Role of Analysis"）和《透视系统分析》（"Systems Analysis in Perspective"），它们推翻了对主要演绎方法提出挑战的系统分析方法，并呼吁把重点重新放在最初的以运筹学为主的归纳法上。

1986年的文章《透视系统分析》突出展示了艾尔汀·E.莫里森（Elting E. Morison）的文章《海船的寓言》（"The Parable of the Ships at Sea"）中的部分内容。我一直觉得这个故事十分吸引人，所以有必要把莫里森文章的主要观点重新简要地总结一下：只要以海军服役人员熟悉和有限的方式进行工作，事情就能够顺利地进行下去。而随后，大规模的持续扩张会使他们陷入巨大的混乱之中。起初，这只是一个关于新装备工作原理的问题，但随后，新装备的使用目的也变得难以捉摸。他们如何来应对这些事情呢？有一段时间，他们希望通过改进装备（即现在所说的技术改进）来解决这一问题。不过这只是徒增混乱。随后，马汉（Mahan）解释了海军之所以拥有所有这些新装备的目的。考虑到这样一个明确和公认的目标，军人们发现他们有办法将所有分散他们注意力的力量和材料投入一个合理的系统中，以实现预期目的。他们从而可以有理有据地来管理这一系统（Morison 1977, 151）。

也就是说，如果你知道想打什么样的战争，那么在设计和控制组织机制方面就会少很多麻烦。在莫里森观点的基础上，海军分析中心发表了一篇文章称"有组织的想法会显著增强分析的作用。一旦明确防御目的，那么就可以对装备选择进行分析"（CNA, 1986）。

但这里存在一个重要的悖论——对一项政策和实施该政策的计划达成坚实的共识可能有助于防御规划，但当共识出错时，可能会十分致命。

总之，一场战争理论上可能会有多种展开方式，但实际发生时只会有一种方式。在其发生之前，某一因素将会如何影响结果是无从得知的。因为战争胜败受到人为因素和运气成份的影响，而武器几乎可以认为是次要因素。当然，有武器总比没有要好。而在实际战争中，当前形势的需求和用户的创造力将会决定特定武器的使用效果（CNA 1986, 12–15）。

40年前，莫尔斯和金博尔提出人机协同战争更像是机器战争。这些年来，第二次世界大战的工业战争一方面被核毁灭的威胁所取代，另一方面被游击式的"民族解放战争"所取代。对于海军分析中心以及其他将自己视作莫尔斯和金博尔继承者的运筹分析师来说，大师们可能搞错了。但是，如果战时的不确定性主宰并且压倒了我们利用模型和技术进行预测的能力，又该怎么办？在我们无法从防御规划的'理性'方法中得到安慰的情况下，如何才能获得足够强大的军情来成功地应对变化莫测的未来呢（CNA 1986, 17）？

海军分析中心认为有两个方案可以解决这个问题：方案一与莫里森的寓言和系统分析哲学是一致的，即"就防御目标以及与这些目标相适应的军事战略达成共识。但在战时很难达成这样的共识，更不用说第二次世界大战以后我们'享受'的半和平时期了"；方案二"设计组织和机构，使其能够快速、有效地学习和适应不断变化的内部和外部条件"（Ackoff 1977, 39）。

文章最后指出，在"9·11"事件之后，这一观点过于切题："对于那些在一个不确定的世界中寻求确定性的人来说，这种模式可能并不令人满意。但这比分析师和分析批评者提供错误的确定性要好得多，这些人只会用不充足的工具和愿景来对未来进行微调"（CNA 1986, 17）。当然，正如运筹学和系统分析都无法解决所有的防御问题一样，单靠这两种方案中的任何一种来解决问题都是不够的。我们必须同时采纳这两种方案来进行优势互补。不建立共识就无法取得真正的进展。但是，如果我们要规避达成完全错误共识的危险，就必须对运筹学和系统分析在实际应用中的局限性有一个清晰的认识。

我们必须认识到（就像吉姆·伍尔西做的那样）系统分析"革命"（假如我们胆子足够大来这么称呼）并不仅仅是简单的量化，也不仅仅只是把第二次世界大战中运筹学的某些科学或是伪科学原理应用到冷战这个危险性更大的领域中。而是要使用一种正式的方法来思考问题，从而用一种新的语言，即经济学语言，来帮助阐明政策决定和建立共识。

然而不幸的是，这种对话往往会演变成"对立的作战理论之间不可调和的冲突"（CNA, 1986）。但是，正如伍尔西本人所说，"产生程序分析和系统分析的知识传统是十分重要的传统。至少可以追溯到洛克（Locke）、密尔（Mill）、亚当·斯密（Adam Smith）、里卡多（Ricardo），甚至直至现代经济学的起源。不过，这种传统可能并没有在现实中垄断市场"（Woolsey 1980, 14）。事实确实如此[②]。

四、兵棋推演：活生生的故事创造体验

这并不是一种游戏！这是为战争而作的训练！我必须向全军推荐。
——普鲁士总参谋长卡尔·冯·马弗林（Staff Karl von Muffling）
在观看一场桌面兵棋游戏时的言论

至此，我们终于可以讨论兵棋推演了。作为考虑防御问题的第三种主要工具、方法或哲学，兵棋、运筹学和系统分析一同进行着缓慢而势不可挡的协同进化。现代兵棋可以追溯到1824年普鲁士的老莱斯威茨和小莱斯威茨的桌面兵棋（详见本书乔恩·彼得森的章节）。从那时起，在接下来的两个世纪里，兵棋游戏历经了跌宕起伏。

莱斯威茨的桌面兵棋起源于一种传统的棋盘游戏，这个棋盘游戏展现了战

争的一些重要方面,用于教育和教化贵族和战士,但桌面兵棋更为深入。不像国际象棋和其他类似的游戏那么抽象,桌面兵棋试图在画有真实地形的详细地形图上演示例如能在实际兵事行动中采用的行动方案等真实的军事行动。莱斯威茨强调,兵棋为玩家做出战术和作战决策提供了现实基础。此外,他还建立了一套规则和图表系统,旨在根据实地试验的实际经验和数据,确定决策的结果及有关军队的行动。普鲁士和后来的德国军队将领在这些游戏中看到了对参谋员和兵官进行教育以及研究潜在冲突的价值,他们于是将各种形式的兵棋游戏设为其作战体系的主要元素。他们在19世纪末的战争中所取得的成功激起了其他西方国家以及日本对兵棋的兴趣和效仿(参见兵棋及兵棋推演历史,Perla,1990)。

军事专业人员的作战模拟强调的重点从最初的战术决策扩展到了战术和战略层面。海军兵棋推演也是在19世纪末马哈尼安(Mahanian)时代发展起来的,在罗德岛(Rhode Island)纽波特(Newport)的美国海军战争学院(US Naval War College)经历了一个重要的发展时期。第一次世界大战前,各欧洲大国都制订了各种不同的作战计划。例如,俄国人最初制订了计划。在未来的兵棋推演中,这一事件将会重复多次——俄国的兵棋推演显著表明他们在面对两支分散的军队时将遇到的困难,这两只军队的将领都不愿与对方合作来对抗更为灵活和团结的德国军队。俄国人忽视了兵棋推演可能会给他们带来的预见力,而是按照预定计划作战,结果就发生了1914年8月的灾难性事件。

即使在第二次世界大战期间,兵棋推演也依然被用于预测未来的潜在冲突。正如后面将要讨论的那样,美国海军在战争中广泛应用兵棋推演,以帮助验证在太平洋对日战争中证明成功的战术和作战理念。这场战争后,新技术发展起来,借助电子系统和计算机开发更加复杂的兵棋,试图创造更多的现实环境,探索和测试包括核战争等新的作战理念。

与运筹学和系统分析不同的是,直到20世纪50年代,政治—军事游戏兵棋和业余棋盘兵棋几乎同时发展起来,兵棋推演才受到一些业余爱好者以外的学者的关注(Peterson,2012)。然而,由于学术渊源不深,尤其是对于那些放弃麦克纳马拉SA(系统分析)正统理论的分析者来说,兵棋推演的可信度仍然不高。

许多分析者有意蔑视兵棋推演的部分原因在于他们倾向于将其视为低劣、不严密的分析,而不是一种特别的工具。美国国防部的"官方"标准定义并没有帮上任何忙,"利用规则、数据和程序模拟两支以上的敌对部队,来刻画实际或假设的现实情况"(JCS 1987,28)。与这一定义相反,我在1990年提出:"战争模型或是模拟不涉及实际军队的行动,并且模拟事件的顺序也会相应受到对面玩家决策的影响"(Perla 1990,164)。该定义的关键要素是"玩家"和"决策"。

尽管兵棋推演利用了分析技术,但其本身并不是分析。同时,尽管良好的兵棋试图营造真实,但终究也不是真实的。兵棋推演也是不可复制的,虽然你可以反复体验同一个推演，但没有两次推演是完全相同的。"兵棋推演是一种人类互动的演习，人类决策及其模拟结果的相互作用使得两次游戏不可能完全相同。"（Perla 1990,164）。因此，兵棋推演似乎并不像系统分析所宣称的那样，能够解决与防御有关的所有问题。其重点是人类的互动、人类的知识和人类的学习。

兵棋推演的本质在于其基本性质。兵棋推演是让人们在竞争或冲突的环境中做出决策，并且与同样受到不确定性和复杂性困扰的人进行沟通。通过这样的过程，玩家可以分享经验并从中学习。

现代"专业的"兵棋推演出现了多种形式，也应用了多种不同的手段和工具。而业余的兵棋则与桌游《龙与地下城》（*Dungeons & Dragons*）表面上有一些相似之处：游戏控制器会向玩家介绍场景及要求，让他们来决定下一步做什么；行动及其结果会引发讨论和辩论，场景也会升级，玩家会进入下一个关键的决策点。其他类型的游戏则看起来很像商业性的棋盘游戏。在20世纪80年代的海军全球战争演习中，北约中央阵线（the Central Front of NATO）设想的战争是通过一张带有六边形覆盖物的大型纸质地图和一组当时任何兵棋爱好者都熟悉的部队棋子进行推演的。然而，与简单的纸质作战结果表不同，控制员使用小型计算机作战模型来判定作战结果。

无论是作为研讨会式的讨论，还是严格控制的桌面或计算机化的地图兵棋，现代专业的兵棋推演都将继续作为教育和训练工具，以及分析研究资源。不过在全部情况下，兵棋推演都在帮助它们的创造者和参与者了解有关它们所代表的决策环境的有用和重要的东西。这些环境涵盖了当今国防面临的一系列问题。

在过去几年里，我和我的同事在海军分析中心设计并运行了一系列程序，其中包括探索未来30年美国国防计划的类型，以及美国海军陆战队（US Marine Corps）可能需要的系统与战术理念，以应对混合战的威胁。我们也进行了一系列实践，探索未来15年至30年与竞争对手之间可能发生的大规模战争中的大量后勤问题。我们还应用了兵棋推演技术来探索非洲的政治—军事问题，以及与南亚水资源管理和共享相关的问题。

无论形式或主题如何，兵棋都会使玩家沉浸到其中的虚拟世界中。兵棋为玩家提供了一些可以迅速应用的事实和分析教育，鼓励玩家根据这些事实做出决策并应对这些决策带来的后果。这些活动允许玩家在受保护的环境或"安全容器"中进行决策实践的同时，反过来帮助玩家了解自己以及如何做出决策（Brightman and Dewey,2014）。兵棋有助于我们通过一种有意义且可记忆的方式组织信息，也促使我们了解事件发生在我们眼前的方式和原因。兵棋帮助我们探索我所说的"五知"：我们知道的东西、我们不知道的东西、我们不知道我们知道的东西（这是最困难的一项）、我们不知道我们不知道的东西，以及我们所知道的但并非如此的东西,这些都是通过发现学习的机制实现的。

学习型兵棋都是关于改变的。其目标在于改变学习者,至少是改变他们的想法。我们这些设计和使用兵棋的人创造了一个人造的、可运转的世界,并帮助玩家进入这个世界,为其注入生机。最重要的是,我们通过玩家的决策和行动帮助他们改变这个世界。在这个过程中,他们也改变了自己(兵棋的教育用途)和我们(兵棋的研究用途)。

最近的学术研究强调了这样一种观点,即从兵棋中获得的真知灼见不仅仅来源于玩家做出的决定。

基于一项社会科学研究表明,当假设的情景成为现实时,似乎大多数人判断自己行为表现的能力都很一般,美国海军战争学院(US Naval War College)的斯蒂芬·唐斯·马丁教授(Stephen Downes-Martin)提出,将游戏决策作为兵棋中洞察力的关键信息源是不可靠的(Downes-Martin,2013)。海军战争学院教授汉克·布莱曼(Hank Brightman)和学生梅丽莎·杜威(Melissa Dewey)遵循这一思路,提出游戏中有用信息和洞察力的真正来源是玩家之间的言语和行动对话(Brightman and Dewey,2014)。事实上,"兵棋推演就是一种对话行为"(Perla 1990,183)。

兵棋推演旨在从各种不同的维度上为参与者创造一种共享的合成体验。为了有效实现上述目的,它利用了人类固有的喜爱讲故事和从故事中学习的倾向。它的力量来自它的能力,其能够使个体参与者变得更加开放,并在兵棋中内化他们的经验从而改变自己。事实上,兵棋作为一种故事生活的体验,通过更接近现实生活体验的方式(而不是读小说或者看视频的方式),让人脑参与游戏,而后进一步让人本身参与到其中。通过为参与者创造一种综合体验,兵棋为他们提供了清晰有力的见解,这些又进一步帮助他们能够更好地应对未来复杂和不确定的情况。同时,它是成功实现组织性和社会性适应的一种重要且实际上必不可少的来源(Perla and McGrady 2011,112)。

作为一个狂热的兵棋爱好者群体,他们基于自己的经验对其有自己的直观理解,同时基于自己的经验,在20世纪后半叶不断发展壮大,孕育出了新一代的政策、制度和运营分析师,这些人不仅熟悉兵棋技术,还熟悉其中的重要优势和危险弱点。最重要的是,日益壮大的国防部专业兵棋推演群体已经开始将各种可用信息和工具整合到我所称的研究周期(Perla 1990,273-290)中,并且已经展示了这种结合内在强大的力量和说服力。该周期将系统分析、运筹学(特别是对演习及现实世界经验的分析)和兵棋整合到一个主动协同过程中,从而更加完整地描绘出我们未来可能面临的问题,以确定更具创造性的潜在解决方案来解决这些问题。

五、创造研究周期

兵棋、演习及分析是探索战争特定要素的十分有用但极为有限的工具。研究、兵棋、演习和分析不断地交织在一起，每一部分都对理解现实这一复杂且不断发展的任务发挥自身最大的作用。

——彼得·P.佩拉(Peter P. Perla)，《兵棋推演的艺术》(*The Art of Wargaming*)

德国心理学家迪特里希·多纳(Dietrich Dorner)在其著作《失败的逻辑》)(*The Logic of Failure*)(1986)中探讨了人类在复杂和不确定情况下的决策制定问题。他认为"没有普遍的规则和魔法棒能够适用于现实世界中的所有情况和结构。我们的工作是思考，然后付诸行动，在正确的时间用正确的方式去做正确的事情"(Dorner 1986，287)。我在《兵棋推演的艺术》一书中提到，尽管分析、演习以及兵棋推演有一些共同的特征，但它们在研究和规划未来潜在冲突方面是完全不同的工具。由于我们的实战经验实在太有限，在之前的著作中，我所提出的理念并未包括运筹学的非演习方面。然而在今天，我们正处于一个令人不快的境地：我们拥有大量的运筹学经验，并做了大量研究，这些已经足够纳入我们的思维，以及我们其他工具的背景、环境和数据库中。

正如"没有普遍适用的规则"一样，也没有普遍适用的有力工具。面对日益复杂的世界，如果我们只依赖一种工具，或者是在与世隔绝的情况下依赖所有的工具，未来我们就不可能做出明智的决定。相反，我们需要运用所有的工具——运筹学、系统分析和兵棋推演来有针对性地解决我们的问题。然后，我们需要整合并解释其结果，从而更完整地描述问题及其可能的解决方案。

这种研究方法在过去是行之有效的。20世纪二三十年代，美国海军将海军战争学院广泛的分析和兵棋计划与一个同样广泛的大规模舰队演习计划整合在一起，其中大部分内容主要是"舰队问题"(Nofi，2010)。美国海军所采用的流程遵循以下规定：学生们会分析在兵棋推演中产生的想法或遇到的问题，也经常会在完成舰队中的一些实际实验和例行演习后将这些想法或问题在舰队问题中进行实验。同样，舰队问题实验期间出现的问题也经常被整合进海军武器中心(NWC)兵棋推演中，在这一时期大约有200个问题。随着推演进程不断推进，舰队问题和海军武器中心推演的规则也会不断被修订和更新。这使得推演过程真实可靠，因为正如海军战争学院校长爱德华·C.卡尔布夫斯少将(Edward C. Kalbfus)在1930年警告的那样："只有我们制定出合适的规则，我们才能确保任何类型的舰艇正常运行"(Nofi 2012，296)。

这一紧密的研究周期所取得的成果包括美国海军在对日战争中运用的大部分行之有效的作战理念、战术以及系统。或许更重要的是，这一过程帮助军事领导者形成了在这场冲突中所使用的思维方式和思维习惯。

还有一个类似的例子，虽然不是那么普遍、显著和具有影响力，却也是我在20世纪80年代中期，也是冷战时期，亲身经历过的一个例子。海军分析中心基于舰队提出的想法进行了一系列技术分析，旨在探索海军在挪威北部峡湾内操作航空母舰可能获得的潜在战术优势。其他分析则试图通过提供近距离空中支援和战场阻截来支持防御部队，从而量化此类行动可能对击退敌人在该地区发起的攻击所产生的影响。这一想法引发了时任海军中将、后担任美国第二舰队及北约大西洋打击群司令官亨利·"汉克"·穆斯汀（Henry"Hank"Mustin）的想象。为了考查这个十分激进的策略给作战和战略带来的全方位的影响，穆斯汀中将在纽波特（Newport）的一场兵棋推演中提供了帮助并发挥了自己的作用。我有幸以观察员或者说分析师的身份参加了那场兵棋推演。

穆斯汀中将还指导了海上演习，探索此类峡湾作业的实用性，以及确定使其发挥作用的要求和影响成功的障碍。部分由于兵棋推演和演习的结果，海军分析中心及其他机构在"实现目标"的保护下进行了更多的研究和分析，以探索苏联航空联队可能从这些地区攻击或使其陷入危险的其他目标，从而提高威慑力或施加战争压力。

上述那样周期性的综合性研究并不是自动产生的，也不是靠魔法实现的，因为没有"魔法棒"可以利用。它需要使用一种综合的方法，其中的每个工具彼此互相巩固和支持。分析提供了兵棋推演所需的物理现实的一些基础知识、量化方式和数学建模。推演向参与者展示了分析的一些数据和结论，并允许他们探索人类决策可能对该分析产生的影响。兵棋推演能够阐明政治或其他非军事、非分析性假设和观点，提出新问题，并对现有或拟议的作战理念提出修改意见（Perla 1990，290）。

演习（在某种程度上可以称为真实世界的行动）为在真实环境中利用真实的人和系统测试理念提供了军事机会。在经过严格仔细的研究和分析后，这些演习和行动可用于"测量数学参数实际可能出现值的范围，以验证或反驳关键的分析假设，并为兵棋推演、分析和后续演习提供更多的主题，从而使得研究和学习的周期能够继续进行下去"（Perla 1990，290）。

因此，这是可以实现的，即这一周期能够被创造并且使用。但它需要一些人、一些团体或一些权威和具有影响力的组织来完成，并利用其成果影响当前和未来的决策、理念和计划。

六、从研究周期到互动规划

大多数规划者立足过去，面向未来。这就好像在车尾开火车……在高级管理人员躲到巴哈马群岛(Bahamas)时，就会启动自上而下的计划……自下而上的计划并不比在教堂做出的承诺更受重视。

——摘自拉塞尔·L.阿科夫《企业雨舞》(*The Corporate Rain Dance*)

那么，我们又该怎么办呢？

从根本上讲，分析为决策者提供科学的、特别是定量的建议。这些决策者可能是战场上的操作者，其对真正的敌人采取真实的行动，或者为这种真实的可能性做准备，又或者是五角大楼的官员，关心更多的也许是下一笔预算要买些什么——是买未来行动要用到的工具，还是在支持当前作战行动与投资未来之间寻找平衡。做出这样的决定需要考虑未知(有时不可知)的未来，以及我们自己的组织及其总体操作环境。

有两种彼此相关但十分不同的方法能够帮助决策者解决这些问题：一种是"传统的"运筹学研究；另外一种是"现代的"系统分析。

运筹分析(也称为作战分析)通常依赖于现实世界作战行动的真实数据来确定备选方案，并提出一些战术和技术变革建议来帮助提高战场作战绩效。而系统分析的创建初衷是作为一种通用语言(其使用精确术语并辅以数学模型)，来建立收集和评估证据的共享范式，并促进人们在不受现实世界性能数据严格测试和支配的问题上达成共识。

兵棋推演不同于运筹学和系统分析意义上的分析。与运筹学和系统分析不同的是，它不是简单地将问题分解、还原成其组成部分和定量部分。相反，它是将问题和必须面对并采取行动克服这些问题的人整合起来。兵棋推演是，或者至少是预测性的，不过并非绝对意义上的。它并没有确切地告诉我们未来是怎样的，只是向我们展示了未来的可能性。几年前，在巴尔的摩(Baltimore)举行的联系会议上，海军战争学院的罗伯特·"巴尼"·鲁贝尔(Robert "Barney" Rubel)教授用兵棋推演的"指示性"描述了情境中固有的潜力以及隐藏的关系(兵棋推演，尤其是一系列相关的兵棋推演可以帮助我们辨别)。

这是大多数经典建模和仿真模拟的不尽如人意之处。它们无法预测尚未嵌入模型或模拟的基础数学结构中的结果。这些技术充其量能将我们从已经熟知的嵌入模型的结果分离出来并加以说明。事实上，它们不会产生新的知识，但它们可以揭示旧知识纷繁复杂、令人惊讶却又被人忽视的后果。

与其他工具相比，兵棋推演在超越旧知识、探索不可预测的后果方面更胜一筹。兵棋推演的这一力量照亮了未来可能性的黑暗角落，这在黑天鹅的概念中显得尤为重要。纳西姆·尼古拉斯·塔勒布(Nassim Nicholas Taleb)在其同名著作《黑天鹅》(*Black Swan*)(2007)中对黑天鹅事件进行了通俗的说明，黑天鹅事件具有三个典型特征：一是不可预测；二是对事件发展有重大影响；三是事后我们可以说服自己，如果我们能更加敏锐，我们本可以预见这一点。黑天鹅事件与臭名远扬的"未知之未知"概念有关,后者是由美国前国防部长唐纳德·拉姆斯菲尔德(Donald Rumsfeld)提出的。兵棋推演能够有效地探索黑天鹅事件以及其他类似的偏离正常轨道的未来之路。兵棋推演中最大的可能性会超过封闭模型中的可能性,这是因为在推演中,人们会与其他人发生冲突,进而大脑会产生一系列丰富的想法,超越在相对较静止的环境中工作的建模者所产生的想法。

兵棋推演常常有助于我们确定在哪里以及如何改进我们的计划或行动,其中最重要的一点在于学习如何适应变化。这一点在两次世界大战间隔期间美国海军战争学院对兵棋推演的应用中体现得尤为明显。这一系列兵棋推演的一个十分重要(如果不是最重要的)的结果是,战时美国海军战争学院的学生以及未来的领导者学会了适应性技术。海军上将切斯特·尼米兹(Chester Nimitz)在战后写给海军战争学院的一封著名的信中说道:"许多人早已用多种不同的方式在游戏室中模拟过与日本的战争,因此战争期间发生的一切尽在意料之中,甚至根本都不算什么。当然,这不包括战争接近尾声时日本神风特别攻击队(Kamikaze)所使用的战术,我们没有料想到这些"(Wilson 1968,39)。

与其说是战争学院的兵棋推手们推演了日本人最终在战争中所做的一切,倒不如说是在那场冲突中最终领导美国海军的军官们不得不适应兵棋中日本系统运作方式的变化、不同玩家使用的战术,以及模型输入有变化武器的相对有效性。无论如何,请记住:从日本实际战术、战略或能力的意义上来讲,战争学院的推手在这一系列兵棋中做的所有事情并非都正确(一个典型的例子就是我们长期以来一直低估了长枪鱼雷的作用以及日本人使用该武器的方式)。但一年又一年地通过在各种兵棋中改变假设条件,学生们被迫去学习如何发现关键事实(不仅针对具体事件,也包括一般情况)并适应它们。

鲁贝尔在两次大战期间还做了另一件事——推动了美国海军航母理论和能力的发展。纽波特的兵棋推演小组向当时海军战争学院院长里夫斯(Reeves)上将展示了在短时间内将大量飞机投射到敌方舰队的重要性。但根据美国海军实验航母"兰利号"(USS Langley)的作战理论,"兰利号"一次只能操控十几架飞机。里夫斯将兵棋推演展现的深刻认识传达给了海军航空主管莫菲特(Moffet)上将,于是莫菲特安排里夫斯指挥"兰利号"。很快,里夫斯及其团队就研发出了拦阻装置和挡板,这使得"兰利号"能够一次操控50多架飞机。因此,就助力太平洋战争取得胜利的航母技术而言,其一大关键研发步骤可以追溯到海军战争学院的兵棋推演。兵棋推演和里夫斯实验的结果极为有效地传达给了关键决策者,也帮助莫菲特开创了未来。

这样的例子在兵棋推演的发展史上还有很多。很显然,兵棋推演为分析师、操作者和决策者创造了机会,让他们对罕见的事件积累综合经验,以便我们能够更加开放地思考、操作和规划这些事件。但正如我们现实中有限的真实经验会限制我们对可能性的看法一样,单一的兵棋推演也会使我们对特定的事件产生"认知锁定"。而由于兵棋推演体验的直接性,参与者可能很容易会高估现实世界中兵棋(或类似游戏)事件发生的可能性。

这一危险性就要求人们在决策过程中以更加广泛和正式的方式来应用兵棋推演,使其与建模和仿真充分结合,成为分析师的一大工具。只有使兵棋推演与运筹学和系统分析分庭抗礼,我们才能在学习、适应和避免陷入复杂和不确定的未来的过程中,拥有充分利用这三种技术的能力。

这种结合(即研究周期)是应用管理科学家拉塞尔·阿科夫所说的"交互式规划"的必要和自然因素。阿科夫将这种类型的计划描述为一种基于信念的计划,即一个组织的未来在很大程度上是由它自己决定的。"这在更大程度上取决于我们从现在到未来所做的事情,而不是迄今为止所发生的事情。"未来取决于尚未做出的决定。该类型的规划师"关注组织的所有方面——部分(而并非孤立地)、整体以及环境。他认为,影响一个组织未来发展的最有效方式往往是改变其环境。他对环境的控制可能没有对组织的控制那么多,但他会最大限度地利用现有资源"(Acloff 1977,38-41)。

阿科夫将交互式计划与反应式计划和预先式计划进行了对比。反应式计划制定者试图解决组织内部的问题,使其能够恢复到"往昔美好"的状态。预先计划制定者试图预测未来并根据他们的预测来拟订"计划"。不幸的是,只有当未来完全由过去决定时,对未来的预测才能做到真正准确。"因此,事实证明,唯一能够准确预测未来的条件是那些已经确定的条件,而这些条件是无法改变的。那么我们又将如何进行预测呢?"(Acloff 1977,38-41)。

与那些更为典型的规划方法(规划是规划者的专属工作)不同,交互式规划鼓励所有要素参与规划过程。这样做是想阐明,如果能够"在只受两个约束——技术可行性和操作可行性的情况下,用他们最想要的东西取代现有系统。"它还注重学习以及适应变化。这一过程"是建立在认识到我们对理想的认知会随着新的经验、信息、知识、理解、智慧和价值观而不断变化的基础上的。它是一个追求理想的系统,而不是一个假装无法改进的乌托邦"(Acloff 1977,38-41)。

我敢说,研究周期是实施这种交互式规划系统的理想手段。全组织范围研究周期的实施将我们所有的工具整合到了理解现实和做出决策的过程中。在国防部内部,规划、编程、预算以及评估系统(PPBES)征求了作战指挥官、项目发起人和其他跨地域和指定司令部、军种以及国防机构方面的意见,口头上对组织全要素的参与给予了支持。但这是一个官僚体系,而非交互式体系。

为了更具交互性,更有效地整合相关事实和观点,需要用一种方法将操作和系统观点结合在一起(不单纯是运筹学或系统分析人员,也包括操作及技术专家),并且人员能够共享观点和互相学习。兵棋推演在这一过程中发挥了核心作用。在兵棋推演的范畴内，所有人的观点都可以进行焦点对话。揭示所有选项和观点，建立共享体验和理解，进而催生新的想法。兵棋推演的参与者可以将其获得的共享体验带回官僚机构，并在此基础上（即"组织意图"）开展他们的工作。由此开始的研究周期能够聚集能量，因为这些个人和组织都在进行新的分析、新的演习、实验，以及新的兵棋推演，所有这些都专注于实现当前的理想，并使其在环境发生变化时适应新的环境。

我们拥有所需要的一切。如果我们不再将运筹学、系统分析和推演视为影响决策者的竞争对手，而是将其看作帮助决策者做出更好决策的补充工具那该多好啊！布莱克特组织了一些科学家来进行运筹学研究，以帮助人们赢得这场有史以来最大的战争。罗伯特·麦克纳马拉将系统分析设定为国防辩论的通用语言，并帮助改革了美国最大的官僚机构之一——美国国防部。交互式规划和研究周期能否以及如何将我们带入未来还有待观察。

关于作者

彼得·P.佩拉（Peter P. Perla）作为业余爱好或职业参与兵棋推演已有50多年。出于对军事历史和战略游戏的兴趣，他在十几岁就进入了商业兵棋的世界。佩拉少年时期，（在进入杜肯大学（Duquesne University）攻读数学专业学士学位之前，就已经在业余爱好报刊上发表过与兵棋相关的文章。他在获得卡内基—梅隆大学（Carneigie-Mellon University）概率与统计博士学位后，发表了关于兰切斯特数学战斗模型的论文。1977年，他加入海军分析中心担任海军运筹学分析员。到了20世纪80年代初，佩拉参与了几项海军战役研究，设计了海军兵棋，记录了现有的海军兵棋推演，并领导了一项关于确定兵棋推演的主要用途及一些基本原则的研究。在接下来的几年里，佩拉主持并领导了一系列对美国海军和海军陆战队具有重要意义的研究项目。此外，他还参加了包括全球作战演习在内的十几项机密的重大海军兵棋推演。1990年，美国海军学院出版了佩拉的著作《兵棋推演的艺术》的第一版。这本书成了兵棋推演的国际基本参考书（包括日语版），也成了美国军事学校的标准教材。此后，佩拉继续从事海军兵棋推演工作，并为包括疾病控制和预防中心、卫生和公共服务部，以及美国陆军训练与条例司令部等其他美国政府机构进行分析和推演。他被认为是美国兵棋推演及其国防研究应用方面的顶尖专家之一。2011年，佩拉博士的专著《兵棋推演项目史》（*The History of Wargaming Project*）第二版出版，该书内容有多处更新。

注释

①2007年，在军事运筹学学会举办的兵棋推演和分析研讨会上，我惊讶于一位真正的爱好者表达了他的沮丧感，"就在我们终于研发出常规战争的精确模型

时,研究重点已经转移到非常规战争和反叛乱上了。"我一定是忘记了备忘录。在"沙漠风暴行动"(Operation Desert Storm)期间,这种"准确"的模型却对联军伤亡情况做出了极不准确的预测,我认为他的评估不够严谨。例如,美国空军学者菲利普·梅林格(Phillip Meilinger)报告说,"战前估计,美国在地面进攻中的伤亡人数会高达2万人,而实际伤亡人数不到300人"(Meilinger 2003,212)。
②参见伊曼努尔·康德(Immanuel Kant)关于主观性和相对主义的著作,书中将二者视为一种主要的知识选择。

第十六章　统计和取证验证在兵棋推演建模中的应用

—— 布莱恩·J.米勒

考虑一下这个挑战:设计师对某一场战斗或者战役兴致大发,并将其当作一个契机来探索战斗是如何发生、如何进行,以及如何在一方获胜或双方平局的情况下达到高潮的。这种兴趣通常源于阅读各种各样的历史书籍。

我们的设计师此刻正坐下来做出一系列关于大小、比例以及复杂性的基本决定。他通过提出如下问题来做到这一点:地图必须覆盖多大面积? 参加战斗的各个组织部队的名称、类型和装备是什么? 作战需要多少人? 领导者的角色是什么? 地形是否会影响结果,或者有没有可能影响初次接触? 许多关键的初始设计将在此基础上展开。同时,随着设计的发展,这些关键设计将越来越难以改变。

此外,假设我们的设计师想要创建一个与所研究事件的机制和动力学密切相关的潜在的模拟,但是他同时还想要确保游戏中包含竞争元素。如果成功的话,呈现出来的将是一个引人入胜的故事,其最终将会就历史如何展开以及如何发展向玩家提供一系列有根据的见解。

设计师面临的挑战相当多,而且通常是相互关联的,从游戏适配到产品格式(限制地图和规则手册大小和组件数量)到评估部件的功能特性、领导能力,以及后勤保障。除此之外,还有许多奇怪或特殊的情况,如某些不寻常的事件,这些事件的性质可能对核心设计产生巨大影响,也可能单纯只是独特的调味品,而设计可能因为缺乏清晰性而开始摇摆不定。

合乎逻辑的答案是将模拟或兵棋看作一个模型,实际上只是一个整体模型中的一系列模型。接下来的问题是理解模型的本质、好坏模型的区别,以及创建能够使细节抽象化和揭示关键过程的动态模型的技术。

无论媒介如何,兵棋推演只不过是一个模型,正如英国数学家兼威斯康星大学(University of Wisconsin)统计学教授乔治·爱德华·佩勒姆·博克斯(George Edward Pelham Box,1919—2013)曾经观察到的那样,"所有的模型都是错误的,只不过有些是有用的。"博克斯提出来的这个问题其实是"一个模型要出现多大错误才会变得没有用处?"(Box and Draper,1987)。

有用的模型往往表现出三个标准(源自George Box,如Odlyzko,2010所述):

•它们有助于对所研究的主题进行理性理解;

•它们通常为推断值得进一步调查的条件提供了依据;

•它们往往能够有效地利用参数来进行输出(总之,它们符合由威廉·奥卡姆提出的奥卡姆剃刀原理测试,即按照节俭、经济、简洁原则来解决问题)。

然而,一个模型只有通过检验与确认两项测试才是真正可用的。只有模型通过了上述两项测试,我们才能说这个模型就其预期目的而言是可信的或者是有用的。

检验被简单地定义为按照预期目标工作的模型,即模型的系统和子系统要按照设计团队的期望运行。但确认是模型有用的关键,确认的重点是确定模型是否能够准确表示所研究的系统。如果一个模型的决策或输出与它所代表的现实世界的结构或事件相似,那么该模型就被认为是有效的。只有当模型及其结果被用户认可为有效时,该模型才被认为是可信的。

对于如V-8发动机模型等表示现有结构的模型,模拟工程师可以对其进行精确测量来构建模型,并进一步将该模型与实际发动机一起进行试验,从而使模型性能与所研究的实际系统相一致。

当模型出现重复事件(如业务流程)时,建模人员可以通过连续观察将模型与所研究的过程进行比对。然而,当事件仅是偶然发生,尤其是发生在过去某个很遥远的时间点时,构建"有效"模型的挑战就会大大增加。如果这些事件是历史性的,且受到基于有限数据的主观观点和分析的影响,同时这些数据的质量差异很大,那么这个挑战就很可能无法克服。

本章研究了针对历史事件进行兵棋设计及模拟模型时可以使用的两种方法——统计分析和取证分析,并将展示它们如何改进模型确认,进而提高模型的可信度。

一、历史事件问题

在最简单的形式中,兵棋推演是以游戏形式呈现的历史事件模型,该模型建立在合理完善的操作理论基础之上,该理论适用于事件发生时的条件。

然而,历史事件是一次性事件,其真实情况往往比从最为精妙的历史书中了解到的要复杂得多。尽管利用大量数据来进行深入作战研究的主题往往是现代冲突,但过去的冲突事件,甚至是近20年的冲突,都可能会引起争议。我们回溯的历史越久远,就越难建立有效的评价标准。此外,历史评价通常是主观的,其角度往往是那些吸引编者对特定动机和结果产生重大兴趣的内容。

由于历史事件的一次性属性,即使历史事件结构完整并尽可能提供了信息,现代评估人员也往往认为,由于无法辨别实际结果的可能范围,一场战斗或战役的结果或多或少反映的是最可能的结果。

感知事件结果见图16.1,其展示了能对模型确认构成挑战的问题示例。图中假设,如果有完美的知识及模型,并且我们试图重复运行某个事件(n次重复),那么我们可以就事件结果确定一个可能的范围。随后,假如我们将某些历史事件与其可能的结果范围进行比较,就会发现在很多情况下,实际结果会超出标准差,甚至远远超出标准差。

后事件结果对可能的前事件结果的感知

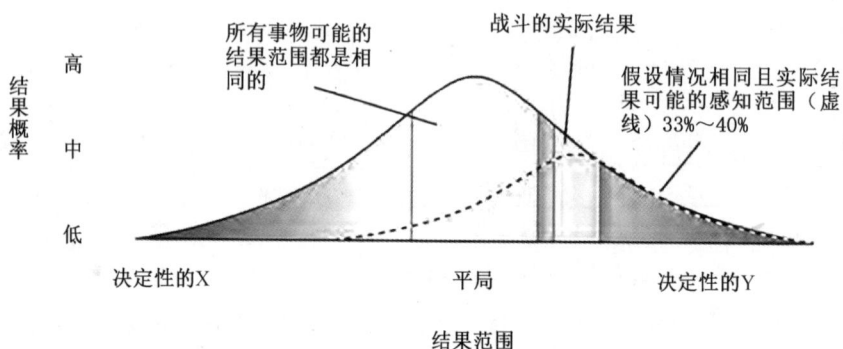

图16.1 感知事件结果

因此,即便看不到或无法估计结果的可能范围,假设在许多情况下,历史学家将确实发生的结果判定为在标准差之内也不是没有道理的。但如果不是这样,如果一个模型是建立在这个假设的基础上,它将在无形中降低该模型的有效性,甚至可能产生错误的结论。

举几个例子,我们有理由相信,小巨角河战役(the Battle of Little Bighorn)①的结果,即2 500名左右美洲原住民战士歼灭650名左右美军士兵,与预期结果十分接近。不过克雷西会战②(the battle of Crecy)的伤亡人数可就没这么少了。在这场战役中,1万~1.5万的英军在与超过2.5万人的法国军队(包括重装甲骑兵)的作战中取得了决定性的胜利。法军的混乱和鲁莽,加上英军牢固的防御,最终引发了一场数百年来改变了欧洲大陆的领土归属战争,并催生了中世纪战斗的假想,该假想直到今天仍然存在。但是,这场战争的结果真的在所有可能结果的预期范围之内吗? 还是法国的失败扭曲了结果,以至于无法从中理解中世纪战争的实际性质呢?

我们试图假设在战斗会接踵而至的情况下,建立上述每一场战斗的模型,但又考虑到方法的变化,我们可能会发现,尽管实际上小巨角河战役的结果会得到证实,即战争行动的结果在预期的结果范围内,克雷西会战的历史结果也可能并非如此。一支精力充沛和训练有素的法国军队很可能会带来一个与许多人先前认为的不同的结果。

需指出的是,这里不是要争论这些战斗的结果,而是要理解为了获得玩家的信任、确保他们不会产生其他看法,最终的兵棋设计必须确保美国原住民和英国人在这些战斗中获得胜利。然而,在保证英国在克雷西会战获胜的情况下,结果很可能超出形同虚设的预期范围。因此,即使用户或者玩家认为该结果符合情理,旨在重现这一结果的游戏也依旧是在一个错误假设的基础上建立起来的。

最后,即使产生的结果与普遍传统相悖,我们仍然会盲目追求所谓的有效模型。我们这样做是因为一个好的模型可以让我们探索和测试发生在小巨角河战役或克雷西会战以外的事情,而设计师这样做是因为一个好的模型是建立在已经证实的假设之上的。如果设计师竭尽全力证明模型有效,即便历史兵棋的过程或结果与传统背道而驰,玩家也仍会认为它是可信的。

简言之,不对兵棋推演模型进行确认会导致偏差,存在偏差的模型是无法彻底对所研究事件进行真正的动态探索和理解的。更糟糕的是,有偏差的模型虽然有助于神话战争,却不利于对其进行分析。

那么问题是:哪些工具能够帮助我们改进确认方法呢?

二、统计方法

在工程和科学领域,模型的统计确认并不是什么新鲜事。这些方法是大多数确认工作的基础,从简单的数据收集到复杂的数据分析,如贝叶斯推断(Bayesian inferencing)和数据拓扑。然而,在历史模型领域(即基于历史事件的模型),由于缺乏大量数据,应用统计方法会困难重重。即使有重要数据需要挖掘和评估,历史模型的确认也常常会受到许多预想的观念的影响(这些观点往往建立在很少受到质疑的主观观点的基础之上)。

一个恰当的例子就是,英国前首相温斯顿·S.丘吉尔(Winston S. Churchill)在他的六卷本著作《第二次世界大战》(The Second World War)中关于第二次世界大战潜艇战的名言:"战争期间,唯一让我真正感到害怕的是U型潜艇带来的危险"(Churchill 2005,529)。这一言论引发了一些主观性的历史评价,一些人认为德国在第二次世界大战期间的U型舰艇战是"近在咫尺的事情"(就像惠灵顿公爵在谈到滑铁卢战役时说的那样)。在这场战役持续6年多的时间里,近1 000艘U型潜艇把英国的航道堵得水泄不通,并切断了重要的食物、燃料和原材料供给,几乎迫使英国投降。

然而,统计数字却与预期严重不符。

截至1943年3月,由于盟军在护航方面所做的努力,雷达和声呐等技术的进步,以及多部队反潜战术训练的具有反潜能力的小型船只的积极部署,再加上美国造船业的巨大产能,几乎都有效地结束了U型潜艇战。就连德国U型潜艇指挥官卡尔·邓尼茨(Karl Donitz)元帅也在1943年的一份备忘录(该备忘录常常被忽略)中也承认了这一点,基本承认了U型潜艇战已结束。

小克莱·布莱尔(Clay Blair Jr.)在他的超详细二卷本著作《U型潜艇战》(1996;1998);《无声的胜利》(*Silent Victory*)的续篇中讲述的美国太平洋战役中指出,U型潜艇并不像某些历史学家描述的那样有效。布莱尔称U型潜艇战并非是"近在咫尺的事",而是"希特勒强加给德国人的又一场自杀式行动"。U型潜艇损毁率高达75%,其中大部分发生在1943年3月的多尼茨转折点以后;且整场战争中新增的商船吨位比损失的多(仅有一个月情况例外);另外根据统计,从美国前往英国的船只中有98%都顺利抵达目的地(这一数量足以维持这个岛国的生存),这又怎么可能不是自杀式行动呢?

1965年的一项研究成果开创性地(尽管鲜为人知)预见到了这一论述。罗伯特·库恩(Robert Kuenne)在一项战略研究——《攻击潜艇:战略研究》(*The Attack Submarine: A Study in Strategy*)中提出了一系列经济分析,随之产生了评估美国太平洋战役和德国大西洋战役的统计模型,以期为冷战期间不断增长的核潜艇舰队预测可能的战略。库恩的研究,加上克莱·布莱尔详细介绍美国和德国行动的大量书籍,奠定了我单机桌面(战争)兵棋(模拟)的基础,即《无声战争:美国对日本的潜艇战役》(*The United States Submarine Campaign Against Imperial Japan*)和《钢狼:德国潜艇对抗英国和盟军航运》第一卷1939—1943(*Steel Wolves: Germany's Submarine Campaign Against British and Allied Shipping: Vol.1 1939–1943*)。

当然,挑战在于要克服兵棋推演者(上文定义的模型用户)的认知,他们在加入德国潜艇战役的时候就已经被丘吉尔的言论洗脑了。克服先入为主观念的唯一有效方法是根据统计结果先行建立一个可靠的模型,然后根据数据对其进行确认。否则,先入为主的观念可能会使用户失去对该模型的信任。

为了实现这一点,我与代码设计师史蒂夫·杰克逊(Steve Jackson)从可靠的来源搜集了关于战争期间潜艇使用的大量数据。这一过程以创建各类潜艇统计模型开始。

潜艇主数据见图16.2,其中仅展示了潜艇主数据集的一小部分。这些潜艇主数据用于计算《无声的战争》(2005)和《刚狼》(2010)的潜艇模型。图16.2记录了部分潜艇国籍、战备系数、战备状态的国家修正值、潜艇总吨数、最远航程和最大巡航速度、最大水面速度和最大潜水速度等数据。

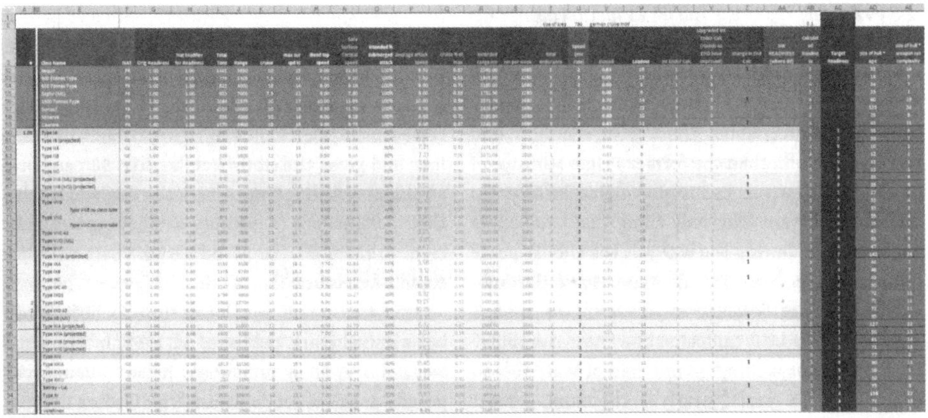

图16.2 潜艇主数据

本节的数据为公式提供了数据来源,这些公式用于推导不同的速度范围中巡航速度占最大速度的百分比、燃油加注、以海里为单位的扩展航程(给定每种速度范围的燃油消耗量),以及根据地图比例尺,使用各种移动速率计算每周所经过的有效距离。数据集的其他部分则记录了诸如潜水深度、潜水率、战术转弯率、船体尺寸以及用于各种系统(如推进系统)的船体百分比等信息。根据这些数据,我们计算了机动性和生存能力以及其他用于进一步计算的因素。这些数值综合了反潜舰的速度、深水炸弹的下落速度等外部因素,以及其他有助于将各种信息融于大环境中的细节。最后,我们记录了武器装载量(鱼雷数量和甲板类型)和战术使用信息,如前发射管的数量和类型、已知的装载率,以及当时德国和美国使用的目标数据计算机所呈现的系统作战能力。总的来说,超过55个独立的要素(既包括记录在案的也包括计算得出的)共同构成了这个数据集,涵盖了所有国家(不仅仅是德国和美国)从1920—1945年建造的138艘潜艇。

在这55个要素中,有13个被用于实际推演,其中8个是在潜艇主数据集中进行的大量计算的结果。显示所用值的潜艇游戏组件见图16.3,其展示了潜艇的正面及背面:一面代表潜艇的战术能力(左图),另一面代表的是其过境和港口价值(右图)。

应当指出,该兵棋的"可玩性"之一在于它不需要玩家使用单独的纸笔来记录信息。兵棋中的所有信息都被记录在数据轨道上,并印在地图上,更重要的是作为概率确定的一部分被纳入游戏当中。后面这些模型组件中最明显的是潜艇的耐力评级,包括鱼雷装载③,以及潜艇的其他消耗部件。随着巡逻的进行和战斗的增多,潜艇消耗掉所有鱼雷以及(或者)消耗所有其他可持续性资源的概率也会增加,直到玩家无法完成耐力掷骰子,这个时候潜艇就只能返回基地。采用这种统计方法不需要跟踪单个鱼雷。

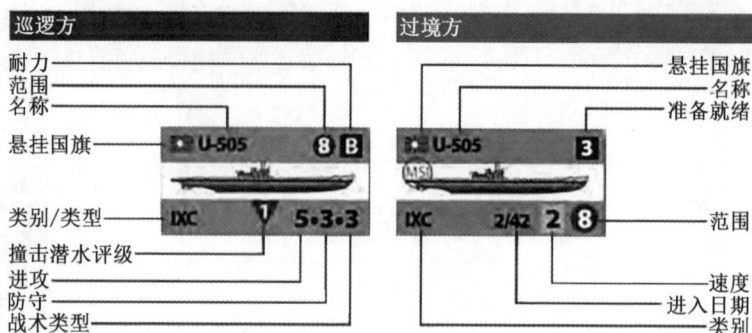

图16.3　显示所用值的潜艇游戏组件

然而，潜艇模型只是一个开始。兵棋真正的核心是将大量历史巡逻数据（包括船只和吨位沉没）集成为可玩格式，从而使兵棋用户可以通过该格式解决搜索、联系，以及后续战斗的问题。这被称为区域活动系统（AAS），它会生成各种区域活动图（AAC），即在海洋空间中进行潜艇作业的区域。

为了建立区域活动系统统计模型，我们收集了1941年12月至1945年8月美国每艘舰艇所进行的每次巡逻的实际数据（为太平洋兵棋游戏作准备），以及1939年9月至1943年6月，德国每艘舰艇所进行的每次巡逻的实际数据。这些数据包括巡逻时间、巡逻结果、鱼雷发射数量、沉船吨位，以及巡逻过程中潜艇失踪与否（及其原因，如果知道的话），或者是否必须返回基地，以及返回基地的原因等。

这些信息来源于小克莱·布莱尔（Clay Blair Jr.）在其各著作中提供的附录、美国海军档案中的实际巡逻记录，以及肯尼斯·韦恩（Kenneth Wynn）在其两卷集著作《第二次世界大战U型潜艇作战》（*U-boat Operations of the Second World War*）（1997）中提供的大量数据。通过互联网搜集到的信息对这些数据进行了补充，并与其他各种书籍和出版物（此处不胜枚举）中的更详细的单船信息进行了交叉印证。

所有收集到的信息以电子表格形式输入并导入数据库程序，其列表视图如图16.4，潜艇巡逻列表视图所示。潜艇在同一巡逻队多个区域的巡逻会分别进行记录，形成地理散点图，从而使我们能够确定如何将北大西洋和南大西洋，以及部分印度洋划分为不同的海区，这些海区将成为区域活动图的基础。图16.4中显示的692条记录展示的是1939年和1940年上半年所进行的巡逻。总的来说，仅根据1943年的记录，我们共跟踪了5 000多次巡逻，包括巡逻起点、开始日期、结束日期、巡逻总天数，以及沉船吨位等信息。一旦潜艇在巡逻中损毁，就会被记录下来。

Nationality	Boat	#	Type	Patrol	War Period	From Base	Patrol OpArea	Patrol Start	Patrol End	Days on Patrol	ships sunk	tons sunk	Fate
GE	U	32	VII	1	1	Germany	SW Approaches	9/5/1939	9/30/1939	25	1	4.9	
GE	U	32	VII	5	1	Germany	SW Approaches	6/3/1940	7/1/1940	28	3	15.8	
GE	U	33	VII	1	1	Germany	SW Approaches	8/19/1939	9/28/1939	40	3	8	
GE	U	34	VII	1	1	Germany	SW Approaches	8/19/1939	9/26/1939	38	3	13.9	
GE	U	34	VII	2	1	Germany	SW Approaches	10/17/1939	11/12/1939	26	5	19.7	
GE	U	34	VII	8	1	Germany	SW Approaches	6/22/1940	7/18/1940	26	8	20.5	
GE	U	37	IXA	2	1	Germany	SW Approaches	10/5/1939	11/8/1939	34	8	35.3	
GE	U	37	IXA	3a	1	Germany	SW Approaches	2/5/1940	2/27/1940	22	5	18.7	
GE	U	37	IXA	5a	1	Germany	SW Approaches	5/25/1940	6/9/1940	15	6	31.1	
GE	U	38	IXA	1	1	Germany	SW Approaches	8/19/1939	9/18/1939	30	2	16.7	
GE	U	38	IXA	5	1	Germany	SW Approaches	6/6/1940	7/2/1940	26	8	30.3	
GE	U	40	IXA	2	1	Germany	SW Approaches	10/10/1939	10/13/1939	3			Sunk by mine
GE	U	41	IXA	3	1	Germany	SW Approaches	1/27/1940	2/5/1940	9	1	9.9	Sunk by DD
GE	U	43	IXA	4	1	Germany	SW Approaches	5/13/1940	7/22/1940	70	4	29.4	
GE	U	44	IXA	1	1	Germany	SW Approaches	1/6/1940	2/9/1940	34	8	29.5	
GE	U	45	VIIB	2	1	Germany	SW Approaches	10/5/1939	10/14/1939	9	2	19.3	Sunk by DD

图16.4 潜艇巡逻列表视图

根据列表视图,我们生成了一组可视化统计分析,不仅可以将海域划分为区域活动图,还可以开始合成每个区域活动图的战争爆发数据,这构成了两款兵棋中所使用的搜索和联系过程的基础。

为了从视觉角度对数据进行评估,我们创建了数据地理图像,展示我们考虑在兵棋中使用的作战区域。潜艇巡逻地理视图见图16.5,其显示了该潜艇巡逻的地理视图。其中显示了所有目标巡逻区域的统计数据,显示的数据(如西南航道显示的数值1.75)表示每天至少导致一艘船沉没的平均攻击次数。这种视觉展示使得我们能够通过点击日期范围手动向前和向后滑动时间,进而能够直观地看到屏幕上播放的实际战斗的节奏。这种分析技术极大地增强了我们掌握战役动态的能力,同时也使我们能够深入地挖掘感兴趣的数据,进而为每个区域活动图的建模提供大量信息。

这一努力的成果,外加获悉了盟军引入护航舰队、部署新的反潜技术、美国参战及其他类似事件等关键活动,使得五个"战争时期"的概率发生了充分的改变,因此它们可以在游戏中代表独立的活动时期。这些战争时期(截至1943年)被划定为WP1到WP5。

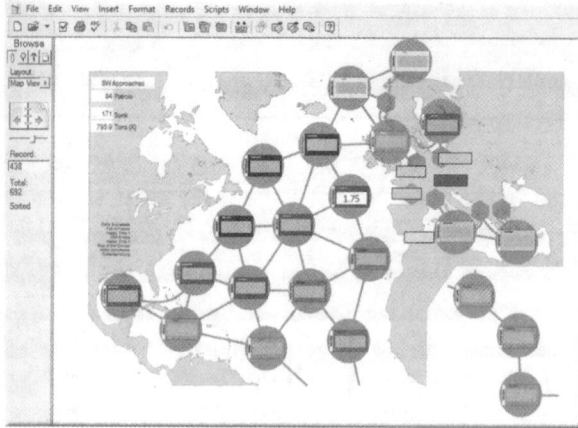

图16.5 潜艇巡逻地理视图

　　一旦我们有效地了解了不同战争时期潜艇作战的流程,以及其所导致的与水面目标的接触。无论接触是否导致沉没,我们即可将计算得出的数据集导出到一个电子表格中,由此来生成游戏中出现的实际区域活动图。借助这些数据,我们不仅可以得到区域活动图(区域活动图及接触表计算器见图16.6),还可以获得实际接触表,从而确定潜艇遇到的是哪种类型的联络员、护航队或特遣部队。

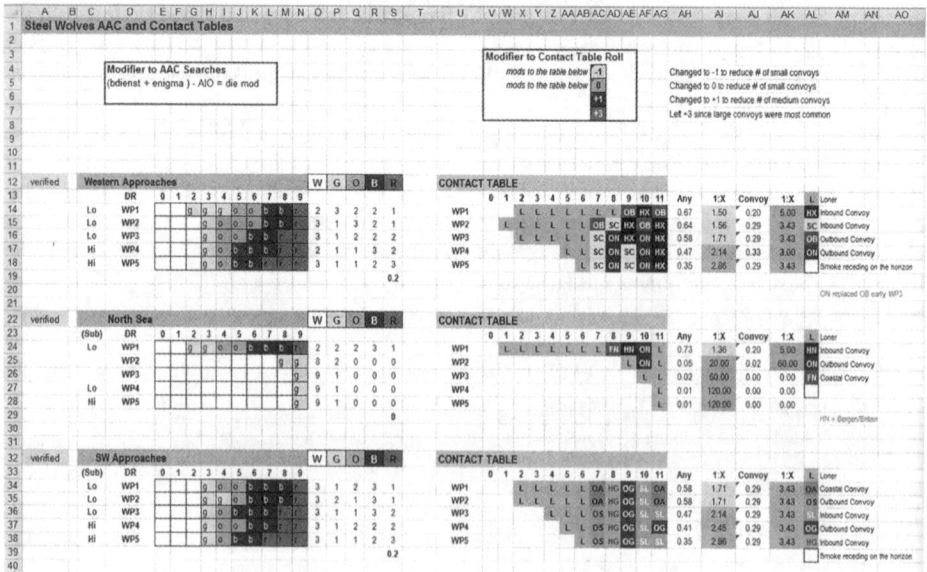

图16.6 区域活动图及接触表计算器

如图 16.6 所示,左侧的区域活动表被分为白色、黄色、绿色、蓝色和红色框,其所表示的是接触的可能性。白色表示零接触,其他颜色则依次表示接触的可能性不断增加。如果区域活动图上的掷骰子结果为彩色框,那么玩家需要移动到右侧显示的接触表并再次掷骰,以确定玩家是否能够看到水面的船只。在这个表格的最终版本中,我们手动将潜艇在任何给定区域可能接触到的历史护航编队名称插入接触概率表中。这是该阶段中唯一手动插入的数据。

子表格包含有关区域活动图和接触表的统计信息。这些信息在集成过程和最终测试环节会用来根据测试结果对每个表格进行调整。利用这些表格,我们可以根据历史数据以及库恩在《攻击潜艇》研究中得出的预测数据算法来绘制结果。这部分的工作使得我们能够对玩家(进而深入游戏玩家所使用的模型)是否能够实现名义上的历史结果进行评估,并观察在预测模型表明实际战役达不到有效潜力的情况下,玩家是否能够改变历史结果。

但是最终发布的地图显示值与最初设计的电子表格显示值不同。变化发生在三个阶段。第一次发生在整合阶段,这一环节我们将各种系统集合在一起进行测试(播放)。在《无声的战争》(Silent War)中行动系统与抽象区域活动图的集成说明了上述集成过程会如何影响最终设计。原始数据显著表明,各种级别的潜艇都有很强的耐久性。然而,在集成过程中,我们发现,潜艇一周内的巡航范围实际上比历史上所记录的范围更广。问题在于我们如何在地图上安排区域活动图,如何对其进行衔接,又如何衔接区域活动图,以及最初在潜艇设计数据和试验数据上做出的过于乐观的巡航速度估计。结果导致一些连接器发生改变,范围值也由此减少了 15%。一旦引入这些变化,推演代表的就会是名义上的历史结果。

一旦所有组件集成完毕,第二阶段就会启动一系列多盲测试。在测试中,游戏被发送给几名玩家,他们会将每艘潜艇在各回合中的每一次行动都记录下来,然后在完成 8~12 个回合后将记录结果发回。这一初始内部测试持续大约 5 个月,暴露了措辞、程序序列以及一般游戏机制方面的漏洞,这些漏洞必须在进入下一阶段前得到修复和解决。

随后我们重复这一过程,这次重点放在巡逻结果上。这就进入了测试阶段(beta phase),在这一阶段,我们将重点聚焦模型确认(跟踪沉船吨位以及潜艇损失数据)。测试期间,我们根据历史数据记录了大约 12 名测试玩家的结果,并通过统计模型预测发展趋势和分析玩家的结果。这样做能够检测到正在发生的异常情况,例如,与敌军的接触相比历史情况较少,或下沉率比基线数据略高。这使我们能够对原始潜艇数据(即用于确定游戏组件中作战因素的数据),以及反映在地图上的枚举数据进行评估。当出现局部偏差时,我们会认为是地图出现了错误。但是当我们发现多个区域的偏差仅限于一两个类别时,我们就会认为基本潜艇数据存在问题。

这个过程持续了18个月，最终还对游戏进行了"去盲"，即允许玩家直接比较结果。这使得我们能够彻底地更新游戏中的数据，并根据需要修改建模。最后，我们就能够评估一场名义上的比赛可能会导致什么结果，并为我们提供统计指导以在某处设置目标，从而根据玩家的成果决定他们是否取得了边缘、实质性或决定性的胜利。

它还使我们能够引入职业任期规则，这可能是兵棋玩家最讨厌的而又必须面对的规则。如果玩家没能在规定日期前达到一定的击沉敌舰的吨位，游戏就会结束。因为从历史角度看，如果潜艇指挥官没有取得一定的战绩，他们就会丧失指挥权。没有哪一条规则能像任期规则那样让玩家们哀号不已、咬牙切齿。但与此同时，这条规则的要求是可以达到的，因为它是根据统计数据制定的。许多玩家只需设置游戏重新开始即可。

值得注意的是，将数据集成到游戏系统中的过程既是迭代的，也是递归的。我们在着手进行设计时，头脑当中会有一些概念模型，这些模型基于我们所谓的"参与"概念，即我们如何理解行动的动态运作。在我们积累数据时，我们会对模型进行调整，以反映经过确认的发现。潜艇模型名义上的过境时间、鱼雷性能和鱼雷发射实践，以及与战术性能相关的推进和潜水能力等，均与数据集描述的概率一致。这些，包括对行动维护至关重要的改装和补充活动在所有模型中都会出现。

在我们将各种模型集成到一个聚合的游戏系统中时，数据允许我们将部分巡逻活动抽象简化为更易玩的游戏功能，以确保我们与统计数据保持紧密耦合，与此同时玩家仍然可以将他们的游戏体验与指挥潜艇战役的模拟体验关联起来。

这一切无疑引发了一个问题：谁来核实这些确认后的结果呢？这两款兵棋各自都用了近五年的时间才制作完成，第一年主要是将数据集成到各种模型系统中，后面的4年则主要来进行持续测试和改进。在测试方面，我们采用了人类玩家和应用电子表格的计算机预测算法来首先确定游戏系统能否追踪到合理的历史表现，随后对游戏从统计演习转到功能性游戏体验所需的平衡进行评估。这两个项目都邀请了三个测试团队，每个团队有4~5人。在前几轮测试中，所有团队都不知道其他团队的存在。在游戏系统产生不寻常的结果时，我们首先考察了游戏失误的可能性，可能是我们未能充分描述游戏流程或玩家的失误，然后才会考虑数据或数据解释及使用方面的错误。

游戏的集成和测试并不总是一帆风顺的。两款兵棋都出现了不寻常的偏差。太平洋兵棋在战争的最后几年（1944—1945）出现了严重的偏差，历史上这个时期有200多艘美国潜艇在空荡荡的太平洋上漫无目的地航行。在大西洋兵棋中,尽管每一次交战都产生了正确的预期结果,但游戏初期的船只和沉没吨位都减少了50%。

太平洋兵棋的问题仅仅是线性测试问题。对整个游戏的测试很难持续到游戏的最后几年,而在那几年中,利用历史情况(如1944年1月的潜艇部署情况及船只和吨位沉没)进行游戏只能是掩盖问题。大西洋兵棋的问题在于基本的过境计算是以太平洋兵棋为基础的,与不列颠群岛周围的地区相比,太平洋兵棋的距离非常遥远。我们还发现,设计出用来模拟太平洋兵棋一周工作量的系统,其有效接触率降低了50%。解决方法不过是让英国附近水域的U型潜艇在一个回合内完成两个完整的搜索和接触阶段。这段时间(通常用于太平洋过境)是不列颠群岛水域的有效巡逻时间。这一调整改变了整场德国战役。确认后的数据为我们指明了方向。

再次回到太平洋兵棋中来,兵棋发布后我们发现游戏规则中存在一处措辞失误,这实际上给了巡逻队一周的时间返回基地。这使各基地的周转率提高了15%,使潜艇能够更快地返回狩猎区。与最初的15名测试者相比,目前我们的兵棋销量已接近6 000份,随着玩家人数的飙升,我们也终于发现了这个漏洞,同时不得不在兵棋发布后对其加以修复。一旦漏洞修复完成,我们根据玩家反馈追踪的游戏结果就会进入已经确认的预期结果轨道。

最终在大西洋战役发布之前,历史问题的核心就凸显出来了。但在实际游戏中,玩家能否真的实现对英国的历史性封锁从而"迫使英国出局"呢?游戏系统纯粹的数据给出的答案是"不能"。游戏表明,在商船舰队吨位不断增加和反潜行动的最后期限不断提前的抗衡中,1940年10月英国战役结束之前,德国人将不得不在战争的每一个点上将沉船率提高一倍以上,才能达到足够的大规模损失以阻止英国补给。就游戏最终的版本而言,为了"让它成为真正的游戏",我们不得不假设不列颠之战在摧毁战略补给方面实际上是有效的,且英国的战略补给更容易受到航运损失的影响。即使做出这些调整,封锁不列颠群岛也几乎是不可能的,并且就算封锁也必须在不列颠之战结束前完成,否则注定会失败。

尽管德国战败有多重原因,但最主要的一个原因是德国没能及时调转港口内的U型潜艇,使其为下一轮巡逻做好准备。潜艇作战完全是为了在海上使用有效的鱼雷发射管,而德国人远远达不到这个目标,他们在太平洋上花费的时间往往是美国同行的两倍到三倍。再加上选择了错误类型的U型潜艇进行作战,把作战区扩展到了英国水域之外,这就埋下了战争失败的祸根。

因此,根据这些精致模型生成的确认数据,实施并非像丘吉尔所想的那样"势均力敌的作战",而且玩家们现在已经接受了德国潜艇战役更加显而易见的事实。

三、取证确认方法

对于存在重要数据、统计数字或其他可用信息的战役和战斗而言，统计方法非常有效。然而，对于记录不详的事件或者记录有明显错误和歧义的事件，实际上是无法采用有效的统计方法的。在我们研究20世纪之前的战争时发现这一点尤为正确，在我们研究中世纪或更早时期的战争时，则更是如此。关于某些战斗，不仅参与者的数量令人怀疑，而且战场本身的位置也不得而知，这就导致几乎不可能进行经验统计评估。

在我们能够对部队规模进行合理估计并判断其可能位置的情况下，取证确认方法可能会非常有帮助。20世纪后半叶，专门从事学术和军事实践研究的专家们开始重新评估和取证存在于欧洲的始于罗马的各种格斗技术，特别是中世纪和文艺复兴时期的格斗技术。这些研究在作战的关键方面提供了十分合理的估计，例如在不同时期，不同士兵在近距离和开放式作战中占据了多少空间。这让我们了解到编队是如何移动和分散的，也让我们了解并评估骑兵战斗以及火药和非火药大炮是如何运作的。

简单地说，取证确认方法提出了这样一个问题：鉴于我们对已知条件的了解，我们能对未知条件做出什么预测？人们普遍认为存在两种类型的"不可知"条件：可知的不可知以及不可知的不可知。取证确认方法评估的重点是建立一个合理的估计基础来填补可知的不可知。

我将上述方法应用到了两个兵棋系统中——《兵令》(Order of Arms)（涵盖1000—1525年）[4]和《帝国之鹰》(Eagles of the Empire)（涵盖了1805—1815年的拿破仑战争），其中取证信息被用来估计可能的兵力。就《帝国之鹰》而言，取证包括了解冲锋马的物理特性以及线列步兵的移动情况。我们掌握有这一时期的重要信息，因此我们通常不必猜测战斗部队的实力（尽管在某些战斗中，某些部队的实力仍然未知）。在随后的历史时期，取证问题集中在有效移动速度、密集步枪火力对部队的影响等诸如此类的因果问题，包括拓扑问题（即地形如何影响部队活动和战斗）。就历史早期的战争而言，合理估计现有部队的数量，以及了解战斗人员当时是如何作战的，其本身就是一项有价值的成就。

英国玫瑰战争(the English Wars of the Roses)[5]期间的图克斯伯里战斗(the battle of Tewkesbury)就是一个很好的例子。在这场战斗中，取证方法帮助确认了当时的战斗模型。多年来，就这场战斗的确切地点一直存在疑问，当时的抄写员提供的数据也不可靠。英国著名历史学家阿尔弗雷德·希金斯·伯恩(Alfred Higgins Burne, 1886—1959)在其著作《英格兰战场》(Battlefields of England)中运用取证推理，对长期以来关于战斗地点的假设提出了质疑，并基于对不同部队在不同编队中所占空间的测量数据提出了一个新的战斗地点,并将其与报告的现有编队数量相匹配。这反过来又为估算最可能存在的部队实力提供了合理的指导。他的工作有效地重新定位了该战争爆发的地点。

虽然此类活动不一定能保证准确性,但它确实仅根据适合的位置提供了低值和峰值的限制。现在利用这一点,再加上已知的交战事件序列(本身可能存在问题),就可以根据参与人数的合理估计以及地形对战斗结果的影响,对战斗进行深入的了解。

这样的取证研究也使我们能够探索此类战斗中的关键时刻。据记录,在图克斯伯里,兰斯卡特防线(the Lancastrian line)右翼的一支由大约200名约克家族长矛手组成的隐蔽小队击溃了一个号称由2 000多人组成的主要编队。从表面上看,这样的溃败似乎不太可能,甚至令人惊讶。然而,兰卡斯特右翼防线似乎确实在这样的袭击中解体了。取证测量和精微建模显著表明,虽然200名左右的长矛手可能隐藏在所报道中他们发动攻击的区域,但考虑到其他两支兰开斯特编队的存在,兰开斯特右翼防线所在的区域实际上根本无法容纳2 000多人。根据严格的基于空间和占用率所得出的测量结果,我们假设的兰开斯特右翼防线区域实际上只能容纳所报道人数的不足一半。相比击溃2 000多人的军队,200名长矛手对900人组成的兰开斯特军队发动突然袭击,进而抓住时机大破敌军的可能性更大。这并不是说战争期间报告的数字(或胜利者在战争结束后不久记录下来的数字——这是最有可能发生的情况)本身是错误的,但拓扑和取证确认方法显著表明,需要在一定程度上对历史记录提出质疑。

莫蒂默十字路战役(Mortimer's Cross)的游戏测试地图也进行了类似的分析,该地图专门用于分离未安装的"骑士规则"并对其进行测试,以确保这些规则能够按照预期运行。最终,这张地图及游戏组件将会包含在未来的多重战斗兵棋《武器令》(the Order of Arms)系统中。

此处的重点在于,我们有机会在整个历史模拟游戏的设计中应用最基本的原理(这些原理与可能发生的事或者可能不会发生的事相关)。如果取证确认原理可以与可测量元素相联系,并且这些可测量元素能够依次映射到游戏系统内的各种模型,那么即使这种方法可能会导致与传统历史结果相反的游戏模拟,游戏系统的可信度也依然会提高(特别是当用户或玩家理解游戏系统所使用的方法时)。通过取证方法进行确认能够增强对所使用模型的信心,同时提高了可信度。

四、菲尼斯

回到乔治·爱德华·佩勒姆·博克斯(George Edward Pelham Box)提出的问题

上，"一个模型要出现多大错误才会变得没有用处？"我们现在或许可以试着给出一个答案了，那就是在用户或者玩家觉得它不可信的时候。然而，对可信度的评估必须由经过确认的数据来为其提供信息。为产生可信度，这些数据要能够产生可靠的事件功能模型。在多数情况下，如果没有其他指标来对游戏进行判定，历史模拟的用户和玩家可能会依赖于历史事件的坊间评价作为判断的依据，即某个事件是"几乎发生"的。

然而，正如我们所看到的，在没有确认的基础上，任何游戏用户或玩家拥有的坊间证据都应该被怀疑（至少是对历史有效性的怀疑）。纯粹的游戏价值很可能会超过一款历史模拟兵棋中可能存在的任何缺陷。无论如何，告知用户确认的价值将会鼓励玩家和设计师提高任何以历史洞察力为卖点的产品的确认标准。

毫无疑问，这种确认需要勤奋和努力。确认会占据设计开发周期的很大一部分。尽管如此，一个有效的模型能够使用户和玩家在获得乐趣的同时，也能从中学习，这不仅会推动各方面的发展，也能确保下一代玩家不再将历史模拟仅仅看作他们父辈的玩具，而是视为他们那个时代里研究我们共同历史的工具。

关于作者

布莱恩·J.米勒是一名高级航空和工程运输项目经理，在24年多的时间里，他一直为美国联邦航空管理局、美国宇航局以及美国海军设计包括海军的首个人工智能战术训练器的实时模拟系统。米勒曾是美国海军中尉，从20世纪70年代初他就开始参与兵棋设计，并设计或参与了30多款商业兵棋设计，其中包括《无声的战争：1941—1945美日潜艇战》，该作品曾斩获著名的《游戏期刊》(*Games Magazine*)颁发的"年度游戏奖"。米勒积极参与关于中世纪战争的研究，且尤为关注中世纪的骑兵战斗。米勒现在居住在马里兰州(Maryland)他自己的马场里。

注释

①1876年6月25日至26日，拉科塔族人(Lakota)、夏安人(Chenyenne)和阿拉巴霍人(Arapahoe)在斯汀·布尔(Sitting Bull)和疯马(Crazy Horse)的带领下，与乔治·A.卡斯特(George A. Custer)率领的美国军队进行了一场战斗。

②1346年8月26日，在法国北部克雷西附近，由爱德华三世(Edward Ⅲ)率领的英军(以及圣罗马帝国军队)和菲利普六世(Philip Ⅵ)领导的法军(以及热那亚人和雇佣军)进行了交战。

③装备是指武器库存，既可以包括所有的武器，也可以指特定的武器类型。当我们用这个词来描述第二次世界大战的潜艇时，我们指的是潜艇所装载的鱼雷。

④即将推出的系列兵棋《兵令》(*Order of Arms*)由布莱恩·J.米勒设计，马特·柯晨

保研发。这款兵棋描绘了中世纪从黑斯廷(Hastings)到帕维亚(Pavia)发生的战斗,特别是骑兵战斗。第一款兵棋是《福诺沃1495》(*Fornovo 1495*),第二款是《坦能堡1410》(*Tannenberg 1410*),第三款可能是包括《莫蒂默十字路战役》(*Mortimer's Cross*)(1461)和《布汶战役》(*Bouvines*)(1214)在内的多战场小型战役。

⑤1471年5月4日,在萨默塞特公爵(Duke of Somerset)、安茹的玛格丽特(Margaret of Anjou)和威尔士王子爱德华领导下的兰开斯特"红玫瑰"家族与爱德华四世和理查·格洛斯特(Richard of Gloucester)领导的约克"白玫瑰"家族开战。约克家族在这场战役中取得了决定性的胜利,并一举夺下了英格兰的王位。

第十七章　目标驱动设计与《拿破仑的胜利》

—— 雷切尔·西蒙斯

我想借用詹姆斯·邓尼根（Jim Dunnigan）《完全兵棋推演手册》（*The Complete War games Handbook*）（1992）中的一些论述谈一谈《拿破仑的胜利》（*Napoleon's Triumph*）（2007）这款兵棋的设计：大多数兵棋都是从地图开始的……一个六边形网格叠加在地图上，用来调节部队的移动和位置……游戏设计者对每个六边形地形进行分析……每种地形对移动和战斗的影响各有不同……在兵棋中，战术也会受到大多数游戏中常见的某些机制元素的影响。其中最主要的就是六角形网格本身（Dunnigan，1992）。

这段话最重要的一点就是道出了事实。兵棋的设计和运行能够通过一种完全通用的方式进行讨论，而无须考虑时期、地点或者规模，这本身就是一件十分了不起的事情。而像欧元游戏、纸牌游戏或者抽象游戏等其他游戏，是无法找到这样一种完全通用的设计和运行指南的。为什么会这样呢？是什么造成了兵棋不同于其他类型的游戏呢？

我认为首先是六角网格地图的应用。邓尼根用"叠加"（superimposed）一词对此进行描述，但我认为"强加"（imposed）一词带有强制服从的含义，能够更好地触及问题的核心。六角网格地图和战场地形之间没有根本联系，网格可以轻易将实际战场的地形简化为一组（通常不是很重要的）"修改者"，以形成六角网格本身强大的几何结构。网格的力量绝不仅限于影响地形，它也会对战斗模型产生深远的影响。在书中，邓尼根仍旧用一种完全抽象和通用的方式，仅从网格的角度来描述基本的兵棋作战战术，既不考虑规模也不考虑周期。无论是滑铁卢战役的战术兵棋，还是第二次世界大战东线的战略兵棋，主题是什么都无关紧要。因此，六角网格是大多数兵棋的基础，这使得通用的游戏设计过程成为可能。

以我之见，六角网格的这种功能以及在此基础上形成的规则能够压倒游戏的表层主题，将巨大的多样性简化为单一的同质性是六角网格和棋子系统的最大缺陷。不过，这也正是它最大的优势，也在很大程度上对其同时具有非凡的繁殖力以及创造力和独创性做了解释。正因六角网格和棋子系统会将不同的主题简化为一个相同的主题，那么这就意味着要用一个相同的词汇用来描述各种各样的主题,不过这个词汇是可变的。一个新的游戏可能几乎完全是从其他游戏衍生出来的,但是它仍然可以引入新的想法、新的规则和新的子系统。而且所引入的新想法是对常用词汇的补充和扩展。因此,随着时间的推移,这些词汇会越来越丰富,而表达词汇不同部分的游戏也随之变得越来越多样化。诚然,不只是设计者在学习这些不断扩大的词汇表,玩家同样也在学习,从而能够不费吹灰之力就充分学会这些复杂游戏的玩法。因为即便游戏是全新的,但是构成它的组成部分却并非如此,而且玩家早已在先前问世的游戏中了解了这些内容。

但无论词汇如何扩展,仍然会存在它无法传达的想法和难以表达的事物。一个虽小但值得记住的例子是模拟出版公司于1973年推出的兵棋《狙击手》(*Sniper!*),其中的建筑物都被扭曲了60度或120度,因为六角网格无法很好地处理90度角。20世纪80年代早期,在我第一次参与兵棋设计(几乎完全是非专业人士)的最后几年时间里,我参与设计了一个拿破仑战争微型模型。基于弗兰克·戴维斯(Frank Davis)根据滑铁卢战役设计的兵棋《惠灵顿的胜利》(*Wellington's Victory*),我为上述微型模型设计了一些微缩规则(相比其他兵棋,我更喜欢这一设计。《拿破仑的胜利》这个名字就是在向它致敬)。我不断地进行调整,以使这些规则能够处理这样或那样的显要问题,但最终我还是想不出任何方法让它们做更多我想做的事情。对于应用这套规则的词汇表,就我所知,我只是想不出我能做些什么来尽量让它们说出我想说的话。有些根本性的问题和限制我还没能完全攻克下来,几乎是无能为力。因此我停下了手头所有的事情。

20多年后我才开始设计或者说尝试设计另一款新的兵棋。让我重回本行的动因,以及随后我设计了关于奥斯特里茨战役(the battle of Austerlitz)的兵棋的原因就是《拿破仑的胜利》(以及它的前身——《波拿巴在马伦戈》)。我迫切地想要利用19世纪的战争地图所使用的视觉符号设计一款兵棋,因为我觉得它很漂亮,而且在游戏中看起来就像是这样的地图。我开始称这种外观为"容貌"(The Look),而实现这一点是设计《拿破仑的胜利》整个过程最重要的考虑因素之一。正因如此,我不能继续使用六角网格和棋子的设计。具有60度角的六边形网格纹理的几何形状将压倒军队细长线条的几何形状,以及我想要表达的地形变化微妙之处。纸板算子也带来了类似的视觉问题。因为从正上方看,它们的印刷面可能看起来很吸引人,但它们的侧面暴露着未进行加工的边缘部分,看上去十分碍眼,这就使得算子在纯视觉层面上难以接受。

虽然获得某种视觉效果是一开始设计《拿破仑胜利》的推动力,但另一个问题就是,20年前我做拿破仑微缩模型以来有些问题一直未能克服。这里无须提及过多细节,但它们大多数的共同之处在于游戏时间。各方面花费的时间都很长。我开始把游戏想象成一台机器,进而将玩家的决策转为现实。衡量这台机器质量的一个重要指标是效率。连接意图与现实之间的通道最好应该越短越直接。国际象棋是我设计高效兵棋(或机器)的模型。如果你看过国际象棋比赛就会发现,游戏的大部分时间里玩家只是在思考,而他们移动一枚棋子只不过一瞬间就完成了。而且,一名玩家在整个比赛过程中移动的步数通常不超过50步。几乎没有什么事情投入的体力劳动比这更少了。另外还有一点也很重要,那就是象棋中不允许随便移动棋子——绝不浪费玩家的时间。相比之下,被视为机器的兵棋通常效率很低。兵棋棋子数目众多,而且棋子的移动和活动对游戏结果的影响很小,仅会影响总体效果。且除了在棋盘上移动棋子之外,兵棋还增加了一些重复的体力劳动:掷骰子、查阅表格、堆叠和拆卸筹码、放置和移除标记(考虑到游戏时间,掷骰子对我而言十分令人讨厌。任何时候我看到骰子从桌子上掉下来并要找回时我只想大叫,而这种情况十分常见)。我只希望通过用"取其精华,去其糟粕"的方法来设计一款精华版的兵棋。

上述两个目标(兼具"容貌"和高效的游戏设置)是《波拿巴在马伦戈》(*Bonaparte at Marengo*)和《拿破仑的胜利》(*Napoleon's Triumph*)的共同目标。因此,在许多方面,应将其视为分两个阶段执行的同一设计工作,而非两个单独的设计更为准确。然而,奥斯特里茨战役的主题为《拿破仑的胜利》设定了一个与前两个目标并驾齐驱的新目标:游戏不仅要有奥斯特里茨地图和战斗顺序,还要有奥斯特里茨式的品质。在奥斯特里茨战役中,拿破仑引诱俄、奥军队进入一个精心布置的陷阱,然后将其一网打尽。在我看来,奥斯特里茨独有的本质和特点使它成为一个独一无二的历史事件,而不仅仅只是一类历史事件中的一个例子。而在《波拿巴在马伦戈》的设计中,我认为战争的选择具有偶然性,我真正的设计项目是拿破仑"系统"。但在设计《拿破仑的胜利》时,战争的选择不是偶然的,这对我所做的任务至关重要。因此,在上述两个新的目标以外,我又新增了一个目标——主题特异性。

要将所追求的这些目标转化为真正的游戏,我们可以从游戏最独特的视觉元素——用以代表敌方军队的细长矩形木块着手。虽然在《拿破仑的胜利》之前的几十年里,有一种称为方块兵棋的分支兵棋游戏一直在使用方形、可旋转的方块,但它们与我的方块设计无关,我的方块设计并不是基于这些方块,而是基于更古老的19世纪的德国歌剧中使用的方块形状。我选择这一形状的目的并非看中了其功能,而是因为它美观,因为这是让我的游戏具有"容貌"所必需的。同时展出的还有《拿破仑的胜利》中第二类新的元素:表面贴着代表部队指挥官贴纸的金属旗架。这些元素在游戏中十分引人注目,它们打破了主导游戏视觉效果的传统地图设计。它们借鉴了小型兵棋的传统,并利用了我所设计的一款三维游戏(而非二维)地图的视觉优势。

所有对于这些元素的讨论几乎都免不了要用到颜色:红色代表一支军队(盟军),蓝色代表另一支(法国军队)。这一选择源自军事制图的传统,是"容貌"类游戏的基础,而这个选择是多年来我无法逾越的大山。为此,这么多年来有很多人恨不得杀了我。许多玩家的期望与我所做的设计完全相反——颜色应该基于统一的颜色(红色代表英国军队,蓝色代表法国军队,白色代表奥地利军队,诸如此类)。但在军事制图中使用蓝色和红色是有原因的,因为这些颜色本身可以与地图形成强烈的对比。与这一目标相一致,地图的设计没有过多艳丽的颜色,主要是深浅不一的绿色,不同的地形有浅蓝色、棕色和灰色。就其本身而言,地图的设计在视觉上给人一种很安宁的感觉,甚至很沉闷,但这并不是要让玩家单独使用它,而是将其作为一种背景。在这种背景下,军队强烈的、高饱和度的蓝色和红色一定会凸显。

当然,地图的设计既具有功能性也具有美学性。就其功能而言,由于前面所提到的原因,不能使用六角形网格。那么能用什么来代替呢?当然,也可以像微型游戏长期以来所做的那样,不在棋盘上添加监管层。然而,这种方法带来了我所说的“细微差异暴行”,即通常在几乎相同的距离(如15或16英寸,以及16或17英寸)之间存在巨大的差异,这导致了一种混乱,而拿破仑军队的指挥官从来没有担心过敌人是在99米之外还是在101米之外。

此外,反复及重新测量进度十分缓慢,这与有效利用玩家的时间完全相悖。

经过再三思量,我选定了一个区域式地图设计。虽然网格系统中的六角格基本为距离单位,但在《拿破仑的胜利》中,面积基本上是时间单位:某地区的大小大致表示军队1小时内能够移动的距离。小面积表示复杂的地形,大面积则表示开阔的地形。此外,地区间的界线是根据军事地形分析确定的。在确定界线时,我首先寻找了拿破仑军队通常会选择的防守区域,大多数是山脊、山丘、河流及城镇。于是我在这些特征所在的地方设置了边界线。在此之后,我根据需要增添其他边界线,以保证区域的大小能够反映移动速率。通过这种方式,区域设计便逐渐地从战场的潜在地形中发展起来,而不是强加于之上并压倒它的任意网格(《拿破仑的胜利》:19世纪战争地图在游戏中的“容貌”见图17.1)。

尽管物理设计是由实现“容貌”的目标所驱动的,但是胜利条件的设计主要是由主题特异性推动的。设计主要的难点在于,奥斯特里茨战争实质上是法军设计用来引诱盟军的陷阱。这在两个方面给游戏造成了困难:首先,游戏不能只是一场历史骗局,而无法成为一款令人胆寒、逼真的游戏;其次,在游戏中,盟军玩家知道历史上的盟军指挥官在战斗中不知道的事情,即盟军对法国军队的进攻几乎不可能成功。然而,我强烈地感觉到,如果没有法国的诱骗和盟军的攻击,我就无法获得奥斯特里茨战役的精髓。经过数月的研究,我终于从历史中找到了一个简单的解决方法。首先,我允许双方存在实质性地、秘密地背离史实的武力安排(在游戏中,玩家通常可以看到对方防区的所在地,但看不到他们的类型或实力)。因此,游戏中的任何一名玩家都不知道其他玩家的军力安排情况。

其次,我让法军玩家带上拿破仑曾在战场上隐瞒盟军的两支法国军队,作为可自由支配的增援部队。如果法军玩家不动用这些增援部队,那么盟军必须攻占法国防线后的区域才能获胜。这确保了盟军的早期攻击。然而,一旦法军玩家投入增援部队,目标就会发生变化,即法军必须攻占盟军防线后的区域才能获胜(任何一方都可以通过给敌军造成充分的损失而获胜)。

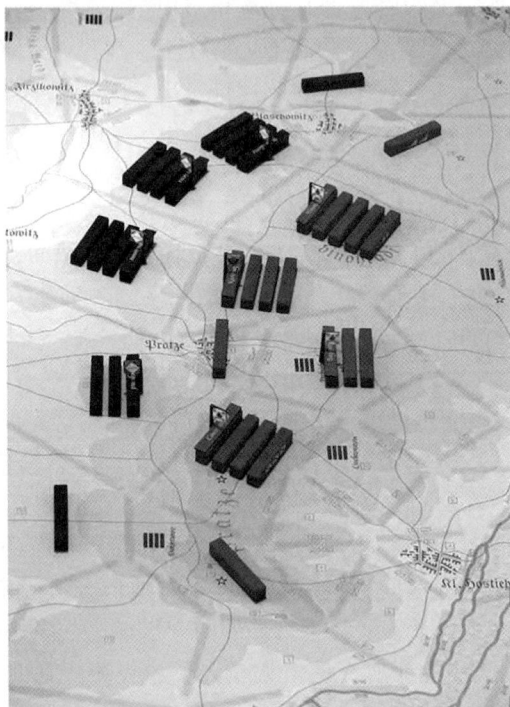

图17.1 《拿破仑的胜利》:19世纪战争地图在游戏中的"容貌"

　　游戏中的移动和指挥是密不可分的,两者的设计在很大程度上都以机械效率为目标。通过六角格地图计算距离和移动点(而无须在一个回合内移动几百个棋子),区域式地图设计最大限度地提高了移动效率,但问题并没有就此结束。使这一过程更加有效的关键是在部队层面直接建立指挥模型。当然,从历史上看,指挥系统也正是指挥官调动军队的方式,而有时游戏设计的问题会以很有趣的方式反映历史问题。游戏会给每个玩家3~4个独立的命令,允许其移动单个棋子。但这远远不足以在战场上调动军队,几乎所有军队的移动都依赖于5~8个军团司令部(其总共可以移动八颗棋子),每个司令部可以作为一个单一的兵团从某一区域移动到另一区域。因为物理棋子的设计是通常单个玩家的移动足以调动整个兵团,所以一名玩家在整个游戏过程中通常只需要进行100次左右的物理移动。

游戏战斗设计的目的是实现主题特异性和机械效率。主题特异性主要是关于游戏的气氛和感觉。奥斯特里茨战役的建模基本上都是诡计和虚张声势。虽然有限的情报和目标处理的方式在战略层面上有助于实现这一目标,但这种基本的"感觉"会更深层次地渗透到游戏中,直至战斗建模的方式。在游戏中解决攻击问题被有意识地设计成一种扑克牌般的感觉,玩家依次决定放弃还是增加赌注,这是一种不断升级的神经测试,直到攻击最终得到解决为止。就机制效率而言,由于攻击需要多达十几个步骤才能解决,所以这个过程一开始可能看起来效率非常低。但这种明显的低效率掩盖了三件事:第一,效率是将玩家决策转化为现实的衡量标准,战斗过程中的每一步都代表着每名玩家的决策,所有的决策都不需要太多的体力来实现(不需要查阅修改者列表、掷骰子、查阅表格、放置标记);第二,因为游戏中的攻击实际上是一种移动,所以游戏中的攻击数量同样会受到限制移动的命令限制。因此,即便解决攻击问题可能会耗费很多时间,游戏中也不会出现很多次攻击;第三,针对玩家的努力,战斗系统会显示多种游戏结果。在《拿破仑的胜利》中,攻击是非常残酷的,一次高风险的袭击就让敌军士气低落了四分之一。

虽然《拿破仑的胜利》是一款非常成功的兵棋,赢得了大量关注,也收获了众多忠实的粉丝,但它对整体兵棋设计行业产生的影响可以说微乎其微,兵棋设计领域几乎与从前一模一样(相比之下,业余爱好游戏——棋牌类游戏就十分普及)。依我之见,这是由于它的设计元素太过离群,无法整合到六角网格和兵棋的通用词汇表中。而主题太过具体,也很难将其转化为同类游戏的一套"系统"。但我仍对结果感到满意,因为《拿破仑的胜利》很好地证明了兵棋的想法可以多么不受现实的约束。如果它能够抛砖引玉,我希望它是以某种脱离兵棋,以及我的研究成果的设计形式所进行的模仿。

关于作者

雷切尔·西蒙斯(Rachel Simmons)其笔名是鲍恩·西蒙斯(Bowen Simmons)。她在十几岁到二十岁出头的时候是一位非常活跃的兵棋玩家,她喜欢玩棋盘兵棋、角色扮演和微缩模型。在她从事职业生涯长达20年的软件工程师工作的同时,她基本上停止了玩兵棋。40多岁时她重操旧业,开始出品一系列关于19世纪特定战役——马伦戈战役(1800)、奥斯特里茨战役(1805)和葛底斯堡战役(1863)的小型兵棋。该系列兵棋名称分别是《波拿巴在马伦戈》《拿破仑的胜利》《葛底斯堡的枪声》。雷切尔·西蒙斯的兵棋以有别于传统的棋盘兵棋而闻名。

第十八章 《鱼叉》：一款原创的严肃游戏

——唐·R.吉尔曼

《鱼叉》(*Harpoon*)(1981)最初是想设计成桌面(微型)海空战术兵棋(即《纸面规则》或《纸上鱼叉》)。当时美国海军中尉拉里·邦德(Larry Bond)设计该款兵棋的初衷是将其用作驱逐舰海军作战室的战术训练工具。在1975年,辅助标准海军训练的设备是一种叫作NAVTAG的机密桌面产品。由于该设备包含机密数据,设备在使用完毕后必须上锁并加密。而《鱼叉》的设计特意采用了非涉密信息,因此它不受安全限制,可以自由流通与使用。

《纸上鱼叉》(*Paper Harpoon*)兵棋于1981年正式出品。《纸面规则》(*Paper Rules*)兵棋的目标用户是少数海军战斗人员,以最小化游戏簿记录量。该产品的第4版仍由海军上将三部曲(Admiralty Trilogy Group)出品,由克里斯托弗·卡尔森上尉(Captain Christopher Carlson)、美国海军后备队(USNR)(Ret)及作家、设计师和研究人员合作完成。

一、《鱼叉Ⅰ》

《纸面规则》与《鱼叉Ⅰ》(1989)之间的差异基本上在于范围和媒介。范围差异集中在交战规模上——《纸面规则》侧重于少数船只和飞机的短时间战斗;而计算机兵棋《鱼叉Ⅰ》可以进行舰队对舰队的交战,并可以在数天的战斗中执行战区级别的模拟。另一个关键的区别是计算机兵棋是单机游戏,而纸面兵棋需要两名玩家(如果不需要裁判的话)。

计算机介质有多种特征,这些特征可能是同类产品中的首创。其一是该产品由一款单人商业零售产品、一款在线多人游戏产品和一款专业军品组成。其他独特的功能还包括"参谋助理"(即程序化助手,可以提出建议,并以下属军官的身份出现在屏幕上)、"战斗集"(与地图和时间段相关联的主题场景和数据库的集合)、时间压缩①(允许实时游戏以及在长时间的运输和搜索期间进行游戏加速)、极高的重玩价值(通过随机战斗命令和起始位置实现)、战争迷雾(初始接触数据很少具体到类型、位置或速度)、复杂的胜利条件(条件逻辑和每边两个关卡），以上种种现如今都被认为是必要的修改（在《鱼叉Ⅰ》中，建模仅限于用户创建的场景以及平台和系统的数据库）。

《鱼叉Ⅰ》开发周期非常具有挑战性，它始于唐·R.吉尔曼（Don·R. Gilman）领导的应用计算服务（Applied Computing Services），再到戈登·沃尔顿（Gordon Walton）牵头的数字幻影（Digital Illusions），终止于1989年，360太平洋游戏公司（Three Sixty Pacific）出版了《鱼叉Ⅰ》。《鱼叉Ⅰ》将在具有1 Mb内存、黑白或彩色显示器的麦金塔计算机（Macintoshes）上试运行。计算机版本的目标市场是IBM PC机，其配置具有640 Kb内存和CGA（320×200，四色）显示器。

1991年，凯斯迈公司（Kesmai Corporation）签署了一项协议，生产一款拨号调制解调器（上网）多人版兵棋《鱼叉Ⅰ在线版》（Harpoon OnLine），并于1993年开始对《精灵在线服务》（GEnie）进行测试。该产品于1997年发布，当时的用户寥寥无几。360公司将《鱼叉Ⅰ》升级为1.3版本，允许创建《鱼叉》设计师系列战斗集。这些新战斗集以玩家创建的内容和更新的数据库为特色。最终版本名为《鱼叉：指挥官版》（Harpoon Commander's Edition），是由安东尼·艾森斯（Anthony Eischens）和布拉德·莱特（Brad Leyte）进行升级的。

多年来，互动联盟（Alliance Interactive）、冠捷梦想家（iMagic）、高级游戏系统公司（Advanced Gaming Systems Inc.，最初应用计算服务的衍生产品，掌门人同为吉尔曼），以及矩阵博弈公司（Matrix Games）也都发布了《鱼叉Ⅰ》。

二、《鱼叉Ⅱ》/《鱼叉3》

360太平洋游戏公司的技术团队对兵棋《鱼叉Ⅰ》进行了维护，考虑到现在的家庭用户可以使用更加强大的计算机系统，他们自信可以做得更好。从1994年开始，由卡尔·诺曼领导（Carl Norman）的团队将目标转向家庭系统，如使用因特尔286，16位芯片的PC兼容计算机和采用Motorola 68020芯片的二代麦金塔计算机。视频显示器至少是VGA（分辨率640×480，16色），且计算机的内存需达到1~2 MB。该产品具有多个可调整大小的窗口和完整的世界地图，并包含所有编辑器（《鱼叉3》基本显示见图18.1）。2001年，杰西·斯皮尔斯（Jesse Spears）将《鱼叉Ⅱ》（1994）更新为《鱼叉Ⅲ》[②]，之后又推出了《鱼叉3》（2002）版本[③]，其中包括作为初始《鱼叉3》专业副产品开发的多人游戏功能（《鱼叉3》基本显示见图18.1）。2006年矩阵游戏公司（Matrix Games）在发布《鱼叉3》时也将其更名为了《鱼叉3：高级海战》（Harpoon 3: Advanced Naval Warfare）（Gilman，2012）。

图18.1 《鱼叉3》基本显示

三、《鱼叉3专业版》/《鱼叉3军队仿真版》

《鱼叉3专业版》(*H3 Pro*)是2000年为澳大利亚国防部(ADOD)开发的一种仅限于计算机端的产品。在2000年的年中，诺斯鲁普·格鲁曼公司(Northrup Grumman)与澳大利亚国防部联手，同新加坡前进集团综合安全方案公司(AGSI)合作，对《鱼叉3专业版》进行更新。2009年这一版本以《鱼叉3军队仿真版》(*H3 MilSim*)①面世。最终版本包括一个单人桌面分析工具、一个服务器，以及一个客户端，并包含增强编辑器。其所具有的功能是为专业军事用户而非普通大众准备的。

四、最终版：《鱼叉终极版》

2011年，矩阵游戏公司将22个商业版《鱼叉》产品压缩成一张DVD出售，命名为《鱼叉终极版》。这张DVD包中包含了最终版的《鱼叉3》和《鱼叉：指挥官版》，甚至还包含1988年在开源虚拟机上运行的《鱼叉Ⅰ》试用版本。

五、《鱼叉》的功能性

在兵棋《鱼叉》中,玩家担任编队指挥官,负责实现场景的胜利条件(VC)。胜利条件或许就像摧毁一定数量的敌军部队这样简单,又或者是如某部队在指定矩形内停留的时间长度(即驻扎时间)、友军伤亡限制等其他因素。场景详细说明了开始时间、持续时长、地图位置、天气状况、玩家所属方以及胜利条件。在四种主要的部队类型中,它们又划分为各种不同的平台类别:分别是舰艇、潜艇、陆地基地和飞机。玩家的控制范围从一艘舰艇到数百架飞机,以及数十艘配备有陆地基地的船只和潜艇。

《鱼叉》的用户界面采用的是北约作战信息中心(CIC)的风格。主要显示器是海军战术数据系统(NTDS),这一系统凝聚了北约国家几十年的精心设计,能够为海、空、潜大型协同编队同时作战提供有效的情况预警(Graham and Dick,1996)。海军战术数据系统存在很多设计缺陷,包括显示数据量太大(其中有些数据不确定),显示和处理能力有限。而快速、清晰地指示友军、敌军、水面、地下和未知部队的类型对于《鱼叉》模拟至关重要。

在《鱼叉Ⅰ》中,玩家可以得到"参谋助手"这一用户界面要素的辅助,这是一个军官来担任其助手的形象,即"合格的部属"。向玩家发送的模拟信息被制作成参谋助手的声音(音频和/或文本信息)。推演者可以从屏幕上的四个固定窗口——战略地图、操作地图、战术地图和报告区域进行操作。战略地图显示了给定场景的总体地图,两个矩形显示了作战和战术地图的相对大小和位置。参谋助手的图像和报告将出现在报告窗口(Report)中(《鱼叉经典版2002》:隐藏的战略地图见图18.2)。

《鱼叉Ⅱ》和《鱼叉Ⅲ》使用的仍是海军战术数据系统显示器,但颜色更为丰富,且不限地图窗口数量。部队的展示是扫描线条图、照片或视频,声音效果更丰富(尽管并不比《鱼叉Ⅰ》提供的更精确)。尽管参谋助手和战斗场景仍然存在,但对它们并未做特别介绍。这些产品中的数据库更为详细,因此其平台显示也更为详细,但图形化程度较低。

允许在《鱼叉Ⅰ》和《鱼叉3》两个产品线中操作这些详细数据的工具是场景编辑器和数据库编辑器,它们都是使用与游戏引擎相同的软件代码构建的。场景编辑器允许选择地图、数据集和一些天气条件。通常,玩家会为不同的部队选择一个或多个起始点,然后对其进行填充。玩家可以设计场景,在游戏过程中分配部队出现在地图上的位置。玩家可以在创造的场景中任选一方,但在场景描述中,人类玩家会被指定成为某一方,以便测试其对抗计算机玩家的能力,这很快就成为"最佳实践"[5]。

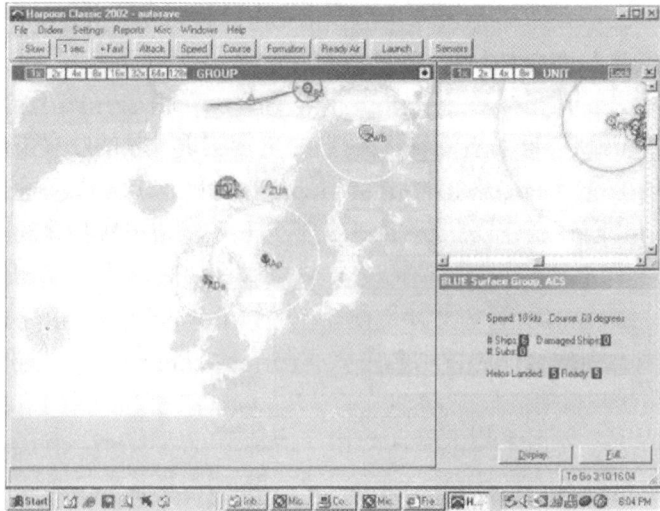

图18.2 《鱼叉经典版2002》：隐藏的战略地图

在20世纪90年代早期的计算机游戏中，很少可以见到玩家能够使用场景编辑器在《鱼叉Ⅰ》中构思完整场景。最接近的产品是微软的飞行模拟器，你可以在其中选择地图、天气、飞机和飞行计划。鉴于《鱼叉Ⅰ》从一开始就被设计为数据驱动产品，为商业版本润色编辑器非常容易，但一开始不捆绑编辑器是一项商业决策。360太平洋游戏公司于1991年出品了场景编辑器。在几款兵棋面市后，编辑器被免费提供给玩家，让玩家能够开发自己的场景或修改游戏附带的场景。这大约发生在第一人称射击游戏（如Quake）改装开始的时期，这证明了允许玩家创建内容的游戏销量更高，且产品的生命周期更长，《鱼叉》系列兵棋从1989年到2013年在市场上都非常活跃⑥。这两种产品的数据库都被组织成附件，其中包括数百艘舰船、潜艇、固定翼飞机、直升机、枪支、炸弹、鱼雷、深水炸弹、水雷、导弹和火箭。一些附件还对雷达、声呐、红外探测器、被动雷达探测器和磁性探测器等传感器做了详细说明。附件涉及弹药库中武器的收集，以及这些弹药库与火控系统、发射弧、重新加载速率和可跟踪目标数量的组合。这些所有的数据都被合并到不同级别的舰船、潜艇或陆地基地上。基地是计算机版本才独有的一种新型部队，它们实际上是静止不动的船只，能够处理包括弹匣、加油和自卫在内的飞机操作，并通过跑道操纵飞机。

通过让玩家在修改数据库时更有效率，玩家便会创造更多新的内容，从而能够延长产品的生命周期并增加其价值。大约在1990年，乔恩·雷默（Jon Reimer）在微软访问基础上为《鱼叉Ⅰ》和《鱼叉Ⅱ》创建了一个编辑工具。慢慢地，高级游戏系统公司（Advanced Gaming Systems）也购买了编辑器的版权，并以公司的名字将其重新命名。

图18.3展示了使用《鱼叉3》数据的雷默编辑器（Reimer Editor）。

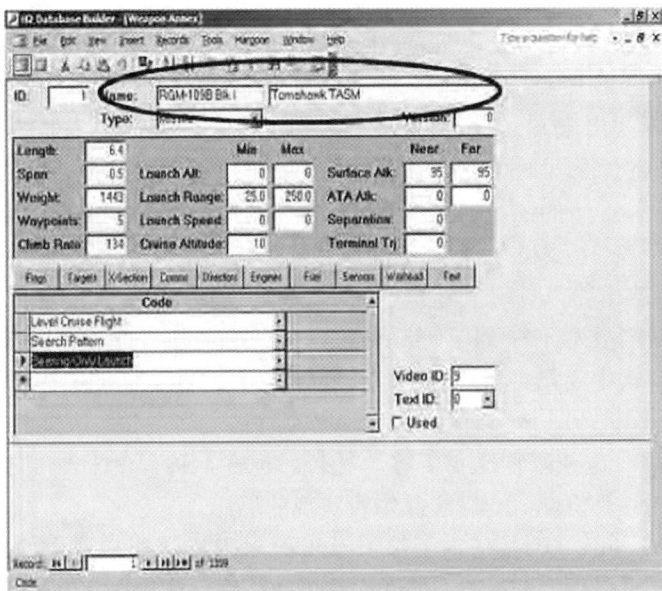

图18.3　使用《鱼叉3》数据的雷默编辑器

（注：编辑器没有将标题文本从"H2"更改为"Harpoon Ⅱ"。）

地图则是另一种类型的数据。就《鱼叉Ⅰ》而言，这意味着手工数字化的航海图。原始地图来自（美国）国防制图局，比例为1：5 000 000。因为当时的计算机根本没有能存储这么多数据的存储器，更不用说根据真实的地图处理导航和搜索数据了，所以根本无法捕捉到真正的陆地高度和水深数据。罗博·布莱农（Rob Brannon）研发出了一种分形算法，用于人工绘制海岸线和海床的轮廓，以避免潜艇在靠近海岸线时达到最大深度。相比之下，《鱼叉Ⅱ》使用的数据来自美国中央情报局（CIA）的世界数据库。这个高达数兆字节的数据库能够记录海平面以上和以下的真实轮廓。由于硬件需求的提高，《鱼叉Ⅱ》可以处理游戏地图中的大部分搜索和导航。《鱼叉3专业版》则更进一步，其允许从地图软件系统（如ESRI GIS软件）以几何线和点的形式导入简单的视觉参考，最终版（3.11版本）还允许将线条作为真实地图功能处理，从而对游戏产生影响。

"战斗套装"是不同场景的集合，在短时间内设置特定的地理区域，且包括一定数量的国家。通常情况下，一个战斗套装会有一个背景故事或主题来推动每个场景中的背景故事[7]。其背后的商业原则是允许发行商继续销售廉价的游戏附加组件，而无须开发、发行和营销新的游戏。随着时间的推移，引入捆绑包，编辑器允许玩家自己设置战斗场景。

规则手册包含《纸面鱼叉》游戏规则，其中提供了游戏回合、规模和现实世界的抽象细节（例如，一个战术战斗回合的时间是30秒）。此外，在《鱼叉》参考图表中还有各种搜索、移动和战斗图表，在许多地区，这些图表是计算机代码的基础。战斗结果提供了损毁点（适用于舰船）或被摧毁的部队（适用于飞机，因为飞机总是以小群体形式出现）。一组图表会显示伤害效果。根据传感器的类型和使用方式，其结果将会提供不同级别的信息。玩家可以检测对方是否为敌军、识别被探测部队（发射雷达的国籍、雷达型号或确切的单位类型）和/或位置（方位和距离，或方位、距离、速度和方向）。纸面游戏伤害模型的一个方面是"致命一击"的概念：当武器攻击船只并对其造成伤害时，即使受损船只仍漂浮在水面上，关键系统也有可能被击毁——即"任务杀死"。借助所受伤害的比率，《纸面鱼叉》的玩家会在与所击中船只类型（航空母舰、舰船或潜艇）相适应的图表上掷骰子。

注意，计算机产品是实时运行的（或比实时运行得更快），而桌面规则在游戏回合中起作用。这种区别改变了移动、搜索，也在某种程度上改变了战斗模型，就像在所有的计算机端《鱼叉》产品中所实现的那样。

计算机端《鱼叉》产品基本上保留了纸面规则传感器和平台的搜索值（《鱼叉Ⅰ》比《鱼叉Ⅱ》保留得更多，而《鱼叉3》试图从纸面规则中将其移回）。鉴于可能会有几十艘战舰、数百架飞机和导弹，探测必须要快，以免计算机死机。因此，计算机游戏最多每30秒会进行一次搜索，而这与纸面规则的战术回合相一致。如果装备了合适的传感器，每支部队都可能探测到特定类型的目标能量发射，并且每个目标都可以以特定的方式发射或反射能量（例如，雷达发射、雷达反射、声音发射、声呐发射、声呐反射、磁性、视觉、红外和流体静压）。解决这个恼人的计算问题是制作一款真实且具有可玩性产品的关键。

设想在每种情景下，每方拥有100架或更多的飞机，每一架都可能发射2~8枚导弹，而几十艘舰艇可以同时发射鱼雷和导弹。现在再来设想一下，很多导弹和鱼雷都有自己的传感器，再加上其他平台，这可能会导致同时发生一千次搜索。在8位的英特尔8088处理器上，如果采用蛮力方法，那么运行传感器需要数天来查找众多配备传感器的部队。

解决方案是使用更强大的处理器以及高效的算法和数据结构，以得到实时性能和准确的结果。该算法将目标按纬度进行排序（《鱼叉Ⅰ》地图的宽度总是大于高度），然后每30秒按经度进行一次排序。搜索例行程序将从左到右（即从西到东）覆盖纬度列表，将当前部队与纬度在当前搜索部队最大传感器范围内的右侧（即东边）所有部队进行比较（例如，低空预警机只能搜索90海里宽，而无法搜索300海里宽）。如果目标在边界内，那么也会对经度（或"Y值"）进行比较。如果目标部队在"盒子"中，那么传感器遮罩将对其进行比较。

目标能量类型与搜索单元探测器的匹配由传感器位掩码处理。如果某支部队在水中移动，则该标志（点位）将代表噪声。同样地，如果搜索部队有水听器，相应的标志（点位）即为真。当使用布尔逻辑（Boolean logic）进行比较时，任何匹配的标志（点位）都会启动更为"昂贵"的范围计算⑧。如果部队在实际最大的传感器范围内，则将调用详细的搜索程序来最终确定实际探测。这个详细的程序考虑了技术差异、相对方位（例如，船头安装的声呐不能探测到直接在它后面的声学目标，战斗机的搜索雷达也不能探测到其左翼的目标）、声学条件（例如，浅水、热流层的位置）等。传感器或特征掩码过滤掉了大多数潜在的匹配项（例如，雷达未能检测到水下潜艇，声呐未能检测到喷气式战斗机）。

在处理任何移动或战斗结果之前，此过程会在在纬度列表中重复进行。最终的检测结果将更新与检测单元链接的数据结构，详细说明检测类型、时间以及与玩家共享的信息量。在大多数场景中，这种处理是实时执行的，这种不确定性为玩家提供了一种真正的"战争迷雾"体验⑨。如今，人们将利用图形卡的大规模并行处理能力，有时可以在图形处理器（GPU）内并行运行数千个简单的矢量图形引擎。

第三组模型解决了计算机特有的问题，例如，根据当前窗口位置、缩放级别和播放器的计算机分辨率，将装置的位置从内部映射系统（以 x、y 整数坐标表示）提取到真实世界的纬度、经度和计算机屏幕上的 x、y 位置。这些计算也只使用整数计算大多数的乘积。距离单位用于表示赤道上的 1 海里。三角函数使用查找表，32 位整数使用插值来完成计算。随着时间的推移，计算大多都升级为浮点运算。

六、销售市场

1989 年，"战略"和"模拟"产品主导了计算机游戏市场。这可能是因为第一批能够创建兵棋的程序员想要玩这些游戏，而计算机（只是勉强）能够使用主要基于地图的显示对这些主题创建"可接受的"模拟。这发生在互联网和先进的视频卡（其让第一人称射击游戏十分受欢迎）出现之前。当时没有智能手机，家庭计算机的用户通常是男性、中产阶级、知识分子，以及对学习和玩都感兴趣的人。到 2014 年，市场已经发生了很大的变化，如果计算机端《鱼叉》游戏以现有形式在今天发布是不可行的，因为其在计算机上思考和玩的时间太长了⑩。

互联网出现后，《鱼叉》社区非常积极地建立在线资源，用于场景、教程和基础数据库的交易。关键网站包括 Harpoon HQ、Harpoon Gamer 和以游戏为中心的网站上的各种论坛，以及一些钓鱼网站（包括一个被其他网站、论坛和社区除名的网站）。《鱼叉》产品的改装灵感来源于其他玩家改装第一人称射击游戏时的共同期望;宙斯盾评估公司(AGSI)在"公司版权"中做出澄清,表示支持他们的努力,促进用户创建内容的免费分发(但不出售)。

　　一些玩家加入了他们自己的平台和/或调整了宙斯盾评估公司提供的值。而一些人未经许可就修改了他人的原创作品(如上面提到的钓鱼网站)。受到轻视的各方认为宙斯盾评估公司应该采取法律行动来阻止"盗窃"。由于多种原因,这种情况不可能发生。首先,原件和复制品均未售出,因此没有损害要索赔。其次,被控侵权人不属于美国,而且很多时候也不是被轻视的一方。最后,宙斯盾评估公司没有向了解国际版权法的律师支付每小时500美元的费用。这让受到轻视的一方很不高兴(也助长了钓鱼网站的嚣张气焰)。

　　一些更高产的编辑认为,纠正计算机游戏中错误(真实的或感知的)的唯一方法是修改数据库的值。在某些情况下,宙斯盾评估公司和邦德/卡尔森(Bond/Carlson)公司表示赞成,而在其他情况下他们表示反对。当软件中的错误被修正时,改变定制的数据库及其匹配和微调的场景就会产生阻力①。其中一些"错误"与系统性能有关(其在战斗中测试还不到5次)。在对纸质游戏的参考标准进行评估后,宙斯盾评估公司与邦德/卡尔森进行商谈。必须指出,鉴于过去25年中很少发生海空战斗事件,邦德/卡尔森模型迄今已在所有实例中得到验证。

　　宙斯盾评估公司有一个由邦德/卡尔森共享的质量工程目标:当某些东西损坏时,它会得到修复。鉴于代码库的年代久远,再加上接触代码库的开发人员数量非常多,很多代码库都已损坏。宙斯盾评估公司的大部分代码更改都是修正错误。这并不是模组制作者在自定义数据库和场景上投入大量资金想要收到的效果。对这些要求妥协会疏远宙斯盾评估公司的程序员,但不做出让步则会引发冲突。

　　宙斯盾评估公司与澳大利亚的REPSIM公司合作销售《鱼叉3》或《鱼叉3军队仿真版》,甚至将价格提高到十分"可观"的水平,以显示额外功能的开发和支持成本。宙斯盾评估公司向澳大利亚、哥伦比亚、日本和挪威等国的专业军事培训师和分析师进行了几次小额的军事销售,包括泰利斯公司(Thales)、诺斯罗普·格鲁曼公司(Northrop Grumman)和美国海军②。

　　20多年来,前军事专业人员偶尔会写信、发电子邮件或在网上发帖,分享他们在正式工作中如何使用这种商业产品,不过他们的主管往往并不知情。有些人用这些产品实现教育目的,而其他人则表示在大型计算机上(例如,在美国海军战争学院)或战场上的实际部队(即,在现实世界中进行兵棋推演的实际船只和飞机)进行各种兵棋推演之前,他们会使用该产品进行桌面分析(Gilman and Bond 2006)。一位海军上将声称,正是受到《鱼叉Ⅰ》的影响,他大学一毕业就加入了海军!

　　具有讽刺意味的是,最初的设计目标是在商业、在线多人游戏和军事三方市场上实现的。然而,由于多家发行商破产,以及军方无法继续沿用50美元的"游戏"(尽管他们耗资数百万美元的系统实现了部分相同的功能),《鱼叉》产品的财务目标却从未真正实现。

关于作者

唐·R.吉尔曼(Don R. Gilman)在学生时代就开始玩阿瓦隆山公司的兵棋《法兰西1940》(France, 1940)。他的首个出版物是为在阿瓦隆山公司《将军》期刊(*The General*)出品的《平顶》(*Flat Top*)提供的素材。在此之后,他开始为《第二次世界大战(20世纪后期)兵棋推演期刊》(*The Journal of WW Ⅱ (later 20th Century) Wargaming*)撰稿,并担任评论员、锦标赛设计师和评委。唐·R.吉尔曼从1981年就开始体验《鱼叉》系统。他设计的计算机兵棋包括:《轨道器》(*Orbiter*)、《PT109》《子战斗模拟器》(*Sub Battle Simulator*)和《春天的碎片》(*The Shard of Spring*),这些都是在20世纪80年代完成的。1989年,他为最初的《鱼叉》兵棋创造了许多设计元素,如今再次为当前的《鱼叉3专业版》和《鱼叉军队仿真版》做了设计。唐·R.吉尔曼担任美国卫讯公司(ViaSat)的软件工程项目经理,同时还是五家初创公司的资深人士(其中三家都是游戏公司)。

注释

①戈登·沃尔顿(Gordon Walton)认为正是这一特点让《鱼叉》成为第一款即时战略兵棋。

②在杰西·斯皮尔斯(Jesse Spears)的公司停止发布产品且由AGSI接手后,《鱼叉Ⅲ》更名为《鱼叉3》。在当时,产品代码并没有发生什么重大变化。

③小知识:《鱼叉4》是一次从零起点开始制作新产品的失败尝试。在20世纪90年代,邦德、卡尔森和吉尔曼摒弃了一个不完整的版本之前,这个版本还导致了几家公司走向破产。

④副标题"H3 Pro"是在2013年添加的,因为"MilSim"一词可能会引发商标纠纷。

⑤小知识:在开发过程中,构成对手逻辑的代码被称为"Chekov",它是以《星际迷航》中的角色命名的。由于开发者是美国人,并且游戏附带了一个名为"GIUK Gap"的战斗场景(内容是美国与苏联的战争),因此以开发者所喜爱的电视节目中某一位俄罗斯人的名字来命名对方的计算机部队似乎并无不妥。

⑥截至2015年,矩阵游戏公司仍在销售这款兵棋。

⑦尽管十分需要让部队在场景中移动,但各个版本都没有内置这一功能。

⑧通过几何计算由x和y距离组成的三角形的斜边,即x^2加y^2的平方根,得出具体范围。

⑨核心搜索算法最终以不同的编程语言在美国能源部橡树岭国家实验室(Department of Energy Oak Ridge National Laboratories）、克尔空心采石场（Kerr Hollow Quarry）设施的水下废物清理中被重新使用（Schrock, 1989; Blank, 1991）。

⑩吉尔曼确实为《鱼叉》开发了利用社交媒体、移动设备、基于角色的游戏和云服务的新愿景，但从资金、授权或发行的角度来看，他们对此并不感兴趣。

⑪这最终导致了《鱼叉》社区的巨大分裂。其中一组成员被告知，如果他们认为自己可以做得更好，他们就需要创建自己的游戏。大约10年后，这些人在2013年加入了《指挥：现代海空作战》（*Command: Modern Air/Naval Operations*）的研发。

⑫美国海军学院定制的一套战斗套装让《鱼叉》又收获了一位非常著名的粉丝：海军上将约翰·"桑迪"·伍德沃德爵士（Admiral Sir John "Sandy" Woodward），他曾在1982年指挥英国特遣部队。

第十九章　《现代空中力量》实时作战仿真系统的开发与应用

——约翰·蒂勒和凯瑟琳·卡瓦格纳罗

想象一下,你正与十几名美国空军上尉在一个房间里利用《现代空中力量》(*Modern Air Power*)兵棋进行团队演习。演习共有五个小组,每个小组有一台计算机,分工明确。你所在的小组掌握制空权。F-15战机具有挂载远程空对空导弹的性能,你的任务是在敌人战斗机出现时摧毁它们。突击队大喊:"敌机在F3象限!"你就要引导F-15进行拦截,打开加力推力,尽管要大量燃料,但能保持超音速飞行。一旦进入射程,你的空对空导弹就会在空中划过,在几秒钟内追上敌方战机并命中。再来一次齐射,命中两次,威胁就会被消除。当战斗机减速到亚音速时,你会看到燃料处于临界最低水平。幸运的是,空中机动部队已在附近部署KC-135加油机,你引导战斗机与其会合,进行空中加油。

自2005年以来,兵棋《现代空中力量》已经在空军中队军官学院的课程中使用,超过21 000名学生在与人工智能的多人游戏中体验过这款兵棋。该兵棋向学生准确传达空中力量理论,并强调通过规则强制执行是关键。在长达一整天的演习中,学员们按照任务职责——如制空、打击、CSAR(战斗搜索和救援)、空对空加油和空中机动进行分组。他们通过复杂的电子表格类评估表对个人任务绩效和总体得分进行评分。当前场景从2013年开始使用,一个有趣的方面是学生们的任务是核威慑,即必须在规定的时间内消灭敌人的地面和空中核资产。如果无法完成这一点,当其空军基地和战略目标遭到攻击时,他们就会在计算机屏幕上"欣赏"到一段核爆炸的视频。

兵棋《现代空中力量》的研发始于2001年,目标是为商业和军事开发实时空中力量作战模拟应用(空军中队军官学院当前使用的《现代空中力量》场景的屏幕截图见图19.1)。目的是将其变成一个"思考"游戏,向玩家展示一个自上而下的第三人称视角的战役区域,而不是更传统的第一人称飞行模拟器界面。在这种情况下,这个界面好比是一个人从空中预警和控制系统(AWACS)飞机的屏幕上远距离观察空战。然而,空战被习惯性认为是大多数人用传统的"混战"方法设计的第一人称空战游戏。然而,由于本章所述的多种原因,这种方法无法支持该项目达到多种不同目标。

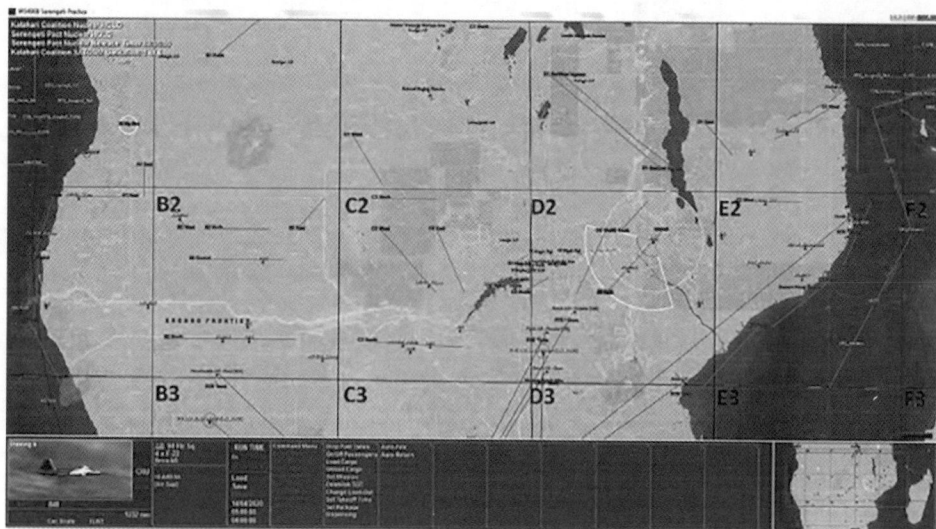

图19.1 空军中队军官学院当前使用的《现代空中力量》场景的屏幕截图

进行《现代空中力量》兵棋游戏的玩家需要在给定的时间内处理多种资产：主要是空中资产，同时也包括舰船等水面资产，以及地面部队和防空资产。该游戏支持的游戏模式包括单人对抗人工智能、多人团队对抗人工智能，以及通过网络进行的单人和多人对抗。

在多人游戏模式中，玩家会被分配特定的资产，并且只能在游戏中控制这些资产，这一点非常关键。这使得一个团队的玩家必须有组织地相互协调，以在比赛中执行空中规则。这与其他兵棋游戏不同，在其他兵棋游戏中，玩家可以"拉拢"部队组成临时小组，然后以可能被视为群体战术的方式进行指挥。在《现代空中力量》兵棋中，尤其是在专业军事教育中，关键在于更严谨地指挥和控制规则的实施，从而与学生的课堂教学相关联并加强学生的课堂学习效果。

在导弹时代，研发的重点是空战，这开始于越南战争，一直持续到现在。第一款空战兵棋的主题是关于1965—1972年发生的对越空战。第二款兵棋是关于历史上1956年至今的中东空战。第三款兵棋（到2014年依旧处于开发阶段）不仅包括《沙漠风暴》(Desert Storm)，也包括伊朗与伊拉克的空战。

这些兵棋目前由约翰·蒂勒软件公司(John Tiller Software)在线销售。与其销售的其他游戏一样，这三款兵棋游戏构成了一个系列，共享一个通用的游戏引擎，但在设置方面有所侧重。《现代空中力量》研究的一个关键方面在于理解商业发展如何支持研究和教育，以及反过来又如何受到其效果的影响。《现代空中力量》在商业领域的成功促使其必须支持用户友好界面，以及如吸睛的图形和逼真的声音效果等一些其他"软"功能。这些功能在实施时往往会被低估，但是如果不添加进去,就会觉得有所欠缺。例如,如果将大多数计算机兵棋的音效关闭,会大大削弱玩家的体验感。

虽然《现代空中力量》包括近距离格斗和常规轰炸等功能,但游戏引擎开发的重点是那些反映近现代、现代和近期未来时代空战的功能。这就要求尽可能详细地实现各项功能,例如:

• 雷达和红外制导空对空导弹;
• 雷达和其他传感器,包括多普勒(Doppler)和超视距(OTH)等特殊功能雷达;
• 有效地暴露隐身和各种ISR功能,如电子情报(ELINT);
• 未来先进武器的应用,包括高能微波(HPM)和高能激光(HEL)武器;
• 网络资产和网络战的实现,与游戏引擎中的动态效果实现交互。

这些特征使现代空战有别于以往任何时代。主要问题在于传感器、探测和制导技术的发展。虽然肉眼(第一次世界大战早期空战的主要传感器)仍然可用,并且雷达(第二次世界大战空战的关键发展)仍然至关重要,但《现代空中力量》主要考虑的还是大部分电磁频谱的复杂应用。与这种复杂性相关的一个关键设计问题是通过单个显示器向玩家展示所有的这些方面。《现代空中力量》在显示器上表示各个区域大量使用了颜色编码,包括视觉、雷达、武器、红外线和电子情报范围,所有这些都以连贯的方式显示。例如,当选定一种武器时,其最大射程由一条红色弧线表示,该弧线显示了武器可以飞行的距离以及与敌机交战的角度。同样,飞机的最大飞行距离显示为一个黑色圆圈,随着飞机的飞行,圆圈的大小会不断缩小。

更复杂的是网络方面,因为它们代表了一个完全独立的"世界",在网络世界中,空间和时间都不适用。《现代空中力量》使用易于识别的彩色编码计算机图标,以及拨号调制解调器时代相当复古的声音效果在地图上显示网络行动。(这种音效对年轻用户来说可能没有太多意义。)例如,玩家可能决定对敌方设施进行网络探测。如果行动成功,这将为玩家提供其他的未知信息。而另一种选择可能就是网络攻击。这可能会破坏敌人的设施,并且只有敌人实施网络防御行动才能获胜。

大约从2003年开始,《现代空中力量》引擎的开发已经达到了一定的水准:麦克斯韦空军基地(Maxwell Air Force Base)的中队军官学院(Squadron Officer College)开始倾向于在第二年上尉学生的课程中使用这种兵棋。在此之前,中队军官学院并没有研发出很好的非对称兵棋,因为这需要一个能力超强的人工智能计算机对手。幸运的是,当时美国空军科学研究办公室(AFOSR)进行了资助,并开始对约翰·蒂勒软件公司(John Tiller Software)的《现代空中力量》和其他作战模拟(都是对人工智能进行研究)产生了兴趣。于是催生了一些新的人工智能方

207

法及结构（Rushing and Tiller,2011）。此外,美国空军科学研究办公室还对确定这些模拟在未来将如何用于探索其正在开发的先进武器有很大兴趣。从那时起,约翰·蒂勒软件公司开始对此定期提供研究资金,并撰写了大量关于人工智能,以及利用高功率微波（HPM）和高能激光（HEL）等先进武器改变未来战争潜力的研究论文。

这项研究的一个关键目标是更好地了解此类未来武器的影响,以及它们会如何影响未来的空军条令。根据一项关键的调查,无人机搭载的高功率微波武器可以在面对敌人群体战术时恢复制空平衡。随着调查进展的深入,它提出了美军和敌人在部署这些资产时的最佳原则。因此,这项研究就此类先进武器会如何影响未来的战斗提供了见解,并建议至少对标准对抗序列的发展进行几次迭代。在实战之前,这样的见解能够为军事领导人赢得一定先机。

2012年,美国空军上尉丹尼尔·豪斯（Daniel House）在他的硕士论文中引用了《现代空中力量》的例子来进行论证。在论文中,豪斯上尉研究了如何使用军事版本的维珍银河亚轨道二号宇宙飞船（Virgin Galactic suborbital Space Ship Two）来支持空军的深度打击任务。基于他对可能的亚轨道航天器配置以及不同级别的综合防空（IAD）所做的研究,他使用了在《现代空中力量》中开发的场景,并将这些场景与使用飞机（如F-15、B-52和B-2）技术的传统打击场景相结合。研究结果表明,亚轨道航天器概念确实提供了有效的深度打击能力,其好处远远超过了先进飞机所能达到的效果。豪斯上尉的这项工作展示了一个用户友好而又精确的兵棋模拟可以帮助开发未来军事能力的初始概念。这使得许多专家都有机会参与其中,那些有技能和意愿的人可以应用用户友好的商业兵棋技术来研究高级主题,而那些计算机兵棋经验有限的人则可以享受一个用户友好的环境。

几年前,我们的研究目标是约翰·蒂勒软件公司模拟产生的兵棋推演结果,以及更好地理解这些结果。这项研究一开始考虑的是"临界点"概念的数学公式（Cavagnaro and Tiller,2011）,后来过渡到了风险评估的主题。总之,这项研究有可能为空军规划人员提供评估和规划未来空中作战的先进工具。这项研究还可以为军事规划者提供批判性分析,并为以下问题提供深刻见解：

• 在军事力量部署方面,其结果是否存在"临界点"？也就是说,是否存在分配不足导致严重负面结果的情况？同样地,是否存在分配增加而回报却递减的情况？

• 类似地,敌人的资产配置结果是否存在临界点？也就是说,虽然目前的情况可以接受,但如果敌人增加对特定资产的部署,是否会出现未实现的临界点？显然,了解这一点而不是凭经验行事,对军事规划者来说至关重要；

• 面对有关敌人及其资产和意图的不确定情报,我们对结果的估计对这种不确定性有多敏感？结果又是否对我们的不确定性特别敏感？如果答案是肯定的,那么为减少这种不确定性而投入更多精力进行情报收集的行为就是合理的。

约翰·蒂勒软件公司继续使用《现代空中力量》和其他兵棋来支持空军研究实验室(Air Force Research Lab)和空军科学研究办公室(Air Force Office of Scientific Research)的研究。这项研究得益于平行商业的发展,并由此产生了新的商业特征。2013年,新墨西哥大学的托马斯·哈斯(Thomas Hussey)研究了利用民用兵棋推演对军事的益处。在报告中,哈斯博士证明了"严肃游戏"的功能和用户友好性可以削减军队的成本开销,并增强现有的内部模拟,这些模拟可能更详细,但使用成本更高,维护难度更大。这对目前正在向更精简的采购环境过渡的军队非常有吸引力,但由于预算压力,许多组织无力采用定制模拟。借助于能够提供初步分析能力的现成应用程序,特别是在适用涉及保密和分类问题的情况下,军事研究人员可以将有限的资金花在民用发展无法支持的领域。

2013年,约翰·蒂勒软件公司开始将包括《现代空中力量》在内的一些兵棋模拟移植到安卓(Android)和iPad移动平台上(iPad展示《现代空中力量》见图19.2)。这种过渡是可行的,因为移动设备技术发展已经达到了一个临界点,于是乎它们可以被视为真正的计算机,能够在一定程度上支持软件。这些端口是更强大的PC版本的微缩版,但可以有效地运行较小的场景。鉴于将这两种技术合并为单一接口的尝试失败,似乎必须采用单独的接口。到目前为止,这些应用程序已经进行了快速的公众测试,并使更严肃的玩家产生了强烈兴趣。移动技术的蓬勃发展令人着迷,但事情最终将如何发展仍不确定;移动技术和桌面技术将如何发展,业界仍在摸索当中。其对游戏软件开发的影响问题尚未解决。

总的来说,过去10年里进行的研究、设计和开发造就了一款复杂的计算机兵棋,其具有许多显著的特点:

•用户友好界面,能够支持多个商业版本的游戏引擎;

•现代空中作战的详细描述,能够支持对理论和先进武器的研究;

•先进的人工智能能力,不仅支持人类玩家对抗人工智能的游戏模式,还可以进行批量模拟,生成聚合结果用于研究。

总之,这些成果代表了商业、研究和教育兴趣在兵棋推演中的独特结合。在现代计算机游戏的开发中存在:利用复杂3D图形和效果、耗资百万美元的高端开发,以及具有更高保真度的严肃利基开发两个主要的商业领域。如前所述,《现代空中力量》的利基市场具有用于多种开发的空间,并且可以支持比单一应用程序更大的工作量。

图19.2　iPad展示《现代空中力量》

关于作者

1995年,约翰·蒂勒开始与泰隆软件(Talonsoft)公司以及获奖的《战场》(*Battleground*)系列兵棋开发者合作,共同研发专业的计算机兵棋。此后,蒂勒及其公司约翰·蒂勒软件与矩阵游戏等多家公司合作出品了70多款计算机兵棋。最近,他通过约翰·蒂勒软件商店(John Tiller Software Store)转型为自助出版。约翰·蒂勒开发的兵棋以其精准性和用户友好性而闻名,已经应用于多个军事研究和教育项目,就连(美国)空军中队军官学院和空军科学研究办公室都是他的客户。

凯瑟琳·卡瓦格纳罗(Catherine Cavagnaro)是(美国)南方大学(The University of the South)塞沃尼(Sewanee)分校的数学教授。作为空军科学研究办公室资助研究的一部分,她参与撰写并发表了关于兵棋数学分析的研究论文,其中包含风险和临界点的概念。她除了是一名数学教授外,还是一名飞行教员,持有美国联邦航空局颁发的最高级别教练证书,并经营着自己的特技飞行学校。她在航空期刊上发表了多篇关于飞行的文章。

第二十章 红蓝对抗

—— 托马斯·C. 谢林

1957年的夏天,我在位于加利福尼亚州圣莫尼卡(Santa Monica)的兰德公司与人们讨论有限战争。接着我在伦敦待了八个月,协助兰德公司建立了国际战略研究所(International Institute for Strategic Studies),我在伦敦和日内瓦花了很多时间讨论有限战争这个新主题。随后,我再次回到兰德公司工作了一年,发现公司旗下的两种类型兵棋我都不是很喜欢。

一种是称为战术类兵棋的纯粹军事兵棋。我不喜欢它的地方在于这是一场有限的兵棋游戏,这意味着预先设定了限制。主要的限制是"不允许使用核武器。"我认为这是一个严重的限制,部分原因在于它不允许你考虑这样的事情:比如你有没有改变战略核力量的准备状态?如果你正处于危机之中,而危机正在变得更糟,你会如何运用你的战略力量呢?你会加强战备状态吗?如果是这样,你会以一种明显的方式向对手发出加强战备信号,还是会尽可能不引人注意地这样做,以防打草惊蛇呢?但我认为更重要的是,在任何危险的有限战争中,升级到核级别的危险必然是对手的主要关注点。所以如果你事先知道战争不能升级到核级别,这将严重抑制你可以参与或寻找的信号。所以我想重要的是,要在危机过程中,包括爆发成军事活动的危机中探索如何能够达到极限、如何表明自己愿意遵守限制,以及在军事接触中,双方又可能会采取什么样的限制。换句话说,这些限制从哪里来?它们又要到哪里去?如何识别它们?什么样的限制能够留存下来?我想,这些因素在有限战争研究中与其他因素一样重要,而兰德公司的技术却不允许这样做。

我不喜欢的另一类兵棋是兰德公司社会科学部研发的所谓的政治兵棋和外交兵棋,参与者会在其中进行他们所谓的"角色扮演"。有的人可能是国务卿或者国防部长,也有人可能是财政部长或者白宫国家安全顾问等。每个人都被要求扮演分配给他的角色,如果你被分配到苏联外交部长的角色,你就要用你认为的苏联外交部长参与内阁讨论的方式来展示你的才华。我想做的是,让参与者真正地亲自参与决策,而不是去扮演某个角色。参与者应参与到这样的讨论中来:我们下一步要做些什么?我们觉得对手接下来会做什么?这可能会以什么样的方式结束？

因此，我希望红队或蓝队的每个人都能全身心地投入这样的讨论中："我们现在的立场是什么？我们接下来要做什么？我们如何解读对手的行为？"这就是为什么我决定帮助设计一款兵棋，在这款兵棋中，没有预定限制，每个人都要为最终的决定负责，而不仅仅是扮演一个角色。

于是在我回到哈佛大学（Harvard University）后，与麻省理工学院（MIT）的林肯·布卢姆菲尔德（Lincoln Bloomfield）合作设计了一款兵棋。起初我们把它做成了一款以伊朗为主题的兵棋。在这款兵棋中，我们设置了一支红军和一支蓝军，两支队伍都由美国人组成——同类的美国队员。如果红军和蓝军之间出现误解，你不能将其归咎于缺乏共同语言或共同文化，因为最能理解彼此的人往往会彼此误解，而这也是值得探讨的一个问题[①]。

因此我们创设了红队和蓝队。红蓝两队各由七人组成，还有一个五人的控制团队。我执掌着控制团队。技术路线是这样的：我们从一个导致某种危机的场景开始，可能是军事活动、可能是在边境以北驻军，也可能是让部分军队秘密潜入境内。就此开始，每个团队都必须决定它将做什么，但它也必须为我们分析它认为正在发生什么、危险是什么，以及对手可能会做什么，然后他们必须决定要做什么。有这样几种形式：他们将无条件地迅速做什么、他们将延迟做什么，以及他们将根据对手的行为有条件地做什么（"如果对手这样做，我们会那样做"）。然后他们把这些数据交给控制组。实际上，他们会花大约四个小时来分析形势并决定他们要做什么，这不仅包括他们必须要做的事情，也包括对手做了他们意料之中的事情后，他们要做什么。然后控制团队将花费几个小时预测原始场景，以研究这两个团队的决定，包括双方各自宣称的在对方行动的基础上做的事情，所以必须把这两件事结合起来，看看他们会在接下来的几天或几周内做什么，或者在任何时间段内他们所做的一些活动。然后，我们会把场景反馈给两个团队，他们将会用三四个小时来进行相同的程序，然后决定：现在我们该做什么、我们觉得对手接下来要做什么、我们无论情况如何都要去做的是什么，以及当且仅当他们做某些事情时，我们又要做什么。一直持续到大约周日下午（我们在周五、周六和周日都这样做），控制团队对场景进行了最后一次预测，然后我们进行了事后分析，其中每个团队都能够看到另一个团队的文件，从而发现他们是否被误解，或者理解程度以及结果是什么样的。

我们注意到一点，即使是在这个游戏中，微型战争也有逐渐消失的趋势。战争并没有升级。形势甚至趋于缓和，控制团队不得不学会如何引入一些能够引起骚乱的东西。举个例子，假如有人击落了一架航班，致使多人死亡。看起来似乎没有人确切知道这类事情是谁授权的或是谁做的，但控制团队可以在必要时介入。

不管怎么说,在我的控制团队中,有一位参与者是麻省理工学院的沃尔特·罗斯托(Walt Rostow),他曾经被肯尼迪总统任命为负责政策规划的助理国务卿。1961年夏天,我正在兰德公司工作,在那一年里,我的一个住在华盛顿的好朋友查尔斯·希奇(Charles Hitch)是兰德公司的经济主管,后来做了国防部助理审计长。他邀请我和沃尔特·罗斯托(Walt Rostow)共进晚餐,他们两人开始谈论当时的柏林危机,沃尔特向查尔斯介绍了他和我一起参与的兵棋。他们两人都认为我理应取消兰德公司之行,并邀请我留在华盛顿设计一款以柏林为主题的兵棋。我说:"恐怕不行,我已经租好了房子,我的孩子们都盼着去海滩,我必须得去圣塔莫尼卡(Santa Monica)。但我可能会花整个夏天设计一款与呆在华盛顿设计一样出色的有关柏林的兵棋,然后再回到这里。如果效果不错,我们可以进行试运行。"

所以夏天我去了兰德公司,并邀请了艾伦·弗格森(Alan Ferguson)来帮助我设计有关柏林的兵棋。我们还必须编写一个场景来进行某些工作,于是我们从兰德公司的职员中挑选出红队和蓝队成员。测试以后,我们觉得还不错。参与者纷纷表示,"哎呀,真是学到了很多东西。"于是我们就会问:你学到了什么? 他们回答说:我们学到了如何评估正在发生的事情,以便决定要做些什么,以及在你做了某件事后,如何预测对方会做什么。从本质上讲,他们理解了在危机中做决策的本质。我们认为,这个游戏听上去好像会带来一些益处。

所以当我再次回到华盛顿时,就此与保罗·尼茨(Paul Nitze)交流,他对此也产生了兴趣。他任助理国防部长,负责国际安全事务。我在国务院的朋友沃尔特·罗斯托同保罗·尼茨一起,为这款兵棋提供资助。我们召集了一个水平相当高的团队:我们有来自白宫的副战略分析人员、一位助理国务卿,以及一位来自美国中央情报局的副国务卿,我们还有几位来自陆军和空军的军官(我不认为当时我们有海军陆战队,尽管后来在另一场对抗中我们确实有海军陆战队参与),我们有空军是因为我们需要了解战略空军司令(SAC)运作方式的人,这在兵棋中十分重要②。周末,我们乘直升机前往戴维营(Camp David),大约中午到达那里,随即开始推演:推演从周五下午一直持续到周日上午。周日下午,我们进行了事后分析,每个人都惊讶于他们对危机中决策的本质知之甚少。他们原以为对敌人的心思了如指掌。他们认为比较容易的是表明你重视什么,不重视什么。如果你想通过行动(而不是口头)提出威胁警告,你会采取什么行动来表明事件的严重程度或者准备升级的程度? 对于这些人来说,在相对较小规模并有可能升级为更大规模的军事行动中做出决策、进行分析和拟订计划,十分具有教育意义③。

正如我所说的,每个人都惊讶于他们未能很好地向对手表明其严肃态度、惊讶于双方错误解读对方行为的程度、解释他们将会走多远或将认真对待什么,以及他们花了大量时间分析无关紧要的事情。有一次，为了应对某些空战活动，蓝军决定轰炸苏联空军使用的某个东德机场。而红军花了一个多小时来分析选择这个机场的原因。实际上，蓝军并没有选择特定的机场——蓝军只是说：我们将选择一个机场进行轰炸，以便让对手知道如果他们将飞机引入我们正在进行的这场争斗中，我们的回应就会是这样的，而控制团队有权选择任何旧机场。类似的事情还有很多，不过我想说的是，红军与蓝军在事后分析过程中感到既震惊又有趣。但让他们感到困惑的一件事是控制团队必须耗费很大心血来保持危机的存在。我稍后将把它作为一个需要解释的现象来讨论，我们不禁要问：这在真正的危机中会发生吗？或者，这真的能会在真正的危机中发生吗？又或者，这可能不是美苏之间的对抗，而是两个美国团队之间的对抗，一个竭尽所能想要实现苏联的目标，而另一个则试图促成美国的目的。

两周后，保罗·尼茨和沃尔特·罗斯托决定开发另一个版本的兵棋，这次很容易找到参与者，因为第一场游戏的团队成员宣称他们有多么——（我不敢说）"喜欢"这款兵棋，但至少从中学到了些什么。事实证明，他们对危机中的决策一无所知。因此，我们进行了第二场推演，控制团队仍旧耗费大量心血来保持对抗的活跃程度。为了做到这一点，我们必须引入一些看似合理的事件，这些事件不会对蓝军或红军造成太大的影响，而是一些意外事件，因此我们可以在东德方面创设一些红队控制不了也没有预料到的活动，以保持这一切的进行。

第三次推演也出现了同样的现象。地面上的活动不一样，但红蓝两军都付出了同样的努力来提前发出信号。我们应该认真对待什么？我们如何解读对方？令人惊讶的是，在事后分析中，每个团队都没有察觉到自己是如何表达意图的。他们自认为意义重大的事情可能在另一方几乎无人注意，他们认为具有强烈威胁性的事情在另一边也没有得到关注。他们预期的大多数偶发事件都没有发生，他们说"如果预期的事件发生了，我们就会这么做"，部分原因在于大多数偶发事件都涉及对手团队行动的反应。蓝队会想，"红队可能会这么做"，结果是，红队只会在蓝队做出对等的行动时才会这么做，所以没有发生什么突发事件，而双方都很惊讶自己竟然没有察觉到。

现在，我花了很多时间探究这种现象是如何产生的——也就是说，争论很难持续下去，以及它是否可能在现实世界和游戏中都成立。包括联合兵棋推演局（Joint Wargames Agency）的全体工作人员在内的所有人都明显地注意到了这一趋势，他们参与其中（称为"参谋工作"），这使他们对发生的事情了如指掌。所有人都一致认识到维持危机有多么困难。

后来我得出结论（也已经公开发表），危机趋于缓和的原因在于每个团队的预期反应和计划行动，可以从几个维度进行评估：难或易（危险或不那么危险）、立即的或延迟的、有条件的或无条件的。

通常,团队成员的动机各不相同,行为方式既有鹰派也有鸽派,每个团队的决定都必须在激进派和温和派(不希望事情升级)之间达成妥协。妥协的方式是:立刻、无条件地做所有容易的事情;推迟那些稍微困难、危险和有侵略性的事情;而对于真正具有侵略性和危险的事情,我们只会根据敌人的行为进行相应行动。结果,每个团队看到对方所做的只是立刻、无条件要做的事情;而双方决定根据对手的行动而做的那些事情并没有真正实现,因为他们看不到对方的行动。

就好像我说,"你可以打我一巴掌,我会控制住自己;你再打我一巴掌,我就会生气;你要是打第三个耳光,我就会拔出枪向你开枪。"就是说,除非你打了我三巴掌,否则你永远不会知道,如果你打我太多次后果有多严重。这就是这些团队的反应。他们从未看到对方更为积极地为升级到更高级别的暴力事件所做的准备。我提醒人们在下一次遇到像柏林危机这样的危机时,看看这种现象是否会发生在美国队内部(他们只能观察到这一点),但我不知道结果会如何。因此,对我来说,50年过去了,这仍然是一个假设,即危机中决策的性质在很大程度上取决于执行委员会或负责人在下一步行动中达成妥协的方式。

联合兵棋推演局希望能有比现在更多的高级人员参与进来。我们有一场推演集中了四场由古巴引发的军事危机:其中一场在非洲的葡(萄牙)属安哥拉,另外三场发生在西半球。这一次他们有两个层次的活动,红蓝两队都由高级政府组成,但不是最高级别的政府。然后,红蓝两个执行团队向一个更高级团队进行一小时的简要汇报,然后高级团队做出批准或改变执行团队的决定。

我不是很喜欢这个版本,因为我认为最活跃的人(我不想说他们是"低级别"的)权限不足,因为他们是高级别的,只不过不是最高级别的。在我看来,如果他们做事必须得到更高级别的批准,他们不会觉得要对自己所做的事负有责任。我认为,高级别的人永远不会自己去尝试解读对方正在做的事情,或是去解读对手的意图和对手将要作出的反应。无论如何,事情就是这样,我没有加以控制。

所以我们进行了这四场推演,并且我主持了事后分析(那时我大约42岁)。我们邀请了参谋长联席会议主席、海军陆战队司令、两位助理国务卿、中央情报局副局长、美国司法部长罗伯特·肯尼迪(Robert Kennedy)和美国预算局局长,这是一次非常成功的活动。推演结束后,肯尼迪找到我,他认为这种活动可以用来评估和决定废除南方学校种族隔离的策略。我从来没有想过这一点。他问我:"你认为我们要不要和总统先生讨论一下这个问题?"我回答:"我很乐意。"然而,1963年万圣节之后不到三周,总统去世了,这事就此搁浅。但我被一位对这类事情完全陌生的人所打动,不过他也不算完全一无所知,他参与了前一年的古巴危机,所以他在执行委员会如何做出关键决定方面有一些(很多)经验——一些帮助执行委员会如何做出关键决定的个人经验,而且他能够意识到这在军事领域之外具有潜在的相关性,他敏锐的观察力让我感到震惊,并且我认为这种观察力是有益的。

我上面提到了"为什么不升级？"和妥协的本质，以及每一队对彼此极差的理解力感到惊讶，又或者说是惊讶于红蓝两队的美国人对彼此的理解差距如此之大（因为他们有着相同的语言和文化，这些人要么是政治家，要么是极高级别的公务员或外交人员）。即便如此，他们仍然无法理解彼此发出的信号。我提到了他们是如何专注于不那么重要的事件，如何认为这些事件很关键，比如那个"未经挑选"的机场。

有趣的是，红蓝两队可以进行语言交流。他们原本会说："如果你们保持沉默，我们也会保持沉默；如果你升级到这种程度，我们也一定会以这种方式进行反击。"但是事实上两队之间根本没有语言交流。所有的交流都是通过重要的行为进行的，而每一方都没有意识到由于他们不会被对方的行为所刺激，所以自己最重要的行为也不会为对方所看见。现在我参与设计的所有兵棋中，我们不会允许团队中的个体成员与对方有任何交流行为。所有的语言交流必须由整个团队发起。语言交流如此之少的一个原因是很难就该说什么达成一致。

这里我说点题外话。1961年，约翰·F.肯尼迪总统任命约翰·J.麦克洛伊为白宫军备控制顾问。麦克洛伊成立了八个委员会，我被任命为其中一个委员会的主席，负责处理因意外事故、误判或意外事件引起的战争。我们收集了行政部门提出的所有军备控制建议。其中有一个冠有多个别名，其中最主要的一个就是"红色电话"。"红色电话"是对热线电话最初的叫法，它指的是包括海底线路在内的固定电话，而不是无线电。因为无线电可能被中断、拦截或干扰。所有热线讨论的共同点是，在危机中，美国总统能够快速、直接地与另一方负责人进行沟通十分重要（正如古巴危机将证明的那样）。于是，我们建议设立一条热线，并建议这不应该取决于总统是否能够直接与苏联领导人沟通，或者即便可以进行沟通（如果他们说同样的语言的话），他是否愿意这么做。因为如果苏联领导人做出某种提议，你会想要仔细考虑并与你的团队进行讨论，你总不会想让总统在电话里即兴发挥吧。

我参加过华盛顿和北约总部之间的几次委员会在线电话会议，每次收到信息时，我们都要围坐在桌边讨论一两个小时，然后组织回电。这就要求有人做好笔记，写下我们应该如何回应，然后依次传给在座的每一个人，这样每个人都可以进行纠正。约三个小时后，我们终于发送了回电。我们不会期盼能在接下来的三个小时内收到回复，因为对方同样也要进行这样一个过程（这些人都是说英语的，他们的语言相通，所以严格来讲热线电话不是真正的电话）。最后我们发现该小组成员之一亨利·欧文（Henry Owen）是国务院政策规划部门的一员。后来，他成为一名无任所大使。他在莫斯科与苏联代表团进行谈判，使苏联代表团相信热线是他们的主意。很快我们就开通了热线电话，在国务院和国防部安装了西里尔字母电传打字机,在克里姆林宫(Kremlin)安装了罗马字母电传打字机。每天,美国政府都会发送一条信息,比如"懒狗跳过了疯狐狸",这样一来字母表的每一个字母都必须正确记录在另一端,从而确保电传打字机每天都能正常工作④。

我想所有参加这些兵棋项目的人都会说,他们主要的收获是他们自己所受的教育。这并不是说兵棋给了他们任何基础来预测危机或一些军事介入将如何发展,又或者是预测如果他们封锁了我们为柏林提供的高速公路会发生什么。并不是因为他们知道了可能发生的事情,而是他们学会了用所有的不确定性做决定的感觉,以及事情可能会升级的关键性直觉。在设计兵棋的过程中,我们曾认为兵棋决策的关键部分与战略空军司令部的状态有关。它会进入更高的警戒状态吗?如果是这样,它会尽可能显眼,以便对手能够接收到警告;还是尽可能不显眼,让我们看起来不像是在准备先发制人的攻击或类似的东西?

一年后,在古巴危机期间,《波士顿环球报》(Boston Globe)头版刊登了洛根机场(Logan Airport)跑道警戒B-52(轰炸机)的照片,表明如果苏联想袭击美国,波士顿就会成为首当其冲的一个目标。于是问题出现了:这是一个让苏联人觉得先发制人的攻击无法成功的明智举动呢,还是一个愚蠢的举动,迫使苏联袭击美国的主要城市和地点,如纽瓦克(Newark)、拉瓜迪亚(La Guardia)、洛根机场和其他大城市机场(因为显然,除了战略飞机所在的几个基地之外,没有任何足够大的SAC空军基地)。事实证明,在这些游戏中,没有人关注我们战略武器库的状况。没有人想到将航空航天中心(SAC)的状态用作信号设备。没有人考虑过这个问题:如果这一问题升级为战场上的核武器,我们希望将我们航空航天中心的飞机放在哪里?通过这种方式表明,你可能会过于专注于你所谓的危机的局部战场,而忘记你最担心的事情应该是升级到核战水平,而恰恰这才是你应该永远记住的。

我想,在这些兵棋中,没有人想过这个问题:即使升级到核武器的水平,我们会希望战略空军司令部(SAC)发展到什么程度?我们希望战略空军司令部处于怎样的防御模式?我们希望战略空军司令部处于什么状态和什么位置?那时我们已经有了空中预警,这解决了部分问题。但如果你认为要引入核武器,那么战略空军司令部的状态是每个人都应该考虑的。但他们太过关注局部战场,从未想到海军的位置或战略空军司令部的状态应该出现在选项中。

在兵棋的事后分析中,每个人都认为我们几乎从未看到过任何一方引入核武器。我插句题外话,事实上红队只在极少数的战场上才会使用核武器。我不认为他们会用核武器来攻击海军舰艇,但我认为他们可能计划攻击机场,军队可能会从那里进行燃料补给并发动攻击,或做些其他类似的事情。蓝队花了很多时间讨论(然后否决,但仍然在讨论)做某些事情的可能性,红队曾说,"如果对手这样做，我们可能将会使用核武器。"所以在本次事后分析中我说，你不能说我们几乎从未看到过核武器使用的可能性，因为蓝队几乎做了红队所说的可能会导致他们使用核武器的事情。因此，我们几乎看到了(实际上并没有看到，但近乎如此了)蓝队的某个决定可能会促使红队使用核武器。

关于作者

托马斯·C.谢林(Thomas C. Schelling)是马里兰大学(University of Maryland)经济学名誉教授以及哈佛大学名誉政治经济学教授。2005年，他因"通过博弈论分析增进了我们对冲突与合作的理解"而获得诺贝尔经济学奖。他入选美国国家科学院(National Academy of Sciences)、医学研究院(the Institute of Medicine)和美国艺术与科学院(American Academy of Arts and Sciences)院士。1991年，他成为美国经济协会主席(American Economic Association)。他曾荣获弗兰克·E.塞德曼(Frank E. Seidman)政治经济学杰出奖和美国国家科学院预防核战争相关行为研究奖。谢林曾在白宫、耶鲁大学校长办公室和兰德公司任职。最近，谢林发表了一系列关于军事战略和军备控制、能源和环境政策、气候变化的文章。

注释

①在这样的兵棋推演中，有时你会了解到很多真实的东西。有件有趣的事我至今仍记忆犹新：在一场兵棋推演中，美国部署了喷气式飞机以打击边境目标，但这些飞机并未携带足够的燃料。可问题是：这些海军飞机如何给自己补给燃料，从而继续执行任务呢？关于如何配备喷气式飞机燃料，以便飞机能够到达目标并返回航空母舰，我们进行了很多思考，最后有人提出了一个问题：对方军队用什么作为燃料？烹饪燃料还是供热燃料？如果那里冬天很冷，人们必须要自己做饭。但事实上所有的这些都是用煤油燃料，那里有巨大的煤油罐，所有的喷气机都可以用它作为燃料。这是在游戏过程中偶然发现的。

②这让我想到1962年，我认识的一群人聚集在负责国际安全事务的助理国务卿麦克诺特(McNaught)的办公室里。有人说："古巴危机的确证明了谢林的推演是多么的现实"。另外有人却说："我倒觉得是谢林的游戏证明了古巴危机有多么不切实际"。如果你读过古巴危机期间执行委员会审议情况的逐字描述，你会发现他们的处境似乎和推演中接受观察的这些人差不多。我认为古巴危机提醒了我们，如何组建团队非常重要。参谋长联席会议主席决定不加入执行委员会。这个委员会包括财政部长、总检察长和中央情报局局长，但参谋长联席会议主席说，"我是参谋长联席会议主席，我想保持我的独立性和政治完整性"。因此，我认为参谋长联席会议的相关人员可能没明白肯尼迪政府对这场危机的重视程度。我认为总统行动的一个非常重要的动机是，他可能会被

迫做一些他不想做的事情,因为参议院一直在与军方领导人协商。如果参谋长联席会议在执行委员会中有自己的代表,他们就可以从可靠的消息来源得知此事的严重程度。所以我认为队友很重要。

③我们还观察到,在柏林危机期间,在人们担心苏联坦克会靠近西柏林时,他们就不得不预测坦克会从哪里靠近,会走什么路线等。推演结束时,蓝队的所有人和红队的大多数人几乎都记住了柏林的每条街道,这仅仅只是因为他们必须通过研究这些街道来找出苏联坦克的基地,以及在哪里可以拦截它们。因此,即使在很多年以后,我与一些参与者交谈时,他们仍然能够清晰地记得柏林的街道布局。

④我有幸获得了2005年的诺贝尔经济学奖。我早就不抱任何(尽管我的很多朋友和同事认为我可能会获得诺贝尔奖)可能获奖的幻想了,因为诺贝尔奖原则上不会授予已去世的人,我觉得自己年纪太大了。但在早上7点10分,我接到斯德哥尔摩(Stockholm)打来的电话,我被告知新闻稿已经在两小时前发布,宣布我将获得诺贝尔经济学奖。5分钟后,我接到来自哥伦比亚的电话。又过了5分钟,我接到来自斯洛伐克的电话(都是新闻记者打来的),我一整天都在接听贺电。我在斯德哥尔摩领奖时提出了一个问题:"为什么你们过了这么久才通知我?"我得到的回答是他们找不到我的电话号码。于是我说:"告诉你们的情报机构,我不认为他们有多少能力,因为他们所要做的就是查阅华盛顿特区的电话簿,那里有我的名字,华盛顿没有其他姓谢林的人"。

第二十一章 超 游 戏

——罗素·范恩

深度应用了超游戏理论(WHT)①的兵棋推演在指导桌面演习(参与者是主题专家)方面非常有效。我发现与模拟软件相比,人类知识工作者(主题专家)更容易被动态重新定向,而超游戏理论是评估情境衍生决策场景和防止意外的有力工具。美国往往会做出许多值得赞赏的选择,防止因意外导致高昂的后果。

本章对博弈论进行了简短的介绍,然后讨论了什么是超游戏理论,并以第一次海湾战争为例,逐步介绍超游戏理论的应用。

一、博弈论导论——其令人兴奋的想法及其缺点

博弈论是一种重要的定量技术,用于识别收集信息对人们选择的价值。这个概念产生于20世纪30年代,由约翰·冯·诺依曼(John Von Neumann)于1944年首次提出,其理念非常深刻,即是否存在一种不可预测的策略组合能够在已知的游戏中提供最佳的"重复体验"价值? 一个已知的游戏是指两名玩家的所有可能选择都是已知的,玩家选择的所有结果也都是已知的。所谓的最佳重复体验价值是指在大量的观察选择中,玩家的表现无法得到提高。双人游戏中的各方都可以表现得很好;双方博弈的交集称为纳什均衡混合策略(NEMS②,玩家也会称之为"极小极大"或"极大极小"策略)。该策略可以推广给更多的玩家。

此外,博弈论可以帮助确定博弈的"预期价值",这在博弈论出现之前并不明显。任何博弈的期望值都是"平均"收益,即选择收益的加权和除以所做选择的数量。例如,在儿童游戏"石头、剪刀、布"中,游戏的期望值就为零——我们获胜、平局、失败的几率都是1/3。此外,在石头、剪刀、布游戏中,纳什均衡策略策略意味着石头、剪刀和布出现的概率都是1/3。而在任何给定的游戏实例中,没有人能够预测每个玩家将做什么,但这种混合策略在重复游戏中会产生最高的数学结果③。

游戏价值的概念可以帮助战略家决定何时在游戏中添加新选择,甚至何时停止游戏。战略家通常不会玩那些有负面价值的游戏,对这类游戏不利的局面

已然不在(与现代赌场中赌徒的推理方式似乎有所不同④)。

二、超游戏理论介绍

超游戏理论最早是1979年贝内特(Bennett)和丹多(Dando)在关于1940年德国大胜盟军的文章中提出来的。他们提出,由于每一支军队的经验、目标和手段不同,德军和盟军对冲突的想象与博弈论关于信念一致性的假设也有所不同。

这一简单的想法——即使是参与完全公开的游戏(例如国际象棋)的玩家也会根据过去的经验对比赛有迥然不同的看法和推理。这一点与我早期的博士研究相契合,当时我研究的是将人工智能技术应用于战略层面。我曾观察到,国际象棋大师在与不入流的对手较量时,与跟其他国际象棋大师们较量时有很大的不同。这一观点开始流行起来。实际上,似乎很少有两个(或更多)玩家会以完全相同的方式玩同一个重要的游戏。

例如,玩家对情况和选项的理解可能在许多方面有所不同:

•玩家知识和经验的差异;

•玩家起始评估情境的差异;

•玩家持续评估能力(证据处理)的差异;

•玩家对策略预测的理解差异(能够战胜对方的策略);

•玩家信息的差异(无论是在战略承诺阶段还是在行动阶段);

•玩家策略的稳健性和弹性的差异;

•由于时间不同,玩家的限制也各不相同;

•玩家创造力的差异(可以添加的技巧,如佯攻、隐藏预备队、否认和欺骗操作)。

涉及选项和感知的差异时,普通人的分析能力很快就相形见绌。很少有玩家能够不使用表格组织此类数据,在一些不同情况下想出两到五种以上的行动方案(解决这一限制的经验法则散见于文献中)。因此,超游戏理论必须得到事务性记忆(任何帮助人类记忆、检索和使用信息的人工制品)的支持,我一般会选择扩展博弈论的形式。

超游戏理论将博弈论和决策论的特点结合到一个通用的表格框架中,以帮助评估证据、对手知识、博弈知识和情境知识的影响,从而在此基础上分析未来的竞争。

三、下降对角线示例

为了丰富所考虑的可能策略的数量,我建议采用一种名为"下降对角线"的技术，即对游戏进行扩展以考虑更多可能的策略。使用比实际用于解决竞争问题的表格更大的矩阵，有助于分析师解决有关未来的问题。这个过程的基本原理是考虑一个已经选择的策略（矩阵中的一行或一列），然后设计一个反策略（它的克星，这与20世纪50年代的许多博弈论观点非常相似）。设计出反策略后，我们会再次想出战胜它的策略，如此循环往复。这是一种"如果你这么做，我就那么做来打败你"的分析。

为了使这些考虑更加具体，更接近贝内特和丹多所提出的工作，让我们逐步检查在海湾战争中制定作战战略时可能发生的考虑。快速回顾一下：1990年，大约50万美军和众多盟军聚集在一起。盟军的空军部队已获得制空权。

请注意，这种情况对盟军有利。他们将重创伊拉克军队，从而减少未来几十年伊拉克的冒险主义。最终，盟军策划者希望打破游戏平衡来赢得一场伟大的胜利，而不仅仅是取胜。在推演表格中，伊拉克军队是列参赛者（Column Player），盟军是行参赛者（Row Player）。

在以下所有的表格中，行选项和列选项交叉处的相对评估数对专家就结果范围给出的意见做了总结。

因为双方都在进行战斗，所以从盟军（行）的角度来看，只有一方的数字被记录下来，这是为了便于表格创建和分离可视化表示。其余部分的解释与零和博弈理论相一致，我们将列结果视为行的负数，所以我们无须对其进行记录。在实际问题解决的过程中，要当心自动选择零和博弈——对手通常会有一些共同的价值观，或者双方都想避免某种结果（例如核战）。

表中的条目代表游戏胜利的水平，其中平局（0）、边际胜利（1）、战略胜利（2）和决定性胜利（5）被赋予表示成功的相对权重。双方对结果的语义定义各不相同，因此盟军所说的−2表示大约有1万人死亡或重伤，以及伊拉克军事威望的提高。A 0可能意味着盟军的伤亡以及伊拉克的军事力量剩余得更少，或者两者兼而有之。初始情况见表21.1，请注意：其中的"焦点"是试图减少列的结果。

表21.1　初始情况

	防御	
盟军正面进攻	行：−2 列：（−（−2））=2	
	焦点	

在列上，"防御"指正面防御，防御力量分布均匀。在行上，"正面攻击"是指越过前线的无重心攻击。这两种策略的结果是盟军将遭受大量伤亡，因此结果为−2。他们将完成将伊拉克人逐出科威特的任务。

而行队的任务则需要更好的方法。行队的玩家试图通过添加行来改善结果。与所有军事交战一样，行可以向左或向右机动，这样就可以增加两行。添加更多行见表21.2。由于盟军(行)从伊拉克(列)以南开始向北推进，我们将使用地理空间标签进行表示，"向左走"表示主(进攻)西，"向右走"表示主(进攻)东。专家意见认为，无论采用哪种方法，盟军伤亡都会略微减少。

表21.2　添加更多行

	防御	
正面进攻	-2	
主（攻）西	-1	焦点
主（攻）东	-1	焦点

"焦点"是列试图使行的结果恶化的地方。请注意，重点是列玩家的最坏结果，本例中最坏结果是-1，它出现在了两行当中。二者都要进行评估。

同样，伊拉克人也可以添加列(添加更多列见表21.3)。列可以防守(加权)西部或防守(加权)东部。防守西部是为了破坏西部主战场的攻击，这会使盟军伤亡加重，所以盟军的评估为-3。同样地，防守西部是为了对抗东部主战场。

战略和反战略行动开始出现在对角线上，这就是"下降对角线"。目前，这种分析有利于列队达成目标。

表21.3　添加更多列

	防御	西部防御	东部防御	
正面进攻	-2	-1	-1	
主（攻）西	-1	-3	0	
主（攻）东	-1	0	-3	
		焦点	焦点	

注意一下表21.2中的双焦点，列队玩家将会对那些产生更好结果的行进行检查。而实际上，这必须按顺序进行。因此：(1)当两种方法产生相同的结果时，从当前参与者(如本例中的纵队)认为最有成效的方法开始；(2)否则，规划者很快就会发现为什么另一种方法更富成效。

表21.3显示了九种可能的策略组合以及可能的结果。表中出现了缓和结果的策略，但在完成分析之前必须评估表中的所有条目。举个例子，假如行队的西部主战场在与纵队的东部防御(0)相匹配时将获得成功，那么会以更少的伤亡突

破伊拉克防线。

随着分析的进行,盟军很显然可以通过正面攻击来完成任务,但伤亡人数将会难以承受。如果这样做,行队将错过机会以欺骗手法获胜或大胜对方。为了赢得更大的胜利,行队必须再多添加一行来有效地处理这些静态防御。增加的主导行见表21.4,其添加了新的一行并创建了一个主导行策略,该策略在每列中都具有最高的结果值。

表21.4　增加的主导行

	防御	西部防御	东部防御	
正面进攻	−2	−1	−1	
主（攻）西	−1	−3	0	
主（攻）东	−1	0	−3	
包围	2	0	0	焦点

幸运的是,行队对目前的三种防御措施进行了有效的攻击。垂直包围是指部署空降部队或空中机动部队打击对手的后方。游戏的期望值已经从负变为正。其他行情况更糟。列队可以使用加权防守(防守西部或东部)来获得平局结果(表示为0),但他们不能再期望获胜。

增加的列见表21.5,该列增加了一个标记为"用预备队防御"的纵深防御,以获得垂直包围的宝贵结果。对下降对角线的进一步分析使得列队想出了新的策略。先前起主导作用的策略地位发生了改变——现在它只不过是表中普普通通的一行。极为常见的是在分析接近尾声时,很少有策略还能占据主导地位。不管对手做什么,很少有策略能奏效。

表21.5　增加的列

	防御	西部防御	东部防御	用预备队防御	
正面进攻	−2	−1	−1	0	
主（攻）西	−1	−3	0	0	
主（攻）东	−1	0	−3	0	
包围	2	0	0	−3	
				焦点	

行队添加包围西部策略见表21.6,行队考虑大范围机动至列队部队以西,从而包围西部。这一主导战略效果更好,同时也表明了盟国可能获胜的原因。事

实上,我们事后了解到,即使在伊拉克战争最激烈的战斗中,盟军也能迅速击溃敌人。如果行队能够让列队防御部署出现失误,那么行队的表现将会更好。

表21.6 行队添加包围西部策略

	防御	西部防御	东部防御	用预备队防御	
正面进攻	−2	−1	−1	0	
主(攻)西	−1	−3	0	0	
主(攻)东	−1	0	−3	0	
包围	2	0	0	−3	
西部包围	3	1	5	1	焦点

列队有两种可能的反制战略:掩护或者共和国卫队发起反击。列队的新策略再次削弱了先前的主导策略——包围西部。

伊拉克全部的选项见表21.7。注意看,前三行与最后两列相比进行得非常顺利。这就是为什么表格中的第一个策略很少是无用的。在我们看来,如果我们的对手做了其他的事情,那么他们的处境只会更糟。因此,当行队生成新策略时,重要的是继续评估所有的行和列,而不仅仅是对推动新策略创建的对角线焦点进行评估。

表21.7 伊拉克全部的选项

	防御	西部防御	东部防御	用预备队防御	掩藏	反击
正面进攻	−2	−1	−1	0	1	4
主(攻)西	−1	−3	0	0	1	1
主(攻)东	−1	0	−3	0	1	1
包围	2	0	0	−3	−2	−2
西部包围	3	1	5	1	−1	−1
			欺骗			

为了防止列队选择反击,行队需要发出信号,表明他们将要进行正面攻击(第1行的值为4)。在实际作战中,随着空袭的开始,盟军的后方地面部队开始向伊拉克前线靠拢,这表明盟军准备从前线发起进攻。

最后,我们会考虑欺骗策略的影响。如果我们能提高敌人根据我们的实际行动选择最佳列的可能性,那么我们将会取得巨大的胜利。佯攻(进攻海滩)见表21.8,我们可以看到美国海军陆战队的佯攻是如何影响伊拉克将军的。如果他们认为可以在海滩上而不必移动到别处(这会使他们的部队暴露在空袭之下)就能将盟军打得片甲不留,那么这种诱惑可能会十分诱人。伊拉克人也可能会受到伊拉克海岸附近重要油田位置的影响,或者人们普遍认为进行大规模扫荡的部队会在沙漠中迷失方向。防御东列(Defend East)的−3表示佯攻(进攻海滩)。

表21.8　佯攻（进攻海滩）

	防御	西部防御	东部防御	用预备队防御	掩藏	反击
正面进攻	−2	−1	−1	0	1	4
主（攻）西	−1	−3	0	0	1	1
主（攻）东	−1	0	−3	0	1	1
包围	2	0	0	−3	−2	−2
西部包围	3	1	5	1	−1	−2
进攻海滩	1	2	−3	−1	−2	−1

四、发现

在现实生活中,我们很少能确定我们已经审视完了大部分选项。1956年,赫伯·西蒙(Herb Simon)发现了一种应对策略,可以让规划者和参与者实现这一目标。他称用"行之有效的"方法解决已知问题为"最低要求的满意结果⑤"。

军事战略家们会动用整个团队寻找对手的模式或懒惰思维,来调查可能预示对手创造新选项的异常情况。

我们真正做的是系统地从游戏情境中引出所有玩家的策略,这些策略会带来重大的胜利和损失。这些可能是杰出战略家的"疯狂想法",但并不是我们所期望的。通过确定更大的可能性,我们正在进行积极的尝试,以防止对手出其不意。我们在初始规划的过程中提出产生了高风险和高收益的策略,这些极值超出了我们实际要求战士们做的事情,但它们充当了推理的"类型"。然后,我们可以抑制这些疯狂想法的激进性,削弱它们的易损性。例如,我们可以放缓进攻的速度,减少对灵感的依赖,采取更加慎重的行动来完成我们的预测,以期更准确地确定敌情⑥。

战略家可能会因为开发新的选项而浪费时间,但这样做不会降低游戏的价值。开发一种可重复的方法,例如,降低对角线来查找重要的行或列是非常可取的。一个未知的意外策略可能会破坏原始博弈论中策略组合的预测能力。

当战略家没有新的选择,并且玩家几乎只能在人所共知的游戏中竞争时,博弈论提供的帮助最大。当出现一款新游戏或在一方有重大结构优势的情况下,超游戏理论的帮助则最大。超游戏理论宣称两位玩家都富有创造力且足智多谋，甚至可能具有欺骗性。与基于场景的兵棋相比，超游戏理论是一种更开放的方法，能够基于我们可能的选择来检验未来可能发生的事情。虽然超游戏理论仍然可以从计算博弈论预期值中获益，但超游戏理论经过仔细检查的情况或博弈的一小部分很可能没有办法提供该值。相反，运用超游戏理论进行建模会不断产生更好的结果(Vane，2000)。

最后，如果我们注意到对手计划的显著特点，我们可以尽一切可能推迟我们的决定，直到情报收集(也称为指标和警告)泄露他们的战略。到那时，我们甚至不需要博弈论，因为我们已经知道了敌人的策略。

总之，超游戏理论是一个有价值的工具，它结合了决策理论和博弈论的许多方面，以解决新的结果、新的策略、玩家规划能力的差异以及欺骗评估等问题。它以一种类似于贝内特和丹多所采用的方式，利用最近的一个世界竞争的抽象概念为探索超游戏理论如何评估未来提供了一个背景。将兵棋推演与超游戏理论相结合，可以开发出有价值的策略以教育士兵并为情报收集提供支持。

关于作者

自 2008 年初以来，罗素·范恩一直在美国兵棋推演商城工作，负责攻击 IED 网络。2001 年，他在乔治·梅森大学(George Mason University)获得博士学位，博士论文题目是《在竞争环境中使用超游戏理论以选择计划》("Using Hypergames to Select Plans in Competitive Environments")。此后，他撰写了大量关于人工智能、智能增强以及将超游戏理论应用于意义建构和决策的文章，包括 2005 年冬季模拟的《恐怖主义事件应急预案》("Planning for Terrorist-Caused Emergencies")。2010 年，他与通用动力公司(General Dynamics)合作发明了认知自动化专利。1980—2000 年，他将计算机和信息科学硕士学位的知识应用于完善众多的国防和气象系统。1977 年他与 W. 塞思·卡鲁斯(W. Seth Carus)合作为阿瓦隆山公司撰写了《阿以战争》(The Arab-Israeli Wars)。20 世纪 70 年代末，范恩在获得空降和突击队员勋章后，成了一名装甲兵军官。

注释

①超游戏理论在很多情况下都很有用。自 2008 年以来，为支持美军的反简易爆炸装置工作，我对超游戏理论进行了 100 多次现场测试。

②1994 年，三位研究人员和后来的约翰·纳什(纳什均衡混合策略的发明者)因博弈论的贡献而获得诺贝尔奖，约翰·纳什是西尔维娅·纳萨尔(Sylvia Nasar)的书(以及随后的同名电影)《美丽心灵》(A Beautiful Mind)的主题。

③虽然有很多关于重复游戏的实践研究，但最著名的是"囚徒困境"(Prisoner's

Dilemma）。

④博弈论推理最重要的发现之一是当玩家有一个或多个选择，但这些选择不是纳什均衡策略组合的一部分，则<u>不应该使用</u>该策略。玩家可以通过排除这些选择而提高自己的游戏期望值。

⑤"显然，有机体能够很好地适应'满足'；一般来说，它们不会'优化'"（Simon 1956,129）。"这是一条'令人满意的'道路，一条允许在某种特定水平上满足其所有需求的道路"。

⑥添加新的行或列可以从根本上改变任何游戏的期望值。我已经在其他地方（Vane，2000）证明了一个具有 $M+1$ 行和 N 列的零和博弈的期望值（EV）总是能够产生一个大于等于 M 行×N 列游戏的期望值。同理，M 行×$(N+1)$ 列游戏总会为行产生一个小于等于 M 行×N 列游戏的期望值。如果用符号表示，那么这一发现：

假如 $(M+1,N)$ 的期望值大于等于 (M,N)，那么结果对行有利。

假如 $(M+1,N)$ 的期望值小于等于 (M,N)，那么结果对行不利。

第四部分　失　败　边　缘

第二十二章　兵棋推演的未来：新战争方式的归化

——卢克·考德威尔和蒂姆·莱诺尔

在 2012 年的 YouTube 视频《使命召唤 2012》中，布鲁金斯研究院研究员彼得·辛格（Peter Singer）和退休的美国海军中校奥利弗·诺斯（Oliver North）告诫我们，未来战争正在迅速迫近，而我们根本没有做好准备。虽然其中许多技术，比如激光和自动机器人"听起来像是科幻小说里的东西"，但辛格说不管是好是坏，"武器本身正变得越来越独立"。因为伊朗门丑闻（Iran-Contra scandal）而臭名昭著的奥利弗·诺斯在《使命召唤 2012》中重新陷入了一个"噩梦场景"——"黑客侵入了我们控制卫星、无人机甚至导弹发射的系统"，并使用我们的技术对付我们。视频迅速切换到一个粗糙的盖伊·福克斯面具（Guy Fawkes mask），并停留了片刻。"有人想劫持一架飞机，这没什么好担心的"，诺斯继续说，"我忧心的是那个想劫持所有飞机的家伙"。辛格用一句话结束了我们的妄想："未来并不像大多数人想的那么遥远……我们并没有为'将要发生的事'做好准备"。

这个视频让人满腹狐疑。一方面，它似乎十分官方化，两位作者一个是经历过非法秘密行动的退役海军陆战队队员，另一位是研究未来战争的权威专家。然而，从内容本身来看，还不清楚它的目的是什么：它看起来像是一部关于未来战争的纪录片，但同时又蕴含一些电影风格。与报道或纪录片制作得更独立、更客观的视角不同，我们试图通过响亮、清晰的声音将观众带入军事游戏：这些技术"允许你把事情搞砸"；黑客侵入"我们"的控制系统，而"我们"根本没有做好准备应对即将面临的未来。这段视频在最后几秒出现了一个巨大的启动画面，上面写道："未来是黑色的……，然后是《使命召唤》（Call of Duty）系列兵棋的标志。也许我们还没有为未来的战争做好准备，但在《黑色行动Ⅱ》（Black Ops Ⅱ）（2012）的帮助下，我们或许已经做着准备了。

虽然这个纪录片的预告片为《黑色行动Ⅱ》的游戏世界提供了一个令人信服的背景，但实际上它源自一场关于高科技将如何彻底改变未来战争的战略和指挥的军事讨论。这一论述和转变在军事理论中被称为"军事革命"（RMA）。在本章中，我们认为像《黑色行动Ⅱ》这样的兵棋已经逐步成为将军事革命的想法和预测自然化的载体。

我们将首先来看一看美国军方和媒体是如何联合起来为消费者提供体验的,其贯穿在军事理论家勾勒的投机性未来中,并认为这种互动产生了将军事革命视为自然和不可避免主题的效果。随后,我们会逐步将这些贯穿于视频兵棋推演史、未来威胁格局、军事技术和战略理论的提议整合起来。我们认为军事射击游戏已经从再现历史战争演变为专注于军事革命的技巧、技术和预测。进一步整合了以《四年防务审查》("Defense Quadrennial Reviews")等文件为基础的场景后,这些推演有助于围绕预期威胁达成共识,提出军购建议,并在未来的立法预算中敦促通过这些方案。最后,我们讨论了军事革命存在的一些矛盾,及其在流行兵棋推演中的表现。我们提出了一个问题,即在一个旨在降低战争成本、延长战争持续时间、同时颂扬和谴责暴力解决问题的意识形态中,和平与非暴力解决冲突手段发挥的作用是怎样的? 我们呼吁重新思考暴力在游戏中的正当性问题,因为如果我们的兵棋无法想象和平的未来,我们又怎能寄期望于我们的军队呢?

一、预调解未来战争

像《黑色行动Ⅱ》这样的虚构游戏应该尝试在当代军事发展中立足,这不足为奇,因为在今天它不会引发任何争议。关于美国军方与娱乐业(即军事娱乐综合体)之间错综复杂的关系,以及游戏的交互性如何成为主观化的载体,已经有很多著述。早期从媒体效果的角度审视军事娱乐综合体的作品可以说是危言耸听,其声称娱乐中的军事化内容对人们实施真正的暴力行为的抑制程度较低(Grossman,2009)。蒂姆·勒诺尔(Tim Lenoir)和埃德·哈尔特(Ed Halter)的其他作品侧重于军队和商业游戏行业之间专业知识和培训平台的交流,以及军队如何开发和销售游戏平台作为招募和培训工具(Lenoir,2000-2003;Lenoir and Lowood,2005;Halter,2006)。罗杰·斯塔尔(Roger Stahl)和詹姆斯·德·德里安(James Der Derian)的作品聚焦于军事娱乐综合体如何对军国主义和军国主义理想提供支持,有效地减少了有关战争行为的民间讨论(Stahl,2010a;Der Derian,2009)。

关于像《美国陆军》(Americans Army)(2002—)这样的兵棋是如何促进军队征兵的,或者军队是如何在训练中使用《虚拟战场》(Virtual Battlespace)(2002)这样的模拟平台的,我们可以谈论得很多,也已经谈论了很多,但我们想本着斯塔尔的精神,在这里集中讨论流行兵棋推演的建设性力量。美国军队和其他模拟平台当然可以作为官方军事价值观和行为的载体,进而成为无价的招募和训练工具(Mead,2013),但在这里我们最感兴趣的是流行兵棋推演如何通过西方娱乐传播军国主义的商品化和特许经营愿景。像《使命召唤》这样的流行兵棋并没有严格遵守官方的军事行为准则，而是美化了战争工具和技术，同时掩盖了限制和约束战时军事行为的保障措施。脱离了法律、官僚机构和行为准则的限制和约束，流行兵棋推演通常会与政治家和军事战略家为规划未来公共投资而提出的未来战争的最坏预想相一致。在大多数情况下，这些兵棋让玩家能够用冷酷的枪支、小装置，公然无视指挥系统、国际法和人权来对抗压倒性的邪恶势力。流行兵棋不是为了创造参军的主体人员，而是将战争自然化为解决国际问题的正确方法的未来，并规定对新工具和"冷酷"技术进行公共投资，使作战人员能够更有效地杀人。简而言之，这个故事是关于流行兵棋如何参与政治经济现实，帮助巩固意识形态基础，从而锚定未来的战争，并鼓励玩家想象并投资于持续和不可避免的未来战争。

斯塔尔为我们提供了一个有用的理论框架。在《军事娱乐公司》(*Militainment, Inc.*)(2010)中，他认为，在"9·11"事件之后，军国主义言论已经渗透到社会领域，以至于消费者能够一同参与互动。在《沙漠风暴行动》(*Operation Desert Storm*)中，隐藏在激光制导武器和夜视镜绿光下的"清洁战争"场面令公众眼花缭乱。与此相反，新千禧年的军队已经融入社会生活的方方面面。虽然壮观的战争战略使毫无成果的战争形象看起来比战争本身更真实，从而脱离了公民辩论和抗议，但它的衰落源于无法完全设计实现所有媒体对战争的描述。《沙漠风暴》早期采取了"清洁战争"的策略，通过用"装甲战斗推土机"将无数尸体和烧毁的车辆掩埋在沙子之下，以防止其被媒体传播至大众视野(Sloyan, 2002)。然而，采取这种控制来维持战争叙事是不稳定的，在联军空军屠杀了数百名，甚至数千名在撤退过程中困在一条主要公路上的士兵后，公众见证到了战争的残酷性。这些照片的泄露削弱了公众的支持，促使布什总统第二天即停止敌对行动。

互动战争战略则更积极地处理与大众媒体的关系，因而取得了更大、更持久的成功。互动式战争并不是将平民和军队放在不同的社会领域，仅仅通过军事公共关系的单薄外表将他们联系起来。在"9·11"事件之后，从儿童玩具到视频游戏，再到视频网站上为所有人录制和播放的一些视频，无一不在说明军国主义可能存在于社会生活中。对于斯塔尔来说，在互动战争范式下，我们通过娱乐变成了"平民士兵"，并习惯于接受关于战争行为的基本假设，这些假设可能最终会使国防部去政治化并从中受益。

随着军国主义越来越具有互动性，并深入到各种形式的娱乐中，对潜在威胁的描述也变得更具投机性，更倾向于可能的未来，而不是再现或为过去辩护。理查德·格鲁辛(Richard Grusin)在其著作《预调解》(*Premediation*)(2010)中将这一转变归咎于"9·11"事件的集体冲击，他认为这给美国文化造成了巨大的集体创伤。为了防止我们再次受到这样的冲击，媒体已经沉迷于预测各种各样的未来。

这样，一旦其中某种未来出现，我们就不会再措手不及。用他的话来说，预防工作旨在"通过对另一场不法活动保持几乎持续的、低水平的恐惧或焦虑，防止全球媒体领域的公民再次经历"9·11"事件造成的系统性或创伤性冲击"（Grusin 2010，2）。

在接下来的内容中，我们扩展了斯塔尔和格鲁辛的研究，展示了大约从2006年起流行兵棋推演是如何帮助构建和传播商品化愿景的，该愿景吸收了军事革命理论家的许多想法、技术和场景。虽然斯塔尔有时过分强调军事公共关系在有关军队的工程论述中的中心作用，这使他的叙述有时被解读为阴谋论，但将他的互动战争理论与格鲁辛的理论联系起来，可以让我们重点关注，在一个围绕政治和经济利益、构建国家共识的文化产业中，预调解是如何发挥作用的。军事娱乐综合体并非一个彻头彻尾的阴谋，它是由军事和娱乐业之间的利益关系所推动的。军事和娱乐行业之间产生的共鸣关系使游戏公司从中获得了巨大的经济回报，军方对未来的许多基本假设被打上了冷酷和不可避免的烙印。在这种关系中，有些观点被忽视了，这些观点揭示了战争的可怕之处，显示了战争的长期负面后果，或是提倡国际冲突的替代解决方案。在讨论军事革命在兵棋推演中的表现之前，我们将首先研究它的一些核心思想、假设和实施。

二、军事革命与美国新的战争方式

2014年2月底，美国国防部面临严重的预算削减，时任国防部长查克·哈格尔（Chuck Hagel）建议将美国军队规模缩减至1940年以来最小的规模。他要求在未来几年内裁兵12万，并将节省下来的预算用于提高现役士兵的训练和技能。可以预见，这一建议会引发这样一种想法：这将削弱美国的作战能力。但哈格尔的提议是美国军队长达数十年转型的最终结果。他认为，一支由卓越的信息技术支持的更智能、更灵活的军队无论在财政上还是战略上，对未来的战争都十分必要（Cooper and Shanker，2014；Simeone，2014）。

自冷战期间计算机广泛融入战争指挥以来，军事理论家一直试图预测信息技术将如何彻底改变未来战争。这种论述被称为军事革命。虽然我们的目的不是陷入这些辩论的全面谱系中（其中存在许多分歧和相互矛盾的情况），我们想在这里展示的是军事革命思想是如何使军事历史学家马可斯·布特（Max Boot）在"速度、机动性、灵活性……精确的火力、特种部队和心理战"的基础上，提出"一种新的美国战争方式"的（Boot，2003）。从本质上讲，我们关注的是技术和组织变革是如何将美国军队从基于规模、损耗和压倒性的陆地力量转变为哈格尔提议中的精简和灵活的军队的。

从图式上看，军事革命的论述一般包括三个不同但相互关联领域的发展：技术变革、组织适应，以及可感知的未来威胁。也就是说，军事革命理论家通常会提出新技术如何改变军队的组织和运作，以及潜在敌人的技术和组织变化如何改变未来战争方式的问题。这些预测并非严格的学术实践，只是展示了我们想要强调的预设的建设性力量。通过预测虚拟的未来，这些理论家影响了旨在利用或阻止这些预测的技术投资[1]。因此，这些声明与庞大的国防经济挂钩，着眼于军事工业综合体的健康发展。而军事工业综合体必须保持强大和创新，从而帮助提升美国的战略地位。

很明显，军事革命是在大幅削减预算的背景下崛起的。冷战结束后，美国国会对国防部实施了预算限制，这对人力和采购产生了一定影响。从1991年到2001年，国防部的预算削减了24%——从3 825亿美元（按2001年不变美元计算）下降到2 911亿美元（Cohen，2000）。就国防部现役军人和预备役军人的总数而言，从1990年第一次海湾战争前夕的320万人减少到206.2万人，或者说比在2001年"持久自由行动"前夕现役军人的人数减少了35%（Cohen，2000）。新系统的采购从1990年的977亿美元高点下降到1996年和1997年的450亿美元低点，下降了54%（Cohen，2000）。直至国防部长威廉·S.科恩（William S. Cohen）援引军事革命采购的必要性，将预算恢复到603亿美元，但也仍然只有冷战后的62%。面对这些削减，科恩和其他人将军事革命作为从投资中获取最大效率的手段。

预算问题迫在眉睫，信息技术所提供的战略优势也在20世纪90年代的战争中显露出来。《沙漠风暴行动》和《科索沃战争》的成功表明，信息技术标志着一个新的战争时代。在这个时代，美国的伤亡是最小的，胜利是决定性的。利用新的全球定位系统（GPS），精确制导弹药（PGM）美军具备了远程精确打击敌军阵地的能力。像联合监视目标攻击雷达系统（JSTARS）这样的实验系统也允许从高空管理战场，向远离阵地的地面部队提供信息。简而言之，网络信息技术通过改进对远程武器的指挥和控制、远超优势的情报、监视和侦察能力（ISR）以及对实时情报更快、更协调的反应，在战场上占据了主导地位。

在20世纪90年代后半叶，约翰·阿奎拉（John Arquilla）和大卫·隆德费尔特（David Rondfelt）等理论家开始建议军队本身脱离其集中的官僚组织模式，完全接受信息社会的网络化管理结构和技术（Arquilla and Ron-feldt，1997）。参谋长联席会议副主席威廉·A.欧文斯（William A. Owens）上将认为，美国军队需要成为一个"系统体系"，允许网络化的组织形式在面临新挑战时允许冗余和灵活性（Owens，1996）。阿瑟·切布朗斯基（Arthur Cebrowski）中将和约翰·加斯特卡（John Garstka）将这一理论称为"网络中心战"，强调对威胁的本地化反应和基于信息共享的自下而上的自发组织（Cebrowski and Garstka，1998）。这些建议与五角大楼面临的许多预算限制相一致，因为五角大楼重视复杂的信息收集和共享基础设施支持的更小、更独立的小队。

　　大规模采用军事革命理论的最后一个先兆是重新评估美国未来面临的各种威胁。军事革命的战略家们认为，21世纪国际政治威胁格局的演变要求美国军队在未来进行战争类型的转变（Gunzinger，2013；Krepinevich，1992；Metz and Kievit，1995）。从1993年到2006年，美国国防部着眼于过去的冲突进行兵力规划，以此来分析兵力准备情况。他们认为，美国应该保持在全球不同地区进行与《沙漠风暴》相当的两次重大地区冲突，以及进行多场代理人战争和反叛乱的能力（Gunzinger，2013）。然而，2001年9月11日发生的恐怖袭击事件，以及随后在伊拉克和阿富汗的行动标志着21世纪战争的威胁预测模式发生了变化，从以国家为基础的行为体转向了不对称的非常规威胁。因此，军事革命倡导者游说大力发展如美军特种作战部队（SOF）、远程导弹和无人驾驶飞机等战术和技术，以打击物理访问受限的目标。

　　虽然全球反恐战争为许多军事革命思想的制度化提供了最终推动力，但这些变化在2008年之前一直零零散散、不成体系。反恐战争的早期成功归功于军事革命的力量和一些人在信息时代改造军队的努力。正如拉姆斯菲尔德在国防部2002年年度报告中所说，这些胜利直接得益于新的战争风格，马扎里·沙里夫之战（the battle for Mazari Sharif）就展示了高度网络化联合行动的潜力。通过将AC-130武装直升机、捕食者（无人机）、全球鹰（无人机）与联合监视和目标搜索雷达系统（Joint Surveillance and Target Acquisition Radar System）联系起来，"持久自由行动"表明早期的网络中心战作战理念带来了巨大的回报。地面特种作战部队以及复杂的空中侦察系统充当了提供战场图像的传感器网络（Rumsfeld，2002）。

　　这种最初的乐观情绪从阿富汗战争延伸到了伊拉克战争。马克斯·布特（Max Boot）指出，与海湾战争相比，2003年所需兵力是海湾战争的一半，造成的伤亡人数也不及海湾战争的一半，而耗时略多于海湾战争的一半，战争开销仅为海湾战争的1/4（Boot，2003）。如果这些战争在此时结束，它们可能会被一部分人认为是巨大的成功，而且毫无疑问会将军事革命纳入军事机制。

　　后来，这一最初的战略暴露出了自身的缺陷。虽然特种部队和灵活装甲师在战斗方面成效卓著，但他们在完成任务方面却表现得不太熟练。在公众舆论的变化和新的预算审查中，拉姆斯菲尔德和军事革命的远见者所倡导的政策最终具体化为新的美国战争方式，其核心是使用现代信息、通信和机器人技术的小型有组织的部队，以开展活动。美国国防部的规划文件，如2006年的《防务四年审查》中，强调了对远程智能导弹、无人机和其他无人系统、综合情报收集和监视系统以及通信系统防御系统的采购投资，这些都是新作战需求的必要组成部分（Department of Defense，2006）。

　　获取、分析和发布信息的新方法可以帮助部队做出更具战略意义的决策，对于冲破战争迷雾，使资产能够在本地对高度网络化和灵活的威胁做出响应而言愈发重要。回顾担任美军指挥官时的经历，斯坦利·A.麦克里斯特尔(Stanley A. McChrystal)将军对这一转变进行了总结：

在阿富汗和伊拉克的惨烈战斗中，我和其他许多人都清楚地认识到，要想打败网络化的敌人，我们必须自己成为网络。我们必须找到一种方法来保持我们的专业精神、技术，以及在需要时压倒一切力量的能力，同时达到只有网络才能提供的知识水平、速度、精度和一致性。

这一想法将(通过情报、监视和侦察)发现敌人的分析人员、确定目标的无人机操作者、通过捕获或杀死目标完成任务的战斗小组、利用突袭行动获得情报的专家(如手机、地图和在押人员)，以及将这些原始信息转化为有用知识的情报分析人员联合了起来(McChrystal，2011)。

受到专门小组之间这种协同合作的启发，欧文斯将军队概念称为"系统的系统"，即根据不断变化的信息流动进行自我同步和适应(Owens，1996)。重要的是，在2009年掌管驻阿富汗美军之前，麦克里斯特尔领导了高度保密的联合特种作战司令部(JSOC)，将军事革命特种作战战术扩展到更大的司令部。

随着正规军开始更像特种部队一样作战，特种部队也在军事革命的指导下急剧扩大规模。自全球反恐战争诞生以来，特种作战部队(SOF)在全球范围内对基地组织和其他非正规部队进行了持续的行动。在采取军事行动之前，部署在海外的特种作战部队数量约为2 800人，到2012年，以每年翻两倍的速度增长。后来，这一数字达到了1.2万左右，此后一直保持稳定(Thomas and Dougherty，2013)。为了满足与反恐战争相关的任务日益增长的需求，美国特别行动司令部(USSOCOM)的规模从2001年的3.8万人增加到2012年的6.3万人，预算从2001年的23亿美元增加到2013年的104亿美元(Thomas and Dougherty，2013；McRaven，2012)。

无人机为日益网络化和灵活的军队提供情报、监视和侦察(ISR)能力，也促进了对无人装备和奥威尔式监视系统重大的、具有颠覆性的投资。五角大楼拥有的无人机数量从2002年的167架猛增到2010年的7 500架(Gertler 2012，2)，无人机年投资从2000年的2.84亿美元增加到2010年的33亿美元。从2001年到2013年，五角大楼花费了260多亿美元研发、采购和运营无人机，无人机数量从2005年占所有军用飞机数量的5%增加到2012年的近1/3(Ackerman 和 Shachtman，2012)。这些无人机配备了先进的传感器和超清的摄像头，能够提供大量信息，军方不得不开发新的基础设施来应对带宽需求的激增。一架"全球鹰"需要每秒500兆的带宽，这个数字是"1991年海湾战争期间整个美国军队使用的全部带宽"的5倍(Gertler 2012，17)。

在反恐战争期间，将网络中心战制度转化为传统部队的长期计划也将获得大量投资。例如，雄心勃勃的未来作战系统(FCS)和目标部队战士计划(OFW)

（于2003—2009年启动），军方与波音公司（Boeing）和上汽集团（SAIC）签订了价值2 000亿美元的合同，旨在创建一个"系统的系统"，在战场环境下将美国武装部队的所有要素联网实现前所未有的联合和"战场空间"感知能力。该计划因时任国防部长罗伯特·盖茨（Robert Gates）实施的紧缩措施而被取消。该计划旨在为陆军大约70个战斗旅中的15个旅配备新型机器人和柴油—电动混合动力载人车辆，这些车辆通过安全通信网络连接，并配备高科技传感器。

在单兵作战人员层面，目标部队战士计划试图将士兵作为信息的消费者和生产者联系到这个网络中。步兵运输车上的士兵可以通过所乘坐的车辆充分访问网络上的所有信息。下车后，一个特殊的平视显示器会将数据屏幕上的必要信息无缝整合起来，以便进行远程访问。该系统具有重叠规模（排、连、营和旅级）的传感器，允许战术领导人将无人机和智能弹药发射到战场上的关键点，并通过收集大量信息在战争迷雾中窥视敌人，而不被敌人发现。作为传感网络中的节点，士兵和智能机器将向上传输信息给那些对整个战场有更远视野的人，使他们有效地发挥扩展网络中灵活节点的作用。

虽然未来作战系统（FCS）从未投入实战，但此类技术将不可避免地应用到未来产品中，如美国国防远景研究计划局（Defense Advanced Research Projects Agency，DARPA）和美国特种作战司令部（SOCOM）正在研制的战术突击轻型操作员套装（TALOS）。专门的轻型装甲与机器人外骨骼和3D增强现实显示器预计将结合在一起（Hoarn，2013；McDuffee，2014），未来的士兵和他们将要进行的战争正变得比以往任何时候都更加机械化和网络化。

三、兵棋推演史上的军事革命

在《预调解》中，格鲁辛声称，由于"9·11"事件后媒体报道的重复性、影响力和情感力量已经对真实事件产生了不可磨灭的影响和重塑。不像鲍德里亚（Baudrillard）或齐泽克（Zizek）那样声称数字中介使现实变得非物质化，格鲁辛认为这种中介被添加到了事件中，并在添加过程中显示了媒体是如何"管理和动员人口的代理人或政府"（Grusin 2010，25）。在接下来的内容中，我们将指出，美国通过兵棋推演引入新的战争方式，类似的现象正在发生。简言之，2006年后的战争模拟并没有像2006年之前那样纠正过去的冲突和战争模式，而是强烈地预设了战争理念，以至于人们看待战争的方式，包括投入和发动战争的人，无一不被重新定义。直到2006年左右，商业视频游戏才被视为当代战争的旁白，并开始从历史中寻找灵感。现在，他们真正开始进行表演，真正参与并预示未来。在接下来的内容中，我们将回溯一些将我们带到这里所进行的努力。

四、模拟、现实主义和游戏限制

计算机兵棋推演的观众一直着迷于现实主义。然而，这种现实主义的特点非常奇特，几乎完全专注于对实际（或看似真实）作战武器、车辆、战术、历史精确场景以及其他图形和机械表示实例的详细描述。在对游戏给予高分时，评论通常会称赞这种真实感——对物理和所谓的硬因素的保真度，以及使其有趣的游戏机制和可玩性等技术特征。我们想强调的是，现实的游戏机制和场景往往与丰富有趣的游戏体验不相容。简言之，战争本身并不有趣，商家需要进行重大的品牌重塑，以创造玩家期待和支持的消费体验。

军事娱乐综合分析经常会震惊于美国陆军的兵棋《美国陆军》（*America's Army*）（2002—）和《波西米亚互动》（*Bohemia Interactive's ARMA*）（2006）系列兵棋（我们将其称为模拟游戏），它们要么是军事训练工具，要么仅是对军事训练工具做了轻微修改。对包括斯塔尔在内的许多人来说，这意味着军国主义渗透到日常生活中的危险，因为它们渴望向玩家传达具体的军事价值观、程序和战术。然而，如果我们将此类模拟器的发行量与《使命召唤》（COD）畅销本相比较，就会发现这些坚持对现实主义的严格解释的模拟器只不过是缺乏广泛追随者的小众产品（《使命召唤》销量见图22.1）。虽然美国陆军在模拟方面取得了很大的成功——在11年时间里就有1 300多万玩家注册（Anderson，2013），且截至2009年，仅《使命召唤4》（*COD 4*）就售出了1 300多万份。自2007年以来，《使命召唤：现代战争》（*COD's Modern Warfare*）（2007；2009；2011）和《黑色行动》（*Black Ops*）（2010；2012）系列共售出约1 087万份。与这些模拟相比，其他受欢迎的系列游戏，如《战地》（*Battlefield*）（2002—2011），销量达4 057万份。《荣誉勋章》（*Medal of Honor*）（1999—2012），销量达3 731万份。这些兵棋也取得了显著的成功[2]。不要忽视像《波西米亚互动》（*ARMA*）和《美国陆军》这样的相关追随者。在下文中，我们认为流行兵棋以模拟无法实现的方式塑造了人们对战争的期望，这仅仅是因为它们的发行量和普及度更大。我们认为，正是流行兵棋的选择性现实主义，不仅帮助它们成为非常成功的商品和特许经营品牌，而且还协助构建了一种文化想象。在这种文化想象中，新的美国战争方式被视为是可取的、有效的、自然的、同时也避免了随之而来的许多问题和矛盾。

	销售额
《使命召唤》-2003*	1 750 000
《使命召唤2》-2005*	2 500 000
《使命召唤3》-2006*	1 250 000
《现代战争》-2007	17 750 000
《世界大战》-2008*	11 000 000
《现代战争2》-2009	24 500 000
《黑色行动》-2010	29 700 000
《现代战争3》-2011	29 830 000
《黑色行动2》-2012	24 200 000
《幽灵》-2013	14 500 000
总计	139 600 000

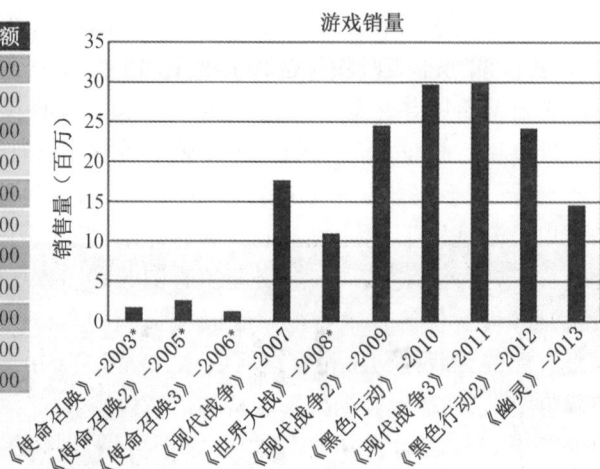

图22.1 《使命召唤》销量(单位:百万)

(注：2014年"《使命召唤》系列兵棋销售统计")

在流行兵棋中,这种选择性的现实主义显示了一系列荒谬的约束,这些约束
是将像战争这样乏味、多变和复杂的事情转化为有趣和标准化的大众体验所必
需的。一般来说,游戏的限制会与现实机制产生偏差。例如,角色移动的方式、
他们可以携带多少装备、武器弹道,或者角色可以承受多少伤害,以及军事战术
和战略训练。兵棋通常会出现"跑轰"(run-and-gun)游戏风格,比起谨慎、策略和
团队合作,玩家更倾向于快速反应(Bayer,2006)。这些偏差是由一个简单的事实
引起的,即这些区域中的现实表现使游戏体验缺乏吸引力,缺乏可消费性,并且
很难掌握。

约束也会影响兵棋所选择的个人、社交和地缘政治叙事,让玩家有理由对抗
一波又一波的坏人。模拟和兵棋都是在意识形态承诺的背景下进行的,意识形
态承诺塑造了"我们为什么而战"的更伟大事业,比如为维护自由、民主和"我们
的生活方式"而战。同时也模拟了在为英勇、胜利和保护战友而进行的战斗中的
紧张局势和人性戏剧。然而,当现实场景和军事价值与剧情和游戏机制发生冲
突时,模拟和兵棋通常只会选择其中一个作为重点。比起捕捉完整的战争体验,
流行兵棋必须与具象机制相抗争,即让游戏中的战争变得不再那么恐怖,而是加
入一些有关酷炫、荣耀、刺激的成分,并使其成为一种可消费的娱乐。为此,新的
战争方式所提倡的技巧、技术和世界观形成了一种重合利益的联系,这些利益相
互加强和普及:一些游戏公司可能会以将他们的叙事和游戏环境置于未来冲突
的预谋中,使他们看起来更前沿和"真实",从而传播军事思想,并将其打上酷炫、
有效和不可避免的标签。

然而,这种利益关系的重要之处在于,它并不一定会遵循集中宣传模式,走出五角大楼进入文化中。这些游戏和故事首先来自娱乐行业的市场研究、品牌推广和商品化努力。与军队一样,军事革命形成了强大的商业模式,带来了巨大的经济回报。

五、兵棋:从补救到绸缪

正如军事革命以一种零散的形式逐渐融入美国军事计划一样,其与流行兵棋的融合也是如此③。从20世纪90年代后期到2003年,最受欢迎的商业兵棋"修复"了过去的战争,反映了当时的军事力量规划。这一时期备受赞誉的系列兵棋,如《荣誉勋章》《战地》和《使命召唤》,几乎都围绕第二次世界大战。由史蒂文·斯皮尔伯格(Steven Spielberg)于1999年创作的《荣誉勋章》系列电影采用第二次世界大战模式的时间是最长的,其最终在2010年第13次上市时脱离了这一模式。早期的《荣誉勋章》(电子艺界公司出品)游戏的灵感来自斯皮尔伯格的《拯救大兵瑞恩》(Saving Private Ryan)(1998),旨在提供一种互动体验,像电影一样真实地再现历史。游戏任务起源于历史研究,被广泛认为是战争许多方面和前线的真实表现。

电子艺界公司于2002年出品的《战地1942》(Battlefield 1942)最初也聚焦于第二次世界大战。除了能够使用历史时期的武器外,玩家还可以通过战争地图操作各种车辆(这些车辆都是受历史启发设计的),这些地图的灵感也来自第二次世界大战的主要冲突和战区。与之前的兵棋相比,《战地》系列允许玩家扮演五个战斗角色中的一个,每个角色都有自己的优势和劣势,从而实现更好地定制游戏体验。例如,防坦克角色使人能够有效地攻击车辆,但不能攻击普通步兵;而侦察兵则具备有更强的监视和远程交战能力,但没有有效的近距离作战能力。医疗兵可以治疗队友,工程师可以修理装备,但两者都不如拥有强大火力的攻击级士兵更适合战斗。平衡这些不同的能力能够提升玩家的合作意识和团队精神,而之前的射击游戏却做不到这一点。

第二次世界大战为三个最成功的兵棋系列提供了灵感,这可以部分地解释为简单的社会和制度网络——电子艺界公司出品了《荣誉勋章》和《战地》系列兵棋,《荣誉勋章》的创作者在组建其工作室之前参与过《无限病房》(Infinity Ward)的创作,但是对第二次世界大战的极端叙事方式也有助于证明互动战争的娱乐价值。流行兵棋的一个主要的荒谬限制是提供了一个可信的背景,解释了为什么玩家应该攻击一波又一波的敌人,而不觉得自己是精神病患者。没有明确的攻击理由,枪击者的暴力行为就会变得平淡无奇,并将战争表现为一种不可持续的、有创伤的事业④。击败轴心国使命的明确道德性提供了这一理由,并开启了美德和英雄主义的正面影响。在"9·11"事件和迅速扩大的全球反恐战争爆发之后,不法分子的形象占据着绝对邪恶的地位。

早期对现代战争的尝试暂时打破了大规模陆战的旧模式,但仍把外国和联盟视为对国际和平与安全的主要威胁。《使命召唤4:现代战争》(2007)的问世,显现出了新战争范式的力量。其利用对控制核武器的恐怖分子的恐惧,提供了一篇史诗般的情感叙事。《使命召唤4:现代战争》将冷战引入对核扩散和全球反恐战争带来的不对称战争的广泛关注中。随着公众对日益扩大规模的战争不满情绪日益高涨,再加上大规模杀伤性武器实验屡屡失败,《使命召唤4:现代战争》开始让玩家亲身体验这类武器的威力。

游戏中,如果你选择扮演一名特种部队海军陆战队队员,那么在一位激进的领导人用核武器攻击全城以击退敌军时,你扮演的角色会与其他3万名海军陆战队队员,以及无数平民一起慢慢死去。这场战役以一场激烈的战斗结束,不法分子占领了一个核设施,目的是自毁几枚已经在运往敌国的弹道导弹。

除了此类讨论,《使命召唤4:现代战争》还显示出军事革命趋势的开始,显示出对特种作战部队而非标准步兵或装甲部队的强烈偏好。战役任务分为海军特种部队成员(在战斗中阵亡)和英国特种空勤团(SAS)精英突击队成员进行秘密袭击。现代武器装备加上专用消音器、示波器和其他附件,以及现代无人机和其他形式的网络化空中支援,为这些灵活的小队提供了消灭更多敌军所需的优势。

《使命召唤4:现代战争》还彻底改变了多人游戏体验,包括一个升级系统,玩家可以通过在游戏中的投入来增加角色定制。过去,多人作战兵棋通常是提供标准化角色供玩家进行选择。虽然《使命召唤4:现代战争》为没有经验的玩家保留了五个标准职业,但其最有利可图的一大创新是升级系统,随着玩家经验值的提高,来逐渐解锁武器和特权。五级以上的玩家不必再使用预设的身份,他们可以定制自己的装备,以便在赢得装备时使用更好的武器,并根据自己的游戏风格定制自己的角色。这为玩家提供了额外的激励,让他们继续玩游戏并解锁装备,从而成为更有效的"杀手"。《使命召唤4:现代战争》还推广了"连杀"奖励,即玩家在不被杀死的情况下杀死一定数量的对手,就可以获得性能提升和先进的军事武器。

《使命召唤4:现代战争》带来的变化对之后的兵棋来说具有戏剧性和革命性。前三款《使命召唤》兵棋销量共计约550万份,而《使命召唤4:现代战争》兵棋的销量高达1 350万份。次年,《使命召唤》又重新聚焦于第二次世界大战的场景,结果销量下降了250万份,这表明《使命召唤4:现代战争》的背景为兵棋的用户提供了一些历史题材所没有的重要内容,将定制集成到多人游戏升级系统中,使军事革命的工具和技术成为焦点,以此作为激励玩家并确保其忠诚度的重要方式。每一种配备有一系列瞄准镜或消音器的钢枪都具有独特的特征,这使得人们越来越感到高科技是战争成功的决定性因素。《使命召唤4:现代战争》也帮助巩固了突击队和小型战术部队,将其作为创造史诗级战争叙事的主要元素。突击队不仅与现代军队的发展保持一致,而且还为角色发展提供了强大的背景,让玩家成为"现实"超级士兵的角色。

继《使命召唤4:现代战争》的成功后,后续系列兵棋创下了叙事兵棋的销售记录。随着141特遣队(一个多国反恐精英部队)的成立,《现代战争2》(2009,销量2 450万)、《现代战争3》(2011,销量2 980万)开始逐渐转向秘密特种作战。后续游戏的内容主要围绕美国本土和欧洲地区为背景展开。在《使命召唤》中,现代战争的特点是不对称威胁的威力,同时也显示出传统力量在这种新战争范式中的不足。

与此同时,《战地3》(电子艺界公司2011年出品,销量1 675万)继续秉承《现代战争》系列游戏的精神,充分利用人们对核恐怖主义的恐惧并展示军事革命的力量。单人战役要求一小队美国海军陆战队特种部队"寻找、修复和解决"一个拥有"手提箱"核武器的不法组织,其中一个(核爆炸装置)设定在巴黎引爆,另一个在前往纽约的途中。

除了具有与《现代战争》系列兵棋类似的多人游戏升级和定制系统外,《战地3》还展现了一种完全唤起军事革命的美学。加载屏幕在发光的霓虹灯网络中勾勒出士兵和装备的轮廓,并伴随着合成电子低音,这似乎更适合在迪士尼出品的影片《创》(Tron)中出现,而不是出现在军事冲突中。目标和其他信息在整个游戏过程中以相同的形式出现在抬头显示器(HUD)上,以区分游戏环境中的队友和目标,并提供其他有用的指引。

后期的《荣誉勋章》系列兵棋也尝试利用新的美国战争方式,首先是在历史背景下,随后则是在不久的将来。《荣誉勋章》兵棋(电子艺界公司于2010年出品,销量582万)大致基于"蟒蛇行动"(Operation Anaconda),这是最早利用大量常规美国军队而不是特种作战部队的行动之一。毫无疑问,这是拉姆斯菲尔德和麦克克里斯塔尔(McCrystal)正在考虑的战斗之一。他们观察到,大面积的战争方式在21世纪的战争中可能不会奏效。玩家会在海豹突击队六组(SEAL Team Six)的特工(他们会进行大规模的偷袭)及传统部队(经常被压倒性的叛乱部队伏击)之间分配他们的时间。大规模战术演习通常会在游戏中失败,造成重大伤亡,因而游戏常常采用突击队战术。

该游戏的续篇《荣誉勋章:战士》(Medal of Honor: Warfighter)(电子艺界公司于2012年出品,销量276万份)随同一组海豹突击队从已宣布的战区加入"全球"反恐战争中。现正在联合特种作战司令部(JSOC)领导下秘密的行动,玩家常常联合他国特种部队在许多国家和地区执行特殊行动和人质救援任务等。他们在很大程度上独立于笨拙的军事官僚机构,这些精干而灵活的部队能够自成一体来摧毁强大的恐怖主义网络。

与先前聚焦第二次世界大战的兵棋一样，这些重新命名的《荣誉勋章》兵棋一再强调它们的"真实性"。从第二次世界大战到反恐战争系列兵棋的演变是通过对最精锐的特种部队的美化实现的。其在很大程度上由所谓的"一级特工"组成——如海军海豹突击队六组（负责袭击本拉登的小队）和陆军三角洲部队（DELTA Force）等最负盛名的特种作战部队成员。《荣誉勋章》在2010年向真正的一级特工支付了咨询费用，以提高叙述的可信度，但作战人员追求更多的是真实性。正如后者的网站所吹捧的那样，叙述是由"活跃的美国一级运营商在海外部署并受到现实世界威胁的启发"撰写的，并承诺将"带有虚线的游戏任务与现实世界的入侵联系起来"（Electronic Arts，2013）。然而，对这种真实性的追求被证明是危险的，参与该项目的七名海豹突击队队员收到了上级的正式谴责信，理由是他们泄露了机密信息，违反了"海豹突击队是沉默寡言的战士、回避聚光灯的不成文规则"。他们被罚了一个月的工资，实际上也被扼杀了晋升的机会（Martin，2012；Ackerman，2012）。这些海豹突击队夹在依赖保密、纪律和牺牲的军事文化与将他们变成名人的娱乐现象之间，体现了实际军事与其作为娱乐的流通之间不稳定的平衡。

《战士》对真实性的追求也到了令人不安的地步，即通过营销和品牌策略联合玩家与真正的武器制造商。自2006年兵棋广泛普及以来，兵棋中的武器开始带有额外的品牌标识，指向其实际制造商，而不仅仅是通用型号或虚构名称。A.50口径狙击步枪因此成为巴雷特M82，而突击步枪变成以色列武器工业公司制造的TAR-21。虽然这样的名称更改能够提高游戏的现实性，但同时也会让游戏面临商标法的法律诉讼，而虚拟名称则不会如此。现在，真正的武器制造商经常将他们的武器授权给游戏公司，以换取成本、收益分成，甚至只是推广和代言（Parkin，2013）。此类许可协议还能够使制造商在一定程度上控制他们的枪支在机械层面和叙述层面的表现方式。例如，巴雷特枪械制造商禁止被"可能被视为美国或其公民的敌人的个人、组织、国家或公司"使用它们的武器，并要求3D模型"符合我们的步枪在现实世界中的标准"（Parkin，2013）。自2006年以来，此类授权协议在AAA级兵棋中得到越来越多的推广，但《战士》将这种品牌化发挥到了一个新的极致。除了广泛的武器品牌化，他们还从许多制造商那里获得了品牌武器附件和范围，并在他们的博客上提供了链接，让玩家可以从游戏中购买真实的武器。

育碧游戏公司（Ubisoft）以汤姆·克兰西（Tom Clancy）的名义发行了另一系列整合了军事革命工具和技术的授权兵棋。像《幽灵侦察》（*Ghost Recon*）（2001—2014，销售额1 628万）和《彩虹六号》（*Rainbow Six*）（1998，销售额1 469万）这样成功的授权游戏也许最始终如一地关注军事革命和反恐战争的世界观。其专门针对小型突击队，利用军事革命的高科技来解决恐怖主义威胁。《彩虹六号》（*Rainbow Six*）游戏内容为一支名为"彩虹"的精英反恐特遣部队，与那些企图通过爆炸或化学武器袭击造成大规模伤亡的组织严密、资金雄厚的不法分子展开对抗。其采用先进的成像技术作为核心游戏机制，将《彩虹六号》牢牢地置于军事革命的范围内。玩家可以轻松地在多种可视化模式之间切换，包括夜视、热像和声纳视觉，每种模式都能够对游戏产生影响，并允许彩虹小队击败更多的敌人。

在反恐背景下，《幽灵侦察》系列兵棋更倾向于采用军事革命技术。育碧游戏公司2006年出品的《幽灵侦察：尖峰战士》（*Ghost Recon: Advanced Warfighter*；销售额190万）是最早的战术作战兵棋之一，其以军事开发中的未来作战系统（FCS）和目标部队战士（OFW）项目的技术为特色。玩家负责管控"幽灵侦察"，它是一个由美国陆军三角洲部队特工组成的高度秘密组织，专门完成有争议的未知任务。本次任务在墨西哥城展开，预示着美国军事战略家所设想的城市环境。育碧游戏公司对这款兵棋的总结反映了美国特种部队未来作战中的网络中心战精神，并充分利用了军方计划的未来作战系统的技术：2013年，美国陆军将实施综合作战系统（IWS），以发展我们现在所了解的现代士兵。综合作战系统将先进的武器系统、卫星通信设备和增强的生存能力整合为一个完全集成的作战系统……在墨西哥城中心发生事件后，美国陆军最精锐的特种部队被部署到事件中心。尽管该精英部队人数众多，但装备十分齐全，是战场上的第一道也是最后一道防线……游戏玩家使用一个集成有尖端武器和革命性通信系统的作战系统来展现未来士兵的样子。根据美国陆军的实际研究，《幽灵侦察》系列兵棋让玩家对未来10年的战争有了一个真实的看法(Ubisoft Entertainment, 2005)。

为实现这种以网络为中心的游戏风格，《幽灵侦察》创造了一个名为"交叉对话"（Cross-Com）的通信设备，该设备允许士兵接收无人机和其他玩家的视觉和听觉反馈，并将其投射在士兵的头盔上[5]。该系列的后续游戏采用了其他未来技术，如自动标记和跟踪敌人的传感器手榴弹和四轴飞行器监视无人机。这些军事革命工具带来的态势感知能力的提高，使玩家能够更有效地指挥作战小队，在战场上占据主导地位。

在流行兵棋中，可能是军事革命最重要表现的最后一款兵棋是《使命召唤》的《黑色行动Ⅱ》（*Black Ops* Ⅱ, BO2）（Activision 2012，销售额2 720万）（《使命召唤：黑色行动Ⅱ》见图22.2）。从20世纪80年代到2025年，《黑色行动Ⅱ》（*BO2*）的叙事呈现出军事革命前后战争的鲜明对比：20世纪80年代，你骑在马背上，阿富汗的圣战者用RPG（火箭筒）炸毁坦克，用AK-47（步枪）在沙漠中扫荡；2025年，你操作高科技无人驾驶飞机，使用能够提供X光视野的瞄准镜，只需在战斗智能手机上轻触几下就可以征用敌人的装备。在未来，一切都是由复杂的电子设备驱动的。《黑色行动Ⅱ》在美化这一状态的同时，也说明了这种状态的危险性。对电子产品的依赖使现代世界面临着一个平民主义团体的网络攻击,该团体抗议国际不平等,并在全球范围内发动海豹突击行动,试图重建国际秩序。

图22.2 《使命召唤:黑色行动 Ⅱ》

(注：过去和未来的战争共同美化了军事革命技术。)

虽然到目前为止,对于军事革命下的网络战争几乎没有什么论述,但我们将在这里给出一个例子,说明军事革命在现代战争模拟中的运用并非是良性的,仅仅有助于在公众舆论和军队中围绕未来战争的预期构建共识。简要回顾完有关网络安全和网络战争的论述之后,我们将继续回到《黑色行动 Ⅱ》,以此来说明问题假设是如何在整合的史诗叙事中被放大的。

六、网络战及超网络战

随着战场和经济对信息网络的依赖程度越来越高，保卫和利用计算机系统以保持或获得战略优势开始成为人们关注的焦点。自互联网发展以来，人们就一直担心国家网络安全，而在2010年，这种担忧达到了极限。在1997—2006年的《四年防务评估》中，"网络"一词只出现了15次，而且都十分模糊和笼统（1997年：0次；2001年：5次；2006年：10次）。在2010年发布的《四年防务评估》中，"网络"一词出现了73次，在2014年出现了45次，这标志着一个重大的转变。2010年发布的《四年防务评估》宣布成立一个新的军事司令部——美国网络司令部（USCYBERCOM），作为国家安全局的一个军事分支，负责保护国防部网络和关键国家基础设施的安全。虽然围绕美国网络司令部做出的许多官方描述都将其定性为防御性部门，但2010年的《四年防务评估》模糊地暗示了更多，报告称军方在未来"将准备……进行全频谱的网络空间军事行动"（US Department of Defense, 38）。

在一篇为美国网络司令部辩护的文章中，当时的国防部副部长威廉·林恩三世（William Lynn Ⅲ）认为网络空间需要特别关注。事实上，在一个典型的网络安全讨论中，林恩设想了"网络毁灭"的场景，阐明了网络空间军事化的必要性。他表示："十几位意志坚定的计算机程序员"可以"威胁到美国的全球物流网络，窃取其行动计划，蒙蔽其情报能力或阻碍其向目标运送武器的能力"（Lynn 2010, 98–99）。随后他还表示，其他国家和影子黑客知道这一点，并正在开发类似的能力，不仅仅针对政府计算机，还针对，如"电网、交通网络或金融系统"等"关键民用基础设施"。

美国前国家安全局局长（1992—1996）、美国国家情报局局长（2007—2009）迈克·麦康奈尔（Mike McConnell）则认为前景凄惨，他在2010年的一篇专栏文章中表示，我们正处在一场网络战争之中，同时我们也正在输掉这场战争。在名为"网络冲击波"（Cyber Shock Wave）的网络战争模拟之后，参与者就一次想象中的网络攻击集体讨论了解决方案，该攻击导致"4 000万人断电；6 000万部手机停止服务；华尔街关闭一周"（Nakashima, 2010）。麦康奈尔表示，我们完全没有做好防御网络战的准备，"尽管我们所有的战争游戏和战略文件都聚焦于传统战争，但我们还没有解决有关网络冲突的最基本问题"（McConnell, 2010）。

由于来自高级国防官员的可怕警告，网络安全自2010年以来获得了大量资金，也成为目前国防承包商增长最强劲的领域之一，这也就不足为奇了[6]。

但是，虽然大多数围绕网络战的论述都已通过呼吁防御性使用而合理化，但2010年也暴露了其存在的片面性和意识形态性质问题。2010年，人们发现了一种名为Stuxnet的恶意计算机蠕虫（病毒），攻击目标是位于纳坦兹（Natanz）的伊朗核设施的工业控制单元。Stuxnet病毒感染了控制用于铀浓缩的离心机的计算机，而这正是政府官员曾警告的可能发生的基础设施攻击类型（Sanger，2012）。该蠕虫伪装成合法软件并修改了Windows内核（安装了"木马程序"）以防止被检测出来。除了对1 000多台离心机造成物理破坏外，Stuxnet病毒让人印象深刻的地方还在于它成功地在没有任何外部网络连接的情况下渗透到了一个设施（它是"气隙式的"），这为其增添了一种魔法色彩（Langner，2013）。

Stuxnet病毒成功展示了网络武器的威力和威胁性，而美国网络司令部的构建是为了抵御在美国军队帮助下创造的世界。

七、网络战和电子游戏：按X键进行黑客攻击

随着黑客攻击成为一个全球性问题，它已经成为电视和电影的核心叙事手段。几乎所有涉及政治、犯罪、法律或技术的电视节目现在都有一个常驻黑客，可以随心所欲地改变数字：毫不费力地入侵防火墙、电话和电子邮件、破解加密和劫持监控系统。叙事通常只展示表面效果，即他们施用技术的结果，而非展示黑客攻击的过程。黑客通常是推动剧情向前发展不可或缺的配角，但他们所做的很多事情都隐藏在一堵无法穿透的技术性和笨拙的社交技能的高墙之后。简单点说，黑客就是一位难以识别的魔术师[⑦]。

出于这个原因，黑客还没有在现代兵棋中找到自己合适的位置。虽然黑客偶尔会支持非玩家角色（NPC），比如《汤姆·克兰西细胞分裂》（*Tom Clancy Splinter Cell*）系列兵棋，但很难让玩家成为黑客这一主体。在网络战和军事革命的背景下，最早尝试这样做的兵棋便是《黑色行动Ⅱ》[⑧]。它影响了后续兵棋可能会遵循的一个关键过渡：虽然之前的游戏提供了屏幕提示，如"按X键进行交互"，但《黑色行动Ⅱ》开始提供"按X键进行黑客攻击"功能。通过按下X键并点击你角色袖子上的几个按钮，你可以打开仓库后门的锁，激活敌人的无人机来保护你，或者劫持其他敌人的装备。黑客攻击在《黑色行动Ⅱ》中表现得轻而易举且无处不在。

除了像这样的小游戏机制外，《黑色行动Ⅱ》的竞争叙事还与网络末日情景密切相关。《黑色行动Ⅱ》的主要反派是劳尔·梅内德斯(Raul Menendez)，他是反对经济不平等的国际运动幕后领导者，他随后开发了某种量子计算设备，其功能强大到可以在瞬间破解所有数据加密。正是利用这一点，他控制了整个美国无人机机队，并派遣其攻击美国城市。在造成了巨大破坏并杀死了许多人之后，梅内德斯最终让无人机自相残杀来恢复公平的竞争环境。

《黑色行动Ⅱ》努力地克服过度依赖军事革命技术的发展带来的危险。在某

些层面上，你可以在这款游戏里通过完全自主的杀人机器来组织防御，这些机器可以区分好人和坏人。而在其他情况下，你的任务是摧毁这些与你对立的机器。这种叙事方式是网络社会特有的，因为它让权力得以流转，但却放大了破坏的可能性和效力。正如（美国）动视公司（Activision）在销售《黑色行动Ⅱ》时所经历的那样，对网络社会的控制很容易适得其反。回想一下，我们在本章开头提到的盖伊·福克斯的面具，该面具已成为黑客行动主义匿名组织的象征，代表着网络恐怖主义。黑客组织被这一类比手法激怒了，随即启动了"动视行动"作为回应，威胁说在游戏启动时利用垃圾网络流量淹没游戏服务器，最后还泄露了动视首席执行官埃里克·赫希伯格（Eric Hirshberg）的个人信息，并附上一张便条，声称"我们不是敌人，但如果你想要敌人，那么你已经得到了"（Yoder, 2012）。以上述故事为例讲述网络时代控制的困难，似乎再合适不过了。

八、全权访问的幻想与网络战的未来

在《黑色行动Ⅱ》中，网络战以一种游戏的形式出现，相当于魔法力量。再加上困扰网络对话的网络末日情景，这些神奇的力量围绕着我们可以在数字系统中期待的安全类型，从而创造了一个可怕的悲观神话。2014年，美国国家情报局局长詹姆斯·克莱珀（James Clapper）连续两年在国会作证表示，黑客是国家面临的最大威胁，其威胁比全球恐怖主义或大规模杀伤性武器的扩散更大（Mazzetti, 2014）。当黑客被设计为巫师的形象，只需按下一个按钮就能召唤出数字系统的钥匙时，某些解决方案，如大规模监视和军事威慑，就会上升到最高级别，而根本的问题——糟糕的编程却依然存在。

政治和媒体上对黑客攻击的幻想也在某种程度上掩盖了真正的黑客攻击是多么困难的事实，军方在试图发展自己的网络能力时也敏锐地察觉到了这一点。2011年，当北约部队考虑发动网络攻击破坏防空系统时，他们估计一个程序员团队至少需要一年的时间才能设计出一种有效的网络武器（Nakashima, 2012）。为了缩小传统武器和网络武器之间的发展差距，美国国防部在2011年创建了一个名为"X计划"（Plan X）的美国国防部高级研究计划局（DARPA）项目，并出资1.1亿美元用于提高进行网络战争的基础战略和能力。虽然该项目不直接负责制造进攻性网络武器，但其目标是使网络战的实施与在电视和视频游戏中显现的一样简单。

这一过程的第一步是开发平台，使军官能够在不需要复杂的网络和计算机系统技术知识的情况下进行网络战。正如项目制定者丹·罗尔克（Dan Roelker）所说的，"假设你在玩《魔兽世界》，你有一把+5级或者其他属性的魔法剑。你不一定要知道那把剑是用什么咒语造的，对吧？你只要知道它拥有这些属性，它可以

帮助你就足够了。同理。你不需要技术细节"(Shachtman,2013)。

为了将技术细节转化为非专业人士可以使用的形式,美国国防远景研究计划局求助于青蛙设计公司(Frog Design)为其提供原型界面网络战模拟平台。青蛙设计公司是一家界面设计公司,过去曾参与过索尼Walkman随身听和Apple IIc计算机等设计项目。该原型机在三星SUR40触摸屏上运行,威尔德(Wired)称之为"一款40英寸的多人iPad"(Shachtman,2013),具有网络拓扑和信息流的直观可视化以及基于触摸的瞄准和武器部署性能。无极黑(Massive Black)是一家概念艺术工作室,曾参与设计《生化奇兵》(*BioShock*)(2007)、《英雄联盟》(*League of Legends*)(2009)、《复生 2:黑暗水域》(*Risen 2: Dark Waters*)(2012)等兵棋,也已签约进行界面设计。在他们的指导下,武器界面被设计成一个"类似于《疯狂足球》(*Madden Football*)"的脚本。由于许多网络冲突都涉及重复运行相同的程序,它们的目标是"构建一个模板,然后让规划人员查看所有不同的程序",从而简化过程(Shachtman,2013)。每种武器都有一个易于识别的图标,并指示与使用相关的风险和威力。每次利用漏洞时,都会降低未来该漏洞的有效性,因此根据武器的投资对武器进行排序和分类,以便操作员权衡潜在风险和潜在收益。选择一个"游戏"能指示计算机开始为目标系统编译漏洞,你可以在准备好时随时开始攻击。

虽然这个界面可以更直观地进行网络战,但它也只能解决一半的难题。网络武器只有在你知道指向何处时才有效。"X 计划"的第二个方面是开发网络映射工具,对全球范围内的接入点和易受攻击的系统进行分类。这些地图将会指示哪些漏洞将起作用以及在哪里起作用。而这种地图的问题在于它必须不断更新。如果微软推出了一个Windows更新程序,该程序会锁定一个关键漏洞,那么这些工具必须能够不断提供更新的信息,而不会提醒目标他们正在受到攻击。

2013年,X计划向媒体展示的时候,它看起来更像是一款电子游戏,而不是一个网络战平台:它只是一个显示虚假信息的界面,实际上并没有武器化任何东西。然而,从那时起,如雷神公司(Raytheon)和诺斯罗普·格鲁曼(Northrop Grumman)公司等国防巨头,以及如数据策略公司(Data Tactics)、Intific公司、"远地点"研究公司(Apogee Research)和Aptima公司等这些较小的公司也已经签署了近 7 400万美元的合同⑨。有了这些力量、势力和金钱的支持,X计划最终可能会成功地让"按X键攻击"成为现实。

只有当我们打破网络末日场景华而不实的外表,以及黑客是能够访问任何数字内容的魔术师的神话时,这种追求才会表现出愚蠢性。有些人认为,这位神奇的黑客也许不是西方社会的最大威胁,而是美国政府自身愿望的投射。美国政府是未报告计算机漏洞("零日漏洞")市场的最大投资者。世界各国政府并不是鼓励研究人员或黑客向供应商披露这些漏洞,以便修补软件缺陷,而是以数十万美元的价格购买这些漏洞，并将其囤积起来以备发动攻击（Menn, 2013）。

在网络空间军事化的过程中，我们失去的是网络安全问题的替代解决方案的流通，而这些解决方案并不只是相同这么简单。在军方的控制下，即使是网络防御，听起来也很像网络攻击。

先发制人的攻击、全球监视和基于威慑的法律制度等防御策略掩盖了一个事实，即真正的问题主要是编程能力欠缺或用户不知情。与其在利用漏洞上花费数百万美元，不如政府资助开发开源软件，以帮助提高计算机的安全性（而不是降低其安全性）。政府还可以发起数字扫盲运动，帮助人们认识不应点击的奇怪链接或是不明汇款要求。但是，这种简单而有效的解决方案降低了战略网络优势，并不能像数十亿美元的国防合同那样刺激围绕网络安全的新兴经济。这些替代解决方案（如果有的话），可以让用户将他们的安全和隐私权掌握在自己手中，而不是安心地放在一个军事化的网络战士群体中。

九、军事革命的未来与持续战争的自然化

相信冲突的不可避免性可能成为其主要原因之一。
——唐纳德·拉姆斯菲尔德，源自《埃罗尔·莫里斯》，"唐纳德·拉姆斯菲尔德的确定性"

尽管军事革命在财政、技术、政治和战略上似乎都是常识，但它预示着未来战争将成为一个没有任何特定意义的永恒现实。詹姆斯·德·德里安（James Der Derian）创造了"道德战争"（virtuous war）一词来表达这样一种观点：战争的日益虚拟化在美国公共话语中获得了道德的特征。通过虚拟调解让我们的部队远离危险——无论是通过在高科技模拟器中训练他们还是将他们放在无人机的操纵杆后面，这塑造了公众对战争道德（而不仅仅是战争中的暴力行为）的看法（Der Derian, 2009）。然而，在某种程度上，军事革命的虚拟化可能会带来比其能解决的更多的问题，并可能把良性战争变成相反的结果。梅茨（Metz）和基维特（Kievit）在对军事革命的成本和收益的早期分析中指出，技术化战争可能对军队的传统核心价值观产生负面影响：军事革命的二阶效应……值得进一步研究。例如，军事革命可能会产生违背美国军队精神和传统的作战方法。有一个涉及培训的例子……如果所有的训练都变成模拟或兵棋推演，武装部队是否仍会受到纪律处分并能够与有效部队建立联系？他们需要这样做吗？ 这两个问题的答案可能都是"不"。事实上，如果战争是在计算机终端上进行的，可能没有必要向不同的军队灌输纪律和个人勇气。在任何情况下，这一点的影响都应该在踏上不归路之前加以探讨（Metz and Kievit 1995, 27-28）。

梅茨和基维特建议参考奥森·斯科特·卡德（Orson Scott Card）的小说《安德的

游戏》(Ender's Game)，以获得有关这些问题的宝贵观点。

军事革命的第二个冲突是军事价值观的转变，它是展现勇敢和牺牲的基础。2013年2月，美国军方公布了一项新的奖项——杰出战争奖章（DWM），以此来表彰在战斗行动中做出"非凡"贡献的人。杰出战争勋章并不要求参选者展现个人勇气或做出牺牲，甚至不需要靠近冲突地区。因此，无人机操作员和网络战士与传统军事力量一样，都有资格参与竞争。两党批评人士立即表示反对，称将远距离作战人员和前线士兵归为一类，是对那些真正付出牺牲、身处危险而勇敢无畏的士兵的不敬。其他批评人士认为，对无人机操作员和网络战士进行嘉奖，掩盖了他们所进行战争的道德问题。因此，杰出战争勋章在颁布仅两个月后就被废除了（Lexington，2014）。因而，在虚拟士兵像他们的前辈一样受到尊敬之前，必须跨越一个重要的意识形态鸿沟。由于士兵的美德和牺牲也是兵棋游戏叙事的核心，网络战士成为引人注目的主角可能还需要一段时间。

军事革命提出的第三个问题或许是最重要的，有些人认为战争本身变得不那么有针对性，并略有扩大趋势而不是消散。随着无人机、网络战，以及特种部队的发展，战争被发动的风险也略有加大，寻求和平变得越来越困难。进行战争不仅变得过于容易，而且仿佛更具有治安性质，而不是具有确定目标的具体军事干预。

在军事重心转移之际，美国军队也在缓慢改变方向。自"9·11"事件以来，美国军队与54个非洲国家中的49个共同建设军事设施和基地、发展后勤基础设施、训练民兵，并建立联盟（Turse，2014）。根据国会研究服务局（Congressional Research Service）的数据显示，从2006年到2014年，美国在40个不同的国家花费了22亿美元培训和武装国外服务机构，以代替美国人开展反恐战争。这些代理冲突通常由特种作战部队指导，其中有一些会得到五角大楼提供的持续的情报和后勤支持（Schmitt，2014）。一些人认为，随着反恐战争日益全球化和分散化，美国可能会开始越来越多地寻找其他国家为其目标而战，同时还幻想着新的战争方式可以成为一种和平与稳定的保障工具。

一些人认为，随着战争被分解成小块的信息，并通过远程控制在远端进行，我们开始忘记为什么我们有时会处于战争状态。作为美国任期最长的国家安全局局长，基思·亚历山大（Keith Alexander）将军在退休后接受采访时发表了惊人的言论：尽管反恐战争已经进行了十多年，但全球恐怖袭击事件的数量未来可能会只增不减。根据马里兰大学的START项目研究，恐怖袭击的数量从2012年的6 771起（造成1万余人伤亡）增加到2013年的1万多起（造成2万余人伤亡）（Schwartz，2014）。

最近，针对美国无人机计划的分析，美国两党警告说有针对性的杀戮和跨境突袭可能会引发一场无休止的战争。该研究警告说，"越来越多地使用致命的无人机可能会导致持续或更广泛的战争",因为"无人机技术支持的看似低风险和低成本的任务可能会导致更频繁地被执行。如果因而会使有人驾驶的飞机或特种作战部队不得不处于危险之中,那么使用无人机追击的目标将被视为不值得追击的目标"(Stimson Center 2014,31)。从大规模的陆地战斗转向有针对性的特种作战,以及采取网络战也是这个道理。这些转变使战争从合法宣布的、以区域为界线的特殊情况显著扩大到了分散的、全球性的、不考虑领土主权的情况。随着这些技术可能会成为未来军队的标准做法,若引发战争,将再次给未来和平造成沉重的负担。

一些人认为,只要我们还记得我们在为什么而战,那么在军事革命下的战争在某种程度上就可以说是良性的。但这场战争已经持续了太久,而其战果又问题重重,以至于人们早已对战争的重要性失去了关注。无论兵棋推演是好还是坏,它都在试图提醒我们为什么而战斗。它们迫使我们面对军工集团最极端的预测,并请求我们击败他们,同时,在我们消灭了一波波军人后奖励我们金钱和分数。从2006年到现在,当然会一直持续到未来,一些兵棋通过互动和酷炫的方式来普及这种美国新的战争方式的前景。然而,困扰反恐战争的陈词滥调也一直伴随着它。就像第一人称射击游戏想象的各种各样杀人的新技术一样,几乎没有人会花心思去考虑缓解冲突的游戏机制。击溃或俘获敌人的能力被使用致命武器的头部射击和多重杀伤所取代。兵棋的平庸性在多人死亡竞赛模式的普及中再次抬头,这种模式甚至可以减少冲突的地缘政治理由,并将战斗变成一种体育运动来进行竞争和统治(如果你玩得足够好的话)。

随着兵棋越来越多地涉及未来的军事能力,它们也对未来投入进行了预先调整和自然化。正如彼得·辛格(Peter Singer)在一次有关他在《黑色行动Ⅱ》中担任顾问所发挥作用的采访中提到的这样:未来并不明朗,许多潜在的不确定事件未来都有可能发生。我们的目标是确定当下可能塑造未来的趋势……其中一条主要途径是通过科幻小说来创造能够塑造这个世界的期望……这些游戏非常受青少年的欢迎,同时也非常受那些已经在军队服役的人的青睐。这并不是对未来的预测,但它将有助于塑造人们对什么样的技术可能可用、"可能是"很快就会变成"应该是"的期望(Snider,2012)。

这种从"可能是"到"应该是"的期望的转变说明预调解成效显著。正如游戏中,黑客行为的表现严重影响了国防高级研究计划局制定X计划的目标和愿望一样,未来的军事演习也将围绕军事战略、战术和投资展开讨论。因此,我们提出了一个挑战和呼吁:如果我们的兵棋推演无法预演和平,我们对未来的军队还有什么期望呢?

或许从长远来看,军事革命和反恐战争能够拯救生命。但或许如何拯救有道德的美国人是一个伪命题。更值得思考的问题或许应该是:军事革命和现代兵棋能带来和平吗？或许在和平的建立仍然举步维艰之时,发动战争不应该更加容易。在我们看来,兵棋推演可以带来两种未来:一种是,像当前的兵棋一样,人们可以单纯地了解军事暴力;另一种是,兵棋也有可能创造出能够使美国新的战争方式复杂化、情境化,或者挑战这一方式的兵棋,有效地将其置于一种批判性的、更具反思性的模式中。后一种方法为挑战军国主义提供了巨大的潜力。

关于作者

卢克·考德威尔(Luke Caldwell)是杜克大学文学专业的博士生,也是一名拜内克学者(Beinecke scholar)。他的作品考查了数字资本主义下网络和信息战的自然化以及军事娱乐综合体的当代表现形式。

蒂姆·莱诺尔(Tim Lenoir)是杜克大学的教授和金伯利·詹金斯(Kimberly Jenkins)社会新技术主席。他教授艺术、艺术史与视觉研究、计算机科学和文学。

勒努瓦(Lenoir)是杜克大学信息科学/研究(ISIS)教研室主任,也是杜克大学"高于游戏"(Greater Than Games)人文实验室的联合主任,该实验室是一个多学科实验室,专注于跨媒体替代现实游戏的研发。2009—2010年,他在科学和媒体研究领域设计并发布了游戏《虚拟和平:铸剑为犁》(*Virtual Peace: Turning Swords to Ploughshares*)(www.virtualpeace.org),为解决和平与冲突问题的工作者和学生提供了一个基于培训和模拟游戏的学习环境。近期,他还同"高于游戏"实验室的学生一起为安卓和苹果系统开发了一款应用程序,用于杜克心脏中心的心肺复苏指导和应急响应。

注释

①例如,梅茨和基维特将军作为事革命分析家的目标之一是"为技术获取和部队重组提供蓝图"(1995)。

②除另行说明情况外,兵棋销售统计数据均来自VGChartz(2014)。

③虽然像《光环》(*Halo*)系列(微软游戏工作室出品)这样的科幻射击游戏可以被视为原始的军事革命兵棋,但他们的幻想背景导致我们将他们排除在流行兵棋的定义之外。

④《特殊行动:一线生机》(*Spec Ops: The Line*)(2K游戏公司于2012年出品)就是一个很好的例子,它对干涉主义的平庸性进行了批判。随着玩家进一步深入游戏,很明显,继续比赛的唯一原因就是弄清楚已经发生的暴力,尽管这些原因只会以越来越快的速度消失。

⑤据报道,海豹突击队第六组在袭击奥萨马·本·拉登期间使用了类似的技术,且效果十分显著(Ackerman,2011;Trimble,2011)。

⑥据估计,仅2014年,政府在网络安全方面的支出就达到了130亿~140亿美元,

预计这一数字会年均增长 7.6%(Slye,2012;Sternstein,2013)。尽管预算大幅削减,但政府对美国网络司令部的军事投资却保持增长势头。2010 年美国网络司令部创建之初,成员仅有 900 名士兵及相关支持人员,所获资金仅 1.2 亿美元。4 年后,其成员规模增长了 500%,达到 4 900 人,预算也增加到了 5 亿多美元(Garamone,2010;Fryer-Biggs,2014)。

⑦比如,《海军罪案调查处》(*NCIS*)里的艾比(Abby)和麦基(McGee),《丑闻》(*Scandal*)里的哈克(Huck),《疑犯追踪》(*Person of Interest*)里的芬奇(Finch)。

⑧这里略过了与现代网络战理念无甚关联的早期黑客游戏,但它们仍然具有很大的影响力。内向软件公司(Introversion Software)出品的《黑客精英》(*Uplink: Hacker Elite*)(2003)等游戏,以及随后的许多模组创造了"黑客模拟器"类型,但这些游戏与军事革命下的军事信息战仍有所不同。

⑨自 2013 年的年中收到这些合同以来,数据策略公司已被 L-3 和 Intific 公司收购,这两家国防巨头都希望扩大其网络专业技术。

第二十三章　制作《波斯入侵》

——拉瑞·邦德

国家外交政策问题之一涉及可能存在的核武器问题。

一、目标

2009 年夏天，我在《武器冲突》(*Clash of Arms*)首发式上第一次向出版商埃德·温布尔(Ed Wimble)提出了探讨以色列和伊朗问题的游戏设想。埃德和我的合著作者克里斯·卡尔森(Chris Carlson)都对这个想法很感兴趣。团队也邀请了第三位成员——设计师杰夫·多尔蒂(Jeff Dougherty)，因为我们相信他的专业知识将有助解决模拟游戏中的政治问题。我们三个人就基本概念达成了共识。

我们的目的不是要查明攻击是否正当。该游戏将其范围限制在探索如何实施此类攻击以及其军事和政治影响这一复杂问题上，这已经足够了。

虽然我们用"游戏"这个词，但它并非是一场每一方都有平等获胜机会的平衡游戏。我们想要创造一种工具，让玩家能够"敲打石头"(bang the rocks together)并探究发生了什么。我们并不期望模拟会显示攻击成功还是失败，我们希望通过反复的演习来发现冲突中的一切主导因素。

《波斯入侵》的研发始于 2008 年，一直到 2010 年夏天才得以出品。它被设计成一种标准的双人游戏，虽然一开始只是一个微型模型的补充，但几经改变，它最终成为一种可以同时使用计数器和纸牌的棋盘兵棋。

二、开始

我们设想游戏中摧毁核计划的行动将在军事和政治两个层面同时进行。尽管任何军事行动都相对短暂，但并不会是一次单一的打击。

我们可以用《鱼叉》来模拟空袭和防御。《鱼叉》是一款现代战术兵棋，由我和克里斯·卡尔森共同研发，于 1981 年首次出品，截止到目前已经发行了四版。该兵棋设计是与海军微型模型或计数器一起配合的手工兵棋，每名玩家扮演一名编队指挥官角色,控制水面舰艇、飞机和潜艇的行动。

虽然《鱼叉》第一版涵盖了假想的北约和华约(Warsaw Pact)冲突,但在第一版发行后不久发生的福克兰群岛战争(Falklands War)表明,该游戏可以改编为涵盖世界任何地区的现代海战。目前出品的续篇不仅涵盖福克兰群岛,还涵盖太平洋地区的虚拟行动以及冷战情景。在《波斯入侵》开发伊始,《鱼叉》系统附件已包括1 000多艘不同类型的船舶和子类、数百种类型飞机及其所有相关传感器和武器数据。《鱼叉》系统成熟且功能齐全,配备有必要的数据和规则,可以模拟不同目标的空袭以及双方可能参与的其他军事行动。

政治建模将使用卡牌游戏解决。为此,我们招募了杰夫·多尔蒂(Jeff Dougherty)。杰夫是一位经验丰富的设计师,曾创作过其他基于卡牌的兵棋(杰夫也为游戏的其他部分做出了许多贡献;公平地说,三位设计师对最终产品的贡献是均等的)。

为了让玩家可以采取政治和军事行动,我们制作了一副卡牌,上面有许多其他冲突的行动和事件。这些可能是玩家采取的行动,比如向联合国上诉,或者间谍行动,也可能是像丑闻这样的随机事件。卡牌被抽到并摆放在一条移动的"河流"中,从一个回合到下一个回合不断地变化,以模拟政治机会的随机性和短暂性。玩家可以在每个回合花费累积点数使用一张或多张牌。这些卡牌的结果也可以作为点数来影响参与游戏的国家或玩家本身的人数。

摆在我们面前的第一个挑战是如何将这两种不同的格式整合起来。不用多说,单靠军事打击无法解决问题。结果将取决于政治。这就意味着空袭的结果必须转移到政治舞台上。

我们早前决定其他国家对两个交战国的支持将通过军事、情报和政治点来建模。这些资源要么是由两个玩家自己积累的,要么是由其他国家提供的。玩家可以使用这些点数在游戏中采取不同的行动。给予的积分数量和类型取决于每个国家的支持程度。空袭还将为玩家带来政治积分。

三、分析及初步发现

在我们收集信息并开始为空袭拟订任务计划时,地理向我们展示了游戏的政治和军事方面是如何紧密地联系在一起的。

在这款兵棋中,以色列与伊朗没有共同边界,因此空军(IAF)必须飞越土耳其、伊拉克或沙特阿拉伯才能到达目标,或者更恰当地说到达多个目标。这次飞越不会是一次孤立的事件。假设一场为期一周的战役,除了作战飞机每天都会在这条航线上飞行外,空中加油机和搜救被击落飞行员的作战任务也会使用相同的空域。那受损的飞机怎么办?如果它们不能一路返回基地,它们能否沿飞行路线改道降落?

在这款兵棋中,以色列将租用这三个国家其中一个的空中走廊,持续至少一周的时间,这包含在游戏设置中。

我们使用"态度轨迹"对不同的非玩家国家进行建模,以显示他们对某一方的支持程度。这些国家都可以通过支持或限制参与者的行动而直接影响冲突。在游戏开始时,每个国家都有一个值,表示为10(以色列)和-10(伊朗)之间的数字。每个国家的"态度值"将成套提供,反映了不同的政治情景。这些场景将包括以色列与这三个国家中的每一个国家都达成共识。玩家也可以自己创造双方一致认可的首发阵容。

另一个重要问题是许多信息都具有不确定性。尽管有大量关于作战命令和能力的材料可供查阅,但传闻中的武器销售却夹杂着宣传和猜测。是否会有国家购买现代铠甲(Pantsir-ME)系统?如果已经购买该系统就意味着近程防空能力将显著增强。如果有国家购买GBU-28B型的精确制导炸弹,同时也秘密购买了更新的GBU-28C型炸弹来应对战争呢? GBU-28C型炸弹拥有更强大的穿透力,所以仅需之前一半数量的炸弹就能摧毁一部分目标。

创作小说《红凤凰》(Red Phoenix)、《危险地带》(Dangerous Ground)和《破碎的三叉戟》(Shattered Trident)等教会了我一些作家喜欢使用的技巧。如果你的情节有问题却没有明确的答案,那就把它写进故事里。我们在游戏一开始会给玩家一些点数,他们可以借此来升级自己的部队。其中一些是真实世界的武器销售谣言;另一些则是双方在预期冲突发生时可能采取的合理行动。

在政治和军事方面允许可变设置,不仅解决了信息不确定的问题,还能避免游戏快速过时。显然,政治局势可能会在游戏交付印刷的那一刻发生改变。玩家可以为每个国家创造自己的政治态度,还可以在新谣言出现或现有谣言被证实、揭穿时进行新的"升级"。

玩家对政治和军事情境不同组合的测试将会进一步推动游戏的探索性。借助不同的政治和军事机构,在大多数情况下他们可以确定哪些因素在冲突中起主导作用。

四、完成设计

最初,我们考虑了每一方可能采取的每一个行动,并确保游戏包括玩家需要执行的所有规则。在设计过程中,我们发现了一些行动无须包括在内,随后便将其从游戏中删除。

除研究导弹的作战顺序外,我们还研究了第一次海湾战争期间联军"飞毛腿导弹猎杀"的结果。结果并不鼓舞人心:在诸多次的飞毛腿导弹发射中,只有41

次被发现,其中也仅有8次(约20%)拦截命中(还是在导弹发射之后)。虽然运输安装式发射器数量有限,但通过一次发射将其一次性射杀并没有多少吸引力。即使拥有完美的武器性能,也需要几个中队联合作战才能在一个储存区域造成一点损毁。最好是能够摧毁制造核弹的能力和欲望。

虽然我们允许伊朗人尝试"关闭霍尔木兹海峡(the straits of Hormuz)",但我们把这个过程抽象化了,不去关注手段或军事结果,而是关注政治影响。模拟用导弹或空袭实际关闭海峡需要一个单独的游戏,这与空袭无关。简单地说,关闭海峡对政治局势的影响不是国际社会将施加压力,就是国际社会将强烈反对。

我们还为游戏增加了更多的可变性,给玩家额外的战略选择,甚至可以利用石油工业。伊朗为实现经济多元化做了很多努力,其主要的海外收入之一是石油。伊朗的许多开销是用石油或者石油出口所得收益支付的。伊朗还有一个依靠石油运转的现代工业产业,但略有薄弱。伊朗尚未修复其石油工业在战争中遭受的损害。1979年,失去了部分国外技术援助之后,伊朗不得不学习新技能或者购买设备。尽管伊朗是石油生产国和出口国,但它仍然需要进口一些成品油。

我们将炼油厂和石油码头及其防御系统添加到目标中,这些防御系统比核设施周围的防御系统要弱得多。我们制定了简单的标准来判断伊朗经济情况(即也许会提出和平诉讼的点)。

五、赢得战争

经过多次讨论,我们还达成了在这款兵棋中空袭核设施的重要胜利条件。

经过早期的测试和验证,我们的分析和常识表明,在这款兵棋中,空军可以摧毁核基础设施的任何部分,况且再加上飞机操作人员的睿智和一些运气,防空系统最多只能击落几架飞机,但是那已经于事无补了。

在这款兵棋的空袭行动中,只要能够到达目标区域,就可以炸毁任何地区。问题在于,他们会为损失的飞机和飞行员付出什么代价?在我们的游戏中,这些损失被转化为政治分数。如果代价极高,可以夷平所有核设施,但其仍然将是输家。

六、发行后

《波斯入侵》发行于2010年的夏天,套装中包括一个盒子,里面有一本47页的规则手册、一本43页的简报册、一本37页的名为"目标文件夹"的小册子、一张"22×17"的地图、两副分别为玩家准备的55张政治卡牌、纸板计数器、飞机数据卡,以及骰子。此外,我们还制作了一本可免费下载的、PDF格式的规则手册样本。

该游戏受到游戏界和专业人士的广泛欢迎。《外交政策》(*Foreign Policy*)期刊和最近的《经济学人》(*The Economist*)都对此进行了评论。专业评论社区"pol mil"中的反响好坏参半。粉丝们很喜欢这款游戏,对其十分感兴趣,但他们通常没有空战背景。他们明白将资源(飞机)分配给不同的目标是很重要的,但有些人希望攻击的解决方案能比我们根据《鱼叉》改编的简化战斗和伤害规则更抽象。

为了响应这些请求,我们创建了两种不同的产品。快速打击规则允许玩家与以前一样执行空中任务,同时能够更快地解决实际武器投放等问题。后来我们也专门为那些认为这款兵棋中的空袭计划过程过于艰巨或耗时的人制定了一套更加简化的规则。

军事界主要将该兵棋视为一种训练工具。例如,陆军战争学院对《波斯入侵》进行了测试,将其作为教学人员规划过程的工具。他们专注于游戏的军事部分,玩家就像真实世界的空军参谋一样,负责组织和执行空袭。我们对破坏表进行了扩充,并设计了一份关于对空导弹基地的摘要,以支持军方的利益。所有的这些补充材料都可以在海军三部曲集群(Admiralty Trilogy Group)网站上免费下载。

三位设计师都对这款兵棋受到的欢迎度感到满意。这不仅是对我们工作的认可,而且会鼓励我们继续维持和更新游戏。2014年4月发行的《海军情报报告》(*The Naval SITREP*)中登载了杰夫·多尔蒂的一篇关于游戏更新的文章,我们打算制作第二版《波斯入侵》,该版本不仅包含最新数据,还将涉及不同专业团体的利益。

它还鼓励我们寻找这种政治—军事混合模式可以应用的其他地方或情况。政治因素一直是战争的一部分,也是战争中最重要的部分,但在这个高速、高密度通信的时代,政治因素在战争伊始就显现了,而不仅仅只是在停战桌上。

关于作者

在获得定量研究方法学士学位后,拉瑞·邦德(Larry Bond)做了2年的计算机程序员,之后被选入罗得岛州新港的军官后备学校。1982年之前,他一直在美国海军担任水面作战军官,随后又在国防咨询公司担任海军分析员。他与汤姆·克兰西(Tom Clancy)合著了《赤色风暴》(*Red Storm Rising*),还与几位不同的作家合著了18部小说:其中5部是与帕特·拉金(Pat Larkin)共同完成的,二人的合作始于《红凤凰》;邦德与吉姆·德费利斯(Jim de Felice)合著了6部著作,包括《一线球队》(*The First Team*)和《红龙崛起》(*Red Dragon Rising*)等系列小说;与克里斯·卡尔森(Chris Carlson)完成6部,包括《杰瑞·米切尔》(*Jerry Mitchell*)系列;还有他的最新作品《应急》(*Lash-up*)。其中5部小说入选《纽约时报》的畅销书榜。拉瑞·邦德还设计了海军三部曲系列兵棋,其中包括《鱼叉》《海上指挥》(*Command at Sea*)和《敬畏神明,无畏战舰》(*Fear God & Dread Nought*)。这三款兵棋都获得了行业奖项。拉里·邦德目前全职编写和设计兵棋。他的个人网站是 www.larry-bond.com。

第二十四章　费卢杰第二次战役建模

——劳伦特·克洛斯耶

《幻影狂怒》(*Phantom Fury*)(2011)是一款关于2004年11月初伊拉克第二次费卢杰战役的战术模拟兵棋。一般来说,基于当代冲突的兵棋数量相当少,因为设计师面临着如难以找到关于事件连续性的可靠来源、战斗战术和装备的实际有效性等诸多限制。事实上,那些参与冲突的人可能还活着,他们在设计选择中整合(或不整合)伦理因素,或预测用户(玩家)的反应会让一款打破常规的游戏在发行前就失去信誉。

作为设计师,我的第一款兵棋选择这种战斗并不是出于虚荣心或挑衅,仅是因为出现了一些契机。通过简单阅读相关专业资料,我发现了2005年9月发表在《海军陆战队公报》(*Marine Corps Gazette*)上的文章——《经验教训:伊拉克费卢杰幻影狂暴行动期间,城市地形军事行动中的步兵小队战术》("Lessons Learned: Infantry Squad Tactics in Military Operations in Urban Terrain During Operation Phantom Fury in Fallujah, Iraq")(Catagnus, 2005)。其中,创建模拟所需的一切都唾手可得。剩下的就是把它们编写成一份规则清单。至此,持续近2年的漫长设计旅程拉开了序幕。

一、首要目标：发行

从一开始,我就带着发行游戏的愿望来进行创造。因此,绝不能让它成为双人游戏,尤其是考虑到3/4的潜在买家或玩家是美国人,其中一些人甚至可能是伊拉克战争的老兵。对我来说,提出让他们"杀死"自己战友的要求是不可想象的。第一个重要的设计决定就是:这将会设计成一个纸牌游戏。《迷宫》(*Labyrinth*, 2010)等兵棋游戏的战略性和抽象性使圣战方玩家玩起来"很舒服"。但考虑到战术角度,以及其可能会产生的悲情,《幻影狂怒》不会产生同样的感觉。战术规模还允许玩家更轻松地识别他们操纵的部队,增强游戏的沉浸感,并获得与FPS(第一人称射击)和TPS(第三人称射击)视频游戏相同的极端性质。我必须确保游戏的战斗方式和在游戏系统中的诠释不会使人产生被冒犯的感觉。

棋盘兵棋的本质让我确信《幻影狂怒》不会像《费卢杰六日》（*Six Days in Fallujah*）那样。这种类型的兵棋，像其他的第一人称射击和第三人称射击游戏一样，通过令人震惊的画面和快节奏的配乐刺激玩家的感官，激发玩家的本能。但是没有人会在打开游戏机之前先阅读一本20页的规则书。兵棋的规则阐明了设计者的思维过程以及玩家选择的因果关系。如果玩家能够理解设计师的观点，他们便更有可能接受游戏。在一步步设计《幻影狂怒》的过程中，我将棋盘兵棋定位为其可以解决历史上的任何冲突，甚至是那些从伦理或道德角度来看最微妙的冲突。《利比里亚：坠入地狱》（*Liberia: Descent into Hell*）（2008）就是这种棋盘兵棋的一个例子。

当涉及管理伤员的问题时，道德方面的问题也会出现。这是现代战斗中的一个主要问题，但很少在棋盘兵棋中被模拟。选择用游戏棋子代表受伤的士兵（在他们从战场上撤离之前），使他们像现役士兵一样成为潜在的目标。因此，如果玩家（或纸牌游戏中的游戏系统）故意攻击伤员可能会使游戏具有一定的紧张感。

发行意味着生产。最初，游戏板是用厚纸板纸牌随机搭建的，形成一个四线六柱的表面，每张纸牌代表一种特定的地形形式（城市、人口密集的城市、清真寺、郊区、工业区、模糊的景观）和许多地点（庭院、一楼、附加楼层），最终版本也是如此。从设计的角度来看，这是一个很容易做出的选择。每个区域使用的抽象层自然要来源于历史。随后，玩家将选择一个场景，该场景会指示游戏板的构造。例如，随机放置16张城市纸牌、1张清真寺纸牌、4张工业区纸牌等。考虑到编辑的建议，我很快放弃了这个极其繁琐的系统，并认为历史地图具有增强游戏真实感的优势。

不过，找到费卢杰战役的航空照片无疑是最困难的任务。最后，模糊地图细节能够让功能元素更加鲜活（同时也能够帮助玩家更好地阅读这些元素）。关于棋子，除了战术尺度外，我还加入了剪影的使用。但我最大的障碍是我的游戏是由法语写成的，而我不可能将自己的兵棋游戏提交给美国发行商。2009年，法国只有一家兵棋游戏出版商（Hexasim），其总编辑似乎觉得这一主题过于微妙，不合他的口味。但后来我遇到了平面设计师托马斯·普钦（Thomas Pouchin），他立即对重新制作《幻影狂怒》的地图产生了兴趣。几个月后，"Nuts！"出版社成立了，托马斯加入其中，并接手了我的项目。所以，我并不需要通过推广游戏来寻找发行商。《幻影狂怒》天生就具备了疯狂的所有要素（战术规模、现代战斗、单人纸牌游戏），"Nuts！"出版社需要立即将游戏推向市场。

二、第二目标：模拟

在我开始设计这款兵棋的时候,另一款主题比较相似、战术水平相当的战斗主题棋盘兵棋——《英雄之日》(*A Day of Heroes*)(2008)问世了。由于其图形和游戏性,《英雄之日》在熟悉战术战斗和紧张局势的玩家当中获得了巨大成功。这款兵棋的背景设置(1993年的摩加迪沙)让玩家能够"重温"马克·鲍登(Mark Bowden)的《黑鹰坠落》(*Black Hawk Down*)(1999)中描述的事件。我对《英雄之日》有着复杂的感受,它给人的印象是其灵感来自雷德利·斯科特(Ridley Scott) 2001年的电影《黑鹰坠落》。对我来说,从事件到书籍、到电影、到游戏的转化过滤了太多东西,我希望我的最终产品(即《幻影狂怒》这款兵棋)能够尽可能地忠实于原始事件(至少对于兵棋游戏来说是这样)。此外,我想避免《英雄之日》中的浪漫色彩:代表主角的道具,似乎是美化美国特种部队(三角洲部队和游骑兵)的游戏,以及漫无边际的场景(主角人数超过10人的战斗持续数小时)。我想强调说教方面的内容,我希望《幻影狂怒》能被视为一种对现代城市战斗的理解,比如发生在费卢杰战役的温和的方法。因此,我选择在一个更普遍和中立的背景下进行游戏(英雄角色都未命名,也没有代表士官的部分),没有明显的戏剧性效果(因此管理受伤士兵被抽象化),并且我将其集中在普通士兵(或"士兵")身上。《幻影狂怒》兵棋棋盘和棋子的细节见图24.1。

图24.1 《幻影狂怒》兵棋棋盘和棋子的细节

但是创造一款关于费卢杰战役的战术兵棋是否具有合理性呢？难道不能用现有的系统来模拟这场战役吗?《海军陆战队公报》(Marine Corps Gazette)上的文章强调了露台屋顶的重要性:控制这些屋顶可以让一个人击退敌人的进攻,并通过"注水"技术清除建筑物,或迅速及果断的行动占领建筑物。战术兵棋通常将屋顶视为上层的补充(少数情况例外,如用迫击炮在上面开火),但这本身并不足以重新起草"注水"技术的规则。然而,在费卢杰战役中,第三维度带来的不仅仅是清晰的视线。这一维度允许玩家执行特定的战术,并会影响伤员疏散的方式——最简单的疏散是从下面开始攻击,因为疏散最终要到达楼下,最难的疏散是从屋顶攻击,并爬上楼梯逃跑。我需要想出一些原始规则,以便尽可能忠实地在三维环境中模拟这些攻击事件链。

战术兵棋通常采用详细而复杂的规则来整合现代战斗的技术方面。在我的例子中,我想通过使用战斗人员的单兵武器来避免这个陷阱,因为爆炸物和火箭发射器是少数的例外。历史表明,战斗部队的行动更多地与其经验和战术机动的针对性相关,而非与武器相关。以费卢杰战役为例,海军陆战队在进攻前接受了城市巷战的训练。他们的经验水平是相同的,唯一需要考虑的是一个小队的士兵数量,以便确定其在游戏中的"战斗价值"。因此,每个棋子都非常简单:一个值(与战士的数量有关)代表了一个小队或不法团体。

纸牌游戏的质量取决于其人工智能转录敌军作战部队行为的能力。多亏了《海军陆战队公报》上那篇文章的分析,模拟不法分子的行动(游击战或顽固防御)才变得相对容易。人工智能的细微复杂性自然而然地体现在不法分子的基本战术中。少量创新受到随机事件的影响,从而改善游戏的叙事方面。

最后,只使用单一来源来创建游戏是为了不惜一切代价避免错误,除非它是一个能提供模拟情况的精确且客观的综合文档。《海军陆战队公报》的文章满足了这些特殊要求。这让我摆脱了关于兵棋设计可信度的任何可能的理由(与我的非军事和非美国根源有关)。我不知道曾在伊拉克服役的美国士兵是否玩过我设计的兵棋,但迄今为止,我没有收到任何对这场战斗的批评。

三、《幻影狂怒》: 它的未来是什么?

我不认为一个模仿费卢杰战役的游戏会适用于其他战斗。某些玩家问我是否会把《幻影狂怒》改编成格罗兹尼巷战、阿富汗战争,甚至是加沙地带的战斗等,每次我的回答都是"不"。但在2013年,一名加拿大推手提议扩大《幻影狂怒》在阿富汗冲突中的应用范围。在看过他令人印象深刻的作品后,我决定和他一起开发他的兵棋项目——《利剑行动》(Strike of the Sword),目的是让它能够作为一款完全独立的兵棋为在"Nuts!"出版社发行。这一新项目正在进行中，我希望它能很快问世。

关于作者

劳伦特·克洛斯耶（Laurent Closier）于1969年出生于法国中部的一个小镇。在学习完机械工程和计算机科学专业后，他于1992年进入（法国）国防部，目前从事导弹威胁领域工作。20世纪90年代初，劳伦特·克洛斯耶偶然发现了《高级班长》（*Advanced Squad Leader*）这款兵棋，从此引发了他对棋盘兵棋的热情。1996年，他创办了专为《高级班长》而创作的粉丝期刊《狙击手》（*Le Franc-Tireur*）。《幻影狂怒》（2011）是他设计的第一款兵棋（另外两款兵棋随后发表在 *Vae Victis* 和 *Battles* 期刊上）。他从未被计算机或游戏机所吸引，因为他认为兵棋是一种社交活动，其核心是与其他玩家围坐在桌子旁共度欢乐时光。

第二十五章 《玩具士兵》：第一次世界大战视频游戏的真实性和元游戏

——安德鲁·瓦克弗斯

即使在第一次世界大战结束100周年纪念日到来之际，在视频屏幕上重现冲突的选择仍然非常有限。由于战争颠覆了玩家所要求的个人英雄主义概念，游戏公司可能会避免战争主题作品。在一场工业化的消耗战中，战斗人员很快就意识到他们的个人行为很少会影响战斗的结果，而这场战争是由于非个人的、物质的和工业的原因终结的。对这场战争强烈的历史记忆虽然不具有普遍性，但在美国部分人群致力于将战争描绘成一场展示美德和战胜邪恶的英雄竞赛的背景下，它还是降低了第一次世界大战的文化价值[①]。因此，根据AAA级第一人称战斗模拟器的标准（玩家根据挑战要求、模拟的准确性和体验的真实性进行评估），关于第一次世界大战的视频游戏都是非常糟糕的。由于这种内在逻辑，关于第一次世界大战的游戏面临着建立"真实"战争体验的挑战——模拟仅限于空中（在空中英雄和看似真实的战斗仍然可以被正面描绘时）；或者忽略真实性本身而支持超现实主义和幻想（Wacker-fuss，2013）。

然而，近年来出现了一种新的游戏类型，它开辟了趣味性游戏和真实记忆的空间。塔防游戏（tower defense）与第一次世界大战完美契合：冲突的静态性质与类型的结构相匹配，而玩家的视角鼓励关注战争中巨大的、非个人破坏的心理遗存。其中一款由信号工作室（Signal Studio）设计的游戏《玩具士兵》（*Toy Soldiers*）（2010）因其第一人称和第三人称游戏玩法的创新组合、引人入胜的历史细节，以及对战争游戏本身性质惊人敏锐的元认知，成为Xbox Live arcade（XBLA，通过微软的Xbox360数字发行网络，在Xbox游戏商店下载数字电子游戏的服务）市场上最受欢迎的游戏之一。本章将讨论《玩具士兵》如何结合这些特点从而取得商业成功，赢得评论界的赞誉，并向距离第一次世界大战重要遗存十分遥远的新一代传达关于战争历史记忆的。

一、塔防游戏的起源与特点

塔防游戏的玩家经常通过用户对20世纪90年代末和21世纪初流行的几款

实时战略游戏的修改来确定其流派的起源。事实上，雅利达公司1990年的游戏《壁垒》(*Rampart*)最先开发了这类题材的许多元素。但直到《帝国时代》(*Age of Empires*)(1997)、《星际争霸》(*Starcraft*)(1998)，特别是《战争争霸3》(*War craft 3*)(2002)模组的兴起，塔防游戏才广为人知。在20世纪中后期，塔防游戏在网络浏览器和触摸屏游戏中找到了流行平台，并最终将这一类型固化为后续形式。

塔防游戏会呈现给玩家一张地图，玩家可以在地图上放置静态防御炮塔，以消灭从入口点到出口点的一波又一波敌人。塔楼通常会提供各种能力或特性，在对抗不同类型的敌人时，其效能也有所不同。任何成功突破终点门的敌人都会损害玩家的总生命值，一旦通过终点门的敌人超过一定数量，游戏就会结束。杀死敌人将能够获得对方玩家的货币以增加和升级塔，在击败所有敌人后，玩家可以进入下一张地图。敌人的路径有两种形式，在基本模型中，敌人会从某个点出现并沿着设定的路径或迷宫前行，沿着可预测的路线前进。有时会有多个起点或终点。另一种形式是，许多游戏会提供更加开放的地图，而不是通过预设的迷宫来引导敌人。玩家必须使用明智的塔楼布局，防止敌人直接接近，并引导敌人通过防御线。后一种形式在现代塔防游戏中成为标配，因为它提供了更有趣的玩法，并允许玩家根据自己喜欢的策略来自由调整地图。

围绕这个基本公式进行融合后，塔防类型的游戏越来越受到人们的欢迎。它创造了许多成功的浏览器和手机游戏，并利用XBLA市场将游戏直接传递给玩家的主机，最终打入AAA市场。尽管基本的游戏玩法保持不变，但著名的AAA塔防游戏却呈现出了各种不同的诠释和情绪，包括卡通版的《植物大战僵尸》(*Plants vs. Zombies*)(2009)、荒诞而又以自我为参照的《南方公园：让我们来玩塔防》(*South Park Tower Defense Let's Go Play*)，以及丰富的科幻场景游戏《防御阵型》(*Defense Grid*)(2008)。所有这些游戏都取得了巨大的成功。然而，《玩具士兵》不仅打破了塔防游戏的所有记录，还打破了XBLA市场上所有可下载游戏的记录。根据XBLA销量的独立估算，《玩具士兵》第一个月(2010年3月)销量就超过20万份，这一数字几乎占XBLA总收益的1/3，并对整体销量做出了更大的贡献。《玩具士兵》通过扩展、续集、高收益和好评继续获得成功。这些荣誉使《玩具士兵》成为塔防和第一次世界大战游戏的典范，展示了塔防和第一次世界大战之间的天然协同作用。《玩具士兵》将这两种元素结合在一起，创造出一类问题较少的、"真实"模拟某类战争记忆的游戏。

二、冲突结构：塔防、游戏玩法和第一次世界大战

正如之前对这类型游戏的总结所指出的，塔防游戏在结构上似乎很好地描述了第一次世界大战，这场冲突因其静态和防御性质而声名狼藉。《玩具士兵》调

动了这种协同作用,实现了先前对第一次世界大战游戏开发者来说很困难的目
标:创造一个实时战斗模拟——既能够保证战争中的军事常识,又能够保留有趣
的游戏玩法。必须指出的是,第一次世界大战看似一成不变,但经过仔细研究,
人们对它的看法往往会发生变化。现代学者认识到,许多战役具有很大的流动
性。然而,战壕独特的记忆不断压制着历史学家的修改尝试,《玩具士兵》成为关
于战争心理现实的文件,尽管它并没有反映更为微妙的经历。《玩具士兵》中击退
一波敌人见图25.1。

图25.1 《玩具士兵》中击退一波敌人

(注：玩具箱的内壁在背景中清晰可见。)

《玩具士兵》为玩家提供了一系列战场,其中包括塔防类型的几个标准功能。
该关卡从空中俯瞰地形开始,向玩家展示战场的总体布局和决定其战略的关键
特征(即,敌人进入点、玩家可以放置防御塔的位置,以及必须防御的出口门)。
玩家一开始就有一定数量的资金,他们会立刻使用这些资金来创建他们的初始
防御。然后,随着号角声响起,第一波敌人将开始进攻。塔楼的选项反映了那个
时代最重要的防御武器,包括:

机关枪。机枪阵地是消灭敌军步兵最常见和最经济的手段。许多玩家将主
要依靠这些配备机关枪的塔楼来击败一波又一波敌人,这与其在实际战争中机
枪发挥的作用相同。一些玩家甚至可能会发现他们非常依赖这些塔楼。塔楼建
造成本低、升级和维修速度快、效率高。同时像在真实战争中一样,塔楼提供了
一种惊人而有效的区域控制和歼灭步兵的方法,而且塔楼遭到破坏后也很容易

替换。

火炮。另一种重要的炮塔类型复制了历史上战争中所使用的另一种关键武器:间接向集结的敌人编队发射的远程火炮。在《玩具士兵》中,玩家只能将火炮放置在专门用于远程射击的更远位置,这一限制再现了主导那个时代战略的分层防御概念。因此,玩家只能将这些大炮放在地图末端附近,或者有时放在侧面,在那里,这些大炮通常不会受到损害,但仍然能够控制主战场。

高射炮。在许多层面上,玩家还可能会遭遇敌方双翼飞机的攻击波,这对原本可以避免攻击的后防线火炮构成了特殊威胁。因此,玩家可以将高射炮放置在远程塔架上,以抵御这种威胁,而这种威胁是任何其他地面部队都无法对抗的。然而在实践中,玩家通常选择不使用这些塔楼,其原因再次反映了历史逻辑:在心理上,飞机是很重要的,但在军事上却是冲突的边缘。因此,玩家通常选择将重心集中在塔楼上,以便更为有效地对抗来自地面的主要威胁。

毒气塔。使用毒气塔作为类似于机枪阵地的单元是《玩具士兵》中仅有的偏离当时军事武器的一大结构。机枪和毒气塔都是成本相对较低的前线防御结构,机枪通常进行快速远距离射击,而毒气塔则是在局部区域造成小范围的破坏。毒气云显现出来的不正常的绿色标志着其为氯气,这是战争中第一种重要的气体武器。这种颜色也向经验丰富的电子游戏玩家表明,这种武器符合游戏中的毒药伤害范畴,是一种间接和被动伤害的形式,通常用绿色表示。然而,这种对毒气塔的描绘标志着开发人员对历史武器的总体准确性进行了重大修改。在现实世界中,第一次世界大战的军队开发了化学武器作为进攻工具来突破防线。他们使用炮弹或毒气罐来清除低洼和密集的敌方战壕,致使防御者死亡或逃跑,以便己方军队能够占领敌军撤离空间。很明显,使用毒气进行防御可能会因给自己的阵地倾注毒液而招致灾难。因此,毒气不是阻止敌人接近的武器(Heller,1984)。出于在防御性题材的游戏中加入这种标志性武器的愿景,《玩具士兵》并没有对战争的总体结构进行准确描述。为了满足玩家对《第一次世界大战》游戏的期望,必须改变气体的性质以满足塔防的结构惯例。

带刺铁丝网。最后一种防御工事突破了玩家放置建筑的预设限制。与主动攻击敌人的塔楼不同,玩家可以在任何开放的地带放置带刺的铁丝网,这可以减缓敌人的进攻速度,从而使敌人被其他塔楼攻击。因此,它提供了一种成本低廉而富有成效的区域控制手段。但是,它很容易被敌人的装甲部队以及交战双方的大炮和迫击炮摧毁。在这方面,玩家经常翻新和延长他们的带刺铁丝网,以避免它们最终完全消失。这个项目以两种方式消耗玩家的资源:一是建造铁丝网地带需要消耗资金;二是玩家在任何给定时间内必须分配时间和注意力来兼顾其他优先事项。因此,带刺铁丝网通过增加挑战,以及允许玩家根据个人策略来发现和开发战场,创造了有趣的游戏体验。换句话说,这一动态过程准确地反映了历史上战争期间精确的防御经验。从1915年底发展起来的庞大的壕沟系统并非是一种自然的存在。相反，它是一个人工构建的战场，需要部队对投资和个人风险给予不断的关注，以寻求建立自己的防御设施，同时破坏敌人的防御设施。因此，开发人员利用带刺铁丝网完美地平衡了历史真实性和游戏的趣味性，也使得玩家承认第一次世界大战战壕系统的活跃性与构建性，同时也为玩家提供了刺激挑战的机会。

所有这些结构元素结合在一起，构成了第一次世界大战的经历，在某种程度上唤起了战争历史记忆中许多最为重要的元素。当玩家从塔楼上面观看时，会看到一波又一波的敌人冲向他们自己的编队，穿过铁丝网进入预定的"光荣之路"，最终以被屠杀收场。因此，玩家将主要以将军的身份复制战争体验，扮演1957年斯坦利·库布里克（Stanley Kubrick）的电影《光荣之路》（Paths of Glory）中所描绘的遥远的、神一般超然的角色。就像那些将军坐在优雅的巴黎沙龙里，在地图上移动卡通人物最终把士兵送到屠宰场一样，玩家同样是坐在舒适的客厅里，指挥数以千计的虚拟士兵走向死亡。第一次世界大战活脱脱地变成了一场脱离个人成本的物质消耗竞赛。因此，像《玩具士兵》这样的塔防游戏避开了第一人称英雄主义，但也正因为如此，它们才提供了传达战争经验的完美载体。

三、情绪、想象和游戏：被模拟的到底是什么？

截止到这里，本章一直避免讨论《玩具士兵》中战争的视觉、听觉和其他美学描述，这本身就为兵棋提供了一种新颖和创新的方法。游戏开始时，标题中暗示的内容会立刻变得很清晰：游戏实际上不是在战壕中进行的，而是在儿童玩具箱中进行的。游戏的标题和加载屏幕向玩家展示了他们即将要玩的游戏的广告，这使得玩家的心态不像是战壕里的士兵，而是像躺在卧室里的孩子，思索并想象战争，而不直接参与其中。在背景音乐方面，配乐并不是那种通常被认为是第一人称英雄史诗的英雄式管弦乐配乐，而是采用了可能在20世纪20年代在客厅留声机上播放的时代原声音乐。一旦玩家进入游戏，就会发现部队本身是玩具，而不是人。它们被炸时不会流血，而是像被孩子的手甩了一下，高高地飞向空中。（游戏统计数据甚至能够追踪到被摧毁部队所创造的最高记录）。而经进一步检测，地图本身其实是一个为游戏而建造的立体模型。从卧室的边缘可以看到孩子房间里的书架和其他物品，这表明在游戏领域之外存在着一个更大的现实世界。元设置还表现为在一段时间内控制单个部队的能力，这一元素不仅为游戏玩法增加了趣味性，还进一步阐释了游戏的本质。玩家可以控制部队，在战场上对其进行移动，这种感觉类似于孩子在卧室里抓握和移动玩具。在实践中，大多数玩家会选择控制双翼飞机或坦克，这两种神奇的技术武器会激发参与者的想象力,使其尽可能逃脱战壕战的残酷性。虽然控制一排实弹机枪并消灭无数敌人是一件令人欣慰的事,但实际上这些部队在无人指挥的情况下也能完美运作。因此,玩家会被鼓励去寻找更有意义的参与方式,空中部队和装甲部队成为第一人称体验中更有吸引力的选择——就像在现实中一样。

玩具组鸟瞰图,见图25.2。

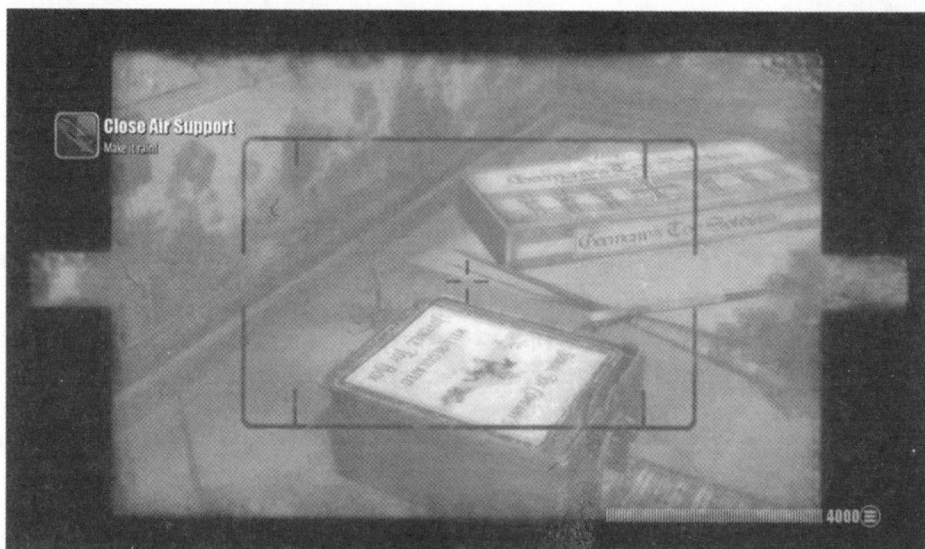

图25.2　玩具组鸟瞰图

(注：其中一个重新用作火车隧道。)

《玩具士兵》更重视游戏,它成功地模拟了第一次世界大战的文化体验,因为它选择了回避战争本身。相反,对于太小而不能参加战斗的男孩来说这是一种流行的活动,它重新创造了战争游戏体验。这些男孩是19世纪末20世纪初玩具士兵行业的主要消费者,他们把战争看作一种理想化的结构,保护他们免受最为恶劣的身心影响。从历史上看,这种动态有其险恶的一面:一些学者曾认为,虽然纳粹经常把自己描绘成前线经验的代表,但他们最重要的人口统计数据之一实际上是无法参与其中的年轻人。因此,保留了他们的父亲或兄长在面对现实时所表现的英雄主义的理想化观念。批评当今美国文化军事化的人士表示担心,即美国也开始出现类似的动态过程,视频兵棋和战争电影主导着文化,但只有1%的人口在实际的军队中服役。即使大多数人拒绝承认,但这种脱节在每一款视频兵棋背后都十分突出。如果这个行业及其用户重视所谓真实的第一人称体验,他们通常会根据运筹学游戏如何创造最自然的环境、最逼真的场景,或最精确的弹道物理模拟来衡量它。许多第二次世界大战游戏都通过这些技术来吸引玩家,但很少有人承认,某些元素他们根本没有尝试过。电子游戏本身就缺乏完全复制战场环境的能力,比如战场环境中震耳欲聋的噪声、令人作呕的气味、缓慢腐烂的伤口以及真实存在的恐怖。因此,即便游戏声称将传达真实的战争体验作为目标,但它们是无法完全做到这一点的。批评人士担心,这些虚假的真实性会助长任何一种文化的军事化,此类文化自诩懂得战争,但实际上只懂得游戏。

讽刺的是,在描述第一次世界大战的游戏中,这种危险被最小化了。第一次世界大战的历史记忆可怕到任何现实的模拟尝试都无法实现。军事化文化的批评者很可能不太会惧怕那些泥泞的绿色袖子上戴着人造装饰的《玩具士兵》。像这样的游戏表明了美国文化是自我的、具有讽刺意味的,而且实际上是后现代的,因为它注重的是建构和人造,而非表面上的真实。因此,《玩具士兵》允许一种文化有其硬核并接受它,在战争中游戏的同时以一种尊重可怕战争历史记忆的方式,承认了游戏与现实之间的鸿沟。

关于作者

安德鲁·瓦克弗斯(Andrew Wackerfuss)是美国空军的历史学家,他在马里兰州安德鲁斯联合基地的空军国民警卫队历史办公室工作。他在乔治敦大学(Georgetown University)获得德国和欧洲研究硕士学位和历史博士学位,随后留校在夜校教授欧洲历史课程。他著有《僵尸图斯特拉：活亡灵之书》(*Spoke Zombiethustra: A Book for the Living Undead*)一书。

注释

①关于人们对战争的心理反应,参见 Leed(1979,1–32)。关于美国文化的军事化,参见安德鲁·巴切维奇(Andrew Bacevich)的电影《壮志凌云》(*Top Gun*)(Bacevich 2013,113–116)。电子游戏,参见《斯特尔》(*Stahl*)(2010a,91–112)和《米德》(*Mead*)(2013)。

第二十六章 《美国陆军》

——马库斯·舒尔茨克

《美国陆军》(*AA*)(2002—)是一款军事革命第一人称射击游戏,由于其制作方式以及旨在促进的利益,它标志着兵棋新时代的开始。《美国陆军》是由美国陆军部队创作的,其目的,有些人认为是通过视频游戏媒介扩大陆军的影响力。据开发者描述,这是为了吸引有潜质的新兵,避免招收到不合适的士兵,以及展示美国军队的正面形象,并为军队提供一个与平民观众进行"战略沟通"的论坛(McLeroy,2008)。

尽管其目标十分明确且说服力极强,《美国陆军》仍一直非常受欢迎。这在很大程度上要归功于这样一个事实:该兵棋提供类似于其他军事第一人称射击游戏的游戏体验,且能够免费下载和使用。2002年该兵棋首次发布,此后陆续更新了数十个扩展版本、发布了两款后续游戏,这使得《美国陆军》能够与最新的商业第一人称射击游戏相匹敌。截至2013年夏天,已经有1 300多万人玩过该游戏,累计游戏时间约2.6亿小时(Anderson,2013)。

《美国陆军》的说服意图、建立的军民关系、对军工综合体发展的贡献及其吸引大量观众的能力,加剧了人们对军事影响力扩大的担忧。而我想说的是,《美国陆军》受到的大部分批评都是应得的。该游戏可以准确地描述为征兵宣传,因为它试图借助高度程序化且常常具有误导性的兵役和战争描述来影响玩家。然而,在批评《美国陆军》同时,我也会敦促大家克制,提醒人们注意有些更为严重的指控缺乏实证支持,且游戏的宣传功能也有一些可取之处。最重要的是,当美国陆军经历了冷战结束和反恐战争带来的巨大损失后,《美国陆军》提供了对美国陆军及其目标的更深刻的洞察。

一、加入虚拟军队

从《美国陆军》游戏刚开始,它就一直在努力影响玩家。与许多第一人称射击游戏一样,《美国陆军》也以训练任务开场,旨在让玩家熟悉游戏的控制方式和各种可用武器。然而,与其他同类游戏不同的是,这些任务是基于真实的训练演习,能够教会玩家美国士兵目前使用的武器。在整个训练过程中,玩家学习并使用真实武器的数字模型,如M16A2突击步枪和Mark 19榴弹发射器。玩家还可以通过虚拟训练教员的评论和游戏加载屏幕上的信息来了解陆军的制度和文化。在完成基本的战斗训练后,玩家可以进行专门的训练,这些训练项目展示了军队可以提供的包括医疗、空降和特种部队训练等各种机会。这款游戏的目标是让玩家体会成为一名美国士兵的感受,而这也是游戏叙事的框架。

《美国陆军》的核心游戏元素是两支对立的玩家队伍在各种场景下的多人战斗,这些场景包括森林、沙漠、城市、机场和城镇。《美国陆军》独有的一个游戏元素是在多人战斗中,玩家只能是美国士兵。每名玩家都将自己和队友的角色视为美军士兵。敌对的角色身穿不伦不类的黑色制服,但控制这些角色的敌对玩家同样将自己视为美国士兵。这一视觉伎俩使两队的参与者都能感觉到自己是美国人(尽管他们并不想这样),从而确保所有参与者都将为美国军队而战。

在多人战斗中,玩家会受到严格的交战规则(ROE)的约束,其规定了他们的瞄准目标,以及如何使用武器。攻击平民或队友的玩家将受到惩罚,重复违反规则的玩家将被送进莱文沃斯(Leavenworth)的虚拟监狱。美国陆军的价值观——忠诚、责任、尊重、无私服务、荣誉、正直和个人勇气将作为评分系统和执行交战规则的机制。《美国陆军》包含七种不同的分值,对应美国军队的每一个价值观,它会根据达成任务目标和拯救受伤队友等因素对玩家进行排名。该评分系统表明陆军具有极高的道德标准,并且士兵始终符合这些标准。

多人战斗之间显示的加载屏幕持续提醒着玩家该游戏的基本目的。有些会播放招募视频或介绍陆军机构和文化的情况。另一些则展示了陆军的一些最新技术,如阿特拉斯机器人(Atlas robot),以及精英工程师培训(Elite Engineer Training)等特殊训练项目。最后,这些屏幕将玩家引导到游戏网站等其他军队资源。该网站提供漫画书、一些战争中"真正的英雄"信息,以及参军信息。

二、互动式宣传

《美国陆军》是具有争议的电子游戏之一。它激发了关于其自身批评的亚流派,引发了与游戏影响平民玩家相关的一些道德和政治问题(Schulzke, 2013a)。该游戏最常见的批评认为它是一种宣传(例如Delwiche, 2007; Hoglund, 2008; Ottosen, 2009; Salter, 2011),并且有大量的证据支持这一指控。《美国陆军》被部分人称为一种征兵宣传,不仅仅是因为前一节中所说的明确说服性,还因为它严重依赖程式化和一些误导性信息来实现其目标。

《美国陆军》努力地呈现士兵严格遵守交战规则的景象,日常生活遵照美国陆军的价值观,同时具备一定的专业素养。这种对道德准则的关注给人的印象是除了面对敌方战斗人员外,美军是一支相对温和的部队,其士兵完美地体现了该组织的价值观。没有人承认士兵有时会有不当行为,也没有人承认军队的道德准则可能存在问题。该游戏进一步表明,只要他们遵循交战规则,士兵就能够有效地进行战斗,而不损害自己的道德。即使士兵尝试按照道德标准行事,战争中频频发生的平民和盟军士兵遭受意外袭击的情况也曾有发生(Schulzke,2013b),这是难以置信的。

《美国陆军》对暴力的选择性呈现促进了道德军队的建设。当其他军事类第一人称射击游戏倾向于呈现这些画面,特别是在呈现武器的实体效果时,《美国陆军》则对其战斗场面进行了净化。受伤或死亡的角色几乎看不到受亡迹象,而且由于没有多人战斗的游戏叙述,玩家无须被迫对如失去队友或现代武器造成的巨大破坏的战争长期成本的境况。正如罗杰·斯塔尔(Roger Stahl)正确预测的那样,这是意料之中的,因为"一场真正接近战争恐怖的游戏可能会破坏征兵工作"(Stahl 2006,124)。

由于不曾考虑兵役或美国军事行动,《美国陆军》游戏的宣传功能得到了加强。美国士兵的视角是唯一可以表现出来的视角,游戏始终试图让玩家从这个视角理解战争。该游戏同样未能考虑到冲突场景中可能的非军事解决方案,这些场景构成了多人战斗或提高军事行动可能破坏其执行国家的可能性。显而易见,军事力量是实现外交政策目标的一种合乎道义的政治权宜之计。

将《美国陆军》解读为一款宣传游戏就会引发这样的问题:这种宣传的目的是什么? 它对玩家的影响有多大? 这款游戏的目的显然是为了促进服兵役,吸引高质量的新兵。然而,许多评论人士认为,这款游戏的能力不仅限于此,它的根本功能是让玩家更容易理解美国军队是如何影响的。索尔特(Salter)、戴尔·威瑟福特(Dyer-Witherford),以及德·佩特尔(De Peuter,2009)等人甚至十分担忧《美国陆军》可能使侵犯国家主权的军事干预合法化。

其他评论员则提醒人们注意《美国陆军》可能对玩家造成的影响。斯塔尔说,《美国陆军》和其他互动式战争媒体将玩家转变为认同美国军队及其行动的"虚拟公民士兵"。根据斯塔尔的描述,《美国陆军》和类似的媒体可能会让玩家减少他们的政治参与度,阻碍其成为批判性公民。类似地,伊恩·肖(Ian Shaw)在谈到《美国陆军》和其他几款游戏时说,"视频游戏在将野蛮的殖民地生活与家庭计算机的亲密联系起来,从而促进大众文化参与方面变得至关重要"(2010,798)。此外,他坚持认为,参加模拟的玩家过于单一化,并且是以代表美国利益的角度呈现的。

人们担心《美国陆军》会助长帝国主义或者会产生更自满的公民是有道理的。然而,我们必须谨慎对待这种说法,避免暗示游戏确实能成功影响玩家。游戏对玩家使用军队和军事力量的态度产生的影响还没有经过系统的实证测试,因此仍然不确定。未来对观众接受度的研究可能会澄清《美国陆军》的影响,但目前似乎没有任何研究能够提供必要的实证证据来确定该游戏是否在说服力方面取得了成功。目前,我们最好严格根据游戏内容所揭示的美国军队宣传策略来评估《美国陆军》的道德和政治内涵。

三、从宣传中学习

《美国陆军》坚定不移地支持美国军队并努力激发玩家对服兵役的兴趣,正是出于这个原因,该游戏确实可以被称为宣传品,但其自身的深刻偏见让它能够洞察军队如何看待自己以及希望观众如何看待它。因此,一些人认为游戏的宣传功能不仅增加了宣扬军国主义的风险,还提供了一个分析军队及其意识形态的视角。这是《美国陆军》游戏的一个极其重要的方面,值得进行更深入的研究,因为在采用批判性视角的游戏研究中,它常常被忽视。

许多批评人士反对《美国陆军》对暴力的美化和对价值观的强调,认为这是一种虚伪的企图,目的是让美国军队显得更有道德水准。不过也可以说,上述内容反映了军队的未来发展方向。《美国陆军》中呈现的价值观和交战规则并不是为游戏而创造的,其本身就是为了提高军人的道德意识而创设的,并被纳入游戏中进行宣传。在《美国陆军》中加入价值观和交战规则标志着陆军希望达到的最终结果,从而创造出一个令人向往的组织及其成员版本供平民玩家检查和评估。

《美国陆军》不仅展示了陆军的抱负,也揭示了其未来任务的不确定性。在这方面,在游戏中使用不起眼的敌人至关重要。许多游戏旨在说服玩家提供更多关于敌人部队的细节,甚至可能通过名字来识别敌人。例如,关于真主党的游戏《特种部队》(*Special Force*)和《特种部队2》(*Special Force 2*)模拟了该组织的战斗。相比之下《美国陆军》并不想明确地指出敌人的名字,也不愿将他们与某个地理区域联系起来。

《美国陆军》游戏中没有明确的敌人,这有利于游戏的宣传功能。正如罗伯逊·艾伦(Robertson Allen)指出的那样,"抹掉有区别的敌对种族是有意设计的,因为它有助于构建一个匿名的敌人,这个敌人可能存在于任何地方,适用于任何情况"(Allen 2011,49)。尽管游戏的某些开发者可能真的想让敌人角色产生普遍的威胁感,人们也可以将缺乏可识别敌人解释为开发者并不知道未来美国军队是否会与谁作战。这些不知名的敌人头像和虚构的场景流露出一种深深的焦虑感,这支军队已经失去了冷战时期对其敌人及其战争形式的确定性。因此,该游戏提供了军队不断努力重新定义自身并适应新类型作战的数字表现。

《美国陆军》致力于使美国陆军及其士兵非政治化,将其道德抱负和对未来的不确定性结合在一起。正如伊恩·博格斯特(Ian Bogost)指出的那样,游戏拒绝考虑它所模拟冲突的政治层面,表明至少在原则上,士兵"是一个非政治性的存在"(2007,77)。游戏中可以看出非政治士兵并不是很关心政治,甚至对他们所参加的战争的政治层面也没有多少了解,这可能是美国军队道德认同的一部分,士兵们应该非政治化,以使他们服从平民领导。该游戏将士兵绝对的非政治化设定为军队自身的道德理想,从而肯定了一些有争议的战争并有可能政治化的时候,军队可能会成为外交政策中立工具的目标。

军队的非政治化描述同样提供了军队对其未来任务和敌人不确定性的额外证据。这在最新版本的《美国陆军:试验场》(America's Army: Proving Grounds)中体现得最为明显。在阿富汗和伊拉克战争期间发布的早期版本游戏是以虚构的冲突为背景的(与被贴上"不法分子"标签的敌人作战),而《美国陆军:试验场》则被视为一项长期的训练任务。在整个过程中,美国陆军一直重新设计规划,准备应对潜在的威胁,而政客们则决定在何时、何地派遣美国军队。因此,尽管无法确定应该如何适应战争,该游戏终究是确定了近期战争的必然性,以及继续适应的必要性。

正如我所言,《美国陆军》在许多人看来是一款具有宣传性的电子游戏,因为它始终以利己的方式影响玩家,并有时甚至以欺骗的方式展示美国陆军及其士兵。该游戏强调其道德纯洁性,淡化战争的后果,展示了一种有吸引力的兵役观,使武装力量看起来是一种没有任何问题的外交政策工具,并隐藏了可能与这些主题相冲突的信息。即便如此,我还是认为该游戏的宣传功能具有一定价值,游戏的批判性研究不应忽视这一点。具体地说,《美国陆军》允许玩家探索理想中的陆军及其运作,从而深入了解陆军的机构、文化和身份,以及冷战后正在经历的瓦解和在反恐战争中的最新部署。《美国陆军》未来研究将面临的挑战是监测这些主题的发展,揭示游戏的新维度,并解释迄今为止被忽视的用户视角。

关于作者

马库斯·舒尔茨克(Marcus Schulzke)是利兹大学政治与国际研究学院博士后研究员。2013年,他在纽约州立大学奥尔巴尼分校(University at Albany)获得政治学博士学位,并发表了一篇关于士兵在反叛乱行动中如何做出道德决策的论文。马库斯·舒尔策的主要研究方向为安全研究、当代政治理论和新媒体的政治维度。他在这些领域发表了包括政治、宗教、应用伦理和电子游戏等大量的研究成果。

第二十七章　《使命召唤》
——《现代战争》中的玩家共谋和道德游戏玩法

——米格尔·西卡特

谁会想到一款价值数百万美元的主流兵棋会如此严肃呢？2007年《使命召唤》(Call of Duty)系列的最新版本发布时，关于"现代战争"高预算兵棋的前景并不乐观。事实上，我担心的是最糟糕的情况：又一个优秀的动作游戏玩法被掩盖在试图美化现代战争的虚假宣传叙事中。

而出乎意料的是，我错了！《使命召唤：现代战争》(Call of Duty: Modern Warfare)确实可能有军队崇拜倾向，但它也表达了对"现代战争"性质的质疑。不要误解我的意思：《现代战争》是一款射击游戏，它结合了出色的动作游戏玩法与半现实主义的武器、战术和军事术语。但这也是一款以叙事为导向的兵棋，它提出了关于战争的不同论述。这个故事不是以传统的剪接场景呈现的，而是以有限的玩家代理权创作的序列。有限的代理与巧妙的创作叙事的结合使《现代战争》脱颖而出，成为一款广受欢迎，但同时也发人深省的兵棋。

《现代战争》在经济和创意上的成功催生了其后续版本，将《现代战争》中的技术延续了下来①。然而，它确实走得太远了，其某一核心游戏情节成了出差错的一个例子。在《现代战争2》声名狼藉的"无俄罗斯人"(No Russian)关卡中，玩家被迫目睹或参与在机场对无辜平民的屠杀。这一关卡引发了争议，但却未能像前一款游戏那样创造出引人深思的解释。就玩法设计而言，《现代战争2》仍然是一款优秀的计算机兵棋，但却未能为玩家创造出微妙的情感体验。

军事游戏，尤其是第一人称射击游戏，是一种受欢迎的产品，因为它们被批评为宣传话语的载体。这些批评大多是正确的。许多军事类的计算机游戏都是宣传工具，都是通过游戏媒介来宣传被误解的英雄史诗故事(Breuer, Festl and Quandt, 2012)。这些游戏不会质疑政治在战争中的起源、背景或作用，而是通过将一切都变成警察和小偷的视觉起伏来淡化战争的真实后果。电子游戏可以成为优秀的宣传工具，因为我们可以将核心循环的乐趣(射击—隐藏—重新加载—射击)与用于传达这些循环的虚构背景(中东战争)分离开来。游戏中的虚构元素吸引着我们，但核心循环使我们参与其中，我们随之不再将虚构视为夸张的行为，而是将其作为我们行动的理由。不过也有替代方法。

在本章中,我将着重聚焦这两款兵棋,阐述它们如何努力与玩家建立情感或反思纽带,以及为什么《现代战争2》没能做到这一点。这两款兵棋分享了一种特殊的叙述设计方法,我将其定义为"作者代理"。作者代理被用来创造一个解释框架,旨在从道德上吸引玩家。我将使用道德伦理和我自己的道德游戏玩法理论来分析这种玩家合谋行为,并解释为什么《现代战争》通过作者代理成功地创造了玩家共谋行为,而《现代战争2》尽管使用了类似的技术,却未能做到这一点。

不过,本章有一个更大的使命。战斗类型计算机游戏和体育游戏是经典AAA游戏的最后堡垒,可以被定义为面向核心用户的游戏。事实上,这些游戏不仅定义了面向更广泛用户的AAA游戏和游戏产业,还定义了新硬件的形象和文化。现代游戏机通常以其奢华的图形为卖点,以具有冲击性的场面为插图。在非法、不道德的战争时代,这是一个明显的问题——我们的主流娱乐游戏美化了战争的视觉外观,却没有质疑战争在社会中的意义、影响和作用。

然而,我相信,如果我们能够清晰地表达出另一种更丰富的方式来设计和解释战斗类型的计算机游戏、如果我们敢于从一个反思的娱乐视角正视我们不道德的战争时代,以及用谎言和全球战略监视战争,我们将不仅能够接触到更广泛的用户并改变他们的世界观,还能够丰富游戏文化,以及它们在我们理解周围世界中的作用。如果我们敢于让玩家超越冲突的乐趣,参与反思性的游戏实践,那么我们甚至可以制作战斗类型的计算机游戏设备来进行道德反思。

军事游戏也将会经久不衰,因为它们吸引了一些人对兵棋游戏的核心兴趣,也因为战争在文化中具有强大的力量。然而,并非所有的游戏都要成为宣传工具。我们可以将军事游戏作为反思的工具,作为批判参与战争的重要性和影响及其后果的工具。这些游戏可能不会给我们什么教训,但它们可以为我们提供论点、想法或激情,以应对战争带来的影响。我们不会在游戏中输掉战争,但我们可以在要求它们在富有表现力的基础上赢得文化战争。

一、同谋游戏的两大实例

《现代战争》并没有掩饰其底牌。这是一款在伊拉克战争时期开发的兵棋,它一经发售就大展拳脚。我们身处中东,在这片饱受内战蹂躏的土地上,我们的角色是控制城市非正规军队手中的囚犯。假如没有我们这些能进行任何行动的玩家,我们的角色将会被扔进一辆汽车中,并在城市中穿行。我们可以转动脑袋进行观察。我们希望很快就会有什么事情发生。我们会得救,或者我们很快就会掌握控制权和自保手段。但什么也没有发生,我们只是穿过城市,直到我们到达一个体育场,被捆到柱子上枪杀——我们死了!

《现代战争》的开始顺序是对《半条命》(*Half-Life*)首创的叙事导言的再创造:

有限代理的叙事导言有助于我们认识环境,并习惯基本的运动控制和游戏设置。然而,在这一设计范式的巧妙转变中,《现代战争》并没有赋予我们对英雄的代理权,而是扮演受害者。在这场兵棋游戏中,我们扮演的是死者。

在《现代战争2》中,另一种不同的体验在等待着我们。在游戏的早期,我们必须和其他三个角色一起进行一些连续事件:在进入电梯时,我们将子弹上膛并戴上面具。电梯门打开前会发出最后的警告:"不准使用俄语"——这意味着我们不能用俄语说一个字。门一打开,我们就能看到目标机场的平民。我们只能不停地走,因为游戏不允许我们奔跑或躲藏。我们不想暴露身份。然而,我们需要经历恐怖、混乱的一些场景,接着这一幕就变成了一场交火,随后那些一直都知道我们真实身份的同伙会处决我们。

"无俄罗斯人"关卡的结构与第一个标题中的脚本序列相似:玩家被赋予了相对数量的代理权,这与他们对事件流程的控制或他们行为的意义无关②。玩家只能目睹或参与屠杀,但无法阻止。

这些类型的有限代理序列已成为《使命召唤》系列游戏的标志。如果说《半条命》的创新之处在于将我们设定为近乎被动的观众,那么《使命召唤》对这一模式的修改则会给我们更强烈的情感冲击。与《半条命》中使用有限的代理去呈现情节和地点不同,《现代战争》将这些序列作为改变故事叙述及其意义的关键情节点。

有很多原因可以解释这种情况。首先,《现代战争》旨在测试我们的反应能力和协调能力。一旦我们十分擅长玩这些游戏,我们所处的世界就变得毫无意义,我们只是在射杀"敌人",故事只不过是包装而已。为了赋予故事更多意义,《现代战争》的设计师偶尔会改变游戏节奏,引入框架玩家行动的序列。这样一来,设计师能够确保即使是那些最专注于游戏的玩家也能够了解游戏叙事。

其次,通过修改玩家代理及其含义,《现代战争》的设计者可以对玩家的情感投入程度进行试验,让他们有理由思考自己行为的意义。第一款《现代战争》游戏并没有简化过山车式的动作序列,而是让玩家在沉浸于游戏的叙事领域时进行反思。在这宝贵的几分钟时间里,我们可以在游戏世界中拥有有限的代理,但我们并不需要参与传统的、机械性的冲突玩法活动:我们只需要观看和体验,我们只需要观察。在《现代战争》中,这些序列以死亡告终,因为这正是其戏剧性力量的来源:导致死亡的有限代理。

按照惯例,计算机游戏玩家应该被授权在游戏世界中采取行动,并采取一切措施以赢得胜利。设计游戏就是设计玩家参与的活动,这些活动会带来足够的挑战。因此,虽然我们可能会失败,但可以通过学习新技能来赢得胜利。玩家采取的所有行动都应该以完成目标和克服挑战为导向。

这种经典的游戏设计受到了挑战,因为在这些序列中,玩家只能获得有限的游戏控制权。我们作为玩家可以环顾四周并移动，但这就是我们潜在的互动程度。我们这样做是为了见证叙事的关键事件顺序的展开。其目的是放慢行动的节奏，以便我们能够反思、思考和受到感染。它们破坏了游戏体验的节奏，以及输入、反馈和输出之间的控制循环③。

这些序列的设计有一些共同的原则：

•代理被限制在移动和视觉上：玩家所能做的是以较平时更慢的速度四处移动，对环境进行观察，但与环境的交互是不可能实现的；

•持续时间短：为了避免玩家受挫，序列通常很短；

•叙事维度：所有的序列在游戏情节中都有意义，其通常会引出叙事中的一个主要情节；

•从游戏设计方面来看，其是对玩家的动作、处理和反馈流程的设计，这些序列降低了玩家产生输入的能力，但它们仍然在已知的交互式叙事发展模式中运作；

•这些序列向玩家呈现的是"作者叙述"（authored narrative）。玩家是否愿意接受它无关紧要。其迫使玩家站在有限的互动观众视角，这为游戏叙事的特定解释提供了可能性。用户变成非玩家角色，被迫观察游戏世界的发展。

我将把这些设计装置称为"作者代理"的实例。在某种意义上，玩家代理的约束具有明确的意图，与游戏叙述和预期体验紧密联系在一起。这里使用的"作者"并非是说设计师是作为作者存在的，而是指有意识地限制对特定序列的解释。

就像我之前提到的，在这些序列中，玩家的能动性受到相关方式的限制，通常仅限于运动。除了叙事元素外，在这里我们可以看到寻求特定解释模式的作者印记：通过限制玩家的角色扮演能力，解释过程指向特定的含义。比如，在"无俄罗斯人"关卡中，我们只能行走，不能跑动。我们不得不扮演目击者的角色。在《现代战争》的开场序列中，我们作为玩家的代理就像我们所扮演的角色一样受到限制。因此，我们和他一样无能为力。

有人可能会说所有的游戏都有作者代理，因为设计师为玩家创造了游戏世界体验中使用的机制，目的是创造特定的体验。但是泛化这一概念并不能真正地帮助我们更好地理解游戏设计。因此，我建议使用作者代理去描述玩家代理因表达目的而受限的游戏情境，即基于游戏中作者的存在去创造解释框架和情感体验。

作者代理的概念有助于解释《使命召唤：现代战争》是如何提高军事计算机游戏的表现力的。《现代战争》的开发者试图利用作者代理来激发玩家的情感体验。

二、共谋、战争、游戏

是否参与"无俄罗斯人"关卡是自愿的。我们需要明确同意该事件的进行。而进行这个关卡需要很强的意志力,因为这是一系列令人毛骨悚然、毫无理由的事件。这很容易使人感到不舒服。然而,可以这么认为,其目的不是促进暴力,相反"无俄罗斯人"可以理解为对(秘密)战争和英勇牺牲概念的批判。这种解释是由其作者代理提出的,即为了在玩家中创造一种反思的道德体验,我们被迫观看或参与一个无法停止的事件。

我将这种作者代理的结果称为"玩家共谋"。玩家共谋定义了一种解释性和体验式的格式塔,当玩家被迫服从于一个作者代理序列时,这种格式塔就会产生。玩家合谋的目的是让玩家参与到游戏活动中,寻找有道德的玩家并促使他们说出游戏体验。

因此,玩家共谋可以被视为一种情感参与的手段,即对情节至关重要的序列产生特定的反应,但也可以将其视为一种解释模式,在这种模式中,玩家有机会批判性地反思他们的游戏体验。作者代理的成功或失败应由玩家共谋的程度来衡量。

从道德角度来看,玩家合谋意味着当我们在玩游戏时,我们与自己所参与的道德系统融为一体,同时也与玩家的价值观保持一致。玩游戏就是参与到一个体现自己价值观的游戏,并通过协商的方式使游戏中呈现的价值观与我们想要遵循的价值观相协调。玩家道德是在游戏作为对象的伦理、游戏作为体验的实践伦理,以及玩家作为具有自身历史和价值观的道德存在之间的摇摆中折衷而成的。玩家共谋直接调动玩家理解这些价值,从道德角度来解读游戏。玩家共谋是对解释和体验游戏惯例的挑战,这种挑战旨在通过特定的游戏结构(如作者代理)来实现。

正是这种共谋让玩家无须冒着道德败坏的风险,就能够体验到游戏中经常出现的边缘主题。共谋是一种解释性的开放,其挑战颠覆了我们的期望,并用我们自己的道德感来体验游戏。通过成为游戏想要我们享受的体验的共谋者,我们也对我们自己将要制定的任何价值观持开放的批判态度。我们的共谋程度、我们对自身价值观(而非游戏价值观的重视程度),将影响我们在游戏中的道德行为。

因此,在《现代战争》游戏中,我们也可以将玩家共谋解读为道德体验。这便支持我的论点——《现代战争》中的玩家共谋取得了成功,而《现代战争2》中的"无俄罗斯人"关卡惨遭失败。

三、战争的道德体验

在从道德角度分析《现代战争》和《现代战争2》的作者代理之前,我们需要明确"道德"的含义,以及它与游戏玩法的关系。为此,我将在这里快速总结我自己的道德和游戏理论,以便作为一个分析框架。

首先要区分的是伦理和道德。尽管到目前为止我对这两个概念的使用非常随意,但它们实际上是我们需要明确具体定义的概念,以便在分析中恰当地使用它们。简言之,道德是一个公共体系,它定义了我们应该如何对待自己和他人,以及我们对好与坏、可取与不可取的看法。道德的基础是法律和哲学等领域衍生出来的一组通用的启发式方法。伦理学是哲学的一个分支,它提出关于善恶本质的问题,并发展出启发式,然后转化为道德实践。通俗地说,伦理是理论,道德是实践。

在研究游戏时,我认为我们需要从玩家和游戏的道德伦理基础开始。所有玩家来到游戏中都有一套不同的伦理体系,这些体系控制着他们生活中的不同情况。在某种程度上,伦理系统决定了他们在游戏中采取的行动,以及他们对游戏道德的特定理解。然而,这也只会产生部分影响,因为游戏也写入了伦理体系——有时是有意识的作为游戏体验设计的一部分。当我们谈论游戏的道德时,我们应该指的是道德主体玩该游戏的行为将这些道德铭文设置为特定道德话语的方式。

如果我们想研究计算机游戏的伦理,那么我们应该研究游戏的伦理和玩家的伦理是如何融合到游戏体验的道德(这被解读为特定个人或群体对游戏的特定现象学解释)中的。我在这里采用了伦理学家可能称之为建构主义的方法(亚里士多德伦理学传统;Bynum):游戏体验的道德不是先验的;体验本身就是一种道德体验,它在我们玩游戏时构建游戏体验的道德。也就是说,我们不能说一款游戏在伦理上是错误的,但我们可以说由道德代理所创造的游戏体验是错误的。举个经典的例子,暴力游戏在伦理上并非绝对是错误的(它们可能非常乏味,但这是一种审美判断),但它们会使道德主体产生受到伤害的体验(例如,通过暴露禁忌或触发创伤的序列),因此它们在伦理上可能是错误的。我们只能根据游戏体验做出这些判断,而不能将游戏作为一种文化对象。

我对游戏伦理的理解是一种解释学的理解:玩家用他们的伦理来理解游戏,并从这个角度来解释游戏的伦理,而道德体验是这种解释过程的结果。这种解释过程通过玩家在游戏体验之外的价值观进行过滤。定义道德游戏体验的不仅是我们所玩的游戏和我们作为玩家的道德,同时还有我们作为参与游戏的道德主体身份。

因此,对游戏进行道德分析前首先要定义玩家和游戏的道德。我们可以用经典的哲学理论来定义这些伦理学。就我而言,我主要倾向于美德伦理学,遵循亚里士多德的经典传统(May),深受布雷(Brey,1999)和韦贝克(Verbeek,2007)技术哲学的影响。我认为,道德可以被视为我们希望赖以生存的一系列价值观,所有这些价值观都引导我们在尊重他人及其福祉的同时,最大限度地开发和实现我们的潜力,而这种道德发展不能与像计算机游戏一样作为中介的技术(如无处不在的计算机)的经验相分离或者作为一种媒介。就游戏而言,我认为在我们玩游戏时,我们通过自己和角色的价值观来解释游戏的价值观,我们通过培养我们作为玩家想要成为什么样的人,以及我们希望通过这种体验培养什么样的价值观来发展游戏实践,即游戏的实际道德。

从这个角度,让我们看看《现代战争》提出的体验类型,以及它们是如何创造出合乎道德的游戏体验的。

在《现代战争》中,作者代理为解释游戏设置了一种特殊的模式。为了对这些序列进行美德伦理解释,我们需要将它们视为对游戏希望培养的具有创造性、参与性和道德的人的美德形成某种理解的基础。作者代理之所以能够在这款游戏中发挥作用,特别是在第一版《现代战争》游戏中发挥作用,是因为它打破了战斗游戏的乐趣,打破了基于技能的战斗游戏的乐趣,以便让我们这些玩家退后一步,在游戏中思考我们自己的代理。作者代理并没有压制我们,而是在没有让我们成为纯粹旁观者的情况下剥夺了我们的权利。我们是观众,但我们仍然可以参与其中。这让我们意识到自己的行动与游戏的叙事是融为一体的。作者代理创造了共谋,共谋又发展了对游戏叙述和行动的批判观点。这种批判性观点让设计师能够处理复杂的主题,并让玩家沉浸在游戏叙述中(不仅仅包括他们通过行动触发的一系列事件,还有他们推动展开的故事)。"共谋"让玩家超越了消费者的角色,变成了批判性的解释者,他们在游戏体验中的利害关系比单纯玩游戏更复杂。换句话说,玩家可以将这场军事游戏理解为对现代战争中士兵角色及其脆弱性的深度反思,而非只是宣传话语。

因此,我认为《现代战争》构建了一个虚构的世界,在这个世界中,玩家并非是英勇的、超人般的武士,而是人类的战士,他们英勇无畏,但并非在他们无法控制的战斗中无懈可击。与其他许多游戏不同,《现代战争》让玩家意识到他们的行为发生在更广阔的背景下,他们只是棋子,容易受到残酷战争的伤害。此外,通过编写游戏关键序列的代理,玩家可以对自己的行动进行反思。游戏让我们对我们采取的行动,以及战争和冲突的性质形成了一种批判性的看法。《现代战争》作为战争的奇观,并不想成为史诗巨作。这不是《伊利亚特》(The Iliad)或约翰·韦恩(John Wayne)的电影。这是对战争话语的复杂干预,是对媒体的挪用,甚至是对AAA游戏产业中最受欢迎的核心游戏类型的核心修辞结构的大胆干预。

这一批判性观点与作者代理的序列密切相关。这些序列关注我们所采取行动的后果，或者引导我们进入游戏故事。其发生在主要叙事的边缘，构成故事的框架。我们不是推动情节发展的重大事件的直接参与者，我们在叙事中只是产生故事的棋子。作为玩家，我们可以通过参与来反思游戏的意义，无论是作为一种体验，还是作为嵌入特定社会文化时代的文化产物。共谋使我们成为有思想、有道德的人。在战斗游戏的背景下，这意味着质疑游戏在我们理解《现代战争》中所扮演角色时的本质、意义和作用④。

"无俄罗斯人"关卡的失败正是共谋的失败。在《现代战争》中，代理序列占据了故事的边缘，而"无俄罗斯人"关卡则将我们直接带入行动中。共谋并非是使我们远离叙事。"无俄罗斯人"的雄心壮志并不是通过故事，而是通过动作本身来创造共谋——让玩家远离叙事，并为他们提供通过这些行动能够反思叙事的工具。因此，玩家必须参与导致游戏主要叙事发生的可怕行动。与《现代战争》不同的是，玩家不再只是积极的旁观者，而是行动的参与者。从理论上讲，这会导致更为复杂的道德共谋，但事实并非如此。

这并不是因为为了形成对游戏的批判性理解，玩家代理需要与叙事，以及玩家在解释叙事时的自主权紧密联系在一起。在"无俄罗斯人"关卡中，玩家的自主性非常有限，但游戏叙事发展的核心是行动。我们的任务是在几乎没有理由证明这种被动的情况下，成为被动的观察者。当然，我们的角色被设定为卧底特工，但即使是在这种情况下，作为通过玩游戏构建道德价值观的玩家，我们也需要能够按照这些价值观来玩游戏。

在"无俄罗斯人"中，作为作者代理的场景要求与道德价值观的发展方式之间存在不协调的地方。我们被迫成为一个需要行动的观众，尤其是在我们想建立我们作为玩家的道德品质之时。如果我们想阻止暗杀，我们就不能创造我们自己的价值观。不管怎样，我们观察到，这一立场是一种噱头，是作者代理的诡计。"无俄罗斯人"中的共谋失败了，因为我们被置于一个蹩脚的中间地带，这并不能帮助我们更好地理解游戏行动。"无俄罗斯人"不会引发对游戏叙事的反思，因此它并没有给我们足够的解释线索来将其解读为一种道德体验。

作者代理可以创造共谋，开启解释游戏、创造游戏的道德诠释学。但是，为了实现道德诠释，我们需要创造一个极限空间，一个在作者代理中开放的空间来进行反思。如果反思的空间被直接行动所占据，如同"无俄罗斯人"那样，那么共谋就会失败。

伦理反思的共谋设计十分复杂，它不需要对能动性的绝对限制。然而，在作者代理技术的情况下，共谋必须被设计成有限代理的结果，允许玩家从道德解释学的角度思考游戏体验。

《现代战争》通过作者代理制造共谋的成功，以及"无俄罗斯人"的失败，可以被视为理解军事计算机游戏作为宣传和娱乐交叉表达的文化作用的一种方式。如果我们想要对军事游戏进行道德解读,那么我们可以观察它们是如何让玩家与自己创造的世界相串联的。我的核心论点是:如果我们希望军事游戏成为反思性工具,而不仅仅是对世界事务充耳不闻的廉价刺激⑤,那么开发人员就需要考虑玩家共谋的表现可能性。玩家共谋对于开发者来说应该不是什么新鲜事——毕竟,它属于一种参与方式。但它们的不同之处在于,它颠覆了玩家的期望,不仅让他们成为消费者、观众或输入提供者,而且让他们成为复杂的道德存在。

四、我们曾是战士

在本章中,我认为有一种方法可以证明军事计算机游戏是一种用于反思的设备,而有些授权游戏尽管对军事冲突进行了部分美化,但却创造出了更微妙的体验。

我在这里论证过,玩家共谋可以成为设计"道德化"军事游戏体验的工具。如果开发者将玩家视为道德代理人,并给予他们从道德角度进行行动或反思的空间,那么我们便能够实现媒体的某些承诺。

但玩家共谋并不一定是作者代理的结果。像《特殊行动:一线生机》⑥(Spec Ops: The Line)这样的游戏提供了比如操纵其代理和打破第四道墙等多种设计方法来让玩家参与这种体验。关键是要承认,要将这些游戏解读为道德产品,并且在我们的话语结构和对世界的理解中发挥作用,我们就需要玩家共谋。这种共谋可能是故意设计选择的结果。

关于作者

米格尔·西卡特(Miguel Sicart)是哥本哈根信息技术大学的游戏学者。在过去的十年中,他的研究重点是从哲学和设计理论的角度研究伦理学和计算机游戏。他出版了两本书:《计算机游戏的道德》(The Ethics of Computer Games,麻省理工出版社,2009)和《超越选择:道德游戏的设计》(Beyond Choices: The Design of Ethical Gameplay,麻省理工出版社,2013)。他目前的工作重点是游戏设计,主题是"游戏至上"(Play Matters)(麻省理工学院出版社,2014)。他当前的研究重点是玩具、物质性和游戏。

注释

①事实上,《现代战争》正在准备进行第四次迭代。尽管《现代战争3》与我在此描述的一些设计特征相同,但在本章中,我不会对其进行分析。

②在《现代战争》中，至少还有一个使用作者代理技术设计的序列："震慑"(Shock and Awe)。其中，玩家在核爆炸后死于直升机坠毁(2013年，我在 *Sicart* 期刊上发表了更多关于"震慑"的文章)。

③这个循环可以被视为与博伊德(Boyd)OODA类似的(观察、定向、决定、行动)循环，这是运筹学和军事科学中的一个主要概念。可参阅彼得·佩拉(Peter Perla)在本书中的章节。

④参见本书中帕特里克·克罗根(Patrick Crogan)的章节。

⑤在编写这一章节的最终版本时，我发现了游戏行业在军事游戏方面的"音盲"现象。2014年8月，密苏里州弗格森市的枪杀事件导致一些抗议活动出现，一些人认为此事件暴露出美国警察队伍军事化的加剧。就在几个月前，美国艺电公司(EA)发布了游戏《战地：硬仗》(*Battlefield Hardline*)(http://www.battlefield.com/hardline)，这是一款射击视频游戏，玩家可以扮演全副武装的警察与全副武装的罪犯作战。一些人认为这在一定程度上体现出美国政治局势与电子游戏营销方式之间的不协调。

⑥参见本书中索拉亚·默里(Soraya Murray)的章节。

第二十八章　在《特殊行动：一线生机》中颠覆军事化的阳刚之气

——索拉亚·默里

　　找到并营救陆军上校约翰·康拉德和第33步兵营：这是兵棋《特殊行动：一线生机》(2012)看似简单的目标。该游戏由雅格开发公司(Yager Development)设计，2K游戏公司(2K Games)出版。康拉德是一位被授予勋章的战斗英雄，深居在后埃及时代迪拜的中心地区。马丁·沃克出于对康拉德毕生的忠诚，他承诺不放弃任何人，要找到康拉德和他的下属，然后用无线电进行疏散。与操作员亚当斯和卢戈一起探索废墟，寻找遇险信号的来源。接下来的场景将生态灾难和道德责任问题与可识别的军事叙事结合起来。在长达15章的篇幅中，游戏描写了对战争最糟糕情况的强烈想象，包括平民伤亡、远程战争、酷刑、赤裸裸的生活和极端的心理崩溃。首席开发人员沃尔特·威廉姆斯(Walt Williams)创作了一个故事情节，他称其最初灵感源自约瑟夫·康拉德(Joseph Conrad)1899年的中篇小说《黑暗之心》(*Heart of Darkness*)。因此，《特殊行动：一线生机》被广泛称为视频游戏的启示录，因为它通常采用围绕战争心理代价的主题，并呈现了一种不光彩的冲突愿景[①]。

　　《特殊行动：一线生机》视觉上令人愉悦，它叙事丰富，并且具有出色的可玩性。乍一看，人们可能会错误地认为这是一款鹰派军事射击游戏，甚至可能不是该类型游戏中最具示范性的。然而，与典型的体裁惯例不同的是，它向业界提出了挑战，要求他们提供更多发人深省的内容。为了阐明其反对偶像崇拜，本章讨论了在不光彩冲突的胁迫下，以及在大城市废墟中的文化背景下，游戏对规范(即白人、异性恋、男性)美国士兵困惑的建构(游戏场景：沃克及其手下进入迪拜见图28.1)。

图28.1 游戏场景：沃克及其手下进入迪拜

一、规范的士兵，好的和必要的战争

对兵棋游戏的批评围绕着它们的教育作用展开，即让玩家适应军事化的愿景，以及它们同时作为招募和训练模拟的用途(Payne and Huntemann, 2009; Dyer Witherford and De Peuter, 2009; Gagnon, 2010; Mead, 2013)。虽然大众媒体对在游戏中实施暴力与在现实世界中实施暴力之间的直接联系进行了多次基于社会学的辩论，但对游戏可能带来的关键文化方法的研究却较少。尼娜·洪特曼(Nina Huntemann)将"9·11"事件后的焦虑与宣泄的潜在益处联系起来，即主题相关的游戏可能会表现出与创伤事件相关的情感宣泄。虽然她不主张玩家对《库玛战争》(Kuma\War)、《合金战争》(Metal Gear Solid)、《海豹突击队》(SOCOM)、《分裂细胞》(Splitter Cell)和《彩虹六号》(Rainbow Six)系列等游戏内容的反应进行概括，但洪特曼的确认为"9·11"事件后的恐惧反应与围绕男子气概的意识形态建构之间存在关联，如好战和沙文主义世界观，或参与复仇幻想(Huntemann 2009, 223-36)。塔尼娜·阿利森(Tanine Allison)(2010)通过第二次世界大战历史上的军事射击游戏阐明了当今人们的焦虑，分析了这类游戏的意识形态手法，指出了历史上一个美好且必要的时刻，然后在这种感觉中嵌入当代冲突。然后，玩家可以重演所呈现的场景，直到其得到实施并完善。这是通过呈现一个任务系统来实现的，该系统在游戏的正式结构中作为目标和奖励发挥作用，没有平常世界的影响。

即使当前的战争不符合这些游戏所提出的模式(即一场精确瞄准和射击的

战争,在这场战争中,敌人被清楚地定位,而且没有附带伤害),这些游戏仍然反映了现代战争的幻想:干净、精确、快节奏,并取得了可量化的成功。电子游戏将战争呈现为一种可以控制和掌握的东西,没有创伤后应激障碍或真正的死亡(Allison 2010,192)。

这似乎与当代的政治情感时刻产生了共鸣,对一些人来说,这个时刻预示着"传统美国"[②]的消亡,或者引发了人们对美国生活方式及其道德天幕遭到侵蚀的担忧,而在第二次世界大战的历史格局中,美国的道德天幕更稳定地被视为一场"好的战争"。

的确,大多数军事射击游戏都假定主角是英雄,有着正直的道德感,它们可能会吸引玩家对士兵英雄的某种感觉。然而,《特殊行动:一线生机》这款游戏证明了艾莉森对"好的"军事男子气概的描述是一个例外,它在游戏机械层面上呈现了令人信服的任务,这些任务要求成功和高效地被实现,而在叙事层面上,它与角色(以及玩家)假定的正义感和道德罪责格格不入。在这一点上,《特殊行动:一线生机》独特地背离了其流派惯例(Payne,2014)。

沃克精神的逐渐崩溃和妄想使事情变得复杂,更不用说那些他接触的人的两面派目标。在一位名为里格斯(Riggs)的美国中央情报局特工的命令下完成任务过程中,沃克同意合作保护迪拜最后的供水,使其免受33营的破坏。但为时已晚,沃克得知真相:里格斯实际上是依靠控制或破坏供水,从而杀死了所有目击者,这样世界就不会知道关于第33营的丑陋真相。当最后一滴水不可避免地被里格斯毁掉时,沃克只能袖手旁观,因为他知道,他已经对剩下的士兵和难民判处了死刑。事实上,游戏中的绝大多数任务都是针对玩家与自己制服相同的士兵,或者公然无视第33营最初的人道主义任务。早期,混乱模糊了这一事实,玩家对执行任务似乎很执着。然而,并没有持续多久,战斗人员就从模糊不清的阿拉伯人转变为非常具体的目标,这些目标最初是救援行动的目标。

二、镜像作为自我临界

游戏的电影参考性调动了当代战争电影的语义和句法元素,使其具有真实性。这个游戏充满了军事陈词滥调,对于挑剔的观众来说,这些陈词滥调是有意识的。在介绍核心团队的角色时,大家互相开玩笑,营造出一种熟悉的感觉。精英训练的有力体现是通过熟练、高效地执行命令来传达的。一维超级士兵的风格化渲染描绘了他们在一项任务中团结一致。从体现自信、粗犷、军事化的男子汉气概的意义上来说,每个三角洲突击队的士兵都是能够胜任工作的。然而,随着故事的展开,当玩家开始质疑沃克对暴力行为的合理化、对使命的不断偏离,以及他的团队对暴力的持续忠诚时,这些比喻就出现了。玩家开始想要远离他们最应该认同的角色。

加载屏幕上显示了如下文字：

"你觉得自己像个英雄吗？"

"你仍然是个好人。"

"你不能理解，也不想理解。"

"这都是你的错。"

"迪拜发生的一切都将留在迪拜。"

这些信息与游戏的行为有一种相反的极性，这本身就很可疑。这些元素破坏了人们从善的中心位置或作为叙事英雄的假设。特别是一句话提到了一个流行的广告口号，"发生在拉斯维加斯的事，就留在拉斯维加斯"，暗示着在"罪恶之城"这一封闭的聚会区域释放自己的拘谨。在游戏虚构的迪拜例子中，这不是一种快乐，而是一种暴力的狂欢，它将留下来，将主角塑造成恶棍。在一次采访中，《特殊行动：一线生机》的首席作者威廉姆斯（Williams）坚持认为，任何纯粹为了震撼的东西都被删除了。他希望所有的道德困境都是现实的。他断言，游戏要求玩家"举起一面镜子对着（他自己）说，'为什么我要这样玩这个游戏？'"（McAllister, 2012）。

通过反复使用反射面，这种自我反射的概念在《特殊行动：一线生机》中作为主旋律出现。镜像在字面上和隐喻上的使用类似于自我批评，或者换句话说，在镜子中看着自己，会引起责任感和道德清晰性的缺失，以及打断角色连贯的自我意识的启示时刻。最有力的例子是在第八章"大门"（The Gate）中关键的白磷攻击，沃克对人数远远超过自己队伍的美国第33营士兵实施了燃烧战。如果玩家希望继续，除了沃克的选择，没有其他可行的选择。这大概是在游戏进行到一半的时候，在经历了一次地理上的下沉之后，人们对这个地方产生了一种更加地狱般的、危险的、不合情理的审美观。这一事件以一种非常复杂的视觉符号使用的方式被描绘出来，让人联想到与将要发生的过度残忍相关的玩游戏行为——这反映了最近活生生的世界事件。白磷迫击炮的控制装置与游戏中使用的控制装置没有什么不同：一个包含开关、按钮和屏幕的盒子。首先，尽管卢戈（Lugo）直言不讳地提出抗议，你的团队还是推出了一款可以提供鸟瞰图的摄像设备，可以在玩家屏幕的显示器上被看到。最令人痛心的是，沃克的脸在摄像机监视器的反射面上成像，这样玩家可以同时看到屏幕上的"自我"和在"你的"命令下部署白磷炸药的远程"炸弹视觉"（游戏中迫击炮控制摄像机的监视器上反映的沃克的脸见图28.2）。最初，敌人的"军队"是从这种遥远的军事化逻辑来看只不过是一个漫游的白点。考虑到"高地"的战场优势和优越的武器装备，对下方的攻击十分彻底，而且还由于距离遥远而毫无人情味。比起游戏的其他元素，游戏性好像很简单。但是，被化学物质灼伤的士兵在地上痛苦地扭动着，并以可怕的死亡姿势变得僵硬,其实际伤害在稍后的调查中会令人痛苦万分。

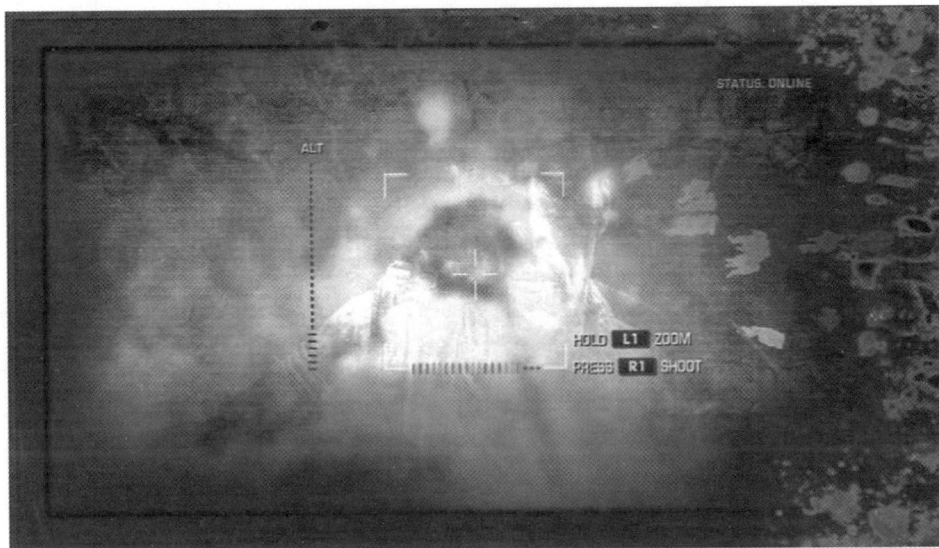

图28.2 游戏中迫击炮控制摄像机的监视器上反映的沃克的脸

更糟糕的是对非战斗难民的附带伤害,其中大部分是妇女和儿童,他们也有着同样的命运。有一个被烧焦的妇女和儿童的特写镜头,他们蜷缩在一起,妇女的手捂住孩子的眼睛,传达了一个不那么微妙的信息[3](游戏中被白磷迫击炮袭击的妇女和儿童受害者见图28.3)。在这里,妇女和儿童被配置为没有代理权,而只是被动的受害者。虽然《特殊行动:一线生机》中的女性形象最初是引发随后冲突的道德动机,但她们已不再是沃克的救世主英雄幻想中的人物。重要的是,她们是所谓的英雄过度使用武力的平民受害者。当卢戈做出反应时,内部战斗再次爆发,声称他们这次做得太过分了。到底是谁太过分的问题可能在某个层面上指向沃克、亚当斯和卢戈。游戏设计者痛苦地回忆起美国曾经在一些事件中使用这种武器的情景。美国军方本身也为其使用白磷弹进行辩护,因为官方将白磷分类为"燃烧性",故称其没有违反化学战禁令(美国在伊拉克使用白磷,2005年)[4]。

同样需要注意的是,游戏性在其允许的连续决策中也受到限制。也就是说,虽然存在道德困境,但游戏性不允许玩家选择道德更健全的路径。不可能扮演"好的"或"坏的"沃克。例如,在一个场景(第九章"道路")中,人们必须开枪打死一个因绝望而偷水的人(严重犯罪),或一个为了逮捕小偷而杀害了其家人的士兵。在狙击手火力的威胁下,人们必须做出决定:射杀士兵或平民、试图通过射击他们的绳索来释放他们、试图射杀狙击手,或者干脆逃跑。

图28.3　游戏中被白磷迫击炮袭击的妇女和儿童受害者

　　虽然叙事的一些细微差别来自不同的选择，但它们都不会深刻影响故事的轨迹或主要结果。尽管如此，该游戏还是因为试图将道德问题融入射击游戏类型，以及其颠覆性的叙事而广受赞誉。这可能是因为它有效地调动了军事主题射击游戏的核心机制与事实（即枪击有时可能会意味着伤害非战斗人员和战友）之间的紧张关系。

三、声调失调

　　《特殊行动:一线生机》的首席开发师沃尔特·威廉姆斯(Walt Williams)在2013年旧金山游戏开发者大会上发表了讲话。他抓住了这次机会，总结了游戏及其团队的意图。他准确地描述了用于干预军事行动射击游戏的典型类型的工具，即基于游戏和叙事层面的工具。他确定了"游戏叙事失调"的角色，或者换句话说，游戏的叙事契约和机械契约之间的对立摩擦。这一术语最初由克林特·霍金(Clint Hocking)提出，作为描述游戏中缺陷的一种方式。其中，故事中包含的信息在某种程度上与游戏中采取的行动相矛盾，或者可能与计分系统中的行为相矛盾。例如，霍金(2007)批评了《生物休克》(Bioshock)(2007)中所谓的自我牺牲叙事，而游戏本身，通过机会主义和暴力，最终传递出一种自利的信息。威廉姆斯在题为《我们不是英雄:通过叙事将暴力情境化》("We Are Not Heroes: Contextualizing Violence through Narrative")的演讲中总结了《特殊行动:一线生机》的核心游戏机制是如何塑造玩家行为限制的:我们的风格是由行动来定义的，而行动就是你与世界互动的方式。就是你将如何克服障碍、如何引起变化，以及如何在目标上取得进展。如果是一款平台游戏，你将通过跳跃来实现；如果是枪手，你可能就会面临是否用枪杀人（2013）。

一个射手需要射击，这简单明了，所以我们的主角沃克似乎不会做很多其他的事情。但这并不是游戏设计的缺陷，人道主义使命和过度使用暴力之间的不和谐可以被最大化，明显的伪善可以作为主要角色转变的组成部分。正如一位评论家所言，"随着游戏的发展，他变得越来越奇怪，杀害了这么多人！"（Hamilton，2013）。

不过，在叙事中，异性恋男性枪手的隐喻也被削弱了。瓦茨（Watts）提到了这一点，尤其是伴随着使用暴力和攻击控制环境的游戏机制"的"男性"满足感"（Watts，256）。在《特殊行动：一线生机》中，沃克扮演超级士兵的角色，寻求以军事力量主宰每一个场景。然而，随着游戏的进行，他和他的团队从一个装备精良、如外科手术般精确的部队变成了一群烧伤、流血、受伤的侵略者。他们的心理崩溃反映了这一点，特别是沃克对他手下的言辞从（最初的）诙谐、自信，变成了严厉的攻击，最后还变成了精神错乱的愤怒。

这种从超级士兵到后面身份的转变贯穿了游戏的15个章节。在游戏的早期部分，叙事模型将部分社会关系编入神话，将当兵视为男人之间无条件的义务纽带。这使形象非政治化，成为一种兄弟情谊的神话，它通过关注个人和人际关系发挥作用，而不是在士兵战斗情况下发挥更大的政治力量（Dyer-Witherford and De Peuter 97–122）。但随着《特殊行动：一线生机》中的关键人物逐渐疲惫、受伤、肮脏、暴躁、感到绝望，主要角色的语言线索从老套的战争电影对话变成了疯狂的战斗欲望。沃克变成一个具有威胁性的人物，一个将自己的意识形态和意志强加给他人的不法分子，以追求其他人都不认同的未经批准的目标。通过这一点，理想士兵作为正义的化身的形象被玷污，这使得玩家更难保持身份认同。

这一点在接近游戏尾声的"桥"（The Bridge）场景中得到了特别强调。此时，队友卢戈已经被淘汰；亚当斯和玩家角色沃克都受伤了，生命受到极大的威胁。在这项具有挑战性的任务中，你将在一个庭院中面对大量敌人，这个庭院已被改造成一系列掩体，里面有狙击手、固定式机枪和精英士兵。沃克慢慢地从一个据点推进到另一个据点，当他斥责亚当斯并鼓励其战斗时，可以听到他的辱骂声。在一个极其反常的时刻，你让死去已久的操作员卢戈投入战斗——这是一个噩梦般的幻觉，他作为一名全副武装的"重型"士兵回来为自己的死亡复仇。当无意中听到对手的口头命令时，从他们对话的焦虑中可以清楚地看出，你在他们眼中已经成为死亡的化身。虽然他们在人数上远远超过你，但他们听上去很恐惧。在这种情况下，唯一的选择就是直接的、残忍的，不可能采取秘密行动或任何其他策略避免冲突。游戏评论家布伦丹·基奥（Brendan Keogh）在其引人入胜的长篇文档中记录了他在体验《特殊行动:一线生机》时的经历和见解,出色地捕捉了玩家在这一点上得出的不可避免的结论:然而,在最后阶段,通过对第33营普遍恐惧的渲染,《特殊行动:一线生机》再一次成功地评论了所有电子游戏中普遍存在的东西:玩家所带来的死亡和破坏的不真实性。《特殊行动:一线生机》没有提供一个替代方案(它也从没有提供过替代方案),它对待死亡和毁灭(以及带来它的玩家)的态度,就如同其应该被对待的那样:可怕的、令人绝望又恐惧的,以及错误的(Keogh)。

沃克从头到尾在战争胁迫下的蜕变,以及这种蜕变越来越合理化(相当于痴呆症),激起了人们对男性角色稳定性的根深蒂固的渴望。但这种稳定性在整个游戏中逐渐被剥去和侵蚀,最后只剩下精神压力和以纯粹、过度暴力作为破坏性表现形式的具有威胁性的形象。沃克在精英训练中表现出色,但他的动机是有缺陷的,在这一点上,他拯救生命的努力最终是无效的。这在沃克的疯狂和侵略性的言语表达中得到了很好的强调,其疯狂和侵略性被过分渲染,以至于忽略了玩家们的内心感受。

四、结论

毫无例外,第一人和第三人军事射击游戏的主角肯定会站在正义的一方,游戏设计的目的是鼓励玩家亲近角色。在模糊士兵和屠杀者之间的道德界限方面,《特殊行动:一线生机》指出了军事化阳刚之气的理想化概念,这是在游戏开始时就确立的、并且在长期确立的流派惯例中可被识别。在这种情况下,《特殊行动:一线生机》可能指的是过度使用核心机制,特别是射击和其他形式的令人发指的暴力作为游戏进程的一部分。因此,在技术上实现了全方位主导的设想,却在道义上受挫。作为一名玩家,这种挫败感在很大程度上源于感觉被卷入了沃克的疯狂和自以为是的军事表演中,而没有任何真正的权利在这一类型的选择范围内做其他选择。

这就概括了游戏的"邪恶问题"(wicked problem):玩家如何继续游戏,并愿意参与疯狂的行动,以及如何在游戏需要道德上的自我审视的情况下实现射击游戏的乐趣(Sicart 2013,111-16)。虽然电影元素和军事射击最初呈现的是一种传统的视觉,但《特殊行动:一线生机》巧妙地利用了道德上应受谴责的战术,将其作为一种策略,混淆玩家对其角色代表善的期望(Sadd,2012)。这给军事射击类游戏的隐含规则带来了麻烦,因为它玷污了玩家通常伴随着执行任务获得的良好满足感。当最终得知约翰·康拉德早已死去,而他在整个游戏中所听到的声音仅仅是沃克幻觉的投影时,对这位军事化的男主角的任务就完成了。余下的是一些士兵理想的心理和道德的渐失。其时代已经过去,在黑暗之心的背景下,其规定的保护者/看门人角色已经失效。救援的道德制高点倒塌，为暴力手段辩护正义目标的稳固基础已被粉碎。沃克的胜利被视作代价高昂，因为战场上的情感创伤和附带伤害远远超过收获。针对游戏本身是否有效地进行了道德批判问题，我认为它确实模拟了军事冲突的原始残酷性与后来发生的叙事意义之间的关系。由于《特殊行动:一线生机》的主要射击机制与其对军事人道主义的合法化叙述之间的不协调，这两者之间的摩擦几乎必须通过游戏玩法来考虑。

关于作者

索拉亚·默里拥有康奈尔大学艺术史和视觉研究博士学位。她是圣克鲁斯加利福尼亚大学电影和数字媒体系的助理教授，她还隶属于数字艺术和新媒体MFA项目（Digital Arts and New Media MFA Program）以及游戏可播放媒体中心（Center for Games and Playable Media）。索拉亚·默里是一位跨学科学者，专注于当代视觉文化，尤其对当代艺术、文化研究和新媒体艺术感兴趣。她的作品曾发表在《艺术期刊》（*Art Journal*）、《Nka: 当代非洲艺术期刊》（*Nka: Journal of Contemporary African Art*）、《C 理论》（*CTheory*）、《公共艺术评论》（*Public Art Review*）、《第三文本》（*Third Text*）、*ExitEXPRESS*、*Gamesbeat* 和《PAJ:表演与艺术期刊》（*PAJ: A Journal of Performance and Art*）等众多印刷和在线出版物上。

注释

①《现代启示录》（*Apocalypse Now*）被广泛认为是对《黑暗之心》（*Heart of Darkness*）的松散解读。

②美国福克斯新闻频道主持人比尔·奥雷利（Bill O'Reilly）对《奥雷利因素》（*The O'Reilly Factor*）进行了评论，但保守派常用这个术语来谈论他们认为与"传统"美国的不同，尤其是在2012年之后。

③即使在2012年该游戏发布之时，在军事冲突游戏中看到儿童形象的情况也极为罕见，玩家角色能够伤害他们的情况几乎没有。

④白磷是照明弹的关键成分，用于照亮区域或制造烟雾。由于它来自一种"燃烧"装置，即照明弹，因此没有被禁止化学武器组织（2005）等监管机构正式归类为化学武器。由于白磷的地位不明确，因此避开了法规监管。

第五部分　系统与形势

第二十九章　作为书写系统的兵棋

——莎朗·加马里·达布里西

1959年,战略家赫尔曼·卡恩(Herman Kahn,1960)认为,迫使侵略者退却的最好办法是表现出"轻微的疯狂、放纵或情绪化"。他认为美国应该摆出狂热、致力于非理性战争目标的姿态。"如果我们想让美国的战略空军为……威慑做出贡献,"他建议,"我们必须相信我们愿意采取一项或多项……行动。通常,真心实意地愿意就是表现出意愿的最令人信服的方式"。到了20世纪60年代中期,卡恩改变了自己对战争、生存,以及在不久的将来从核战争中重建社会的无情态度。他承认,"像华盛顿的人们一样、像大多数人一样、像你一样,我真的不相信它。"伴随其一生的核战争现实给他留下了"类似于宗教问题"的印象(Herken 1985,205)。

兵棋促成了卡恩对近期核战争确定性(或不可能)的信念。对于几乎所有在20世纪五六十年代在五角大楼工作的人来说,进行兵棋推演的理由很简单:在以前的经验几乎无法提供指导的情况下,为与全新类型武器的潜在冲突做好准备的要求,有必要开发有经验的替代品;模拟正是一种创造综合体验的技术(Sterne 1966,66)。

兵棋是合成体验——是现实生活的替代品。但是我们可以使用哪些类别的场景来识别它们并将其嵌入到兵棋情景中呢?确定在何种场景下进行兵棋推演的问题并非微不足道。当然,这些可以是培养团队忠诚度、纪律、信息处理和决策能力的培训练习和演练。但是兵棋推演也可以是任何历史时刻的娱乐、通信和交通技术的综合影响下的产物。换句话说,兵棋可以与电影、广播和电视、嘉年华、博览会、游乐园以及惊险刺激的游乐设施并驾齐驱。兵棋推演是课程中的重要元素,它能够将新晋升的军事人员转变到新的角色和责任中。但它们也被用于团体组织和动态,以及个人和团体创造力的实验。兵棋推演是一种训练机制,用于诱导玩家进入注意力、专注力和耐力的特定模式。是的,兵棋推演通过实践进行教学,但也可以融入阅读和写作的历史。

在过去的20年里,我一直在思考历史学家可以将兵棋推演分配到的文明禀赋中的各种星座。兵棋推演展示了与大众娱乐的多感官刺激的亲缘关系;它是士兵、水手、飞行员、宇航员、洲际弹道导弹发射员在特定时间和地点的常规劳动的范本；它可以被传唤作为电子幻象和它的模拟图像之间模糊的证据。兵棋推演试图代表什么现实？历史学家该如何重新构建这些线索，从而使过去的一个离散时刻瞬间变得逼真呢？

由于我认为具体化、感觉和思维是密不可分的相互依存关系，我首先假设将感性和情感结合在一起，使国防分析师、战略家、武器设计师和受训人员在一定时间间隔内的兵棋推演变得现实。无论我是像在赫尔曼·卡恩（Herman Kahn）的书中所做的那样梳理档案，还是像2003—2006年所做的那样采访当代兵棋设计师，我都发现这是一个有用的开端。我还认为，报告里有关兵棋的内容在现实中是真实存在的。兵棋设计、游戏和诠释将受到历史的影响，因此可以定位于社会的空间和时间。也就是说，我假设关于兵棋推演逼真性的陈述可以设定在一个可指定的矩阵中，该矩阵的关联和共性将表明当代玩家可能对其真实性含义的理解。

一、兵棋的现实效果

轰炸机俯冲向甲板上的人群并开火。它掠过船只、倾斜、拉起，然后开始快速爬升。一名海军陆战队军官用机枪向渐渐远离的飞机射击。那位军官竭力大喊想让人听见。"除了奋起抵抗并接受现实，"他尖叫道，"这是最接近站在驱逐舰甲板上遭到俯冲轰炸和扫射的事情了。"那是1943年，我们站在诺福克海军训练站（Norfolk Naval Training Station）《翼上地狱》（"Hell-on-Wings"）战场的场景前面。在我们附近有几个弧形的显示屏，组成了一个巨大的电影屏幕，我们附近的扬声器声音震耳欲聋。在屏幕正前方，我们看到一个年轻人紧握着电子激光枪。当他扣动扳机时，爆炸计数器会记录他的射击情况，计算发射了多少模拟子弹，以及有多少子弹击中目标。站在我们旁边的是一位平民，他也在观察现场。他不禁惊呼这一切是多么"惊人的逼真"。记者（Shalett 1943,25）惊叹道，"它在一间小而漆黑的房间里制造了空中轰炸和扫射的幻觉，并激励我们的士兵奋起与这种突如其来的袭击做斗争"（另参见 Taylor,2013）。

《翼上地狱》的发明者声称，他的模拟器准确地再现了战争的景象、声音和振动。弗雷德·沃勒于1946年在《电影工程师学会期刊》（*Journal of the Society of Motion Picture Engineers*）上撰文称，他的灵活射击训练器"以一种只有在实战中才能运用的方式正确地模拟了射击条件"（Taylor 2013,26）。

当沃勒的模拟器再现第二次世界大战的作战条件时，复制冷战早期作战指挥中心的信息处理机器成为沉浸式模拟设计者们的首要任务。1951年初，兰德公司的几位心理学家在圣莫尼卡台球厅的一间后屋里建造了华盛顿塔科马防空指挥中心（ADDC）和几个预警站（EW）的复制品。他们重建了防空机组所需的所有硬件："信息收集设备（雷达设备）、通信网络（无线电和电话）、信息存储设备（中央显示器和书面记录）及其响应设备（拦截飞机及其武器）"（Chapman，1959）。

防空指挥中心的每个部分都有一个或多个模拟雷达（PPI）……电子战中心也有模拟输入设备。内部和外部通信模拟包括防空指挥中心内的对讲机、防空指挥中心与电子战中心之间的电话线、防空指挥中心与相邻防空指挥中心之间的电话线、总部中心、民航局、拦截器基地，以及拦截器的无线电链路（Parsons 1972，165）。

1958年，海军战争学院首次推出了名为"海军电子战争模拟器"（NEWS）的沉浸式训练环境。NEWS为学员提供了快速、准确的信息处理经验。观察其运行的记者也附和东道主的声明，即模拟器是真实的：训练设备……使海军能够在超音速飞机和时速20 000英里导弹的时代里进行逼真的兵棋推演……它可以在记忆区模拟两个舰队的速度、雷达特征和火力，每个舰队有24个作战单元。20个指挥所的指挥官就像在战斗中一样通过雷达和语音线路接收信息（Fredericks 1958，96）。

随着高速喷气式轰炸机、超音速导弹和数字计算的引入，信息处理的速度加快了。模拟战斗变得更容易了。1961年，一位运筹学研究人员指出，兵棋离真实世界竟然如此之近：敌人的轰炸机，甚至不再是天空中的一个黑点，而是变成了雷达瞄准镜上的一个光点、标绘板上的一个计数器，甚至是垂直屏幕上的一个数字。"战斗迷雾"变成了手提计算机上的模糊数字或计算机控制台上闪烁的一组灯光……游戏室地图上的彩色图钉与真正指挥所的图钉几乎无法区分。模拟的计算机输出肯定可以模拟电传打字机的"咔哒"声，甚至是雷达的阴极射线管。这些看起来确实很真实（Thomas，460）。

不可避免地，这些身临其境的角色扮演游戏因过于真实而招致批评。1964年，兰德公司分析师罗伯特·莱文（Robert Levine）提出反对角色扮演可信性的假设。"作为决策者的代表，很难说他们代表了什么，或者应该允许与现实世界有什么不同。"游戏设计的模糊性使得玩家很难衡量游戏世界和现实之间的差距。问题在于，游戏玩家似乎从来都不太确定他们应该是决策者的积极代表还是规范代表。游戏玩家通常既对他们所代表的决策者不完全了解，又对决策者感受各种压力的方式有非常不完全的直觉。游戏玩家没有时间系统地、客观地思考他们与真正决策者的不同之处（Levine 1991，47-48）。

是什么让这些游戏世界如此令人信服呢？1968年，罗兰·巴特（Roland Barthes）提出，无偿的细节是福楼拜（Flaubert）小说"真实效果"的关键。也就是说，作者细致地描述细节对推动情节发展毫无帮助，但在文学小说中能够传达出一种现实感。过多的细节让读者觉得小说的世界和她的世界一样。相应地，沉浸式兵棋推演中大量精确再现的细节确实有助于人们相信游戏世界"惊人的真实"（Barthes，1985）。

但是，为了让推演者对模拟的准确性和可靠性有信心，让我们将游戏世界的真实效果扩展到激发推演者的身体感觉系统。我们想要查明的是，如何能够促使主观相信兵棋推演"感觉真实"的感官输入。为了帮助我们理解这一点，我们转向关注乔纳森·克雷里的工作。

克雷里（Crary）在1999年出版的《感知的悬念》（Suspensions of Perception）一书中指出，在19世纪末和20世纪，视觉、听觉、触觉和动觉都会受到无休止的改革和重点转移的影响。"流动性、新颖性和分心被确定为感知体验的组成元素"。简单的感知行为需要无休止的"适应新的……速度和感官过载"。作为一个行为主体和一个历史事件经历者，人们的认知和感知能力会不断调整，从而标志着时间的流逝。克雷里说："注意力的管理取决于观察者适应感官世界消费方式的不断重新编排的能力"。

为了掌握玩家对20世纪沉浸式角色扮演兵棋的真实感受，让我们远离军事社会和技术世界，将社会、时间和空间跳回到20世纪的第一个十年。汤姆·冈宁（Tom Gunning，1990）利用场景电影概念考察了马戏团、歌舞杂耍、狂欢节、游乐场和游乐园等大众娱乐活动的现实效果[①]。

冈宁对20世纪首个10年的非叙事电影特别感兴趣。这些场景结合了电影展示和真实的战场布景。例如，在"黑尔之旅"（Hale's Tour）中，有人可能坐在火车车厢的复制品中，看着窗外，看到一列火车驶进隧道或穿过桥梁。"电影不仅包括从移动的车辆（通常是火车）中拍摄非叙事性序列，而且剧院本身也被安排成火车车厢样式，有售票员售票，声音效果模拟车轮的咔嗒声和空气制动器的嘶嘶声"（Gunning 1990，231）。

观众的生理和心理兴奋是由电影的强大感官刺激引起的。"就像科尼岛的惊险游乐爱好者一样，早期电影的观众可以体验到强烈而突然变化的感觉的惊险"（Gunning 1993，11）。非叙事电影的美学关键是吸引力。其吸引人的地方是，"无论是电影院、轰动的媒体还是游乐场"，都将观众的注意力直接固定在技术设备本身提供的视觉愉悦上，而不是讲故事中更常见的愉悦，即，猜测一个展开的叙述的可能情节点，并认同故事中的人物（Gunning 1994，190）。

冈宁和克雷里这样的文化史学家如何看待旅游场景的意义？他们认为旅游场景是培训技术：它们教用户如何从操作中获取乐趣。不仅要学会、训练和习惯观看电影的感觉，还要培养正确的注意力。克拉里（1999，1）将认知和知觉注意定义为"无论是视觉或是听觉，为了隔离或专注于数量减少的刺激而脱离更广泛的吸引领域。"

在娱乐领域，冈宁向我们展示了观众如何学会以正确的方式观看电影中的场景,从而从中找到乐趣。如果我们将视野扩大到包括其他技术,我们就可以扩展论点:作为与通信、娱乐和交通技术的一般交互的结果,包容的技术环境导致了历史上不同的、可变的前景关注模式。

如果真是这样的,那么可以合理地假设,作为一个整体,大众娱乐、通信和交通技术是感性参照物,在背后支撑着沉浸式角色扮演兵棋的真实感。游戏玩家长期习惯于文化的技术环境,消费了他那一代的娱乐媒介——过山车和旋转木马、电影、广播和电视;将有轨电车和公共汽车、火车、飞机、汽车、自行车、滑板、摩托车等交通技术的视觉、听觉和动觉体验常规化;在将通信媒体摄影、电影、电报、电话、广播、电视、计算机、手机移植到同样的程度后,兵棋游戏的多模态感官刺激将与他一致。也就是说,身临其境的模拟,就如同其平凡的感官一样,将是真实的。因此,结合产生兵棋游戏真实效果技术的聚合条件将保持不变,即使任何曾经让用户觉得逼真的特定模拟在后来的观察者看来都可能是可笑的。

"那又如何?"我听见你说,"这如何改变我们对沉浸式角色扮演兵棋的理解?"就其本身而言,这种想法并没有考虑到玩家的主观体验,即模拟感觉是真实的。为此,我们需要更仔细地观察玩家在模拟过程中做出的决定和感受的历史性变化。

二、令人信服的历史性经历

让我们把时间线再向前拨动。1964年,罗伯特·莱文(Robert Levine)反对战争玩家的想法和感受与政治和军事决策者的实际内心体验之间的草率对等。我们历史上的下一站在哪里呢? 20世纪60年代末和70年代初,兵棋设计师专注于模拟战斗和后勤过程,就好像它们是物理问题一样。他们放弃了政治—军事危机场景[2](Ghamari Tabrizi,2005)。在这些年里,大多数兵棋从桌面地形模型转移到了连续几代大型计算机和软件语言能够适应的战场环境[3]。最终,每年一次的兵棋迭代产生了一系列装饰华丽、不透明的旧程序、快捷方式和建模假设。到了20世纪70年代中期,我们开始看到公众对难以理解的专业计算机建模黑匣子的不满。

例如,1975年,兰德公司的分析师约翰·斯托克·菲什(John Stock fisch)抨击了陆军许多常规作战模拟的虚假发现。他宣称,大多数辩护分析都大错特错。他们的特点是"经验不足,对经验数据的明显误用,以及伪数据的大规模产生"。游戏设计者忽视或拒绝从经验上检验他们的假设。"我们的情况是任意或假定的数字都是理论模型的输入。"斯托克菲什得出的结论是,基于计算机的兵棋"充其量"是"具有有限或模糊经验基础的计算练习"。

虽然角色扮演演习在这些年里似乎被量化模型所掩盖,但到1977年,兵棋推演专业人士很清楚,这两种兵棋都是令人不安的错误:高度聚合的模型由于缺乏透明度和经验验证而让人无法理解④,对沉浸式兵棋世界的浓重描述呈现多焦点和经验不确定性的混乱局面。

1977年,在美国国防部的一次会议上,一位讨论者(Reiner Huber,1977)抓住了这两种方法之间的紧张关系。他指出,"许多人想要高分辨率(即沉浸式角色扮演游戏),因为他们认为高分辨率模型比高聚合模型更能反映现实。"他们认为,由于高分辨率模型充满了细节,因此"更为现实"的问题是细节使游戏变得复杂,直到"他再也不能理解模型了。"

1977年的这次会议是兵棋史上的一个里程碑,它最终将模拟转向角色扮演模拟。本次活动主持人、国防部网络评估办公室主任安德鲁·马歇尔(Andrew Marshall)对观众说:"我觉得人们目前的建模或指数并不能真正描述我所了解的包括战略平衡在内的任何军事平衡"。

马歇尔坦言,多年来他一直对遇到的几乎都缺乏透明度的所有模型感到失望。大约一天后,出席会议的唯一商业(即业余爱好者)兵棋设计师——詹姆斯·邓尼根回应了马歇尔。詹姆斯·邓尼根认为,职业兵棋推演者需要克制自己不断增加细节的欲望。由模型实现的游戏非常复杂。他建议兵棋设计者从根本上简化其模型,并重新引导更多的人参与。兵棋"必须以吸引用户的方式呈现。"邓尼根心目中的诱惑是玩游戏和尝试事物的冲动。他告诫说,"不要低估游戏的力量"。现在国防部有一个数据仓库,但没有人愿意靠近它。改变现状的诀窍就是激发兴趣。你如何让他们想体验数据游戏?"如果你让它变得有趣,你就可以让人们更多地使用它。但是,如果你让人们感到厌烦,或者你没有让他们感到兴奋……,他们就不会对模型和模型的功能产生兴趣"。

马歇尔对此很感兴趣。他向邓尼根许以咨询专家的头衔以帮助重振高级别的兵棋推演。在五角大楼的兵棋史上,美国国防界首次寻求娱乐专业人士(业余兵棋设计师)的服务⑤。马歇尔希望邓尼根的有趣、诱人的表现和简化的游戏设计理念能够解决模拟不可理解性的问题。

马歇尔招募邓尼根的另一个重要原因是业余兵棋亚文化对玩家乐趣的导向开始在设计高级军事游戏空间中发挥作用。业余玩家强调动态过程和可玩性的优点。马歇尔与邓尼根的非正统联盟标志着再次认识到人为因素在国防模拟中重要性的转变,尤其是兵棋设计师对具有情感吸引力的游戏场景和规则的要求变得越来越敏感,这将成为20世纪90年代及其后的中心问题(Stanney,Mourant and Kenney 1998,327-351)。

现在让我们去南加州大学的创意技术研究院(Institute for Creative Technologies)看看。1999年,陆军研究实验室赞助建立了创意技术研究院作为大学附属的官方研究中心。创意技术研究院董事理查德·林德海姆(Richard Lindheim)曾在派拉蒙担任电视制片人。他聘请了游戏设计师、程序员、艺术家、电影制作人和编剧等娱乐界专业人士,以及在人工智能、自然语言识别和虚拟现实领域具有专业知识的计算机科学家。

2004年,我作为一名人种学观察者在创意技术研究院度过了整整一年。那里的每个人都自豪地宣布,在创意技术研究院创造的东西是全新的。在2010年7月的回访中,创意技术研究院工作人员坚持声称将娱乐与军事训练的教学技术相结合具有革命性意义。他们不仅坚持将叙事与训练相结合的新颖性,还经常援引"好莱坞讲故事技巧"的力量。

我在创意技术研究院任职的这一年里,逐渐将注意力从兵棋的逼真性要素的制作视为模拟现实主义的来源,转移到创意技术研究院员工反复、催眠式地呼应努力的关键,即创造"令人信服的体验"。即使在撰写本文时(2014年8月),在创意技术研究院网站的首页上,在一个标题为"我们做什么"的图形框中写道:"引人注目的故事、人物和特效。南加州大学创新技术研究院将这一好莱坞获奖的公式最大化地应用于公职人员、学生和社会"。

我试图探究看似不言而喻的事情的本质。在许多不同的背景下,我请人们告诉我更多关于兵棋的引人入胜的体验。我询问其叙事方式:

• 您最初是如何将项目需求文档中列出的培训目标转化为故事驱动的模拟的?

• 当与陆军人员交谈时,你是如何将充实的故事映射到训练目标的?

• 您是如何将培训目标的认知需求转化为提示和触发器,从而在用户中产生正确的行为和情绪的?

• 具体来说,你是如何将情绪线索固定到绘图点的?

我询问了设计师试图从学员身上激发的情感:

• 在这个模拟中,你试图创造什么样的情感线索?

• 您如何知道是否已成功触发响应?

我问模拟如何吸引学员的注意力:

• 您添加了哪些感官提示来强化用户的情绪反应呢?

• 你怎么知道模拟的粘性度足以阻挡用户在场时的竞争刺激?

• 你怎么知道它会激发用户的情感和认知能量?

我问他们如何评估模拟的有效性:

• 你如何知道这个故事是引人入胜、富有教育意义、令人难忘的呢?

• 您是否专门测试了模拟的"强制力"?

我想了解他们是如何理解这种吸引力的——本能的,以及他们模拟的叙事。我的调查演变为对21世纪首个10年娱乐和军队专业人员"引人注目"的反思。

由于创意技术研究院的每个人都温和或武断地宣称他们的项目是一种新的

教学和训练军队的方式，我自然想知道是否有可能确定在创意技术研究院的计算机游戏、电影和沉浸式环境中的情感线索和情节决定中有无新的内容。如果我将其模拟与早期的模拟进行比较，我能否发现观众对这些需求的历史变化？

解决这个问题的方法似乎分为两部分。首先，我想提取人们关于什么能吸引观众注意力的基本假设。然后，我想看看是否有能分离出吸引力或线索的形式或情感元素，这些元素可以作为一个历史时期的索引标记，在某一时刻出现，但在另一时刻不出现。很自然，某些元素会有连续性。但肯定也会有一些元素在历史上显得遥远、过时，与我的信息和通信技术专家所认定的那些元素不同，这些元素特别有效地促进了观众的参与。

为了证明我自己的想法，我开始考虑进行更广泛的意见征询。这意味着要向全体美国人，而不仅仅是军事人员征求意见。我想到的是那些试图吸引每一个路人目光的街头募捐者或请愿者。当然，最直接的招揽模式是直接拉客。在广播叮咚声和电影预告片出现之前就有大肆宣传：集市、游乐园、马戏团、嘉年华、歌舞杂耍、滑稽戏和综艺节目的广告（关于娱乐营销发明的详细介绍，参见Reichenbach, 1931）。

我体验到推销员的口头禅，虽然是用图形写出来的，却是听觉冲击。但冈宁对20世纪前30年的广告、营销和商品的"侵略性视觉"更感兴趣。对于冈宁(1994, 195)来说，每一个吸引路人的消费文化领域都可以折叠成一个单一的包容性框架，作为早期电影应该与之结盟的参考。毕竟，消费者学会了如何在视觉展示中找到乐趣，不仅是在世界博览会和游乐园等景点，而且在百货商店橱窗、广告牌、海报、印刷广告，以及书籍和期刊封面等商业空间。冈宁对视觉愉悦、电影中的吸引力和叙事之间的紧张关系、广告和促销中的情感和视觉诉求的分析可能有助于我们辨别创意技术研究院制作的模拟中的历史新事物。

三、学习如何阅读兵棋文件

1912年，美国海军上尉麦卡蒂·利特尔(McCarty Little)有一句名言："兵棋将整个世界作为一个战场呈现给玩家"(Little 1912, 1219)。假设我们从字面上解读这句话，将兵棋当作旧剧院的舞台剧，这对我们的理解有什么影响？

剧团的文学经理或剧作家认为伯特·卡杜洛(Bert Cardullo)是"文本的守护者"(1995, 10)。她的工作是了解社会、政治、经济、文化和个人背景，这些都是剧作家在创作经典作品的过程中所处的创作环境。当导演决定要将剧本搬上舞台时，戏剧表演的作用就是要"确保剧作家的愿景在戏剧演出中能得以传达"。

利昂·卡茨(Leon Katz)是耶鲁大学戏剧学院的一位受人尊敬的戏剧学教授。为了帮助导演完成一部经典戏剧，她非常详细地概述了一个剧作家应该学习的

主题。她撰写了一份详尽的报告,即剧作家规约,其中包含如下内容:

(1)戏剧的历史、文化和社会背景;

(2)剧作家相关的生平信息,以及剧本的创作史和对其在作者全部作品中所处地位的评估;

(3)剧本的批评和创作过程,包括对原文的文本问题(如有)的报告和对主要译本的评估(若剧本是用非英语语言撰写的);

(4)对该剧本进行的全面批判性分析,包括剧作家对新作品导演设计理念的建议;

(5)关于戏剧材料的综合参考书目:版本、论文、文章、评论、采访、录音、影像……(Katz 1995,13-14)。

进行如此广泛的研究有何价值? 如果能尽责地对该剧最初的情节进行彻底地重建,那么剧作家的"语言、舞台惯例和世界观"就可以得到最极致的诠释。正如戏剧历史学家乔尔·谢克特(Joel Schechter, 1976)指出的那样,"导演想要忠实于原作。"在德语中,用"werktreue"一词来表示这种基于历史的表现方法。

如果历史学家采用剧作家规约这种形式作为评价历史兵棋的模板,那么我们会得到什么结果? 一方面,"werktreue"的概念提醒我们,不要想当然地认为我们拿起一份兵棋文件,就能轻松理解其中的意义。我们必须认识到,在从游戏文档展开进行兵棋推演的过程中,在一定的场所、时间和背景下,玩家的思想、心态和身体状态都会发生变化。兵棋推演不仅仅是一种用作战略互动的设计,而是一项动态的人际活动。如果我们像剧作家一样思考,那么我们就能想到兰德公司分析师罗伯特·斯佩克特(Robert Specht)在1958年的观察中所描述的,"进行一场兵棋推演能在智力和情感上丰富我们作为人的一种经历"。

为了重建这些沉浸在兵棋中的玩家可能产生的思想、情感和行为,让我们来进一步考虑克雷里(Crary)提出的关于注意力的史实性概念。首先,我们可能要先关注兵棋文件的重点:在游戏设置的任意方面,压缩和节略的意义是什么? 有哪些等待探索的领域? 又有哪些已知的领域? 更有趣的是,作为历史兵棋文件的当代读者,我们认为什么会是兵棋玩法中的普遍常量? 换句话说,在兵棋中,哪些思考、决定和沟通的元素会让我们觉得即使跨越时间也是不变的? 只有这样,我们才能找到文本中的线索,将兵棋归到很久以前的时间和地点,而不是当今。

在识别出熟悉的游戏玩法后,我们是否能在兵棋文件中发现历史变化的痕迹,在沉浸式环境中找到游戏体验的时代精神标记? 一方面,由于冷战题材兵棋玩家相信,情感上的强烈体验恰恰能使他们的模拟体验变得真实;另一方面,这也是一种与信息、通信技术(ICT)中"引人注目的体验"相关的心理状态,因此,我想知道我是否能够区分两个不同历史时期兵棋中的时代精神印记。

有一句话可以说明我是如何看待时代精神标记的。我不可能用时代精神这个词通常所传达的概括性来思考一个历史时刻。我要找的是一些能够揭示游戏技术、场景和游戏玩法所规定的注意力，以及感知形式的历史真实性的踪迹，而这些注意力和感知形式在我们看来是不一样的。对于习惯了日常娱乐、通信和交通技术的美国人来说，这些踪迹可能很常见。或者也可能是特定环境下的一群军事人员所特有的。

明尼苏达大学的巴贝奇档案馆里收藏有来自兰德公司系统研究实验室、兰德公司系统研究部和系统开发公司的大量资料。尤为重要的是，它还收集了非常丰富的与沉浸式模拟实验相关的文件，这些文件是该小组从1950—1965年理论和实践兴趣的核心。我非常欣喜地发现了他们1950—1952年最早的实验录音记录。这正是我想找的：一份详尽的录音，记录了模拟活动的参与者如何在高度真实的沉浸式环境中学习如何使用仪器、及时做出决策，以及在压力下以团队为单位一起工作（Ghamari-Tabrizi，2012）。

巴贝奇档案馆大约建于1951年，是一座仿照防空指挥中心建设的建筑物，与几个早期的预警站相连。该建筑也有一些首创的新元素。在防空网络中读取分布式讯息需要学习如何忽略大多数数据流。这就导致了认知分裂：操作员必须要学习应该忽略什么，密切关注什么，以及如何在一阵又一阵的无聊和遐想之后重新集中注意力。确定单个团队和团队中单个成员的最佳信息流既是一种新的专业素质，也是一种仪表显示设计。这些实验有两个重点。科学家们希望测试信息饱和的条件，同时发现一些技术，以训练操作员在日益紧张和无聊的情况下准确、警惕地知晓雷达控制台上的信息。

虽然我们认为信息过载的主观体验是近来才出现的特征，但心理学家在20世纪50年代初就已经开始对此进行实验了。关于在信息超载和承受压力时处理信息的文章发表于1960年（Miller，1960；Jay and McCornack，1960）。到1964年，教育工作者开始清楚地意识到出现了信息过载的现象（Miller，1964；McLaughlin，1967）。1968年，由于人们对国家危机和全球危机有一定预感，以及人们有对激进课程进行改革的需求，未来主义者提出，"我们必须实施及推广教育，使人们能够有效地、富有想象力地和敏锐地应对信息过载情况"（Michael，1968；Drucker，1968）。

在这个模拟中，受训者之间的对话记录会为空军人员提供对屏幕上的光点的思考、感觉和行为的线索吗？他们记录下来的行为是否有可能与当前不同的决策实践有关？这是一个有趣的问题。攻击和防御是如此原始，决策是如此基础——这到底是否是一种威胁？我们很难看出军事模拟中的技术文化环境是如何包含时代精神印记的，但这正是我要找的东西。在这个冷战背景下，我们能找到与信息与通信技术训练游戏、电影和环境中的故事和人物线索平行或不平行的行为、言语、情感线索或提示吗？

如果我能展示技术文化环境的习惯是如何在社会和人们的认知方式中留下痕迹、如何使操作员在国防模拟中对信息进行排序的，那么我就能够对模拟中的时代精神标记（过去和现在）表达一些有用的信息。我所想的并不像在抄本中找到一些俚语或对流行电影或歌曲的引用那样容易。我所思考的是将刺激作为模拟中的输入，并要求用户做出情感和认知上的反应，这可以被视为历史上的变化。我该如何思考？这到底是重要的还是无关紧要的？我应该从这个令人困惑的模式中发现什么吗？对这些问题的可能答案进行严格的研究，可能会在一款古老的兵棋中发现时代精神的印记。

四、让学习变得有趣：将娱乐技术应用于教育

20世纪80年代末至20世纪90年代，教育工作者严肃地提出了"让学习变得有趣"的必要性观点（Malone and Lepper, 1987；Parker and Lepper, 1992；Reiber, 1996）。他们对新媒体的热情催生出了信息与通信技术模拟主义者的信念，即他们认为要求自己工作有新鲜感是很正常的事情。例如，2003年，美国科学家联合会主席亨利·凯利（Henry Kelly）实事求是地指出，"新技术可以使学习更具成效、更有吸引力、更个性化和更容易理解"（Learning Federation 2003,6）。

他认为，交互式模拟具有"重塑学习的潜力"。美国教育的问题是教育学落伍，"阅读课文、听讲座、参与冷门的且通常高度照本宣科的实验室体验。"另一方面，新媒体可以增强学生的动力，提高学习和记忆能力，因为新媒体很有吸引力。"它可以为探索和发现提供精确的模拟物理现象和虚拟环境。这些可以通过古老的谈话和艺术表演来阐释的复杂概念，也可以用来制作具有挑战性的任务和游戏"（Kelly 2005,34；2008）。

随便翻阅几页专业的教育期刊，我们就能发现它们在反复提出有关新媒体提高学习能力的主张。以下的内容代替很多人的观点："电子游戏让学习者沉浸在有很高互动频率和参与感的体验中。这些经历可能会加速复杂活动的情境学习，以及理解、技能和创新的发展"（Foster and Mishra 2009,34）。

数字媒体不仅被认为比纸质文本、讲座和教师指导的课堂讨论更吸引人，更有人强烈主张30岁及30岁以下人的学习方式应与前几代人相比有所进步。由于很多人一直玩数码游戏，使得如讲座、课堂讨论和会议这类的传统活动都变得枯燥乏味，令人无法忍受（Prensky 2001,59）。

所谓的"数字原住民"（即无法在课堂上学习，但能够在互动和基于叙述的学习情境中集中注意力，并做出重大认知努力的年轻人）历史差异拥护者也声称，在当代世界，视觉素养与散文文本同等重要，甚至更为重要。他们指出，在公共

演讲中,人们几乎都会采用幻灯片多媒体演示文稿,这一点能作为无可辩驳的证据(Duncum,2004;Childers,1998;Darley,2000;Unsworth,2001《论视觉和多模式识字》)。

为了总结20世纪90年代末到21世纪首个10年的特色论题,信息与通信技术工作人员强调,学习体验式的、图形化的、基于事件情况下的或当教学材料嵌入故事中时,会更加有效。

此处有两点需要考虑。如果我们以戏剧化的方式看待信息与通信技术项目,那么我们会将信息与通信技术故事驱动的模拟划分为什么样的技术文化连续体? 正如我们注意到沉浸式模拟中的技术与日常生活中的普通技术之间的连续性一样,为了定位信息与通信技术的兵棋,我们必须走出军事世界,将其视为教育娱乐游戏和文化中广泛使用的互动网站目录之一。我找不到哪一点能让热衷于游戏、身临其境的模拟和互动电影的军事爱好者与热衷于采用游戏、身临其境的模拟和互动电影的人在社会领域的其他立场上有所不同。

考虑到教育娱乐功能的实用性,未来的戏剧工作者希望了解这些兵棋的大众接受度,想知道教育工作者和陆军训练员如何评估基于故事和游戏的培训的有效性,可能会了解陆军倡导者关于使用严肃游戏和沉浸式环境进行训练的观点,还可能会研究人们对信息与通信技术模拟、互动电影和游戏的接受度和批判性分析[6]。

正如预期的那样,我发现评估信息与通信技术项目的教育心理学家们之间并没有达成共识。事实上,在与信息与通信技术工作人员合作的南加州大学教育心理学家理查德·E.克拉克(Richard E. Clark)和进行信息与通信技术游戏和模拟独立评估的陆军心理学家之间存在明显的摩擦。克拉克是南加州大学罗塞尔教育学院认知技术中心主任,他在这件事中扮演了两个重要角色。他是信息与通信技术的顾问,为制作人提供建议,让他们在充实自己的故事和角色的同时,也能坚持陆军需求文件中的学习目标。他还指责军队过分热衷于使用新媒体进行训练。他的批评立场似乎抑制了一些信息与通信技术模拟主义者对新媒体革命力量的过激主张(Clark and Feldon,2005;Kirschner,2006;Clark,2010)。

这并不是教育工作者第一次利用娱乐媒体。我很想回到过去,我所寻找的是每一种新媒体的引入所带来的不同。我想看看有什么主张,以及当代新媒体的倡导者是否在重述早期娱乐技术的具体主张。教学技术的主张是否可以成为兵棋中时代精神标志的一种来源?

虽然教科书和讲座可能会让数字原住民感觉单调乏味,但这对一代代昏昏欲睡、对一切漠不关心的学生来说确实如此。20世纪初,教育工作者和公关人员认识到,在课堂上播放电影可能更具有吸引力。1909年,电影行业期刊《生物镜》(The Bioscope)发表了一篇关于电影作为教学技术的实用性的文章《教育和生物镜:电影能在学校里使用吗?》("Education and the Bioscope: Can Moving Pictures Be Used in Schools?")(Savage,2006)。第二年,电影发行商乔治·克莱恩(George Kleine)出版并发行了美国第一部教学电影目录《教育电影目录》(*Catalogue of Educational Motion Pictures*)。

1913年,托马斯·A.爱迪生(Thomas A. Edison)曾预言:"学校里的书本很快就会被淘汰。学者们很快就会通过眼睛接受教育。用电影来教授人类知识的每一个分支都是可行的。我们学校的系统将在10年内被完全改变"(Smith 1913; Savage,2006)。

电影一经问世,就被用作广告和宣传。1897年,爱迪生公司为海军上将香烟公司制作了一段广告。1903年,比沃格拉夫电影公司(Biograph)拍摄了小麦片饼干和梅林婴儿食品的广告(Savage 2006,6)。到了1919年,视觉文化取代语言的概念在广告商和公关人员中已经成为一个真理。因此,在一篇题为《通过插图讲座销售商品》("Selling goods by illustrated lectures")的文章中,国立现金出纳机公司的雇员E.P.考白特(E. P. Corbett)(Savage,2006)自信地断言,"已经证明,我们所获得的信息87%都来源于视觉,只有7%是通过听觉获得的。"

爱迪生患有诵读困难症,因此在1922年,他重复其"书籍过时"的论断也就不足为奇了:"我相信,电影注定会彻底改变我们的教育体系,几年后它将在很大程度上(即使不是完全)取代书籍的使用"(Cuban,1986)。事实上,在20世纪20年代,有关视觉读写能力的教育思想、方法和培训技术有过短暂的繁盛时期(Freeman, 1924; Johnson, 1927; Dorris, 1928; Weber, 1928; Eliot, 1913; Dewey, 1925; Roark,1925; Collings,1931; Johnson,1938; Hurd,1945)。在这几年里,努力将学习从被动吸收转变为主动行动。

一项对课堂上新媒体流行趋势的调查会向我们展示一个重复的模式:夸大了学生学习新技术所带来的不同;过度评估新媒体提高动机、注意力和学习的能力;然后冷静下来重新评估。我们可以在有关将电影引入课堂的文章中看到这一点(Dench, 1917; Ellis and Thornborough, 1923; Cromwell, 1926; Hollis, 1926; Arnspiger,1936; Jordan,1937; May,1937; Hoban,1946),以及连环画和卡通画作为教学辅助工具的吸引力(Wilson, 1928; Gay, 1937; Tuttle, 1938; Sones, 1944; Zorbaugh,1944)。一旦建立了稳定的接收器、发射机和地方广播网,教育工作者就开始试验在教育过程中使用无线电技术(这方面最好的资料是Saettler 2004,特别是"教育广播紧急情况:1921—1950"章节,197-222)。

军队是研究教学技术、教育心理学和教学设计交叉领域的主要贡献者。在第二次世界大战期间,军队对教学技术进行了大量的实验(Witty,1944和Hound,1949)。"在过去的10年中",一位观察者在1956年评论道,"视听通信的研究在很大程度上是由于陆海空三军进行的研究计划而增加的"(Allen,1956)。

战后,教育工作者继续探索视听教学的用处(Miles and Spain,1947;Svenson and Sheats,1950;Kendler and Cook,1951;Church,1952;Lumsdaine,1953)。传播研究比较了教育性电影与课堂演讲和讨论的持久力(Gibson,1947;Smith and Ormer,1949;Hoban and Ormer,1950;Carpenter,1953;Harris and Buenger,1955)。就像20世纪30年代早期教育广播的实验一样,随着电视的出现,人们开始努力将其与常规的课堂教学进行对比(Rock,1952;Jackson,1952;Boehm,1954;Kanner,1954;Godfrey,1967;Hooper,1969)。

最后,在20世纪60年代,角色扮演式的教育游戏风靡一时,并一直持续到20世纪70年代[⑦]。就在这里,我们可以找到与当代思想相关的思想,以及让我觉得可行的时代精神标记的主题。

为了理解20世纪60年代教育游戏的主题,我们必须将一些元素落实到位。首先是对多学科科学和工程团队的重要性的认识,这些团队在第二次世界大战期间的工作非常有效。战争期间,运筹学(OR)的发展对这一谱系具有特别重要的意义(Shrader,2006;Fortun and Schweber,1993;Rau,2000;以及本书彼得·P.佩拉的章节部分)。运筹学是一种分析方法,用于概率建模变量之间的相互作用,以找到最佳或最小的解。第二次世界大战后,这些技术转移到经济学和其他社会科学学科(Mirowski,1999;Heims,1993)。在美国,运筹学在战后几年演变为系统分析。借助于数字计算机的实用性,系统分析很快扩散到与经济相关的更多学科和部门(Haigh,2001)。

在系统分析更引人注目的分支中,有各种各样的尝试将社会科学和军事预测规范化。美国兰德公司的系统分析员试验了定量模型、多学科研讨会和角色扮演游戏。其中兰德公司的两名工作人员,奥拉夫·赫尔默(Olaf Helmer)和赫尔曼·卡恩(Herman Kahn)的研究方向与未来的研究趋势尤其一致(Kahn,Bell and Wiener,1968;Bell,1964)。

1967年,赫尔默发表了一篇论文,概述了他对社会科学在考虑未来社会时应采用方法的建议。未来学家必须"采用……系统方法作为基本原则",在跨学科团队中工作,并利用角色扮演游戏这一"不可或缺的工具"。与兰德公司的其他同事一样,赫尔默之所以重视角色扮演游戏,是因为它们能够带给玩家两种独特的体验。首先,这些游戏特别锻炼玩家的沟通技巧;角色扮演游戏通过向玩家展示如何"从与自己背景和技能不同的角度"考虑问题,教会玩家如何跨领域交谈。其次,这些游戏展示了把问题作为一个系统来思考的价值。玩家不仅必须离开自己的固定视角,而且在团队中工作时,还必须"考虑到在独立工作时可能无法注意到场景的许多方面。因此,游戏具有整合效应,引导参与者产生系统的观点"(Helmer 1967,3)。

多学科似乎是第二次世界大战期间科学技术取得成就的一个重要因素。另一个因素是这些团队在动态系统中对交互变量的不同组合进行了修补。这在游戏玩家中引发了这样一种观念:当问题被视为一个系统时,游戏不仅有助于洞察问题,而且还增强了参与者的创造力。1965年,2名兵棋推演者(Barringer and Whaley,451)表达了:"游戏扩展了个人的想象力,以及个人对可信和可能的概念的极限"的想法。

兰德公司的分析师认为角色扮演游戏的优点主要集中在系统思维、创造力、新奇体验和多学科研究等主题上。在战争时期和战后的10年中,参与运筹学和系统分析的科学家和工程师们出现了这样一种想法,即在任何真正前卫的研究和创新发生的地方,参与者都会感到振奋(Ghamari-Tabrizi 2005,46-60)。随着兰德公司的创新研发组织与真正的技术和科学创新联系在一起的报告在20世纪四五十年代流传开来,教育工作者、商人、心理学家、社会学家和哲学家开始对体验、社会环境、游戏、乐趣和创造力的意义感兴趣。

学术期刊上的文章解释了为什么对美国人来说玩得开心很重要。威廉·梅宁格尔(William Menninger)(1948)认为定期娱乐是保持精神健康的一部分。游戏、乐趣和创造力是强健精神健康的秘方(Rogers,1954;Lowenfeld,1957;Barron,1963)。

在20世纪50年代中后期,美国国家科学基金会主办了三场主要会议,致力于寻找"创造性科学人才"。一份报告(Taylor 1959, 102)的作者总结道:"希望业界、政界、大学和学校系统的研究人员能够同时对创造力问题进行攻破"(另参见Taylor and Barron,1963)。关于创造力的文章和书籍在20世纪50年代开始大量出现,在20世纪60年代激增,这充分满足了这位作者的愿望。与教育游戏潮流最相关的是那些能够提高读者创造力的作品。人们还出版了一些书籍,向读者展示如何"利用你的创造力"(Osborn,1953;《跨学科创造力研讨会》,1959;Allen,1962)。自然而然地,商业媒体发现这个话题很有吸引力,并发布了一些文章,比如《创造性的操作方法》("Operational Approach to Creativity"),以及毫无疑问,很有吸引力的题目《创造力与创新》("Creativity and Innovation")(Gordon,1956;Haefele,1962;Cummings,1965)。

教育工作者渴望知道这项研究如何能帮助他们在课堂上"激发创造性过程"(Institute of Contemporary Art, 1957; MacKinnon, 1961; Parnes, 1963; Torrance, 1965;Taylor and Williams,1966;Heist,1968)。在美国激发创造力的热潮中,只有少数人持不同意见。例如,1960年,雅克·巴赞(Jacques Barzun)发表了一篇文章,蔑视对研究创造力的"狂热崇拜"(Kiell 1961;Kraft 1966;1967)。总的来说,美国人渴望激发自己、孩子、企业和课堂的创造力。

在兰德公司的分析师开始试验作战角色扮演兵棋的几年后,这项技术开始得以转换。商业模拟的前身起源于1955年的兰德公司,"垄断"是对空军供应系统的模拟。第二年,美国管理协会制作了"高层管理决策模拟"。1957年,一家私人咨询公司制作了"企业管理兵棋"。同年,华盛顿大学的一门课程使用了"顶级管理决策兵棋"。在《哈佛商业评论》(*Harvard Business Review*)的一篇文章中,管理兵棋的设计师解释了他的模拟是如何向玩家传授一种无价技能的:"它迫使玩家从整体角度看待问题"(Andlinger 1958a,125)。事实上,这款兵棋所提供的综合体验正是西尔瓦尼亚电子系统部门副总裁所指出的。他指出:"(这款兵棋)迫使我更多地思考与我的职位相关的事情"(McDonald and Ricciardi 1958,140)。

商业模拟和兵棋开始流行起来。从1957年开始,商学院将模拟兵棋作为其课程的一部分。1962年,一项针对国际商学院协会全部107位成员的调查(Graham and Gray 1969)显示,71%的学生至少在一门必修课上使用兵棋。据J.M.基比统计,仅在1961年,在商学院和管理公司中流通的商业兵棋就多达100种(Kibbee,1961;Hamburger,1955;Rehkop,1957;Malcolm,1959;Ricciardi,1957;Andlinger,1958b;Moore,1958;Schrieber,1958;Jackson,1959;Kibbee,1959;Dale and Klasson,1962;Dill and doppelt,1963;Elliott,1966;Roberts and Strauss,1975)。

角色扮演游戏的风潮在K-12学校和大学中得到了广泛的应用(Robinson,1966;Cherryholmes,1966;Attig,1967;Carlson,1967;Coleman,1967;Boocock and Schild,1968年的代表样本)。"游戏改变了教室里的教学活动,"一位杰出的推动者这样写道(Boocock,1967)[8]。在20世纪60年代末,许多教育家都清楚,角色扮演游戏非常擅长教人们如何从事务之间关系的角度思考问题:部分对部分、部分对整体,以及系统中各部分的动态互动。这些想法似乎是时代的标志。一位教育家说,"随着我们的社会变得更加复杂,联系更加多样化,从概念上来说,发展整体观念变得十分必要"(Marien 1970,1)。

20世纪60年代末的另一个时代标志是人们普遍感到美国人面临着一场星球危机。在1969年发表在《科学》期刊上的一篇文章中,约翰·普拉特(John Platt)大声疾呼:"如果我们想在未来几年内避免自杀,现在就迫切需要调动我们所有的智慧来解决这些问题"(Platt 1969,1121)。社会、政治和生态问题的复杂性压倒了《科学》期刊的读者,这是一个致命的问题,而且来势汹汹。"任务很明确! 任务很艰巨! 时间很紧迫……今天,整个人类实验可能都围绕着这样一个问题:为了生存,我们现在要以多快的速度推动科学的发展?"(Kahn and Weiner,1961;Boulding,1964;Brand,1968;Meadows,1972;Toffler,1970)。

一系列主题代表着这10年结束之际的历史性时刻:与系统思维联系在一起的危机感。我们可以从巴克明斯特·富勒(Buckminster Fuller)在1969年的困境中发现这一点看出:在原子时代,人们必须要在乌托邦和遗忘之间做出选择(Fuller 1969a)[9]。环境污染、人口压力、核边缘政策要求在世界范围内"创造性"地应对那些影响人类生存的威胁。1969年,神学家马丁·马蒂(Martin Marty)宣称,既然人们认为过去"没用",美国人现在一定认为他们在现在和未来需要彻底探索"当下的创造可能性"(Marty 1969,12)。

我们确实看到了20世纪60年代关于教育创新、创造力、游戏和系统思维的一系列想法,与关于互动计算机游戏、电影和沉浸式环境的特定力量的更现代概念之间的一些连续性。想要了解这些连续性,最好先看看马歇尔·麦克卢汉(Marshall McLuhan)关于新媒体技术对教育影响的观点。

20世纪五六十年代,加拿大传播理论家马歇尔·麦克卢汉(Marshall McLuhan)强调了传播媒体产生的多模式感官刺激的重要性。他认为,既然所有的通信媒体都教用户如何感知它们,教育工作者就应该为学生提供"感知训练的感官环境"(McLuhan and Parker 1968,5;McLuhan and Carpenter,1960;McLuhan,1961;Grosvenor,2012)。1967年,麦克卢汉与人合著了一篇关于"教育的未来"的文章,发表在美国一本流行期刊上。他的一些愿景可以在当代思想中找到对应的内容。创新是必要的,学校必须"创造一种新的学习环境";学生应该在课堂上体验游戏的感觉;学生和教师之间的互动,无论是教师还是教学技术,这些都应该是有趣的。他预言,通过这些改革,"学生在学校的经历很可能变得……丰富且有趣"(McLuhan and Leonard 1967,25)。

虽然有许多相似之处,但当代对训练游戏的热情与20世纪60年代和20世纪70年代初对游戏有用性的课程、经验和主张之间存在着实质性的差异。早期,角色扮演游戏完全是社会团体活动。通过机算计进行的教学,如"程序教学"是个性化的。当代教育媒体爱好者(Johnson and Johnson,1970;Hill and Nunnery,1971;Weisgerber,1971)提出基于计算机学习提供的独特定制;然而,在1970年和1971年,我们可以找到关于"个性化"技术辅助学习的讨论。

那么,当代游戏和早期游戏之间有哪些明显的不同之处呢?当代教育工作者强调学生在游戏的学习环境中对主题的自主探索,这被吹捧为媒体独特的适应"互动性"——在20世纪六七十年代,教学目标面向的是活的适应性控制论系统。教育游戏爱好者认为,游戏与任何其他教学技术的区别在于,游戏可以教会学生如何将游戏世界中的问题作为一个复杂的整体来把握。

1957年,马歇尔·麦克卢汉建议新媒体提供"具有新的和独特的表达能力的新语言"(McLuhan and Carpenter 1957,26)。1974年,一位城市规划教授认为,游戏可以是"一种更快速、更可靠地将对复杂整体的评价传达给他人的方式"(Duke,135-6)。理查德·杜克(Richard Duke)认为,角色扮演游戏是解决当前紧急情况的理想沟通媒介。在以"复杂性、未来取向、对替代方案的深思熟虑和对系统本质的必然承认"为特征的当下历史中,基于"书面和口头语言严格顺序的负担"的传统表达形式已不再合适。社会需要"灵活的……概念性工具,让参与者以一种能够理解的方式看待新的和正在出现的情况,这从来没有过先例"。他认为，"新的语言形式"就是角色扮演游戏。

假设我们按照字面理解把兵棋想象成一个完形铭文、一种独特的整体沟通能力，那不是很有趣吗？(Rhyne，1972)。在学习如何阅读兵棋文档的同时，如果我们将兵棋视为一个写作系统会不会对我们的学术产生影响呢？

五、作为写作系统的兵棋

让我们回顾麦卡蒂·利特尔(McCarty Little)在1912年的研究。他不仅把兵棋玩家比作戏剧中的演员，他还把海图游戏比作一个铭文系统。"我们不能忽视一个事实：即游戏是一种惯例，就像图表、印刷页面或语言本身一样；如果我们想要使用其中任何一种，我们必须学会用它来思考。"但是它是一种什么样的写作系统呢？"战争游戏是一个电影图表。对我们来说，能够读懂兵棋就像读懂图表或读懂书一样重要"(Little 1912，1219-1220)。

写作系统不是中立的图形记录。弗洛里安·库尔马斯(Florian Coulmas 1991，226)观察到，他们"在情感上负载沉重"，"表明……群体忠诚和身份认同"。角色扮演兵棋推演者坚信，开展兵棋推演而不是阅读推演文件，是了解在武装部队工作的士兵和平民如何得到兵棋推演训练、教育、演练以及感到惊喜的最佳方式。

最后，我想说的是，兵棋推演就像完形铭文。在20世纪70年代，未来主义的全盛时期，理查德·杜克将兵棋描述为一种可以表达非顺序思想的语言。这个想法与互联网思想家杰伦·拉尼尔(Jaron Lanier，2010)曾经描述为"后符号传播"的内容产生了共鸣。几年前，他预言150年后，兵棋将成为紧凑的符号包，作为交流的"代币"进行交换。他提出，"孩子们将发现一种替代符号使用的方法；他们将以对话的速度创造共享环境的内容，而不是使用诸如单词之类的代币来指代不在场的突发事件。"

拉尼尔(Lanier)指的是什么呢？让我们用两个喜欢不同故事类型的女孩为例。让我们想象一下，一对12岁的双胞胎如饥似渴地读着爱情和友谊主题的青少年小说。她们喜欢不同的类型：一个喜欢吸血鬼式浪漫，超自然神秘式浪漫、时间旅行式浪漫、有恶魔和仙女居住的奇幻世界，动物和人类还可以交流；另一个偏爱赛博朋克科幻小说、女主角是一位15岁女孩的通灵侦探小说。两个女孩每周读大约三本青少年小说，并与她们的朋友分享。现在，我们想象一下她们日常坐在桌旁吃午餐的场景。由于女孩们的品味有重合，而且读过的书大多相同，她们就会参考其他女孩知道的书的标题和体裁特征来描述她们目前最喜欢的角色和情节。"这就像使用了子类型A的标题，而有着子类型B中的角色，以及子类型C中的情节点。"因此，当拉尼尔说："我发现，当一个人能够流利地控制具体事物时，我们最珍视的一些如分类等抽象用法就不再必要了。"我们就可以想象出在分类爱好者之间发生的快速推拉了。

假设我们将兵棋视为符号包,那么把兵棋视为一种整体的、完形或系统的多模态、多感觉的书写系统又如何呢? 我一直关注着某些过去的时间点,想象力在现在和这些时间之间来回摆动,支点是人们如何看待模拟体验的完形——即其整体,各种感官和技术提示的前景,以及参与者对这些提示的认知和情绪反应。我们可以在通常属于"模拟中的交互"标题下的一组动作、反应、想法、感觉和情绪中捕捉决策点和情绪反应。在模拟中发现的时代精神印记与整个文化中的娱乐、通信、交通技术的交互一致,共同构成了历史变化的感官。在其他人共享的感觉器官的背景下,我们必须在模拟作战战术、技术和程序的模拟中插入特定程序,由操作复杂设备的男性(后来是女性)进行实践。

我们认为,说与不说、注意与忽视的感觉世界和剧目与1951年有所不同。当然,阅读数字显示器的物质性已经发生了改变:在当今社会,快速地窥视闪烁的仪器表面、破译图形符号和文字的做法已经随处可见了。1951年,雷达控制台显示器作为一种具有相似视觉外观的信息设备,仅与电视屏幕竞争。屏幕的清晰表面成倍增加,给我们带来了体积、表面、深度和坚固性的不同概念。

不可否认的是半个多世纪以来,日常生活中几乎不为人注意的节奏已经加快了。如果我们看一看构成身体感觉器官的这些部分,可以发现交通、通信和娱乐技术的发展速度都在加快,并以一定的方式调节着我们的身体。不仅思想、商品、时尚和新闻的传播速度更快,而且书写系统中编码的经验片段通过通信媒体传播得也更快了。这些片段流行的文化术语是"表情包"(meme)。根据维基百科(2010)的说法,表情包是"文化观念、符号或实践的一个单位,可以通过写作、言语、手势、仪式或其他类似现象在大脑中传递……这一概念的支持者将表情包视为基因的文化类似物。"而这个概念也作为一个在互联网上迅速传播概念的描述而迅速发展起来。无论运筹学是否被包装为定制的品牌产品和服务,还是其将故事改编成玩具、游戏、商品或电影,甚至成为互联网上的表情包,对许多人来说,有一个概念似乎是当下的特征,即具体化的经验片段可以被切割成碎片,随时可以重新组合成新的表意群。

快速重组是当今时代精神的标记吗? 在1951年的防空模拟演习中,那些紧张地相互传递信息的年轻人会因此感到困惑吗? 当然,在1951年,重组是可以看到的。我们可以看到爵士乐和古典音乐家与作曲家正在探索的那种片段重组。可以看看格特鲁德·斯坦(Gertrude Stein)、塞缪尔·贝克特(Samuel Beckett)和詹姆斯·乔伊斯(James Joyce)的散文和诗歌,他们的作品可以在书店、大都会图书馆和大学图书馆被找到。我们可以明白这样一个事实:受过教育的人都知道超现实主义者、达达主义者和表现主义者在战前的作品。但是这些正式的风格出现在普通人的生活世界中了吗? 在战后世界,我们可以看到低俗期刊和漫画等低俗娱乐活动对前卫艺术家的影响（这是厄尔2009年学位论文中的观点；另参见Earl，2012）。1951年的年轻人每天都会接触到期刊封面、平装小说和漫画书、海报、唱片封面和广告中的现代主义图形艺术——所有这些都是碎片的组合（Remington，2003中关于"创造性的20世纪40年代"的讨论；另参见Wild，2007）。这些受训者生活在汽车城洛杉矶。战后，洛杉矶的建筑和城市空间受到现代主义的决定性影响。

我们还剩下什么？关于速度……数字输入速度的倍增。当然，1951年兵棋学员生活的世界与21世纪初的10年学员生活的世界是截然不同的。浅层的时代标记很容易被发现，但我要找一些特别的标记。我在兵棋文件中寻找引起个人和群体的认知和情感反应的线索，这些反应能体现大众感觉的历史矩阵，以及玩家的习惯。我想将其分离出来，并将其历史化的正是这些反应。

弗雷德·特纳（Fred Turner，2006）是一位深入研究20世纪中后期美国人民身体和心理体验刺激兴起的学者。看过本章初稿后，他指出，我还没有定义人们对媒介感觉的共同体验，而这种体验是由兵棋玩家和其他美国人分享的。我也没有详细说明模拟是如何培养模拟学员和玩家的特定职业反射和认知——他们的思维、行动和感觉模式是普通人所不具备的。他敦促我思考，"人群的一般经验是否解释了军人和智库成员的反应？他们的特殊习惯是什么？以及这种特殊习惯如何与更广阔的博览会和电影世界联系起来？此处缺少一个中间部分，如果没有它，我认为你可能无法实现对现实主义中特定历史元素的探索®。"这是一个合理的反对意见。为了证实我在此论述的方法，我必须找到游戏玩法的录音或转录本，确定可信的时代精神标记，然后从两个方向追踪它们：首先是他们与其他美国人分享的社会文化矩阵的一般感觉；还有不得不说的是，我在档案中发现的陈述和行为，证明了那个时间和地点的复杂武器系统的操作者的明确的认知、情感和手势。我认为就像人类的每一项活动一样，兵棋一定有其时代风格。

兵棋记录了很多模棱两可的整体。我邀请每一位阅读本章的人去想办法破译他们记录和（试图）编排的动态世界。当然，他们思考的一定比说出的要多。我们这些研究人员可以帮助他们了解感知、消遣、无聊的历史、情感的历史、化身的历史、教育技术的历史、劳动和阳刚之气的历史，以及阅读和写作的历史。

关于作者

莎朗·加马里·达布里西（Sharon Ghamari-Tabrizi）是一位科学史学家，她对如何制定、证明和稳定新的科学、医学和技术知识实践感兴趣。她是《赫尔曼·卡恩的世界》（*The Worlds of Herman Kahn*）一书（Harvard University Press，2005）的作者。她的个人网站是：www.sharonghamari.com。

注释

我十分感谢阿拉巴马州麦克斯韦尔空军基地航空大学梅斯·S.费尔柴尔德研究信息中心的图书管理员山迪亚·马拉迪(Sandhya Malladi)和金伯莉·亨特(Kimberly Hunter)在最后一刻的帮助。他们在最后时刻介入,帮我追查早已遗忘的原始资料。

①感谢劳伦·拉比诺维茨(Lauren Rabinovitz)让我注意到汤姆·甘宁(Tom Gunning)的研究。关于20世纪早期,运动模拟娱乐的身体感觉的研究可参见Rabinovitz,2004;2006;2012。

②另参见www.strategypage.com 了解更多关于角色扮演兵棋的设计问题。

③与兵棋不同的是,训练模拟器仍然是空军、陆军、海军陆战队和海军机组人员的主要指导方式。这些人机系统是埃德温·林克(Edwin Link)1929年设计的最初的飞行模拟器的新一代产品,是一种复杂的独立装置。受训者爬入其中,练习各种武器系统的编排程序,如飞机、坦克和洲际弹道导弹发射并双键发射程序(相关概述参见Shrader, 2006; Parrott, 1963; Barnes, 1963;《武装部队管理》(*Armed Forces Management*), 1963; Ray, 1966;《战略空军司令部专用模拟器》("Unique Simulator for SAC Crews"), 1967; Allen, 1977; Rhea, 1980; Gadomski, 1980)。整个20世纪60到20世纪80年代,模拟器应用于各项服务中。这些模拟器异常昂贵,购买成本往往与其所支持的武器系统价格一样高。随着联网计算机出现,到20世纪90年代初,五角大楼将资金从维护巨型模拟器转移到联网模拟系统,这些系统可以进行运输和小型化,最终可在桌面或在执行任务的途中部署(Frost and Sullivan, 1980; Tapscott, 1993; Bettner, 1994)。

④斯托克菲什(Stockfisch)并非唯一表达这些批评观点的人。到1980年,对分析模型最常见的批评可以概括为以下内容:"使用一些简单的、静态的力量有效性进行度量;在具有共同交换参数的有限军事力量范围内的应用;一些相当肤浅和高度程式化的场景假设;只是聚焦在力量的交换,以及同盟和对手感知;动机的复杂性和现实性的缺乏等"(Graubard and Builder, 1980)。

⑤在邓尼根和马歇尔相遇之前,人们曾多次尝试将经过修改的商业兵棋引入军校和战争学院的课程,并支持下班后在基地玩商业兵棋游戏(Morgan, 1990,可从中获得简要概述,其中有关于业余玩家的军事兵棋内容)。

⑥我深入阅读了陆军行为和社会科学研究院(ARI)2000—2008年的报告。陆军行为和社会科学研究院的任务是评估信息与通信技术制作的沉浸式模拟、交互式电影和游戏。关于信息与通信技术项目的评估,参见 Beal and Christ, 2004; Zbylut and Ward, 2004。关于训练用游戏的讨论参见 Morris and Singer, 2002; Belanic, 2004; Orvis, 2005; 2007; Cianciolo, 2006。关于沉浸式环境的描述

参见 Lampton，2001；Pleban and Salvetti，2003；Weiland，2003；Campbell，2004；Jones and Mastaglio，2006；Singer，2006；Knerr，2007。

⑦查尔斯（Charles）和斯塔德斯克列夫（Stadsklev，1973）著作中描述并分析了70款为K-12年级学生设计的社会研究兵棋。该书的后半部分列出了250多款其他社会科学兵棋，以及游戏参考书目和其他关于近10年教育游戏发展的资源（Gordon，1970；Shaftel and Shaftel，1967；Stoll and Livingston，1973）。

⑧教育游戏的繁荣一直持续到20世纪70年代（Shirts，1970；Avedon and Sutton-Smith，1971；Wentworth and Lewis，1973）。

⑨《乌托邦或湮没》（*Utopia or Oblivion*）（1969a）不如他的另一部作品——《地球飞船操作手册》（*Operating Manual for Spaceship Earth*）（1969b）更为人所熟知。我们可以注意到，他在年轻时于1969年在南伊利诺伊大学的"世界游戏"中参加海军兵棋推演的影响（Anker，2007）。

⑩（在2014年9月10日给作者的一封电子邮件中）他还指出，从第二次世界大战后模拟理论家和设计师的角度来看，"这种环境的力量来自它们吸引活跃受众参与的能力，而这些成员将获得其领导人的整体视野，从而获得权力。"也就是说，对于特纳来说，角色扮演兵棋和平民模拟旨在培养玩家对个体能动性的强烈感觉。

第三十章　防御游戏：性别、正义战争和兵棋设计

——伊丽莎白·洛什

　　尽管"军事娱乐综合体"通常被想象为一种男性指挥和控制的组织文化的整体表达，但实际涉及开发兵棋的工作实践是非常多样和复杂的。女性互动设计师、项目经理、数字艺术家通常是培养潜在颠覆性探索和参与形式的积极参与者。本章聚焦南加州，该地是在安娜·李·萨克森尼安(Anna Lee Saxenian)的"区域优势"术语所在地。在这里，从美国兰德公司到创意技术研究院，军事游戏在I-405高速公路以西蓬勃发展了半个多世纪。通过女性主义科学和技术研究方法，可以考虑性别是如何在兵棋设计的区域实验室中发挥作用的，这些实验室试图通过基于程序规则的系统在偏远的冲突地区进行正义战争。性别和性别认同在这些战场模拟中发挥着重要的作用，但还有不太明显的，就是这些模拟所组成的迭代兵棋设计的商议和对话过程也反映了围绕性别认同和差异定位的动态。

　　阿黛尔·克拉克(Adele Clarke)和琼·藤村(Joan Fujimora)在其关于生殖医学领域的工艺和隐性知识的经典著作《工作的正确工具》(*The Right Tools for the Job*)(1992)中主张，"正确""工具"和"工作"都是根据情境构建的。实验室的参与者必须不断见机行事，解决可行问题并进行临时部署，有时还要处理不运转的训练工具。劳动实践需要招募盟友，分析含义隐秘的文本，并参与适应限制、机会和资源的常规活动。在协作工作组中设计计算机模拟用于军事训练，这涉及许多类似技术科学职业的共同特征，现在这些兵棋中有许多涉及与3D动画师、交互设计师、声音工程师和数字娱乐行业的其他行业的合作，但想要取得成功可能还需要更多来自媒体艺术和计算机科学领域的隐性知识。

　　这并不是说军队文化中没有强烈的男性偏见，倾向于指挥和控制的范式，计算媒体也通常是与之相应地设计的。监视研究无人机战争的工作利用了地球观测媒体设备的传感器，以及更精细的空中视图范围，分析了关于目标移动物体的假设，以及这些筛选协议应如何在战区实施的问题。这种具有实时交互性的界面可以作为终极游戏呈现(参见本书帕特里克·克罗根的章节)。此外，一些专用设备可用于侦察和武器化交战，它们通常利用游戏玩家已经熟悉的现有商用控制台和控制器功能。我们也可以合理地假设，涉及第一人称射击机械师或士兵

化身的大众市场游戏可以作为隐性招募工具。在《美国陆军》(*Americans Army*)(2002—)的案例中,这实际上是由美国军方资助的,目的是使基本训练和部署看起来更可取,这一隐含的功能也变得很明确。正如苏特·杰利(Sut Jhally)在纪录片《操纵杆战士》(*Joystick Warriors*)(2013)中指出的那样,"流行文化的功能之一是在公众和军队之间架起一座桥梁,提供一种将两者连接起来的幻想。"此外,男性和女性游戏设计师在加入士兵参与兵棋活动时可能有完全不同的体验——基于上级告诉他们如何与敌人交战,他们可能因此会将关于战斗中适当类型情境互动的截然不同的观点带回游戏设计环境,正如有男有女的开发团队"ELECT BiLAT"中的设计师所发现的那样,当时女性设计师预计会对当地伊玛目(imam,领拜人)使用"软技能",而男性设计师则与战俘进行暴虐的互动。

军队绝大多数岗位中都有女性在服役,但令人惊讶的是,在国家赞助的设计过程中、在具有人类角色的军事训练游戏中,担任女性主体角色的可能性往往很小。例如,虽然最初计划使用女性主角(凯特·琼斯少校)制作一个平行版本的《战术伊拉克》(*Tactical Iraqi*)兵棋,但游戏开发商最终放弃了这个女性任务领导人的版本。研究人员列举了成本和设计问题、典型服役人员的人口统计学特征,以及一些人所谓的"军事拖累"的社会动态因素。在这种情况下,那些穿上制服的人会选择男性身份,以便被视为具有致命武力的权威人物形象。甚至可能会鼓励使用语言学习游戏的女性军人使用通常指定给男性使用者的外语语法结构。

在《战术伊拉克》和其他基于美国近期海外任务的兵棋游戏中,女性人物通常是普通的非扮演角色(NPC),就像安妮塔·萨基森(Anita Sarkeesian)在其女权主义作品中嘲笑的商业游戏厌女倾向的那些老套角色一样。在军事训练兵棋中,女性非扮演角色通常被巧妙地取消或通过参与复杂的情节来弱化,这些情节展示了其文化能力,但主要是礼仪性的互动,而不是女性的人格,因为对女性过度熟悉可能会危及任务。

在一些兵棋中,女性可能扮演有意义但次要的社会角色,如ELECT BiLAT发行的游戏中多疑的医生角色纳伊玛,或《战术伊拉克》中多愁善感的女子学校校长穆纳。女性的内心生活仍然难以捉摸,并限制玩家的升级,她们照本宣科的评论无助于打破性别规范。女性军事游戏角色通常重复着传统的形象,这可以追溯到史诗叙事手法,其中女性只能充当目标、向导和障碍。换言之,女性角色可以改变英雄的轨迹,或误导其实现目标,但她们不能以自己的权利作为中心角色参与教学剧情。即使当女性扮演讲阿拉伯语的迦勒底基督徒法里斯(Faris)战友时,她恰巧也是一名美国预备役军人,与《战术伊拉克》中的角色同属一排,她在游戏中的权利也仅限于提出建议。

对于改变男性成年后的行为准则的焦虑无疑也影响了军事游戏的设计。后来帮助开发《美国陆军》的凯西·沃丁斯基上校(Casey Wardynski)，在兰德公司的帕迪研究生院时就开始考虑数据的含义。这些数据表明，年轻人似乎不再重视领导、旅行，以及军队在传统上提供的社区服务。在军队所有部门中，地面部队的服务是威望最低的。通过吸引人眼球的视频游戏体验重塑军队的口碑，沃丁斯基希望玩家能够认同他们的虚拟士兵化身，并最终更加愿意入伍。《美国陆军》的产品在E3(电子娱乐展览会 Electronic Entertainment Expo，简称E3)等贸易展上大肆宣传，它的目标客户是硬核游戏玩家和年轻男性，所以其强化了战争是获得与支配地位场所的观点。

模拟文化中所代表的工具主义和大男子主义的融合可以被解读为蒂姆·勒诺尔(Tim Lenoir)所称的"军事娱乐综合体"(2000)的逻辑表现。这一术语显然暗示了"军事—工业复合体"的霸权力量，德怀特·艾森豪威尔(Dwight Eisenhower)在1961年将其描述为一个基于"正式的、复杂的和昂贵的"联合研究和发展计划的巨大官僚机构，他还警告说，该计划能够凭借其规模和范围产生不良影响。在保罗·维瑞里奥(Paul Virilio)看来，艾森豪威尔的军事工业综合体代表着"科学未来学"(Virilio 2000, 31)、"必胜主义"和最终的"大规模毁灭"。正如勒诺尔(Lenoir)所指出的，取代冷战世界军事工业冲突的军事娱乐综合体似乎也印证了我们当前"后人类状态"的重要方面和"我们对物质现实的概念的根本转变"(Lenoir 2000, 290)。尽管勒诺尔提出了一个令人信服的共生谱系，其中游戏、计算机图形和互动媒体的历史无法与现代战争的国防工业技术的历史相分离，我将讲述一个关于大型科技和共享资源的故事，与其他事例稍有不同且不那么连贯，它在展示组织文化和描述道德问题(有关冲突事件的介入，本应促进民主制度)方面都有些混乱。

在军方资助的工作室中进行的游戏开发要涉及反复的、合作的、跨学科的，甚至可能会引发争论的审议过程。在这些过程中，不可避免地会发生党派冲突、哲学分歧、政治辩论或滔滔不绝地谈论性别、种族和阶级的不同身份立场的影响。正如曼努埃尔·卡斯特尔斯(Manuel Castells)所指出的，软件开发文化实际上是由包括"黑客文化""技术精英文化""虚拟社群文化"，以及"大科学、军事研究和自由意志主义文化的交叉点"中的"创业文化"(Castells 2001, 37)等许多潜在分裂的网络亚文化组成。

艾丽斯·戴尔(Alice Daer)基于她自己对游戏工作室的实地研究，认为游戏设计是一个激烈的说服过程。在这个过程中，产生争议和复杂的审议过程通常是维持工作场所艺术规范和政治规范的关键。戴尔观察了设计师是如何以代表创意阶层某些理想的方式协商分歧并维持扁平的等级制度的。他们认为自己是一群有趣的人，这些人以有趣的方式制造有趣的东西。他们认为团队中的每位成员都应该是一个平等的贡献者。他们相信，可以通过共同关注构建游戏的挑战来坚持这种方法,这些游戏探索新颖的想法、动作和背景,使玩家能够获得他们通常从其他游戏中无法获得的体验……游戏工作室的游戏并不完全是一种想法的表现:它们是行动中的想法,给人们思考和实践的机会和空间。因此,他们制作的游戏是游戏制作中的协作和智力风格的工作实例(Daer 2010,110)。

戴尔将游戏开发的工作场所视为一个说服空间,在这个空间里,人们探索不同的可能性,同时关注过程和产品。

换言之,许多在创新技术研究院等网站进行军事模拟的兵棋设计师仍然主要以游戏设计师身份出现,并声称自己的思维方式类似于游戏设计师,而非将军或工作室主管。尽管勒诺尔可能是正确的,信息与通信技术"试图将军方在交互模拟技术上的兴趣与学术界和电影业在技术上的共同兴趣融合在一起"(Lenoir 2000,333),但考虑到在工作场所的个人互动水平,这些兴趣是很难统一的,设计师的互动习惯可能反映了他们对描述态度的异质性感兴趣,而不仅仅是通过排除可能性来进行大规模的灌输。

这些游戏设计师还认识到,对于那些在战场上扮演士兵的人来说,军事介入可能会涉及道德困境,就像米格尔·西卡尔(Miguel Sicart)在《计算机游戏伦理》(*The Ethics of Computer Games*)(2009)中曾将"道德杀手"当做消费者游戏情节中的原型英雄。

尽管可能有大量程序能够从常规武装部队训练手册移植到游戏引擎的规则集里,但可玩的模拟和现实世界中的政策后果之间的差距可能导致玩家每次进入场景时都产生紧张的氛围,与可接受或不可接受的行为有关。正如我在《战争世界》(2005—)中就"战争罪"问题论述中所指出的那样,尽管人们已经高度关注在数字环境中暴力是如何体现的这类问题,但到目前为止,令人惊讶的是很少有人致力于如何使其合理化(Losh,2009)。举个例子,在政治和社会学的论述中,关于带有算法奖励的暴力商业视频游戏、决策者、研究人员与其他权威人士之间的文化对话往往忽视这样一种可能性,即支配这种程式化侵略行为的规则可以视为围绕正义战争学说的更漫长的思想史的一部分。

在大型角色扮演游戏的多人环境论坛中,玩家经常使用宽恕正义战争或禁止战争罪行的证据主张。尽管有些时候,这些争论的夸张性和粗俗的话语可能与阿奎奈(Aquinas)或格劳修斯(Grotius)的精妙论述大相径庭,但玩家们通常会就某些问题展开广泛的讨论,比如何时、何地或如何允许对其他玩家的角色施加不对称的力量。例如,在《魔兽世界》(*World of Warcraft*)中,关于突袭中竞争与合作的规范可以解释为一系列立场的产生,从零和思维到自我牺牲式的激进慷慨,一脉相承。一些报复性言论是有关那些从事破坏规则活动的人是否会受到伏击、羞辱、惩罚或经受私刑的,但即使是这些报复性的言论也至少说明,双方在武装冲突中都拥有某些基本权利,光靠强权未必是正确的。正如西卡尔(Sicart)在

《计算机游戏的道德》(*The Ethics of Computer Games*)(2009)中所宣称的,许多商业游戏中存在的"友好开火"(friendly fire)禁令似乎也表明,代表正义战争学说是一种严格的编码实践。

一、从决斗到微观世界：美国兰德公司

值得注意的是,公众有时会对美国兰德公司明显违反传统正义战争理念的行为感到震惊,传统的理论似乎被非道德的数字运算计算机模型所取代,这种模型是从热核战争中复杂的相互毁灭场景推断出来的。漫画家和专栏作家特别喜欢嘲笑兰德公司体型肥胖的策略师赫尔曼·卡恩(Herman Kahn),他经常就可赢的末日论发表惊人的言论。兰德公司于1948年从道格拉斯飞机公司分离出来,成为一个致力于超理性计算机模拟和据称无党派成份的实体。根据该公司的历史记载,到1959年,兰德公司已经开始培养"与高级研究计划局(ARPA,或1972年改名DARPA,承认"防御"的首要地位)的非常密切且牢固的持续性关系,高级研究计划局支持了其大部分的计算机科学研究"(Ware 2008,2)。高级研究计划局也有兴趣将博弈论应用于与新型大规模杀伤性武器有关的政策问题。据卡恩的传记作者莎朗·加马里·达布里西(Sharon Ghamari-Tabrizi)所言,虽然博弈论在公司的数学家们眼中是一种有效的方法,但在兰德公司内部,开展实际的兵棋推演的价值经常饱受争议,因为这种游戏既耗时,又受主观经验和多种变量的影响。在圣塔莫尼卡智库兵棋推演确实从"被视为合成历史和实验室实验"发展到了"用来生成操作数据"(Ghamari-Tabrizi 2005,169)。加莎朗·加马里·达布里西认为,游戏在激发创造力、传授智力和情感,以及传达其他隐性知识方面的力量经常受到赞扬。例如,人们认为游戏是一种产生直觉能力的方法,有这种能力的玩家可能会对如何在特定情况下做出反应产生"感觉"。

尽管战略兵棋有着长时间的原型制作历史,包括本书中提到的许多例子,但兰德公司很快就被公认为是一家开拓性公司,因为其经营内容包括模拟和数字计算机,以及丰富的棋盘游戏、纸牌游戏和骰子游戏。例如,《生活》期刊1959年刊登的一篇题为《比赛、铜牌和加时赛》("Games, Brass and Overtime")的文章中,两组员工专注地玩一款六边形棋盘游戏。在游戏中,竞争对手的游戏被一堵低矮的墙所掩盖,这和经典游戏《战舰》(*Battleship*)(1931)中一样。在两块木板上进行空中导弹战斗的抽象模拟中,星形碎片的出现代表敌人的炸弹已爆炸。《生活》期刊刊登的美国兰德公司的兵棋玩法见图30.1。

图30.1 《生活》期刊中的美国兰德公司的兵棋玩法

该公司在20世纪40年代制作的首批模拟游戏之一是一个名为"弹球机"（pinball machine）的机械装置，它模拟了规模非常大的轰炸。在这种情况下，已经被摧毁的目标可能会被无效地多次击中。正如一位观察员描述的那样，弹球机"自动点灯、摇铃，并计算你的分数"（Ware 2008，91）。他接着诙谐地指出，弹坑呈现完美的圆形，城市街区由球体表示，该装置不是向目标投掷炸弹，而是向炸弹投掷目标。具有讽刺意味的是，商场会继续购买一些机械设备用以模拟，比如妙透镜公司发行的《原子轰炸机》（*Atomic Bomber*）（1946）中暴力破坏性轰炸活动的效果，该公司在1946年的广告中承诺"连锁反应式销售"，到1954年，仍然因为在斯德哥尔摩科尼岛冒犯了热爱和平的瑞典人而备受关注。在《原子轰炸机》游戏中，玩家通过瞄准器观看滚动的全景，并等待十字准线与目标对齐。

20世纪50年代中期，随着兰德公司对兵棋投入的激增，关于兵棋和模拟游戏之间差异的讨论在公共论坛上如火如荼地进行。例如在1955年的第一届全美兵棋研讨会上，与会者一致认为"动态游戏体验"是同等重要的（Ware 2008，153）。兰德公司还将其游戏种类从兵棋扩展到角色扮演类危机游戏。兰德公司对这种新型游戏的兴趣是在1963年《史蒂夫·凯尼昂》(Steve Canyon)连环漫画中"泄露"给公众的，当时创作者米尔顿·卡尼夫(Milton Caniff)受邀参加五角大楼赞助的演习。在这部连环漫画中，这位虚构的英雄参加了蓝军/红军演习，推演美国及其盟友对抗"红色集团"国家。一个直言不讳、戴着珍珠项链的女性角色挥舞着烟嘴的"卡尔霍恩小姐"(Miss Calhoun)与其他"重要人物"一起玩游戏。然而很快，她就成了一个有趣的人物，因为她天真地问："我们的决定什么时候会由政府实施？"这一言论标志着她缺乏区分模拟和现实的世故（史蒂夫·凯尼昂的《危机游戏》连环画见图30.2）。

图30.2 史蒂夫·凯尼昂的《危机游戏》连环画

这一时期的简单游戏场景涉及两名玩家，而不是两支队伍，武器储备往往是衡量游戏成功与否的重要指标。例如，最早的"游戏"参考文献（RAND Corporation，2000a）记录了 1964 年由迈克尔·因特里利加特（Michael Intrilligator）出版的《一些简单的军备竞赛模型》（"Some Simple Models of Arms Races"），其内容如下：这是对现实世界中军备竞赛复杂结构的简化研究，假设有 2 名竞争者，每名竞争者都有一个政策变量：武器库存。通过这样的简化，军备竞赛是通过反应曲线来研究的，在给定对手武器库存的情况下，反应曲线给出的武器库存是最优的。考虑到这些模型忽略了策略和约束，比率目标和理查森模型是根据反应曲线建立的。所以这些分析只是建议，不考虑多方面的政策（RAND Corporation 2000a）。

尽管《一些简单的军备竞赛模型》一书的摘要中包含了一条免责声明，说明了政策的细微差别及其影响，但在兰德公司早期，这种可以进行比赛或决斗的双人游戏的基本模式是一种相对常见的模式。

具体来说，1950—1970 年，至少有十几篇论文都是有关决斗的，这是为了建模不同的信息和资源条件会如何产生不同的结果。相关的论文有多种，"无声"的决斗、"大声吵闹"的决斗、连续射击决斗和单发子弹决斗，也有关于轰炸机、战斗机和机枪决斗的文章。显然，对于解决侵略者和捍卫者之间可能发生的冲突，决斗是一种非常男性化的方式。决斗假定没有附带损害，并假定荣誉是一个稳定的类别，以尊重强烈的性别差异为标志。在兰德公司制作的视觉瞬间中，我们也看到了许多官方日常交流中存在性别歧视，比如在卡恩的幽默备忘录《建模的十大误区》（Ten Pitfalls of Modeling）中，出现过度性感、丰满的女性插图和肌肉发达的男性插图（兰德公司模拟计算机的女性操作员见图 30.3）。在兰德公司的游戏开发环境中，男性特权还有更微妙的表现。例如，该公司的球场只开放给男性员工使用（兰德公司园区里也有沙壶球场）。

尽管公司文化占主导地位，但女性在兰德公司的战略举措中也是重要的参与者。她们出现在公司的照片中，担任物理模拟计算机（包括"覆盖机"）操作员、检查错误副本的打孔卡操作员、微笑的高级程序员等。虽然兰德公司只列出作者姓名的首字母，但许多女性都是通过兰德公司的档案保管员的交叉印证来确定的。甚至在兰德公司最早发表的关于游戏的研究中，安妮特·赫斯顿（Annette Heuston）和让·雷赫普·伦肖（Jean Rehkop Renshaw）等人名字的出现也表明女性做出了重要贡献。例如，赫斯顿和伦肖在 1957 年联合发表了一篇关于单极子（Monopologs）的论文，这是一个关于空军供应系统的库存管理游戏，他们在文章中描述了设计过程中迭代的原因，以及如何最终开发了一款玩家可以在其中生成"自己的需求模式"的游戏。

随着人工智能和计算语言学在兰德公司的专家系统建模中变得越来越重

要,思考游戏环境的更复杂的方法出现了。与此同时,建构主义理论家们倡导微观世界,强调学习的空间和场所。这类微观世界还使用了更稳定的软件平台,包括商用的现成组件,而且运营商对代码的了解较少,这使得微观世界在游戏设计中很受欢迎。例如,一份研究简报称赞微观世界是"一种基于计算机的学习工具,使个人能够与特定环境进行交互,就像飞行模拟器使飞行员能够进行大量空中机动一样"。兰德公司还扩大了其潜在用户群,使其不再局限于精英,精英们会扮演有权势的将军或外交官,从上帝角度看待这一行动,包括为低级别、低风险职位的员工提供后勤培训,以更全面地提高绩效。

图30.3 兰德公司模拟计算机的女性操作员

二、虚拟人类和处于危险中的身体：创新技术研究院

随着让·拉维(Jean Lave)和艾蒂安·温格(Etienne Wenger)等研究实践社区的情境学习理论家的影响渗透到军事文化中,军事游戏和模拟中演练的目的开始改变。正如教育更普遍地认识到外围参与、身份工作、声誉系统和社会动态的重

要性一样,军事训练也正在从自主学习者的模式中走出来。具体交互变得比抽象模拟更重要,创新技术研究院开发的特征计算媒体产品就反映了这一转变。

创新技术研究院(ICT)成立于1999年,当时美国陆军与南加州大学签订了一份为期5年的合同。在兰德公司关于参观其高科技设施的一份新闻稿中,创新技术研究院被认为是"美国陆军和好莱坞之间的一项高效合作,旨在利用娱乐、游戏和沉浸式技术改进军队的训练、演练和分析。"但创新技术研究院的设计师们声称要避免被动的场面。虽然这两个兵棋设计单位在太平洋海岸公路上只相隔几分钟车程,但创新技术研究院和兰德公司却是两个截然不同的实体。创新技术研究院更直接地吸引了媒体的注意,其安全限制也更少。它用于制作更逼真的模拟精致灯光舞台等一些技术基础设施,甚至可以被好莱坞电影制片厂重新调整用途,拿来出租,从而为某些大制作电影完善自己的数字效果。

与兰德公司相比,在创新技术研究院的设计理念当中,战场中的性别游戏动态似乎是一个更为明确的争论方面。毕竟,在为作战室的将军和战场上的士兵设想预防和先发制人的军事理论时,往往需要围绕受害者身份和战争罪行创造性别场景,这些场景需要具体表现暴力,包括具体的体现和其影响。最近有关军队性骚扰的丑闻也给训练和模拟游戏的设计者带来了关于正义和身体危险的问题。

创新技术研究院的一位设计师杰奎琳·福特·莫里(Jacquelyn Ford Morie)为该研究院进行了特别生动的模拟。莫里的任务模拟器设置在饱受战争蹂躏的波斯尼亚的一个废弃工厂中,"犬吠声、潺潺的水流声、远处人的低语声等一应俱全"(Chaplin and Ruby 2005,211)。为了创造特别沉浸式的体验,莫里设计了一款香水项链,在场景中的特定时间释放气味。她也是女权主义游戏团体——卢迪卡(Ludica)的一员,该团体抗议商业游戏行业所宣扬的"游戏霸权"(hegemony of play),并提出了关于互惠、装扮和合作学习对所有性别游戏参与者的重要性的研究。其他与创新技术研究院一起出版游戏和模拟的女权主义开发者还包括玛吉·塞夫·埃尔纳斯尔(Magy Seif El-Nasr)和诺尼德拉·佩纳(Nonny de la Pena)。

在创新技术研究院中,女性也能成为项目负责人。例如,黛安·皮波尔(Diane Piepol)主导了《文化和认知战斗沉浸式培训师》(Cultural and Cognitive Combat Immersive Trainer)的开发,这是一个2006年关于IED调查的模拟,要求参与者在市场上询问潜在证人、线人或嫌疑人,同时要遵守礼仪、尊重女性,不涉及家庭隐私问题。

尽管莫里个人奉行和平主义,但她对自己在25年中的大部分时间里一直致力于为军队设计虚拟现实系统毫不后悔:我致力于如何更好地训练人们,让他们不会死亡,不会做出愚蠢的决定,因而他们已经尽可能做好了准备。我是在做研究,但我并不支持战争。我不相信我们能摆脱战争,但你可以通过文化上的训练,提高人们的情景意识,这样他们就不会下意识地开枪射杀一个跑过马路的孩子①。

在这次采访中,莫里描述了其他女性可以如何加入创新技术研究院的开发团队,特别是针对那些受过计算机动画和视觉系统培训的女性,尽管她们在领导团队中只占很小的一部分。在访谈接近尾声时,她承认"作为一名女性在创新技术研究院工作真的很令人沮丧",尤其是当她感到受到"男性关系网"的束缚时。尽管美国国防部高级研究计划局(DARPA)的安妮塔·K.琼斯(Anita K. Jones)是早期组织会议的杰出参与者,这些会议为创新技术研究院的成立做出了贡献,并助力了开创性作品的出版,如 1997 年的《建模和模拟：连接娱乐和防御》(*Modeling and Simulation: Linking Entertainment and Defense*),即使在一系列丑闻被媒体曝光并在参议院听证会上播出后,用现有的皮肤设计女性角色仍就可能是一个挑战。

莫里教授提出了一项以《21 世纪军队加强性骚扰训练》("Enhancing Sexual Harassment Training for the 21st Century Military")白皮书为基础的教育计划,其中包括设置的酒吧或夜总会场景。莫里解释说,她不想做一些"训练女性远离伤害"的事情,因为这会强化一种责怪受害者的心态。在模拟中,玩家的 3D 头像要么目击性骚扰过程,要么选择如何干预,要么听取受害者的供词,并决定如何最好地回应。莫里想让虚拟世界成为"每位新员工"体验的一部分,但她承认在解决报告结构方面,这可能"太早了",也太过雄心勃勃。她知道"操纵系统"在角色扮演场景中很常见,所以她希望"使用全部的手势识别,以及声音韵律",并通过"他们的表现的可量化指标"真正衡量"他们是否在集中注意力"(酒吧搭讪虚拟角色扮演场景的早期原型见图 30.4)。

图30.4　酒吧搭讪虚拟角色扮演场景的早期原型

虽然不再使用诸如《第二人生》(*Second Life*)(2003)等商业虚拟世界,但创新技术研究院继续利用其虚拟人体组件开发反性骚扰培训工具。创新技术研究院还继续创建使用游戏界面和技术元素的其他军事训练模拟,例如用于指导、实践的紧急领导者沉浸式训练环境(ELITE)和沉浸式海军军官训练系统(INOTS),以及针对美国陆军和海军初级指挥员的人际沟通技能的评估。作为有特定游戏机制的平台,紧急领导者沉浸式训练环境一直是涉及性骚扰培训的角色扮演场景的特别生成站点。紧急领导者沉浸式训练环境模拟一直是一种演练"现实世界问题的方式,如财务问题、部署后的调整和酗酒相关表现的问题"。现在,最新的办公室咨询方案包括人际交往技能培训,与创新技术研究院真人大小的虚拟人一起主动倾听,通过指导、实践和评估"解决性骚扰和侵犯问题"。

自2006年以来,创新技术研究院还制作了《乌尔班辛》,这是一个面向特派团领导的、基于游戏的培训软件系统,可从米尔游戏网站下载,供团队领导使用。现在在许多方面,创新技术研究院发行的兵棋明确地表明是为吸引军队的中层管理人员和新兴领导人设计的,这些人更有可能习惯于在游戏世界中畅游,并更加容易接受训练活动。许多模拟还使用第一人称视角与虚拟人进行交互,从而解决了具体化与呈现更多关于机会主义或资源掌握的抽象游戏体验之间的冲突,有利于展现更具意义的情境。

正如兰德公司的情况一样,在开发军事游戏的过程中设计师面临的压力主要集中在实现逼真度上。正如创新技术研究院的一个项目主管朱莉娅·金(Julia Kim)在一次采访中解释的那样,通过"与军人的联系"提供"参考资料和采访"来"提高我们的忠诚度",这对成功是至关重要的,因为"细节很重要",从制服的特殊性到景观特征都是如此②。创新技术研究院的一些早期游戏和模拟要依靠在该领域的笔记本计算机上无故障地运行,这有时会受到图形和存储能力的技术限制的阻碍,尽管,正如朱莉娅·金解释的那样,创新技术研究院希望把重点放在"足够好的方面"上,以服务于不同于培训的教育目的,"而不是用完全模拟虚拟角色作为达到目的的手段"。

玛丽莎·勃兰特(Marisa Brandt)曾在创新技术研究院工作,研究虚拟现实环境——"虚拟伊拉克",该环境被用于治疗退伍军人的创伤后应激障碍。她描述了关于让游戏或模拟设计更优雅、程序修辞更易于理解和流畅方面仍然存在的问题。正如勃兰特解释的那样,"在虚拟现实治疗系统对经济的设计中,现实被系统化,被剥离成一个可操作的世界模型;其中的每个元素,无论是物理的还是社会的,都反映了一个关于如何引导和促进对不健康行为控制的假设……但这些系统之间的差异揭示了关于如何最优地使用现有虚拟现实技术干预主观性的不同意见"(Brandt 2014,526)。对于勃兰特来说,这些关于算法效率的逻辑也揭示了特定的意识形态操作。在这种情况下,我们需要掌握无序思维领域,而虚拟现实疗法为演习提供了模拟环境,以重新控制无序的认知过程。

根据朱莉娅·金的说法,创新技术研究院正努力满足"现实主义"正义战争理论的需求,而不是"心与智"的正义战争理论。与此同时,南加州军事兵棋的发展正不断发生着变化。在促进民主的努力激发了冲突的动力之后,游戏和模拟的军事设计师们开始对在计算环境中进行现实政治的排练感兴趣,而对脱离现实的理想表演失去了兴趣。特别是如今创新技术研究院正在与海军研究生院的一位政治科学家一起开发一系列回合制的反恐战略兵棋,游戏玩法遵循"国家不可知论"。迈克尔·E.弗里曼(Michael E. Freeman)希望这些游戏能够为现实世界的谈判和政策制定提供更准确的参考,因为在现实世界中,需要与其他国家打交道是一个无法避免的事实。在创新技术研究院的治疗性虚拟现实系统中,玩家实际上看到的是提出了具体的关爱伦理的咨询师或顾问,而与之不同,以上提到的游戏则完全基于文本指令。弗里曼还在开发另一款由创新技术研究院开发的兵棋,该兵棋采用了类似的"黑暗网络"不可知论框架。

考虑到70年以来,人们使用这些方法在南加州对正义战争和防御进行算法建模,很难断定在这么长的时间里,军事娱乐综合体在应用其侵略理论方面使用的方式保持不变,或者说是单一的,甚至这些方法之间可能毫无相同之处。选择女性军事游戏设计师来探索可玩模拟的可能性只是一种方式,来陈述有关指挥控制计算媒体和新形式信息战兴起的更复杂的故事。然而,即使我们从上帝视角来监督和控制,避免支持国家赞助的游戏、宗法权威结构可能仍然存在于某些类型的可玩系统中。例如,创新技术研究院开发的文化游戏可能引发玩家高人一等的言语行为,在这种行为中,来自北半球的白人男性基于极少的信息就假定自己拥有丰富的知识。这类游戏使用的是设计粗糙的游戏引擎，对持久的微变形作用很小。至少，将军事游戏设计成一种非实体的体验存在潜在问题，特别是当性别展示需要更多的皮肤和脚本时。正如朱迪·瓦克曼（Judy Wajcman）所观察到的那样，技术女性主义并不仅仅是关于女性和计算机的，而是关于设计选择，以及这些设计选择对实力影响的。

关于作者

伊丽莎白·洛什（Elizabeth Losh）是《虚拟政治：政府媒体在战争、丑闻、灾难、误解和错误时期的电子历史》（*Virtualpolitik：An Electronic History of Government Media - Making in a Time of War，Scandal，Disaster，Miscommunication，and Mistakes*）（MIT Press，2009）和《学习之战：数字大学的进展》（*The War on Learning：Gaining Ground in the Digital University*）（MIT Press，2014）的作者。她的文章涉及数字人文、学习的新形式、作为数字内容创造者的机构、"虚拟国家"、政策制定者和权威人物的媒体素养、为限制日常数字活动而进行的控制尝试，以及制作、消费和传播在线视频、视频游戏、数码照片、文字帖子和编程代码的社区。她是加州大学圣地亚哥分校第六学院文化、艺术和技术项目的主任，教授数字修辞和新媒体课程。

注释

①2014年5月14日对伊丽莎白·洛什的个人采访。
②2014年7月6日对伊丽莎白·洛什的个人采访。

第三十一章　德波的怀旧算法

——亚历山大·R.加洛韦

"我乐观地期待着电影时代的结束",让·吕克·戈达尔(Jean-Luc Godard)于1965年这样说。事实上,结局确实即将来临。"在我看来,电影似乎结束了,"居伊·德波(Guy Debord)在1978年春天直言不讳地说。在此期间发生了很多事情,这些事情在20世纪60年代中期至后期逐步爆发,导致了危机,然后在20世纪70年代初期至中期暂时停了下来。随着信息网络的兴起,发达国家的经济基础正在经历一场痛苦的变革,随之而来的是个人在社会中所扮演的角色也发生了变化。

居伊·德波从未从20世纪70年代的危机中恢复过来。他晚年的生活被慢性疾病所困扰,这种疾病是由暴饮暴食所引起的。他离开了首都(巴黎),其作品变得更加内省,将宣言和回忆录融为一体。1978年3月8日,德波作为一名激进的电影制作人和作家的辉煌历史已然过去。"在我看来,电影时代似乎结束了,"他在一封信中这样写道,"当今时代不配拥有我这样的导演"(Debord 2005,451)。

这段时期是危机时期。1978年3月16日,也就是德波宣称电影"结束"的八天之后,全世界突然意识到一个戏剧性的转折。长期担任意大利总理的基督教民主党人阿尔多·莫罗(Aldo Moro)公然被"红色旅"绑架。在意大利,20世纪60年代的渐进式战斗在接下来的10年中已经转变为一场实际存在的低级游击战。莫罗被关押了54天。在这段时间里,莫罗呼吁基督教民主党保持克制,并与红色旅进行谈判,而这一组织当时被当地部分媒体和政府官员称为不法分子,这是一个新发展起来的政治行为体。莫罗在4月15日前后的一次所谓的人民审判中被秘密关押并被判处死刑,他没有得到前政府同事的支持,并且他感觉到事件即将达到高潮。他规定,任何基督教民主党领袖都不应出席他的葬礼。后来也的确没有人出席他的葬礼。

莫罗的尸体是在一辆红色雷诺R4敞篷车的后备箱里被发现的,他身中10枪。1978年5月10日,《纽约时报》援引警方的报告称:"他(莫罗)的裤脚上满是沙子,就好像他死前不久走在海滩上,或者被人拖着穿过粗糙的地面。"

20世纪70年代对意大利来说是漫长的10年。事件"开始于1967—1968年,结束于1983年，”安东尼奥·内格里（Antonio Negri）回忆道，他在1979年4月被警方逮捕，被指控与莫罗事件有关，然后被无罪释放，之后再次被起诉，并在接下来的20多年里受到各种形式的追捕①。“在1967—1968年，就像发生在所有发达国家的那样，学生运动蓬勃兴起。然而，意大利学生运动的广度和影响并不像在其他欧洲国家那样广泛：在意大利，1968年的5月爆发的学生运动并不是一个特别重要的时刻”（Negri 1998）（阿尔多·莫罗被红色旅绑架见图31.1）。

图31.1 阿尔多·莫罗被红色旅绑架

很多人都说亲眼看到了德波现身在5月的街垒中。如果没看到本人，那当然是粉丝精神上的幻想，那些街垒上有情境主义者的涂鸦，装饰着可敬的法式山墙。但德波并不是一线的不法分子，他很快就离开了巴黎，并定居在海克斯康的一个更偏远的小村庄——奥弗涅村（Auvergne）。在德波退隐生活的大部分时间里，他都呆在那里，隔着安全距离观看经过的游行队伍。20世纪60年代，新社会运动的重要性迅速增长，但很快就遭到了镇压，最终被20世纪70年代中后期新转型的后福特主义经济所粉碎。如果说20世纪60年代代表着某种胜利，20世纪70年代则是10年的失败。“首先被打败的是社会运动”，内格里回忆道，“这些社会运动完全脱离了传统左派的代表……因此被拖进了极端主义的深渊，极端主义变得越来越盲目和暴力。绑架和杀害阿尔多·莫罗标志着极端主义末日的开始”

（Negri 1998）。

尽管德波拒绝公开支持内格里或莫罗,但他确实涉足了意大利的政治舞台,因为他帮助詹弗兰科·桑吉内蒂(Gianfranco Sanguinetti)撰写了1975年8月的骗人小册子《意大利拯救资本主义的最后机会的真实报告》(*The True Report on the Last Chance to Save Capitalism in Italy*),并且将其从意大利文翻译成了法文。与此形成鲜明对比的是其他的法国哲学家,他们更多地发声参与了意大利的政局,比如吉尔·德勒兹(Gilles Deleuze),他在1977年9月20日发表了《我们相信左翼战斗的建构主义性质》(*Nous croyons au caractere constructiviste de certaines agitations de gauche/We Believe in the Constructivist Quality of Leftist Militancy*)。1979年,德勒兹还发表了两篇短文作为内格里的自由游说。1982年,他为内格里关于斯宾诺莎的著作《野蛮的异常》(*The Savage Anomaly*)的法文版写了序言,更是正式加入了内格里一派(Deleuze 1977, 149-150; 2003, 155-161, 175-178)。1979年,德波终于在的第4版《大场面社会》(*The Society of the Spectacle*)意大利版的序言中对莫罗和红色旅发表喊话,对游击运动大加抨击。在莫罗被谋杀前,德波在给桑吉内蒂的信中预言,莫罗将被"谋杀",从而使国家力量得到巩固(在意大利被称为"历史性的妥协"),以减少对恐怖主义和无政府状态的共同恐惧。

"意大利是整个世界社会矛盾的缩影"(Debord 2007, 96),德波警告到。莫罗事件象征着困扰发达国家的、新出现的不对称冲突,比如20世纪50年代的法国阿尔及利亚起义,以及几十个不法组织的分裂、爆炸和飞机劫持事件。人们将这种战术视为"不对称"或"非常规"的,因为它们不再遵循所谓的文明的、对立冲突的习惯,在这种冲突中,职业军队在已知的冲突剧本中相遇,以鲜血和武器赢得胜利。如今,他的生活被神化的浪漫迷雾所掩盖,当涉及实际冲突时,德波像一朵逐渐褪色的紫罗兰——很容易被人们忘记。他喜欢恶作剧的霰弹,而不喜欢燃烧弹。但是那种赤裸裸的战斗英雄气概永远使他激动不已。就像许多政治思想家一样,正是革命带来的刺激让他如此着迷,这种堕落的生活可能有一天会被抛弃,然后被重新塑造。

"我对战争非常感兴趣,"德波在他最近的自传《颂词》(*Panegyric*)中毫无歉意地宣称,他在提到关于上战场的强烈情感时还引用了卡尔·冯·克劳塞维茨(Carl von Clausewitz)的溢美之辞。"因此,我一直在研究战争的逻辑。我甚至在一段时间前就已经取得了一些成果,在一个棋盘上认识到了这些过程的本质"(Debord 1993, 69-70)。

虽然他对战争的迷恋并不具有讽刺意味,事实上也可能不加批判,但貌似德波知道弗雷德里克·恩格斯(Frederick Engels)在1858年写给马克思的一封信中对克劳塞维茨的著名评价。恩格斯警告说,克劳塞维茨的哲学方法"很奇怪",但"本身非常好"。恩格斯告诉马克思,战争最像商业,"战斗之于战争,就如同现金支付之于商贸；无论在现实中多么不需要它发生，但一切都是指向它的，它注定会发生，并被证明是决定性的[2]"（Marx and Engels 1929,241）。

所以，当莫罗的尸体躺在雷诺R4汽车的后备箱里时，居伊·德波正在他乡下的家里玩棋盘兵棋，并琢磨着要打造一款属于自己的兵棋。20世纪70年代，欧洲好战的大背景让德波的注意力集中在设置游戏时间上。《占碑》（Djambi）就是这样一款兵棋。这是一种后现代游戏，在九乘九的简化棋盘上玩。它不像国际象棋那样以双边方式进行，而是由四名玩家以多边方式进行。游戏中的人物并不是简单地模仿中世纪宫廷中的国王、王后、骑士等，而是模仿构成我们先进自由民主国家的各种政治角色。如果莫罗事件是以知识转移的形式被提炼和模拟的，就像国际象棋提炼和模拟封建小规模冲突一样，这样当然就会麻痹玩家对政治现实的所有直接知识或经验——《占碑》就属于这类。

1978年5月7日，德波在一封写给朋友兼恩人杰拉德·勒博维奇（Gerard Lebovici）的信中写道："多亏了《占碑》"，否则他会鄙视游戏。"只要游戏的唯一目标是消灭其他所有人，就只能存在一种绝对的获胜模式，而这种模式是不能以任何方式分享的。也就是说，在这个充满欺骗的游戏中，你无法欺骗任何人。游戏的极权主义目标与'先进的自由民主'的斗争表现之间存在矛盾"（Debord 2005, 462）。在德波看来，《占碑》中蕴含着明显且荒谬的潜台词：一款桌面游戏怎么可能精确地模拟出围绕法国、意大利或利奥塔尔（Lyotard）在其关于后现代性的书中所称的"当今最先进的社会"的复杂政治动态呢？当权力精英为了躲避社会底层而走向全球时，我们该怎么办？当控制和组织不再是等级制或压制性的，而是转移到灵活的、盘根错节的网格中时，我们应该怎么办？

事实上在那时，德波正专注于应对先进自由民主的挑战，尤其是如何以简单的室内游戏的形式模拟武装斗争。"电影时代结束了"，他这样总结到，"人们需要一种新的设计"。因此，在1977年的冬天，作为一名电影制作人和作家，德波做了一件相当不寻常的事：他成立了自己的游戏制作公司[3]。确切地说，不是象棋游戏，而是他自己设计游戏的一个变体，最初在他的笔记中该游戏被称为"兵棋游戏"，后来更正式地称为"战争游戏"（The Game of War）。

"我坚持尽快发行战争游戏"，德波在给勒博维奇的信中写道，"很明显，它的时代已经到来[4]"（Debord 2005, 451）。1977年1月，两人成立了战略与历史游戏公司（Strategic and Historical Games），并着手制作游戏。德波的《战争游戏》是拿破仑国际象棋的变体，由两名对立的玩家在一个20×25的500格游戏棋盘上进行；而国际象棋棋盘是8×8，围棋棋盘是19×19。与国际象棋一样，《战争游戏》也包含了不同力量和速度的游戏象征，玩家必须在试图消灭敌人的同时穿越网格地形。但不同的是，玩家还必须保持在地形上纵横交错的"沟通线"，确保所有友军部队在自己基地的传输范围内（据说德波还完成制作了一款海战兵棋；然而，这款游戏却从未有纸质记录，所以现在已经遗失了）。他后来在回忆录《颂词》中坦承："兵棋游戏带来的惊喜似乎无穷无尽。我不得不承认，这款游戏可能是我所有作品中唯一一件会让别人认为有价值的东西"（Debord 1993，70）（居伊·德波《战争游戏》1见图31.2）。

图31.2 居伊·德波《战争游戏》1

在信件和笔记中，德波将这款游戏称为"Kriegspiel"，借用了德语词语，意思是"军棋游戏"。但当这款游戏在法国发行时，德波将其正式命名为《兵棋游戏》（Le jeu de la guerre）。德波在1980年5月9日写给勒博维奇（Lebovici）的信中提到了关于这款游戏最合适的翻译。看完英文校样后，剩下的最后一个问题就是英文标题，使用 The Game of the War 还是 The Game of War？"我们必须选择一个更概括、更亮眼的标题"，德波坚持说，"即使 kriegspiel=wargame 在语言上是最准确的，但它并不符合历史。'Kriegspiel'指的是'指挥官的严肃演习'，但'wargame'指的是'军官们玩的幼稚的小游戏'"（Debord 2006a，55-56）。

在勒博维奇的帮助下，德波在1977年夏天制作完成了这款游戏，限量发行4~5份。这个版本包括一个18×14的1/4英寸的棋盘和用铜和银制成的玩家象征。这款游戏是由一位名叫拉乌尔（Raoult）的巴黎工匠制作的。德波完全信任他，称他为"无畏的拉乌尔"，并赞赏他的"礼貌、理性和识别问题本质的能力"（Debord

2005，426；2006a，26-27）。1978年6月底，在因健康状况不佳而导致游戏制作受挫之后，德波起草了一份游戏规则。"我很快就把军棋游戏的规则发给你"，他在给勒博维奇德信中写道，"它的主要部分采用了司法几何的写作风格，这让我头疼不已"（Debord 2005，466）。正如德波对《占碑》的抨击所表明的那样，他深切地意识到游戏的真实情况，即它们是两个元素的结合："司法"元素，意味着政治和法律领域；"几何"元素，意味着数学过程和空间逻辑领域。这不再像他的电影那样是一个场景或叙事的结合，而是现在的"司法几何"算法水平的结合，即在一个有限的规则集内，当游戏运行时，机制能够模拟政治对抗。

游戏棋盘被划分为北部和南部领土，每块领土都有一座由9个方阵组成的山脉、一座山口、三座堡垒和两个武器库。此外，每方有9支步兵部队、4支骑兵部队、2支炮兵（一支步行，一支骑马）部队和2支通讯部队（一支步行，一支骑马）。每支战斗部队都有一个攻击和防御系统，根据士兵类型，每回合可以移动1或2格。堡垒、武器库和山脉都被固定在棋盘上，无法移动。战斗和非战斗部队都是机动的，可以在比赛开始前以任何想要的队形部署。

以军火库为中心，在垂直、水平和对角线方向上都辐射出通信线路。此外，通讯部队布设所有通信线路。所有部队必须与自己的通信线路保持直接联系，或与友军保持联系。如果失联，一支部队就失去了通信能力，从而失去用途。通信线路是非物质结构，因此没有游戏标记来表示它们。然而，玩家必须要依靠大脑中的记忆将其投射到棋盘上。就像国际象棋中的"骑士之旅"，通信线路在本质上是叠加在基本方格网格上的图案网络，帮助玩家确定每个棋子的移动位置和方式。随着游戏展开，这些模式会发生改变，增加了可能的游戏玩法和策略的复杂性。

1978年的金属游戏以其形式简单和将游戏功能简化为简单抽象的形状而呈现出令人惊叹的现代主义风格。骑兵部队不是模仿马匹，而是用一根长铁钉来代表，钉在六边形的底座上，而步兵则用一根直立的短钉固定在方形底座上。为了表现它们的通信职责，通讯部队会展示一面鲜明的旗帜，并以90度角直立突出显示。炮兵队的标志也同样多余：一个水平的空心管代表一个炮管。最具代表性的设计保留给了山脉和堡垒，只有这两个元素没有分到某一个派系：山脉是巨大的金属块，凿出了迷人的小裂缝和山峰；而堡垒就像故事书中描写的英勇的护墙，北方是六边形的，而南方则是方形的。山隘则根本没有具体的形式，只是在山的缝隙中存在有空白空间。没有一个设计展示出了任何装饰，或额外的雕刻或颜色。所有这些表现都符合一种极其沉默，近乎苦行的正式设计。

游戏是轮流进行的。玩家每个回合最多可以调动5支部队，然后攻击1支敌人部队。攻击的方式是将敌人目标范围内的所有进攻力量的平方相加，然后再从支持同一目标的所有防御力量的平方相加中减去这个数字。进攻和防御能力从垂直、水平或对角线上的一个部队发出。如果进攻力量小于或等于防御力量，则防御部队进行抵抗。如果进攻力量是防御力量的2倍或2倍以上，则防御部队被消灭（居伊·德波《战争游戏》2见图31.3）。

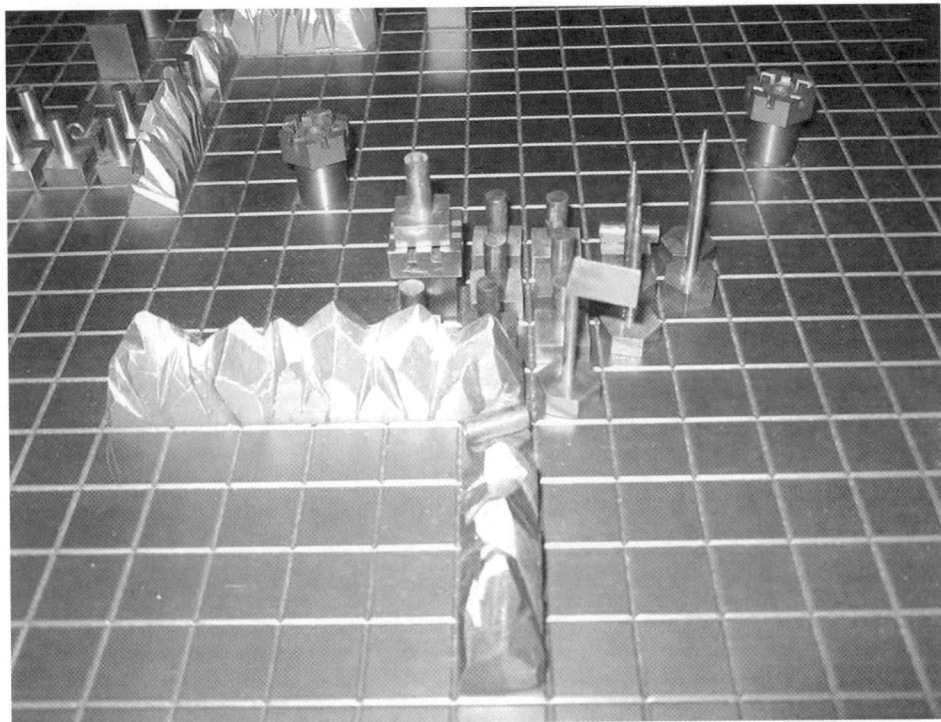

图31.3 居伊·德波《战争游戏》2

就像通信线路一样，每个玩家都需要投入一定的精力来保持想象力，游戏的战斗机制需要玩家进行大量的计算，尤其是在任何给定的时刻都有多个部队参与进攻和防守的情况下。

玩家通过摧毁敌人的所有战斗部队或摧毁敌人的两个军火库才算赢得最终胜利（虽然德波规则手册中没有提到，但可以推断出一个额外的胜利状态：如果敌人的两个中继点被摧毁，并且敌人的所有战斗部队都被消灭，玩家就会获胜）。或者，如果双方都同意退出战斗，游戏就是平局。

德波强调克劳塞维茨战争对称性的同时，也指出游戏棋盘的地形应该是不对称的。下面将展示德波在游戏设计方面的天赋。他的目标是通过不对称实现平衡，这样游戏就不会陷入可预测的策略和玩法风格中。因此，尽管某些方法比其他方法更好，但游戏中并不存在"最佳"整体阵型。相反，一方会经历一系列的妥协，总是不得不在"矛盾的必需性"之间做出判断（Debord 2005, 352）。每一次进攻行动中玩家的后侧翼都会变得更加脆弱。这种辩证的张力正是德波希望通过这款游戏实现的目标。因此，游戏中的两座山脉的排列是不对称的：北面的山脉沿东西走向将地形一分为二，抑制了横向移动，但在顶部留下了狭窄的通道；南方的山脉像一堵墙，阻挡了敌军南下，使任何侵入其领土的行动都很困难。但更重要的是武器库的布局。南方的两个武器库位置设置被分割开，并保持在基线水平，而北方的两个武器库位置则错开在更靠近中间的位置。这就形成了两种截然不同的游戏风格。南方必须采取分裂防御，否则就会牺牲一个军火库和一座堡垒。而相反，北方可以利用地形优势，获得山脉的保护（阻挡火力），并从其西部军火库范围内的山口加强防御。

在这款游戏首次以限量版发行的十年后，它开始在带有木块的纸板上大量生产。1987年，德波和他的妻子艾丽斯·贝克尔霍（Alice Becker-Ho）还出版了一本关于这个游戏的书。作为一本非传统书籍，这本书包含100多个带注释的图表，展示了双方在一场完整的比赛中每一轮比赛的快照。书的最后是包含游戏规则和策略提示的附录。1991年，德波下令销毁包括这本书在内的他所有出版的作品。但德波去世后，由贝克尔霍整理，法国出版商加利马尔在2006年重新发行了这本书，书名为《战争游戏：在一场游戏中提升所有力量的连续位置》（*Le jeu de la guerre : relve des positions succesdetoutes les forces au cours d'une parties*）。在经历了20年没有此书的英译本的时光后，这部作品的英文版终于由阿特拉斯出版社出版，该书由唐纳德·尼科尔森·史密斯（Donald Nicholson Smith）翻译，他是一名前情境学家，德波多年来一直与他保持联系。

1986年，由于杰拉德·勒博维奇去世，德波的出版社处于艰难时期，因此德波向杰拉德的遗孀弗洛里安娜·勒博维奇（Floriana Lebovici）提出了一个方案，即将《战争游戏》商业化来减轻出版社的债务负担。德波写道，这只是一个商业问题，就如同《大富翁》一样，"还是我对军棋游戏的战略价值和经济价值的判断被某种纵容所扭曲了？我们将拭目以待"（Debord 2006a，448-449）。但是，尽管德波和勒博维奇最初是围绕游戏、战略游戏和历史游戏组建的公司，但目前还不清楚他们对使其游戏商业化有多认真。德波从不信任凯斯勒（Kessler），凯斯勒是受雇来协助游戏发行的知识产权律师。1985年，德波在给弗洛里安娜·勒博维奇的信中写道："你所提到'凯斯勒的奇怪事情'，让我非常担心。在这个世界上，凯斯勒是最容易欺骗我们的人"（Debord 2006a，306）。最终，这款游戏并未以任何正式的方式商业化。

德波认为《战争游戏》以游戏的形式体现了战争的所有必要原则。然而，他承认，在他近乎完美的模拟中，缺失了三点要素：气候条件和昼夜循环、军队士气的影响，以及敌人确切位置和行动的不确定性。"也就是说"，他继续写道，"人们可以断言，《战争游戏》准确地再现了与战争有关的所有因素，更宽泛地说，再现了所有冲突的辩证关系"(Becker-Ho and Debord 2006, 151)。德波对这款游戏的野心是非常大的。通过唤起"所有冲突的辩证法",他其实是在倡导倒退到1968年的权力和情境主义国际时代,但同时也期待着这项运动在训练和培养新一代武装分子方面的未来潜力。

但是这个游戏缺少的不仅仅是气候条件。事实上与德波的其他作品相比,单是正方形的选择这一点就十分令人惊讶。情境主义时代的"徘徊"或"劫持"精神在游戏中消失了。游戏里没有颠覆社会的机制,没有临时自治区,没有工人委员会,没有乌托邦式的城市,没有想象中的欲望景观,没有鹅卵石,没有海滩,只有一群玩具士兵在一个虚构的世界里打一场虚构的战争。

这引发了一个问题:为什么这款游戏相对来说缺乏冒险精神,而德波的其他作品却具有相当的实验性?我们是否可以通过分析媒体形式来解释这一点,即德波在激进的电影制作和批判哲学方面具有一定的魅力,但在尝试游戏设计时又回到了资产阶级室内游戏的老套习惯⑤?难道德波只是在晚年失去了激进的热情,他内心的黑格尔主义最终战胜了马克思主义吗?为什么当游击队在意大利进行暗杀活动时,德波在法国玩玩具士兵呢?

莫罗的死和德波的后期工作有联系吗?这之间当然没有联系,只不过是时间上的巧合而已。然而,正是这种不相容性在作品中形成了一个严峻的危机:为什么他的游戏是一件艺术品而不是一块鹅卵石?

这可能有下面几种解释。例如,德波可能只是简单地重新构建了他以前多次使用过的特洛伊木马逻辑。他以伪装成自认为最令人厌恶的东西而闻名。例如,德波采用了"保守"的电影形式,却正是为了批判同样保守的视觉媒介。也许现在他只是在制作一个"保守"的游戏,以便从内部打破游戏的逻辑。

或者,德波可能从未打算将游戏作为一种理论提案,因此不应该将其作为一种理论提案进行评估;这个游戏的存在只是为了训练武装人员。因此,在德波看来,如果所有战术训练都有助于释放激进意识,那么《战争游戏》强调克劳斯威茨(而不是中国的孙子)或拿破仑战争的遗产(而不是巴黎街头起义)就无关紧要了。

德波承认这款游戏与某个历史时期有关:"这既不代表古代的战争,也不代表封建时期的战争,更不代表19世纪中期之后因技术而改变的现代战争(铁路、机枪、机动化、航空、导弹)"(Becker-Ho and Debord 2006, 149)。换句话说,这个游戏指的是在1850年之前的早期和中期的现代时期战争。18世纪的"经典均衡"(classic equilibrium)是当时战争的模式,这是一种以"七年战争"(the Seven Years' War)为代表的战争模式,其特点是匀称、规律、专业的军队、宝贵的人员和重要的储备物资(Debord 2005, 351)。所以《战争游戏》确实具有特定的历史意义。但这是一个世纪以前的历史,而不是德波生活的那个时代。就像菲利普·索勒斯

（Philippe Sollers）后来戏称的那样,德波对20世纪不感兴趣。在与围棋和国际象棋比较时,他强调了历史的特殊性问题。他坚定地将国际象棋定位在法语中的"古典"时期,它由国王和下士组成,而《战争游戏》则属于系统、后勤路线和通信线路的时代。在国际象棋中,"国王永远不会受到约束",但在《战争游戏》中,则"必须始终保持联络"(Becker-Ho and Debord 2006,165—166)。棋子之间的空间关系在国际象棋中是至关重要的,"骑士之旅"是一种经典的模式和重组的心理投射。德波保留了这种空间关系的方法,但他将其提升了一个层次。《战争游戏》中的"联络"不仅仅是对可能的部队演习的预测,还是联络遥远的战斗机回到基地的附加层。从这个意义上说,象棋中的国王是一个密集节点,必须通过其盟军步兵的保护来加强。但德波的武器库具有广泛节点:它们的确也必须受到保护,但它们也是辐射传输结构的起点。本体与联络——这与早期现代性向高级现代性或晚期现代性转变的历史争论(即,"有纪律的"现代本体相对于后现代的"飞行线")没有什么不同。国际象棋呈现出一系列的挑战,但《战争游戏》本身就是一款去中心化空间的游戏,战争资产被排列成一长串,并由一组互连组织维系在一起。

从这个角度看,这个游戏似乎没那么复古了。关键在于通信网络,这是象棋等游戏所缺乏的设计细节。这些通信线路叠加在棋盘上,模拟战役的通信和逻辑链;德波的规则规定,棋盘上的所有部件必须与一条通讯线路保持接触,否则会有被摧毁的风险(即使是围棋这款主要关于空间模式和关系的游戏,也缺乏延伸线路或任何类型的网络现象的概念)。麦肯齐·沃克(McKenzie Wark)在《战争游戏》中写道:"这场'战争'既可以在可扩展的空间上进行,也可以在通信上进行(Wark,2008)。因此,尽管德波的理解可能不够充分,但我们可以认为这款游戏的通信线是他冲淡拿破仑怀旧色彩的解药。这些通信线是德波自己的算法寓言——或者说是托寓(如果这个词不太笨拙的话)的关键标志,它反映了20世纪70年代在他周围发展起来的新信息社会。简而言之,德波的《战争游戏》就像是"带有网络的象棋"。

象棋需要紧张的策略,但它对德波来说还太无聊了。《战争游戏》与国际象棋的精神完全相反,"他这样解释道。"其实我想模仿的是扑克。只是少了扑克的随机性,多了强大的战斗感"(Becker-Ho and Debord 2006,166)。《战争游戏》中没有偶然;在一开始掷硬币决定谁先走后,游戏就不需要骰子了。

但最终吸引德波开发《战争游戏》的并不是关于历史分期的争论。在他看来,游戏只能是关于一般原则的,因此像国际象棋这样的抽象战争模拟比拿破仑战役的真实历史重演更合适。

确切地知道普鲁士是如何沦陷的,对于德波来说并无真正的意义。了解抽象的、普遍的对抗规则才是关键所在。不过,对于德波来说,"抽象和一般"并不意味着"理论"。他认为理论是一种劣等的形式,是一种依附于转瞬即逝的幻想、永远过时的形式。这就是为什么德波如此迷恋战争。"战争"对于德波来说就意味着"非理论"(就像对拿破仑来说战争意味着"非意识形态"一样)[⑥]。战争是发自内心的,是理智的、实际的经验主义。它存在于事物的执行过程中。战争是绝对的对立面。战争是偶发事件——这是20世纪晚期进步运动中人们所钟爱的一个特殊术语。

"我不是一位哲学家",德波向乔治·阿甘本(Giorgio Agamben)坦白道,"我是一位战略家"(Agamben 2006,36)。或者,正如他在最后一部电影《生死与共》(*In girum imus nocte et consumimur igni*)(与游戏同时制作)中所宣称那样:"没有任何重要时期是从一个理论开始的"。它首先是一场游戏、一场斗争、一段旅程"(Debord 1999,26)。

在《生死与共》中,德波整合了从好莱坞史诗般的激战场景中得来的镜头。德波选取了迈克尔·柯蒂斯(Michael Curtiz)1936年的电影《英烈传》(*The Charge of the Light Battage*)作为样本(《英烈传》(*The Charge of the Light Brigade*)见图31.4),这部电影改编自丁尼生(Tennyson)的同名诗篇,而该诗篇本身就神话了1854年克里米亚战争中的英国骑兵臭名昭著的血腥失败。用《战争游戏》的镜头剪辑这种骑兵式的英雄主义是什么用意呢? 正如德波后来略带讽刺地写道:"以一种非常严厉和祝贺的方式,《英烈传》可能'代表'了国际形势主义者12年的干预!"(Debord 1999,66)这种"代表"在《战争游戏》中占据了中心位置,以骑兵游戏符号的形式出现。骑兵是游戏中最强大的部队,由于其提升的速度和特殊的"冲锋"能力,可以造成高达28点的集中攻击伤害。通过这款游戏,他能够在一个有中介的环境中重新体验之前的那种英雄气概。但这是一条多么残酷的叙事线,从巴黎街头开始的故事,必须在战斗系数和胜负百分比的抽象层面上结束。"它就像放射性物质",德波在给一位意大利译者的一封信中开玩笑说,"人们很少谈论它,但几乎到处都能发现一些痕迹。它会持续很长时间"(Debord 2006a,45-46)。

游戏就像一台机器,但书籍永远不是机器。对于这一点,德波十分肯定。他在1987年出版的一本书的序言中这样写道:"无论人们多想重玩这些游戏,游戏的操作在形式和效果上都是不可预测的[⑦]"(Becker-Ho and Debord 2006,7)。在德波看来,《战争游戏》和军事再现的消遣有明显的区别,在军事再现中,特定的历史战役重新上演,其结果几乎没有不可预测性。对于德波来说,某个特定历史事件的再现让他毫无兴趣。他的愿望不是回忆过去的事情,相反,他试图以一种普通和普遍的方式塑造对抗本身。"那些精通战略的人",他写道,"将在这里看到实际的战争模式"。

图 31.4 《英烈传》(*The Charge of the Light Brigade*)

（注：由迈克尔·科蒂斯导演。）

德波1987年出版的著作就是对失败的沉思。但到底是谁输了这场比赛？爱丽丝还是盖伊？不幸的是，关于谁扮演了北方派系，以及谁扮演了南方派系，书中并没有给出明确的答案。但有人可能会确定地说：德波扮演的是最后灭亡的南方军队。

但是德波怎么能提出这一肯定的论断呢？为了解释这一点，我稍微多说一些，谈一个微妙的问题。这个问题涉及贝克尔霍（Becker-Ho）和德波在1987年出版的书中存在的许多错误，这些错误在2006年的法语再版和2007年出版的英译本《战争游戏》中都存在[⑧]。除了一些小的图形错误，这本书还包含了一个明显的不合规走法——加上额外的几步。虽然在本质上很微妙，但如果按照正确的游戏规则解释，这是非法的[⑨]。第一次违规移动发生在第9个回合（回合编号为1、1′、2、2′、3、3′等）。一支南方步兵部队向I17阵地移动。然而，步兵一次只能移动一个方格，但本书要求一个步兵部队移动两个方格。另外的五次违规走法分别是：第14步的K15步兵、第17步的L12骑兵、第35步的I9步兵、第36步的J10步兵、以及第46步的J14步兵。在这些情况下，玩家回合中涉及的部队都将失去联络。然而，根据游戏规则，不可联络的棋子是惰性的，不能移动。因此，这里就出现了一个僵局：为了让这五步合法，玩家必须忽略游戏中关于部队"在线"和"离线"性质的规则。因此，假设必须遵守所有游戏规则，这五个动作就必须被标记为非法动作。

最后还有两个细节值得强调。首先，所有这些错误都是由同一位玩家犯下的，即南方玩家；北方玩家没有犯规。其次，几乎所有这些错误在多个处理阶段中都没有得到纠正：贝克尔霍和德波在最初的比赛中、德波的匹配文档和他在书中所写的注释，以及随后在1987年、2006年和2007年进行的三轮编辑审校中都未对这些错误进行纠正。然而，在所有这些审查之后，这本书中大约每8个完整的回合中就有一个有错误。怎么会这样呢？这么多错误怎么能通过五轮审查呢？如果《奇观社会》(Society of the Spectacle)每8页就有一个重要的逻辑错误，我们会选择原谅这种错误吗？如何解释这种盲目性呢？

让我顺便强调一下，德波和贝克尔霍未能出版一本没有错误的书，识别这些错误并不意味着是一种高人一等的教育行为，其意义远不止如此。我们必须理解，识别这些错误揭示了一种不同寻常的文本"事实"，而不是识别一个打字错误、一个拼错的单词，甚至是文学作品中一个很小的语法错误。这些错误在本质上没有交集，甚至不是简单的句法错误，它们是算法错误。也就是说，它们处理的不是相对本地化的正确书写条件(例如，拼写错误的单词)，而是规则约束操作的正确执行。规则的正确执行很少是可本地化的；无论是游戏还是其他基于动作的文本，它们都意味着对所讨论工件的历时性进程的巨大影响。传统文本不会执行——我很乐意让房间里的德里达派支持者对这种说法保持沉默，因此算法文本中的错误状态与传统文本中的错误状态有着非常不同的地位。例如，游戏中的一个错误动作或作弊事件将从该点开始使游戏结果无效。正如任何一个小学生都知道的那样，作弊对游戏的影响如此之大，以至于任何结果都"不算数"。玩家必须"重新开始"。因此，毫不夸张地说，我认为从基本意义上说，贝克尔霍和德波1987年出版的那本书不值得阅读。我们必须要求其被重新审核一遍(不过，这难道不是德里达派最推崇的论断吗？即从某种实际的、可论证的角度来看，这本书的核心是有缺陷的)。

让我总结一下：首先，有一个公开的假设(德波扮演了南方派系)；其次，有一组注释性的观察(即贝克尔霍和德波1987年的书中包含了一些不容忽视的错误)。但这将导致什么后果呢？

当人们从《战争游戏》中看到错误时，他们通常会假设德波一定扮演了北方玩家。争论大致是这样的：因为德波是游戏设计师，并且从20世纪50年代中期开始就一直在玩这款游戏，所以他非常熟悉游戏规则，不会违反任何规则。这种推理将德波当成北方玩家，将贝克尔霍当成南方玩家。

虽然这样的论点有一定的说服力，但我想提一个不同的论点，它最终会更能让人信服。我想说的是，与其依赖心理学原理(比如德波知道或不知道什么、他想做或不想做什么)，根据结构上的，或者甚至可以说是算法上的逻辑会更有效率。这些错误与其说是转移注意力，不如说是实际发生的事情的诱饵。因此，我们不要用一种思想风格、不要用一种代码风格来说话。让我们谈谈算法和结构美学。

对于这种算法美学来说，最重要的是优化的概念，也就是说，在任何基于规则的系统中,总是存在一种最优状态。在这种状态中,正在运行的结构得到充分利用。在《战争游戏》中最佳的部队队形是:格形、梯形、X形、十字形和翼形等形晶体形状。原因很简单,游戏规则(一种特定类型的算法)定义了事件的状态。特别是,他们定义了攻击系数和防御系数,以及这些能量系数在游戏棋盘上对友军和敌人玩家的交换性。因为进攻和防守都是直线传递的,所以游戏倾向于使用支柱形状的阵型,如格子形和十字形的阵型。这些结构可以描述为晶体,因为它们提供了高度有组织的局部微观结构(例如十字形),可以重复多次,以组成耐用的物质形式。因此,"晶体"美学是一种超我美学:它通过完全执行规则,执行最佳的物质行为。如果一个算法足够简单,那么就可以知道其最大利用点。如果玩家对游戏规则有足够的经验,他(她)就会知道这个最大利用点,因为这符合他(她)的利益,他(她)就会尽可能多地运用这些最佳利用的技巧。例如,在《战争游戏》中,这种晶体美学通过部队编队出现在十字形、梯形和翼形阵型中。图31.7和图31.8显示了南方玩家对这种阵型的喜爱。从图31.5和图31.6中我们也可以看到同样的南方阵型,这是从游戏规则的"解释图表"部分衍生出来的(已知这是德波写的,而不是贝克尔霍写的),即使只是为了解释,南方玩家是"主角",北方玩家却在书中的任何地方都没有表现出相似的技巧(居伊·德波的《战争游戏》中南方玩家的战斗关系可视化1见图31.5;居伊·德波的《战争游戏》中南方玩家的战斗关系可视化2见图31.6;居伊·德波的《战争游戏》中南方玩家的战斗关系可视化3见图31.7;居伊·德波的《战争游戏》中南方玩家的战斗关系可视化4见图31.8)[⑩]。

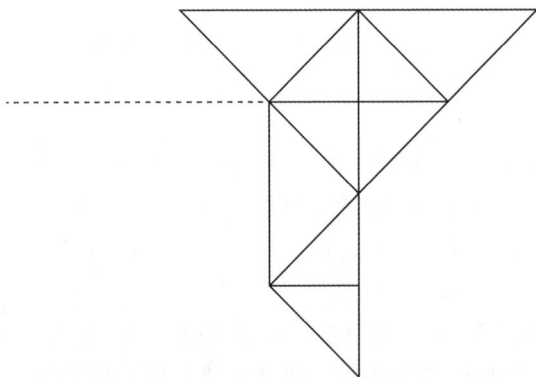

图31.5 居伊·德波的《战争游戏》中南方玩家的战斗关系可视化1

(注:"解释性图表,图5"(Becker-Ho and Debord 2007, 33)。)

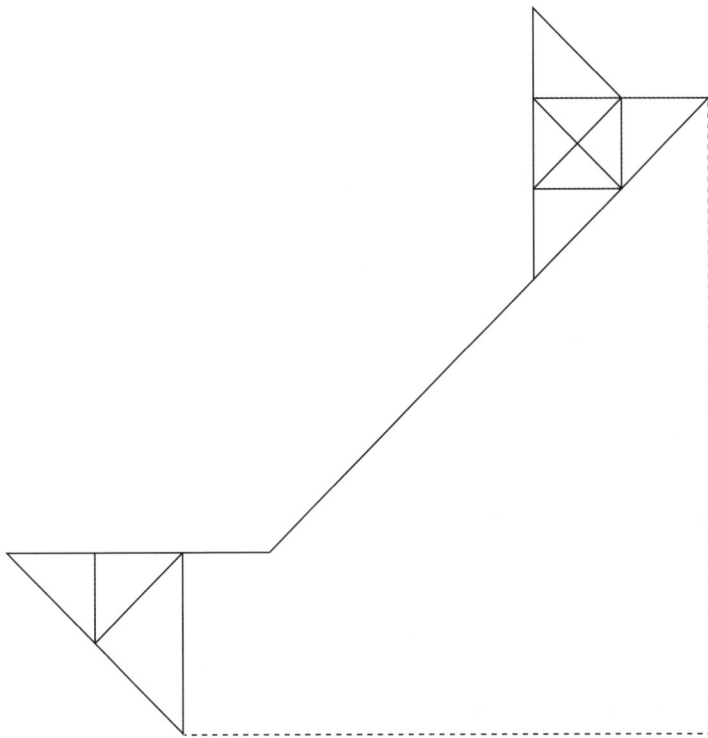

图31.6 居伊·德波的《战争游戏》中南方玩家的战斗关系可视化2
（注："解释性图表，图6"（Becker-Ho and Debord 2007，34）。）

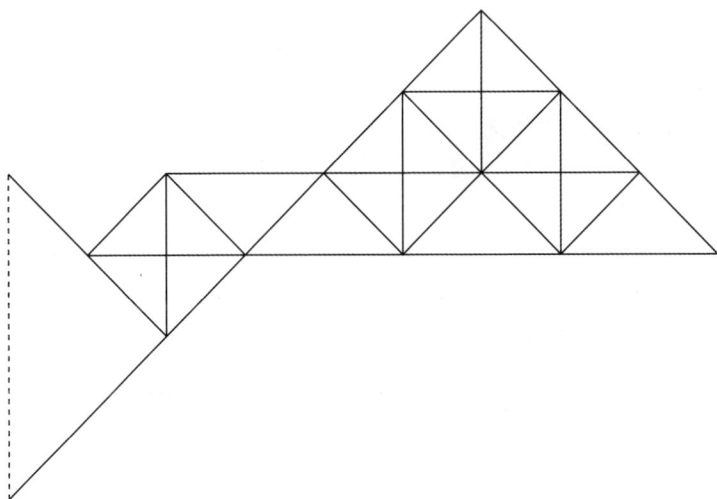

图31.7 居伊·德波的《战争游戏》中南方玩家的战斗关系可视化3
（注："第22步"（Becker-Ho and Debord 2007，83）。）

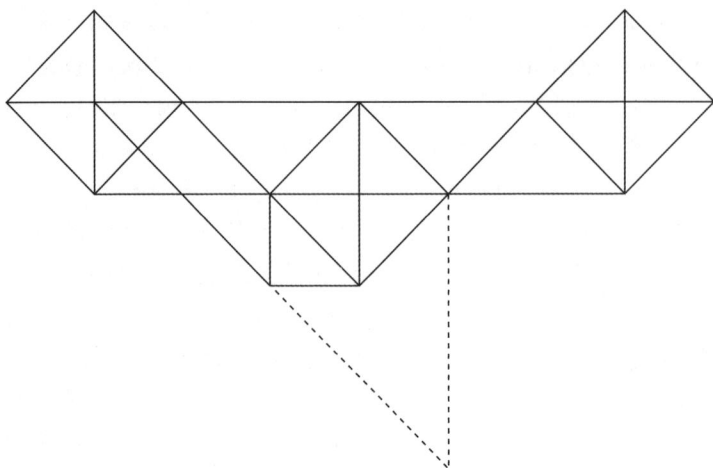

图 31.8　居伊·德波的《战争游戏》中南方玩家的战斗关系可视化 4

(注："第 44 步"（Becker-Ho and Debord 2007, 127）。)

那么,这个猜测模糊地表明德波扮演了南方,贝克尔霍扮演了北方。而且,试图证明德波比贝克尔霍更有技巧是没有价值的,反之亦然。只不过是对婚姻内部琐事的猜测能证明什么呢？假定南方玩家和游戏规则的制定者是同一个人,因为他们都呈现了之前描述的晶体风格的游戏玩法。而德波就是那个人,因此他就是南方玩家。

所以,这些错误（第 14 步、17 步、35 步、36 步和 46 步）最终就是一些转移注意力的东西。在识别游戏风格时,识别更高层次的算法技能（关于如何利用规则获得最佳游戏状态）比担心小的、主要是技术性错误要重要得多。

但这难道不会导致一个新的矛盾吗？即在整个游戏过程中,一个喜欢晶体阵型的玩家,他知道最佳的部队阵型,并表现出"男子气概"的算法效果,却是总会犯些小错误（第 14 步、17 步、35 步、36 步和 46 步）？怎么会这样呢？这难道不会否定了晶体玩家首先是一个算法狂魔的概念吗？

要得到答案,我们需要了解算法知识是如何奏效的。答案依赖于这样一个事实:一个人有可能熟练掌握模式形成和规则约束行为的高级知识,但仍然无法完成要求更高、技术含量更高的操作。程序员通常以这种方式工作:大多数程序员都有积累的算法知识,但即使是最熟练的程序员也无法识别某些对于机器来说极其微小的漏洞,是机器就难免会出错。在德波的案例中,有一名使用晶体玩法的玩家,他熟悉游戏规则（即相当于程序员的水平）,但和我们大多数人一样,他从来都不是真正意义上的机器。

所以德波扮演的是南方玩家。他是最后输掉的那个人。他不仅输了,更糟糟的是他认输了,给自己上了一课,告诫自己必须有更好的战略知识和规划。游戏的最后注解出现在南方玩家认输的时候:南方停止敌对行动。对他来说现在是时候反思这次战役行动了,回顾一下不变的战争理论以便理解一系列的情况,也许还有在他的指挥中可以识别的相关心理特征,这些特征也导致了北方的胜利(Becker-Ho and Debord 2006,127)。

这些相关的心理特征是什么? 他或者她疯了吗? 有人想知道,德波是否真的赢得了什么,或者整个历史——即国际形势论者和其他所有的东西是否总会导致这一种结果。先是电影和哲学,最后是资产阶级的室内游戏。

当然,模拟和建模领域对进步运动来说总是一剂苦药。这就是隐藏在德波的游戏表面之下的焦虑根源。左派总是在抽象的领域中受到欺骗。这并不是说精神或理性必然与进步的政治运动相左。但理性理想主义的崇高境界,对于那些饱受物质事实严酷变迁之苦的人来说,始终是一种障碍。在这里,我们必须回顾一段漫长的历史,传统主义与变革、哲学与诡辩、本质与过程、实证主义与辩证法、社会科学与"理论"等。

进步艺术运动开始时很好,但结束时却很糟糕。正如德波于1978年总结他的失败时所言(电影时代的"终结",他不断变粗的腰围和逐渐消失的清醒):"前卫只有一次"(Debord 1999,47)。

对于一般的左翼文化产物,我们可能会说一些类似的话:(1)左翼在此时此地可能有一定合理性,总是在自己眼前痛苦中挣扎,但(2)它最终将永远被打败,即使它最终得到了证明。这就是德波既要"奋斗"又要"乌托邦"的原因所在。这也是我们了解德波的一个契机,来探究他为什么在晚年痴迷于把对立的欲望升华成一本抽象的规则书而不是街头暴动。过去并不总是光辉灿烂的,未来也不总是有保障的。恰恰相反,过去和未来在内部都混杂着压抑和解放的时刻。对左派来说,"历史的现在"是通过斗争和牺牲的原始事实赢得的直接正义。总之,现在的历史永远是真实的,也可能略有血腥。但是未来,即乌托邦式的想象是从最深刻的不公正铸就的完全解放的时代。简言之,乌托邦永远是虚假的,但同时也永远是自由的!

关于作者

亚历山大·R.加洛韦是一位作家和计算机程序员。他致力于研究哲学、技术和中介理论方面的问题。他是纽约大学媒体、文化和传播学副教授,著有多部关于数字媒体和批评理论的作品,其中包括《界面效应》(*The Interface Effect*)(Polity,2012)。2008年,他发布了《兵棋游戏》,这是一款计算机游戏,是居伊·德波 1978年的《战争游戏》的再现。

注释

① 内格里（Negri）受到了1975年意大利严厉的雷亚尔法，以及1979年和1980年反恐怖主义法的影响，这些法律当时暂停了人身保护令，允许在未经审判的情况下将嫌疑人预防性拘留3年零3个月。

② 感谢理查德·巴布鲁克（Richard Barbrook）让我注意到这一条款。

③ 当然，从一开始，玩兵棋游戏就是德波工作的核心。他的一位传记作者写道："这个情境主义项目首先是滑稽的。德波的生活围绕着兵棋游戏、诱惑与战争、挑衅与伪装、各种各样的迷宫，甚至是地下墓穴。在那里，莱特里斯特圆桌旁的骑士们玩着'谁输谁就赢'的游戏"（Kaufmann 2006, 265）。德波对兵棋游戏的兴趣与1968年事件后他被迫流亡到法国中部一个小镇的经历有关。他在1978年承认："长久以来，我一直试图过一种默默无闻、逃避现实的生活，这样我就可以更好地发展我的战略实验。我的研究成果不会以电影的形式呈现"（Debord 1999, 50）。有人可能会认为"非电影形式"指的是《兵棋游戏》的新游戏形式，但一个脚注提醒我们，这是德波的最后一部电影。《国际情境主义论》（Situationist International）和《卢登人：文化中的游戏元素研究》（Homo Ludens: A Study of the Play Element in Culture）的作者约翰·赫伊津加（Johan Huizinga）的著作也有一些有趣的重叠。特别是康斯坦·内维哈斯（Constant Niewenhuys）受到了赫伊津加的启发，在与本杰明·布赫洛（Benjamin Buchloh）的访谈中，这位前情境主义建筑师旨在调和赫伊津加和马克思的观点："我认为，在赫伊津加和马克思之间建立联系并不困难……"赫伊津加在他的《卢登人》中谈论的是一种精神状态，而不是一种新人类。但其实只在某种意义上是一种精神状态，一种人类的某些暂时条件。例如，你在一次狂欢节、一场宴会、一场婚礼派对时所处的状态，暂时会使你成为卢登人，但第二天你又会成为费伯人"（Constant 2001, 24-25）。最后一句话是指在赫伊津加书的开头，他首先提出了智人的经典概念，然后是现代的工业概念，即"制造者"（Huizinga 1950）。然而，赫伊津加的政治更像是一个古老的政权，而不是进步的革命，在赫伊津加和情境主义之间频繁的联系中，这一细节常常被忽视。

④ 事实上，自20世纪50年代以来，德波就以某种形式对《军棋游戏》进行了修订。关于这款游戏的首次记录可以追溯到1956年，当时发表在《教育迷宫项目》（Project for an Educational Labyrinth）的一篇文章中，德波提到了这款游戏的名字，并将其描述为象棋和扑克的混合体（Debord 2006b, 285）。

⑤ 麦肯齐·沃克（McKenzie Wark）称这个游戏为"德波的退休计划"（Wark 2008）。汤姆·麦克多诺（Tom McDonough）对德波的成熟作品也有类似的看法："我们可以说德波出生在这个阶层（小资产阶级），在他生命的最后时期又回到了这个

阶级。"在麦克多诺的评价中,已故的德波"有一种常规的——如果不是陈旧的,自我概念的部署和巩固"(McDonough,2006)。

⑥拿破仑当时是在回应德斯塔特·德·特雷西(Destutt de Tracy)在1796年创造的"意识形态"一词。拿破仑对这个概念嗤之以鼻,称意识形态是一种"弥散的形而上学",要为"我们美丽的法兰西所遭受的一切不幸"负责。威廉姆斯(Williams)(1976,154)在没有参考的情况下引用了这些语录。

⑦游戏的生成性与德波晚年在自传体中自省的嗜好不谋而合。这种新的、直观的、不可预测的媒体形式成为一种有用的自我形象。"通过他的《战争游戏》,德波正式确立了他的生活规则。这是他最具自传性的作品,也是唯一被认为是个作品的作品,因为它是用之不竭的"(Kaufmann,267)。

⑧除贝克尔霍和德波的书中确实存在错误之外,现有的英文译本中也存在偏差和误译。首先,书的标题和格式在翻译中发生了变化:在原法语版的出版物中,有关游戏的文档首先出现,其次是附录形式的规则。英文译本则颠倒了其优先排版顺序,规则第一,"比赛记录"第二。以及,该书的法语名是 *The Game of War*,而英语名则是 *A Game of War*。此外,现有的两种游戏规则的英文译本——阿特拉斯出版社的唐纳德·尼克尔森·史密斯(Donald Nicholson-Smith)译本和伦·布莱肯(Len Bracken)写的德波传记书尾的译本,都有误述的细节。德波指出,一次冲锋由任意数量的骑兵组成,在一条连续的直线上,紧邻敌人,尼克尔森·史密斯译本中有不少于"4名"骑兵串联,而布莱肯译本则允许非连续串联。布莱肯还错误地描述了战斗机制,他说,在成功地摧毁敌人后,"破坏者必须占据空旷的广场。"事实上,德波提出了相反的观点,即玩家并不是必须占据空方格,玩家也不可能完全占据它们,因为移动和攻击在游戏中发挥的作用更为普遍。布莱肯还推翻了另一个规则,他说通信部队可以通过占领来摧毁武器库(然而他们不能)(Bracken,240-249;Becker-Ho and Debord 2007,11-26)。感谢亚当·帕里什(Adam Parrish)首先发现了这些矛盾之处。事实上,德波自己也承认,1987年的出版物中包含了5个在游戏中不同位置的错误。许多错误是由读者指出来的,德波在1987年3月9日的一封信中承认了其中一个(Debord 2006a,458-459)。

⑨感谢斯蒂芬·凯利(Stephen Kelly)和杰夫·盖布(Jeff Geib)的贡献,他们首先向我指出了其中的一些错误,并帮助我在脑海中提炼和澄清了这些错误在书中出现的方式。想要得到更详细的勘误表摘要的读者可查阅 http://r-s-g.org/kriegspiel/errata. php。

⑩这里展示的高度结构化的晶体形态,与许多情境主义作品中所呈现的非结构化的、游移不定的地形形态相比,更加有趣。比如,德波于20世纪50年代末绘制的著名地图《赤裸之城》(*Naked City*)。

第三十二章　卢迪卡科学俱乐部与《穿越别列津纳河》

——理查德·巴布鲁克

这次行动向东推进,最终到达了莫斯科……但是,突然之间,没有发生偶然事件,也没有出现迄今为止一直引领……(波拿巴)到达预定目标的天才。无数次相反的机会出现了——从他在波罗底诺时头脑中的寒冷到使莫斯科着火的霜冻和火花,愚蠢和卑鄙同时出现。入侵者来回乱窜,现在所有的机会之神都不再眷顾……(波拿巴),而是永远与他为敌。

——列夫·托尔斯泰,《战争与和平》

3月2日,克拉斯兵棋公司(Class Wargames)在伦敦芬斯伯里公园的加特菲尔德公地(Furtherfield Commons)宣布卢迪卡科学俱乐部2014赛季正式开始,公开展示了理查德·伯格(Richard Borg)的《命令与颜色:拿破仑》(*Commands & Colors: Napoleonics*)(expansion #2, 2013)中的1812年"穿越别列津纳河"场景。几年前,我们成功地改编了这一精彩的军事模拟场景,以庆祝海地雅各宾人在1802年贝多雷特堡战役中获胜,取得了世界历史性的胜利(Barbrook 2014, 232-236, 321-322)。现在,在这个著名的伦敦前卫艺术画廊,我们将用伯格的游戏来重现卡尔·冯·克劳塞维茨(Carl von Clausewitz)和安托万·亨利·德·约米尼(Antoine-Henri de Jomini)这两位最有影响力的拿破仑战争理论家在战争中的唯一一次交锋。在19世纪,他们的著作会决定军事学院内的竞争教学法。对于克劳塞维茨《战争论》(*On War*)的崇拜者来说,他的辩证哲学阐明了通过残酷和混乱的战场实现的政治野心。相比之下,约米尼的《战争艺术》(*The Art of War*)告诉我们,武装斗争主要是定义职业军官队伍的一套技术技能。

然而,在1812年11月,这两位士兵学者还没有出版他们的军事理论经典著作。相反,他们都是灾难性企图的最后一幕戏剧的参与者。在白俄罗斯别列津纳河的一侧,克劳塞维茨担任参谋,紧追敌军。在河对岸,约米尼是波拿巴元帅的副官,他和溃退的法军残部待在一起(Bassford 1993, 5; Clausewitz 1995, 206-212; Zamoyski 2004a, 458-480)。在他们的著作中,两人都会利用这场戏剧性的对峙,从理论上解释防御渡河的困难,以对抗顽强的敌人。1812年的这一天,约米尼和波拿巴的残余军队从重重包围中逃了出来,这使克劳塞维茨大为恼火

(Clausewitz 1993, 522–540; de Jomini 2010, 226–232)。令我们非常高兴的是在《命令与颜色:拿破仑》(*Commands & Colors:Napoleonics*)(2010)的场景手册中,伯格(Borg)向玩家提出了这个挑战:"你能改变历史吗?"克拉斯兵棋公司打算看看克劳塞维茨和俄国人这次是否能在别列津纳河获胜。

当我们在棋盘上布置木块和地形特征时,我解释了我们添加到场景中的特殊规则,该场景是为伯格的游戏提供的俄罗斯扩展集。在最初的版本中,两军都被迫向对方推进以确保胜利。然而,我们认为,如果法军的目标是从棋盘的一边溃逃,而俄军的任务是阻止他们,那就更棒了。有趣的是,克劳塞维茨和约米尼也被添加为特殊的成员,可以在不需要命令卡的情况下激活部队①。别列津纳河战役部署完成后,理查德·帕里(Richard Parry)和瓦格列斯·马克罗普洛斯(Vagelis Makropoulos)担任克劳塞维茨的副官,接替米哈伊尔·库图佐夫(Mikhail Kutuzov)指挥俄国军队。作为他们的对手,詹姆斯·默尔丁(James Molding)和提姆·马丁(Tim Martin)成为拿破仑·波拿巴的顾问领导法国军队。在开局阶段,俄国军队采取了双轨战略,即从左路突击,切断敌人的逃跑路线,同时从右路进攻,扰乱后卫军,以减缓他们的过桥速度。在抵御这些袭击的同时,法国将军们将注意力集中在尽快在别列津纳河的部署尽可能多的部队。桥梁一旦被摧毁,那些没能到达对岸的兵团就会损失,并被计入俄国人的胜利旗帜计数中,这决定了游戏的结果。

当我们一周前第一次尝试别列津纳场景的修改版本时,波拿巴主义者轻而易举地取得了胜利。然而,这一次,事实证明,他们相互矛盾的任务——坚守防线和让部队离开棋盘是致命的。当俄国人越过山头向大桥前进时,撤退的法国军队在随后的交火中伤亡惨重。虽然约米尼的1支骑兵部队、1支炮兵部队和2支步兵兵团最终成功穿越了别列津纳河,但在大桥被炸毁之前,有3支部队被歼灭。随着俄国胜利旗帜的增加,波拿巴主义者试图用右翼部队进行反击。不幸的是他们的敌人有一张指挥卡,可以发动骑兵冲锋,并在一次毁灭性的打击中摧毁了法国铁骑部队。在他们的下一步行动中,这支俄罗斯机动预备队突袭了已经暴露的法军帝国卫队团,该团很快收缩阵型到一个街区。幸运的是,法国人拥有一张命令卡,能够使这支支离破碎的部队离开战场。然而,这一巧妙的策略只是推迟了不可避免的结果的发生。克劳塞维茨的步兵团和约米尼的步兵团进行了短暂的交火后,俄国部队集中火力对付波拿巴炮兵部队。多亏了令人印象深刻的掷骰子环节,法军两个炮群都被淘汰出局,俄国人赢得了游戏。这一次,俄国人阻止了敌军越过别列津纳河逃跑。正如伯格承诺的那样,历史是可以在游戏棋盘上改变的(别列津纳河场景见图32.1)。

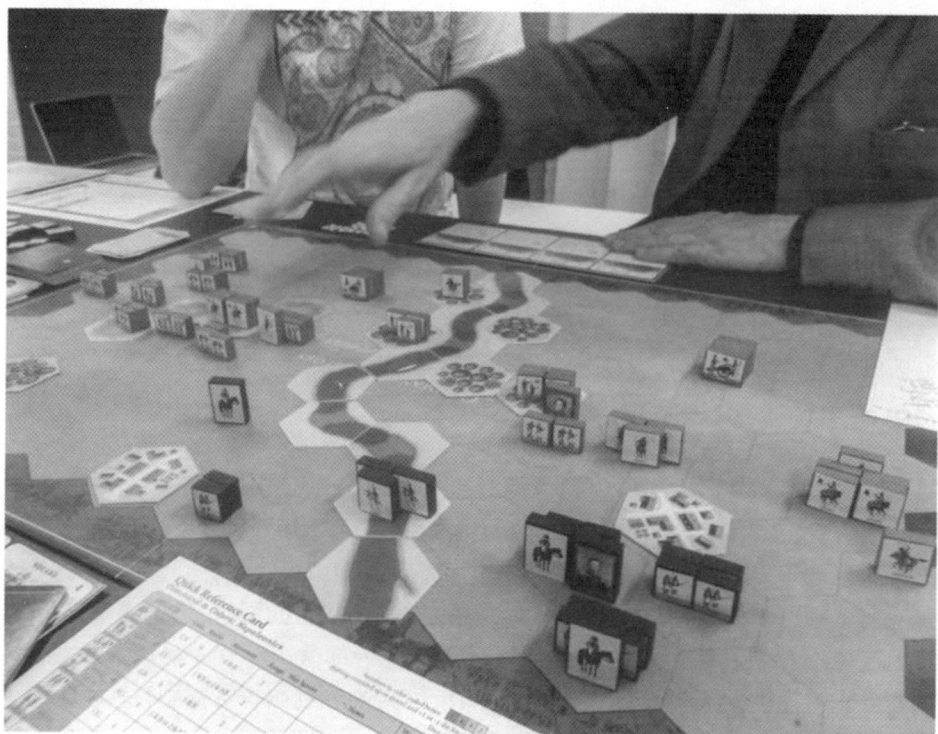

图32.1　别列津纳河场景

（注：当克劳塞维茨和俄军逼近时，约米尼和拿破仑做了最后一次注定要失败的尝试，试图越过别列津纳河逃跑。）

在21世纪早期的英国，这种重新书写过去的愿望常常与保守党怀旧主义者联系在一起，他们幻想着错误的一方赢得决定现代世界的决定性战役和政治危机（Evans，2014）。如果查尔斯·斯图尔特（Charles Stuart）击败他在议会中的对手，奴隶主在美国内战中取得了胜利，结局就会截然不同（Adamson，2003；Sears，2001；Waldron，2001）。亚当·扎莫伊斯基（Adam Zamoyski）曾设想，1812年波拿巴攻打俄国的胜利将把欧洲统一为一个联邦帝国，从而避免20世纪初的毁灭性战争（Zamoyski，2004b）。毫不奇怪，当我们为卢迪卡科学俱乐部重新争夺别列津纳河之时，克拉斯兵棋公司并不打算支持保守党的设想。我们的团队从情境主义者的主要理论家居伊·德波那里获得了灵感。

早在2007年，我们就成立了克拉斯兵棋公司，以推广这个被新左派先知长期忽视的《战争游戏》（1977）。在20世纪70年代的艰难时期，德波帮助推动了1968年5月的法国革命，他策略性地撤退到奥弗涅村的一间小屋，在那里花了很长时间设计这个标志性的有马有枪的模拟（Becker-Ho and Debord，2007；Debord 1991，

33-34）。然而,对于德波的传记作家来说,他们的男主角对兵棋的热情通常只是一种略显可疑的古怪行为,这为他们的书或展览提供了古怪的标题（Hussey,2001；Guy and de Bras,2013）。相反,他们中的大多数人都把情境主义作为前卫艺术运动加以赞扬,为朋克摇滚、文化干扰和关系美学编写了战术手册。幸运的是,即使更开明的人也钦佩德波对媒体饱和的现代资本主义社会的尖锐批评。

从一开始,克拉斯兵棋公司的战略目标就是通过利用德波对军事历史和军事理论的迷恋,从而超越这些情境主义的艺术和政治理解。从性手枪乐队（Sex Pistols）和班克斯（Banksy）的故乡开始,我们兴高采烈地重演《国际》（International）的第一部前卫版本,开始了我们的路德派颠覆运动:发表公报、嘲弄新自由主义思想、用其他电影中的叙述片段制作关于《战争游戏》的电影、在圣彼得堡的冬宫等充满情感的地方表演等,让这场模拟游戏的玩家能够体会到短暂的参与式创造力（Barbrook 2014, 28-108）。正如2012年造反猫咪乐队的"朋克祈祷者"挑衅行为所证明的那样,这些艺术策略对文化上保守的政权仍然非常有效。不幸的是,正如情境主义者自己所强调的那样,西方的大众媒体和艺术界擅长用前卫的武器对付他们的发明者（Debord,1981；Vanei-gem,1999）。在信息经济中,打破传统口味、混合适当的材料、用户生成的内容和社交网络一直被视为巧妙的商业技术。性手枪乐队现在是英国文化创新的传统标志（Stallabrass 1999, 67-68；Bourriaud 2002, 79-104）。

作为回应,克拉斯兵棋公司致力于宣传《战争游戏》中体现的新左派政治。对于某一位观察者来说,德波模拟中的步兵、骑兵和大炮让这款游戏看起来像一个简化版本的阿瓦隆山公司或模拟出版公司制作的拿破仑兵棋游戏。然而,对于它的发明者来说,《战争游戏》是情境主义政治的一节路德派课程。在20世纪50年代的法国,当德波还是一个叛逆的年轻人时,左派被控制。他那一代的许多激进分子鄙视这些老派的政治家,他们纷纷被革命知识分子战士的浪漫形象所吸引:列夫·托洛茨基（Leon Trotsky）和切·格瓦拉（Che Guevara）等人（Fields,1988；Bourseiller,1996）。在成立初期,情境主义者模仿布尔什维克主义的激进行动,进行意识形态分裂、成员清洗,还选举德波作为最高领袖。然而,在1968年5月亲眼目睹人民的集体力量后,德波意识到现在必须放弃精英主义的政治风格。德波在1972年解散了情境主义国际,这是一个聪明的举动,以防止其崇拜者将自己视为先锋党的情境主义版本（Debord and Sanguinetti,1985）。作为德波的下一个转折点,他出版了《战争游戏》,以抵制布尔什维克主义对他的诱惑。通过采用拿破仑主题,德波巧妙地将1917年俄罗斯现代化革命的改版与1789年的法国原版联系起来（Barbrook 2014, 254-257）。在一定程度上,这两个国家被压迫者的领导人成了新的压迫者。通过他们的共和专政,雅各宾派预见到了布尔什维克的极权统治。最重要的是,波拿巴是20世纪充满魅力的军人的典范,他们通过摧毁革命拯救了革命。左派最大的敌人往往来自自己的队伍（Barbrook 2014, 112–229）。

情境主义者面临着一项艰巨的任务，那就是确保1968年5月不会犯与他们杰出的前辈一样的错误。艺术家、活动家和学者可以为争取人类解放的斗争做出重要贡献，但只有当他们的努力与整个工人阶级的努力紧密结合时，他们才能发挥作用。发明《战争游戏》是德波为新左派对托洛茨基和切·格瓦拉等人的病态迷恋所采取的补救措施。在德波的游戏中，四个骑兵棋子象征着起义军的先锋部队。通过参与模拟的马和枪的对战，玩家了解到他们的骑兵团——就像1968年5月的情境主义国际，必须在必要时牺牲，以突破对手的防御。在德波的小型战场上，战胜敌人需要步兵、骑兵和炮兵部队的巧妙联合。从这段经历中，左翼激进分子会明白，先锋知识分子是阶级斗争中的牺牲品。如果每个人都能在游戏棋盘上扮演波拿巴，那么在现实生活中就不会有人成为新的列夫·托洛茨基或切·格瓦拉。

在21世纪早期，德波的思想一点都没有过时。苏联也许早已不复存在，但布尔什维克的精英政治仍然困扰着左翼势力。具有讽刺意味的是，在2011—2012年美国和欧洲的占领运动中，他们对正式等级制度的坚定意识形态排斥赋予了一小群人高度网络化的个人权力，他们协调了自发人群的街头抗议和在线活动（Gerbaudo, 2012）。在这种情况下，《战争游戏》不仅成为有关这些革命先锋队的历史教训，而且成为迄今为止少数人垄断政治领导技能民主化的培训工具。通过全面调动棋盘上的棋子，部分玩家对精英主义进行了实质性的批判。他们逐渐明白，改变世界的是他们明智的行动，而不是他们意识形态的狂热。德波反对后现代主义者痴迷于文化问题，他自豪地宣称："我不是哲学家，而是战略家"（Agamben 2002, 313）。

至关重要的是在《战争游戏》的规则和布局上，德波的对马和枪模拟被设计成克劳塞维茨《战争论》（On War）的一种滑稽抽象。这部经典著作的辩证理论还预言了一些地区的社会革命军事化。《战争游戏》的玩家们正在学习《战争论》的五个关键战术和战略原则：洞察力[2]、对敌人的心理斗争、集中力量、包抄敌人和紧追不舍。在竞争摧毁彼此的武器库的同时，敌对阵营正在将克劳塞维茨理论转化为情境主义实践（Barbrook 2014, 230-341）。因而，《战争游戏》是一个清晰的预言。当每一个红色党派学会像波拿巴那样战斗时，分散的力量将能够团结成一个集体，然后在壮观的战场上战胜资本主义敌人。

克拉斯兵棋公司自从2007年成立以来，一直倡导这种诱人的游戏颠覆愿景。从巴西的贝洛奥里藏特到俄罗斯的伊尔库茨克，我们进行了《战争游戏》和其他政治—军事模拟的参与式表演。通过我们的出版物、电影、摄影作品和网站，我们已经说服左翼接受情境主义，以解决其枯燥的理论问题和令人疲惫的意识形态争端。集体领导的实用技能可以在游戏棋盘上进行学习。当卢迪卡科学俱乐部在1812年发布《穿越别列津纳河》(Crossing of Berezina)时，我们的目标是通过实验另一种游戏，即《命令与颜色：拿破仑》来继续完成德波的解放使命。就像我们设计的1802年的贝都雷特堡场景一样，作为一次互动历史课，我们重现了这一场景，讲述这场著名战役戏剧性的过程和结果。最重要的是，《穿越别列津纳河》有助于我们对约米尼和克劳塞维茨军事理论的集体研究。在加特菲尔德公地(Furtherfield Commons)的推演中，俄国将军们显然更善于贯彻《战争论》中的五项实际原则，这些原则是他们从《战争游戏》中学来的。他们更好地利用了这片被一条无法通过的河流分隔的崎岖地形，不断地用自信来恐吓敌人，向两翼发动致命的钳形攻击，集中火力对拿破仑党派的后卫进行决定性打击，并持续不断地施加压力，直到俄国取得胜利。虽然它的设计比德波的模拟更刻板，但我们已经证明，《命令与颜色：拿破仑》也可以成功地用作克劳塞维茨《战争论》的教学工具。在加特菲尔德公地，卢迪卡科学俱乐部完成了它关键的情境主义目标。集体指挥的技能在游戏棋盘上得以实践。在未来争取真正人类文明的斗争中，我们必须知道如何与新自由资本主义进行斗争并取得胜利，胜利到永远！

关于作者

理查德·巴布鲁克(Richard Barbrook)在英国伦敦威斯敏斯特大学政治与国际关系系任教。他是克拉斯兵棋公司的创始成员，其著作《克拉斯兵棋公司：对壮观资本主义的荒谬颠覆》(Class Wargames: Ludic Subversion Against Spectacular Capitalism)讲述了他们的创业经历。该书由奥托米迪亚出版社(Autonomedia)出版，参见网址 www.classwargames.net。

注释

①《命令和颜色：拿破仑》新版本的别列津纳河场景可以从克拉斯兵棋公司的网站进行下载：www.classwargames.net。
②洞察力在这里指的是一种凭直觉知道如何在特定战场上部署军队以使其效力最大化的能力(Clausewitz 1993, 127)。

第三十三章 战争游戏

——大卫·莱文塔尔

2013年，华盛顿特区的科克伦艺术画廊对我40年来的摄影作品进行了展出，展出题目为"战争游戏"。这次展览集中展示了我用玩具士兵和微型模型创作的战争和冲突的图片。除了按时间顺序概述了我的工作，展览还展示了我的创作过程和想法在这一时期是如何得到完善和定义的。

在耶鲁大学读研究生时，我开始研究微型军事模型，但我真正开始的时间却比这还要早得多。当我还是个孩子的时候，我得到了许多英国铅制士兵，这使我成为一个狂热的小收藏家。当然，在当时，我并不知道把这些精致描绘的士兵从盒子里拿出来玩会大大降低它们的价值。然而，玩的价值和乐趣是巨大的。

我小心翼翼地把卧室的油毡地板划分成不同的国家，我会和我的金属军队(玩具士兵)永无终止地战斗。后来，大概在十岁左右，我发现了阿瓦隆山公司的军事棋盘兵棋《战术Ⅱ》(*Tactics* Ⅱ)(1958)——我一直不清楚是否有《战术Ⅰ》。接下来的几年里，我在诸如《诺曼底登陆》(*D-Day*)(1961)、《非洲军团》(*Afrika Korps*)(1954)，特别是《斯大林格勒》(*Stalingrad*)(1963)等兵棋上孜孜不倦地磨练自己的技能。在《斯大林格勒》的帮助下，我成为成功指挥德国进攻的大师，同时我也同样擅长于建立俄罗斯的制胜防御体系。这是我一生中最美好的时光。

几年后的1972年，我开始拍摄比例尺为1:72的小型塑料军事模型，将他们与简单的木块并列，重新创造童年游戏世界的景象。士兵模型没有上漆，直接从盒子里拿出来，背景和环境特意简单化。我很快开始引入比如蓝色的纸等额外的元素，来制作河流和成比例大小的电线杆和建筑物，这些都是在当地的一家业余商店里找到的，以增加一点准现实主义的感觉。

当我拍摄这些非常小的人物时，我注意到，当他们开始慢慢淡出焦点时，图像开始呈现出越来越真实的感觉，在这种感觉下，这些无生命的人物似乎被赋予了重要意义。

1973年，在我毕业后不久，加里·特鲁多(Garry Trudeau)和我开展了一个为期3年的项目，最终在1977年出版了《东进:苏德战争》(*Hitler Moves East*)一书(《东进:苏德战争》系列见图33.1)。这本书是对第二次世界大战东线战场的再现。在我们工作的时候,西方国家对战争的这方面还没有什么视觉意识。事实上,1978年英国广播公司(BBC)推出了一部名为《未知战争》(*The Unknown War*)的20集纪录片,讲述了发生在俄罗斯和东欧的一些事件。

图33.1　《东进:苏德战争》系列

(注：8英寸×10英寸；柯达丽斯片。)

随着我对该书创作的开展,我的玩具士兵照片变得越来越逼真,因为我试图模拟在研究中看到的纪录片图像。玩具士兵本身也变得更加精致和复杂。与我在读研时开始着迷的静态塑料小人物模型不同,我发现了更大比例的、高度详细的人物模型,我可以组装和绘制各种姿势,这为我提供了几乎无限的可能性。这些模型人物大多是德国士兵,因为几乎没有苏联军队或装备的模型。

2013年,在美国科克伦举办的展览让我有机会回顾这部早期作品,以及我的摄影作品随着《东进:苏德战争》进展而发生的变化。

看看这本书的封面图片,一辆德国三轮跨斗摩托车正穿过一片麦田,直接朝着观众驶来,你可以看到这部作品随着时间的推移发生了多么巨大的变化！这幅图像成为该系列的标志性作品之一，它的力量来自更大的人物比例，这使我能够更近距离地关注他们以及看似真实的场景设置。

我在室内种植了一块 3 英尺×3 英尺大小的草地，上面有一小块隆起的地形以模拟广阔的俄罗斯大草原。拍摄时，室内生长的小草的苍白形成了一个虚拟的流动场。将摩托车放在这一场景的中间，然后以狭窄的景深拍摄，就创造了细节和隐含运动的完美融合景象。模糊的喷绘背景营造了一种空间感和距离感，并与天空的战斗场景相结合。

虽然玩具摩托车本身并不是一个特别精致的模型，但有一个特定的细节帮助改变了这张照片：司机的护目镜和摩托车模糊的前灯，加上士兵弓着腰的姿势，似乎创造了一种强烈的真实感。

也许《东进：苏德战争》中唯一最具标志性的画面是一群士兵站在山顶上，其中一名士兵似乎在爆炸的威力作用下从空中飞过。我再一次利用我的人造俄罗斯大草原作为地面背景。在加里·特鲁多（Garry Trudeau）的巧妙协助下，我在场景中放置了四个人物模型。加里在一名士兵身上扎了一根细针，把我们的"飞行士兵"放在了山顶上，针与草地完美地融为一体。就在山后，我们撒下了足量的戏剧爆炸火药。一个燃烧着的棉球引发了一场巨大的爆炸，给我留下了一张非常不透明但很美丽的底片。我一直非常感谢加里在炸药方面的专长，他一定是在很小的时候就学会了这门技艺。

在我职业生涯的早期，经常有人问我为什么选择去模拟拍摄已经存在的照片。我们创造《东进：苏德战争》的部分目标是玩弄幻想和现实的概念，并试图模糊两者之间的界限。我们可以将一张详细的立体画照片与一张塑料士兵的照片并列，塑料士兵的身体前部有一条可见的接缝，这为照片的来源提供了可见的线索。因此，当我发现这本书首次面世时是被放在了书店的历史类书籍区，我感到十分惊喜。不止一次有人问我，我是如何获得这些"纪实照片"的，但是很显然，这些照片被我加工过（《东进：苏德战争》系列 1 见图 33.2;《东进：苏德战争》系列 2 见图 33.3）。

30 多年后，也就是 2009 年，我在《阿富汗和伊拉克战争的简易装置》(*I.E.D. War in Afghanistan and Iraq*)一书中又重新回到了战争的主题。这本书和《东进：苏德战争》一样，是《战争游戏》展览的"书挡"。

对我来说最吸引人的事情之一是战争中实时生产的玩具和模型。不像我在创作《东进：苏德战争》时那样，即从历史的角度来看待战争。我现在正在根据当前正在发生的事件创建图像，使用虚拟实时流媒体的照片和视频。我发现可用的玩具和模型遵循相同的时间框架。例如，随着军队中使用的装备从悍马变成了斯特瑞克（装甲车），玩具公司也立即效仿。从民用承包商到平民、神职人员和不法分子，无论生死，各种模型和塑像很快就可以用于立体画。

图33.2 《东进:苏德战争》系列 1

(注：8英寸×10英寸；柯达丽斯片。)

我每天都能在电视屏幕上看到这些战争场景,这是一种非常怪异的感觉。视觉上的无障碍性对我的工作产生了重大影响。看到许多在夜间用绿色夜视镜拍摄的战斗画面,我试图在作品中重现这种类似的感觉。经过多次试验,结果证明最简单的方法效果最好:用价值一美元的绿色玻璃纸盖住价值4 000美元的镜头。

在我看来,《东进:苏德战争》与《阿富汗和伊拉克战争的简易装置》之间的区别在于,《东进:苏德战争》的早期工作主要是在1974—1975年间完成的,代表了由年轻人的热情和兴奋推动的早期探索。用草料种子和盆栽土成功地创造了俄罗斯大草原,这是值得庆祝的。一罐压缩空气帮助我们将金牌面粉做成的雪堆吹到了整个场景中。戏剧效果的火药似乎把一个玩具士兵炸到了半空中。我用燃烧着的塑料建筑的火焰作为拍摄照片的唯一光源。当我回顾这些照片时,我看到了其蕴含的原始力量。对我来说,它们永远是我最重要的工作,因为它们孕育了接下来的一切。

图33.3 《东进：苏德战争》系列2

（注：8英寸×10英寸；柯达丽斯片。）

我在2010年拍摄的《越南》系列中有一张早期照片，显示了一架直升机处于类似《现代启示录》（*Apocalypse Now*）的背景下。利用带有金属亮点的丝绸织物，我简单地通过逆光照明材料，将直升机投射在材料前面的阴影中，从而创造了示踪火焰和燃烧的感觉。再一次，通过只显示直升机机体一部分的摄影方法，观众就进入了场景（《越南》系列见图33.4）。

图33.4 《越南》系列

（注：61英寸×79英寸；在纸上彩色打印。）

　　展览的最后两件作品是在2012年完成的,代表了我在摄影方法上的重大改变。我开始尝试同时做两件事:拓宽照片的范围和平面,同时直接利用标志性的历史意象。这两张照片,《柏林的陷落》(*Fall of Berlin*)和《卡斯特的最后一战》(*Custer's Last Stand*),是目前正在创作的系列中的第一批照片,该系列暂定名为《历史》(*History*)(《柏林的陷落》见图33.5;《卡斯特的最后一战》见图33.6)。

图33.5　《柏林的陷落》

(注:61英寸×79英寸;在纸上彩色打印。)

图33.6　《卡斯特的最后一战》

(注:61英寸×79英寸;在纸上彩色打印。)

在这两张照片中,特别是《卡斯特的最后一战》中,我使用了比以往更多的人物。以前,我经常会在照片中使用软焦点,人们可以通过这种照片想象比实际发生更为丰富的内容。在《卡斯特的最后一战》这张照片中,我第一次发现能够在一组人物进入和离开焦点的完整场景中创建多个实体,并将这些不同的"迷你场景"在更大的完整图像中结合,从而创建一个更大、更强的整体。随着我这项新工作的推进,我一直在努力发展和完善这项技术(《苏格兰人的冲锋》(*The Charge of the Scots Greys*)见图33.7)。

图33.7 《苏格兰人的冲锋》(*The Charge of the Scots Greys*)
(注:61英寸×79英寸;在纸上彩色打印。)

关于作者

查尔斯·哈根(Charles Hagen)在《纽约时报》上提及摄影师大卫·莱文塔尔(David Levinthal)时说:"莱文塔尔先生作品的与众不同之处在于他对充满情感的历史材料的兴趣。他的图像的真正力量不是来自他对主题的选择,而是他讲述故事的方式"。莱文塔尔是与加里·特鲁多(Garry Trudeau)合著《东进:苏德战争》一书的另一位作者,这本书最初出版于1977年。1994年,伦敦摄影家画廊组织了《黑暗之光》(*Dark Light*)10年摄影展,并在英国各地巡回展出。1997年,纽约国际摄影中心首次举办了"大卫·莱文索尔1977—1996年作品"回顾展。莱文索尔曾获得(美国)国家艺术基金奖学金(National Endowment for the Arts Fellowship)和古根海姆奖学金(Guggenheim Fellowship)。他的作品现收藏于惠特尼美国艺术博物馆、现代艺术博物馆、大都会艺术博物馆、吉恩·奥特里西方遗产博物馆和梅尼尔收藏博物馆等众多博物馆。

第三十四章 令人烦恼的魔力圈:《迷你伊拉克战争》

——布莱恩·康利

成千上万的美国人(通常是男性)都有自己的游戏社区,他们在手工制作的模型上用微型士兵来上演历史战争。这个爱好始于20世纪50年代中期,当时正值冷战时期。玩家可以基于历史上比较准确的情况,在给定的冲突中代表双方,上演赫梯人和巴比伦人(Hittites and Babylonians)的战争、拿破仑战争或第二次世界大战。然而,他们的游戏不是重演,因为事件不仅是根据军事战略的要求进行的,而且是通过掷骰子进行的。因此,游戏会产生非历史性的、与事实不符的结果。

这项活动可以被看作是对替代现实的可能世界的探索。然而,历史上的兵棋推演者不遗余力地为他们的推演创造现实条件。通过为特定的骰子投掷分配数值,游戏规则手册考虑了弹道、地形、天气条件、疲劳、受伤等变量。计算和偶然性的结合说明了战斗中强烈的技术性和深刻的随机性。深层次的心理现象也会在游戏中占据一席之地,就像在实际威胁生命安全的情况下一样。确实,玩家报告说他们进入了一个"魔力圈",其中所有的压力、兴奋、计算、疲惫和战斗的不确定性都有了生命。然而,毋庸置疑,当游戏结束时,没有人受伤,世界历史上的力量平衡也没有改变。

2014年9月,在我撰写本文时,除必要人员配备和守卫巴格达大使馆之外,美国军队已撤出伊拉克。努里·马利基(Nouri al-Malaki)总统多年来一直疏远人员占多数的逊尼派。逊尼派叛乱组织伊斯兰国希望建立一个新的哈里发政权,为此,它占领了摩苏尔市,占领了底格里斯河和幼发拉底河沿岸的城镇,并包围了巴格达。这些都代表了另一种"可能的世界"——这是新美国世纪计划(PNAC)在1997年提出的原则声明中没有预见到的现实。新美国世纪计划在"9·11"事件之前就提出了战略重要性。这份文件的几位作者,包括唐纳德·拉姆斯菲尔德(Donald Rumsfeld)和保罗·沃尔福威茨(Paul Wolfowitz),后来发现他们能够帮助在真实的地方、真实的战斗人员中,实施多年前智库提出的假设。

在制定军事演习和训练士兵时使用模型、草图和棋盘可以追溯到早期的象棋形式,也许还可以追溯到更久远的时代。桌面兵棋玩家的游戏和精英的地缘战略规划在结构上有显著的相似之处，这都源于它们共同的历史渊源。不可避免地，这种模式限制和疏远了全面政治和武装斗争的混乱、偶然事实。地图不是领土，毕竟，任何形式的表现都将现实的某些方面置于最显著的位置，而将其他方面作为补充。尽管如此，战略建模、博弈和宣传过程之间的关系也不容忽视。作为全球化文化中的新闻消费者，作为参与美国选举制度的公民，我们依赖的媒体来源越来越企业化，维持成本高昂，并且在支持深度调查报道方面受到限制。换句话说，我们的信息来源与兵棋一样疏远，并经过过滤，而且与娱乐形式相结合。但是，只有当我们的新闻是"真实的"和"实际存在的"时候，我们的政治选择才有根据。

此外，军事规划、政治和媒体并不是唯一依赖游戏结构的。其他领域也有自己的反事实论述。在心理学中，反事实思维一方面会导致人沉迷于错过的机会；另一方面，它也在教导自我纠正不良行为方面起着重要的作用。在流行病学和其他与疾病控制有关的健康学中，研究人员试图预测在各种潜在条件下疾病的传播情况。分析哲学讨论了反事实陈述的价值，以及与可能世界相关的模态逻辑的使用。作为一名拥有上述三个领域背景的艺术家（我获得了心理学学士学位，并在获得分析哲学博士学位之前学习了哲学科学），探索关于不同的认识论结构以及知识建立和传递形式的方式一直是我的主要兴趣。艺术不同于社会科学和哲学，因为它为"无用性"和感官享受赋予特权，我被吸引去创作艺术，部分原因是我珍视它在物理上、精心制作的物体中实现可能世界的能力，它使非理性假设可见并具有感官吸引力。艺术包含了它自身的虚假性和非结果性，突出了非理性思维，划定了自由发挥的区域。

正是基于这些想法，我开发了一款名为《迷你伊拉克战争》(*Miniature War in Iraq*)(2007)的兵棋，以及第二款名为《伊拉克微型战争》……以及现在的《阿富汗》(*Afghanistan*)(2010)迭代兵棋。这两个项目部分是游戏，部分是包括表演、雕塑、视频和摄影的思想实验。"微型战争"调查了所谓的连锁"魔力圈"，在这一杂乱的空间中，有时我们会在自己参与的诱惑中迷失方向。我们不否认艺术实践，但也不会为其对象的不真实状态而道歉。然而，尽管《迷你战争》对替代经验很着迷，但它也并非完全不真实。通过将伊拉克的时事与美国的兵棋玩法相结合的方法，包括上传冲突的流媒体在线视频，以及中东研究人员的参与，他们在演出期间与在伊拉克的人进行现场通讯等，一种令人不舒服的、与真实暴力相关联的感觉在项目中出现（《迷你伊拉克战争》，安装见图34.1；《迷你伊拉克战争》(掷骰子)，视频截图见图34.2；《迷你伊拉克战争》(对峙)，视频截图见图34.3）。

图34.1 《迷你伊拉克战争》,安装

图34.2 《迷你伊拉克战争》(掷骰子),视频截图

在2007年3月拉斯维加斯的游戏博览会上,我与总部在堪萨斯城的"美国之心"历史迷你游戏社团的一次小组合作中体验了最新的兵棋。一支在现场的阿拉伯语研究团队和我一起去了拉斯维加斯,调查了当时正在开展比赛的不同版

本，从《纽约时报》和半岛电视台、不法分子网站、美国军方消息来源、美国士兵的战斗视频，以及与伊拉克博主的实时交流中搜集信息。研究人员选择一个游戏事件，并将该场景交给玩家。在谷歌地图等资源的指导下，他们使用标准材料包——包括模型建筑和树木、玩具汽车和卡车、沙子和其他道具，以及大规模生产的铸造金属士兵和平民雕像，其中许多是为十字军东征场景设计的——游戏玩家继续建造一个桌面立体模型，代表选定事件的背景。第一天的游戏场景是纳杰夫附近扎拉地区的一个村庄和枣树林。第二天，这幅透视图被重新设计成巴格达的街区。

图34.3 《迷你伊拉克战争》(对峙)，视频截图

　　在2010年的游戏表演，《迷你伊拉克战争》……现在叫《迷你阿富汗战争》来到了纽约市。阿富汗战争是历史上耗时较长的战争。从2001年10月的第一周，乔治·W.布什总统发起了"持久自由行动"(Operation Enduring Freedom)。2年后，出于与美国新世纪计划一致的原因，美国军队转移了对塔利班和基地组织的关注。在陷入泥潭将近10年后，新当选的巴拉克·奥巴马总统增派了3万名士兵，这促使我完成了我的游戏项目的第二次迭代。美国增兵导致该年度美国军队在战争中死亡人数增加，局势仍然不稳定。

　　《迷你战争》比赛在纽约开幕时使用一个由比赛桌组成的装置，与在拉斯维加斯最后一场比赛时一样，同时还伴随着一段记录了2007年比赛的视频，再加上由阿拉伯语研究团队收集的一系列网上的和纸质的材料，他们的计算机放在桌面立体模型的边缘——屏幕上仍在播放2007年筛选出来的在线视频。墙上挂着几幅迷你士兵的照片，这些照片被明显放大，铸造和绘画的缺陷隐约可见(《迷你阿富汗战争》（穿越），展示见图 34.4；《迷你阿富汗战争》（玩具士兵），安装在铝框上的彩色照片见图 34.5）。一个月后，在纽约展览即将结束的时候，这个立体模型被重新组装了起来，一位来自"美国之心"协会的游戏大师与画廊的游客和当地艺术家一起玩了一款全新的、基于阿富汗背景的游戏。与玩家一起现场工作的是讲普什图语和达里语的研究人员，他们从坎大哈最近发生的事件中选择并记录了一个场景。

图 34.4 《迷你阿富汗战争》（穿越），展示

为了完成这一表演，棋盘本身也经过了重新构造。在 2007 年的比赛中，美国和伊拉克的战斗人员在弹药和后勤能力上相对平等，而在 2010 年的比赛中，双方都有不同的强势之处和弱点。因为这个立体模型太大了，任何特定的玩家只能到达距离其中心 1/3 的地方。但是棋盘被分割成了四块类似拼图的部分，放在轮子上，这样每个部分都可以独立定位。只有塔利班玩家才被允许打开桌子来移动内部的士兵和物资。然而，美国人却可以飞越整个场景：一名玩家（碰巧是一名年轻女子）被悬挂在桌子上方的吊带上，一只手拿着一个模型无人机，另一只手控制一个电子操纵杆，她可以在模型上空来回飞行。

图34.5 《迷你阿富汗战争》(玩具士兵)，安装在铝框上的彩色照片

历史游戏玩家在战斗情境中时而前进，时而退缩；他们喜欢战斗中震撼心灵的戏剧性场面，但他们的游戏当然是受限的。同时，为了完成本职工作，军事规划者必须相信，只要通过预测和度量来实现他们的假设，他们就能够预测各种作战计划的结果。他们有信心，他们的建模和框架将呈现实际情况。当在线社区因为一款特定的多人游戏而聚集在一起，或者当朋友们花费数小时玩一款第一人称射击游戏时，一种将亲密的沉浸感和无后果的距离、参与和超然以并非不相关的方式结合在一起的情绪就形成了。这样的心理效应也可以由一个不玩游戏但却间接参与其中的观众体验到——任何冲突中的非战斗派，以及观看其他类型比赛的观众都是如此。在这些令人不安的遭遇和撤退情形中，无人机战争尤为重要，比如，内华达州的一名专家可能参与了对托拉博拉(Tora Bora)的目标进行远程轰炸行动，即致命力量的(部分)去物理化，这在许多方面与为娱乐而设计的高度审美化的计算机游戏设备协同发挥作用。

尽管如此，虚拟游戏和模拟兵棋还是有区别的。在三维模拟兵棋中，与视频游戏化身或无人机操作员所能完成的虚拟壮举相比，实时操纵物体是最重要的(图34.6《迷你阿富汗战争》(无人机)，展示)。玩家掷骰子，用手移动棋子；他们伸手越过桌子、伸长脖子看东西、蹲下来测量距离等，但他们一直处于剧烈的竞争之中。这种紧张感在2007年的《迷你战争》视频中被体现，我们看到的都是玩家从画面中伸出神一般的手去抓取或撞倒人物、推翻车辆或拆除建筑物。在《迷你战争》中，即使吸收式参与的魔力圈被夸大到了一个极端，几乎是讽刺的程度，但仍然是有形的。

图34.6 《迷你阿富汗战争》(无人机)；展示

如果这段录像吸引了人们，使其对迷你和军事计划中固有的双机大师产生幻想,那么装置的其他部分则试图夸大我们周围信息系统的其他方面。在线研究小组利用了各种信息来源,从美国国务院、《华盛顿邮报》,到不法分子的视频帖子。这种官方或目击者的文件比三维的、生动详细的立体模型或纪念照片更真实吗? 这些照片表明公告牌和赞美烈士的海报之间重合吗? 从互联网上截取的画面或从有线电视服务报告中检索到的数据是否比玩家的即时动作或观众的兴奋反应更真实? 也许是的。但具体以什么方式呢? 在所有这些猜测中,个体遭受枪击、轰炸、烧伤、致残、创伤后应激障碍或记忆困扰的现实又在哪里呢? 这些都是《迷你战争》希望引发大家思考的问题。

宣传会产生魔力圈,但它的目标是促使观众停止怀疑,接受夸大或反事实的现实。相反,艺术则不断地提醒观众,再现、传递信息、甚至"真相"都与投射、夸大以及"仿佛"的各种变换公式密不可分。艺术坚持它作为游戏的身份,与此同时,由于《迷你战争》与具有伤亡后果的事件交织在一起,该项目也试图揭示我们对遥远战争的理解,不可避免地是片面的,因此也是退化的。

但是,魔力圈并不仅仅是一个错误信息和投射可以支配的空间。它也是一个富有想象力的移情区。当玩家扮演"敌人"角色时,他们会满怀信心地投入其中,迫切地感受自己所厌恶的某些人或物。在《迷你战争》中,一些玩家被要求扮演激进分子并全力以赴赢得胜利。我想说的是,玩家放弃自己的身份(这是观众所看到的,他或她也会间接参与其中),在开启游戏之外的想象方面具有很大潜力。从这个意义上说,游戏中没有正义的立场。艺术坦率地承认它具有产生魔力圈的力量。这意味着,我相信,艺术可以以独特的方式反映像战争等可怕、悲惨的事件。利用一套记者或学者无法获得的概念工具,艺术可以在坚持即时性的同时,散发反事实的魅力。

关于作者

布莱恩·康利(Brian Conley)的艺术实践包括从广播表演到雕塑,以及以研究为基础的合作装置等多种媒体。他关注社会暴力的根源、语言的起源,甚至跨越根本的鸿沟(例如,人类和动物之间)进行有意义的交流的可能性。康利与他人共同创办了《内阁》期刊,并参与启动了一家远程教学艺术项目和交流中心,面向散居海外的伊拉克艺术家和在巴格达的伊拉克艺术家。他举办过多场国际展览,包括在惠特尼美国艺术博物馆、巴塞尔艺术博览会和美国麻州现代艺术博物馆,并受委托在瑞典的瓦纳斯基金会和德克萨斯州圣安东尼奥的佩斯艺术中心基金会创作当代艺术作品。康利拥有哲学博士学位和明尼苏达大学的室内艺术硕士学位。他是旧金山加利福尼亚艺术学院雕塑课程的教授和代理主席。

第六部分　作　战　室

第三十五章 作为学术工具的兵棋

——菲利普·萨宾

我在伦敦国王学院的战争研究系做了30年的学者,在这段时间我越来越关注设计和使用兵棋作为教育和研究工具。在高等教育中,模拟和兵棋是发展迅速的领域,关于其在吸引学生参与互动学习过程中的效用的文献越来越多(Crookall and Thorngate, 2009; Kebritchi and Hirumi, 2008; Lean, 2006; Moizer, 2009)。《模拟与兵棋》(Simulation & Gaming)期刊最近甚至用一整期专刊讨论在国际研究的特定学术领域中使用这两种技术(Boyer, 2011; Brynen and Milante, 2013)。雷克斯·布莱恩(Rex Brynen)和本书的其他学术文章作者很好地说明了此类操练的受欢迎程度,他们甚至做了更多的研究,比如雷克斯进行的为期一周的、密集的、涉及100多名学生的建设和平模拟(Brynen, 2010)。我自己的研究不同之处在于,我并不关注广泛使用且易于理解的"政治—军事"游戏技巧(其重点在于谈判、角色扮演和研讨会讨论),我关注的是更结构化的实际武装冲突模型,更类似于在本书的许多章节中讨论的各种娱乐型兵棋。

当然,学者们对正式的模型并不陌生,这些模型试图捕捉数字和公式中真实冲突的动态。运算分析和数学建模是蓬勃发展的学术领域,"博弈论"长期以来一直试图参考"囚徒困境"等简单的类比情况来分析人类的决策(Biddle, 2004; Haldon, 2010; Shubik, 2002; Morse and Kimball, 1959; Schelling, 1960)。然而,令人不安的是,本章讨论的这类兵棋介于这些严格而神秘的数学模型与在国际研究课程中更加自由和松散的角色扮演之间。除了许多关于暴力电子游戏影响的社会学研究(Anderson, Gentile and Buckley, 2007),以及偶尔出现的要求在历史教学中使用业余兵棋的文章(Glick and Charters, 1983; Corbeil, 2011)外,在学术文献中,我们甚至很难发现有关这类兵棋文献的存在。

如图35.1维恩图所示,学者设计和体验兵棋的次数远远少于其他两组,没有这两组,兵棋根本就不会存在。第一组由许多私人爱好者组成,他们半个多世纪以来一直将兵棋视为书籍和电影有趣的补充,作为探索武装冲突动态的安全替代手段。本书讨论的具体兵棋只是1万多种不同的业余游戏设计中的一小部分,这些游戏是用计算机、纸板计数器或模型人物来玩的,它们涵盖了几乎所有有记录的军事历史上的冲突(Sabin，2002；Halter，2006；Dunnigan，1992b；Martin，2001；Lewin，2012；Hyde，2013)。另一个支持现代兵棋技术发展的关键群体是军官和国防分析师。自从两个世纪前普鲁士军队接受了冯·莱斯维茨(von Reisswitz)的军棋游戏系统以来,各种形式的兵棋在军事训练和战争计划中发挥了重要作用(Allen，1987；Perla，1990；von Hilgers，2012)。近几十年来,国防兵棋推演和模拟越来越多地基于计算机(Wilson，1969；Hausrath，1971；Smith，2009)进行,但手工兵棋仍然存在。自2013年以来,我在伦敦国王学院组织了由100多名兵棋专业人士参加的主要国际会议,保守群体是主要的目标受众(这些英国联系会议论文集可在http://www.professionalwargaming.co.uk中查看)。

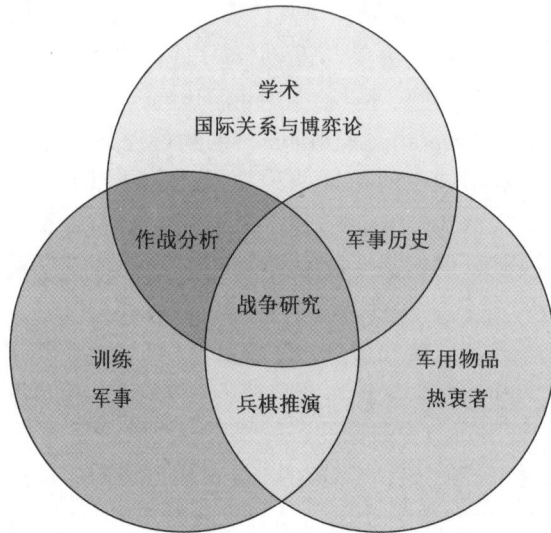

图35.1　维恩图

(注：不同群体用于研究武装冲突的技术。)

在本章中,我将根据自己的经验探索在学术界更为陌生的背景下使用兵棋推演的潜力和问题。首先,我将讨论兵棋能够对传统学术研究的补充做出什么贡献。然后,我将评估手工和计算机兵棋的相对优点,并解释为什么我会更多地使用前者。接下来,我将谈谈我的长期经验,我让研究生根据自己选择的冲突来设计自己的兵棋。我将继续考虑实际的障碍和得失,它们会阻碍兵棋技术更广泛的学术应用。最后,我将讨论为什么兵棋会在学术界引起这样的污名,并建议如何最好地摆脱这种污名。

一、兵棋的贡献

战争和兵棋可能看起来是完全不同的活动,但事实上,它们有一些共同的特点,我们可以追溯到中世纪的锦标赛和古罗马的角斗士比赛(Cornell and Allen, 2002;van Creveld,2013;Huizinga,1970,chapter 5)。关于这一关系,我最喜欢的表述是卡尔·冯·克劳塞维茨(Carl von Clausewitz)(在军棋游戏兴起之前)的说法,他说"在整个人类活动中,战争与纸牌游戏最类似"(Clausewitz 1976,86)。对抗性兵棋人为地产生了战争所特有的那种鲜明的冲突关系,但这在其他类型的人类互动中却相对少见。因此,兵棋推演可以反映一些独特的战争动态,特别是行动反应竞赛,即双方都试图战胜活跃且有思想的对手。爱德华·卢特瓦克(Edward Luttwak)生动地描述了战争和游戏的"矛盾逻辑",对手经常故意选择"低效"的方法,比如在1940年和1944年,其通过阿登森林复杂的地形发起攻击,以出其不意地袭击对方(Luttwak,1987)。

那么,兵棋还能给数以百万计关于战争的书籍和研究增添什么内容呢? 这些书籍和研究已经拥有了文字和地图等安全的替代媒体,对这些互动冲突动态进行了相当全面的捕捉。关键的区别在于,有关过去战争的书籍只记录了真正发生冲突的那一次所发生的事情。相比之下,兵棋将冲突的某些非常有限和可变的方面"复活",并允许玩家像"荣耀国际象棋"一样不断重复体验游戏(Dunnigan 1992b,13)。关于未来潜在冲突的兵棋则有着更大的吸引力,它允许国防规划者在采取任何实际行动之前,安全地试验战略和决定。但在游戏中,建模过去的冲突时没有历史先例,这使我们很难知道兵棋是否能够准确地反映现实世界中可能发生的事情(Sabin 2012,130–132 and chapter 4)。

在这两种情况下,兵棋建模的一个关键作用就是,它迫使用户和设计师系统地处理那些在简单阅读或编写有关冲突情况时很容易忽略的问题。兵棋本质上不太关注故事和轶事,而更关注局势的深层次动态。整个战场(不仅仅是历史上发生战斗的地方)的战略和政治地理学是什么样的? 部署部队有什么其他选择? 敌对双方在军事和政治上究竟想要实现什么目标? 数量、质量、士气、领导力、文化、情报、后勤、地形、天气等影响的相对重要性是怎样的? 这场竞争的其他结果有多可信? 什么因素可能导致结果的不同? 兵棋建模是一项非常有野心的事业,它试图建立一个微型的实验室,其中人类冲突的所有复杂性都可以被展示和试验,但如果在这项事业中哪怕取得了一点点成功都有可能会引发一些问题,而如果分析师仅仅局限于撰写已知事实,这些问题就会被忽视。

兵棋的第二个关键贡献来自决策元素。在兵棋中,部队能力的数学建模是由同样重要的互动玩家的决策所补充的,以决定实际采取什么策略。玩家自己也从一种独特的主动学习形式中受益，因为他们不只是读到或听到可行的选择，他们必须权衡选择并自行决定，并在看到对手的反应后做出后续选择。这是一种非常有效的方式，可以让玩家直观地了解，比如怎样平衡关键部门的攻防，是乘胜追击还是及时止损？实际冲突中的力量、时空动态，以及关键的军事难题是什么？从研究的角度来看，观察玩家在反复玩游戏时所做的决定以及其产生的结果，我们可以得到有用的实验信息，用来补充任意一个真实的历史事件，并让我们能够更好地讨论可变性和偶然性。

这就引出了兵棋建模的第三个重要贡献，即它提供了更强有力的反馈，这事关设计师和玩家对情境理解的局限性。书籍和讲座等传统的学术媒体，侧重于单向地将信息和思想传递给或多或少能接受的听众。相比之下，兵棋推演是一种复杂的交互设备，在首次测试时通常会出现严重的失败，需要通过迭代进行修正（即针对最初设计假设中的缺陷提供非常有用的反馈）（Berg 1977, 44 and 52；McCarty 2004, 256）。任何人都可以在静态的地图上画出方块和箭头，但要让玩家在兵棋中引导部队进行与现实生活中的类似的行动，则需要花费数天甚至数周的时间进行具有指导意义的测试和迭代优化。不仅如此，与传统讲堂里智者的肯定相比，玩家的主动选择和讨论更能说明他们是否真正理解了模拟情境的动态，所以更容易确定需要进一步讨论的地方。

以这些兵棋的特殊贡献为基础，我将其作为传统教育方法的补充，这些教育方法包括授课、研讨会、辩论、私人研究和论文写作，同时我会将其贯彻到我本科军事历史的教学中。学生们运用十几种不同的兵棋研究第二次布尼奇战争（the Second Punic War）中错综复杂的军事和政治特征、第二次世界大战的作战和战略动态，以及过去一个世纪中不断变化的空战战术和作战特征（Sabin, 2012）。我用兵棋建模作为一种学术技巧最大胆的一次尝试是在我2007年的著作《迷失的战斗》（*Lost Battles*）中，该书试图通过开发一个通用的兵棋系统来重新构建单场希腊和罗马的地面战斗，通过"比较动态建模"的过程，允许根据通用的整体模型和明智的玩家选择来测试拟议的单场重建，从而为如何重建单场希腊和罗马的地面战斗的棘手问题提供新的解决办法（Sabin, 2007）。我将很快说明其他使用兵棋作为教育手段的做法，但首先，我将先讨论哪种兵棋媒介能够提供最大的学术价值。

二、手工兵棋与计算机兵棋

就像芯片在过去几十年里改变了人们现代生活的许多领域一样，芯片革命已经改变了兵棋。众所周知，现在任何形式的"模拟"都不可避免地涉及计算机系统。包括《使命召唤》（*Call of Duty*）系列的第一人称射击游戏在内的娱乐电子游戏,现在的销售额已经超过了好莱坞电影,并且有相当多的玩家拥趸(Halter,2006)。正如我提到的,几十年来,计算机一直是专业军事兵棋推演的主导(Smith,2009;Mead,2013)。然而,正如本书明确指出的那样,手工兵棋远未消亡——事实上,正在出版的手工兵棋比以往任何时候都多(尽管总量减少了)(Chupin,2011)。下面,我将评估哪种类型的兵棋能够为学术目标提供更大的贡献(我在Sabin,2011中详细讨论了这个问题)。

计算机因其快速计算和自动应用编程规则能力而独树一帜,这使计算机能够以其他方式完全无法达到的速度运行复杂而详细的模型。学者们有时会用计算机对数千个单个实体使用人工智能程序的行为进行"基于代理的建模",比如约翰·哈尔顿(John Haldon)关于拜占庭物流的研究项目(Haldon,2010)。我在商业计算机兵棋中使用了类似的功能,即在投影仪屏幕上自动实时播放基于地图的英国空战和越南战争中的空袭画面,同时与我的学生讨论所涉及的战术互动和情报问题。

计算机的另一个亮点是从实时第一人称的视角描绘复杂的虚拟3D世界。同样,在与我最相关的空战教学中,我使用各种商业战斗飞行模拟器游戏,让一位学生在不同时代的混战中控制一架战斗机,而其他人则在一旁观看。这种将空战战术栩栩如生地运用到生活方式中的美妙之处在于,即使是多次迭代的模拟,也只需要几十分钟,就可以使大多数学生沿着更传统的路线前进,因而巩固所获得的见解。我必须谨慎地选择游戏,并避免许多扭曲的"街机"主题描述,甚至要使用更可靠的模拟,重要的是要让学生们明白一些不可避免的人为因素,比如重力的缺乏和生死攸关的利害关系,这些因素使得真正的飞行员比我们的虚拟飞行员更谨慎!

虽然我非常熟悉其他商业计算机兵棋,这些游戏涵盖了我的军事历史模块的其他方面,但出于各种原因,我不在课堂上使用它们。实际上,并没有那么多可靠的计算机兵棋在现代操作系统上运行,也没有那么多能避开大众娱乐市场中如此普遍的街机游戏的影响。而那些确实还存在的游戏则倾向于使用数百个单位进行详细且耗时的呈现方式(参见http://wargamer.com),这与第一人称模拟游戏的"随便玩"角色相去甚远。军事兵棋中使用的昂贵的网络计算机组件在学术环境中不太容易获得,所以让多个学生同时直接参与游戏远非易事。不仅如此,计算机显示器在描绘快速移动的实时3D图像方面具有优势,但在战略地图上显示单位的能力相对较弱。大型实体地图和计数器具有更大的触觉吸引力,更适合人眼的中心敏锐度和视野广度的组合,允许竞争玩家面对面地互动,而不是盯着屏幕。

作为学术研究的载体,已出版的手工兵棋有其自身的严重局限性。尽管与大众市场的计算机兵棋相比,它们对基础设施的依赖性更小、数量更多、更不容易受到街机游戏的影响,但它们仍然主要是娱乐性产品,而不是学术产品,其中许多游戏都没有得到充分的研究和记录,对他们声称要模拟的冲突只提供了不可信的、肤浅的反映(Sabin,2013)。一个更大的问题是,许多已发布的手工兵棋确实提供了真实冲突动态的、可靠且有价值的模拟,但它们却与严肃的计算机兵棋一样,甚至更加复杂、详细且耗时。由于需要设置数百个计数器,并且需要手动掌握和应用数十页的规则手册。很明显,大多数商业棋盘兵棋甚至比计算机兵棋更不适合在课堂上使用(这在 http://www.consimworld.com、http://grognard.com,以及 http://boardgamegeek 网站中的上千篇评论和图片中显而易见)。

在我看来,手工兵棋的优势在于其设计的可接触性。很少有战略研究学者或学生拥有编程专业知识,无法做除了玩计算机游戏之外更多的事情。相比之下,手工兵棋将规则系统作为学习游戏的必要组成部分,如果玩家不同意他们的假设,那么调整规则或场景以更好地符合自己的判断也相当简单。我在前一节中已经强调过,冲突动态的可见且灵活的系统模型是兵棋为我们理解战争的关键贡献。如果游戏系统隐藏在一个不可修改的计算机代码"黑盒子"中,那么这种作用就会大大减弱。

虽然值得出版的手工兵棋几乎都过于复杂和繁琐,无法在课堂上体验,但这并不是手工兵棋本身的必要特征。一些已发行的棋盘兵棋采用了小型"微游戏"的形式(Nordling,2009),尽管它们的质量和用途都有所不同。基于从我所拥有的数百种不同规模的手工兵棋中的总结的实例和想法,我自己设计了更小、更简单的微型游戏,只有几十个计数器和几页规则,这些都是经过精确设计的,以突出我希望我的学生能掌握的冲突动态。正是这些个人设计支撑了我绝大部分的学术兵棋。几乎我所有的设计都可以在线免费下载(谷歌搜索"萨宾操作台模拟器"),或者在我的两本新书中找到。上面提到的《迷失的战斗》(*Lost Battles*)(Sabin,2007)和我最近出版的《模拟战争》(*Simulation War*),其中包含了其他八款完整兵棋的规则和组件(Sabin,2012)。我将简要讨论在学术背景下使用这种简单制作的兵棋的实际问题,但首先我将概述最重要的教育创新,即手工兵棋的设计易用性让我能够在过去 10 年,甚至更长的时间里开发兵棋。

三、教授兵棋设计

兵棋大师詹姆斯·邓尼根(James Dunnigan)关于手工兵棋最重要的见解之一是:"如果你能玩兵棋,你就能设计兵棋"(Dunnigan 1992b,252-253)。通过我自己的兵棋设计实践,我亲身见证了这句格言的真实性,因此我决定将其作为硕士生新选修模块的核心内容。在该模块中,他们根据自己选择的从古代到最近的战争冲突,自己设计简单的兵棋游戏。这样做的目的是帮助学生培养对冲突动态的更深入的理解,而不是简单地写一篇传统的文章,同时也教他们将冲突模拟本身视为一种方法论。另一个关键好处是,一款成功的兵棋设计需要非常丰富的智力技能,包括专注的研究和分析创造力、法律清晰性和图形设计,以及帮助测试和完善彼此开发项目所需的团队合作。这些技能正是现代职业的主要需求。

该模块自2003年开始运行,现在已有100多名学生完成了选修并制作了独立的模拟项目。为了方便将来的学生和其他感兴趣的人,这些项目中大约有一半已经发布在网上,可以免费下载(同样谷歌搜索"萨宾操作台模拟器"),还有一些已经作为业余兵棋游戏发布。令我特别高兴的是,对于这样一节兵棋游戏课程,学生的性别比例并没有像人们所想象的那样以男性为主(van Creveld 2013, chapter 7)。如图35.2最新模块设计场景所示,参与最新模块设计的15名学生中有7名是女性。通过总结经验和学生反馈,本课程有了很大的发展,我现在将为任何想开始这种模块设计的人提供一些经验教训(正如几年前,本书第五部分中理查德·巴布鲁克所做的那样)。

图35.2 最新模块设计场景
(注:我的硕士研究生正在学习玩简单的、已发布的兵棋。)

第一个教训是,这样一个模块设计需要学生和老师投入大量的时间。设计兵棋是一个漫长而反复的过程,我的模块跨越了两个完整的学期,在此期间,学生们在这门课程上花费的时间比他们在其他同等课程上花费的时间要长得多。只要事先提醒,这就不一定是个问题,因为(雷克斯·布莱恩通过自己的密集和平建设模拟发现),现代学生实际上热衷于接受挑战,作为对他们高额学费的回报。在当今压力越来越大、效率意识越来越强的大学环境中,与传统的论文或学位论文相比,监督和关注兵棋项目需要更多的教学时间,这是一个更严重的问题,即使是一个16名学生的班级也是一个很大的负担。在我看来，再多一名学生，都是不切实际的。

第二个教训是，学生们最初对兵棋的理解是千差万别的。他们中的一些人是经验丰富的兵棋玩家，但大多数人（尽管他们非常聪明，精通传统的作文和考试技巧）发现，即使是在课程开始时尝试体验简单的兵棋游戏也是很困难的。有些人在实际操作上遇到比如理解营和师之间的区别、理解基本统计数据和概率，或者使用图形软件创建地图和计数器等诸多问题。我发现，解决这种理解差异的关键是最大限度地利用由四名学生组成的团队，每名学生都广泛从事相关的模拟项目。经验更丰富的团队成员可以帮助其他成员掌握基本知识，而经验较少的学生则可以提供同等重要的服务，帮助雄心勃勃的伙伴简化设计，制作出一款易懂的游戏，可在关键的2小时时间限制内进行游戏。那些有过兵棋经验的人通常一开始就试图保留太多已发布兵棋游戏的细节和复杂性，而新手往往更擅长关注基本内容和抽象的外围细节。

第三个教训是，大多数学生发现掌握抽象设计理论与理解兵棋规则一样困难。直到他们真正玩了特定的游戏，思路才变得清晰起来。到目前为止，学生反馈中最常见的诉求，就是有更多的时间试玩和体验游戏，而不仅仅是讨论游戏涉及的设计问题。既然我早期课程讲座中的设计理论已经在我最新出版的《模拟战争》一书中得到了充分阐述（这本书在很大程度上是本模块设计教科书），我课上就可以少讲一点，留出更多的时间让学生们在教学和最简单的手工兵棋游戏的帮助下自己进行尝试。没有什么比我早些时候提出的关于兵棋作为一种主动学习技术效用的观点更能说明问题了。现在，学生们通常选择在课外组队玩各种兵棋游戏，包括他们自己的迭代设计，从而作为对有限的课堂时间的补充学习。

最后一个教训是，学生们需要证明兵棋游戏不仅是一种娱乐消遣，而且具有真正的职业实用性。虽然我借给学生用来帮助他们自己设计的已出版的兵棋都是业余兵棋，但我尽可能多地让学生了解我自己的学术研究和国防兵棋活动。为了强化这一点，我们总是与一名或多名国防兵棋专业人士举行联席会议。以前学习这门课程的学生经常回来帮助学弟学妹，他们可以进一步证明学习兵棋在自己的职业生涯中的用处。在本章的最后一节中，我将回到兵棋可以作为一项学术活动的可信度这一关键问题上。

与单纯的业余兵棋不同，我的学生需要在模拟项目中用大约一半的文字进行历史分析、设计笔记和反思性写作，以明确证明所涉及的研究工作和学习经验。最后，我将从最新的反思性文章中摘录几段内容：

•"总而言之，这7个月对我来说是一段紧张的经历，这个项目是我在整个学术生涯中遇到的最具挑战性但也是最有回报的项目之一。平衡理论与实践、研究和设计冲突模拟游戏,使我能够通过许多不同的方法来理解我选择的特定操作。"

- "在15次迭代后,我的兵棋游戏终于符合了课程设置的限制,但也只是勉强合格。然而,我很高兴设置了这些限制。它们迫使我最大限度地利用计数器和地图,将规则抽象化,集中精力于要点。最终产生了一个更精致的成果,我非常满意。"

- "设计一款冲突模拟游戏是一种很好的练习,它可以让你发现游戏设计是如何轻易地打破对战斗的第一印象的,以及它是如何帮助你更好地理解游戏的,因为你不得不重新评估自己所知道的一切。"

- "我喜欢这个模块的主要原因是我感觉到了自己的进步。我第一次读《第二次世界大战》游戏规则的时候我花了3个小时,但仍旧什么都没有读懂。现在我已经能够掌握所有同学的游戏规则,并且能够批判性地思考他们的游戏机制。可视的学习曲线是我非常喜欢这个模块设计的主要原因之一。"

- "在整个课程过程中,我不断接触到新的战争材料和方法,这些都是我在学术领域之外根本没有想到的。冲突模拟很快超越了我的其他科目,成为我硕士期间的主要工作。因为我发现,比起一般的研究生被大量文学作品淹没,通过实体棋盘游戏和掷骰子来解释战争模拟是更加无可厚非的。然而,这种媒介价值的一个主要问题在于,为了模拟某种类似战斗的形式,必须融入内在的复杂性。"

四、实际的障碍与得失

正如最后一条评论所提到的,在学术界创造和使用兵棋推演来反映真实的冲突动态存在着重大的实际挑战。我要强调三个相互影响的制约因素,它们限制了实际实现的目标,即时间、专业知识和资源。我将依次讲述每个限制条件,然后讨论我如何在自己的兵棋推演技术的学术应用中解决相关的障碍和进行得失取舍。

时间是一个问题,因为(正如我所说)除了第一人称计算机模拟器外,绝大多数已发布的兵棋都需要很长时间来学习和体验。一个人可以快速浏览书籍和文章以获得论点的要点,或者在讲座或会议演讲中只突出关键点,但这种便捷的方式在兵棋中并不容易实现。兵棋爱好者和军事用户通常准备花数天时间只玩一款兵棋(Perla,1990)。一些学者也是如此,因为对他们来说,这个游戏(通常是政治—军事模拟)是整个课程的核心(Brynen,2010)。然而,我个人的偏好是使用多种不同的兵棋涵盖冲突的不同方面,并以此作为传统学术技巧(如辩论和研讨会讨论)的补充。因此,在拥挤的会议日程中,或者在每周2小时的标准授课模块中,时间是非常宝贵的。

专业知识也是一个同样重要的制约因素，因为那些以前从未玩过兵棋的人发现，仅仅通过阅读规则，而没有实际的实践指导，很难理解哪怕是简单的游戏版本。我的硕士课程证明这一障碍可以及时被克服，但新手如果没有这样的指导，会发现兵棋的复杂性与陌生是十分令人反感的。人文学科的学生和学者发现，要理解斯蒂芬·比德尔(Stephen Biddle, 2004)等分析人士构建的明确的冲突数学模型更困难，但至少他们能够理解这样一个口头结论，即相比之下，这些分析人士绘制的是手工兵棋，他们要求玩家正确理解系统才能玩游戏。就像我说过的那样，有些计算机兵棋(尤其是第一人称模拟游戏)可以通过更强大的工具"被挑选出来并被体验"，但只有经验丰富的计算机程序员才能修改或创造这些工具。

资源是学术兵棋的又一重大限制。学术图书馆和档案馆几乎不知道在过去60年中出版的成千上万款兵棋都有哪些。在棋盘兵棋中保存活页地图和数百个单独的计数器，或者维护或模拟运行连续几代计算机兵棋所需的快速更新硬件和软件本身就是重大的挑战和抑制因素。虽然从原则上讲，保存成千上万的评论这些兵棋文集的专业期刊会更容易，但缺乏对技术的学术兴趣意味着这些保存下来的收藏几乎都是私人持有的。期刊档案的数字化(例如 http://www.wargamedevelopments.org/nugget.htm)使他们的研究更加实用，约翰·库里(John Curry)(http://www.wargaming.co)在保存和重新出版重要兵棋书籍和规则方面创造了奇迹(正如他在本书第一部分所描述的那样)，但大多数兵棋只对那些收集者开放，或者对那些愿意在二手市场继续存在的时候购买二手游戏的人开放(Sabin 2012, appendix 2; http://www3.telus.net/simulacrum/main.htm)。

时间、专业知识和资源这三个限制因素相互作用，使得利用兵棋给学生、会议参与者或其他学者提供丰富和现实的决策体验就变得非常具有挑战性。如果模拟不成问题，重要的只是运行一款具有挑战性的抽象游戏，那么你就可以简单地分发大量廉价的国际象棋，让每个人都与另一个人对弈。类似地，如果玩家的决定不是必需的，你可以简单地选择一个真实的计算机兵棋，并让它自动运行，而每个人都在观看和讨论逐渐发展的表演(就像我在英国和越南空战课上实际做的那样)。问题在于将模拟与决策困境相结合，因为这需要非常巧妙的游戏设计才能在特定冲突的兵棋中体现现实的决策选择和权衡，而不会让最终的游戏系统过于复杂和耗时，导致用户无法有效地掌握和使用(Sabin 2012, 117-124)，并且不过分鼓励旨在利用人工游戏系统本身的不现实行为(Frank, 2012)。

我自己对这一挑战的回应是分多阶段的。首先，我花了几十年时间收集了自己的个人收藏，其中包括1000多个已出版的兵棋和更多的专业期刊。基于这庞大的资料库，我通过反复迭代来磨练自己的设计技能，这样我便能够创造出能够尽可能简单且容易捕捉关键冲突动态的定制兵棋(例如，《迷失的战斗》系统是通过一系列相关设计而发展起来的,这些设计可以追溯到20多年前。我在自己的学术工作中也使用了这些个人兵棋设计,例如在2014年,我创造了一个简单的关于1914年法国和比利时战役百年纪念的军棋游戏(参见 http://professionalwargaming.co.uk/2014S.html),在我和同事内德·雷博(Ned Lebow)在温莎城堡组织的有关第一次世界大战反事实会议上,以及该年的另一些场合中使用。我通过我的著作和网站尽可能地传播我的设计,我也收到了来自世界各地的学者们源源不断的信息,他们受到了启发,因此亲身应用兵棋游戏技术。

第二个阶段是在我的研究生中培养兵棋推演专业人才时期。为了弥补大学图书馆里缺少兵棋资料的不足,我从个人收藏中拿出了一些兵棋游戏借给我的硕士生,这些游戏与他们自己选择的冲突事件相关,我利用自己的设计经验帮助他们创建自己的简单兵棋游戏模拟。作为回报,我的一些硕士生和博士生充当教学助理,帮助我在各种学术模块中运行兵棋推演,以及在如刚才提到的1914年的军棋游戏等更广泛的活动中帮忙。每次上课或推演前,我都会和助手一起进行练习,我们一起体验兵棋,确保他们了解规则和战术情况的细微差别。我的研究生和本科生教学之间协同作用的最好例子是:2006年,我们每年用来研究古代战争模块中汉尼拔战役的兵棋推演成为我的学生加勒特·米尔斯(Garrett Mills)的硕士课程项目。经过重新设计后,2008年,我们以共同的名字出版了这款兵棋(Sabin 2012,145-160)。

为了应对协调现实决策参与和系统易用性这一挑战,我回应中的第三个阶段是采用"引导竞争"的方法。由于学生和会议参与者几乎都不是游戏玩家,即使对于我自己设计的简单游戏,他们也会感到不知所措。因此我的大多数游戏都由引导人协助,其作用是帮助应用详细的规则、保证游戏快速进行、给学生提建议以避免严重的战术错误,并引导大家初步讨论该模拟在多大程度上反映了真实的冲突动态。有研究生助教作为引导人,我可以同时运行三款或更多的兵棋,如图35.3所示,我的本科生在我的帮助下体验了一款我自己设计的兵棋,而我自己则可以在这些兵棋之间转换,以统揽全局并维持游戏顺畅运行。每场游戏有6~8名玩家,个人决策体验的机会显然变少了,但是由3个人左右的团队指挥其中一方确实有显著的好处,那些对系统有更强掌控能力的人可以帮助他们的伙伴,并且做出决策需要经过充分地讨论——这是一个重要的教育优势。课堂或整个会议的最后一次全体会议允许大家分享个人游戏的经验,以及一些需要讨论的、有关我们想研究的真实冲突问题。

我协调决策参与和系统易用性的最后一种方法是设计一些简单、耗时短的兵棋,让玩家能够自己进行多个一对一的比赛。多年来,我已经多次尝试了这种方法,其中最好的例子就是1914年兵棋游戏的大幅缩减版,只有一页(而不是四页)规则。我在2014年的英国陆军作战模拟研讨会上与几十名参与者一起试玩了该版本(英国军官一对一地玩我的《1914迷你游戏》见图35.4),并于同年的不久之后,在国王学院的英国联络会议(http://www.professionalwargaming.co.uk)上再次试玩了这款兵棋。游戏系统必须非常简洁,我需要在课程开始时花大量的时间解释规则,并为整个小组进行一次演示。这使玩家能够快速体验游戏变得至关重要,特别是当玩家能够立即交换立场并第二次体验游戏时,他们便能够从学习游戏系统的初始投入中获得最大收益。我的《1914迷你游戏》系列获得了巨大的成功,它让玩家能够快速上手了解兵棋的动态,并表明兵棋仍然能够在不太复杂的情况下保留关键的战略困境。

图35.3　我的本科生在我的帮助下体验了一款我自己设计的兵棋

这些只是我自己对在学术环境中使用兵棋的实际困难的解决方式,其他方法也完全可行。例如,马萨诸塞州伍斯特理工学院的物理学家乔治·菲利斯(George Phillies)就兵棋设计出版了几本书,并在YouTube上免费上传了一系列讲座,重点介绍了20世纪60年代商业出版的经典棋盘兵棋(Phillies 2014;http://www.wpi.edu/ academics/imgd/news/20134/174110.htm)。熟悉兵棋的学者将能够设计出自己的方法来克服我所提到的实际障碍和得失。诚然,对于那些之前兵棋经验很少或没有经验的人来说,开发兵棋课程或活动是非常困难的,与军校学生一起工作的军官和学者有时就会被要求这样做。我的硕士课程表明,必要的技能可以通过投入适当的时间、专业知识和资源来学习,但兵棋不可能像其他学科一样,通过自行浏览文献来快速"掌握"。兵棋的适当专业制度化所需要的是由现有专家进行的更加结构化的实践教育,而这里的一个主要障碍是许多非专业人士(尤其是学术界人士)对整体技术价值的质疑。

图35.4　英国军官一对一地玩我的《1914迷你游戏》

五、污名化与怀疑主义

在本章开始时,我提出兵棋未能在诸如数学建模、运筹学研究、博弈论、模拟或政治—军事游戏等方面得到学术承认。即使是那些直接关注特定战争或战争军事行为的书籍和学术课程,也几乎从未提及有关冲突的详细兵棋模拟的存在。马丁·范·克利维尔德(Martin van Creveld)是为数不多的写过各种形式的兵棋的非游戏学者之一,他把这些游戏视为有趣的社会学研究对象,而不是有潜在实用性的探索技术(van Creveld 2008;2013)。罗伯·麦克道格尔(Rob Mac-Dougall)和丽莎·法登(Lisa Faden)在他们所著的章节中进一步讨论了这种态度。正如皮埃尔·科尔贝尔(Pierre Corbeil)最近写到的那样,"作为研究可能性的工具,游戏的力量并没有被历史专业所使用,世界上的大多数高校都是如此"(Corbeil 2011,419)。为什么会这样呢?

一个原因就是无知,因为严肃的兵棋在更广泛的社会中非常低调。专业的军事兵棋推演是一个被安全限制所隐藏的敏感领域,我的一名学生甚至在采访了主要参与者之后,也无法找到1991年海湾战争之前进行的美军兵棋推演的实际细节。我自己也没有获得允许去参加我正在为英国国防部设计的一款作战兵棋推演的大部分测试。娱乐性兵棋游戏是未分类的,但它们是由专业渠道销售的,并在专业期刊上审查,因此它们在业余爱好群体之外的知名度很低。一位著名的历史学家最近告诉我,他不一定是对兵棋抱有偏见,他只是对其一无所知。航空历史学家阿尔弗雷德·普莱斯(Alfred Price)写道:"我有一个相当模糊的先入为主的观念,即认为兵棋游戏的玩家是玩儿童玩具的成年人,并试图让人们相信自己在这个过程中对军事理解做出了重大贡献"(Spick 1978,7)。

这就导致了第二个问题,即在整个社会中,甚至在一些自觉的业余爱好者中(McGuire,1976),人们都会习惯性地认为兵棋吸引的往往会是幼稚的书呆子。简·麦格尼格尔(Jane McGonigal)曾撰文指出"游戏"和"玩"这两个词带有贬义(McGonigal 2011,19),学者们还创造了"严肃游戏"这一术语,试图抵消其中的负面含义(Abt,1970;Smith,2009)。"兵棋"一词的作用却正好相反,因为它表明武装冲突的悲剧性牺牲正被简化为纯粹的"游戏"。兵棋玩家通常对自己的活动保持沉默,并总是顾左右而言他。正如詹姆斯·邓尼根所写,"兵棋是一种可玩的模拟。冲突模拟是兵棋的另一个名称,它省略了"战争"和"游戏"这两个令人感到讨厌的术语"(Dunnigan 1992b,236)(关于模拟和游戏之间令人困惑的术语区别,参见 Klabbers,2009)。

造成兵棋形象问题的第三个原因是它总是被视为私人爱好者的娱乐活动,而不是像博弈论那样的有效学术工具。学者们经常不愿意接触自己领域的"流行"产品,人们认为它们缺乏适当学术研究的客观性和专业严谨性(Overy,2010)。就像我说过的,许多已发表的业余兵棋完全应该遭到质疑,因为它们有着糟糕的模拟效果且经常失真。一些国防兵棋推手,如罗伯特·鲁贝尔(Robert Rubel),呼吁在军事兵棋群体中实现更高的专业化(Rubel,2006)。然而,兵棋是否能达到斯蒂芬·比德尔和大卫·罗兰(David Rowland)所进行的操作分析工作的"科学"严谨程度,这一点还远不清楚(Biddle,2004;Rowland,2006)。即使他们利用了所有可用的现实世界数据,兵棋在其机制和结构中仍然包含了许多主观选择,怀疑论者总是能够挑战其假设,并将兵棋视为猜测和创作。美国资深国防兵棋专家彼得·佩拉非常清楚"设计兵棋是一门艺术,而不是一门科学",他认为"兵棋设计没有真正的形式主义。相反,兵棋设计是由个人风格和方式主导的,在这方面,它更像绘画而不是其他艺术"(Perla 1990,183-184)。

兵棋引发怀疑论的第四个原因在于其结果的可变性。兵棋提供了一种探索战争和冲突中偶然性角色的有效方法,但这种"反事实"猜测在学术界是一项非常有争议的技术。尽管最近有几部流行历史著作探讨了关于"假如?"的问题,特别是关于第二次世界大战的问题(Tsouras,2002;Showalter and Deutsch,2010),还有一些著名的历史学家,如安德鲁·罗伯茨(Andrew Roberts)、杰里米·布莱克(Jeremy Black)和尼尔·弗格森(Niall Ferguson)都支持这种反事实的方法(Roberts,2004;Black,2008;Ferguson,2000)。大多数历史学者仍持怀疑态度,他们更愿意关注实际发生了什么(Collins,2007)。我的同事内德·雷柏(Ned Lebow)(我和他一起在温莎城堡组织了第一次世界大战结束100年纪念会议)写了一篇深思熟虑、有说服力的文章,为精心构建的反事实推理进行理论辩护(Lebow,

2010),但著名历史学家理查德·埃文斯(Richard Evans)没有像怀疑主义的通常态度一样沉默,而是写了一本书阐述了相反的观点(Evans,2014)。有人认为问"假如"历史发生了改变会怎样这一问题毫无意义,对于他们来说,基于偶然性变化这一前提下的历史兵棋不太可能有多大吸引力。

兵棋结果的可变性引起质疑也有其他原因。虽然自动计算机模拟可以运行数千次,以生成结果的统计分布,但有人类玩家参与的兵棋需要花费更多时间来重复,所以人们担心某一个结果可能不具有代表性,这是可以理解的。特别是使用骰子作为一种快速、抽象的方法来建模详细不确定性,更是受人指责的一点(Rubel 2006,119-120)。在真正的战争中,如传错命令等坏运气显然无法避免,并且事后来看,应归因于一个特定的因果链,但相比之下,兵棋中不幸的掷骰子步骤似乎是抽象和任意的,并与诸如蛇棋游戏(Snakes and Ladders)等纯粹的运气游戏相似。在2014年的兵棋中,我故意使用有限的智能代替掷骰子,作为产生不确定性和随机变量的方法,因为这更适合参与其中的军官和学者。我的其他兵棋设计则更加开放,因为我特别希望玩家和引导人能够充分了解其中的互动动态,但骰子的使用会持续影响可信性,尽管它在模拟术语中完全合理,用来避免玩家进行不切实际的、如国际象棋般的计算(Sabin 2012,117-120)。

经过多年在学术界使用和推广兵棋技术,我现在对学术界的反应有了一个相当好的想法。那些本身就是休闲兵棋玩家(来自广泛的学科领域)的学者往往非常支持这一观点,并且他们能够承认自己的兴趣,并讨论将兵棋建模作为一种学术技术的问题及其可能性。我的每部书都卖出了几千本,雅虎的讨论群中也存在激烈的讨论,该群拥有数百名成员,群里数千个帖子中的内容比书本身的内容还要多(https://groups.yahoo.com/neo/groups/lostbattles;https://groups.yahoo.com/neo/groups/simulatingwar)。我在几个国家的大学里举办过关于模拟研究的讲座,我也越来越多地参与到讨论、推广和设计兵棋的专业群体中。然而,非博弈论学者,尤其是军事历史学者,对我的研究关注甚少。大多数人甚至没有注意到我的研究,或者把它当作某种奇怪的狂热者发疯时的产物而不予理会。只有在像《模拟与兵棋》(Simulation & Gaming)这样的期刊或书籍中,这类游戏才真正受到学术环境的重视,而非博弈论学者一开始就不太可能阅读这些资源,或者即使他们阅读了,也不太容易被说服。由于学生的积极反馈和大学系统对新评估方法的偏爱,我将兵棋作为一种教育工具的广泛使用并没有遇到太大障碍,顺利地被接受了。2009年,我获得了国王学院的创新教学奖,一位外部考官称赞我的硕士模块提供了"令人着迷的评估,并对日常繁琐的论文做出了可喜的改变"。然而在研究方面,情况就大不相同了。我的《迷失的战斗》这本书在专业的古代历史学家中几乎没产生什么影响,当我提出一个类似的古代海战研究,作为一份主要跨学科研究拨款申请的一部分时,这本书被一个评审人斥为"只不过是兵棋游戏"。

由于害怕出现类似的反应，国王学院没有冒险向国家研究评价项目提交我的各种关于兵棋的文章（Sabin，2002；2011），也没有提交我的新书（Sabin，2012），尽管有37页参考书目和学术评论上写着"如果要我推荐一本今年读过的军事历史书，那一定是菲利普·萨宾（Philip Sabin）的《模拟战争》（http:// smh-hq.org/smhblog/？ p=516）。幸运的是，在我开始认真出版有关兵棋的书籍之前，我已经是一名全职教授了。因为在目前的学术环境中，即使是从事这项有争议的研究，也很难保住自己的工作，更不用说获得任命或晋升了。我非常清楚，当我退休时，我的模块可能会被更传统的教学模块所取代，而国王学院的兵棋推演也将消失得无影无踪。

那么，有没有办法将学术兵棋推演从污名化与怀疑主义中拯救出来，并将其建立在更安全的基础上呢？在我看来，唯一切实可行的途径是建立和扩大已经了解并同情兵棋推演学者的小核心圈。始终会有许多学者保持其一贯的怀疑态度（考虑到该技术的许多问题和局限性，这是有充分理由的），但也有数量惊人的学者认为兵棋有趣且富有启发性，但迄今为止，他们一直隐藏着自己的想法，害怕被别人嘲笑或指责"将他们的爱好付诸实践"。他们越是看到其他学者使用和撰写有关兵棋的文章，就越有胆量加入其中，为自己尝试一些东西。现在，即使是非军事学者有时也被要求为军校学生提供兵棋。可能最终会有一天，兵棋推演经验会在简历中被骄傲地提及，而不必刻意隐藏它，以期不被持怀疑态度的面试官发现。

至于向从学生到教授的任何人展示兵棋的最佳方式，我相信没有什么可以替代实际玩游戏，让人们自己去亲身体验更好的了。这就是为什么我如此热衷于设计可以在很短时间内玩的简单易用的兵棋。最初对兵棋持怀疑态度的普鲁士幕僚长转变了看法，甚至还全力支持军棋游戏原作投入使用（Perla 1990，26）。我已经记不清玩我设计的兵棋的玩家有多少次有类似的转变，并且在他们对几十个计数器和几页规则能够重现真实战役、反映真实军事动态和困境的时候，记录下了他们的惊讶发现。像本书这样的书籍就其本身而言都是很好的素材，只有越来越多的人直接接触到严肃但容易上手的兵棋，认为兵棋是痴迷的书呆子琐碎和幼稚的消遣，或者是不可思议的复杂和耗时的消遣的负面形象就会渐渐消失了。

关于作者

菲利普·萨宾是伦敦国王学院战争研究系的战略研究教授。他撰写、校订了15本书籍和专著，发表数十篇关于各种军事主题的文章，设计并已出版了几款兵棋。他目前的研究领域是武装冲突关键动态的分析建模和模拟，这体现在其最近的两本书《迷失的战斗》（2007）和《模拟战争》（2012）中。他在使用兵棋教授军事专业人员和平民学生方面积累了数十年的经验。通过参与他的硕士课程,学生们能够根据自己选择的冲突设计自己的兵棋。萨宾与武装部队有着密切的联系,在国际上讲授兵棋推演和其他军事话题,并且是英国年度兵棋推演专业人士联系会议的共同组织者。

第三十六章　六边形的教训：兵棋推演与军事历史学家

——罗伯特·M.西蒂诺

战争是一件严肃的事情，描写战争也是如此。正是由于这个原因，大多数专业军事历史学家倾向于避开商业兵棋，不将其作为一种合法的知识和研究工具。他们或许会在壁橱里藏着一两款兵棋游戏，或可能承认在研究生院玩过兵棋，但大多数学者在成年后都会"放下孩子的东西"，并且在军事历史学家的圈子里，商业兵棋能够传授知识的观念从来没有得到过太多的认同。

然而，在学术上拒绝兵棋推演是一种耻辱，因为即使是对于知识渊博和有一定成就的学者，军事模拟也可以提供有价值的经验，没有其他媒介能够如此有效地传授这些经验教训。

一、私人之旅：游戏小屋中的顿悟

如果允许我个人回忆一下，请允许我把大家带回到20世纪70年代末印第安纳州的布卢明顿市。布卢明顿拥有一所世界一流大学和一个优秀的研究图书馆，该市也是我读欧洲历史研究生学位时的住地。虽然我对军事事务，特别是军事历史感兴趣，但印第安纳大学当时并没有真正的军事历史课程。越南战争的后遗症势头正猛，全国范围内的历史部门开始了重大转变，从传统的军事历史——实际上是所有形式的军事历史，转向更符合种族、阶级和性别三位一体的问题。我不确定印第安纳大学在我就读期间是否提供过一门专门的欧洲军事历史课程。

不管怎样，我成为一名军事历史学家，为此有两方面我要特别感谢。首先，我有幸在一对杰出的教授芭芭拉·耶拉维奇（Barbara Jelavich）和查尔斯·耶拉维奇（Charles Jelavich）的指导下学习，这两位学者都取得了卓越的成就，对他们最任性的学生也持开放态度，他们鼓励我追随我的军事历史梦想。芭芭拉·耶拉维奇（Barbara Jelavich）甚至成了我的导师，指导我撰写关于魏玛时期德国抵御波兰的论文，并在整个过程中提供了睿智的建议。

使我成为军事历史学家的第二个因素是在布卢明顿有一家名为"游戏小屋"

(The Game Hut)的小商店。一天下午，我和一位研究生同学在玩《冒险》(Risk)(1959)游戏时，他提到镇上好像有一家卖游戏的商店。"(那些游戏)就像《冒险》一样"，他说道，"但更细致"。我们决定去实地验证一下。研究生什么都愿意尝试，只要不用坐下来写论文就行。

1979年，走进游戏小屋的那一刻我就如同顿悟了一般。店里随处可见兵棋游戏(或"冲突模拟"，我很快就学会了这么称呼它们)，涉及所有可以想到的历史主题。书柜都被压得下垂(我指的是字面意义上的下垂)，一排排书架装满了盒装游戏(阿瓦隆山游戏公司出品)、装在奇怪的扁平塑料托盘里的游戏(模拟出版公司)，以及装在超大的自封袋里的又大又厚的游戏(GDW)。游戏主题五花八门，但其中第二次世界大战和美国内战似乎占了主要部分。关于拿破仑(我与当时和现在的大多数美国大学生一样，对他几乎一无所知)的游戏也很多，关于北约和华约未来战争的游戏也不少。我甚至发现了一款关于非传统历史的兵棋，即模拟出版公司的《迪克西》(Dixie)(1976)，这是一款开始于美国内战的模拟游戏，南方最终赢得了美国内战，双方在20世纪开始了第二次交锋。《迪克西》是我买的第一款兵棋游戏。它经常出现在"有史以来最糟糕的兵棋"名单中，但对我来说，它代表着我的青春，我给它涂上了温暖的玫瑰色。

最后是受众——商店老板和顾客。他们是一群迷人的人。他们会喋喋不休地谈论几乎所有的事情，而且他们绝对会滔滔不绝地谈论历史上战役的具体细节——战斗顺序、指挥官、地形特征等。和所有的研究生一样，我并没有自己想象的那么聪明，这是我在游戏小屋学到的教训，当时一位顾客纠正了我对"库坦塞斯(Coutances)"严重错误的发音。

之后我就离开了该市。我先买了几十款兵棋游戏，后来达到了几百款，很快它们就占据了我和我极富耐心的妻子合住的两居室公寓的每一个角落。当然，我是在购买兵棋游戏，但我可以从学术角度来为我的新爱好正名。那时我正在深入地研究和撰写论文，刚刚开始意识到兵棋(军棋游戏)对德国军队计划及其战役的重要性。兵棋不是一场胜负难分的"游戏"，它更像是一场指挥练习，试图给德国军官提供他们在战斗中必须面对的种种决定和困境。事实上，我的论文(在1987年成为我的第一本书《闪电战战术的演变》(The Evolution of Blitzkrieg Tactics))中有大段关于20世纪20年代的德国兵棋的描述，在我的学术生涯中，我还会一次又一次地回到这个话题上(最直接的是1995年的《闪电战之路：德国陆军的训练和条令》(Path to Blitzkrieg: Training and Doctrine in the German Army)(1920—1935)。我很幸运，我在出版事业上取得了丰硕的成果，我花了大量精力讨论作为规划工具的游戏和模拟。

二、经验教训

随着我对兵棋世界的深入研究，我开始不再将其视为游戏，而是更多地将其视为战争。我开始将模拟视为军事历史学家的一种有用的解释工具，当然不是让它取代档案工作或牢固掌握二级文献（在军事历史中非常庞大），而是通过增强和强化这些基本活动。

在这个过程中，显现了三个方面：第一个是显而易见的，将兵棋作为现实事件的视觉和触觉表现。确实，玩家实在没有必要为了获得这种好处而玩游戏。简单地设置游戏，安排好地图，并在开始时为双方部署战斗顺序，就足以告诉研究人员大量关于正在调查的战斗、战役或战争的信息。

例如，在第二次世界大战北非战事的历史中，有一个事实往往被低估了，那就是战场的巨大规模——从隆美尔位于埃尔阿赫伊拉的最初基地，穿过西勒奈干凸起的山脊，到达埃及边境，大约600英里，比沿着巴尔巴大道行进的步兵路线要长得多。这个简单的事实与坐下来玩有关北非战场的兵棋是不一样的。下面我们以阿瓦隆山公司备受推崇的游戏《非洲军团》(*Afrika Korps*)(1964)为例。两张地图首尾相连，德军被部署在一张长桌子的一端，隆美尔将军的目标托布鲁克和亚历山大港则位于遥远的东方。《非洲军团》在你设置地图的那一刻就给你上了一课，而这一点仅凭阅读有关战役的资料是无法做到的。人们一眼就可以看出战场很大，双方已有的力量则相对较小，你可以去任何你想去的地方，但往往收效甚微，并且占据地势——主要是空旷的沙漠，除了在几个关键的战略点之外，几乎没有什么用：所有这些都是对真实事件的再现。

或者想想1942年德国在苏联进行的战役。许多公司已经发行了针对斯大林格勒和高加索油田的"蓝色行动"(*Unternehmen Blau* / Operation Blue)的兵棋。很久以前，我就玩过模拟出版公司的《斯大林格勒》(*Stalingrad*)(1977)。再一次，单单一个设置游戏的行为就给我上了重要的一课。《进攻》是一场多地图的盛宴，它突出了德国作战计划从一开始就存在的所有问题。赫曼·霍斯将军(General Hermann Hoth)的第四装甲部队是《蓝色行动》的关键玩家。霍斯的起点位于遥远的北方，通过简单的计算，你可以得出，如果要占领第一个目标，沃罗涅日市，需要经过多少次转向，之后再向南转90度，越过唐河的整个大弯道，穿过河流，向东到达斯大林格勒。即使当时完全没有敌方，霍斯前往斯大林格勒（以及从那里前往高加索油田，因为这是1942年德国的模式）的旅程也将载入史册：从沃罗涅日到卡拉奇（约400英里），然后是卡拉奇到罗斯托夫（约225英里），必须依靠两条腿走路通过唐河的大弯道，然后再行进约450英里到石油城格罗兹尼：直线距离总计近1 100英里。当然，他在整个过程中都面临着敌对势力。军队不会呈直线移动,他们会朝着一个方向前进,然后转向,一次又一次地尝试,并且一次又一次地进行消耗力量的侧攻。所有这些转向都可能会使旅程的长度加倍。此外,在这次几乎是向正南,而不是向东行驶的旅程中,霍斯不得不耗费他有限的燃料和弹药中的大部分,这是人们在与苏联军队作战时预期的发展方向。《斯大林格勒:进攻》(Drive on Stalingrad)是一款具有明显缺陷的游戏,由于规则问题和有限的游戏测试,最初几乎无法进行游戏,让人一看就能看出这些问题。即使是熟练的玩家,只要看一眼游戏地图也会被吓得发抖。

兵棋的第二个富有成效的用途是它可以帮助说明战争的不同层次:战术、操作和战略。在军事历史课上,教授需要向学生传达的所有理念中,军事活动和分析有三个相互关联的层次,对手同时对这三个层次发动战争的理念可能是最难传授的。

但兵棋玩家很快就学会了识别"关卡"的概念,他们也可以通过查看地图来识别。如果在一个游戏中,地图代表几英亩或几平方英里,且两支敌对军队已经有了接触,或者该游戏由可以以各种方式组合在一起的地貌地图组成,那么这必然是一款战术游戏。我想起了模拟出版公司的"17世纪前的战术游戏系统"(Pre-Seventeenth Century Tactical Game System)(1976),以及阿瓦隆山公司非常成功的游戏《班长》(Squad Leader)(由约翰·希尔设计并于1977年发行)。在游戏中,地图代表一个地区或省份,两军一开始就处于对方的射程之外,这种情况为双方提供了大量的战前机动或前进接触的机会,这就是操作性游戏。至少对于我们这一代人来说,典范是模拟出版公司的《古德里安装甲集团》(Panzergruppe Guderian)(发行在《战略与战术》第57期(1976)中),它研究了1941年德国在斯摩棱斯克和东部的进攻。在斯摩棱斯克战斗中,苏联军队虽然战败,但也是第一次抗击了德国的闪电战,这对后来的作战产生了不可估量的影响。该游戏产生了整个系列的衍生游戏,如《眼镜蛇》(Cobra)(1977)(Strategy & Tactics,65;designer B. E. Hessel)是关于美国成功进攻并摧毁了德国在诺曼底的防御,最终导致盟军突围的一款兵棋;以及《哈尔科夫》(Kharkov)(1978)(Strategy & Tactics,68;designer Stephen B. Patrick),模拟1942年苏联进行的大规模的、但最终失败的进攻。最后一点,如果游戏地图包含整个国家或大陆,玩家必须分配某种资源来建立自己的力量,从而模拟军事力量的经济层面,那么这就是战略性的。游戏小屋中占据主导地位的战略游戏是《第三帝国》(Third Reich)(Avalon Hill,1974;designer John Prados),这款游戏复杂且令人上瘾,是有关第二次世界大战欧洲战场的模拟游戏,玩家在游戏中根据自己所控制的领土获得"基本资源点",然后再购买新的军力。从本质上讲,征服和开发的成功使经济上也获得了成功,这是模拟技术上的一个进步,因为之前的兵棋游戏几乎忽略了经济因素。就在第二年,模拟出版公司出版了《第一次世界大战》(World War I)(由詹姆斯·邓尼根设计,1975年发布），这是一部模拟欧洲第一次世界大战的作品，其中正面很少移动，也就是说，两边都是六边形，但玩家花了大量时间预算和处理"战斗资源点"，以自己的方式自娱自乐，但从未达到第二次世界大战版本的流行程度。

兵棋行业的一个广告范本就是要告诉潜在买家，游戏是战术性的操作的还是战略性的。这种宣传方法有一定的意义，因为不同的人喜欢不同的种类：有些人喜欢战术性的步兵攻击，而另一些人则想要与操作性的战役相关联的全面机动。但事实上，这种传统的免责声明几乎都是毫无必要的，因为经验丰富的兵棋玩家很快就会对这些事情有直观的判断。

当然，兵棋在这方面并不完美。很多时候游戏会混淆层级，所以关于指挥权威应该保留给总统还是国家，玩家必须做出决定，同时还要担心战场后勤，然后组织可怜的步兵去攻击山脊。但多年来最优秀的商业兵棋设计师邓尼根、普拉多斯、约翰·希尔、泰·邦巴（Ty Bomba）、约瑟夫·米兰达以及泰德·雷瑟（Ted Raicer）等人通常会在游戏级别上投入大量的思考，并密切关注。

相比之下，许多学术上的军事历史学家根本不考虑这个问题，虽然他们的个人书籍和文章涵盖了从战术到战略的各个方面。美国陆军关于第二次世界大战的官方历史，即著名的"绿皮书"系列可能是最糟糕的例子。从美国总统办公室到战场上的最高司令部，再到一名因战场英雄主义而获得荣誉勋章的士兵，往往都出现在同一页上。

第三点，也是最后一点，兵棋在解决军事历史的终极问题（我们可以称之为"约米尼—克劳塞维茨难题"）上取得了其他媒介无法比拟的成功。兵棋的核心就是约米尼难题。它们量化、命令和规定军事活动。玩家采取轮流游戏的方式，而轮流过程又被分解成按严格顺序进行的部分或阶段。90%的兵棋中首先是调兵遣将，战斗紧随其后。军事部队有等级，通常是用数字表示他们的攻击、防御和移动能力。战争是一门科学，是根据严格的、固定的原则（约米尼主义的精髓）展开的可测量对象，这一概念甚至可以在标准的模拟地图上看到，地图上有六边形、颜色编码以及地形、坡度和海拔的标记。

然而，兵棋从一开始就包含了一个经典的克劳塞维茨神器：骰子。用于决定战斗结果。它就像一个随机的人、一个骗子、一个小恶魔，提醒玩家战争本质的不确定性。游戏继续：在一个关键的六角格地图上进行攻击，仔细地计划出你的3∶1战斗优势，利用装甲部队在先锋开路，以及炮兵支援，部门整合和火箭兵会有奖励，然后掷出一个"6"，攻击者被淘汰。

大多数兵棋玩家一开始会觉得这是不公平的，他们所做的所有精心计划都是无效的，他们的努力也没有得到赏识。但这正是克劳塞维茨在《战争论》（On War）中提出的观点。在战争中，"每件事都很简单，但最简单的事却很困难"（《战争论》第一卷，第七章）。不确定性成为主宰。浓雾弥漫，一切都扑朔迷离。战争不是发生在安静的研究所或实验室，而是发生在危险的区域，因此本质上是不可预测的。"让我们陪一个新手上战场"，克劳塞维茨写道：当我们靠近战场时，隆隆的炮声越来越响，与炮弹的爆炸声交替出现，这开始引起这个没有经验的人的注意。炮弹开始在我们周围落下。我们赶忙上山，将军和一大群随行人员正在那里滔滔不绝地讲话。炮弹和炸弹频繁地爆炸，以至于生命的严肃性开始击溃年轻人的美好幻想。突然，一个我们认识的人倒下了——一颗炮弹爆炸，导致人群本能地四散逃离。你开始觉得你不像以前那样冷静和镇定了，即使是最勇敢的人也会有点魂不守舍(Book Ⅰ,Chapter 4)①。

事实上，我们也可以用同样的话来形容那些第一次体验兵棋的玩家，他们看到自己刚刚精心策划的对山脊或奥马哈海滩的攻击出现了严重失误，这甚至发生在他精确地排列好之后，一切都拜随机滚动的骰子所赐。

如果说多年来的游戏设计过程存在一条弧线，那一定是增加等式中克劳塞维茨的那一边。例如，随机事件表可以非常有效地模拟战场外的发展，通常是在政治领域，它能完全打乱战斗指挥官的前线计划，并在没有预兆的情况下或多或少地发生。一个很好的早期例子出现在《战略与战术》第70期(1978)中，由理查德·伯格(Richard Berg)设计的《十字军东征》(The Crusades)。骰子掷1点意味着发生了一个随机事件，接着是另一个骰子掷骰，引导玩家进入图表。例如，在第三次十字军东征中，一个可能的结果是：菲利普回家除掉法兰西国王、菲利普·弗兰德伯爵、威廉·德莱斯巴尔斯、彼得·德考特尼、德雷克斯·德梅洛和奥布里·克莱门特。突然之间，执行第三次十字军东征变得更加困难！设计师约瑟夫·米兰达也运用了这种技巧，取得了很好的效果。在《普法战争》(Franco-Prussian War)(Strategy & Tactics,149)(1992)中，他从杯子中随机选择了"政治事件"标记，这些标记可以深刻地影响比赛的进程，从奥地利的干预(俾斯麦的噩梦)到巴黎公社，再到普鲁士的民主起义(事实上，这在当时是不可能的，但这仍然是一个有趣的结构)。这样，米兰达就把我们所熟知的普法战争——一场容易取胜的普鲁士战争重新变成了当时的样子：一场紧张的赌博，以及许多有关各方的问题。总而言之，像这样的规则模块迫使玩家面对克劳塞维茨的名言："战争只是通过其他手段延续政策(Fortset-zung der Politik)。"

然而，克劳塞维茨关于偶然性和不确定性的观点在兵棋中找到了除政治之外的多种表现方式。《古德里安装甲集团》(Panzergruppe Guderian)(1976)再一次处于最前线，包括苏联方面"未经试验的部队"，其力量可能有很大的差异，并且他们直到被一支德国部队攻击才被发现。米兰达在《普法战争》(1992)中引入了强制性的"战争迷雾"规则，并通过掷骰子的方式让玩家移动，而不是战斗。同时，米兰达对克劳塞维茨进行了更深层次的研究，不同的可能性(即部队可能如预期移动，可能不动，甚至可能向最近的敌人部队进行"激烈地"移动并攻击)使之几乎不可能从始至终贯彻一个战争计划,这个问题会使19世纪的军队指挥官感到非常熟悉。

三、结论

在《战争论》第一卷第一章中,克劳塞维茨将战争描述为"一个计算概率的问题",而不是一项科学和系统的活动。他写道:"要将战争变成游戏,只有一个要素是必要的,那就是'机会'(zufall)",他以其独特的方式说,"是战争最缺乏的元素"。

当然,奚落其为游戏是很容易的。商业兵棋可以很有趣,这并没有什么错。1990年,比任何人都擅长非传统历史的设计师泰·邦巴(Ty Bomba)为我们设计了《密西西比万岁》(Mississippi Banzai)。这款兵棋假设了一个噩梦般的未来——美国输掉了第二次世界大战,日本和德国正为圣路易斯的归属权大打出手。《密西西比万岁》很像菲利普·K.迪克(Philip K. Dick)著名的小说《高堡人》(The Man in The High Castle)的翻版,玩起来非常有趣,如果我没有一份稳定的工作,我会一直玩下去。兵棋游戏也可以作为重量级的研究工具。邦巴还设计了《巴尔干地狱》(Balkan Hell)(1995)。这款游戏是一个模拟,为刚刚结束的波斯尼亚战争提供了最好的作战命令,包括之前关于克罗地亚、波斯尼亚和塞尔维亚叛军的模糊情报。

然而,除信息内容或趣味性之外,兵棋还为作战军事历史学家提供了一种解释过去事件的方法,从计划战役的计算开始,然后分析成功或失败的原因。兵棋需要对时间、空间和力量困境进行大量分析;它们清楚地描绘了战争的战术、作战和战略层面;它们允许玩家欣赏约米尼和克劳塞维茨的内在真理,而不是建立一个错误的二分法,选择一个,拒绝另一个。最终,战争本身就是一场暴力、血腥和不可预测的游戏,将历史悠久的约米尼原则作为"规则",而克劳塞维茨则作为"随机性干扰器"参与其中。

所以,对于那些想要更多了解关于过去一场战斗、战役或战争的军事历史学家,我可以提供以下建议吗? 认真地说:去玩游戏吧!

关于作者

罗伯特·M.西蒂诺是北德克萨斯大学的美国历史学家。他是德国现代军事历史的权威领导性人物,重点研究第二次世界大战以及德国对现代作战理论的影响。他曾在东密歇根大学、西点军校和美国陆军战争学院任教。西蒂诺是巴桑蒂军事历史中心的研究员，军事历史学会的前副主席、美国陆军顾问。他还曾在历史频道担任顾问。

注释

①克劳塞维茨的话是我自己翻译的。

第三十七章　模拟素养：历史课堂中的兵棋案例

——罗伯特·麦克杜格尔与丽莎·法登

兵棋能用于历史课堂教学吗？这个问题有必要问吗？今天的创新思想领袖知道游戏不仅仅是游戏，它们是多种模式的平台，协同21世纪的想象，在一个美丽新世界中，有着……

稍等！我们能省去推销宣传吗？这是一部关于兵棋著作第六部分的第三章。我们都是游戏玩家，对吧？我们知道如何在向非游戏玩家宣传时谈论游戏[①]。我们已经看过了TED演讲、书面拨款申请，并已经向持怀疑态度的家长和古板的院长提出进行游戏的理由。所有这些都有一个标准的流程。既然我们是历史教师，我们就从哀叹今天历史教育的现状开始。我们在枯燥的讲座和教科书中挖掘资源，并得出了一个令人沮丧的统计数据：很少有孩子能认出乔治·华盛顿（George Washington）或知晓黑斯廷斯战役的相关史实。然后，我们通过谈论"数字原住民"和高科技来召唤未来。最后，我们发现游戏确实是有趣的。

游戏很有趣，许多标准的宣传都是真实的。但宣传很少能让我们深入理解。现在是时候超越简单的"游戏是伟大的！"与"游戏很糟糕！"之间的辩论了。本章试图坦诚地面对这个问题：模拟游戏，尤其是兵棋，到底能给历史课堂带来什么？它们如何与历史教育的基本目标相一致，又如何与之相冲突？真正调查这些问题需要深入思考历史和游戏。关于历史思维和历史教育的公民目的有很多文献，但它们很少与基于游戏的学习有关。通过接触这些文献，我们可以超越简单的支持或反对游戏的宣言，掌握游戏和模拟历史教育的真正希望。但我们不能这样做，直到我们提出这个问题，为什么一开始要教授和研究历史？历史课堂是干什么用的？

一、教授历史的原因

关于如何教授历史的对话仍然是肤浅的，除非我们真正深入到为什么要教历史这个问题。历史教育的目的是什么？如今已经有大量的学术著作提出了这个问题。该问题的答案至少可以把我们引向四个不同的思路：作为遗产的历史、作为学科知识的历史、作为民主公民的教育的历史,以及多元素养的历史。

一种传统的历史教育模式将历史视为遗产。在这种方式下,我们教授历史的原因是要牢记和庆祝过去的成就(Hamer,2005)。最典型的是要接受的遗产是民族国家的故事,一首旨在促进社会凝聚力和民族自豪感的叙事诗。但国内的团体也可以从遗产的角度来看待历史,用他们自己欢庆的或说教的叙事来讲述过去。这种模式的问题在于,它要求学习者不加批判地接受历史叙事,并忽略应该学习哪种版本历史的重要问题。

作为学科知识模型的历史可能是由认知心理学家萨姆·温伯格(Sam Wineburg)和彼得·塞克斯亚斯(Peter Seixas)等人的工作而广为人知的,他们花了20多年的时间探索一个命题,即严谨的历史分析(即他们所称的"历史思维")提供了独特的智力益处。在这种学科式方法中,其目标是教学生"像历史学家一样"思考:批判性地检查第一手资料,权衡相互矛盾的叙述中的真理主张,并构建对过去事件的解释。在这种模式下,历史不是一种需要被记住的叙事,而是一套需要培养的技能和实践。

一些教育家把历史的价值定位于它对一个至关重要的民主国家的贡献:历史教育造就好公民。这种公民模式强调历史在帮助学生接触不同的文化传统、发展他们对共同利益的理解,以及阐明带来积极变化的策略方面所能发挥的作用。基思·巴顿(Keith Barton)和琳达·莱夫斯蒂克(Linda Levstik)声称:"关于如何促进社会福利和如何关心公共领域的讨论是参与式民主的核心,而且……历史在帮助学生准备参与这种讨论方面发挥着重要作用"(Barton and Levstik 2004,38)。

关于历史教育的第四种思考方式来自素养研究的发展。识读学者已经开始把阅读理解为一种广泛的意义创造实践。在这个框架下,我们"阅读"的"文本"不仅仅是印刷的文字,它们可以是视觉的、语言的、数字的、程序的或动觉的(包括游戏)。多元素养教育的目标是教学生以多种方式阅读、制作和解释文本(New London Group,1996)。将这种模式应用到历史教育中,历史就成为各种文本的来源和主体,成为各种文本批判性地审视和创作的对象。

这四种模式中,每一种都有其各自的历史教学内容和方式,但这些模式不一定是相互排斥的。学科知识模型提供了许多我们想要教给学生的技能和实践。民主公民模式解释了为什么我们希望我们的学生获得这些技能。多元素养模式引导我们发问:我们的学生将如何交流他们所学到的东西?历史教育如何发展他们深度阅读和自我表达的能力?甚至将历史作为遗产的模式也有一席之地,不是简单的、不加批判的模式,而是一种更加多方面的形式。把某样东西当作自己遗产的一部分,字面上说是我们从过去继承的东西,这意味着把它看作对自己现在有价值或有意义的东西。传统模式要求我们把历史与我们的学生联系起来，并教他们阅读和解释即将提供给他们的许多遗产。

二、战争的魅力

在为历史教育设定了几个目标后(没有设想这一问题被完全解决)，我们便能够更加清楚地判断兵棋在课堂中的价值。比起简单地选择支持或反对游戏，我们可以问，这个工具是否能够满足这些目的？学习演练兵棋的启示如何与特定的教学目标相一致？

我们有理由质疑历史课堂上的兵棋。首先，兵棋是关于战争的。当然，游戏可以模拟无数其他事物，但兵棋是这里的主题，我们不应该假装暴力战斗不是模拟游戏中最受欢迎的主题。聚焦战争为什么是个问题呢？我们担心的不是模仿效应。我们不担心学生们在玩了《轴心国和同盟国》(*Axis & Allies*)之后就会决定入侵俄罗斯。我们关心的是在学校和大众历史中已经存在战争的地方。

战争故事占据了大众历史和大多数历史课堂。艾伦·菲尔沃德(Alan Filewod)在一项关于兵棋及重现的研究中表示："许多人认为战争是历史分期的主要标志。对许多人来说，历史就是战争"(Filewod 2012，21)。"传统军事历史被社会文化史取代"的主张也许在大学里是正确的，但在高中和小学里却没有得到证实。我们自己在美国和加拿大的研究表明，如果没有明确的课程目标，战争和战斗就是许多历史课堂的主题，特别是在课堂时间方面(Faden，2014)。这样的重点在军事学院可能是有意义的，因为兵棋和模拟具有明显且强大的作用(Sabin 2012，31-46)，但四年级的历史课堂应该像一门战略和战术课程吗？

早期的历史教育模式都不要求或支持片面地关注战斗和战争。然而，这种情况仍然存在，不是因为知识或意识形态，而是因为军事历史很容易教授。托马斯·哈代(Thomas Hardy)写道："战争创造了优秀的历史，但和平是糟糕的读物。"战争是历史的转折点。它们让偶然性变得可见，让变化变得真实。战斗创造了高风险和人类戏剧。关于战争的优秀教材也很容易获得。在职教师都知道，在日常生活中，他们所教授的历史不仅受到国家课程的影响，也受到现有材料的影响，而更多的是受到当前学术历史潮流的影响。教授战争的老师要布置给学生阅读大量书籍的任务、要放映戏剧电影、要带领学生参观历史遗迹，因为有激动人心的故事要讲。兵棋可能会让学生对军事历史感兴趣，但一般的历史老师不需要太多帮助就能让军事历史变得有趣。他们需要的是让历史的其他方面像战争史一样生动和激动人心。

三、历史学家不信任模拟的原因

撇开战争的诱惑不谈，历史教育工作者对模拟游戏作为教学工具持谨慎态度还有更深层次的原因。如果"历史思维"意味着要像历史学家一样思考，那么我们就有必要问一问专业的历史学家是如何看待游戏和模拟作为历史再现身份的。答案是不太符合。

其他诸如经济学、社会学、政治学等社会科学学科通常都采用社会现象建模。他们试图区分因变量和自变量，做出适用于许多地方和时间的概括，并最终揭示人类行为的规律。模型和模拟是进行这项工作的合适工具。

但历史学家的工作方式不同。我们首先相信偶然性和背景。我们重视专一性和对细节的关注。历史学家说，所有的概括都是不准确的。其他社会科学家则被训练重视简约性——最简单的解释就是最好的解释。历史学家拒绝给出简短或简单的答案，这让其他学科的同行感到失望。我们对历史事件的最佳解释编织了一幅原因的织锦，这些原因根源于先验条件和特定背景。即使以清晰度为代价，我们仍然坚持复杂性（Gaddis 2002，53-70）。

因此，大多数历史学家都不信任模拟。我们认为这个世界，尤其是人类系统太复杂了，不能用这种方式建模。一般来说，我们不相信社会科学能够预测未来。我们还担心，当国家或政策制定者过度相信简化模型，并试图强迫现实世界与之一致时会发生什么。

然而，模拟已经成为当今智力技术的重要组成部分，是现代商业、政治和外交事务的基本工具，不太可能在短期内消失。20世纪模型和模拟的灾难性失败，如美国在越南的战争，并没有让21世纪的决策者获得警示，只是刺激了其对更复杂模拟的需求。"华盛顿已经是一座模拟城市了"，保罗·斯塔尔（Paul Starr）在20年前写的一篇关于模拟对政府政策影响的文章中这样警告道（Starr，1994）。如果我们都生活在模拟城市中，历史教育的目标之一就是让模型符合现实，指出六角格地图并非领域的所有方式，讲述何时、何地失败的故事。

四、模拟狂热的良药

这是否意味着兵棋不属于历史课堂？恰恰相反，这正好暗示了它要扮演的重要角色（扮演是关键词）。

媒体理论家雪莉·特克（Sherry Turkle，1997）描述了两种方法来应对模拟在我们的政治和文化中的广泛影响，这两种方法都无法令人满意。有些人把模拟当作神谕，盲目地接受它的预言和命令，而另一些人则完全不信任它们，断然拒绝模拟。游戏学者伊恩·博戈斯特(Ian Bogost)观察到,许多人同时被这两种反应所吸引,他将这种情况称为"模拟狂热"(simulation fever)(Bogost 2006,108-109)。特克和博戈斯特都呼吁第三种回应:发展模拟素养。我们必须成为,并帮助我们的学生成为这个日益普及的媒体的既积极又具批判性的读者。"我们是带着几个世纪以来读者的习惯来阅读书面文献的",特克这样写道(1997,82)。特克补充说,她心目中的习惯是历史学家接触书面资源时的经典启发式,正是历史教师教学生问的问题:"这些文字是谁写的? 传达的信息是什么? 为什么要写它? 写作的时间和地点是什么? 当时的政治和社会情况如何?"21世纪的教育目标之一就是"以同样的精神来审视模拟……以培养适合模拟文化的读者习惯。"

那么,究竟该如何审视一款游戏呢? 当然是通过批判地、反思地、重复地玩这款游戏。尝试使用一个策略,看看会发生什么。你扮演了一个角色,但淡然处之。你可以研究输入,观察输出。然后你后退一步,抛弃某些角色或假设,重新开始。最终,你会理解模拟的规则。也许你会尝试着打破规则。失败就是学习,游戏中的失败("那个方阵击沉了我的战舰!")也是这样,它暴露了模拟和你对世界的理解之间的差距。

这种立场——既不敌对也不顺从,而是创造性地、好奇地、积极地寻求学习和娱乐是至关重要的。我们认为,比起将模拟当作预言或谎言而拒绝它们,进行模拟是一种更明智和健康的做法。当然,玩游戏比用游戏来制定政策或策划战争更明智。只要具有批判性和反思性,玩游戏就是治疗模拟狂热的良药。这是养成模拟素养的第一步。

五、游戏能动性及结构

所以,游戏可以教授模拟素养。这是将游戏作为21世纪课堂的一部分的一个很好的理由,并且它也非常符合多元素养教育的目标。但这并不是在历史课堂上使用游戏的一个特别有力的理由。我们仍然需要问:兵棋或模拟游戏能够支持哪些历史教育目标?

模拟游戏会涉及一些历史的基本问题,将历史作为学科知识模型所强调的认知技能与历史作为公民方法的公民维度相结合。例如,游戏和游戏设计突出了能动性和结构问题,这个问题已经成为不止一代人思考历史的核心问题。对现代历史学家来说,能动性是一个神奇的词。它可以被宽泛地定义为个人在生活中做出有意义选择的能力。结构与能动性正相对:一切限制这些选择或其重要性的东西。20世纪六七十年代出现的"新社会史"(new social history)伟大工程就是为了发掘普通人的能动性。结构在哪里结束,能动性就在哪里开始,这一直是历史辩论的焦点(Johnson,2003)。

兵棋可以帮助教师和学生参与这一辩论。作为一个概念，能动性往往是模糊和抽象的，但游戏的能动性和结构是明确的。结构和能动性之间的界线最终类似于游戏规则和玩家选择之间的界线。在一款自上而下的战略游戏中，玩家在游戏中指挥大型军队和军营移动，但通过检查士气来判断某个部队是否撤退或分散；而在第一人称射击游戏中，玩家扮演士兵的角色，按照计算机或预先设定的场景执行命令。这两种游戏中能动性的地位完全不同。游戏设计师席德·梅尔(Sid Meier)曾将游戏定义为"一系列有趣的决定"。在历史模拟游戏中，玩家扮演那些做出有趣决定的角色。游戏规则就是约束这些决定的结构。道格拉斯·托马斯(Douglas Thomas)和约翰·西利·布朗(John Seely Brown)写道："游戏可以定义为游戏规则和在这些规则下行动的自由之间的紧张关系(2011,18)。玩游戏，换句话说，就是探索了能动和结构的界限，而"做出有趣决定的能力"是我们可能找到的对历史能动性的最简洁的定义。

因此，教师可以使用兵棋和兵棋设计，以一种容易理解和具体的方式来解决历史能动性问题。谁是这款游戏的玩家？谁是这场冲突的历史参与者？他们有什么有意义的选择？他们能控制什么？不能控制什么？在我们所有游戏的规则中都有像这样发人深省的历史争论。曾几何时，军事历史大体上是一部宏大战略和战役的编年史。将军和国王是唯一被认为具有真正能动性的参与者。兵棋就采用了相同的自上而下视角。如今，最流行的战争模拟是第一人称视频游戏，提供一个前线战斗人员的沉浸式身份。角色扮演游戏在 20 世纪 70 年代 (Peterson, 2012)从 1:1 比例的兵棋游戏中发展出来，而就在同一年，新的军事历史就发现了个体士兵的能动性，这是巧合吗？好吧，也许是的。但这件事仍然很有趣。

兵棋也是探索和讨论历史记忆的场所。正如安德鲁·瓦克福斯(Andrew Wackerfuss)在本书中所述，以第二次世界大战为背景的第一人称电子游戏非常普遍且非常受欢迎，但游戏设计师却在努力创造关于第一次世界大战的类似游戏。泰德·雷瑟在本书的章节中也针对桌面游戏提出了类似的观点，他巧妙地将难度归因于人们对第一次世界大战的普遍理解，即长期的静态僵局。我们大多数人都不相信第一次世界大战战壕里的士兵拥有与第二次世界大战士兵相同的能力。这是游戏设计中一个重要的历史判断。相比之下，几乎所有关于越南战争的电子游戏都是第一人称射击游戏。关于越南战争的自上而下的战略游戏并不多见。这说明了那场战争的本质，同时也毫无疑问地说明了战争电影对集体记忆的影响。从自上而下的角度来模拟越南战争似乎是合适的，在这场战争中美国军方非常重视战略空中力量。但在电影中，越南战争几乎都是通过徒步巡逻的步兵形象来刻画的。被称为"正义战争"的第二次世界大战似乎适用于几乎所有类型的游戏。游戏设计、历史能动性和我们对这场战争的积极记忆之间有什么联系？对于学生来说，关键的游戏玩法和关键的游戏设计是探索这些问题答案的绝佳方法。

六、偶然性与因果关系

历史也包括对偶然性和因果关系的研究。几乎每一种历史思维模式都强调这些概念至关重要，但这很难教授。这是兵棋和其他模拟可以发挥有益作用的另一个地方。虽然模拟不可避免地简化了，但它们仍然可以用比大多数书面文本更生动、更动态的方式说明偶然性和因果关系。"因果关系本身"，进化心理学家约翰·托比（John Tooby）说，"是一种进化的概念工具，它将我们对情境的表征进行简化、图式化，然后集中"（2012，34）。历史事件总是有多重原因的。的确，在每一个时刻，多重因果关系都在起作用并相互影响。然而，我们说话、写作、甚至思考时，似乎历史事件只有一两个可确认的原因。为什么美国没有社会主义？是什么"引发"了第一次世界大战？社会科学家对独立变量的探索是这一观点的极端版本，但历史学家的叙述也必须强调一两个已知因素，否则就会变成一团让人读不懂的文字。我们知道我们的叙述是简化的，但是语言和语法使我们很难表达历史因果关系的真正复杂性。

模拟也能简化，虽然不如书面文字简化，但至少是以不同方式简化的。它被设计用来模拟复杂的系统，它的程序和算法建立了多层次的交叉、相互作用的因果关系[2]。它的不同结果是行动中的偶然性。随着玩家逐渐熟悉模拟，他们会逐渐理解其建模因素之间的相互作用，通常是以一种难以用语言表达的默契方式。耶利米·麦考尔（Jeremiah McCall）认为："模拟可以将学生置于复杂系统的中心，在这些复杂系统中，各种可变因素以其他媒体无法轻易表现的方式同时起落"（2011，13）。这是历史学家工具箱中的一个重要补充：以动态的、多维的方式描述过去的能力，而不是将因果关系的复杂性降低到单一原因的漫画中。它也应该包含在历史教师的工具箱内。

七、结论

如果这一切对于高中或初中的课堂来说听起来有些夸张，那是因为这些东西很难用语言表达。许多在玩耍中的学习都是无声的。你不能口头教授人们如何骑自行车或扔足球——你可以试一试，但他们学不会，除非他们一次又一次地真正去实践。兵棋和模拟游戏可能不那么真实，但它们最深刻的教训也隐藏在语言背后。如果用文字的形式来表述，这些概念听起来很深奥，但通过游戏和实践，它们就会变得清晰。

这就是为什么游戏在课堂上可以作为补充，但不能取代阅读、写作和讨论。游戏所擅长教授的内容正是书面文本所不擅长的。没有必要在游戏和书籍之间做出非此即彼的选择。理想情况下，在历史课堂上使用兵棋的学生将使用书面资源来评论和补充他们所玩的游戏，并使用游戏来补充他们所阅读的书面材料。

当然，我们玩的游戏不一定都是兵棋。历史教师可以充分利用关于社会运动、全球公民或政治经济的模拟游戏。当缺少这些游戏时，我们可以让学生自己去设计。游戏设计是一种强大且未被开发的教学和学习策略。但战争仍将是历史的一部分，而只要战争仍是历史的一部分，兵棋就会在历史课堂上占有一席之地。

在历史课堂上有效而恰当地使用游戏的诀窍与使用其他工具没有差别。我们必须首先明确自己在做什么，而不仅仅是问"为什么是游戏？"也要问"为什么是历史？"然后我们必须从这些目标出发，创造游戏和活动，其程序是我们想要培养的批判性思维，其活动部分是历史理念本身。

关于作者

罗伯特·麦克杜格尔（Robert MacDougall）是美国西安大略大学历史学副教授、美国研究中心副主任。他研究信息、通信和技术史。麦克杜格尔著有《人民网络：镀金时代的电话政治经济学》（*The People's Network：The Political Economy of the Telephone in the Gilded Age*）（2014）。他是桌游和角色扮演游戏的长期玩家和设计师，并对各种有趣的历史思考很感兴趣。

丽莎·法登（Lisa Faden）是西安大略大学教育研究与创新中心的研究专家和教育协调员。在取得教育学博士学位之前，她在美国公立学校教授了10年的高中历史，专注于加拿大和美国的历史教育和国家身份的表述。她的学术兴趣涉及历史和职业教育、批判教育学和定性研究方法论。

注释

①即使是像耶利米·麦考尔的《游戏过去》（*Gaming the Past*）（2011）这样有思想且有价值的书也绝不是我们在这里讽刺的那种虚张声势——把在历史教室里玩游戏的理由框定为一套"谈话要点"，用在非游戏怀疑论者身上。我们的假设似乎是游戏玩家和非游戏玩家各有不同，而且只有那些已经知道自己想在课堂上使用游戏的人才会阅读这本书。

②桌面兵棋的算法并不比计算机游戏少。正如马修·柯晨保（Matthew Kirschenbaum）所言，桌面游戏"就像纸上计算机一样"，其定量模型"体现在纸板和图表中"，并"暴露在检验和分析中"。菲利普·萨宾对此表示赞同，他认为桌面游戏比计算机游戏更有价值（Sabin 2012，22–30；另参见2007版）。

第三十八章 业余设计师：为了乐趣和收益

——查尔斯·维西

当一件艺术品永无完成之时，它只有被抛弃了。

——E.M.福斯特

一、风格：业余设计师

职业兵棋设计师（手工兵棋或计算机兵棋）每天都在办公桌前工作，依靠工资谋生。但到目前为止，更多的休闲棋盘游戏设计师只在业余时间设计兵棋，通常是为了业余爱好。职业设计师（或工匠）和业余设计师之间的区分对游戏设计方式和游戏设计类型有着很大的影响。我属于业余设计师的行列。

在设计之初，熟练设计师会被雇主或专员分配设计任务，但大多数业余爱好者会自己选择主题，然后与发行商进行匹配——这导致许多项目停滞不前，偶尔还会出现一些糟糕的游戏。此处的关键就是有关奖励机制。职业设计师因为受雇而设计，尽管他们的职业目标是做好自己的工作。业余设计师则是因为喜欢游戏主题或游戏系统，尽管有时可能是为了赚点钱。对于一些业余爱好者来说，仅仅是享受在印刷品中出现的乐趣就足够了（我们可以这样称呼他们——业余爱好者）。

由于业余兵棋的主题和规则体系是业余比赛的核心问题，所以业余兵棋的涉猎范围很广。这些业余兵棋可能围绕某些主题，其中的某个系统或一本流行的书会启发几位设计师，但游戏中也可能包括许多相对不为人知的主题或以前未被考虑的处理方法。例如，访问 Boardgamegeek.com 网站并搜索"滑铁卢"一词，我们在其中会看到47款兵棋（这并还不是所有与该主题相关的兵棋，有些兵棋的标题中没有这个词）。突出部战役（Battle of the Bulge）或库尔斯克战役（Kursk）也可能会有同样大量的搜索结果。然而，美国内战只衍生出了几款特定的棋盘游兵棋（尽管还有其他桌游，其中至少有2款是我设计的）。1920—1922年发生的俄波战争衍生出的游戏更是要少得多，而且很多是波兰人设计的。

一位著名的法国设计师设计了50多款兵棋，但这些兵棋中几乎没有法国人失败的例子。因为对于业余设计师来说，灵感是主要输入，所以设计可以使用广泛的处理方法,包括从历史精简(兵棋系统具有一定的历史)到历史详实(兵棋通常是从历史书中摘抄出来的,并且带有许多细节)。尽管在通常情况下,前提是你同意设计师的解释,游戏处理(即游戏元素)可能包含大量的历史,历史详实处理通常会导致兵棋成为进一步阅读的辅助工具,而不是频繁玩的游戏。

还有一种是我最喜欢的兵棋类型:艺术屋游戏(the Art House Game),在这类游戏中,抓住主题的本质并不需要大量投入。这与历史精简有何不同? 主要是在于增加历史计数而不增加单词计数方面。制作艺术屋需要玩家充分了解主题并将其简化为基本内容(我将在下面讨论其中的一些技巧),并将这种智力努力传达给玩家/读者/用户。这样做不仅仅是为了显得非常聪明,而是因为我必须让忙碌的游戏玩家对一个他以前从未玩过的主题感兴趣。因此,必须说服他们去了解游戏。幸运的是兵棋玩家阅读了大量的历史书籍,他们的品味也比较宽泛;几乎没有什么话题无法吸引许多感兴趣人。当然,具有讽刺意味的是,在游戏中添加学习元素意味着游戏面向的是那些希望表现出有学识的玩家,但这些元素都有这样或那样的价值。此外,适宜的智力水准可以增强玩家从游戏中获得的乐趣。一款简单的游戏不必过于简单,但最好准备好证明它并不简单。

考虑到这种对新事物的兴趣和将历史简化为一种可爱形式的需求,业余设计师可能会成为主题变化的受害者。他可能会开始设计兵棋A(具有A型比例尺和主题列表A),结果发现这个主题不仅需要战斗目录,还需要处理军队如何在这些战斗中崛起的问题,那么他就会体验其他兵棋,读更多的书。时间流逝,没有最后期限,几年变成几十年。这个设计遗愿传给了他的长子来完成。设计师变成了美声男伶(Il Divo),他是在茫茫的大海中航行,而不是设计,希望有一天能到达遥远的彼岸。

对于那些只想玩兵棋的玩家来说,这些“业余航行家”是一种很大的冒犯,但对其他人来说却是一种福利,因为他们在创造新方法和新见解方面投入了大量的金钱和努力。但这只是在他们还可以这样做的时候。当每款兵棋都在漫长的酝酿中挣扎时,我想知道在死神出现,帮助开发最后一款兵棋之前,每位设计师还需要熟悉多少款兵棋(我和大家一样想大笑)。

二、样式：自学成才的设计师

一个受灵感鼓舞的业余设计师的缺点就是他可能成为一个狂热者。他喜欢自己的主题、喜欢自己的书、喜欢自己的规则、喜欢铬合金和额外的一套卡片。他喜欢最初的设计和高级版本,他会思考为什么不添加更多的弯道呢!

狂热者享受玩1小时的游戏,因此他相信玩2小时的游戏他会获得双倍享受。与其面对将所有细节缩减为可行系统的艰巨任务,他可能只是添加更多细节,然后"让上帝来整理它们"。毕竟,对某些玩家来说,复杂或详细的游戏可能比基于灵感和严格分析的小游戏更具有可转移的知识价值(给它的拥有者一种闪亮的学术色彩,就像一个大型图书馆所能带来的那样)。"别管质量了,感受一下广度。"

即使我们的业余设计师可以控制他的热情,他也很难像一个训练有素的历史学家那样进行熟练的证据分析。他是一个自学成才的业余兵棋设计师,也是一个自学成才的业余历史学家。设计师需要尽早承认我们的游戏并没有涵盖"路易十四战争",而是"由哈顿、林恩、罗兰兹、威尔逊和斯托耶分析的"路易十四战争"。承认了这一点,我们就站在了巨人的肩膀上。

从历史学家那里获得借鉴之后,我们可以从其他设计师那里继续借鉴。我们不是因为创新而得分(尽管这样做很好),而是因为以有趣和适当的方式去创新。

三、调色板：我们画的不是光，而是对光的印象

在20世纪70年代,我们都使用阿瓦隆山公司的战斗结果表,因此我们只需要三样东西:地图、战斗顺序和部队要素。如果你想有所不同,你可以拥有更多部队和更大的地图。这种点画的方法仍然有它的支持者,特别是在高科技的现代游戏中。但我认为业余设计师需要考虑更多的印象派方法,记住修拉(Seurat)使用点彩作为他新印象派作品的一部分——这两者可以在极端相遇。印象派的设计风格认识到(如上所述与艺术家游戏相关),对于不太受欢迎的主题,我们不能停留在对玩家的欢迎或要求玩家花费太多时间:相反,我们必须在光线变化之前,在一个系统中给玩家提供主题的核心,并以最好的方式展示该核心。通过这样做,我们还可以让玩家从构建伙伴关系和定位连队的任务中获得提升。我们向他们展示的可能是拿破仑高地上的战斗(物理上和等级上)。我们还驳斥了一个乏味的论点,即因为在安全环境中玩的游戏本质上是一种不现实的战争模式,所以我们无须费力就可以将现实主义融入游戏中。在这种观点中我们看到,我们只是给玩家一种战争的印象,也许是把玩家放在一个关键点上,看看他如何处理这种压力。当然,在寻找合适的伪装的过程中,许多细节可以帮上忙,但这需要付出可怕的代价。帕斯卡尔(Pascal)说过:"我本可以写一封更短的信,但我没有时间",这句话拯救了我们。

所有这些都让我们意识到一个非常棘手的问题:要有多少现实或历史才算是足够的?答案必须取决于我们的主题和观众:答案总是主观的,但是我建议应该有足够的现实和历史,能让在阅读一本好的历史书中发现的问题在游戏中体现出来,但也不要有太多的现实和历史,以免让一个优秀的游戏变得太像真实的

工作。这种快乐与痛苦的交集是关键的设计决策。

在我设计的兵棋《英伦企盼》(*England Expects*)中，我想展示法国和英国要在海洋控制权上争斗的根源：海上贸易。但同样地，玩家想要指挥舰队而不是为之护航。因此，我不得不给人一种贸易的印象。我提升了整个时期贸易统计的总体水平。然后，我粗略估计了各商船船队的规模。我把两者揉合在一起。贸易是商船船队的追求目标，你承担的总贸易量可以提供胜利点数（它将产生消费税收入）。现在，在每一轮(1年)之后，就会有一艘船满足其余商船船队的需求（在私掠船和护卫舰尽了最大努力之后），并将贸易分配给英国、法国和中立各国。如果法国不能保护其商人，它就会开始失去其贸易份额。但这是为什么？一些人在我们的贸易中占了他们的份额！玩家就会开始理解1812年发生的那次战争。这个过程很快，但会奖励那些骚扰敌人贸易路线的玩家。它给人的印象是一个漫长而详细的过程——让我们进入他们的思维模式。

我们业余兵棋爱好者必须时刻记住，振作起来这一原则并不是由印象主义者而是超现实主义者出色地阐明的。当雷内·马格里特(Rene Magritte)在《图像的背叛》(*The Treachery of Images*)中描绘了一幅烟斗的画面时，他提醒我们"这不是烟斗"，对我们而言，战争图像就是："这不是士兵。"

四、调色板：谜题、模式或叙述——乐趣何在？

如果我们的游戏要包含主题印象，那就必须还是游戏——它必须是有趣的。这是什么意思？对于某些玩家来说，即使是那些寻找历史背景的玩家，游戏也必须提供相同的胜利机会，而这些胜利并不是通过单个重要的随机事件（如掷幸运骰子）获得的。尽管并非所有玩家都会用这些直白的术语来描述这个模型，但它的真实性几乎适用于所有玩家。只是程度不同的差别罢了。

在本节的副标题中，我提出了三种类型的游戏乐趣——这个话题经过了比我更聪明的人更加细致的处理。我们可以呈现谜题（拿破仑如何打败威灵顿），我们可以要求玩家识别模式（通过结合火力和移动击败顽固的敌人），我们可以呈现叙述（将玩家置于与英雄相同的位置，并使用相同的元决策）。在实践中，我们将尝试这三种方法，但在我看来，我呈现这三种方法的顺序最适合标准的非印象派游戏（印象派方法可能需要更多的叙述）。同样让我感到震惊的是，每一种方法都包含了其他方法的元素，就像一系列的维恩图。我认为要想解开这个谜题，它需要一个历史性的答案。

并非所有游戏都要求竞赛，也不是所有玩家都喜欢围棋或国际象棋等较简单的竞赛。兵棋还必须满足那些从紧张的工作中抽身来玩游戏的玩家——游戏不仅仅是比赛。这意味着设计师需要放置一些钟以供敲响，从而产生巴甫洛夫反应。这当然是一个挑战，这其中一定也包含一些历史背景。兵棋和阅读是密切相关的，玩家希望看到某些因素的出现，如果这些因素缺失，人们就会开始怀疑。有些玩家（我猜是绝大多数玩家）希望看到双方都有机会移动和进行攻击的游戏。就像在《贵族艺术》（Noble Art）中一样，一名拳击手在前十回合的比赛中保存实力，然后在最后两回合的比赛中获胜，这就构成了一场技巧的较量，也是可怕的场面。回到制度化理性主义的重要性上，设计师需要让赢家觉得自己是因为更聪明，而不是更幸运获胜的。

一款好兵棋的作用之一就是赞赏聪明的人。但在这样做的时候，设计师必须小心，要想在智力上被接受，就必须避免表现得太过聪明。也许只有盎格鲁—撒克逊世界才会有"聪明过头"这样的说法。相反，我们必须依赖沙克尔的观点：简单却优雅，且线条明晰。

五、调色板：工作日的业余爱好者

业余设计师要不断面对时间上的要求，他必须从空闲时间中抽出时间设计。为寻找相似之处，我建议借鉴他人的工作：在一套规则中使用文字识别，然后随你调整。从他人的地图和计数器开始，然后重新测量。这没有什么不妥之处，除非你在完成设计之前就停止了。

一个典型的设计结构可以在早期被加强，而不仅仅是以寻求相似性的方式。比较和对比是调整设计的重要方法。为什么路易十四不放弃西班牙遗嘱（Spanish Will），以避免多年代价高昂的战争？他的判断是不是基于你现在的胜利条件以外的东西呢？如果是这样，就改变你现在的胜利条件。如果A计划失败了，那么想想B计划是什么。马尔伯勒想在（法国）沿海登陆，然后向巴黎行进。这样做行得通吗？你的游戏允许这样做吗？

俾斯麦（Bismarck）曾说过，制定法律和制作香肠一样，都是不应该让公众看到的事情。玩家是否应该在设计中看到游戏，这是个有趣的问题。这是游戏营销的一个重要部分，因为潜在购买者会开始体会你的想法。但你是否舍弃得太多了？游戏的价值会受到损害吗？可能会，但通过仔细了解设计背后的历史理念，你可以获得两个领域的最佳状态，并与其他对该主题充满热情的人接触。这些人会自由地分享自己的想法。

制图俱乐部（Drafting Club）的第一条规则是在制图俱乐部没有其他规则。不同风格的制图规则各有利弊，往往同时适用于不同的人。一般来说，要注意标点符号；律师们经常有充分的理由避免使用这些标点。逗号的作用往往出人意料。请记住，最难的概念往往会占据你最多的时间。因此，你可能会忘记，要理解它而不详细地解释它是多么困难的一件事情。不要在例子中隐藏规则。找两个朋友来检查文本：破坏者(此人的乐趣是故意精确地破坏规则，而你却没有)和慢行者(此人会一个一个地移动道具，永远不会向前跳跃)。这样的人价值连城。

设计师的工作室——所有设计师都能从一个由朋友和盟友组成的团队中受益。这个团队提供的技能包括：游戏主题的知识、平面设计、对人体工程学的掌握、能够看到分析背后是否有游戏、游戏背后是否有历史。当然还有一些设计领域的无名小卒——游戏测试者。祝愿你有这些好朋友！

六、调色板：故事板和电子表格（以及假设）

在将你的设计构建成一个反映历史事实的模型时，没有比故事板更强大的工具了。我用这个术语涵盖一系列记录的事件，以给出原始主题的节奏和模式。就像电影导演为了安排拍摄日程而提前把场景屏蔽掉一样，所以我们回过头来记录它们，以了解战争的节奏。对我们来说，故事板是根据回合长度和地图比例（以及你认为有价值的任何其他衡量标准）从游戏的角度对历史事件进行细分。这将测试时间和空间之间的关系：移动值和地形特征。它将指示你的所有部队是否同时在运动，或者是否只有某些部队在运动；这反过来可能表明关键的"推动者"数量有限，这是建模命令中的一个考虑因素。如果你的游戏能够借用故事板展示，那么你就走上了正轨。当然，你不希望受到故事板的约束，但玩家会要求两者之间存在一些关系。

构建故事板的最佳方法是使用老式的电子表格，它能够添加列和行，并允许你在处理历史文本时对它们进行排序和调用。例如，我可能会决定做一个关于英国海军作战的故事板。我可能会从一本学术著作中提取一系列不同日期的舰队位置着手。我会把数据记录下来，这些数据不仅要告诉我船只的原始数量，还要告诉我它们的位置和大小（一支舰队在远离主要基地的地方可以维持多大的规模）。随着时间的推移，我可能会注意到，从 Y 地出发的船只永远不会超过 X 艘。这将使我了解该地区的物流能力。表格中的列可能是日期，行代表位置（港口或基地），单元格数据可能是船只数量。当我注意到关键的变化时，我可能会突出显示某个单元格，并在那里指导我的研究。如果我突然决定添加一个基地，我只需插入一行。例如，如果你是以每月轮换制开始你的故事板，然后决定转向季节轮换，那么这种电子表格的灵活性可能至关重要。试着用笔记本和铅笔来做！准备好接受诸如你最初的地理分区可能不适合历史军队的实际行动等各种变化。

故事板还可以引导你关注玩家所代表的有用问题。在关于拿破仑的游戏中，一名玩家经常代表联盟对抗拿破仑，可以选择多人游戏解决方案。详细内容，参见马克·麦克劳克林(Mark McLaughlin)的著作《拿破仑战争》(2002)。最近,在制作一款关于法国路易十四(太阳王)的游戏时,我把对手的角色分配给了海洋大国(荷兰和英国的不稳定联盟,从威廉和玛丽统治时期开始)。但从1672—1688年,英国要么是路易十四的秘密盟友,要么是他的积极盟友。期间,荷兰虽然对法国的实力感到不安,但一直保持中立。因此,也许路易十四的敌人是奥地利哈布斯堡王朝,但他们在很长一段时间内避免主动出击,只是一直紧盯着奥斯曼人。一名玩家真的能同时一心二用玩两款游戏吗? 也许西班牙可以作为对手,但它在军事上几乎无能为力,也不是任何形式外交倡议的中心——这个角色对它来说太被动了。最后,故事板告诉我一件事:没有第二名玩家,这一定是一场单人卡牌游戏。一旦你的模型起作用,你就可以考虑能在多大程度上提供反事实(没有发生但可能发生的事件)。在所有不是历史事件重演的游戏中,都会存在一定程度的反现实性。失利的战斗可能会胜利,固守的堡垒可能会被攻占,你至少需要考虑一级反事实。在出现反事实的情况下,你需要考虑当时参与者可以使用哪些替代资源。诸如可选择的领导人、可选择的供应点、可选择的资金水平和来源等功能可能都是必须的。当一个人从一级反事实中挣脱出来时,反事实带来的困难就出现了。我可以假设,如果西班牙的卡洛斯二世(Carlos Ⅱ)在17世纪70年代去世,那么他的非婚生的同父异母兄弟唐·胡安·何塞(Don Juan José de Austria)可能会成为国王,从而避免了西班牙的王位继承危机。但自从唐·胡安·何塞于1679年去世以来,人们不禁想知道他的继任者可能是谁(二级反事实)。随着每一项反事实的发生,一系列新的可能性就会出现,所有这些都需要你加以考虑。幸运的是,在某些情况下,如果原句有足够强的命令式,反事实可能会回到事实,这可能会节省你宝贵的时间。它还可以让你的游戏处于实际事件之外的困难区域,但又不会超出太远。

七、结论

我的标题是"乐趣与利润"。通过使用这些技术,我相信你可以制作出一款其他人都想玩的游戏,这款游戏将承载你最初感兴趣的历史精神。我相信这个过程不需要坚持不懈的努力,旅程可以和目的地一样有趣。祝狩猎愉快!

关于作者

查尔斯·维西(Charles Vasey)是《战车》(*Chariotlords*)、《森林之花》(*Flowers of the Forest*)和《不快乐的查理国王!》(*Unhappy King Charles!*)等兵棋的设计师。他在自己成立的查尔斯·维西公司中担任特许会计师,并在1972—2005年定期为英国的《军事建模》(*Military Modeling*)期刊审稿,他也是《背信弃义的白化病》(*Perfidious Albion*)期刊的出版商和编辑。

第三十九章　深度游戏中的挣扎：用《晨昏对峙》进行历史探究

——杰里米·安特利

克利福德·格尔茨(Clifford Geertz)在《深度游戏：巴厘岛斗鸡笔记》(*Deep Play: Notes on the Balinese Cockfight*)中指出，《深度游戏：巴厘岛斗鸡笔记》的角色反映了《麦克白》在西方观众中所扮演的并将继续扮演的角色。也就是说，我们每个人都在这些艺术形式中发现了各自文化的"精神和私人情感……就像是在共同的文本中从外部阐述的样子"。一场斗鸡或《麦克白》能够在建立和展示文化情感方面发挥如此重要的作用是因为它们内在的磁性，这种磁性将价值观、矛盾和交叉这些情感的观点聚集在一起。通过仪式化表达体现的集体和连接文本，如《深度游戏：巴厘岛斗鸡笔记》或《麦克白》的戏剧再现，积极地展示了这些情感，这样做有助于在那种文化群体中保持这些情感。

这并不是说格尔茨发现的与深层游戏相关的复杂文化关联可以延伸到另一种文化形式——兵棋。许多学科都包含了对游戏的研究，兵棋只是其中的一个子题材，而有些学科(如历史)才刚刚开始勾勒出一种足以与游戏互动的方法论(Antley,2012；Christiansen,2013；Sabin,2012)。这些努力是很重要的，因为游戏，尤其是兵棋，将文本、材料和程序元素融合在一起，以使自己符合其所反映的社会文化轴线。他们在更主流的历史调查中的缺失是可以而且应该得到纠正的。

确定将游戏整合到历史思维中的潜在障碍可以通过两种方式进行论证。第一种与游戏推动的反事实思维有关，从认识论的角度来看，它击中了历史所珍视的核心。有些人认为在游戏中发现的反事实元素过多地涉及臆测，模糊了对历史事件的准确理解，或者浪费了宝贵的课堂时间，却收获甚微。第二种观点认为，游戏赋予了玩家太多的解释权，这就质疑了导师的教学角色。由于强调玩家是知识的生产者，游戏削弱了导师作为解释者的权威。

在一篇受计算机兵棋《欧罗巴宇宙Ⅱ》(*Europa Universalis* Ⅱ)启发的、关于反事实思维的文章中，汤姆·阿佩利(Tom Apperley)严厉谴责了这两种观点。他认为，连贯的时间叙述存在于历史思维中，这强加了"一种目的论的必然性的概念，即它没有承认过去的偶发事件"。阿佩利说，承认反事实的可能性，"让人们能够想象一个不同的世界。在那里，新生的和不熟悉的映射、时间和空间的轨迹交织在一起"。这使得"如果"能够挑战根深蒂固的确定性,并开启力量的历史动态以供质疑"。确实,游戏,尤其是兵棋允许"用历史思考",正如卡尔·肖尔斯克(Carl Schorske)所说的,"在变化的叙述模式中连接或分解静态元素"。其原因很简单:兵棋是对过去的综合反映。

认识到游戏形成了一种独特的文化价值观,这意味着我们需要研究游戏是如何沿着社区文化定位自身的。游戏,尤其是兵棋,在游戏呈现和游戏过程中使用:素材、文本和程序三个轴线。GMT 公司的《晨昏对峙》(*Twilight Struggle*)(2004)研究了一款流行的兵棋,该游戏以人们仍然有印象的(冷战)时期为中心,展示了这三者是如何在兵棋的形式中相互作用和结合的,以便创造出对所描绘的事件的文化反映。

《晨昏对峙》是一款双人兵棋,描述了第二次世界大战结束后,美国和苏联之间争夺全球影响力的霸权战争。在十个回合的游戏中,细分出了三个不同的时期(早期战争、中期战争、后期战争),玩家手中的牌要么用来重现冷战时期的著名事件,要么用来在划分地缘政治区域的国家之间放置影响点。为了获胜,玩家必须利用区位特定的得分卡,它们分散在《晨昏对峙》的游戏卡牌中。这些得分卡就像一张张快照,记录了双方在该地区所拥有的霸权饱和度。控制级别越高,玩家获得的胜利点数就越多。当玩家获得 20 个胜利点时,便会以游戏超级强权的意识形态胜利而结束。

《晨昏对峙》还包括单独的"战备状态"和"军事行动"轨迹,用来衡量每个超级强权采取的行动。玩家可以尝试通过发动政变来降低对手在某个国家的影响力,从而为军事行动轨迹增加点数,或者他们也可以进行不那么敌对的重新部署,但不会增加军事行动的点数。如果未能维持一定水平的军事行动,对手就会在每个回合结束时获得胜利点数。因此,政变就是双方必须进行的一项破坏稳定的必要活动。随着冷战"升温",无论是通过政变还是事件的上演,在某些地缘政治地区,战备级别会降低,并禁止进一步的政变/重组。例如,四级战备状态可能限制在欧洲的活动,而三级战备状态和二级战备状态可能分别限制在亚洲和中东的活动。如果玩家的行动将战备状态降低到一级,游戏将立即以核战争的形式收尾结束。

虽然这只是关于《晨昏对峙》如何运行的简单描述,但它却传达了其机制设计中所体现的辩论立场。玩家通过说服其他国家接受他们的意识形态而获胜。随着游戏进入战争中后期阶段,地缘政治区域逐渐开放,模拟一些事件的历史发展,其中非洲以及后来的中、南美洲地区变得愈发重要。核战争紧张局势加剧,某些地区成为禁区,这是全球侵略和企图通过政变干预的结果。除了卡牌、地图和一些相对简单的反馈机制,《晨昏对峙》成功地提炼出了冷战的时代精神。

然而,在将《晨昏对峙》解释为反映冷战的产物时,传统的历史方法论几乎无能为力。将《晨昏对峙》的各种元素分解为上述三个轴线——文本、材料和程序是向着兵棋和历史学科之间建立方法论桥梁的进步。

首先，我们先看看文本轴。兵棋代表了今天发现的一些最复杂的文本作品，它们的规则可能只有简单几页，如纸牌游戏《我们必须告诉皇帝》（*We Must Tell the Emperor*）（2010），也可能是像《高级班长》（*Advanced Squad Leader*）（1985）那样有厚厚的一叠规则手册。《晨昏对峙》是中等复杂程度兵棋的最佳选择，它的规则手册总共只有11页。虽然兵棋的规则手册中充满严格的程序内容，但通常都包含设计师的注释和游戏中使用材料的历史背景。设计师的注释对历史学家来说尤其有用，因为它们可以作为关于兵棋目的和设计的论文报告。

设计师在《晨昏对峙》的注释中引入了一些有用的观点。游戏的设计者——阿南达·古普塔（Ananda Gupta）和杰森·马修斯（Jason Matthews）描述了以前的卡牌游戏，如《我们合众国人民》（*We the people*）（1994）和《光荣之路》（*Paths of Glory*）（1999）对他们自己游戏的影响，让读者了解支撑他们设计决策的历史学。古普塔和马修斯还注意到如克里斯·克劳福德（Chris Crawford）的计算机游戏《势均力敌》（*Balance of Power*）（1985）等电子游戏对于发动核战争的影响，这是旧款冷战游戏中持续存在的威胁，是使游戏立即结束的失败状态。虽然其他游戏为发动核战创造了空间，但《晨昏对峙》却明确地拒绝了这种可怕的可能性，并直接指出这种结果是对游戏理想胜利状态的诅咒。这与《晨昏对峙》的观点有关，设计师的笔记中有详细说明：《晨昏对峙》基本上接受了冷战的所有内在逻辑——甚至包括那些带有明显错误的逻辑。多米诺骨牌理论（the domino theory）不仅有效，而且是将影响力扩展到一个地区的先决条件。历史学家可能会质疑所有这些假设，但基于设计哲学我们认为它们能够创造出更好的游戏（Deluxe Edition rule book 2009, 31）。

虽然反对反事实思维的人可能会读到这篇文章，并宣称《晨昏对峙》充满了严重的错误，但我们必须记住，多米诺骨牌理论，甚至是有限核交换的价值，曾经在知识分子、政治家和军事计划者中广受赞扬。历史学家不会忽视一个完全支持这些观点的时代来源，相反，他们会把这些材料综合起来批评这些想法。因此，在设计师的笔记中发现这些公开陈述的元素，为历史学家提供了另一个途径，以询问为什么这些理念如此受欢迎，以及为什么它们今天仍然能够获得普遍理解。

除了规则手册和设计师的笔记，兵棋的另一个文本材料来源是在线论坛的帖子。截至2014年9月，最大的两个在线论坛是Boardgamegeek和Consimworld，在这里你可以找到玩家提出的规则手册中没有提到的关于规则的问题和设计师对游戏机制的见解，以及纠正从各种游戏程序玩法风格中产生的不平衡或不真实结果的规则/设计建议。论坛允许游戏文本与玩家文本进行互动，产生兴趣和理解上的碰撞。它们揭示了玩家的本质，也揭示了所讨论的游戏的本质。因此，论坛呈现宝贵的资源,其中的舆论不仅围绕着游戏,还围绕着游戏中所包含的情感和文化气质。

Consimworld论坛上的一个帖子展示了论坛文章是如何将关于游戏机制的问题与超越纯粹机制的基本原理结合起来的。这个关于《晨昏对峙》的论坛(http://talk.consimworld.com/ WebX?14@@.1dcfda60)创建于2004年6月19日,目前有超过14 000个帖子。在早期,论坛中预发行的主题倾向于关注《晨昏对峙》中的特定机制,以及与历史事件或超级大国干预方法的密切关系。特别是对于《晨昏对峙》如何处理美国与苏联之间的传统战争和代理战争的问题,这一点尤其正确。"没有一个系统可以处理超级大国之间公开的非核战争",联合设计师阿南达·古普塔写道。《晨昏对峙》中的战争使用的是事件卡片,而不是独立的设计系统来进行建模。决定排除常规战争选项很简单:"基本上我们分为两种情况:要么超级大国发动代理战争,要么他们炸掉世界"(forum post 27, July 6, 2004)。

并非所有人都对古普塔的理论感到满意。一位论坛用户表示,玩家不能参与纸牌事件之外的直接冲突(Johnson 2004)。他建议将代理战争/传统战争融入特定的游戏系统中,并将事件卡片中的战争卡替换为可选的历史变体。另一位用户评论道:"战争听起来靠的是运气",然后补充说,使用一个更强大的系统,利用隐蔽的政治标记,"似乎比每回合完成一定数量的军事行动更加抽象……"(forum post 113, July 14, 2004)。古普塔首先做出回应,指出他和马修斯都尝试了各种机械系统允许玩家参与代理战争,但这产生了"野蛮的非历史性"(forum post 86, July 4, 2004)。马修斯(forum post 114, July 14, 2004)断言代理战争的结果很少能归结为超级大国的介入,因为成功取决于如军队质量和当地条件等其他因素。最后,他总结道:"《晨昏对峙》……确实聚焦冷战的核心本质——一场将毁灭世界的暴力威胁置于其背后的政治斗争"。

在更大范围的论坛语料库中,存在着许多类似的涉及游戏设计和逼真度之间的交叉点,或可能存在差异的线索。以上的摘选内容表明兵棋是格尔茨的"深度游戏"的自然渠道,是将设计问题和精神表达融合在一起的纽带。虽然有人质疑这款冷战游戏缺乏强大的军事元素,但马修斯和古普塔对此进行了反驳,并解释了为什么他们的政治主题排除了更多的沙文主义元素。在线论坛为兵棋创造的不仅仅是一个辩论的空间,他们更是建立了一个分析空间,将流行的情感和观点融入设计批评和探索。

《晨昏对峙》的各种组件是兵棋中的材料轴,提供了另一个混合空间供我们查看。《晨昏对峙》是一部物质文化的杰作,它的各种元素通过引人入胜的设计冲击着玩家的视觉和情感。即使是在静态的孤立状态下,《晨昏对峙》中使用的游戏组件也传达了冷战情感和埃西亚(ethea)之间的关联意义。这些组件分为两类:玩家持有的事件卡牌,以及这些卡牌与玩家互动的游戏地图。

事件卡牌将流行时期媒体或新闻报道的图像与程序游戏文本相结合，形成相互强化、共生的方式。例如，"封锁"（Blockade）是一张以苏联为主题的早期战争牌，而"元帅计划"（Marshal Plan）是一张以美国为主题的早期战争牌，提供了与之同名的游戏效果（特别是美国在西欧的自由布局）。如"奥运会"等中立事件被认为对任何一方都没有本质上的优势。苏联一开始持有的牌，一旦被用于行动，苏联玩家就必须把牌传给美国玩家。一旦卡牌被使用，这名玩家必须将卡牌交还给苏联玩家。以此类推。

从机制上来说，使用卡牌作为棋盘上行动的主要驱动因素，让玩家有一种观看冷战事件展开的感觉，以及不知道其他超级大国能够怎样出牌的紧张感。从主题上看，这些卡片将图像与游戏文本结合在一起，体现了冷战反思的怀旧情感。最明显的例子是"蹲下掩护"（Duck and Cover）卡牌，上面印有乌龟伯特（Bert the Turtle）的形象，这是1951年一部民防电影中的标志性角色，这部电影在美国各地的学校都有播放。卡牌图像的选择，除了将事件与程序游戏效果结合在一起，还能投射出巨大的联想力量，如果成功的话，会呼应游戏主题，甚至加强游戏主题。在《晨昏对峙》中，事件卡的使用让玩家能够用最少活跃度来创造一个详细的故事。

《晨昏对峙》的另一个突出元素，即游戏棋盘也利用了联想意象和设计来提升玩家的沉浸感。作为许多游戏的主要组成部分，棋盘必须具有两个作用。首先，它应该作为游戏操作的功能性展示，其次，它应该通过美学元素将玩家吸引到更大的主题中去。

各国之间形成多米诺骨牌形状的空间，就像一张横跨地缘政治地图的蜘蛛网一样连在一起，这体现了冷战理论。正是测量抽象游戏系统的各种轨迹构建了地缘政治地图。《太空竞赛》（Space Race）就遵循这样一条轨道，其中包含发射地球卫星或进入月球轨道等里程碑式的事件，而描绘美国和苏联著名领导人的轨道则是转向另一条轨道。胜利点数、军事行动和防御轨道可以在棋盘的下半部分被找到。即使在这里，微小的设计线索也会将玩家带进冷战思维中。战备状态表从"5"变成了不祥的蘑菇云，而我们希望那里是"1"。胜利点数的轨迹从-20 VP时的深红色（表示苏联胜利）变成+20 VP时的深蓝色（表示美国胜利），中间的数字逐渐减少，最终在"0"标记处合并。

综上所述，棋盘和事件卡创造了一个物质主义的框架，玩家驱动的叙述结构可以依附并塑造自身。虽然《晨昏对峙》的核心是一款区域控制游戏，但它与《冒险克隆》（Risk clone）游戏的区别在于，其结合了材料美学和设计机制的效果，这意味着它接受了与冷战时代精神相关的特定观点。在卡牌上使用著名事件或描绘"多米诺"国家的地图，为《晨昏对峙》的玩家提供了叙事线索，以构建他们的游戏，并使之情景化。这些线索还表明，虽然分析兵棋游戏的物质文化能够提供彻底的、且令人满意的评估，但如果不真正去体验兵棋，就无法欣赏兵棋设计的细微差别。这将我们引向最后一个要讨论的轴线：程序性。

伊恩·博戈斯特(Ian Bogost)在其著作《说服性游戏：电子游戏的表达能力》(*Persuasive Games：The Expressive Power of Videogames*)(2007)中阐述了程序修辞的概念，即基于规则的程序性陈述如何针对玩家生成修辞说服。尽管博戈斯特的分析专注于电子游戏，但其所呈现的理念很容易移植到桌面兵棋的核心规则程序中。电子游戏通过专用处理器处理复杂的操作或计算，而桌面兵棋则利用抽象的系统，使其更大的设计既具有可玩性又能代表预期的效果。在《晨昏对峙》中，包含事件卡牌、突发事件、战备降级，甚至是游戏回合进程的设计机制都可以通过对过程和效果的纯文本解读进行解释，然而，只有当这些机制变成动态时——当它们真正通过游戏过程产生时，观察者才能真正感受到它们的组合效果。

许多《晨昏对峙》的评论者都注意到这款兵棋是如何积极地重新创造了一种冷战时期固有的紧张感。这主要是因为连锁设计系统为玩家提供反馈。事件卡的使用为玩家提供了隐藏的信息，并让每个人都有一种不祥的感觉，即不知道其他超级大国能够采取什么行动。诸如尽可能地降低战备水平等都是可行的策略，因为讽刺的是，考虑到战备参数所施加的限制，高度的紧张会让你的对手的行动更容易预测。《晨昏对峙》的许多连锁设计机制在游戏中产生了一种强化的博弈论效应，反映在了其他冷战文化产物，比如小说中普遍存在的理论(Bel-letto，2011)。只有通过检验游戏的实际玩法，我们才能观察和批判贯穿整个设计的程序修辞。

以嵌入地图和规则设计中的多米诺骨牌理论为例。由于玩家可能只会在那些已经拥有一定影响力的国家中施加影响，因此就会产生多米诺骨牌效应，即未能阻止对手在某个国家的进展，就会让他们将自己的影响力扩张到整个地区。"中国牌"是代表共产主义国家的一种高度抽象的方法，但它的高价值(如果在亚洲使用，它的价值会增加)让游戏机制具有叙述重量。由于"中国牌"必须在出牌后传递给你的对手，仔细把握其使用时机意味着这张牌以及这张牌的主题将变得更加突出。

也许最有趣的是牌手机制，即玩家在每个回合都将获得新牌，然后以交替的方式玩这些牌，这与当时基于博弈论见解的战略思考相呼应。玩家不仅要制定自己的策略，还要预判对手可能做出的所有反应。

在没有真正参与游戏的情况下，也有其他方法可以让玩家接受程序修辞，如观看教程或"游戏帮助"视频，尽管这些方法优于严格的文本或材料分析，但与实际游戏相比却显得苍白无力。在静态分析中，与文本或材料相比，过程轴是最无形的。然而，当玩家沉浸于游戏行为时，程序就会成为最具表现力的轴线。虽然材料和文本提供了游戏的边界和装备,但程序将这些被动力量提升为主动元素,并促进实现"深度游戏"。对于《晨昏对峙》来说,程序轴本质上是情感和精神的积极体现,这些情感和精神被植入文本和材料元素中旨在代表冷战。

让我们回到格尔茨的分析,在他所定义的深度游戏和兵棋的三个解释轴(文本、材料和程序)之间有相似之处,这表明兵棋所涉及的内容比其他方式更多。正如对《晨昏对峙》的分析所显示的,在冷战游戏的材料、规则和实际玩法之间有许多文化和争论的线索交织在一起。虽然《晨昏对峙》并非纯粹的文本来源,与许多兵棋一样,它也融入了文本元素。然而,它的运行背景确实突出了文本,反对通过程序和物质框架构建的综合观。实际上,它既是关于冷战历史的第二手资料,也是关于现代反思冷战经验的第一手资料。正因为如此,《晨昏对峙》以及此兵棋类型在历史研究和教学中具有巨大的潜力。

关于作者

杰里米·安特利是堪萨斯大学历史专业的博士生,目前正在完成他的博士论文,其论文主题是20世纪60年代初的俄罗斯(东正教)老信徒(Russian Old Believers)向俄勒冈州的移民历史。杰里米对批评和游戏都充满热情,他写过很多不同的主题,从道德角度的无人机攻击卡牌游戏,到中世纪背景下的奇幻游戏《天际》(Skyrim)等现代进程叙事游戏。他的作品可以在其网站"农民缪斯"(Peasant Muse)和"游戏过去"(Play the Past)上找到。该网站是一个研究游戏和文化的网站。

第四十章　模型驱动的军事兵棋推演设计和评估

——亚历山大·H.李维斯与罗伯特·J.埃尔德

一、全球兵棋推演 2000

自 1979 年以来,全球兵棋推演每年都在罗得岛纽波特的美国海军战争学院(US Naval War College)举行年会(Hay and Gile,1993;Gile,2004)。该活动有多种目的,主要是为了提供"一个寻找不同于当前战略或政策智慧的想法和概念的机会"(Hay and Gile,1993)。"全球兵棋推演"是美国海军举办的规模最大的年度兵棋推演。该活动在海军将官中进行,它对参与者提出了复杂的挑战,使其难以确定有效的行动路线。

执行有效的指挥和控制(C2)一直是、而且将永远是一项具有挑战性的任务,成功执行这一任务所需的训练和经验证明了这一点。然而,随着军事行动的范围扩大到常规战争以外,即使是训练有素的军官也面临着新的挑战。整个任务的成功很可能取决于军事、政治和社会目标的组合。"全球兵棋推演 2000"的重点是对网络中心作战的探索,也就是说,由完全互相连通(或联网)的部队进行的军事活动(Watman,2001),从而使信息共享和协作过程成为可能。

2000 年 8 月 14 日至 25 日举行的"全球兵棋推演 2000",有约 600 名参与者(其中包括受邀玩家、各军种的代表、平民、嘉宾和游戏工作人员)。选手被分成几个小组:蓝色代表美国、棕色代表美国的盟友、红色代表对手、绿色代表裁判队。每个团队会遇到一个具有挑战性的问题,他们必须开展适合的活动来解决这个问题。推演分为三个阶段,在每个阶段的开始,绿色团队描述当时盛行的地缘政治和军事形势。蓝队、棕队和红队随后会制定他们的行动路线并采取行动。在某一特定阶段的每一天早晨,将宣布前一天行动的结果并说明目前的情况。然后这些团队就会着手下一步行动。这个过程每天都会重复,直到三个阶段全部结束。在推演结束时我们举行了全体会议,讨论了问题和方法,并总结了推演的经验教训。

在"全球兵棋推演 2000"中,蓝队使用的指挥结构包括一个联盟联合特遣部队和由指挥官及几名下属组成的司令部。蓝队的评估单元(BRAC)为该指挥结构提供支持,它由情报分析员和主题专家组成。BRAC向蓝队指挥官提供可能性的评估,以及红队可能对蓝队行动产生的反应。这些可能的反应涵盖了除纯军事以外的广泛领域,尽管随着推演的进行,其重点逐渐缩小到纯粹军事行动的本质。利用BRAC的过程如下:每天早晨在做简报时指挥官及其工作人员将向BRAC"询问"一个特定的主题,BRAC会及时在当天中午之前准备好一份评估报告。BRAC提供给指挥官及其工作人员报告的格式和内容非常简明,通常不超过一页。这些报告在公布前由BRAC的主管和其他人员审查;然后通过全球兵棋的内部网络和其他机制在整个指挥结构中传播。评估的目的是简洁而直接地传达调查结果和建议,因为上级指挥的工作量阻碍了对下级产品的深入审查。

来自乔治梅森大学的系统架构实验室的团队负责通过建模、模拟和分析来支持BRAC。所使用的建模套件的初始输入是期望效果(或移动结果)、候选行动(或在移动期间要执行的任务)和时间信息。使用一套模型开发、分析和评估替代行动方案(COA),这是一种协调任务的定时序列。工作人员以结果为基础,向蓝方指挥官推荐备选的行动方案。

除了使用模型,此团队还开发出了兵棋架构的操作或功能视图的正式表示。蓝军指挥官下辖几个区域司令部,以及包括情报部门(蓝方指挥结构的局部呈现见图40.1)在内的其他几个标准参谋办公室。BRAC负责尝试换位思考、揣摩对手的意图,并建议或预测红方对蓝方行动可能的反应。这是"全球兵棋推演2000"的一个独有特征。

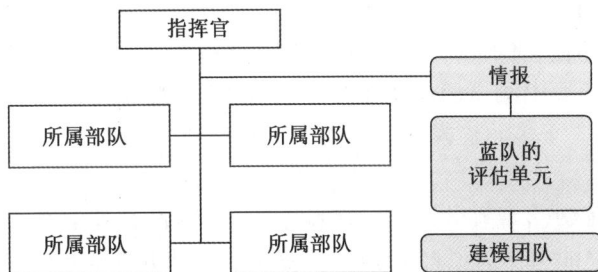

图40.1　蓝方指挥结构的局部呈现

操作节点连通性的描述见图40.2,其说明了组织元素之间的信息流程。一个基本的命令节点(比如蓝方)由一个指挥官及其下属(也就是蓝方的指挥参谋部)组成,对上级机关(HA)负责,并拥有一组它指挥的资源。

按照场景的定义,资源与环境中的威胁(比如红方)相互影响。资源既可以针对威胁采取行动,也可以收集有关威胁和环境的信息。只有通过资源、命令节点才能收集关于威胁和环境的各种信息,并且只能通过发送到其资源的命令对环境/威胁起作用。

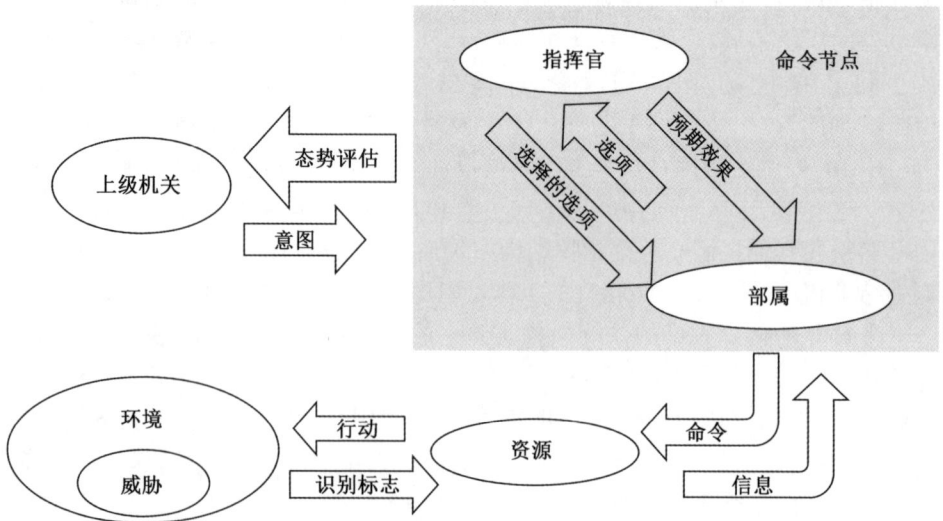

图40.2　操作节点连通性的描述

　　按照场景的定义，资源与环境中的威胁(比如红方)相互影响。资源既可以针对威胁采取行动，也可以收集有关威胁和环境的信息。只有通过资源、命令节点才能收集关于威胁和环境的各种信息，并且只能通过发送到其资源的命令对环境/威胁起作用。

　　在"全球兵棋推演2000"中，系统架构实验室团队的参与提供了一个可以在可操作的现实环境中测试使用多个模型的理论、工具和技术(见下文)的宝贵机会，并产生一个关于多元建模和元建模的研究计划，关于这点会在本章后面的内容进行讨论。

　　人们进行了数次观察并从这一经验中吸取了教训，其中有两点：(1)指挥人员使用多元建模能力作为拟订和/或评估提出的行动方针的主要工具。这些结果在全球兵棋推演之前和期间进行的三次不同的分析中具有重要的实用价值；(2)模型执行所需的信息主要是通过与情报分析师和/或主题专家的交互获得的，不仅在BRAC中，而且通常也来自推演参与者和受邀嘉宾。这个过程是一种劳动密集型工作，但可以及时被完成。当前技术支持的信息共享功能使这项任务可以更容易且更快地完成。

二、建模的挑战

　　没有哪个单一的模型能够捕捉到诸如海军的全球兵棋推演或相应的空军的

统一交战兵棋推演等多人兵棋推演的复杂性。在这些推演中,个人和团体扮演着不同的角色,推演包括多个以不同方式组织的团队,并通过正式程序相互交流。当使用多个模型(通常用不同的建模语言表示)来捕获和支持兵棋推演的不同方面时,通常需要让这些模型进行交互操作。然而,每种建模语言在提供独特见解的同时,也对建模的领域做出特定的假设。例如,社会网络(Carley,1999)描述了团队成员之间的互动(以及联系),但很少提及底层的组织和/或命令结构。类似地,组织模型(Levis,2005)关注如指挥链等组织结构和规定的交互作用,但很少涉及组织成员的社会/行为方面。时间影响网络模型(Wagenhals and Levis,2007;Mansoor,2009),即一种贝叶斯网络模型(Bayesian net models)的变体,描述了因果关系,可以用来评估在兵棋推演期间所做的决策和执行的行动,但很少涉及决策者和操作者本身。

为了解决在多个模型进行交互操作时出现的建模和模拟问题,有四个层面需要处理好。最低层,即物理层(即硬件和软件)是一个平台,它支持以不同建模语言表示的多个模型的同时执行,并提供了交换数据和跨模型安排事件的能力。第二层是句法层,能够确定模型之间交换的正确数据。物理层和句法层已经通过范德比尔特大学与加州大学伯克利分校和乔治梅森大学合作开发的C2WT系统(Hemingway,2011;Karsai,2004)得到了解决(它的名字来源于航空工程师使用的物理风洞,在那里测试飞机和其他空气动力机械表面的比例模型)。C2WT系统是一个集成的、多元建模的模拟环境。它的框架使用离散的事件计算模型作为通用语义框架,使用高级架构(HLA)平台运行时基础设施(RTI)精确集成可扩展的模拟引擎。C2WT系统通过将问题分解为模型集成任务和实验或模拟集成任务,为多模型模拟提供了一个通用的解决方案。在C2WT系统的实例化中实现的特定模型联合(不同的建模语言)取决于域。已经应用C2WT系统的一些领域有:离散部件制造、监测、侦察,以及兵棋推演。其使用的具体模型取决于所研究的应用程序。

一旦实现了用不同建模语言表达的并发执行交互操作模型的技术手段,就需要在第三层(语义层)处理第三个问题。其中,不同模型的交互操作要通过检查,以确保识别不同建模语言中的冲突假设,并形成数据交换的约束。在顶层,即工作流层中考虑使用交互操作模型的有效组合来解决特定问题。不同的问题需要不同的工作流,可能还需要特定领域的工作流建模语言(Levis and Jbara,2013)。使用多个交互操作模型被称为多任务建模(或多形式建模),而对模型交互操作有效性的分析被称为元建模。自20世纪90年代中期以来,这种方法一直被用于模拟兵棋推演。因为它是为了探索潜在行动的可能结果,并在最好的情况下计算某个结果发生的概率。它被用来探索不同的结果,而不是预测将会发生什么结果。在同样的兵棋推演中,它也被用于实时分析和探索推演中做出的决定和采取的行动。

三、多任务建模

目前和未来的军事行动都需要了解人类活动的地形和人类行为各个方面的能力。在地形的背景下，人的行为涉及敌人、非战斗人群、联盟伙伴，以及政府和非政府组织。由于当前和未来指挥官必须处理的任务类型已经远远超出了传统的主要战场作战行动，因此扩大支持计划和行动模型的重点就变得至关重要。所有行动主体所采取的行动，连同行动领域中参与行动的人的信念、看法、意图和行动相互作用，从而影响联合行动、救灾计划或维和行动的结果。没有哪套单一的模型和工具可以支持作战指挥官应对执行非常规作战任务的挑战。例如，虽然有许多模型使用不同的数据库，但当敌方拥有复杂的非战斗人口时，没有一个模型能够解决协调动力和非动力行动（如信息行动）的复杂性。作战是在有争议的网络环境中进行的，意识到这一点使得同时使用交互操作模型变得更加必要。

在过去的15年里，乔治梅森大学（George Mason University）的系统架构实验室（the System Architectures Laboratory）和卡耐基梅隆大学（Carnegie Mellon University）的社会和组织系统计算分析中心开发了一套建模工具，解决了建模的不同方面的开发、评估，以及行动方案的执行问题。这些工具能够在不同的环境中综合考虑动力学和非动力学行为。在兵棋推演设计中使用不同建模语言的建模工具见图40.3，当前可用的工具套件的一个子集已经被用来支持不同的兵棋推演。

凯撒Ⅲ（Caesar Ⅲ）（Levis，2008）是一个用来建模和分析蓝方组织结构以及对手力量的工具。它有一个界面，允许用户定义组织成员，并以图形方式指定其交互：他们是否接收和共享信息、他们是否发出或接收限制其操作选项的命令。在这个图形建模界面的后面是一个有色的皮特里（Petri）网络引擎（CPN Tools）（Jensen and Kristensen，2009），它会生成并运行一个离散事件动态系统模型。时间影响网络的应用程序Pythia（Mansoor，2009）被用来制定行动方针并比较其导致的结果。时间影响网络是贝叶斯网络的一种特殊形式，它模拟因果关系，其中因果关系之间的联系是根据原因对发生的影响的强度来表示的。ORA（Carley，2009）是一种用于构建和分析社会网络的应用程序，可以通过各种各样的措施进行社会网络分析。"Construct"（Lanham，2014）是一种基于主体的建模工具，通过它可以分析代表组织实体的不同主体之间交互的动力学。此外，WebTAS http://www.issinc.com/government/products/webtas-enterprise 是一款由美国空军研究实验室开发的可视化和时间轴分析工具，可访问多个数据库的数据，并可接收来自传感器的实时数据流,已集成到C2WT系统,实现数据可视化,并能在地图上显示结果。这些C2WT系统联合对应于不同的建模语言,并使用不同的模拟引擎。

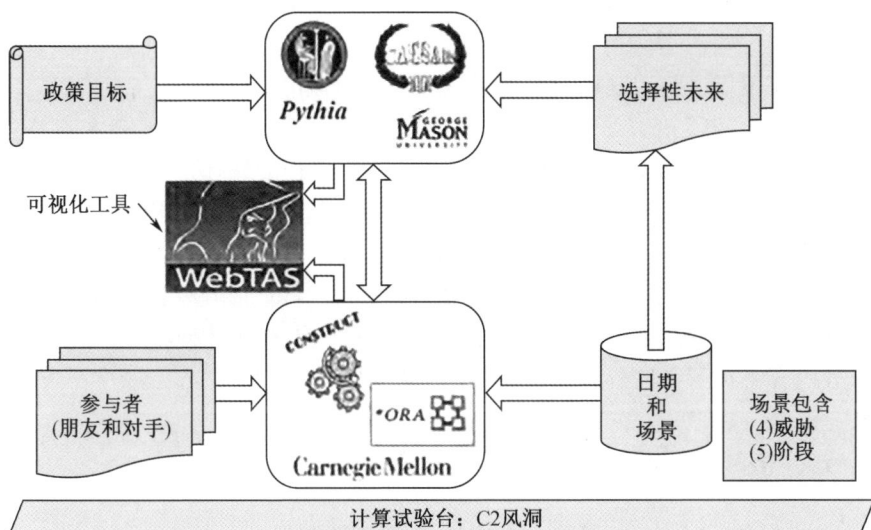

图40.3　在兵棋推演设计中使用不同建模语言的建模工具

　　设定特定兵棋推演的一组策略目标,给定一组参与者、一组数据和相关场景就确定了一组可选的未来事件。这些信息被用来模拟组织结构,模拟期望的效果和参与者可接受的行动或任务集合,以及模拟玩家的互动。模型单独执行或作为交互操作模型执行,可以在设计阶段模拟兵棋推演,并在实际兵棋推演期间实时评估所采取的行动。

四、元建模

　　有效的多任务建模要求所使用的建模语言、模型本身和支持数据不包含使特定模型交互操作无效的假设。这就导致了玩家对元建模分析的需求。
　　元建模分析指出用不同建模语言表达的模型之间的交互操作类型是有效的。注意,模型交互可以采取多种形式:(1)一个模型运行在另一个模型中;(2)两个模型并排运行并交互操作(交互操作可以是互补的,两者完全相互独立运行,提供需要回答问题的部分解决方案;或互为补充,两者相互提供(离线和/或在线)对任何一个单独的模型都不可用的参数值和/或功能性);(3)一个模型通过提供设计参数和约束来运行或使用另一个模型,或是构造另一个整体或局部模型。这些都是语义交互操作性需要的各个方面。

潜在的前提是，如果一些概念出现在两种建模语言的本体中，两个模型就可以进行（部分地）交互操作。通过改进这种方法将概念划分为建模语言输入和输出概念，同时定义与游戏玩家提出的问题和建模人员表达的问题相关的概念，我们可以确定哪些模型集可以进行交互操作，来解决一些或所有相关问题，以及哪些模型集使用与这些问题相关的不同输入和输出概念。

用于理解建模语言语义，以便多个模型能够进行交互操作的技术方法就是使用概念映射地图（http://cmap.ihmc.us）描述一组可用的建模语言和数据的特征。然后将每个建模语言的概念图中包含的信息形式化为一个重构的本体，再使用统一建模语言（UML）（http://www.omg.org/spec/UML/2.4.1）进行形式化表达；最终生成一个丰富的本体，作为正在使用的建模语言的重构本体的联合（Levis，2012）。最近的一款兵棋推演应用了这种多任务建模和元建模方法来提供支持，该部分内容将在下文进行详细描述。

五、核战略的概念与分析

2011年，为了支持美国国防部的战略多层评估办公室（Strategic Multi-layered Assessment office of the Department of Defense）的工作，为期两天的兵棋推演开始了。推演的目的是探讨四个核政策目标：（1）防止核武器技术和能力的扩散；（2）向朋友和盟友作保证；（3）阻止潜在对手；（4）维护全球和地区战略稳定。为了支持该兵棋推演，多任务建模方法在此被采用。通用模型是在推演之前开发的，因为推演的实际场景要直到开始时才可用。一旦获得了实际场景信息，在推演的第一步中，通用模型就会将场景的细节实例化，并在推演进行期间运行，对各个团队提出的动作进行编码并运行模型，以提供适合分析和评估每个动作的数据。三个不同的蓝方团队同时但独立地工作来解决这个问题。使用建模套件的不同实例对每个团队的操作进行建模和分析。

这些模型是使用类似图40.3的套件开发的，用于处理问题的策略目标、参与者、未来环境、威胁和操作阶段五个维度。采用时间影响网络模型将政策目标分解为一些高级别的影响，随后对这些影响进行分析，以确定哪些行动和次行动有助于或削弱实现这些高级别影响。这些影响反映了决策者或决策团队的看法。一组行动（对手和环境的行动）来自场景，以反映威胁和阶段。这些通常与预期的效果背道而驰。其他行动反映了一种拟议的行动方针（COA），用来影响对手，使其相对于预期效果采取更有利的行动。主题方面的专家与时间影响网络建模人员合作，为因果关系分配条件概率（影响力），并估计为影响对手、产生效果和实现预期目标而采取的行动的相对开始时间，以及每个动作对某一效果起作用或起附加作用的时间延迟。使用可视化工具WebTAS可将关键事件显示为位置和时间函数。

这些模型并没有解决击败核对手的问题,除非是为了阻止该对手采取可能威胁美国国家利益和盟国利益的核相关行为。这导致人们开始开发一个模型系统(核战略博弈的多任务建模过程见图40.4),该系统基于检查危机发展过程中涉及潜在对手、朋友或盟友的因果关系,重点关注源自传统军事战略的与核相关的行动。由于大多数非军事战略要素因行为体和地区的不同而显著不同,这些要素仅被描述为外交、信息或经济。将核心理念作为通用时间影响网络模型的情景输入,在使用区域特定模型审查区域问题期间,如果提供特定的行为者,这些理念就可以得到提炼。

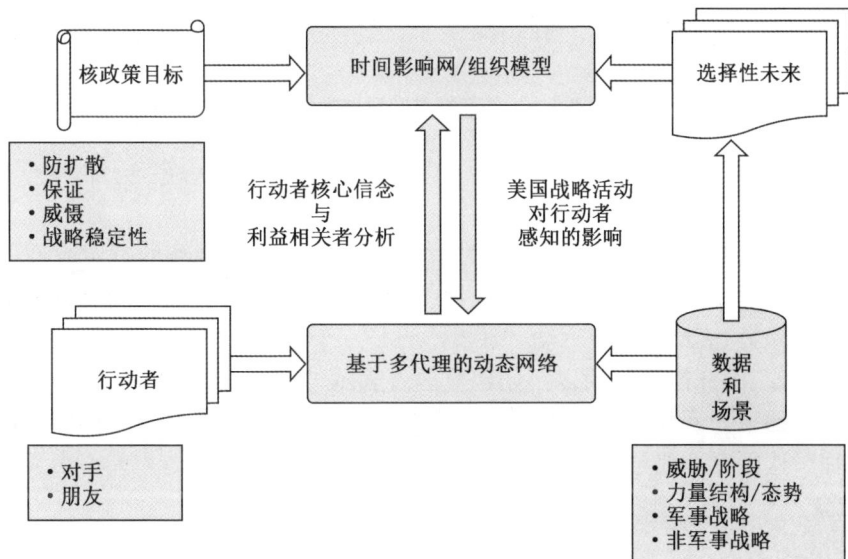

图40.4 核战略博弈的多任务建模过程

行动方案对推演目标的影响见图40.5,这是实时开发结果类型的一个典型示例。蓝方(B队)提出了三种不同的行动方案以应对区域性挑战,使用建模系统对每个行动方案进行模拟,并根据四个指标对结果进行评估,这些指标反映了它们对推演中核相关目标的影响:(1)促进对手进行有利的决策演算;(2)防止核扩散和使用核武器;(3)实现战略稳定;(4)加强地区稳定。此外,通过灵敏度分析,这些模型可以追溯并确定哪些行动方案导致了结果的差异。由于分析是实时完成的,建模人员能够建议添加或取消一些行动,从而增加实现单个目标的可能性。达到预期效果的概率较低,这反映了推演场景的复杂性。

C队的三种行动方案

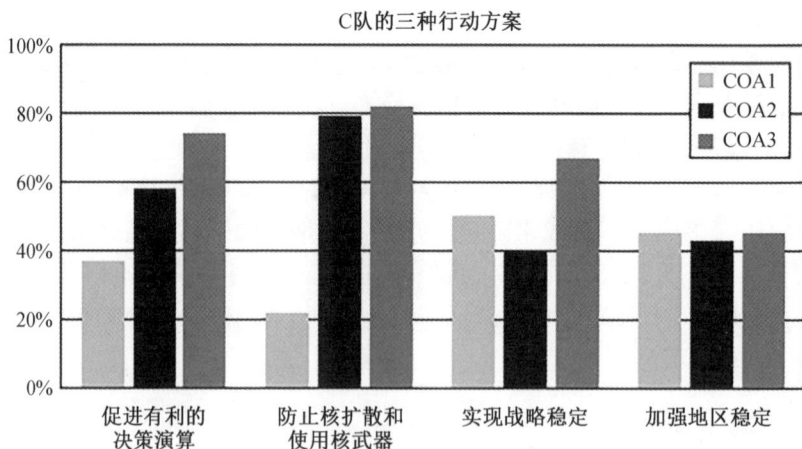

图40.5 行动方案对推演目标的影响

六、结论

战斗模型和空间模型等许多模型支持专业军事兵棋推演的特定方面。然而，随着标志级别的兵棋推演开始处理行动过程，不仅包括动态和非动态行动，而且涵盖外交、信息和经济行动。环境不再是一个孤立的战场，而是可能由非战斗人员组成，因此需要使用以不同建模语言表示的交互操作模型。这种需求让对多任务建模和元建模的基础和应用研究开始起步，以确保模型的交互操作的有效性。这种方法在过去15年里不断发展，并已被用于选定的多人军事兵棋推演中。

关于作者

亚历山大·H.李维斯是一位大学教授，也是电气、计算机和系统工程方面的专家，他的专长是控制系统。自1990年起，李维斯负责乔治梅森大学沃格瑙工程学院的系统架构实验室。2001—2004年，他担任五角大楼美国空军的首席科学家。1979—1990年间，他是麻省理工学院信息和决策系统实验室的高级研究科学家。李维斯毕业于麻省理工学院，他在麻省理工学院先后获得了理学学士学位（1963）、理学硕士学位（1965）、工程硕士学位（1967）和科学博士（1968）学位。

罗伯特·J.埃尔德从空军退役后，以中将军衔加入乔治梅森大学沃格瑙工程学院，担任研究教授。他拥有底特律大学的工程博士学位，曾担任（美军）中央司令部空军持久自由行动副指挥官，后来又担任空中作战中心指挥官和伊拉克自由行动空中部队副指挥官,以及第八空军(Eighth Air Force)和美国战略司令部全球打击部门的指挥官。罗伯特·埃尔德曾任(美军)空军网络作战的第一任指挥官,领导了空军网络空间任务的发展。他还曾经担任美军空战学院(Air War College)的院长。

第七部分　违规行为

第四十一章　非动态性博弈

——雷克斯·布莱恩

美国在战争期间,将一个新的术语写入了军事词典:"非动态"行动("nonkinetic"action)。与通过使用武器来摧毁敌人的"动态"(kinetic)行动不同,非动态行动是指军队可能采取政治、经济和社会行动,而不会直接试图攻击敌人。这可能包括从与地方官员的政治接触,到促进供水、卫生和保健服务的提供,一直到提高本国的一般能力与合法性的任何事情。当然,人们对战争中使用这些方法的关注也对兵棋产生了影响。

本章将通过三个不同群体的视角来研究"非动态性博弈"。首先是从国家安全部门的视角来看,主要是军方,但也包括情报部门和决策者。此处兵棋推演的目的是分析个人与机构的能力建设问题。第二个探索的视角是兵棋爱好者的视角,对他们来说游戏主要是社交互动和娱乐方式。对这一群体来说,随着当代冲突的性质发生变化,他们对这些问题的兴趣也在增强。最后,注意力将转向冲突解决、人道主义援助和社区发展。在这方面,推演作为一种培训和教育工具变得越来越重要。这些游戏并不是真正意义上的兵棋,因为它们并不打算模拟战争的动态。但它们确实是严肃的游戏,其中战争为玩家的决策提供了必要的背景。

一、赢得游戏:国家安全共同体的非动态维度

在军队中,兵棋推演的主要目的通常是分析、教育或经验实践(Burns,2013)。现代兵棋在19世纪早期首次出现在普鲁士军队中,最初的重点完全是致命军事力量的战术和实践运用。在很大程度上,这反映了当时的战争状况。当时,非动态化的行动几乎完全与战斗和战役的结果无关。正如冯·希尔格斯(von Hilgers,2012)所指出的,非动态化的行动也反映出现代兵棋推演的出现与军事科学的发展,以及对战争的数学可计算性的信念密切相关。因此,早期的兵棋游戏主要聚焦游戏中队形的大小、演习手册中规定的行军速度和开火速度,以及武器的估计精度和杀伤力。战争的社会和政治层面既难以量化,也难以用严格的规则来表示。

当然,在战略层面上军事理论和外交实践都一如既往地承认战争发生在政治背景下,而且是出于政治目的。颇有影响力的普鲁士军事理论家卡尔·冯·克劳塞维茨(Carl von Clausewitz 1976,87)曾有过著名的论断:"战争只不过是政策通过其他手段的延续",是"真正的政治工具";军事手段"永远不能脱离其目的而孤立考虑"(另参见Waldman,2013)。现代战争的工业化也意味着经济、运输和后勤等因素在军事行动的规划和实施中都非常重要。

尽管如此,兵棋推演还是相对缓慢地接受了非动态性的重要性。的确,民用运输网络在第一次世界大战之前就已经在德国的兵棋推演中得到了应用,特别是在德国部署计划的发展和面向西线(可能也包括东线)的开放行动中(Zuber,2002)。然而,战前的规划和兵棋推演缺乏对外交和政治因素的关注,政治局势被写进了剧本而不是由玩家和他们的选择所决定的。当战争来临的时候,这种未能探索不同政治背景和反应的失败可能是有代价的,因为对抗德国的实际配置和部队部署与许多兵棋推演中的假设是完全不同的。

二、政治—军事兵棋推演的兴起

战后,德国军事规划者试图解决这一缺陷。在现代军事兵棋发明大约一个世纪后,政治和军事元素第一次被整合到兵棋和兵棋玩法中。特别是德国在两次世界大战之间举行的一些兵棋推演中,外交人员被安排为主要的外交角色(Perla 1990,41-42)。日本人也在一定程度上采用了这种方法。然而,在英国、美国和其他国家中,兵棋推演仍然只用于探索或教授动态军事行动,这是狭义的构想。此外,并没有一个国家真正探讨过非动态行动如何有助于军事和政治上的成功。

正是在第二次世界大战结束后,这种"政治—军事"兵棋推演才得以在全世界,尤其是在美国完全兴起。这主要有两个原因。

第一个原因是运筹学(OR)的发展日益成熟。在第二次世界大战期间,运筹学在美国和英国已经相当成熟。运筹学证实了战争的许多动态方面可以被量化和建模。随着时间的推移,这扩展到,如部队结构、国防采购和新兴技术等其他可以量化的领域。计算能力的进步也促使运筹学的复杂性得以提升。然而,复杂建模的兴起也突显出人类决策的许多方面无法轻易地用算法捕捉到,尽管多年来我们付出了相当大的努力试图精确地做到这一点。相反,它要求推演将人类置于循环中,不仅是在军事角色中(就像自现代兵棋诞生以来的情况),还包括政治角色。

发展军事兵棋推演的另一个更加重要的原因是以政治竞争、代理战争和核威慑为特征的冷战时代的出现。一方面,人们害怕由于误判导致双方核毁灭,这种阴霾使理解危机表现方式更加迫切。另一方面,影响力、代理冲突、颠覆行动和非常规战争的重要性都强调了在国家安全博弈中考虑政治动态的必要性。

这方面的先驱是美国兰德公司。该公司的相关项目始于20世纪50年代中期,其试图通过角色扮演游戏来检验国家战略决策的政治因素。从20世纪50年代末开始,学者们也越来越多地使用这款游戏,部分是出于研究目的,但同时也作为一种教育工具使用。后者的一些早期例子——例如1959年在麻省理工学院举办的一系列比赛(Bloomfield and Padelford 1959)极大地影响了兰德公司和其他组织的工作,后来这些工作又反过来影响游戏作为教育工具本身。当时的几位重要学者都参与了这两项研究。

这些游戏的目的并不是评估政策选择或预测政治—军事未来,而是提供对"压力、不确定性,以及做出外交政策决定所面临的道德和智力困难"的经验看法(Goldhamer and Speier 1959, 79)。《美国参谋长联席会议兵棋推演手册》(*The US Joint Chiefs of Staff Joint Wargaming Manual*)(1969)这样描述这些兵棋推演:常规兵棋可以通过仔细测量物质、时间和距离因素来验证组织、装备和理论概念,而政治—军事兵棋推演则旨在教育和告知参与者政治、经济、心理、社会学和军事因素之间可能的相互作用。与兵棋推演一样,在政府中进行的一些政治—军事推演旨在帮助识别未来可能的问题和潜在的机会,并为改进作战计划和情报收集的要求提供场景材料。在政府内部,政治—军事推演也有额外的价值:它们加强了机构间的融洽关系,为行动层面和高级官员提供了相关的主流态度和思想信息,并补充了其他机构的研究工作。

政治—军事兵棋推演的特点是在模拟的冲突气氛中从敌人或盟友的伪视角来解释问题。它们提供了一种个体参与的感觉,提供了竞争的元素,最重要的是提供了一个无拘无束的、发人深省的环境。

大多数的政治—军事兵棋推演都采取了研讨会或自由游戏的形式(Jones, 1985)。在这种游戏中,双方都有一个书面的场景,然后两支战队开会讨论他们的选择。玩家们通常被分配扮演特定的组织或个人。然后这些战队会决定这些结果,并将结果报告给控制组或"白细胞",后者随后裁定结果,并将场景推进到下一个回合。裁决可以是定性的专家判断,或使用正式的计算模型,也可能是两者的结合。

尽管进行政治—军事兵棋的推演者中,围绕推演的成本效益,以及一些人是否可能过于重视其发现进行了激烈的幕后辩论(Levine, 1991),这些辩论确实产生了一些对危机行为的不确定性的见解。在许多这类兵棋推演中,扮演者往往很难理解彼此的信号。此外,战略决策往往既受到敌对各方之间沟通和威慑的动力的驱使,也受到协调行动者内部相互对立观点的需求的驱使(Schelling, 1987;Brynen, 2014a)。简而言之,正如埃里森(Allison)在他对古巴导弹危机的经典研究(Allison and Zelikow，1999)中所宣称的那样，国内政治和官僚政治，以及组织程序与国家在危机中，甚至可能在战争中的行为有很大关系。决策者的特质也很重要，这突显了将冲突或战争视为一种机械过程的局限性。

到20世纪60年代，甚至直到现在，无论是出于分析目的还是出于教育目的，危机兵棋在美国国家安全机构中已经相当普遍，其参与者来自军事和情报机构、国务院和其他机构(Wilson，1969；Allen，1987)。推演有时也面向高级国会工作人员甚至国会成员举办(McCown 2008)。在其他国家，此类危机兵棋推演的使用要少得多。苏联也在进行兵棋推演(Perla 1990，156-158)，但这些推演似乎侧重于苏联政策的军事执行层面，而不是将政治决策本身作为一个变量。大多数其他国家通常缺乏资源、智库或一定程度的国力来维持众多的政治—军事推演。

三、非动态性行为的博弈

在很大程度上，以这种方式将政治和政策制定带入兵棋推演，这符合克劳塞维茨的战争概念，即战争是一种用来追求政策目标的工具，而由此产生的观点是军事力量的使用必须根据这些更广泛目标的范围进行校准。然而，在克劳塞维茨的战争概念中，非动态性的其他方面完全是一种物理暴力行为，"一种迫使我们的敌人按我们的意愿行事的武力行为"(Clausewitz 1976，75)。并且，事实上，它同样也在许多军队的舒适区之外。具体来说，冷战的结束，以及部分国家对阿富汗和伊拉克进行干预的后"9·11"时代，凸显了如维和行动、维稳行动、反恐行动、反叛乱(COIN)行动或人道主义援助和救灾行动等军事行动的重要性，而非全面战争。解决这些问题需要进行兵棋推演，这涉及政治、军事、经济、社会、信息和情况的基础设施维度(西方军事术语为"PMESII")，以及国家权力和外交政策、信息、经济和军事(DIME)维度。它还需要检查军事力量可能采取的各种非动态行动。

美国军队在2006年《反叛乱手册FM 3-24》(US Army，2006)中强调了建立东道国政府的政治合法性的核心重要性，其中"政治因素是主要的"(US Army，2006，1-22)。因此，"反叛乱行动违背了美国对战争的传统看法"，因为"有时候使用的武力越多，效果就越差。有时候，一些最有效的反叛乱武器并不需要开火"(US Army 2006，1-26-1-27)。虽然美国反叛乱理论的后续版本(US Army，2014)重新将更多的注意力集中在武装行动的实施上，但它保留了这种观点，即合法性是关键，而非动态行动，是构建这一理论的关键部分。同样，美国军方关于稳定行动的主要理论指南《FM 3-07》(US Army，2008)强调了维稳任务需要承担或支援的许多重点任务，包括前战斗人员解除武装及重返社会、支持重建法制、恢复或提供民政服务、援助流离失所者、提供紧急粮食和其他紧急人道主义援助、支持公共卫生和教育方案、支持政府改革和执政能力建设，以及支持经济发展和创造就业机会。由于这些行动都不可能凭空发生，因此还需要对社会群体、文化、部落或民族身份、人口统计、社会和经济动态，以及地方政治等"人类地形"给予足够多的关注。因为维稳行动的大多数要素不是由军方直接执行，而是由国际组织、非政府组织，当然还有东道国本身等其他机构来执行。这类行动不可避免地涉及特别复杂的机构间和联盟的互动与协调。

如果要有效地将兵棋推演用于决策支持、分析、教育和培训，以应对当代国家安全挑战，那么所有以上这些问题都需要在专业的兵棋推演中进行解决。然而，一开始"（军事模拟和严肃游戏）工具就出现了巨大的空白，无法应对这种新威胁"（Smith 2009，154）。正如一项针对职业兵棋推手的调查所显示的那样：然而，当我们展望未来时，我们面临一些"邪恶的问题"。在这些问题中，各种政治、社会、经济、军事和其他类型的问题形成了一个充满不确定性的密集的灌木丛，我们必须整理一下……我们对常规战争相关问题的实际理解程度尚不清楚（并不是我们说服自己相信的了解程度），但我们可以达成一点共识，我们对不规则或非对称或第四代战争的理解远远比不上我们需要了解的程度（Perla and Markowitz 2009，56）。

专业军事兵棋推演也在努力调整。一方面是支持和平行动模型（PSOM）等复杂的计算模型的发展。这是一种基于计算机的维稳行动模型，由英国国防部开发，以支持部队发展、战役规划、军事训练和教育。和平支持行动模型是一个"派系对派系的、分步的、网状地理的、基于半智能体的模型。最初设计用于代表支持和平行动的一系列民事和军事方面"，使用"所有主要派系领导人在循环中的表示"。简而言之，它是一个计算机模型，其中人类玩家采取的行动作为输入，然后通过和平支持行动模型的嵌入算法转变成效果，从而为游戏的下一个回合提供部分或全部背景（Body and Marston，2011，69-70）。除了解决情报和"动态"军事行动外，该模型还解决了附带损害的影响、信息行动和战略沟通、人道主义援助、基础设施、人力资本、民众态度、安全部门改革、治理和合法性等方面的问题（Appleget，2011；Body and Marston，2011；Strong，2011；Warren and Rose，2011；Gaffney and Vincent，2011；Talbot and Wilde，2011）。与英国一样，美国也使用支持和平行动模型（主要用于反叛乱的教学），加拿大、澳大利亚和其他国家也正在评估其潜在效用。

还有更常见的，通过增加代表其他机构的玩家将非动态元素引入传统兵棋推演和军事演习中。用于引入推演发展的场景设计和"注入"，也可以用于探索冲突的政治、社会和经济维度。非动态行为和影响的裁决可以由"白细胞"成员进行定性（有或没有主题专家的参与意见均可），或者经济的某些方面和人类地形的某些方面可以使用比和平支持行动模型中发现的更有限的模型进行计算建模。这种整体方法的一个例子可以在瑞典军方的年度多国维京维稳训练演习中看到。该演习涉及了数十个非军事机构(Brynen, 2014b)。

现有的数字兵棋推演和模拟也进行了修改，以包含更多非动态和民用元素，尽管通常非动态和民用元素是作为背景而不是前景场景元素。波西米亚互动公司(Bohemia Interactive)的VBS2("虚拟战斗空间"2)和现在的VBS3战斗训练模拟已广泛应用于西方和其他国家的军队，且能够将平民与真实的外表和(玩家可编程的)行为结合起来。

美国的行动催生了许多有目的的、基于推演的教育软件的开发。这些软件的目的是在军队中教授关键任务的非动态性技能。虽然此类兵棋的开发成本相当高，但从军方的角度来看，基于软件的兵棋推演具有一些教育优势。它们促进了全球多个地区的标准化教学。事实上，这类兵棋甚至可以通过美国军方的军事推演门户网站更广泛地传播(US Department of Defense, 2010)。与手工兵棋和角色扮演演练相比，这类兵棋通常较少依赖熟练的辅助人员。玩家可以自我引导，并在推演中提供结构化反馈。

其中一个例子就是南加州大学创新技术研究院为美国陆军开发的训练兵棋《城市模拟》(UrbanSim)(Wansbury, 2010; Mockenhaupt, 2010; Peck, 2011)。从表面上看，这有点像流行的计算机游戏《模拟城市》(SimCity)，但这款兵棋的重点是学习有效地以人口为中心的反叛乱行动，其目标是"安全、有保障、密集的人口，这是自我维持和正常运作的东道国政府的基石"(McAlinden, 2008)。在《城市模拟》游戏中，单人玩家在一个模拟城镇中指挥美国军队，目标是提高当地的安全级别。虽然使用武力是其中的一部分，但更重要的是，模拟强调了此类行动的复杂非动态方面，包括指导东道国安全部队、情报收集、信息操作、改善基本服务、振兴当地就业、加强治理、尊重局部灵敏度。学生们被鼓励学习和管理各种错综复杂的影响基线，参与其运作领域的社会网络分析，并了解他们行动的非预期性，以及第二和第三级影响的重要性。该模拟包含在兵棋教程、一系列学习模块和推演后的汇报中。

创新技术研究院(ICT)制作的另一款培训类兵棋是ELECT BiLAT。这是一个双边谈判模拟器，玩家必须与3D模拟的当地领导人互动，以实现其使命——即探求为什么一个由美国援助建造的项目没有被当地人使用(ICT, 2012; Losh, 2010; 另参见本书中伊丽莎白·洛什的章节)。从本质上说，这是一款让战士们为战争做好准备的计算机游戏，但却没有任何动态战争元素，这与19世纪的普鲁士的军棋游戏截然不同。

军队中的兵棋推演，特别是那些采用数字模拟形式的兵棋推演，通常必须经过一些查证和核实的过程。查证是为了确保模型正常运行，也就是说，原始概念在模拟或游戏设计中得到了正确的执行。核实是确保它以期望的保真度和准确性水平模拟了它应该表示的内容。人们可能会希望一款兵棋能包含军事理论中提出的概念和关系,例如,以一种符合预期、得到批准的做法来处理近距离空中支援。如果一款兵棋的武器效果或冲突过程与现实世界不太相似,那么它就无法通过核实。

这在当代战争的众多方面是很难做到的。当然,有些东西,如武器系统的技术性能或后勤系统的能力,可能是众所周知的。然而,当兵棋推演和军事模拟面临非动态动作和效果的社会复杂性时,事情就变得更加困难了。可能要考虑的变量的数量是压倒性的。

当然,所有的兵棋推演都面临着准确性和精简性之间的权衡,并且必须调整模型的使用以适应特定的分析或教育需求——专注于某些领域,简化甚至忽略其他领域(Sabin,2012)。然而,在兵棋推演中建模非动态性还面临着一个额外的障碍,即这些变量之间的因果关系往往令人难以理解,它们与军事结果之间的关系也是如此。增加就业是否像大多数反叛乱原则所暗示的那样,降低了当地居民的不满情绪,从而减少了不法分子的支持者?还是增加了用于叛乱事业的可用资源的数量,并为共生和寄生筹款创造了机会?对这一问题的研究表明,这是一种相当复杂的关系,而且并不像军事规划者所设想的那样(Cramer,2010;Berman,2011)。在许多情况下,学者们根本就不同意工作中的因果关系学。

2007年,美国军队的增兵行动进一步说明了这些分析和建模方面的挑战。一些人认为,随后(暂时的)暴力事件的减少是由于军队力量的增强,也可能与反叛乱新战术的采用相关。然而,其他分析人士则认为,关键因素是稍早的“安巴尔觉醒”(Anbar Awakening)行动,当地民众的参与促使了圣战组织遭受打击。还有一些人强调,2006年爆炸事件后发生的广泛相似事件十分重要。那次事件减少了广泛存在的混合群体,并促使一些相关方建立了更加紧密的合作关系。当然,所有这些因素可能都在起作用。然而,国家安全部门未能就2006年年中至2007年年底期间暴力事件暂时减少300%的原因达成一致,这突显出要对这类兵棋推演充满信心是多么困难。

在这种分析具有不确定性的背景下,兵棋推演和其他军事模拟倾向于寻找因果关系的理论答案:如果学说表明动态性和非动态性之间存在一定的关系(例如,FM 3-07和FM 3-24强调通过政府合法性击败不法分子,并通过就业和政府服务建立合法性),那么,在军方看来,这就是游戏应该描绘的内容。“视情况而定”或“我们不知道”不是军事训练通常试图传达的信息。

建立在学说确定性之上的兵棋推演在鼓励军事人员质疑先前的假设,并根据其自身的社会和政治价值来对待每一个个案方面可能效果不理想,甚至会适得其反。然而,学者批评和质疑的态度是必需的。正如曾经在战时所做的工作明确表明的那样,当地的冲突动态往往与联军部队根据其事先的计划和训练所认为的情况大不相同(Ledwidge,2011;Martin,2014)。意料之外的二级和三级效果可能会让士兵们感到困惑,因为他们所接受的训练(无论是基于游戏还是其他形式)已经让他们做好了应对更简单因果关系的准备。此外,这个问题并不局限于军事人员。越来越多的研究表明,国际组织和非政府组织,即建设和平、稳定和镇压叛乱的关键伙伴,也可能无法完全理解复杂的因果关系网,也可能因未能充分认识到他们的观念和亚文化在多大程度上会在实地产生意外和反常的后果而遭受损失(Aoi,2007;Auteserre,2014)。

四、游戏体验：兵棋爱好中的非动态维度

就像其专业军事对手一样,兵棋爱好者也对政治、社会和经济因素在军事冲突中的作用保持警惕。然而,业余爱好者的游戏需求层次与专业人士截然不同。具体来说,与专业军事兵棋主要的分析、体验或教育目的不同,商业业余兵棋需要具有娱乐性——毕竟,这是玩家购买和体验游戏的主要目的。对某些玩家来说,游戏的乐趣可能来自对军事历史或潜在未来冲突的描述,以及这些描述的真实性。然而,另一些人可能会优先考虑游戏体验而不是现实性,特别是社交方面,就像兵棋《树丛》(Woods)(2012)所展示的那样。在后一种情况下,战争可能只是提供了游戏的主题设置,而游戏机制并不能代表真正的冲突。这些差异持续推动冲突模拟游戏(强调历史准确性的冲突模拟游戏)的粉丝和欧洲兵棋(更偏向带有优雅和吸引人的游戏机制的不太复杂的游戏,如更流行的"欧洲游戏"类别)的粉丝之间进行关于"什么是兵棋游戏?"的争论。

兵棋玩家也普遍喜欢主动战争的娱乐,而不是非动态作战。值得注意的是,在联合国维持和平行动60多年和进行了70多个联合国维持和平任务之后,业余兵棋网站Boardgamegeek只出现了两款围绕这个主题的兵棋——《索马里干预》(Somalia Interventions)(1998)和《全球挑战》(Global Challenge)(2001)。其中,后者是为荷兰武装部队开发的,没有实质性的商业用途。最近出版的《现代战争》(Modern War)期刊上的几款兵棋也说明了这一点。《索马里海盗》(Somali Pirates)(2013)基本上避开了描述那些相当平庸的举措(改进通信和配合,为商船配备防登船装置和防海盗堡垒,在船上部署武装私人保安人员,确保区域各国同意起诉被俘海盗,并制定商定的标准和最佳做法)。这是印度洋反海盗行动的特点,有利于设想未来加强海军、空军和地面军事行动。《科索沃:电视战争》(Kosovo:The Television War)(2014)并没有描绘1999年那场带有人道主义危机和政治限制的战争,而是一场更有动力的"假设"场景,即一场大规模的陆地战役。

也就是说,业余兵棋通常会将重要的非动态元素整合到游戏设计中。例如,经济生产、资源管理甚至技术投资都是许多战略级业余兵棋的关键元素。

在许多兵棋游戏中,玩家还需要参与外交和政治行动,以确保潜在盟友的支持,这些盟友的态度会在游戏中进行追踪和调整。例如,《利比里亚:堕入地狱》(*Liberia*:*Descent Into Hell*)(2008)允许玩家追踪该地区国家、外国援助者、非政府组织,甚至各种不法分子的态度。

政治、社会和经济事件通常通过随机事件或其他机制进入游戏。卡牌驱动游戏(CDG)特别适合描述非动态事件。

颇具影响力的棋盘兵棋《晨昏对峙》(2009)就是一个很好的例子。这款游戏审视了冷战时期玩家主要参与的扩大(政治、经济和军事)影响力的非动态活动。玩家卡牌描绘的历史事件从小规模战争和重大危机到"美国之音"、穿梭外交、粮食销售,甚至约翰·保罗二世的当选。每张卡牌都有相应的游戏效果。因为这些效果对于每张卡牌来说都是独一无二的,所以游戏本身并不需要为所有非动态动作和效果设置通用规则。相反,玩家只需要在游戏过程中阅读卡牌,并按照卡牌上的指示去做。卡牌也可以作为叙述工具,描述一段正在展开的非传统历史,在这段历史中许多真实世界的事件发生了,但顺序不一定相同,结果也不一定相同。

不出所料,这种机制已被用于探索其他政治—军事冲突。《1989:自由黎明》(*1989*:*Dawn of Freedom*)(2012)检视了通过建立政权支持并参与权力斗争,以推翻或维持统治的做法。《迷宫》(*Labyrinth*)(2010)使用卡牌驱动游戏机制描述了"9·11"事件后"全球反恐战争"的关键要素,从无人机袭击和《爱国者法案》到神学辩论。虽然游戏包含许多动态元素——不法分子通过袭击和组织阴谋破坏治理,而军队可以击败不法组织,但游戏的核心还是一场非动态的"思想战争"。由沃尔科·鲁恩克(Volko Ruhnke)和格林尼治标准时间游戏公司开发的反叛乱系列游戏使用了一个非常不同的、基于卡牌的系统来探索下列游戏中的叛乱和反叛乱,包括古巴(《自由古巴》(*Cuba Libre!*)(2013))、越南(《湖中火》(*Fire in the Lake*)(2014))、哥伦比亚(《安第斯深渊》(*Andean Abyss*)(2012))和当代阿富汗(《远方的平原》(*A Distant Plain*)(2013))。非动态元素在玩家所使用的卡牌和他们可能采取的基本行动中再一次占据了显著地位。根据游戏的不同,非动态行动包括诸多类型。对许多玩家来说,赢得民众的政治支持是关键,而军事力量只是实现这一目标的众多手段之一。

五、政治兵棋推演

正如前面的讨论所指出的,在叛乱、反叛乱和革命等博弈中,非动态因素常常占据显著地位。这不足为奇。正如我们所看到的,当代西方反叛乱原则相当重视通过改善治理和提供服务增强政治合法性。

越南兵棋常常是这样的，比如2010年发行的《心灵与思想》(*Hearts and Minds*)——尽管它的名字叫《心灵与思想》，但它对模拟越南人的思想几乎没有帮助。另一方面，一些以反叛乱为主题、强调非动态行动的游戏目前也跻身最高等级的兵棋之列，如《远方的平原》(*A Distant Plain*)目前排名第36位，《安第斯深渊》(*Andean Abyss*)、《迷宫》(*Labyrinth*)和《自由古巴》(*Cuba Libre!*)均进入前50名。

除了前面提到的兵棋外，还有一些用以解决政治、经济和社交动态的原创兵棋游戏机制脱颖而出。《越南：1965—1975》(*Vietnam:1965-1975*)中有一个系统，部队和领导人被指定了派系和政权忠诚等级，甚至可能支持某些行动。因此，美国的战略不仅包括主要的动态因素，而且还试图通过影响部队军官团的组成和态度来稳定政权。布雷恩·崔恩(Brain Train)的《阿尔及利亚》(*Algeria*)(2006)强调了宣传、城市抗议和反叛乱情报收集，以及动态行动的重要性。他的设计被用于美国中央情报局关于反叛乱的教学，也被美国国防部改编为《阿尔杰农》(*Algernon*)——这是一款探索非常规战争的循环作战游戏(Ottenberg,2008)。这被用来帮助改进游戏场景，以及训练分析师。乔·米兰达(Joe Miranda)在《尼加拉瓜》(*Nicaragua*)(1988)中的设计包括一个创新系统，将政府和游击队所采用的政治计划与关键社会群体的态度联系起来，并将心理战作为冲突的关键部分。尽管描绘了一个类似星球大战的拥有叛逆星球的宇宙，而不是任何现实世界中的事件，《银河中的自由》(*Freedom in the Galaxy*)(1979)也值得特别关注，因为它代表了示范效应和身份政治在革命政治动员中的重要性，以及将干部级别的秘密行动完全整合到更大战略游戏中的能力。

《现代战争》(*Modern War*)期刊制作了几款针对近期或可能(或不太可能)在近期将要发生事件的兵棋。其中一些，如《伊拉克决策》(*Decision Iraq*)(2013)，使用了约瑟夫·米兰达设计的战斗系统。这将动态性(常规军事)攻击、游击战和"公民行动"区分开——后者代表了政治影响和服务交付等方面的努力。每支部队都使用不同的战斗结果表，有些部队在执行游击战和公民行动时具有优势。米兰达设计的其他现代游戏表明，引出这一主题可以有多种不同的方法。《巴格达之战》(*Battle for Baghdad*)(2009)当然涵盖了非动态行动，甚至还包括参与者(其中包括"非政府组织"玩家)，但从许多方面来看，它是一种欧洲游戏类型的多玩家抽象，与实际冲突并无多少相似之处。《坎大哈作战旅司令部》(*BCT Command Kandahar*)(2013)虽然不一定是基于实际的战争，但它给玩家以更好的反叛乱行动的体验感，包括规划和军民合作的重要性相关内容。玩家所追求的目标也可能因回合而异，从而在更高层次的战略不确定性中决定了作战规划的挑战性。

非动态性动力在军事政变中也占有重要地位。然而，很少有游戏将此作为设计的核心元素(Train,2011)，大多数游戏都是出于娱乐而非模拟目的。一个罕见的例外是模拟出版公司的《刺杀希特勒的阴谋》(*The Plot to Assassinate Hitler*)(1976)。尽管这款游戏在描述政治阴谋时大量借鉴了模拟出版公司的传统动态性游戏,即使用了六角格地图来描述空间和抽象关系,部队被分级为攻击和防御,甚至还增加了控制区,但尽管如此,它在许多方面仍旧都是创新的。事实上,它可能太过于创新了,在游戏玩家中从未很受欢迎。

六、数字战争与政治

到目前为止,本章对非动态兵棋的研究主要集中在非数字兵棋上,以战争为主题的计算机和电子游戏给这个行业增添了什么?

经济生产问题确实出现在许多即时战略(RTS)兵棋中,并且是整个4X系列(探索、扩展、开发和消灭)数字游戏的核心问题,如《文明》(*Civilization*)系列。许多现代第一人称射击(FPS)数字游戏的场景包括政治阴谋、叛乱和人道主义危机。他们很少以任何动态的方式来探索这一点,相反,它主要被用作故事背景的一部分,在故事背景中,玩家会把事情搞砸。事实上,这些玩家可能搞砸得太多,红十字国际委员会抱怨许多第一人称射击游戏未能再现国际人道主义法(ICRC,2013)对军事行动施加的限制。一个罕见的例外是《我的战争》(*This War of Mine*)(2014),这是一款类似第一人称射击游戏的兵棋,玩家扮演的角色是试图生存的平民,而不是试图杀人的战斗人员(Sterrett,2014)。

一些数字兵棋在模拟战争中微妙的政治关系方面非常在行。中世纪大型战略《十字军之王Ⅱ》(*Crusader Kings* Ⅱ)(2012)便是最好的例子:尽管动态战争是游戏的关键元素,但政治阴谋、家庭关系、战略联姻和建立联盟则更为重要。一个典型的游戏可能包括模拟数以万计的关键贵族和其他个体,以及他们对彼此的态度和他们之间的关系。《热带》(*Tropico*)并不是一款兵棋,而是一系列轻松愉快的"香蕉共和国"模拟游戏,玩家在游戏中扮演一个虚构的拉丁美洲岛屿共和国的独裁者,模拟各个派系和公民的政治偏好,以及他们对政府政策的相应反应。在某些情况下,反叛组织可能会发动袭击,或者军方可能会发动政变。

这两者在许多方面都代表了一种商业娱乐应用,即社会科学家、一些国家安全模拟,以及像《城市模拟》这样的严肃游戏使用的基于计算代理的建模,以理解个体参与者的聚合行为如何塑造更复杂的系统和过程。类似的方法越来越多地出现在政治和地缘政治模拟器中,如《世界大师》(*Masters of the World*)(2013),其中国家和个人决策者都对其他人的行动做出动态反应。

数字游戏产业的大规模增长对专业军事兵棋和模拟的发展以及对兵棋这一爱好产生了重大影响。普通计算机或视频游戏玩家可用的计算能力呈指数级增长,并由此产生了更大的模拟复杂情况的能力。动画、图形图像和虚拟现实的真实感也有了相应的改进。在军队内部,许多人越来越能够从数字角度理解兵棋。毕竟,在软件可以做这么多事情的时候,为什么还要使用纸张或纸板呢?

然而,这种技术革命也带来了许多挑战。如果设计师不小心将模拟设计得过度复杂,很容易打击玩家,玩家可能无法对工作中的大量因果关系进行概念化,从而在试图决定最佳行动方案时感到沮丧。也许有一些业余游戏玩家、兵棋玩家和电子游戏玩家希望在某种程度上扮演上帝,能够让军队发生冲突,并通过自己的战略和战术选择来决定结果。他们不想陷入现实混乱的社会、经济和政治环境中,在那里很难迅速实现明确而重大的变革。从教学的角度来看,软件将关系隐藏在计算机代码的黑盒子中,这使玩家很难知道、理解或批判性地评估模型所基于的假设。图形图像的真实感越来越强,这可能会让用户忘记,他们沉浸其中的虚拟世界可能是基于不确定的分析假设(Turkle,2009)。最后,一些职业兵棋推演者表达了他们的担忧,即当代数字游戏和游戏文化会创造即时满足的期望,并鼓励玩家在严肃游戏中进入一种"不惜一切代价取胜"的玩家模式,这可能会干扰学习过程(Perla and Markowitz,2009,83;Frank,2012)。以上所有意见都没有否定数字游戏对模拟战争的非动力学方面所做出的巨大贡献,但确实提出了一些需要解决的问题,因为数字娱乐对专业用途的严肃游戏产生了越来越大的影响。

七、为和平而生的兵棋：和平建设、人道主义与兵棋开发

近年来,人们越来越多地利用兵棋来解决弱势国家和受冲突影响国家的和平建设、人道主义援助和长期发展等问题(Hockaday,2013;Brynen and Milante,2013)。大多数此类兵棋本质上都是教育性或体验性的,旨在构建团队和个人应对复杂挑战的能力。通常,这类兵棋试图强调在真实或潜在战区作战时的困难,但不会使参与者面临风险。和专业的军事兵棋推演一样,最好是在没有人员伤亡的模拟冲突环境中培养技能,并从错误中学习。

然而,大多数这方面的研究并没有将兵棋推演作为一种爱好或职业来追溯其根源。相反,主要的概念影响是军事和灾难反应演习、谈判角色扮演,以及对电子学习和数字游戏越来越广泛的关注。

就前者而言,许多人道主义机构为人员制定了培训计划,类似于军队、警察和紧急服务部门的实地演习。这些活动通常采取"技能训练"的形式,要求参与者在类似于可能实地遇到的一些困难条件下应用他们获得的知识,包括政治紧张局势、敌对民兵、协调问题,甚至是使行动复杂化的无能官员或非政府组织(典型例子参见McCabe,2013)。通常这样的演习至少有一部分是预先准备好的,以确保参与者接触到全部所需的训练内容。因此,它们缺少"游戏"元素,因为参与

者所做的选择可能不会完全决定序列或结果。这类活动还常常起到一种社交功能,将利益相关者聚集在一起,"更好地了解个人性格,以及他们如何在真正的紧急情况下更好地合作"(Hockaday,2013,3)。

参与和平与稳定行动的国际机构也调整了传统的军事指挥和地图演习(Brynen,2014b)。联合国以虚构的卡拉那国为基础,为维和人员和其他联合国人员提供了一系列演习和培训模块。其中包括该国的地图,对该国历史、经济、社会和政治的全面描述,以及解决冲突分析、任务规划、军民协调、保护平民和基于性别的暴力等一系列主题的培训模块。非洲联盟也使用了经过修改的以卡拉那为基地的演习,以发展一支有能力执行区域稳定任务的非洲应急部队(African Standby Force)。这种演习的重点通常是侧重计划方面,而不是与适应性对手的互动。

谈判练习长期以来一直被用于培训法律和管理专业的学生,现在也经常被用于培训冲突的管理和解决(Kumar,2009;USIP;PILPG)。在某些情况下,角色扮演游戏甚至被用来帮助人道主义机构规划未来(Brynen,2013a),或者帮助那些积极参与冲突的人找到双方都能接受的政治折衷。这些类型的兵棋通常更像角色扮演游戏而不是业余兵棋,尽管其基本关注点仍然是冲突和解决冲突。世界银行也使用同样的基本方法向工作人员传授有关冲突影响的弱势国家的发展。与联合国和其他机构一样,世界银行的兵棋也是基于相同的卡拉那虚构背景下的角色扮演。也许这类模拟中规模最大、最复杂的就是麦吉尔大学(McGill University)使用了10多年的、为期一周的"布莱尼亚"模拟(Brynen,2010)。在该模拟中,100多名学生不仅扮演政府和不法分子角色,而且还扮演救援人员、记者和平民社会组织等角色。

人们对电子技术学习的日益关注(Wills,2011)也对游戏冲突解决、人道主义援助和冲突地区的发展产生了影响。例如,《国家X》(Country X)(2009)是哥伦比亚大学开发的一款教育兵棋,学生在游戏中通过采取各种预防措施来避免暴力和大规模暴行(Harding and Whitlock,2013)。这方面的教育软件可以采取多媒体的、"选择你自己的冒险"型游戏的形式。在这类游戏中,玩家的选择决定了他们接下来要面对的剧情。这种形式也应用于宣传和提高认识。例如,网页游戏《叙利亚的1 000天》(1,000 Days of Syria)(2014)就探索了内战问题。由于这种多媒体教育工具在商业中已经很常见,现在还有一些软件包来支持创作和出版。免费的在线应用程序也可以让你创作更简单的、基于文本的"冒险"(Brynen,2013c)。

为什么兵棋推演与旨在解决战后缓解、影响和恢复的严肃游戏的发展几乎没有关系呢? 可能有如下几个原因。

一方面,正如之前所提到的,许多业余兵棋玩家更喜欢游戏中的动态元素而非非动态元素,这既是出于对军事历史和硬件的兴趣,也可能是因为这类游戏的某些游戏学特征(竞争、冲突、明显的赢家和输家)。确实,有证据表明,历史桌面兵棋玩家倾向于拥有略高的社会支配倾向(Vela,2013),这是一种等级偏好的心理测量方法,已经被证明与非利他主义、权力寻求行为相关。

另一方面原因与这些不同群体之间的互动有关,换句话说就是缺乏互动。许多专业的军事和国家安全推演者也是兵棋游戏玩家,许多商业和业余兵棋设计师都曾在军事领域工作过。相比之下,坊间证据表明,业余兵棋玩家在兵棋开发和人道主义团体中所占比例非常小。如今,绝大多数联合国维和人员都来自发展中国家,在这些国家中,业余兵棋要少得多,军事兵棋推演可能也不发达。

如果人道主义工作者曾经有过严肃游戏的经验,他们可能就会更熟悉医疗和灾难模拟,以及实地演习。虽然军事和国家安全推演者越来越多地呼吁人道主义和其他非动态性主题的专家尝试兵棋推演,但在培养持续的联系网和持久关系方面的努力有限。每年一度的英国跨学科兵棋联系会议是一个罕见的例外,并试图与那些参与游戏中的非动态性冲突的人接触(Brynen,2012;2013a)。他们还鼓励职业兵棋玩家思考如何布置非动态的军事行动,如人道主义援助和灾难救援,这一过程催生了一款游戏《余震:人道主义危机游戏》(*AFTERSHOCK: A Humanitarian Crisis Game*),这现在被用于培训大学生、人道主义援助工作者、军官和维和人员(PAXsims,2015)。

和平建设和人道主义团体也主要将游戏作为一种教学和学习技巧,而不是将其作为一种分析工具。这在一定程度上是出于实际原因——援助机构和非政府组织很少能够腾出时间和资源来进行复杂的分析博弈。然而,这也可能是由于对严肃分析游戏技术不熟悉,对于这项技术来说,兵棋群体之间进行更专业的互动也可能会产生显著的收获。

八、结论

正如本章所展示的,在现代兵棋中对冲突的非动态维度的描述已经变得越来越普遍。在国家安全领域的专业兵棋推演中,这反映了对政治在国家安全决策中重要性的认识,对当代军事行动中社会、经济和政治背景的重要性的认识,以及对非动态行动在实现军事和政策目标中的作用的认识。然而,军事兵棋在呈现复杂的动态方面遇到了困难。通常,人们只能部分地理解其中的动态。有时,军事兵棋推演的回应是坚持教条上的自信,而不是鼓励那种批判和质疑的态度,而这种态度或许能让士兵和政策制定者为未来在未知地区的战争做好准备。正如美国前国防部长罗伯特·盖茨(Robert Gates)于2014年指出的那样,过于相信战争的可预测性是一件危险的事情:"太多的人,包括国防专家、国会议员、行政部门官员都在预测战争。对于普通的公民来说,战争已经成为一种无痛、无味、不流血的可视游戏或动作电影。但我在五角大楼的经历让我对系统分析、计算机模型、博弈理论或教条更加怀疑,这些理论认为战争不是悲剧、低效和不确定的"。

在兵棋爱好者中,大多数玩家仍然强烈偏爱具有战争摧毁性的坦克营的动力方面,这似乎比空投救援物资、与东道国的腐败斗争、修复电网或与部落领袖喝茶更有趣。然而,特别是在最近几年,已有一些创新的手工兵棋出版,基本上解决了非动态性问题。它们除了游戏价值,还提供了一系列机制和理念,能够启发未来的游戏设计,这与詹姆斯·邓尼根经常引用的《兵棋游戏设计第二规则》(*Second Rule of Wargame Design*)中的"剽窃"相一致(Dunnigan 2000b,147)。尽管这也存在一些潜在的缺陷,但是数字游戏还是提供了新的模拟复杂非动态的可能性。

最后,那些最关注战争的非动态方面和后果的人,即人道主义和开发工作者,以及那些从事冲突解决的专业人士越来越关注严肃游戏对培训、教育和机构能力建设的贡献。然而,这其中很少涉及专业的军事兵棋推演,甚至更少涉及兵棋爱好。

从分析角度来看,这表明知识群体和游戏谱系在游戏的使用和进行中发挥有趣的作用。实际上,这表明对这些问题感兴趣的各类玩家之间的更多互动可能会带来相当大的益处。

关于作者

雷克斯·布莱恩是加拿大麦吉尔大学的政治学教授,也是冲突模拟网站PAXsims(www.paxsims.org)的联合编辑。他以独立作者、合著者、编者和联合编辑的身份出版了11部关于中东政治、和平建设方面的书籍,其中包括《超越阿拉伯之春:阿拉伯世界的威权主义和民主化》(*Beyond the Arab Spring:Authoritarianism and Democratization in the Arab World*)(2012)。此外,布莱恩还曾担任加拿大外交部政策工作人员、内阁办公室的情报分析员,以及作为各国政府、联合国机构和世界银行的冲突和发展问题的顾问。

第四十二章　有人居住的模型和非常规战争游戏：美国国防部进行教育性和分析性兵棋的一种方法

——伊丽莎白·M.巴特尔

兵棋设计的一种方法是将兵棋视为描述冲突方面特定模型的实例。基于这种理解，兵棋设计师试图构建一个"沙盒"，将玩家置于一个人造世界中，无论是在概念上还是形式上，其中的角色、环境和规则尽可能与模型中的角色、环境和规则保持一致①。在与实践者合作时，这种兵棋设计的方法尤其有效，因为它将实践者对关键问题的直觉和经验理解与学术模型和理论提供的更抽象的理解联系起来。本章将简要描述这种兵棋设计的方法，并讨论如何将其用于教育和分析用途。

为了说明这种方法在实践中是如何发挥作用的，我研究了美国国防大学（NDU）应用战略学习中心（CASL）为支持美国国防部国际安全事务学院（CISA）而制作的兵棋实例。该学院面向来自美国及其盟友国家的、处于职业生涯中期的国家安全专业人员，旨在教授战略层面的反恐和非常规战争方面的知识。通过选择为同一组织所做的兵棋，即研究国家如何更好地对抗西非的非常规威胁。我希望将重点放在一件事情上：即理解作为模型实例的兵棋是如何根据游戏目的改变游戏形式的。

首先，我们必须理解这种兵棋定义与美国政府兵棋推演者使用的其他常见定义有何不同。兵棋通常被定义为"不涉及实际军事力量的战争模型或模拟，其中的事件流受到玩家的影响，反过来又影响玩家在这些事件过程中所做的决定"（Perla，1991）。然而，将兵棋视为模型的实例化或具体案例中的代表往往比将其视为模型本身更有帮助。由于游戏具有很强的叙事性，很少能看到脱离时间和地点特殊性的兵棋。这意味着兵棋通常不能像许多模型那样推广。借用一个社会科学的比喻来说，兵棋并不等同于学者的冲突模型，而是作者用来说明或测试其模型的案例研究。

但我认为兵棋是一个模型的实例。在这个模型中，关键独立变量（或输入）、因变量（或输出）或以上两者都是人类的决策。基于这种渲染，兵棋也可以被宽泛地理解为包含：环境、角色和规则三个元素。环境描述了会受模型影响的有形或无形的景观。行动者（或者更多情况下是许多行动者）是试图影响环境的决策实体,游戏玩家将通过分配给他们的角色来代表环境。最后,规则列出了行动者在做决策时依据的因果机制,以及这些决策将如何影响环境。

对于兵棋和模型之间关系的理解不仅对游戏设计师很重要,他们在宣称自己的游戏发现比单个案例更有权威性时应该谨慎,而且对塑造参与者与游戏的关系也很重要。无论兵棋是分析型还是教育型,兵棋设计都应该创造一个空间,让参与者能够以特定和具体的方式与模型进行互动。当玩家对现象的理解是基于体验而非抽象模型时,互动便是游戏中非常有价值的元素。这有时被称为"混血"知识(Scott,1990):即通过个人经验学到的隐性知识。

如果这个兵棋的目标是教育,设计师的目的是让参与者首先通过展示来询问和吸收模型,那么问题包括:首先,一个模型所描述的世界是如何运作的;第二,虚拟世界如何与现实世界平行,让游戏中所学到的知识在现实生活中有所帮助。基于这一前提,所有游戏设计选择的目标都是将游戏环境、玩家角色和游戏规则的关键元素与模型的关键方面——环境(或背景)、参与者和机制相结合。在实践中,这通常需要兵棋设计师选择一个冲突现象的真实或虚构例子,并以与模型一致的方式描述每个元素。

举个具体的例子,教育类兵棋《连通阴影》(*Connected Shadows*)就是根据国际安全事务学院教授的一些理论描述了当前的非常规冲突。课堂模式强调了两种基本类型的暴力非国家行动者:一种是拥有大量民众支持的人,他们使用暴力作为实现政治目标的手段;另一种是缺乏支持的人,他们依靠暴力并以之为目标。然后,该模型将注意力集中在不满情绪的作用上,特别是那些根植于政治、经济、社会、历史和地理不平等的不满情绪,以及这些不满情绪在激励民众拿起武器方面所起的作用。接下来,该模型着重于国家政府和非国家行为者的预期最终目标,每位行为者如何寻求实现这些目标,以及可用的工具是什么。这不仅是为了揭示每位参与者的策略,也是为了揭示哪位参与者的行为没有被另一位参与者有效反击的情况。最后,分析了威胁团体和政府的公共叙事。基于这一评估,一项战略被设计来对抗威胁集团,通过识别和打击敌人的重心,纠正引发不满的政策,确定政府对抗不法分子的战略,并发展一段有效的反叙事。

通过对非洲萨赫勒地区非常规战争的案例研究,以及研究马里、阿尔及利亚和尼日利亚的政治,《连通阴影》被制作了出来,以实例化该模型。《连通阴影》是一款研讨会风格的兵棋,这意味着兵棋玩法是由玩家之间的讨论组成,而不需要骰子、纸牌、棋盘或专门的计算机界面等正式机制的帮助来重现模型的动态。相反,这个模型表现在提供给学生的有关环境的信息、为游戏的每个部分列出道路规则的说明,以及对学生在游戏中扮演的角色的描述。然后,学生们通过扮演他们被分配的角色参与讨论,以确定集体分析的结论和期望的行动,然后体验该游戏。最后,这些内容在幻灯片简报中正式公布,以便与其他小组分享。

在演习之前,学生们被要求将重点放在尼日利亚、阿尔及利亚或马里,并对他们所分配的国家及其如何受到持续冲突的影响进行了大量的初级教育。虽然这些文件包括几张地图和对该国地理的简短描述,但更多的注意力放在描述关键的社会结构、政治制度、经济状况和历史叙事上。此外,每个部分中的信息都经过精心筛选,以突出与国际安全事务学院模型强调的相同的问题对于理解冲突同样重要。例如,马里政治的讨论集中在被视为助长冲突的重要因素的动态上,如军队的实质性政治角色和北方少数民族的有限特权,而不是以一般文章的方式呈现政治局势。因此,预读材料不仅建立了一种作出决定的环境,而且还让学生意识到在基于不满的政治暴力模式中,那些被视为特别突出的问题。

在推演的第一天,通过一系列备忘录,学生们了解了他们的角色和游戏规则。这些文件列出了在每个国家发生的一系列虚构的安全事件,这些事件被描述为一种催化剂,促使阿尔及利亚、马里和尼日利亚政府对各自应对政府威胁的战略进行系统性审查。为了达到游戏目标,这些文件还告诉学生根据他们的个人经验和以前的教育情况,他们被选定为其指定国家的战略审查提供咨询意见。他们的任务是对冲突进行分析,并提出使用国际安全事务学院模型应对暴力的行动方案。

在推演的第一天,学生们以小组形式工作,准备一份简报,介绍他们对冲突的评估情况和建议为其指定国家采取的行动方针。在旁观者看来,每个研讨室都像是一个失控的教室,学生们一边辩论一边制作简报幻灯片来传达他们的分析和建议(学生们合作提出建议展示见图42.1)。

图42.1　学生们合作提出建议展示

第二天和第三天的推演形式大致相同,但是其中有一个主要变化。第二天,学生们被要求改变他们所扮演的角色。第一天,学生担任政府的顾问角色,第二天，他们改变角色，为挑战政府的威胁组织领导人提供建议。因此，并不是使用一个预先设定的场景或主题专家小组来决定接下来会发生什么，而是学生自己作为比赛裁判，决定威胁组织在政府的初始行动后会做什么。在演习的第三天，也就是最后一天，学生们切换回扮演政府顾问的角色，并能够根据在前一个行动中扮演威胁组的角色预计将发生的情况，更新和确定政府的策略。然后，学生们将他们的发现提交给教员小组以获得反馈。

与传统的角色扮演游戏、棋盘游戏或更严格的电子游戏、计算机游戏世界相比，上述描述的事件似乎极其松散。然而，游戏的每个元素都被设计成与国际安全事务学院模型中强调的环境、角色和规则相一致。这一点在模型的关键环境因素在游戏中的表现方式上尤为明显。而侧重于传统战争环境的游戏主要代表的是自然地理，国际安全事务学院的非常规战争模型主要关注的是社会结构和人口偏好（在军事圈中称为人口中心视角）。

因此，传统的第二次世界大战战斗兵棋可能会将环境呈现为描述某个地理区域的山丘、道路和森林的地图，而《连通阴影》的环境则专注于通过书面文件构建每个国家的社会视图。

国际安全事务学院的模型和它在《连通阴影》环境中的实例间的并行性可以在角色方面得以见证。在演习过程中，学生们扮演了模型中的两个主要角色：国家政府和使用暴力来破坏政府的组织。游戏的分析水平和动机也与最初的模型一致。例如，在政府中，学生被要求推荐一个整体的政府战略，而不是建议政府的一个亚战略，这符合模型对综合国家方法重要性的重视。同样，游戏材料认为政治暴力的非国家使用者的动机深深植根于不满情绪中。这种对威胁集团动机的描述促使学生们将分析重点（不管正确与否）放在基于不满的冲突因果模型上，而不是考虑竞争模型。

最后，游戏规则可能是游戏中所有元素的国际安全事务学院模型的最直接实例。学生们被要求使用教师在课堂上用来提示冲突分析的提示问题以完成他们的分析。这些问题使学生着重于确定对国家威胁的性质、冤情在激发参与暴力行为方面所起的作用、非国家行动者的活动在哪些领域没有得到国家的有效反措施，以及叙述在形成公众支持方面的作用。此外，当玩家在游戏的第二天和第三天扮演不同的角色时，他们决定自己行动的结果，而不是由外部团队决定玩家团队策略的效果。这些游戏元素的设计是为了让玩家更充分地融入模型中，从而提高他们对模型所提出规则的理解。

与《连通阴影》的教育模式不同的是，如果游戏的目的是分析，那么设计师就会帮助参与者在游戏中实例化自己的模型（通常是精神上的和不明确的），以提高和传播对现象的理解。虽然游戏元素的结构可能与教育类游戏类似，但分析类游戏的目的是为批评创造空间，以便基于参与者的体验完善游戏中的模型。

因此,分析型游戏设计师的目标是提供一个比较点,让参与者对特定冲突方面的直觉心理模型(他们可能无法直接表达)进行比较。当在一个小组中进行时,这是一个特别有用的方法,可以通过创建一个参与者不直接归属的共同参考点来突出参与者对问题的理解差异。

这种方法的例子是《散射光》(Scattered Lights),它是国际安全事务学院扩展到当前战略实践的一部分。该兵棋允许知名专家质疑学校的规则(如前所述)和他们自己对政治感兴趣的当前主题的理解。一个由美国、法国和尼日利亚安全专业人员组成的小组同时对马里进行评估,试图增进对当地问题、可用工具和管理冲突方法的共同理解。与此同时,这也是一款学生研讨会式的兵棋,着眼于马里的非常规冲突,学生游戏在结构和内容上与《连通阴影》非常相似。然而,在学生们对冲突进行评估并建议政府和暴力的非国家行为者采取行动的同时,实践者们进行了一项短时间的练习,重点是为国际支持制定备选方案。

虽然《散射光》的基本设置有许多与《连通阴影》相同的元素,但当与专业人士一起使用时,它们的目的却是非常不同的。虽然游戏材料提供了关于环境、角色和规则的结构化信息,但游戏设计小组认为,影响专家游戏玩法的最关键信息是他们对马里现有心智模型和他们对非正规战争的更普遍的理解,这些模型是在他们的职业生涯中建立起来的。

在演习开始时,专家组被要求发挥国际利益攸关方的作用,制定一项包括马里希望的最终状态以及国际社会可以做些什么来协助政府到达该状态的战略。分配给小组的角色和规则都与分配给学生的相似。然而,专家的规则和作用不太具有指导性,以便他们在需要时批评、补充或改变模型对关键行动者的理解。为了确保这种松散的结构不会转化为无成效的讨论,游戏设计团队的一名成员负责促进讨论。当参与者的讨论显示他们不同意游戏描述环境、角色或规则的方式时,这位促进者能够促使参与者更完整地解释他们对问题的看法,并征求其他专家的意见以确定替代模型的适用范围有多广泛。

这种游戏设计模式有效地逆转了教育模式的过程:参与者通过讨论有效地向游戏设计师传授他们的心理模型,而不是设计师通过在游戏中实例化模型来教授模型(学生们讨论非常规战争策略见图42.2)。在游戏的过程中,玩家实例化了一个新的模型。首先通过玩家在讨论中分享的理解进行,这一理解随后被游戏设计师编写成书面文件,用于记录新模型。

在《散射光》的案例中,专家参与者的集体理解涉及环境、角色和规则的关键方面。例如,参与人员认为环境必须是区域性的而不是国家性的,因为他们更加重视冲突的主要驱动因素的跨国性质。专家小组还确定了许多国际行动者,这些行动者比课堂模式定义的角色更值得全面分析。最后,该演习显示,虽然参与者普遍认同课堂模式的观点,即非国家行为者使用暴力的根源在于对政治、经济和社会的不满,但专家将政府解决这些长期问题的能力视为一个开放的问题,而不是一种必要。结合其他研究结果,这些评估为非常规战争如何发生,以及国家如何应对创造了另一种愿景。

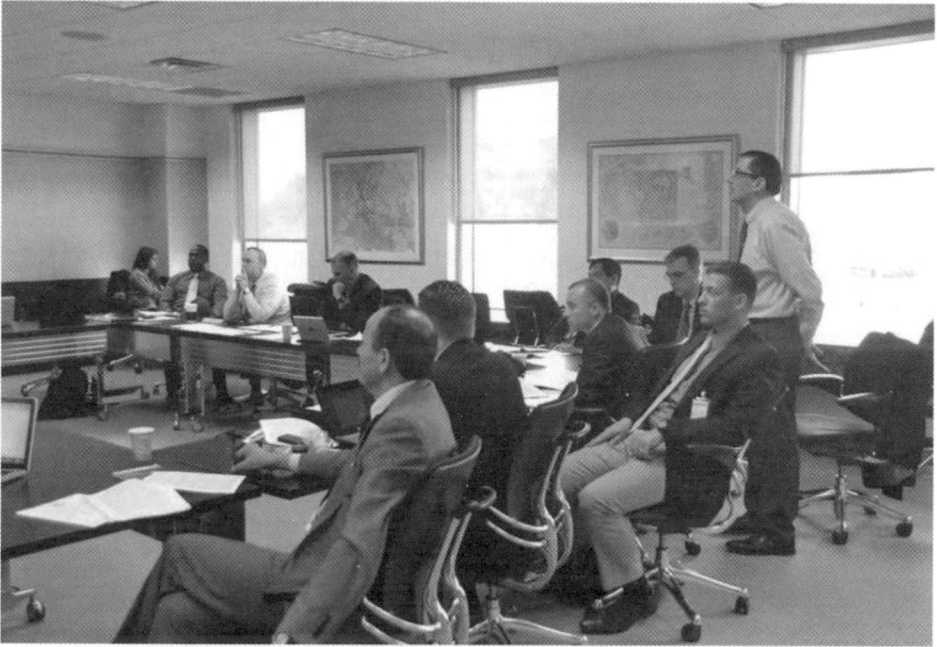

图42.2 学生们讨论其非常规战争策略

将游戏视为沙盒还可以在游戏结束后进行更具体的报告。因为游戏旨在实例化一个特定的模型,所以在结束后进行报告可以评估游戏能够根据学生行为的证据描述模型的特定元素的程度。例如,在《连通阴影》之后,游戏设计师分析的重点是评估学生产品如何偏离预期。相比之下,《散射光》的报告关注的是参与者的思维模式与国际安全事务学院课堂上教授的模式有哪些偏差。因为《散射光》比《连通阴影》早发行了几个月,所以游戏设计师也能够根据经验丰富的参与者的讨论,在《连通阴影》发行之前更新和完善材料。此外,虽然《连通阴影》和《散射光》只运行过一次,但在其他环境下,我们仍然可以使用迭代方法继续完善这两款兵棋。

无论兵棋的目的是教育还是分析,作者发现将游戏视为模型而不是模型本身的实例在与实践者合作时尤其有用,实践者通过个人经验学习了大量"混血"知识。这一特点使得学生很难在课堂上充分利用他们的知识,要么是因为难以将抽象理论与他们的生活实际联系起来,要么是因为学生无法清楚地表达他们基于经验的心理模型与所呈现的理论之间的差异,以便提供有意义的评论。因此,通过游戏将抽象模型呈现为经验,这与他们现有的知识基础更加类似。对于分析型兵棋,其目标是将参与者通过经验获得的知识形式化。所以将兵棋设计视为实例可以更加灵活,让参与者能够提出自己的理解,而不会没有结构,甚至没有效率。因此,虽然兵棋的目的改变了许多设计选择,但实例化模型的核心原则在这两种情况下都十分有用。演练概念见表42.1。

表42.1　演练概念

1.**目的**：审查暴力非国家行动者和打击不法分子的国家政策。

2.**目标**：这次演习是国际反恐奖金计划和南亚与中亚计划的年初活动。它的目的是让学生进行：

·分析一系列威胁类型,包括"冲突的根源"和威胁集团的"目的—途径—手段",完成一份《战略情况判断》；

·考虑区域和全球现象对国家冲突的影响；

·制定战略行动方针,利用国家力量的所有手段应对威胁,并根据正在发生的事件调整计划；

·制定并简要介绍适合国家和国际高级领导人的政策方案；

·评估大学新生对国家权力工具、整体政府战略、作战艺术和征战计划的理解。

3.**方法**：在这次启动演习中,国际安全事务学院学生的任务是基于假设场景的威胁,来提供评估和政策建议。这个场景,结合这本简明手册,将代表"演练世界",它会表现出演练时的情景。根据经验,不要与场景对抗。场景中的人为因素都是有目的的。

学生将被分成3组,每组代表一个"世界"。然后这些小组将同时进行演练。在这些小组内部,学生将进一步细分为马里、阿尔及利亚和尼日利亚3个"国家小组"②,每组2人。如果你收到了本指南,那么你将被指派代表阿尔及利亚。团队可以自由地与其他国家的团队进行交流,也可以自由地以任何他们认为有用的方式组织。然而,9个国家小组中的每个组都将必须任命2名简报员,负责汇报小组的工作。这一职位将在随后的"行动"中轮换给其他的团队成员。

在第1步、第2步和第4步中,3个阿尔及利亚国家组(每个"世界"组中有1个)的学生将作为阿尔及利亚政府的顾问委员。在每一步行动之间,情况都会发生变化,这需要在后续的行动中进行新的分析。在每一个行动开始时,学生都会进行一次场景更新,领取新任务。然后,他们要起草一份声明,说明他们对该问题的理解,并提出他们认为阿尔及利亚政府应采取的对策。

在所有四步行动结束之后,每个小组选出的2人将简要介绍小组的建议。在前3个行动结束时,学生们将向其他学生小组作简要介绍。在第4步的最后,学生们将向国际安全事务学院的教师和领导小组介绍最终成果,这也是小组工作的高潮部分。

关于作者

伊丽莎白·M.巴特尔是帕迪·兰德研究生院的博士生,也是兰德公司的助理政策分析师。在加入兰德公司之前，她曾任凯罗斯公司(Caerus Associates)的高级助理和应用战略学习中心的研究分析师。作为一名国家安全教育家和分析师，她的工作重点是在非常规和不对称冲突的行动和战略层面。过去进行的项目分析了城市行动、叛乱、恐怖主义、网络安全和中东政治。她目前的研究重点是使用社会科学研究设计方法来改进兵棋的设计和分析。她在芝加哥大学获得政治学学士学位，并在麻省理工学院获得比较政治学硕士学位。

注释

①虽然这是兵棋设计师在非正式对话中经常使用的修辞，但国家安全推演者却很少将这一设计原则形式化。我们可以在莱诺尔和洛伍德(Lenoir and Lowood, 2003)以及佩拉和麦克格雷迪(Perla and McGrady, 2009)的部分作品中找到对这一理念的引用。

②虽然许多其他国家在该地区的安全方面发挥着关键作用，但我们选择了这三个国家，它们代表了西非国家所承担的三种非常不同的挑战和三种不同的作用。

第四十三章　国际象棋、围棋，以及越南：现代博弈

——布莱恩·崔恩和沃尔科·鲁恩克

过去50年的商业棋盘兵棋带来了如下的谜团：为什么那些描述最常见战争类型的兵棋却是最少见的？内部战争、游击战争、非常规战争是历史上最广泛的战争形式（Kilcullen 2010, ix）。然而，兵棋这一以敏锐的历史探索为荣的爱好却回避了这些主题，而是更深入地剖析了相对少数的"常规"战争。为什么会这样？这是否说明了关于战争的一些事情，或者说明了一些我们自身作为战争学习者的情况？这到底是好事还是坏事呢？

你我都直接面对这个谜团。我们设计了许多关于此类的商业棋盘兵棋，我们注定要不断思考，究竟是什么让我们选择了这一游戏类型而非其他类型。在本章中，我们将介绍这一现象的主题本身带来的挑战、设计此类游戏的人需要注意的困难或要点，以及这些兵棋可能带给玩家的启示。

一、反叛乱的儿童

自第二次世界大战结束以来，占主导地位的武装冲突模式并没有被正式确立为国家间、武力对武力的战争。相反，它是一系列被称为"非常规战争"的活动，特别是反叛乱（COIN）。尽管这些当代冲突可能关系到我们的生活和我们国家的利益，但致力于探索和理解这些冲突的民间商业兵棋却相对少见。

约200年前，专业军事兵棋作为军官训练的辅助工具而兴起，而在20世纪60年代，又成为大众爱好。随着美国中产阶级获得了更多的业余时间和更高水平的高等教育，他们的大众文化也激发了大众对军事历史和时事的兴趣。因此，军用兵棋与民用兵棋两种兵棋世界之间一直存在着适度的重叠；人们可以找到军方正在使用的民用兵棋，也有军用兵棋的民用版本经过重新包装并发布到民用市场。

无论采用何种媒介，为专业军事玩家制作的兵棋推演在意图、重点和执行方面都与为民用市场制作的兵棋游戏不同。军事兵棋推演的目标可能是测试新理论、战术、设备或程序，或分析假设的行动或冲突过程的原因和结论。它们在功

能上更具教育性,而非审美性。相比之下,民用兵棋主要是一种审美对象,其目的是作为一种消遣或友好社会参与的框架,通过规范的竞争提供放松渠道,或者作为一种独特的互动艺术形式或复杂的谜题来享受。军事兵棋推演通常侧重于"使数字正确",但民用兵棋被仔细研究的程度可能与其实际接受程度完全无关。与参加军事兵棋推演不同,这毕竟是玩家的自愿参与。

尽管美国军队许多"小型战争"的记录远不如其参与正式的、国家间的战争记录完整,但实事求是地说,美国军队拥有大量历史经验。尽管在第二次世界大战中被证明非常有用的正式运筹学方法已经渗透到专业军事兵棋推演中,但直到20世纪60年代初,美国军队才有了第一款关于反叛乱的严肃兵棋。1963年,美国高级研究计划署委托开发了一款名为《机敏反叛乱》(*AGILE-COIN*)的兵棋,用于训练陆军和特种部队军官,提醒他们军事行动的政治后果。大约在同一时间,另一款名为《战术高谈》(*TACSPIEL*)的兵棋开始用于军官训练(最初用于训练新组建的空中装备中队的军官和参谋),该游戏实际上是一个更大规模的传统作战建模游戏中反游击战行动的改编版本。

与此同时,1965年出现了第一个民用设计的反叛乱兵棋,也是最早的商用兵棋之一。它适用于团队合作,玩家可以赢得外交胜利或军事胜利。其规则包括同步且隐秘的行动、政府稳定指数、世界舆论、伏击、空袭和心理战等,所有这些都写在了一本四页的规则手册中。这是关于这个主题的早期游戏,但在1965年以来出版的数千个民用兵棋手册中,很少有主要针对任何历史时期非常规战争建模问题的。

那么,为什么商业兵棋受到叛乱的影响要比世界大战小得多呢?我们认为,要解释游戏缺少叛乱主题这个问题有两个主要的困难:即主题本身的敏感性,以及主题的复杂性在游戏中的反映方式。

二、主题的特殊性

首先,无论描述哪一类型的战争,兵棋本身的概念都会存在困难。兵棋会引起强烈的负面反应,尤其是当它们似乎违反现有的,或普遍持有的道德准则或政治议程,甚至是公平竞赛的概念时。也许,为了避免这样的反应,兵棋中基本不会出现有关恐怖主义或种族灭绝的游戏机制,尽管这些都是实际战争的共同特征。

1.兵棋与我们的文化

兵棋作为其文化的产物,在不断的历史修正和对社会有益的遗忘中发挥着作用(Antley,2013)。只要有修辞语言、形象和隐喻来掩盖战争肮脏的现实,人们就轻而易举地把战争浪漫化了。就像所有人类的创造性行为一样，兵棋不是也不可能是中立的对象。设计师在游戏的研究、概念化、测试和生产过程中必须做出一系列选择，包括在他的设计中应该包含哪些内容或不应不包含哪些内容的抉择。因为兵棋是一种消费品（也就是说，购买和玩，或者至少是研究），所以其插图、影像和内容是为了吸引玩家/客户，这些人至少是暗中，已经在脑海中做了很多将战争浪漫化的事情。

具有些讽刺意味的是，兵棋试图通过一个一致的逻辑规则和数学的合理框架，加上简单地关注"有军事意义"的东西就想要以最不合逻辑和原始的方式描绘战争。因此，第二次世界大战兵棋的设计者自然地参与到这一过程中，为轴心国部队编制详细完整的作战命令。他们的主要历史成就是谋杀。然而，在这些游戏中，这些部队除了被扔到前线作为炮灰外别无选择。如果一个设计师真的制定了规则，并赋予这些部队现实的角色，人们又会怎么看待他呢？

即使在西方流行文化中军事化的影响发挥作用了几十年（或者也许是因为它们）之后，普通公众似乎远没有超越表面水平来对待当前的冲突。即使在"9·11"事件之后，随着致力于反叛乱和恐怖主义的书籍、期刊文章、博客和网站的爆炸式增长，对关于这一主题的智力游戏的需求也没有相应增加。

相反，大众对当前兵棋的兴趣大多局限于战术规模的第一人称射击视频游戏的修改，这些游戏在很大程度上未能如《美国陆军》（*Americans Army*）（2002—）或《棱镜：防护盾牌》（*Prism: Guard Shield*））等"军事化"游戏和招募工具那样传达这些冲突的背景和复杂性。即使是在民用电子游戏中，公众对某些例子的负面反应也表明人们对战争的不同看法。《费卢杰的六天》（*Six Days in Fallujah*）是第一款直接关注伊拉克战争的视频游戏，是在参战的美国海军陆战队的大量投入下开发的。在公众对出版商科纳米施加负面压力后，该游戏被推迟发行，而且它至今也尚未出版。2010年发布的《荣誉勋章》（*Medal of Honor*）网络版原本允许玩家选择扮演反面角色，但后来当公众团体、媒体和几个北约政府的高级官员谴责其允许扮演反面角色时，这一角色就变成了一支通用的"反对力量"。2012年发行的视频游戏《特殊行动：一线生机》（*Spec Ops: The Line*）是该规则的一个例外，该系列解决了非常规战争对道德和心理的腐蚀性影响，因为玩家成为战争罪行的同谋，失去了理智；然而，该游戏在商业上并不成功，因为玩家觉得它很无聊。

2.反叛乱棋盘游戏的区别

以上所有这些都是自然而然发生的，我们并不是想说关于此类游戏在某种程度上高于或不受文化、市场品味和浪漫化冲动的影响。然而，由于恐怖主义和其他针对非战斗人员的暴力行为可能是战争结果的核心，即使是关于反叛乱的业余棋盘游戏也会突出所有战争的这些方面。

2008年的棋盘兵棋《利比里亚：堕入地狱》(*Liberia: Descent Into Hell*)的特色游戏机制涉及贿赂、诱惑等元素。这些可能包含1987—1997年进行的利比里亚内战的物质特征，该游戏由设计师研究支持，并在游戏中记录了上述内容。然而，该游戏一经发布就在Boardgamegeek.com等在线论坛上遭到攻击，被视为耸人听闻的行为。

线上的评论讨论并回顾了《安第斯深渊》(*Andean Abyss*)(2012)和《远方的平原》(*A Distant Plain*)(2013)。在这两款由GMT游戏公司发行的"反叛乱"系列兵棋中，玩家对某些派别的活动感到不适，例如各别军事组织和不法集团，以及腐败问题和无人机战争的道德问题(事实上，除了GMT游戏公司的"反叛乱"系列兵棋和本章作者的其他游戏外，平民游戏几乎没有涉及腐败问题，也没有涉及有组织犯罪的作用或目标)。1977年发行的反叛乱兵棋游戏《南非》(*South Africa*)虽然引起了一些争议，但仍具有开创性意义。

一些玩家对GMT游戏公司的兵棋《困境：反恐战争2001—?》(*Labyrinth: The War on Terror 2001-?*)(2010)的早期宣传望而却步，认为该公司正试图从商业上利用"9·11"事件这个悲剧。

有一种观点认为，不止是内战的性质，而仅仅是该主题的出现就对人们构成了挑战，支持这一论点的一个例证是对尼克·卡普(Nick Karp)1984年发行的游戏《越南1965—1975》(*Vietnam 1965-1975*)的一些反应。早在20世纪90年代，美国观察家就质疑人们在制作和玩游戏时对此类事件的不敏感，毕竟这些事件伤害了如此之多的美国家庭。但现在，越南战争游戏似乎越来越被人们接受，越南老兵约翰·波尼斯克(John Poniske)强烈要求重新制作《沃辛顿游戏的心与想：越南1965—1975》(*Worthington Games' Hearts and Minds: Vietnam 1965-1975*)和GMT游戏公司的《湖中之火》(*Fire in the Lake*)(2014)系列就证明了这一点。

所以，即使对于一些硬核玩家来说，仅仅是对这一最近产生主题的厌恶就足以让他们远离《远方的平原》这类游戏，至少现在会远离。对于其他人来说，自相矛盾的是这种微妙就是乐趣，其逻辑如下：我们在棋盘兵棋中的乐趣在某种程度上存在于学习或体验历史中。历史之所以有趣是因为它与我们今天息息相关。最近发生的和当前的战争与我们的关系比古代战争的关系大多少？今天的冲突不仅是游戏的合适主题，而且可能是最合适的主题。

当然，棋盘兵棋玩家只是普通大众的一小部分。他们中的小部分人有足够的兴趣就当前或非常规战争主题玩复杂的游戏。更少一部分设计师对制作这样的游戏感兴趣。其中最少的一些出版商愿意冒着巨大的金钱和精力风险去生产和销售这些不太可能的产品……但这并没有形成一个无法改善的经济恶性循环：关于当前敏感话题的游戏持续出现，有时甚至在小众受众中也倍受欢迎。

三、主题的复杂性

另一个阻碍更多民众参与和接受有关此类游戏的障碍是这个主题本身的复杂性。平定叛乱被称为"战争研究生院"(graduate school of warfare)，对于一款兵棋来说，它不仅仅是对叛乱的表面描述，它必须尽可能多地尊重以下复杂点。为了使这款兵棋能成为一个可玩的游戏，它的机制必须以实际的方式解决这些问题，我们提供了过去此类游戏的解决方案示例。

1.多极化/派系主义

许多非常规战争局势的特点是平民政府、部落、阶级、外国势力或军事组织的忠诚和效用不断变化。正如国际叛乱问题专家大卫·基尔库伦(David Kilcullen)所指出的，"反叛乱总是有2面性的"(Kilcullen 2010,31)。

处理派性的一个好方法是有2名以上的玩家，他们会通过人类天生的固执和狡猾在游戏中提供大量的随机性和复杂性。例如，"反叛乱"系列中的每个游戏最多可容纳4名玩家，每名玩家代表的阵营在方法和目标上与其他阵营截然不同。当玩家较少时，游戏系统提供流程图算法来操作备用派系，从而保持所描述冲突的多元性质。

其他涉及内部战争的游戏多为2名玩家设计，通常有许多派系必须加入玩家联盟：《乍得：丰田战争》(*Chad：The Toyota Wars*)(1991)有2个主要派系和12个较小的派系；《利比里亚：堕入地狱》(*Liberia: Descent into Hell*)(2008)有8个派系和14个民族；《尼加拉瓜》(*Nicaragua*)(1988)有7个必须游说支持的"社会阶层"。寻求外国援助，从经济援助到直接干预，也是这三款游戏中的一个子游戏。政府的内部政治及其如何干扰军事斗争可以简单地展示出来，如在《希腊内战》(*Greek Civil War*)(2014)中，反叛军玩家必须根据政府的要求采用特定的军队部署方案，或者是通过错综复杂的机制，比如指派分支部队、军团和师的指挥官，平衡政治派别以避免政变。

2.非线性作战结果、随机性和摩擦

在此类游戏中，尺度上的得失是一系列玩家行为的结果，其大小是不可预测的。在一些游戏中，政治点数可以被特意用于调动新部队或进行其他行动，代表政治资本的使用。此外，游戏的特点可能是战斗式但非动态的操作，没有立竿见影的军事或物质结果，但具有强大的政治和心理影响。例如，在《图帕马罗》(*Tupamaro*)(1996)中的一些非动态行为，政府方玩家必须对此作出反应，以免进一步失去民众的支持。

兵棋设计需要包含随机性和意外后果。原因与结果永远不会紧密地、线性

地联系在一起。一个有趣的问题是对"瀑布效应"（cascading effects）的概念进行建模，在这个概念中，系统某个部分的变化将在其他部分产生意想不到的结果，这就引出了"黑天鹅"（black swan）事件的概念。除了作为许多兵棋游戏特征的周期性随机事件外，其他较近期的游戏，如《坎大哈作战旅司令部》（*BCT Command Kandahar*）（2013）和《第三次黎巴嫩战争》（*Third Lebanon War*）（2014）使用了"混沌卡"或"瀑布效应"的概念：游戏中的某些事件，或附带损害，可能会导致进一步的，可能对一方或另一方不利的意外事件。

摩擦表现为较差的指挥控制和界面协调，也是反叛乱游戏的重要组成部分。《索马里海盗》（*Somali Pirates*）通过其国家政府的政治立场，巧妙地抵消了"联盟"反海盗部队的巨大力量和高新技术的压力。因此，联盟方玩家具有很大的潜在力量，但一次只能动员其中一个派别（国家）。在《图帕马罗》和《光辉道路》（*Shining Path*）（1995）中，陆军和警察有单独的预算和不同的能力水平，经常不能合作完成任务。由同盟派系组成的玩家可能会发现他们在一起合作得不好，或者根本不合作。在《贝鲁特1982：阿拉伯的斯大林格勒》（*Beirut'82: Arab Stalingrad*）（1989）中，信仰基督教的长枪党可能会，也可能不会与以色列国防军合作。在兵棋《远方的平原》中，这种摩擦正是包含多个玩家角色的重点，他们必须根据各自不同的想法共同管理资源账户。这种局面被形容为"就像一场糟糕的婚姻"。

3. 灵活处理时间和空间

叛乱可能比常规战争持续时间更长（根据美国兰德公司2010年对89起现代不法活动的研究，平均持续约10年）。反叛乱游戏在操作和战略层面上，往往对游戏回合所包含的时间，以及玩家在每个回合中可以完成的活动量持开放态度。GMT游戏公司的反叛乱系列兵棋通过宣传回合的概念进一步完善了这一点，这代表了在战斗人员重新集结、评估他们的位置并考虑到持续战斗的一些长期影响时，行动中不可避免会出现中断。同时，战术层面的反叛乱游戏与常规兵棋一样面临着时间、空间的困境。

有时可以完全不用地理地图：在《图帕马罗》中，由于四年来几乎整个叛乱都发生在一个150万人口的城市内，敌对双方在任何时候的实际位置和行动都无关紧要。游戏地图是蒙得维的亚市（Montevideo）的抽象表示，分为九个社会部门区域（例如大学、政府部门、商店等）。这些区域并不代表城市的物理区域，而是更具概念性的经济和社会活动区域。在游戏中，除了将它们部署到各个区域之外，地图上的部队几乎没有或根本没有实际上的移动（布莱恩·崔恩绘制的《图帕马罗》游戏棋盘见图43.1）。

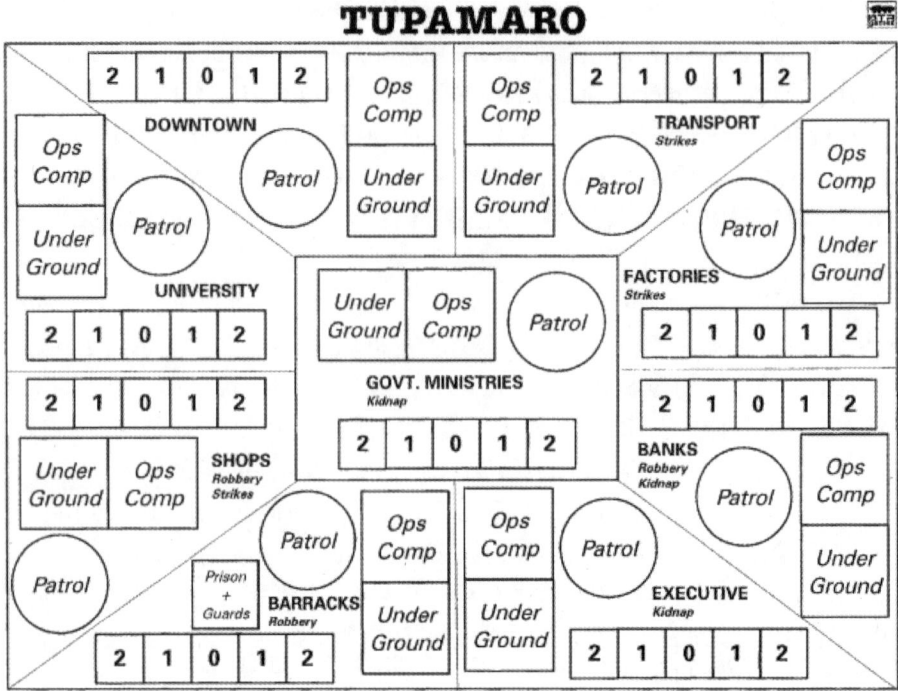

图43.1　布莱恩·崔恩绘制的《图帕马罗》游戏棋盘

4.战争迷雾

对于战争,特别是叛乱而言,信息不对称通常是一个显著特征。通常,反叛乱方更多地是利用情报突破而非实战来获得胜利。事实上,对于一个政府来说,认识到自己正面对着真正的军事紧急情况是一种突破,因为历史上很多时候,叛乱的初始阶段都被视为是警察该管的事情。

许多民用兵棋的一个基本问题是,它们是近乎完美的信息演习——这也许是它们与军事兵棋推演的最大差别。而对于他们声称的可以模拟任何真实的战争而言,这也是最有力的反驳。因此,这是设计反叛乱游戏面临的一个基本问题,人们曾使用许多不同的方法来解决。通常,不法分子被赋予了一种内在的情报优势,因为他可以告诉反叛乱玩家何时轮到他(《阿尔及利亚》《图帕马罗》),或者检查他的部队安排而不受惩罚。就其自身而言,反叛乱玩家会发现自己追逐的反向计数器可能是假的(《越南1965—1975》),它试图将不法分子定位在一个地区,只是为了让他们躲避(《南非》,或在GMT公司的反叛乱系列游戏中,不法分子必须先横扫一个有游击队的地区,然后再袭击他们),或者执行任务以收集情报碎片,以期给他带来暂时的优势(《阿尔及利亚》)。这些都是解决这个问题的简单方法。更令人满意,同时更复杂的方法有:同时预先策划战役(《叛乱》(1979)、《奠边府》(1973)、《越南》),或是与第三方裁判进行游戏,让2名玩家都蒙在鼓里!

5.随着时间的推移，冲突和战斗人员的性质不断变化

在传统的兵棋中,当一方占上风时,另一方就会因损失部队而被迫返回后方;在反叛乱兵棋中,不法分子可能不会远离其大本营,但可能会被迫在政治上远离其目标,其部队的数量或兵力可能不会减少,而是会越来越分散。

反叛乱兵棋也可以在(《尼加拉瓜》《南非》《坎大哈作战旅司令部》)中表现出相当大的力量结构变化。叛乱部队可能包括政治/训练干部、装备和训练游击队、政治前线组织、提供辅助设备网络以便更直接支持等。这使不法分子可以随着时间的推移改变策略,在秘密组织和公开行动之间来回切换。同时,随着时间的推移和行动的进行,反叛乱部队可以得到更好的训练或更有效的组织以对抗游击队。例如,在兵棋《图帕马罗》和《光辉道路》中,安全部队会从新兵级别开始(动员成本低,但没有战斗能力,因此在执行任务时需要政府的政治支持),但其可以被培训到"一线"级别,最终达到"精英"级别。

6.方法不对称

在叛乱类兵棋中,不法分子在资源、结构和能力方面彼此完全不同,这种状况比在常规战争设定中更甚。这方面应尽可能完全渗透到设计中,并允许玩家在解决困境和审时度势方面做出选择,如火力与分散(建立、分解或重组部队,如《阿尔及利亚》《越南:1965—1975》《尼加拉瓜》《南非》,采用分级组织与蜂窝/分散网络(《第三次黎巴嫩战争》的重要主题),不同类型的机动性(空中机动性vs隧道移动等,就像在许多越南主题游戏中那样),以及为不同类型的部队建立不同任务的部队结构。

这种不对称性可能足以让玩家相信他们实际上在同一张地图上玩两款不同的兵棋。毫不奇怪,历史学家将这样一个游戏比喻应用于反叛乱中的不对称,例如,在南越的一次战争中,人们观察双方的战略发现,美国似乎在下象棋,而北越则是在下围棋。这一概念在阿富汗的一次战争中的应用激发了本书作者之一的灵感,将《游击队跳棋》(*Guerrilla Checkers*)(2010)设计为一种隐喻式的、非常简单的物理表达。

在一个不太抽象的例子中,GMT游戏公司的反叛乱系列通过每个玩家不同的操作菜单,以其他方式描述了手段的不对称性。只有"训练""集结""巡逻""行军"等选项中的一部分,才被视为是部队集结、机动以及打击敌人等基本活动的不同行动。然而,即使是这些行动本身,在机制上也是截然不同的,而诸如根除制毒植物、收买地方官员等许多其他活动是独一无二的。这种描述不对称手段

的方法的负担是,玩家必须为每个角色学习新的选项,他们必须学会预测其他不同的能力可能对他们自己的处境产生的影响,而游戏开发必须测试和平衡所有这些不同的选项,以确保合理的决策产生一个大致的历史战术序列,并产生愉快且紧张的竞争感。这就是兵棋"研究生院"所面临的挑战。

7.目标不对称性

谁获胜了? 更重要的是如何获胜、何时获胜? 总的来说,反叛乱方试图捍卫或维护一个社会秩序稳定的国家,而不法分子企图推翻这一秩序,只要他继续存在并在那场战争中战斗,他可能就会认为这是一种胜利。但不法分子并没有将战乱状态作为他所希望的最终状态:他希望在必要的斗争后,以一种完全不同的稳定和秩序来取代以前的稳定和秩序,因此,不法分子会朝着他们的目标前进。

叛乱是物理优势、政治意愿和心理的较量。涉及这类内容的游戏通过各种指标量化这些方面。但在"政治意愿"等概念的模糊性、旁观者对进度的衡量,以及前面所讨论的多党性质中,我们没有理由认为一名玩家的胜利定义应该与另一名玩家的完全相同,甚至在整个游戏过程中保持不变。

反叛乱系列兵棋为每名玩家生成了不同的胜利条件组合(除了上面讨论的实现这些条件的不同路线),以强调所描述的叛乱中多个派系的重叠目标,而不是直接对立的目标。例如,在兵棋《远方的平原》中,每个派系都追求两个目标:一个目标与另一个派系的目标直接对立;另一个目标则独立于其他派系目标(尽管总是可以以某种方式对立)。这种多样性使得内部战争的政治转变能够从玩家追求指定目标的过程中自然地进行,希望玩家能够通过自己的策略洞察冲突的政治动态。

在《第三次黎巴嫩战争》(Third Lebanon War)中,以色列玩家可以选择"反武力"或"反价值"战略。前者提出国防军将优先摧毁对方的军事能力;后者代表了"达希亚主义"(Dahiya Doctrine),在这一理论中,重型空中和地面火力将被用来对付基础设施,作为一种惩罚,它们为军事行动提供便利。在游戏中,如果国防军玩家选择后一种策略,他将因造成附带伤害结果而获得胜利点数,但由于这些事件通常有利于不法分子,每次事件都会使他的军事任务更加困难。

不久前,在作者作播客的一次讨论中提出了一个关于反叛乱目标建模的进一步建议。一名玩家获得胜利点数的目标,以及他的胜利进程应该对另一名玩家隐藏;为了达到最终效果,玩家的"真实"策略甚至可以对自己隐藏! 我们说的就是《越南战争》。20世纪60年代初,在"咨询期"期间,美国陆军的一些军官认识到,一项基于安抚的战略(即强调政治稳定、农村地区的地方安全,并将民事/准军事执法工作优先于常规部队)可能是在对抗方面取得进展的途径,并且在1965年投入更多兵力之前的几年就已经在这么说了。但是,无论是理论上,还是按照高层领导的想法，都要求大兵力、大扫荡、高机动性和大规模火力，通过消耗战以减少敌人的数量，这也是1965—1968年的做法。后来情况发生了变化，但不一定是因为陆军指挥官意识到他们做错了。关键是他们在"玩"越南战争的兵棋，但不知道也不可能知道真正的胜利条件（《远方的平原》中派系斗争和胜利条件见表43.1）。

表43.1 《远方的平原》中派系斗争和胜利条件

派别	反对动因	独立动因
塔利班	反对政府	建立组织
联合政府	支持政府	脱离阿富汗
政府	巩固军备控制	加强资助网络
军阀	保持军事控制的分裂	累积财富

本文的一位作者已经尝试过这个概念，但据我们所知，已发布的游戏中还没有实现了这种元级别的"战争迷雾"。然而，乔·米兰达（Joe Miranda）的《坎大哈作战旅指挥部》（*BCT Command Kandahar*）对这种对自己目标的不确定性表示赞同。在这种情况下，胜利条件可能会在比赛中发生变化，在这个游戏中就是上级领导和省内指挥官之间进行的来回推拉。在游戏中，每位玩家持有三张目标卡牌，这些卡牌为获得胜利点数提供了条件。然而，这些卡牌是在游戏过程中揭示的，也可能在游戏中随机或按要求更改。

四、反叛乱游戏与系统思维

总而言之，一个良好的叛乱游戏设计必须在其胜利条件下采取重叠但不完全相同的激励措施，并在其冲突机制中采取不同的激励措施。玩家必须学习、跟踪和利用所有这些模糊关系和不对称能力。所有这些都必须经过测试和开发，以确保游戏的平衡性、易学性和趣味性。那么我们为什么要自寻烦恼呢？

这是因为它与我们的生活息息相关。如果叛乱是当今最常见的战争，那么我们普通人应该如何理解它们？叛乱是复杂适应系统的经典例子，在这个系统中，实体之间的动态关系产生结果，而不是任何给定参与者的方面或度量。叛乱是一个充满稳定和不稳定平衡、系统冲击、相变、雪球效应和反馈回路的环境。

除非我们亲自参与战斗（并且处于高级别的地位），否则除了通过游戏从内部进行尝试，我们如何才能理解（更不用说预测）激励和能力之间如此复杂的相互作用呢？除了构建一个系统模型，然后亲身体验游戏外，我们还能怎样改进我们的系统思维呢？如果战争在我们的星球上未来仍然存在，那么关于它们的棋盘游戏应该仍然是思考者背包里的一件有用的工具。《游击跳棋》见表43.2。

表43.2　《游击跳棋》（注：2010，布莱恩·崔恩）

1. 装备

·棋盘格或8×8方形网格。

·6颗棋子或大棋子，供叛乱/反叛乱玩家使用。

·66名游击队员用小件代表（平板玻璃珠或纽扣：围棋石可能太大，取决于棋盘上方块的大小；可以寻找类似M&M糖果大小的东西）。

2. 游戏设置和描述

反叛乱玩家将他的棋子放在标记的方格上。游击队玩家开始时棋盘上没有棋子，但在开始游戏时，将一颗棋子放在棋盘上任何一个点（正方形的一角）上，然后将第二颗棋子放在与第一颗棋子正交的点上。

3. 移动和捕获

·游击队玩家不移动他的棋子。他将在棋盘上每圈放置两个且仅两颗棋子，位于正方形的点（交叉点）上。第一块必须是正交的，把你的棋子们想象成一张不断增长的网，用来诱捕敌人。部署成排的棋子来阻碍对方的行动并困住他；他必须在你旁边移动才能跳过你。

·反叛乱玩家有更艰难的工作，你可以把他们除掉，但他们会持续反扑！注意敌人可能犯的任何错误。如果你能完全清除棋盘上靠近任意石头的一角，那么第二颗棋子必须与放置的第一颗棋子正交相邻。他不得在棋盘的外板边缘点（即，他不可能被捕获的地方）放置棋子。他通过包围敌方棋子来捕获敌方棋子（即，在棋子占据的正方形的四个点上各有一颗棋子或一个外部棋盘边缘点。请注意，这使得棋盘边缘对反叛乱玩家非常危险）。他拿走了棋子。反叛乱玩家可以每回合移动一颗棋子，在任何方向对角移动一个正方形；或者通过跳过两个方格之间的点进入一个空方格，用一颗棋子进行捕获，在他移动的时候移除游击队的棋子。如果他不愿意，他不会被强迫去捕捉，但如果他开始捕捉，他就必须沿着他选择的路径，在可能的时间内持续捕捉。

·玩家可能无法通关。

4. 胜利

在回合结束时清除棋盘上所有敌人棋子的玩家会获胜。如果扮演游击队队员的玩家的棋子用完了，他就输了。

5. 战术注释

·"敌进我退"。如果你一个回合丢掉很多棋子也没关系（你会的）；只要你还剩一颗棋子，你就还在游戏中。一定停留在敌人不能马上攻击你的地方行动。

·"敌驻我扰"。尽可能利用敌方棋子之间的部队边界混乱，骚扰敌人。

·"敌疲我打，敌退我追"。你的部队不移动，但他们会"流动"：敌人的棋子需要一段时间才能返回原点。但你必须完成一项完整的行动。

·游击队总是为你设置壁垒和陷阱，请注意这些设置在哪里。如果他的"棋子串"太大，你可以一击将其力量减少到几乎为零。

·小心棋盘边缘，如果附近有敌人，任何剩余的棋子都可以被两颗敌方棋子消灭，在角落里甚至可以用一颗棋子消灭敌人。不要陷入这样的埋伏。

即使是使用例如 GMT 游戏公司的反叛乱系列中呈现的高度简化的模型，结果也是物有所值的。在普通业余玩家的互动中，棋盘游戏已被证明是一个实验室，可以探索和理解在一些国家战争中的"盟友"行为。

我们可以通过叛乱兵棋更容易理解这些复杂性。然而，所有的战争都是如此复杂的适应系统！任何对所有传统的、表面上的双边战争的认真研究都将揭示，这场战争的背后是一场多党竞争，由官僚、个人、联盟内部和许多其他竞争者之间的互相撕扯。如果不探究战争内部的各种关系，就不可能理解这场战争。我们可以设计或修改传统主题的兵棋游戏来探索它们。举一个例子，《通往莱茵河之路》(Road to the Rhine)(1979)是关于第二次世界大战中西线战役的经典游戏设计，它强调供应的有效性，因此可以很容易地改编为三人游戏，在这场比赛中，英、美同盟玩家会在争夺有限的资源上经历拉锯战。

而且，我们的对话，以及对第二次世界大战等历史背景的相互理解能够带来益处：大量人类个体的所有行为，即我们自己的一生，都是复杂的适应系统。是的，亲爱的读者，您和我们有着重叠但不同的激励和能力。因此，通过游戏体验不对称性，能够教会我们认识自己。

关于作者

自 1993 年以来，布莱恩·崔恩就一直在出版兵棋，并就军事相关主题撰写文章。他对兵棋设计的特殊兴趣在于非常规战争和政治—军事兵棋。他在业余时间担任不列颠哥伦比亚省高等教育部的官员。

沃尔科·鲁恩克是一名智力分析师和教育家，他设计并出版了许多商业棋盘兵棋、场景和变体，其中许多涉及现代政治—军事主题。他的作品多次获得行业奖项，包括五项查尔斯·S.罗伯茨奖。他出版的兵棋设计和代码包括 GMT 游戏公司的《困境：反恐战争》(Labyrinth-The War on Terror)等。

第四十四章　非常规战争：兵棋世界的小林丸号

非常规战争(IW)是兵棋世界中的小林丸号—《星际迷航2》(*Star Trek* Ⅱ)中的一个无赢方测试,它让渴望成功的年轻星际舰队学院学员陷入无望的、公开的、高度紧张的境地,以期看到他们惨重的失败具有的娱乐价值。整个事件似乎都是为了粉碎一个人的意志,让他终生怀疑自己,而不是传授任何道德、信心或有用的指导。当遇到非常规战争时,情况并非故意那么残酷,但非常规战争兵棋确实是对一个人如何面对一个不可能的问题的考验。这不是一个人失败的问题,而只是你失败的程度问题。你在什么时候意识到了这一点,以及你如何恢复或者至少如何继续下去。

一、非常规战争的问题

仅仅对美国国防部有一个基本的了解已经够难的了。在我开始以各种专业能力与美国国防部打交道15年后,我仍然会遇到美国国防部内部以前从未见过的人群。甚至还有一本名为《五角大楼任务:如何在官僚主义中取得成功》(*Assignment Pentagon:How to Succeed in a Bureaucracy*)(Smith,2007)的书,试图向那些成年后一直在军队的职业军官解释五角大楼及其令人困惑的运作方式。现实比小说更加离奇! 我只能想象,对于那些外界的人来说,美国国防部是多么的不透明并且令人费解。我曾向一位非常聪明和有成就的局外人解释美国国防部组织动态,她帮助我们进行了一项研究。她愤怒地记下笔记,然后发送给我,我后来才意识到几乎所有的笔记都是错的。在战争期间,美国国防部活动的大量数据也没有记录,或者事后很难找到记录。尽管在生成简报、电子邮件、报告和编译数据库方面付出了巨大的努力,但情况仍然如此。

在美国国防部、国务院、美国国际开发署、情报机构、执法机构和其他参与非常规战争的美国政府组织中,这一陡峭的学习曲线更加复杂,白宫国家安全人员和国会动态也随之增加。这是因为非常规战争的一个独特特点是美国国防部与美国政府的其他机构进行互动的程度。这甚至都没有考虑到美国政府应该合作的其他伙伴和东道国行动者。理论上，有些人应该能够理解正在发生的事情，但实际的挑战可能是巨大的。

理解非常规战争的另一个方面是试图理解当美国政府采取行动时，冲突动态会如何变化。困难在于理解美国活动造成的实际影响，这类问题是最难回答的。尽管自"9·11"事件以来，美国一直在大量参与各种各样的活动，但这些问题的答案并不明确，在某些情况下甚至不为人知。尽管针对此类问题进行了大量研究，但此类因果问题的复杂性和结构不确定性程度极高。正是这最后一组问题使非常规战争兵棋变得非常困难：如何在游戏中描述所有内容呢？

美国政府并不是唯一一个试图以自己喜欢的方式改变现状的行动者。还有其他国家、国际组织、东道国行动者和地方行动者都在对美国和彼此的行动作出反应，也都试图改变事件的发展方向以利于己方。与其想象一个等待我们行动和方向的静态环境，不如想象一堆正在试图相互攀爬的螃蟹，而美国却是那只迟到的螃蟹。

二、非常规战争的例子

如果这是一部电影，非常规兵棋的场面可能会出现有几位表情僵硬的将军在一个洞穴般的、充满了年轻工作人员的、四壁挂满墙壁大小的计算机显示屏幕的高科技房间里，还可能出现计算机生成的战斗图像，以及哥斯拉/威震天/僵尸/恐怖分子的视频在四处移动。曾经被至少一位将军鄙视过的好斗的男女主人公会突然发现并且击溃敌人。将军们将紧急呼叫美国总统，军方将继续实施解决方案，拯救加利福尼亚州/汽车人/人类/美国民众。

显然，现实生活不是电影。美国国防部内部正在进行的兵棋推演种类繁多，因此很难对其进行概括。我的一些兵棋推演经历让我犹豫是否存在一个典型的游戏。下面是一些游戏类型的示例：

游戏1：我只是个旁观者，主要是为了在推演结束后"洗个热水澡"。这是一场在豪华设施内进行的大型游戏，有许多现役军官、一些退役将军和大使参加，食物非常美味。这主要是一次计划好的活动，人们在其中讨论各种问题。据我所知，没有人"扮演"坏人，坏人只是背景场景的一部分，在"游戏"中没有任何行动。也没有任何迹象表明，人们在随后的回合中要承担他们先前所做决定的后果。这不是一场真正的兵棋推演，只是一群男人（和女人）围坐在桌子旁（BOGGSAT）。所以没人真正拥有兵棋推演应该提供的、意想不到的洞察力的充分优势。

不过，这就是典型的"美国国防部"式兵棋推演。我将其归为：重量级人物参加的大型活动，场面十分宏伟壮观，将军非常高兴。

游戏2：我曾分析过另外一款非常规战争兵棋。与其说它是一款兵棋，不如说更像是计划训练。此外，在战略简报会后，以及整场活动中，敌人都是静止不动的，没有生命迹象。该游戏有剧本，不过军官们往往会从拟定战略计划开始，讨论他们是否需要各个类型的专家。军官在活动事件中无法检验他们针对特务或间谍制定的计划。比赛主办方会向参赛选手一再施压，强迫参赛选手接受主办方提供的专家类型。举办方绝对不会问："有没有人需要在某方面颇有造诣的专家？"相反，他们会问："需要多少人"？几天后，我碰巧遇到了负责该项目的上校。他洋洋自得，想听我奉承他。最后，我还是真心实意地恭维了几句："将军看起来气色真不错！"这一段，我将其归类为：为支持自己的解决方案而进行写作，却忘了自己对兵棋推演一无所知。

游戏3：我也是"分析型兵棋"的观察员，其中最主要的任务是通过计算机模拟来进一步定量分析兵棋的结果。这是一款反游击战与反破坏式的兵棋。主要玩法是玩家掷骰子，期间可能会触发二次投骰子机制。这一款相较于上述两款来说会更像兵棋。但是我认为由 Brian Train 公司出品的商业题材的反叛乱类兵棋在理解主要反叛乱动力方面更加出色。它确确实实是一种兵棋，在该兵棋中我们使用的是模拟部队（并非是真实部队）。在兵棋中，有一方充当不法分子，另一方——美国军队则必须采取相应的行动以打击叛乱。我在使用计算机模拟进行信息战分析时遇到了很多问题，因此我个人将这款兵棋归入为计算机模型提供数据的兵棋类别，因为它变得像人类为机器而存在的矩阵。

游戏4：这是我担任发起人代表的两款兵棋之一。有五张表格，依次分别是：美国选手、联合国选手、国际选手、东道国1号选手和东道国2号选手。美国选手的表格中标注了即将执行的战略指示与策略。我希望在设计这款兵棋时，让东道主玩家拥有更大的话语权，而并非像是我之前见过的绝大多数非常规战争游戏那样，玩家数量始终保持不变。美国可以与联合国联手，向两个东道国提供人道主义援助，帮助两个国家解决区域式地图上的冲突。然而，两国的内政已经超越了美国与联合国共同制订的策略范畴。不过美国还是成功激怒了两个东道国政府，且对此毫不知情。而且，它又无意间挑起了一场政变，这对"帮助减少两国之间冲突"的任务毫无帮助。在我看来，这太真实了！我将这类兵棋归类为非常规战争兵棋，在这类兵棋中，东道国可以操纵我们精心设计的游戏方法与策略。

三、兵棋推演的生命周期

以美国国防部兵棋推演为例，其生命周期始于兵棋推演发起。发起人决定实施兵棋推演、确定经费与资金数目。而且也会以发起人的名义来邀请参与者。即使初始阶段看似十分简单，在处理非常规战争兵棋推演时也可能十分棘手。

还有人写过关于"挑战之如何让发起人明确表达其在兵棋推演中想要完成的任务"的文章——这是确保兵棋推演步入正轨的先决条件。

和研究发起人一样，兵棋推演发起者在通常情况下也很难解释清楚自己想要达到的任务目标。以我曾经担任过发起人代表（在兵棋推演的生命周期中）的经验来讲，可以说，这些问题的根源是：兵棋推演目标的设置十分具有挑战性。这绝不是因为我们在成为分析师、发起人或是发起人代表时智商断崖式下降。兵棋设计师和执行者或许会这么想，但是我希望更多的是同情。有的人突然接到任务通知，要求举办一场兵棋推演。然而他自己还是个门外汉，一头雾水，不知从何下手，这是因为他根本不熟悉兵棋推演中的角色。即使我们之前曾参与过专业的兵棋推演，但是参与的次数和频率都不多，这也直接导致了我们可能并没有真正了解什么是兵棋推演。

我第一次参与兵棋推演的时候，情况也确实如此。当我们第一次提出为非常规战争项目建立兵棋推演的提议时，领导和五角大楼委员会均予以高度重视，经一系列会议商讨之后批准了项目拨款。简单说来，兵棋推演和美国国防部要做的内容差不多。有人会问："为什么要使用兵棋推演？"这种问题就像是在问美国人："你为什么生活在北美？"一样。问"为什么"的人是想表达什么意思呢？我们只管做就是了！但是，在入行之前，我们必须扪心自问，弄清楚第一个问题："为什么我们想玩兵棋游戏而不是其他游戏呢？"这就把兵棋从"标准操作程序"类转移到"具有特定目的和设计"类中去了。海军分析中心（CNA）的彼得·佩拉（Peter Perla）不得不在有生以来第一次面对我这个问题。可怜的人，但谢天谢地，这位熟人度过了这一劫！

我认为，举办信息战类兵棋推演最困难的是：我们在讨论目标时，自然而然会谈及兵棋的局限性和权衡取舍。前提是我们了解兵棋，知道在其中我们能做什么、不能做什么。逻辑十分清晰：我们无法完成所有事，所以就要优先考虑我们最想达到的目的。在进行非常规战争兵棋推演的过程中，我们总是需要做决策，也会有不知所措、犹豫不决的时候。这时我们就会意识到，自己对问题的了解不够深刻，解决问题的信心不够强大。兵棋能够帮助我们提升对复杂问题的洞察力——倘若从一开始我们就对复杂问题有足够的理解力、能够明确兵棋的目标、做出合理明智的选择，那么一开始我们就不需要推演了。你对自己的无知一无所知，所以，兵棋推演的第一步就已经限制了我们可能会得到的答案。可是，如果我们遗漏了重要的事情却还浑然不知呢？

非常规战争兵棋推演的下一个阶段——兵棋设计。这个阶段很难，几乎不可能完成。面对如此复杂的局面以及众多结构上的不确定性，兵棋推演应该如何设计呢？设计师们深刻了解历史进程，也了解战争结果（例如：布莱恩·崔恩的 *Algeria*（2000），或是艾德·比奇的 *Here I Stand*（2006））。我们用历史的眼光去看待兵棋有助于确定主要因素,从而得出具有重要意义的结果。

在当今非常规战争的大背景下,几乎不可能知道事情会朝哪个方向发展。从2003年伊拉克战争爆发至2011年这八年间,(伊拉克)人们生活在水深火热之中。大家都不清楚某天能否产生与"逊尼派觉醒"(Sunni Awakening)类似的情况。如逊尼派赶走基地组织(al-Qaeda),然后与美国军队合作。商业棋盘兵棋最终现身,该兵棋的设计目的就是为了能有多种条件可以调节:可以让逊尼派能脱离(或不脱离)基地组织,也可以让该组织站在(或不站在)美国这边。这样设计(将逊尼派设置为变量)是因为我们可以透过接下来的历史事实了解到逊尼派觉醒是这场战争的关键因素。在面对当代或未来的情景时,这些因素——战略因素、地缘政治、技术因素等都会发生变化,而这一切都铭记在了历史的巨石之上。

与娱乐性质的兵棋不同,以国家安全为目的的兵棋推演会发挥出更大的作用,尤其是将其用于当今或是未来的战争战略上。非常规战争兵棋推演会增加各种各样复杂的情况,这也是在反映未来的情况。所以,我们最初立下的假设还能站得住脚吗? 情节构思是否合理? 在问题的关键因素上是否有适当的变动范围和足够的发展空间呢? 兵棋推演机制是否是解决问题的最佳机制? 角色的设定是否正确? 应该如何将一项复杂的动态机制简化成一款能够在几天之内可以连贯执行且易于管理的兵棋游戏呢? 要想解决上述问题,我们需要一定水平的专业知识。在所给的特定非常规战争环境中,我们能够了解关于兵棋设计的专业知识。所以,在刚开始的时候,这确实是一个不可能解决的难题。这与非常规战争兵棋设计是否有误无关,而是与错误严重程度、辛勤付出对发起人和参与者是否起作用有关。

兵棋设计的另一个重要组成部分是裁决问题。美国海军战争学院(NWC)的斯蒂芬·唐斯·马丁提出了这样的疑问:"谁能在兵棋推演这种高度复杂的活动中当裁判呢?"(Downes-Martin,2013)。谁的水平足够专业,能够预知玩家在进行叙利亚题材兵棋时会产生什么结果呢? 判决是对兵棋结果的考量,裁决越复杂就越容易出错。这是理解非常规战争的第三条,也是最具有不确定性的一条,美国国防部多年来重金资助的研究项目只在某几个领域中取得了进展。但裁决仍然是一个关键环节。如果在信息战兵棋推演中裁决出现了失误,仅是生搬硬套地依照预期设定来回过招,那么大家都不会学到什么东西,而且没有人会意识到这一点。从反叛乱类兵棋中吸取错误经验的风险过高,有这样的看法也合乎常理。而且,在兵棋中分享自己适应其中社会的过程也是非常难忘的体验。彼得·佩拉指出兵棋推演背后的历史事实所具有的强大力量,但如果我们弄错了历史真相,那么玩家也会受到影响:推演中留下的经验或感受也会渗透进未来推演及生活中的决策中。

非常规战争兵棋推演一个难点在于如何保证角色及玩家的正确性。确定推演中哪些角色能独立决策（如美国国防部），也就是判断在现实生活中哪些角色对非常规战争动态机制的影响最大。角色要是太多的话，推演就会显得烦琐不堪。但角色太少又会遗漏主要决策者、机构，以及社会团体。

非常规战争兵棋推演的可信度还取决于受邀推演者的专业水平。在非常规战争兵棋中谁才是适合的玩家呢？不论是否合理，经历过一次战争的人往往都会把他对战争的经历和感受带到下一场战争中。举个例子，我曾观摩过一群军官玩反叛乱类兵棋，他们的对话以及对因果关系的看法直接反映出他们之前在伊拉克的种种经历，甚至细微到在某一特定城镇所发生的事情。尽管这款兵棋呈现的地理位置和伊拉克完全不同，但在游戏中，他们依然重新塑造了伊拉克版本的兵棋。我们也能发现，美国战争的经历给那些进入指定地区的美国军队早就预先设下了脑图。1991年第一次身处某地区的军队早就已经为第二次身处的军人们设定好了预期效果。在战争中，美国军队所用方法策略的一部分被直接强加于另一场战争中。目前存在这样一种趋势：即使是那些拥有信息战经验的人，也可能会对兵棋中的形式和全新的动态调整产生误解。他们会认为这是在让亲身经历的战争重现，在这里自己也会成为作战专家。

国防部的兵棋推演往往是分门别类的，这也成为兵棋推演招募合适专家困难的原因之一。因为这一条件就把很多没有经过安全审查的人排除在外了。也就是说在某个主题上十分优秀出色的专家无法受邀参加推演。这类兵棋推演的参与者必须来自美国政府或者是承包商内部。如果被邀请者行为不当、双方观点相互冲突，就有可能在兵棋推演过程中发生争执。即使在美国政府内部也存在不平衡现象：每人参与多日兵棋推演的资格并不均等。与国防部相比，美国政府相关部门真是相形见绌。美国国防部运营管理相当多的兵棋推演项目，这给政府施加了很大压力。因此，政府只能费尽心思地派人参加非国防部参与的兵棋推演。这种举措就很可能会影响兵棋推演的判断力。

下一个阶段：分析结果。一旦进入这一阶段，你就会发现所有问题都会复杂化。非常规战争推演的分析由于推演中定性发展的重要性而变得非常复杂，而定量输出则更具传统战争推演的特点。虽说正式的定量分析技术多种多样，但真正能应用到兵棋推演中的还真不多。大多数典型的国防部作战分析人员也没有熟悉兵棋推演的适当背景。

所以，在我作为发起人代表承办的两次兵棋推演中，在定量分析推演结果上投入了相当多的精力，尝试着将定量分析带入兵棋推演中。在一次兵棋推演中，我们尝试了人种学方法（这种基于团队的方式十分快捷）将史蒂芬·道恩斯·马丁（Stephen Downes-Martin）的建议——裁判才是复杂推演中的高手，铭记于心（Beebe，2001；Downes-Martin，2013）。其次，在东道主国这边，我们邀请到了十分擅长叙事分析的分析师。随后，我们又意识到在一场兵棋推演中采用结构式叙

事分析来理解各个集团(东道国、联合国,以及其他统一国家等)之间的动态变化
具有十分重要的意义。

如果你想从本章总结出什么经验的话,那就是非常规战争兵棋推演本身并
不简单,而且很容易失败。不过,有时失败也是好事。经过失败,我想我们应该
意识到兵棋推演本身在设计上的缺陷,以及美国军队在兵棋推演过程中产生的
未竟目标或是意外结果。在失败的时候,我们应该扪心自问:到底是哪里出了问
题? 如果在离开时我们对某个巨型设备印象深刻,但还不知道它是什么的时候,
那么小林丸号(Kobyashi Maru)确实是有价值的。但是如果你没有意识到非常规
战争兵棋推演是个不可能完成的测试,那么所有得出的结论都是错误的

关于作者

王玉娜(Yuna Huh Wong)是美国海军陆战队运筹学分析研究员。3年来,她
一直运用方法论与兵棋推演结合方式进行国防级别的非常规战事研究。其研究
兴趣包括兵棋推演、专业技能的使用,以及预估布局。她已获得麻省理工学院政
治学学士和经济学学士(双学位),后又获得哥伦比亚大学政治学硕士学位、帕德
兰迪研究生院政策分析博士学位。在攻读博士学位时,她的论文研究的是模拟
非战斗人员在城市行动与军事模型。

第四十五章　上帝乃我坚固保障：当军事行动遇上宗教

——艾德·比奇

传统兵棋侧重于模拟交战国家的军事行动，但是战争总会无一例外地受到外界因素的影响。在本章中，我将详细描述我所设计的一组冲突模拟行动，这些模拟将重点扩展到在更广泛的历史背景下研究战争。这三款兵棋（两款桌面兵棋，一款数据分析兵棋）均是在多层次兵棋世界中演练同时发生的军事及宗教冲突。桌面兵棋设计方法能够成功应用到数字媒体中，说明桌面兵棋机制具有广泛适用性。此外，除了需要考虑宗教因素外，我所提出的设计因素也可以用于模拟任何影响军事行动的外部因素。

一、是否为权宜之计

16世纪，欧洲冲突频发，而这些冲突带有强烈的宗教色彩。这一时期的战争（又称西方基督教世界的分裂）源于新教改革——刚建立起来试图宣扬新教国家与拒绝改革的传统天主教国家产生直接冲突。兵棋《教改风云》(*Here I Stand*)(2006)及其续作《童贞女王》(*Virgin Queen*)(2012)模拟了本世纪宗教冲突和军事冲突之间的交集。两款兵棋中的任意一款都有6名玩家参与，每名玩家都扮演着这段时期内杰出的统治者。阵容之间权利的不对称性能确保其中一些阵容将最有可能卷入到宗教斗争，剩下的则会更热衷于在传统战争中获得荣耀。兵棋中所采取的机制将同时包含军事及宗教领域上的冲突。

在《教改风云》（《教改风云》见图45.1）和《童贞女王》两款兵棋中，欧洲的主要城镇都绘制在了点对点式地图上，这在卡牌类兵棋（CDW）中十分常见。卡牌兵棋中的政治控制因素发生改变时（往往是通过军事征服来改变），征服者将会在他所取胜的地图模块放上一个控制标记，这样就能代表该座城镇的状态已经更新了。在这两款兵棋中，这些控制标记具有双重作用。这些标记上所带有的国籍标志可用于表示政治所有权。而且，棋子背面都是白色的。该区域上的棋子以白面朝上，表示无论哪一方对该区域进行政治控制，该地的居民所信奉的都是改革后的新教。反面（白色面）棋子控制区能很明显地与正面（彩色面）棋子控制区域区分开来。所有彩色棋子控制区内,居民始终忠于天主教会。我们能够使用这类具有双重含义的棋子在一张兵棋地图中追踪两类不同层面的冲突——政治冲突和宗教信仰冲突。

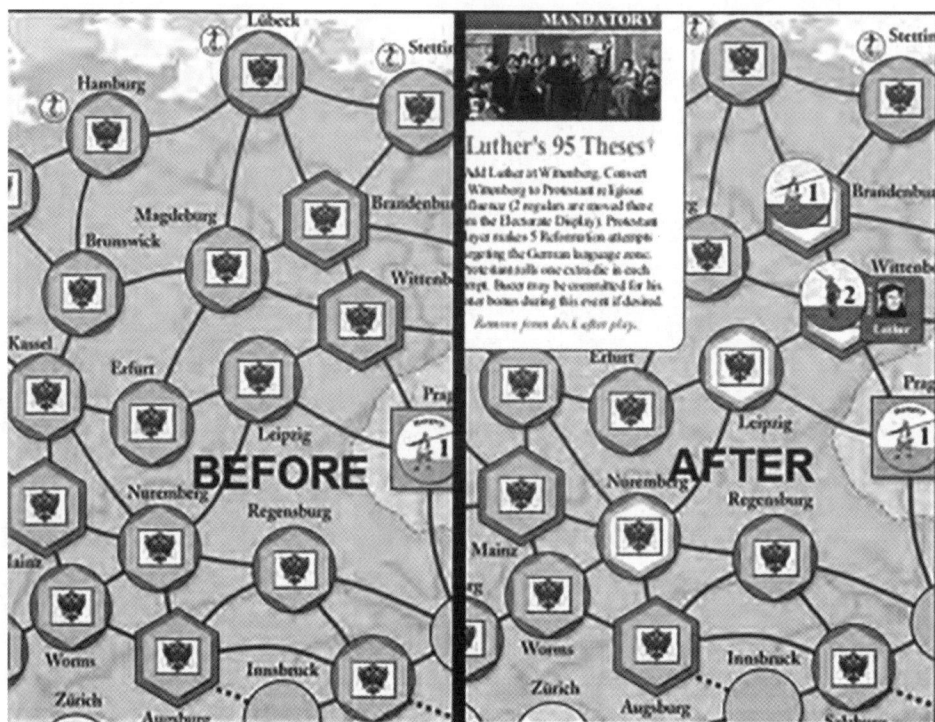

图 45.1《教改风云》

(注:《教改风云》以马丁·路德发表的《九十五条论纲》开篇。在这款兵棋中,勃兰登堡、威登堡、莱比锡和纽伦堡的公民选择信仰新教(通过将棋子翻到白色面来显示),新教军队奋起保卫勃兰登堡和维滕贝格。)

《教改风云》和《童贞女王》中战斗与控制机制和卡牌类战争游戏中所使用的机制类似。不过,在这两款兵棋中包含两款全新机制用以模仿当时的斗争。参与冲突的势力可以打出相应的牌(也有可能会触发牌面以外的事件)来采取相应的行动,从而达到让民众皈依的目的。最容易实现皈依目的地区有以下两处:一是,历史宗教领袖(如马丁·路德、约翰·加尔文)周围地区;二是,已经皈依地区的周边城镇。皈依成功意味着该区域的宗教已经完成转变,玩家可以通过翻转现有的棋子来表示宗教信仰的改变。在游戏中,一旦人们为某一宗教力量所说服,开始信奉自己心之所向的信仰就更容易发生一些事件,他们也许会采取行动、集结军队、拿起武器、心甘情愿为保卫新建立起的宗教而战斗。《反叛》行动是我们第一个通过此类机制引发军事冲突的例子。

政治和宗教之间的冲突碰撞是两款兵棋的精彩之处。在《教改风云》中，这种状态往往会出现在德国一方。哈布斯堡王朝的推演者扮演的是神圣罗马帝国皇帝这一传统角色，他必须将德国的六区选民牢牢地控制在自己的统治之下。尽管哈布斯堡王朝推演者不能采取任何直接的行动，其麾下军队拥有强大的能力，能够阻止教皇推演者拼尽全力扭转局势以重塑天主教影响。在《教改风云》游戏的后期阶段，哈布斯堡王朝军队与教皇的宗教使节同时进入德国的情况十分常见。对于双方来说，联合行动（军队宗教双管齐下）是发动反宗教改革的最好方式。

在《童贞女王》里，宗教斗争发生在四个不同的地区。在这些地区通过皈依宗教来建立强大的宗教存在感十分重要。如果天主教徒在英格兰取胜，他们就能扶持苏格兰玛丽女王登上英格兰王位。如果胡格诺派（Huguenots）能够在巴黎附近建立起强大的宗教势力，那么新教徒就可以对外宣称控制一定区域是权宜之计。凭借该宣言，亨利·纳瓦拉（Henrry Navarre）得以带领其麾下的胡格诺军队继续前进，这一举动通常会直接导致新教徒的胜利。

二、神与王同登世界舞台

在计算机兵棋《文明5》（*Sid Meier's Civilization* V）（2010）中，我带领设计团队执行了类似的多层次系统来模拟冲突。《文明5》在2012年的补丁版本《文明5:众神与国王》（*Gods and Kings*）中加入了完备的宗教系统。在《文明5》兵棋中，国家可以创造宗教。玩家竭尽所能，让更多的人了解其信仰会因此而获得回报。在本部分中，我们将再次讨论如何运用多层次冲突模型。只不过这一次有所改变，不再运用传统的桌面式兵棋，而是利用数字化优势展开。

在该兵棋中共有5种以历史思想或是制度为主题的游戏道具。这些"信仰"所带来的激励不仅会为城主带来好处，也会给创始人带来利益。因为在这款兵棋中，奖励与信仰人数所占比例直接挂钩，所以创建信仰的玩家需要尽可能地扩大自己的势力范围以获得奖励。

《文明5》经典回合模式中的游戏地图包含数千张六角格地图。在政治领域上，玩家能够逐格更改所属国标志，但是从宗教层面上来讲，这样的划分就过于详细了。因此，控制区更迭就演变为以城市为基础。不过，在跟踪每个城镇居民信仰的过程中，细节会有所增加。一座城市的周围会存在不同的势力，这些势力都在向该城市的居民传播自己的信仰，给对手施加压力，竞相拉拢居民加入自己所在的组织内。于是就会导致该城市的居民所信仰的各不相同。例如，一座城市的人口可以按信仰类别划分为八个部分：

- 佛教信徒：4；
- 天主教：2；
- 琐罗亚斯德教：1；
- 无神论者（尚未有宗教信仰的人）：1。

如果城市中一半或一半以上的人都信仰某一宗教，那么奖励将适用于该方在该城市中所有棋子上（所以在该例子中，佛教信仰最为活跃）。在计算机端，这样详细的信仰划分十分容易实现，但要是换成桌面兵棋，这简直就是一场噩梦。

与《教改风云》和《童贞女王》一样，《文明5》（《文明5》截图见图45.2）中也会出现改变宗教信仰的情况。玩家可以通过购买大量的信仰资源来实现地图上信仰的转变。传教士是最常见的力量，他们能传播信仰，给邻近地区施加压力。传教士往往十分强大，其影响力足以让周边民众皈依他们的信仰。

图45.2 《文明5》截图

（注：图中我们可以看出，一位凯尔特传教士正在接近埃塞俄比亚首都亚的斯亚贝巴。这位传道士能够将他的信仰传播到邻近的城市。也许经他的传教，天主教会在一定程度上影响当地的东正教统治地位。）

计算机兵棋与手工兵棋的一大区别就是计算机端能够清楚地体现出宗教对周边地区的影响。在《教改风云》里，如果你建立起来的宗教占据了相邻的城镇，那么你会获得一次额外的掷骰子机会。这一机制既代表了新的理念从一个城镇传播到另一个城镇的趋势，也激励玩家在关键的地理位置建立并维护自己的信仰。不过，在数字化游戏版本中，计算机是非常好用的工具。从你建立信仰开始,计算机就一直在给我们施加"慢滴式"压力。所以在《文明5》中,每位传教士在某一城镇的传教行动都不会受到邻近城市信仰的影响。相反地,玩家只需要在所有城市中的十个格里添加一个小的压力增量即可达到类似于向临城施压的目的。

在《文明5》中,我们也能看到众多政治与宗教交织的竞技场。第二个宗教组织是宗教调查官,它的运作需要严格的政治控制。玩家可以派遣该传教士部队从他们管控的城市中劝退不受欢迎的宗教。除此之外,他们也能守卫城镇,抵挡敌方的近攻。不过,在敌方国土上该部队毫无用武之地。所以对他们来说,长久维持一个地区的政治控制才是重中之重。

在游戏中,有一些信仰能够加强军事力量,你也可以从中挑选一种作为自己领地的信仰。

• 信仰捍卫者:帮助你按照自己的宗教信仰保卫城市;

• 正义之战:帮助你按照你的宗教占领城市;

• 圣斗士与宗教热:使用信仰资源购置军事部队(而非宗教单位或建筑)。

最后,兵棋中的政治气候会受到宗教冲突程度的影响。外国领导人肯定会因国民转变信仰而大发雷霆,局势持续紧张,战争一触即发。在军事力量面前,传教士无力自保,所以阻止敌人进入自己的领地传教最有效的办法就是直接抓走敌方传教士。玩家们很快会知道,在这款游戏中,没有强大的军事力量来支撑信仰,许多活动往往会迅速夭折。

三、结论

这三款兵棋共同的模拟机制是政治与宗教控制分别在地图的不同层面上(即分开统计)。

大多数的变化往往只改变其中一个因素:进攻与围剿决定花落谁家——这是政治;皈依与辩论决定谁执牛耳——这是宗教。不过,这三款兵棋的机制都旨在确保政治与宗教这两个层面能够直接互动。对这些连接点进行建模,能够触发重要的历史转折点,正是这些多维度冲突的存在,使很多人痴迷于此。在中世纪和文艺复兴阶段,宗教是一个十分丰富的历史战场,其作为一种非军事元素在游戏中发挥了十分重要的作用。不过,本文所描述的机制与宗教并没有特殊的联系。将非军事因素冲突放到另一个层面上,且各层面之间有离散的相交点,这项技术可以用来模拟任何类型的非军事冲突。

关于作者

艾德·比奇是2K(一家游戏公司,出版了《文明》系列游戏)旗下Firaxis Games系列首席设计师和程序员。他是《文明5:众神与国王》(*Gods and Kings*)(2012)和《美丽新世界》(*Brave New World*)(2013,其被提名为年度战略游戏)的主要负责人。他曾参与《埃及艳后》(*Cleopatra*)、《热带风暴:天堂岛》(*Tropico: Paradise Island*)、《皇帝:中央王国的崛起》(*Emperor: Rise of the Middle Kingdom*)、《文明3:征服》(*Civilization Ⅲ: Conquests*)、《更强大的力量》(*A Force More Powerful*)和《中土之战》(*The Battle for Middle-earth*)等众多计算机兵棋的设计、制作和编程。在闲暇时间,比奇也会设计历史性的棋盘兵棋。在过去的15年里,艾德·比奇带领团队研发了《伟大战争:美国内战》(*Great Campaigns of the American Civil War*)系列兵棋。他还设计了《教改风云》和《童贞女王》两款获奖兵棋,这两款兵棋均以欧洲文艺复兴为背景。艾德·比奇毕业于达特茅斯学院,主修计算机科学、俄语,以及文学,而且他热爱跑步与旅行,还担任过菲拉西斯垒球队的投手。

第四十六章　文化类兵棋：通过兵棋进行跨文化交流

——吉姆·沃尔曼

文化类兵棋是一种冲突模拟，其核心是参与者的社交、人口数据和文化方面。这与专注于军事设备、军事后勤、作战动机和作战过程截然相反。

文化类兵棋可能会运用一套截然不同的游戏结构，包括一些看起来十分老套的军事游戏。文化类兵棋与其他兵棋的关键区别在于关注的焦点不同。所以，在传统文化兵棋中，玩家会被告知其文化背景和目标，从而突出文化特点。这些都可能反映内斗（例如，你的主要目标是获得晋升）、社会因素（例如，无论如何，都必须在荣誉与地位上领先于其他部落）或者是个人因素（例如，要在战斗中获利）。这些都与许多兵棋游戏中的"纯粹问题"不同。在该类游戏中，玩家的任务是尽可能优化作战结果或是最有效扩大资源利用率。这种不同的设计在复刻"邪恶问题"或是在复杂的人类增长可视化地图中执行军事行动时十分有利。

在兵棋中，有很多研讨类型的文化兵棋（比如，后续章节会提到的《巴维克·格林》(*Baewick Green*)），但是这些原则也同样适用于大型多地图兵棋（比如 *Crisis of Binni;Sengoku;Crisis in Britannia*），以及棋盘类兵棋（比如 *Henchmen*）。

在这类兵棋中，参与者会被故意置于一个完全陌生的文化环境中，给予相应文化特征的规则、程序和目标，玩家随即出现在场景之中。场景中的一些设定会对他们做出的假设进行施压并测试玩家对文化危机的应对措施和办法。结果不但具有教育意义，还具有发展意义。所以，我们可以这样描述这一类型的兵棋：

• 暴露出玩家的隐藏假设，在此过程中挑战固有成见；

• 角色不同，视角不同；

• 包含合作，也夹带竞争；

• 典型的结果是达成静态非暴力目标，而地形因素和软因素往往占主导地位；

• "规则"多变且为闭环式——但在这种情况下，"闭环式"规则意味着除非是为了促进和控制团队，否则玩家无法使用；

• 这类兵棋十分重视社会因素。

一、组织文化

我花多年时间研究了针对不同受众的兵棋[①]。从学校基础设施、教育环境的设计，到促进外交、军事、国防等领域中高级军官领导力的发展我都做过研究。介于这两种极端类型之间的是针对军事训练机构、英国国防部、博物馆、公司和慈善机构的兵棋，当然还有针对娱乐性战争玩家设计的兵棋。尤其是针对一些资深兵棋玩家来说，上述的许多兵棋中都包含了文化兵棋的技巧。

服务如此多受众的一大好处是能够比较各种组织文化之间的差异，以及玩家对于兵棋游戏的态度。例如，鉴于21世纪的冲突在复杂的人口增长中愈发严重，美国国防部对于人口增长可视化和软因素上兴趣浓厚，尤其是对在未来战争的背景下，军队武装力量应该对如何与平民百姓打交道十分感兴趣。

对于商业和第三产业(如慈善事业)的机构组织来说，促进兵棋最常见的见解是他们最关注与组织功能和沟通相关联的问题。刚开始的时候可能并不明显，但是在游戏洞察阶段，收集到越来越多相关信息的时候，这些情况就会愈发凸显出来。

组织主要利益有三点，文化兵棋技术在面对利益时用处很大。

•团队发展。主要解决内部交流问题，以及如何触发隐藏支线任务。在参与者自身工作未知的情况下，文化兵棋可以显示出个人议程对整个情景的影响。通过详细的简报和引导，我们可以获得兵棋中所提供具有建设性意义的见解。

•个人发展。在培养个人领导力和沟通风格的背景下，文化兵棋能够为我们创造出一种让参与者反思自身模式与风格的环境氛围，并扪心自问："我为什么要做这件事儿？"在传统兵棋中也可能实现这一目的，但是文化类兵棋更注重相互交流，所以兵棋中常常有很多机会进行有效且具有反思式的交互。

•了解不同文化。为每位玩家构建游戏材料和专属个人简介，能够让他们更好地了解不同文化甚至是文化之间的冲突。当然，我们也可以通过阅读不同文化材料以达到了解其文化的目的。但是在文化兵棋方面，我们在游戏环境下进行交互，全新的游戏环节给予玩家全新的游戏体验，可以深度体验"在玩中学"，更好地帮助我们了解文化。

在开发一款文化兵棋时，我们着眼于探索游戏中动机和决策等关键问题。随着游戏的展开，我们发现在大多数情况下，玩家的行动要么基于一系列假设，要么基于一些关于其他玩家的态度、行为上潜在的假设。针对这些假设询问玩家时，我们发现这些假设或多或少都会受到文化因素的影响。每个社会都有其自己的规则、禁令、准则和习俗。在更大的背景下，一个组织其实是一个社会的缩影。然而，单纯一个组织并不能将广泛的文化都囊括在内，而是自主选择某一文化（这种文化是社会文化中的一份子）——在某些方面，我们无法从这种特定文化中看到其他选择或者不同观点。

二、对其他文化的看法

多年来，我针对教育以及娱乐兵棋玩家设计的兵棋，已经扩展到了文化主题上：以其他文化文明的视角来看待自己熟悉的主题或历史时期。很快我发现，这种方式在"严肃的"专业兵棋中非常实用。举几个例子：

•以越南战争为题材的兵棋，主要是站在越南人的视角上。在这款游戏中，不同组织与南越北越两个政府之间的交互展现得淋漓尽致，尤其是在政治目标、经济目标和社会目标这三个方面。半随机式的干预往往具有巨大力量；

•一款基于1941年的兵棋对大英帝国来说是一场可怕的灾难——大英帝国被擅长丛林战争的日军击溃。换个角度来看这场战争，就可以看出日本方面的困惑和不确定性。从这个角度，我们就能看出对战争不同的理解和态度，以及关键性差别，而且也能体会到为什么会"横看成岭侧成峰，远近高低各不同"了；

•这是一款以J.R.R.托尔金（J.R.R.Tolkien）的《指环王》（*The Lord of the Rings*）为背景的兵棋，但是从兽人的视角出发的。在小说中，兽人是一种难以用语言形容的邪恶物种，但实际上是一种地下人。假如我们在游戏中扮演这些角色会是什么样的呢？他们的动机、目标和社会是怎样的？这款兵棋以一种非常具有挑战性的方式测试假设，并且着眼于行为和交流是如何被前提和文化假设所定义的（在这种情况下，"兽人"相当于邪恶）。

这种"反文化"游戏向玩家提供了一些关键体验。在好的情况下，这种体验不仅可以让玩家更彻底地了解整个游戏场景，还能让他们对本土文化的本质产生深刻的反思。

三、可言设定与潜规则

在文化兵棋中，我们用场景来表达假设。前提假设有四种类型会直接体现在游戏结构以及团队或玩家手中的简报上。

•可言设定。这种类型显而易见：既定层级、专业技能、组织习惯，以及规章制度。这种设定往往建模于可以看到的游戏结构中，大多数人都能理解。

•隐含设定。这涉及你对其他人的了解。这些内容会反映在特定玩家的团队简报中，在某些情况下还会成为游戏背景及玩家背景的关键信息。玩游戏可以帮助玩家洞察自身隐含设定。

•潜规则。语言、规则和正当行为都是可以存在的，但这些往往不会特别说明,因为"大家都心知肚明"。这是通过游戏媒介进行开发的"沃土区",因为不同的玩家或团队会获得(也可能带来)一套"众所周知的"潜规则。

•隐藏规则。你都没发现自己正在遵守的规则设定就是隐藏规则。这种设定可能会让上述所有设定毫无用武之地,不过这也是最有趣的文化假设类型,也可以作为游戏结果。出色的引导和赛后简报能帮助玩家反思、辨别出隐藏设定——团队之间相互交流,这才是兵棋的作用,而且往往会使玩家受益匪浅。在设置游戏简报和目标时稍加仔细一点,就能让隐藏设定进入全新的玩法。

每一款兵棋、每一个场景、每一位玩家(此处我有一些异议)既是可言的文化设定,又是不可言的文化设定。玩家如果当过兵(或者了解军事),就很容易看出这些可言设定:军衔等级、专业技能、组织习惯和军队礼仪。这些信息往往各方都了如指掌,且易于获得。那些没有明说的规则更为有趣,甚至会引起摩擦。想要得知这种假设十分具有挑战性,但玩家可以在适当的背景下在游戏中破解。在兵棋中,这是特定游戏背景下的结果或是深刻见解。除此之外,有的设定是为了让玩家能够在操作过程中进行,例如:结盟合作、参政议政(村庄规模),或者是在人口分布图上进行互动等跨文化交流。巴维克·格林:乡村居民的日常故事见表46.1。这是一款兵棋游戏,我将它作为一个非战场环境的例子。为了说明这一点,该兵棋故意表现得十分荒诞。

表46.1 巴维克·格林:乡村居民的日常故事

1.游戏结构

兵棋以地图为基础。兵棋需要借助 "游戏控制",实体代表着游戏外部因素及玩家的思想。游戏环境方面在游戏简介中会有所提及。依照指南引入关键事件。根据互动和推演者行为进行裁决。兵棋游戏设置在村庄,以及田园环境的大型地图上进行,理想情况下,玩家之间有一些私人讨论的空间。

2.场景

在某一天的某时间,英格兰正在经历一场激烈的战争。在大城市外的农村地区,传统主义者坚持古代仪式和信仰 (例如听新闻、看电视、喝茶、吃炸鱼和薯条等)。联合国部队已经部署在博尔塞特郡执行维和任务,部队在各个村庄巡逻。整场兵棋集中发生在虚构的巴维克格林小村庄。贝里克格林地图和计数器见图46.1。

玩家角色包括:

·地主;

·佃农;

·酒馆老板;

·小农场主;

·当地名人:教区牧师、妇女协会主席、警察等;

·维和人员;

·联合国译员或城市顾问。

续表

图46.1　贝里克格林地图和计数器

扮演村民的玩家（其中一些人在团队中）都知道自己的经济情况和社会地位。玩家有各自的社会地位，需要小心经营。他们需要在游戏中努力赚钱（在游戏中，玩家可以通过完成"日常任务"来获得收入），不过，动荡会影响收入情况。总的来说，这些内容创造了一个工作环境，同时也创造出了整个背景中重要的一部分。

有些村民可能会在私下里同情不法分子。不过，在游戏开始时，村民玩家并不知道自己也可能被设定成了不法分子。联合国方的玩家并不清楚这一点，他们或许会假设村庄里有活跃的不法分子——最后一点很重要，因为核心的情景模型是一个原本和平的村庄正处在潜在压力下，这种情况并不寻常，且十分具有挑战性。

联合国部队出现在了这个和平的小村庄里。该部队本可以不出动，不过仍可以添加到场景中，且很容易受到游戏控制。如果兵棋参与者是现实生活中的军人，那么即将到来的部队必须是他们完全不熟悉的部队，比如来自孟加拉国、尼日利亚或安哥拉的联合国维和部队。在某些情况下，例如，如果这是在英国以外的地方进行，那么基本的文化设定对玩家来说将十分陌生。如果在美国进行一场兵棋，那就需要向扮演村民的美国人解释：在英国，不是每个人都配有枪支，平民持有武器是违法的（但平民可能会有猎枪）。

维和人员可能会遇到以下问题：

· 总是把名字念错，尤其是读音不正确；

· 误解英国教会的作用；

· 未注意到既定的社会等级；

· 忽视村民的经济需求：有人要去附近城镇工作；农民要在市场里做生意；

· 有一种不成文的假定，即认为所有村民都是不可信任之人；

· 性别问题，尤其是妇女在社会中的领导作用。

村民玩家需要了解自身职责，明确目标，进行日常生活，同时也要检验联合国军队的动机与目标。

如果联合国维和人员参与进来，他们的目标将基于其本国的文化，其中包括对待性别问题的态度、对饮酒、音乐和宗教的态度，以及他们对自己遵守的社会规范的态度。例如，一支以穆斯林教徒为主要成员的维和部队可能需要采取一些特殊措施以劝导部下远离酒吧。需要注意，这些简报不是依照文化的固有看法进行简单的标注解释，联合国的简报给不熟悉异域文化的推演者以文化普及，颇具深度。

通常，在这类兵棋中，村民玩家很快就会因为手中无权、身处推演边缘而毫无体验感和（可能是无意的）不受尊重而感到沮丧。不过，在许多类似的游戏中，有些玩家很快就能够融入到游戏中，变得骁勇善战。正如所预料的那样，玩家也会融入到自己的角色中去，因此在这款游戏中，村民之间的冲突和紧张关系可能就像村民与联合国维和军人之间的冲突一样重要。

3.结果

一般来说，进行一次《巴威克格林》（*Barwick Green*）兵棋要花半天的时间，还有时间更长的版本，可以持续好几天。这样的兵棋中有更加复杂的场景以及其他活动，如农村委员会会议等。这些特定的危机点可以极大地深化兵棋过程，但不需要太长的时间或太复杂的结构。在短短几个小时内，兵棋就能够取得非常好的效果。

像这样的结果和见解在汇报中是必不可少的，因为参与者通常（尤其是有人邀请他们这样做的时候）会反思自己的沟通与实践。有时候也会通过如下的开放式问题——"你觉得你自己的决策或行动是怎样影响村民和联合国维和部队之间的相互作用的？又是怎样对其产生不同影响的呢？"来就文化差异、假设设定，以及最重要的双方观点展开有意义的对话。

对《巴威克格林》这类兵棋游戏的典型结果与见解包括：

· 文化差异建模。玩家受到挑战，从而有机会深入了解如何处理文化差异；

· 找出玩家的隐藏设定；

· 观察并总结个人谈判方法以及分析玩家的选择；

· 让熟悉的事物变得陌生，这为更好地探索"视角偏见"创造了机会。尽管像《巴威克格林》这种文化兵棋游戏，无论是作为独立游戏还是传统兵棋重要的一部分，其在反映兵棋社会场景以及人口分布图上都发挥了巨大的作用。这款游戏通过不同的视角以及精美的角色开发与简报设计，带来了其他技术难以实现的见解。《巴威克格林》地图以及人物卡片见图46.2。

图46.2　《巴威克格林》地图以及人物卡片

关于作者

吉姆·沃尔曼(Jim Wallman)是一名专业的兵棋设计师,有超过20年的从业经验,专注于手工兵棋的开发、策略设计、团队发展和教育。吉姆·沃尔曼为英国国防部设计并交付了政治战略性桌面兵棋。他曾专门为英国军队设计兵棋,还发布了四十多套沙盘兵棋规则,并指挥和决策游戏内容涉及装备发展、政治危机和战略规划等问题。他与企业、公共教育和志愿者部门有广泛的合作,特别是为英国国防部设计和执行高级领导力水平发展和兵棋分析。其知识背景和实训领域主要是在社会科学和历史学方面,而且,他对于在游戏中应用积极的心理学知识特别感兴趣。

注释

①参见 http://www.pastpers.co.uk。

第八部分　其他战场

第四十七章 兵棋文学

——埃丝特·麦克卡勒姆·斯图尔特

　　首先要顺便提一句史前"微型战争"。这不是什么新鲜事物,也不是什么新鲜玩意,但却经受住了时间的考验,有如春天一般历久弥新。

——赫伯特·乔治·威尔斯,《微型战争》

　　长期以来,兵棋都是通过媒介来讲故事的。勃朗特(Bronte)姐妹受到一盒玩具士兵的启发,在随后的游戏过程中创造了有关安格利亚的故事和《贡达尔传奇》。安妮·勃朗特(Anne Bronte)和艾米莉·勃朗特(Emily Bronte)终其一生都在创作《贡达尔传奇》。艾米莉创作了70多首贡达尔诗歌,像《囚徒》("The Prisoner")这样的诗歌讲述了传奇故事中的某个特定时刻,而且往往暗示了丰富的背景故事:

俘虏举起手,按在前额头;
她说受了伤,现在很痛苦;
这都不重要,门闩很牢固;
即便钢铁铸,我亦能逃脱。

(Emily Bronte,1845)

　　虽然夏洛蒂·勃朗特(Charlotte Bronte)在她们去世后销毁了大量作品,但最终得以保存的作品表明,一个发达的世界里充满了残酷战争、政治阴谋和政权颠覆。150年后,玛格丽特·西克曼(Margaret Hickman)和特雷西·韦斯(Tracey Weis)共同出版了《龙枪》(*Dragonlance*)三部曲系列的第一部(1984—1985)。汤姆·克兰西(Tom Clancy)出版了《猎杀"红十月"号》(*The Hunt for Red October*)(1984)和《红色风暴》(*Red Storm Risin*)(1986),这两本书模拟了兵棋的结构,重新讲述了军事故事。类似的作品还有《高级龙与地下城》《鱼叉》和《保驾护航》(LaGrone,2013)。

　　20世纪80年代早期,《高级龙与地下城》的创始人与发行这款兵棋的战术研究规则(TSR)游戏公司的友人一起玩这款游戏。《龙枪》系列中很多人物原型都出自于该游戏,该游戏一经发行便大受追捧,红极一时。《地城探宝》系列小说仍然倍受追捧,在许多奇幻的系列小说中都可以看到这类小说的影子,包括吉姆·布彻(Jim Butcher)的《哈利·德累斯顿》系列小说，其中的角色随着小说的进展明显变得更加强大。珍·威廉姆斯(Jen Williams)的《铜的承诺》(*The Copper Promise*)(2014)中更直接地体现了这一点。在这款游戏中，主要角色明显模仿了一个冒险团队，他们历经各种遭遇，并最终与入侵的龙人部落进行了一场史诗般的战斗。"甚至主角三人组：战士或法师(Lord Frith)、圣骑士(Sir Sebastian)，以及一名小偷(Wydrin，又名"铜猫")(Webb, 2014)都带有桌面奇幻人物扮演游戏的特征。

兵棋文学第一个方面就为我们展示了如何利用角色或系统来创造故事，这与布鲁诺·法伊杜蒂(Bruno Faidutti)认为兵棋充满悬疑景的说法相呼应(2007)。战争和战斗支撑着整个故事的发展：黑暗势力威胁着克琳(Krynn)，这是一场对抗精灵和人类的侵略战争。不过，玩家如何才能做到这一点呢？对勃朗特姐妹来说，玩具士兵显然是一种"派迪亚"行为，随后她们又通过诗歌和写作进行了重新创作。西克曼和韦斯需要一个更严格的现有结构，即《高级龙与地下城》规则，以赋予他们的战争故事话语权。围绕着这一点，兵棋游戏发展出了丰富的叙事部分，其中战争是不可分割的一部分，这既是元叙事的一部分，也是玩家角色和其他对手之间的小冲突的时刻。

这便是第一部兵棋文学作品，即"游戏范例"。在桌面角色扮演游戏中，游戏范例通常是作为脚本来编写的，裁判指令指示游戏规则何时生效。文本是为了向玩家展示他们如何将角色扮演与战斗的技术性元素结合起来。《邪神召唤》(*Call of Cthulhu*)便是一个令人不舒服的例子：虚拟玩家将角色扮演、游戏玩法，以及自己作为玩家或角色的表现混为一谈。看守人继续说："拖着脚走进房间是对一个男人的可怕模仿"。他有八英尺高，四肢畸形扭曲。一张脸沟壑纵横，布满皱纹。很难看得到什么面部特征。那松弛的棕绿色皮肤叫人见了直犯恶心，其四肢已经腐烂发臭。一滴一滴的褐色液体从他身上落下，如泥水一般肮脏。"你们三人依次投掷一枚十面骰子，骰子点数即为所得分数。"

乔伊：我投完了，10点！

凯西：不是我吹，我投了7点！

宝拉：不是吧！真是吓到我了！我才投了1点！

(Call of Cthulhu, 1981, 88)

格雷·费恩(Gary Fine)将其视为能够建立一个可以分享自己天马行空想象的兵棋世界，而且也能帮助建立他所称的"独特文化"(idiculture)——在小群体之间发展的文化，以帮助群体协调每个群体的独特社交线索(Fine, 1983; Fine 1979, 734)。费恩区分了兵棋与角色扮演游戏之间的区别，兵棋中个人参与程度还有待提升，对历史的依赖程度更深，游戏过程也不够灵活。不过，角色扮演类游戏强调其历史性，这类游戏中往往包含战争，且常常会使用军事术语(比如，"战役"指的是漫长的故事线)，这些充分说明兵棋和角色扮演有诸多交集，但是这些交集又有些说不清道不明。乔恩·彼得森(Jon Peterson)坚信这不是巧合,其源于加里·吉盖克斯(Gary Gygax)和大卫·爱默生(Dave Arneson)打下的兵棋根基,这是由于他们在《锁子甲》(*Chainmail*)和《龙与地下城》手册中使用的类似术语(Peterson 2012,203-205)。

虽然上述例子是虚构的,但马修·柯晨保(Matthew Kirschenbaum)注意到,兵棋推演战斗报道和实际的战争报告在风格上具有明显的相似性。在登陆账户时通常会弹出免责声明,"以免粗心的网民在搜索学期论文时,误将一份兵棋的总结报告误当成日本海军胜利或拿破仑在滑铁卢胜利的真实记录"(Kirschenbaum 2009,357)。兵棋推演总结报告沿用战争报告的风格,详细描述每一次兵棋推演过程、提供统计信息、提取统计伤亡人数、战斗损失、所用装备和弹药、力求客观真实。在《贡达尔传奇》和《龙骑士》中,相比于客观数据,其对个人背景的叙述更加详细,个人反应和人物性格往往会激起人们的同情心。这些例子都是在游戏过程中添加的,即在游戏中插入统计信息或游戏细节为玩家提供指导,并鼓励他们发展属于自己的角色扮演。

H.G.威尔斯(H. G. Wells)的《微型战争》被视为是兵棋发展的关键期。(参见乔恩·彼得森章节第一部分)在精巧的手册中,结合兵棋文学,向玩家展示了兵棋玩法。在威尔斯解释游戏规则之前,《微型战争》包含了13页的介绍性文本,详细描述了作者是如何创造游戏并完善规则的,而这些主要是其通过与好友进行模拟游戏得出的。这是早期版本的开发日记,同时也证明了兵棋对潜在用户的重要性。规则部分十分详细,在《胡克农场之战》(*The Battle of Hook's Farm*)里另有长达八页的对"游戏范例"详细的描述。这或许可以描述为一种创造性的报道——作者在评论的基础上加入主观的陈述,语言犀利地分析每个竞争对手的举动。

经过四分钟深思熟虑之后,红队在实际推演中彻底失去了理智,开始采取行动,同时也犯了致命错误。他朝着蓝队的中心开火,连杀八人(Wells 1913, 27)。

《微型战争》使用了不同的技巧来吸引用户,将那些熟悉作者作品的人吸引到不熟悉的游戏领域中,并让他们通过许多不同的角度来欣赏游戏。

这里给出的例子之所以重要,并不是因为它们代表了兵棋或兵棋文学的历史性时刻,(虽然有些是这样的)而是因为兵棋的多样性和其所代表的写作格式的多样性。《贡达尔传奇》是对派克游戏的一系列富有想象力的复述,而《微型战争》和《邪神呼唤》中的"游戏范例"则是对游戏中一系列有趣规则的想象描述。H.G.威尔斯(H. G. Wells)有意从三个不同的方向来阐述这一点:一开始的叙述吸引了熟悉他作品的读者,规则解释了游戏,游戏范例让二者很好地结合在一起。《龙枪》系列和《库博之诺》(*The Cooper Promise*)将报告文学延伸到一个更具想象力的领域中,它们是事件发生后桌面角色扮演游戏的翻版,在虚构的背景(蕴含着战争的基调)中叙述参与者的冒险。尽管存在差异,但所有这些都是兵棋文学的例子。每个例子的核心在于对"玩"和"游戏"理解方式的根本差异,因此,它们不仅集中体现了游戏研究中围绕这些术语的各种问题,而且还客观地表达了叙事类兵棋的多样性。

本章的重要性在于每个例子与战争之间的关联都不同。《龙枪》讲述了一场旷日持久的战役。在这场战役中,作者更注重突出战争的特点,而不是其发展的方向。威尔斯利用《微型战争》来证明模拟战斗的魅力,并向读者呈现一系列规则——他认为读者们完全不熟悉当时存在的游戏类型。《邪神呼唤》中的例子也具有指导意义,即尝试着从典型角色扮演群体的视角去详细描述一个简短的战斗序列。不过,这个例子可能看起来与"兵棋"毫无关联,但它仍然带有报告的元素,展示了一个更大规模战斗中的一个片段。

我认为,当我们着眼于兵棋文学中对于战斗的描述时是很难将每个阵型分开的。在这些复杂的叙事中,作者运用了不同的叙事手法,但是兵棋和文学叙事之间的界限依然很模糊。虽然桌面游戏包含大量的战役,经常会将玩家带入战争中去,但它们可能并不能统称为"兵棋"。不过,正如威尔斯所说的那样,兵棋和兵棋故事之间的区别并不是很明确。在读汤姆·克兰西的《猎杀"红十月"号》(*The Hunt for Red October*)或欧内斯特·克莱恩(Ernest Cline)的《头号玩家》(*Ready Player One*)等小说时都需要注意这一点。

《头号玩家》包含了《龙与地下城》、电子游戏《角逐》(*Joust*),还有1983年上映的电影《战争游戏》的核心情节元素。《头号玩家》讲述的是主角韦德(Wade)为了寻找虚拟世界绿洲核心的秘密开启了一段旅程。但与此同时,书中所描述的游戏视频、海报和绿洲创始人留下的彩蛋等线索让韦德跟着感觉出发,寻找真正的答案;同时也要面对一场更直接的战争——对抗ISP麾下IOI公司的邪恶雇员。在故事的结尾,韦德和他的朋友们使用巨大的装甲机械人来对抗IOI公司的邪恶雇员。这类题材的叙事力很强,但是,像兵棋、兵棋叙事和叙事过程中重复部分的复杂性也需要考虑在内。

一、兵棋叙事的演变

我有意将"兵棋"这一术语范围扩大是基于以下几个原因。文学(和其他媒体)使用较为广义和模糊的标准来定义"兵棋",即从文本转换到文本的标准。文学将批判性地审视这些文章,而不是简单评价为"较好"或"最好"——这完全是在以简释繁,根本没有进行有效的批评。"兵棋"的模式和符号学意义是根据这些文本的需要而构建的,这超出了文学描述的范围。本章中其他部分分别从不同视角清楚地证明了这一点。沿着这条路研究下去成效并不显著。相反,我们必须研究文学和大众媒体如何使用"兵棋"这个词,以及这些文章出版后对兵棋有什么样的意义。

正如Kirschenbaum所主张的那样,在对于桌面兵棋的叙事,我们还有很多要学习的地方,而且桌面兵棋可以"帮助我们了解在兵棋中扮演角色的过程与程序(Kirschenbaum 2009,369)。此外,作为报告文学、文学文章和粉丝作品,桌面兵棋的历史丰富多彩。文学和流行文本也将兵棋作为一种常见的比喻,包括将其作为中心主题、格言或用以设计故事情节(作为隐喻),或仅仅作为参考。为什么兵棋在流行文化中被如此广泛地用作比喻呢?而且这些描述为何如此有限? 此外,这里使用的诸多例子表明,兵棋和兵棋故事之间的区别并不明确,其界限十分模糊。因此,本章考查了其中一些例子,但同时也提出了疑问:能否打破固有结构呢?

在接下来的内容中,我将阐述其中的一些观点,并指出兵棋文学在大众媒体中所占据着不同的位置。因此,我们首先应将兵棋视为一种叙事过程,然后再看兵棋文学类作品。其次,回顾兵棋文学作品。这两点可以相互结合。

虽然兵棋在发展中逐渐成为更加成熟的休闲娱乐活动,也能吸引更多的人在现实和虚拟环境中投身于兵棋的世界里,这已经慢慢转化为流行文化的代表。不过我们仍然存在刻板印象,认为游戏会导致各种问题,不利于艺术发展——有这样的想法也许是因为我们感觉到威胁或是不安。社会对于玩游戏往往存在着偏见。因此,一些文章中所提到的游戏通常会被模糊化,避免人们认为作者对游戏过于沉迷,或者是因为一些读者可能不知道游戏中的细节才对作品敬而远之。直接提及游戏往往会被看成是"极客文化"的标志,而不是游戏本身。例如,本尼迪克特·杰克(Benedict Jacka)的小说《神选》(Chosen)(2013)中对卡坦岛(Catan)定居者的讨论部分充分展示了一群人逐渐团结的情景(在上一部系列书籍中相互对立),但《神选》显然针对的是一个特定城市的幻想领域。

因此,本章研究了兵棋的流行程度以及文学表现形式,同时也质疑了这种文学性的意义,以及它是如何在通俗文化中表现寓言、隐喻和主题的。我不再列举流行文化中对兵棋的重复赘述,而是对其中的一些动机进行讨论。兵棋往往会用在十分广泛的比喻中:在象棋对弈中,如果其中一方是一名聪明的战术家,那么他肯定会败在英雄手中;战斗开始前参加团队比赛的选手从拿起板球棒的那一刻起就注定要失败(1992年《最后的女孩》,"final girl")。

发扬体育精神、遵守规则和违规作弊成为主导主题的三大元素。游戏中所必需的模糊概念往往会用来暗示战争是一种"不公平"的活动,战争中的军队情绪更加激昂,冲突的定位也往往是错误的。这些观点往往与对立的观点相混淆:对立观点认为战争绝对不是游戏,而是像游戏一样——终究是一种无用的、不成熟的活动。在其他方面,诸如临场动态角色扮演游戏、角色重演、生存游戏等现实兵棋游戏中往往提及一些社会问题。本章阐述了其中一些观点,同时也提出了问题:流行文化是否倾向于以更微妙的视角来描述兵棋及其玩家?

随后,我将研究在文学和其他流行文化领域里如何利用兵棋暗示或讨论战争。我先研究了国际象棋这一规模小、用时短的游戏是如何将战争与游戏联结起来的。在国际象棋中,大家可能不会想到将棋盘与真实战斗相联系,打破固有思维,让自己沉浸在国际象棋所代表的"战斗"中。尽管如此,"兵棋等同于下国际象棋"这种比喻已经成为重要的文化标志。

接下来,我将讨论在文学中用于讨论社会、政治和文化所用到的兵棋。(尽管人们可能认为科幻小说的普遍特征都是对兵棋进行了描述,但事实上其重点并非是兵棋。)比较引人注目的例子大多是在小说中开辟虚拟战争或是社政博弈,比如HBO(Home Box Office)电视网出品的《权力的游戏》(*Game of Thrones*)(基于乔治·雷蒙德·理查德·马丁的长篇小说《冰与火之歌》)(*A Song of Ice and Fire*),以及奥森·斯科特·卡德(Orson Scott Card)笔下的《安德的游戏》(*Ender's Game*),还有1983年电影《战争游戏》中的全球热核战争。

二、"计划中的一部分"：战争隐喻

流行文化中所提到的兵棋往往概念模糊或是单指游戏或游戏文化。举个例子来说,我们往往认为玩游戏就是一种操控,或者对弈双方在玩兵棋(通常是国际象棋)时将自己的邪恶本性展现得淋漓尽致。同样地,儿童或青年也经常玩兵棋(一般是第一人称射击游戏),玩这种游戏往往暗含着对社会抽象化的理解、社交礼仪上的缺失,甚至是暴力倾向。在积极的情境下,我们很少提及兵棋,因为在这种情况下,它通常用来表现玩家的技巧与才智,但其中也有潜在的一些负面倾向。电视剧《犯罪现场调查:纽约》(*CSI: New York*)里有一个有趣的例子。在该剧第二季的第十五集《票价游戏》("Fare Game")(2006)中,一名男子在墓地中弹而亡,但在检查伤口时却没有发现子弹。在追踪真相的过程中,证据都指向一群热衷于名为《水枪之战》(*Water Gun Wars*)的替代现实游戏(ARG Game)。在游戏中,玩家会接到任务——"射杀"目标,武器是水枪(该系列称《水枪大战》为"兵棋游戏",而在更挑剔的人看来,该游戏似乎更像是一款基于战斗的ARG或PvP游戏)。最后幸存的玩家将获得10万美元的奖励。不过我们很快发现,玩家并不知道如何在游戏中选择目标,而仅是从一名自称"最高指挥官"的组织者那里接受指示和"杀令"。侦探们找到了参赛选手,同时也是犯罪嫌疑人的乔丹·斯托克斯(Jordan Stokes)。当时,他正透过一家商店橱窗看游戏《杀手》(*Hitman*)的预告片。事实上,游戏只不过是一个幌子,谋杀甚至还波及失业的演员。但是这自始至终都在暗示一点:参与的玩家可能有贪婪、偏执的倾向。(一名参与者租了一间办公室,用来吸引其他参与者,同时还在房间的玻璃上涂抹了玻璃粉并配备了安全激光器)。尽管用"暴力电子游戏"来比喻兵棋的情节并未在这集出现(在该剧中的其他部分出现过几次),但兵棋有时会被看成是一种奇怪的活动,有这样的看法可能是因为普通游戏玩家很少会接触兵棋这一领域。

　　一个相关的比喻以一种更无所不能的方式部署兵棋:书中或是电视剧中的角色可能会被困在对手所设下的"游戏谜团"中。为了逃脱,该角色不得不按照特定的"规则"进行游戏,比如1982年上映的电影《电子世界争霸战》(*Tron*),以及2010年上映的《神探夏洛克》(*Sherlock Holmes*)中的第三集"The Great Game"。《电子世界争霸战》是围绕着主角凯文·弗林(Kevin Flynn)设计的所有程序被前同事艾德盗走而展开。为了证实这一点,他不得不进入自己开发的虚拟世界里进行战斗、寻找证据。这个虚拟的世界会强迫"玩家"玩军事类游戏,直到被击溃,这样可以确保艾德的行为不会在现实世界中暴露。而在《神探夏洛克》中,这种暗示则有些无滋无味:夏洛克·福尔摩斯(Sherlock Holmes)在破案中惯于宣称:"游戏正在进行!"在该部电影的情节里,福尔摩斯必须在规定的时间内破解一系列通过短信发送的神秘谜题。这一集中还有一个常见的隐喻:给反派增添全新、出乎意料的设定。莫里亚蒂(Moriarty)不断给福尔摩斯抛出谜题,在福尔摩斯揭开最后的谜底时,却发现华生(Watson)被当作人质绑架了,身上绑满了炸药。无论福尔摩斯采取什么行动,莫里亚蒂都会引爆炸药。

　　欺骗、不公平,这似乎和一种文学语意有关,即战争本身就是不公平且十分残酷的。文学作品中所描述的兵棋大多忌讳这一点,因为如果游戏是虚构的,或者是同一游戏有不同的规则,那么就会产生巨大的反差。后面我还会提到《安德的游戏》(*Ender's Game*),它就是一个很有说服力的例子。在安德最终发现这是一场游戏时,他已经在进行一场真正的战争了。但这个比喻通常用于各种不同的文学文本中,以表明坏人要比"风格更加高尚的"主角更能理解战争的邪恶。在大型多人在线角色扮演游戏《魔兽世界》(*World of Warcraft*)中,与麦迪文(Medivh)在卡拉赞(Karazhan)相遇时,玩家必须扮演棋子的角色来战胜以麦迪文为首的敌军。对决相当简单,不看玩家的装备水平或是操作能力,只需要在棋盘上移动棋子来攻击对手,而麦迪文会偶尔犯规或是出其不意地攻击玩家。在这场对决中,麦迪文是邪恶的一方,他打破游戏规则、践踏公平,毫无骑士精神。

　　还有一个更直接的例子是在1987年上映的《007》电影之《黎明生机》(*The Living Daylights*)中,詹姆斯·邦德与恶名昭彰的布拉德·惠特克(Brad Whitaker)进行对峙。惠特克在空无一人的宅邸里摆满了他收藏的蜡像,这些蜡像穿着历史名人的衣服,其中包括阿道夫·希特勒(Adolf Hitler)、拿破仑(Napoleon)等。惠特克使用的是一个带有自动计数和特殊效果(如微型爆炸效果)的桌面兵棋来重现小圆顶之战,以炫耀自己参加过该战斗。他告诉邦德,如果格兰特(Grant)负责驻扎葛底斯堡,葛底斯堡还会有35 000人伤亡,因为"米德(Meade)坚韧不拔,小心谨慎。"邦德打开了桌面兵棋上的一个遥控抽屉,一下子把惠特克撞倒在地,而后又炸飞了旁边的威灵顿公爵的雕像,巨大的冲力把惠特克撞到了另一个模型上。后来,有人问邦德发生了什么,他冷酷地答道:"他遭遇了滑铁卢。"说来滑稽,在此处的描写中,兵棋和"道德败坏"之间有一定的相似之处。惠特克不只是一位自大狂,他对于追求"完好无伤"地赢得战争近乎疯狂。他的灵感来自对微缩模型的使用,而不是真正的调兵遣将。

三、国际象棋

拿破仑大帝酷爱下棋,在圣赫勒拿岛囚禁期间,他经常被一个粗野的杂货店主"打"得落花流水。世界上一些伟大的人物——无论是莎士比亚、弥尔顿还是牛顿,棋术都不高超。下国际象棋可能不会促使我们的大脑产生新的想法,也不会为我们带来曼妙的灵感,只不过是为了消磨时间和才能罢了。

——C. 木恩、S. 威尔士、A. 毕迟,《国际象棋之乐》("Chess-Playing Excitement")

如果不提及国际象棋在各大流行文学中用来比喻冲突的广泛用途,本章就无法完成。(这里所说的国际象棋也包含在其漫长的发展中所形成的多种战棋)①。国际象棋历史悠久,文化底蕴深厚,玩家十分熟悉游戏规则和棋子所代表的意义。不过让人惊奇的是,这些例子往往具有很高的相似度,措辞苍白无力,毫无深度可言。开头所提到的拿破仑在下棋时经常惨败,这在我们看来极不寻常。有一种观点认为,国际象棋属于军事活动,战略家往往十分热衷于此,这也能解释为何流行文化中出现大量有关国际象棋的例子。

这样就会出现不少拿国际象棋作比喻的例子,在此我会详细说明那些专门描写战争冲突的作品。

1、国际象棋——权力之争

国际象棋是二人对弈战略游戏,对弈双方应该在开局时占取先机,而不是被动地敌动我才动,或是一方将军直接闷杀另一方。这给了双方机会,在没有发生真实冲突时可以建立自身主导的特征。在第一部《X战警》(X-Men)(2000)的结尾,被锁在玻璃监狱里的万磁王(Magneto)正和查尔斯·泽维尔(Charles Xavier)下棋。棋局预示着续集故事中万磁王会逃出监狱。他逃跑时,我们也能从背景看到整个棋局(2003)。

相反,"国际象棋即权力之争"这句话指的是:在现实世界中,双方的暴力冲突在社交中并不合适,实力旗鼓相当的对手只能通过游戏进行切磋。在2014年上映的《X战警:逆转未来》(*X-Men: Days of Future Past*)(2014)中,年轻的万磁王和查尔斯·泽维尔再次对弈,试图找到彼此身上的共同点,重建友好关系。

2、棋类游戏

当然,这样的例子不止一个,可以说科幻小说将战争描述得淋漓尽致。三维国际象棋《星际迷航》(*Star Trek*)、《砰!》(*Thud!*)、《胡夫》(沙丘)(*Cheops*)(*Dune*)都用国际象棋来反映战术思想在"真实"情景中的重要性,以及这种思想的优越性,同时也反映出国际象棋与不同情境之间的融合。

《砰!》是改编自《谍影世界》(2002)系列小说的真实世界游戏,并最终成为普拉切特笔下同名小说的主题,于2005年出版。普拉切特(Pratchett)(2005)从该游戏发展历程写起,刚好与国际象棋主题吻合。该书以巨大的黑白格棋盘为封面图案,主角们被困在和人差不多高的石像中,看起来有些像(大约公元400年的)海盗游戏(Viking Game)。书中双方互相过招,意味着《谍影世界》中展现生活与游戏相互融合,两种元素相互替代,巧妙地奠定了本书的基调。

在棋类游戏中,胡夫(Cheops)棋也许是最有趣的一种,"棋盘为九级制,双方各占据一边,王后出击,占领高地,对手战败,王被将死"(Herbert 1965,588)。这个例子十分有用,形象巧妙地概括了《沙丘》(*Dune*)里描写的一系列战争,双方你死我活,两败俱伤,同时也勾勒出书中所描写的性别权力斗争。不由得令人感叹,"人生如棋,须步步经营!"

3、以棋代战

对弈双方往往想把自身注意力从别处转移到象棋上,或是在对弈中预示即将发生的事情。吉姆·布契(Jim Butcher)在其系列小说《阿莱拉法典》(*Codex Alera*)(2004—2009)中,叙述了塔维(Tavi)有几次在下一款名为"鲁杜斯"(ludus)的象棋,其中一次对弈是在一场战役中,当时纳索戈将军要求维塔准许他的部下收集死尸,遭到了维塔的反对。分歧产生,对弈难免。二人在棋盘上一决胜负,不过这次对弈也暗示将军对维塔的默许,支持他反抗仪式主义狂热分子萨里(Sarl)。在1982年上映的电影《怪物》(*The Thing*)中,麦克瑞德(MacReady)将威士忌泼向正运行着象棋游戏的计算机,这预示了他在后来与怪物发生冲突时对科学技术的失望。还有其他著名的例子,在《星际迷航》中常常会有娱乐场景里的三维象棋,宇航员们运用棋盘激烈讨论刚发生的事情,或是用象棋来模拟如何击溃带有军事目的的入侵者——还有《星球大战》中,丘巴卡和R2-D2玩的全息象棋(the Holochess game),让伍基(Wookie)获胜绝对是明智之举。

4、慧者一点即通,蠢才枉曲直凑

国际象棋大师往往头脑聪慧、思维缜密,许多文学作品描述象棋高手就是为了向读者展示其自身的聪明才智。有趣的是,作者落笔时,往往是主角在和一个虚拟对手(这个"对手"并不存在)博弈。夏洛克·福尔摩斯会和自己下棋;《谍影世界》里的维蒂纳里勋爵会与尤伯瓦德的朋友玩《砰!》;该游戏也出现在《邮局奇遇记》(*Going Postal*)(2004)中,用以暗示里奇·格利特(Reacher Gilt)和劳德·弗吉尼亚(Lord Vetinari)观点上的冲突②。在《哈利·波特》(*Harry Potter*)系列丛书中,巫师象棋意味着共情,玩家必须在游戏中获得棋子的信任才能操控棋子。赫敏(Hermione)并不擅长下棋,但罗恩(Ron)是对弈高手。在《哈利·波特与魔法石》(*Harry Potter and the Philosopher's Stone*)(1997)中,罗恩总是能在对弈中战胜哈利。在该书的结尾,三位小英雄必须以自己为棋子,在真实棋盘中联手与对方进行对弈。罗恩指挥对弈,在最后关头牺牲了自己,让哈利顺利通关夺取魔法石。这些对决中包含谋略、果敢、共鸣,虽各有差异,但都是智慧的体现。

有时,人们并不了解象棋,也不知道其蕴含的深厚底蕴,所以不是编创了属于自己的玩法,就是按照不同规则进行对弈。有的玩家一入"棋"门深似海,流连忘返;有的玩家却为了胜负争得面红耳赤,发誓永不再碰。这种效果往往是具有喜剧感的,但也可以象征对弈双方实力差距或角色所缺乏的战术能力。在《邮局奇遇记》中,克里斯宾·豪斯弗莱(Crispin Horsefly)完全错误理解了《砰!》这款游戏,某种程度上体现了他的愚蠢。2002年上映的情景喜剧《老友记》(*Friends*)7.20:《瑞秋之吻》中,菲比(Phoebe)和乔伊(Joey)拿着计时器,正全神贯注地玩着游戏。乔伊说:"我们真该学学正确的玩法。"但菲比反驳道:"我喜欢这样玩。"她像下棋一样移动棋子,得意地叫道:"将军!"这段场景虽短,却是一种典型的用象棋来表达人物性格的手法——乔伊"善良中隐藏着忧郁",菲比"机灵古怪而又自由"。一方肌肉发达、思维简单,另一方爱好和平、不喜争斗,两个人都不擅长战术思考,也真的不会下棋。

5、以人为棋

最有名的例子当属刘易斯·卡罗尔(Lewis Carroll)于1871年出版的长篇小说《爱丽丝镜中奇遇记》(*Through the Looking Glass*),其中就描写了"人类(或拟人化)象棋游戏"(即以人为棋子),该书的大部分故事情节都基于该游戏。《爱丽丝镜中奇遇记》开创了以人为棋的先河,在该书中还有卡罗尔亲手绘制的棋盘以及每个角色的移动规则。人类象棋(或统治者下的象棋)这一主题仍然很受欢迎:它是演员帕特里克·麦古汉(Patrick McGoohan)1967—1968年上映的电视剧《囚徒》(*The Prisoner*)中的早期视觉符号,且为奠定电视剧的基调做出了贡献。在斯科特·林奇(Scott Lynch)2007年出版的小说《红色天空红色海》(*Red Skies Under Red Seas*)中,贵族们玩的就是一种人类象棋,每当有一枚棋子——也就是人被抓住时,对手可以对他们实施除死亡以外的任何惩罚。这两个例子充分说明,以人为棋最终是由"心不在焉的驴子"率领"毫无权力的狮子"的。这也让我们注意到在对弈中阶级与权力的差异(另参见Taylor,1974)。

正因为读者可以通过象棋迅速了解诸多概念、角色动机或是潜在反应,所以流行文学多用象棋作为比喻。运用这种手法进行创造的书籍多的数不胜数,也没有严格的标准对其进行检查。将象棋当作真实战争来研究,或者说是将其置于战争文学范畴内来研究,这类例子不胜枚举——不过,在认真筛选过后我们可以发现,真正的例子如凤毛麟角,寥寥无几。基于这种原因,本章将着重讨论以兵棋为主题的媒体文本。

四、《战争游戏》

1983年,《星球大战》风靡全美,红极一时。另一部惊悚影片《战争游戏》(WarGames)紧跟着登上荧幕。该片以冷战高峰时期为背景,内容十分新奇。大卫·莱特曼(马修·布罗德里克饰)是一个典型的懒散的青少年,相比于上学读书,他更钟情于电子游戏。身为计算机天才的大卫可以随意入侵学校系统改动分数。有一次,他误打误撞入侵了美国军方的"战争操作计划响应系统"(WOPR),计算机里的人工智能机器人乔休尔(Joshua)为大卫提供了从国际象棋到"生化武器"(Theaterwide Biotoxic),从西洋双陆棋到"全球热核战争"(Global Thermonuclear War)等一系列可玩的游戏。由于无事可做,又想在女友面前大显身手,大卫选择了《全球热核战争》。可是他并没有意识到,他的一系列操作启动了北美防空系统,而防空系统一旦启动,该系统便会默认苏联打算发动核战争袭击美国。

通过描述主角大卫操作全球热核战争"游戏"以及后果,这部电影将其包含的多个主题表现得淋漓尽致。其主题包括:(1)电子游戏发展日新月异,人们逐渐感到不安(影片中北美防空司令部作战室的影像图与《小蜜蜂》非常相似。在影片的开始,大卫所玩的第一款游戏正是《小蜜蜂》。该游戏于1981在日本上市,是一款射击类单机小游戏);(2)人们愈发无法区分现实世界的战争和虚拟世界的游戏,变得猜忌多疑(影片中,北美防空司令部被大卫和战争操作计划响应系统耍得团团转);(3)传统正规学习模式与自学数字技术投机取巧之间的冲突(在生物考试中,大卫和麦克都得了"F",不过大卫入侵了学校的数据库,更改了自己的成绩);(4)对当时政治时局的恐惧和不安。

尽管大卫的扮演者马修·布罗利德逐渐长大成人,变得更加负有责任心,但该影片仍让计算机陷入一种僵局状态。《战争游戏》一针见血地揭露出社会的潜在危机:游戏让人们变得不愿思考,也不在意现实生活中的细枝末节(毕竟,这是一部儿童电影,但维基百科却将该影片划归为"冷战惊悚片")。有趣的是,这虽然对影片中出现的兵棋部分关系并不大,但却给我们传达了一个和"警告大家电子游戏危害性"同等重要的讯息。在影片的开始,大卫所选的游戏不同,结果也不同。当他选择"有趣游戏"选项时(真是糟糕的决定),计算机得出结论:与战争操作计划响应系统下象棋(这是一个明智之举)。影片十分生动形象,表明了社会一致性和缺乏实验性都是宝贵的社会财富。事实上,尽管战争操作计划响应系统得出的结论:"拒绝游戏才是获胜的关键"是对电子战争游戏的公认评价,但同时该系统还是建议大卫捡起书本,回归课堂、回归生活,而不是把时间浪费在玩游戏上。这部电影成功地传达了围绕当代社会的不安感、围绕青年的不满与反抗、围绕青年一代的不满、"真实"战争与"虚拟"战争之间的联系、针对军队文化的模仿、青年一代的电影,更是文化界的先锋。不过,《战争游戏》既不能完全归为青少年成长类影片,也无法完全归于惊悚类影片,而恰恰是介于这二者之间。虽然电影结尾略微落于俗套,情节稍显循规蹈矩,但其中心情节至今仍能引起我们的共鸣——欧内斯特·克莱恩(Ernest Cline)在2011年出版的小说《头号玩家》(Ready Player One)中写道,主人公韦德面临的第一个挑战就是要把整部电影当成一场游戏,而自己只是游戏中的一个角色。

五、《安德的游戏》

奥森·斯科特·卡德1985年的小说《安德的游戏》过于反乌托邦,在众多学者和评论家中引起了相当大的争议(Kessel,2004;Radford,2007)③。小说主人公安德出生在一个充满暴力的家庭中。虫族对人类的威胁与日俱增,大战一触即发。各国纷纷挑选合适的儿童在太空基地进行集中训练,旨在将这些孩子培养成能够对抗危机的出色人才。孩子们会在类似于《X战警》中"危境室"(Danger Room)的房间中玩一些军事游戏,这既是对体力的考验,又是对战术的测验。训练十分严酷,充满暴力,教练希望通过这样的训练来挑选能力出众、心理素质强大的领导者;不过因为基因的问题,女孩子处于相对弱势一方。安德因为出众的体力和战术,成为该队中最有潜力的一分子。上校将他与其他孩子隔离开来,目的就是为了专门把安德培养成一个无情的战术指挥官。在训练过程中,安德杀死了另外两个同伴(不过他并不知道自己所做的一切)。书的结尾描写了一场人虫大战游戏,敌方是智慧外星生物——虫族(Buggers)。在游戏的高潮,安德发现敌人是依照"蜂巢思维"(hive mind)进行行动。于是,他将虫后隔绝开来,一举击溃虫族。游戏结束后,我们回顾整个过程发现,"游戏"实际上是真实的大战。安德暗杀了虫族王后,整个虫族也随之一触即溃。看着自己所做的一切,安德吓坏了,但政府却认为他是一个英雄。在后几部《安德》系列小说中,安德试着让自己适应这种情况。

在书中,卡德将真实的战斗伪装成兵棋,这样的叙述手法指向了科幻小说中经久不衰的比喻：在奇幻叙述中表达政治化的意识形态。和《游戏玩家》(*The Player of Games*)（接下来会说到）一样，《安德的游戏》再次表明：尽管小说的核心元素包含着游戏，但游戏却并非"真正的游戏"。相反，游戏是一种转喻，充分展示了相关文明潜在的操控性（转喻：用与被修饰对象相关的其他事物来指代被修饰的对象，比如："汗水"可以指代"人努力工作"）。在《安德的游戏》反乌托邦的世界里，地球军队无情地剥削安德，鼓励其消灭虫族；在《游戏玩家》中，阿扎迪安(Azadians)将人类最恶劣的行为展现得淋漓尽致，因而最终惨遭毁灭——但这并不一定是文化乌托邦。

六、《冰与火之歌》（又名《权力的游戏》）

巴奎尔·恩弗斯用手托着下巴。"你能教我玩《权力游戏》吗？""我想不能，德罗妮。"

——杰奎琳·凯里，《库希尔的飞镖》

乔治·R.R.马丁(George R. R. Martin)笔下这部庞大的政治史诗将王朝家族的阴谋诡计、为统治维斯特洛大陆明争暗斗的传奇故事娓娓道来。历时20余年，《冰与火之歌》(*A Song of Ice and Fire*)（1996年至今）频频提及"政治游戏"，作者切换不同视角进行叙述，文中人物都作为"游戏玩家"参与到这场斗争中来。书中的角色可以简单地比作士兵、王后、骑士和宗教领袖（主教）。马丁巧妙地利用人物个性的优缺点来精雕细刻刻画人物形象，而且读者可以从多个角度看待同一件事。角色之间背叛、暗杀和冲突频发，这让读者认为每个角色都可能随时消失，他们只是一场波及范围极广的冲突中的一小部分，而小说中的不同派系显然与战争和兵棋中的传统派系遥相呼应。

1996年，《冰与火之歌》系列推出了第一本书《权力的游戏》。在该书中，作者使用了科幻文学中较为常见的行文结构来塑造政治阴谋；杰奎琳·凯里(Jacqueline Carey)在2003年出版的《炎鞭天使之镖》(*Kushiel's Dart*)中使用了同样的行文手法来叙述达昂戈莱法庭中的政治活动；罗伯特·乔丹(Robert Jordan)在《时光之轮》(*Wheel of Time*)系列（1990—2007，作者逝世之后，乔丹和桑德森继续执笔创作后文：2007—2013）；雷曼德·费斯特(Raymond Feist)和詹妮·伍特斯(Janny Wurts)在《帝国》系列（1987—1992）中都使用了"议会游戏"(Game of the Council)。在上述所有长篇系列小说中，各大家族之间的明争暗斗、阴谋诡计，充分凸显了小说的中心情节。

经HBO(Home Box Office电视网)改编，《冰与火之歌》（电视剧更名为《权力游戏》)已成迄今为止最受欢迎的电视剧。从名字来看，《权力游戏》更强调阴谋和战争，突出文章主题，而不同于小说原名《冰与火之歌》，用模糊的"冰"和"火"来指代故事主题。《权力游戏》保留了马丁的"碎片化叙事"风格，虽然在原著的基础上调整了故事发展的时间顺序，但这样能为观众们呈现出更加连贯的故事。例如，某个或者某几个角色可能会在一集中同时出现，这样故事就会更加连贯通顺，观众也不会搞混角色。不过在小说中，这些情景可能是分别取自该系列不同的书中。《权力游戏》通过各种方式，尤其是在片头的字幕中，展示了全球冲突。在该电视剧中，观众能够鸟瞰蒸汽朋克风格的发条地图。随着镜头不断拉近，目光所及之处，山川河流、城堡据点如画卷般徐徐展开。细看各大建筑，家族纹章赫然于上。每一集所述情节不同，地图的位置会发生变化，建筑的现状也会随之显现。例如，在某些系列中，临冬城（Winterfell）要塞是一个冒烟的废墟之地——幸存的角色由一棵仍在灰烬中生长的世界树体现。这种开场方式与兵棋式地图十分相似，直接将二者联系起来。在大型游戏中，（看不见的）角色已不再重要，各式建筑与地形成为玩家需要占领、摧毁的棋子。视野随镜头转动，参与者能够俯瞰整个地图，这意味着他们可能有能力控制地图，或是扮作一个无所不知、沉稳冷静的旁观者。

因此，《权力游戏》巧妙精密地呼应了兵棋，展现了影视剧与观众之间的默契关系。如果观众没有注意到这一点的话，也没关系——在视觉效果上，片头字幕仍然让人印象深刻，极具标志性（获得2011年国际艾美创意艺术奖Creative Arts Emmy Award），其中暗藏着其他诸多明显的隐喻——整个世界都包含在一个太阳系仪器中。在这部电视剧中，观众还可以在拜拉席恩（Baratheon）的堡垒中看到实体地图，在临冬城和君临城（King's Landing）中也可以看到纸质地图。还有不同的角色——其中最著名的是罗柏·史塔克（Robb Stark）、史坦尼斯·拜拉席恩（Stannis Baratheon）和泰温·兰尼斯特（Tywin Lannister）在地图上操纵木制或锡制的人物进行兵棋对抗。

在游戏中，将玩家比作兵卒棋子的说法非常符合电视剧和小说的主题，对兵棋的借鉴参考也不会显得粗糙、突兀。原著小说和电视剧都围绕着该主题，尽管大多数角色之间存在细微差别，人物"善"与"恶"的界限也变得模糊，但在政治领域中，斗争博弈都相当残酷，且极具侵略性。继原著之后，奇幻飞行游戏公司（Fantasy Flight Games）也发布了一系列《权力游戏》棋盘游戏和卡牌游戏。

七、《第三帝国》

罗贝托·波拉尼奥（Roberto Bolano）逝世之后，他的日记体裁小说《第三帝国》（英译版名为：*The Third Reich*，于2010年出版，西班牙原版名为：*El Tercer Reich*，于1989年完成）出版了。在该书中，作者从文学角度详细描述了兵棋。首先，作者描述了一款真实的兵棋——阿瓦隆山公司的《第三帝国的兴衰》（*Rise and Decline of the Third Reich*)。波拉尼奥将游戏叙事与小说整体结构紧密联系在一起,刻画出主人公乌多的强迫症(一定要揭开查理失踪之谜)。随着乌多逐渐陷入疯狂,小说的结构也变得紧凑起来。在小说的后半部分,乌多和克疤多开始进行兵棋游戏。在这个过程中,乌多一直扮演德国纳粹方。克疤多,原著名为"El Quemado",意为"一个身上带有烧伤伤疤的流浪汉",他似魔非魔、似鬼非鬼。乌多愈发沉浸在兵棋游戏的虚拟世界中,行为举止也逐渐与现实世界脱节,飘忽不定、似真似幻。

很明显,很多《第三帝国》评论家不知如何解释这款兵棋的玩法。吉尔斯·哈维(Giles Harvey)称该书"行文堪比《风险》,情节却更加复杂"(Harvey,2012)。尼古拉斯·汤姆森(Nicholas Thomson)称该书"类似于《轴心国与同盟国》的战略兵棋"(Thomson,2013)。从这些评论中我们可以清楚地看到,评论者通常不愿意去讨论或了解书中所提游戏的复杂性——即使他们知道这是一款真正的兵棋。安东尼·帕莱塔(Anthony Paletta)认为这些评价对乌多所进行的兵棋描述并不正确:"不是说不准确,而是一种痴迷,因志同道合而产生的痴迷。如果读者不了解该兵棋的规则与玩法,再多的细节描述也没法让他们真正理解这种痴迷。"这本身就十分有趣,说明评论家们更愿意走"游戏让人着魔"的老套路线,而不是真正去探索乌多痴迷于游戏的本质(他惯于玩强度高、耗时长的兵棋)。在无足轻重的例子中也存在一种假设,即这类游戏不值得更深入地研究。尽管小说中耗费大量笔墨描写《第三帝国》兵棋。要对波拉·尼奥的小说进行更深入的讨论,我建议读者参阅本书中约翰·普拉多(John Prados)的章节。

八、《游戏玩家》

你看,在作者的构想中,阿扎德(Azad)既复杂又微妙,既灵活又费力,是一种既全面又精确的生活模式。在游戏中成功的人,在生活中也必定成功;二者都需要同样的品质来确保优势。

——伊恩·M.班克斯,《游戏玩家》

伊恩·M.班克斯(Iain M.Banks)是高产的战争游戏作家之一,他笔下十分尖刻的乌托邦主义与《安德的游戏》(*Ender's Game*)等书中的政治和社会道德形成了鲜明对比。

班克斯在他的几本书中都使用了游戏,包括1987年的《想想弗莱巴斯》(又名《暴君》)(*Consider Phlebas*)(*Damage*),1993年的《共谋》(又名《专制》)(*Complicity*)(*Despot*),以及2007年的《陆峭的加巴代尔之路》(*The Steep Approach to Garbadale*)讲述了一个销售桌面游戏的帝国!这些游戏大多以某种形式的冲突为主题。《专制》(*Despot*)取材于电子游戏《文明》,班克斯经常以书中包含该游戏为理由在《文明》上花费大量的时间。《专制》预见了后来游戏的复杂性,如《文明Ⅳ》(2005)和《欧陆争霸》(2000),主人公卡梅隆在整本书中都喜欢扮演一个好斗、不道德的领袖。《暴君》是 Head Crash 兄弟公司出版的一款世界级游戏。这是该公司的最新款大型趣味游戏,它既包含拜占庭式的复杂,又有巴洛克式的美丽,尽管场面混乱不堪,却又让人沉迷其中"(Banks 1993,51)。

卡梅隆并没有像他想的那样道德败坏。不过,在他的生活开始崩溃时(因为他的决定做得太迟了),有人破坏了游戏,摧毁了他精心构建的世界。在《陡峭的加巴代尔之路》(The Steep Approach to Garbadale)中,《帝国!》是一场征服和策略的兵棋,反映了沃特家族肆无忌惮的本性。关于游戏性质的争论,以及是否允许收购等问题纷扰不断,这几乎就是《帝国!》的结局。失去了核心精神,该款兵棋反映了他们所包含的众多冲突和家族秘密。还有一个例子,在《想想弗莱巴斯》(Consider Phlebas)中,乌托邦社会的卡特尔已经与伊迪兰人交战多年。暴力冲突敌对游戏中一直包含反映暴力和冲突的情节。如《毁灭》(Damage),该兵棋中玩家以其他人的生命为赌注打赌④。

然而,班克斯最著名的兵棋是《阿扎德》(Azad),出自 1988 年的《游戏玩家》。书中的主人公杰尔纳·古格·毛锐特(Jernau Gurgeh Morat)是来自该文化的著名游戏玩家(毛锐特在该文化的语言"Marain"中是"游戏玩家"的意思)。古格厌倦了玩同样的游戏,也厌倦了缺乏挑战性的游戏,于是他被招募来玩《阿扎德》。这是一款非常复杂的游戏,在定期的阿扎德锦标赛中表现出色的玩家,系统会根据他们的相对熟练程度和比赛风格将其分配到相应的权力位置。

古格对阿扎德的准备和铺垫占据了全书的大部分篇幅,书中探讨了社会中道德和运动的元素,并对社会结构和伦理本质进行了更广泛的评论。班克斯的社会主义方法可以从古尔格最终赢得这场游戏的方式看出来,他更像一个乌托邦式的包容的文化,而不是吸收阿扎德人激进的、简化的策略。随着故事情节的推进,阿扎德作为一个社会逐渐暴露出欺骗、腐败、厌恶女性和精英主义阴暗面。有人认为,阿扎德皇帝可能并不是真的赢得了统治地位,而是为了达到巅峰而操纵了比赛。为了避免外星人赢得比赛的仇外耻辱感,后来进行了阿扎德锦标赛,古尔格显然很快就被果断地淘汰掉了,尽管他继续参加接下来的比赛。当古格即将赢得最后一场比赛(并因此成为皇帝)时,时任皇帝为了保住自己的位置而作弊。通过这种作弊行为,我们也可以看出,对规则的建设性解释、欺骗、暗杀和幕后政治的争吵是游戏中玩家位置安排的原因。然而,古尔格直到此时才意识到这只是"游戏"的一个方面。

古尔格对所有权或性别偏见等概念并不熟悉,起初使他不知道如何取胜,但最终他能够采用意想不到的策略对付对手。他对阿扎德的参与和随后的"胜利"导致了仇外帝国的崩溃。"阿扎德游戏本身必须被质疑。权力斗争是这些年来把帝国维系在一起的关键所在,但它也使其成为最脆弱的地方"(Banks 1988,296)。

《游戏玩家》体现了通过非视觉媒体呈现虚构游戏的一些问题。在所呈现的游戏规则中存在一些明显的矛盾,并且在某些领域中游戏并没有得到很清楚的解释,尽管这可能是出于官方的考虑。相反,读者只会短暂地看到游戏的基本细节,比如它发生在3块巨大的、地形一样的棋盘上,并且这些棋子都是经过基因改造的,"部分是蔬菜,部分是动物。只有当他开始测量这些碎片,去感觉和闻它们是什么,以及它们可能变得更弱或更强大、更快或更慢、具有更短或更长的寿命时,他才意识到整个游戏将是多么的困难"(Banks 1988,296)。在不同的游戏阶段,《阿扎德》既是一款双人游戏,也是一款多人游戏。古尔格与10人的大团队进行两轮比赛,但比赛在2个人之间交替进行,似乎采取了相同的形式。在该书临近结尾部分,当古尔格进入游戏的最后阶段时,他的倒数第二轮对手是另外两个人。当然,这只是某个复杂兵棋游戏的范畴,许多桌面游戏可以由两到6个人玩,但是,双人游戏在10个人的大团队中成功是非常罕见的。也许不可避免的是,艺术家马克·飒沃乌斯基(Mark Salwowoski)和理查德·霍普金森(Richard Hopkinson)都在《游戏玩家》的封面上描绘了国际象棋的另一种变体⑤。

九、结论:"唯一胜算的一步就是不玩游戏"

《战争游戏》中最令人难忘的一段话似乎反映了在流行文化和文学中呈现兵棋游戏的潜在信息:玩游戏很糟糕,将战争和游戏混在一起更糟糕。本章中的许多例子都展示了涵盖道德沦丧、相互欺骗、别有用心和人格堕落内容的游戏。虽然兵棋文学确实以游戏例子或游戏报告等形式存在,但大多数流行和知名的战争游戏例子都以负面的方式呈现。关于国际象棋和文化表情包的例子不胜枚举。一旦兵棋与危险情景和权力斗争相联时,与社会化极低的游戏和对现实的曲解相联的文化表情包会走向极端。因此,我们很难不把流行文化中使用兵棋视为一种相当消极的比喻。它们并不能消除人们对游戏的传统道德恐慌,因为游戏与暴力,或异常行为的潜流密切相关。在大多数文本中,参考文献都相当懒散,只是为了表达一个简单、陈腐的观点。最后,正如伊恩·M.班克斯(Iain M. Banks)和其他在作品中讨论《权力游戏》变体的科幻小说作家一样,呈现兵棋游戏也有一个通用元素;它通常用于暗示政治情境或政治关系,但很少深入到对功能游戏本身的实际描述中来。波拉诺的《第三帝国》逐一详细地叙述了六角地图玩法,是我所知的唯一有意义的反面案例。

马修认为,兵棋可以解读为叙事,而这篇关于兵棋文学的简要概述也表明它为不同类型的散文提供了有价值的基础。作为比喻,它似乎在文化上无处不在,但不是特别地令人兴奋。也许不玩确实是更好的选择,或者更乐观地说,我们可以阅读如游戏报告和游戏举例等其他类型的文本，作为在流行文化中定位兵棋游戏的更复杂的方法。随着越来越多的人接受游戏文化，它们在流行文本中的表现也将变得更加复杂，这一点令人振奋。

关于作者

埃丝特·麦克卡勒姆·斯图尔特（Esther MacCallum-Stewart）是西英格兰大学数字文化研究中心的研究员。她的工作是调查玩家理解游戏叙事文学的方式，她也创作了大量关于游戏中对战争、性别、角色扮演和游戏中两性表达的作品。

注释

①Chessvibes 网站曾经播放过一段视频，视频中有数百个电影和电视剧里使用象棋，从家庭戏剧到太空歌剧（有时两者都有）无所不在；不过由于侵犯版权，这张图片已被删除。但也可以浏览 TVTropes 网站 http://tvtropes.org/pmwiki/pmwiki.php/TabletopGame/Chess. 一些国际象棋的变体实际上又称为军棋游戏：参见维基百科关于这个主题的精彩页面 http://en.wikipedia.org/wiki/Chess_variant.

②在同一本书中，当角色"戴斯"和"韦德沃斯奶奶"不得不玩《砰！》——为了向英格玛·伯格曼的电影《第七封印》（The Seventh Seal）致敬，两人决定一起打牌。

③《安德的游戏》让评论家们十分不安，因为小说内容十分残酷，对虫族的最终解决方案也是十分残酷的。卡德潜在的恐惧症（隐含在对虫族的种族昵称中，在其他地方表达得更具体）使他的作品中还参杂着一定优越感和厌女症。"大多数令人兴奋的争议小说最多只包含一两个热点话题。卡德所写的只不过是一部成长小说，但包含着六个热点话题"（Broderick and Di Philippo 2012, 16）。

④还有《阿扎德》里用"身体下注"（wagers of the body）的游戏，玩家用不同的身体部位作为赌注。

⑤尽管《阿扎德》是一款"不可能"的游戏，但在2014年，一群玩家试图在伦敦举行的第七十二届世界大会（Loncon 3）上制作这款游戏的一个版本，以纪念去世的主宾：伊恩·M.班克斯。一群游戏开发者（包括 GURPS 和 Munchkin 的发明者史蒂芬·杰克逊（Steve Jackson）、班克斯专家和游戏迷参加了一场激烈的游戏派对，这是大会的一部分。制作的游戏是"形式棋盘"和"起源棋盘"的轻松愉快版本，其中一款游戏在大会会场上传播，另一款游戏使用了一组难懂的金字塔形状的棋子、水果和纸牌，这些纸牌带有文化特点的船只名称和人物名称所代表的意识形态等内容。玩家招募小孩来建造战争机器，奖励品是香蕉。组织者在"起源棋盘"的边缘扮演裁判，鼓励观众参与进来，一边玩一边改变规则，

同时向玩家提问。结果十分混乱和荒唐,这更像是一个"晨星新月"(Morning-ton Crescent)游戏,没有产生任何有意义的结果,但它确实显示了《阿扎德》有激发潜力、开发创造力的能力。

第四十八章 《项狄传》：致比昂·特里姆的兵棋和保龄球场

——比尔·麦克唐纳德

女王：我们在这园子里玩点什么游戏来打发时间呢？
第一夫人：夫人，我们来打保龄球吧。
女王：这会使我觉得这世界充满了摩擦。我的命运与偏见背道而驰。

——《理查德二世》第三章，第四节

保持对无意义的忠诚和对琐事的热情，这是一种道德教训，非常感人；这是我们天性中最显著的弱点之一，也是我们最大的幸福。

——威廉·黑兹利特，（英国喜剧作家讲座）

与其他小说一样，《项狄传》（Tristram Shandy）是一种纯粹的娱乐行为，但就像其他类型的游戏一样，正是这种游戏让我们努力排练一些现实中生活的重要过程。

——罗伯特·奥特尔（Robert Alter），《部分魔法》

我所希望的，并且可能给全世界上的一课的是，"让人们以自己的方式讲故事。"

——《项狄传》第九卷，第二十五章

劳伦斯·斯特恩（Laurence Sterne）的《项狄传》（Tristram Shandy）（1759—1767）的资深读者会同情那些试图对这本书进行概述或总结的读者，该书总计600多页，内容庞杂、结构复杂、仿若迷宫。从表面上看这本小说是自传，它在诸多小说中脱颖而出的原因很多：叙事风格华丽、情节出乎意料、文笔博学机智、想象天马行空、推理有趣无厘头、灰色幽默、互文迷宫、目录奇特、演讲伤感、故意错引、内容冗长、拉丁语与法语交替、晦涩难懂、其中还包括哲学难题，以及在第三卷之前无法找到同名英雄和叙述者的生平。因此，在崔斯特里姆（Tristram）允许的范围内，尽可能避免陷入全面叙述和关注本章给我的特定主题的泥潭是一种解脱。这是一块1.5英亩的地皮（合9.11亩），就在托比·项狄（Toby Shandy）上尉菜园的后面。托比·项狄上尉是该故事作者的叔叔，即作者父亲的兄弟，他是威廉国王对抗路易十四和法国的九年战争的老兵。我的目标并不大，但却很难控制：探索项狄构建的兵棋世界。无论何时，这块地本身都占有重要地位。所以，我很高兴地避开了总结,我将采纳崔斯特里姆关于"以心为始"的建议——"我先写下第一句话,相信全能的上帝会写下第二句话"(第八卷,第二章),随后直接开始。在2013年,即斯特恩诞辰300周年之际,我只想重温《项狄传》。

托比的"保龄球场"包含几个维度,既有历史的,也有想象的成份。托比的保龄球场本是英格兰中世纪保龄球场,其代表为1299年的南安普顿最古老的保龄球场。在随后的几个世纪里,保龄球受欢迎程度迅速攀升,一些英国贵族和国王谴责这一现象。虽然他们自己也很喜欢打保龄球,但却禁止平民从事这一运动,因为打保龄球会耗费平民磨练射箭技术和其他有用的战争技能的精力。从亨利八世开始一直到1845年,这项运动的法律禁令已经写在了书中,皇室会不定期突击检查。亨利立法禁止"工匠、工人、学徒、仆人等在圣诞节以外的任何时间玩保龄球。"安妮·博林(Anne Boleyn)是这项运动的众多粉丝之一。后来,市政府官员也反对围绕着这项运动发展起来的赌博活动,但是却忽略了一个事实:这几位统治者,尤其是詹姆斯一世和查理一世,都是高赌注的保龄球赌徒(Sarudy,2013)。

在斯特恩的时代,英国酒馆附近建起了许多保龄球场,这样顾客们就能给球场带来不菲的利润[①]。18世纪的保龄球场通常是方形的,场地平坦,周围草坪的下方以砾石镶边,外围有低矮的树篱,把球场与花园的其他部分隔开。然而,项狄的"高大的红豆杉树篱……粗糙的冬青树和茂密的开花灌木"(第二卷,第五章)——注意,这两种神圣的植物,完全将他的保龄球场隔开来。实际上,保龄球场成为一个欢乐谷,一个两人的庇护所和运动场。一定有人在这里玩过保龄球,但崔斯特里姆和托比都没有提到它的特殊历史。因此,在小说中,保龄球场从来没有达到它设计的目的,而是变成了一张空白的画布,一个泥土的蚀刻草图。托比和特里姆,既是他忠诚的下士也是他要好的同伴,在这个场地上面重新推演了最近的大陆斗争的围攻。毫无疑问,特利斯特拉姆的读者也很喜欢这个笑话:普通士兵以军事训练的名义禁止两名受伤老兵在该球场进行兵棋推演。

保龄球场的第二部分必然涵盖了一些《项狄传》爱好者熟悉的背景知识。对于尚未获得这种乐趣的读者,我将按时间顺序呈现——这是小说为避免直白叙述而采取的策略。托比一生的承诺就是在战场上为英格兰效力(我的叔叔托比说:"除了我担负的使命,我生来一无所有……"——第四卷,第四章),这是他深爱着的土地。1695年,在威廉国王围攻佛兰德斯的那慕尔城时,他的战斗结束了。他当时可能是趴着(第九卷,第二十八章)),或者更有可能是站(第二卷,第一章)在城墙前的横沟里准备攻击时受伤了:"我的腹股沟被一块大石头砸了。"讽刺的是,地点是那慕尔角堡要塞(第一卷,第二十一章;第二卷,第一章;第四卷,第十九章)。他的耻骨和髂骨受伤了(至于对腹股沟软组织的进一步损伤,我们还得走着瞧)。

托比被送回英国,他的商人哥哥沃尔特在伦敦租了一间房子,收留了他。但托比的伤口不愈合：骨头"脱落"（第一卷，第二十五章；第二卷，第五章），感染的皮肤如叶子或鳞片状脱落，托比像安福塔斯一样，大部分时间都卧床不起，"遭受着难以形容的痛苦"（第一卷，第二十四章）。沃尔特出于好心，觉得聊天可以帮助他的兄弟，并邀请所有访客爬楼梯到托比的病房听他讲战斗故事。这些陪伴确实让他得到了些许慰藉，但很快托比就无法继续讲故事了，因为他必须先解释所有的防御工事，以及战场上的交叉战壕、堤坝和排水沟，否则就无法讲述自己的故事。这种叙事的复杂性使他无法面对，三个月的治疗只会使他的病情恶化。

所以托比想出了一个新计划：展示战争，而不是讲述战争。他淘到了那慕尔防御工事和周围地形的内容翔实的大地图，这样他就可以向来访者指出他受伤的"确切地点"。这幅地图，再加上他读了一本关于军事建筑的书，确实让他（的故事）更加清晰、准确。但他对那个"地点"迅速积累的知识，很快就被错综复杂的防御技术术语、精心设计的外围场景和交错的自然特征纠缠在一起，以至于他的健康仍然岌岌可危[②]。在接下来的三年里，他阅读了所有他能读到的关于军事战略的书，似乎取之不尽，并收集了法国和意大利"几乎所有"重要防御城镇的地图（第六卷，第二十一章）。《项狄传》称这些知识是托比的"木马"（hobby-horse），他可以在任何场合、任何情况下驾驭。但伤口依然存在。

所以特里姆下士提出了决定性的建议：他们回到约克郡的山迪家园，在上尉的保龄球场上重现纳慕尔的围攻。这里有一段更长的引言，让山迪安（家族）人和非山迪安（家族）人都能感受到这个决定，以及小说的语言魅力——特里姆下士说道："我谨服从阁下的决定，在这些三角堡、堡垒、科廷、角堡里，竭尽所能、穷尽所学、写下自己的一知半解。尊敬的阁下，我和您一起构建属于我们的家园，在这片只有1英亩（合6亩）或者是1.5英亩（合9亩）的土地上，随心所欲；夏日将至，亲爱的阁下，请您舒心地坐在这儿，看着地图上罗列的城堡乡镇。如果我没能强化您的思想，那我将会死在您的枪口下……我们可能在阁下和盟军下达攻占战场命令的的那一天开始作战，我们要一个城镇一个城镇地摧毁他们。阁下，请您坐在扶手椅（指向这把椅子）上。天气是这样美好，风和日丽，请下达命令"。托比说："别说了，特里姆"。特里姆接着说道："过去的日子里，您快乐地享受着生活，以及清新的空气和良好的训练，身体最终恢复健康——您的伤口会在一个月内完全康复"。托比说："这就够了（他把手放在上衣口袋里），我很欣赏你的项目"。"如果您高兴，我立刻就去买先锋铁锹、铲子、丁字斧，还有……"托比用一条腿跳着，把一枚金币塞到特里姆手里，说道："不用再说了……"（第二卷，第四章）

他的目标明确（虽然有点可笑）——为了疗伤；通过标出确切的地点，并在周围建造围墙和田野，托比就可以让他的思想——伤口无法治愈的根源得到休息。回到受伤的现场，或者说是模拟场地，对托比确实有效。他的伤口愈合了，尽管他仍然需要拄拐杖走路，时不时还会感到伤口疼痛（第三卷，第二十四章），这可能是因为他的髋骨受损。但正如特里姆所暗示的那样,他的业余爱好现在转向了一个新的方向,与身体伤害无关。他们将重演西班牙继承战争(1702—1703),面对无数围攻,并在保龄球场上重新构建当年政府公报上报道的每一项军事工程。他们认真对待"退休"的军事意义,远离主要战线,但未停止当兵。

现在,他们正等待新的围攻,淘到相关地图,开始大规模重现这场战争在法国的情形。他们的重点是精确地建造每个场地,托比是建筑师兼指挥官和工程师,他下达命令,特里姆执行施工。但他们也必须像专业玩家一样,制定详细的游戏策略,安置枪炮,以充实他们的报告中没有的叙述内容(例如第五卷,第十九章)。考虑到保龄球场的规模,这需要大量的工作(以及托比每年120英镑的收入)。围攻的成功(或失败),包括用铲子摧毁模型都值得尊敬(例如第五卷,第三十四章),但他们的潜在目的是重建,同时也包含着另一个目的:建模下一个围攻! 除了他们自己,他们的模型中没有任何模型士兵;没有人类的防御工事,更不会有死亡重演。在罗杰·凯洛斯(Roger Caillois)著名的类型学中,托比和特里姆避免了:(1)阿贡(agon)(竞争);(2)阿莱亚(alea)(机会)和(4)伊利克斯(ilinx)(寻求刺激、困惑)的游戏,因为他的第三个类别是模仿:模仿和模拟(Caillois,14ff)。可怜的特里姆显然陷入了第四个类别("我们生活在谜团和神秘之中——最明显的事物也有黑暗的一面"(第四卷,第三十五章)③。他们的兵棋推演是纯粹的快乐,是值得尊重与庆祝的,是山迪恩家族"异怪战场"的一部分(第三卷,第三十九章)。与真正的战场和几乎所有的游戏不同的是,这个游戏没有结果。

我们来谈谈具体情况。托比·项狄的保龄球场很大。在整部小说中,大多数读者都被挤在狭窄的空间里——幽闭恐怖的山迪庄园、烟雾弥漫的房间、寡妇瓦德曼舒适的客厅。托比笔下的"整洁的乡村住宅"——大多数读者都低估了小说的规模:"一条路,半边地,可以用来做他们想做的事"(第二卷,第五章)。场地占地3/8英亩,只比托比附近的菜园小一点,而它超过16 000平方英尺的面积为原始游戏玩家托比和特里姆提供了相当大的空间,能够进行大规模建模,因为没有整洁的地面供他们使用。"命运"和"自然"共同赋予了它恰到好处的堆肥和粘土,可以以塑造外型,在任何天气下都能满足要求(第六卷,第十九章)。他们只关注围城进攻,而不关注战争的总体进展。特里姆在他的地形"草图"中很明确:每张地图都"放大到保龄球场的大小"。首先,特里姆负责所有的建设工作,摆好木桩和线,然后一丝不苟地建造防御工事和壕沟④。精准是最重要的要求,友情是必不可少的,两人都不单独在保龄球场进行游戏。

整个绿地都被设防的城镇占据了,所以围攻者的战壕不得不转移到托比的花园里(山迪和特里姆登场见图48.1)。考虑到建筑的规模,上尉一整天都坐在那里,一边工作一边"与下士亲切地谈论过去的功绩"(第四卷,第十九章)。毫无疑问,他还在欣赏特里姆"滔滔不绝"的回应(第二卷,第五章)。当《公报》报道马尔伯勒(Marlborough)的部队已经攻破了一个城镇的防御工事时,托比走进他的保龄球场,径直走到城墙前把报纸反反复复"翻了十遍",特里姆则在一边把墙壁涂上英国国旗⑤。因此,在保龄球场上形成了三种相互交织的叙事:每一场围攻进展的最新官方报告;目前花费精力金钱所构建的场景;以及对两人"过去事迹"的口头回忆。这三种叙事一起创造了一种永久的军事状态,以战争故事为动力,轻松地将每个战场融入其魅力之中。他们的作品,就像斯特恩的小说一样,总是重新开始,但不会屈从于改变或麻痹自我意识。托比和特里姆在他们的游戏中从未失去存在感,现在不会,永远都不会。一旦他们踏进这个场地,就不会出现针对它的意义或自欺欺人的问题。战争已经有效地转移到私人领域,即使它的场景已经从外国或皇家领地转移到私人住宅(Lanham,1973)。

图48.1 托比和特里姆登场

(注:铭文——纳慕尔之围,山迪上尉与特里姆下士。作者:亨利·威廉·邦伯里,1772年完成;1773年由J.布雷泽顿出版;英国漫画印刷品,国会图书馆。

随着时间的推移,场地设备不断完善(特里姆将他们在游戏中的沉浸感与"行家"相比较),游戏对现实主义的严格遵守也有所放松。首先是四座吊桥,随后是带有吊闸的大门(后来被改造成一套小型的加农炮),然后是用来抵御天气和举行战争会议的岗哨亭,最后是特里姆(不是托比)提议建造一个普通的低地国家小镇,该镇由约克郡的一位木匠建造。"自所多玛和蛾摩拉以来,肯定没有哪个城镇能像托比叔叔的城镇那样能够扮演这么多角色"(第四卷,第二十三章)。不久,一座教堂又建立起来,姗蒂家的黄铜被抢去铸成了大炮。游戏规则在不断变化,开销也在不断攀升:沃尔特借给他弟弟100英镑(第四卷,第三十二章)。需要注意的是,在攻城地图上既没有千变万化的特定城镇建筑,也没有大炮;他们需要极强的记忆力和想象力来维持现实主义上的幻觉。随着时间的推移,情况更是如此;保龄球场最初的角色是纳慕尔战场的虚拟模型,随后的围攻场面被弄得乱糟糟的,逐渐消磨掉这种美感,其中也包括似乎并不现实的"武器",不过托比和特里姆都不这么认为。当他们用土耳其烟斗重新塑造成攻城大炮时,它们的烟霭(就像莱昂内尔蒸汽机里的烟雾弹)可能需要读者穷尽想象才能"看到"大炮开火。只不过,不是从两位主角眼中看到罢了。他们也对这双传家宝长筒靴感到高兴,这双长筒靴是马斯顿荒原(Marston Moor)的幸存物品,两只靴子被切割成类于大口径火炮的形状,看起来与他们原型毫不相干。真是现实主义、脱离形式的发明! 简而言之,精美巧妙的重建和需要丰富想象力的沉浸式体验对他们来说并不冲突。所有这些都有助于"持续激发想象力",这对整个游戏过程至关重要。

　　无论是参观还是回忆,他们对任何特定的地点没有丝毫的留恋,这是许多兵棋游戏爱好者的目标。当围城解除时,他们渴望下一次围城开始。局外人可能会嘲笑整个设计——每位玩家的命运? 但对于玩家来说,这种渴望的影响不断增加。从未改变。有一次,特里姆故意打破这种幻觉,提醒托比,因为结束战争的《乌得勒支条约》(*Treaty of Utrecht*)已经变得"无精打采",他们实际上是在英国的土地上,而不是在他们一直模仿的法国敦刻尔克(Dunkirk),上尉实际上"重新唤起了那些快乐的回忆,那些悄悄从指间溜走的回忆⋯⋯即使它们摧毁了场内的模型"(第四卷,第三十四章至三十五章)⑥。他们觉得没有必要解释。

　　正是在这一点上,大多数现代评论家转向用心理学理论来解释托比的狭隘行为:升华、替代、补偿、压抑、反社会、固执,所有这些都在托比身上占据一席之地。其中的代表人物是斯特恩,也是该书最忠实的读者之一:理查德·兰哈姆说过:"托比的整个性格就是以痴迷为代价换来的纯洁感情⋯⋯托比上瘾了。他对战争的喜悦是不加批判的、是天真的、也是不合逻辑的"(Lanham 1973,84,81)。评论家们都倾向于把托比的行为和他的"真实本性"(一种有意识/无意识的二元性,我们现代人忍不住要把它塑造得无所不能)理解为一分为二的性格理论。在崔斯特里姆的世界里,这个理论确实有些可取之处:比如沃尔特的阴谋,再比如特里姆的死里逃生。但是托比更接近于莫摩斯玻璃(Momus glass)(在第一卷,第二十三章中给出的例子):一个透明的角色,但我们从上到下都能看到,有着十分合适的表面和深度。正是这样有如堂吉诃德的角色,让我们很难从表面上去理解。对我们大多数人来说,世俗和讽刺战胜了感情。此外,有些人过于笼统,认为托比无知得无可救药,但让他迷惑不解的主要是女性解剖和他哥哥故弄玄虚的哲学思想。他对所有军事问题的神秘知识,包括历史知识(第八卷,第十九章),充分显示出他思路清晰、智慧过人,他的一些旁白显示出他对常识的知识储备。(比如第四卷,第二十九章)在保龄球场之外,他还可以提出异议,甚至讽刺,并经常用口哨(实际上不是在唱)吹他最喜欢的曲子"Lillabullero"⑦,来表示惊讶、虚伪或荒谬。人们最容易把托比与堂吉诃德联系在一起,他偶尔扮演一下潘萨,怀疑他哥哥堂吉诃德式的准哲学思想(Alter 1987,93)。因此,特利斯特拉姆对他叔叔的描述——毕竟,我们所拥有的一切允许我们有一点后弗洛伊德式的猜测。如果我们必须这样做的话,但主要是向我们指出了另一个方向:托比的情感。特里姆告诉我们,他会用托比的防御工事来描述他,他也确实这样做了,但在这个隐喻性的描述下面是托比的"真实本性"。托比是一个我们可以完全理解的角色,是小说在我们孤独阅读时给我们的神奇礼物。

在更广阔的文化领域中,我们也可以了解托比的真实本性,这是一个我们自己设计的保龄球场。许多诠释者详细阐述了托比代表18世纪英格兰男子气概的演变。他塑造了从古典和早期现代社会中英雄般、贵族式的男性英雄,到感性的好人的转变。这些人天生能感受到他人的痛苦,这种情感产生了自然的伦理。受伤的士兵是这种转变的完美原型,而格雷的《乡村墓地的挽歌》(*Elegy in a Country Churchyard*)的结尾完美地概括了这种新标准:"用一滴眼泪,把他所有的一切都献给苦难。"托比标志着男性理想从伟大或"卓越"到善良(第三卷,第三十四章),从"上尉"到"叔叔"的转变;从行动领域到关系和家庭场景的转变(Staves 1989,84)。该书很少讲述托比的实际战斗经历,而是将笔墨集中在托比因伤退役后的感受上,这也是他观点转变的原因之一。第八卷,第十九章的描述十分接近实际战斗经历,对那慕尔的叙述简短精炼。他在战斗中是一个勇敢的战士——"我什么都不怕……但我做了错事",而且很有可能错杀或伤害一个敌人。但实际上他未曾想过射伤或刺伤任何人,只是勇敢地"四处说说"(第五卷,第十章)或重新推演。他大发感慨,在法国战壕前大发感慨"火从天而降,落在身上……骑兵和步兵……手忙脚乱"(第五卷,第二十一章;同样见于第五卷,第三十二章)。正如这本书所告诉我们的那样,这种勇敢与爱情无关,而且在托比去世多年后,他身上产生了"情感或狂喜的秘密源泉"(第九章,24)。托比现在已经从战场上退休了,但他并没有放弃这种可以让他变得有意义的感觉。

其次,托比从年轻时起就是一个痴迷的读者,他把零用钱花在《华威的居伊》(*Guy of Warwick*)的英国浪漫小说上,啜泣着读完《伊利亚特》(*Iliad*)和许多受欢迎的描述西班牙骑士故事的书(第六卷,第三十二章),这些书占据了他的注意力。这使他成为堂吉诃德精神的直接继承人。他终生都是《圣经》的忠实读者——围困耶利哥对他来说是"最有趣的"(第九卷,第十九章)。他的神学是"自然的",直接从他的核心情感中流露出来。有感情的人对上帝更开放,对宗教、法律或习俗几乎没有贡献;只有感情,正确的反应(而非正确行动)才是重要的。它有不可否认的,无法衡量的价值[8]。"怜悯类似于爱",特利斯特拉姆告诉我们(第六卷,第二十九章)。怜悯没有今天对我们来说那样居高临下、有问题的意味。所以托比的爱国主义和个人情感无缝地融合在一起,保龄球场完美体现了这一点。他发动战争的原因与他参战的原因相同:"为了国家的利益"(第三卷,第二十二章)和为他的国家服务。正如他所说:"安静而无害的人,手里拿着剑,将野心勃勃和动荡不安的人控制在某一范围内……回应我们创造的伟大目标"(第四卷,第十七章)。之后,在他追求寡妇沃德曼(Wadman)期间,他告诉特里姆:"武器的知识……我们在博林格林一起练习,没有目标,但不断地进步,只要战鼓声响起,我相信,下士,我们不需要那么多人性和在战场上的惺惺相惜"(第九卷,第十章)。

纳德·保尔森(Ronald Paulson)认为,托比的军事科学和历史书籍已经无缝地取代了他的骑士浪漫小说——"一种18世纪的唐吉诃德主义,真实的事件(纳慕尔之围)被用在了要塞的'浪漫'世界中"(Paulson 1998,152)。我想补充的是,《公报》对当代围城事件的报道已经取代了报纸。现在,《圣经》和《公报》成了托比的主要读物,相当于这两家报纸体育版的铁杆粉丝。和唐吉诃德不同,托比没有放弃他的书。

"为了国家的利益"和托比演讲的其余部分所引发的滑稽讽刺仍然有效,但并没有抹去激发它的宝贵感情;正如乔纳森·兰姆(Jonathan Lamb,1989)所说的那样让人信服,双重性仍然是崔斯特里姆·项狄的口号。当然,如果从传统的英雄主义的角度来看,他的模型建设可能会被认为是对真实事物无能的拙劣模仿[9]。但从托比作为士兵和读者的历史来看,另一种视角似乎更符合我们的兴趣。因为托比和特里姆每次描写保龄球场时所表现的,都是在他们遭受攻击时充满的爱和战友情谊,或者是在1690年威廉国王(King William)失败后支撑着他们度过灾难和沼泽的力量源泉(第五卷,第三十八章)[10]。对他们来说,这种战友情谊包括严格保持等级,为他们的友谊排序,而不干涉它。25年(第六卷,第六章)的同伴,特里姆在可怕的战役中伤了膝盖,他还差点死于败血症。尽管他的腿现在经得起他在保龄球场上艰苦的劳动。后来,他成了托比的仆人和忠实的伙伴。从修昔底德(Thucydides)到约翰·基冈(John Keegan),研究战争的历史学家和心理学家都告诉我们,士兵可能为国家而战,但最重要的是为他们的战友而战。从战场归来的退伍军人经常说,与战场上的紧张和团结相比,他们认为自己重返的平民世界平淡无奇,甚至毫无意义。正是这种空虚,让托比和特里姆在没有自我反省的情况下,满足并保留了他们的"快乐小圈子"——保龄球场。引用托比为正在进行的战争辩护的不合逻辑但又感人的"道歉演说"："如果他的心被过度充电,对武器的秘密叹息必须有发泄,他会把它留给一个真正了解他性格的兄弟的耳朵(没有女人能做到),关于他真正的观念、性情和荣誉原则是什么"(第六卷,第三十二章)⑪。所有这些都表明,他们的兵棋充满了强烈的道德感与快乐,这维持着他们在战斗中体验到的爱和对同伴的感情。对他们计划的自我意识来说,这将是一种破坏性的诅咒,基于情感的伦理知识却是自然的、带有直觉的。托比和特里姆形同一体、好似"夫妻",如果别人觉得他们古怪可笑,他们也毫不在意。他们公开做的事情丝毫不会打扰别人。

当然,从世俗的角度来看,他们是被疏远的人,因为他们的滑稽有趣、"爱情"和对社会的无知。但是讽刺和情感在奥古斯都的英格兰总是形影相随,而在《项狄传》中最为丰富。在这些组合中,托比和特里姆模仿史诗般的缩略语是颠倒过来的:他们分享了乔纳森·兰姆(1981)所称的"滑稽的崇高",这是一种源自塞万提斯的18世纪对古怪但真诚的个人的庆祝。他们远离社会,其伟大只能从微小的行为中体现。兰姆指出,到1740年,堂吉诃德在英国文化中已成为贵族而非疯狂的典范。崔斯特里姆称赞堂吉诃德体现了"精神上的最高理念和高尚的情感",即使他屡次被击败,"相比于古代英雄,我更爱他,我甚至愿意去拜访他"(第一卷,第六章)。兰姆(1989)引用朗吉纳斯《论崇高》(斯特恩为了加强自己布道时的雄辩,首先读了这篇文章)得出的结论说,滑稽的崇高"几乎包括了所有的不规则之处,从离题到句法分解。"只要他们感受到语序上的失败,甚至是沉默本身都可能是强有力的表达"(Lamb 1981,121):简而之,托比的极限与伟大。

所以,托比喜欢保龄球场的原因是那种军人般的情谊,那种无畏前行的体验(崇高),就像其他人的理想一样,这种体验可以一遍又一遍地重复,而不会失去兴趣:这是欲望得到满足并不断更新的奇迹。这是一个神奇的伊甸园般的地方,超越了死亡(在一段时间内):虚无却永恒。托比经历过很多残酷的战斗(利默里克围城),所以对他来说,战争的恐怖毫无天真可言。他承认战争的确恐怖,因为会带来死亡(第六卷,第三十二章),但是战争中也有其有意义的部分:(1)爱国之情;(2)粉碎入侵之敌;(3)克服恐惧感的队友情谊(叙述者特利斯特拉姆口中的鬼怪);(4)服务于"我们创造的伟大目标"。托比是道德英雄主义的典范,充满感情和喜剧般的崇高精神,尽管小说并没有否认他的孩子气,也没有敦促我们所有人去建一个保龄球场。相反,我们应该尽可能地模仿他的感觉,或者(重新)发现它在我们心中的中心位置。正如兰姆所言,"他们必须完全置身于推演之中,才能给推演之外的世界上一课"(Lanham 1973,44)。托比和特里姆在推演场上所表现出来的爱国与忠诚,很可能是世界各地玩家的目标:能指与所指合二为一。兵棋在一定程度上成为爱国主义的实践场所。

特里姆继续说道:"在兰登之战,我被子弹击中膝盖,因此落下残疾,我在余生都会为你感到骄傲——无论如何，一定要坚持下去"(第八卷，第十九章)。

退一步看，在保龄球场进行的推演，也可以用来比喻《项狄传》一书的写作过程。首先是作者自己写道："作家的生活……与其说是处于写作的状态，不如说是处于战争状态"(第五卷，第六章)。崔斯特里姆用了9年的时间完成了九卷书，每一卷都构成了一个新的开始，其中有不确定数量的章节和行动就像战争的发展走向一样不断变化。这些新卷平行于托比和特里姆的多次围攻，每一次都是战争进程的新开始或新篇章。实际上，这两名士兵组成了一个双面艺术家——设计师和工匠，通过现实主义美学构建新的拟像，逐步囊括更明显的虚构创新。在塑造泥土雕塑时，他们面临着与特利斯特拉姆相似的困难。两个人来来回回，一次又一次地回到空旷的保龄球场。这项工作需要大量设计、劳动和付出。崔斯特里姆或许也意识到了这一点，他满怀深情地发誓，"你的防御工事，我亲爱的托比叔叔，永远不会被摧毁"(第三卷，第三十五章)。

这是一个在两个方面都卓有成效的类比，然而，专注于差异将使我们更深入地了解我们的保龄球场。首先，托比和特里姆并没有直接模仿生活。毕竟，他们将战争置身于战争之外，而是化身为稳定、客观的记录，以简略形式呈现外部世界：建筑师的防御工事地图和政府所发的公报。曾经在托比口中让人困惑不已的迷宫战壕，现在可以根据将军的概述来规划、控制、甚至"很好地"地执行攻城任务，而不是让人眼花缭乱的迷宫。因此，我们的老兵们对时间和空间的控制比编年史记录者更为可靠，他们在更大、更加不可控的时空里进行无休止的战斗，同时也和自己脑海中无法预测的思绪进行了无休止的、通常是失败的战斗。保龄球场暗示了他们更简单的意识，一种必然会重新创造世界但没有焦虑的意识。

但托比和特里姆到底控制着什么？从《项狄传》本身的观点来看，他们的现实主义与斯特恩的小说竞争对手理查森、菲尔丁、斯莫列特和公司的模仿实践相一致。在整部小说中，崔斯特里姆都在模仿字面现实主义。例如，崔斯特里姆详细描述了让他的角色瘫痪的古怪动作[12]。保龄球场为这部戏做出了贡献，但从更广泛的角度来说，在《项狄传》杂乱无章的书页里，它给了我们一种严密的、严格的模仿。正是现实主义迫使托比将他的平行围城线延伸到菜园里。因此，它的高界限和孤立讽喻了现实主义的局限性：坚持用地图、书面报告和"聊天"进行旧式战争模拟，讽刺现实主义声称的最好说实话模式。现实主义只有武断地将构成崔斯特里姆主题的思想联系放在一起，才能得出他们所谓的无所不知的、真实的世界叙述。他们没有办法确定什么时候已经告诉读者足够或充分地解释了一个动作。更重要的是，对《项狄传》来说，最真实的是精神联系和想象之间的关系，而非事件之间的关系。总而言之，保龄球场代表了传统现实主义中的人为性和现实性的缺乏，反过来又被整齐地封装成一个被围栏包围的快乐领域，在小说中更加复杂，难以用语言和手势表达。在斯特恩看来，保龄球场奇妙地维持着喜剧般的崇高是有代价的：不仅是它们封闭的孤立，还有它们人工的叙事模式。托比和特里姆的道德情操可能会唤醒我们真实的自然自我，就像他们唤醒了特利斯特拉姆（第三卷，第三十五章）一样。但正如我们已经注意到的，他们的田园幻想世界并没有被唤醒。因此，保龄球场既戏剧化了情感的道德力量，也戏剧化了用来产生它的现实主义的艺术局限性——这一信息可能对任何年龄的玩家都有影响。

从这段戏仿的所有含义来看，我们可以说，托比和特里姆就像游戏玩家一样，只取悦自己。每出版一本书，斯特恩就必须再次面对外界对他作品反响所带来的焦虑，这种焦虑反映在他的几封献词信中，也反映在特利斯特瑞姆关于他作品命运的几十篇附加评论中。托比和特里姆没有这种焦虑，因为他们不希望观众超越自己。崔斯特里姆想让他的故事家喻户晓，从而名震天下。

在经过保龄球场和特里姆迷宫般的挣扎之后，斯特恩（Sterne）自己就开始了一场更大的游戏。他通过讲述者特里斯特瑞姆（Tristram），用自己的声音插入献词和介绍信，讽刺和同情他的另一个自我。他的游戏包括许多在他之前的伟大玩家：蒙田、伯顿、斯威夫特、斯克里伯勒斯俱乐部，特别是拉伯雷和塞万提斯，这些文本的设计者巩固了他的作品，并以多种形式出现在他的作品中[13]。当然，托比和特里姆也有他们的资料来源，但两者都很清楚，相对简单、易于阅读。拉伯雷和塞万提斯的作品庞大而令人生畏，直接复制它们是有风险的（尽管特利斯特拉姆偶尔会尝试一下，比如在第五卷，第二十章的结尾）。这两位作家值得尊敬，甚至在某种程度上可以说平起平坐，即使是在竞争的小说家都被超越的情况下。在文学领域，有一定金钱和名誉可以通过劳动获得，同时也可以赢得竞争。

最后，几乎所有的《项狄传》的读者都会知道，在小说的最后三卷中，作者斯特恩逐渐陷入肺结核带来死亡的绝望之中。项狄穿越大陆的飞行是模仿了他自己试图逃离大陆：这确实是一场严肃的游戏。虽然写小说可能不会阻止死亡——"斯特恩没有活着写完这本书"是詹姆斯·沃克开创性版本（参见1940年的《斯特恩》）的最后一个脚注——但它确实给了斯特恩一个保龄球场，让他把恐惧变成了永存的伟大喜剧艺术。弗利茨·吉森（Fritz Gysin）总结，作品中的托比很可能适用于斯特恩自己：托比寻求躲避"直接"或"国内"现实以便能够完全专注于另一个现实，一个更遥远但对他更相关的现实，然后他模仿、转化，从而通过游戏的方式掌握（Gysin 1983, 121）。"转变"是关键词，这也是托比、项狄和作者斯特恩最终共享的一个词：仅仅模仿是不够的，虽然追随心灵的联想可能会造成巨大的混乱，但只有勇敢地追随现实，他才能将其转化为有意义。该款游戏值得体验。

关于作者

从1969年退休一直到2005年，比尔·麦克唐纳德（Bill McDonald）一直在雷德兰兹约翰斯顿大学综合研究中心任教。他是英语和人文学科的教授,也是首位在杰出教学中担任弗吉尼亚亨萨克(Virginia Hunsaker)协会主席的人。他与约翰斯顿合著了两卷关于约翰斯顿中心的书(1989;2004),一本关于托马斯·曼的书(1999),并与约翰斯顿学院的同事和以前的学生一起为J.M.库切的小说《耻辱》(*Disgrace*)(2009)出版了一本批评和教学策略选集。他的研究领域包括小说史、国际现代主义、文学理论、古希腊和人文学科的跨学科研究。

注释

① 与斯特恩同时代的乔治·华盛顿从小就是一名狂热的兵棋玩家。芒特·弗农(Mount Vernon)曾炫耀过其中两款兵棋,称其"适合于知识分子阶层的高级军官"。曼哈顿保龄球绿篱笆公园仍然是这个城市的地标。

② 这模仿了书中的联想模式,不断扩大影响并失去对故事情节的控制,误入无数的岔路。

③ 大卫·伊琳斯沃斯(David Illingsworth,2007)对崔斯特里姆的困境进行了生动的讨论。

④ 马克·洛夫里奇(Mark Loveridge)指出,18世纪早期的科学"经常采取强迫性建模的形式,采用普遍存在的模式,并试图在更小的人类世界中重新创造"(Loveridge 1983,94)。

⑤ 在这本书中,项狄暗示,托比有意或无意地评价过路易十四。路易十四曾因铺张浪费地入城而闻名。

⑥ 下士总是比他的上尉对虚构和现实的区别更加警觉,这与潘萨的角色和他实际的名字詹姆斯·巴特勒(James Butler)相匹配,与他虚构的人物特里姆形成对比(第二卷,第五章)。

⑦ 1687年,托马斯·沃顿勋爵写了一篇政治打油诗,讽刺任命塔尔博特将军为爱尔兰总督。这是爱尔兰一位农民的观点。这首歌在1688年光荣革命期间影响了大众情绪。百合花是威廉·奥伦格的爱尔兰支持者对抗天主教徒詹姆斯二世的象征,而"lilli bulero bullenala"这句话是对爱尔兰语"An lile be leir e ba linn An la"("百合花是胜利的象征,我们赢得了一天")的故意曲解。

⑧ 一旦谦虚,甚至是滥用情绪出现,最近几十年来的某些事物便回归:一些学者已经照亮其强大的世俗思想根源沙夫茨伯里(Shaftsbury)和休姆(Hum),甚至哈特利的生理学和其他人;大家都认为它不再是18世纪的一种现象。

⑨ 众议员马丁·普莱斯(Martin Price)说:"他在保龄球场的精心操作本身就是目的——把战争降低为无害的游戏。保龄球场……是一个他可以随意控制和重塑的世界……在那里,战争变成了一种纯粹的战术游戏,脱离了残酷和痛苦"。(Price 1987,24-25)虽然这与我狭窄的主题有一点距离,但大量的文本证据支

持这样的观点，即托比并非因纳慕尔炮弹而在某方面致残。特里姆明确否认了这一点(第九卷，第二十八章)，沃尔特和他的妻子都认为他的求婚是有可能的。

⑩斯特恩童年的大部分时间都在追随他父亲进行游牧军旅生涯，包括在爱尔兰服役的时间；毫无疑问，他自己对托比和特里姆的强烈感情也源于这段经历。

⑪马德琳·笛卡格(Madeleine Descargues，2006)以清晰、令人印象深刻的方式刻画了特利斯特拉姆·项狄对战争的双重态度，包括托比从《忧郁剖析》中罗伯特·伯顿对战争的谩骂中使用的短语(参见佛罗里达版：Sterne 2003，700)。笛卡格指出，小说中"关于战争和反对战争的信息并不一致"。

⑫《斯特恩》最早的评论家，例如霍勒斯·沃波尔在1760年写给达尔里姆勋爵的信中认为他的小说是"对现实主义依赖时间的讽刺"(引自《凯默》2006年第55期)。凯默的文章出色地描述了整部小说在新兴体裁中的复杂地位，但我的文章必须停留在保龄球场狭隘的范围内。

⑬最近的学术研究发现了一个讽刺：斯特恩对拉伯雷的翻译缓和了这位作家的一些出格行为。即使对我们开明的牧师来说，原话也可能太过分了。

第四十九章 （兵棋）《第三帝国》与（小说）《第三帝国》

——约翰·普拉多斯

在追求艺术的范畴中，我们有桌面兵棋《第三帝国》(1974)和小说《第三帝国》(1989)。我在1973年设计了这款桌游（完整名称为《第三帝国的兴衰》）(*Rise and Decline of the Third Reich*)，并将其出售给阿瓦隆山游戏公司，后者在1974年圣诞节期间发行了由唐·格林伍德(Don Greenwood)开发的这款兵棋。顾名思义，《第三帝国》对第二次世界大战采取了全欧洲的视角，并将其定位在战略层面。可以说，《第三帝国》的视角是在战略层面上。《第三帝国》兵棋的不同版本销量总共超过50万份，至今仍为许多玩家所怀念。

在我设计这款兵棋的时候，当时有一家主要的兵棋公司，即纽约的模拟出版公司(Simulations Publications)，由其首席设计师詹姆斯·邓尼根领导。我是一名自由职业者，开始向模拟出版公司投稿文章和兵棋，并向邓尼根出售了一款越南题材的兵棋和规则包。模拟出版公司通常在周五晚上举行会议，让玩家自愿测试正在开发的产品。为了研究该公司任务，周五下午一直到晚上，我都会时不时地到该公司看一看，实地观察员工们正在研发什么游戏，和朋友们四处转转，与吉姆交换笔记、互通有无。无论如何，邓尼根当时正在酝酿一款关于第二次世界大战战略的兵棋，我看到他正在进行测试。我觉得这款游戏完全错了——时间间隔不够，同时又有一个步调一致的过程。这就好像是一场单一战役的战术兵棋，以其固定的出现顺序，被提升到战略事件的最高级别。在我和吉姆的一次会面中，我给了他一些开箱该兵棋的建议。但他不肯接受。几周后，在与一位前模拟出版公司成员共进晚餐时，我讲述了这个故事，我的朋友鼓励我去做我自己的第二次世界大战战略兵棋设计。在接下来的半个多小时里，我反复强调了基本的设计理念。《第三帝国》诞生于纽约哥伦比亚大学附近的希腊餐厅"飨宴"。然后我着手把这一切付诸实施。

关键的认知来源于游戏的起源。在多人游戏世界中存在外交，他们的一些国家还没有参战，许多小国家处于和平状态，玩家可以宣战和攻击。玩家的视角必须是国家领导人的视角。玩家应注意经济并选择获得何种能力。历史可以通过限制宇宙（我称之为"力量池"）来注入各国实际建立的力量。战斗机制将是装甲战争时代的真实写照；因此选择军团作为代表单位。我希望玩家能够选择具有历史意义的行动，因为游戏让他们符合逻辑，而不是因为特殊规则迫使他们做某些事情。我还区分了进攻和消耗选项的不同级别，其中一种是玩家需要详细行动，另一种是基于战斗和前线的整体实力，军队和领土的损失较小。前线（西方、地中海和俄罗斯）的结合，以及需要支付的进攻选项迫使玩家考虑他们的战略。

正如之前所说的，《第三帝国》一直都非常受欢迎。我所不知道的是，在粉丝中有一位移居西班牙的年轻智利人罗贝托·波拉尼奥（Roberto Bolano），他的志向是成为一名作家。有人认为波拉尼奥是他那一代最无畏的拉丁美洲小说家，他在2003年去世前出版了十五部文学作品。波拉尼奥去世后，他的遗嘱执行人在他的遗物中发现了第十六本小说的手稿——《第三帝国》。这本书写于1989年，但从未出版过。事实证明，这位小说家不仅仅玩《第三帝国》兵棋，他还写了一本关于第三帝国的小说。这份手稿由娜塔莎·维默（Natasha Wimmer）从西班牙语翻译成英语，由法拉、斯特劳斯和吉鲁（Giroux）于2012年春天出版，书名为《第三帝国》。波拉尼奥的其他几本书都获奖了，《第三帝国》将游戏变成了文学象征。

所有这些都把我们带到了文化和这一切的标志性方面。据我们所知，这份手稿是波拉尼奥利最早的作品之一。显然，波拉尼奥利用这个机会来学习如何组织和调整长篇小说的节奏。文学专家告诉我们，波拉尼奥在他最著名的作品《2666》(2009)和《野蛮侦探》(*The Savage Detectives*)(2008)中使用的情节设置和主题，都在这篇文章中预先排演过。

故事讲述的是德国国家兵棋冠军乌多（Udo）带着女友去西班牙海滨村庄度假。当乌多还是个孩子的时候，他的家人带他曾去过那里度假，但他还有一个不可告人的动机：为《第三帝国》制定一个完美的战略。乌多和他的女朋友遇到了其他的德国度假者，并和一些当地人交了朋友，其中包括一个奇怪的人，乌多把他带到房间。"我画了一张欧洲、北非和中东的地图"，乌多说道，"在许多箭头和圆圈的帮助下，我说明了我在《第三帝国》取得胜利的决定性战略"。听起来是不是很熟悉？和许多玩家一样，波拉尼奥花了无数的时间去构思模拟游戏的"完美策略"。当时的所有期刊都充斥着关于游戏不同阶段的最佳策略的评论，或者关于不同国家的游戏，因为在《第三帝国》中，不同国家所代表的可能性是不对称的。但乌多对完美策略的追求却是有问题的：虽然游戏事件的主线是平稳地展开，但自由形式的游戏角色确保了游戏具有无尽的惊喜。这成了它成功的秘诀之一。

在《第三帝国》中，游戏暗喻了生活的沧桑。乌多的一个新德国朋友消失得无影无踪。西班牙人成为他的对手，战争威胁着整个欧洲，结果他从酒店老板那里得到了秘密建议，后者警告乌多，如果西班牙人赢了将会有可怕的后果。不排除谋杀的可能性。乌多的女友自嘲为"兵棋游戏寡妇"（wargame widow）离开乌多回了家。但乌多留下了。兵棋成为作者在书中确定行动轨迹的关键。《第三帝国》中不同阶段的游戏事件描述是小说中事件的主要内容，有时候游戏事件占据了中心位置。

非常清楚，一切都是真实的。《第三帝国》中提到的游戏事件都发生在桌面兵棋中。波拉尼奥所描述的游戏发展是一个逻辑进程，并且可以从模拟中识别出来。同样清楚的是，波拉尼奥使用的是1981年出版的《第三帝国》的第三版，这是第一个使用字母数字系统来识别特定六边形的版本。提到1940年春夏之交，他写道，"法国守卫着经典的十六进制24和沿着十六进制23的第二道防线。在欧洲战区的14个步兵团中，至少有12个应该涵盖Q24、P24、O24、N24、M24、L24、Q23、O23和M23区域等（《第三帝国》见图49.1）。

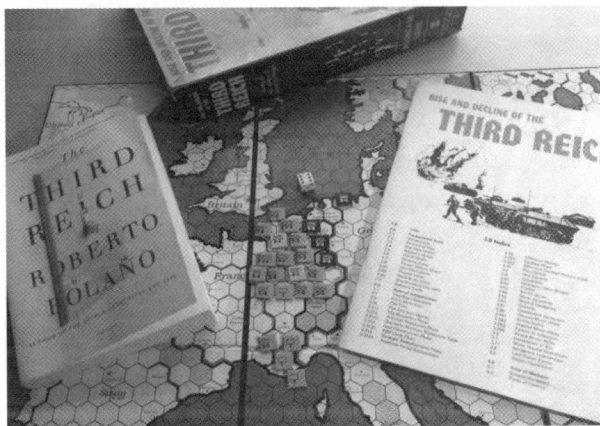

图49.1 《第三帝国》

（注："法国防守经典的Hex 24s前线和Hex 23s沿线的第二道防线。到目前为止，在欧洲战区应有14支步兵团，至少有12支应涵盖Q24、P24、O24、N24、M24、L24、Q23、O23和M23的六边形网格。"）

乌多讨论了（这应该是他的日记）英国远征军的最佳部署（"在任何部署中，最强的十六进制将是英国装甲部队所在的地方"）、德国可能的对策，以及德国的理想战斗策略。从小说中可以明显看出，作者了解游戏中的战术。举个例子来说，《第三帝国》有个机制，允许装甲部队在对抗步兵部队时（因为步兵单位没有控制区域）取得"突破"，就可以冲过对方防线。前面引用的第二防线是针对突破的标准战术。利用德国空降部队闪电进攻是另一种广受欢迎的策略，也经常被讨论。在其他地方，波拉尼奥提到了由当时的阿瓦隆山公司坚定支持者罗伯特·贝玛（Robert Beyma）提出的游戏完美策略。罗伯特是那个时代的真实人物，他确实写过这款游戏。毫无疑问，罗伯特·波拉尼奥是从一个真正的游戏玩家的角度出发撰写了关于《第三帝国》的内容。

小说的某些方面更难以评论,至少对于来自大洋彼岸的玩家来说是这样。波拉尼奥拥有全部的欧洲兵棋基础设施,包括全国锦标赛、游戏大会、粉丝期刊、大师赛等。在美国,我深知欧洲已经形成了一种强大的游戏文化,当然他们的传统也很庞大,但我对大师赛和冠军一无所知,对粉丝期刊也知之甚少。但作为一个普遍的命题,这种设置有一种真实性。在美国,《第三帝国》确实成为游戏俱乐部的主要成员——从20世纪70年代中期到20世纪90年代初是美国俱乐部的全盛时期。波拉尼奥自己提到了一本美国游戏期刊《将军》(The General),这是阿瓦隆山公司的代言人,以及包括《火焰世界》(World in Flames)、《俄罗斯战役》(Russian Campaign)、《俄罗斯前线》(Russian Front)、《欧洲堡垒》(Fortress Europa)、《眼镜蛇》(Cobra)、《法国740》(France 740)、《非洲装甲部队》(Panzer Armee Afrika)和《装甲部队》(Panzerkrieg)在内的其他兵棋。这些都是同一时期的真实游戏。如果把小说家对欧洲游戏场景的构建当作真实的,那么在美国,游戏的发展似乎有点反常。也就是说,在美国有强大的俱乐部运动,现在每年夏天举行的全国棋盘游戏锦标赛当时还不存在。创立全国锦标赛的努力始于20世纪80年代末和20世纪90年代,当时这些俱乐部正在失去动力。当然,我们仍然有俱乐部,我是它们的超级粉丝。我住在纽约的时候就有一家俱乐部。但作为一种全国性的潮流,这些俱乐部已经不像过去那样火爆了。

另一个共性是游戏的通信网络。小说的主人公开始向期刊出售游戏文章,假设他带着《第三帝国》去度假的目的是汇编他想在游戏展上发表的评论,并在粉丝期刊上发表文章。在20世纪80年代,美国也有这样的网络,或者更广泛地说,在美国和英国都有这样的网络。从查理·瓦西(Charlie Vasey)的《背信弃义的阿尔比恩》(Perfididious Albion)这样的粉丝期刊,到《开火行动》(Fire Movement)或《战役》(Campaign)这样的战略游戏期刊,以及跨界"冒险游戏"产品,如同名出版物或TSR Hobbies产品《小龙》(The Little Dragon)。列表包括玩家、命令、将军(在波拉诺的小说中命名)、移动、战神和战略战术。许多游戏销售点都使用点数(游戏公司也经常使用)或现金进行付费。作为一名自由职业者,在该领域是有可能获得一些资本的。作为一名游戏设计师,我当然可以依靠这个爱好谋生,就像我在20世纪七八十年代所做的那样,当时我出版了自己的第一本书《苏联的评估》(The Soviet Estimate)(1986)。我不太确定像乌多这样兵棋高手是否有这种可能性。锦标赛没有足够的赞助费,期刊只付微薄的报酬等。从这个角度来看,乌多的野心可能只是希望兵棋能有一个光明的未来。至少从历史兵棋的角度来看,情况并非如此,但在当时这是一个合理的预期。

最后,《第三帝国》中有一章仅仅是评论乌多最喜欢的参加第二次世界大战的将军们。这不仅仅是游戏玩家的消遣,游戏玩家过去(现在也是)热衷于各种历史角色、武器系统、战术等，随时准备讨论它们的优点。我敢打赌，在第二次世界大战时期很少有玩家从来没有争论过虎式坦克和豹式坦克的相对质量，或者陆军元帅的作战技术。

对于那些经历过"兵棋游戏寡妇"的桌游玩家来说是很熟悉的，没有解决的问题会在未来得到解决。还有一些不太合适的内容，比如书中包含乌多一位德国熟人惨遭遇害的神秘故事。这个神秘故事实际上是一个有关于桌面兵棋的隐喻。除了有趣的阅读之外，波拉尼奥的小说还表明，桌面游戏已经以一种新奇而有趣的方式进入了文化环境。

关于作者

约翰·普拉多斯（John Prados）是华盛顿特区国家安全档案馆的高级研究员和项目总监。他出版了21本有关国家安全、情报、军事或外交史方面的书籍，包括《家族的珠宝：中央情报局、秘密和总统权力》《命运之岛：所罗门战役和旭日日蚀》《神秘岛》《一场无法获胜的战争的历史》。最后一部著作获得了亨利·亚当斯历史奖（Henry Adams Prize in History）。

约翰·普拉多斯近期作品包括《诺曼底的熔炉》（*Normandy Crucible*）和《冷战如何结束》（*How the Cold War Ended*）。普拉多斯的著作《一场无法获胜的战争的历史》（*Unwinnable War*）、《解密的联合舰队》（*Combined Fleet Decoded*）和《钥匙的守护者》（*Keepers of the Keys*）均获得普利策奖提名。他也是包括《第三帝国》兵棋在内的许多获奖桌面兵棋的设计师。他拥有哥伦比亚大学政治学（国际关系）博士学位。

第五十章 《星际舰队大战》是如何创作的

——史蒂夫·科尔

1975年,也就是我在工程学院读本科的最后一年,我已经是一名兵棋设计师(自1973年以来,我已经发行了《猎豹》期刊(*JagdPanther*),并参加了第一届《起源》(*Origins*)大会。一天下午,我一边看《星际迷航》的重播,一边玩兵棋《日德兰》(*Jutland*)。这是一款1967年的兵棋,内容是关于第一次世界大战的战列舰,它通过标记成排的小盒子来追踪受损情况。受此启发,我拿了一张每位工程专业学生都有的绘图纸,开始构思如何设计一款星际飞船战斗兵棋。除了日德兰半岛(它只是简单地"关闭"一个炮塔以获得少量伤害点),我还为星际飞船上的每个系统(武器、动力、牵引光束、传送器、护盾等)都建立了小盒子——这是第一次有人这么做。

这艘飞船的布局和电视上看到的"实际"飞船差不多:一个圆形飞碟、一个二级船体、两个挂在吊架上的发动机舱。屏幕上显示的位置放着武器,各种官方和非官方发布的蓝图显示了廊桥和航天飞机舱等其他一些关键外部特征的位置。其他的部件都装在整个框架中方便运用的地方。"看起来像飞船的飞船图"是为了让玩家觉得自己真的在驾驶一艘星际飞船。之前各种主题的游戏大多只是将复选框作为行和列处理,并没有特别努力使其看起来像坦克或飞机。

1975年的平面艺术水平远不及现在。游戏图形是用薄的黑色胶带、一把剃刀、橡胶刻字和一张有蓝色网格线的纸制作的。每艘飞船大约两英尺见方,需要一两天才能完成。20世纪80年代初,计算机图形学的出现改变了一切,但那仍是未来的事(联盟重型巡洋舰示意图见图50.1)。

该款兵棋移动系统始于《里希霍芬的战争》(*Richthofen's War*)(1972)等空战兵棋,但很快就超越了这些兵棋,其支持数十艘船、小型舰艇、导弹和鱼雷同时移动。以前,空战游戏通过一系列的机动(通常是起飞、转弯、再靠近)一次只能移动一架飞机。我希望玩家能够在部队移动的任何时候开火,并且让部队同时移动。在尝试进行更大规模的战斗之前,游戏在舰对舰的情况下进行了三年的测试,所有的核心元素都是基于玩家对一艘飞船的处理能力固定在系统中。然而,在出版后不久,玩家们就可以毫不费力地进行特诺滕(Tenonten)战斗。

联盟重型巡洋舰

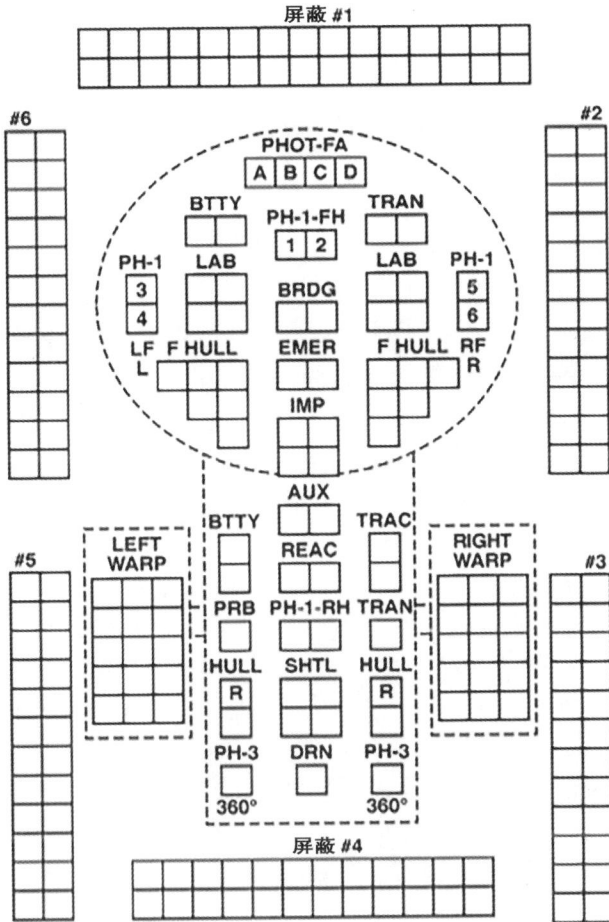

图50.1 联盟重型巡洋舰示意图

　　设计完成不到24小时,我就邀请了一位游戏伙伴去测试《星际舰队大战》(*Star Fleet Battles*)(1979)的最初粗略设计,其中包含了能量分配、伤害分配和比例移动等新概念。在该系统中,飞船为速度付出代价,并按转弯时的32次脉冲速度比例移动,这些脉冲在转弯时分散。

　　带有粗略打印规则的手绘副本是猎豹公司(*JagdPanther*)的最爱,但所有人都知道我们没有任何发行兵棋的法律依据,所以这只是一种私人娱乐。随着新的规则、飞船和场景的出现,该兵棋不断完善。我曾经是电视剧《星际舰队》的粉丝,但现在我开始买任何我能买的书籍、手册、图纸和技术资料等。1977年春天,从来没有打算盈利的猎豹公司在支付了所有的账单后倒闭了，我又有了新的追求目标——莉娜·威廉姆斯（Leanna Williams），并在那年秋天娶了她。但是我对兵棋的热情从未消散。

1978年，我和兵棋好友、前猎豹合作伙伴艾伦·埃尔德里奇（Allen Eldridge）开始考虑成立一家新的游戏公司。我们研究了这个行业，寻找一个可行的商业理念。我们发现了两个吸引我们的想法：口袋游戏（由 Metagaming 开创）和行业首款游戏——除了批发商外，不向任何人出售，只是为了减少工作量。我们向兵棋和业余爱好行业的许多人征求意见，决定在公司开张第一天为批发商提供4款兵棋。到1979年春天，我们已经有了很好的计划。"特遣队"（Task Force）是一个军事术语，指的是战斗部队的混合组织，这在某些游戏概念中非常突出。这个词在我们的脑海里留下了深刻的印象，并成为我们公司的名字。

一天晚上，我和朋友兼导师卢·佐奇（Lou Zocchi）谈论行业实践和趋势时，我提到我们无法印刷"我在大学设计的《星际迷航》"是一种耻辱，因为这么小的项目无法获得许可。卢·佐奇让我们联系上了弗朗茨·约瑟夫·施纳贝尔特（Franz Joseph Schnaubelt），这位工程师为派拉蒙公司设计了企业号太空母舰，并出版了《星际迷航：星际舰队技术手册》（*Star Trek Star Fleet Technical Manual*）（1975）。弗朗茨·约瑟夫曾授权卢·佐奇制作《星际舰队战斗手册》（1977）和最初的塑料星际飞船（它激发了几十家公司的上百条微结构创作）。弗朗茨同意授权特遣队游戏公司在严格限定的范围内制作一款"类似《星际迷航》"的兵棋"。弗朗茨本人并没有参与真正的兵棋设计。

在设计游戏时，电子游戏的屏幕级别为"periods"，屏幕上有一个"K"来指示克林贡飞船的位置，因此没有来自该来源的影响。从那时起，许多计算机游戏，包括最畅销的《星际舰队司令部》系列都是基于《星际舰队大战》（合法或不合法）而开发的。

《星际舰队大战》的袖珍版本（连同其他三款袖珍游戏）出现在1979年的《起源》大会上。特遣队游戏公司运气不错，当时的主流游戏发行商以批发价格向个人玩家出售游戏，这让整个行业陷入了混乱。零售商和批发商对这一政策感到愤怒，因为这冲击了他们自己的销售。起源大会上，在占主导地位的游戏发行公司展位前出现混乱，一些零售商和批发商要求该公司停止这种做法，最好停止所有直接邮购。这家公司老板告诉批发商，"没有人只卖给批发商！"——但却听到艾伦·埃尔德里奇（坐在他们旁边的展位上）宣布："我们就是这么做的！"一些已经与特遣队游戏公司联系过的批发商证实了这一点。这个行业的每一个批发商（以及起源大会的每一个参会零售商）都很高兴地签了名，准备在现场销售特遣队公司的产品。

特遣队游戏公司意识到我们创造了一个赢家，并在一个月内将这款口袋游戏卖光,并将其作为带有附加材料的盒装游戏重新印刷。随后我们在1980年推出了三款"扩展"游戏,这在当时的行业中几乎是一个未知的概念。不幸的是,新《星际舰队大战》材料的需求很快就超过了能够适当测试的内容和能够在现有游戏系统中发挥作用的内容,《星际舰队大战》开始获得如"勘误表战争"(Errata Wars)等令人不快的绰号。作为回应我定期制作全新的游戏版本,包含所有之前的勘误表、附录、更新和修正等内容。

关于运营特遣队游戏公司的最佳方式,艾伦·埃尔德里奇和我的意见越来越不一致,他想要追求非常不同的商业模式。1983年,我们决定将公司一分为二。我把《星际舰队大战》带到我的新公司阿马里洛设计局(Amarillo Design Bureau)。这两家公司通过一系列合同"联姻",但随着时间的推移,两家公司之间的关系也发生了变化,从最好的伙伴到几乎鸡犬不闻,老死不相往来。在这段时间里,由于我热衷艾萨克·阿西莫夫(Isaac Asimov)的《基地与帝国》(Foundation and Empire),《星际舰队大战》(Star Fleet Battles)的战略版(太空中的第二次世界大战)被命名为《联邦帝国》(Federation Empire)(1986),并由此产生了将这两款兵棋命名为《星际舰队宇宙》(Star Fleet Universe)的想法。随着时间的推移,《星际舰队宇宙》中出现了角色扮演游戏《最高指令》(Prime Directive);卡牌游戏《星际舰队:使命》(Star Fleet Missions)、《星际舰队战斗部队》(Star Fleet Battle Force);战术地面战斗兵棋《星际舰队海军陆战队》(Star Fleet Marines),以及更多的太空战术兵棋《联邦指挥官》(Federation Commander)、《战斗召唤:星际舰队》(A Call to Arms: Star Fleet),以及《星际舰队宇宙》版的《星状物》(Starmada),甚至还包括一系列微型画。

《舰长日志》(Captain's Log)期刊是为了支持所有该系列游戏(包括新船、武器和广泛的战术)而创建的,并产生了大量的虚构和背景。《星际舰队大战》创造了玩家提交"战术文章"以指导其他玩家如何获胜的概念(整个《星际舰队宇宙》扩展了这一概念:每款游戏都有自己的战术论坛)。《舰长日志》总是以一段虚构故事作为开头,这段故事也成为星际舰队宇宙历史的一部分。在小说中,读者发现了兵棋中各种抽象场景的背景。

到1987年,派拉蒙公司终于注意到了特遣队游戏公司及其"类似《星际迷航》的兵棋",正式认定其合法,并向特遣队游戏公司提供了"类似《星际迷航》的授权",该授权至今仍有效(且永不过期)。我们之所以能够获得这么好的授权是因为《星际迷航》在那个时候已经过时了,唯一能够发行的新内容是同名小说和我们的游戏。我们继续扩充《星际舰队宇宙》(Star Fleet Universe)。当派拉蒙开始制作电影时,我们注意到有一些不同,《星际迷航》和《星际舰队宇宙》继续存在分歧。虽然佳能公司的《星际迷航》不断更新和修订其技术,改变长期确立的原则,但从1979年开始,《星际舰队宇宙》几乎保持一致。我们有一个非同寻常的地图,是从"佳能"地图中任意挑选出来的。佳能公司的《星际迷航》和《星际舰队宇宙》都添加了许多新的帝国，没有一个出现在两个地方（我们有 Lyrans，他们有 Cardassians）。《星际迷航》正史超越了"原始系列"进入了20世纪80年代后的新时期，但《星际舰队宇宙》仍然主要集中在吉姆·柯克（Jim Kirk）与银河系女性恋爱之后的20年。《星际迷航》中没有无人机，隐形飞船不能使用防护盾，罗慕兰人和克林贡人使用的武器与他们在星际舰队宇宙中使用的武器截然不同。《星际舰队宇宙》有战斗机和太空母舰，我们的飞船炮艇比《星际迷航》的飞艇（runabouts）大得多。

特遣队游戏公司分别在1990年和1994年两次易手（正值一个新的SFB版本发布之际），并最终在1999年关门。当时，阿马里洛设计局（公司）根据"婚姻"合同购买了许可证和所有特遣队公司的权利，并成为发行商和设计师，于是诞生了另一个版本的《星际舰队大战》（SFB）和《基地与帝国》（F&E），以及《星际舰队宇宙》的许多其他产品线。

阿马里洛设计局（ABD）一直走在脸书（Facebook）和推特（Twitter）等社交媒体之前。我们面向包括徒步旅行者和角色扮演者等广泛的受众。我们的观众包括所有民族，同时遍布全球，一部分人（约5%）的母语不是英语（美式或英式英语）。我们产品的女性粉丝约占5%。这可能反映了在原始材料中发现的种群的多样性。

通过玩兵棋，玩家可以理解在现实世界或科幻小说和幻想世界中，存在适用于各种情况的战术和技术的总体原则。也许我写过的最好的一句话是"兵棋教会你如何与那些想要杀死你的人愉快地合作。"

《星际舰队大战》蕴含哲学。关于《星际舰队大战》的基本概念是"模拟"星际飞船战斗，而不仅仅是做一款宇宙飞船游戏。作为一名注册的专业工程师，我也受过高级军事训练（并阅读了1 000多本历史书籍），我知道主要的军事和机械系统是如何工作的。在这个设计中不存在"掷骰子以及移动那么多方格"。虽然"运气"在游戏中扮演着重要的角色（骰子点数为1比骰子点数为6所产生的伤害更大），但这并不是真正的运气，而是真实世界中武器远程攻击移动目标的概率。

我的设计在每个环节都反映了《星际迷航》的素材，即使这些素材是矛盾的或不是基于现实的。基于光速的数学，正在通过10 000公里的六角形的飞船数量和"变形因素"的定义发挥作用，在《星际舰队大战》中，"变形因素"代表一个不可能的1/30秒，在此期间飞船可以转弯、发射武器、装载穿梭机、对抗登船行动，以及做无穷无尽的其他事情。虽然从技术角度来看这很荒谬，但这种规模与电视上看到的动作相当。显然，电视剧是根据戏剧效果和需求编写的，而游戏（为想要驾驶自己的星际飞船的剧迷设计的）也必须反映这一点（实际的太空战比电视观众能看到的时间要长得多）。

动力一直是一个关键因素。企业号飞船有36个动力点：左右曲速引擎各有15个动力点，脉冲引擎有4个动力点，还有2个反应堆动力点。移动一个十六进制（网格距离）需要1个点，发射相位枪需要1个点，操作传送机需要1/5个点，维持船员生命需要1个点，维持基本水平的护盾需要2个点，运行目标扫描器需要1个点等。没有足够的动力就无法完成每件事，游戏玩法的一个关键元素是优先完成需要做的事情。这反映了屏幕上的星际飞船船长的行为，他们总是发出类似于"将能量转移到盾牌上"这样的命令。

在没有任何关于武器威力数据的情况下，我利用自己的工程技能计算了击中目标的概率以及武器能量在距离内的损耗率。设计中没有任何元素是出于政治或意识形态的原因。一切都是基于工程和优秀游戏设计的需求。我们的工作前提是，如果游戏玩起来索然无味，没有把玩家吓得半死，它就不会成功（相位器武器表见图50.2）。

Die Roll	PHASER-1								
	0	1	2	3	4	5	6-8	9-15	16-30
1	9	8	7	15	5	5	4	3	2
2	8	7	6	5	5	4	3	2	1
3	7	5	5	4	4	4	3	1	0
4	6	4	4	4	3	2	0	0	0
5	5	4	4	4	3	3	1	0	0
6	4	4	3	3	2	2	0	0	0

图50.2 相位器武器表

在研究了《里希特霍芬的战争》（*Richthofen's War*）等空战兵棋后，我知道了设计的一个关键元素是舰船移动速度与发射频率（及距离）的比率。如果飞船移动得太慢（与射击速度和射程相比）游戏就没有任何机动可言，只会猛击敌人，这就要求武器的命中概率较低。我选择了另一种方法，即让飞船在每个回合中移动它们能够相互伤害的距离的两倍（一艘典型的第二次世界大战战列舰在覆盖炮弹飞行距离的情况下至少可以发射20枚炮弹）。

《星际迷航》中就有寻找武器的任务。例如，罗慕伦人向美国企业号发射了一枚主动制导的鱼雷，而这艘飞船之所以幸存，只是因为鱼雷失去动力后坠落了。但我们增加了更多种类和尺寸的等离子鱼雷，因为大量船只的工程设计需要它们（现实世界的战舰并不都携带相同大小的武器）。

这份半官方的蓝图提到克林贡战舰携带了可用于瞄准练习的无人机（从未

出现在任何屏幕上），可以用来向敌人发射核弹。许多类型和不同大小的无人机成为游戏设计的元素，并更多地用于吓唬敌人进入或离开特定区域，而不是真正地摧毁目标。同样的蓝图显示克林贡飞船有很多从未在电视上见过的移相器，所以这些变成了效率较低的-2s相位器，是与联邦-1s相位器相同的武器，但火力控制不精确、射程较短。远程光子鱼雷不需要柯克舰长控制就能锁定克林贡激光炮的射程。

地理因素在一定程度上推动了这项技术的发展。联盟"西部"的帝国（克林贡、克津提斯）(Klingons；Kzintis)使用无人机和干扰器；联盟"东部"的帝国（罗慕兰和戈恩）(Romulans；Gorns)使用等离子鱼雷。联盟在战略地图的中心，使用超级光子鱼雷。每个人都使用相位枪，这是通用的"枪"武器。

为了完善游戏，我们在设计中添加了一些非可视元素。超载武器（两倍的力量、两倍的伤害、有限的射程）是一个非可视化概念，我增加了短程作战的兵力，使战舰不至于无休止地相互攻击数小时，而不会造成实际伤害。航天飞机有一个小的相位器，因为没有它，飞行器就什么都做不了。光有激光枪是不够的，所以后来的规则允许航天飞机装载能量和电子设备（绰号"野鼬鼠"），这样它们就可以像飞船本身一样使用愚蠢的导弹机器人大脑，携带几架无人机（散弹包），运送炸弹。

《星舰队战争》是一款"复杂"兵棋游戏的终极版本，拥有数百页的规则和数百页的星际飞船数据、场景和图表。即便如此，还是有一些地方需要深思熟虑地做出决定来简化概念、物理和规则。否则，游戏机制就会超出玩家的承受能力。移动的目标并不比静止的目标更难命中，如果目标朝你移动或从你的前方移动，骰掷修正值将无效。除非你离黑洞太近，否则重力是不会产生影响的，而且"绕轨道运行"也不是真的与太空卫星相关的方式进行的。

虽然电视上由于时间关系而简化了故事发展（例如，克林贡人很刻薄，继续探索宇宙奥秘），但整个《星际舰队宇宙》包含了广泛的背景、地理和经济，以表明即使是坏人也有温暖的一面和内心柔软的地方。克林贡人是一个以军事为重的国家，深陷腐败的泥潭。罗慕兰家族被分为几个"大家族"，这些家族结合了大公司和政党的各个方面。戈恩的立法机构从来不想把钱花在军事上。梭利亚人是"隐士"，因为他们认为人类、克林贡人和罗慕兰人比细菌大不了多少。只有少数托利亚人从另一个星系来到这里，他们大部分时间都在躲避无力承受的战争。

《星舰队战争》就像一些出现在20世纪70年代的战术兵棋类似，是一款"基于场景"的兵棋系统。你有规则，但你只玩特定的场景，每个场景定义了一定数量船只的起始位置和战斗目标。然而，这并不是一个限制因素，因为玩家可以调整基本场景以使用他们想要的任何船只，而800个已发布的场景涵盖了所有可以想象到的军事和政治情况（但我们仍在寻找新的场景）。你可以从雷区救出一艘货船,从殖民地星球上赶走怪物,或者通过你的方式摧毁敌人舰队的补给基地,迫使他们撤退。

随着游戏的发展,我发明了一个字母数字规则系统。移动规则是"C",而寻找武器是"F",以此类推。这使得未来的扩展能够在适当的章节中添加新的规则,并将所有的直射武器置于"E"下,而不管它们是什么装备。《星际舰队大战》成为第一款要求玩家将自己的规则手册分开,并将多个产品的页面整合成一个联合规则手册的兵棋。这一理念被继续运用到《联邦帝国》(*Federation & Empire*)以及其他兵棋游戏中,并被例如《高级班长》(*Advanced Squad Leader*)(1985)等其他兵棋借鉴。

最初的游戏包括独立的飞船图。武器图表在规则手册里。玩家随后向我展示了他们"粘在一起并影印"的页面,其中飞船在右侧,所有放置武器的桌子在左侧。这个概念立即被采纳,现在游戏中有3 000多艘飞船。虽然电视上只播放巡洋舰,但真正的海军有无数的更大和更小的军舰,还有经过改装后继续服役的老军舰、刚开始服役的新军舰,以及为避免浪费而不得不出海的船只(往往有设计缺陷)。因为预算有限,海军必须买一些小船,因为有许多小的任务需要完成。

像大多数兵棋一样,《星际舰队大战》主要是军事导向(除了一些民用船只作为目标运动),但其目的是保护平民实际上产生支付的资金和发展资源的军事"必要的业务费用。"更大的《星际舰队宇宙》(包括许多反映相同数据库的游戏)包含更多关注平民行为的角色扮演游戏。《星际舰队宇宙》和《星际迷航》一样以角色的多样性而自豪,有许多女性和少数族裔船长指挥着飞船(许多女性和年轻人都以员工、游戏测试者和玩家的身份参与其中)。

与其他兵棋系统相比,《星际舰队大战》发行了更多玩家创造的材料(包括新飞船、帝国、武器、场景、战术、小说、历史、美术等),《星际舰队宇宙》的其他游戏系统也发布了大量用户提交的内容。有些用户设计了完整的产品,然后建立了自己的游戏发行公司。阿马里洛设计局有限公司鼓励创造力和奖励那些外部设计师,为真正添加了一些新的和独特东西的设计师而自豪。这种发行理念能够保持玩家的参与性和游戏系统的新鲜感,并应用于我们所有的产品线中。玩家的贡献不仅会在书中提及,还会在公司网站上颁发奖章和活动绶带。

关于作者

史蒂夫·科尔(Steve Cole)是阿马里洛设计局有限公司总裁。阿马里洛设计局(ADB,参见 www.StarFleetGames.com)在兵棋行业已经存在很长时间了。科尔的父亲是一名建筑承包商、预备役工程上校。科尔1975年从德克萨斯理工大学毕业,其专业是工程学。1963年,科尔在一个教堂聚会上首次体验了兵棋《诺曼底登陆》(D-Day),并于1973年在《猎豹》期刊上发行了自己的第一款兵棋《擎天柱》(MP44)。1973—1976年，他负责管理《猎豹》期刊，1979年创办了特遣队游戏公司，1983年建立了阿马里洛设计局。他已经出版了100多款兵棋设计，并获得了三项原创奖和一项游戏天才奖。他最著名的作品是《星际舰队大战》，他更愿意因自己设计的其他游戏，尤其是《普罗霍夫卡》(Prochorovka)而出名。他设计了战术兵棋《联邦指挥官》、战略桌游《联邦帝国》、角色扮演游戏(泛用无界角色扮演系统)《克林贡》和卡牌游戏《星际舰队战争部队》。他的著作《经营游戏出版公司》(Running a Game Publishing Company)可以在网站 www.starfleetgames.com/book 上免费阅读。

第五十一章　全球统治：游戏车间和《战锤40K》

——伊恩·斯图洛克和詹姆斯·沃利斯

　　游戏车间（Games Workshop）是桌面兵棋领域的大佬。它不仅是行业中最大的公司，它的游戏基因、微缩模型范围、图像、营销策略等在现代兵棋游戏中几乎无处不在。截至2014年年中，该公司在四大洲拥有1 753名员工，年收入1.235亿英镑（约合1.871亿美元）。游戏车间在全球拥有400多家店铺，并且所有商店都专营本公司的产品。游戏车间还拥有两种期刊，一本是周刊，一本是月刊，还有一个名为"黑色图书馆"（Black Library）的小说出版部门，该部门已经出版好几本《纽约时报》的上榜畅销书。游戏车间公司股票在伦敦证券交易所交易（代码：GAW），截至发稿时，其市值约为1.84亿英镑（2.788亿美元）。在兵棋世界的一群小鱼中，这条大鲸鱼是如何进化出来的呢？

　　游戏车间最开始并不是靠兵棋起家的。它成立于20世纪70年代中期，是一家为经典游戏制作高质量游戏板的公司。1976年，该公司获得了在英国发行《龙与地下城》的独家授权，并开始转型为一家专业兵棋游戏分销商和零售商。1977年，它发行了角色扮演游戏期刊《白矮人》，主要支持其发行的游戏。1978年，公司开设了第一家商店。一年后，游戏车间与布莱恩·安塞尔（Bryan Ansell）（一名兵棋游戏设计师和雕塑家，之前曾创立Asgard Miniatures公司）合作，共同创建了城堡缩影（Citadel Miniatures）公司。所有这些举措都是公司后来成功的重要组成部分，但最后这一步才是公司未来发展的基础。

　　城堡缩影公司的早期系列包括无畏的幻想龙（Ral Partha）等大型美国生产商那里获得授权的微型模型，和它自己的通用奇幻和科幻人物系列，以及基于游戏车间开发的桌面角色扮演游戏或拥有英国版权的桌面角色扮演游戏（如《特警判官》等）。在奇幻角色扮演的鼎盛时期，即早在20世纪80年代中期，游戏车间先后尝试了出版原始棋盘兵棋和角色扮演游戏的选择。在1983年的比赛中，游戏车间放缓了发布《战锤》（Warhammer）系列的步伐，这是由极富战争想象力的布莱恩·安塞尔（Bryan Ansell）、理查德·哈利维尔（Richard Halliwell）、里克·普里斯特利（Rick Priestle）和格雷厄姆·埃克尔（Graham Eckel）共同设计的。

　　第1版的《战锤》由三本书组成，包括从那时起就基本保持不变的游戏规则、生物列表、魔法使用规则和一套基本的角色扮演规则。虽然盒子里没有任何数字，但作为乔治华盛顿大学即将推出的交叉推广策略的一个先兆，它确实包含了所描述的角色和城堡缩影公司的股票代码。

1984年，《战锤》又推出了第2版，制作更加奢华，包装箱里也附带硬纸板计数器。1987年，随着《战锤40K》系列兵棋的首次发行，《战锤》又推出了第3版。这一时刻也标志着公司文化的转变。1985年，创始人伊恩·利文斯通(Ian Livingstone)和史蒂夫·杰克逊(Steve Jackson)将游戏车间公司卖给了布莱恩·安塞尔(Bryan Ansell)，随着角色扮演游戏(role-playing game, RPG)在20世纪80年代中后期的普及度下降，安塞尔将公司的重点重新放在《战锤》产品和品牌上，尤其是城堡缩影公司的一系列微缩模型上，并将公司从伦敦迁至诺丁汉。《白矮人》(White Dwarf)期刊的内容逐渐被这两款游戏所主导，直到找到非《战锤》或《战锤40K》游戏工作室的其他基于微型模型的游戏的报道：《进阶英雄任务》(Advanced Heroquest)，《怒火橄榄球》(Blood Bowl)，《强大的帝国》(Mighty Empires)，《黑暗未来》(Dark Future)等。也是在此期间，《白矮人》期刊停止了为游戏车间以外的任何产品印刷广告。

在1991年战术研究规则公司(TSR)(英国)前员工汤姆·柯比(Tom Kirby)领导的管理层收购游戏车间之前，安塞尔一直在经营这家公司。3年后，公司以每股115便士(1.74美元)的初始股价在伦敦股票市场上市，市值估价为3 500万英镑(5 300万美元)。从那以后，柯比一直担任CEO、董事长或两者兼而有之，公司的发展方向基本上没有改变。它的第一个计算机游戏许可证于20世纪90年代初颁发，其小说出版部门"黑色图书馆"于1997年成立。2001年，游戏车间与新线电影签订了一项重要许可协议，根据《指环王》电影三部曲制作缩略图和战略兵棋，后来也发行了《霍比特人》(The Hobbit)三部曲。但游戏车间仍然瞄准一个方向：全球主导。

一、游戏车间的三个特立独行之处

要想了解游戏车间的成功，你需要先知道关于这家公司的三个独特之处。包括："游戏车间爱好"、公司的结构与垂直整合，以及"全球主导"的含义。

"全球主导"的理念贯穿了游戏车间过去20年的历史。自1994年以来，这一理念多次出现在股东年度报告中，它曾以银色浮雕字母出现在员工零售手册的封面上。在20世纪90年代和21世纪初，公司经历了爆炸式的增长，称霸全球的想法听起来没有今天如此傲慢，但在2014年8月，当被问及这个问题时，汤姆·柯比告诉本文作者之一詹姆斯·沃利斯(James Wallis)，"全球化"仍然是公司的战略。这更像是长征，而非游行。

　　游戏车间的商业模式可以概括为"全球主导"，尽管该公司的年度报告和网站对这种模式进行了更详细的描述："我们制作世界上最好的奇幻模型，并在全球范围内销售，我们打算持之以恒①"。

　　尽管"全球主导"这个词可能有些夸张，但游戏车间认为自己是一家全球性公司，而不是主要的全球性品牌。它认为自己是一家利基企业，其策略是"有意识地追求利基市场模式"（游戏车间2014，战略报告部分）。"游戏车间的业务模式是基于拥有（大量）微型模型……世界上有一种基因让某些人（通常是男性拥有该基因）想拥有数不尽的模型。我们只是满足了这种需求"，汤姆·柯比在公司2005—2006年度报告的序言中写道。它相信其市场是自我选择的：他们将找到适合游戏车间发展的道路，因为游戏车间的产品比其他任何公司的产品都要好。与此相关的是游戏车间没有为其产品、品牌或商店做广告或宣传。当它宣传的时候，它是在向皈依的人宣传，并希望他们的朋友能够聆听到这些信息。

　　游戏车间的一切行为或销售都是基于所谓的"游戏车间爱好"的理念。即：收集微型模型、绘画微型模型、建模（转换微型模型或建造立体模型）和使用微型模型玩游戏（Games Workshop Group PLC，2000-2014a）四个相关活动的组合。为了把模型的零部件卖给客户，该公司已经发展出一种效率极高的垂直整合结构。

　　游戏车间销售的所有产品都是内部设计和制作的（唯一的例外是其附属公司黑色图书馆推出的小说，由自由作家撰写）。它经营制造金属和塑料微缩模型的工厂（印刷是外包的，但其他一切都是内部解决的）。公司的产品通过邮购和公司的网站（《战锤月刊》和现在的《白矮人》期刊）以及自己的全球连锁游戏车间品牌商店进行销售。此外，它还运营自己的分销网络，面向独立的业余零售商，并通过坚持经销商必须有一个"实体"的存在，以避免互联网折扣积压产品。

　　因此，游戏车间几乎完全控制了产品上市、销售和定价的所有环节。一体化的生产结构确保了有效控制成本，大部分利润都留在公司内部。

　　游戏车间的商店遍布世界各地，但主要集中在欧洲和美国，其中超过1/3的商店在英国。这些商店有些是该公司在20世纪80年代建立的普通游戏连锁零售商的幸存者，但大多数都是最近的杰作，这些商店只销售本公司的产品。将这些门店视为游戏商店是错误的：游戏车间赋予其新的定义——"兴趣中心"，并且它们扮演非常重要的角色。除了产品，商店通常还会留出一块区域用于定期演示游戏宣传画，以及一张摆放着《战锤》或《战锤40K》等热门游戏的桌子。它们既是零售商也是招聘中心和俱乐部；新玩家可以在这里学习的游戏和爱好的基础知识，《战锤》迷会与新老玩家一决高下，与其他玩家会面学习全新的绘画和建模技术，以及购买模型和画布、地形、军事手册、小说和期刊等必须的材料来满足收集欲望，保证游戏顺利进行。

　　公司期刊的用途与商店类似，它们针对的是现有的收藏家和玩家，但未入门的人也可以翻看。期刊的内容完全是关于游戏车间的产品介绍，主要是关于最近和即将发行的微缩模型。有些人可能会对它们的成功感到惊讶：2013年，《白矮人》每月的销量为8万~10万册，与《新科学家》(*New Scientist*)和《名利场》(*Vanity Fair*)销量相当。《白矮人》最近以周刊的形式重新发行，其电子版在发行当天通常都接近苹果排行榜的榜首②。

近年来，该公司"爱好"的第五个分支已经逐渐发展起来：将游戏车间的知识产权从桌面兵棋转移到其他媒体，特别是授权制作计算机游戏，授权制作桌面游戏，以及由黑色图书馆出版的小说和故事。游戏车间并不认为这是其业余爱好的核心部分，但它为公司贡献了很大一部分收益，尽管在2012年底，游戏车间的主要计算机游戏授权方THQ(公司)宣布破产时，公司也受到了重创。

授权和其他一切业务的核心在于其知识产权。公司拥有三个核心品牌：《战锤》和《战锤40k》，以及《指环王/霍比特人》(*Lord of the Rings/The Hobbit*)，它们根据新生产线的许可证生产。游戏车间出售的每一件东西都与这三个品牌中的一个有关，或者与由此产生的爱好活动有关。该公司积极捍卫自己的知识产权，甚至关闭了粉丝网站，并以涉嫌商标侵权为由，威胁对名为《斑点太空舰队》(*Spots the Space Marine*)的小说进行法律诉讼。这类行为给该公司带来了负面影响，有人指责这与粉丝和玩家脱离了联系。汤姆·柯比对此持乐观态度："如果我们不努力保护我们所拥有的东西，法律会认为我们不重视它，我们就会失去它。这是一个棘手的情况。多少才算多呢？但是，为什么这些人认为偷我们的东西是可行的呢？"(摘自2014年8月，汤姆·柯比同詹姆斯·沃利斯的个人交流)。

二、三幕剧历史

以上是游戏车间在21世纪的大致形态，但并没有解释它是如何发展到今天规模的。与优秀的剧本一样，游戏车间的历史也分为三个阶段，每个阶段都会出现"逆转"。第一个阶段是利文斯通/杰克逊(Livingstone/Jackson)时期，这个时期建立了游戏分销商和连锁零售店，并创建了城堡公司(Citadel)。"逆转"就发生在20世纪80年代早期和中期《战锤》前两个版本的发行，以及相应的城堡公司出版的奇幻系列销量增长了两倍。

第二阶段，即安塞尔(Ansell)时代，从普通游戏转向完全专注基于公司自身知识产权的自主产品。毫无疑问，这个转折点是基于《战锤》及其模型的成功，而与此同时，角色扮演类游戏的销量却在全球范围内下滑。布莱恩·安塞尔将游戏车间和城堡公司的合并描述为"反向收购"，而据报道，游戏车间资深员工艾伦·麦锐特(Alan Merritt)对公司保留"游戏车间"一名而非"城堡"表示遗憾。

第二幕结束于1991年的管理层收购，而不是像一些人预期的那样在股票市场上市。第三幕是汤姆·柯比多年的领导生涯。安塞尔在任期间将游戏车间重新定位为拥有自己的零售连锁店的小型企业，但在这个阶段它只是一个成功的企业。公司决定重新专注于微型模型是基于早期《战锤》发行的成功，但也基于另一个关键方面：布莱恩·安塞尔对模型和兵棋游戏的热情。这是他深爱的游戏，也是他想要制造和销售的东西。安塞尔既不是棋盘游戏玩家，也不是游戏角色扮演者，自然也不是普通生意人——汤姆·柯比将他描述为"一个反复无常的人，对微缩模型几乎了如指掌"，他还补充道，"我们盲目追随他对模型的看法"。（摘自2014年8月，汤姆·柯比与詹姆斯·沃利斯的个人交流）。特别是零售连锁店的出现几乎是一个偶然事件，可以说，这是游戏车间对市场的渗透以及其卓越的垂直整合的核心。

在柯比执掌公司后，他整合了公司的所有活动，专注于核心业务并创造了游戏车间爱好的愿景。1994年公司发行股份，偿还了公司原有的债务，为公司的扩张和增长提供了更多的现金来源。在公司上市的头两年里游戏车间的年增长率约为30%，股票价格飙升。与此同时，产品的焦点进一步集中：出现了一些新的大盒子游戏，但它们的背景要么是《战锤》，要么是《战锤40K》世界（如《战锤任务》和《莫德海姆》(Mordheim)、高卡毛卡(Gorkamorka)和《涅克洛达蒙》(Necromunda)，并在设计时考虑到了扩展和更多模型的销售。销售的主要游戏及其军队都是为了将新的重点放在新的版本和升级上。布莱恩·安塞尔告诉詹姆斯·沃利斯："我们所做的《战锤》是创建一个场地，而当前版本更像是一次长征"。这一声明与柯比早些时候描述的全球统治完全是长征，而不是游行一致。

其他兵棋或业余爱好游戏公司是否有可能发展到像游戏车间那样的规模呢？通常答案是否定的，但原因各不相同。柯比在采访中一贯直言不讳："'无所事事'和'不负责任'这两个词总是让人难以接受。这只是一个版本：我相信还有其他看法。我们专注于成为一家成功的历史悠久的公司，而他们专注于自己的个人爱好。漂亮的设计、巧妙的机制、极力证明我们是错的，以及抄袭我们等。"

根据我们自己的分析，我们认为游戏车间的成功是独一无二的。它来自通过公司自己的分销和零售连锁店直接进入市场的三方组合；其次是一位富有远见的主管，他创造了两个令人震惊的商业游戏世界，聚集了人才并最大程度地利用人才资源；最后，一位首席执行官的愿景是建立一个整合的公司，提供一个整合的爱好，这被证明是成功的。再加上先发优势，结果很难复制。其他公司很难复制这种模式，而小型公司如果没有商店、期刊和两个游戏世界（这是为了迎合青少年的想法而设计的），也不可能达到同等规模或在市场占据相同的份额。

自从游戏车间在20世纪80年代末开始专注于微型模型和《战锤》时，游戏爱好者就已经预测到该公司即将走向衰落和破产，但该公司仍然继续前进。最近的年度报告（游戏车间公开股份有限公司，2014）似乎确实表明，尽管其营业额大致稳定,但零售价格的上涨导致了单位销售额和利润的下降。然而,游戏车间的股价一直不稳定,我们无法判断这只是又一个小问题,还是公司中长期战略存在问题的迹象。

即使怀疑论者是正确的,该公司的命运正在动摇,但它的业绩记录仍然令人瞩目。维持如此规模的业余游戏业务如此之久是前所未有的。《龙与地下城》(Dungeons)的出版商战术研究规则公司经营了24年才被威世智公司(Wizards of the Coast)收购,而威世智在被孩之宝(Hasbro Inc.)收购之前仅独立存在了九年。游戏车间已经有40年的历史,其中一半以上的时间都是作为一家上市公司存在的。

如果未来是黑暗的,游戏车间肯定会做好准备,而绝不会不战而降,因为每一位《战锤40k》玩家都知道,正如我们将在本章的其余部分探索的那样,在游戏世界中,面对"残酷黑暗的未来,唯有战争"。

三、《战锤40k》

《战锤40K》是游戏车间的主打招牌。游戏车间的商业模式要求他们"严格保护知识产权不受模仿者的侵害"(Games Workshop,2000—2014),尽管知识产权本身受到其他科幻小说、幻想和流行文化的影响。直到该公司最近发布了大量的禁止函和诉讼,人们才意识到《战锤40K》的设定借鉴了许多以前很受欢迎的元素,让玩家能够在兵棋中融入所有这些元素。

在2013年游戏车间与Chapterhouse公司司法案件中,乔治华盛顿大学雕塑家杰斯·古德温(Jes Goodwin)接受了交叉质询。他们引用了《战锤艺术画册》(The Art of Warhammer)中的话(Gascoigne and Kyme,2007):

问:好吧,让我们看看这句话的剩余部分。"取自公元2000年,还有迈克尔·穆尔科克(Michael Moorcock)的小说和真实历史,都被放进一个大罐子里,然后被我们反刍出来",你明白了吗?

答:是的。

问:这不正是游戏车间做的吗?

答:的确是。

《战锤40K》是一个使用骰子的小型兵棋游戏,背景设定在41世纪。玩家可以是军队的将军——精英太空海军陆战队,或保卫人类及其帝王的帝国警卫队;敌对派系——混乱的太空陆战队,他们曾经为帝国服务,但已经堕落。他们的盟友是混沌守护魔或者外星人(xenos),比如H.R.吉格尔(H. R. Giger)的暴君、精灵般的埃尔达和黑暗埃尔达、好斗的兽人、动画灵感的钛星人(Tau)或不死机器人Necrons(《战锤40K》1见图51.1)。

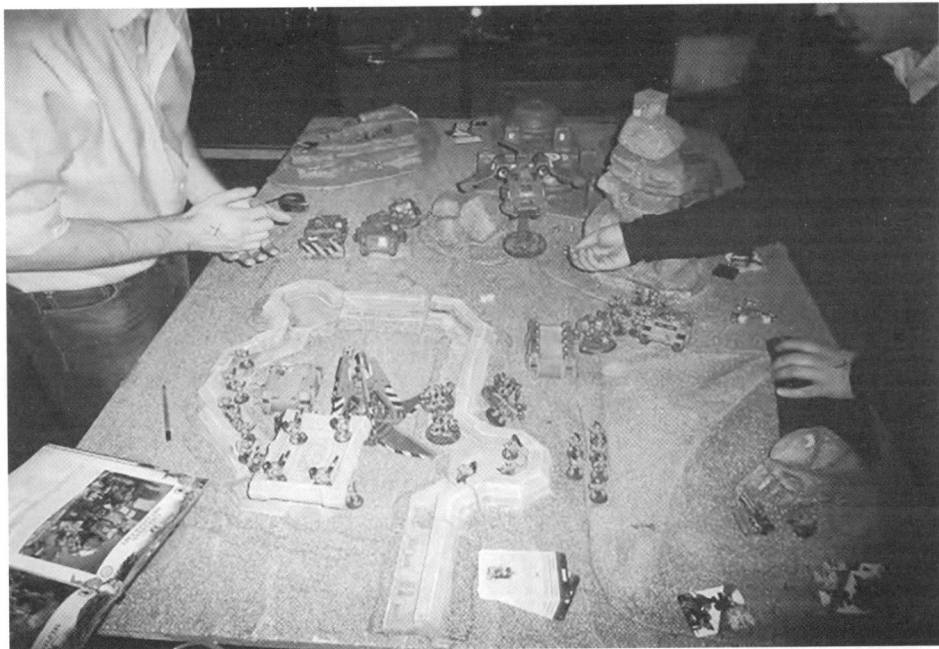

图 51.1 《战锤 40K》1

（注：在英国伦敦的哈克尼地区的游戏俱乐部（HATE: Hackney Area Games Club），帝国拳和血天使之间的激烈战斗。这些都是太空海军陆战队——考虑到太空海军陆战队的受欢迎程度，这并非一个不寻常的景象，尽管它们都是"无用的"（即构成《战锤40K》背景材料）一方。）

　　游戏在两名玩家之间进行，使用28毫米大小的微型战士、车辆和怪物组成的军队，在6英寸×4英寸的桌面上增加了地形模型。用卷尺确定移动、射击的距离。每名攻击者都有一定的攻击次数，并在每个回合中投骰子以查看自己是否命中，选择所有的"命中"并重新投骰子，以查看自己造成了多少伤害。然后防御者为每一处损毁滚动一个"盔甲豁免"（Armour Save），通常会移除任何失败豁免的模型。游戏使用了传统的"一对一"回合制，所以先手玩家会在自己的回合中做出决定，而后手玩家则只能掷一些防御性的骰子，或者有时决定移除或使用哪个防御性选项。目前的《战锤40K》第7版游戏（2014）也允许后手玩家通过掷骰子来回应，以"掩护射击"的开火方式来对抗敌方的冲锋部队；这种对先手玩家做出反应的概念源于阿瓦隆山公司1985年出版的《高级班长》。

四、《战锤40K》的影响

　　亵渎神圣的知识带来了黑暗时代，来自天空的火焰，以及十倍甚至千倍可怕的死亡降临。所以我告诉你们：不要寻求答案，因为知道就是犯罪。不要问如何，不要问为什么，也不要问多少。扰乱宇宙奥秘的人是异教徒，是上帝和人类的敌人。所以他们会被燃烧殆尽。

——罗伯特·吉尔曼，《拉达的航海家》

在《拉达的航海家》（*The Navigator of Rhada*）中，罗伯特·吉尔曼（Robert Gilman）描绘了一个遥远的未来，高科技是牧师的领域，由宗教裁判所把持。千年前，这个近乎神话般的黄金时代被高科技摧毁。黄金时代的概念和柏拉图一样古老。在20世纪60年代的科幻小说中，禁忌技术的比喻很常见，这种比喻可以追溯到那种理想化的过去，而且经常受到天主教式的宗教秩序的控制，沃尔特·米勒（Walter Miller）1960年的《莱博维茨的赞歌》（*A Canticle for Leibowitz*）就是其中最著名的一部。吉尔曼的《拉达的航海家》系列以及《沙丘》系列显然激发了《战锤40K》很久以前的天启，即伴随着唤醒创造者并摧毁黄金时代的有意识的、致命的机器人战士。在遥远的过去，《沙丘》曾"向计算机、思考机器和有自主意识的机器人发起圣战"（Herbert 1965, 594）。

《战锤40K》所处的时代是"一个迷信的时代，在这个时代，伟大而高深莫测的技术被神秘力量所奴役……对普通人来说……科学思想是令人憎恶的；这是荣誉和宗教美德的堕落"，其原因是对遥远的"科技黑暗时代"的恐惧。

吉尔曼的名字启发了罗伯特·古莱曼（Roboute Guilliman），他是《战锤40K》标志性游戏《星际战士》的极限战士军团（Ultramarines）章节的创始人。在20世纪八九十年代，游戏车间的设计团队经常使用模糊的名字来表达灵感，例如"斯莱·马博"（Sly Marbo），一位孤独的丛林斗士的名字，基于兰博电影主演"斯莱"史泰龙（"Sly" Stallone）。"佩德罗·坎特"（Pedro Kantor）是以《战锤40K》测试者之一皮特·坎特（Pete Cantor）命名的。设计师从神话和其他来源中借用名字和概念；让我们简要地回顾一下《星际战士》的一个章节，"黑暗天使"：狮王（primarch）的"丛林之子"（Lion El'jonson）是以19世纪英国诗人莱昂内尔·约翰逊（Lionel Johnson）的名字命名的，他的《黑暗天使》（"The Dark Angel"）（1892）激发了《战锤40K》黑暗天使的罪恶和秘密，以及他们的名字。级别最高的角色是死神（Azrael）和萨梅尔（Sammael最初的希伯来死亡天使），以及彼列（Belial）和阿斯莫代（Asmodai，希伯来恶魔）。天使神话被广泛引用，所有的太空陆战队员都被描述为"死亡天使"（Angels of Death）。

英国的周刊漫画"公元2000"对《战锤40K》产生了巨大的影响，尤其是《复仇者巫师》（*Nemesis the Warlock*）的天主教、仇视外星人的人类帝国、《终结者》（*Terminator*）的士兵、巫术和混沌（Chaos）对手，以及哥特式风格。《战锤40K》的精英警察仲裁庭（Adeptus Arbites）是以《特警判官》（*Judge Dredd*）为原型的。

托尼·艾克兰德（Tony Ackland）描述了《混沌之神》（*Gods of Chaos*）的创作过

程：“虽然迈克尔·摩考克(Michael Moorcock)的艾力克(Elric)故事是布莱恩的主要灵感来源，但我更倾向于H.P.洛夫克拉夫特(H.P.Lovecraft)(Jafnakol,2014)。游戏车间的老板安塞尔解释道：“摩考克对我产生了影响和启发，在我看来杰克·万斯(Jack Vance)和克拉克·阿什顿·史密斯(Clark Ashton Smith)同样重要。”认识到影响，第2版的《战锤》幻想战斗是“献给菲尔巴克，唐纳德·费瑟·斯通(Donald Feather-stone)和迈克尔·摩考克的，不知道算是谁的错。”这些规则也受到桌面角色扮演的影响：“《商旅浪人》(Rogue Trader)和《战锤》都是在20世纪70年代末和20世纪80年代初的角色扮演游戏繁荣时期发展起来的——它们最初的形式是开放格式的角色扮演游戏，玩家可以用模型进行游戏。”

早期的《战锤40K》，尤其是怪物的概念，也受到了20世纪80年代流行电影的影响。《外星人》系列的对手变成了“基因盗墓者”(Genestealers)，他们居住在高速、致命的废弃星际飞船上，将受害者的基因物质与自己的基因物质结合，创造出“混血儿”，最终被重新研究，成为泰拉尼德蜂箱的一部分。尽管一开始并不是一支可利用的军队，但泰伦虫族和基因窃取者从纯粹的敌人变成了玩家的一支可用军队，他们拥有1995年的泰伦虫族法典。骷髅类人机器人“Necrons”(1999年推出)借鉴了埃及肖像学和H.P.洛夫克拉夫特(H. P. Lovecraft)的宇宙恐怖风格，在视觉上以《终结者》(Terminator)系列为基础，他们以“我们终究会回来”规则为代表，谨向阿诺德·施瓦辛格(Arnold Schwarzenegger)致敬。

音乐是另一个灵感来源。安塞尔从约翰·皮尔那里听到了死亡金属乐队(Bolt Thrower)的第一首音乐，这支迷恋《战锤40K》的乐队和游戏车间展开合作，创作了《混沌界》。该乐队的第二张录音室专辑于1989年由艾瑞克唱片公司(Earache Records)发行，并由游戏车间的艺术设计师制作了封面和宣传册。事实上，游戏车间公司拥有一家唱片公司(战锤唱片公司)，他们的兵棋期刊《白矮人》发行了一款“Thrash Rock Special”专辑，其中包括一款来自金属乐队Sabbat的免费软碟唱片。虽然该公司不再针对任何特定的音乐亚文化进行营销，但主题联系仍然存在——“在旗舰店和游戏车间的商店里用高分贝扬声器播放Black Sabbath、Tool和Metallica等乐队乐曲，听众大多是留着长发、穿着邋遢T恤的重金属乐队的粉丝。《战锤40K》的宇宙虚构与重金属文化中更广泛的背景相吻合”(Harrop 2013,5)。

五、从平装书到套装

《战锤40K》(1987—2014)的7个版本展示了从叙事驱动、战役导向、小规模冲突(每个“军队”有10到30个模型)游戏到竞争性、叙事友好、包含所有内容的规则集能够处理任何内容，从每一方500点(可能是20~70个模型)到涉及1万多点坦克编队、怪物等级、数百个步兵模型和全天的游戏时间的大型战斗（《战锤40K》2见图51.2）。

图51.2 《战锤40K》2

(注：除了坦克、战士和地形，我们还可以看到一两本规则手册，以及用来记录军队组成、心灵力量和特殊能力的便签。)

通过查看图书，很明显会发现《战锤40K》第1版是一款业余兵棋游戏。它的全彩色封面显示了被围困的太空陆战队正在进行最后的抵抗。博尔特人向四面八方开火，每个人的脸上都能看出冷酷的决心，破烂的旗帜紧紧攥在装甲武士拳头中。这可能是《战锤40K》艺术中最常见的主题。在282页的书中，大部分都是规则，但有96页是背景（《帝国时代》）。它们确实混合了生物的游戏统计数据等规则信息。书中专色或全彩色的使用有限，大多数页面至少有一个插图，但在现代人看来，内部设计显得杂乱无章。

最新的第7版《战锤4K》书籍看起来像一个奢侈咖啡桌上的摆设。它有3本精装书，400多张彩色全页，装在一个结实的滑套里。盖子和内部设计令人印象深刻，但仍然杂乱。第三册包含游戏规则。第一册收录了模型的收集、绘画和建模。第二册是背景图。从纯粹的兵棋到"游戏车间的业余爱好——收集模型、绘画、建模、对弈……与世界上最好的模型士兵"的重心转移是显而易见的。游戏车间的"游戏车间爱好"概念得到了哈罗普(Harrop)、卡特(Carter)和吉布斯(Gibbs)的分析支持，游戏只是"玩家参与的各种各样不可分割的相互联系的实践之一"(2014)。

每本书的简介都提供了对游戏核心的深入探索，而这一核心并没有发生重大变化。第一版《战锤40K：商旅浪人》(*Warhammer 40K：Rogue Trader*)是指挥"帝国的力量或众多敌人中的任何一个……在4 000年噩梦般的未来"的经历，2014年出版的第7版讲述了"在一个只有战争的星系中指挥《战锤40K》中的英雄和恶棍"的经历。

核心动态(Brathwaite and Schreiber，2008)始终是开放式的，并由玩家决定。游戏规则解释了玩家应如何玩游戏，并提供了各种获胜的方法。在第1版中，游戏大师可以使用胜利条件(例如，"太空陆战队必须杀死所有的对手"(《战锤40K：商旅浪人》，66)或胜利点数(VP)，在每个场景中都不同，以决定赢家。在示例场景中，太空陆战队通过"生存"和"毁灭"核心动态获得副价值，而兽人主要通过恢复埋在战场下的宝藏获得副价值("领土"核心动态的一个变体)(《战锤40K：商旅浪人》，66)。

在第7版中，各种任务类型促进了核心动力。主要的变体是《战争漩涡》(*Maelstrom of War*)和《永恒战争》(*Eternal War*)。前者的核心动态在每个回合开始时都会发生变化，后者的核心动态在一开始就确定了，之后保持不变(《战锤40K》，129)。核心动态可以包括"生存""毁灭"和"领土"。当涉及领土(以"目标"的形式)时，某些部队会更有效，但会牺牲生存和/或毁灭的效率。另一种选择是"创建你自己的任务"部分(如《战锤40K》，128)，支持第1版的胜利条件和灵活性；这些任务也刊登在期刊和增刊上。每个游戏版本的核心动态都是"建造"：玩家根据积分列表设计自己的军队。核心动态的变化，特别是在《战争漩涡》(*Maelstrom of War*)中带来了一些平衡。例如，依靠一支强大的射击部队来消灭对手是十分困难的(就像在第5版或第6版中所做的那样)，因为一个带领军队占领领地的对手即使最后被摧毁也可以积累足够的VP来赢得胜利。这就形成了自我平衡的规则："我们的理念是在游戏中建立反击机制，这样即使有些东西最终比你预期的更强大，游戏也会有足够的弹性，让玩家能够应对"(Sirlin，2008a)。《战争漩涡》确实将代理减少到仅仅是交互性，也许将《战锤40K》降低到一个好的游戏而非一个伟大的游戏更合适，因为胜利条件的改变方式不受任何玩家的控制。

从第1版到第7版最大的变化是规模的增加。规则集也很复杂，需要彻底阅读和练习游戏才能掌握。第1版的复杂性在于单个士兵所采取的如躲藏、发现隐藏的部队、驾驶等特殊行动。第7版抽象了这些概念，专注于5～30人的部队、车辆(带有未定义的"乘员"作为车辆的一部分)，以及更大规模的部队，如飞行怪兽

（Flying Monstrous Creatures）、中队和战争之王（Lords of War）。战斗规则的遗产仍然存在，单个士兵拥有与第一版相同的大部分特征（力量、韧性、弹道技能和武器技能等）。

从游戏平衡的角度来看，这种小规模的遗留问题是有问题的，并且与欧洲游戏风格的优雅规则相比显得笨拙。从理论上讲，这款兵棋可以在几百到成千上万个点上玩（一名士兵可能要花费5~40点），但实际上，很难在这些点范围内设计一支平衡的军队。在1 500点以下，很难创造出一支能够打败"部落"轻步兵，同时也有能力对抗少数强大装甲部队的军队。在级别更高的关卡（2 500点或以上）中，一些军队的胜利似乎是随机的（第一个去的玩家有机会用一击就消灭大部分敌军）。大多数比赛需要1 500~2 500点，这降低了规则集的效用，但即使如此有限，游戏也可能显得不平衡。游戏车间只进行最少的游戏测试，规则集越开放和越不对称（这当然是《战锤40K》多派系、基于点数的军队设计系统的功能），"它就越需要关注不同初始选项的公平性"（Sirlin，2008b）。所以竞争性比赛似乎是由利用不平衡的军队主导的："奶酪"（Cheese）描述了玩家寻找差距或过度解释规则的做法，以允许不寻常或不公平的强大部队或行动"（Harrop，2013）。

游戏的每一次整合都是竞争性的，期望最终会有一位明确的赢家和输家，但规则手册推荐合作文化，玩家都能看到。2013年对4万名玩家的访谈发现，社交方面和玩家将游戏作为一种快乐体验的损失合理化的能力结合在一起，这是由于爱好的其他方面（绘画、建模、创造一支"蓬松"的军队，即以个性为主题的军队等）。《战锤40K》似乎提供了一种"保护"效应。作为一款策略游戏，《战锤40K》为玩家提供了一个框架，让他们能够通过策略玩法的价值找到损失中的积极体验，与竞争游戏的潜在负面心理影响。例如，"在竞争关系中，一方倾向于……对另一方抱有怀疑、敌意和剥削的态度"（Kohn 1986，143）。

第一版对游戏精神提供的指导并不多，但它要求有游戏大师和两个或更多的玩家。建议在高级游戏中，游戏大师应以桌面角色扮演游戏的合作游戏风格创建一个详细、灵活的叙事活动，该游戏是游戏工作室在20世纪七八十年代的主要业务（Ewalt 2013，9）。第7版更加明确："规则只是支持有趣游戏的框架"。即使是锦标赛选手"也觉得带上一份能让其他选手玩得开心的清单很重要"（Carter 2014，13）。

六、农场之战

第一版的情节介绍是兽人与太空陆战队进行的一场短暂却又血腥的战斗。对于大多数玩家来说，这是他们第一次体验《战锤40K》。因为"意义是在文本实现或实践时产生的"（Bizzocchi and Tanenbaum，2011），于是现在的作者之一伊恩·

斯图洛克(Ian Sturrock)对这一章的场景进行了细致地阅读。

无论是游戏大师(Ian)，还是一名普通玩家(Kyle)都玩过《战锤40K》的第5版和第6版，以及《太空战舰》等相关游戏，其对游戏背景非常熟悉。另一名玩家是凯尔的母亲布莱迪(Bridie)，她没有玩过任何《战锤40K》游戏，但知道游戏背景。这3名参与者都玩过许多欧式桌游和桌面角色扮演游戏。

在准备这款游戏时，我们被场景(以及游戏)的高度男性中心属性所震撼。所有的太空陆战队员都是男性，被描绘成更强壮、更大块头、更快的超人士兵，让人想起穆尔维"在镜子前被认可的最初时刻"(1975, 12)所构想的"更完美、更完整、更强大的理想自我"。尽管根据游戏的背景，游戏中人物被描绘成强大而野蛮的男性，因此任何一方的战斗人员都可以自由地指挥舞台——"这是一个空间幻觉的舞台，在这个舞台上，他表达了自己的表情并创造了动作"。在249张描述"类人"的插图和照片中，只有11张(不到5%)包含女性，而且这11张都是背景插图，没有一张照片是微型的，这强调了战场的男性中心属性(以及背景中的代理)。

1. 第1回合

布莱迪："我好害怕！"

凯尔勇敢地向前推进他的兽人，很大程度上忽略了他那一侧的掩护。布莱迪检查了一下她的导弹发射兵是否能看到一些兽人。凯尔转过身去，以免在导弹发射兵看不到他的情况下暴露他的位置。导弹发射兵可以射击5名兽人，但由于目标太分散了，只命中1名。

2. 第2回合

欧克兽人再次前进。凯尔十分沮丧，不仅是对欧克兽人进攻缓慢感到沮丧，也是对缺乏选择感到沮丧。第5和第6版规则，他玩了很多次，在第7版规则中，欧克兽人本质上和其他步兵移动得更快(6英寸而不是4英寸，运动阶段)，并可以选择放弃射击以加快(运行)；这些在第1版中都是不可能的。两支海军陆战队小队进入掩体，开火打死了3名欧克兽人。

3. 第3回合

兽人继续前进。凯尔检查了他们的武器，并选择使用螺栓枪和螺栓手枪射击，而保留了等离子手枪(只能每隔一秒发射一次)，以便在更近的距离内进行射击。他没有击中任何目标。布莱迪说："我想我掌握了窍门，我的导弹发射器不管用！"她大喊。凯尔回道："我手里的一切都不管用！"

4. 第4回合

凯尔最初的21名兽人损失了8名，敌人没有伤亡，也没有进入近距离战斗的可能性,而且剩下的兽人比海军陆战队队员还少,凯尔选择撤退,在途中择机射击。他在途中撞到并射杀了一名海军陆战队员。现在布莱迪更加自信了,她和她的陆战队员们一起玩,就好像他们是人形公仔,或者是人一样。她用声音控制陆战队员们按节奏移动:"嘭! 嘭! 嘭! 嘭!"她同时像一名老手一样掷骰子。

"命中"的骰子被重新掷到"伤害"。这些骰子并不是简单地复制机器的复杂统计能力,而是将每个骰子想象成它试图解决的虚构行动的物理代表;每个骰子代表一颗子弹,滚动的结果代表子弹的性能。未命中的子弹被丢弃,命中的子弹被重新滚动以确定是否会造成伤害(Carter, Harrop and Gibbs forthcoming, 10)。

又死了4名兽人。"对不起,凯尔,我真的很抱歉。不仅输得很惨,还输给了你妈妈。你真该看看有趣的一面。""是的,太搞笑了!"

我们被游戏的不平衡性所震撼。在历史基础上创造不平衡的场景是兵棋常见的做法,一方可能会压倒对方,还要平衡这种情况与胜利条件倾斜的另一种方法(例如,一名寡不敌众的防守队员可能会通过生存一段时间来"赢得"这一场景的胜利)。这个场景的胜利条件并没有反映这一点。的确,兽人的胜利比海军陆战队的胜利更难实现。位置优势在任何兵棋推演中都是非常重要的,并且通常会在平衡场景时被考虑到。海军陆战队作为防御者,凭借"掩护"和"隐藏"的位置优势获得了显著的提升。兽人被迫从平地边缘缓慢地向农场前进,几乎没有任何掩护。我们使用第一版基于点数的系统计算了两支部队的力量,并确定兽人部队的动力不足(兽人部队215点,海军陆战队452.5点)。

难怪这款游戏是一场大战。它似乎期望兽人玩家可以赢,但我们无法看出兽人如何能赢,给人的印象是这个场景没有经过游戏测试,而且力量成本可能甚至没有被设计师计算出来。

从缺乏经验的玩家或其他游戏粉丝的角度来看,如果他们想要确定《战锤40K》是否具有足够的内涵以保持自己的兴趣,那么这种不平衡水平将会让人感到厌烦。就像布莱迪所言,"整件事看起来毫无意义。我不知道是不是因为比赛的方式……我不是说我的战术很棒,但是……"凯尔对兽人的糟糕表现感到失望,但作为一名玩家,他也对自己缺乏选择感到沮丧。如果一款兵棋是"一系列有趣的选择"(Meier, quoted in Juul 2011, 19),那么这就不是一款兵棋。布莱迪认为这毫无意义,因为他的优势策略(站在掩体后面射击),而凯尔则认为这毫无意义,因为他的部队效率低下(他做出的唯一重要决定是什么时候放弃)。

从游戏设计分析的角度来看,游戏本身并不存在问题,因为游戏的介绍场景实际上并不是根据规则设计的。在大多数游戏中,缓慢的移动和相对缺乏的选择将被这种小规模的兵棋推演或叙事角色扮演混合版本所提供的其他选择压倒。与角色扮演游戏一样,人们也希望游戏大师能够平衡各种元素,让游戏保持快速发展、有趣和刺激的态势,但这一点只有在高级玩家部分有所解释,新玩家很难理解(如《战锤40k：商旅浪人》,238)。

考虑到游戏的易用性、代表性和包容性,不平衡的初始场景就更成问题了。我们已经看到这个爱好的艺术主要描绘白人男性,或非人类男性。增加阅读量和掌握冗长规则手册的要求是玩家融入游戏的障碍。尽管规则很复杂,但一开始的场景却没有什么很好的策略,这会增加新玩家认为兵棋爱好不适合自己的可能性,特别是当他们没有意识到游戏大师的角色是提供规则或场景所无法提供的平衡的时候。

七、农场之战,重新开始

在仔细阅读了第七版规则后,我们重新体验了农场之战的场景。我们在第七版中进行了更新,并适当地平衡了力量,这是基于2008年第五版中重新启动的场景。伊恩扮演了太空陆战队,并招募了凯尔作为他的对手。游戏大师并非必要。

1.第1回合

兽人移动6格,然后奔跑起来,而不是射击。凯尔很高兴他们比上一场比赛移动的距离更远。伊恩将其陆战队转移到被摧毁的农场的栅栏后面,并开火,用他的博尔特(Bolters)爆矢枪喷吐的火网杀死了几名兽人,用他的导弹发射器摧毁了兽人铁金刚(Deff Dread,一种大型装甲"步行者"战车)。因为这是我们新发行了第七版游戏,所以我们需要在回合中简单、快速地检查一些规则。

2.第2回合

在移动后,领头的兽人已经接触到了农场的栅栏,这立刻赋予了这款兵棋比第一版更具动感的效果。他们的开火无效。兽人机械师(Ork Mek)无法修复兽人铁金刚(Deff Dread)。海军陆战队稍微后退了一点,再次开火,但仍然无效。

3.第3回合

兽人铁金刚进继续前进,兽人机械师(Mek)也随之移动,这次行动影响了修复。凯尔很高兴:"耶!"兽人开火了。战术陆战队的装甲没有受到损害,但老兵们就没那么幸运了,有3人阵亡。通常这里需要一次士气检查,但他们是一支无所畏惧的部队,所以不能溃败。海军陆战队的射击严重地伤害了一支兽人部队,迫使兽人进行士气检查,这是兽人首次失利。兽人有一位"战争老大"(Bosspole),可以让他们的首领杀死自己的1名成员,以防止其他成员逃跑,从而允许反击,并成功了。

4.第4回合

凯尔感觉到胜利了,或者至少是流血了,他大喊一声"哇!"这是一个每场游戏进行一次的特殊动作,让他的部队在交锋中无所畏惧,并允许他们在近距离战斗中奔跑和攻击,这通常是不可能的。骰子点数表示棋子移动距离,一个点代表一英寸,他扔了两个1和一个2。他的一支部队成功地发动了近距离战斗,但只是在《守望先锋》(Close Combat)中,受害者被子弹击中,最终造成3人伤亡。"这是最糟糕的……哇!"这几乎和毁灭者阿巴顿(Abaddon)变成混沌之卵一样糟糕!"幸运的是他的运气转变了,兽人在近距离战斗中表现出色,以牺牲一些兽人为代价杀死了最后的老兵和一些战术陆战队。兽人伯纳斯(装备火焰喷射器的兽人)仍然远离战斗,因为他们和兽人机械师麦克是同一部队的;兽人铁金刚距离有点远。伊恩用他尚未启动的导弹发射器一枪将它打瘫痪了。

5.第5回合

兽人机械师麦克修复了兽人铁金刚,使其可以再次移动。此时伊恩同意让步:他的大多数海军陆战队员已经死亡或陷入了近距离战斗中(他们的效率一点一点地低于兽人),而其他人很快就会受到兽人铁金刚和兽人伯纳斯的攻击。

尽管我们的测试有限,但第7版似乎是愉快的、动态的、戏剧性的,并充满了选择。它在竞争方面并不完美平衡,但在创造"共享体验"和"唤起第41世纪的意象和感觉"方面具有灵活性(《战锤40K》,4)。对于竞争性游戏,比赛组织者改变规则(Robbins,2014),或依赖同侪压力的混合物和"软分数",即由玩家良好的体育精神,或由比赛组织者对"蓬松"或彩绘技术良好的军队打分。允许一个缺乏竞争力,即使在战斗中失败了的军队赢得比赛。前一种方法(规则调整)在美国很常见,后一种方法在欧洲和澳大利亚很常见(Carter,2014)。

至于游戏的代表性和包容性,游戏还是以男性为中心。在主要艺术书籍中有18幅插图(约占8%),描绘了223张人类形象,其中只有1名或几名女性。自1987年以来,这一数字有所上升,所有女性都是战士:Sororitas(类似于太空陆战队的全女性派别)、Daemonettes(女性形成的恶魔)或主要男性Eldar和Dark Eldar(精灵,类人物种)部队中的女性战士。小说在背景中提到了在帝国卫队服役的女性,但规则手册中没有描述过她们,乔治华盛顿大学也没有制作过女性卫队的微型模型。两幅插图显示了一名来自"白色伤疤"太空陆战队的非高加索人(Kor'sarro Khan)(《战锤40》,37,39)。

总而言之,尽管最新的版本强调"锻造叙述"已经疏远了一些高度竞争的玩家(例如,一位颇受好评的《战锤40K》战术作者写道,游戏"已经处于生命维持阶段,被当作一种嘲弄"(Stelek,2013),并停止玩游戏或编写相关内容),游戏总是以友好的叙事方式进行。在GNS理论的术语中(GNS理论见本书第一部分亚当·斯科特·格兰西的章节)旨在对桌面角色扮演游戏(RPG)进行分类,但由于角色扮演游戏的根源,它也适用于《战锤40K》),它主要是叙事性的("通过创造,通过角色扮演",而不是游戏主义者("通过参与者之间的竞争来表达"),尽管它带有"胜利和失败条件"的游戏主义者特征(Edwards,2001)。正如卡特等人的作品所展现的,许多参与者认识并喜欢这种叙事主义元素。《战锤40K》的游戏门槛非常高,因为它的规则非常复杂,需要玩家掌握一定技能。这些规则的内在不具备优雅本质,特别是在曾经的小规模冲突游戏中添加了越来越多的元素,对于更复杂的欧洲游戏玩家可能会增加障碍。同样,缺乏女性和少数民族代表可能会形成进一步的障碍。最后,"绒毛般的"广袤世界尽管对《战锤40K》铁杆粉丝来说极具吸引力和沉浸感,这可能有助于增加对任何希望采用规则中明显预期的叙事方法玩家的主要要求——尽管不同的军队可能具有足够的标志性,可以在某种程度上避免这个问题(即使是一名新玩家也能识别原始和英雄的太空陆战队,并将每个派别与他们自己的意义联系起来)。

八、结论

游戏车间是独一无二的案例。没有其他业余游戏公司能够建立并维持如此庞大的帝国,更不用说仅仅基于两个紧密相关的知识产权的公司了。有很多原因可以解释为什么它能够在这个领域占据主导地位:它的先发优势、它的垂直结构、它对"游戏车间爱好"的愿景、它的图像商业化和传播游戏世界的意识,以及它对利润的挤压等。没有人能解释该公司的持续成功的原因,除了最后一点,这一章几乎没有触及:它的微型模型。

30年来,游戏车间一直聘请最好的人物雕塑家,在白色金属、塑料和树脂方面开创了新的造型技术,并使用自己的技术和工厂来生产产品。这也让一系列人物形象脱颖而出、与众不同。当汤姆·柯比说:"我们创造了世界上最好的幻想模型"时,他是认真的。如果没有这种承诺,游戏车间将只是一个脚注。无论是在《白矮人》的封面上,还是在其商店的橱窗里,游戏车间的人物形象一直是其游戏和迷你游戏的最佳广告。

游戏车间的人物雕塑见图51.3。

图51.3　游戏车间的人物雕塑

（注：批量绘制一组审判官的扈从以节省时间，并对《死亡之翼终结者》进行最后的润色。）

关于作者

伊恩·斯图洛克（Ian Sturrock）是一名桌面角色扮演游戏设计师和游戏研究讲师。他为猫鼬出版社（Mongoose Publishing）编写了角色扮演游戏《斯利安》（*Slaine*）和《柯南》（*Conan*），后来这两部游戏获得了奖项。他在赫特福德大学（University of Hertfordshire）任教并从事研究工作，他经营着一家小型角色扮演游戏发行商"毒蛇王游戏"（Serpent King Games）。伊恩·斯图洛克在20世纪80年代早期通过阿瓦隆山公司发行的桌面兵棋开始了兵棋生涯。如今他喜欢绘画、收集，偶尔也会玩《战锤40K》《无限》（*Infinity*）、《剑之歌》（*Song of Blades*）和《英雄》（*Heroes*）的微型模型。

詹姆斯·沃利斯是一名兵棋设计师和作家，目前共出版了14部著作。他是霍格黑德出版有限公司（Hogshead Publishing Ltd）（20世纪90年代英国最大的角色扮演游戏发行商）的创始人和董事，但他也曾担任过电视节目主持人、期刊编辑和《星期日泰晤士报》（*Sunday Times*）的记者，以及获奖的平面设计师。詹姆斯·沃利斯的兵棋设计包括故事游戏《从前》（*Once Upon a Time*）和《吹牛大王历险记》（*The Extraordinary Adventures of Baron Munchausen*）。如今，他经营着一家名为

Spaaace的游戏咨询公司，他在伦敦南岸大学(London South Bank University)讲授兵棋设计课程，并与妻子和四个孩子住在伦敦。

注释

①参见http://investor.games-workshop.com/our-business-model。虽然措辞略有不同，但这篇文章也出现在游戏车间PLC 2006的主席序言中。

②在2014年初詹姆斯·沃利斯(James Wallis)和前游戏车间高级员工的个人交流中获得的信息。

第五十二章 鼓声响起

——拉里·布罗姆

有人问我,为什么美国人会编写《剑与焰》(*TSATF*)这款以大英帝国鼎盛时期为背景的兵棋。我一直是19世纪英国和维多利亚时期女王军队的忠实粉丝。当我读到像拉迪亚德·吉卜林(Rudyard Kipling)这样的作家的小说和诗歌时,我怎么可能不高兴呢?在20世纪60年代末或20世纪70年代初,几乎没有殖民规则允许当地人有打赢女王陛下军队的哪怕一丝一毫的可能性。我为什么要玩这样的游戏呢?于是我设计了这款兵棋①。

我从来没有收集过微型士兵模型。对我来说和微型士兵模型一起玩才是最重要的。我和我的堂兄弟们在芝加哥社区的后院朝54毫米的代表某些国家的微型士兵模型扔石头。在我的整个童年时期,周六去附近的电影院是一种仪式,在那里我开始喜欢上当时的经典冒险电影,如:《冈加丁》(*Gunga Din*)、《孟加拉长矛骑兵的生活》(*The Lives of a Bengal Lancer*)、《四根羽毛》(*The Four Feathers*)、《鼓》(*Drums*)、《罗宾汉历险记》(*The Adventures of Robin Hood*)和《轻旅冲锋记》(*The Charge of the Light Brigade*)等。这种电影和历史的完美结合是我乐于吸取、铭记的东西,后来我在写《剑与焰》时也用到了它。这款兵棋的标题取自吉卜林(Rudyard Kipling)的一首诗《温莎的寡妇》("The Widow at Windsor"),而这一章节的标题则取自吉卜林的《兵营民谣》(*Barrack-Room Ballads*)中的"汤米"(Tommy)。

我18岁时加入了美国海军陆战队,后来在战争中负伤。回到美国后,我结了婚并开始养家糊口,开始了折叠纸箱结构设计师的职业生涯。兵棋的刺激仍然伴随着我。我对兵棋游戏最感兴趣的时期是1878—1884年的英国殖民时代,主要以帕坦人、祖鲁人、布尔人、埃及人和苦行僧为特色。伊桑德瓦纳战役、罗克漂流战役、马朱巴山战役、泰勒凯比尔战役和喀土穆围城战役——这些都激发了人们的想象力,并呼唤人们去玩微型游戏!

20世纪60年代初,随着霍尔格·埃里克森(Holgar Ericson)的25毫米(不是很好)绘制SAE(南非工程师)兵棋人物的出现。作为一位成年人,我开始对游戏产生了浓厚的兴趣。我是在北卡罗来纳州的一家玩具店发现这些"宝贝"的,当时我去为女儿的生日买一些玩具家具。那些令人惊叹的雕像,在他们的橙色盒子里金光闪闪(一个盒子大约有16或17个步兵雕像),每盒大约2.5美元,几乎把我惊呆了。奇怪的是在这套主要由美国内战士兵组成的套装中,居然有一箱穿着鲜红色束腰外衣、头戴白色钢盔的英国殖民者,还有四箱冲锋的祖鲁战士(Zulu warriors)。这五个盒子是整个"殖民"疯狂的开始。(顺便说一下,我也买了玩具家具,但我记不起颜色和价格了。)

我现在有了数据和兴趣,但是玩游戏的规则呢?到目前为止,我所见过的唯一一套公开发行的游戏规则是H.G.威尔斯的《微型战争》的副本(这款游戏诞生于1913年)。我是杰克·斯克卢比(Jack Scruby)出版物的订阅者,其中有许多本土规则和游戏概念。1965年我订阅了道格·约翰逊(Doug Johnson)的《殖民地社会公报》(Colonial Society Bulletin)(后来的《野蛮人和士兵》),该期刊提供了更多的游戏理念。然后,在20世纪60年代末,我在一本期刊或一本小册子上偶然发现了一套来自英国的殖民游戏规则。我记不清它们的标题是什么,但它们是一个精心制作的小场景,体现了那个时代英国游戏规则的经典风格。这时候,我已经获得了更多的人物,所以我强迫我的一个游戏朋友去体验游戏。我们急切地用这一套奇妙的新规则玩了四五场游戏,玩得很开心,但后来意识到我们都不想成为本土军队!

挑战在哪儿?一旦帝国军队集结并准备就绪,当有人进入他们的射程时,一切就都结束了。这类游戏十分具有历史意义,但也很令人沮丧。难怪没有人玩这类游戏:没有人遵守规则,也没有多少可用的人物。不久之后,我的朋友离开了这个地区,没有人可以和我一起玩了,我专注于建立更多的主流军队——ACW、拿破仑和普法军队,并为每个时期制定特定的规则。

现在是20世纪70年代初,越来越多的迷你兵棋游戏规则集出现了。其中大部分来自英国,少数来自美国。所以我买了很多书,和一些人一起玩游戏,并阅读了所有的书。慢慢地,在我看来事情变得很明显,似乎缺少了什么。到底是什么呢?这些规则大部分都是精心设计的,提供了一些有趣的机制(如"保存投掷",直到今天仍然让我感到困惑)来提高士气,需要某种形式的命令控制或影响,并利用大量修饰语和其他概念让桌面游戏更"现实"。

然后我发现了:我没有任何乐趣!我忙于制定游戏机制、浏览网页、交叉引用图表。就在那时,我决定为自己的乐趣设计自己的规则。我又会回到我的初恋——英国殖民部队。我已经拥有小规模的军队了,所以我只需要一些规则。

所有我知道的规则,以及我写过的规则,都受到了严格的审查,这是基于我想把玩具士兵放在游戏桌上作为一种爱好并从中获得乐趣的想法。几个月后,我决定从一套规则中获得五个我想要的东西,这些东西都不存在于我在20世纪70年代所知道的规则:乐趣、可玩性、戏剧性、兴奋感和历史风味。在《剑与焰》中,我将尝试着引入一些新理念,以及我认为非常可行且具有创造性的迷你游戏系统。我决定了五个基本功能：设置、移动、射击、肉搏战和士气。

仔细阅读我知道所有的规则后，确认没有人在"简介"或"设计师的笔记"中提及这些因素（今天的大多数规则集也没有），我确定，我已经永远地脱离了微型游戏的主流。所以我会根据上面的标准为自己设计规则放松自己，享受这项爱好[②]。

早在1978年，克雷格·泰勒（Craig Taylor）曾联系我，他之前在达拉斯的传承模型公司（Heritage Models）工作，后来加入了雅昆托游戏公司（Yaquinto Games），希望我能够为殖民时代编写一套游戏规则，并将其与同一时期的微型人物一起发行。在多次电话和信件沟通之后，我签署了一份协议，并于1978年6月开始制定这些规则。

因为这些规则是在35年前设计的，除了我总是把五个主要考虑事项牢记在心，我很难记住在这些规则形成过程中涉及的确切推理和思维过程。我将强调三个问题，这是我第一次发布规则的尝试。其内容包括：

（1）消除交替移动（你移动，我移动）和开火（你开火，我开火）；

（2）为肉搏战注入刺激元素（大多数游戏都没有）；

（3）不允许预设的移动距离（例如，"步兵移动6英寸""骑兵移动12英寸"等）。

我从一开始就知道在游戏的移动和序列中必须存在一些随机因素。当时大多数游戏都使用交替移动。这是多么美妙的设计啊！当我的对手在调遣部队时，我悠闲地观察每一支部队的部署，并冷静地计划我的对策。没有惊喜，没有仓促的反应，也没有激动。

我使用了一些技巧。先行机制如何？（现在很常见，但在20世纪70年代不常见）也许高赌注的玩家会先行动？也许不仅是高点数骰子先移动，玩家也先移动了那么多部队？然后我尝试着创造"移动"纸牌，即在小纸牌上写下每个玩家部队的名字，将它们移到桥牌中，翻转它们，翻转顶部纸牌，并移动该部队。

正当我准备这么做的时候，我的女儿问我："爸爸，与其费那么多麻烦，你为什么不用一副扑克牌呢？"天啊！我不是傻瓜，这真是一个聪明的想法！所以我著名的"随机移动卡牌创新"诞生了！ 在1979年之前，移动是由一方根据部队类型移动一段距离完成的，然后另一方在观察到对手的移动后相应地移动一段距离作为回应。敌人总会获知各个部队的移动距离，没有兴奋，也没有随机性。时至今日，它仍以许多成功的形式存在。但在《剑与焰》里不是，多亏了一个小女孩的提醒。卡牌组也解决并回答了随机射击问题：同样的技术，同样的随机性。我在通往我想要的规则概念的路上继续前行。

我一直认为在任何小型兵棋游戏中最激动人心的时刻应该是肉搏战。这代表了我们在桌面上的所有计划、行动和发展的顶点——接近敌人，把敌人赶出阵地,发挥我们对敌人的军队的道德优势,并赢得胜利。但是,我所参加过或看过的最乏味的战斗是那些画得精美的人物或部队,色彩在微风中飘动,是与敌人的近战。士兵们应该大喊大叫。他们的刺刀或剑应该是闪闪发光的。但当玩家解决战斗阶段时,一切都停止了。情况通常是这样的:计算数字或部队的数量,参考图表中的分数值,计算一打加减修饰符,最终得出一个数值。然后每位玩家掷出一个多面骰子,掷出最多骰子的玩家将赢得混战。

悬念在哪里? 戏剧性在哪里?根本没有! 我设计的所有游戏系统都是通过人物相互对抗或站着对抗来解决近距离战斗[3]。对方玩家用非常简单的修饰语掷出六面骰子,总胜率很高。这一过程一直持续到每一对对手开始战斗。尘埃落定后,只要有一边还能看到人影或有人"站着",即获胜方。它需要大量的滚动骰子,但这个游戏机制增强了玩家的兴奋感。

在我们的兵棋爱好中,我们用自己的技能、概念、知识和运气在桌面模拟战斗中对抗对手。我的理论是,通过多次掷骰子来决定个人战斗的解决方案,这种方式令我们文明的人类最接近真正的刀剑、刺刀或战斧。谈论悬疑和戏剧! 在任何一场会议上,如果一款桌棋游戏突然爆发出大声的欢呼和最后的狂喜,很有可能是一场混战,一场人对人或立场对立场的较量刚刚达到高潮。我知道这一点,因为我的游戏就是这样。事实上,我会在游戏中确保这一点。

测量移动距离可能是游戏规则中最奇怪的部分。对于我来说,任何桌面上的两支军队移动的距离都是完全相同的。我甚至不会在历史上证明这是一个幻想,但只会在兵棋推演的框架内讨论这个问题。当然,有些玩家是控制狂,喜欢预先设定的移动距离。在游戏中,敌军骑兵在你的侧翼,通过向他们开火(当然,你必须测量距离),你知道他们在48英寸之外,这是非常棒的。因为他们是骑兵,移动12英寸,你自鸣得意地知道你有4个回合准备应对他们包抄的企图。多么令人兴奋的挑战! 没有风险,没有戏剧性,这很容易。对我来说却并非如此。我喜欢在我设计和玩的所有游戏中设置一些随机移动距离,以抵消这种人为概念。

一旦我将这些概念整合到我正在制定的规则系统中,我就接近完成规则的初稿了。剩下的便是乏味的细节、所有图表的格式和整合,以及创造一个可行的、可玩的规则系统所需要的其他必要细节(该系统能够反映设计师在特定历史时期的战斗愿景)。在塑造规则框架的所有这些阶段中都有无尽重复的游戏测试。这是一套可行的、可玩的规则的关键,正确的游戏测试者群体也是必不可少的。我非常幸运地得到了密西西比杰克逊战争游戏协会(War Game Society)的支持。这一群体由世界上最顽固、固执己见、争论不休的一群玩家组成,他们可以在两个回合或更短的时间内打破任何规则,但如果你能坚持下去,他们的修改和建议几乎就像魔法一样,总能创造奇迹。

1978年7月3日,我向泰勒先生(Mr. Taylor)发送了第一份草稿,请他审阅。

经过长时间的交流，同年8月28日，我提交了第二份草案。1979年1月22日，第三份（最终）规则草案被送到雅昆图（Yaquinto）。那年夏天的某个时候，这些规则被制定出来并向游戏社区发布。

就像我之前提到的，电影一直是我游戏的灵感源泉，也是我编写规则的灵感来源。对我来说兵棋最吸引人的部分就是视觉效果，我把自己的游戏方法称为"好莱坞兵棋游戏"。当我在桌面上玩玩具士兵时，我想要获得与电影屏幕相同的刺激和视觉效果。我仍然喜欢俯视一张漂亮的桌子，看着所有的军队排好队。

和电影一样，游戏也不能太当真。许多年前在一个小型会议上，我正在进行一场美国骑兵比赛。我把我的部队画成好莱坞电影的样子，脖子上围着黄色头巾。游戏进行到一半时，一位非常有名的作家兼历史学家（他的名字我已经忘了）走到我面前。他穿着马甲和灯芯绒裤子、系着领巾、叼着烟斗。我们其余的人都比较随意。他把烟斗从嘴里抽出来，对我说："我想你一定知道，西方的军队是从来不戴黄头巾的。"我掷完骰子站起来，看着他，也笑着说："好吧，如果约翰·韦恩（John Wayne）能那样做，那我也能那样做。"他不知道该说什么，所以就转身离开了。

读过这些内容，也许你就会对我创作《剑与焰》的方式和原因有所了解。我一直很高兴这些游戏得到了积极的回应，也很欣赏那些愿意冒险尝试这些规则的忠实玩家，他们多年来一直在依据这些规则玩，支持并享受着这些规则。当然，你会意识到，如果你玩此类游戏并接受我的不同游戏方法，你就会被视为有些叛逆，并且是迷你兵棋游戏主流之外的人。但是，伙计们，请鼓起勇气——我们是一支不容小觑的力量，我们的人数在不断增加。

我已经玩了60多年的兵棋，也经历过了许多时期，但从来没有遇到过我与其他"殖民地"玩家所经历的那种友谊和乐趣。多年来，我们都被蒙骗了，只有当你玩有关拿破仑、美国内战或第二次世界大战的兵棋时，你才会认真对待。然而，在《剑与焰》发行后的这些年里，此类游戏的数量持续增长，《剑与焰》仍不缺少玩家。我无法解释为什么某些类型的玩家会被《剑与焰》所吸引，但我知道你无法找到更好的玩家群体。我最亲密的朋友都是兵棋玩家，他们中的许多人都是我三十多年的朋友。我的哲学是，从你的游戏和爱好中获得乐趣。试着找一群志同道合的人一起玩游戏。阅读历史、观看电影，并在互联网上查看各种社团。对于兵棋玩家来说，这是一个美好的时代。所以，掷骰子吧，转移队伍，尽情享受。游戏才刚刚开始！

关于作者

拉里·布罗姆1930年出生于芝加哥。他在海军陆战队服役长达六年半，再加上终生热爱军事历史，这也促成了他对兵棋的钟爱。但他总是很快告诉人们，在游戏桌上做的事情与实战几乎没有相似之处：我们是在玩游戏而不是实战射击，我们的生命没有危险。1979年，他为雅昆托游戏公司开发了《剑与焰》的第一版殖民地时期的微缩规则。拉里·布罗姆于2015年去世，当时本书即将出版。

注释

①我最近发现，我的一位祖先，纳塔尔骑警罗伯特·金凯德（Robert Kincaide）在伊桑德瓦纳战役中幸存下来，并于20世纪30年代末在南非去世。当我决定写《剑与焰》时，我并不知道这一点。

②我还为玩具士兵编写了其他规则。《当元帅前我是掷弹兵》（Before I Was a Marshal I Was a Grenadier）的故事发生在1805—1815年的拿破仑战争时期。"刺刀的闪光"是美国内战时期的战斗。我一直都是拿破仑题材的狂热读者，在写《剑与焰》之前，我主要玩《拿破仑》和《美国内战》。艾德·莫曼（Ed Mohrmann）是我在20世纪60年代早期的兵棋合作伙伴，我和他一起开发了《我是掷弹兵》这款兵棋，作为当时非常复杂的拿破仑式规则的简单替代。

③一个支架可以容纳数个人物，但通常与单个人物的处理方式相同。这只会让游戏变得更快。

第五十三章　战争重演：20世纪战争重演者和私人事件

——珍妮·汤普森

　　真要这么做，你会被杀的。这不像打网球，你知道的。在球场上打网球，你可不会受致命伤。但如果你想在没有牺牲的情况下了解战争的详情，这是你能做到的最接近的事了。

——卢克·加德纳

　　重演者属于20世纪，包括重演第一次和第二次世界大战，以及越南战争的战争重演嗜好，他们完全同意自己永远无法"重演"过去的战争。但正如上方一位重演者的话所表明的，他们寻求的是"战争是什么样子的样本①"。作为一个群体，演员对战争有着（通常是终生的）痴迷。他们都渴望超越书籍、电视和电影中对战争描述的局限。只有通过三维的、实时的再现，他们才能以一种战争故事的被动消费者无法获得的方式与历史联系起来。

　　隶属于美军各部队的重演者们参加空中表演、游行和模拟战斗等各种各样的公共活动②。这样的活动（一位重演者称之为"狗和小马"的表演）可能很有趣，但大多数重演者都认为公共活动与真实的重演是分离而且不同的。一些重演者不愿意在为公众表演的模拟战斗中表演，因为他们认为这些事件是严格意义上的公共娱乐活动——既不符合历史事实，也不真实。

　　这种爱好的核心在于"私人事件"——通常在周末进行的再现活动。从私人土地到州立公园，再到联邦军事设施，各种各样的地点都有举办，私人事件的规模从20人到超过1 500人不等。重演者要么在野外露营，要么利用现场的小屋或兵营。最重要的是，这些活动不受公众关注。非工作人员不得入内。因此，重演者可以自由地朝着他们的目标：在外观和对历史本身的描绘方面实现真实性的主要目标努力。

　　重演者们承认，从某种意义上说他们的爱好是"一种游戏"，他们有时开玩笑地称之为"扮演军队"。但他们不愿把重演当成小孩子的游戏。事实上，重演是一件严肃的事情。在7年时间里，我对参与重演的演员进行了民族志研究（ethnographic research）。我了解到，虽然这个爱好是一项自愿的、通常令人愉快的活动，但它是一项高度结构化的工作。尽管它没有一个单独的官方管理机构或一套标准规则，但重演不仅组织良好，而且遵循类似的模式。重演者塑造和体验他们参与私人事件的方式，他们做出的选择、他们强加的规则，以及他们参与的辩论，都显示出他们是多么认真地对待他们的消遣，而正是在私人事件的背景下，这种爱好才得到真正的揭示。这是以最纯粹的形式重演。

大多数的演员都历经了长途跋涉，他们的汽车和卡车装载着设备、食物和其他装备，到达一个偏远的地点参加活动。在那里，他们与其他成员汇合，由他们的"军官"指挥。虽然每支队伍都有自己的规章制度，但所有的重演者都要遵守主办方的规章制度和管理程序。安全简报、计划会议和弹药检查都是私人事件的重要组成部分。甚至活动主办③，也就是负责采购或管理活动场地的人，必须确保活动的安全范围，并监督参与者登记。

私人事件包括：到达和打开行李、登记、设立帐篷营房的、去跳蚤市场等各种活动，那里有小贩、食物、社交活动，当然还有模拟战斗④。通常，一个事件的战斗部分开始于清晨，过程持续一整天。在第一次世界大战中，部队在指定的战壕区占据阵地⑤。在第二次世界大战事件中，行动是广泛的。如果有部队和车辆，则部署在田野或森林地区。越南战争通常是以小型部队徒步巡逻为基础的。在所有类型的事件中，战斗由单支部队或可能只有几个重演者进行的小规模交战小队成。无论战争是否重演，参与者都面临即将发生的行动，对即将发生的事情知之甚少。

在一次第一次世界大战重演期间，我在夜间偷偷溜进了法国战壕。照明弹照亮了无人地带，我肃然起敬地看着重演者们来回穿梭，像幽灵一样在黑色战壕中行走。当法军指挥官看到我时，他俯身低声说："小心点。"戏剧性的停顿之后，他警告说："你永远不知道会发生什么。"

事实上，我很惊讶地得知，私下里重演者并不试图复制真实的历史战役。与几乎总是"脚本化的"的公开战斗不同，私人战斗是"开放式的"或"自由流动的"。这意味着历史上在战争中被打败的士兵，如德军，并不总是在重演中被打败。"盟军能把德国军队赶出意大利吗？或者增援部队能及时到达凯塞林阻止盟军的前进吗？"一项活动的公告中写道。"加入我们，为1998年的意大利战役而战，并找回自己！"（Italian Campaign, 1998）。

尽管重演者可能会说他们是在"再现"历史，但他们的战斗是为了让某些重要事情发生而设计的。尽管这些事件被赋予了特定的历史名称，如"荷兰堤坝上的决斗"（基于"市场花园行动"）和"易北河"（东线），但它们只发生在一般的历史时间框架和地点。"这次活动的时间范围是1944年9月到10月。"该地区位于法国、比利时或荷兰东部"（Odessa, 1997）。

这些基本的时间框架和地点给了演员们一个机会去表演所谓的"场景"——在一个整体事件本身内的小型或大规模的戏剧序列。"我们说的是夜间袭击，两三个人行动，试图进入敌人的防线，重演者保罗·唐纳德(Paul Donald)在采访中说，他描述了第一次世界大战事件中一些可能的场景。"我们指的是机关枪和迫击炮。如果右线受到攻击，他们可以从左线召集援军。你可以走出去设定一个场景，假装在这一侧发动进攻，敌人把增援部队拉到那里，然后你在另一侧干掉他们。"与其他人一样，保罗强调了重演者必须采取行动的各种时机。

"我们受到约束"，一位第一次世界大战的重演者说，"只有在创造我们的场景时，我们才能发挥创造力和对第一次世界大战的见解"(Aylward 1993, 5)。利用创造力和知识的结合，重演可以自由地发挥，而不管历史的实际结果如何。(事实上，许多演员甚至认为"重演"这个词用得不恰当。)他们在一个事件中选择做什么，更多地取决于他们对历史上"可能"发生的事情的领悟，而不是在特定的时间和地点实际发生的事情。

试图复制历史事件的努力在很大程度上被视为"适得其反"⑥(Call, 1997)，所以演员们更喜欢用最简略的脚本来构建这些开放式的战斗。具有讽刺意味的是，只有在没有预先确定的历史剧本的情况下，他们才相信自己可以达到任何程度的真实性。"对于公共事件来说，脚本化的场景是可以的(如果不是必需的)"，一名重演演员解释说，"但对于战术事件来说，它们是死亡之吻"(Tilden, 1997)。由于重演的范围有限，试图重现一场真实的战斗将"通过拙劣的模仿来贬低实际事件"(Samuel, 1997)。因此，他们根据自己的能力设计事件。例如，第一次世界大战中缺少西线实战的一个重要元素：大炮。"第一次世界大战的大型战役当然是成百上千的大炮和大量的步兵"，重演者约翰·洛吉亚(John Loggia)在一次采访中解释道，他承认重演者缺乏这些战斗的必要组成部分。但他对这种差异进行了合理解释，称："我们所描述的行业可能是一个半活跃的行业，远离可能发生的一场大战。"

无论重演者在事件中决定采取什么行动，都不太取决于历史上发生了什么，而更多地取决于"有时他们可能想要挑起事端(stir things up)，有时他们不会挑起事端"这一事实，正如约翰在谈到自己的团队成员时说的那样。决定是否"挑起事端"的自由至关重要。指挥官们可能会提前计划一次进攻或某个特定的场景——在第一次世界大战中，德国人计划在黄昏时突然向协约国集体投降，但他们没有告知敌人自己的意图。"我不想让盟军知道我们什么时候进攻"，一名重演者说。"这样双方都不知道会发生什么，它会更真实"(Henry 1993, 5)。

然而，既然一个事件是开放式的，那么重演者就不应该毫无目的地"四处乱跑"。"如果你想做正确的事情，你不可能在没有任何知识的情况下完成它"，重演者弗雷德·勒根(Fred Legum)在采访中解释道，"你不能就这么出去瞎忙活。"因此，他们被期望"针对特定情况实施适当时期的战术"。简而言之，他们试图使用历史上真实的战术：如伏击、壕沟袭击、毒气攻击或坦克战斗。许多重演者发现带有战术任务或场景计划会让行动更有趣。演员格雷格·格罗山（Greg Grosshans）在一次采访中告诉我，这有助于他们避免"在树林里漫无目的地乱跑，互相射击"。小组成员还应服从命令，追求指定的目标。一名演员评论道："为实际给予历史部队提供类似现实部队规模的目标是好的。不允许任何人在没有命令的情况下擅自行事，而是把剧本留给舞台上的人"（Mason，1997）。

除了在战术上表现出时代时尚特点外，重演者也被期望与"某种程度的控制"（Harris，1999）。从活动主办方告诉人们在哪里停车，到部队指挥官告诉人们应该穿什么和携带什么装备，活动的规则和指南五花八门，首先是不可避免的安全问题。"记住"，一则活动的公告写道，"没有弹出式照明弹、没有军用手榴弹或火炮模拟器、没有霰弹枪、没有安全装置失效的武器、没有附加刺刀、没有红色信号弹，也没有实弹！"（Duel，1996）[⑦]。

接下来是交战规则："不要直接瞄准和射击距离你20米以内的个人。空弹在近距离射击时很危险。如果有疑问，直接用你的武器瞄准并开火，或者当在战壕里进行近距离战斗时，只需要大叫，砰！"（Robb 1996，7）部队指挥官也会在战场上发布关于当时时期行为的命令。"除非绝对必要，否则不要谈论任何不合时宜的事情！"（比如，有人心脏病发作了）（Gardner，1994）。

即使不是在战斗期间，行为也会受到限制："请不要作为旁观者站在战场上，也不要给你的同伴拍照，这扭曲了我们试图实现的目标"（Johnson 1996）。最后，他们还被告知更多的个人行为："不得使用管制药物，不允许行为不检，不允许醉酒"（W2HPG）。

虽然重演者可能被期望"尊重规则"并遵守安全准则，但在一个开放式的、全志愿者的草根爱好中，规则本身经常会被修改和讨论。毕竟，在游戏中，参与者可以"自由"决定自己的行动路线，确定这种自由的极限可能很复杂。更直白的规则（即没有实弹）伴随着其他更开放的解释（例如，重演者在被射击时必须"死"）。事实上，一个主要关注的领域是重演者未能"受到攻击"（被击中时倒在地上假装死亡）。另一个令人担忧的问题是权力的行使：毕竟，"军官"要么是自封的，要么是从部队内部提拔的，因此，有时很难让重演者服从他的权威。此外，虽然绝大多数人同意他们试图描绘一名"普通"士兵的战争经历（大多数重演者描绘士兵），但他们必须就这种经历所包含的内容达成某种共识。大多数人同意，他们应该避免代表他们所认为的战争的"特殊"方面。卢克·加德纳（Luke Gardner）对手下的命令是"这里没有约翰·韦恩（John Wayne）式的东西"，这突显出普遍厌恶按照"好莱坞心态"渲染战争。在一场战斗中幸存下来或表现出一种伟大的英雄主义壮举通常都是令人不悦的。"这个想法并不是要杀死德国人"，卢克说，"而是要避免自己被杀死"（Gardner，1993）。躲避敌人往往比攻击更频繁，因而消耗了他们大部分的时间。"我们尽量把自己置于最可怕的情况下，通常是尽量不被枪击中或被发现,我认为这里包括很多事情",重演者弗雷德·勒根在采访中解释说,"在战争期间,你会尽可能地躲起来,因为你不会想要一直呆在激烈交火的地方。"

躲避敌人,阿登战役重演(1995)见图53.1。

图53.1 躲避敌人,阿登战役重演(1995)

可以肯定的是,真正的士兵会尽量避免被杀。但大多数重演者认为,为了真实起见,他们必须承受痛苦并造成大量人员伤亡。引用一位第一次世界大战的重演演员的话来说,"每个人都会死!"与他们在公共事件中试图控制对暴力的描述不同,在私下里,他们自由地、反复地在同一事件中与彼此战斗,自己也多次阵亡。"触发时间"或战斗持续到一方或另一方(或双方)被击败。这可能需要3个小时,也可能只需要20分钟。然后他们撤退、重新集结,或者停下来吃饭,或者准备进入另一个场景。

在战斗场景中,他们会花很多时间进行一些相当平凡的活动,比如站队、行军、操练、组装设备、挖掘散兵坑,他们还执行巡逻、剪铁丝网、情报任务和警卫任务等"非战斗场景"。他们逮捕俘虏并进行审问。他们记录指挥官的命令。他们研究地图、获取情报。他们铺设电话线、操作无线电系统。他们坐在自己的营地、地堡和战壕里。他们打开散落的士兵包裹。他们吃饭、聊天、写信、打电话,尤其是在第一次世界大战重演期间,他们还唱歌。女重演者要么作为士兵战斗,要么作为通讯员与部队并肩作战。她们还担任护士、红十字会人员和救世军人员,负责照顾伤员、做饭或编织工作。所有的重演者参与如摆姿势拍照、在跳蚤市场交易、彼此谈论当代主题等各种各样的活动

第一次世界大战的德国哨所无人区;世界大战协会(GWA)网站(1997)见图53.2。

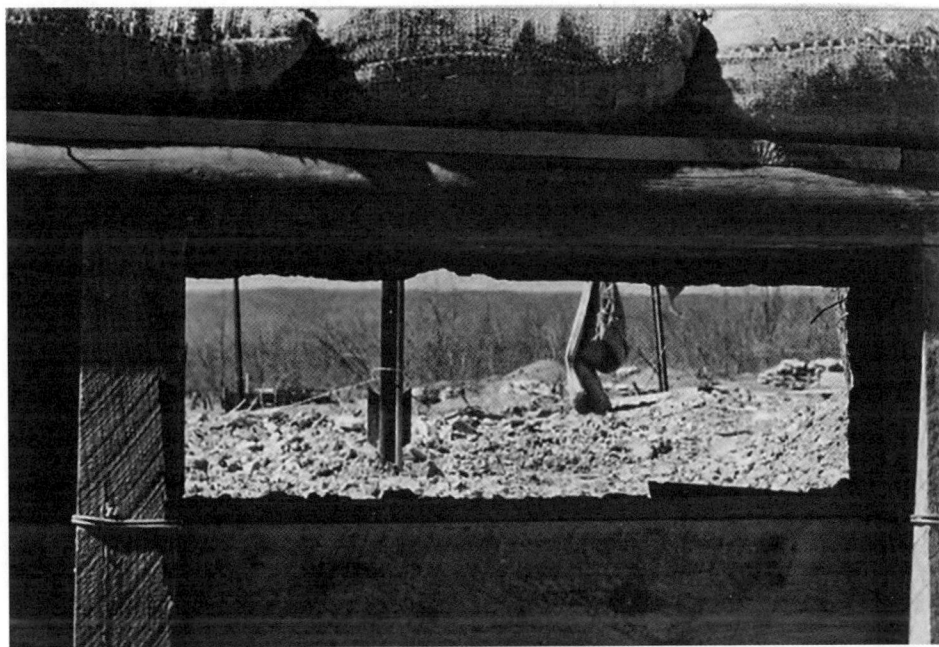

图53.2 第一次世界大战的德国哨所无人区;世界大战协会(GWA)网站(1997)

在所有类型的私人事件中,相同的场景不断重复着。但是,重演是永远不会完成的。没有人会说:"好吧,我们成功地再现了阿登战役(森林中的部队,《阿登战役再现》(1994)见图53.3),让我们结束吧。"相反,在事件的开放式结构中,可以进行无止境的重演。重演能够进行的一个原因在于,它们没有形成任何特定的历史叙事。"我们不会重演任何特别的事情",演员保罗·唐纳德说,"但我们确实重新创造了一个时代,并生活在其中。"重演者汉克·莱尔(Hank Lyle)在一次采访中解释道:"我认为这给了我们一个机会,重演可能发生在法国的任何地方,拥有与前辈同样的工具,让我们有机会探索那些历史片段、那些时间框架和那些年份。"

重演者探索那段历史时期使用的时代工具(制服、设备),这些工具也是我们

联系过去的实体。通过这样做,他们试图"体验一名士兵的生活",正如演员理查德·保莱蒂(Richard Paoletti)在接受我采访时说的那样,"我只是一名普通士兵。"而且大多数人都不关心胜利或失败这些问题。超过70%的人认为赢得比赛不重要,无足轻重。许多人发现获胜无关紧要,因为他们的最高标准不是胜利,而是真实⑧。"谁在乎谁输谁赢呢?"一位重演者问道,"重温历史应该是我们最关心的问题;否则我们只是穿着迷彩服的人"(Johnson 1996)。另一些人承认,在特定的情况下,很难判断谁会获胜,因为有那么多人死亡,这往往令人困惑。格雷格·格罗珊斯(Greg Grosshans)解释说:"在每次重演中,每个人最终都会死亡,所以很难轻易地下结论说一方赢了一场战斗,另一方输了(两个人都活着)。重演到最后阶段,通常只是讲述一些不同的场景。比如一个人一枪击毙另一个人,或者你能够偷偷接近某人,或者是其他一些让人惊讶的事情。"

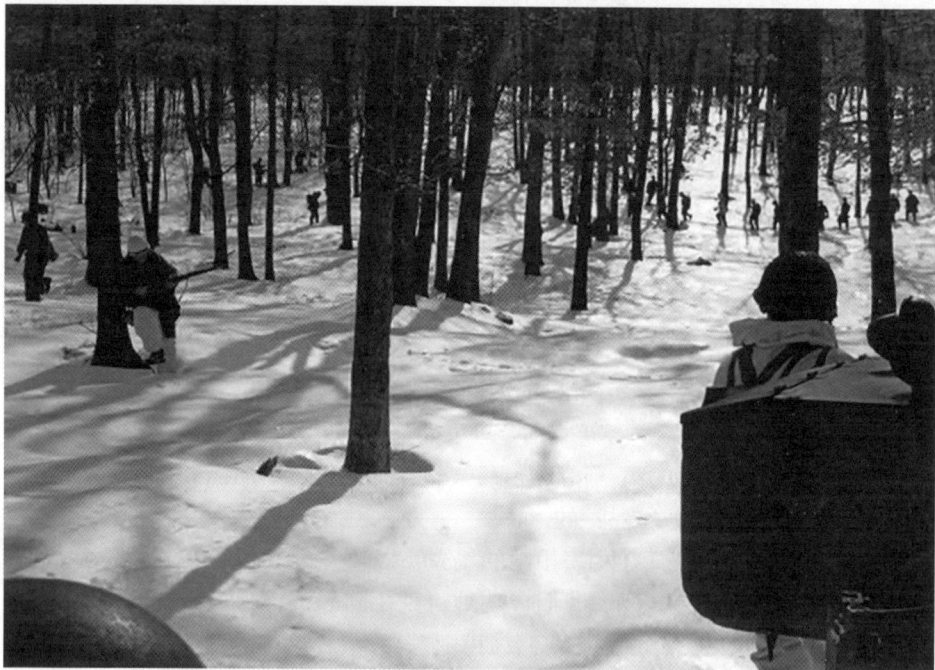

图53.3 森林中的部队,《阿登战役再现》(1994)

最终,这些"小惊喜"构成了重演的实质,没有琐碎的细节。发型、鞋子、语言、体重、性别、步枪——这些只是他们形象中的一些细节,却经常被无情地争来争去。从某种意义上说,重演真正开始了,其所在的地点超越了历史事件的物理边界。现在,这个游戏在互联网、手机,以及真人表演中上演,重演者们讨论、辩论,并就如何定义这些细节来确定真实性这个问题产生分歧。在很多方面,这些争论对于爱好和实际行动同样重要。

因此,经证明重演是一种自愿的娱乐形式,其实质在于对游戏本身细节的不断讨论和完善。因为没有"官方"的重演组织来制定和执行规则,所以重演者必须参与到一场战争中。就像它所定义的那样,重演精确地描绘了普通士兵战争经验的真实性。重演者可能已经通过将战事转移到重演过程中来获得对战事描述的主动权。但在重演中,这种描述性质的战斗才刚刚开始。

关于作者

珍妮·汤普森(Jenny Thompson)毕业于旧金山州立大学,拥有乔治华盛顿大学美国研究硕士学位和马里兰大学美国研究博士学位。她曾在马里兰大学和芝加哥罗斯福大学教授美国历史和文化课程。她主要研究20世纪和21世纪的美国历史和文化、美国战争文化史,以及图像历史。她著有《战争游戏:20世纪战争重演者的世界》(*War Games:Inside the World of 20th-Century War Reenactors*)(史密森学会书籍),还是《我的小屋:第一次世界大战中基督教青年会志愿者的回忆录》(*My Hut:A Memoir of a YMCA Volunteer in World War I*)一书的编辑。她的文章和评论发表在《纽约时报》等各种文集和出版物上。她目前担任埃文斯顿历史中心的教育主任,并担任各种公共历史项目的顾问。

注释

①这里所有的重演者使用的都是假名。这里引用的所有对重演者的采访都是由作者进行的。

②20世纪的战争重演者可以在美国以外的国家找到。

③活动主持人本身就是重演者。第一次世界大战的重演者在美国东海岸拥有并经营他们自己的活动场地——宾夕法尼亚纽维尔附近的凯撒·克劳斯大战纪念场地。这个占地100英亩的场地,由一个名为GWA的重演组织管理,内部拥有错综复杂的战壕网。

④第一次世界大战中的一些战争爆发在没有战壕的地方。

⑤对于一些演员来说,重演过程中的战斗部分是最无趣的。事实上,根据他们对战争不同方面的兴趣,重演的范围变得很广(例如,有些人对制服和车辆更感兴趣;有些人在"军营生活"方面兴趣更大;还有些人对其他与战争有关的方面感兴趣)。

⑥在我的研究过程中,有几个在线新闻组(专门报道战事重演)的成员,以上这句话和文中其他句子都是从这些小组的在线讨论中摘录的。

⑦严重违反安全规定的,应被逐出重演现场。

⑧这是基于我对300多名重演者的书面调查。

第九部分　为未来而战

第五十四章 战争、数学和模拟：无人机与（失去）对战场空间的控制

——帕特里克·克罗根

技术目标的组织原则是指技术目标的趋势、目的和终点。

——伯纳德·施蒂格勒

本章将展示过去10年间，一些大国在"反恐战争"中各个方面扩大军用无人机使用范围的情况。来自不同领域的无人机使用的专家，如法国哲学家格雷瓜尔·查马尤(Gregoire Chamayou)和德里克·格雷戈里(Derek Gregory)认为无人机的系统化和不断增长的部署使这些系统所代表的社会中战争、和平、领土、公民和士兵的既定文化、政治、法律和道德框架受到质疑。在《无人机理论》(*Theorie du drone*)中，查马尤称之为"铭刻在无人机武器系统材料发展中的趋势"，这是对文化和地缘政治系泊的深刻破坏(Chamayou 2013, 230)[①]。我将探讨无人机物质性和技术固有的这一趋势的本质，重点关注远程控制和日益自动化的机器人系统中的虚拟化、实时数字开发。

有争议空间的模拟模型在有人居住的世界上的映射是这一趋势的组成部分。在推动这一预测的军事逻辑和技术中，全球反恐战争关注空间问题的居民被罗伯特·萨金特(Robert Sargent)所谓的"问题空间"中的环境因素威胁。这是对环境或情况的专业术语，模拟设计师试图在概念上建模，作为编程模拟的关键先决条件以便提供一种有效的方法，通过实验寻求解决方案(Sargent 2005, 135)。通过类似的"实验性"方式，在阿富汗和其他地方，一种特别设计的时空性正在上演一场对居住和争夺时空控制的生活体验的表演性改造。

如果像这些作者所展示的那样，这种对"敌方领土"的投射在欧洲殖民主义的战略和程序上有明确的先例，那么今天前所未有的是这种时空复兴世界的数字化扩张和强化。这种复兴必须被理解为在全球范围内实现军事力量投射自动化的变革性和令人不安的途径的关键贡献者。我将通过对敌方及其周围环境的数字建模来分析这种世界复兴的性质和影响，这种环境小如单个"目标"周围的空间，大如整个世界，既存在于短暂的"机会之窗"中，也存在于先发制人、泛频谱监视的永久实时环境中。

在这一章中，我将首先花一些时间追溯这种军事技术表演趋势的根源，追溯

到古希腊西方文明的部分神话和部分历史渊源。我认为，对当代战场"问题空间"的技术、概念、军事和数字投影的强化是在几何学和数学的起源、战略和战术创新，以及它们的哲学、美学和西方社会传统基础上的政治和解。追溯到史前时代，用鹅卵石进行的军棋游戏已经在建造这些基础中发挥了作用。正如约翰·奥尼安(John Onians)所提出的，他们的原型模拟技术和人工制品为想象领土和争夺对领土的控制权提供了机会算子，以及几何和数学概念发展的方法(Onians，1989)。在控制区的生产中，材料、技术和概念之间的这种动态继续推动着兵棋推演、模拟形式和机器人武器系统在现实地球物理冲突区之间发展。

在研究当代和设想中的无人机部署时，我还关心它们能揭示出什么样的技术趋势使其充满活力。追溯西方文化的起源，无人机"进步"的过程与全球数字技术文化发展的更广泛趋势具有共同的关键特征。"我们"生活条件优越，享受各种福利待遇(以及遭受毒害效应)。今天的实时、在线、无处不在的媒体很容易将环境和无关紧要的生活经验区分开来，在军事干预和军事监督下争夺地盘。《无人驾驶：美国无人机战争》(Unmanned: Americans Drone War)(2014)等纪录片清楚地表明，许多生活在无人机下的人分享了"我们"在全球媒体环境中的很多体验。这种经验和愿望的共性，尽管分布不均，也是关于使用无人机实现人道主义和社会正义行动主义的伦理基础。这种行动主义坚持对非战斗人员的人权保护继续具有合法性，并呼吁遵守军事冲突空间和时间限制的现有法律定义(斯坦福国际人权冲突诊所和纽约大学全球司法诊所，2012)(Stanford International Human Rights & Conflict Clinic and the Global Justice Clinic of New York University，2012)。

技术趋势和物质生活体验的共同性还有第三个日益明显的维度，将无人机和当代数字技术文化与新兴的全球未来结合在一起。这可能最明显地表现在安全、监视和其他用途自动化系统的商业部署方面(如亚马逊的投递无人机噱头)，以及它们在最新发布的AAA射击游戏(如《战场》和《使命召唤》特许经营)中频频出现。但由于无人机在制造领域的计算机化和在线网络化方面也是一项前沿创新，因此它们可以被视为超越了人类历史上前所未有的自动化、永久性、实时监控和生活体验监管的普遍实施。

"镌刻在无人机武器系统物质发展中"的技术趋势规模、历史范围和多样的重叠代表了对批判性思维的挑战。在接下来的文章中，我将阐述一种"倾向性地"思考军用无人机的使用方法，同时着眼于构成它们的更广泛的技术文化动态。在这一过程中，我将需要考虑这一趋势的长期和短期的实效，这是对战争的"重新发明"，也是对和平的"重新发明"，以及这些实效是如何在美国、以色列和其他西方国家部署无人机的战略后、政治后潜力中重叠和具体化。这种趋势的具体化永远不是它的完全实现，它提供了趋势的其他可能性和其他预期。实现的设备、程序和系统与趋势之间的不完整差距是反思、审查、批评和重新谈判的空间和时间。如果今天它看起来越来越短，越来越小，那么用一种比萨金特（Sargent）的模拟设计原理中描述的更少的操作模式来控制它是至关重要的。适当的关键参与较少关注提高现实世界"问题空间"概念建模的有效性，而更多地关注如何定义问题空间，根据什么逻辑、什么问题，支持什么内在趋势。正是通过提出和回答这些问题，才有可能改变其进程。

一、趋势、构成与民族文化发展

无人机行动的扩展是我主要关注的问题，我将在接下来的内容中进行详细的讨论。作为其最引人注目的代表（在主流媒体以及更广泛的学术和政治辩论中），无人驾驶飞机（通常称为无人机）可以代表武装部队和安全机构更广泛的机器人武器发展。其中包括三星SGR1武装机枪系统永久监控区域、个别地区在地面使用的炸弹拆除机器人（如科巴姆·特奥多尔），以及远程操作的海军水面和潜艇装置的各种实验。SGR1和类似的自动瞄准和射击系统，如雷神公司方阵近距离武器系统（Phalanx CIWS）及其陆基改型C-RAM（反火箭、火炮和迫击炮），有时被排除在无人驾驶车辆之外，这些武器系统被认为是如同使用红外、雷达或激光制导的"智能"导弹等的前"几代"自动武器的水准。然而，正如M.山恩·利萨（M. Shane Riza）在反思遭遇迫击炮（C-RAM）攻击时所言，自动武器的界限是模糊的，需要注意的是，即使在无人系统的最近阶段之前，在先进国家军队进行的作战中，目标获取和武器火力的自动化在很大程度上已经成为普遍现象（Riza 2013, 2-4）[2]。

随着"空中优势"理论和实施的进一步发展，无人机处于自动化和远程操作武器发展（和辩论）的前沿也就不足为奇了。正如菲利普·劳伦斯（*Philip Lawrence*）在《现代性与战争》（*Modernity and War*）一书中所指出的，在现代工业时代"控制未来"已成为"口号"，对天空的控制是全面战争的一个关键原则（Lawrence 1997, 62）。正如查马尤所指出的，无人机在天空中的眼睛看到了一切，它采用上帝的视角，先发制人地向敌人领土伸出触手，以期完全控制敌方的威胁（Chamayou 2013, 57）。预测和阻止敌人行动的能力代表了空中力量的关键战略功能：监视和打击。正如我将在后文研究的那样，无人机的使用在过去10年中迅速扩大，并通过在模拟、半自动化系统中的快速实施，使这一战略目标的一致性受到质疑，这些系统在很大程度上（但不是一致的）在军事和政治领域，由合理化的自愿主义所支持。

然而，重要的是要理解远程和自动化武器系统的这种扩展实施，因为早期的技术和文化政治组成的论述、实践和发明的轨迹推动了持续的发展。因为正是在这些构成的动态中一种物质倾向找到了它的动力。在《技术与时间1》

(*Technics and Time 1*)中,伯纳德·施蒂格勒(Bernard Stiegler)将历史描述为人类和技术形式组合的产物。施蒂格勒关于技术发展在人类历史中的核心作用的概念借鉴了安德烈·勒罗伊·古尔汉(Andre Leroi-Gourhan)关于"外化"的技术趋势在"人类化"的进化过程中所起的构成性作用的概念,人类通过这一过程取得了最成功、全局扩展形式(Stiegler 1998,62)。人类的进化是通过一个技术发展的过程来实现的,这个过程将"内在的"功能和能力输出到人类出现之前的生物遗传有机体中。在某种程度上(对于施蒂格勒来说,这是一个不可改变的过程,但却达到了这个程度),这一过程形成了一种新的动力,将人类从严格的自然进化转变为与这种外部化技术趋势同步进行的民族文化。

人类历史发展和多样化经过了一系列的"调整",即技术动力驱动人类社会的政治、宗教和经济等各个领域或系统。它们之间复杂的相互作用是在人类技术性的基础上展开的,这是技术性的、外部化的。施蒂格勒采用伯坦德·吉雷斯(Bertrand Gilles)关于系统间调整(和失调)的概念,通过阐述工业和日益复杂的自动化现代技术的复杂性和普及性所带来的挑战(Stiegler 1998,41-43)。在标准化生产的工业时代,技术作为"科学的、合理的"原则应用于制造过程,技术体系的创新速度、生产力的提高以及随之而来的全球影响力的传播使其日益占据主导地位。作为概念和材料形式,技术在这方面是一种特定的历史工艺发展。在施蒂格勒的作品中,工艺指的是任何个体意识之外的所有技术和人工制品,其个体发展作为集体文化身份的一部分是基于这些技术和人工制品。在这方面,文化总是某种"技术文化",因为它是在这种外部档案和资源的基础上传播和演变的。然而,西方及其整个殖民扩张的技术文化进化过程的动力发生了根本性的全球化转变。

施蒂格勒借鉴了吉尔伯特·西蒙顿的技术哲学,用一种深刻的构成关系感觉来界定技术在现代性中的优势。通过这种关系,每个领域都与其他领域的发展相关联(Stiegler 1998,65)。作为预期的存在,人类在技术创新、技术趋势的持续推进的过程中扮演着至关重要的角色,这意味着人类通过其存在和关注的其他领域保留着改变其进程的关键潜力。然而,施蒂格勒对当代的分析是,我们正在目睹一种令人不安的、不稳定的人类和技术发展构成的平衡。如今,人类对技术未来的预测往往会受到复杂的、技术框架下的情景的限制,从而限制了非技术经验对这种预测的影响程度。斯蒂格勒质疑,在人类生物和技术文化"器官"和工具的亚稳态"器官"安排中,这种对事物的预期是如何得到正确培育的?当它的稳定性崩溃时会发生什么?(1998,78-81)③。

施蒂格勒对这一问题的处理方法值得我在这里提供更仔细的解读,但关键要理解的是它将技术视为一个具有自身动态的存在领域,并将其视为通过人类存在的其他领域固有构成的。技术决定论的经典论战"非此即彼,非彼即此",认为技术是决定性的，或者是文化和历史上产生并合理化的。从这个角度看，它是对技术和文化的复杂共同构成的误读。斯蒂格勒在总结他对人类起源（和未来），以及技术所扮演的角色的立场时质疑"它从何而来，它为何而来"。这将技术决定论的困境看作是文化、政治和其他系统对其构成与技术发展的调整的自然、政治和伦理问题。如何适应和调整民族文化形成新形态的倾向展开过程是关键问题。

我认为，无人机部署的轨迹对"领土"的政治和文化观念，以及实践的彻底颠覆，表明人类技术进化的条件正在重新配置，这是其"物质趋势"。在斯蒂格勒看来，这个复合术语中的"人"并不是指一个稳定的或先验的实体，而是指一种或多种特定的社会和个人存在的偶然的、至多是稳定的组织和承诺。今天就值得好好讨论一番。例如，反对远程控制伤人的群体表明，使用无人机的项目正朝着与宣言和"人权"公约中宣布的、截然相反的方向发展。正如以人权为重点的"无人机下的生活"报告所显示的那样，那些不得不生活在随时随地的监视和由无人机构成的地狱火导弹袭击的、迫在眉睫的威胁下的人的生活已降低为"苟且偷生"。

使人类生活有价值的社会和文化活动和实践受到来自空中的永久威胁的压制（斯坦福国际人权冲突诊所和纽约大学全球司法诊所，2012年）。

二、追踪：西方文明所在地的数学、战争和技术

当代西方对阿富汗和巴基斯坦的应对措施包含了两个截然不同的项目，它们在性质上都具有西欧共同遗产的特点。一方面，正在进行的法律和人权机构的努力支持在全球真正实现人类的人权，其普遍性最初被作为启蒙时期哲学人文主义的一个关键主题提出。另一方面，在一个（同样具有普遍性的）作战战场上，存在着实验性的技术军国主义扩张，在这个战场上，人权越来越无关紧要，而且没有为那些在其范围内采取行动的人提供实际的方向。这些项目中的每一个都具有古希腊的关键哲学、政治、科学和技术的根源。古希腊的遗产对我们今天来说是科学、哲学和文化政治进步的源泉，对西方具有持久的意义。这些进步在埃及、亚述和美索不达米亚地区的技术、民族文化和政治发展方面也有一段历史——严格地说，是一段史前历史。其中包括埃及几何学的发明、书写的发明，以及亚述拼音文字的逐渐出现[④]。尽管如此，古希腊提出了一个独特的转变时期，这种转变在哲学和技术文化项目中具体化，并被罗马人发扬和光大，罗马人对后来西欧民族文化历史的重要性是无可争议的。

西欧民族文化无可争议。自16世纪以来，这段历史也是一部关于欧洲殖民"新世界"及其后果的全球历史，一直到今天的后殖民秩序[⑤]。如果正如我所提议的，无人机计划是西方走向另一个技术文化（和技术政治）转变的先锋，在20世纪

漫长而灾难性的全球战争和社会经济革新之后，它在一定程度上是作为技术创新某些关键组成部分的继承者，科学、文化和政治的发展是古希腊"奇迹"的产物。

约翰·奥尼安斯（John Onians）在《古希腊的战争、数学和艺术》（1989）一书中充分阐述了这一点。他展示了希腊城邦之间持续不断的冲突是如何在数学、艺术、建筑、哲学和政治等方面对古希腊遗产至关重要的领域推动这些发展的重要因素。事实上，他认为，战争必须被理解为古希腊取得成就的主要动力。与相对稳定的（至少在内部）埃及或波斯文明相比，希腊哲学、政治、数学、建筑、雕塑必须与军事考虑的重要性联系起来，以确保或扩大与之竞争的希腊城邦的领土。奥尼安斯提供了各种各样的例子，说明军事技术和技术的进步与希腊数学、艺术、哲学和政治思想的概念和理论发展之间的联系。

在这里，我最感兴趣的是追踪军事技术和概念上的"发现"之间的联系：从方阵战斗编队的发展到抽象的、数学的顺序和比例定律的形成，并结合数学形式化和哲学思辨，建立了政治战略现实的原型仿真模型。它们之间标志着一个决定性的转变，我希望在无人机部署中研究自动化和模拟的概念和技术综合体。

步兵方阵是希腊军事指挥官的一个重要战术发现，它将武装步兵、重装步兵组织成有效的矩形队形，在机动和与敌军交战时最大限度地提高其防御能力。它比公元前5世纪到公元前4世纪古典时期的著名哲学和数学进步要早；古希腊学者之间的争论到底持续了多长时间，鉴于所讨论的发展跨越了史前时期以及有记录历史的开端，这场争论可能是无休止的。研究人员根据不同的资料来源，就方阵的性质、意义、历史轨迹及其与古典时期希腊城邦发展的关系，提出了相互矛盾的假设。这些资料包括考古学证据、地理调查数据、艺术、神话和戏剧文本（受语言学和文学分析的影响），以及后来的历史学家和希腊、罗马古代哲学家的非当代记述。学术界的正统观点在近几十年受到了修正和挑战——有些人认为方阵在公元前7世纪发展得相当迅速，是对8世纪大规模战斗战术的革命性转变，与新的双柄、更重的盾牌设计（hoplon）有关，这种基于武装步兵紧密队形的陆地战斗新方法被大多数或所有主要希腊城邦在其频繁的领土战争中采用（Hanson，2013）[6]。

为了保持方阵在战斗中的有效性，需要进行训练和严明纪律，因为盾牌的巨大重量以及通过将左前臂插入皮带夹持右侧把手的方法表明，单个重装步兵依靠战士右侧的盾牌来保护他持有长矛的右侧。这一训练方法在荷马的《伊利亚特》（*Iliad*）中得到了赞扬，在战斗队形中士兵们已经成为一个统一建筑实体的完美组成元素（Onians 1989，43）。现存最早的荷马诗歌记录来自公元前8世纪，但经典文本可能在随后的几个世纪中以持久的形式结晶（Snodgrass 2013，89-90）。荷马的神话诗歌讲述的是过去青铜器时代传奇般的、英雄般的战斗，一些古典主义者认为它反映了在古典时期之前的古代时期铁器时代战争的大量特征。安东尼·斯诺德格拉斯(Anthony Snodgrass)讨论了最近这场阅读荷马文本的运动，该运动是根据荷马文本的创作背景进行的。虽然怀疑将《伊利亚特》和《奥德赛》解读为完全连贯一致的小说，描述了口头叙事传统被书写时的战争历史状态，斯诺德格拉斯指出，至少它们清楚地表明大规模战争和编队战斗是《伊利亚特》在5世纪及以后的方阵战争历史记录之前形成的冲突的重要特征。

对奥尼安斯(Onians)而言，荷马史诗中提到的《伊利亚特》中严守纪律、结构严密的士兵方阵，说明了随后发展的希腊文明和文化关键战斗美德。同样，他建议将公元前8世纪随葬陶器的"几何"风格改名为"军事"风格，因为"它们所展现的品质"——武装人员被简化为盾和矛的重复图案"正是那些在战争中被重视的品质"(Onians 1989,40)。

在5世纪，毕达哥拉斯(Pythagoras)及其追随者继承了文化传统中传承下来的对"几何性"价值的欣赏，这些文化传统来源包括前苏格拉底时期关于厄里斯（冲突、冲突）在宇宙和人类事务中的基础性作用的宇宙学著作。毕达哥拉斯的数学发展了一种锁定在厄里斯中的极化的形而上学，其秘密顺序可以被公式化并加以利用[⑦]。数字作为世界实体的物质原因的首要地位，以及数学模式和宇宙秩序的重要性是毕达哥拉斯学说及其哲学—政治实践的核心。奥尼安斯告诉我们kosmos（秩序）与kosmeor（"我安排"或"我指挥"）和kosmetor（"最高指挥官"）是同源术语。重要的毕达哥拉斯数字模式的结构——神秘实体，揭示了宇宙秩序的原理，类似方阵和其他"基础"军事分组：长方形原则发展成一种方阵状的点阵结构，而四方方阵则对应于大约同一时期(5世纪)的另一种方阵战术阵形。最受尊敬的模式是德卡(the Dekas)，它的名字源自于《伊利亚特》中首次提到的由10名士兵组成的基本小队。

毕达哥拉斯的宇宙"和谐"秩序在行星球体的音乐运动中被概念化，这进一步证实了军事上对这个数学现实概念的启发：汉莫尼雅是战神阿瑞斯的女儿，在《荷马史诗》(Homer)和《赫西奥德》(Hesiod)中与战争和军事训练中音乐的使用有关，也是方阵和其他战斗编队中紧密联系的象征。奥尼安斯断言"宇宙与和谐是毕达哥拉斯将宇宙简化为数字的程序中的两个关键术语，因为它们长期以来一直与战场上的数字顺序联系在一起"。他接着讨论了毕达哥拉斯在克罗顿(Croton)的不幸冒险，他选择了克罗顿作为社区的基础，通过一种结合军事、政治和数学训练的教学制度来训练300多或600名男性青年（这两个数字与方阵有关），目的是在军事失利的时候改善这座城市的面貌。

后来的哲学家也会进行类似的尝试，或者至少会提出类似的建议。柏拉图的"乌托邦共和国"为理想的哲学家战士制定了培训计划，"最擅长哲学，从出生起就为战争准备了最好的装备"(Plato,543A)。柏拉图在《普罗泰哥拉斯》中引用了西蒙尼德斯的一个比喻，或者更确切地说，是毕达哥拉斯对这种训练目标的翻译，西蒙尼德斯是毕达哥拉斯的同时代人（Onians，1989，53）。培训是塑造"锻造"的工艺。在这里，我要通过指出培训是一种技术，即技术制品成型中的工艺、技术和技能来美化奥尼安斯的评论。塑造"好人"的目的是使结果尽可能接近正方形的理想数学实体。

技术在这里致力于构成理想的形状，它努力实现不完美。西蒙尼德斯的评论代表了施蒂格勒所描述的古希腊技术思想在这一时期的形而上学的发展，因为它从视野中减少了技术发展的动力，以及它们在经验概念化中所起的作用。技术不是关于经验或存在的真实本质的关键问题的中心，因为它涉及短暂的、不完美的物质存在领域中的"手段和目的"。重要的是理想形式的动画原理（Stiegler 1998，1）[⑧]。

我在这里提出的倾向性分析是基于施蒂格勒的技术方法，将动画视为一种构成动力，涉及材料、技术发展、抽象和可概括概念的"发现"之间的相互作用。奥尼安描述了这种走向数学秩序、规律性的理想领域的运动，在毕达哥拉斯和后来关于形而上学原则应用的哲学著作中，抽象的完美伴随着一种概念性的运动，设想人的元素作为反映理想秩序的更大结构中的一个构件。奥尼安斯对此的证据既体现在文本上，也体现在美学上，他声称这是希腊艺术和建筑（如帕台农神庙）中经典比例主义的主流，也在文学和哲学作品中产生了共鸣。这种物质形式与希腊思想的关系可以很容易地用西方哲学传统来解释。在此，我们讨论西方哲学传统的起源和影响，即西方哲学先驱者所追求的先验理想形式的必然的、不完善的、具体的例证。除了奥尼安敏锐地展示了在西方历史和文化过程中很快被掩盖或"压制"的影响之外，我在这里发现了材料和概念发展的倾向性组合的一个关键实例，这是一种技术趋势的决定性相互演变，在战术、战略、建筑、审美领域和战争的概念化，是战士及其与作为社区的城邦和国家的关系。

公民们都有能力装备自己的"全套重装步兵"（hoplite panoply），他们越来越多地参与政治集会和司法机构，取代了前几个时代希腊主要城邦的王朝君主制，这对他们来说是至关重要的。维克多·戴维斯·汉森（Victor Davis Hanson）为长期以来东正教对在古希腊民主政体出现中的重要性的解释进行了辩护。"军事革命"导致了7世纪方阵战的迅速蔓延，这是在整个希腊世界推翻贵族君主制统治的一个关键原因（Hanson，2013）。依赖于从非专制且主要为农业的"中产阶级"（poleis）中抽调的大量士兵（他们有足够的资金和时间在不断壮大的方阵中作战）转变为对贵族统治的政治挑战，并最终转变为各种蒂莫克拉底或更具包容性的民主政治结构。在所有这些结构中，战斗的权利和义务都起到了重要作用。希腊政治转型中对霍普利特革命的重视、希腊社区及其军队的人口构成、基于方阵的战斗出现的历史时间，甚至方阵战术的性质，都是近年来争论的话题（Krentz，

Foxhall and van Wees, 2013)⑨。评估这些各自的立场超出了本章的范围（和作者的专业知识）。整个希腊的政治宪法吸收了社会中更多的非贵族成员，这些成员越来越成为古代晚期和古典时期政治之间频繁而持久冲突的核心组成部分，这是没有争议的。在奥尼安的指引下，我引用正统观点的主要来源之一亚里士多德的论述就足够了。亚里士多德在他的《政治学》一书中声称，"一旦城邦壮大，重装步兵变得强大就会有更多的人参与政府"（Aristotle；Hanson 2013, 259）。尽管关于如何准确解释亚里士多德的希腊政治历史社会学的争论仍在继续，但这进一步证明了在古典时期，军事发展对希腊文明的意义⑩。

在奥尼安动员的经典资料中，士兵由技术准备转换成一种真实状态。通过严格的体能训练和行为习惯以及智力训练，士兵学会了在更大的结构中扮演一个重要角色，作为一个元素，（理想情况下）将实现和谐的建筑物质性。对这一过程的服从要求人们愿意牺牲生命以换取政治公民身份，这种政治公民身份在公元前1000年的希腊城邦时期以不同的形式出现。从这个角度来看，著名的希腊西方民主起源为后来的解放运动提供了参考。欧洲现代性的民主运动寻求政治公民的普遍化，在这里可以被认为是一种权利的谈判，当其军事行动不需要扩张或保存自己时，就可以超越国家的实际组成部分。随着自动化机器人武器系统的发展，对完美士兵的承诺意味着现代民主国家与其公民之间这种基本谈判的冗余。我将回到这场运动的含义，它超越了国家发动战争的权力政治谈判的遗产。

伴随着这种从平民士兵到国家权力的建筑元素数学构想的人工转换，是一种富有想象力的技术转换实践，这种转换开始于希腊数学之前，但对上文提到的战争（和古希腊城邦）的数学转换做出了贡献。今天，它被解读为一种由数学抽象控制的战争技术和战略实施的原型模拟概念。奥尼安观察到，"在鹅卵石被用来说明数学问题之前，它也很有可能被用来向年轻人展示战场上的不同阵型，这一点可以从它们在模拟战斗的棋盘游戏中已经建立起来的用途看出"（Onians 1989, 45）。在毕达哥拉斯和柏拉图的作品中，战士的几何构成元素从鹅卵石到点，再到神秘数字模式的概念空间。在奥尼安的推测重建中，鹅卵石通过图形化的圆点找到了自己的道路，从兵棋推演和训练的物质形式到数字和形状超越平面的符号。

这些鹅卵石和棋盘游戏证明了一种模拟的，不同于更具有象征意义的、具体的技术，就像其他游戏和历史可以追溯到史前其他文明的游戏和娱乐器物一样。根据考古证据，曼卡拉（mancala，"坑和卵石"）游戏早在古埃及就已经出现，然后向南传播到西非和向西传播到亚洲（Parlett 1999, 217）。围棋在中国的起源已经成为传说，但一般公认是在公元前2000年左右（Parlett, 1999）⑪。通过将材料和概念工作相结合，每一种游戏传统都以不同的方式见证了生活和生存劳动的有趣模型。这种建模工作包括对更复杂的时空现象的微型化和选择性表示,如季节和季节变化、敌人的性质和意图、空间移动,以及自然和人为事件的不可预测的关联。

抽象的领域——通过计算在可能的行动之间的选择来想象对抗敌人的战斗,是通过这些不同民族文化的经验和技术形式组成的物质领域产生的,因此依赖于物质领域。奥尼安提到的史前希腊兵棋推演中的"鹅卵石代表"的生产和游戏就是这样一种通过技术形式和姿态的经验形象化。正如施蒂格勒在一篇关于数字作为先验概念的发展的评论中解释的那样,没有一个概念是在没有这样的外化的情况下出现的(Stiegler 2011,48-51)。伊曼努尔·康德(Immanuel Kant)在讨论先验的数字领域(以及数学的延伸)时忘记了这一点,甚至当他自己写下代表先验概念的物质标记时也是如此[12]。施蒂格勒提醒我们,这些符号的出现有一段物质的历史,从物体到单一的标记,再到代表更大数字的符号,以及不同价值之间的关系。奥尼安就提出了这样一种历史,从游戏"计数器"(就像他们今天在通用的算术外衣中所知的那样)到毕达哥拉斯宇宙学中具有神秘数字意义的点。菲利普·萨宾(Philip Sabin)指出,"人们可以找到修昔底德和波利比乌斯使用数学计算来探索前线部队的数量、深度、间隔和前线之间关系的例子"(Sabin 2014,5)。菲利普·冯·希格斯(Philipp von Hilgers)在撰写德国从中世纪到现代计算机模拟时期的兵棋推演历史时承认,"将策略和数字结合起来思考"是古希腊的一项成就(Hilgers 2012,8)[13]。

内在和外在的思想和技术共同诞生和发展。制造事物是为了创造一个在创造者之外的未来,在那里它将有意义、有价值,因此值得被记住、反思和复制。对于卵石游戏来说,这意味着值得玩家为了乐趣和/或从中吸取教训而重玩。这款面向士兵的游戏已经是一个面向未来的"问题空间"的原型模拟模型,但还没有遵循基于数学规则和算法的形式化程序,这使得它在实践和经验的各个领域都可以重复。今天的棋盘游戏和计算机模拟战争继续发展他们古老的鹅卵石祖先的迭代,以获得乐趣和/或从业余棋盘游戏实践中汲取的经验教训,到严肃的军事模拟和游戏,再到更商业化的,如《全面战争》系列视频游戏。这些以"现实的数学模型"为基本组成部分的兵棋推演,重新审视了古希腊和古罗马的古代战场,以重现历史冲突测试了重装步兵方阵战术的正统假说,并利用计算机模拟的推理能力,在不合时宜的军事力量和战斗命令之间上演假设的冲突(Sabin 2014,4)[14]。今天仍在继续基于模拟历史的、当代和未来的冲突研究,并继续在军事和战略政治领域,以及商业和大众娱乐中发挥重要作用。

棋盘游戏和计算机模拟类似于当代技术文化中模拟战争的古代实践和人工制品,而现代技术文化正处于将特定物质实践转化为更广泛适用的概念公式(和物化)的趋势轨迹的另一端。正如奥尼安如此令人信服地证明的那样,这些公式的发现和发展实质上是由于它们作为古希腊人生存的（或可能）基本偶然性而具有的命令和调节战争进程的潜力。希腊思想的这一倾向可以从游戏空间及其玩鹅卵石的过程中，通过毕达哥拉斯（以及后来的希腊）几何数学变换，解读为抽象的、概念性的数字空间及其相互之间的公式化关系。古埃及人开发的测量地球的几何学成为西方科学的起源。阿基米德的发明在公元前3世纪保卫了他的家乡锡拉库扎（Syracuse）避免被入侵，他象征着军事技术发展和概念阐述之间的动态，就像他象征着数学作为基础技术和解析方法的进步，为几何学、天文学、建筑和世界上的其他知识提供信息。而且，正如希尔格斯所指出的，在19世纪早期，德国在数学上的创新兵棋实践与（在其他事情中）主要的制图事业相吻合，这将最终以系统的，对未来的德国领土进行精确的数学测量和测绘，首先作为战场空间进行测量和渲染（Hilgers 2012,55）。在欧洲现代化的中心，抽象概念和实际应用之间的动态继续并加强。"数学"，希尔格斯说，"可能因其抽象性而与众不同不同，但它仍然需要证据和可见性的形式"。

三、战后技术科学：计算机化的战场空间

这种在实践中证明概念化活动不断扩大的趋势达到了一个新的水平，并在20世纪随着军事技术和技术中科学和数学创新的兴起而以前所未有的规模实现。追溯这一趋势的时代是一项超出本章范围的任务，但其现代技术科学课程从18世纪欧洲出现的现代科学（从哲学和神学领域之外）起就受到了使他们动员起来、加速和扩大技术发现的影响，这些技术发现在20世纪末导致了生产的工业化。希尔格斯先前提到的关于兵棋推演在这些发展方面作用的描述，对分析这种物质—概念动态的过程发挥了不小的贡献。

生产的工业化也带来了工业现代化，因此它是20世纪西方现代全球发展进程的中心[15]。工业现代化的世纪也是两个全球冲突的世纪，需要"全面动员"的工业项目，例如"全面战争"的出现、全球超级大国的崛起，以及全球热核战争的前景。在后冷战时期，全球地缘政治冲突的特点是詹姆斯·德·德里安（James Der Derian）称之为"战后交战"的军事和安全操作的工业驱动，用行动支持其他议程和机构在一个"战争"的背景下的军事和安全行动与支持其他议程和机构的行动变得模糊，国家对国家、军队对军队（的情形）不再发生（Der Derian 2001,59）。在伊拉克、阿富汗、巴勒斯坦占领区、索马里和其他地方发生的"不对称"冲突延续了本世纪全球化、现代化的遗产。

奥尼安是对的，他说"数学在性质上不完全是军事的"，它很快就在后来的文化背景中"获得了自己的生命"（Onians 1989,62）。这一点仍然是正确的，但如果在想象一段更加和平、理想主义（和理想化）的古希腊"奇迹般的"历史时，忘记或

压抑它与军事实践和动机的联系是错误的。奥尼安总结道，这也许是"对军事意义的一种无意识的认识，不仅是对希腊数学的认识，也是对希腊艺术的认识，这保证了他们的持续权威"（Onians 1989，62）。事实上，鉴于我对有意识（和无意识）的内部构成与外部技术材料动态的关注，军事关注与数学（以及艺术和建筑作品）的相关性，无论在科学和文明史上如何升华，在希腊遗产的持续历史中，它们的相互影响仍然是决定性的。

此外，这种相关性在战后对科学和技术创新之间关系的明确战略性政治重组中得到了加强，安迪·皮克林（Andy Pickering，1995）将其描述为军事主导的技术科学的出现。这种重组产生了物质和概念上的"发明"，直接导致了无人机实例化和强化的当代技术趋势的发展。最重要的是，这些是对冲突的模拟及其行为的虚拟化，以及后者自动化的可能性。

德里克·格雷戈里（Derek Gregory）在他的著作中追溯了从第二次世界大战到反叛乱，以及反恐行动中的空中轰炸和监视的发展，如今无人机在他称之为"全球边界"的空中发挥了重要作用（Gregory 2011a，2011b）。无人机可以通过提供对目标持续监视的能力来支持其他攻击部队，也可以作为一个"猎人—杀手"平台，实现侦察和打击能力一体化。越南战争对于系统部署"远程驾驶飞机、实时视觉监视和网络传感器射击系统"当代"武装监视"的三个组成要素的出现至关重要。但当时还没有整合到一个更大的作战综合体中（Gregory 2011a，2）。在这方面，美国及其盟国在"9·11"事件后军事行动的主要成就是实现了这样一种整合，这种整合被设想并实施为一个通过实时网络数字通信实现的时空协调统一领域。

后越南军事学说设想了统一的战争行动范围。它倾向于将美国领导的军事行动中技术最先进、计算机化的军事"进展"概念化。遏制共产主义在越南扩张的地缘政治战略，在越南引发了所谓的"军事革命"，试图以明确的系统和信息方式重新思考军事行动。威廉·威斯特摩兰（William Westmoreland）将军在1970年提交给美国国会的一份报告中阐述了他对计算机时代的战争愿景，这一愿景常被认为是推动这场革命运动走向"智能武器"和实时指挥控制网络时代的催化剂。韦斯特摩兰预测，"通过使用数据链、计算机辅助情报评估和自动火力控制（系统），敌军将几乎在瞬间被定位、跟踪和瞄准"（Chapman 2003，2）。范式的转变在随后将战区重新定义为"作战空间"中得到了体现。蒂姆·布莱克莫尔（Tim Blackmore）指出，这个三维、立体的空间包括陆地和海洋（地表和地表以下）、天空和太空，以及信号和通信、信息和协调的领域（Blackmore 2005，3）。要在战场上取得作战的胜利，就需要在"空、地、海、太空领域"和"信息环境（包括网络空间）"的所有时空维度上获得"全频谱优势"（Department of Defense 2014b，113）。

"战场空间"是对"抽象的和技术性的"敌方和敌方领土距离的概念性阐述，格雷戈里在他对电子监视技术和瞄准技术的分析中指出，这些技术出现在越南上空的空战中（Gregory 2011a，2）。在这方面，他讨论了对越共主导的南越地区的"轰炸模式"、B-52轰炸机对森林区域轰炸（用落叶剂），以及随后的损害评估分析。在2.5万~3万英尺的空中，轰炸机机组人员进行了一次非常客观的、熟悉的技术演习，作为其他人指挥和决策的工具。相片判读仪（Photo interpreters）通过地面上的洞和目标框的角度解读结果：在整个瞄准过程中，图案、区域、圆圈、洞和盒子的语言将人们从视野中抹去；轰炸成为应用几何学的致命形式"。

这种应用几何学变得越来越"虚拟"，1967年建立的"电子战场"旨在阻断越共军队从北越到南越与老挝边境沿线的补给。"白色冰屋"行动（Operation "Igloo White"）在"胡志明小道"（Ho Chi Minh trail）上建立了一个大型传感器场。降落伞投下的地震和声学传感器能够听到并感觉到"胡志明小道"沿途车辆和人员的移动，这些信号通过在泰国一个指挥中心的电子地图屏幕上被监控。然后，泰国渗透监测中心的评估人员寻找传感器发出的指示潜在目标通过的灯光轨迹，指挥对被实时监控区域进行空袭这些。"目标特征"——"屏幕上的线条"和"地图上的方框"组成的"抽象几何图形"，通过这些短暂的电子信号追踪人们的活动，直到他们消失。最后通过泰国的广播系统播放，后来又在（美国）参议院军事委员会的"电子战场小组委员会"上播放。

格雷戈里指出，今天的"无人机战争"证明了越南战争时期的发展（实时监视、网络传感器领域和飞机远程驾驶）在单一作战系统中的统一。关键的区别在于"'观看屏幕'现在占据了中心位置，对那些发动远程战争的人来说已经是不可或缺的了"。然而，作为军事革命的一个实例，这种系统集成是由计算机微处理器革命"驱动"的，这对其实施的性质和含义同样是基本的（Chapman 2003，3）。侦察、监视和协调打击飞机的模拟电子网络的数字化，标志着在这种实时、全球要素集合中，战争的数学技术抽象发生了深刻的变化。通过将用于分析和处理各种元素的现象和过程转换为二进制代码中的数据库和算法，可以促进各种元素的集成。正如保罗·爱德华兹（Paul Edwards）所言，在计算机硬件和软件诞生的冷战科技矩阵中，数字计算机化的前景是将危险的偶然事件世界控制在可编程程序的参数范围内（Edwards，1996）。如果侦察、分析和通信的模拟网络使越南的实时"动态目标"成为可能，那么全球数字网络的扩张将导向一种计算追求，即在综合数字时空中整合外部和偶然的东西。正是在这种情况下，爱德华兹讨论了"冰屋白色行动"，将其作为军事战略和冷战政治学说所期望的计算机化世界圈地的模型。

我在其他地方分析了这一时期飞行模拟（和虚拟现实）技术的发展，强调了作战空间建模如何为先发制人地掌握领土及其潜在威胁提供预期逻辑，以此作为实现这一雄心壮志的出发点（Crogan，2011）。今天的"无人机战争"代表了这一趋势的当代阶段，在这一过程中，对敌人潜力的模拟建模变得激进。它改变了战争与和平的性质,正如我在本章开头所指出的那样,这是西方全球技术化扩张的一个体现,但问题重重。

四、无人机与数学物化：模拟、虚拟化和自动化

有必要强调,正如格雷戈里所分析那样,追踪这些趋势性发展的路线既不能肯定对完全掌握和控制敌人的承诺,也不反对早先关于"渐进式"或"有益轰炸"的言论,以实现日益理性和有效的战争行为(Gregory 2011a, 1)。相反,我将在本章的结论中表明,保罗·维里里奥(Paul Virilio)从20世纪70年代开始的关于"领土不安全"的推测更适合作为全球军事领导安全行动的"未来学",该推测发展为"系统预测的现实",致力于实现这一总体控制(Virilio 1976, 37)。就格雷戈里而言,他详细分析了2010年美国空军和特种部队的联合行动,该行动导致许多伤亡(并起诉远程操作参与袭击的无人机的小组成员)有力地证明了完全集成和系统协调的作战空间军事化建模的希望与现实之间的巨大差距(Gregory 2011a, 2011b)。

尽管如此,实现将有争议的领土合并为一个具有全频谱优势的"系统的系统"的努力还是改变了战争的行为和概念(Chapman 2003, 3)。我强调的是这一过程的模拟特征,我的意思是它证明了一个过程的应用和扩展,该过程与我在本章开头引用的萨金特(Sargent)对模拟设计周期的有影响力的描述相对应。我认为,无人机部署的许多方面都体现了现象复杂性的简化和抽象的基本特征,即能够定义和解决"问题空间"的模拟建模,或者可以通过基于软件的"解决方案"预测和控制其问题。

MQ-1捕食者(2001年首次与地狱火导弹一起部署)和MQ-9收割者(2007年以来)等无人机作为结合侦查和打击的猎人—杀手系统的使用取决于对指定目标执行打击的抽象和简化过程(Gregory 2011b, 207)。无人机行动是在众多计算机的系统协调基础上进行的,包括总部位于内华达州的飞行员、传感器操作员和"发射与回收"人员(负责起飞和降落)之间的远程驾驶协调,以及无人机所在的有争议地理区域的基地的飞行员界面设置(屏幕和传感器输出、操纵杆、地面控制站的节流和其他输入设备),无人机将这种远程用户输入转换为空中机动,用于地面控制与联合行动的其他元素之间的通信连接和视频或传感器馈送,在战场上的战术指挥阵地和位于美国和世界各地的战略指挥中心、智能武器系统,以及与这些指挥和战术网络的通信等。

支持瞄准系统的计算机化是这一复杂的远程作战系统的一个关键特征,也是最生动地展示这些作战中出现的模拟逻辑的一个特征。格雷戈里是正确的,他认为远程操作车辆的可视视频传输的中心地位是远程控制战争发展的关键转

变。地面人员在数字化战场上"身临其境"地参与是亲密接近与极端距离的统一。正如格雷戈里所言，远程"飞行员和有效载荷"小组位于距离视频监视器18英寸的地方，距离争议领土大约六七千英里（Gregory 2011b，207）。为应对无人机项目的扩展而探索的许多关键伦理、政治和心理主题，都围绕着这种近距离和距离的矛盾组合的问题和影响展开。格雷戈里将这一组合描述为"短视"和"远视"的令人不安的组合，它在战术实施的准确性和战略和政治目标的有效性方面，产生了与解决同样多的不确定性。远程无人机操作界面具有类似视频游戏的"沉浸式性能"，可以将其虚拟地置于盟军士兵和飞行员占据的战场。它通过对敌人的实时视听监控将他们与社区联系起来。这种屏幕网络相当于一种"视觉的政治技术"，它"使我们的空间即使在'他们的'空间里也变得熟悉，但这仍然是顽固的其他空间"（Gregory 2011a，12）。

自1991年第一次海湾战争以来，罗杰·斯塔尔（Roger Stahl）将其分析为"军事行动"的扩散，在美国国内（及其全球扩散中），这种近距离与远距离视角的混淆再次出现（Stahl，2010b）。斯塔尔研究了电子游戏、嵌入式报道和真人电视中更加密集和"互动"的战斗体验的趋势，以及最近通过头盔摄像头捕捉到的战斗画面的在线视频共享、无人机袭击等。这种将战争视为越来越沉浸其中的娱乐体验，也许会与一场远离深思熟虑的社会或政治参与的运动相对应。事实上，这场运动是在打击恐怖主义和敌人利益的行动中进行的。对斯塔尔来说，弥尔顿的矛盾运动越来越接近行动，但却远离集体协商其重要性的政治手段，从而产生了文化政治紧张。我将把这些来自商业媒体领域的政治体（以及"虚拟公民士兵"的集体视觉想象）的干扰描述为技术趋势的不稳定动力的症状，在这种技术趋势的前沿，无人机操作发展到了今天（Stahl 2010b，110）。

如果通过高分辨率视频成像"注视"目标对于无人机车辆的监视能力和授权打击所需的积极识别至关重要，那么必须认识到视频图像是为侦察和瞄准操作提供信息的更大的感官数据流的一部分。无人机本身能够提供包括红外、日光和图像增强视频等多光谱图像数据。多分辨率监视扫描的广域复合材料的操作实施正在顺利进行，以形成一种对争议领土进行详细视频扫描的平铺拼接——"戈尔贡之眼"（Gorgon Stare）和自动实时地面全覆盖侦察成像系统（ARGUS-IS）就是两个这样的项目（Gregory 2011b，193）。来自这些不同传感器的持续数据流由视频分析软件处理，该软件旨在选择性地识别情报分析和目标定位过程所需的关键信息。这些"高度形式化"的程序——也就是统计的、算法的程序，用来使一个庞大的像素数据库可用，旨在"在一种日益自动化的军事化节奏分析中区分'正常'和'异常'活动"（Gregory 2011a，10）。

这种尖端的"大数据"软件开发包括NVS系统（国家地理情报视频服务系统），该系统由美国武器制造商巨头洛克希德·马丁公司生产。根据保罗·里奇菲尔德(Paul Richfield)的说法,NVS将通过软件代理功能过滤、排序和生成视频点播报告与美国奈飞公司(Netflix)的用户偏好分析和相关搜索互通(Richfield, 2011)。这些报告综合了有关全动态视频播放的各种统计数据,类似于MSNBC(微软全国广播公司)上的财务报告或ESPN(全球最大的体育电视网)上的足球比赛。与所有数据库处理软件一样,有用报告的生成取决于通过根据相关类别对视频数据进行索引而生成的元数据的质量。引用ESPN不仅仅是为了说明问题:查马尤指出,美国陆军授权ESPN在其足球报道中使用其视频分析软件的一个版本,以帮助无人机支持反叛乱目标的研究和开发(Chamayou 2013, 61)。该软件特别适合于从大量游戏报道档案中收集和编目与特定玩家相关的视频,这与绘制和描述被认定为不法分子的个体过去行为的想法相吻合。

查马尤评论说,这一报道似乎实现了沃尔特·本杰明(Walter Benjamin)的预测,即未来战争有可能用体育术语取代战士和战争类别,取而代之的是体育术语(Chamayou 2013, 62)。从我们的角度来看这些发展作为延续和西方科技文化下军事数学趋势的恶化,这种采用许多迹象之一的数字游戏的扩展空间卵石计数器在一些小的领域限制行动更广义的模仿空间[16]。敌人"游戏移动"的分析现在受到一种形式化的程序的制约,这种程序旨在基于一个有趣的、抽象的、简化的和限定的游戏空间去呈现真实地球物理空间中事件的复杂性。此外,这种软件对敌方玩家模式的处理越来越自动化。美国国防高级研究计划局(DARPA)的"思维之眼"(Mind's Eye)等项目正在研究利用人工智能来自动分析和注释视频。设想中的"视觉智能"将能够学习在视频序列中识别和分类元素(人、车辆等)之间的行动(Defense Aerospace.com, 2011)。除了机器视觉在模式识别和对象识别方面的发展外,本项目的目标是自动对目标之间的动作和关系进行编目。来自战场空间的多光谱视频扫描流量的不断增长,将需要实施这样的程序,能够"自动将像素聚合转化为名词、动词和命题"(Chamayou 2013, 62)。

像NVS和"思维之眼"这样的系统和软件将被添加到提供"军事化节奏分析"的统计和分析软件套装中。其中包括收集卫星监视和手机信号追踪等各种形式的监视数据并将其可视化的"地理时间"。在战场通信领域的"频谱优势"使利用手机追踪成为可能,它已经成为情报分析的重要贡献者,在部署无人机支持或执行有针对性的暗杀行动时,支持针对个别"不法分子"的情报分析。它也是一些更名声狼藉的错误袭击的中心。例如,据称,国外一名竞选团队成员在一场依靠手机追踪识别目标的联合行动中被杀害(Gregory 2011a, 13)。

美国空军和联合特种部队参与的无人机行动,以及美国中央情报局的部分特殊行动,都在使用"生活模式"分析,电话追踪是其中的重要组成部分。一个人的活动、交往和与他人的电子通信可以与监视区域内的人们的"正常"的日常生活和社会交流进行比较,以确定不寻常的"模式"或交往。这种异常模式表明某个人有可能成为进一步被监测的目标。识别出这种模式的人可能会发现自己从"处置矩阵"中的潜在目标数据库中被筛选出，入选"名单"，并最终被"提名"（Becker and Shane，2012）。

有人声称，基于生命模式分析的攻击是基于无人驾驶飞机的猎人攻击的一个重要组成部分，这些攻击通过依赖于软件分析的过程被称为潜在威胁。这些目标个体不再需要识别，除非是与通过对作战空间全谱监测数据集进行统计建模而建立的规范存在某种偏差。他们的名字和现实生活没有将他们视为潜在威胁的概念那么重要，被称为"特征目标"，而不是"个性"——特征指的是他们的异常数据模式的特殊性，即运动、习惯和关联网络，将他们标记为威胁。

在他们的"匿名"和"抽象"中，特征目标"是使胡志明小道的电子战场充满活力的目标特征的幽灵痕迹"（Gregory 2011a，13）。此外，它们记录了越战时期远程战争实验的系统性转变：从对（假定的）敌人移动的"特征"模拟痕迹做出反应的动态目标定位程序，到通过数据处理程序生成模式（用于在目标的威胁移动或行动之前生成目标）。正如查马尤所指出的，这一技术程序实例证明了一个承诺，即"预测未来，并能够通过先发制人的行动来调整其路线"（Chamayou 2013，66）。

这一过程的模拟特点是惊人的。它重复了模拟网络（SIMNET）在20世纪80年代作为一个全面的、基于计算机模拟的训练系统的发展所提供的基本原理：能够提前掌握未来冲突的偶然复杂性，利用历史来预测未来和为未来做准备。正如乐努瓦和劳伍德（Lenoir and Lowoo）所证明的那样，军事模拟的网络使联合部队元素能够在一个分布式但统一的战场空间中进行集体训练，这种训练基于地形、军事部队和先前行动的详细档案。SIMNET开发人员杰克·索普（Jack Thorpe）表示希望制作一种交互式培训工具，利用历史为未来做准备（Lenoir and Lowood 2005，19）。在分析这些SIMNET在游戏模式下的发展时，我提出了一个问题，即地形和敌人的这种建模的效果及其对未来作战空间的影响。乐努瓦和劳伍德已经指出，通过战场部署辅助战术规划的系统，模拟系统在空间和时间上都越来越接近正在进行的作战。在这方面，我要说的是，正在出现的越来越自动化和示意性地生成目标的做法代表了这种准备逻辑的激进主义，这种逻辑推动模拟越来越接近战实战。敌人作为一组行为的建模不再局限于假设作战场景的领域，而是与设想作战的对应关系。这种敌我模式的建模现在是在目标决策中执行的，而不是假设实施的。模拟技术的预期动力已经超过了产生军事行动的过程，越来越自动化的数据收集和场景建模正在悄然兴起。

以类似的方式，支持攻击计划的空间数字模拟已经摆脱了假设模式，而使用"联合火力区域"或所谓的"杀戮盒"（killboxes）数字模式。这些名称是物理空间的程序性指定名称，能够根据目标的性质，以及操作的条件和约束协调与指定区域内的目标相关的元素。该区域是临时的、可扩展的。正如查马尤所解释的那样,杀戮盒描述的是一个过程,也是一个空间:"一个人打开、激活、冻结,然后关闭一个杀戮盒"(Chamayou 2013,83)。杀戮盒是一个临时和灵活实现的虚拟空间区域:虚拟是因为它是数字化的,多亏了实时建模、监测、测量和传输技术,它将战场空间理论中对传统地理和战略政治领土的重新定义付诸实践。原则上杀戮盒(以及数字图表的虚拟性)可以在世界任何地方打开,并且可以根据需要进行大小调整,从而造成不相关的传统地缘政治限制,如国家边界、城墙和如山脉、河流等地球物理边界。查马尤谈到了杀戮盒的精确测量和灵活描绘的结合,制定了空间"全球化和同质化"的双重原则。

正是在诸如杀戮盒(以及其最近的迭代"联合火力区域")等程序的技术实施中,以技术对象的方式将战区重新定义为"战场空间":也就是说,随着一种趋势的不断具体化,这种趋势要求对批评理论和法律、人道主义给予注意[17]。"这在"杀戮盒"概念的历史中得到了明确的说明,查马尤可以追溯到1996年美国空军的一份报告,该报告界定了无人机在"自主行动"地区的未来使用范围。今天涉及无人机的远程操作是半自主的,需要全球团队的协调。他们采用了虚拟化原则和过程,我的意思是指通过一个接口来调解空间和时间,该接口在实际和虚拟、物理和数字之间来回转换和处理动作。数字技术文化的经典问题,涉及实时交流和远程呈现对主观体验、文化身份,而社会政治结构是由导弹袭击的虚拟化所构成的,在某种程度上,它让人们关注到技术和科技进步的军事动机的悠久历史。

就这一点而言,无人驾驶飞机是古希腊哲学、文学和物质文化中由奥尼安所认定的人工战士形象的具体化。作为武器系统,它重复了西方民主起源中对公民士兵的矛盾、二元待遇——国家战略政治意愿的政治主体和纯客体的构成反映在无人机武器平台军事人员的虚拟、全球分布的构成中。

在内华达州的美国空军基地,或者在远离无人驾驶飞机的战略指挥中心,军事人员(至少是那些"在家"的人员)仍然属于军事的一部分,但与其说他们是勇士,不如说是先发制人地解决环境问题的技术系统的运营商,这些环境问题有可能阻碍其在全球战场上协调诸多要素的有效运作。美国军方内部的紧张局势证明了内华达州无人机运营商的这种模糊状态[18],同时,正如格雷戈里所示,他们通过与地面部队的视频馈送、语音通信、聊天窗口可以让他们强烈而亲密地参与到战士面临风险的替代体验中(Gregory,2011b)。那些在心理上遭受这场前所未有的工业、高科技冲击的人,心理障碍的严重程度已经超越了创伤后应激障碍定义的界限,矛盾成倍增加。

五、结论

这种对全球"问题空间"进行数字化、抢先式建模的具体化趋势是朝着致命机器人系统的自动化发展。其支持者,如备受争议的人工智能科学家罗恩·阿金(Ron Arkin)认为,这将通过对敌人先发制人处理过程的审议和执行的自动化来解决虚拟战争的各种法律和实践相互矛盾。人工智能的进步将带来理性决策的卓越应用,在生死冲突的极端情况下,其功能将比带有情感和本能包袱的人类意识更好(Arkin,2010)。阿金(Arkin)声称人工智能可以做出正确和合乎道德的战斗决策,这一观点在美国空军的《2009—2047年无人机系统飞行计划》等文件中得到了呼应。"自主之路"的愿景已经明确规划,一旦"政治和军事领导人"解决了"法律和道德问题",机器人将在"循环上",而非循环内人员的监督下进行操作(United States Air Force 2009,41)。

这种对自动化全球战争未来的憧憬承载着毕达哥拉斯将军事程序和原则结合在一起的超越性、普遍化的雄心壮志,以追求紧密配合和有序元素的宇宙和谐。在其支持者和那些希望推进人工智能和机器人领域以支持其实施者的言辞中,人们期待着对未来技术实现的信心,即在全球监测和先发制人系统中实现世界数学一体化,并对合理识别和精确操作的异常现象先发制人。然而,技术上的实现绝不仅仅是一个逼近某种超越的数学理想的工具性过程。"法律和伦理问题",以及从远程战争到自动战争的追求所带来的技术文化和政治影响,将会影响和绕行通往自主的飞行路径。而且已经在这么做了。西方全球化未来道路的技术和概念构成已经具体化,维利奥(Virilio)将其描述为冷战时期强加全球军事监督体系以确保对安全威胁的预期的一个矛盾的基本意外(Virilio and Lotringer,1997)。这一意外事件是一种普遍的反趋势的出现,即领土不安全,无论是在本国还是在核超级大国全球博弈的遥远边境地区。这种不安全感破坏了传播稳定、民主的政府、物质安全和经济发展、个人自由和权利等表面上的西方地缘政治计划。

今天,这些"全球边界"在冷战后继续努力确保领土安全。这起事故在核僵局结束后继续扩大影响,因为技术科学倾向于实现社会和政治领域的计算机化、无处不在的、实时的、自动化的整合(Virilio 1997,167-172)。与此类似,格雷戈里提出,在西方边界进行偏远的反叛乱军事冒险将产生一个"漩涡":"如果战争空间是全球性的,如果美国声称有权在任何地方对敌人使用致命武力,那么当其他国家声称有同样的权利时,会发生什么?"当非国家行为者拥有自己的遥控飞机时情况又将如何呢?(Gregory 2011a,15)。

也许,查马尤最能抓住这一矛盾产物的系统性层面,这一矛盾产物与当前无人机部署所预测的安全地缘政治世界的未来背道而驰。他批评了远程反叛乱行动,引用军事战略家大卫·基尔库伦(David Kilcullen)对这些行为的谴责,其认为这是一种滥用有效战术的行为,威胁到镇压战略,因为这取决于武装部队与当地居民之间建立关系(Chamayou 2013,100-103)。查马尤在此处发现了反恐理论对反叛分子理论的胜利。此外，"愚人反恐"可以理解为使用一种反常的战略逻辑，其追求意味着自身作为战略的失败。事实上，无人机行动可能会为招募更激进的极端分子创造条件，这是反叛乱战略家对其使用的批评的核心，这成为它们扩张和技术"改进"的理由。该系统将其固有的矛盾整合在查马尤所描述的"无尽的螺旋"中无法"斩首九头蛇，而九头蛇自己通过自身负能量的生产性影响而永久再生"[19]。

正如新闻游戏（Newsgaming）《9月12日：玩具世界》（*September 12th: A Toy World*）（2002）中优雅而富有预言性的批判性游戏一样，远程消除有针对性的恐怖主义威胁可能也保证了这种威胁永远不会被彻底消除。事实上，它是威胁系统性持续和加剧的核心。在"9·11"事件后，美国重新进行军事动员的关键模拟干预中，玩家针对不法分子图标在普通城镇、普通人群中移动的现象所能采取的唯一行动是从空中（类似无人机）发射导弹。然而，导弹会不分青红皂白地摧毁不法分子和平民，玩家发出的攻击指令越多，不法分子的图标就会生成得越多[20]。

《9月12日：玩具世界》游戏的过程很快让人联想到，对全球恐怖主义采取如此军事技术手段会产生自相矛盾的、适得其反的效果，人们可以从查马尤的螺旋和格雷戈里的漩涡这两个更为详尽的形象中获益。这些几何图形描绘了西方技术文化趋势的不确定未来，其设想中的数字集成、虚拟化时空中的安全自动化根本无法保证。计划中实施的一项数学构想和科索沃军事行动将使世界各地成为虚拟与现实、模拟与现实、战争状态与和平状态，以及"值得生活的生命"之间的不稳定交易的边界，而非确保全球边界安全，以及正常的生活模式的有力武器。

关于作者

帕特里克·克罗根（Patrick Crogan）在布里斯托尔的西英格兰大学（University of the West England）任教，他是该校数字文化研究中心（*Digital culture Research Centre*）的成员。他撰写了《游戏模式：战争、模拟和技术文化》（*Gameplay Mode: War, Simulation and Technoculture*）（明尼苏达大学出版社，2011）一书，并在《理论》《文化与社会》和《小天使》（*Angelaki*）等期刊发表文章，以及出版《生命的幻象2：动画文集》《计算机游戏的快乐：文化历史、理论与美学文章》和《游戏者2.0》等多部著作。

注释

① 来自查马尤的资料是我自己翻译的。

② 这也适用于那些能够使用先进工业经济体、先进武器系统的人，2014年7月，马来西亚航空公司MH17商业航班被（再次）击落后，有些人（在撰写本文时）认为该航班是被SA-11（Buk）（苏联军工联合体开发的地对空导弹）击落的。

③该工具在古希腊语中意思为"器官"，斯蒂格勒利用这一点来论证一种承认其内在相互联系的技术和文化方法。器官学也是施蒂格勒对西蒙丹呼吁用"机械学"来理解技术演变的部分回应；斯蒂格勒坚持把技术与人的构成结合起来思考，从而对技术进行了恰当的历史和政治解释。

④参见施蒂格勒在《技术与时间2：这些祖先的迷失方向》中的分析，或者他将其描述为希腊文明"诞生"之前的"受孕"时刻（回应亚述学家弗兰兹·博特罗的叙述）（2009, 47–53）。

⑤查马尤（2013）和格雷戈尔（2011a, 2011b）花了大量时间分析当代军事行动的连续性，以及殖民地卷入该地区的历史。关于这一点，另参见本体论研究小组（Ontofabulatory Research group）在与罗伯·科利（Rob Coley）领导团队的合作下制作的实验视频项目AirMinded（2014），网址：http://antipodefoundation.org/2014/01/28/2004。该项目皇家空军的行动，追溯历史和地理空间的连续性，将遥远的文化和群体联系起来。

⑥关于"大步兵叙事"（Grand Hoplite Narrative）的争议，包括对方阵形成和传播的"革命性"特征的"渐进式"修正，以及对方阵对理解方阵重要性的正统解释的更深刻挑战。古典希腊的社会和政治转型远离王朝君主制，转向各种更为民主的政治安排（Viggiano, 2013）。我将在下文简要地回到这一点上来，因为辩论涉及我在这里对战争与技术和概念趋势之间关系的观察，这些趋势至今仍活跃在西方技术文化之中。

⑦奥尼安列出了一些毕达哥拉斯的极性："有限与无限、奇数与偶数、一与多、右与左、男性与女性、方形与矩形、明与暗、直与等"（1989, 45）。

⑧对于亚里士多德来说，泰克尼（Tekhne）没有"自我因果关系"，因此没有自己的动力（Stiegler 1998, 1）。

⑨施蒂格勒（与其他语言学和哲学学者合作）将希腊在民主政治形式上的创新很大程度上归因于非军事技术的发明，即线性正字法书写，因为它能够实现分析，批判和改革法律宪法和书面判决，现在大多数人都能读到（2009, 39–41）。

⑩在他和吉尔·德勒兹的《反俄狄浦斯：资本主义与精神分裂症》（Anti-Oedipus: Capitalism and Schizophrenia）一书的后记中，菲利克斯·加塔里（Felix Guattari）引用了方阵作为"机器"概念的一个特殊例子。这是在他们这部和后续作品中重新诠释文化和历史时被动员起来的（Guattari, 2013）。方阵是一组元素（霍普利特战士）的组合，每一个元素都是一台由士兵和武器组成的机器（霍普利特全景），而方阵本身就是大型机器中的一个元素，一直追溯到希腊城邦机器。这种描述的一个基本点是绕过对导致方阵的政治和文化原因和影响的传统历史分析，而将人类和非人类、物质、技术、战略和概念元素的结合作为一个驱动历史和事件的整体。作为一种平等元素的安排（在机械"门"中），机器的动态

不能简化为以人为中心的思想叙述及其投射的物化，也不能简化为工具作为人类创作目的的手段。在本文中，德勒兹和加塔里的"机器"对应于斯蒂格勒努力思考技术发展在人类成长中的构成作用。施蒂格勒的"人类中心论"（此处不包括关于人类本质稳定性或必然性的假设）对未来技术趋势可能的伦理政治层面的关注为我提供了一个更好的基础。在此基础上，我可以批判性地探讨我在本章中所关注的自动化和无人系统的发展。

⑪欧洲背景下最著名和研究最多的战争棋盘游戏——国际象棋，一些人认为其前身可以追溯到公元6世纪的波斯，而后者又可以追溯到印度游戏查图朗加（Parlett 1999，278）。与"重装步兵争论"一样，确定这个游戏和旧游戏的起源是暂时的，并且受考古发现和后来的文学典故不同解释的影响。例如，考古学证据表明，早在公元前4世纪，斯里兰卡就出现了曼卡拉游戏，但帕利特遵循穆雷早期棋盘游戏而非国际象棋的历史，更愿意在公元前1580—1150年的埃及"帝国时代"开始这个故事（Murray 1952，159）。

⑫施蒂格勒解构了康德的"图式主义"，即某些概念（如数字）在经验内容和先验意识结构之间起中介作用，"在什么意义上，像1 000这样的数字是可能的，作为一种方法，它符合作为对象的意识的'特定概念'，却没有图像。答案明确：没有任何意义"（2011年，第51期）。

⑬希尔格斯的方法受弗里德里希·基特勒的唯物主义媒体和文化理论的影响，与施蒂格勒关于文化、政治和技术趋势构成的思想没有什么不同。他分析了兵棋的物质和技术实践在欧洲中心（地缘政治和文化、哲学和科学发展方面）新兴国家转型的文化政治背景中所起的作用。希尔格斯富有洞察力的叙述不仅将兵棋推演视为欧洲冲突史和文化转型史的重要贡献者，更将其视为西方数学进步的主要渠道，从而使其在推动第二次世界大战关键创新的现代军事技术综合体中发挥了卓越的作用，一种将延伸到战后科技文化向全球科技文化转变的状态。

⑭《全面战争》（The Total War）游戏引擎已在电视连续剧中用于对著名战役的历史重建进行动画处理（如历史频道2004年的决定性战役），并将历史交战重播作为参赛者之间的比赛（《时间指挥官》2003—2005；参见 https://www.youtube.com/watch?v=Id9GRHA2bzE 上的《莱克特拉之战》插曲。

⑮正如曼努埃尔·德兰达（Manuel De Landa）证明的那样，大规模生产物品的标准化从法国和美国武器制造的进步中获得了"推动力"。美国内战期间步枪生产的标准化对生产流水线系统的发展产生了影响，并通过泰勒主义的"科学"原则对其进行了推广（1991，31）。

⑯在希尔格斯（2012）和本书的其他章节中，详细介绍了兵棋推演扩展历史上的关键时刻，从国际象棋到军棋游戏，再到计算机模拟游戏和模拟实践。在《兵

棋与计算机游戏:未来娱乐》(*Wargaming and Computer Games:Fun with the Future*)中,我认为兵棋游戏是一种模拟实践的结晶,它提出了合理化逻辑和数学程序适用于最不可预测的战争事件的概念(Crogan,2008)。地形抽象化和小型化原则的形式化,以及计算运动、部队伤损等的算法是当今军事娱乐综合体中普遍存在的战斗模拟软件的先驱。

⑰无人机和美国特种部队面临的人权和法律挑战集中在他们在"全球战场"中识别和追捕目标时放弃战区的法律和常规划界的方式。在查马尤的论文中,战争变成了一场"追捕",是由猎人在单方面声称有权在任何可以找到的地方追查对祖国或其公民的可疑威胁的基础上进行的(Chamayou 2013,107-108)。

⑱查马尤讨论了关于向无人机操作员授予"勇敢"服务奖章提议的争议(2013,145)。

⑲查马尤在这方面引用了另一位军事战略评论员约书亚·琼斯(Joshua Jones)的话。琼斯称"杀戮名单永远不会变短,名字和面孔都被简单地替换了"(Jones,2012)。

⑳游戏将于9月12日在新闻游戏网站http://www.newsgaming.com/games/index12.htm上发布。其中,我写过关于其"程序修辞"的雄辩——引用新闻游戏网站创始人之一伊恩·博戈斯特(Ian Bogost)对嬉戏和模拟形式的关键潜力分析的术语(Crogan 2011,146-148)。

第五十五章　如何向非兵棋推演者推销兵棋

——迈克尔·佩克

"你在说什么？"

身穿迷彩服的白发男子脸上浮现出疑惑。他是美国陆军上校，负责设计一些军队使用的计算机模拟，我在那里正和他谈论兵棋推演。

我最近开始为国防期刊撰稿，作为一名兵棋推演者，我尽可能多地撰写关于军队如何使用兵棋推演进行训练或规划的文章。自然地，我假设从事模拟工作的军官会去了解历史兵棋。但他果真玩过或者至少见过像《装甲闪电战》(1970)或《诺曼底登陆》(1961)这样的经典兵棋吗？

没有！那时我才意识到，如果连士兵们都不知道什么是历史兵棋，那么其他人就更不会知道了。

那件事发生在2004年，而在过去10年中，情况变得越来越糟。我多次向从未见过兵棋的编辑提出了发表历史兵棋文章的想法。我在很多时候不得不解释说这些不是Xbox视频游戏或《大冒险》(Risk)游戏。

然而，最令人惊奇的事情发生了。10多年来，我为外交政策期刊、Slate.com网站、犹太报纸《前锋》(The Forward)，以及国防期刊等各种主流出版物撰写了大量关于历史兵棋的文章。我不只是受宠若惊，我很困惑。这些都不是游戏期刊。他们的重点是外交事务或国防等重大问题。他们为什么如此关心重演克里米亚战争呢？

回答这个问题对历史兵棋的未来至关重要，因为残酷的事实是历史兵棋正在消失。据估计，全球从事兵棋推演的人数仅在5万~10万人之间。许多兵棋仅售出几百或几千册。像GMT这样的纸质兵棋出版商在印刷游戏之前坚持要预购500份，而且许多游戏要等上好几年，销量才能达到这个数字，而更多的游戏永远也达不到这个数字。

在兵棋资源如此丰富的地方，玩家怎么会如此稀缺呢？那里似乎有很多种类的兵棋，大量的游戏盒和描绘坦克、枪支和战舰的截图。但是，只有将兵棋定义为与战争有某种模糊联系的游戏时才会如此——就像许多非游戏玩家和休闲游戏玩家所做的那样。按照这个标准，士兵被打败并在30秒后复活的第一人称射击游戏是一种兵棋,或者是实时战略兵棋,其中你的部队占领了一个敌方坦克工厂,并迅速开始生产坦克。

也许这些是最广泛意义上的兵棋,但它们不是历史兵棋。他们并没有真正尝试模拟那些解释为什么历史会以这种方式发生(或为什么未来的冲突会变成这样)的因素——愿意以牺牲简单性为代价来增加真实感的游戏。

此类兵棋正在消失。历史兵棋论坛与拥有大量游戏收藏但找不到人一起玩的玩家的哀叹相呼应。

为了生存,更重要的是为了蓬勃发展,历史兵棋必须能够吸收新鲜血液。我不会假装知道所有的答案,但我可以根据我为主流受众写作的经验提供一些想法。

首先,历史兵棋最紧迫的挑战是让人们知道这些兵棋的存在。20世纪70年代,我还是一名初中生,那个时候我开始玩兵棋,当时能遇到了解这些游戏的人的机会微乎其微,但并非绝对没有。我所在的学校有一个主要玩兵棋的俱乐部,当地有几家业余爱好商店出售兵棋。

现在很多大学游戏俱乐部都在玩电子兵棋或者抽象策略兵棋(例如Eurogames,欧洲运动会),很多业余爱好商店都关门了。普通人不大可能遇到对伯罗奔尼撒战争(Peloponnesian War)、七年战争(the Seven Years' War)或朝鲜战争(Korea War)的真正模拟。

兵棋论坛上充斥着重振业余爱好的解决方案,通常是提出将兵棋设计得规模更小、玩起来更快和更简单。按理说,如果我们能改进游戏,那么新玩家就会来。这些解决方案可能有帮助,也可能无济于事,但它们都没有抓住重点。如果潜在的玩家从未听说过兵棋,那么游戏变得再简单也无济于事。

我们如何让世界知道兵棋的存在呢? 可以通过写文章或者在课堂上介绍兵棋。但问题来了,为什么会有人玩兵棋呢? AAA级视频游戏可能会花费5 000万美元的预算来支付最好的图形。没有任何计算机化的历史兵棋可以与之匹敌。在可访问性和社交互动方面,纸质兵棋也无法与欧洲运动会或角色扮演游戏(如《龙与地下城》)竞争。

因此,历史兵棋必须在不同的层面上具有吸引力。幸运的是它有几个吸引人的属性,比如时事,我为主流出版物撰写了关于《波斯入侵》(2010)的文章,这是一个假设空袭的纸质兵棋推演(参见本书第四部分拉瑞·邦德的章节)。《战斗任务:冲击力》(2007),一款假设入侵的计算机兵棋推演,以及《迷宫》(2010),一款关于全球反恐战争的政治—军事棋盘兵棋(参见本书第七部分布莱恩·崔恩和沃尔科·鲁恩克的章节)。没有一家主要的电子游戏工作室——更不用说股东会在有意义地模拟这些主题的游戏中投入5 000万美元。

兵棋还可以将过去的历史与现在联系起来。在苏格兰最近的公投期间,我写了一篇关于《苏格兰之锤》（"Hammer of the Scots"）（2002）的文章，这是一款关于13世纪至14世纪英格兰与苏格兰斗争的一款兵棋。在诺曼底登陆70周年之际，我写了一篇模拟这场战斗的兵棋推演综述。在古巴导弹危机周年纪念日，我从假想核战争幸存者的角度撰写了一篇关于该主题的兵棋推演文章。当法国在2013年作战时，我观看了五场关于法国人战斗的兵棋推演。一切皆有可能！

另一个吸引力是历史兵棋提供了对历史的独特见解。当我撰写兵棋文章或向编辑提出想法时，我不会强调历史兵棋很有趣。相反，我提到它们有后勤、指挥、控制、联合武器战争的规则。尽管不是很详细，但足以传达这样一个想法，即这些兵棋是任何其他形式的娱乐或教育无法比拟的重回过去的窗口。

这导致出现了另一个重大的议题，那就是历史兵棋是亲身实践的历史。它让你成为像拿破仑或巴顿这样的指挥官，让你面对他们所面临的许多挑战。

这就引出了兵棋的秘密武器：人类的想象力。1975年，当我看到一个将兵棋描述为纸上时光机的广告时，我被深深地吸引住了，而那时我还只有12岁，刚涉足兵棋领域。想象一下！它是带你回到过去的历史时光穿梭机！

然而，历史兵棋在许多方面已经变得僵化。历史兵棋是一种成熟的爱好，过于关注细节，例如游戏是否描绘了正确的坦克或战斗机模型。这些方面对于历史模拟很重要，但它们不会激发想象力。

历史兵棋永远不会吸引所有人。但它会吸引一些人，这就足够了。这是一扇通往过去的窗口，现在是拉开大幕的时候了！

关于作者

迈克尔·佩克（Michael Peck）是一位作家，十分喜爱兵棋，他曾为《外交政策》《石板期刊》《前锋期刊》和《军事时报》等出版物撰文报道兵棋。

第五十六章　兵棋推演网络前沿

——约瑟夫·米兰达

20世纪90年代的一天,我和基思·"柯克"·施莱辛格(Keith "Kirk" Schlesinger)一起开车去参加会议,这是由美国空军赞助的兵棋推演和模拟会议。当我们从柯克在俄亥俄州的家开车到阿拉巴马州蒙哥马利的麦克斯韦空军基地时,我萌发了一个我将要发表的演讲主题的想法。我最初的想法是谈论兵棋推演和反叛乱问题。毕竟,我刚刚为《战略与战术期刊》设计了《尼加拉瓜》(*Nicaragua1*)和《圣战:阿富汗》(*Holy War: Afghanistan*)等几款兵棋。反叛乱为战争增加了一个主要是在心理政治领域的额外层次,我已经制定了一些独特的系统来模拟这一切。但鉴于当时柏林墙刚刚倒塌,并没有提上日程。无论如何,我正在仔细阅读一本名为《创世界:新边缘用户指南》(*Mondo: A User's Guide to the New Edge*)(Rucker, 1992)的著作。这是一本期刊式文章汇编,涉及控制论的前沿理论,并想出了一个更好的主题:为什么不设计一款关于这些新兴技术如何彻底改变战争的兵棋呢?

当我们开车经过肯塔基州和田纳西州时,我记下了如何对从网络访问攻击到虚拟现实的所有事物进行建模的想法。但是这一切又该怎样称呼呢?柯克为这种新形式的战争提出了一个术语——"数据冲突"(data conflict)。这是我第一次听到现在通常称为"网络战"的术语。

我在兵棋联系会议上发表了演讲,然后继续设计了一款名为《危机2000》(*Crisis 2000*)(1997)的棋盘兵棋。它是由柯克开发的,最初由冲破天际公司(One Small Step)出版(2007年由胜利点数游戏公司(Victory Point Games)更新升级为《危机2020》)(《危机2020》算子的正面和背面见图56.1和图56.1(续))。《危机2000》游戏背景设定为不久的将来,美国将成为敌对派系的战场,每个派系都具备常规军事力量和先进的控制论技术。

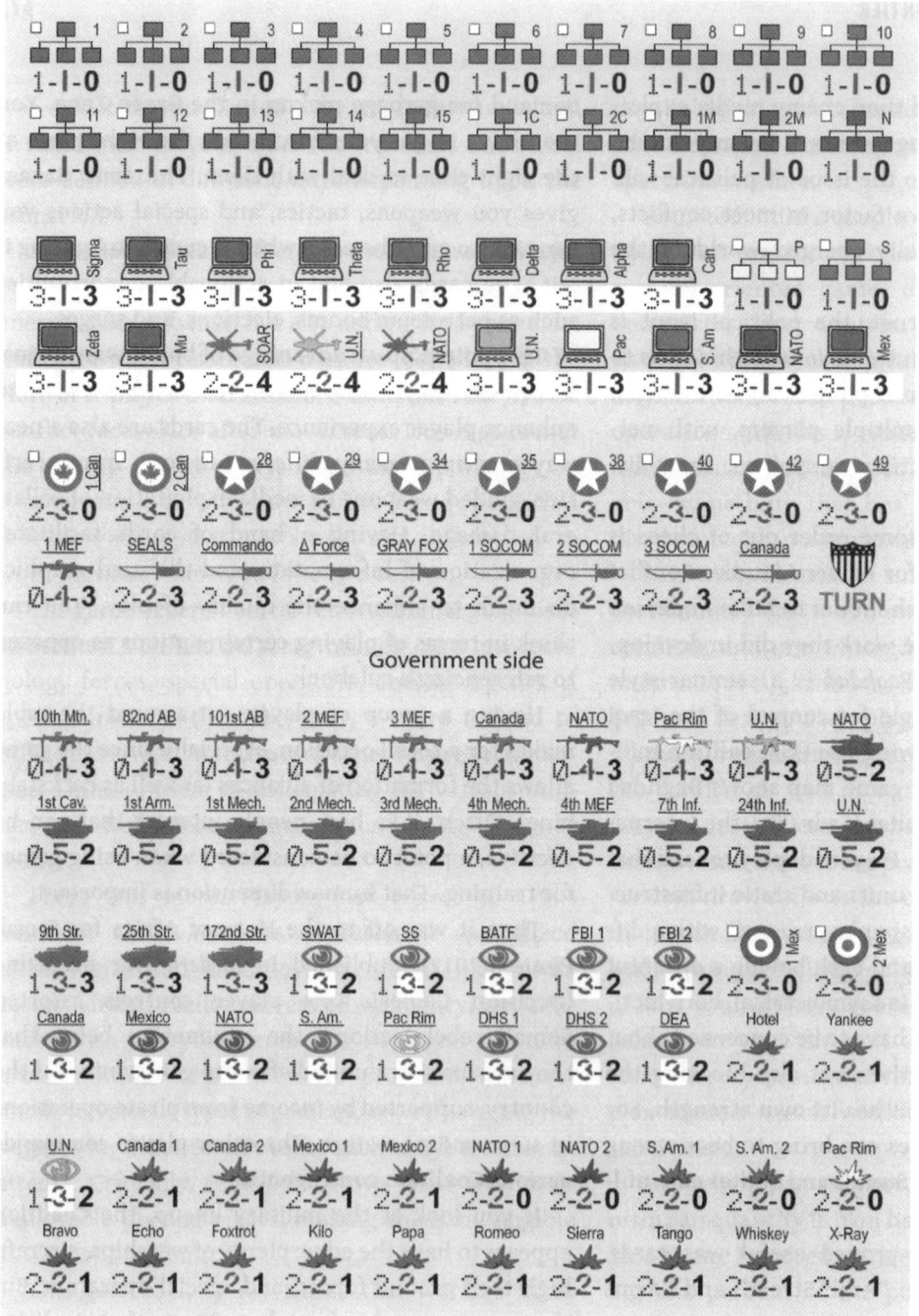

图56.1 《危机2020》算子的正面和背面

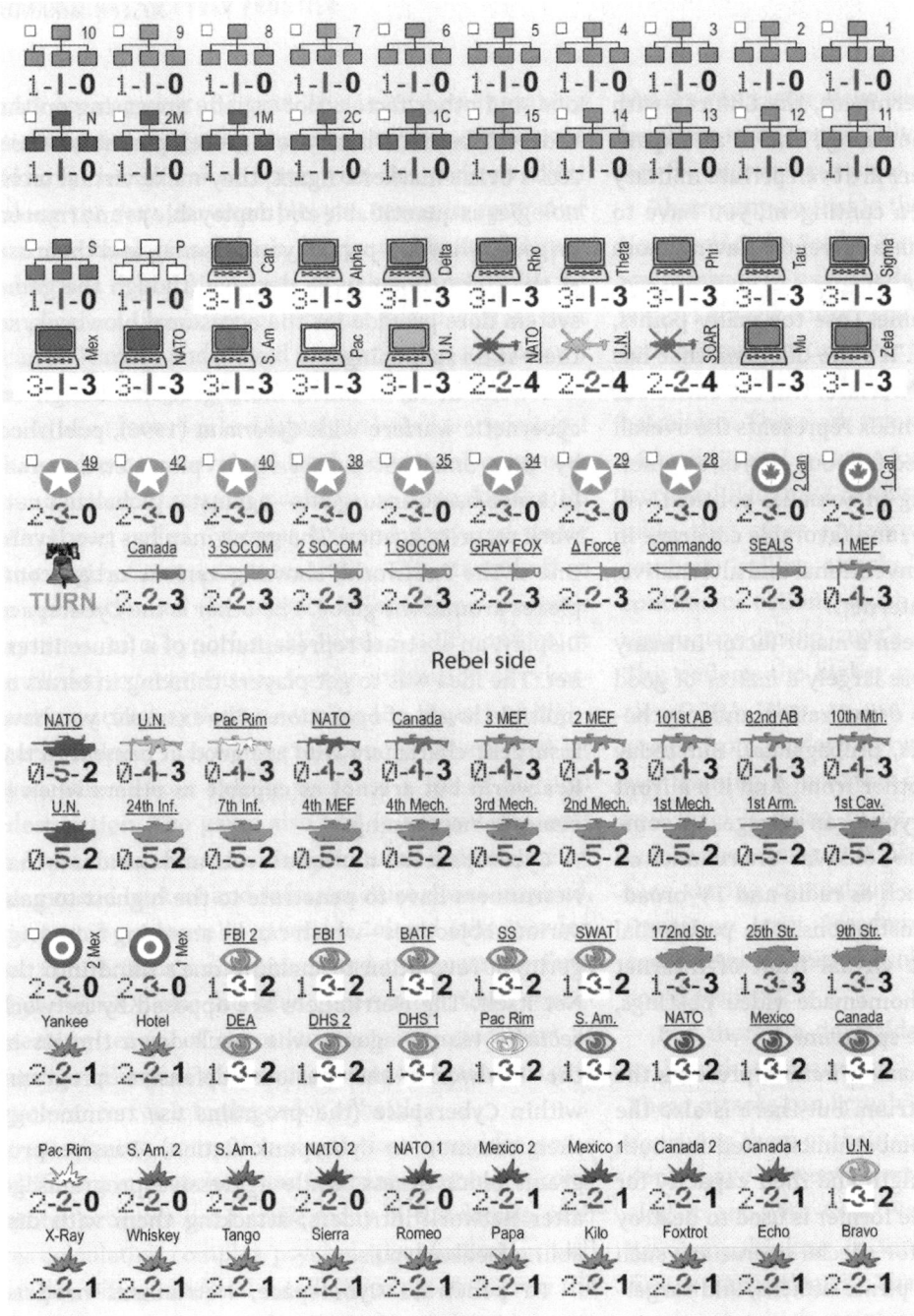

10	9	8	7	6	5	4	3	2	1
1-I-0	1-I-0	1-I-0	1-I-0	1-I-0	1-I-0	1-I-0	1-I-0	1-I-0	1-I-0

N	2M	1M	2C	1C	15	14	13	12	11
1-I-0	1-I-0	1-I-0	1-I-0	1-I-0	1-I-0	1-I-0	1-I-0	1-I-0	1-I-0

S	P	Can	Alpha	Delta	Rho	Theta	Phi	Tau	Sigma
1-I-0	1-I-0	3-I-3	3-I-3	3-I-3	3-I-3	3-I-3	3-I-3	3-I-3	3-I-3

Mex	NATO	S. Am	Pac	U.N.	NATO	U.N.	SOAR	Mu	Zeta
3-I-3	3-I-3	3-I-3	3-I-3	3-I-3	2-2-4	2-2-4	2-2-4	3-I-3	3-I-3

49	42	40	38	35	34	29	28	2 Can	1 Can
2-3-0	2-3-0	2-3-0	2-3-0	2-3-0	2-3-0	2-3-0	2-3-0	2-3-0	2-3-0

TURN

Canada	3 SOCOM	2 SOCOM	1 SOCOM	GRAY FOX	Δ Force	Commando	SEALS	1 MEF
2-2-3	2-2-3	2-2-3	2-2-3	2-2-3	2-2-3	2-2-3	2-2-3	0-4-3

Rebel side

NATO	U.N.	Pac Rim	NATO	Canada	3 MEF	2 MEF	101st AB	82nd AB	10th Mtn.
0-5-2	0-4-3	0-4-3	0-4-3	0-4-3	0-4-3	0-4-3	0-4-3	0-4-3	0-4-3

U.N.	24th Inf.	7th Inf.	4th MEF	4th Mech.	3rd Mech.	2nd Mech.	1st Mech.	1st Arm.	1st Cav.
0-5-2	0-5-2	0-5-2	0-5-2	0-5-2	0-5-2	0-5-2	0-5-2	0-5-2	0-5-2

2 Mex	1 Mex	FBI 2	FBI 1	BATF	SS	SWAT	172nd Str.	25th Str.	9th Str.
2-3-0	2-3-0	1-3-2	1-3-2	1-3-2	1-3-2	1-3-2	1-3-3	1-3-3	1-3-3

Yankee	Hotel	DEA	DHS 2	DHS 1	Pac Rim	S. Am.	NATO	Mexico	Canada
2-2-1	2-2-1	1-3-2	1-3-2	1-3-2	1-3-2	1-3-2	1-3-2	1-3-2	1-3-2

Pac Rim	S. Am. 2	S. Am. 1	NATO 2	NATO 1	Mexico 2	Mexico 1	Canada 2	Canada 1	U.N.
2-2-0	2-2-0	2-2-0	2-2-0	2-2-0	2-2-1	2-2-1	2-2-1	2-2-1	1-3-2

X-Ray	Whiskey	Tango	Sierra	Romeo	Papa	Kilo	Foxtrot	Echo	Bravo
2-2-1	2-2-1	2-2-1	2-2-1	2-2-1	2-2-1	2-2-1	2-2-1	2-2-1	2-2-1

图 56.1（续）

随着新技术前沿的开放，数据冲突冲击了传统的心理操作(PSYOP)。我使用了标准的兵棋机制，但有一些曲折。部队有两个作战因素：一个是常规武装军事战术，另一个是数据冲突。每种类型的战斗都有不同的结果。如果成功，常规战争将消灭敌方部队，数据冲突导致敌方部队叛逃。它包括对新兴互联网等技术的利用，并且可以预见到纳米技术和其他方式来彻底改变运营。棋子的两面都印有部队(名称)，正面是亲政府，反面是亲反叛。当发生叛逃时，你翻转代表敌方部队的棋子，它就会来到你身边(政府和叛军根据场景以不同的方式定义)。

潜在的数据冲突要强大得多，因为你不仅要从敌人的战斗顺序中删除一支部队，还要将其添加到你的身边。但有一个问题：数据冲突发生在玩家回合开始之时，在部队移动之前，武装冲突发生在运动之后。这意味着敌人在企图袭击之前，总是有机会反击或撤退。这是一种巧妙而简单的方法来处理两种策略的不对称性。

战斗的游戏顺序反映了新兴的力量结构。你有一系列技术或高或低的部队、特种作战人员和不法分子。一支特殊的部队是网络虚拟实境体验者(cybernaut)，它是一支训练有素的部队，可以使用自动化战争和其他未来技术，同时可以将它们视为对当今进行网络战的各种军事和情报司令部的预测。

游戏还包含更多的内容。玩家可以使用危机标记(Crisis marker)。这些标记代表例如媒体访问、虚拟现实、先进武器，以及与从五角大楼到城市民兵的所有人的联盟等专业技术和重大事件。危机标记为各种类型的战斗提供了增强功能，并成为黑天鹅事件的触发器。至关重要的是，《危机2000》将这些事件展示为可部署的游戏部件，使它们像武器系统一样有形存在。

这又回到了我的论点，即战争发生在多个层面。你有常规的军事水平、作战部队等，但是还有其他层次可以处理广泛的心理和控制论系统。看看当前的五角大楼学说，它强调全谱系战(full-spectrum warfare)。

如前所述，我设计了几款处理冷战时期叛乱问题的兵棋。其中《尼加拉瓜》(Nicaragual)是一款非常面向系统的兵棋，与桑地诺主义者、索莫西斯塔主义者和反对派打交道。它包括国家意志、心理战、叛乱前线组织、社会团体和平叛行动的模型。所有这些都是现实的，但它往往会产生一个可以预测的数学模型——这在兵棋推演中既有优点也有缺点。

《圣战：阿富汗》(Holy War:Afghanistan)模拟了一场冷战时期的战争。对于这款兵棋，我更加注重效果的设计。每位玩家都有一个政治标记池，代表参与冲突的各个派系以及外部干预力量。玩家根据民众的总体支持水平随机绘制这些标记。随机抽签反映了冲突的混乱性质，派系错综复杂。你发现自己在管理一个不断变化的联盟，并思考你的军事行动如何才能获得对你有利的政治平衡。应用一些混沌理论原理比提出复杂的模型更容易，而这些模型会让你达到同样的目的。

至于民众的支持,使用一个足够简单的机制就可以量化它。你有一个从0到100的指数,每一个增量代表支持一方或另一方人口的1%。然后是确定游戏动作对其产生影响的问题。例如,一次成功的军事攻击可能会将指数提高10分,然后敌方媒体利用附带损害将移动20分到另一边!这又回到了政治意愿的问题上,在大多数冲突中,尤其是在充满政治色彩的冷战世界中,政治意愿一直是一个决定性因素。

今天,随着互联网的产生,政治阵线无处不在,几乎每个可以使用计算机终端或手机的人都可以成为虚拟战斗人员。他们人数众多,关系网络错综复杂,开展活动后随即解散和改组。

一个从混乱中恢复秩序的设计是《巴格达之战》(2009)中的现代研究冲突小组(我必须向迈克·安德森和约翰·康普顿致敬,感谢他们在开发这个设计时所做的工作)。《巴格达之战》是一款研讨会风格的兵棋,涵盖了在2003年美国或联军军事胜利之后的几年里进行的斗争。游戏地图显示巴格达被划分为不同的区域(萨德尔城、国际机场等)。玩家部署代表移动作战部队和静态基础设施的代币。最多可以有6名玩家,每名玩家都有不同的能力,每个人都有不同的目标。战争是非对称性的,无论是战术上还是战略上,你不仅要关心自己的目标,还要关心如何阻止其他玩家。每个派系都有自己的强项。例如,美国可以带来强大的军事力量,而逊尼派和什叶派则可以渗透整个地图。

卡牌被证明是一种有用的机制。游戏有两付套牌:"阿拉伯街"和"武器集市"。阿拉伯街在特定的巴格达街区可能会产生事件。你必须在正确的时间将你的部队部署到正确的位置以应对事件。武器集市为你提供武器、战术和特殊行动,你可以采取这些行动来获得战斗优势。这些卡牌还增加了石油繁荣、选举和激增等可操作的机会。

这些内容显示了棋盘兵棋的一个优势,其中卡牌的物理特性对增强玩家体验有很大帮助。这些卡牌也是展示许多不同因素的巧妙方式,从精确制导武器到媒体对附带损害的利用。拥有一手牌有助于信息的组织,并且牌图形对提高游戏质量有很大帮助。你可以自己选择玩某些选项,而不是参考规则手册。

让一群玩家围坐在桌子旁成为一个社交场合,特别是因为游戏允许结成联盟(以及暗中刺伤)。通常,人们如何互动才是决定性的,这是使用游戏进行培训时需要考虑的一点。人的维度很重要。

然后是《索马里海盗之角》("The Horn of Africa for Somali Pirates")(2012),其被发表在《现代战争》期刊(决策游戏栏目)上。一名玩家控制着各种反叛派系,假设他们正在联合努力控制该国,并得到周边海域海盗活动收入的支持,其他的玩家指挥各种联军特遣队。

如果你看看军事阵容,联军似乎有优势:大量的军舰、飞机、高科技地面部队和特种作战人员。但有几个问题:一个是联军特遣队成员来自不同国家的力量:美国和北约联合特遣部队、索马里过渡联邦政府、拥有新海军力量投射的中国军人,以及扩展组件中的俄罗斯人,甚至还包括私人军事承包商。要动员一支特遣队,你必须支付游戏货币"网战积分点"(Netwar Points)。拥有比其他人更多的网络积分可以让你在比赛结束时获胜。失去太多积分,你的努力就会白费。这是现代战争中常见的困境:赢了战斗,但输了战争。网战(Netwar)指数代表你为你的努力调动的总体支持,包括索马里的民众支持、祖国的政治意愿,以及全球媒体(传统媒体和替代媒体,后者包括互联网)的有利报道。

政治支持是许多冲突的一个主要因素。在过去,这在很大程度上是一个由组织和心理活动(即宣传)支持的良好领导的问题。但今天,互联网提供了另一条战线。这是一个几乎每个人都可以参与的前线。在某些方面,它已经取代了冷战时期对广播和电视广播,以及公众示威等有形基础设施的依赖。这场感知之战在互联网通信、博客、自制视频帖子等虚拟领域得到解决。

索马里海盗的网络战(Netwar)指数代表了这一范围的战略终点,但也有战术目的。你有战斗部队,根据他们的动态战斗力和不对称作战能力进行评级。前者用于摧毁敌军,后者用于如袭击和瞄准高价值敌军目标等特殊行动。

玩家可以购买网战标记,代表信息战、战术优势、ISR(情报、监视和侦察)、无人机、黑色行动,以及其他通常不会出现在战斗顺序上的因素。这些是《危机2000》的危机标记的发展。同样,他们使虚拟技术与装甲旅一样可以进行量化和部署。它们是你武器库的一部分,在正确的时间使用它们是决定性的(尽管游戏系统确实提供了偶尔的回击,所以没有确定的事情)。

我对《信息空间旅行者》(Cybernaut)(1996)的控制论战进行了更精细的设计,该游戏由"冲破天际公司"出版。《信息空间旅行者》将基于互联网的不法分子(Netrunners)与全球化的网络安全机构进行对抗。游戏地图分两层:一个是现实世界,展示了全球各地的各种城市综合体;另一个是网络空间展示,它是未来互联网的抽象表现。这个想法是为了让玩家从多层次的操作角度来思考。例如,你扮演不法分子角色,他们擅长在现实世界中作战,但在网络运行方面不如其他人。

网络空间有多个层次,其理念是网络运营商必须渗透到最高层次,以实现各种目标,从引发革命到将思想融入网络本身。网络运行商受到网络安全团队和网络空间内各种防御计划(这些计划使用当时在网络朋克小说中很常见的术语)中追踪现实世界威胁代理的反对。被动程序阻止访问,而主动程序则追踪网络入侵者,使用禁用反馈脉冲对其进行攻击。

为了渗透网络空间,基于互联网的不法分子(Netrunners)需要增强其自动化接口(在游戏中称为"湿件")的能力。这意味着在各种现实环境中进行交互,以获取程序和装备。这反过来意味着在不久的将来,你可以在平凡的街道上冒险,尽管有时你可以在途中找到盟友(例如,你可以控制纳米技术,这可以增强你的某些能力)。这使玩家有机会参与基于互联网的战争模拟,可以在短时间内学习和玩。现在我正在考虑更新Cybernaut(网络虚拟实境体验者)。

虽然我主要从事兵棋设计,但我也参与了计算机模拟的设计。其中一个项目是为美国空军开发的名为《网络战争XXI》(*Cyberwar XXI*),由六边形互动公司(Hexagon Interactive)赞助制作。该游戏从一次模拟冲突中新兴武器系统的影响开始。它包括广泛的规则,用于利用控制论战争选项,利用高科技武器的影响,以及开辟新的战线,让你在不造成大量物理破坏的情况下获胜。游戏还结合了系统战的各种概念,包括针对敌军指挥控制和基础设施的作战。我的灵感部分来自约翰·韦德上校(Colonel John Warden)在兵棋联系会议上关于空中力量和非线性战争的一些演讲。《网络战争XXI》还包括网络干部、代表控制论战专家团队,以及其他全谱操作员的部队。同样,这使网战部队进入战斗顺序。

设计计算机模拟提供了一些与棋盘兵棋不同的方法。计算机程序可以处理,例如计算复杂的心理因素等许多细节,以及提供人工智能代理来运行反对派力量。另一方面,棋盘兵棋在玩家相互互动时提供了人性化的维度。棋盘兵棋的另一个优点是玩家可以轻松对其进行更改;这允许该类兵棋不断更新以及为用户最终目的进行修改。

最近我设计了《新世界秩序之战:基辅》(*New World Order Battles:Kiev*)。这是将在《现代战争》期刊上发表的一个系列中的一部分,我是该期刊的编辑。系统中的游戏在大战术层面展示了从海湾战争到近期的行动。机动部队通常是营级规模,有标准的战斗规则,还有额外的超级战争战术系统。符合超级战争资格的部队可以使用特殊的战斗结果表来提供增强的结果。他们还可以进行"滚动攻击",以使他们能够进行持续的行动。这反映了更高的操作速度——用约翰·博伊德(John Boyd)的术语来说是一个卓越的"OODA"回路,它来自现代网络系统和卓越的培训。一支拥有更高指挥控制水平的部队将能够在敌人采取行动之前完成更多工作。这在《沙漠风暴》(*Desert Storm*)和《伊拉克自由行动》(*Operation Iraqi Freedom*)等游戏中有所体现。在这些战役中,联军可以在对方做出反应之前夺取作战目标。

但它也有一个缺点。玩家有能力对另一方发动网络战攻击。这些攻击可以"摧毁"敌对的超级战争部队,剥夺他们的特殊能力。一支21世纪的军队试图用冷战时期的战术将其消灭。该系统让你思考未来技术的影响。军队表现良好,直到后来出现人员不足的情况,此时你将不得不即兴发挥。技术水平较低的敌人可能会占据上风。

你可以看到这一切在过去几十年里是如何发生的。信息作战和网络战已成为国家安全的主要手段。不对称战争是当前作战的一个主要因素。

所有设计都展示了可以通过兵棋来模拟的诸多方面。这是将经过验证的系统与全新的想法相结合的问题。最重要的是，你可以在厨房的餐桌上设置这些兵棋并进行推演、总结教训，或许还可以将它们应用到现实世界中。

关于作者

约瑟夫·米兰达（Joseph Miranda）目前是《现代战争》期刊的主编。《现代战争》期刊报道当代和近期军事事务，且每一期都包含一篇兵棋文章。米兰达设计且已经发布了200多款兵棋，并在设计团队中参与了多个计算机模拟。他的设计包括各种历史、假设和近期主题，以及目前商业市场和各种国防相关机构的网络中心和网络战操作。约瑟夫·米兰达曾是《战略与战术》期刊的编辑，并曾在各种专业模拟会议（如兵棋联系会议）中担任特邀嘉宾发言。米兰达是前美国陆军军官，他开发并教授大学反恐课程。

第五十七章 计算机兵棋未兑现的承诺

——格雷格·科斯蒂基扬

我想和你做一个实验,但要做这个实验,我必须把你带到一个不同的时间和地点——1979年,模拟出版公司(SPI)的办公室。在当时,该公司是仅次于阿瓦隆山公司的全球第二大棋盘兵棋发行商。

当时的模拟出版公司是一家技术先进的公司,尽管年收入不到200万美元,但它仍然拥有自己的小型计算机——IBM System/3(事实上,当时模拟出版公司总裁詹姆斯·邓尼根在IBM广告中现身,称赞小型计算机在小型企业的实用性)。该计算机主要用于公司会计事务,但也可以在上面玩一些游戏。我们之所以做这样的实验,当然是因为我们是兵棋推演者。

1979年,世界正处于微型计算机革命的边缘,我们深知这一点。苹果Ⅱ型(Apple Ⅱ)计算机已经问世,业界有传言CP/M(计算机程序 / 微处理器)即将问世——很明显,家用计算机的普及只需要短短的几年时间。作为兵棋推演者,我们显然希望在计算机上进行兵棋推演。那不是很好吗? 很明显,答案是肯定的。在美国,游戏市场主要有3个:伴随喧闹的街机;大众市场棋盘游戏——大多是根据电影或电视许可证销售旧的多年生游戏和蹩脚游戏;以及以兵棋和角色扮演为主的业余爱好市场。只有后者才拥有真正可以从计算能力中受益的令人、讨厌的、复杂的、错综复杂的游戏——而且,游戏对较为聪明的人可能更有吸引力,而家用计算机的早期购买者大多为比较聪明的人。

因此,假设我们在1979年,请设想一下,未来的兵棋推演会是什么样的呢? 有什么神奇的东西在等着我们?

当然,我们可以简单地拿一些现有的棋盘兵棋来制作其计算机版本,在屏幕上显示六角形,并且使用键盘命令移动它们并命令它们攻击,但那又有什么意义呢? 你可以在桌子上完成这项工作,而无须花费数千美元的硬件费用。不,未来的兵棋推演肯定会利用计算机的独特能力来推进最先进的技术,完成一些非常新颖和不同寻常的事情。

那么,它可能意味着什么? 让我们首先分析棋盘兵棋的缺点,以及计算机是如何纠正这些缺点的。

一方面是关于六角格地图的。棋盘兵棋采用六边形是因为它们比方形网格的距离失真更小,当然这设计略显杂乱无章;现实世界不是网格化的,而是具有连续的位置和运动。原则上,你可以进行棋盘兵棋推演,在其中测量距离,并相应地移动部队(实际上,这正是你在微型兵棋推演中所做的),尽管这会有点麻烦。虽然如此,计算机兵棋推演应该能让我们摆脱网格。毕竟,对于计算机来说,执行距离计算是微不足道的,可以轻松实现。

计算机兵棋还有一个很大的优势。在基于六角格地图的兵棋中,每支部队都占据一个六边形,但这不是现实世界部队的行为方式。在近距离城市战中,一个团可能占据几个街区,城市冲突可以在非常有限的区域内聚集大量军队,例如斯大林格勒就是这种状况。相反,一个团也可能占据农村地区数英里的前线。换句话说,军队部署不太可能是正六边形,一个部队的活动范围不是方方正正的。他们可以专注于一个小目标,也可以向外扩展(不是无限地扩展),因为在延长线上,你希望每个人或每支小队都与线上的下一个单元保持联系——尽管有时距离很远。计算机兵棋也让我们摆脱了纸板算子的束缚,它使我们能够以更灵活和现实的方式处理部队的活动。

就此而言,整个六边形地图会让计数器的存在只是为了实现模拟棋盘游戏中的军事冲突。这并不是人们在描绘军事历史时使用的唯一比喻。以西点军校地图集为例,它们通常通过绘制前线并将其划分为单位扇区来显示正在发生的事情,比如利用箭头表示攻击等。一款数字兵棋完全可以采用这个形象的比喻方式,它非常适合模拟第二次世界大战中的东部战线。你可以想象将部队分配到各个区域,也许在前线上下调动各部分边界,将某个部队调整为预备队,但整个棋局部署是战线、陆军集团和分配给它的部队,战斗的结果不是一个部队进入六边形,而是一条战线向前或向后移动。

这只是描绘军事冲突的第一个也是最明显的替代隐喻。当然,还有很多其他的方面,计算机兵棋的富有想象力的设计师未来肯定会发明完全新颖和有趣的方法来实现更多的功能。

棋盘兵棋在战争迷雾方面做得也不是很好。当然,当你和你的对手坐在一张桌子旁,盯着棋盘,你怎么能隐藏任何东西呢?但是,有一些游戏可以尝试。比如在《魁北克1759》(Quebec 1759)(1972)中,你的部队是面向你的木块。在《类战略》(Stratego-like)中,你的对手在进攻之前不知道你的实力,或者在《古德里安装甲集群》(Panzergruppe Guderian)中,所有俄罗斯部队的战斗力都用问号代替,只有当他们进攻时才会翻转木块以显示他们的真正价值——在此之前玩家都不知道他们的实力。但是棋盘兵棋中的战争迷雾很难,而计算机游戏中的战争迷雾很容易实现。

不仅仅是"我们看不到那座山脊"意义上的战争迷雾。想象一下你自己在美国内战期间指挥宾夕法尼亚州的一个团。你遇到了一些困难。对手到底只是一个来自南方的团,还是某个重要地区军队的先遣部队?你面临着两难的境地。对敌人采取正确行动的关键取决于问题的答案,但你无从得知。因此,所有棋盘兵棋本质上都是不切实际的,因为当你坐下来玩的时候,你知道的信息太多了。如果这个游戏叫做"葛底斯堡",你就很清楚你将要探索美国内战中最重要的一场战役。但从历史上看,只有当双方都不知道这是一场重大的战役时候,才能真正理解双方在战争第一天的行动。

想象一下,重新创造那种不确定性的兵棋;比如说,美国内战兵棋,但是每个新游戏的条件都是在游戏开始时按程序生成的。因此,就如同真正的指挥官一样,你永远不知道自己会陷入何种境地。这难道不会对指挥的艺术和游戏模拟的战争条件产生新颖而且有趣的见解吗?

如果说我们真的从第一次世界大战和第二次世界大战中学到了什么,那是因为在战争开始时,没有人知道"蹲坐"是什么意思,因为工业时代的技术变化如此之快,基于前一次战争条件的假设必然是错误的。第一次世界大战开始时,大多数人都认为战争会很短暂,很快就会结束。大家都抱着"在树叶落下之前回家"的幻想。机关枪给防御带来了巨大的优势,工业化国家可以数年在战场上维持大量的军队。在第二次世界大战开始时,只有极少数人意识到,大规模部署的坦克加上空中支援可以摧毁过去坚固的防线。远离围城战争的世界,我们现在身处闪电战的世界,这是一场规模浩大的运动战,以历史上前所未有的速度推进。

所以,在考虑下一场战争时,假设是20世纪80年代的战争(未来从1979年算起),我们真正能得出的结论是,它可能与第二次世界大战的情形完全不同。然而,这或多或少可能是某些地区正在计划的。以后若仍有战争,会有什么不同吗?这很难说。也许步兵装备的反坦克武器足以削弱坦克进攻,我们又回到了堑壕战。也许未来战场的主导武器将是直升机。实际情况会怎样很难确定,但一个好的模拟或许应该考虑到所有的可能性。你无法在棋盘兵棋中做到这一点,但在计算机兵棋中······如果武器和部队的相对有效性在游戏开始时就已通过程序确定,但在发现之前玩家不知道怎么办?如果每款游戏都不一样,因为条件会不同,那会怎么样?也许玩家可以选择在开始游戏之前决定条件来探索各种"假设"。

当然,计算机的另一个优势是能够执行复杂的计算,这在棋盘兵棋中是不现实的。棋盘兵棋通常使用战斗比率解析表:将攻击者的力量表示为与防御者的比率,在桌子上找到这个比率。掷骰子,并交叉参考掷骰子和比率以确定结果。但这本质上会将一支部队的作战效能降低为一个单一的数字。平心而论,我们做了一些事情,比如某些类型的地形中给某些部队带来优势,但我们仍然在表达一些东西。实际上，这是一件非常复杂的事情——一支部队在战斗中的效力并非是一个单一的数字。相比之下，像特雷弗·杜普伊(Trevor Dupuy)(1979)这样的理论家写了整本书来探索不同条件下军事效能的数学。考虑到武器的火力和速度、训练和战斗经验、士气、有效人力、姿势和地形等各种因素，提供确定部队有效性的启发式方法。如果有一款棋盘兵棋试图做到这一切，让玩家在每次解决攻击时都解决微积分问题，那将是荒谬的。但你肯定可以在计算机兵棋中这样做。困难不在于执行计算，相反，困难在于向玩家说明结果的原因，明确结果是由于先前攻击中的人员伤亡，或者在这种地形中无效，或者在这种情况下的任何关键因素造成的。换句话说，这是一个用户界面(UI)问题，系统的潜在复杂性本身并不是问题。

因此，毫无疑问，未来的兵棋一定会有极其复杂的算法，提供更加真实和复杂的战争模拟。

执行复杂计算的能力也会产生另一个影响。在棋盘兵棋领域我们已经突破了合理或可行的界限。模拟出版公司发布了一款名为《北非战役》(*Campaign for North Africa*)(1979)的怪物兵棋。它非常复杂，以至于它可以跟踪北非战役中的单个飞行员，处理单个营的用水量，并要求你确定并持续提供战俘营的位置。这需要保存大量的记录，以至于在你玩这款兵棋时，你必须复印多个表格并花费大量时间来记录和更新所涉及的数据。事实上，当这款兵棋在模拟出版公司办公室进行游戏播放测试时，带有表格的马尼拉文件夹被用图钉钉在播放测试室的墙上。这些表格实在是太多了，以至于有人添加了另一种表格："申请表格的表格"。这是一个拥有前所未有的深度和复杂性的游戏，但也是一件完整的苦差事。你必须足够疯狂才能有勇气体验这款兵棋，真的！但我们完全可以在计算机游戏中做到这一点：记录大量数据、频繁更新、执行复杂的计算。你可以想象一个生产系统，在这个系统中，整个经济体都在不断地更新，或者一款游戏，在这款游戏中，我们摆脱了基于回合的隐喻，让事物实时移动，不断更新士气的变化等。如果你有一台足够快的计算机，你甚至可以扩大规模：模拟整场第二次世界大战，而不仅仅是北非战场。其结果可能仍然非常复杂，人们很难理解，但它将以一种北非战役所不具备的方式发挥作用。

那么，多人兵棋呢？当然，在微型计算机上实现这一点很难，但在1979年，我在纽约大学的Vaxen网站上玩《帝国》多人兵棋，对于纯文本游戏来说，这的确很酷！当时还是处于使用调制解调器的时代。将来有一天，肯定会有大型多人兵棋。那会是什么样子？想象一下，与成千上万的人一起玩整款第二次世界大战兵棋，也许每位玩家都指挥一个营，你必须与你的团长和师长协调，他们与陆军集团协调，后者再与最高指挥部协调。那很好玩吗？好吧，那么，让我们进入休眠，快进到21世纪吧！到那时看我们会怎么样！

我们的兵棋又会是什么样子？让我们来看看今天的畅销书排行榜。两个版本的《使命召唤》（2002至今的系列）和《战地4》（2013）。开火！唉，我只是一个拿着枪跑来跑去的士兵。当我受到伤害时，健康包会帮我修复。一颗子弹显然只是在损害我的健康，而不会让我尖叫着倒在地上呻吟着喊医生。嗯，这很现实。不！

考虑一些你可能期望在小组战术中处理的关键元素，事实或多或少是这些：

• 指挥链。一支小队由一名中士率领，他通常接受一名中尉的指挥，中尉指挥几支小队。也就是说，在八人左右的一队士兵中，一个人会发号施令。第一人称射击游戏通常是混乱的交火，化身之间的任何协调都基于基本的AI，或者在多人游戏中，玩家之间通过语音聊天进行交流。指挥链几乎不是重点。

• 地形和掩护。大多数固定模型都提供了掩护，所以这里有一些因素，但正确使用地形掩护、斜坡防护等并不是主要因素。

• 联合武装战术。无。

• 部队协调、分队和掩护火力。虽然这是可行的，但由于缺乏对指挥链的关注以及玩家间的交流，它几乎从未发生过。

• 临时防御，无论是防御工事还是沙袋屏障和铁丝网之类的东西。无。

• 供应和弹药限制。无。

从本质上讲，第一人称射击游戏的常见比喻降低了现实感甚至真实感。没有任何魔法健康包可以让你在现实世界中的交火中恢复健康。被子弹击中并不会损害你的健康，你依然能够继续战斗。如果你碰巧在某处找到掉落的武器，则不太可能是装满子弹的。毕竟死人不会重生。

这些不是兵棋，他们是第一人称射击游戏，这类游戏带有薄薄的战争装饰。他们所带给你的历史知识、战略或军事冲突的性质都是凤毛麟角。没有任何反对观点认为他们的游戏不应被称为游戏，但是，虽然战争作为主题可能有市场，但战争作为模拟、战争作为历史、战争作为战略学科却无处可寻。模拟和现实主义，或真实性，是兵棋美学的一部分。当然，这不是全部，因为我们仍然希望我们的游戏很有趣，但是如果某些事情只是荒谬的，如果它很有趣，如果它真的打破了禁锢，让我们可以暂停我们的怀疑并假装我们正在经历军事冲突是替代性的，那么它在兵棋中就没有立足之地。哪些兵棋不是这样的呢？

也许我们找错了地方。以年度收入排名前十的手机游戏《部落冲突》（*Clash of Clans*）（2013）为例。我们试试吧。想象一下玩家的村庄是什么样子的，至少如果他对这个游戏的运作方式有一些了解的话，每幢建筑物都应被墙包围，因为墙会减缓攻击者的速度，而到处都有墙可以让你的防御塔有更多时间来攻击进攻者，并削弱其力量，从而有利于你的防御。

但从模拟的角度来看，这太疯狂了。从来没有中世纪的防御工事是这样的。防御者如何在受到攻击时相互沟通并得到支持？换句话说，这是游戏性的；"到处都是墙"。这一设定脱离了《部落冲突》系统的本质，它更违反了历史性。任意系统迫使玩家采用与任何真实事物无关的策略。玩起来可能很有趣，但是……这不是兵棋。这无非又是一种在任意游戏之上的军事贴膜。

好吧，也许《部落冲突》不是贴切的手机游戏的例子。那么《波姆海滩》(Boom Beach)呢？这至少看起来更像是一场兵棋推演。有小士兵和登陆艇，图形看起来有点像美国海军陆战队。你可能会在第二次世界大战的太平洋战区看到这样的场面。而《波姆海滩》确实提供了一种《部落冲突》所缺乏的玩家意志元素：如果你的部队开始做一些愚蠢的事情，你可以发射信号弹来为他们指定一个首选目标。

但除此之外，它与《部落冲突》的基本框架相同。兵攻不守，岛守塔防。战斗基本上是石头剪刀布：火焰喷射器对步兵很有效，它会造成严重的伤害，致使生命值降低，但它对重型武器无效，对你的其他部队来说它是肉盾。这是现实吗？我换个说法，0.45毫米子弹穿过你的大脑，你就必死无疑。做大量的俯卧撑不会让你获得"更多的生命值"，并因此而拯救你。是的，一些设计思想已经使这款具有各种可能策略的"平衡"游戏成为可能，但是在编写第一行代码之前，真实性和模拟值就被抛在了一边。

那么实时战略如何？第一次启动《帝国时代Ⅲ》(Age of Empires Ⅲ)这款兵棋时，无疑是一个非常"嗨"的时刻：精美渲染的士兵、帆船和攻城战车。幻觉！这里肯定显示出一定程度的历史研究，对时代细节的关注。我们关于从回合制游戏转向实时动作的能力的推测显然是正确的。令人惊讶的是现代电子游戏可以如此美丽！1979年，有了黑白位图和64k内存的计算机，21世纪的计算机图形几乎是超出想象的。

然而，从一开始玩，你就知道这是一个战争主题的游戏，且并没有真正关心模拟。资源收集和基地建设元素是虚假和不相关的。多人游戏是一种经济冲击，胜利属于对全局掌控最好的玩家。地形几乎没有影响，没有指挥等级，没有使用编队，没有野战防御工事——这些都是古代世界战争的关键要素。

这是大众市场，大众市场的东西总是最小的公分母。让我们来看看实际作为兵棋销售的东西。所以我们发现自己在Matrix Games网站上浏览，在那里我们找到了六角格地图的兵棋，以及分布在地图上的部队。天呐，是真的吗？这么多年之后还能见到吗？还有什么不妥吗？好吧，我明白了，是兵棋玩家变老了，很难找到时间和其他人一起玩，而且计算机就在那里，根据自己的日程安排玩一些游戏的能力是有价值的。但是如何……好吧，只是为了在数字游戏中重新创建桌面体验。

就没有打破六角格地图的兵棋吗？当然有！例如，加里·格雷斯比(Gary

Grigsby)的《战争世界》(*World at War*)(2005),确实是一款相当不错的兵棋。但你知道,它奇怪地让人想起游戏《轴心国与同盟国》(*Axis & Allies*)(1981)。这款兵棋比那款游戏更好更逼真,你的兵棋基本上是塑料士兵和航空母舰,这里至少有一个模拟,但棋盘兵棋的印记清晰可见。

回合制战略兵棋,例如《X-COM:飞碟》(*X-COM：UFO*)和《铁血联盟2》(*Jagged Alliance 2*)等回合制战略兵棋也不使用六角格地图。然而,它们直接模仿了同时移动的棋盘兵棋,比如《狙击手!》(*Sniper!*),其中玩家为他们的部队写下命令,然后显示回合的结果[①]。同样,在回合制战略兵棋中,你向你的部队下达命令,并编辑它们直到满意,然后提交,之后你观察对方部队对你角色动作的实时反应。这样做的好处是摆脱了"我动敌动"的(Igo-Ugo)动态,这当然提高了现实感,但代价是将战争的混乱和恐怖变成了一款奇怪的象棋般的战略游戏,在其中你思考和计划你的动作,然后实时观看混乱。显然,这不是战斗的实际运作方式。

那《钢铁之心》(*Hearts of Iron*)(2002)又是如何呢? 这更有希望:它具有我想象的那种规模和复杂性,潜在的经济和系统需要足够的连续计算,你无法合理地以纸面形式重新创建这个游戏。这显然是我们见过的最令人印象深刻的尝试,但它也远不是一个好的模拟。你可以扮演罗马尼亚并征服世界——这太荒谬了! 很明显,最初的设计意图是模拟第二次世界大战,但是当他们的系统影响使他们走上完全愚蠢的道路时,开发人员并没有真正退缩的愿望。毫无疑问,他们互相告诉对方,这只是一场游戏。没错,当然,但历史性应该算数。

还有什么?《坦克世界》(*World of Tanks*)(2011)。至少在这里,我们注意到了游戏中可用的许多不同装甲车的特性,你可以真正感受到装甲车与T-34(坦克)之间的区别。但这远不是对装甲战争的复杂模拟——它主要是一群人开着坦克互相攻击,这是一种带有坦克的第一人称射击游戏。它本身就很有趣,但它从来不会让你像一个装甲指挥官那样思考,也不会让你觉得自己是一场绝望的军事斗争的一部分。尽管如此,游戏还是要尝试一些新颖的东西,而你确实需要3D世界和第一人称视角来提供一些东西。

然后是全面战争:《罗马Ⅱ》(*Total War:Rome Ⅱ*)(2013)。终于有一些可以识别的兵棋了,并且它们做了一些在桌面兵棋中很难或不可能做到的事情:大量单独动画化的士兵根据群集算法排列成群,你作为指挥官能够发布命令,基本上就像你可以点击鼠标一样快。它可以在视觉上令人震惊(但通常不是这样,因为你把视野放大到足够远,你可以看到整个战场上发生的事情,而不是放大到惊骇的程度),而部队采用不同阵型(锁定盾牌等)的能力给人一种罗马战争的真实感觉。在模拟逼真度方面也有一次真正的尝试,侧翼攻击和部队士气等方面发挥着关键作用,尽管这当然是有可能的(野战壕沟是罗马战争中的一个主要因素,在这里很少受到重视)。这场战略游戏很可笑,与罗马贵族阶级的实际担忧或其经济支持无关,但这或许是可以原谅的,因为它实际上只是一种为下一场战斗创造条件的机制,而战斗中每时每刻的游戏也很有说服力。可以肯定的是,它没有解决古代战争中一些重要的元素(比如需要向单位发出信号或派遣信使给他们下达命令),但任何模拟都必须关注它想要最深入地引出的元素,并掩盖其他元素,试图模拟一切是愚蠢的游戏。

换句话说,考察与战争有某种联系的现代流派,他们分为两个阵营。我认为其中一个不属于兵棋,它们是以战争为主题的,但它们的基本游戏并不是出于模拟主义的冲动,它们的设计者也不觉得有必要创造一些表达历史现实的人工制品。我们有《厄运》(Doom)(1993)和《地震》(Quake)(1996),所以一些开发者决定采用第一人称射击游戏的惯例,并将战争主题应用其中——《战地:1942》(Battlefield: 1942)(2002)。我们有《沙丘Ⅱ》(Dune Ⅱ)(1992)和《魔兽争霸》(Warcraft)(1994)。设计师决定应用军事主题,因此我们有了《帝国时代Ⅲ》(Age of Emipres Ⅲ)(2005)等。这些都是不错的兵棋,但它们并不是真正有意义的兵棋。

另一组确实源于模拟主义的冲动:基于六角格地图的兵棋、回合制战略,如《钢铁之心》(Hearts of Iron)等大型战略兵棋,以及《全面战争:罗马》(Total War: Rome)等实时战斗兵棋。然而,从1979年的是实际情况看,只有《全面战争》是一项令人印象深刻且新颖的成就,尽管《钢铁之心》确实是我们本可以预测但无法在桌面上实施游戏的一个例子。

总而言之,你看着兵棋在35年里的发展过程会想:嗯,这里有一些新颖而令人兴奋的发展,但从根本上说,这一切似乎都令人失望。打破常规、想象数字技术如何实现全新的游戏风格、试验和寻找模拟战争的新隐喻的努力很少。就好像电子游戏根本不是一种艺术形式,好像产品如果有任何设计风险就很少被开发,好像是商业而不是创造力统治了世界。

哦,等等……

好吧,这不就解释清楚了吗。

我们还能做什么呢?你可以采用我在本章开头提出的一些想法并付诸实践:将前线作为隐喻,使用程序生成的战斗条件来模拟冲突开始时的不确定性,用迷雾推动边缘战争。作为埃尔文·隆美尔(Erwin Rommel)在阿盖拉(El Agheila)的战役中获胜如何? ——这是一款第一人称视角游戏,但不是射击游戏(或者如果它是这样的话,你的保镖让你离英国人太近了),观察发生了什么,发号施令,你的存在提高了男人们的士气吗? 一款以16世纪为背景的大型多人游戏怎么样?玩家可以是从奥斯曼帝国直至德国的任何君主?第一次世界大战的一款游戏如何?它以一种真实的方式描绘了小队级别的战斗,当你的士兵像蜉蝣一样坠落在机关枪子弹的冰雹中,哀嚎求救,他们痛苦的哭声一直持续到你自已死在铁丝网上,再也听不到他们的声音了。

以数字形式表现军事冲突的有趣方式是难以想象的,我们也没有在可能的情况下远程发出改变的声音。这里有一个巨大的设计空间需要探索,而我们基本上无法探索,在这个时代,所有的游戏开发都必须是AAA级的,目标是数百万份的销售。但在独立发展游戏世界里,以较低的预算进行探索和实验是完全可行的,其目标是针对特定的玩家群体。

既然这样,那就开始干吧!

关于作者

格雷格·科斯蒂基扬(Greg Costikyan)设计了30多款商业出版的棋盘兵棋、角色扮演游戏、计算机游戏、在线游戏、社交游戏和手机游戏,其中包括五款原创奖(Origins Awards)获奖游戏。格雷格·科斯蒂基扬是冒险游戏名人堂的入选者,并因"对独立游戏的不懈推广"而获得国际兵棋开发者协会(IGDA)的特立独行奖(Maverick Award)。目前,格雷格·科斯蒂基扬是"Boss Fight Entertainment"公司的高级游戏设计师。他著有《游戏中的不确定性》(*Uncertainty in Games*)(麻省理工出版社,2013)一书。格雷格·科斯蒂基扬曾在哥本哈根国际电信联盟、赫尔辛基艺术与设计大学、伦斯勒理工学院(RPI)和纽约州立大学石溪分校等大学讲授游戏设计,他的著作被用于全球的游戏研究课程。除了学术著作外,他还为《华尔街日报》《纽约时报》《沙龙》《游戏开发者期刊》等出版物,以及"Gamasutra"网站撰写了有关兵棋、兵棋设计和兵棋行业商业问题的文章。格雷格·柯斯特恩创立了国际兵棋开发者协会纽约分会,并且已出版四本科幻小说。他的个人网站可以在www.costik.com查到。

注释

①*X-COM:UFO* 明确表示确实如此。朱利安·戈洛普(Julian Gollop)说他的灵感来自《狙击手》(1973)。

第五十八章　平民伤亡:《我的战争》中的视角转变

《我的战争》(*This War of Mine*)(2014)是一款由11点位工作室(11 bit studios S.A.)开发的计算机端视频游戏,其版本计划用于其他平台。我负责游戏的部分设计、故事和写作。该游戏基于公司首席执行官格泽戈茨·米乔夫斯基(Grzegorz Miechowski)的原创概念,由米哈特·德罗兹多夫斯基(Michat Drozdowski)担任设计总监、普热米斯塔·马尔扎特(Przemystaw Marszat)任艺术指导、巴托斯·布佐斯特克(Bartosz Brzostek)指导技术开发。该游戏开发领军人是首席设计师拉法特·沃托塞克(Rafat Wtosek)、头牌艺术家多米尼克·齐林斯基(Dominik Zielinski)和王牌程序员格泽戈兹·马祖(Grzegorz Mazur)。游戏故事和写作是由马切伊·斯科拉(Maciej Skora)、沃伊切赫·赛特拉克(Wojciech Setlak)和我本人亲自完成的,设计团队的其他成员也提供了帮助。

《我的战争》的目标与大多数利用战争环境的游戏不同,它关注受冲突影响的平民及其生存斗争。在本章中,我将解释团队在这一前提下的做法,以及《我的战争》与其他兵棋的区别。我还将详细介绍游戏的设计过程,以展示实现这一特定目标的方法。

一、在小说中描绘战争

从游戏的历史开始,战争就一直存在于游戏中。值得注意的是,即使是第一款广为人知的电子游戏:《太空大战》(*Spacewar*)(1962),其标题中也有"战争"字样①。然而,在这一章中,我将通过明显的梦幻场景,只对受现代和历史冲突启发的兵棋进行讨论。在这个范畴中,第一个值得注意的标题很可能是1974年发布的简单街机游戏《坦克》(*Tank*)。从那时起,受战争启发的游戏随着整个行业的发展而发展,产生了无数不同类型的兵棋,并利用了不同的设置、主题和逼真度。一些最受欢迎的类型包括实时战略兵棋,如《英雄连》(2006);实时战术兵棋,如《突击队》系列(1998);大战略兵棋,如《全面战争》系列(2001)或射击游戏,如《使命召唤》系列(2003)等。然而,尽管存在这些多样性,但游戏在某些军事方面的关注是同质的,玩家总是以少数传统角色之一直接参与冲突:士兵(或者更具体地说,是"英雄士兵",如流行的军事射击游戏中的士兵)、指挥官(主要是战略兵棋中的指挥官)等。它们通常不会超越简单的权力幻想和"赢得战争"的主题,而冲突的间接、非军事方面大多被忽略。

值得注意的是,这种同质性在电影、文学或漫画书中并不存在。数十部作品围绕着视频游戏中罕见或根本不存在的主题展开,如战争的荒谬(在小说《第二十二条军规》中)和创伤后应激障碍(在一部动画纪录片《巴希尔与华尔兹》中)。平民的生存是一个特别广泛的话题,诸多媒体都有非常值得称赞的例子;如电影《钢琴家》(*The Pianist*)(2002)、动画电影《萤火虫的坟墓》(*Grave of the Fireflies*)(1988)和《非军事区》(*DMZ*)(Wood 2005–12;72期连环漫画集,故事发生在虚构的内战期间)。

二、描述《我的战争》

《我的战争》承认战争视频游戏的主题缺乏多样性。它由一段预告片视频引入,该视频首先显示士兵们在战斗,然后迅速切换到隐藏在一座被摧毁的建筑中的平民②。游戏的口号也强调了这种方法:"在战争中,不是每个人都是士兵"(游戏预告片中的静态图像见图58.1)。

图58.1 游戏预告片中的静态图像

(注:这一观点出现在士兵在战场上战斗的画面之后,紧跟其后的口号是:"在战争中,不是每个人都是士兵"。)

"普通人在战争中挣扎求生"的经历是《我的战争》的核心，并决定了其游戏性。因此，早期的设计师决定不描绘任何特定的流派，而是从不同的流派中选择特定的元素来强化这种体验。我们使用了战略和战术游戏（资源管理）、盗贼（永久死亡）、模拟人生（角色）、隐身游戏（危险回避）和冒险游戏（世界互动）等功能。此外，我们不希望它成为一款情节驱动的游戏，因此我们更多地依靠游戏机制、高水平的玩家自由度和随机内容来制作突发事件。

《我的战争》算是兵棋吗？它发生在战争环境中，并包含战略要素。然而，它并没有反映军事行动，这在"兵棋"的共同理解中是一个合理的要求。这里我想提及维基百科关于兵棋的条目，维基百科中目前使用"冲突模拟器"作为"兵棋"的同义词。它还指出："尽管对于某一特定游戏是否符合兵棋的资格可能存在分歧，但普遍的共识是，所有此类游戏都必须探索并表现与战争行为直接相关的人类行为的某些特征或方面，即使游戏主题本身不涉及有组织的暴力冲突或战争"。

根据这一定义，《我的战争》应该被称为兵棋，尽管它并不直接涉及战争，但是它模拟了冲突的一个特定方面，并代表了与之相关的人类行为特征。

三、在战争中构建城市

该游戏最初的灵感来源于《地狱中的一年》（"One Year in Hell"）③一文，该文的匿名作者据称在波斯尼亚战争期间（1992年4月至1995年12月），在一座被围困的城市中生活了1年。我们意识到这一主题从未出现在视频游戏中，尽管互动媒体似乎特别适合传递关于现实生活中生存的信息。然而，这个微妙的问题必须以严肃、现实的方式来处理，因此我们决定对历史上的各种冲突进行广泛的研究，特别关注城市围困以及它们如何影响居民的生活。

在研究的早期阶段，我们考虑将游戏建立在实际历史冲突的基础上，但这一想法很快被放弃，以免造成游戏只谈论特定事件的印象。所以决定创造一个被围困的虚构城市，其中包含我们所研究的各种冲突的元素。这项任务的难点在于使环境有趣但又不能过于具体之间的平衡。

最有用的信息来自波斯尼亚、科索沃、车臣、利比亚，以及叙利亚发生的事件。我们决定主要依靠现代冲突，因为这些冲突被记录得很好。然而，在某种程度上，我们也受到了过去事件的启发。由于我们的工作室位于波兰的华沙，我们深受有关波史坦尼·华萨夫斯基（Powstanie Warszawskie）和鲁宾逊漂流记等故事的影响④。

但这场地雷战的最大灵感来自对萨拉热窝的围困，多人在此期间丧生。我们研究了关于围城期间人民命运的书籍，如芭芭拉·德米克（Barbara Demick）的

《洛加维纳街：萨拉热窝社区的生死》(*Logavina Street：Life and Death in a Sarajevo Neighborhood*)(2012)和兹拉塔·菲利波维奇的《兹拉塔日记》(*Zlata's Diary*)(1993)，以及许多其他采访和文章。我们还与一位小时候生活在被围困的萨拉热窝，名叫埃米尔·塞里莫维奇(Emir Cerimovic)的人接触。他体验了这个游戏的早期版本，并就如何提高其可信度提出了宝贵的建议。

出于开发的目的，我们创建了一个非常详细的描述，从几个世纪前开始，详细描述了游戏发生的国家，以及导致玩家经历冲突的历史时间线。简而言之，《我的战争》发生在一场内战期间，该城市处于事件的中心，已经被围困了几年。大多数建筑物都被破坏，街道空无一人，食物、水和电力都短缺。普通民众被困在军队和分离主义者之间，不属于交战双方。游戏开始时，有人声称战争即将结束，但与此同时，战斗正在加剧，物资短缺变得更加严重。

我们的目标是让这座城市感觉真实。因此，尽管它的意义是普遍的，但受东欧(包括波兰)和巴尔干半岛的启发，我们决定在建筑和人物名称上使用微妙的文化元素。

需要强调的是，创建详细的故事不是为了成为游戏的一个独立功能，而是为了让团队保持游戏世界的一致性，并为游戏期间的事件创建基础。玩家不需要了解冲突的原因或该地区的历史。然而，如果他们好奇，一些细节可以通过游戏内容来了解，比如角色演讲或特定地点的笔记。这种方法反映了我们所遇到的故事中的人们通常是如何看待战争的：他们不理解陷入困境背后的所有潜在原因，更关注的是他们的日常生存。

通过研究原始资料，我们很快发现了一种与我们的一些直觉假设相矛盾的特殊生存策略：群体的重要性。幸存者的故事通常讲述家人、朋友或邻居的共同努力。同时，分裂往往会加剧。亲密的群体变得更加亲密，但不同群体之间的不信任甚至厌恶加剧。

我们决心在游戏设计中体现这一点。因此，从一开始，我们就拒绝了单一主角的想法，而是支持管理一个团队。类似的原则也适用于非玩家角色(NPC)，玩家经常会遇到与他或她负责的团队相似的其他团队。

玩家组中的个体大多是如教师、消防员、养老金领取者和学生等普通人。他们中的一些人可能会脱颖而出，比如逃兵或名人，但没有一个人能够独自生存。情况与非玩家角色相似：玩家会遇到家人、朋友和邻居团体，很少遇到帮派或军队。目标是在冲突期间创建一个真实城市的基本模拟。

我们遇到了包括财产损失、盗窃和谋杀等大量真实的故事，但也有关于生存的意愿、陌生人的善良和难以想象的解脱的故事，我们决定将它们融入游戏的叙事中。例如，其中一个玩家角色是一名足球运动员，他讲述了一场业余足球比赛如何在战争期间鼓舞士气的故事。灵感来自芭芭拉·德米克的《洛加维纳街》

（*Logavina Street*）（1996）的一个特定情节。另一个角色大致基于小说中描述的德丽拉·拉切维奇（Delila Lacevic）的故事（另参见 Demick，2012）。她在萨拉热窝失去了父母，她的弟弟被疏散到美国。战争期间她也计划搬到美国。游戏中的一个重要部分：在偏远地区寻找补给见图58.2。

图58.2　游戏中的一个重要部分：在偏远地区寻找补给

（注：其中一个地方是一家废弃的超市，据说士兵经常光顾这里。）

当然，我们的灵感并不仅仅局限于萨拉热窝的故事，还包括有关华沙起义的记载，比如在一些地方可以发现的笔记；起义期间有一种为亲友准备便条的习俗，这些便条通常由童子军传递。

我们围绕邻里团结的概念设计了一个完整的游戏机制。在游戏中，参与者的庇护所经常会有邻居来访，例如，一个亲戚需要药物的人，或者一个想分享他在花园里砍树收集柴禾的人。

最终，我们从研究中得出的最重要结论是，无论何时何地发生冲突，人们的行为都非常相似。但是，当人类的基本需求无法保障时，人们往往会改变，平时期适用的许多社会规则也会失效。

四、设计平民斗争

我们很早就决定不把我们能想到的每一个事件都表现出来。我们避免钻研某些细节，因为我们知道这些细节不仅可能无法支持主题，甚至可能会分散我们的注意力。例如,媒体经常问我们是否要包括特定类型的暴力。在团队内部,我们经常就这类有争议的话题进行辩论,以明确界线应该确定在何处。其中一些主题被拒绝只是因为我们的研究未能证明它们是真实的。

最终,我们决定游戏不需要将某些信息传达得过于明确,因此我们没有选择字面上包含暴力的内容。另一方面,我们想出了更微妙的方法来处理其中一些问题,以保持其重要性,比如在人物对话中加入这些内容,或者在屏幕外创造场景。

我们试图找到能够代表许多冲突共同方面的游戏性手段,避免那些可能造成游戏只涉及特定事件印象的手段。这些决定反映了我们所研究的冲突期间人们的生活方式,并且将游戏明确划分为白天和晚上两个时期。

在白天,一组玩家管理通常是3~4名幸存者,每个人都与众不同,通常都有适合团队利用的特殊技能。在游戏开始时,他们刚刚找到了一个避难所——一幢被毁坏的建筑。他们计划在那里一直呆到战争结束。他们不敢在白天离开建筑,因为害怕军队,尤其是狙击手的存在。这个阶段的游戏图像是二维的,从侧面显示建筑和人物。玩家选择角色并实时被指定完成任务(避难所见图58.3)。

图58.3　避难所

(注：这是玩家角色居住的地方。在这里，玩家管理补给、满足角色的需求，并使用收集的材料制作物品。)

这个阶段主要是为了满足角色进食、治疗伤口和休息等基本需求。在游戏设计中,这是一个资源管理阶段,资源是角色、拥有的物品(如食物、药物或绷带)

和时间。另一项重要的日常活动是改善这幢大楼，它在开始的时候设备简陋。角色可以使用收集的材料建造如床、炉子等各种物品。早上，也可能会有另一个角色拜访团队，例如需要帮助的邻居或提供易货机会的邻居。

在这一阶段，玩家可以选择的活动反映了人们在这类活动中的生活是如何被简化为最基本的原始形式的，即使满足人类的基本需求也是一个挑战。

夜间则以一种不同的模式开始，玩家从菜单屏幕中可以选择小组的夜间任务。在游戏中，角色可以睡觉，但也可以指派一个人守卫这个地方，以防攻击团体的到来。一种特殊的任务是派一个人去拜访城市中选定的地方。此决定导致再次切换到二维实时模式，以允许玩家在远程位置（如另一个房子、公共建筑、废墟或其他城市位置）控制所选角色。

在这样的旅程中，最重要的任务是找到如食物、药品或建筑构件等可用的物品。获取这些信息的方法有很多，包括交易或因帮助他人而获得奖励等。做出这些决定的自由是游戏的一个重要特征，我将在本章后面的部分进行详细阐述。

游戏的这一部分可能是最困难的。每当角色去寻找补给时，他可能会受伤甚至死亡，并且他可能无法带回家任何有用的东西。这一阶段的设计受到真实幸存者努力寻找基本补给故事的强烈影响，玩家有时会被迫以和平时期他们无法接受的方式在游戏中行事。

自由做出决定是游戏体验的重要组成部分，并影响游戏的各个方面。玩家决定谁的需求在小组中排在第一位。他们自主选择拜访的地点和获取物资的方式。可以通过包括交易、互帮互助等方式接近其他角色。游戏不会提示玩家要去做某一件事而非另一件事。

在机械层面上，玩家角色和非玩家角色之间的互动非常简单，主要依靠动作而不是对话。携带武器入侵陌生人的房子很可能会让他逃跑或试图驱逐玩家角色。向他展示自己的商品可能会说服他进行交易。当受到袭击时，他可以向其他居民求助。其中许多行为是复杂人工智能（AI）系统的紧急结果，由地点（如私人住宅或废弃废墟）、角色（如平民或士兵）和玩家行为的交互作用产生。

这些决定的后果各不相同。玩家不仅可以明显地影响他们控制角色的生活，还可以影响非玩家角色。一个被攻击的人可能会反击、伤害一个人可能会导致其家庭因悲伤而崩溃、偷食物可能会导致另一个人挨饿等。另一方面，玩家可以通过简单的物品和恩惠交换拯救生命，帮助有需要的人。

在决策系统中，一个特殊的机制是极其重要的：角色的良心机制。每个角色都有一个预定义的个性类型，并对不同的事件做出不同的反应。如，大多数人对伤害他人感到不自在，这样会严重影响情绪，甚至可能导致抑郁，从而导致不稳定和缺乏执行任务的意愿。另一方面，特别是有同情心的人，他们从帮助他人的活动中获得额外的动力，即使他们是自费这样做的。因此，做出与角色性格一致或相反的决定会带来另一种后果，这种后果存在于角色的心理中，并通过他们说话和行动的方式表现出来。这一机制反映了战争如何迫使人们做出令人不安的决定，以及他们如何面对结果。

在现实世界中，有些人在战争期间被迫做出艰难的决定，从而发生永久改变，同样的情况也会发生在《我的战争》中的角色身上。角色的心理是一个复杂的系统，在极端情况下可能会经历创伤。一个受创伤的角色可能会以不可预测的方式行事，甚至伤害自己或他人，或离开团队，性格也可能会有永久性变化。例如，一个富有同情心的人可能会变得对通常让他或她感动的事变得漠不关心。

这些角色的变化是导致玩家失败的不可逆因素的例子。《我的战争》的结构类似于许多"流氓"游戏。早些时候，我们决定游戏应该是艰苦和无情的，以便有价值地代表战时艰苦的主题。如果所有玩家角色死亡，则游戏结束，没有选择使用"额外生命"或返回到先前保存部分的机会。另一方面，每款游戏都有明显的不同，有不同的幸存者群体、要拜访的其他地点和其他对立的群体。每次游戏开始时，它都会构建一个新的战争场景，需要不同的方法，并生成几十个新的故事。

五、信息

自从游戏发布以来，团队经常被问到为什么决定创建一个这样的游戏。答案是，游戏承认战争可能是一种永远存在的社会文化现象，对观众来说"它可能发生在你身上"，并问他们"在这种情况下你会怎么做？"不是作为英雄战士，不是作为指挥官或叛军，而是你自己——一次暴力冲突中的普通人会怎么做？本章描述的设计过程的每一步都集中在这个问题上，目标是创造一个充满真实人物的可信战争局面，玩家可以代表真实人物做出自己的决定并得出自己的结论。

但在另一个层面上，有一个关于视频游戏作为媒介的元信息。《我的战争》试图证明游戏行业已经足够成熟，可以扩展主题范围，提出以前游戏中没有的主题。游戏不仅能够做到这一点，而且它还有可能比其他媒体做得更好。让观众做出自己选择的基本能力是一种强大的叙事工具，它可以诱发被动媒体无法提供的内疚、骄傲、悔恨或热情等情绪。这可以给玩家提供互动媒体中特有的体验。

近年来，许多游戏已经发布，成功地利用媒体提出了严肃、成熟的主题：关于极权主义中移民官员的《请出示文件》（*Papers, Please*）（2013）；关于失去心爱之人的《亲爱的艾丝特》（*Dear Esther*）（2012）；关于对待死亡的《到月球去》（*To the Moon*）（2011）。除了《我的战争》之外的其他游戏也以一种非平凡的方式谈论了战争，比如《勇敢的心：大战》（*Valiant Hearts: The Great War*）（2014），它关注角色的个人故事而不是战争；或者《日落》（*Sunset*），一款即将推出的探索游戏，让玩家作为一名普通的管家影响革命的进程。《特殊行动：一线生机》(2011)从表面上看是一款军事射击游戏，但它的主题深度和对该类型的潜在批评令人惊讶。

《我的战争》的发布引起了观众和媒体的强烈反响，经常引发人们对电子游戏在现代文化中的作用以及流行兵棋的比喻的讨论。在这种情况下，《卫报》(*The Guardian*)(Stuart，2014)、《韦伯斯特》(*Webster*)(2014)、《边缘》(*Wordsworth*)(2014)和《科塔库》(*Totilo*)等媒体都提到了这一点。其中一些评论特别有趣和有见地，尤其是那些出现在Kotaku网站上的评论。令我们宽慰的是，大多数评论者理解并表示支持我们不同寻常的做法。

读者艾伦·J.米勒(Ellen J. Miller)表示："游戏设计与战争现实的强大结合是一个资源丰富的领域。例如，在一些地区，当你尝试进行日常活动时，即使是穿过小巷这样简单的活动，因为狙击手的存在也可能会发生一些事情。"

一位名叫索里达斯(Solidus)的读者说："我最近才看了《钢琴家》(*The Pianist*)。在演员名单公布后，我忍不住想象故事的情节。无论是真实的还是虚构的，把玩家置于一个悲惨的死亡和毁灭的时刻，用枪指着他，而不是命运在他自己的掌握中，都会呈现一个新的视角"。

也有少数评论表示不感兴趣或不赞成。一些评论者坦诚地承认，他们并不是在寻找这样的游戏体验，比如网名为Lobomobile的读者写道："我玩兵棋游戏纯属是为了娱乐。"我们不谴责这种态度。自从这个想法提出以来，我们就认为这不是一款适合所有人的游戏，我们准备面对批评。然而，公众的普遍支持和理解增强了我们的力量，并激发了进一步的发展。

Kotaku(一个以视频游戏为主的博客，Gawker Media旗下的网站)的一位评论者约翰·凯瑟(John Keyser)(又称classykeyser)对游戏产生了特别大的影响。他说："作为一名老兵，我赞扬11点位工作室，其有能力开发出这样的作品。只是这个游戏的概念是深刻的，认为"战争影响现实生活的想法是一种创新"是一种令人悲哀的状况。"后来，约翰在我们的网站(Keyser 2014)上分享了他的故事，并成为我们的测试员和顾问。他对游戏处理情绪的方式印象深刻，并发现这与自己的经历相似。

就我个人而言，作为一名游戏开发者，我感受到了真正的自豪。我的作品超越了纯粹的娱乐，并帮助开发了一种新的媒体感知。作为一名游戏人，我相信《我的战争》是一场尚未蓬勃发展的更大变革的一部分。

六、后记：反响

该游戏于2014年11月14日在Steam平台上发布。事实证明反响比预期要好得多，仅用了两天时间就收回了开发成本。评论家和用户的评论大多都是正面的(在撰写本文时,Metacritic显示正负面评论比率为82∶8.4),并且该游戏在游戏媒体之外进行了宣传,重点关注其新颖性和文化重要性(例如《连线》《华盛顿邮报》和德国的《时代周报》)。马特·佩卡姆(Matt Peckham)在《连线》期刊上写道:"《我的战争》所涉及的场景让人觉得与其说这是真实的战争故事,不如说是反战的。我认为,这就是问题的关键所在:从那些无力阻止战争的人的角度来看,这就是坚不可摧的战争,那些经历战争洗礼的战士并没有获得英雄凯旋般的礼遇。这不是他们的战争"(Peckham,2014)。

此外,我们很高兴看到玩家对游戏的各种理解,以及本章中描述的设计决策成功地引导预期体验。在我看来,最大的成功是很多玩家对角色的共鸣,并考虑游戏中出现的情况,而不仅仅是游戏事件。在Steam平台评论中有无数这样的描述。例如,用户阿拉米斯特(Alamist)在评论时解释了他的角色从侵略者手中拯救了一个女孩的那一刻:

与我目光接触时,女孩尖叫道:"求你了！救救我！"那人立刻转过身来,对着我的胸膛开枪。当我躺在床上奄奄一息时,我看到那个女孩爬上了一辆破手推车,跳过了栅栏。她逃走了！当我在黑暗中消失时,我面带微笑:因为我知道那个女孩将继续活到新的一天。

(Alamist,2014)

这种接收方式向我证实了游戏媒体作为一种叙事手段的能力,即游戏不仅可以用来讲述故事,还可以让玩家讲述他们的故事。我希望《我的战争》的成功将鼓励更多的创造者去探索这些能力。

关于作者

卡珀·奎特科夫斯基(Kacper Kwiatkowski)主要是一名兵棋设计师,同时也是作家、制片人和程序员。他目前与他人共同经营着Vile Monar游戏工作室,并在华沙电影学校担任游戏设计教师。他与11点位工作室共同创作了《我的战争》(作为高级游戏设计师和作家)和《梦游者之旅》(*Sleepwalker's Journey*)(作为项目负责人和游戏设计师)。在此之前,他为纳威亚游戏公司(Nawia Games)开发了多款手机游戏。卡珀·奎特科夫斯基是2012年和2013年在波兰格但斯克举行的WGK会议的组织者之一。除了游戏,他还对电影、音乐、摄影和健身感兴趣,参见https://twitter.com/TheMimizu。

注释

①虽然它通常被认为是第一款获得广泛认可的视频游戏,但它并不是第一款视频游戏。

②参见http://youtu.be/pH_tYB_Ntlg。

③我们无法验证这篇文章的真实性,但后来我们将其与确认的幸存者账户进行
　了比较,这使我们确信其内容是可信的。

④失败后,人们仍躲在被摧毁的华沙。其中最著名的是瓦迪斯劳·斯皮尔曼(Wla-
　dyslaw Szpilman),他的故事出现在电影《钢琴家》(2002)中。

第五十九章　实践新的兵棋

——玛丽·弗拉纳根

　　大多数游戏似乎长期以来一直是一种冲突模拟的形式。国际象棋、围棋、奥运会等一些人类最古老的游戏,都是模拟和调解冲突的方式。在当代,计算机游戏正是在用来计算秘密战争密码和轰炸轨迹的机器上发展起来的。但是,如果兵棋推演可以是别的东西呢?

　　小时候我对兵棋很着迷。我的表哥在美国海军陆战队服役,休假时他会描述他所在的排与其他部队,以及事实上与世界各地的其他国家军队进行的兵棋推演①。他称其为演示野战演习、全面演练、计划、演习、模拟,以及全副武装的服装表演。这些兵棋推演是由真正的部队实施的,红军、蓝军是比《星球大战》更令人兴奋的传奇故事的一部分。听多了这些游戏,我也非常想玩。我渴望在地图上追踪恶棍,找出间谍犯罪者,计划在外围地区进行扫荡,并尝试用无人能预见的非常规手段带领团队取得胜利。我想,如果你成为一名推演者,并了解到如此神奇、无所不包的游戏空间,你就会有这样的体验。

　　我很高兴选择了一条不同的道路,现在我设计的兵棋有着与众不同的目标,但我仍然对兵棋充满好奇。我在GenCon(北美第一大桌游展会)参观了充斥着巨大缩影的战斗场景,我想看看桌面上会让H.G.威尔斯(H. G. Wells)羡慕不已的世界末日场景。我对历史、科幻、幻想甚至假设的冲突模拟感兴趣,并参加过兵棋角色扮演小组和会议。

　　我还从事系统设计,当然军事模拟是此类思维的理想领域。几年前一位朋友描述了她以军人身份参加的核电站的兵棋推演。她不得不保卫一座核反应堆的控制装置,而基地的其他人则负责保卫通往这座内部圣殿的层层建筑。我的朋友驻扎在电站里面,而各个小组围绕她展开活动。在该设计场景中,核反应堆会受到入侵军队的攻击。模拟策划者认为并不需要利用训练有素的团队来模拟局势。模拟的重点是大规模入侵的军队,包括坦克,甚至还设置了前线。

　　通过谈话,我们清楚地认识到,他们所模拟的是一种真正过时的冲突模式。核电站战区听起来很像美国独立战争期间英国红衫军在战场上的描述。交战规则会随着时间的推移而变化,这个例子代表了一场"最激烈的"兵棋推演——它与现实世界任何可能的事件的都不相似。

核电站袭击场景清楚地表明，无论我们如何看待兵棋，此类游戏总是与高度想象的场景和推测性事件联系在一起，因此充其量只是强有力的虚构。这是兵棋的优势，也是其问题的根源。

我们只有在拥有整套工具的情况下才能施展才华。正如那句老话所说，如果一个人有一把锤子，那么每个问题都像一颗钉子②。例如，外科医生倾向于从外科的角度来寻找健康问题的答案。同样，士兵们也通过兵棋推演进行训练。兵棋推演是关于谈判能力、系统建模、战略的活动。我们在兵棋推演中提供的场景，以及我们允许的可能结果，向我们展示了我们能够思考的方式。因此，如果我们主要针对一个胜利者双边的、基于暴力的冲突场景训练我们的军队，我们将倾向于将大多数冲突视为这样。同样，我们将创造反映训练的环境，导致最后设计出无法解决的局面和过时的军队。

事实上，更广泛地说，通过反复目睹全球冲突、军事领导人、政治家，甚至公众，可能有人会认为武装冲突是解决困难和看似无法解决的问题的一种（或许也是唯一）办法。因为战争是我们以前在新闻中看到的，是我们在历史书中读到的，也是我们在兵棋中体验到的。

现在有许多数字、棋盘游戏、桌面兵棋和已发布的平台兵棋模型。我想简单地集中讨论几个不容易区分的类别，也许是不太为人所知的问题。例如，国际象棋的经典游戏有无数种版本③。兵棋的爱好者可能熟悉由挑衅者艺术家与和平主义者小野洋子（Yoko Ono）创造的互动棋盘类游戏《信任棋子》（*Play It by Trust*）系列。自1966年第一次迭代以来，《信任棋子》游戏系列装置一直在刺激有关兵棋游戏的挑衅性对话。该游戏的工作前提很简单。所有的棋子都是白色的，棋盘上所有的方块也是白色的。对玩家的指导很简单，只要我们能记住自己的棋子在哪里，我们就可以玩。小野的全白棋消除了双方之间的区别，并要求玩家以不同于典型对抗姿态的方式进行比赛。这是一个有助于思考共性，而非差异的游戏模式。当玩家反思相似性时，至少在一瞬间，他们是人类整体的一部分，基于民族、国家、种族、宗教或语言的区别似乎逐渐消失。也许，正如小野的作品所暗示的那样，"选边站"的时代已经结束。

1975年，艺术家斋藤隆子（Takako Saito）展示了一款液体象棋，或者称作气味象棋的作品。该游戏是由一组香味小瓶组成的，玩家必须闻一闻，才能知道哪一块是哪一种味道，然后再采取行动。其使用了人的多种感官，强调了游戏的美学和易变性，（检验）一个人能记住一个位置和气味多久。

25年后，露丝·卡特洛（Ruth Catlow）开发了数字游戏《反思兵棋：三人国际象棋》（*Rethinking Wargames：Three Player Chess*）（2003）。这款兵棋的机制表明，只有当"小人物"在各方平衡努力的情况下，重塑他们在缔造和平进程中的角色，和平才能到来。

我之所以特别提到这些项目,是因为我非常清楚,在一本专门用于记录和分析兵棋的书中有一个明确的风险,作为读者的你可能会认为这些例子根本不是"真正的兵棋"。它们与兵棋的默守陈规观念几乎是矛盾的。但是,在驳回这些可能会让我们作为玩家感到不舒服的非典型游戏之前,请三思而后行。明智的做法是,我们非常认真地对待这些模拟的替代样式。这些不是玩笑,也不是对"真实"战争模式的杞人忧天。小野洋子、斋藤隆子和卡特洛提出的兵棋是合法的冲突解决模型,以新的方式吸引玩家,兵棋游戏社区应该研究这些模型,以便为能够解决旧问题的新方法建模。

交替式兵棋表达了我们可能开始看到当代全球挑战的不同方式,包括不同的问题解决模式、美学模式和非暴力冲突解决模式。不仅可以教授这些原则,还可以在我们的游戏中实践和实施这些原则,使这些原则能够服务于更广泛的观众。这些另类国际象棋的例子或许是唯一人道、文明和可持续的真正解决方案。

很多兵棋我还没有体验过,玩家通过一种改变他们世界观的动人的审美体验来终止冲突。我还没有玩过让公众在游戏中扮演真正角色,并以有效的和平行动让当权者感到惊讶的兵棋④。我们的兵棋模式需要继续发展,使用不同寻常的创造性解决方案来解决问题。例如,也许奥运会可以用哥伦比亚波哥大市前市长安塔纳斯·莫库斯·西维卡斯(Antanas Mockus Sivickas)所使用的高度非正统和创造性的策略来模拟关于城市暴力和犯罪谈判。20世纪90年代,西维卡斯能够彻底改变城市面貌,减少犯罪。他是通过非传统和有效的手段做到这一点的:他雇佣哑剧表演来羞辱某些在十字路口违法的司机,煽动戏剧性的亲社会行为转变,并通过这些非暴力、创造性的、策略上的表演改变城市。他要求公民额外缴纳自愿税。令人惊讶的是,市民确实照做了。2002年,该市的税收是1990年的三倍多。他分发了35万张"向上竖起大拇指"和"向下竖起大拇指"的视觉卡,公众可以用这些卡片和平地表示支持或阻止反社会的公众行为(Caballero,2004)。

这种不寻常的冲突策略可能会给兵棋游戏文化带来惊喜。一些兵棋因使用主流技术和拥有压倒性的白人男性玩家基础而受到批评。它常常以权力、统治、二元真理,以及正确感或自以为是感等典型概念为蓝本,用一个单一的历史故事来反映"真实"的冲突。

我们必须寻求超越旧的冲突模式的方式,否则我们就有可能使解决冲突的方式极其有限化。如果游戏在某种程度上是现实世界的一种实践,为了排练一种思维方式,那么考虑到当前兵棋游戏提供的艺术水平,我们还没有做好以创造性方式解决冲突的准备。

经典的兵棋模式之所以流行是因为它们简化了现实世界吗?有可能。兵棋是否浪漫化了,远离了真实战争带来的恐怖?基本可以肯定。在我年轻的时候,我就喜欢兵棋的一些理念，因为计划战术、击败敌人以及"消灭一切"是一种让我们与人类历史和神话联系在一起的幻想。这样的故事确实是人类现状的一部分，但其他许多故事也同样如此。使用社会规范或美学来寻找和培养冲突解决的替代模式是一个令人惊讶的困难挑战。但归根结底，我不想生活在一个只有胜利者才能主宰命运的世界里。我怀疑我们大多数人是否真的这样想。我们如何找到新的模式呢？

有了不同的规则、有了新的期望、有了激进的策略和共识，兵棋会是什么样的呢？如果他们对冲突的模拟与其说是关于战争，不如说是关于来自局外人的批判性思考，那该怎么办？我们知道兵棋会随着时间的推移而改变[5]。至关重要的是，游戏学者、制作者和玩家在不断变化的过程中看到这些熟悉的模型，因此可以发明新的游戏形式，为我们的问题提供新的解决方案。我们的游戏在不断发展，这意味着我们都有机会，甚至有责任与其一起发展，推动我们自己去塑造我们想要创造的世界。

关于作者

玛丽·弗拉纳根（Mary Flanagan）是国际知名游戏研究实验室"Tiltfactor"（倾斜系数）的负责人，该实验室是她于2003年创建的理论实践实验室。她的著作包括《重新加载：重新思考女性与网络文化》（*reload：rethinking women + cyberculture*）（2002）、《树脂》（*re：SKIN*）（2007）、《关键游戏》（*Critical Play*）（2009），以及与海伦·尼森鲍姆（Helen Nissenbaum）合著的《数字游戏中的价值观》（*Values at Play in Digital Games*）（2014）。弗拉纳根在Tiltfactor为女性和研究人员创建了第一款互联网冒险游戏，并创建了具有社会意识的游戏和软件。弗拉纳根与合作者海伦·尼森鲍姆（Helen Nissenbaum）一起研究了如何重新设计游戏、互动系统和在线活动以优先考虑人类价值。在这项工作中，她们证明了使用人文主义原则来塑造软件开发和指导游戏设计过程是一个创新的过程。弗拉纳根是达特茅斯学院谢尔曼·费尔奇德数字人文学科杰出教授。

注释

①我已将本章中提到的人物的个人关系做了更改，以保护他们的隐私。

②关于这条公理起源的争论，请访问 Quote Investigator 网站（O'Toole，2014）；加里·奥图尔（Gary O'Toole）为这个便捷的表达方式绘制了相当长的归因记录。

③我选择国际象棋作为一个可行的例子。当然，除了国际象棋模式之外，还有更多游戏可以成为极具影响力的兵棋游戏新模式。特别是，我将玩家提到北欧临场动态角色扮演游戏（LARP），它们的模拟也质疑传统的兵棋游戏逻辑。在这些作品中，二元冲突、偏袒、善恶、忠诚，以及战争的体验成为重点被关注的

主题。

④令人惊讶的是,这些事情在现实生活中确实发生过。回想一下,唱圣诞颂歌曾暂时停止过一场战争,或大规模和平示威改变国家命运的例子。

⑤正如我们现在所知,国际象棋的规则在过去的几个世纪里已经发生了很大的变化,王后被引入中世纪的欧洲,权力与地位随着时间的推移也发生了变化(Yalom,2004)。

致谢及许可

帕特和马修要感谢本书收录文章的所有作者,他们慷慨地贡献了他们的时间和想法;帕特和马修还要感谢道格·塞里(Doug Sery)、苏珊·巴克利(Susan Buckley)和麻省理工学院出版社的所有人员;雷福德·吉恩斯(Raiford Guins)和亨利·洛伍德(Henry Lowood)将本书列入他们的"历史兵棋"系列;我们的编辑助理雅克·普兰特(Jacques Plante)对细节有着无与伦比的洞察力;蒂莫西·威尔基(Timothy Wilkie)为托马斯·谢林演讲记录了手抄本;内森·迪兹(Nathan Dize)翻译了劳伦特·克洛西尔(Laurent Closier)著作的章节。

马修还想感谢卡里·克罗斯(Kari Kraus)对其游戏(和游戏收藏)的热情支持;同时感谢所有和他一起掷骰子的人(你们知道我说的是谁)。

帕特要感谢所有游戏测试员,他们的是:保罗·巴克莱特纳、乔恩·卡扎雷斯、赫塔尔·达拉、阿曼达·库达利斯、T.J.库达利斯、阿拉娜·奥尔森、J.J.普卢德、兹维·拉齐利、约瑟夫·斯克里姆肖、蒂姆·乌伦、内森·沃德里普·弗鲁因,当然还有凯莉·雷尼。

除非另有说明,本书所有图片的使用均经相关章节作者许可,或根据合理使用惯例重印。以下游戏的图像经GMT游戏公司许可转载:《作战指挥官:太平洋》《太阳帝国》《教改风云》《无畏行动》《荣耀之路》《关原之战》《暮光之战》《童贞女王》《飞行领袖》。《最危险的时间地图》经Multi-Man出版公司许可重印。在伊丽莎白·洛什(Elizabeth Losh)的章节中,图1由"Getty Images"公司许可重印,图2在"Milton Caniff estate"公司的许可下重印,图3在兰德公司的授权下重印,兰德公司是图片原始来源和版权持有人。在约翰·普拉多斯(John Prados)的章节中,《第三帝国》照片由马修·基申鲍姆(Matthew Kirschenbaum)拍摄。

亚历山大·R.加洛韦(Alexander R. Galloway)的"德波的怀旧算法"最初出现在《文化机器》2009(10):131-156中,并经作者许可重印。

托马斯·C.谢林(Thomas C. Schelling)的章节最初作为2014年兵棋联系会议的主旨演讲发表。演讲视频参见网址:https://www.copy.com/s7ZtjO7awE6KZk。本书对其稍加修改。

詹妮·汤普森(Jenny Thompson)的《战争重演:20世纪战争重演者和私人事

件》改编自她的《战争游戏：20世纪战争重演者的世界》(*Washington*, *DC*: *Smithsonian Books*)(2004)，并经作者许可重印。本章中的照片由珍妮·汤普森(Jenny Thompson)拍摄。

参 考 文 献

Abt, Clark. (1970). Serious Games. New York: Viking.

Ackerman, Spencer. (2011). Eye Spy: Monocle Gives Commandos Drone Vision. *Wired*, May 19, 2011, accessed January 19, 2015. <http://www. wired. com/2011/05/eye-spy-monocle-gives-commandos-drone-vision>.

Ackerman, Spencer. (2012). After Taking SEALs Hollywood, Navy Slams Commandos for Videogame. *Wired*, November 9, 2012, accessed January 19, 2015. <http://www. wired.com/dangerroom/2012/11/ seal-video-game>.

Ackerman, Spencer, and Noah Shachtman. (2012). Almost 1 in 3 U. S. Warplanes Is a Robot. *Wired*, January 9, 2012, accessed January 19, 2015. <http://www. wired. com/ 2012/01/drone-report>.

Ackoff, Russell L. (1977). The Corporate Rain Dance. *The Wharton Magazine* (Winter): 36–41.

Adamson, John. (2003). England Without Cromwell. In *Virtual History: Alternatives and Counterfactuals*, edited by Niall Ferguson, 91–124. London: Pan.

Advanced Training Methods Research Unit. (2004). *Symposium on PC-Based Simulations and Gaming for Military Training*. RP 2005–01, ARI, October.

Agamben, Giorgio. (2002). Difference and Repetition: On Guy DebordJs Films. In *Guy Debord and the Situation - ist International: Texts and Documents*, edited by Tom Mc-Donough, 313–319. Cambridge, MA: MIT Press.

Agamben, Giorgio. (2006). Repetition and Stoppage—Debord in the Field of Cinema. In *Girum Imus Nocte et Consumimur Igni—The Situationist International (1957–1972)*, edited by Stefan Zweifel, Juri Steiner, and Heinz Stahlhut, 36–38. Basel, Switzerland: Museum Tingley.

Alamist (2014). Reviews: This War of Mine. *Steam*, last modified December 6, 2014. <http://steamcommunity.com/id/alamist/recommended/282070>.

Albert, Jason. (2014). In the World of Roleplaying War Games, Volko Ruhnke Has Become a Hero. *The Washington Post*, January 10, 2014 <http://www.washingtonpost.com/

lifestyle/magazine/in-the-world-of-role-playing-war-games-volko-ruhnke-has-become-a-hero/2014/01/10/a56ac8d6-48be-11e3-bf0c-cebf37c6f484_story.html>.

Allen, John. (1977). The Use of Simulators: A New Thrust in the Technology Base. *Defense Management Journal* 13 (January): 30–32.

Allen, Myron. (1962). *Morphological Creativity: The Miracle of Your Hidden Brain Power: A Practical Guide to the Utilization of Your Creative Potential*. Englewood Cliffs, NJ: Prentice-Hall.

Allen, Robertson. (2011). The Unreal Enemy of AmericaJs Army. *Games and Culture* 6 (1): 38–60.

Allen, Thomas. (1987). *War Games: The Secret World of the Creators, Players, and Policy Makers Rehearsing World War Ⅲ Today*. New York: McGraw-Hill.

Allen, William H. (1956). Audio-Visual Materials. *Review of Educational Research* 26 (2): 125–156.

Allison, Graham, and Phillip Zelikow. (1999). *Essence of Decision: Explaining the Cuban Missile Crisis*. New York: Longman.

Allison, Tanine. (2010). The World War Ⅱ Video Game, Adaptation, and Postmodern History. *Literature Film Quarterly* 38 (3): 183–193.

Alt, Jonathan K., Leroy A. Jackson, David Hudak, and Stephen Lieberman. (2009). The Cultural Geography Model: Evaluating the Impact of Tactical Operational Outcomes on a Civilian Population in an Irregular Warfare Environment. *Journal of Defense Modeling and Simulation* 6 (4): 185–199.

Alter, Robert. (1987). Sterne and the Nostalgia for Reality. In *Laurence Sterne's Tristram Shandy: Modern Critical Interpretations*, edited by Harold Bloom, 87–105. New York: Chelsea House.

Anderson, Craig, Douglas Gentile, and Katherine Buckley. (2007). *Violent Video Game Effects on Children and Adolescents: Theory, Research, and Public Policy*. Oxford: Oxford University Press.

Anderson, Jon R. (2013). "America's Army: Proving Grounds" out Today. *Army Times*, August 29, 2013, accessed January 19, 2015. <http://www. armytimes . com/article/20130829/OFFDUTY02/308290054>.

Andlinger, G. R. (1958a). Business Games—Play One! *Harvard Business Review* 36 (2):

115–125.

Andlinger, G. R. (1958b). Looking Around: Evolution in Which Business Gaming Finds Itself Today. *Harvard Business Review* 36 (July–August): 147–148.

Anker, Peder. (2007). Buckminster Fuller as Captain of Spaceship Earth. *Minerva* 45: 428–430.

Antley, Jeremy. (2012). Going Beyond the Textual in History. *Journal of Digital Humanities* 1 (2): 57–63.

Antley, Jeremy. (2013). *Thoughts from the Peasant Muse*. Amazon Digital Services, Inc.

Aoi, Chiyuki, Cedric de Coning, and Ramesh Thakur. (2007). *Unintended Consequences of Peacekeeping Operations*. Tokyo: United Nations University.

Apperley, Tom. (2014). Modding the Historians' Code: Historical Verisimilitude and the Counterfactual Imagination. In *Playing with the Past: Video Games and the Simulation of History*, edited by Matthew Wilhelm Kapel and Andrew B. R. Elliot, 185–196. New York: Bloomsbury.

Appleget, Jeff. (2011). *PSOM Overview and Peacekeeping Operations Assessment Using PSOM*. Monterey, CA: US Naval Postgraduate School, accessed December 19, 2014. < https://calhoun.nps.edu/handle/10945/ 30745>.

Aristotle. (1998). *Nicomachean Ethics*. Oxford: Oxford University Press.

Arkin, Ronald. (2010). *The Case for Ethical Autonomy in Unmanned Systems*. Atlanta: Georgia Institute of Technology, accessed January 11, 2015. <http://hdl. handle. net/ 1853/36516>.

Armed Forces Management. (1963). The Growing Role of Simulators. *Armed Forces Management* 9 (8): 47–48.

Arnspiger, V. C. (1936). The Educational Talking Picture. *Journal of Educational Sociology* 10 (3): 143–150.

Arquilla, John, and David F. Ronfeldt. (1997). *In Athena's Camp: Preparing for Conflict in the Information Age*. Santa Monica, CA: RAND Corporation.

Arvold, Alan R. (n.d.). A Comprehensive Index to Pan-zerBlitz, accessed January 13, 2015. <http://grognard.com/info1/pbartrev.html>.

Atari. (1983). *APX/Atari Program Exchange Product Catalog: Fall Edition 1983*. Inter-

net Archive, accessed January 13, 2015. <https://archive.org/details/AtariProgram_Exchange_catalog_Fall_1983>.

Attig, J. C. (1967). Use of Games as a Teaching Technique. *Social Studies* 58 (January): 25–29.

Autesserre, Severine. (2014). *Peaceland: Conflict Resolution and the Everyday Politics of International Intervention*. Cambridge: Cambridge University Press.

Avalon Hill. (1964). Midway—Newest Battle Game! *GEN* 1 (3): 1–2.

Avalon Hill. (1965). General McAuliffe Added to Advisory Staff. *GEN* 1 (6): 1–2.

Avalon Hill. (1967a). The Avalon Hill Philosophy— Part 3. *GEN* 4 (1): 2–4.

Avalon Hill. (1967b). Cover Story. *GEN* 4 (1): 2.

Avalon Hill. (1970). Avalon Hill Philosophy—Part 24: Why PanzerBlitz? *GEN* 7 (4): 2–3.

Avalon Hill. (1976). Avalon Hill Philosophy—Part 53. *GEN* 12 (5): 2.

Avalon Hill. (1980). The General: Index and Company History, 1952–1980. Volume 1–Volume 16. Baltimore, MD: Avalon Hill.

Avalon Hill. (1988). The Ultimate Wargame. *GEN* (Special Issue): 59.

Avedon, Elliot M., and Brian Sutton-Smith, eds. (1971). *The Study of Games*. New York: John Wiley and Sons.

Aylward, Frank. (1993). Nominations for Allied Combat Commander of the GWA. *On the Wire* 4: 5.

Bacevich, Andrew J. (2005). *The New American Militarism: How Americans are Seduced by War*. Oxford: Oxford University Press.

Bacevich, Andrew. (2013). *The New American Militarism: How Americans Are Seduced by War. Updated edition*. Oxford: Oxford University Press.

Bacon, Reginald. (1940). *From 1900 Onward*. London: Hutchinson.

Bandry-Scubbi, Anne, and Peter de Voogd, eds. (2013). *Hilarion's Asse: Laurence Sterne's Tristram Shandy*. Newcastle upon Tyne, UK: Cambridge Scholars Publishing.

Banks, Iain M. (1987). Consider Phlebas. London: Macmillan.

Banks, Iain M. (1988). *The Player of Games*. London: Macmillan.

Banks, Iain. (1993). *Complicity*. London: Little, Brown.

Banks, Iain. (2007). *The Steep Approach to Garbadale*. London: Little, Brown.

Barbrook, Richard (2014). *Class Wargames: Ludic Subversion against Spectacular Capitalism*. New York: Minor Compositions/Autonomedia.

Barker, P. (1979). *Wargame Rules for Armoured Warfare at Company and Battalion Battle Group Level 1950–1985*. Worthing, UK: WRG Ltd., Flexiprint Ltd.

Barnes, D. S. (1963). A Decade of Missile Control Simulation. *Flight International* 83 (March): 437.

Barringer, Richard, and Barton Whaley (1965). The MIT Political–Military Gaming Experience. *ORBIS: A Journal of World Affairs* 9 (2): 437–458.

Barron, Frank. (1963). *Creativity and Psychological Health*. Princeton, NJ: D. Van Nostrand.

Barthes, Roland. (1985). The Reality Effect. In *The Rustle of Language*, translated by R. Howard, 141–148. New York: Farrar, Straus & Giroux.

Barton, Keith C., and Linda S. Levstik. (2004). *Teaching History for the Common Good*. Mahwah, NJ: Lawrence Erlbaum.

Barzun, Jacques. (1960). The Cults of "Research" and "Creativity." Harper's 221 (1325): 69–74.

Bauer, Richard. (1970a). Thoughts on *Strategy* I —Part 1. *S&T Supplement* 3: 7–11.

Bauer, Richard. (1970b). More Thoughts on *Strategy* I. *S&T Supplement* 4: 18–22.

Bassford, Christopher. (1993). Jomini and Clausewitz: Their Interaction. *The Clausewitz Homepage*, accessed August 31, 2013. <www.clausewitz.com/readings/Bassford/jomini/jOMINIX.htm>.

Baudry, A. (1914). *The Naval Battle*. London: Hugh Rees Ltd.

Bayer, Martin. (2006). Virtual Violence and Real War: Playing War in Computer Games: The Battle with Reality. In *Cyberwar, Netwar and the Revolution in Military Affairs*, edited by Edward F. Halpin, Philippa Trevorrow, David Webb, and Steve Wright, 31. New York: Palgrave Macmillan.

Beal, Scott A., and Richard E. Christ. (2004). *Training Effectiveness Evaluation of the [ICT] Full Spectrum Command Game*. TR 1140, ARI, January.

Becker, Jo, and Scott Shane. (2012). Secret "Kill List" Proves a Test of Obama's Principles and Will. *New York Times*, May 29, 2012, accessed January 11, 2015. <http://www.nytimes.com/2012/05/29/world/obamas-leadership-in-war-on-al-qaeda.html?pagewanted=all>.

Becker-Ho, Alice, and Guy Debord. (2006). *Le Jeu de la Guerre: Releve des Positions Successives de Toutes les Forces au Cours d'une Partie*. Paris: Gallimard.

Becker-Ho, Alice, and Guy Debord. (2007). *A Game of War*. Translated by D. Nicholson-Smith. London: Atlas Press.

Beebe, James. (2001). *Rapid Assessment Process: An Introduction*. Lanham, MD: AltaMira Press.

Beesly, Patrick. (1983). *Room 40: British Naval Intelligence 1914–18*. London: Hamish Hamilton.

Belanich, James, Daragh E. Sibley, and Kara L. Orvis. (2004). *Instructional Characteristics and Motivational Features of a PC-Based Game*. RR 1822, ARI, April.

Bell, Daniel. (1964). Twelve Modes of Prediction, a Preliminary Sorting of Approaches in the Social Sciences. *Daedalus* 93 (3): 845–880.

Belletto, Steven. (2011). *No Accident, Comrade: Chance and Design in Cold War American Narratives*. Oxford: Oxford University Press.

Bennett, Peter G., and Michael R. Dando. (1979). Complex Strategic Analysis: A Hypergame Study of the Fall of France. *Journal of the Operational Research Society* 30: 23–32.

Berg, Richard, James Dunnigan, David Isby, Stephen Patrick, and Redmond Simonsen. (1977). *Wargame Design: The History, Production and Use of Conflict Simulation Games. Strategy & Tactics Staff Study Number 2*. New York: Simulations Publications Incorporated.

Berkun, Mitchell. (1964). Performance Decrement Under Psychological Stress. *Human Factors* 6 (1): 21–30.

Berman, Eli, Michael Callen, Joseph Fletre, and Jacob Shapiro. (2011). Do Working Men Rebel? Insurgency and Unemployment in Afghanistan, Iraq, and the Philippines. *Journal of Conflict Resolution* 55:4.

Bettner, Steven M. (1994). Simulation: Past, Present, and Future. *Defense Electronics*

26 (11): 74–75.

Biddle, Stephen. (2004). *Military Power: Explaining Victory and Defeat in Modern Battle*. Princeton: Princeton University Press.

Bizzocchi, Jim, and Josh Tanenbaum. (2011). Well Read. In *Well Played 3.0: Video Games, Value and Meaning*, edited by Drew Davidson. Pittsburgh, PA: ETC Press.

Black, Jeremy. (2008). *What If? Counterfactualism and the Problem of History*. London: Social Affairs Unit.

Blackett, Patrick Maynard Stuart. (1962). *Studies of War: Nuclear and Conventional*. New York: Hill and Wang.

Blackmore, Tim. (2005). *War X: Human Extensions in Battlespace*. Toronto: University of Toronto Press.

Blair, Clay, Jr. (1996). *Hitler's U-Boat War: The Hunters, 1939–1942*. New York: Modern Library.

Blair, Clay, Jr. (1998). *Hitler's U-Boat War: The Hunted, 1942–1945*. New York: Modern Library.

Blank, J. A. (1991). A Remote Underwater Closure of Kerr Hollow Quarry. Paper presented at the Fourth Topical Meeting on Robotics and Remote Systems, Albuquerque, NM, February 25–27, 1991.

Bloomberg. (2014). Games Workshop Group Plc (GAW: London). *Bloomberg Business Week*, June 30, 2014, accessed June 30, 2014. <http://investing .businessweek.com/research/stocks/snapshot/snapshot.asp?ticker=GAW:LN>.

Bloomfield, Lincoln, and Norman Padelford. (1959). Teaching Note: Three Experiments in Political Gaming. *American Political Science Review* 53:4.

Body, Howard, and Colin Marston. (2011). The Peace Support Operations Model: Origins, Development, Philosophy, Support. *Journal of Defense Modeling and Simulation* 8:2.

Boehm, William R. (1954). *Evaluation of the US Naval Academy Educational Television System as a Teaching Aid*. Annapolis, MD: US Naval Academy.

Bogost, Ian. (2006). *Unit Operations: An Approach to Videogame Criticism*. Cambridge: MIT Press.

Bogost, Ian. (2007). *Persuasive Games: The Expressive Power of Videogames*. Cambridge, MA: MIT Press.

Bolano, Roberto. (2008). *The Savage Detectives*. Reprint edition. Translated by N. Wimmer. New York: Picador.

Bolano, Roberto. (2009). *2666*. Reprint edition. Translated by N. Wimmer. New York: Picador.

Bolano, Roberto. (2012). *The Third Reich*. Translated by N. Wimmer. New York: Farrar, Straus and Giroux.

Bomba, Tyrone. (1981). Origins 1981 Report. *Campaign* 105.

Boocock, Sarane. (1967). Games Change What Goes on in Classroom. *Nation's Schools* 80 (October): 94–95.

Boocock, Sarane, and E. O. Schild, eds. (1968). *Simulation Games in Learning*. Beverly Hills, CA: Sage Publications.

Boot, Max. (2003). The New American Way of War. *Foreign Affairs* 82 (4): 41–58.

Boulding, Kenneth. (1964). *The Meaning of the Twentieth Century: The Great Transition*. New York: Harper & Row.

Bourriaud, Nicholas. (2002). *Relational Aesthetics*. Dijon: Les Presses du Reel.

Bourseiller, Christophe. (1996). *Les Mao'istes: La Folle Histoire des Gardes Rouges Frangais*. Paris: Plon.

Bowden, Mark. (1999). *Black Hawk Down: A Story of Modern War*. New York: Grove Atlantic.

Box, George E. P., and Norman R. Draper. (1987). *Empirical Model-Building and Response Surfaces*. New York: John Wiley & Sons.

Boyer, Mark. (2011). Simulation in International Studies. *Simulation & Gaming* 42 (6): 685–689.

Bracken, Len. (1997). *Guy Debord: Revolutionary*. Venice, CA: Feral House.

Brand, Stewart, ed. (1968–1972). *The Whole Earth Catalogue*. Sausalito, CA: Whole Earth.

Brandt, Marisa. (2014). From the Ultimate Display to the Ultimate Skinner Box: Virtual

Reality and the Future of Psychotherapy. In *Media Studies Futures*, edited by Kelly Gates, 518–539. London: Wiley-Blackwell.

Brathwaite, Brenda, and Ian Schreiber. (2008). *Challenges for Game Designers*. New York: Delmar.

Breuer, Johannes, Ruth Festl, and Thorsten Quandt.

(2011) . In the Army Now—Narrative Elements and Realism in Military First-person Shooters. Paper presented at *DiGRA 2011: Think Design Play*, Utrecht, NL, Utrecht School of the Arts, September 14–17, 2011. <http://www.digra.org/wp-content/uploads/digital-library/11307.54018.pdf>.

Breuer, Johannes, Ruth Festl, and Thorsten Quandt.

(2012) . Digital War: An Empirical Analysis of Narrative Elements in Military First-person Shooters. *Journal of Gaming & Virtual Worlds* 4 (3): 215–237.

Brewer, Garry D., and Martin Shubik. (1979). *The War Game: A Critique of Military Problem Solving*. Cambridge, MA: Harvard University Press.

Brey, Philip. (1999). The Ethics of Representation and Action in Virtual Reality. *Ethics and Information Technology* 1 (1): 5–14.

Brightman, Hank J., and Melissa K. Dewey. (2014). Trends in Modern War Gaming: The Art of Conversation. *US Naval War College Review* 671:18–30.

Broderick, Damien, and Paul Di Filippo. (2012). *Science Fiction: The 101 Best Novels 1985–2010*. New York: Nonstop Press.

Brooks, John. (2006). *Dreadnought Gunnery and the Battle of Jutland*. London: Routledge.

Brooks, Richard. (1997). *Fred T. Jane: An Eccentric Visionary*. Coulsdon, UK: Jane's Information Group.

Broyles, William, Jr. (1984). Why Men Love War. *Esquire*, May 23, 2014. <http://www.esquire.com/_mobile/blogs/news/why-men-love-war>.

Brynen, Rex. (2010). (Ending) Civil War in the Classroom. *PS, Political Science & Politics* 43 (1): 145–149.

Brynen, Rex. (2012).Connections 2012 AARs.*Wargaming Connection*, July 27, 2012. <https://wargamingcommunity.wordpress.com/2012/07/27/connections-2012-aars>.

Brynen, Rex. (2013 a). The "Fuzzy Edges of Wargaming"? Exploring Non-kinetic Conflict Dynamics. *PAXsims*, August 28, 2013. <http://paxsims.wordpress.com/2013/08/28/the-fuzzy-edges-of-wargaming-exploring-non-kinetic-conflict-dynamics>.

Brynen, Rex. (2013b). Reflections on a Humanitarian Policy Simulation. *PAXsims*, April 30, 2013. <https://paxsims.wordpress.com/tag/humanitarian-simulation、

Brynen, Rex. (2013c). Student Interactive Simulationwriting in Political Science. *PAXsims*, May 8, 2013. <http://paxsims.wordpress.com/2013/05/08/student-interactive-simulation-writing-in-political-science>.

Brynen, Rex. (2014a). Connections 2014—A First Report. *PAXsims*, August 5 2014. < http://paxsims .wordpress.com/2014/08/05/connections-2014-a-first-report>.

Brynen, Rex. (2014b). Teaching About Peace Operations. *International Peacekeeping* 21:4.

Brynen, Rex. (2014c). Viking 14 Peacekeeping Exercises. *PAXsims*, April 12, 2014. < http://paxsims.wordpress.com/2014/04/12/viking-14-peacekeeping-exercise>.

Brynen, Rex, and Gary Milante. (2013). Peacebuilding with Games and Simulations. *Simulation & Gaming* 44 (1): 27–35.

Budiansky, Stephen. (2013). *Blackett's War: The Men Who Defeated the Nazi U-Boats and Brought Science to the Art of Warfare*. New York: Knopf.

Bumiller, Elisabeth. (2010). We Have Met the Enemy and He is PowerPoint. *New York Times*, last modified April 26, 2010. <http://www. nytimes. com/2010/04/27/world/27powerpoint.html?_r=0>.

Burne, Alfred Higgins. (1950). *Battlefields of England*. London: Methuen.

Burns, Shawn, ed. (2013). *War Gamers' Handbook: A Guide for Professional Gamers*. Newport, RI: Defense Automated Printing Office.

Butcher, Jim. (2000). *The Dresden Files* [series]. New York: Penguin.

Butcher, Jim. (2004–9). *Codex Alera* [series]. New York: Ace Books.

Bynum, Terrell Ward. (2006). Flourishing Ethics. *Ethics and Information Technology* 8: 157–173.

Caballero, Maria Cristina. (2004). Academic Turns City into a Social Experiment. *Harvard Gazette*, March 11, 2004. <http://news.harvard.edu/gazette/2004/ 03.11/01-mockus.html>.

Caillois, Roger. (1961). *Man, Play and Games*. New York: Free Press.

Call, Morris (1997). Small Survey. WW Ⅱ newsgroup, September 23, 1997.

Call of Duty. (2012). Documentary—Official Call of Duty Black Ops Ⅱ. *YouTube*, May 2, 2012, accessed January 19, 2015. <http://www. youtube. com/watch? v= Gm5PZGb3OyQ&feature=youtube_gdata_player>.

Call of Duty Franchise Game Sales Statistics. (2014). *Statistic Brain*, February 19, 2014, accessed January 9, 2015. <http://www.statisticbrain.com/call-of-duty-franchise-game-sales-statistics>.

Campbell, Ann. (2006). Tristram Shandy and the Seven Years' War: Beyond the Borders of the Bowling-green. *Shandean* 17:106–120.

Campbell (HumRRO), Charlotte H, Bruce W. Knerr and Donald R. Lampton. (2004). *Virtual Environments for Infantry Soldiers*. Special Report 59, ARI, May.

Campbell, John. (1998). *Jutland: An Analysis of the Fighting*. London: Conway.

Card, Orson Scott. (1985). *Ender's Game*. New York: Tor Books.

Card, Orson Scott. (1989). Gameplay. *Compute* (*Greensboro*) 104 (January): 12.

Cardullo, Bert. (1995). Enter Dramaturges. In *What Is Dramaturgy?* edited by Bert Cardullo, 3–11. New York: Peter Lang.

Carey, Jacqueline. (2003). *Kushiel's Dart*. New York: Tor Books.

Carley, Kathleen M. (1999). On the Evolution of Social and Organizational Networks. In *Research in the Sociology of Organizations, Vol. 16: Networks in and Around Organizations*, edited by Steven B. Andrews and David Knoke, 3–30. Greenwich, CT: JAI Press, Inc.

Carley, Kathleen M., Jeffrey Reminga, Jon Storrick, and Matt De Reno (2009). *ORA User's Guide* 2009: Carnegie Mellon University, School of Computer Science, Institute for Software. *Research, Technical Report CMU-ISR-09-115*. Pittsburgh, PA: Institute for Software Research, School of Computer Science, Carnegie Mellon University.

Carlson, Elliot. (1967). Games in the Classroom. *Saturday Review* 50 (15): 62–64.

Carmack, John. (2002). Re: Definitions of terms. Slashdot, January 2, 2002, accessed January 13, 2015. <http://slashdot.or g/comments.pl?sid=25 551 &cid=2775698>.

Carpenter, Clarence. (1953). A Theoretical Orientation for Instructional Film Research.

AV Communication Review 1 (Winter): 38–52.

Carroll, Lewis. (1871). *Through the Looking Glass*. London: Macmillan.

Carter, Marcus, Martin Gibbs, and Mitchell Harrop. (2014a). Drafting an Army: The Playful Pastime of Warhammer 40,000. *Games and Culture* 9 (2): 122–147.

Carter, Marcus, Mitchell Harrop, and Martin Gibbs. (2014b). The Roll of the Dice in Warhammer 40,000. *Digra: Transactions of the Digital Games Research Association* 1:3. <http://todigra.org/index.php/todigra/article/view/20/31>.

Castells, Manuel. (2001). *The Internet Galaxy: Reflections on the Internet, Business, and Society*. Oxford, New York: Oxford University Press.

Catagnus, E.J., Sgt., Cpl. Edison, B. Z., LCpl. Keeling, J. D., and LCpl. Moon, D. A. (2005). Lessons Learned: Infantry Squad Tactics in Military Operations in Urban Terrain During Operation Phantom Fury in Fallujah, Iraq. *Marine Corps Gazette* 89 (September): 9.

Cavagnaro, Catherine, and John Tiller. (2011). Tipping Points and Models. *International Journal of Intelligent Games and Simulation* 6:5–11.

Cebrowski, Arthur K., and John H. Garstka. (1998). Network-Centric Warfare—Its Origin and Future. *Proceedings Magazine* 124:139. <http://www.usni.org/magazines/proceedings/1998-01/network-centric-warfare-its-origin-and-future>.

Center for Naval Analyses. (1985). *Annual Report 1984*. Alexandria, VA: Center for Naval Analyses.

Center for Naval Analyses. (1986). Systems Analysis in Perspective. In *Annual Report 1986*. Alexandria, VA: Center for Naval Analyses.

Chamayou, Gregoire. (2013). *Theorie du drone*. Paris: La Fabrique.

Chaplin, Heather, and Aaron Ruby. (2005). *Smartbomb: The Quest for Art, Entertainment, and Big Bucks in the Videogame Revolution*. Chapel Hill, NC: Algonquin Books of Chapel Hill.

Chapman, Gary. (2003). An Introduction to the Revolution in Military Affairs. *XV Amaldi Conference on Problems in Global Security, Helsinki, Finland*, September 2003, accessed January 11, 2015. <http://www.lincei.it/rapporti/amaldi/papers/XV-Chapman.pdf>.

Chapman, Robert L., John L. Kennedy, Allen Newell, and William Biel. (1959). The Systems Research Laboratory's Air Defense Experiments. *Management Science* 5 (3): 250–269.

Charles, Cheryl L., and Ronald Stadsklev, eds. (1973). *Learning with Games: An Analysis of Social Studies Educational Games and Simulations*. Boulder, CO: The Social Science Education Consortium and The ERIC Clearinghouse for Social Studies/Social Science Education.

Cherryholmes, Cleo. (1966). Some Current Research on Effectiveness for Educational Simulations. *American Behavioral Scientist* 10 (2): 4–7.

Childers, P. B., E. H. Hobson, and J. A. Mullin. (1998). *Articulating: Teaching Writing in a Visual World*. Portsmouth, NH: Heinemann.

Chomsky, Noam, and Edward S. Herman. (2010). *Manufacturing Consent: The Political Economy of the Mass Media*. New York: Random House.

Christiansen, Peter. (2013). Technoscience in Virtual Worlds. *Play the Past*, accessed September 4, 2013. <http://www.playthepast.org/?p=4053>.

Chupin, Dominique. (2011). 1680. *Battles Magazine* 6:59–61.

Church, Joseph. (1952). *A Survey of Literature Bearing on Perceptual Aspects of the Effectiveness of Visual Aids*. HRRL Memo Report No. 16, US Air Force, Human Resources Research Laboratories, Bolling Air Force Base, January.

Churchill, Winston. (2005). *The Second World War, vol. 2, Their Finest Hour*. London: Penguin Classics.

Cianciolo, Anna T. (Global Information Systems Technology, Inc.), and William R. Sanders. (2006). *Wargaming Effectiveness: Its Conceptualization and Assessment*. TR 1178, ARI, March.

Clancy, Tom. (1984). *The Hunt for Red October*. Annapolis, MD: US Naval Institute Press.

Clancy, Tom. (1986). *Red Storm Rising*. New York: Putnam.

Clark, Kate. (2011). The Takhar Attack: Targeted Killings and the Parallel Worlds of U. S. Intelligence and Afghanistan. *Afghan Analysts Network*, May 2011, accessed January 11, 2015. <http://www. afghanistan - analysts. net/uploads/20110511KClark_Takhar - attack_final.pdf>.

Clark, Richard E., and D. F. Feldon. (2005). Five Common but Questionable Principles of Multimedia Learning. In *Cambridge Handbook of Multimedia Learning*, edited by R. E. Mayer, 97–117. Cambridge, UK: Cambridge University Press.

Clark, Richard E., K. Yates, S. Early, and K. Moulton (2010). An Analysis of the Failure of Electronic Media and Discovery-Based Learning: Evidence for the Performance Benefits of Guided Training Methods. *Handbook of Training and Improving Workplace Performance, Volume I: Instructional Design and Training Delivery*, edited by K. H. Silber and R. Foshay, 263–287. Silver Spring, MD: International Society for Performance Improvement.

Clarke, Adele, and Joan H. Fujimura. (1992). *The Right Tools for the Job: At Work in Twentieth-Century Life Sciences*. Princeton: Princeton University Press.

Clausewitz, Carl von. (1832). *Vom Kriege*. Berlin: bei Ferdinand Dummler.

Clausewitz, Carl von. (1976). *On War*. Edited and translated by M. Howard and P. Paret. Princeton: Princeton University Press.

Clausewitz, Carl von. (1993). *On War*. Edited by Peter Paret and Michael Howard. Translated by P. Paret. London: Knopf Doubleday Publishing Group.

Clausewitz, Carl von. (1995). *The Campaign of 1812 in Russia*. Cambridge, MA: Da Capo Press.

Cline, Ernest. (2011). *Ready Player One*. New York: Random House.

Clover, Carol. (1992). *Men, Women and Chainsaws: Gender in the Modern Horror Film*. Princeton: Princeton University Press.

Cohen, William S. (2000). *Annual Report to the President and the Congress*. Washington, DC: Department of Defense.

Coleman, James S. (1967). Learning Through Games. *NEA Journal* 56 (January): 69–70.

Collings, Ellsworth. (1931). Social Foundations of Project Teaching. *Journal of Educational Sociology* 5 (1): 5–42.

Collins, Randall. (2007). Turning Points, Bottlenecks, and the Fallacies of Counterfactual History. *Sociological Forum* 22 (3): 247–269.

Conley, Brian. (2007). *Miniature War in Iraq*. Installation. Las Vegas Games Expo.

Conley, Brian. (2010). *Miniature War in Iraq . . . and Now Afghanistan*. New York City: Installation.

Conrad, Joseph. (1990). *Heart of Darkness Unabridged*. New York: Dover Publications, Inc.

Conrad, Peter. (1978). *Shandyism: The Character of Romantic Irony*. New York: Harper & Row.

Constant, Nieuwenhuys. (2001). A Conversation with Constant. In *The Activist Drawing: Retracing Situationist Architectures from Constant's New Babylon to Beyond*, edited by Catherine de Zegher and Mark Wigley, 15–26. Cambridge, MA: MIT Press.

Cooper, Helene, and Thom Shanker. (2014). Pentagon Plans to Shrink Army to Pre-World War II Level. *The New York Times*, February 23, 2014, accessed January 19, 2015. <http://www.nytimes.com/2014/02/24/us/politics/pentagon-plans-to-shrink-army-to-pre-world-war-ii-level.html?hp &_r=0>.

Corbeil, Pierre. (2011). History and Simulation/Gaming: Living with Two Solitudes. *Simulation & Gaming* 42 (4): 418–422.

Corbett, E. P. (1919). Selling Goods by Illustrated Lectures. *Reel and Slide* (February): 9.

Cornell, Tim, and Thomas Allen, eds. (2002). *War and Games*. Rochester, NY: Bordell.

Costikyan, Greg. (1996). A Farewell to Hexes. *Internet Archive*, accessed January 13, 2015. <http://web.archive.org/web/20040212100739/http:/www.costik.com/spisins. html>.

Costikyan, Greg. (2006). The Revolution Began with Paper. *The Escapist*, April 26, 2006 <http://www. escapistmagazine. com/articles/view/video - games/issues/issue_42/ 253-The-Revolution-Began-With-Paper>.

Costikyan, Greg. (2007). Games, Storytelling and Breaking the String. In *Second Person: Role-Playing and Story in Games and Playable Media*, edited by Pat Harri-gan and Noah Wardrip-Fruin, 5–14. Cambridge, MA: MIT Press.

Costikyan, Greg. (2011). Board Game Aesthetics. In *Tabletop: Analog Game Design*, edited by Greg Costikyan and Drew Davidson, 179–184. Pittsburgh, PA: ETC Press.

Coulmas, Florian. (1991). *The Writing Systems of the World*. Hoboken, NJ: Wiley-Blackwell.

655

Craddock, David L. (2013). *Stay Awhile and Listen: How Two Blizzards Unleashed Diablo and Forged a Video-Game Empire, Book* Ⅰ. Kindle edition.

Cramer, Christopher. (2010). *World Development Report 2011: Unemployment and Participation in Violence*, accessed December 19, 2014. <https://openknowledge. worldbank.org/bitstream/ handle/10986/9247/WDR2011_0022.pdf>.

Crary, Jonathan. (1999). *Suspensions of Perception*. Cambridge, MA: MIT Press.

Crawford, Chris. (1981). The Future of Computer Wargaming. *Computer Gaming World* 1 (1): 3–7.

Crawford, Chris. (1982a). *The Art of Computer Game Design*. Berkeley: McGraw-Hill.

Crawford, Chris. (1982b). *Eastern Front*: A Narrative History. Creative Computing 8 (8): 100–107.

Crogan, Patrick. (2008). Wargaming and Computer Games: Fun with the Future. In *The Pleasures of Computer Gaming: Essays on Cultural History, Theory and Aesthetics*, edited by Melanie Swalwell and Jason Wilson, 147–166. Jefferson, NC: McFarland and Company.

Crogan, Patrick. (2011). *Gameplay Mode: War, Simulation and Technoculture*. Minneapolis, MN: University of Minnesota Press.

Crookall, David, and Warren Thorngate. (2009). Acting, Knowing, Learning, Simulating, Gaming. *Simulation & Gaming* 40 (1): 8–26.

Cuban, Larry. (1986). *Teachers and Machines: The Classroom Use of Technology Since 1920*. New York: Teachers College Press.

Cummings, Larry. (1965). Organizational Climates for Creativity. *Academy of Management Journal* 8 (3): 220–227.

Curry, John. (2008a). *The Fred Jane Naval Wargame (1906), including the Royal Navy's Wargaming Rules* (1921). Bristol, UK: The History of Wargaming Project.

Curry, John. (2008b). *Verdy's Free Kriegspiel, including the Victorian Army's 1896 War Game*. Bristol, UK: The History of Wargaming Project.

Curry, John. (2008c). *Dunn Kempf: The Tactical Wargame of the American Army (1977–1997)*. Bristol, UK: The History of Wargaming Project.

Curry, John. (2011a). *Tacspiel: The American Army's War Game of the Vietnam War*

(1966). Bristol, UK: The History of Wargaming Project.

Curry, John. (2011b). *The Wargaming Pioneers, including Little Wars by H. G. Wells, The War Game for Boy Scouts and The War Game by Captain Sachs 1898–1940* (Early Wargames Vol. 1). Bristol, UK: The History of Wargaming Project.

Curry, John. (2012a). *Fletcher Pratt's Naval Wargame: Wargaming with Model Ships 1900–1945*. Bristol, UK: The History of Wargaming Project.

Curry, John. (2012b). *Innovations in Wargaming Vol. 1: Developments in Professional and Hobby Wargames*. Bristol, UK: The History of Wargaming Project.

Curry, John. (2014). *Early Naval Wargaming*. Bristol, UK: The History of Wargaming Project.

Curry, John, and Tim Price, MBE. (2013). *Dark Guest: Training Games for Cyber Warfare Volume 1: Wargaming Internet Based Attacks*. Bristol, UK: The History of Wargaming Project.

Curry, John, and Tim Price, MBE. (2014). *Matrix Games for Modern Wargaming: Developments in Professional and Education Wargames Volume 2*. Bristol, UK: The History of Wargaming Project.

Daer, Alice J. (2010). This Is How We Do It: A Glimpse at GamelabJs Design Process. *E-Learning and Digital Media* 7 (1): 108–119.

Dale, A. G., and C. R. Klasson. (1962). *Business Gaming: A Survey of American Collegiate Schools of Business*. Austin: Bureau of Business Research, University of Texas.

Dannhauer, General der Infanterie Z. D. (1874). Das Reisswitzsche Kriegsspiel von seinen Beginn bis zum Tode des Erfinders, 1827 (The Reisswitz Wargame from the Beginning to the Death of Its Inventor, 1827, unpublished translation by William Leeson). *Militair Wochenblatt* 56.

Darley, Andrew. (2000). *Visual Digital Culture: Surface Play and Spectacle in New Media Genre*. London: Routledge.

DJArn, Gigi. (1982). A Letter from Gigi. *Different Worlds* 24:46.

de Jomini, Antoine - Henri. (2010). [1862]. *The Art of War*. Translated by Thomas Cleary. London: Dodo Press.

De Landa, Manual. (1991). *War in the Age of Intelligent Machines*. New York: Zone

Books.

Debord, Guy. (1981). Report on the Construction of Situations and of the International Situationist Tendency's Conditions of Organisation and Action. In *Situationist International Anthology*, edited by Ken Knabb, 17-25. Berkeley, CA: Bureau of Public Secrets.

Debord, Guy. (1991). *Panegyric*. vol. 1. London: Verso.

Debord, Guy. (1993). *Panegyrique, Tome Premier*. Paris: Gallimard.

Debord, Guy. (1999). *In Girum Imus Nocte et Consum-imur Igni*. Paris: Gallimard.

Debord, Guy. (2005). *Correspondance, Volume V : janvier 1973-Decembre 1978*. Paris: Librairie Artheme Fayard.

Debord, Guy. (2006a). *Correspondance, Volume VI: Janvier 1979-decembre 1987*. Paris: Librairie Artheme Fayard.

Debord, Guy. (2006b). *Oeuvres*. Paris: Gallimard.

Debord, Guy. (2007). The State of Spectacle (Preface to the fourth Italian edition of *The Society of the Spectacle*) .In *Autonomia: Post-political Politics*, edited by Sylvere Lotringer & Christian Marazzi, 96-99. New York: Semiotext(e).

Debord, Guy, and Gianfranco Sanguinetti. (1985). *The Veritable Split in the International: Public Circular of the Situationist International*. London: B. M. Chronos.

DefenseAerospace.com. (2011a). DARPA Kicks off Mind's Eye program, accessed January 23, 2015. <http://www.defense-aerospace.com/articles-view/release/3/121450/darpa-kicks-off-mind%E2%80%99s-eye-program.html>.

Deleuze, Gilles. (1977). Nous Croyons au Caractere Constructiviste de Certaines Agitations de Gauche. Recherches 30:149-150.

Deleuze, Gilles. 2003. *Deux Regimes de Fous: Textes et Entretiens 1975-1995*. Paris: Les Editions de Minuit.

Delwiche, Aaron. (2007). From *The Green Berets* to *America's Army*: Video Games as a Vehicle for Political Propaganda. In *The Players' Realm: Studies on the Culture of Video Games and Gaming*, edited by J. Patrick Williams and Jonas Heide Smith, 91-109. Jefferson, NC: McFarland.

Demick, Barbara. (1996). *Logavina Street: Life and Death in a Sarajevo Neighborhood*.

Kansas City, MO: Andrews McMeel Publishing.

Demick, Barbara. (2012). Life and death on my street in Sarajevo. *The Guardian*, April 3, 2012. <http://www.theguardian.com/books/2012/apr/03/life-and-death-in-sarajevo>.

Dench, Ernest A. (1917). *Motion Picture Education*. Cincinnati, OH: The Standard Publishing Company.

Der Derian, James. (2001). *Virtuous War: Mapping the Military-Industrial-Media-Entertainment Network*. Boulder, CO: Westview Press.

Der Derian, James. (2009). *Virtuous War: Mapping the Military-Industrial-Media-Entertainment Network*. 2nd ed. New York: Routledge.

Descargues, Madeleine. (2006). *Tristram Shandy* and the Appositeness of War. In *Laurence Sterne's Tristram Shandy: A Casebook*, edited by Thomas Keymer, 240258. Oxford: Oxford University Press.

Dewey, John. (1925). *Experience and Nature*. Chicago: Open Court Publishing.

Dick, Philip K. (1962). *The Man in the High Castle*. New York: Putnam.

Dill, W. R., and N. Doppelt. (1963). The Acquisition of Experience in a Complex Management Game. *Management Science* 10 (1): 30–46.

Dorner, Dietrich. (1996). *The Logic of Failure: Recognizing and Avoiding Error in Complex Situations*. Cambridge, MA: Perseus Books.

Dorosh, Michael. (2008). Tactical Game 3. *The Tactical Wargamer*, accessed January 13, 2015. <http://www.tacticalwargamer.com/boardgames/panzerblitz/tacgame3.htm>.

Dorris, Anna Verona. (1928). *Visual Instruction in the Public Schools*. Cambridge, UK: Ginn & Company.

Dougherty, Jeff. (2014). Updating *Persian Incursion. The Naval SITREP* 46.

Downes-Martin, Stephen. 2013. Adjudication: The *Diabolus in Machina* of War Gaming. *US Naval War College Review* 66 (3): 67–80.

Drucker, Peter. (1968). *The Age of Discontinuity*. New York: Harper and Row.

Duel on a Dutch Levee. (1996). World War II private reenactment event announcement, sponsored by Tim Castle, Chesapeake, MD, June 6, 1996.

Duke, Richard D. (1974). Toward a General Theory of Gaming. *Simulation & Gaming* 5

(2): 135–136.

Duncum, Paul. (2004). Visual Culture Isn't Just Visual: Multiliteracy, Multimodality and Meaning. *Studies in Art Education* 45 (3): 252–264.

Dunnigan, James, F. (1967). The Fletcher Pratt Naval War Game. *Strategy & Tactics* 1: 7.

Dunnigan, James F. (1970). Designer's Notes: The Game is a Game. *Strategy & Tactics* 22: XS3.

Dunnigan, James F. (1980). *The Complete War games Handbook*. New York: Morrow.

Dunnigan, James F. (1992a). *The Complete Wargames Handbook: How to Play, Design and Find Them*. Revised edition. New York: William Morrow.

Dunnigan, James. (1992b). *The Complete Wargames Handbook: How to Play, Design and Find Them*. 2nd ed. New York: Quill.

Dunnigan, James F. (2000a). *Wargames Handbook, Third Edition: How to Play and Design Commercial and Professional Wargames*. Lincoln, NE: Writers Club Press. Kindle e-book.

Dunnigan, James F. (2000b). *Wargames Handbook: How to Play and Design Commercial and Professional Wargames*. San Jose, CA: Writers Club Press.

Dunnigan, James F. (n. d.). Transition: S&T Change Publishers. *Strategy & Tactics. Book IV: Nrs. 16–18*, inside covers.

Dunnigan, James F., and Albert A. Nofi. (1990). *Dirty Little Secrets of the Vietnam War*. New York: St. Martin's Press.

Dunnigan, James F., and Raymond M. Macedonia. (1993). *Getting It Right: American Military Reforms After Vietnam to the Gulf War and Beyond*. New York: William Morrow & Co.

Dunnigan, James F., and Redmond Simonsen. (1969). The Blitzkrieg Module System. *Strategy & Tactics* 19: 17–24.

Dupuy, T. N. (1979). *Numbers, Predictions & War*. Indianapolis: Bobbs-Merrill.

Dyer-Witherford, Nick, and Greig De Peuter. (2009). *Games of Empire: Global Capitalism and Video Games*. Minneapolis: University of Minnesota Press.

Earle, David M. (2009). *Re-covering Modernism: Pulps, Paperbacks, and the Prejudice of Form*. Burlington, VT: Ashgate Publishing Company.

Earle, David M. (2012). Pulp Magazines and the Popular Press. In *The Oxford Critical and Cultural History of Modernist Magazines, Vol. 2: North America 1894–1960*, edited by Peter Brooker and Andrew Thacker, 197–216. Oxford:Oxford University Press.

Edwards, John. (1970). Stalingrad: Australian Style. *S&T Supplement* 3: 12–18.

Edwards, John. (1978). Interview: John Edwards. *GEN* 15 (1): 16–17.

Edwards, Paul. (1996). *The Closed World: Computers and the Politics of Discourse in Cold War America*. Cambridge, MA: MIT Press.

Edwards, Ron. (2001). GNS and Other Matters of Role-Playing Theory, Chapter 2. *The Forge*, October 14, 2001, accessed December 12, 2014. <http://www.indie-rpgs.com/articles/3>.

Electronic Arts. (2013). Medal of Honor Warfighter. *EA*, accessed January 19, 2015. < http://www.ea.com/medal-of-honor-warfighter>.

Eliot, Charles. (1913). *The Tendency to the Concrete and Practical in Modern Education*. Boston: Houghton Mifflin.

Elliott, Carlson. (1966). The Versatile Business Game; its Growing use in Industry. *Wall Street Journal*, July 8: 1–2.

Ellis, Don Carlos, and Laura Thornborough. (1923). *Motion Pictures in Education*. New York: Thomas Y. Cromwell Company.

Esposito, Vincent J., ed. (1995). *The West Point Atlas of American Wars, vol.1., 1689–1900*. New York: Henry Holt and Company.

Evans, Richard. (2014). *Altered Pasts: Counterfactuals in History*. London: Little, Brown and Company.

Ewalt, David. (2013). *Of Dice and Men: The Story of Dungeons & Dragons and the People Who Play It*, New York: Scribner.

Faden, Lisa Y. (2014). The Story of the Nation in Wartime: World War II in US and Canadian Secondary History Classes. In *(Re)Constructing Memory: School Textbooks, Identity, and the Pedagogies and Politics of Imagining Community*, edited by J. H. Williams, 191218. Rotterdam: Sense.

Faidutti, Bruno. (2007). On Mystery of the Abbey. In *Second Person: Role-Playing and*

Story in Games and Playable Media, edited by Pat Harrigan and Noah Wardrip-Fruin, 95–98. Cambridge, MA: MIT Press.

Farrow, Daniel W, Ⅳ. (2005). Avalon Hill Games, 1952–1998. Personal website, accessed January 13, 2015. <http://users.rcn.com/dwfiv/games/avalonhillgames.html>.

Featherstone, Donald. (1962). *War Games*. London: Stanley Paul.

Featherstone, Donald. (1965). *Naval War Games*. London: Stanley Paul. Second edition (2009) reprinted as *Donald Featherstone's Naval War Games: Wargaming with Model Ships*, Bristol, UK: The History of Wargaming Project.

Feist, Raymond, and Janny Wurts. (1987–1992). *The Empire Trilogy* [series]. New York: Doubleday.

Ferguson, Niall, ed. (2000). *Virtual History: Alternatives and Counterfactuals*. New York: Basic Books.

Ferguson, Niall. (2003). Introduction. Virtual History: Towards a 'Chaotic' Theory of the Past. In *Virtual History: Alternatives and Counterfactuals*, edited by Niall Ferguson, 1–90. London: Pan.

Fields, A. Belden. (1988). *Trotskyism and Maoism: Theory and Practice in France and the United States*. New York: Autonomedia.

Filewod, Alan. (2012). Warplay: Spectacle, Performance, and (Dis) Simulation of Combat. In *Bearing Witness: Perspectives on War and Peace from the Arts and Humanities*, edited by Sherrill Grace, Patrick Imbert and Tiffany Johnstone, 17–27. Montreal: McGill-Queen's University Press.

Filipovic , Zlata. (1993). *Zlata's Diary: A Child's Life in Wartime Sarajevo*. London: Penguin.

Fine, Gary. (1979). Small Groups and Culture Creation: The Idioculture of Little League Baseball Teams. *American Sociological Review* 44: 733–745.

Fine, Gary. (1983). *Shared Fantasy: Role-playing Games as Social Worlds*. Chicago: Chicago University Press.

Foley, John A. (2007). *Combat Commander*—Developer's Notes: Up Close and Personal. C3i Magazine 19.

Fortun, M., and S. Schweber. (1993). Scientists and the Legacy of the World War Ⅱ :

The Case of Operations Research. *Social Studies of Science* 23 (4): 595–642.

Fossheim, Hallvard, and Tarjei Mandt Larsen. (2012). *The Philosophy of Computer Games*. Dordrecht: Springer.

Foster, Aroutis N., and Punya Mishra. (2009). Games, Claims, Genres & Learning. In *Handbook of Research on Effective Electronic Gaming in Education*, vol. Ⅲ. Edited by Richard E. Ferdig, 33–50. Hershey, PA: Information Science Reference.

Foxhall, Lin. (2013). Can We See the "Hoplite Revolution" on the Ground? Archaeological Landscapes, Material Culture and Social Status in Early Greece. In *Men of Bronze: Hoplite Warfare in Ancient Greece*, edited by Donald Kagan and Gregory F. Viggiano, 194–221. Princeton: Princeton University Press.

Frank, Anders. (2012). Gaming the Game: A Study of the Gamer Mode in Educational Wargaming. *Simulation & Gaming* 43 (1): 118–132.

Frank, Richard B. (1990). *Guadalcanal: The Definitive Account of the Landmark Battle*. New York: Penguin Books.

Fredericks, P. G. (1958). And Now—"Wide-Screen" Warfare. *New York Times Sunday Magazine*, December 7: 96.

Freeman, Frank N. (1924). *Visual Education: A Comparative Study of Motion Pictures and Other Methods of Instruction*. Chicago: University of Chicago Press.

Friedman, Norman. (2011). *Naval Weapons of World War One*. Annapolis: Naval Institute Press.

Fryer-Biggs, Zachary. (2014). Cyber Spending Rare Bright Spot in Budget. *Defense News*, March 2, 2014, accessed January 9, 2015. <http://www.defensenews.com/article/20140302/DEFREG02/303020017/ Cyber-Spending-Rare-Bright-Spot-Budget>.

Frost and Sullivan. (1980). *The Military and Aerospace Trainer and Simulator Market*. New York: Frost and Sullivan.

Frost, Holloway. (1936). *The Battle of Jutland*. Annapolis: Naval Institute Press.

Fuller, Buckminster. (1969a). *Utopia or Oblivion: The Prospects for Humanity*. New York: Bantam Books.

Fuller, Buckminster. (1969b). *Operating Manual for Spaceship Earth*. Chicago: Southern Illinois University Press.

Gaddis, John Lewis. (2002). *The Landscape of History: How Historians Map the Past*. Oxford: Oxford University Press.

Gadomski, Christopher. (1980). The Great Pretenders: Simulators and Training Devices in Today's Defense Environment. *Sea Power* 23 (12): 38–42.

Gaffney, Helen, and Alasdair Vincent. (2011). Modeling Information Operations in a Tactical-level Stabilization Environment. *Journal of Defense Modeling and Simulation* 8:2.

Gagnon, Frederick. (2010). Invading Your Hearts and Minds: *Call of Duty* and the (Re) Writing of Militarism in US Digital Games and Popular Culture. *European Journal of American Studies* 5 (3): document 3.

Galloway, Alexander R. (2006). *Gaming: Essays on Algorithmic Culture*. Minneapolis: University of Minnesota Press.

Games Workshop Group PLC. (2000–2014a). The Games Workshop Hobby. *Games Workshop* 2000–2014, accessed January 6, 2014. <http://investor.games-workshop.com/the-games-workshop-hobby>.

Games Workshop Group PLC. (2000–2014b). Our Business Model. *Games Workshop* 2000–2014, accessed June 30, 2014. <http://investor.games-workshop.com/our-business-model>.

Games Workshop Group PLC. (2006). *Chairman's Preamble: Annual Report 2005–06*. <http://investor.games-workshop.com/chairmans-preamble-annual-report-2005-06 >.

Games Workshop Group PLC. (2014). *Annual Report 2013–14*. <http://investor.games-workshop.com/2014/07/29/annual-report-2013-14>.

Gardner, Luke. (1993). Fourth Armored Unit, Company A, 51st Armored Infantry Battalion newsletter, December, 1993.

Gardner, Luke. (1994). Warning Order [to 4th Armored unit members].

Gardner, Marvin. 1975. John E. Koontz to Marvin Gardner, 11 June. Box 33, folder 8. In *Marvin Gardner Papers. SC647*. Stanford University Libraries.

Garamone, Jim. (2010). Alexander Details U. S. Cyber Command Gains. *American Forces Press Service, September 24, 2010*, accessed January 19, 2014. <http://www .defense.gov/news/newsarticle.aspx?id=61014>.

Gascoigne, Marc, and Nick Kyme. (2007). *The Art of Warhammer*. Nottingham: The Black Library.

Gates, Robert. (2014). *Duty: Memoirs of a Secretary at War*. New York: Knopf.

Gay, R. C. (1937). Teacher Reads the Comics. *Harvard Educational Review* (March): 198–209.

Geertz, Clifford. (1972). *The Interpretation of Cultures*. New York: Basic Books, Inc.

General Accounting Office. (1980). *GAO Report PAD-80-21. Models, Data, and War: A Critique of the Foundation for Defense Analysis*. Washington, DC: General Accounting Office.

Gerbaudo, Paolo. (2012). *Tweets and the Streets: Social Media and Contemporary Activism*. London: Pluto.

Gertler, Jeremiah. (2012). *U. S. Unmanned Aerial Systems*. Washington, DC: Congressional Research Service. <http://fas.org/sgp/crs/natsec/R42136.pdf>.

Ghamari-Tabrizi, Sharon. (2005). *The Worlds of Herman Kahn: The Intuitive Science of Thermonuclear War*. Cambridge, MA: Harvard University Press.

Ghamari-Tabrizi, Sharon. (n.d.). US Wargaming Grows Up: A Short History of the Diffusion of Wargaming in the Armed Forces and Industry in the Postwar Period up to 1964. *Strategy Page*. < http://www. strategypage. com/articles/default. asp? target=Wgappen. htm>.

Ghamari-Tabrizi, Sharon. (2005). *The Worlds of Herman Kahn*. Cambridge, MA: Harvard University Press.

Ghamari-Tabrizi, Sharon. (2012). Cognitive and Perceptual Training in the Cold War Man-Machine System. In *Uncertain Empire: American History and the Idea of the Cold War*, edited by Joel Isaacs and Duncan Bell, 267–293. Oxford: Oxford University Press.

Gibson, James, ed. (1947). *Motion Picture Testing and Research: Report No. 7*. Washington DC: Army Air Forces Aviation Psychology Program Research Reports.

Gile, Robert H. (2004). *Global War Game: Second Series 1984–1988*. Newport, RI: Naval War College.

Gilman, Don. (2012). *Harpoon Timeline*. Accessed May, 2014. <http://www.h3milsim. net/timeline>.

Gilman, Don, and Larry Bond. (2006). *Harpoon*: An Original Serious Game. Paper presented at the Serious Games Conference, Arlington, VA, October 2006.

Gilman, Robert. (1971). *The Navigator of Rhada*. London: Gollancz.

Glick, Stephen, and Ian Charters. (1983). War, Games and Military History. *Journal of Contemporary History* 18 (4): 567–582.

Godfrey, Eleanor. (1967). *The State of Audiovisual Technology, 1961–1966*. Washington, DC: National Education Association.

Goldhamer, Herbert. (1954). *Toward a Cold War Game*. Santa Monica, CA: RAND Corporation.

Goldhamer, Herbert, and Hans Speier. (1959). Observations on Political Gaming. *World Politics* 12:1.

Gooderson, Ian. (1998). *Air Power at the Battlefront: Allied Close Air Support in Europe 1943–45*. London: Routledge.

Gordon, Andrew. (1996). *The Rules of the Game: Jutland and British Naval Command*. London: John Murray.

Gordon, Alice Kaplan. (1970). *Games for Growth*. Palo Alto, CA: Science Research Associates, Inc.

Gordon, William J. J. (1956). Operational Approach to Creativity. *Harvard Business Review* 34 (6): 41–51.

Gouglas, Sean, Mihaela Ilovan, Shannon Lucky, and Silvia Russell. (2014). Abort, Retry, Pass, Fail: Games as Teaching Tools. In *Pastplay: Teaching and Learning History with Technology*, edited by Kevin Kee, 121–138. Ann Arbor: University of Michigan Press.

Graham, R. G., and C. F. Gray. (1969). *Business Games Handbook*. New York: American Management Association.

Graham, Thomas, and Robert Allyn Dick. (1996). Tactical awareness monitoring and direct response system. Google patent, filed April 17, 1996. <http://www.google.com/patents/US5971580>.

Grant, Tom. (2005–14). Insurgency and Terrorism. *BoardGameGeek*, accessed January 13, 2015. <http://boardgamegeek.com/geeklist/6478/insurgency-and-terrorism>.

Grant, Tom. (2012). Episode 38: Jerry Taylor. *I've Been Diced*. Podcast audio. August 6, 2012. <http://ivebeendiced.blogspot.com/2012/08/ive-been-diced-episode-38-jerry-taylor.html>.

Graubard, Morlie, and Carl Builder. (1980). *RAND's Strategic Assessment Center: An Overview of the Concept, N-1583-DNA*. Santa Monica, CA: RAND Corporation.

Greenwood, Don [interviewed by Rex A. Martin] (1986). Staff Briefing: An Interview with Don Greenwood. *The General* 22: 6.

Greenwood, Don, John Hill, and Hal Hock. (1978). Design Analysis—Game Design: Art or Science (An Evaluation of the *Squad Leader* Game Design). *The General* 14: 5.

Gregory, Derek. (2011a). Lines of Descent. *openDemoc-racy*, November 8, 2011, accessed January 11, 2015. <http://www.opendemocracy.net/print/62494>.

Gregory, Derek. (2011b). From a View to a Kill: Drones and Late Modern War. *Theory, Culture & Society* 28 (7–8): 188–215.

Gregory, Derek. (2014). The God Trick and the Administration of Military Violence. *Geographical Imaginations: War, Space and Security*, April 26, 2014, accessed January 11, 2015. <http://geographicalimaginations.com/2014/04/26/the-god-trick-and-the-administration-of-military-violence>.

Grossman, Dave. (2009). *On Killing: The Psychological Cost of Learning to Kill in War and Society*. New York: Little, Brown and Co.

Grosvenor, Ian. (2012). Back to the Future or Towards a Sensory History of Schooling. *History of Education* 41 (5): 675–687.

Grusin, Richard A. (2010). *Premediation: Affect and Mediality after 9/11*. New York: Palgrave Macmillan.

Guattari, Felix. (2013). Balance Program for Desiring-Machines. *In The New Media and Technocultures Reader*, edited by Seth Giddings and Martin Lister, 129–138. New York: Routledge.

Guetzkow, Harold, Chadwick F. Alger, Richard A. Brody, Robert C. Noel, and Richard C. Snyder. (1963).*Simulation in International Relations*. Englewood Cliffs, NJ: Prentice-Hall.

Gunning, Tom. (1990). The Cinema of Attraction: Early Film, Its Spectator, and the Avant-Garde. In *Early Cinema: Space Frame Narrative*, edited by Thomas Elsaesser and Adam Barker, 56–62. London: British Film Institute Publishing.

Gunning, Tom. (1993). Now You See It, Now You Don't: The Temporality of the Cinema of Attractions. *Velvet Light Trap* 32 (Fall): 3–12.

Gunning, Tom. (1994). The Whole Town's Gawking: Early Cinema and the Visual Experience of Modernity. *Yale Journal of Criticism* 7 (2): 189–201.

Gunzinger, Mark. (2013). *Shaping America's Future Military toward a New Force Planning Construct*. Washington, DC: Center for Strategic and Budgetary Assessments.

Guy, Emmanuel, and Laurence de Bras. (2013). *Guy Debord: Un Art de la Guerre*. Paris: Bibliotheque Natio-nale de France/Gallimard.

Gysin, Fritz. (1983). *Model and Motif in Tristram Shandy*. Bern: Francke Verlag.

Haefele, John W. (1962). *Creativity and Innovation*. New York: Reinhold Publishing Co.

Haigh, Thomas. (2001). Inventing Information Systems: The Systems Men and the Computer, 1950–1968. *Business History Review* 75 (1): 15–61.

Haldon, John, Bart Craenen, Georgios Theodoropou-los, Vinoth Suryanarayanan, Vincent Gaffney, and Philip Murgatroyd. (2010). Medieval Military Logistics: A Case for Distributed Agent-based Simulation. In *SIMUTools 10: Proceedings of the 3rd International ICST Conference on Simulation Tools and Techniques*. Brussels:Institute for Computer Sciences, Social-Informatics and Telecommunications Engineering.

Halter, Ed. (2006). *From Sun Tzu to XBox: War and Video Games*. New York: Thunder's Mouth Press.

Hamburger, W. (1955). *Monopologs: an Inventory Management Game*. RM-1579. Santa Monica, CA: RAND Corporation.

Hamer, John. (2005). History Teaching and Heritage Education: Two Sides of the Same Coin, or Different Currencies? In *The Politics of Heritage: The Legacies of Race*, edited by Jo Littler and Roshi Naidoo, 159–168. London: Routledge.

Hamilton, Kirk. (2013). *Spec Ops* Writer on Violent Games: 'We're Better Than That.' *Kotaku*, accessed May 5, 2013. <http://kotaku.com/spec-ops-writer-on-violent-games-were-better-than-th-460992384>.

Hanley, Nathan, and Helen Gaffney. (2011). The Peace Support Operations Model:

Modeling Techniques Present and Future. *Journal of Defense Modeling and Simulation* 8:2.

Hanson, Victor Davis. (2013). The Hoplite Narrative. In *Men of Bronze: Hoplite Warfare in Ancient Greece*, edited by Donald Kagan and Gregory F. Viggiano, 256–276. Princeton: Princeton University Press.

Harding, Tucker, and Mark Whitlock. (2013). Leveraging Web-based Environments for Mass Atrocity Prevention. *Simulation & Gaming* 44:1.

Hardy, Thomas. (1908). *The Dynasts*. London: Macmillan.

Harmon, Robert D. (1974). Beyond Situation 13. *GEN* 11 (4): 7–12.

Harrigan, Pat, and Noah Wardrip-Fruin. (2011). *Twilight Struggle* and Card-Driven Historicity. In *Tabletop: Analog Game Design*, edited by Greg Costikyan and Drew Davidson, 159–166. Pittsburgh, PA: ETC Press.

Harris, Chester, and Louise Buenger. (1955). Relation Between Learning by Film and Learning by Lecture. *AV Communication Review* 3 (Winter): 29–34.

Harris, Derrick. (1999). Unit Count, WW II Newsgroup, January 9, 1999.

Harrop, Mitchell, and Martin Gibbs. (2013). Everyone's a Winner at Warhammer 40K (or, at least not a loser). *Marcus Carter*, August 2013, accessed July 6, 2014. <http://marcuscarter.com/wp-content/ uploads/2013 /08/harrop-warhammer.pdf>.

Harvey, Giles. (2012). *The Third Reich* by Roberto Bolano. *The Guardian*, January 27, 2012, accessed October 14, 2014. <http://www. theguardian. com/ books/2012/jan/27/third-reich-roberto-bolano-review>.

Hausrath, Alfred. (1971). *Venture Simulation in War*, Business, and Politics. New York: McGraw-Hill.

Hawley, Judith. (2009). Tristram Shandy, Learned Wit, and Enlightenment Knowledge. In *The Cambridge Companion to Laurence Sterne*, edited by Thomas Keymer, 34–48. Cambridge: Cambridge University Press.

Hay, Bud, and Bob Gile. (1993). *Global War Game: The First Five Years*. Newport, RI: Naval War College.

Heims, Steve J. (1993). *Constructing a Social Science for Postwar America: The Cybernetics Group 1946–1953*. Cambridge, MA: MIT Press.

Heist, Paul. (1968). *Education for Creativity*. San Francisco, CA: Jossey-Bass.

Heller, Joseph. (1961). Catch-22 . New York: Simon & Schuster.

Heller, Major Charles E. (1984). *Chemical Warfare in World War* I *: The American Experience, 1917–1918*. Leavenworth Papers No. 10. Fort Leavenworth, KS: Combat Studies Institute.

Helmer, Olaf. (1967). *Methodology of Societal Studies. P - 3611*. Santa Monica, CA: RAND Corporation.

Hemingway, Graham, Himanshu Neema, Harmon Nine, Janos Sztipanovits, and Gabor Karsai. (2011). Rapid Synthesis of High-level Architecture-Based Heterogeneous Simulation: A Model-Based Integration Approach. *Simulation*, March 17: 1–16.

Henry, Mark. (1993). Nominations for Central Powers Combat Commander of the GWA. *On the Wire* 4: 5.

Herbert, Frank. (1965). *Dune*. Philadelphia: Chilton.

Herken, Gregg. (1985). *Counsels of War*. New York: Knopf.

Herman, Mark, Mark Frost, and Robert Kurz. (2009). *Wargaming for Leaders: Strategic Decision Making from the Battlefield to the Board Room*. New York: McGraw-Hill.

Hickman, Tracy and Margaret Weis. (1984–2009). *Dragonlance* [series]. New York: Random House.

Hill, John. (1977). A *Squad Leader* Preview—The Building of *Squad Leader*. *GEN* 14:2.

Hill, John. (2010). *The 2 Half-Squads*, February 26, 2010, podcast audio. <http://www.the2halfsquads.com/ 2010/02/episode-32-view-from-hill.html>.

Hill, Joseph E., and Derek Nunner. (1971). *Personalizing Educational Programs Utilizing Cognitive Style Mapping*. Bloomfield Hills, MI: Oakland Community College Press.

Hitch, Charles J., and Roland N. McKean. (1960). *The Economics of Defense in the Nuclear Age*. Cambridge, MA: Harvard University Press.

Hitchens, Michael, Bronwin Patrickson, and Sherman Young. (2014). Reality and Terror, the First-Person Shooter in Current Day Settings. *Games and Culture* 9 (1): 3–29.

Hoare, Andy. (2011). Rick Priestley Interview. *Tales from the Maelstrom*, September 25, 2011, accessed January 6, 2015. <http://talesfromthemaelstrom. blogspot. com. au/ 2011/09/rick-priestley-interview.html >.

Hoarn, Steven. (2013). SOCOM Seeks TALOS (Tactical Assault Light Operator Suit). *Defense Media Network*, May 18, 2013, accessed January 19, 2013. <http://www.defensemedianetwork.com/stories/socom-seeks-talos-tactical-assault-light-operator-suit>.

Hoban, Charles F., Jr. (1946). *Movies that Teach*. New York: The Dryden Press.

Hoban, Charles F., Jr., and Edward Van Ormer. (1950). *Instructional Film Research, 1918–1950. SDC 269-7-19*. Port Washington, NY: Special Devices Center, Department of the Army and Department of the Navy.

Hockaday, David, Daniel Barnhardt, James Staples, Pamela Sitko, and Odile Bultan. (2013). *Simulating the Worst to Prepare the Best: A Study of Humanitarian Simulations and their Benefits. Emergency Capacity Building Project*. <http://www.ecbproject.org/resource/18416>.

Hocking, Clint. (2007). Ludonarrative Dissonance in *Bioshock*: The Problem of What the Game Is About. *Click Nothing*, last modified October 7, 2007. <http://clicknothing.typepad.com/click_nothing/2007/10/ ludonarrative-d.html>.

Hofer, Margaret. (2003). *The Games We Played: The Golden Age of Board and Table Games*. Princeton, NJ: Princeton Architectural Press.

Hoglund, Johan. (2008). Electronic Empire: Orientalism Revisited in the Military Shooter. *Game Studies* 8:1.

Hollis, A. P. (1926). *Motion Pictures for Instruction*. New York: The Century Company.

Hooper, Richard. (1969). A Diagnosis of Failure. *AV Communication Review* 17 (3): 245–264.

Hound, Carl, Arthur Lumsdaine, and Fred Sheffield. (1949). *Experiments on Mass Communication, Studies in Social Psychology in World War* II. vol. 3. Princeton: Princeton University Press.

House, Daniel. (2012). The Viability of Commercial Sub-Orbital Spacecraft for Military Strike Missions. M.A. thesis, American Public University System.

Huizinga, Johan. (1950). *Homo Ludens: A Study of the Play Element in Culture*. Boston: Beacon Press.

Human Rights Watch. (2010). Open Letter to President Obama: Targeted Killings and Unmanned Combat Aircraft Systems (Drones). *Human Rights Watch*, December 7, 2010, accessed January 11, 2015. <http://www.hrw.org/news/2010/12/07/letter-obama -

targeted-killings>.

Huntemann, Nina B. (2009). Playing with Fear: Catharsis and Resistance in Military-Themed Video Games. In *Joystick Soldiers: The Politics of Play in Military Video Games*, edited by Nina B. Huntemann and Matthew Thomas Payne, 223–236. New York, London: Routledge.

Huntemann, Nina, and Matthew Thomas Payne. (2010). *Joystick Soldiers: The Politics of Play in Military Video Games*. New York: Routledge.

Hurd, Archer Willis. (1945). Do You Learn to Do by Doing? *Journal of Educational Sociology* 19 (2): 83–86.

Hussey, Andrew. (2001). *The Game of War: The Life and Death of Guy Debord*. London: Jonathan Cape.

Hussey, Thomas. (2014). Potential Impact of Civilian Wargames on the Military. Submitted manuscript.

Hyde, Henry. (2013). *The Wargaming Compendium*. Barnsley, UK: Pen & Sword.

I llingworth, David. (2007). Allusive, Ludicrous, Illusive: Games in and with *Tristram Shandy. Shandean* 18:40–55.

Institute for Creative Technologies. (2012). BiLAT Bilateral Negotiation Trainer, accessed December 19, 2014. <http://ict. usc. edu/wp - content/uploads/overviews/BiLAT_Overview.pdf>.

Institute for Creative Technologies. (2015). ICT Overview. *USC Institute for Creative Technologies*, accessed August 28, 2014. <http://ict.usc.edu/about>.

Institute of Contemporary Art. (1957). *Conference on Motivating the Creative Process. Harriman*, NY, Arden House, May 7–10, 1957.

I nterdisciplinary Symposia on Creativity, Michigan State University. (1959). *Creativity and Its Cultivation: Addresses*, edited by Harold H. Anderson. New York: Harper & Row.

International Committee of the Red Cross. (2013). Video Games and Law of War, accessed December 19, 2014. <http://www.icrc.org/eng/resources/ documents/film/2013/ 09-28-ihl-video-games.htm>.

Iraq Body Count. (2014). Documented Civilian Deaths from Violence, accessed December 19, 2014. <https://www.iraqbodycount.org/database>.

Italian Campaign 1944. (1998). World War II event announcement.

Jacka, Benedict. (2013). *Chosen.* London: Ace Books.

Jackson, J. R. (1959). Learning from Experience in Business Decision Games. *California Management Review* 1 (2): 92–107.

Jackson, Robert. (1952). *Visual Principles for Training by Television. SDC 20-TV-2.* Port Washington, NY: Special Devices Center, Department of the Army and Department of the Navy.

Jafnakol, Orlygg. (2013). The Mighty Avenger: An Interview with Bryan Ansell. *Realm of Chaos 80s,* February 16, 2013, accessed June 6, 2014. <http://realmofchaos80s.blogspot.co.uk/2013/02/the-mighty-avenger-interview-with-bryan.html>.

Jafnakol, Orlygg. (2014). The Grand Master Returns: A Second Interview with Tony Ackland. *Realm of Chaos 80s,* January 25, 2014, accessed June 6, 2014. <http://realmofchaos80s.blogspot.co.uk/2014/01/ the-grandmaster-returns-second.html>.

Jane, Fred. (1898). *Jane's All the World's Fighting Ships.* New York: Little, Brown and Company.

Jappe, Anselm. (1999). *Guy Debord.* Berkeley: University of California Press.

Jay, E. S., and R. L. McCornack. (1960). InformationProcessing under Overload Conditions. *American Psychologist* 15 (7): 21–30.

Jensen, Kurt, and Lars M. Kristensen. (2009). *Coloured Petri Nets: Modelling and Validation of Concurrent Systems.* Berlin: Springer–Verlag.

Johnson, Burt (1996). Referees. World War II newsgroup, November 18, 1996.

Johnson, Roy Ivan. (1938). The Experience Curriculum in Action. English Journal 27 (3): 229–235.

Johnson, Stuart, Rita Johnson, and the Regional Education Laboratory for the Carolinas and Virginia. (1970). *Developing Individualized Instructional Materials.* Palo Alto, CA: Westinghouse Learning Press.

Johnson, Walter. (2003). On Agency. *Journal of Social History* 37: 113–124.

Johnson, William H. (1927). *Fundamentals in Visual Instruction.* Chicago: The Educational Screen, Inc.

Joint Chiefs of Staff (1987–2013). *JP 1-02. DOD Dictionary of Military and Associated Terms*. Washington, DC: Department of Defense.

Jones, Joshua. (2012). Necessary (Perhaps) But Not Sufficient: Assessing Drone Strikes Though a Counterinsurgency Lens. *Small Wars Journal*, August 28, 2012, accessed January 11, 2015. <http://smallwarsjournal.com/blog/necessary-perhaps-but-not-sufficient-assessing-drone-strikes-through-a-counterinsurgency-lens>.

Jones, Phillip N., and Thomas Mastaglio (MYMIC LLC). (2006). *Evaluating the Contributions of Virtual Simulations to Combat Effectiveness*. Study Report 2006–04, ARI, March.

Jones, William. (1985). *RAND Corporation Research Note N-2322-RC: On Free-Form Gaming*, accessed December 19, 2014. <http://www.rand.org/content/dam/rand/ pubs/ notes/2007/N2322.pdf>.

Jordan, A. M. (1937). Use of Motion Pictures in Instruction. *High School Journal* 20 (5): 188–193.

Jordan, Robert. (1990–2007). *The Wheel of Time* [series]. New York: Tor Books.

Jordan, Robert, and Brandon Sanderson. (2007–13). *The Wheel of Time* [series]. New York: Tor Books.

Juul, Jesper. (2011). *Half-Real: Video Games between Real Rules and Fictional Worlds*. Cambridge, MA: MIT Press.

Kagan, Donald, and Gregory F. Viggiano. (2013). The Hoplite Debate. In *Men of Bronze: Hoplite Warfare in Ancient Greece*, edited by Donald Kagan and Gregory F. Viggiano, 1–56. Princeton: Princeton University Press.

Kahn, Herman. (1960). On *Thermonuclear War*. Princeton: Princeton University Press.

Kahn, Herman. (1964). *Thinking about the Unthinkable*. New York: Horizon Press.

Kahn, Herman, and Anthony Weiner. (1961). *The Year 2000*. New York: Macmillan.

Kahn, Herman, Daniel Bell, and Anthony Wiener. (1968). *The Year 2000: A Framework for Speculation on the Next 33 Years*. New York: Macmillan.

Kanner, Joseph, Richard Runyon, and Otello Desider-ato. (1954). *Television in Army Training: Evaluation of Television in Army Basic Training*. Technical Report 14. Washington, DC: George Washington University, Human Resources Research Office.

Kant, Immanuel. (2003). *The Critique of Pure Reason*, translated by J.M.D. Meikeljohn. Project Gutenberg Ebook #4280. <http://www.gutenberg.org/files/4280/4280-h/4280-h.htm>.

Kapell, Matthew Wilhelm, and Andrew B. R. Elliott. (2013). *Playing with the Past: Digital Games and the Simulation of History*. New York: Bloomsbury.

Kaplan, Wendy, ed. (2011). *California Design, 1930–1965: Living in a Modern Way*. Cambridge, MA: MIT Press.

Karsai, Gabor, Miklos Maroti, Akos Ledeczi, Jeff Gray, and Janos Sztipanovits. (2004). Composition and Cloning in Modeling and Meta-Modeling. *IEEE Transactions on Control Systems Technology* 12 (2): 263–278.

Katz, Leon. (1995). The Compleat Dramaturg. In *What Is Dramaturgy?* edited by Bert Cardullo, 13–16. New York: Peter Lang.

Kaufman, Vincent. (2006). *Guy Debord: Revolution in the Service of Poetry*. Minneapolis: University of Minnesota Press.

Kebritchi, Mansureh, and Atsusi Hirumi. (2008). Examining the Pedagogical Foundations of Modern Educational Computer Games. *Computers & Education* 51: 1729–1743.

Kee, Kevin, ed. (2014). *Pastplay: Teaching and Learning History with Technology*. Ann Arbor: University of Michigan Press.

Keegan, John. (1976). *The Face of Battle: A Study of Agin-court, Waterloo, and the Somme*. London: Jonathan Cape.

Kelly, Henry. (2005). Games, Cookies and the Future of Education. *Issues in Science and Technology*, last modified on November 27 2013, accessed January 9, 2015. <http://issues.org/21-4/kelly>.

Kelly, Henry. (2008). Continuous Improvement in Undergradute Education: A Possible Dream. *Innovations: Technology, Governance, Globalization* 3 (3): 133–151.

Kemp, Peter K., ed. (i960). *The Papers of Admiral Sir John Fisher* [2 vols.]. London: Naval Records Society.

Kendler, Howard, and John Cook. (1951). *Implications of Learning Theory for the Design of Audio-Visual Aids*. HRRL Memo Report No. 12(a). Washington, DC: US Air Force, Human Resources Research Laboratories, Headquarters Command, Bolling Air Force Base.

Keogh, Brendan. (2013). *Killing is Harmless: A Critical Reading of Spec Ops: The Line. Stolen Projects*. Kindle Edition.

Kessel, John. (2004). Creating the Innocent Killer: Ender's Game, Intention and Morality. *Foundation, the International Review of Science Fiction 33: 90*, accessed October 14, 2014. <http://johnjosephkessel.wix.com/ kessel-website#! creating-the-innocent-killer/ce5s>.

Keymer, Thomas. (2006). Sterne and the "New Species" of Writing. In *Laurence Sterne's Tristram Shandy: A Casebook*, edited by Thomas Keymer, 50–75. Oxford: Oxford University Press.

Keyser, John. (2014). The Letter from John. *11 bit studios*, last modified March 27, 2014. <http://www.11bitstudios.com/blog/en/16/this-war-of-mine/23/the-letter-from-john.html >.

Kibbee, J. M. (1959). Dress Rehearsal for DecisionMaking: The Growing Use of Business Games. *Management Review* 48 (February): 4–8.

Kibbee, J. M., C. J. Craft, and B. Nanus. (1961). *Management Games*. New York: Reinhold.

Kilcullen, David. (2010). *Counterinsurgency*. New York: Oxford University Press.

Kiell, Norman. (1961). The Myth of Fun. *Journal of Educational* Sociology 35 (1): 1–10.

Kim, James. (2007). "Good cursed, bouncing losses": Masculinity, Sentimental Irony and Exuberance in *Tristram Shandy. Eighteenth Century (Lubbock, Tex.)* 41 (1): 3–24, 93.

Kim, John H. (2008). The Threefold Model. *Darkshire*. <http://www.darkshire.net/~jh-kim/rpg/theory/ threefold>.

Kipp, Jacob (1985). Lenin and Clausewitz: the Militarisation of Marxism, 1914–1921. *Military Affairs* 49: 4 (October): 184–191.

Kirschenbaum, Matthew. (2009). War Stories: Board Wargames and (Vast) Procedural Narratives. In *Third Person: Authoring and Exploring Vast Narratives*, edited by Pat Harrigan and Noah Wardrip-Fruin, 357–371. Cambridge, MA: MIT Press.

Kirschner, P. A., J. Sweller and Richard E. Clark. (2006). Why Minimal Guidance During Instruction Does Not Work: An Analysis of the Failure of Constructivist, Discovery, Problem-Based Experiential and Inquiry-Based Teaching. *Educational Psychologist*

41 (2): 75–86.

Kittel, Charles. (1947). The Nature and Development of Operations Research. *Science* 105 (2719): 150–153.

Klabbers, Jan. (2009). Terminological Ambiguity: Game and Simulation. *Simulation & Gaming* 40 (4): 446463.

Knerr, Bruce W. (2007). *Immersive Simulation Training for the Dismounted Soldier.* Study Report 2006–1 ARI, February.

Kohn, Alfie. (1986). *No Contest: The Case Against Competition.* Boston: Houghton Mifflin.

Kraft, Ivor. (1966). The Cult of Creativity. *Teachers College Record* 67 (8): 618–622.

Kraft, Ivor. (1967). Pedagogical Futility in Fun and Games. *NEA Journal* 56: 71–72.

Krentz, Peter. (2013). Hoplite Hell: How Hoplites Fought. In *Men of Bronze: Hoplite Warfare in Ancient Greece*, edited by Donald Kagan and Gregory F. Viggiano, 134–156. Princeton: Princeton University Press.

Krepinevich, Andrew. (1992). *The Military-Technical Revolution: A Preliminary Assessment.* Washington, DC: Office of Net Assessment.

Kuenne, Robert. (1965). *The Attack Submarine: A Study in Strategy.* New Haven: Yale University Press.

Kumar, Radha, ed. (2009). *Negotiating Peace in Deeply Divided Societies: A Set of Simulations.* New Delhi: SAGE Publications India.

LaGrone, Sam. (2013). Interview: Larry Bond on Tom Clancy. *USNI News*, October 8, 2013, accessed October 14, 2014. <http://news.usni.org/2013/10/08/ interview-larry-bond-tom-clancy>.

Lamb, Jonathan. (1981). The Comic Sublime and Sterne's Fiction. *ELH* 1:110–143.

Lamb, Jonathan. (1989). *Sterne's Fiction and the Double Principle.* New York: Cambridge University Press.

Lampton, Donald R., Daniel P. McDonald, Mar E. Rodriguez, James E. Cotton, Christina S. Morris, James Parsons, and Glenn Martin. (2001). *Instructional Strategies for Training Teams in Virtual Environments.* TR 1110, ARI, March.

Lanchester, F. W. (1916). *Aircraft in Warfare: The Dawn of the Fourth Arm.* London:

Constable and Company, Ltd.

Langner, Ralph. (2013). Stuxnet's Secret Twin. *Foreign Policy*, November 19, 2013, accessed July 29, 2015.<http://foreignpolicy.com/2013/11/19/stuxnets-secret-twin>.

Lanham, Michael J., Geoffrey P. Morgan, and Kathleen M. Carley. (2014). Social Network Modeling and Agent-Based Simulation in Support of Crisis De-escalation. *IEEE Transactions on Human-Machine Systems* 44 (1): 103–140.

Lanham, Richard A. (1973). *Tristram Shandy: The Games of Pleasure*. Berkeley: University of California Press.

Lanier, Jaron. (n.d.). No title. *Jaron Lanier*, accessed July 28, 2010. <www.jaronlanier.com/lecture.html>.

Lawrence, Philip K. (1997). *Modernity and War: The Creed of Absolute Violence*. London: Macmillan Press.

Lean, Jonathan, Jonathan Moizer, Michael Towler, and Caroline Abbey. (2006). Simulations and Games: Use and Barriers in Higher Education. *Active Learning in Higher Education* 7 (3): 227–242.

Learning Federation. (2003). *Component Roadmap: Question Generation and Answering Systems R&D for Technology-Enabled Learning Systems*. Federation of American Scientists, Washington DC, October. <http://www. fas. org/programs/ltp/publications/ roadmaps.html>.

Lebow, Ned. (2010). *Forbidden Fruit: Counterfactuals in International Relations*. Princeton: Princeton University Press.

Ledwidge, Frank. (2011). *Losing Small Wars*. New Haven: Yale University Press.

Leed, Eric J. (1979). *No Man's Land: Combat and Identity in World War* I . Cambridge: Cambridge University Press.

Leeson, William. (1988). *The Reisswitz Story: Five Articles from the Militair Wochenblatt*. Self-published.

Lemne, Bengt. (2010). March numbers for XBLA. *Game Reactor*, last modified April 27, 2010, accessed September 29, 2014. <http://www. gamereactor. eu/news/3557/March+numbers+for+XBLA>.

Lenoir, Tim. (2000). All But War Is Simulation: The Military-Entertainment Complex.

Configurations 8 (3): 289–335.

Lenoir, Tim. (2002). Fashioning the Military Entertainment Complex. *Correspondence: An International Review of Culture and Society* 10 (Winter/Spring): 14–16.

Lenoir, Tim. (2003). Programming Theaters of War: Gamemakers as Soldiers. In *Bombs and Bandwidth: The Emerging Relationship between IT and Security*, edited by Robert Latham, 175–198. New York: New Press.

Lenoir, Tim, and Henry Lowood. (2003). Theatres of War: The Military-Entertainment Complex. In *Kunsthammer, Laboratorium, Buhne-Schauplatze des Wissens im 17. Jahrhundert/ Collection, Laboratory, Theater*, edited by Jan Lazardzig, Helmar Schramm, and Ludger Schwarte, 432–464. Berlin: Walter de Gruyter.

Lenoir, Tim, and Henry Lowood. (2005). Theaters of War: The Military-Entertainment Complex. In *Collection-Laboratory-Theater: Scenes of Knowledge in the 17 th Century*, edited by Jan Lazardsiz, Ludger Schwarte and Helmar Schramm, 427–465. New York: Walter de Gruyter Publishing.

Levine, Robert, Thomas Schelling, and William Jones. 1991. Crisis Games for Adults and Others. In *Crisis Games 27 Years Later: Plus C'est Deja Vu. P-7719* [reprint of 1964 internal RAND document]. Santa Monica, CA: RAND Corporation.

Levinthal, David. (2009). *I.E.D. War in Afghanistan and Iraq*. New York: Powerhouse Books.

Levinthal, David, and Garry Trudeau. (1977). *Hitler Moves East: A Graphic Chronicle, 1941–43*, Kansas City, MO: Sheed, Andrews & McMeel.

Levis, Alexander H. (2005). Executable Models of Decision Making Organizations. In *Organizational Simulation*, edited by William B. Rouse and Ken Boff, 369–388. NY: Wiley–Interscience.

Levis, Alexander H., and A. Abu Jbara. (2013). MultiModeling, Meta–Modeling and Workflow Languages. In *Theory and Application of Multi-Formalism Modeling*, edited by Marco Gribaudo and Mauro Iacono, 56–80. Hershey, PA: IGI Global.

Levis, Alexander H., S. K. Kansal, A. E. Olmez, and A. M. AbuSharekh. (2008). Computational models of Multi-national Organizations. In *Social Computing, Behavioral Modeling and Prediction*, edited by Huan Liu, John Salerno, Michael J. Young, 57–68. Berlin: Springer-Verlag.

Levis, Alexander H., Abbas K. Zaidi, and Mohammed F. Rafi. (2012). Multi-modeling and Meta-modeling of Human Organizations. In *Proceedings of the Fourth International Conference on Applied Human Factors and Ergonomics: AHFE2012*, San Francisco, CA, July 2012.

Lewin, Christopher George. (2012). *War Games and their History*. Stroud: Fonthill Media.

Lexington. (2014). Medals for Drone Pilots? *The Economist*, March 29 2014, accessed January 19, 2015. <http://www.economist.com/news/united-states/21599785-fraught-debate-over-how-honour-cyber-warriors-medals-drone-pilots>.

Lindeman, Eduard C. (1948). The Dynamics of Recreational Theory. *Journal of Educational Sociology* 21 (5): 263–269.

List, Steve. (1970). Game Design: Down Highway 61, Through State Farm 69, Around Tactical Game 3, and into *PanzerBlitz*. *Strategy & Tactics* 22 14, XS3.

Little, W. McCarty. (1912). The Strategic Naval War Game or Chart Maneuver. *Proceedings of the US Naval Institute*, 1219–1220.

Loomis, Rick. (1970). Opponents Wanted. *GEN* 7 (5): 16.

Losh, Elizabeth. (2009). Regulating Violence in Virtual Worlds: Theorizing Just War and Defining War Crimes in World of Warcraft. *Pacific Coast Philology* 44 (2): 159–172.

Losh, Elizabeth. (2010). A Battle for Hearts and Minds: The Design Politics of ELECT BiLAT. In *Joystick Soldiers: The Politics of Play in Military Video Games*, edited by Nina Huntemann and Matthew Thomas Payne, 160177. London: Routledge.

Loveridge, Mark. (1983). *Laurence Sterne and the Argument about Design*. Totowa, NJ: Barnes and Noble Books.

Lowenfeld, V. (1957). *Creativity and Mental Growth*. New York: Macmillan.

Lowood, Henry. (2009). Game Counter. In *The Object Reader*, edited by Fiona Candlin and Raiford Guins, 466–469. Abingdon, UK: Routledge.

Lowood, Henry. (2014). Game Engines and Game History. *Kinephanos* History of Games International Conference Proceedings special issue (January 2014), accessed January 13, 2015. <http://www.kinephanos.ca/ 2014/game-engines-and-game-history>.

Lumbry, E. W. R., ed. (1970). *Policy and Operations in the Mediterranean 1912–14.* London: Navy Record Society.

Lumsdaine, Arthur. (1953). Audio-Visual Research in the US Air Force. *AV Communication Review* 1 (Spring): 76–90.

Lupton, Christina, and Peter McDonald. (2010). Reflexivity as Entertainment: Early Novels and Recent Video Games. *Mosaic* 43 (4): 157–173.

Luttwak, Edward. (1987). *Strategy: The Logic of War and Peace.* Cambridge, MA: Harvard University Press.

Lynch, Scott. (2007). *Red Seas Under Red Skies.* London: Gollancz.

Lynn, William J, Ⅲ. (2010). Defending a New Domain: The Pentagon's Cyberstrategy. *Foreign Affairs* 89 (5): 97–108.

McAneny, Larry. (1976). *PanzerBlitz*: Hex by Hex. *GEN* 12 (5): 3–13, 34.

MacCombe, Leonard (1959). Valuable Batch of Brains: An Odd Little Company Called RAND Plays Big Role in U.S. Defense. *LIFE*, May 11: 101–7.

MacGillivray, Alan. (1996). The Worlds of Iain Banks. *The Association for Scottish Literary Studies*, September 30, 2013, accessed October 14, 2014. <http://www.arts.gla.ac.uk/scotlit/asls/Laverock-Iain_Banks.html >.

MacGowan, Rodger B. (1987). 20 Years Later and 10 Years After Squad Leader. *Fire & Movement* 53: 34–37.

MacKinnon, Donald. (1961). Fostering Creativity in Students of Engineering. *Journal of Engineering Education* 52 (3): 129–142.

Madeja, Victor. (1965). Midway, D-Day, Tactics Ⅱ, Stalingrad Re-worked. *GEN* 1 (5): 3.

Malcolm, D. G. (1959). *A Bibliography of the Use of Simulations in Management Analysis. SP-126.* Santa Monica, CA: System Development Corporation.

Malone, T. W., and M. R. Lepper. (1987). Making Learning Fun: A Taxonomy of Intrinsic Motivations for Learning. In *Aptitude, Learning, and Instruction, Vol. 3: Conative and Affective Process Analyses*, edited by R. E. Snow and M. J. Farr, 223–253. Hillsdale, NJ: Erlbaum.

Manstein, Erich. (1983). *Verlorene Siege* [*Lost Victories*]. Munich: Bernard & Graefe.

Mantello, Peter. (2012). Playing Discreet War in the US: Negotiating Subjecthood and Sovereignty through Special Forces Video Games. *Media, War, & Conflict* 5 (3): 269–283.

Marcus, Greil. (1989). *Lipstick Traces: A Secret History of the Twentieth Century*. London: Secker & Warburg.

Marder, Arthur J., ed. (1952). *The Making of an Admiral, 1854–1904. vol.* Ⅰ. *Fear God and Dread Nought: The Correspondence of Admiral of the Fleet Lord Fisher of Kilverstone*. London: Jonathan Cape.

Marder, Arthur J., ed. (1956). *Years of Power, 1904–1914. vol.* Ⅱ. *Fear God and Dread Nought: The Correspondence of Admiral of the Fleet Lord Fisher of Kilverstone*. London: Jonathan Cope.

Marder, Arthur J. (1961). *From Dreadnought to Scapa Flow* [5 vols.]. London: Oxford University Press.

Marien, Michael. (1970). *Essential Reading for the Future of Education. A Selected and Critically Annotated Bibliography*. Washington, DC: National Center for Educational Research and Development.

Martin, David. (2012). 7 Navy SEALs Disciplined for Role with Video Game. CBS, November 8, 2012, accessed January 19, 2015. <http://www.cbsnews.com/news/7-navy-seals-disciplined-for-role-with-video-game>.

Martin, George R. R. (1996). *A Song of Ice and Fire* [series]. London: Voyager Books.

Martin, Mike. 2014. *An Intimate War: An Oral History of the Helmand Conflict*. Oxford: Oxford University Press.

Martin, Rex. (2001). Cardboard Warriors: The Rise and Fall of an American Wargaming Subculture, 1958–1998. Ph.D. dissertation, Pennsylvania State University.

Martino, John. (2012). Video Games and the Militarisation of Society: Towards a Theoretical and Conceptual Framework. In *ICT: Critical Infrastructures and Society*, edited by M. David Hercheui, D. Whitehouse, W. McIver Jr., and J. Phahlamohlaka, 264–273. New York and Heidelberg: Springer.

Marty, Martin. (1969). *The Search for a Usable Future*. New York: Harper and Row.

Marx, Karl, and Friedrich Engels. (1929). *Marx/ Engels Collected Works*. vol. 40. London: Progress Publishers.

Mason, Bill. (1997). Small Survey. WW Ⅱ newsgroup, September 23, 1997.

May, Hope. (2010). *Aristotle's Ethics: Moral Development and Human Nature.* New York: Continuum.

May, Mark. A. (1937). Educational Possibilities of Motion Pictures. *Journal of Educational Sociology* 11 (3): 149–160.

Mazzetti, Mark. (2014). Intelligence Chief Condemns Snowden and Demands Return of Data. *The New York Times*, January 29, 2014, accessed January 19, 2015. <http://www.nytimes.com/2014/01/30/us/politics/intelligence - chief - condemns - snowden - and - demands-return-of-data.html?partner=rss&emc=rss>.

McAlinden, Ryan, Paula Durlach, H. Chad Lane, Andrew Gordon, and John Hart. (2008). UrbanSim: A Game-based Instructional Package for Conducting Counterinsurgency Operations. In *Proceedings of the Twenty-Sixth Army Science Conference*. Orlando, FL, 2008, accessed December 19, 2014. <http://people.ict.usc.edu/~gordon/publications/ASC08.PDF>

McAllister, Gillen. (2012). Interview with Walt Williams, E3 2012. *Gamereactor*, last modified June 21, 2012. <http://www.gamereactor.eu/news/33921/ Spec+Ops%3AThe+ Line+GRTV+Interview>.

McCabe, June. (2013). Review of the Canadian Humanitarian and Disaster Response Training Program SimEx 2013. *PAXsims*, August 3, 2013. <http://paxsims.wordpress.com/2013/08/03/review-of-the-canadian-humanitarian-and-disaster-response-training-program-simex-2013>.

McCall, Jeremiah. (2011). *Gaming the Past: Using Video Games to Teach Secondary History.* New York: Routledge.

McCarty, Willard. (2004). Modeling: A Study in Words and Meanings. In *A Companion to Digital Humanities*, edited by Susan Schreibman, Ray Siemens and John Unsworth, 254–269. Oxford: Wiley-Blackwell.

McChrystal, Stanley A. (2011). It Takes a Network: The New Front Line of Modern Warfare. *Foreign Policy*, February 21, 2011, accessed July 29, 2015. <http://www.foreignpolicy.com/articles/2011/02/22/it _takes_a_network>.

McConnell, Mike. (2010). "Mike McConnell on How to Win the Cyber-War We're Losing." *The Washington Post*, February 28, 2010, accessed January 19, 2015. <http://

683

www. washingtonpost. com/wp - dyn/content/article/2010/02/25/AR2010022502493. html?sid=ST2010031901063>.

McCloskey, Joseph F. (1987). British Operational Research in World War Ⅱ. *Operations Research* 35 (3): 453–470.

McCown, Margaret (2005). Strategic Gaming for the National Security Community. *Joint Forces Quarterly* 39.

McCue, Brian. (2008). *U-Boats in the Bay of Biscay: An £ssay in Operations Analysis.* Xlibris Corporation.

McDonald, John, and Frank Ricciardi. (1958). The Business Decision Game. *Fortune* 57 (3): 140–142.

McDonough, Tom. (2006). Guy Debord, or the Revolutionary Without a Halo. *October* 115: 39–45.

McDuffee, Allen. (2014). At Last, a Google Glass for the Battlefield. *Wired*, February 24, 2014, accessed January 19, 2015. <http://www.wired.com/dangerroom/2014/02/battlefield-glass>.

McGonigal, Jane. (2011). *Reality Is Broken: Why Games Make Us Better and How They Can Change the World.* London: Jonathan Cape.

McGuire, Michael. (1976). The Wargamer as Nigger. *Fire & Movement* 3: 20–23.

McHugh, Francis J. (1968). *Fundamentals of War Gaming.* Newport, RI: US Naval War College.

McLaughlin, Fran. (1967). New Circuits or Short Circuits? *Educators' Guide to Media & Methods* 4 (3): 18–21.

McLeroy, Carrie. (2008). History of Military Gaming. *Soldiers Magazine* (September): 4–6.

McConnell, Mike. (2010). Mike McConnell on How to Win the Cyber-War We're Losing. *The Washington Post*, February 28, 2010, accessed January 19, 2015. <http://www.washingtonpost.com/wp-dyn/content/article/2010/02/25/AR2010022502493.html?sid=ST2010031901063>.

McLuhan, Marshall. (1960). Classrooms Without Walls. In *Explorations in Communication*, edited by Marshall McLuhan and Edmund Carpenter, 1–3. Boston: Beacon Press.

McLuhan, Marshall. (1961). Inside the Five Sense Sensorium. *Canadian Architect* 6 (6): 49–54.

McLuhan, Marshall, and Edmund Carpenter. (1957). Classroom without Walls. *Explorations* 7: 22–26.

McLuhan, Marshall, and George B. Leonard. (1967). The Future of Education: The Class of 1989. *Look* 30 (4): 23–25.

McLuhan, Marshall, and Harley Parker. (1968). *Through the Vanishing Point: Space in Poetry and Painting*. New York: Harper & Row.

McNeil, David. (1990). *The Grotesque Depiction of War and the Military in Eighteenth-Century Fiction*. Newark: University of Delaware Press.

McRaven, William H. (2012). *Posture Statement of Admiral William H. McRaven, USN, Commander, United States Special Operations Command before the 112th Congress Senate Arms Services Committee*. Washington, DC: USSOCOM.

Mead, Corey. (2013). *War Play: Video Games and the Future of Armed Conflict*. New York: Houghton Mifflin Harcourt.

Meadows, Donella, Dennis Meadows, Jorgen Randers, and William Behrens, III. (1972). *The Limits to Growth*. New York: Universe Books.

Medal of Honor: Warfighter. (2014). *Medal of Honor Wiki*, accessedjanuary 19, 2015. < http://medalofhonor.wikia.com/wiki/Medal_of_Honor:_Warfighter#Weapons>.

Meilinger, Phillip S. (2003). *Airwar. Theory and Practice*. Portland, OR: Frank Cass.

Menninger, William C. (1948). Recreation and Mental Health. *Recreation* 42 (November): 340–346.

Menn, Joseph. (2013). SPECIAL REPORT—U. S. Cyberwar Strategy Stokes Fear of Blowback. *Reuters*, May 10, 2013, accessed January 19, 2015. <http://in.reuters.com/article/2013/05/10/usa-cyberweapons-idlNDEE9490AX20130510>.

Merrifield, Andy. (2005). *Guy Debord*. London: Reaktion Books.

Metz, Steven, and James Kievit. (1995). *Strategy and the Revolution in Military Affairs: From Theory to Policy*. Carlisle, PA: Strategic Studies Institute, U.S. Army War College. <http://www.strategicstudiesinstitute.army.mil/pubs/download.cfm?q=236>.

Michael, Donald N. (1968). *The Unprepared Society: Planning for a Precarious Future*.

New York: Basic Books.

Milante, Gary. (2009). Carana. *PAXsims*, January 27, 2009. <http://paxsims.wordpress.com/2009/01/27/carana>.

Miles, John, and Charles Spain. (1947). *Audio-Visual Aids in the Armed Services*. Washington, DC: Commission on Implications of Armed Services Educational Programs, American Council on Education.

Miller, James Grier. (1960). Information Input Overload and Psychopathology. *American Journal of Psychiatry* 116 (8): 695–704.

Miller, James Grier. (1964). The Information Explosion: Implications for Teaching. *Journal of the National Association of Women Deans & Counselors* 27: 54–59.

Miller, Walter M. (1960). *A Canticle for Leibowitz*. Philadelphia: J. B. Lippincott & Co.

Mirowski, Philip. (1999). Cyborg Agonistes: Economics Meets Operations in Mid-Century. *Social Studies of Science* 29 (5): 685–718.

Mockenhaupt, Brian. (2010). SimCity Baghdad. *The Atlantic*, January/February 2010, accessed July 29, 2015. <http://www. theatlantic. com/magazine/archive/2010/01/simcity - baghdad/307830>.

Moizer, Jonathan, Jonathan Lean, Michael Towler, and Caroline Abbey. (2009). Simulations and Games: Overcoming the Barriers to their Use in Higher Education. Active Learning in Higher Education 10 (3): 207–224.

Moore, L. B. (1958). Experiencing Reality in Management Education. Journal of the Academy of Management 1 (October): 7–14.

Morgan, Gary C. (1990). Wargaming and the Military. Fire & Movement: The Forum of Conflict Simulation 66 (June/July): 31–36.

Morie, Jacquelyn Ford. (2013). Enhancing Sexual Harassment Training for the 21st Century Military. Playa Vista, CA: USC Institute for Creative Technologies.

Morison, Elting E. (1977). From Know-How to Nowhere. New York: Mentor.

Morris, Errol. (2014). The Certainty of Donald Rumsfeld (Part 4). The New York Times, March 28, 2014, accessed January 19, 2015. <http://opinionator. blogs. nytimes. com/ 2014/03/28/the-certainty-of-donald-rumsfeld-part-4>.

Morse, Philip M., and George E. Kimball. (1946). *OEG Report 54. Methods of Opera-*

tions Research. Washington, DC: Operations Evaluation Group, Office of the Chief of Naval Operations.

Morse, Philip M., and George E. Kimball. (1951). *Methods of Operations Research*. Revised 1st edition. Cambridge, MA: MIT Press.

Morse, Philip M., and George E. Kimball. (1956). How to Hunt a Submarine. In *The World of Mathematics*, edited by James R. Newman, 2160–2181. New York: Simon and Schuster.

Morse, Philip, and George Kimball. (1959). *Methods of Operations Research*. Revised edition. Cambridge, MA: MIT Press.

Morschauser, Joe. (1962). *How to Play War Games in Miniature*. New York: Walker and Company.

Mukherjee, Souvik. (2010). Shall We Kill the Pixel Soldier? Perceptions of Trauma and Morality in Combat Video Games. *Journal of Gaming and Virtual Worlds* 2 (1): 39–51.

Mullan, John. (1988). *Sentiment and Sociability: The Language of Feeling in the Eighteenth Century*. Oxford: Clarendon Press.

Mulvey, Laura. (1975). Visual Pleasure and Narrative Cinema. In *Issues in Feminist Film Criticism*, edited by Patricia Erens, 28–71. Bloomington, IN: Indiana University Press.

Munn, C., S. Wales, and A. Beach. (July 2, 1859). ChessPlaying Excitement. *Scientific American* 9, accessed October 14, 2014. <http://books. google. co. uk/books? id= 90hGAQAAIAAJ>.

Murdock, Clark A. (1974). *Defense Policy Formation: A Comparative Analysis of the McNamara Era*. Albany: State University of New York Press.

Murray, H. J. R. (1913). *A History of Chess*. Oxford: Oxford University Press.

Murray, H. J. R. (1952). *A History of Board-games Other Than Chess*. Oxford: Clarendon Press.

Myers, David. (1990). Chris Crawford and Computer Game Aesthetics. *Journal of Popular Culture* 24 (2): 17–32.

Nakashima, Ellen. (2010). War Game Reveals U.S. Lacks Cyber-Crisis Skills. *The Washington Post*, February 17, 2010, accessed January 19, 2015. <http://www.washing-

tonpost.com/wp-dyn/content/article/ 2010/02/16/AR2010021605762.html>.

Nakashima, Ellen. (2012). U.S. Accelerating Cyberweapon Research. *The Washington Post*, March 18, 2012, accessed January 19, 2015. <http://www. washingtonpost. com/ world/national - security/us - accelerating - cyberweapon - research/2012/03/13/gIQAM-RGVLS_story.html>.

Nannini, Christopher, Jeffrey Appleget, and Alejandro Hernandez. (2012). Game for Peace: Progressive Education in Peace Operations. *Journal of Defense Modeling and Simulation* 10:3.

Nasar, Sylvia. (1998). *A Beautiful Mind: A Biography of John Forbes Nash, Jr., Winner of the Nobel Prize in Economics, 1994*. New York: Simon & Schuster.

Nash, Jay B. (1948). A Philosophy of Recreation in America. *Journal of Educational Sociology* 21 (5): 257–263.

National Research Council (US), and Committee on Modeling and Simulation: Opportunities for Collaboration Between the Defense and Entertainment Research Communities. (1997). *Modeling and Simulation: Linking Entertainment and Defense*. Washington, DC: National Academy Press.

Negri, Antonio. (1998). Reviewing the experience of Italy in the 1970s. *Le Monde diplomatique*, September 1998.

Nelson, Theodor H. (1974). *Computer Lib/Dream Machines*. Self-published.

New London Group. (1996). A Pedagogy of Multiliteracies: Designing Social Futures. *Harvard Educational Review* 66: 60–92.

Newbould, M.-C. (2006). For the Good of the Nation: "Unkle" Toby and Corporal Trim. *Shandean* 17:85–92.

Nofi, Albert A. (2010). *To Train the Fleet for War: The US Navy Fleet Problems, 1923–1940*. Newport, RI: Naval War College Press.

Nofi, Albert A. (2012). Some Lessons from History about Wargaming and Exercises. In *Peter Perla's The Art of Wargaming*, edited by John Curry, 288–309. Bristol, UK: The History of Wargaming Project.

Nordling, Elias. (2009). Really Small. *Battles Magazine* 1: 35–39.

Nottelman, Dirk. (2014). From Ironclads to Dreadnoughts: The Development of the German Navy, 1864–1918. *Warship International* 51 (1): 43–91.

Odessa '97. (1997). World War II private reenactment event announcement, sponsored by Fusilier Kom-panie 272 and W2HPG, New York, 1997.

Odlyzko, Andrew. (2010). Social Networks and Mathematical Models Electronic Commerce: A Research Commentary on 'Critical Mass and Willingness to Pay for Social Networks' by J. Christopher Westland. *Research and Applications* 9 (1): 26–28.

One Year In Hell …Surviving a Full SHTF Collapse in Bosnia. (2013). Silver Doctors, May 13, 2013. <http://www.silverdoctors.com/one-year-in-hellsurviving-a-full-shtf-collapse-in-bosnia>.

Onians, John. (1989). War, Mathematics, and Art in Ancient Greece. *History of the Human Sciences* 4 (2): 39–62.

Orbanes, Philip E.(2004). *The Game Makers*.Cambridge, MA: Harvard Business School Press.

O'Reilly, Bill. (2012). Talking Points Memo: Is Traditional America Gone for Good? *Fox News Insider*, last modified November 13, 2012. <http://foxnewsinsider.com/2012/11/13/talking-points-memo-is-traditional-america-gone-for-good>.

Organisation for the Prohibition of Chemical Weapons. (2005). *Chemical Weapons Convention: Convention on the Prohibition of the Development, Production, Stockpiling and Use of Chemical Weapons and on Their Destruction*. <www.opcw.org/chemical-weapons-convention>

Osbourne, Lloyd. (1898). Stevenson at Play. *Scribner's Magazine* 24:709–719.

O'Toole, Gary. (2014). If Your Only Tool Is a Hammer Then Every Problem Looks Like a Nail. *Quote Investigator*, last modified May 8, 2014. <http://quoteinvestigator. com/2014/05/08/hammer-nail>.

Ottenberg, Michael. (2008). Algernon Wargame. In *Seventy-sixth Annual Symposium of the Military Operations Research Society*. <http://oai. dtic. mil/oai/oai? verb=getRecord&metadataPrefix=html&identifier=ADA490233>.

Ottosen, Rune. (2009). The Military - Industrial Complex Revisited: Computer Games and War Propaganda. *Television & New Media* 10 (1): 122125.

Overy, Richard. (2010). The Historical Present. *Times Higher Education*, April 29, 2010: 30–34.

Owens, William A. (1996). The Emerging U. S. *System-of-Systems*. *National Defense University, Institute for National Strategic Studies* 63 (February). <http://www.dtic.mil/cgi-bin/ GetTRDoc?AD=ADA3 94313>.

Page, Susan. (2014). Panetta: "30-Year War" and a Leadership Test for Obama. *USA Today*, October 6, 2014, accessed January 19, 2015. <http://www.usatoday.com/story/news/politics/2014/10/06/ leon-panetta-memoir-worthy-fights/16737615>.

Paletta, Anthony. (2012). Wargames: On Roberto Bolano's *The Third Reich*. *The Millions*, February 10, 2012, accessed October 14, 2014. <http://www. themillions. com/2012/02/war-games-on-roberto-bolanos-the-third-reich.html>.

Palmer, Nicholas. (1977). *The Comprehensive Guide to Board Wargaming*. New York: McGraw-Hill.

Pape, Robert A. (1996). *Bombing to Win*. Ithaca, NY: Cornell University Press.

Parker, L. E., and M. R. Lepper. (1992). Effects of Fantasy Contexts on Children's Learning and Motivation—Making Learning More Fun. *Journal of Personality and Social Psychology* 62 (4): 625–633.

Parkin, Simon. (2013). Shooters: How Video Games Fund Arms Manufacturers. *Eurogamer*, January 31, 2013, accessed January 19, 2015. <http://www.eurogamer.net/articles/2013-02-01-shooters-how-video-games-fund-arms-manufacturers>.

Parks, Lisa. (2011). *Coverage: Media Spaces and Security after 9/11*. London: Routledge.

Parlett, David. (1999). *The Oxford History of Board Games*. Oxford: Oxford University Press.

Parnes, Sidney. (1963). Education and Creativity. *Teachers College Record* 64 (4): 331.

Parrott, Marvin. (1963). $600 Tanks Embattle. *Army* 13 (6): 48–50.

Parsons, Henry McIlvaine. (1972). *Man-Machine System Experiments*. Baltimore, MD: Johns Hopkins University Press.

Patrick, Stephen B. (1977a). The History of Wargaming. In *Strategy & Tactics Staff Study Nr. 2: Wargame Design*, 1–29. New York: Hippocrene.

Patrick, Stephen B. (1977b). Notes on Game Design. In *Strategy & Tactics Staff Study Nr. 2: Wargame Design*, 78–106. New York: Hippocrene.

Patterson, A. Temple, ed. (1966). *The Jellicoe Papers*. vol. I. London: Naval Records Society.

Paulson, Ronald. (1998). *Don Quixote in England: The Aesthetics of Laughter*. Baltimore, MD: Johns Hopkins University Press.

PAXsims (2015). AFTERSHOCK. <https://paxsims.wordpress.com/aftershock/>.

Payne, Matt, and Nina Huntemann. (2009). *Joystick Soldiers: The Politics of Play in Military Video Games*. New York: Routledge.

Payne, Matthew Thomas. (2014). War Bytes: The Critique of Militainment in Spec Ops: The Line. *Critical Studies in Media Communication* 31 (4): 265–282.

Peck, Michael. (2011). Confessions of an Xbox General. *Foreign Policy*, last modified September 28, 2011. <http://www.foreignpolicy.com/articles/2011/ 09/28/Xbox_general>.

Peckham, Matt. (2014). A War Survival Videogame That Shows You the Real Horrors of Fighting. *Wired*, November 14, 2014. <http://www.wired.com/2014/11/this-war-of-mine>.

Perica, Jon. (1964). Putting More Realism into Tactics Ⅱ. *GEN* 1 (4): 7–12.

Perla, Peter P. (1990). *The Art of Wargaming: A Guide for Professionals and Hobbyists*. Annapolis, MD: Naval Institute Press.

Perla, Peter P. (1991). A Guide to Navy Wargaming. In *War Gaming Anthology*, edited by Mel Chaloupka, Joseph Coelho and Linda Lou Borges-DuBois, 2–3. Newport, RI: Naval War College, Center for Naval Warfare Studies, Advanced Concepts Department, Naval Reserve Project.

Perla, Peter P., and Ed McGrady. (2011). Why Wargaming Works. *Naval War College Review* 64 (3): 111–128.

Perla, Peter, and Edsel D. McGrady. (2009). *Systems Thinking and Wargaming*. Arlington, VA: Center for Naval Analysis.

Perla, Peter, and Michael Markowitz. (2009). *Conversations with Wargamers*. Arlington, VA: Center for Naval Analyses.

Peterson, Jon. (2012). *Playing at the World: A History of Simulating Wars, People and Fantastic Adventures, from Chess to Role-Playing Games*. San Diego, CA: Unreason

Press.

Philbin, Tobias. (2014). *The Battle of Dogger Bank*. Indianapolis: Indiana University Press.

Phillies, George. (1975). Phillies on *Dungeons & Dragons*. *American Wargamer* 2 (8): 8.

Phillies, George. (2014). *Designing Wargames—Introduction. Studies in Game Design Book 5*. Amazon Digital Services.

Pickering, Andy. (1995). Cyborg History and the World War Two Regime. *Perspectives on Science: Historical, Philosophical, Social* 3 (1): 1–48.

Pimper, Jeff. (1977). *All the World's Wargames: 19531977. With addenda by George Phillies, including 19781982, 1983–1989, and 1990–1995*. Livermore, CA: American Wargaming Association.

Platt, John. (1969). What We Must Do. *Science* 166 (3909): 1115–1121.

Pleban, Robert J., and Jena Salvetti. (2003). *Using Virtual Environments for Conducting Small Unit Dismounted Mission Rehearsals*. RR 1806, ARI, June.

Power, Marcus. (2007). Digitized Virtuosity: Video War Games and Post-9/11 Cyber-Deterrence. *Security Dialogue* 38:2.

Pratchett, Terry. (2004). *Going Postal*. London: Doubleday.

Pratchett, Terry. (2005). *Thud!* London: Doubleday.

Prensky, Marc. (2001). *Digital Game-Based Learning*. New York: McGraw-Hill.

Price, Martin. (1987). Art and Nature: the Duality of Man. *In Laurence Sterne's Tristram Shandy: Modern Critical Interpretations*. edited by Harold Bloom, 23–30. New York: Chelsea House.

Public International Law and Policy Group. (n. d.). Negotiation Simulations, accessed December 19, 2014. <http://publicinternationallawandpolicygroup. org/library/negotiation-simulations>.

Pussy Riot. (2012). Punk Prayer. You Tube, accessed August 31,2013. <www.youtube. com/watch7v=ALS92big4TY>.

Rabinovitz, Lauren. (2004). More Than the Movies: A History of Somatic Visual Culture through Hale's Tours, IMAX, and Motion Simulation Rides. In *Memory Bytes: History, Technology, and Digital Culture*, edited by Lauren Rabinovitz and Abraham Geil,

692

99–125. Durham, NC: Duke University Press.

Rabinovitz, Lauren. (2006). From Hale's Tours to Star Tours. In *Virtual Voyages: Cinema and Travel*, edited by Alexandra Schneider, Jeffrey Ruoff, Amy J. Staples and Dana Benelli, 42–60. Durham, NC: Duke University Press.

Rabinovitz, Lauren. (2012). *Electric Dreamland: Amusement Parks, Movies, and American Modernity*. New York: Columbia University Press.

Radford, Elaine. (2007). Ender and Hitler: Sympathy for the Superman (20 Years Later). *Peachfront Speaks*, March 26, 2007, accessed October 14, 2014. <http://peachfront.diaryland.com/enderhitlte.html>.

RAND Corporation. (2000a). GAMING (pre-1960): A Bibliography of Selected RAND Publications SB-1050. May 2000.

RAND Corporation. (2000b). GAMING (1970–1984): A Bibliography of Selected RAND Publications SB-2050. May 2000.

RAND Corporation. (2001). RAND Hosts Army Science Board Tour of Innovative Modeling and Simulation Techniques, accessed November 21, 2014. <http://www.rand.org/natsec_area/products/ictvisit.html>.

RAND Corporation. (2004a). GAMING (1985–2004): A Bibliography of Selected RAND Publications SB-3050. May 2004.

RAND Corporation. (2004b). Microworld Simulations: A New Dimension in Training Army Logistics Management Skills, accessed November 21, 2014. <http://www.rand.org/pubs/research_briefs/RB3037/ index1.html>.

Rasmussen, Frederick N. (2010). Charles S. Roberts, Train Line Expert, Dies at 80. *Baltimore Sun*, August 28, 2010.

Rau, Erik. (2000). The Adoption of Operations Research in the United States During World War II. In *Systems, Experts, and Computers. The Systems Approach in Management and Engineering, World War II and After*, edited by Agatha Hughes and Thomas Hughes, 57–92. Cambridge, MA: MIT Press.

Ray, Herbert. (1966). Air Defense Simulation Through the Years. *Air University Review (United States Edition)* 17 (September-October): 62–70.

Reddoch, Russell. (1970). Comments on Module *Blitzkrieg. S&T Supplement* 2: 9–11.

Rehkop, J. (1957). *Experience with the Management-Decision Simulation Game: Monopologs. P-1131*. Santa Monica, CA: RAND Corporation.

Reiber, L. P. (1996). Seriously Considering Play. *Educational Technology Research and Development* 44 (2): 43–58.

Reichenbach, Harry. (1931). Phantom Fame: *The Anatomy of Ballyhoo*. New York: Simon & Schuster.

Reisswitz, Georg Heinrich Rudolf Johann von (1824). *Anleitung zur Darstellung Militairischer Manover mit dem Apparat des Kriegs-Spieles [Instructions for the Representation of Military Maneuvers with the War Game Apparatus]*. Berlin: Trowitzsch.

Remington, Roger. (2003). *American Modernism: Graphic Design 1920–1960*. New Haven: Yale University Press.

Rhea, John. (1980). Military Simulators: Total Training. *National Defense* 64 (2): 32–35, 64–64.

Rhyne, R. F. (1972). Communicating Holistic Insights. In *Fields Within Fields Within Fields: The Methodology of Pattern*. vol. 5. Edited by Julius Stulman, 93–104. New York: The World Institute Council.

Ricciardi, Frank. (1957). Business War Games for Executives: A New Concept in Management Training. *Management Review* 46 (May): 45–55.

Richfield, Paul. (2011). Intell Video Moves to a Netflix Model. *Government Computer News: Technology, Tools and Tactics for Public Sector IT*, March 29, 2011, accessed January 23, 2015. <http://gcn.com/articles/2011/ 03/29/c4isr-1-battlefield-full-motion-video.aspx>.

Riff, David. (2012). A Representation which is Divorced from the Consciousness of Those Whom It Represents is No Representation. What I do not know, I do not worry about. *Chto Delat?*, accessed August 31, 2013. <http://chtodelat. org/b8 - newspapers/ 12–38/david-riff-a-representation-which-is-divorced-from-the-consciousness-of-those-whom-it-represents-is-no-representation-what-i-do-not-know-i-do-not-worry-about/>.

Riza, M. Shane. (2013). *Killing Without Heart: Limits on Robotic Warfare in an Age of Persistent Conflict*. Washington, DC: Potomac Books.

Roark, M. L. (1925). Is the Project Method a Contribution? *Peabody Journal of Education* 2 (4): 197–204.

Robb, Tim. (1996). Enlightenment for the GWA Vice President. *On the Wire* 7.

Robbins, Reece. (2014). Bay Area Open 2014 Warham-mer 40000 Championships Format. *Frontline Gaming*, June 10, 2014, accessed January 6, 2015. <http://www.frontline-gaming.org/2014/06/10/bay-area-open-2014-warhammer-40000-championships-format>.

Roberts, Adam. (2013). Iain M Banks' *The Player of Games* (1988). *Sibilant Fricative*, May 18, 2013, accessed October 14, 2014. <http://sibilantfricative.blogspot.co.uk/2013/05/iain-m-banks-player-of-games-1988.html>.

Roberts, Andrew, ed. (2004). *What Might Have Been*. London: Orion.

Roberts, Charles S. (1983). Charles S. Roberts: In His Own Words. *Charles S. Roberts Awards*, accessed January 3, 2015. <http://www.alanemrich.com/CSR_pages/Articles/CSRspeaks.htm>.

Roberts, R. M., and L. Strauss. (1975). Management Games in Higher Education 1962–1974—An Increasing Acceptance. In *North American Simulation and Gaming Association*, edited by J. Elliott and R. McGinty, 381–385. Los Angeles: University of Southern California Press.

Robinson, James. (1966). Simulation and Games. In *The New Media and Education*, edited by Peter Rossi and Bruce Biddle, 93–135. Chicago: Aldine Publishing Company.

Rock, Robert, James Duva, and John Murray. (1952). *The Comparative Effectiveness of Instruction by Television, Television Recordings, and Conventional Classroom Procedures*. NAVEXOS P–850–2. Port Washington, NY: Special Devices Center, Department of the Army and Department of the Navy.

Roeder, Oliver. (2014). Designing the Best Board Game on the Planet. *Fivethirtyeight.com*, December 31, 2014. <http://fivethirtyeight.com/features/designing-the-best-board-game-on-the-planet/>.

Rogers, Carl. (1954). Toward a Theory of Creativity. *ETC: A Review of General Semantics* 11: 249–260.

Ross, Ian Campbell. (2001). *Laurence Sterne: A Life*. Oxford: Oxford University Press.

Rowland, David. (2006). *The Stress of Battle: Quantifying Human Performance in Combat*. London: The Stationery Office.

Rowling, J. K. (1997). *Harry Potter and the Philosopher's Stone*. London: Bloomsbury.

Rubel, Robert. (2006). The Epistemology of Wargaming. *Naval War College Review* 59 (2): 108–128.

Rucker, Rudy, R.U. Sirius, and Queen Mu. (1992). *Mondo 2000: A User's Guide to the New Edge*. New York: Harper Perennial.

Rumsfeld, Donald. (2002). *Annual Report to the President and Congress*. Washington, DC: Department of Defense.

Rushing, John, and John Tiller. (2011). Rule Learning Approaches for Symmetric Multiplayer Games. Paper presented at the Sixteenth International Conference on Computer Games: AI, Animation, Mobile, Educational and Serious Games (CGAMES 2011), Louisville, KY, July 27–30, 2011.

Saberhagen, Fred. (1981). *Octagon*. New York: Ace Books.

Sabin, Philip. (2002). Playing at War: The Modern Hobby of Wargaming. In *War and Games*, edited by Tim Cornell and Thomas Allen, 193–230. Rochester, NY: Bordell.

Sabin, Philip. (2007). *Lost Battles: Reconstructing the Great Clashes of the Ancient World*. London: Hambledon Continuum.

Sabin, Philip. (2011). The Benefits and Limits of Computerisation in Conflict Simulation. *Literary and Linguistic Computing* 26 (3): 323–328.

Sabin, Philip. (2012). *Simulating War: Studying Conflict through Simulation Games*. New York: Continuum.

Sabin, Philip. (2013). The Hollywood Syndrome: Accuracy vs Drama in Wargame Design. *Battles Magazine* 9: 59–61.

Sabin, Philip. (2014). *Simulating War: Studying Conflict Through Simulation Games*. Reprint Edition. New York: Bloomsbury.

Sadd, Dave. (2012). *Spec Ops: The Line* Made Me a Bad Person. *Pixels or Death*, last modified September 7, 2012. <pixelsordeath.com/features/spec-ops-the-line-made-me-a-bad-person>.

Saettler, Paul. (2004). *The Evolution of American Educational Technology*. 2nd ed. Englewood, CO: Information Age Publishing.

Salter, Mark B. (2011). The Geographical Imaginations of Video Games: *Diplomacy, Civilization, America's Army and Grand Theft Auto* Ⅳ. *Geopolitics* 16 (2): 359–388.

Samuel, William. (1997). Small Survey. WW II newsgroup, September 23, 1997.

Sanger, David E. (2012). Obama Order Sped Up Wave of Cyberattacks Against Iran. *New York Times*, June 1, 2012, accessed January 19, 2015. <http://www.nytimes.com/2012/06/01/world/middleeast/ obama-ordered-wave-of-cyberattacks-against-iran. html?pagewanted=all&_r=0>.

Sargent, Robert G. (2005). Verification and Validation of Simulation Models. In *Proceedings of the 2005 Winter Simulation Conference, Orlando, FL, December 2005*, edited by M. E. Kuhl, N. M. Stieger, F. B. Armstrong, and J. A. Jones, 130–143. Pis cat away, NJ: Institute of Electrical and Electronics Engineers.

Sarudy, Barbara Wells. (2013). The Bowling Green and the Machine in the Garden. *Early American Gardens*, September 7, 2013. <http://americangardenhistory.blogspot.com/2013/09/ bowling-greens-machine-in-garden.html>.

Savage, Sean. (2006). The Eye Beholds: Silent Era Industrial Film and the Bureau of Commercial Economics. M.A. thesis, New York University.

Saxenian, AnnaLee. (1994). *Regional Advantage: Culture and Competition in Silicon Valley and Route 128*. Cambridge, MA: Harvard University Press.

Shachtman, Noah. (2013). This Pentagon Project Makes Cyberwar as Easy as *Angry Birds*. *Wired*, May 28, 2013, accessed January 19, 2015. <http://www.wired.com/dangerroom/2013/05/pentagon-cyberwar-angry-birds/all>.

Schechter, Joel. (1976). American Dramaturgs. *Drama Review* 20 (2): 88–92.

Schelling, Thomas. (1960). *The Strategy of Conflict*. Oxford: Oxford University Press.

Schelling, Thomas. (1987). The Role of War Games and Exercises. In *Managing Nuclear Operations*, edited by Ashton Carter et al. Washington, DC: The Brookings Institution.

Schmitt, Eric. (2014). U. S. Strategy to Fight Terrorism Increasingly Uses Proxies. *New York Times*, May 28, 2014, accessed January 19, 2015. <http://www.nytimes.com/2014/05/30/world/africa/us-strategy-to-fight-terrorism-increasingly-uses-proxies.html>.

Schorske, Carl. (1998). *Thinking With History: Explorations in the Passage to Modernism*. Princeton: Princeton University Press.

Schrieber, A. N. (1958). Gaming: A New Way to Teach Business Decision-Making. *University of Washington Business Review* 17 (April): 18–29.

Schrock, S. L. (1989). A DOE SUCCESS: Underwater Environmental Restoration Activities at Quarry, Kerr Hollow, accessed April 1, 2014. <www.rim.doe.gov/ KHQ.pdf>.

Schulzke, Marcus. (2010). Defending the Morality of Violent Video Games. *Ethics and Information Technology* 12 (2): 127–138.

Schulzke, Marcus. (2013a). Rethinking Military Gaming America's Army and Its Critics. *Games and Culture* 8 (2): 59–76.

Schulzke, Marcus. (2013b). Ethically Insoluble Dilemmas in War. *Journal of Military Ethics* 12 (2): 95–110.

Schwartz, Mattathias. (2014). "We're at Greater Risk": Q. & A. with General Keith Alexander. *The New Yorker*, May 15, 2014, accessed January 19, 2015. <http://www.newyorker.com/online/blogs/newsdesk/2014/05/were-at-greater-risk-q-a-with-general-keith-alexander.html?utm_source=www&utm_medium=tw&utm_campaign=20140515>.

Scott, James C. (1990). *Seeing Like a State: How Certain Schemes to Improve the Human Condition Have Failed*. New Haven: Yale University Press.

Sears, Stephens. (2001). A Confederate Cannae and Other Scenarios. In *What If? Military Historians Imagine What Might Have Been*, edited by Robert Cowley, 239258. London: Pan.

Seixas, Peter. (2004). *Theorizing Historical Consciousness*. Toronto: University of Toronto Press.

Shaftel, Fannie R., and George Shaftel. (1967). *Role-Playing for Social Values*. Upper Saddle River, NJ: Prentice-Hall.

Shalett, Sidney. (1943). Navy Trainees Put Under "Air Attack." *New York Times*, May 9, 1943: 25.

Shaw, Ian Graham Ronald. (2010). Playing War. *Social & Cultural Geography* 11 (8): 789–803.

Shimer, Eric R. (1965). Meanwhile—Back at Tactics Ⅱ. *GEN* 1 (5): 11.

Shirts, Garry R. (1970). Games Students Play. *Saturday Review* (May 16), 81–82.

Shlapak, David, David Orletsky, and Barry Wilson, and the RAND Corporation. (2000). *Dire Strait? Military Aspects of the China–Taiwan Confrontation and Options for US Policy*. Washington, DC: RAND Corporation.

Showalter, Dennis, and Harold Deutsch, eds. (2010). *If the Allies Had Fallen: Sixty Alternate Scenarios of World War* Ⅱ. London: Frontline.

Shrader, Charles R. (2006). *The History of Operations Research in the United States Army, Volume 1: 1942–1962*. Washington, DC: Office of the Deputy Under Secretary of the Army for Operations Research, United States Army.

Shubik, Martin. (2002). Game Theory and Operations Research: Some Musings 50 Years Later. *Operations Research* 50 (1): 192–196.

Sicart, Miguel. (2009). *The Ethics of Computer Games*. Cambridge, MA: MIT Press.

Sicart, Miguel. (2013). *Beyond Choices: The Design of Ethical Gameplay*. Cambridge, MA: MIT Press.

Simeone, Nick. (2014). Hagel: Proposed Defense Budget Tailored to Meet Future Threats. *American Forces Press Service*, June 18, 2014, accessed January 19, 2015. < http://www.defense.gov/news/newsarticle.aspx?id=122497>.

Simon, Herbert A. (1956). Rational Choice and the Structure of the Environment. *Psychological Review* 63 (2): 129–138.

Simonsen, Redmond A. (1973). Physical Systems Design in Conflict Simulations. *Moves* 7: 22–24.

Simonsen, Redmond A. (1977). Image and System: Graphics and Physical Systems Design. In *Wargame Design: The History, Production and Use of Conflict Simulation Games*, edited by the staff of Strategy & Tactics, 45–77. New York: Hippocrene.

Singer, Michael J., Jason P. Kring, Roger M. Hamilton. (2006). 2006–01 *Instructional Features for Training in Virtual Environments*. TR 1184, ARI, July.

Sirlin, David. (2008a). Balancing Multiplayer Games, Part 1: Definitions. *Sirlin.net*, October 17 2008, accessed January 6, 2015. <http://www. sirlin. net/articles/balancing-multiplayer-games-part-1-definitions>.

Sirlin, David. (2008b). Balancing Multiplayer Games, Part 3: Fairness. *Sirlin.net*, October 17, 2008, accessed January 6, 2015. <http://www.sirlin.net/articles/balancing-multiplayer-games-part-3-fairness>.

Sloyan, Patrick J. (2002). What Bodies? *The Digital Journalist*, November 1, 2002, accessed January 19, 2015. <http://digitaljournalist.org/issue0211/sloyan. html>.

Slye, John. (2012). Federal Cybersecurity Market to Grow amid Challenges. *The Washington Post*, November 9, 2012, accessed January 19, 2015. <http://www.washingtonpost.com/business/capitalbusiness/federal-cybersecurity-market-to-grow-amid-challenges/2012/11/09/c2807218-251f-11e2-9313-3c7f59038d93_story.html>.

Smelser, Ronald, and Edward Davies. 2008. *The Myth of the Eastern Front: The Nazi-Soviet War in American Popular Culture*. New York: Cambridge University Press.

Smith, Frederick James. (1913). The Evolution of the Motion Picture. *New York Dramatic Mirror*, July 9, 1913: 24.

Smith, Kinsley, and Edward Van Ormer. (1949). *Learning Theories and Instructional Film Research. SDC 269-7-6. Instructional Film Research Program, Pennsylvania State College*. Port Washington, NY: Office of Naval Research, Special Devices Center.

Smith, Perry M. (2007). *Assignment Pentagon: How to Succeed in a Bureaucracy*. Dulles, VA: Potomac Books, Inc.

Smith, Roger. (2009). *Military Simulation and Serious Games: Where We Came From and Where We are Going*. Orlando, FL: Modelbenders Press.

Smith, Ryan. (2012). Partners in Arms. *The Gameological Society*, August 13, 2012, accessed January 19, 2015. <http://gameological.com/2012/08/partners-in-arms>.

Snider, Mike. (2012). Interview: "Black Ops Ⅱ" Consultant Peter Singer. *USA Today* May 2, 2012, accessed January 19, 2015. <http://content.usatoday.com/communities/gamehunters/post/2012/05/interview-black-ops-ii-consultant-peter-singer/1#.UZwk1iuc7yd>.

Sones, W. W. D. (1944). The Comics and Instructional Method. *Journal of Educational Sociology* 18 (4): 232240.

Sorkin, Roger, Sut Jhally, Leigh Alexander, Craig Anderson, Andrew J. Bacevich, Nina Huntemann, Elizabeth Losh, Matthew Thomas Payne, K. C. Thompson, and Media Education Foundation. (2013). *Joystick Warriors: Video Games, Violence & Militarism*. Northhampton, MA: Media Education Foundation.

Soud, Stephen. (1995). "Weavers, Gardeners, and Gladiators": Labyrinths in *Tristram Shandy. Eighteenth-Century Studies* 28 (4): 397–411.

Specht, Robert D. (1957). War Games. RAND Report P-1041, March 18, 1957, accessed January 13, 2015. <http://www.rand.org/content/dam/rand/pubs/papers/2005/

X

P1041.pdf>.

Specht, Robert. (1958). War Games. In *Operational Research in Practice: Report of a NATO Conference*, edited by Max Davies and Michel Verhulst, 144–152. New York: Pergamon Press.

Spick, Mike. (1978). *Air Battles in Miniature*. Cambridge: Patrick Stephens Limited.

Spiegelman, Art. (1991). *Maus*. New York: Pantheon Books.

SRI International. (1977). *Proceedings*. vol. I. Theater - Level Gaming and Analysis Workshop for Force Planning. Menlo Park, CA: SRI International. <http:// oai.dtic.mil/ oai/oai?verb=getRecord&metadataPrefi x=html&identifier=ADA101846>.

Stahl, Roger. (2006). Have You Played the War on Terror? *Critical Studies in Media Communication* 23 (2): 112–130.

Stahl, Roger. (2009). *Militainment, Inc.: War, Media, and Popular Culture*. New York: Routledge.

Stahl, Roger. (2010a). *Militainment, Inc.: War, Media, and Popular Culture*. Reprint edition. New York: Routledge.

Stahl, Roger. (2010b). *Militainment, Inc: War, Media and Popular Culture*. New York: Routledge. Stanford International Human Rights & Conflict Clinic and the Global Justice Clinic of New York University (2012). Living Under Drones, accessed January 11, 2015. <http://www.livingunderdrones.org/wp-content/ uploads/2013/10/Stanford-NYU-Living-Under-Drones.pdf>.

Stanney, Kay, Ronald Mourant, and Robert Kennedy. (1998). Human Factors Issues in Virtual Environments: A Review of the Literature. *Presence* 7 (4): 327–351.

Stallabrass, Julian. (1999). *High Art Lite: British Art in the 1990s*. London: Verso.

Starr, Paul. (1994). Seductions of Sim: Policy as a Simulation Game. *American Prospect* 17: 19–29.

Staves, Susan. (1989). Toby Shandy: Sentiment and the Soldier. In *Approaches to Teaching Tristram Shandy*, edited by Melvyn New. New York: MLA Publications.

Stelek (2013). 40K Is Competitive? *Yes The Truth Hurts*, October 29, 2013, accessed December 12, 2014. <http://yesthetruthhurts.com/2013/10/40k-is-competitive>.

Sterne, Laurence. (1940). *The Life and Opinions of Tristram Shandy, Gentleman*. Edited by James Aiken Work. New York: The Odyssey Press.

Sterne, Laurence. (1967). *A Sentimental Journey Through France and Italy by Mr. Yorick*. Berkeley: University of California Press.

Sterne, Laurence. (2003). *The Life and Opinions of Tristram Shandy, Gentleman: The Florida Edition*. Edited by Melvyn New and Joan New. New York: Penguin Books.

Sterne, Theodore. (1966). War Games: Validity and Interpretation. *Army* 16 (4): 64–68.

Sternstein, Aliya. (2013). White House's ＄14 Billion Cyber Spending Claim Is Squishy. *Nextgov*, November 8, 2013, accessed January 19, 2015. <http://www.nextgov.com/cybersecurity/cybersecurity-report/2013/11/white-houses-14-billion-cyber-spending-claim-squishy/73475>.

Sterrett, James. (2014). Review: This War of Mine. PAXsims, November 27, 2014. < https://paxsims.wordpress.com/2014/11/27/review-this-war-of-mine>.

Stiegler, Bernard. (1998). *Technics and Time 1: The Fault of Epimetheus*. Translated by R. Beardsworth and G. Collins. Palo Alto, CA: Stanford University Press.

Stiegler, Bernard. (2009). *Technics and Time 2: Disorientation*. Translated by S. Barker. Palo Alto, CA: Stanford University Press.

Stiegler, Bernard. (2011). *Technics and Time 3: Cinematic Time and the Question of Malaise*. Translated by S. Barker. Palo Alto, CA: Stanford University Press.

Stimson Center. (2014). Recommendations and Report of the Task Force on US Policy. <http://www. stimson. org/images/uploads/task_force_report _final_web_062414. pdf>.

Stockfish, J. A. (1973). *Plowshares into Swords: Managing the American Defense Establishment*. New York: Mason & Lipscomb.

Stockfisch, J. A. (1975). *Models, Data, and War: A Critique of the Study of Conventional Forces. R-1526-PR*. Santa Monica, CA: RAND Corporation.

Stoll, Clarice, and Samuel Livingston. (1973). *Simulation/Gaming: An Introduction for Social Studies Teachers*. New York: Free Press.

Strong, Paul. (2011). The Peace Support Operations Model: Strategic Interaction Process. *Journal of Defense Modeling and Simulation* 8: 2.

Stuart, Keith. (2014). War Games—Developers Find New Ways to Explore Military

Conflict. *The Guardian*, July 15, 2014. <http://www.theguardian.com/technology/2014/jul/15/war-games-developers-military-conflict>.

Sumida, Jon. (1993). *In Defence of Naval Supremacy: Financial Limitation, Technological Innovation and British Naval Policy, 1889–1914*. New York: Routledge.

Svenson, Elwin V., and Paul H. Sheats. (1950). AudioVisual Aids in Adult Education. *Review of Educational Research* 20 (3): 216–223.

Swanson, Mark. (1976). Games Computers Play. *American Wargamer* 4 (2): 12.

Talbot, Oliver, and Noel Wilde. (2011). Modeling Security Sector Reform Activities in the Context of Stabilization Operations. *Journal of Defense Modeling and Simulation* 8:2.

Taleb, Nassim Nicholas. (2007). *The Black Swan: The Impact of the Highly Improbable*. New York: Random House.

Tapscott, Mark. (1993). Paradigm Changing from Simulators to Simulation. *Defense Electronics* 25 (10): 33.

Tarr, Ronald W., Christina S. Morris, and Michael J. Singer. (2002). *Low-Cost PC Gaming and Simulation: Doctrinal Survey*. RN 2003–03, ARI, Army Research Institute for the Behavioral and Social Sciences, Ft. Belvoir, VA. October.

Taylor, A. J. P. (1974). *An Illustrated History of the First World War*. London: Penguin.

Taylor, Calvin Walker. (1959). The 1955 and 1957 Research Conferences: The Identification of Creative Scientific Talent. *American Psychologist* 14 (2): 100–102.

Taylor, Calvin Walker, and F. E. Williams, eds. (1966). *Instructional Media and Creativity*. New York: John Wiley.

Taylor, Calvin Walker, and Frank Barron. (1963). *Research Conference on the Identification of Creative Scientific Talent*. New York: John Wiley.

Taylor, Giles. (2013). A Military Use for Widescreen Cinema. *Velvet Light Trap* 72 (1): 17–32.

Test Series Games. (1969). *S&T Supplement* (December 1969-January 1970): 24.

Thomas, Clayton. (1961). Military Gaming. In *Progress in Operations Research*. vol. I. Edited by Russell Ackoff, 421–465. New Jersey: John Wiley and Sons.

Thomas, Douglas, and John Seely Brown. (2011). *A New Culture of Learning: Cultiva-

703

ting the Imagination for a World of Constant Change. Charleston, SC: CreateSpace.

Thomas, Jim, and Chris Dougherty. (2013). *Beyond the Ramparts: The Future of U. S. Special Operations Forces*. Washington, DC: Center for Strategic and Bugetary Assessments.

Thomson, Nicholas. (2013). Roberto Bolano's Playful Obsession: The Third Reich. *PopMatters*, February 21, 2013, accessed October 14, 2014. <http://www .popmatters.com/review/168372-the-third-reich-by-roberto-Bolano>.

Tilden, Steve. (1997). Small Survey. WW II newsgroup, September 24, 1997.

Toffler, Alvin. (1970). *Future Shock*. New York: Bantam Books.

Tolstoy, Leo. (1982). *War and Peace*. London: Penguin.

Tooby, John. (2012). Nexus Causality, Moral Warfare, and Misattribution Arbitrage. In *This Will Make You Smarter: New Scientific Concepts to Improve Your Thinking*, edited by John Brockman, 33–36. New York: Harper Perennial.

Torrance, Paul E. (1965). *Rewarding Creative Behavior; Experiments in Classroom Creativity*. New Jersey: Prentice-Hall.

Totilo, Stephen. (2014a). The War Video Game That We Need May Finally Be On Its Way. *Kotaku*, March 12, 2014. <http://kotaku.com/the-war-video-game-that-we-need-may-finally-be-on-its-w-1542406407>.

Totilo, Stephen. (2014b). The Making of a Very Different Kind of War Video Game. *Kotaku*, last modified April 8, 2014. <http://kotaku.com/the-making-of-a-very-different-kind-of-war-video-game-1560735762>.

Train, Brian. (2011). Gaming Military Coups. *PAXsims*, August 12, 2011. <http://paxsims.wordpress.com/ 2011/12/08/gaming-military-coups>.

Trimble, Stephen. (2011). REPORT: RQ-170 Spied over Osama Bin Laden's Bed Last Night. *Flightglobal: Aviation Connected*, May 2, 2011, accessed January 19, 2015. < http://www.flightglobal.com/blogs/the-dewline/2011/05/report-rq-170-spied-over-osama>.

Tsouras, Peter, ed. (2002). *Third Reich Victorious: Alternate Decisions of World War II*. London: Greenhill.

Turkle, Sherry. (1997). Seeing through Computers. *American Prospect* 31:76–82.

Turkle, Sherry. (2009). *Simulation and Its Discontents*. Cambridge: MIT Press.

Turse, Nick. (2012). *The Changing Face of Empire: Special Ops, Drones, Spies, Proxy Fighters, Secret Bases, and Cyberwarfare*. Chicago: Haymarket Books.

Turse, Nick. (2014). Washington's Back-to-the-Future Military Policies in Africa: America's New Model for Expeditionary Warfare. *TomDispatch*, March 13, 2014, accessed January 19, 2015. <http://www. tomdispatch. com/blog/175818/tomgram%3A_nick _turse,_american_proxy_wars_in_africa>.

Tuttle, F. P. (1938). Educative Value of the Comic Strip. *American Childhood* (March): 14–15.

Ubisoft Entertainment. (2005). Ghost Recon Advanced Warfighter. *Ubisoft*, accessed January 19, 2015. <https://web.archive.org/web/20061210061138/http://www.ubi.com/UK/Games/lnfo.aspx7pld=4258>.

UK War Office. (1884). *Rules for the Conduct of the War-Game*. London: Stationery Office.

Unique Simulator for SAC Crews. (1967). *Air Force Times*, November 15, 1967: 28.

United States Institute of Peace. (n.d.). Simulations, accessed December 19, 2014. < http://www.usip.org/ simulations>.

Unsworth, L. (2001). *Teaching Multiliteracies Across the Curriculum: Changing Contexts of Text and Image in Classroom Practice*. Berkshire: Open University Press.

US Air Force. (2009). *US Air Force's Unmanned Aircraft Systems Flight Plan 2009–2047*, accessed January 11, 2015. <http://www. fas. org/irp/program/collect/uas_2009. pdf>.

US Air Force. (2011). *Air Force Doctrine Document 1* < http://www.au.af.mil/au/cadre/aspc/l004/pubs/ afdd1.pdf>.

US Army. (2006). *FM 3–24: Counterinsurgency*. Washington, DC: Department of the Army.

US Army. (2008). *FM 3–07: Stability Operations*. Washington, DC: Department of the Army.

US Army. (2014). *FM 3–24: Insurgencies and Countering Insurgencies*. Washington, DC: Department of the Army.

US Department of Defense. (1997). *Quadrennial Defense Review Report*. Washington, DC: Department of Defense.

US Department of Defense. (2001). *Quadrennial Defense Review Report*. Washington, DC: Department of Defense.

US Department of Defense. (2006). *Quadrennial Defense Review Report*. Washington, DC: Department of Defense.

US Department of Defense. (2010). *Quadrennial Defense Review Report*. Washington, DC: Department of Defense.

US Department of Defense. (2010). Milgaming—Supporting Games for Training, accessed December 19, 2014. <https://milgaming.army.mil>.

US Department of Defense. (2014a). *Quadrennial Defense Review Report*. Washington, DC: Department of Defense.

US Department of Defense. (2014b). *Joint Publication 1-02: Department of Defense Dictionary of Military and Associated Terms, 8 November 2010 (As Amended Through 15 March 2014)*, accessed January 11, 2015. <http://www.dtic.mil/doctrine/dod_dictionary>.

US Joint Chiefs of Staff. (1969). *Joint War Gaming Manual. JWCA-167-69*. Washington, DC: Joint Chiefs of Staff.

US used white phosphorus in Iraq. (2005). *BBC News Online*, last modified November 16, 2005. <http:// news.bbc.co.uk/2/hi/middle_east/4440664.stm>.

Van Creveld, Martin. (2008). *The Culture of War*. New York: Ballantine.

Van Creveld, Martin. (2013). *Wargames: From Gladiators to Gigabytes*. New York: Cambridge University Press.

Vane, Russell R. (2000). Using Hypergames to Select Plans in Competitive Environments. Ph.D. dissertation, George Mason University.

Vaneigem, Raoul. (1999). *A Cavalier History of Surrealism*. Edinburgh: AK Press.

Vanore, John J. (1988). Interview: Charles S. Roberts—Founder of the Avalon Hill Game Company and Founding Father of Board Wargaming. *Fire & Movement* 56:17-18.

Van Wees, Hans. (2013). Farmers and Hoplites: Models of Historical Development. In *Men of Bronze: Hoplite Warfare in Ancient Greece*, edited by Donald Kagan and Gregory

F. Viggiano, 222–255. Princeton: Princeton University Press.

Van Zwieten, Martijn. (2011). Danger Close: Contesting Ideologies and Contemporary Military Conflict in First-person Shooters. Paper presented at *DiGRA 2011: Think Design Play*, Utrecht, NL, Utrecht School of the Arts, September 14–17, 2011. <http://www.digra.org/wp-content/uploads/digital-library/11312.17439.pdf>.

Various (2001–). *"Advanced Squad Leader* player rating comments," accessed November 14, 2014. <http://boardgamegeek.com/collection/items/ boardgame/243/page/1?rated=1>.

Vela, Larry. (2013). Academic Study of Tabletop Wargamers: The Results Are In! Part 4: Player Political Preferences. *Bell of Lost Souls*, last modified July 14, 2013. <http://www.belloflostsouls.net/2013/07/academic-study-of-tabletop-wargamers-the-results-are-in-part-4-player-political-preferences.html>.

Venturini, Georg. (1797). *Beschreibung und Regeln eines neuen Krieges-Spiels zum Nutzen und Vergnugen, besonders aber zum Gebrauche in Militairschulen* [Description and Rules for a New Wargame, both for Pleasure and Instruction, Especially for Use in Military Schools]. Schleswig: J. G. Rohss.

Verbeek, Peter Paul. (2007). *What Things Do. Philosophical Reflections on Technology, Agency, and Design*. University Park: Pennsylvania State University Press.

VGChartz. (2014). Game Database. *VGChartz*, accessed September 15, 2014. <http://www.vgchartz.com/gamedb/>.

Viggiano, Gregory F. (2013). The Hoplite Revolution and the Rise of the Polis. In *Men of Bronze: Hoplite Warfare in Ancient Greece*, edited by Donald Kagan and Gregory F. Viggiano, 112–133. Princeton: Princeton University Press.

Virilio, Paul. (1976). *Essai sur l'insecurite du territoire*. Paris: Editions Stock.

Virilio, Paul. (2000). *The Information Bomb*. New York: Verso.

Virilio, Paul, and Sylvere Lotringer. (1997). *Pure War*, revised edition, translated by M. Polizzotti and B. O'Keeffe. New York: Semiotext(e).

von Hase, Georg. (1921). *Kiel and Jutland*. London: Skeffington & Son, Ltd.

Von Hilgers, Philipp. (2012). *War Games: A History of War on Paper*. Translated by B. Ross. Cambridge, MA: MIT Press.

Von Neumann, John, and Oskar Morgenstern. (1944). *Theory of Games and Economic Behavior*. Princeton: Princeton University Press.

von Reisswitz, Georg Heinrich Rudolf Johann. (1824).*Anleitung zur Darstellung Militairischer Manover mit dem Apparat des Kriegs-Spieles [Instructions for the Representation of Military Maneuvers with the War Game Apparatus]*. Berlin: Trowitzsch.

W2HPG (n.d.). Rules.

Wackerfuss, Andrew. (2013). "This Game of Sudden Death"：Simulating Air Combat of the First World War. In *Playing with the Past: Digital Games and the Simulation of History*, edited by Andrew E.R. Elliott and

Matthew Wilhelm Kappell, 233–246. New York: Bloomsbury.

Waddington, David I. (2007). Locating the Wrongness in Ultra-violent Video Games. *Ethics and Information Technology* 9 (2): 121–128.

Wagner, Christopher. (n.d.) Background on S&T Nrs. 16 & 17. *Strategy & Tactics. Book IV: Nrs. 16–18*, inside front cover.

Wajcman, Judy. (2004). *TechnoFeminism*. Cambridge, MA: Polity.

Waldman, Thomas. (2013). *War, Clausewitz and the Trinity*. London: Ashgate.

Waldron, Arthur. (2001). China Without Tears: If Chiang Kai-shek Hadn't Gambled in 1946. In *What If? Military Historians Imagine What Might Have Been*, edited by Robert Cowley, 377–392. London: Pan.

Waller, Fred. (1946). The Waller Flexible Gunnery Trainer. *Journal of the Society of Motion Picture Engineers* 47 (1): 73–87.

Wansbury, Timothy, John Hart, Andre Gordon, and Jeff Wilkinson. (2010). UrbanSim: Training Adaptable Leaders in the Art of Battle. In *Interservice/Industry Training, Simulation, and Education Conference*, accessed December 19, 2014. <http://ict.usc.edu/pubs/UrbanSim-%20Training%20Adaptable%20Leaders%20in%20the%20Art%20of%20Battle%20Command.pdf>.

Wardrip-Fruin, Noah, and Pat Harrigan. (2004). *First Person: New Media as Story, Performance, and Game*. Cambridge, MA: MIT Press.

Ware, Willis H. (2008). *RAND and the Information Evolution: A History in Essays and Vignettes*. Santa Monica, CA: RAND Corporation.

Wark, McKenzie. (2008). *50 Years of Recuperation: The Situationist International 1957–2007*. Princeton: Princeton Architectural Press.

Wark, McKenzie. (2011). *The Beach Beneath the Street: The Everyday Life and Glorious Times of the Situationist International*. London: Verso.

Warren, Gemma, and Patrick Rose. (2011). Representing Strategic Communication and Influence in Stabilization Modeling. *Journal of Defense Modeling and Simulation* 8: 2.

Watts, Evan. (2011). Ruin, Gender, and Digital Games. *WSQ: Women's Studies Quarterly* 39 (3/4): 247–265.

Webb, Richard. (2014). The Copper Promise. *Goodreads*, last modified February 13, 2014, accessed October 14, 2014. <https://www.goodreads.com/book/show/18667112–the-copper-promise>.

Weber, Joseph John. (1928). *Picture Values in Education: A Complete Record of an Experimental Investigation*. Chicago: The Educational Screen, Inc.

Webster, Andrew. (2014). Beyond "Battlefield": These Games Show the Dark Reality of War. *The Verge*, June 19,2014. <http://www.theverge.com/2014/6/19/5824114/these-games-show-the-dark-reality-of-war>.

Weiland, William J., John Deato, Charles A. Barba, and Thomas P. Santarelli. (CHI Systems, Inc.) (2003). Virtual Environment Cultural Training for Operational Readiness: VECTOR. ARI Research Note 2003–10, ARI, April.

Weisgerber, Robert A., ed. (1971). Perspectives in Individualized Learning. Itasca, IL: F. E. Peacock Publishers.

Wells, H. G. (1913). *Little Wars*. Originally published in Windsor Magazine, December 1912-January 1913. London: Frank Palmer.

Wells, H. G. (1914). *The World Set Free*. New York: E. P. Dutton & Company.

Wells, H. G. (2004). *Little Wars*. Springfield, VA: Skirmisher.

Wentworth, Donald, and Darrell R. Lewis. (1973). A Review of Research on Instructional Games and Simulations in Social Studies Education. *Social Education* 37 (5): 432–440.

Wild, Lorraine. (2007). Formal, Cool, Dense: Graphic Design in Los Angeles at Midcentury. In *Birth of the Cool: California Art, Design, and Culture at Midcentury, Exhibi-*

tion Catalogue, Orange County Museum of Art, edited by Elizabeth Armstrong and Michael Boyd, 151–172. New York: Prestel Publishing.

Williams, Jen. (2014). *The Copper Promise*. New York: Hodder Headline.

Williams, Raymond. (1976). *Keywords: A Vocabulary of Culture and Society*. New York: Oxford University Press.

Williams, Walt. (2013). We Are Not Heroes: Contextualizing Violence Through Narrative. Paper presented at the Game Developers Conference, March 27, 2013. Gamasutra, accessed May 1, 2013. <http://www.gamasutra.com/view/news/188964/Video_Spec _Ops_The_Line_contextualizes_violence_through_story.php>.

Wills, Sandra, Elyssebeth Leigh, and Albert Ip. (2011). *The Power of Role-Based E-learning*. New York: Routledge.

Wilson, Andrew. (1968). *The Bomb and the Computer: A Crucial History of War Games*. New York: Delacorte Press.

Wilson, Andrew. (2014). *The Bomb and the Computer: The History of Professional Wargaming 1780–1968*, edited by John Curry. Bristol, UK: History of Wargaming Project.

Wilson, Howard E. (1928). Cartoons as an Aid in the Teaching of History. *School Review* 36 (3): 192–198.

Wilson, Johnny L. (1991). The History of Computer Games. *Computer Gaming Weekly* 88: 16.

Wineburg, Sam. (2001). *Historical Thinking and Other Unnatural Acts: Charting the Future of Teaching the Past*. Philadelphia: Temple University Press.

Withers, Samuel. (1961). Creativity in English: A Dissent. *Phi Delta Kappan* 42 (7): 311–314.

Witty, Paul A. (1944). Some Uses of Visual Aids in the Army. *Journal of Educational Sociology* 18 (4): 241–249.

Wood, Brian. (2005–12). *DMZ*. New York: Vertigo.

Woods, Stewart. (2012). *Eurogames: The Design, Culture and Play of Modern European Board Games*. Jefferson, NC: McFarland.

Woolsey, R. James. (1980). The *Uses and Abuses of Analysis in the Defense Environ-*

ment: A Conversation with R. James Woolsey. Washington, DC: American Enterprise Institute.

Wordsworth, Richard. (2014). *This War of Mine*: A Civilian Survival Story That Is 11 Bit Studios' "Most Important Work Ever." *Edge*, last modified April 14,2014.<http://www.edge-online.com/features/this-war-of-mine-a-civilian-survival-story-that-is-11-bit-studios-most-important-work-ever>.

World War Ⅱ Historical Preservation Federation. (1996). To all reenactors and veterans of the Battle of the Bulge from the Federation Staff Officers. Memo, January 26, 1996.

Wynn, Kenneth. (1997). *Career Histories, U1 - U510*. vol. 1. U - Boat Operations of the Second World War. Annapolis: Naval Institute Press.

Wynn, Kenneth. (1998). *Career Histories, U511 - UIT25*. vol. 2. U - Boat Operations of the Second World War. Annapolis, MD: Naval Institute Press.

Yalom, Marilyn. (2004). *The Birth of the Chess Queen*. New York: Harper Collins.

Yoder, Christian. (2012). Anonymous Retaliates for Villainous Portrayal in Activision Game. *The Daily Dot*, May 9, 2012, accessed January 19, 2015. <http://www.dailydot.com/news/anonymous-activision-call-duty-black-ops>.

Young, A. L. (1926). Teaching with Motion Pictures. *Peabody Journal of Education* 3 (6): 321–326.

Zagal, Jose P. (2009). Ethically Notable Videogames: Moral Dilemmas and Gameplay. Paper presented at *DiGRA 2009: Breaking New Ground: Innovation in Games, Play, Practice and Theory*. Uxbridge, UK, Brunel University, September 2009. <http://www.digra.org/ wp-content/uploads/digital-library/09287.13336.pdf>.

Zamoyski, Adam. (2004a). *1812: Napoleon's Fatal March on Moscow*. London: Harper.

Zamoyski, Adam. (2004b). Napoleon Triumphs in Russia. In *What Might Have Been: Imaginary History from Twelve Leading Historians*, edited by Andrew Roberts, 79–91. London: Phoenix.

Zbylut, Michelle L. and Jason N. Ward. (2004). *Think Like a Commander-Excellence in Leadership: Educating Army Leaders with the [ICT] Power Hungry Film*. RP 2004–01, ARI, April.

Zedong, Mao. (1971). On Protracted War. In *Six Essays on Military Affairs* by Mao Zedong, 195–339. Beijing: Foreign Languages Press.

Zocchi, Lou. (2007). Gettysburg. In *Hobby Games: The 100Best*, edited by James Lowder. Seattle: Green Ronin.

Zorbaugh, Harvey, ed. (1944). Bibliography. *Journal of Educational Sociology* 18 (4): 250–255.

Zuber, Terence. (2002). *Inventing the Schlieffen Plan: German War Planning 1871–1914*. Oxford: Oxford University Press.

2KTV. (2012). *Spec Ops: The Line*: The Official Walt Williams Video Interview. *2KTV*, last uploaded February 9, 2012. <https://www.youtube.com/watch?v=qRyAfmVQOZU>.

参考游戏：

1000 Days of Syria, (2014). Mitch Swenson <https://onethousanddaysofsyria.square-space.com>.

1914. (1967). James F. Dunnigan; Avalon Hill.

1989: Dawn of Freedom. (2012). Ted Torgerson and Jason Matthews; GMT Games.

Advanced Dungeons & Dragons Dungeon Master's Guide. (1979). Gary Gygax; TSR.

Advanced Dungeons & Dragons Monster Manual. (1977). Gary Gygax; TSR.

Advanced Dungeons &Dragons Players Handbook. (1978). Gary Gygax; TSR.

Advanced Squad Leader. (1985). Don Greenwood; Avalon Hill.

Afrika Korps. (1964). Charles S. Roberts; Avalon Hill.

Aftermath! (1981). Paul Hume and Robert N. Charrette; Fantasy Games Unlimited.

AFTERSHOCK: A Humanitarian Crisis Game. (2015). T Fisher's Games.

Age of Empires：(1997–). Ensemble Studios; Big Huge Games; Robot Entertainment.

Age of Empires Ⅲ. (2005). Greg Street; Ensemble Studios.

Age of Renaissance. (1996). Jared Scarborough; Avalon Hill.

Air & Armor. (1986). Bruce S. Maxwell; West End Games.

Air Superiority. (1987). J. D. Webster; Game Designer's Workshop.

Air War. (1977). David C. Isby; SPI.

Algeria: The War of Independence 1954–62. (2000). Brian Train; Microgame Design Group.

Amber Diceless Roleplaying Game. (1991). Erick Wujcik; Phage Press.

Ambush! (1983). John Butterfield; Victory Games Inc.

America's Army. (2002–). Michael Zyda; Sega Studios San Francisco, US Army.

The Ancient Art of War. (1984). Broderbund.

Andean Abyss; Insurgency and Counterinsurgency in Colombia (COIN Series, Volume Ⅰ). (2012). Volko Ruhnke; GMT Games.

Anleitung zum Kriegsspiel. (1862). Wilhelm von Tschis-chwitz. Translated by Captain E. Baring as *Rules for the Conduct of the War-Game.*

Anleitung zur Darstellung militairischer Mandover mit dem Apparat des Kriegs-Spieles. (1824). Georg Heinrich Rudolf Johann von Reisswitz. Translated by William Lees on and published as Von Reisswitz Kriegsspiel (1989).

Anzio Beachhead. (1970). Dave Williams; Poultron Press.

ARMA; Armed Assault. (2006). Bohemia Interactive.

Arms Law. (1980). Coleman Charlton, Pete Fenlon, Kurt Fischer, and Bruce Shelley; Iron Crown Enterprises.

Atomic Bomber. (1946). International Mutoscope.

Axis & Allies. (1981). Larry Harris, Jr.; Milton Bradley, Nova Games, Jedko and Pewter-Craft.

Azhanti High Lightning. (1980). Frank Chadwick and Mark W. Miller; GDW.

Balance of Power. (1985). Chris Crawford; Mindscape.

Balkan Hell. (1995). Ty Bomba; XTR Corp.

Battle for Baghdad. (2009). Joseph Miranda; MCS Group.

Battle of the Bulge. (1964). Larry Pinsky and Tom Shaw; Avalon Hill.

Battle Over Britain. (1983). John H. Butterfield; TSR.

Battlefield 2. (2005). Electronic Arts.

Battlefield 3. (2011). Electronic Arts.

Battlefield 4. (2013). Lars Gustavsson; EA Digital Illusions.

Battlefield; 1942. (2002). Romain de Waubert de Genlis; EA Digital Illusions.

Battlefront. (1986). Roger Keating and Ian Trout; Strategic Studies Group.

Battleship. (1931). Clifford von Wickler; Original Publisher Unknown.

Battleship. (1967). Milton Bradley.

BCT Command Kandahar. (2013). Joseph Miranda; MCS Group.

Beirut '82: Arab Stalingrad. (1989). Thomas Kane; World Wide Wargames.

Beyond Valor. (1985). Don Greenwood, Charles Kibler, Rex A. Martin, Bob McNamara, and Jon Mishcon; Avalon Hill and Multi-Man Publishing.

Bioshock. (2007). Feral Interaction; 2K Games.

Bird of Prey: Air Combat in the Jet Age. (2008). Philip A. Markgraf and Tony Valle; Ad Astra Games.

Blitzkrieg. (1965). Larry Pinsky; Avalon Hill.

Blitzkrieg. (1970). James F. Dunnigan; Avalon Hill, 1970. Formerly *Tactical Game 3*, published by Poutron Press (1969).

The Blitzkrieg Module System. (1969). James F. Dunni-gan and Redmond Simonsen; Poultron Press.

Blood Reef; Tarawa—ASL Historical Module 5. (1999). Steven Dethlefsen and Eddie Zeman; Heat of Battle, Multi-Man Publishing.

Bonaparte at Marengo. (2005). Bowen Simmons; Simmons Games.

Boom Beach. (2014). Supercell Oy.

Brynania. (2014). McGill University.

Call of Cthulhu. (1981). Sandy Petersen; Chaosium.

Call of Duty. (2003). Activision.

Call of Duty: Black Ops. (2010). Activision.

Call of Duty: Black Ops II. (2012) Activision.

Call of Duty: Modern Warfare 2. (2009). Activision.

Call of Duty: Modern Warfare 3. (2011). Activision.

Call of Duty: World at War. (2008). Activision.

Call of Duty 2. (2005). Activision.

Call of Duty 3. (2006). Activision.

Call of Duty 4: Modern Warfare. (2007). Activision.

Campaign for North Africa. (1979). Richard Berg; Simulations Publications, Inc.

Carrier. (1990). Kevin Boylan, Jon Southard; Victory Games.

Chad: The Toyota Wars. (1991). Richard Davis; Decision Games.

Chainmail. (1971; 2nd edition 1972). Gary Gygax and Jeff Perren; Guidon Games.

Champions. (1981). Steve Peterson, George MacDonald, Bruce Harlick, and Ray Greer; Hero Games.

Civilization. (1980). Francis Tresham; Hartland Trefoil; 1981 edition published by Avalon Hill.

Civilization. (1991). Sid Meier; MicroProse.

Civilization IV. (2005). Sid Meier; Firaxis Games.

Clash of Clans. (2013). Supercell Oy.

Claw Law. (1982). Terry Amthor, Coleman Charlton, Leonard Cook, Pete Fenlon, and Brice Neidlinger; Iron Crown Enterprises.

Cloudships & Gunboats. (1989). Frank Chadwick; GDW.

Cobra. (1977). Brad Hessel; Simulations Publications, Inc.

Code of Bushido: ASL Module 8 . (1991). Bob McNamara and Rick Troha; Avalon Hill.

Combat Commander: Europe. (2006). Chad Jensen; GMT Games.

Combat Commander: Mediterranean. (2007). Chad Jensen; GMT Games.

Combat Commander: Pacific. (2006). Chad Jensen; GMT Games.

Combat Commander: Resistance! (2011). Chad Jensen; GMT Games.

Combat Mission:Shock Force.(2007). Paradox Interactive.

Command & Colors: Napoleonics. (2010). Richard Borg; GMT Games.

Command & Colors: Napoleonics Expansion #2—The Russian Army. (2013). Richard Borg; GMT Games.

Commandos: Behind Enemy Lines. (1998). Pyro Studios; Eidos Interactive.

Command: Modern Air/Naval Operations. (2013). Matrix Games, Warfare Sims.

Company of Heroes. (2006). Relic Entertainment; THQ; Sega.

Computer Bismarck. (1980). Strategic Simulations, Inc.

Cortex. (2005). Jamie Chambers; Margaret Weis Productions.

Cosmic Encounter. (1977). Eon.

Country X. (2009). Columbia University.

Crescendo of Doom. (1979). Don Greenwood; Avalon Hill.

Crisis 2000. (1997). Joseph Miranda; One Small Step.

Crisis 2020. (2007). Joseph Miranda; Victory Point Games.

Cross of Iron. (1978). John Hill (I); Avalon Hill.

Crusader Kings Ⅱ. (2012). Paradox Interactive.

The Crusades. (1978). Richard H. Berg; Simulations Publications, Inc.

Cuba Libre: Castro's Insurgency (COIN Series, Volume Ⅱ). (2013). Volko Ruhnke and Jeff Grossman; GMT Games.

Cybernaut. (1996). Joseph Miranda; One Small Step.

Cyberwar XII. (Forthcoming). Joseph Miranda. Hexagon Interactive.

DAK. (1997). Dean Essig; The Gamers.

Dark Nebula. (1980). Marc W. Miller; GDW.

A Day of Heroes. (2008). Tom Herrschaft and Mark H. Walker; Lock'n Load Publishing.

D-Day. (1961). Charles S. Roberts; Avalon Hill.

Dear Esther. (2012). The Chinese Room.

Decision Iraq. (2013). Joe Miranda; Decision Games.

Defense Grid. (2008–10). Hidden Path Entertainment.

Dien Bien Phu. (1973). Guy Hail; Flying Buffalo.

Diplomacy. (1959). Allan Calhamer. Original prepublication manuscript as *The Game of Realpolitik* (1958).

A Distant Plain: Insurgency in Afghanistan (COIN Series, Volume Ⅲ). (2013). Volko Ruhnke and Brian Train; GMT Games.

Dixie. (1976). Redmond A. Simonsen; Simulations Publications, Inc.

Doom. (1993). Shawn C. Green, Sandy Petersen and John Romero; id Software, Inc.

Downtown. (2004). Lee Brimmicombe−Wood; GMT Games.

Drang nach Osten. (1973). Frank Chadwick; Game Designers Workshop.

Drive on Stalingrad. (1977). Brad Hessel; Simulations Publications, Inc.

Dune. (1979). Avalon Hill.

Dune Ⅱ *: The Building of a Dynasty*. (1992). Aaron E. Powell and Joseph Bostick; Westwood Studios, Inc.

Dungeons & Dragons. (1974). Gary Gygax and Dave Arneson; Tactical Studies Rules.

Dungeons & Dragons Basic Set. (1977). Dave Arneson, Gary Gygax, and J. Eric Holmes; TSR.

Eagles of the Empire: Borodino. (1994). Brien J. Miller, Arron J. Monroe and Mark E. Searle; Games USA.

Eagles of the Empire: Friedland. (1995). Brien J. Miller and Arron J. Monroe; Games USA.

Eagles of the Empire: Preussisch-Eylau. (1999). Brien J. Miller, Arron J. Monroe and Mark E. Searle; Avalanche Press Ltd.

Eagles of the Empire: Spanish Eagles. (2008). Stephen C. Jackson and Brien J. Miller; Compass Games LLC.

Eastern Front (1941). (1981). Chris Crawford; Atari Program Exchange.

Empire.(1971). Walter Bright; noncommercial product.

Empire. (1973). PLATO system.

Empire of the Sun. (2005). Mark Herman; GMT Games.

Encyclopedia of War: Ancient Battles. (1988). Robert Smith; CCS.

England Expects. (Forthcoming). Charles Vasey.

Europa Universalis. (2000). Paradox.

Europa Universalis Ⅱ. (2001). Paradox Development Studio.

Fate. (2003). Fred Hicks and Rob Donoghue; Evil Hat Productions.

Feng Shui. (1996). Robin Laws; Daedalus Entertainment.

Fiasco. (2009). Jason Morningstar; Bully Pulpit Games.

Field of Glory. (2009). Slitherine Ltd.

Fierce Fight! Stalingrad Blitzkrieg. (2013). Tetsuya Nakamura; Game Journal 47.

Fifth Corps. (1980). Jim Dunnigan; Simulations Publications, Inc.

Fifth Frontier War. (1981). John Astell, Frank Chadwick, and Marc W. Miller; GDW.

Fight in the Skies. (1968). Mike Carr; War Game Inventors Guild.

Fire in the Lake: Insurgency in Vietnam (COIN Series, Volume Ⅳ). (2014). Mark Herman and Volko Ruhnke; GMT Games.

Fire in the Sky. (2005). Tetsuya Nakamura; Multi-Man Publishing.

Fleet Admiral. (1987). Jack Greene; Quarter Deck Games.

Fleet Admiral Ⅱ. Forthcoming. Jack Greene; publisher TBD.

Fletcher Pratt's Naval War Game. (1943). Fletcher Pratt; Harrison-Hilton.

For the People. (1998). Mark Herman; Avalon Hill.

Force on Force. (2011). Shawn and Robby Carpenter; Osprey Publishing & Ambush Alley Games.

France 1940. (1972). James F. Dunnigan; Avalon Hill Game Company.

The Franco-Prussian War. (1992). Joseph Miranda; Decision Games.

Freedom in the Galaxy. (1979). Howard Barasch and John Butterfield; SPI Games.

Galaga. (1981). Midway.

The Game of War. (1977). Guy Debord; Champ Libre.

Gamma World. (1978). James M. Ward and Gary Jaquet; TSR.

Gary Grigsby's War in the East. (2010). 2 By 3 Games.

Gary Grigsby's War in the Pacific. (2004). 2 By 3 Games.

Gary Grigsby's World at War. (2005). Joel Billings, Keith Brors & Gary Grigsby; 2 By 3 Games.

Generic Universal RolePlaying System (GURPS). (1986). Steve Jackson; Steve Jackson Games.

Gettysburg. (1958). Charles S. Roberts; Avalon Hill Game Company.

Gettysburg. (1961). Charles S. Roberts; Avalon Hill.

Ghost Recon (Tom Clancy's) [series] (2001–2014). Ubisoft.

Ghost Recon: Advanced Warfighter (Tom Clancy's). (2006). Ubisoft.

GI: Anvil of Victory. (1982). Don Greenwood; Avalon Hill.

Global Challenge: The Game of International Peacekeeping. (2001). Identity Games International.

Golem Arcana. (2014). Hairbrained Scheme.

Greek Civil War. (2014). Brian Train; Decision Games.

Grenadier: Company Level Combat 1700–1850. (1971). James F. Dunnigan; Simulations Publications, Inc.

Group of Soviet Forces Germany. (2003). Ty Bomba; Decision Games.

Gung-Ho. (1992). Don Greenwood and Bob McNamara; Avalon Hill.

The Guns of Gettysburg. (2013). Bowen Simmons; Mercury Games.

Hammer of the Scots. (2002). Jerry Taylor; Columbia Games.

Harpoon (a.k.a. *Paper Harpoon, Paper Rules*). (1981). Larry Bond; Adventure Games.

Harpoon. (1989). Larry Bond; Three-Sixty Pacific, Inc.

Harpoon [series]. (1981–2013). Larry Bond; Various publishers, e.g., Three-Sixty Pacific (1981) and Matrix Games (2013).

Harpoon, third edition. (1987). Larry Bond; Game Designer's Workshop.

Harpoon I. (1989). Larry Bond; Three Sixty Pacific, Alliance Interactive, iMagic, Advanced Gaming Systems Inc., Matrix Games.

Harpoon II. (1994). Larry Bond; Three-Sixty Pacific.

Harpoon Ⅲ. (2001). Jesse Spears.

Harpoon Ⅳ. (1997). Larry Bond and Chris Carlson; Clash of Arms Games.

Harpoon 3: Advanced Naval Warfare. (2007). Matrix Games. Originally called Harpoon 3.

Harpoon 3 Professional [H3MilSim]. (2009). Matrix Games; Renamed H3 MilSim in 2010 and then H3Pro in 2013.

Harpoon Ultimate Edition. (2011). Matrix (Stuttgart, Germany).

Hearts and Minds: Vietnam 1965–1975. (2010). John Poniske; Worthington Games.

Hearts of Iron. (2002). Henrik Fahraeus, Joakim Bergqwist and Johan Anderss on; Paradox Entertainment.

Here I Stand: Wars of the Reformation 1517–1555. (2006). Ed Beach; GMT Games.

Hitler's War. (1981). Keith Gross; Metagaming.

Holy War: Afghanistan. (1991). Joseph Miranda; Decision Games.

Homefront. (2011). Kaos Studios; THQ/Spike (Japan).

Imperium. (1977). Frank Chadwick, John Harshman, and Marc W. Miller; GDW.

Insurgency. (1979). Blake Smith; Battleline Games.

Invasion: Earth. (1981). John Astell, Frank Chadwick, and Marc W. Miller; GDW.

Invasion Orion. (1979). Automated Simulations.

Ironclads and Ether Flyers. (1990). Frank Chadwick; GDW.

Jagged Alliance 2. (1999). Ian Currie, Linda Currie and Shaun Lyng; Sirtech Canada, Ltd.

Joust. (1982). Williams Entertainment.

Jutland. (1967). James F. Dunnigan; Avalon Hill.

Jutland: Fleet Admiral Ⅱ. (2016). Jack Greene; Comsim Press.

Kharkov. (1978). Stephen B. Patrick; Simulations Publications, Inc.

Killer Angels. (1984). Helena Rubinstein; West End Games.

Kingmaker. (1974). Andrew McNeil; Avalon Hill.

Kosovo: The Television War. (2014). Ty Bomba; Decision Games.

Kriegsspiel. (1803). Johann Christian Ludwig (Ludewig) Hellwig.

Labyrinth: The War on Terror, 2001–? (2010). Volko Ruhnke; GMT Games.

Last Battle. (1989). Tim Ryan; GDW.

L'Attaque [Stratego]. (1910). Mme. Hermance Edan; Au Jeu Retrouve.

La Bataille de la Moscowa. (1975). Laurence A. Groves; Marshall Enterprises.

La Conquete du Monde. (1957). Albert Lamorisse. Miro.

League of Legends. (2009). Tom Cadwell, Rob Garrett, Christina Norman, Steve Feak; Riot Games.

Liberia: Descent into Hell. (2008). Ben Madison and Wes Erni; Fiery Dragon Productions.

Luftwaffe. (1971). Lou Zocchi; Avalon Hill.

Mage Knight. (2000). WizKids.

Magic: The Gathering. (1993). Richard Garfield; Wizards of the Coast.

Map Maneuvers. (1908). Farrand Sayre; Staff College Press.

Masters of the World: Geo-Political Simulator 3. (2013). Eversim.

Mayday. (1978). Mark W. Miller; GDW.

Medal of Honor. (1999). Electronic Arts.

Medal of Honor. (2010). Electronic Arts.

Medal of Honor: Warfighter. (2012). Electronic Arts.

Midway. (1964). Lindsley Schutz and Larry Pinsky; Avalon Hill.

Mississippi Banzai. (1990). Ty Bomba; XTR Corp.

Modern Air Power. (2014). John Tiller Software.

Modern Battles: Four Contemporary Conflicts. (1975). Howard Barasch, Edward Vurran, Jim Dunnigan, J.A. Nelson; SPI.

Modern War in Miniature. (1966). Michael F. Korns; M & J Research.

The Morrow Project. (1980). Kevin Dockery, Robert Sadler, and Richard Tucholka;

TimeLine, Ltd.

A Most Dangerous Time. (2009). Tetsuya Nakamura; Multi-Man Publishing.

The Napoleonic Wars. (2002). Don Greenwood, Ben Knight, and Mark McLaughlin; GMT Games.

Napoleon's Triumph.(2007).Bowen Simmons；Simmons Games.

New World Order Battles: Kiev. (Forthcoming). Joseph Miranda; Decision Games.

The Next War. (1978). Jim Dunnigan; SPI.

Nicaragua. (1988). Joseph Miranda; 3W (World Wide Wagames).

Nightfighter. (2011). Lee Brimmicombe-Wood; GMT Games.

Nuclear Destruction. (1970). Rick Loomis; Flying Buffalo.

OGRE. (1977). Steve Jackson; Metagaming Concepts.

The Operational Art of War Ⅰ *:1935-1955*. (1998). TalonSoft.

The Operational Art of War Ⅱ *: Flashpoint Kosovo*. (1999). TalonSoft.

The Operational Art of War Ⅱ *: Modern Battles 1956-2000*. (1999). TalonSoft.

The Operational Art of War Ⅲ. (2006). Matrix Games.

Operation Dauntless: The Battles for Fontenay and Rauray, France, June 1944. (2015). Mark Mokszycki; GMT Games.

Order of Arms [series]. (2015). Brien J. Miller and Matthew Kirschenbaum; Compass Games.

Over the Edge. (1992). Robin Laws and Jonathan Tweet; Atlas Games.

Pacific War. (1985). Mark Herman; Victory Games.

PanzerBlitz. (1970). James F. Dunnigan; Avalon Hill.

Panzergruppe Guderian. (1976). James F. Dunnigan; Simulations Publications, Inc.

Panzer Leader. (1974). Avalon Hill.

Papers, Please. (2013). Lucas Pope.

Paths of Glory.(1999).Ted Racier;GMT Games.

Peace Operations Support Model. (2006). UK Defense Science and Technology Laboratory.

Peloponnesian War. (1991). Mark Herman; Victory Games.

Persian Incursion. (2010). Larry Bond, Chris Carlson and Jeff Dougherty; Clash of Arms.

Phantom Fury.(2011). Laurent Closier; Nuts! Publishing.

Phoenix Command. (1986). Barry Nakazono and David McKenzie; Leading Edge Games.

Plants vs. Zombies. (2009–2013). Pop Cap Games.

The Plot to Assassinate Hitler. (1976). James Dunnigan; SPI.

Point of Attack 2. (2004). Scott Hamilton; HPS Simulations.

PRISM: Guard Shield. (2008). US Army National Guard.

Quake. (1996). American McGee, Sandy Petersen, John Romero and Tim Willits; id Software, Inc.

Quebec 1759. (1972). Steve Brewster, Tom Dalgliesh and Lance Gutteridge; Columbia Games.

RAF. (1986). John H. Butterfield; West End Games.

Rainbow Six (Tom Clancy's). (1998). Brian Upton; Majesco Entertainment, Red Storm Entertainment.

Rampart. (1990). John Salwitz; Atari Games.

Red Barricades: ASL Historical Module 1. (1990). Charles Kibler; Avalon Hill.

Rethinking Wargames: Three Player Chess. (2003). Ruth Catlow; furtherfield.org.<http://www.furtherfield.org/rcatlow/rethinking_wargames/docs/3playerchess.htm>.

Richard Ⅲ: The Wars of the Roses. (2009). Jerry Taylor and Tom Dalgliesh; Columbia Games.

Richthofen's War. (1972). Randall C. Reed; Avalon Hill.

Rise and Decline of the Third Reich. (1974). John Prados; Avalon Hill.

Risen 2: Dark Waters. (2012). Deep Silver, Ubisoft.

Risk: The Game of Global Domination. (1959). Parker Brothers.

Road to the Rhine. (1979). Frank Chadwick; Game Designers' Workshop.

RoleMaster, (1980). Coleman Charlton, John Curtis, Pete Fenlon, and Steve Marvin; Iron Crown Enterprises.

Rome: Total War. (2004). The Creative Assembly.

RuneQuest.(1978). Steve Perrin, Ray Turney,

Steve Henderson, Warren James, and Greg Stafford; Chaosium.

The Russian Campaign. (1974). John Edwards; Jedko.

The Russian Campaign. (1976). John Edwards and Don Greenwood; Avalon Hill.

Savage Worlds. (2003). Shane Lacy Hensley; Pinnacle Entertainment Group.

Schach - oder Konig - Spiel. (1616). Gustavus Selenus (Augustus, Duke of Brunswick - Luneburg).

Second Life. (2003). Philip Rosedale; Linden Lab.

Sekigahara: The Unification of Japan. (2011). Matt Calkins; GMT Games.

September 12th: A Toy World. (2002). Newsgaming.

Shining Path. (1995). Brian Train; Microgame Design Group.

Shogun: Total War. (2000). Michael Simpson; The Creative Assembly; Electronic Arts.

Sid Meier's Civilization: The Board Game. (2002). Eagle Games.

Sid Meier's Civilization V. (2010). Firaxis Games.

Sid Meier's Civilization V*: Gods and Kings expansion pack* (2012). Firaxis Games.

Silent War: The United States' Submarine Campaign Against Imperial Japan. (2005). Brien J. Miller and Stephen C. Jackson; Compass Games.

SimCity. (1989). Maxis.

Six Days in Fallujah. (Unpublished). Konami/Atomic Games.

Snapshot. (1979). Marc W. Miller; GDW.

Sniper! (1973) James F. Dunnigan; Simulations Publications, Inc.

Somali Pirates. (2012). Joseph Miranda; Decision Games.

Somalia Interventions. (1998). Brian Train; Shutze Games.

Sorcerer. (1975). Redmond A. Simonsen; Simulations Publications, Inc.

South Africa. (1977). Irad Hardy; Simulations Publications Incorporated.

South Park Let's Go Tower Defense Play! (2009). Double-six; Xbox Live Productions; South Park Digital Studios.

Space: 1889. (1988). Frank Chadwick; GDW.

Space Hulk. (1989). Richard Halliwell; Games Workshop.

Spacewar! (1962). Steve Russell et al.

Spec Ops: The Line. (2012). Yager Development; 2K Games.

Squad Leader. (1977). John Hill; Avalon Hill.

Stalingrad. (1963). Charles S. Roberts, Lindsley Schutz, and Thomas N. Shaw; Avalon Hill.

Star Fleet Battles. (1979). Steven V. Cole; Task Force Games.

Star Fleet Battles: Captain's Edition Basic Set. (1999). Steven V. Cole; Amarillo Design Bureau, Inc.

Star Fleet Battles: Advanced Missions. (1999). Steven V. Cole; Amarillo Design Bureau, Inc.

Starcraft. (1998). Blizzard Entertainment, Inc.

Starfleet Orion. (1978). Automated Simulations.

Starweb. (1976). Flying Buffalo.

Steel Wolves: The German Submarine Campaign Against Allied Shipping-Vol. 1. (2010). Brien J. Miller and Stephen C. Jackson; Compass Games.

Stonewall Jackson's Way. (1992). Joseph M. Balkoski; Avalon Hill.

Stonkers. (1983). Imagine Software.

Storm over Stalingrad. (2006). Tetsuya Nakamura; Multi—Man Publishing.

Stratego. (1961). Milton Bradley.

Strategos: The American Game of War. (1880). Charles A. L. Totten.

Streets of Stalingrad. (2003). Dana Lombardy and Art Lupinacci; L2 Design Group.

Striker. (1981). Frank Chadwick; Games Designers' Workshop (GDW).

The Sun King. (Forthcoming). Charles Vasey; Publisher TBD.

Sunset. (2015). Tale of Tales.

Sword & Sorcery. (1978). Greg Costikyan; Simulations Publications, Inc.

The Sword and the Flame (first edition). (1979). Larry V. Brom; Yaquinto Publications.

The Sword and the Flame (second edition). (1984). Larry V. Brom; Greenfield Hobby Distributors.

The Sword and the Flame, Twentieth Anniversary Edition. (1999). Larry V. Brom; And That's The Way It Was.

The Sword and the Flame, Twentieth Anniversary Edition Update. (2008). Larry V. Brom; Sergeants 3.

Tac Air. (1987). Gary C. Morgan, S. Craig Taylor; Avalon Hill.

Tactical Game 3. (1970). James F. Dunnigan; Poultron Press.

Tactics. (1952). Charles S. Roberts; Avalon Game Company.

Tactics Ⅱ. (1958). Charles S. Roberts; Avalon Hill Company.

Taktisches Kriegs-Spiel oder Anleitung zu einer mecha-nischen Vorrichtung um tactische Manoeuvres sinnlich darzustellen. (1812). Georg Leopold Reiswitz.

Tank. (1974). Kee Games; Atari Inc.

Tanktics: Computer Game of Armored Combat on the Eastern Front. (1978). Chris Crawford; Microcomputer Simulations.

Tanktics. (1981). Chris Crawford; Avalon Hill.

Third Lebanon War. (2014). Brian Train; BTR Games.

This War of Mine. (2014). 11 bit studios.

Thud! (2002). Trevor Truran; The Cunning Artificer.

The Tigers Are Burning. (1988). Ty Bomba; World Wide Wargames.

Titan. (1980). Gorgonstar.

To the Moon. (2011). Kan Gao; Freebird Games.

Top Secret. (1980). Merle M. Rasmussen; TSR.

Total War: Rome Ⅱ. (2013). Michael M. Simpson; The Creative Assembly, Ltd.

Toy Soldiers. (2010). Signal Studios.

Traveller. (1977). Marc W. Miller; GDW.

Traveller: 2300. (1986). Marc W. Miller, Timothy B. Brown, Lester W. Smith, and Frank Chadwick. GDW.

Trillion Credit Squadron. (1981). John As tell, Frank Chadwick, John Harshman, Stefan Jones, and Marc W. Miller; GDW.

Tropico 5. (2104). Kalypso Media.

Tunnels and Trolls. (1975). Ken St. Andre; Flying Buffalo.

Tupamaro. (1996). Brian Train; Strategy Gaming Society.

Twilight Struggle: The Cold War, 1945–1989. (2005). Ananda Gupta and Jason Matthews; GMT Games.

UFO: Enemy Unknown [marketed in the US as *X-COM: UFO Defense*]. (1994). Julian Gollop; Mythos Games.

UMS: The Universal Military Simulator. (1987). Ezra Sidran; Rainbird Software.

Unity of Command. (2011). 2×2 Games.

The Universal Military Simulator. (1987). Rainbird Software.

Unknown Armies. (1998). John Tynes and Greg Stolze; Atlas Games.

Up Front. (1983). Courtney Allen; The Avalon Hill Game Company.

Uplink: Hacker Elite. (2003). Chris Delay; Introversion Software.

UrbanSim. (2010). Institute for Creative Technologies and US Army.

Valiant Hearts: The Great War. (2014). Ubisoft.

Vampire: The Masquerade. (1991). Mark Rein-Hagen; White Wolf Games.

Versuch eines aufs Schachspiel gebauten taktischen Spiels von zwey und mehrern Personen zu spielen. (1780). Johann Christian Ludwig Hellwig.

Victory in the Pacific. (1977). Richard Hamblen; Avalon Hill Game Company.

A Victory Lost. (2006). Tetsuya Nakamura; Multi-Man Publishing.

Viet Nam. (1965). Phil Orbanes; Gamescience.

Vietnam 1965–1975. (1984). Nick Karp; Victory Games.

Virgin Queen: Wars of Religion 1559–1598. (2012). Ed Beach; GMT Games.

Virtual Battlespace. (2002). Bohemia Interactive, Coalescent Technologies.

Virtual Battlespace 2. (2007). Bohemia Interactive.

Virtual Battlespace 3. (2014). Bohemia Interactive.

Warcraft: Orcs & Humans. (1994). Blizzard Entertainment, Inc.

Warcraft 3: Reign of Chaos. (2002). Rob Pardo; Capcom, Blizzard Entertainment, Sierra Entertainment.

Wargame Construction Set. (1986). Roger Damon; Strategic Simulations, Inc.

Wargame Construction Set II: Tanks! (1994). Strategic Simulations, Inc.

Wargame Construction Set III: Age of Rifles 1846–1905. (1996). Strategic Simulations, Inc.

Warhammer. (1983). Bryan Ansell, Richard Halliwell, and Richard Priestly; Games Workshop.

Warhammer Book 2: Battle Magic. (1984). Bryan Ansell, Rick Priestley, and Richard Halliwell; Games Workshop.

Warhammer 40,000: Rogue Trader. (1987). Rick Priestly; Games Workshop.

Warhammer 40,000: Codex: Tyranids. (1995). Andy Chambers; Games Workshop.

Warhammer 40,000: Codex: Orks. (2008). Phil Kelly; Games Workshop.

Warhammer 40,000 (seventh edition). (2014). Games Workshop.

War in Europe. (1976). James F. Dunnigan; Simulations Publications, Inc.

War of the Ring. (1977). Howard Barasch and Richard Berg; Simulations Publications, Inc.

War of Wizards. (1975). M.A.R. Barker; Tactical Studies Rules.

We Must Tell the Emperor. (2010). Steve Carey; Victory Point Games.

We the People. (1994). Mark Herman; Avalon Hill.

Wellington's Victory: Battle of Waterloo. (1976). Frank Davis; Simulations Publications, Inc.

West of Alamein. (1988). Bob McNamara; Avalon Hill.

Whistling Death. (2003). J.D. Webster; Clash of Arms Games.

White Bear and Red Moon. (1975). Greg Stafford; Chaosium.

White Death. (1979). Frank Chadwick; Game Designers' Workshop.

Wing Leader:Victories 1940–1942.(2015). Lee Brimmicombe-Wood; GMT Games.

World of Tanks. (2011). Wargaming.net, Inc.

World of Warcraft. (2005–). Blizzard.

World War I . (1975). Jim Dunnigan; Simulations Publications, Inc.